SOCIAL SCIENCE
ENCYCLOPEDIA 上册

社科大讲堂

主编◎刘迎秋　　副主编◎文学国

经济管理出版社
ECONOMY & MANAGEMENT PUBLISHING HOUSE

图书在版编目（CIP）数据

社科大讲堂·第二辑·第三卷/刘迎秋主编.—北京：经济管理出版社，2014.4
ISBN 978-7-5096-3080-8

Ⅰ.①社… Ⅱ.①刘… Ⅲ.社会科学—文集 Ⅳ.①C53

中国版本图书馆 CIP 数据核字（2014）第 075492 号

组稿编辑：陈　力
责任编辑：张巧梅
责任印制：黄章平
责任校对：陈　颖　张　青

出版发行：经济管理出版社
　　　　　（北京市海淀区北蜂窝 8 号中雅大厦 A 座 11 层　100038）
网　　址：www. E-mp. com. cn
电　　话：（010）51915602
印　　刷：北京银祥印刷厂
经　　销：新华书店
开　　本：720mm×1000mm/16
印　　张：64.75
字　　数：1238 千字
版　　次：2015 年 9 月第 1 版　　2015 年 9 月第 1 次印刷
书　　号：ISBN 978-7-5096-3080-8
定　　价：198.00 元（上、下册）

社科大讲堂

陈奎元题

《社科大讲堂》丛书

主　　编：刘迎秋

副　主　编：文学国

学术委员会（按姓氏笔画为序）：

文学国　王逸舟　王　巍　朱　玲　刘迎秋

江时学　李　林　金　碚　侯惠勤　陆健德

党圣元

编辑委员会（按姓氏笔画为序）：

毛晓青　李　提　张菀洺　杨　燕　陈　力

赵　凡　曹　靖　张巧梅

上册

· 财贸经济理论前沿 ·

· 法学前沿 ·

1

·国际问题前沿·

·经济学前沿·

下册

·马克思主义、哲学、宗教学前沿·

·史学理论与前沿·

·文学—文化前沿·

·文艺学通论·

财贸经济理论前沿

"十二五"期间我国开放型经济发展的若干问题

裴长洪

2010 年 3 月 4 日

裴长洪

中国社会科学院财政与贸易经济所所长、研究生院财政与贸易经济系教授

　　摘　要：本文首先对"十一五"期间我国的开放型经济进行回顾与预测，并从美国经济增长模式转变的可能性、美国新能源经济成长的前景，以及未来国际分工与贸易规则是否变化三个方面对"十二五"期间世界经济形势进行判断；在此基础上，提出了"十二五"期间开放型经济的建设方针。其次，论述了中国怎样从贸易大国走向贸易强国，认为未来中国走向贸易强国，不仅需要质量的提高，也需要数量的增长，且速度就是走向贸易强国的战略利益，而速度的加快，既要靠创造新的国际经济竞争优势，也要靠低成本制造的竞争优势。最后，对转变外贸发展方式的科学内涵进行了分析，认为我国转变外贸发展方式内涵丰富，从经济学意义上分析，至少包括：转变国民收益分配方式和格局，转变竞争方式，转变市场开拓方式和转变资源利用方式。最后，提出"十二五"开放型经济的战略目标以及实现这些战略目标的措施。

　　关键词："十二五"　　开放型经济　　贸易强国

一、对"十一五"的回顾与预测

　　在"十一五"期间，最重要的事件就是国际金融危机爆发，而这次全球性的金融危机对我国开放型经济产生很大影响，我国开放型经济的发展面临严峻挑战。首先，我国对外贸易与利用外资受到挫折。2008年11月~2009年11月，中国对外贸易一直呈现负增长，直到2009年12月才转负为正，利用外资的流量也受到一定挫折。实际上，从2008年上半年开始，中国对外贸易就已经受到一定影响，大量小企业实际上已经处于半停产甚至停产状态。其次，国际经贸环境不容乐观，特别是贸易保护主义有所抬头。2009年，中国受到境外贸易救济措施的调查案件为127件，创历史新高，涉案金额共计126亿美元，虽然与我国出口规模相比所占比例并不大，但这一问题引人注目。最后，坚持发展开放型经济与保障我国持有的国际性资产安全运营的新矛盾凸显。经过30多年改革开放和参与经济全球化，外汇收入和国际性资产成为我国国民财富增长的重要来源，我国不仅拥有近 2.5 万亿美元的官方外汇储备和万亿美元以上的海外国有资产，而且居民和民营企业也有不少外汇资产。

为应对此次国际金融危机对我国开放型经济的影响，我国实行了有效的政策。从 2008 年下半年开始，国家采取了积极应对国际金融危机影响的政策措施，其中包括连续 7 次调高了出口退税率和退税范围、取消了某些出口产品的出口关税、放宽了加工贸易政策、稳定人民币汇率并遏制了人民币继续大幅度升值的势头、积极推动中国与东盟自由贸易区互免关税等。

在商品贸易方面，2009 年进出口贸易总额达 2.2 万亿美元，其中，出口贸易额达 1.2 万亿美元，贸易顺差为 1960 亿美元左右，分别比 2008 年下降 14%、16%、35% 左右。2010 年随着世界经济的回升，外需增加，我国进出口贸易可能增长 10% 以上，恢复到 2008 年的贸易总额水平；出口贸易也将恢复到 2008 年 1.43 万亿美元的水平，增长幅度为 19% 左右。

在服务贸易方面，预计 2009 年进出口总额比上年下降 12% 左右，为 2680 亿美元。其中，出口 1100 亿美元，进口 1580 亿美元。预计 2010 年我国服务贸易总额比 2009 年将增长 10% 以上，达到 3000 亿美元左右，其中出口 1250 亿美元左右，增长 13.6%，进口 1750 亿美元，增长 11% 左右。

在吸引外商投资方面，2009 年吸收外商直接投资为 900 亿美元左右，仅比上年下降 2.6%（非金融类同口径比较），全口径比较下降 16% 左右。预计 2010 年我国吸收外商直接投资可增长 15% 左右，达到 1035 亿美元。

在对外直接投资方面，2009 年企业海外直接投资达到 410 亿美元，比上年略有增长，2010 年随着世界经济回升，企业海外投资也将有较大幅度增长，预计可达 575 亿美元。

二、对"十二五"期间世界经济形势的判断

目前，市场的内生力量还十分微弱，发展趋势仍然不稳定、不巩固，但国际组织大都预测，国际金融危机影响已经触底。同时，一些发展中国家还呈现增长势头。虽然这种恢复势头还会出现反复，但总体来看，世界经济将进入继续恢复和低速增长的态势。今后一个时期，世界经济发展趋势将取决于以下几个重要因素：

（一）关于美国经济增长模式转变的可能性

目前，美国主流社会的政治精英主张，未来美国居民应降低消费水平，提高储蓄率和工业制成品出口能力，减少贸易逆差，减轻经济增长对消费的依赖；同

时要求中国和贸易顺差国减少出口，转向内需。2009 年 9 月世界 20 国领导人会议上美国政府提出"可持续与平衡发展框架"的主张，就是其典型的表现。

事实上，美国居民储蓄率的提高有限。美国在多大程度上能够转变过去负债消费、过度消费的经济增长模式，不取决于美国政治精英的愿望和主张，而取决于美国长期形成的社会经济结构和文化传统。从国际金融危机发生后的一年多时间看，美国的消费水平有所下降，储蓄率有所提高，美国居民储蓄率从 2007 年的 1.7% 提高到 2009 年第二季度的 5.4%，而第三季度又降为 4.5%。

从历史比较来看，20 世纪 90 年代中期美国居民储蓄率为 5.2% ~ 5.8%，2009 年第三季度的储蓄率比这个水平还低。从近 20 年历史来看，5.4% 仍是较低的储蓄。1991 年经济衰退时美国个人储蓄率曾达到 7.0%，1992 年继续上升到 7.3%。1993 年经济开始强劲复苏，储蓄率降到 5.8%。这次衰退低谷的储蓄率刚刚达到 5.4%，虽不排除还会间或回升，但总体看将处于低水平。这种情况的产生主要有以下三点原因：

第一，这不符合美国金融垄断资本的利益。美国金融资本是最强大、最有权势的利益集团。金融危机削弱了金融资本，但靠美国政府不断输血，依然十分强大。连美国新当权派要搞低碳经济都要设计碳交易和碳金融来讨好金融垄断资本，可见任何缩减金融资本活动空间的经济措施都不符合金融资本的利益。

第二，美国的产业资本依赖金融市场，需要依靠资本运作的手段，即不断在全球市场上重组、兼并、收购等来争取在金融领域的利润以弥补和抵消生产成本的不断增加，因此使美国产业资本的生存越来越依赖全球金融市场，而美国居民负债消费模式的转变，意味着美国金融市场乃至全球金融市场的萎缩或扩张速度下降，这也使产业资本难以忍受。

第三，美国居民偏好金融交易。金融产品交易已成为美国居民获得财富的重要来源，负债与扩大金融产品交易不仅是美国普通居民的实际经济利益所需，也是美国独特的时尚文化，完全回到过去靠工资收入积累财富的传统，既不符合美国人民的利益，也违背美国的时尚文化。

因此结论是明显的：未来美国会继续出现消费与储蓄比例关系一定程度的变化，但不可能改变美国的经济结构，也不可能改变金融资本、产业资本的生存方式，更不可能改变美国居民的利益偏好与时尚文化。因此美国依靠消费拉动经济增长的趋势不会改变，负债消费和过度消费会有所收敛，但仍然会花样翻新继续出现，美国将仍然是世界最大的商品市场。其他西方发达国家也都只能依照美国的路径，不可能出现太大的偏离。

（二）关于美国新能源经济成长的前景

奥巴马上台之前，其智囊班子为其制定振兴美国经济的基本思路是发展清洁能源和低碳经济，希望由此寻找并建立起新的战略性产业，形成新的技术与生产供给，并建立新的国际分工以及新的国际收支格局。原来美国在应对气候变化问题上的调门很高，但在 2009 年 12 月世界气候变化的国际峰会上，美国没有承诺减少排放的责任，这使各国，特别是欧盟国家大失所望。

第一，美国推行新兴产业面临着重重阻力。推行清洁能源和低碳经济在国内外都有阻力，与信息技术经济和房地产金融不同，石油垄断集团是新能源经济的天敌，美国石油垄断资本和石油出口国都是新能源经济的对立面，它们可以容忍新能源在不损害其利益的前提下得到一定发展，一旦出现利益冲突，它们不会任其坐大，必要时会采取各种手段来封杀新能源经济的发展，甚至控制其技术。

第二，新兴产业缺乏成长机制。美国至今还缺乏使新兴战略性产业成长的机制。这包括风险投资、技术转让、成本补贴、大众消费推广、出口促进等一系列经济杠杆手段。简单地依靠改变排放标准和交易规则，可以在一定程度上促进新兴产业发展，但不具有内在的可持续性。而这一经济机制的建立，是一个极其复杂的利益博弈过程。

第三，新兴产业投资风险大。IT 新经济从勃兴到泡沫破灭的历史经验表明，依靠新技术支撑的新产业往往缺乏长期盈利的可持续性。在科技日益发达和科技全球化条件下，任何新产品的技术生命周期都日益缩短，创新技术生命和盈利时间越来越短，投资于技术创新很难得到足够大的回报，而风险却很大，这必然大大降低资本投资于新技术的热情。垄断资本更愿意投资于稀缺资源开发或可以不负担投资失败责任（如金融创新）的领域。

第四，关键是美国制造业仍然很强大。产业资本对新产业的需求以及美国国家利益对发展新产业的迫切性并非想象得那么强烈。美国制造业的优势集中在三个领域：航空航天器、汽车、大型计算机、武器、成套设备等技术含量高、附加值高的行业；机械、电子产品的核心零部件等，主要为大企业配套，技术含量也较高；在附加值低的劳动密集型制造业中控制研发、品牌和营销。这些产业优势将在相当长时间内存在，这不仅决定美国作为世界创新领导者的地位，而且美国还牢牢掌握着石油价格武器来维持这个地位。

因此，可以得出结论：在奥巴马的任期（或 4 年，或 8 年）内，美国以清洁能源和低碳经济为主的战略性产业将会循序渐进并有一定程度发展，但不可能很快取代原有的制造业，也不可能很快改变原有的制造业国际分工格局和国际收支流向。

（三）未来国际分工与贸易规则是否变化

美国精英为未来设计的国际分工图景是：美国或西方发达国家成为新兴战略

性产业的设计、研发和生产者，创新产品的主要供给者，不仅借以增强美国的制造能力和出口，而且让中国和发展中国家成为这些产品的消费者，从而改变世界经常项目收支的失衡格局。在贸易规则上通过征收碳关税，限制中国和发展中国家的出口和产业，逼迫中国在高油价、碳关税、高汇率三重压力下长久处在国际分工的不利地位。

第一，国际分工的基本格局在相当长一段时间内不会改变，中国和发展中国家仍然是世界主要制成品或中间产品的主要生产者和供给者，世界经常项目收支的基本格局也不会改变，中国和部分发展中国家仍然是经常项目顺差大国，这是不以人的意志为转移的。在既定国际分工下，贸易自由化和比较优势对要素配置的必然结果是与经常项目收支不平衡相伴随的，而这一切结果的动力机制正是来源于美国和发达国家的跨国公司努力扩张。

第二，在碳关税方面，在应对气候变化的国际关注中，它也可能成为世界贸易组织的新议题。尽管贸易自由化的趋势不会改变，但贸易自由化会被逐渐加入新因素，逐渐与传统自由贸易概念有新的区别，我国应当积极参与规则制定并认真应对。同时，应对贸易保护主义也将成为长期任务。客观上存在的经济利益矛盾、西方国家的选票政治因素、对中国社会制度的敌视和怀疑，都是贸易保护主义长期存在的原因。但是经济全球化和贸易自由化是跨国垄断资本的根本利益所在，跨国公司主导国际贸易的基本格局决定了贸易保护主义兴风作浪的有限程度。所以，我国应确立不怕打贸易战的思想，要学会有理、有利、有节、持久地打各种贸易战和汇率战，"斗而不破"是处理与美国经济利益矛盾的指导思想；建立国际经贸统一战线联盟和分化区别不同贸易伙伴与利益集团应是我们的基本策略。

三、"十二五"：开放型经济的建设方针

有一种看法认为，中国改革开放30年曾是出口拉动型经济（外国学者有一说法是重商主义），现在搞科学发展观就是纠正出口拉动，要以内需为主。这种似是而非的看法不仅很流行，而且对国家宏观决策具有很大影响。它的错误不仅在于对过去的总结不正确，而且对现在与未来的决策方向更具有误导性。

如图1所示，2000年以前只有1989年、1990年和1997年我国货物和服务净出口对经济增长的贡献率超过40%，而这3年都是在投资增长速度相对较慢的情况下出现的；进入新世纪之后，只有2005年我国货物和服务净出口对经济增长的贡献率超过20%。

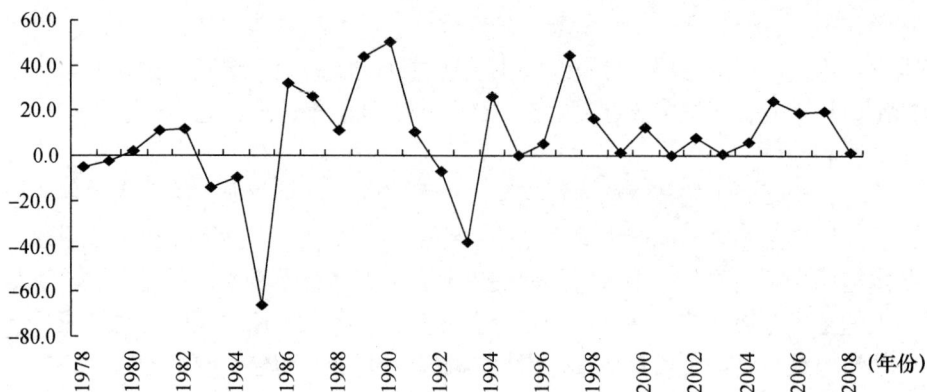

图1　1978～2008年我国货物和服务净出口对经济增长的贡献率

表1　三大需求对国内生产总值增长的贡献率和拉动

年份	最终消费支出		资本形成总额		货物和服务净出口	
	贡献率（%）	拉动（百分点）	贡献率（%）	拉动（百分点）	贡献率（%）	拉动（百分点）
1978	39.4	4.6	66.0	7.7	-5.4	-0.6
1979	87.3	6.6	15.4	1.2	-2.7	-0.2
1980	71.8	5.6	26.5	2.1	1.8	0.1
1981	93.4	4.9	-4.3	-0.2	10.9	0.5
1982	64.7	5.9	23.8	2.2	11.5	1.0
1983	74.1	8.1	40.4	4.4	-14.5	-1.6
1984	69.3	10.5	40.5	6.2	-9.8	-1.5
1985	85.5	11.5	80.9	10.9	-66.4	-8.9
1986	45.0	4.0	23.2	2.0	31.8	2.8
1987	50.3	5.8	23.5	2.7	26.2	3.1
1988	49.6	5.6	39.4	4.5	11.0	1.2
1989	39.6	1.6	16.4	0.7	44.0	1.8
1990	47.8	1.8	1.8	0.1	50.4	1.9
1991	65.1	6.0	24.3	2.2	10.6	1.0
1992	72.5	10.3	34.2	4.9	-6.8	-1.0

续表

年份	最终消费支出		资本形成总额		货物和服务净出口	
	贡献率（%）	拉动（百分点）	贡献率（%）	拉动（百分点）	贡献率（%）	拉动（百分点）
1993	59.5	8.3	78.6	11.0	−38.1	−5.3
1994	30.2	4.0	43.8	5.7	26.0	3.4
1995	44.7	4.9	55.0	6.0	0.3	—
1996	60.1	6.0	34.3	3.4	5.6	0.6
1997	37.0	3.4	18.6	1.7	44.4	4.2
1998	57.1	4.4	26.4	2.1	16.5	1.3
1999	74.7	5.7	23.7	1.8	1.6	0.1
2000	65.1	5.5	22.4	1.9	12.5	1.0
2001	50.0	4.1	50.1	4.2	−0.1	—
2002	53.6	4.0	48.8	4.4	7.6	0.7
2003	35.3	3.5	63.7	6.4	1.0	0.1
2004	38.7	3.9	55.3	5.6	6.0	0.6
2005	38.2	4.0	37.7	3.9	24.1	2.05
2006	38.7	4.5	42.0	4.9	19.3	2.2
2007	39.4	4.7	40.9	4.9	19.7	2.3
2008	46.4	4.2	51.9	4.7	1.7	0.1

事实上，改革开放 30 年来，我国始终以内需为主。如表 1 所示，从 1978 年至 2008 年的 31 年间，在我国的总量需求中，以国内需求为主体，31 年的平均比重为 85.54%，外需比重为 14.64%，在各个需求对经济增长的贡献率中，国内需求比重相对下降，平均为 80.9%，外需比重平均为 19.1%；外需对经济增长的拉动作用逐渐明显并不断增强，与我国对外开放的扩大和开放型经济特征的逐渐显化相对应。总体而言，我国 31 年内外需整体结构特征是：内外需共同增长，外需增长更快，但内需为主基本不变；投资需求增长保持稳定，出口需求和消费需求增长在波动中互有起伏。

在过去 31 年建设开放型经济和积极争取外需中，并没有改变我国大经济体客观上必然以内需为主的基本格局，内外需结构基本是恰当的。相反，这种局面是花大力气才能争取到的，如果在争取外需上稍有松懈或夜郎自大，这种内外需并举的局面就将丧失或退步。

那么，开放型经济的建设方针是什么？1992 年十四届三中全会提出了我国建设开放型经济的提法，十五大、"'十一五'规划建议"在论述对外开放中都继续使用了我国开放型经济的概念。中共十七大报告判断"我国开放型经济进入新阶段"。对于我国这样的开放型经济，建设方针中应该怎样看待外需问题关系着现代化建设的全局问题。开放型经济建设方针应提出内外需并重，主要原因在于：①我国自然资源禀赋不足以支撑国家现代化建设，要靠大量进口资源；②我国人口规模和就业压力决定了我国将长期充当"世界工厂"的角色，要大量出口商品和服务；③更为深层的原因是，我国将长期处在社会主义初级阶段，社会各阶层的利益关系、国家与纳税人的利益关系以及全社会的收入分配利益格局调整的回旋空间都不大，消费增长只能循序渐进。

居民消费拉动经济只能适度提高。调整收入分配结构讲了多年，学术机构和政府部门的研究成果及方案建议很多，但都只能束之高阁，并没有取得实质性进展，说明解决这个问题的时机和条件还没有成熟，稍有不慎，反而还会激化社会矛盾。在相当长时间内，我国做不到像发达国家甚至一些新兴经济体那样，居民消费在支撑经济增长中占据支配比重。

反过来讲，经过30年改革开放，我国城乡居民消费增长很快，消费在经济增长中的贡献度也基本恰当，可以再提高一些（主要是农村），但刻意拔高不仅难以做到，而且与我们提倡艰苦奋斗的意识形态、节约资源的经济新理念也不相符。

应正确理解协调拉动。内需中的投资需求，国家的宏观调控手段比较多，而且也比较有效，但刺激消费需求（特别是居民消费）的回旋余地并不大，完全靠政府补贴，只是杯水车薪，靠收入分配调整，幅度小不见效，幅度大不可能；特别是扩大农村消费，更不能寄托不切实际的希望。经济增长的"三驾马车"，在相当长时间内，都只能是投资第一、出口第二、消费第三。只要保持消费的恰当比例，就是协调拉动，不能把它理解为消费第一。

另外，还要纠正某些对外需下降的误判。第一，国际金融危机诚然使世界一部分居民的支付能力下降，从而导致外需增长下降，但并非丧失，特别是对那些收入需求弹性小的消费品仍然必须购买，前8个月我国出口劳动密集型产品下降幅度较小已经证明这一点。第二，一些外需下降是贸易融资发生问题，并非完全是购买力问题。第三，更严峻的是我国出口商品竞争力下降，导致出口市场份额下降。

其实人民币升值是主要问题。近年来中国出口商品的竞争力被削弱了，由此导致我国在主要出口市场上的份额受到影响。根据珠海格力电器海外销售公司的调查，人民币每升值1%，将造成家电行业出口4%的利润损失，影响全行业工业总产值增速下降1.5%，可见人民币汇率升值对出口商品竞争力削弱的负面作用之大。当然还有出口退税调整、加工贸易调整和《劳动合同法》的实施，也对出口竞争力有影响。

外需不是决定中国外贸前景的绝对因素，外需下降并不能解释一切。其实我国出口商品竞争力在下降，但竞争力下降却被误判为外需下降。从理论上说，只要有竞争力，即便市场需求下降，不仅不影响增长速度，甚至还可以扩张市场份额，最明显的例子是服务外包。

通过以下一组数据，在一定程度上可以纠正中国出口已经过多的错误印象。中国人口占世界的 20.13%，劳动要素不能自由流动，只能靠商品出口流动，2008 年中国出口只占世界总出口的 8.9%；而德国人口只占世界的 1.26%，出口却占 9.1%；美国人口只占世界的 4.6%，出口占 8.1%；日本人口只占世界的 1.96%，出口占世界的 4.9%；欧元区 15 国人口只占世界的 5.3%，出口却占到世界的 34.8%。从贸易顺差规模来看，2007 年贸易顺差额最大的是德国，为 2680 亿美元，其次才是中国，为 2622 亿美元。

除此以外，我国外需分布也不平衡。根据调查数据，我国出口占美、日、欧发达国家市场份额为 17%～22%，而新兴经济体的市场份额则有较大潜力。我国出口在中东、东欧、非洲、拉美的市场份额仅为 9.2%、3.7%、10.4%、6.9%，增长空间很大，再加上自由贸易区的开辟，扩大外部需求仍然可为。

四、中国怎样从贸易大国走向贸易强国

对于中国还不是贸易强国，一般都会指出：中国出口商品的附加价值还很低，中国出口的商品是同类产品中的低端产品，而且加工贸易出口商品在国内创造的附加价值往往不超过商品价值的 25%；服务贸易出口的国际竞争力还比较弱。此外，不少人还会强调，中国还缺乏国际贸易规则的话语权，包括大宗产品的定价权；中国的人民币还不是国际化货币；等等。但人们往往严重忽略中国的贸易数量问题，认为规模大，其实只是绝对数量大，人均数量并不大，中国人口与世界市场份额很不相称。

个人认为，没有数量就没有话语权。作为贸易强国，不仅要强调贸易质量，而且也要强调贸易数量，特别是人均数量；没有人均数量就没有话语权，也不会有国际化货币。因此，未来中国走向贸易强国，不仅需要提高质量，而且需要注重数量增长。

速度是走向贸易强国的战略利益。如听信"质量论"，缓慢提高附加值、片面搞高端产业，甚至"腾笼换鸟"，则将丧失机遇且上了美国政治精英的当。用最短的时间、最快的速度使我国商品出口贸易在世界市场中占有 20% 以上的份额是我国开放型经济发展、经济建设发展的战略利益，争取"十二五"期间达到 15%，用 10 年或稍长时间达到 20% 以上。

加快速度既要靠创造新的国际经济竞争优势，也要靠低成本制造的竞争优势。我们不可以骄傲自大，看不起创造 30 年辉煌的低成本制造优势，听信一些幼稚或别有用心的"忽悠"，以为我们可以抛弃低成本制造优势，可以大幅度提高要素价格，可以大幅度让人民币升值。个人认为，低成本优势不仅需要，而且要延续，这是因为：第一，微观领域的经济竞争，说到底就是价格竞争，也是成本竞争，美国汽车制造业的教训我们应当吸取，我们没有重蹈覆辙的本钱。第二，低成本制造优势在目前和未来相当长时间内都仍然是我国大多数产业和产品在国际市场竞争的基本手段，这是我们的现实基础。第三，某些沿海城市在某些行业可以不需要低成本优势，绝大多数地区和城市还需要，比较优势转移的回旋空间依然很大。第四，距离占有 20% 以上的世界市场份额的战略目标还很远。

五、把握转变外贸发展方式的科学内涵

2004 年中央经济工作会议提出了转变外贸增长方式，一般都把它理解为主要是针对目前我国商品出口结构不够高级、产品档次和科技含量较低、产品附加价值较低的现实，因此要把推动出口增长的动力机制从资源消耗和增加劳动要素投入转向提高科技要素投入、技术和工艺创新以及提高劳动者素质，从而提高出口产品的附加价值，同时也包括了要改变环境污染和生态破坏加剧的状态。时隔 5 年之后，特别是在经历了应对国际金融危机冲击一年多实践之后，2009 年中央经济工作会议提出了转变外贸发展方式，虽然这里只有两个字的改变，但蕴涵了新信息和新认识。

从理论渊源上来看，转变外贸增长方式的理论探讨可以追溯到贸易的价格条件恶化学说，该理论认为，随着某种产品的出口贸易增加而使出口价格与进口价格的比值下降，出口国的国民福利受到损害。20 世纪 90 年代以来，台湾地区学界提出了"微笑曲线"学说，传入大陆，被大量引证，并通过这个理论加强了贸易条件恶化说的说服力。按照"微笑曲线"学说，中国出口贸易所依靠的加工组装生产，处于"微笑曲线"的最低端，即价值链的最低端，国民福利最低，因此中国对外贸易应当向上下游高端发展。这两个学说从理论逻辑上无懈可击，对中国对外贸易的政策制定和实践发展也有参考意义，但却不是我国转变外贸发展方式完整的理论解释，更不可片面理解，用于指导政策制定。

实际上，西方经济学对贸易条件学说也有补充。在价格贸易条件的基础上，派生出另外两种贸易条件的计算方法，一种是收入贸易条件（ITT），即在价格贸易条件的基础上考虑出口数量，以衡量一国所获得的静态贸易总量的变动趋势；

另一种是要素贸易条件（FTT），即在价格贸易条件的基础上考虑要素的劳动生产率，以衡量一国使用单位生产要素能够换得的进口商品的变动趋势。但收入贸易条件和要素贸易条件在实证研究中往往被忽略，而价格贸易条件又往往被片面夸大。一些研究已经发现工业制成品的价格贸易条件在1986年后呈现持续下降趋势，但是收入贸易条件和要素贸易条件保持了上升趋势，这体现了工业制成品劳动生产率的增长显著影响了收入贸易条件和要素贸易条件。针对把中国价格贸易条件恶化归因于外商投资企业的观点，特别计算了1994~2007年三资企业的贸易条件，结论是：三资企业在此期间的价格贸易条件在波动中呈改善趋势，收入贸易条件和单要素贸易条件呈稳定上升趋势，规模以上企业和国有企业的收入贸易条件也呈上升趋势。

不同的计算方法实际上反映了不同的利益立场。价格贸易条件学说是基于厂商的理论，即资本所有者的理论，它没有把厂商利润以外的国民收益分配纳入视野。我国的出口产品附加值低，但收入的贸易条件却表现为上升趋势，这说明厂商利润并非国民收益的全部。提高产品附加值是必要的，但并不能满足增进国民福利的全部要求。"微笑曲线"实际是厂商理论的案例图解，但它勾画的是一幅平面图。如果加入经济创造力（比如营业收入、利润总额、就业总量，尤其是就业总量），"微笑曲线"将变成一幅三维的图，这时就会看到，在"微笑曲线"的低端，其截面很大，而在上下游高端，其截面很小。以电子信息行业为例，高端企业是美国的"微软"和"英特尔"等少数厂商，它们掌握"微笑曲线"的高端，但这些少数企业的员工多的也不过几万人；而这个行业的低端存在着数量庞大的中小企业，也不乏巨型企业，比如中国鸿海集团，其一家的就业量就达到几十万。

转变外贸发展方式，绝不仅仅局限于优化出口商品结构和提高出口产品附加值，尽管其很重要，但绝不是唯一的。我国转变外贸发展方式的内涵很丰富，从经济学意义上分析，至少包括以下四个方面：

（一）转变国民收益分配方式和格局——转变外贸发展方式的第一重经济涵义

不仅要在局部地区和部分行业提升生产分工的价值链，提高产品附加值，从增长方式上扩大国民收益来源；而且还要实现国际生产分工的区域扩大以及中低级制造技术在更大范围普及，从分配格局和发展意义上扩大中国人民的福利。

产业转移并不单纯是工厂搬迁，工厂搬迁现象实质是资本形态转换的后续结果。工业地产资本转换为商业地产或其他更高价值的地产，补偿了产业转移的成本，才出现工厂搬迁现象。如果缺乏资本形态的转换和对产业转移的补偿，这种搬迁必然遭到抵制。同时，产业转移可以是生产经营的部分外包，未必需要工厂的整体搬迁。从我国应对国际金融危机冲击中来看企业经验，生产经营的部分外包将成为产业转移和沿海地区产业转型的主要形式，也是联系沿海原有母体企业与内地协作企业或关联企业所必要的商业模式。

（二）转变竞争方式——转变外贸发展方式的第二重经济涵义

我国外贸企业的国际竞争方式落后表现为许多企业依靠单打独斗，与当代国际竞争中以跨国公司为龙头的供应链竞争、价值链竞争相比，差距极大。因此，组织境内外连接各种生产性服务的商业机制和平台是我国外贸发展方式转变的另一重要内涵。

从国内经营领域来看，由于制造环节的不断分散，要求在流通领域提供物流、资金、通关、结算等环节的高效率服务，才能保持我国出口产品在国内创造的竞争优势或增加新的竞争力因素。在面对国际金融危机影响的严峻形势面前，在生产环节还难以在短期内提高制造技术以突破生产效率瓶颈的约束条件下，如何在流通领域创造降低成本的优势，成为一些商务企业发挥作用、创造经验的回旋空间。

一些商务企业从原来的外贸代理制不断向其他服务领域延伸，特别是在生产企业面临外贸融资十分困难的情况下，一些商务企业扩大自己的银行授信额度，进而为外贸生产企业提供商业信用，从而弥补了我国银行对中小企业信贷和信用担保覆盖范围不足的缺陷，成功地把各种服务引入外贸生产经营领域。而在危机影响下，许多外贸生产企业也深深感到这种服务的必要性，从而扩大了对服务的需求。这种靠各种生产性服务连接起来的供应链降低了外贸企业产品的出口成本，弥补了国内低生产成本被削弱的劣势因素。外贸企业把这种供应链服务通俗地称为"抱团取暖"，实际上是我国外贸企业在国际金融危机影响的不利形势下创造的转变外贸增长方式的先进经验。厦门嘉晟外贸公司依靠扩大为企业服务并形成供应链服务模式，创造了 2009 年进出口业务经营额突破 5 亿美元、经营额同比上升 20% 以上的优秀成绩。这些经验值得从实践和理论两方面加以认真总结。

内外贸一体化也是转变竞争方式的必要途径。20 世纪 80 年代以后日本和德国之所以能够承受日元、马克升值导致制造成本提高的不利因素，其中一个重要原因就是依靠日本国内市场和欧共体市场的支撑。我国加工贸易出口产品不能内销的政策限制，削弱了国内市场对出口产品竞争力的培育作用。应对危机所采取的出口转内销的改革措施，不应看作是权宜之计，而应该成为转变发展方式的根本途径之一。

（三）转变市场开拓方式——转变外贸发展方式的第三重经济涵义

通过我国企业的跨国经营，把生产性服务连接起来的供应链延伸到海外的各种目标市场和细分市场，通过内外贸一体化的供应链体系，增强我国出口商品的市场渗透力和竞争优势，把市场多元化提高到更高水平，最大限度地把潜在的外需转化为现实的外需市场。

拓展国际市场需要运用新的技术手段和新的贸易方式。通过国际电子商务平台，不仅为企业经营管理提供了便捷、廉价的技术手段，而且扩大了企业与国际市场的联系，也在一定程度上弥补了我国海外经营分销渠道不足的缺陷。

（四）转变资源利用方式——转变外贸发展方式的第四重经济涵义

在商品出口中，要适应节能减排的新要求，在物质生产和交换中不断降低资源、能源的消耗和减少碳排放；在商品结构上，要根据节能减排技术的发展，不断优化商品出口结构，减少碳含量。在贸易结构上，要大力发展服务贸易，通过发展服务贸易出口，转变对外贸易收益过多依赖物质投入和资源消耗的格局，缓解我国资源、环境和生态的压力。在进口贸易中，要提高资源的利用水平，除了要提高资源产品的利用水平外，更重要的是要提高技术引进的利用水平。

六、"十二五"开放型经济战略目标

在商品出口贸易方面，人口专家预测，从现在起到 2025 年，我国农村仍需继续转移剩余劳动力，因此，应用最短的时间、最快的速度使我国商品出口贸易在世界市场中占有 20% 以上的份额，是我国开放型经济发展和经济建设发展的战略利益，应争取用 10 年或稍长时间完成这个目标，即"十二五"应达到 15%以上。

在服务贸易方面，从 2008 年服务贸易出口占世界市场份额的 3.9% 提高到 2010 年的 5% 左右，"十二五"结束 2015 年达到 8%。在运输、保险、专有权利使用费和特许费这三项主要逆差项目中应着力提高我国海洋运输能力，减少收支逆差，要由 2008 年的 115 亿美元减少到 2010 年的 85 亿美元，2015 年减少到 20 亿美元。同时加强通讯、其他商业服务、广告宣传、电影音像等行业的出口能力，特别是软件外包带动的计算机信息服务应从 2008 年的 30 亿美元顺差提高到 2010 年的 50 亿美元，2015 年提高到 100 亿美元以上。

在利用外资方面，继续大力吸引外商直接投资，争取年均 1000 亿美元以上，5 年累计达到 5500 亿美元。在东部沿海地区和内地大城市吸引外资投向先进制造业和新兴战略性产业，投向各种生产性服务业；在内地广大区域继续吸引外资投向各种低成本加工制造业和服务业。要创新利用外资方式，最主要的是扩大服务业吸引外资和利用并购方式吸引外资。扣除金融业和房地产业外，服务业吸收外资平均应达到30%以上；以并购方式吸引外资平均应达到30%以上。继续完善QFII，利用我国资本市场吸引外资。

在企业海外投资方面，不仅要强调金额数量，也要强调实际功效。"十二五"企业海外投资年均争取达到600亿美元，5年累计达3000亿美元。企业海外投资的实际功效不仅要讲企业的实际经营效益，而且要把进口我国所需资源和扩大我国海外商品市场作为战略目标。要求到2015年，我国海外公司应能够担负起我国所需进口的原油、成品油、铁矿砂、部分有色金属矿等资源性产品的部分生产与储备功能，如进口量的10%和储备量的20%由海外公司承担。海外商品市场的扩展要求我国海外公司从国内母公司进口的产品或中间品占我国出口总额的10%。

为实现以上战略目标，有以下几点措施：

第一，扩大开放，提升开放型经济。进一步开放基础设施和服务业市场，吸引外商投资。大型基础设施，如支线航空机场、支线铁路、部分高速公路和港口也都可以吸引外商投资，并允许采取BOT方式或参股经营等不同方式，吸引外资设立物流合资、合作企业；吸引外商在华设立各类研究开发机构；投资咨询机构；进一步放宽政策允许外商投资企业在华设立分销渠道；创造有利的政策环境吸引外资流向房地产和股票市场以外的各种服务业。放宽外资并购政策，鼓励拥有先进技术的外资企业并购国内企业。在民用工业生产领域，我们要舍得出让股权，不要怕外资控股。当然，并购是一项十分专业化的商务活动，需要有精通业务的专家和中介机构提供服务。另外，还要有一些标志性开放战略目标。加快建设上海全球性国际贸易中心，扩大保税区和特殊监管区的范围，给予上海更灵活的贸易自由化政策，使上海成为全球最大的商品贸易、转口贸易和离岸贸易中心，成为我国与全球资源置换的中心。扩大珠三角和天津滨海新区的对外开放功能，进一步发展先进制造业和生产性服务业，提高资源置换能力。

第二，改革外汇管理体制，促进企业海外投资。按照外汇储备功能的多样性，将外汇储备分为基础性外汇储备、战略性外汇储备、收益性外汇储备三个层次。基础性外汇储备，即国家用于防范国际收支风险、维持汇率稳定的外汇储备部分，应由国家外汇管理部门集中管理；战略性外汇储备，即国家用于支持中长期发展资源需求和产业技术升级需要，为海外战略资源投资提供融资，支持重点领域、重点行业、重点企业进行海外市场拓展、技术升级、资源收购的外汇储备部分，应由主权基金性质的中国投资有限责任公司、国家开发银行、中国进出口银行等政策性银行、保险机构、部分地方政府、战略性重点国有企业、大型民营企业等主体构成；收益性外汇储备，即满足一般经济主体寻求海外投资收益驱动而需要的外汇储备部分。

第三，继续推动自由贸易区战略。中国—东盟自由贸易区已经启动，并已初步显示互利效果，应从促进相互投资方面继续深化开放、巩固和扩大自由贸易区的成果。同时，应在上海合作组织基础上，推动中国与中亚五国自由贸易区的建立，扩大我国商品与服务市场，并继续发展石油天然气资源方面的合作。"十二五"期间，应把中国—东盟自由贸易区合作推向新的发展阶段，同时启动一至两个对我国开放型经济发展具有较高价值的自由贸易区。

第四，创造国际经济竞争新优势。鼓励境内商务企业发展各种形式的生产性服务，为分散的加工制造出口企业提供有效服务，节约流通领域的成本和劳动时间；并在此基础上发展境内为外贸出口服务的生产性服务产业，形成境内的生产性服务供应链。鼓励一部分企业自主创新，创造具有自主知识产权的技术和品牌，实现生产制造技术在国际分工价值链的提升。鼓励外商投资于先进制造业和先进制造技术环节，带动我国制造业的产业升级和技术提升。

第五，尽力保持低成本制造优势。从我国利益最大化角度出发，人民币汇率应当是具有商品出口竞争力的汇率，应当是保持较大规模贸易顺差的竞争性汇率。人民币汇率应实行主要盯住美元的、有浮动的、竞争性的固定汇率，即形成发挥市场机制作用的、有管理的汇率机制，要合理使用出口退税经济杠杆。我国现行税制很难做到"应退尽退"；出口退税规模应稳定占全国财政收入的恰当比重。"十五"期间，全国出口退税规模占全国财政收入的 8.31%，该期间我国出口贸易高速增长。"十一五"前 3 年，我国出口退税规模占全国财政收入比重提高到 10.5%，2009 年出口贸易激励完全压在出口退税上，尽管出口退税率比 2008 年大幅度提高，但由于退税压力太大，从 2009 年下半年开始，实际退税的增长速度已经下降，前 10 个月全国实际退税为 5224.62 亿元，同比增长9%；全年退税规模达到 6477 亿元，比上年 5870 亿元增加 607 亿元，占全国财政收入比重为 9.5% 左右。可见，加大出口退税力度的空间已经没有了。在出口信用保险方面，要加大金融保险服务对进出口贸易的支持力度，同时也要防范财政风险。2009 年在应对国际金融危机中，我国出口买方信贷发挥了有效作用，根据中国出口信用保险公司测算，840 亿美元的承保规模，可直接拉动 500 亿美元的出口。

第六，继续完善关税结构。2010 年关税总水平仍然为 9.8%（算术平均关税率），其中工业制成品的算术平均关税率为 8.9%，农产品的算术平均关税率为15.2%。因此完善关税结构的空间仍然存在。也就是说，对一些我国竞争力比较强的工业制成品，还有降低关税的潜力，以适应贸易自由化的发展要求；同时，还有条件对一些进口替代型的工业产品实行一定程度的关税保护，特别是以关税保护措施吸引外商投资，尽快引进技术，形成生产能力，为未来的关税减让奠定基础。

编辑整理：遇　芳

商贸流通服务业影响力前沿报告

宋 则

2010 年 3 月 25 日

宋 则

中国社会科学院研究生院财政与贸易经济系教授

摘 要：本文从理论分析和政策分析两方面对商贸流通服务业的影响力进行了深入分析，得出商贸流通服务业对经济增长的直接影响力低于其对经济增长的间接影响力、商贸流通服务业对经济增长的间接影响力在不同的政策和体制空间下截然不同等具体结论，并在此基础上，提出了落实中央"搞活流通、促进消费"重大措施的近期对策。

关键词：商贸流通服务业　影响力

一、商贸流通服务业影响力的理论分析

现代服务业影响力，特别是间接影响力（外溢效应）不易识别，一直是困扰服务业发展的重大基础理论和现实问题。本报告最突出的特点和贡献是，在研究方法和分析思路上克服了重重困难，作出了富于启发性的重要探索，首次对商贸流通服务业的间接影响力（外溢效应）及其具体表现，给出了定量分析和数学描述，并梳理了我国改革开放前后近60年的大量数据，对分析结果进行了反复验证。主要包括：商贸流通服务业影响力分别与国民经济流程、产业结构、发展方式、城乡关系、扩大就业、增进消费、节能降耗等重大时代主题的逻辑传导关系及其政策含义。这就将以往猜测式的定性研究向可重复验证的定量分析推进了一大步，并得出了一系列全新的结论。

本报告在研究方法上所采用的数学模型及其研究思路，不仅在研究商贸流通服务业影响力上有所突破，而且对考察各种类型的现代服务业影响力问题都具有借鉴意义。

本报告认为对于流通产业的界定，必须以流通为基点。一是看其是否专门从事商品流通；二是看其是否专门为商品流通服务。因此，商贸流通服务业包括两大部门：一是商业，主要指批发业和零售业；二是专门为商业服务的行业，主要包括仓储业、运输业、包装业等物流业，两者共同构成商贸流通服务业的产业体系。所以，本报告所研究的商贸流通服务业范畴主要指批发业和零售业及专门为

23

商业服务的仓储、交通运输及邮政业行业。

本报告认为，商贸流通服务业影响力的内涵是指商贸流通服务业支撑或改变国民经济、社会生产和居民生活原有状态的能力，或者表述为：国民经济、社会生产和居民生活对商贸流通服务业的依赖程度。这种影响能力或依赖程度的大小、强弱，取决于相关的管理体制、运行机制、产业政策和行业整体技术水平、管理水平、企业状况，等等。

商贸流通服务业影响力的外延从直观及隐蔽看，包括商贸流通服务业直接影响力和间接影响力（又称"溢出效应"或"外部性"）。直接影响力表现在对GDP的贡献额和贡献率、就业量和就业比重等直接作用上；间接影响力表现在优化空间产业结构、优化时间经济流程、增进居民消费等间接作用上。

值得特别指出的是，服务业及其影响力在总体上的含义、基本分类和统计核算等基础研究最重要但也最薄弱。这是由服务生产活动本身不同于物质生产活动种种非直观的特点决定的，即模糊、无形、易逝、异质和不易存储，等等。

除了理论自身的原因之外，现实生活也增加了识别服务业影响力的困难。具体到商贸流通业，第一，它所包含的知识、技术的外溢效应不易识别；第二，由于分工加深，商品流通不断分化出许多相对独立的专业化的经济环节，导致其整体功能越来越不易识别；第三，统计、管理职能被很多机构分解，众多机构分别针对各自环节分段管理，使得统计、管理的整体职能面目不再直观、清晰。但也正因如此，才更增加了这项研究任务的挑战性和重要性，并有可能举一反三，为定量识别各类服务业的影响力作出有益的探索。

总的发现是：本报告根据菲德模型的分析框架，构建出了测度商贸流通服务业对经济增长的影响力模型，对商贸流通服务业在 1952～1978 年和 1979～2006年两种不同体制时间段下的影响力和作用机理进行了分析与检验，发现商贸流通服务业对经济增长的直接影响力低于其对经济增长的间接影响力。

长期以来对商贸流通服务业影响力的主观评价是不准确的，主要表现是高估了其直接影响力（因为比较直观），而大大低估了其间接影响力（因为比较隐蔽）。在此基础上，就发挥商贸流通服务业影响力问题提出了相应对策。其中，所用研究思路、方法和新的发现，对研究现代服务业具有普遍意义。

经过分析考察得出的一系列具体结论包括：

第一，商贸流通服务业对经济增长的直接影响力低于其对经济增长的间接影响力。包括商贸流通服务业在内的服务业正在各个国家后来居上、蓬勃发展，不太直观的服务业正在改变世界，也在改变原来"很表面、很直观、很物质"的传统农业和工业。

第二，商贸流通服务业对经济增长的间接影响力在不同的政策和体制空间下截然不同。1952~1978 年，中国商贸流通服务业基本上是一个计划经济体制下特定的实物分配部门，作为市场交易专业化提供者的流通企业是不存在的；1978年以后，改革开放赋予了商贸流通服务企业市场主体的身份，国民经济其他产业的快速发展给商贸流通服务业提供了丰富的资源，市场扩大化和日益复杂化也对商品流通产生了强烈需求，以市场为导向的流通渠道模式开始形成，促使专业化生产和多样化消费协调一致的根本职能明显增强，商贸流通服务业的快速发展使之对国民经济表现出了正向的间接推动作用。

间接影响力表现为外溢经济职能和外溢社会职能：

（1）外溢经济职能。商贸流通服务业充当着促进其他部门增长的过程产业角色，降低经济运行的成本，这种作用为外溢经济职能。生产专业化与消费多样化之间的矛盾要通过流通过程方能获得相对的解决。由于社会化生产使生产部门"放宽"，生产序列"拉长"，对最终消费来说，生产部门或企业的产品大都以中间产品、局部产品的形式出现。这时，只有通过流通过程连接，生产对消费才有意义。这种情况下，对生产者或消费者来说，它的生产和消费过程在流通领域"继续"或者"提前"的活动，如加工、运输、保管、包装、装卸等的数量在大量增加，同时，需要向流通领域投入和取出大量信息，需要各种生产性、技术性、商业性服务。因此，流通在完成商品买卖基本职能的同时，完成了由此派生出的其他职能，如售前售后服务、广告业务、租赁业务、贮运加工、技术咨询、商业预测和其他社会服务，等等。流通已从交换中介人变成"综合服务"系统，相应地对生产和消费的影响也在随之加深，流通通过对生产和消费影响的加深，间接影响了宏观经济的发展。

（2）外溢社会职能。商贸流通服务业承担起了破除体制改革瓶颈，减轻改革阵痛的功能。这些功能主要表现在优化产业结构、转变发展方式、节约社会成本以及对整个就业产生了巨大的乘数效应。在通过点、线、面（网络）和商流、物流、资金流、信息流（流程）的融合，实现生产和消费的对接，发挥天然媒介职能的时候，商贸流通服务业直接促进了经济增长，同时还通过其职能的扩张，优化行业和地区产业结构，促进经济增长方式的转变，节约社会成本，增加就业，从而提高了社会资源的配置效率并改善了民生，进一步间接推动了宏观经济的发展。从这个意义上讲，商贸流通服务业成为了经济增长的发动机，其作用机理见图1。

从相互关联的分析结果来看，工农业产值每增加1%，商品流通速度增加0.40%；商业资本每增加1%，商品流通速度增加0.80%；流动资金周转率每增加1%，商品流通速度增加0.44%；最终消费每增加1%，商品流通速度增加0.62%。商业资本规模是影响商品流通速度的最主要因素，商品流通速度提高使国民经济流程得到优化，应主要归功于商业资本投入的不断扩大。

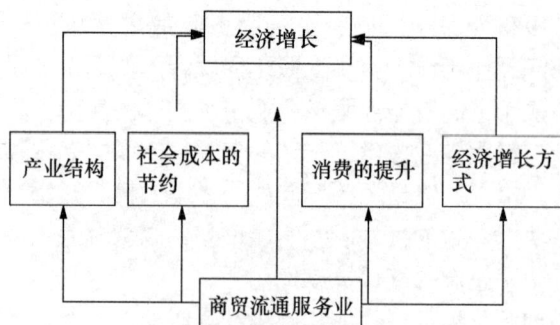

图1 商贸流通服务业外溢效应间接传导机制

大幅度降低物流成本和交易费用是商贸流通服务业影响力的集中体现。而我国物流成本节约的潜力十分巨大。据最新数据显示，2008 年年底全国社会物流总额已经从 1991 年的 3 万亿元上升到 88.82 万亿元，年均增长 22.2%；2008 年物流费用支出占 GDP 的比重已经从 1991 年的 24%（5182 亿元）下降到 18.4%，达 5.21 万亿元。而美国物流费用一般占国内生产总值 10% 左右。假如我国物流技术管理水平达到美国的水平，则 2008 年物流费用支出仅为 2.83 万亿元，与实际支出相比，可以少支出 2.37 万亿元。而在这 2 万多亿元成本中，固然包含不同于美国的重化工业缘由，但也隐藏着巨额的"体制性成本"。

至此需要特别专门讨论三个重要问题。

第一，除了寻求提高效率、降低成本的一般性途径之外，中国还明显存在大幅降低"体制性成本"的特殊途径。从管理机构纵向化、立体化与物流横向化、扁平化的矛盾角度讲，从计划经济体制演化而来的政出多门、九龙治水、自乱其制的现行管理体制，职能权限交叉、重复、遗漏已成为痼疾顽症，从而是与物流天性处处"作对"的体制。从经济学角度观察，由此引起的物流成本属于物流的"体制性成本"，它有别于一般所说的物流管理成本。因为"体制性成本"带有特定体制下纯粹人为的性质和既得利益背景，是人为因素导致的，原本可以避免、剔除的行政性额外负担，因而是"最冤枉的成本"。在基于原有体制的统计框架下，是不大可能把它自己影子式的"体制性成本"独立识别出来的，但可以断定它确实存在。并且，还可以断定，只要相关体制和政策得到改变，与之对应的体制性成本就会即刻消失。例如，诸多不合理审批制度、政策规定、庞杂收费、税制缺陷、行政垄断、地区封锁、标准混乱及其他人为障碍造成的物流开支，都属此列。降低工业化物流的体制性成本是迄今最薄弱、最具针对性、最有希望立竿见影的重大政策问题，理应率先纳入我国节能降耗的总盘子。

第二，模型和实践分析显示，商人们的存在和发展不是增加而是降低社会交易成本。求证一下"商人存在的理由",对每时每刻享受商人服务却蔑视商人、心存偏见和无知的人来说,仍然有很强的针对性和政策含义。任何社会从来都不可能由着任何人随意加价和恶意加价来维持,这些论点是马克思《资本论》第三卷关于商业资本与剩余价值分配问题中反复论述的最核心的论点。从中可以引申出进一步的基本判断:在一定意义上,现代市场经济就是商人们配置资源的经济;商人们绝非为表面看到的"会增加社会交易成本",恰恰相反,它天生就是为降低交易成本、提高经济效率而产生和发展起来的;流通环节的多与少要由市场竞争来裁决,片面强调减少流通环节,是对市场经济的无知和误解,是中国长期以来重生产、轻流通最典型的表现之一;无端扼制商人们的正常发展必然导致交易成本上升、市场秩序混乱、资源配置恶化和经济效率下降;在现实生活中,某些倒买倒卖、炒作加价、获取暴利的现象,其根源绝对不在于环节的多与少,而肯定是权钱交易、行政垄断和市场变异等阻止了正当的竞争。

第三,发展商贸流通服务业对促进消费有着至关重要的作用,特别是零售业能够直接实现即期消费,创造未来消费,开发潜在消费。从分析中还可以看出,顾客与商贸业是相互依赖的关系。通常所说的"零售业要依赖顾客消费者","消费者是上帝、是衣食父母"只是一个方面,甚至只是表面现象。而由于商贸业的影响力,致使顾客、居民消费者每时每刻都离不开,都强烈依赖商贸业才是事情的本质。个别商店可以因为大环境恶化、经营不善或慢待顾客而垮台(例如国际经济危机时刻),但商贸业和居民消费从来不会垮掉。各国的商业实践显示,那些在经济困难时期因洗牌加剧而垮掉的商业企业,特别是大型企业,将为更多的有效率的企业腾出发展机会和空间,从而实现商贸业和消费者的整体提升和更大跨越。

在现实中,这种无偿免费服务于社会的外溢效应,也即社会未付费就可享用的搭车现象,具体存在于社会经济生活的方方面面。第一,商贸服务业和现代物流业中竞争性的订单择优采购、订单择优销售机制,推动优胜劣汰、升级换代,直接间接地优化产业结构,使资源配置优化的成本不断降低。通过产业关联机制(竞争性的订单择优采购、订单择优销售机制)直接优化这些农业和制造业中的产业结构,间接优化其他与之连带的农业和制造业结构。第二,商贸流通服务业和现代物流业中自身资本的高质量循环周转,经济节奏的较量,储备信息支配储备商品,快节奏、精确化地采购销售和库存,高效率的物流、系统化的物流供应链,等等,四两拨千斤,直接间接地推动优化经济流程,使流通总成本不断降低。通过产业关联机制直接优化订单客户的流程,间接优化连带的其他农业和制造业流程。第三,商贸服务业和现代物流业的不断发展,通过产业关联,直接间接地增加就业、增加收入、增进消费。直接增加商贸服务业和现代物流业的就业，直接增加订单企业和产业的就业，同时由产业关联机制拉动其他农业和制造业发展，间接增加就业。第四，由于遍布城乡的批发零售业（含餐饮业）和现代物流业这种便利快捷、服务周到的渠道网络的存在，才使得保障和改善民生落到实处，才使得全社会、各阶层的城乡居民消费者的每一分钱转化为实实在在的消费过程，并以最方便、最低的寻找选择成本实现和完成消费过程。第五，商贸服务业和现代物流业潜移默化的独特文化是构建和谐社会的强大力量。

二、商贸流通服务业影响力的政策分析

商贸流通服务业影响力的政策含义和效果十分明显。当前，我国还面临不少困难和问题，都可集中到一点：如何优化、降解、盘活累积延续多年、已被视为"既成事实"的经济存量中的矛盾和问题，而国际金融危机更激化了这些矛盾和问题。从国民经济大局和大背景出发，从政策分析、对策分析的角度提出"关注存量效能"和重视商贸流通服务业影响力的新财富观，有助于找到事关全局的新的政策思路和解决方案。

为应对此次危机，从充分发挥商贸流通服务业影响力的天然功能入手，可以最大限度消除经济存量中的闲置、浪费和损失。而一切存量的优化与盘活，最终都是稀缺资源的节省和生态压力的减轻。这是新时期成本最低的战略选择，有望突破存量困扰，切实解决国民经济存量中"结构扭曲、流程紊乱、高耗低效、就业压力、消费瓶颈、信用缺失"等老大难问题，从而带来数万亿元的巨额资本和经济效益。因而不仅具有长期的战略意义，更有立竿见影的近期效果。

在未来5年，从市场、流通入手优化结构、优化流程、节能降耗、扩大就业、增进消费、突破存量困扰，潜力巨大，前景可观，有希望从经济存量中斩获至少"6万亿~8万亿元"巨额实效，从而促进国民经济结构和流程发生重大积极变化。即依托市场化、商业化订单机制，可缓解产能过剩、库存积压，优化结构，减少2万亿~3万亿元的产业结构性损失（例如，目前仅钢铁产业一项，陈旧落后的过剩产能就超过1亿吨，价值达数千亿元，加上产成品积压和上下游关联产业，结构性损失还得加倍）；加快经济节奏，可额外节省至少1万亿~2万亿元的流动资本占用；提高物流效率，可额外降低至少1万亿~2万亿元的物流成本；排除增进消费的非收入制约，可额外化解至少1万亿~2万亿元的购买力存量；强化流通服务业诚信，可消灭逃废债务、商业欺诈、制假售假、商业贿赂、撕毁合同等造成的经济损失1万亿元。

在新时期为切实取得这些实效，必须高度重视、充分发挥商贸流通服务业多向性的影响力，努力开展相互关联的多项具体行动。第一，开展以市场化为主导

的产业结构优化行动，强化商贸流通服务业消灭产业结构性损失的能力。第二，开展以信息化为主导的流程优化行动，强化商贸流通服务业加快流动资本周转的能力。第三，开展以物流合理化为主导的节能降耗行动，强化商贸流通服务业降低物流成本的能力。第四，开展以增进消费为主导的商品畅销行动，强化商贸流通服务业消费转化、催化能力。完整的消费政策＝增收＋减负＋补贴＋改善消费环境。2009年，消费状况和走势是各行各业以及每个家庭、消费者共同关心的重大问题。提高消费信心至关重要，增加消费能力任务紧迫，改善消费环境刻不容缓，开拓消费领域事关长远。第五，开展以培育现代农业为主导的反哺农村行动，强化商贸流通服务业可以增加农民收入、增进农村消费能力。

三、落实中央"搞活流通、促进消费"
重大措施的近期对策

围绕以上充分发挥商贸流通服务业影响力，从市场、流通领域入手挖掘潜力的思路，还需要针对国际金融危机造成的暂时困难，积极落实中央关于"搞活流通、扩大消费"的一系列重大措施，并利用商贸流通服务业的影响力从各个方面加以配合。近期对策要点是：

第一，深化自身体制改革，如国有商业企业改革、政府管理机构改革，积极推进商贸流通服务业自身发展方式转变，加快现代化的步伐，不断增强竞争力。

第二，以公平竞争为主导扩大开放，同时确保商贸流通服务业产业安全，警惕外资负效应（滥用市场支配地位）。

第三，要建立名副其实的农产品绿色通道，剔除不合理的体制性流通成本。

第四，要充分发挥信息技术、电子商务和物流配送的重大作用，加强商贸流通服务业原创性建设，改造提升农产品和其他商品批发交易市场，同时实行零售业创新。

第五，商贸流通服务业要介入第一、第二产业，以优化第一、第二产业结构和流程为己任，特别是在国际金融危机、出口受挫的背景下，商贸流通服务业要充分发挥独特的时间空间网络—信息优势，最大限度地化解工农业产品库存积压。

第六，要改变发展的不平衡现状，优先发展中西部商贸流通服务业，推动发展商贸带动型经济。

第七，建立低成本、高安全、动态化的商品应急储备体系。

第八，根据外溢效应特点，加快推进商贸流通服务业中公益性认定工作，强化公共财政扶持力度。

第九，要在国际市场充分发挥我国商贸流通服务业影响力，推动商业资本国际化、走出去，分销渠道向国外延伸，切实改变我国商品输出庞大而商业资本输出弱小、商品贸易和服务贸易严重失衡的状况。

第十，要不断增强商贸流通服务业企业可持续盈利能力和可持续发展能力。

第十一，积极开展以服务至上为主导的诚信商业行动，改变流通服务业"普遍不讲究服务、不讲究诚信"的形象，切实提供优质服务，而不再提供"麻烦"，从源头上降低交易成本中急剧增加、数以亿计的社会防范成本（实际上，化解诚信危机，也可以从源头上降低至少1万亿元的社会防范成本）。

第十二，要以精确化为主导的科学监测行动。切实解决数据、信息、指标等缺失、虚假、混乱、不全、不准、不及时的问题，加强商贸流通服务业监管体系精确化、制度化的基础性建设。重点建立商贸流通服务业现代化评价体系、商贸流通服务业标准化指标体系、商贸流通服务业竞争力评价体系，特别是要按照竞争力系数及其以相对指标为主导，推进商贸流通服务业绩效评价体系创新，改变现行绝对指标为主导的外延式、粗放型、拼数量的评价体系。

最后，必须强调指出，鉴于2009年以后国内外因素共同造成的严峻形势和产成品滞销、库存积压的强劲势头，无论中远期还是近期，商贸流通服务业的所有政策措施都要努力形成一股合力或一种机制，即充分发挥全部影响力，实施"反滞销战略"，千方百计促进消费，有效遏制滞销增量，化解滞销存量。而在这个过程中，尤其要注意必要储备和滞销积压的区别；在滞销积压中，要注意绝对滞销和相对滞销的区别；在相对滞销中，要注意滞销存量和滞销增量的区别。"注意三个区别"可引出多向性的对策思路，为反滞销提供政策支持。

编辑整理：遏　芳

关于学术期刊的若干问题探讨

——以《财贸经济》为例

王迎新

2010 年 5 月 6 日

王迎新

中国社会科学院研究生院财政与贸易经济系副教授

摘 要：本文概括地介绍了学术期刊《财贸经济》的发展历程、评价体系及审稿和编辑的基本程序，从总体要求、文章题材、体裁和创新等方面，较深入地分析了关于如何投稿的问题，并进一步论述了《财贸经济》今后拟加强的工作，提出《财贸经济》拟逐步由单项匿名审稿制向双向匿名审稿制过渡，把《财贸经济》办成国际化的学术期刊等思路。

关键词：学术期刊 财贸经济 匿名审稿 信息化 国际化

一、绪论

（一）何谓学术期刊

学术期刊即发表的文献以学术论文为主，而非以文件、报道、讲话、体会、知识等资料性为主的定期公开出版的刊物。学术期刊发表文献的作者以科研单位、高等院校师生（学生主要是研究生以上者）为主；读者主要为上述科研单位、高等院校的研究人员以及相关政府机构、民间组织、行业协会、企业的领导和工作人员等；编者一般为研究机构、高等院校具有相关研究领域背景的编辑。学术期刊的运行是作者、读者和编者三者集体的行为，缺一不可。

（二）学术期刊的功能

学术期刊以同行、同领域的交流为主，其功能为搭建学术平台，引领学术方向，组织学术争鸣，催生创新产物，展现学术成果，扩大学术影响。

（三）中国社会科学院学术期刊的现状

从全国来看，2008 年，全国共出版期刊 9549 种（同年，全国共出版图书 274123 种，全国共出版报纸 1943 种），其中，哲学、社会科学类 2339 种，占 24.5%。

从中国社会科学院来看，中国社会科学院有 30 多个研究所，共有期刊 90 多种。总体要求：要坚持正确的办刊方向。中国社会科学院是党中央和国务院的思想库、智囊团，是马克思主义的坚强阵地，也是先进思想和学术交流的前沿阵地。每种学术期刊都有自己专注的研究领域。但在政治上，都要有"守土有责"的阵地意识。一方面，每个学术期刊的编辑应通过学习，加强马克思主义政治修养；另一方面，在重大政治问题上保持高度的敏感性，在对外宣传时要与党中央的精神保持一致。中国社会科学院的学术期刊在全国享有很高的学术声望，是中国社会科学院重要的学术资源和竞争优势所在。从 2008 年起，中国社会科学院实行"名刊建设"工程，有 68 家刊物得到"名刊建设"的资助，《财贸经济》也是其中之一。

1. 关于匿名审稿制度

2001 年，《世界经济》、《经济研究》等在国内经济类刊物中率先实施了双向匿名审稿制度。目前，该刊的匿名审稿专家库约有 200 名国内外相关领域最优秀的专家学者。通过匿名评审环节，在稿件录用上严格把关，大大提高了文章的学术质量。而这一制度的缺陷是审稿周期较长，编辑部缺少主动权，以及个别专家有文人相轻的倾向，等等。

2. 学术期刊信息化

建立独立的网站，进而建设一整套电子化的网上投稿、用稿查询、专家审稿、编辑系统，是现代期刊出版领域的发展方向。通过"学术名刊建设"工程的经费支持，《经济研究》、《世界经济》、《财贸经济》等联系了国内该领域的专业网络公司，协助建立起独立的网站和一整套电子化编辑系统。

3. 学术期刊"走出去"

学术期刊要做到进一步发展，关键是争取更优秀的稿源。许多刊物走出"象牙塔"，积极和全国相关领域的大学及科研院所建立联系，通过座谈与举办讲座的方式，一方面宣传本身的刊物，吸引和邀请相关学者的优秀稿件，另一方面派出本学科领域的著名专家讲学，并结识各学科优秀的学术研究骨干，相互交流合作，了解学科发展动向，取得了较好的社会效益和经济效益。

4. 学术期刊国际化

目前，中国社会科学院主要有三种英文的经济类期刊：*China & World Economy*、*China Economist* 和 *China Economy*。从全国来看，学术期刊今后的发展方向将面临电子化、国际化和市场化的挑战。我们认为，学术期刊的国际化不单纯是把期刊翻译成外文版，还应加强期刊学术的规范化。此外，学术期刊国际化还应将"引进来"与"走出去"结合起来，实现作者和编者的国际化，等等。

二、《财贸经济》：学术期刊介绍

（一）概况

《财贸经济》（月刊）是综合财贸经济各学科、国内外公开发行的学术核心期刊，由中国社会科学院主管、中国社会科学院财政与贸易经济研究所主办。本刊贯彻党的基本路线、以经济建设和经济改革为中心，提倡"双百"方针；主要发表财政、金融、贸易经济、服务经济、旅游经济、城市经济、成本价格、审计和会计等领域的优秀科研成果和改革经验总结，探讨在经济改革和经济建设中出现的新问题，提出新观点和新思路，为理论研究和实践服务，是国内外人士了解中国经济运行动态和财经理论研究成果的重要窗口。基本栏目有财政与税收、金融与证券、国际贸易与投资、产业经济、服务经济、城市经济、书评、综述、院校简介等。

《财贸经济》自1980年创刊以来，坚持基础理论研究与对策研究的紧密结合，逐渐形成了权威性、理论性、可读性、实践性的办刊特色，迄今已发表大量有重要影响的论文、研究报告，受到中央有关部门的重视以及理论界、企业界人士的充分肯定。本刊作为我国经济类核心期刊，在国内的经济理论文献以及主要文摘类报刊的转载率不断上升。

1. 发展历程

《财贸经济》（丛刊）诞生在20世纪80年代的第一个春天。

1981年，刊登了薛暮桥的《谈谈物价问题》、孙冶方的《流通概论》、刘国光的《中国经济体制改革中计划与市场的关系问题》、孙尚清的《企业体制改革探讨》等文章。

从1982年起，《财贸经济》改为月刊；时任全国政协副主席、著名社会活动家、书法家赵朴初先生为《财贸经济》题写刊名（2008年本刊已将赵先生题写的刊名"财贸经济"注册为商标）。

1983年12月21日，《财贸经济》在京召开编委会。张卓元主编主持会议，姜君辰、徐雪寒、左春台、刘明夫、杨培新等同志发言：①刊物要有正确的指导思想，紧紧围绕全党工作重点，抓住经济工作中心。②要理论联系实际，为现实经济服务。③不要单纯追求发行量，主要是提高刊物质量。④刊物要突出特色，突出《财贸经济》的综合性。⑤应认真研究、反映陈云同志关于财贸工作方面的思想和理论。⑥刊物要组织总结我国经济建设方面的文章。

1984年10月12日，《财贸经济》编辑部在南京召开"孙冶方社会主义流通理论讨论会"。参加会议的领导及专家学者共有150人，是新中国成立以来第一次全国性专题讨论社会主义流通理论的学术会议。会后，在《财贸经济》1985年第1期刊出"孙冶方社会主义流通理论讨论会"专栏，发表了薛暮桥的《社会主义经济必须重视商品流通》、刘国光的《研究社会主义流通问题的重要性和迫切性》、张卓元的《加强社会主义流通理论研究》等11篇文章。

1985年，成立《财贸经济》杂志社。林凌的《城市经济商品化与城市开放》（《财贸经济》1985年第9期）获1986年度第2届"孙冶方经济科学奖"。

1986年，李成瑞的《关于宏观经济管理的若干问题》（载《财贸经济》1986年第11期）获1988年度第3届"孙冶方经济科学奖"。

1987年，刊登了马家驹的《论经济体制和运行机制中的困难》、厉以宁的《第二次调节论》、钟朋荣的《论国内价格与国际市场价格的挂钩》等文章。

1988年1月19日，《财贸经济》编辑部会同《成本价格资料》编辑部在北京召开了"关于我国通货膨胀问题讨论会"。之后，在《财贸经济》1988年第3期编辑刊出专题文章"稳定通货　稳定物价——关于我国通货膨胀问题的讨论"，发表了徐雪寒、赵效民、陈东琪、李成瑞等16个主题发言。

1989年5月，《财贸经济》荣获广西迎春书展（1988~1989年度）样刊二等奖。

1990年，发表张卓元的《坚持治理整顿要和深化改革结合起来》、武爱民的《治理整顿期间深化财政、金融、物价体制改革的意见》等文章。

1991年6月22~25日，由中国社科院财贸所及《财贸经济》编辑部、国务院发展研究中心市场流通部、四川省社科院、四川省物资贸易中心和中国市场学会联合发起的"全国第三次市场体系理论研讨会"在成都召开。之后，在《财贸经济》1991年第9期专题发表"深化改革、积极促进市场发育——全国第三次市场体系理论研讨会发言摘要"，刊出林凌、高铁生、林文益等9人的发言摘要，并刊发了会议综述。

1992年，发表"中国社科院经济学科片形势分析小组"的《宏观经济管理的操作》、张世尧的《关于搞好国营大中型商业批发企业的思考》等文章。

1993年，发表熊映梧的《社会主义与市场经济》以及马凯的《关于建立社会主义市场价格体制的几个问题》等文章。该年度组织发表了有关社会主义市场经济问题的理论文章，如曾国祥的《历史的里程碑——论社会主义市场经济》

（第 1 期）、厉以宁的《社会主义市场经济与财政对资源配置的调节》（第 1 期）、王积业的《社会主义市场经济与宏观调控》（第 2 期）等。

1994 年，刊登张卓元、杨圣明、宋则、贾履让、陶琲、何振一、李扬、何德旭、卢中原、陈家勤的《学习〈中共中央关于建立社会主义市场经济体制若干问题的决定〉笔谈》，刘溶沧的《论市场经济条件下国民经济的持续快速稳定增长》以及李晓西的《试论推行"分税制"的意义及条件》等文章。

1995 年，发表陈东琪的《从偏紧政策转换为中性政策》，胡乃武、吴晓求的《货币必要量研究：分析与计量》，徐永健的《再论国家银行债权变产权》以及康书生的《论我国储蓄创新》等文章。

1996 年，刊登景学成的《从第一次浪潮走向中国金融改革开放的新世纪》、黄志凌的《转轨时期金融运行现象的再认识》等文章。

1997 年，刊登李扬的《金融宏观调控机制的进一步改造——关于我国存款准备金制度改革的若干问题》，王军的《1996～1997 年中国金融形势分析与预测》以及杨圣明、裴长洪、冯雷的《WTO 与中国 90 年代后期外经贸发展战略》等文章。

1998 年，中国社会科学院财贸经济研究所"中国住房制度改革研究"课题组（杨圣明、温桂芳、边勇壮执笔）的《关于深化城镇住房制度改革的总体设想》（《财贸经济》1997 年第 12 期、1998 年第 1 期）获 1998 年度第 8 届"孙冶方经济科学奖"。

1999 年，刊登刘溶沧的《中国经济体制转型与公共政策的重新定位》、刘世锦的《近期经济回落的原因分析与政策选择》、庄健的《我国经济结构调整的回顾与反思》（第 1 期）、北京大学中国经济研究中心宏观组的《投融资体制扭曲所导致的后果分析及政策建议》、张卓元的《中国的国有企业改革与公共政策变迁》（第 2 期）、江小涓的《推动国有企业改革与发展的重要战略部署——学习党的十五届四中全会〈决定〉的体会》（第 12 期）等文章。

2000 年，发表齐建国的《中国经济形势：1999 年回顾与 2000 年展望》，张中华的《论产业结构、投资结构与需求结构》，吴群刚、胡鞍钢的《两类通货膨胀的经济学特征分析及政策含义（上）》（第 1 期），陈东琪的《论政府高效行政与政府体制改革——一个简单的理论思路》，杨灿明的《我国"十五"期间的经济发展与财政政策选择》（第 3 期），杨圣明的《"入世"对我国经济的影响及其对策》，徐忠的《开放经济中的我国汇率制度选择与内外部平衡》（第 12 期）等文章。

2001 年，发表项怀诚的《正确认识经济发展阶段特征 科学制定政府宏观调控政策》，卢中原的《国有企业改革的进展、问题及"十五"期间深化改革的建议》（第 1 期），刘溶沧的《关于积极财政政策的几个问题》（第 3、4 期），杨圣明的《关于深化劳动价值论的几个问题（上）》（第 12 期）等文章。为配合中央的有关政治学习与讨论，在第 10 期上组织了学习江泽民同志"三个代表"重要思想的笔谈，以及发表了对劳动价值论问题的认识等文章。此外，还对一些热点问题，如加入 WTO 问题、积极的财政政策问题、金融监管问题、流通领域的问题、消费信用问题等组织专家进行了较为充分的讨论。

2002 年，在新的历史条件下，就如何深化关于劳动和劳动价值理论的认识，本刊组织编发了杨圣明的《关于深化劳动价值论的几个问题（下）》（第 1 期）、郭克莎的《当前深化对劳动价值论的几个认识问题》（第 2 期）、赵磊的《谈发展劳动价值论》（第 6 期）等稿件。

2003 年，本刊编发的主要文章有：在宏观经济方面，齐建国的《2002 ～ 2003 年中国经济形势分析与展望》（第 1 期）、周天勇的《宏观经济政策反思及其转型的框架设计》（第 3 期）、卢中原的《关于投资和消费若干比例的关系》（第 4 期）、江小涓的《向潜在增长率趋近》（第 5 期）、魏杰等的《从收入差别看中国的有效需求不足》（第 6 期）、马建堂的《关于未来几年国有经济改革与发展的思考》（第 8 期）、刘福垣的《中国发展失衡与国家发展战略的反思》（第 9 期）、王洛林等的《我国西部大开发的进展及效果评价》（第 10 期）。

2004 年，本刊编发的主要文章有：在宏观经济方面，卢中原的《巩固经济自主增长机制　促进经济持续稳定增长》（第 1 期），平新乔的《政府保护的动机与效果》（第 5 期），刘国光的《略论宏观调控转向中性政策》（第 8 期），李晓西、曾学文的《再论中国市场经济地位》（第 10 期），尤完、齐建国的《中国经济长期发展趋势与循环经济》（第 10 期）。

2005 年，本刊编发的主要文章有：在宏观经济方面，丛明的《当前经济形势与宏观调控主要政策取向分析》（第 1 期）、江小涓的《产业结构优化升级：新阶段和新任务》（第 4 期）、卢中原的《未来 5 ～ 15 年中国经济社会发展的若干重大问题》（第 7 期）、刘鹤等的《以科学发展观统领经济社会发展全局——专家学者学习中共十六届五中全会精神笔谈》（第 11 期）。

2006 年，本刊编发的主要文章有：齐建国的《中国经济：2005 年回顾与2006 年展望》（第 1 期）、李茂生的《经济学的真谛与中国经济学家的使命》（第 8 期）、卢现祥的《转型期我国市场化进程的多视角分析》（第 10 期）。

2007 年 8 月，为加强与作者的联系与学术交流，由财贸所主办，编辑部在北京召开《财贸经济》青年学者笔谈会，来自全国高校的青年学者 40 余人参会。陈佳贵副院长出席开幕式并做专题报告。研讨会期间，经济所所长刘树成、金融所所长李扬做专题报告。会后编辑出版了 2007 年增刊，共收集了 24 篇论文，约

22 万字。

2008 年，为纪念中国改革开放 30 周年，第 11 期集中出版编辑"中国改革开放 30 年纪念专辑"，发表刘国光的《回顾改革开放 30 年：计划与市场关系的变革》，李晓西等的《改革开放 30 年重大理论问题的讨论与进展》，裴长洪的《我国利用外资 30 年经验总结与前瞻》，李扬的《中国金融改革开放 30 年：历程、成就和进一步发展》，高培勇的《奔向公共化的中国财税改革——中国财税体制改革 30 年的回顾与展望》，杨圣明的《加快迈向服务经济时代的步伐》，金碚的《世界工业化历史中的中国改革开放 30 年》，李周的《改革以来的中国农村发展》，温桂芳的《价格改革 30 年：回顾与思考》等 11 篇文章。2008 年 9 月，《财贸经济》获中国社会科学院优秀期刊进步奖。

2009 年，为庆祝新中国成立 60 周年，本刊在 2009 年第 9 期设专栏编辑发表"迎接中华人民共和国建国 60 周年专论"的专栏文章：何振一的《新中国财政 60 年的艰辛历程与光辉成就》、王国刚的《中国金融 60 年：在风雨前行中的辉煌发展》、黄国雄等的《中国商贸流通业 60 年发展与瞻望》、陈家勤的《新中国对外经贸发展 60 年的伟大实践和理论创新及主要经验》、武力等的《略论新中国 60 年商品价格形成机制的演变》。

2010 年 4 月 19 日，《财贸经济》创刊 30 周年座谈会在北京召开。

2. 评价体系

根据中国社会科学院文献计量与科学评价研究中心出版的《中国人文社会科学核心期刊要览》（2008 年版）的统计，将 431 种高被引频次的贸易经济类期刊按学科被引位次排列生成"贸易经济类期刊引证表"，《财贸经济》在该表中名列第 6 位；在此基础上，经院内外权威专家评审，选出 11 种贸易经济专业核心期刊，其中《财贸经济》的综合评价值由 2004 年的第 4 位上升为第 2 位。

《财贸经济》在中国人民大学书报资料中心 2008 年度"复印报刊资料"经济学类（800 种报刊）全文转载量（率）排名第 1 位（全年共转载 49 篇），在北大中文核心期刊目录（2008 年版）核心期刊综合经济类（34 种期刊）排名第 7 位，在南京大学（教育部委托）核心 2008 年版 CSSCI 来源期刊经济学（72 种期刊）排名第 14 位。

2008 年，《财贸经济》被列为中国社会科学院首批建设的"学术名刊"之一，并获中国社会科学院第四届优秀期刊进步奖。

3. 审稿和编辑的基本程序

《财贸经济》坚持正确的办刊方向，模范遵守国家和中国社会科学院有关期刊工作的政策法规，做到无违规行为（这是常规性工作，路线问题由专家审稿、编委会定稿、主任定版、责任编辑、外审通读等层层把关，做到守土有责）。

建立完善的编辑工作制度和学术规范制度，以及严格的专家审稿制度（现为单向匿名专家审稿制），所有稿件必须登记入电脑，各项审稿程序均有记录显示，以备查询（从2009年9月1日起，作者可在《财贸经济》网站查询来稿的审核状态）。主要包括四个程序：初审（编辑逐一审查，分类基本合格的文章），二审（编辑和专家推荐有创新的文章），终审（编委会审定可以刊发的文章），定期、定版（主任）。

《财贸经济》编辑和出版的程序主要包括：发稿（排版），一校，二校，通读，三校（核红、总审），送厂付印，发行（邮局、自发）。

另外，在各级领导和有关部门的大力支持下，《财贸经济》配备了较完整的编辑队伍［现有正式编辑6人、主编（副主编）3人、编委会36人、外审专家若干人、英文审校1人］，基本涵盖了本所的各个学科。大家分工明确、协调配合，整个工作运转良好。

从学历上看，硕士以上占76%；从职称上看，副高级职称以上占62%。为提高编辑人员的业务素质，按照国家新闻出版总署的要求，每年派出参加正规的编辑业务培训，并均获得了国家颁发的编辑业务资格证书。

（二）关于如何投稿的问题

1. 总体要求

选题应围绕国内外经济发展的重大理论与实践问题进行，既注重创新性、前瞻性和战略性，又凸显其针对性和应用性；既要有理论建树和探究，又要有对实际问题的调查研究。文章论述既可以是逻辑性强且具有思辨性的文字表述，也可以是有数理计量模型的数据统计分析（目前本刊侧重前者）。另外，要严格学术规范，注重知识产权保护。

2. 文章的题材

要选择热点、难点问题，最好是具有前瞻性的选题和交叉学科的领域（经济学与法学、金融与国际贸易、财政与金融、税收与外贸、管理学与经济学、经济学与心理学等）。

3. 文章的创新

创新的途径主要包括：在博学的基础上思考，在专业的深度和边界上创新。

借鉴大师治学的 5 个途径：眼学、耳学、手学、脚学、心学。

创新的形式主要包括：理论新（突破性地创建新的理论体系），观点新（就同一个问题提出新的观点加以论证），角度新（从一个新的角度切入探讨同一个问题），方法新（运用新的研究方法分析已知的问题）和资料新（使用新的数据、案例等验证已知的理论问题）。

4. 文章的体裁

（1）论文。第一种是学位论文（博士、硕士、课题研究），其结构主要包括：引言（问题的提出、研究背景）、国内外文献综述、本文的创新点、提出假设、建立模型、分析数据、论证或验证观点、结论及政策建议。例如：《财贸经济》2007 年第 7 期樊丽明、郭琪的《公众节能行为的税收调节研究》。

第二种是自己的观察和思考（中老年学者的积累）形成的论文，其结构主要包括：引言、提出论点、论据、论述、正论、反论、结论、建议。例如：2007 年第 11 期张馨的《马克思主义财政学的创新与"阶级财政论"的否定》。

第三种是与他人商榷（目前较少，但应提倡）后形成的文章，其结构主要包括：他人的观点、本人的观点、逐一商榷、结论。例如：2008 年第 4 期何振一的《社会主义财政学创新中的几个理论认识问题》。

（2）研究报告。研究报告主要包括实地考察、问卷调查等，例如：2004 年第 3 期萧今的《增加教育投入的困境和政策建议》。

（3）综述。综述国内外文献，特别是较新的国外文献，最后须有自己的评述。例如：2004 年第 4 期吴伟的《西方公共物品理论的最新研究进展》。

（4）书评。新书介绍，夹叙夹议，其中要有自己的思考和评判。例如：2004 年第 2 期马珺的《自由人的自由契约——评 J. 布坎南〈自由的限度——在无政府和利维坦之间〉》。

（三）今后拟加强的工作

为进一步完善编辑工作制度和学术规范制度，《财贸经济》拟逐步由单项匿名审稿制向双向匿名审稿制过渡，并逐步扩大匿名审稿人队伍。加强与所外期刊和学术机构合办研讨会的活动（可邀请所里相关学科带头人参会演讲），以扩大期刊的影响。

另外，欢迎各高校积极报道各项研讨会（综述），以各种方式宣传其院校、研究中心、博士后流动站（例如：简介广告、全国性会议通知、征文启事、评奖公告等）的优势，以扩大其影响力。进行期刊栏目设置和调整（热点问题专栏、学科领域、书评等），以办好增刊。新闻出版总署规定每个刊物一年可以办两期增刊，应充分利用好此宣传资源（可以与高校等单位协商合办）。对于学术期刊国际化问题也要进行深入探讨，目前已设立课题研究，待进一步调研论证。

编辑整理：遇　芳

自主创新、现代服务业与产业升级

夏杰长

2010 年 6 月 3 日

夏杰长

中国社会科学院研究生院财政与贸易经济系教授

摘　要： 本文从服务业量的增长和服务业发展水平提升两个角度，分析自主创新推动服务业成长的机制、效应、实现途径，探讨现代服务业对产业升级的推动作用。长期来看，自主创新和服务业增长之间存在显著的相关性，但短期这种联系仍比较微弱；自主创新与服务业发展水平之间存在显著正相关；无论在什么情况下，两个企业博弈的结果均是实施自主创新；现代服务业特别是生产性服务业是产业升级的主要手段。

关键词： 自主创新　现代服务业　产业升级

在我们看来，服务业成长既包括服务业量的增长，也包括服务业发展水平的提升。而自主创新不管是对服务业增长，还是对服务业发展水平提升，都起到极为重要的作用。我们旨在从这两个角度分析自主创新推动服务业成长的机制、效应与实现途径，并探讨现代服务业特别是生产性服务业是如何推进产业升级的。

一、自主创新影响服务业成长的机制分析

（一）自主创新是如何影响服务业增长的

1. 理论基础

1956 年，索洛提出了新古典经济增长模型，第一代经济增长理论很少考虑技术进步，因为以技术进步为核心的自主创新因素的引入将会导致经济的非均衡状态，而这是新古典经济增长理论所无法处理的。在索洛的模型中，资本和劳动所无法解释的因素被归入"余值"之中。到了 20 世纪 80 年代，出现了第二代经济增长理论，这就是新经济增长理论，技术进步被内生化，代表性模型为 Romer（1990）经济增长理论。主流经济增长理论运用生产函数等技术手段，试图从要素投入角度对经济增长进行因素分解，这些模型虽然存在诸多局限性，但是对我们理解自主创新与经济增长之间的关联有一定的启发意义。20 世纪 80 年代兴起

的新经济增长理论通过将知识生产纳入生产函数将技术进步内生化，其中所运用的一个重要指标就是研发投入指标，尽管在研发投入、创新产出、创新引入经济体系到最终的经济增长之间存在着复杂的作用链条，但是仅仅从计量而非理论的角度看，研发投入和经济增长之间的确存在显著的正相关关系，有关创新与经济增长的实证与经验研究都证明了这一点。创新与经济增长之间的关联非常复杂，首先创新并不像新古典增长模型所认为的那样，是来自于经济体系之外的"天赐之甘露"；其次各种层次的创新被引入经济系统之后，可能会发生复杂的相互作用，如果创新能够引发重大的技术突破，并最终引发新的主导部门的建立，那么经济增长可能会呈现出有规律的周期性波动。这种洞察将成为我们建立计量模型的基础，实际上在建立模型时不必把所有影响经济增长的因素都纳入进去，而且对生产函数形式的设定将直接影响到模型的估计结果，例如服务部门的自主创新并不表现为特定的实物产品，而且很难将自主创新的因素本身分解到人力资本和非人力资本上，实际上仅用劳动力的数量来代替人力资本就已经忽略了人力资本的异质性，因此本文避开抽象的理论推导，直接从经验角度在自主创新与经济增长之间建立联系。

2. 服务自主创新影响服务业增长的机理

服务的自主创新主要包括产品创新、工艺创新、组织创新和市场创新等，从经济学角度进行分析，服务创新产出主要取决于在一定的创新环境和创新能力下创新投入的要素，研发投入是最主要的投入要素。服务企业的研发投入增加，会增加创新的产出，创新产出被引入服务行业，将会增加创新企业的利润，随着新技巧、要素、概念和工艺等创新在经济中的传播，采纳创新的主体会越来越多，最终将引起产业利润率的变动，很可能重塑服务业版图。

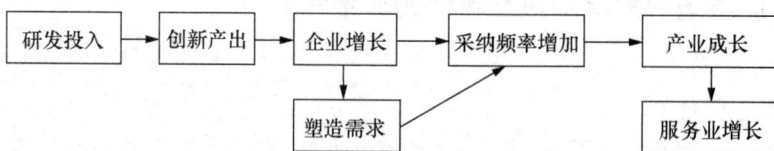

图1 服务企业研发投入流程图

图1展示了服务企业研发投入促进服务业增长的机制，显然服务研发投入对服务业增长的作用可能是滞后的。为了更好地说明广义上的创新引入之后，产业和经济发生了何种变化，本文将建立一个有关服务业增长的演化模型，经济增长本质上是一个创新不断引入的过程，新古典经济理论很难处理这种非均衡问题。演化理论关注的是给定群体中某种行为的变化频率。变异—选择—发展是演化增

长理论所必备的三个阶段，否则经济增长就停止了。考虑一组数量固定的实体，每一实体用选择特征向量 x 来描述。在同一选择环境中实体交互作用这一事实使它们构成一个群体。交互作用过程对选择特征加以评估，理论上将它们转化为选择优势的分布，正是这些优势决定了其在群体中增长率 g_i 的分布，每一实体占整个群体的份额为 s_i。

现在考虑群体中某些选择特征 x_j，平均值由 $\overline{x_j} = s_j x_{ij}$ 定义。对决定过程而言，这一平均值的变动率为：

$$\frac{d\,\overline{x_j}}{dt} = \sum_i \frac{ds_i}{dt} x_{ij}$$

$$\frac{d\,\overline{x_j}}{dt} = \sum_i s_i(g_i - g)x_{ij} = cs(g, x_j)，\text{ 其中，} \frac{ds_i}{dt} = s_i(g_i - g)$$

$g = \sum s_i g_i$ 是整个群体上升的速率。

我们可以用所求特征与实体增长率之间的协方差（用群体份额作为权数）来测量该特征群体平均值的变化率。演化等同于交互作用（correlation），选择理论解释了这种交互作用是决定性的以及它如何随时间而变化。这一协方差取决于选择特征如何转化为选择优势。任一实体一旦其增长速率快于群体平均增长速率，它的相对重要性就会上升，其选择特征形态就会对相关群体的平均水平产生更大的影响。根据对 g 的定义，可推知：

$$\frac{dg}{dt} = \sum_i \frac{ds_i}{dt} g_i + \sum_i s_i \frac{dg_i}{dt}$$

$$= \sum_i s_i(g_i - g)g_i + \sum_i s_i \frac{dg_i}{dt}$$

$$= vs(g) + \sum_i s_i \frac{dg_i}{dt}$$

其中，vs（g）是群体中增长率的方差（用 s_i 表示权重）。如果个体增长率恒定，即 $\sum_i s_i \frac{dg_i}{dt} = 0$，则有：

$$\frac{dg}{dt} = vs（g）> 0$$

这样，选择总是提高群体增长率，也就是提高群体的平均适应性。相反，如果假定平均增长率是固定的，那么：

$$\sum s_i \frac{dg_i}{dt} = - vs(g) < 0$$

也就是说，平均来看，单个实体的增长率必将随时间下降，增长将会衰竭。现在考虑发展效应：

$$\frac{d\,\overline{x_j}}{dt} = \sum_i \frac{ds_i}{dt}x_{ij} + \sum_i s_i \frac{dx_{ij}}{dt}$$

平均值的变动率是选择和发展效应的总和。发展效应表现为市场份额的扩大，它用来权衡单个实体的发展平均值。以下是一个简单的说明性例子：

考虑由 n 个服务企业组成的一个群体，每个服务企业提供同样的服务，企业间的区别仅仅是产品生产中单位成本的不同。单位成本 h_i 独立于企业运行范围之外。假设该产品市场是完全竞争的，则每个服务企业都有相同的价格 p，每一单位产出所获利润为 p = h_i。企业在生产能力扩张中拿出同样份额的利润（每一产出单位）用于投资，它们有同样的资本—产出比率，则每一个企业的增长率为：

$$g_i = f\,(p - h_i) \tag{1}$$

其中 f 表示投资的每一单位资本存量所获的利润。

在每一时点上，每个企业的产出是企业群体总产出的一部分，用 s_i 表示，产出的总增长率为 $s_i \times g_i = g$。假定这一增长率与市场需求的增长率相等，则任一企业市场份额的变化率为：

$$\frac{ds_i}{dt} = s_i\,(g_i - g)$$

将它与（1）式合并，生成

$$\frac{ds_i}{dt} = s_i f[\overline{h_s} - h_i], \overline{h_s} = \sum s_i h_i$$

群体结构将发生连续的变化，无论何时，那些比群体平均水平更有效率的企业将提高其市场份额，而对那些效率低于群体平均水平的企业而言，其市场份额将会降低。显然，$h_s - x_i$ 的区别不是恒定的，它随市场结构的变迁而历时变迁。进而，考虑群体中平均单位成本 h_s 的变化率。由于此刻 h_i 是固定的，则

$$\frac{d\,\overline{h_s}}{dt} = \sum \frac{ds_i}{dt}h_i = f\sum s_i(\overline{h_s} - h_i)h_i = fvs(h)$$

其中，vs（h）是产出份额，用来测量群体中企业单位成本的方差。选择过程通过有利于更有效率的企业产出的再分配，降低了平均单位成本。该过程单独就能使 h_s 收敛到最有效率的企业的单位成本上，而其他所有企业的市场份额降至零。但经济增长是一个永续循环的过程，选择过程终止，可能导致经济增长停滞，必须通过对单位成本的再分配生出多样性的发展过程。

在这里我们考虑引入创新因素，创新引入导致动态报酬递增，即企业研发投入越大和增长越快，其生产率上升的速率或单位成本下降的速率也就越快。于是，令

$$\frac{d}{dt}\log h_i = -\,[\alpha_i + \beta g]$$

其中 β 表示报酬递增弹性，α_i 表示企业所特有的创新速率。在这个技术进步函数中，增长率的出现是选择和发展交互作用的结果。选择决定了增长率的分布，而作为其结果的技术进步则改变了单位成本的分布。于是有：

$$\sum s_i \frac{dh_i}{dt} = - \sum s_i (\alpha_i + \beta g_i) h_i$$
$$= - cs(h, \alpha) - \beta cs(h, g) - \overline{h_s}(\overline{\alpha s} + \beta g)$$

该式表达的是群体中单位成本的平均下降速率，正是协方差 cs（h，g）和 βg 项才将选择和发展联结在一起。现在我们容易得到 c（h，g）= - fvs（g）。结合选择和发展，平均单位成本的整体下降速率就变为：

$$\frac{d}{dt} \log \overline{h_s} = - \left\{ \frac{cs(h, \alpha) + f(1 - \beta) vs(h)}{h_s} + (\overline{\alpha s} + \beta g) \right\}$$

市场增长越快，单位成本下降的速率也就越快。创新的平均速率越大，单位成本下降的速率就越快。cs（h，α）表示单位成本与创新速率二者间的协方差，其值也随着随机创新的速率而历时变动。但 vs（h）是关键项，它通过系数 f（1 - β）将选择和发展联结起来。这个分析框架十分简单，但描述了选择、创新与增长之间的关系，创新最初是降低了单个企业的平均成本，但随着创新的扩散，整个行业的运行成本都会降低，从而导致规模报酬递增在行业范围内的出现，实际上经济增长不过是产业增长的结果。

（二）自主创新是怎样提升服务业发展水平的

服务业的自主创新主要包括产品创新、工艺创新、组织创新和市场创新等，自主创新直接关系到服务业的国际竞争力、规模和结构。自主创新对服务行业发展水平将会产生直接和间接的影响，其直接影响体现在自主创新通过改变三次产业结构比例或改变服务业内部结构来提升服务业发展水平，间接影响则体现在自主创新对生产要素相对收益以及需求和需求结构产生影响，进而影响产业结构的变动。

1. 自主创新对服务行业发展水平的直接影响

产业结构演变的一般规律被称为配第—克拉克定理，很难想象缺乏自主创新的西方发达国家会完成工业化并进入"后工业化社会"。如果从长周期的角度看待世界经济史，那么世界经济史可以被看作一个周期性的循环过程，这种周期性主要源于重大技术创新被引入经济系统，每一次重大创新的引入都会兴起一批主导产业，主导产业交互更替的过程也是经济结构不断走向高级化的过程。当前，发达国家三次产业呈现出"三二一"的结构，服务业所占比重高达60%~70%，这和发达国家处于较高的发展阶段（人均收入、城市化水平等）有关。自主创新在推进三次产业结构比例变化的同时，直接提高了服务业的比重和发展水平。自主创新对服务业发展水平的影响还体现在促进服务业内部结构的优化上，主要表现为服务质量、附加值的提高以及现代生产性服务业比重的提高，即以研究开发、计算机软件、网络产业和通信信息、金融、物流等为主的服务业的高技术化。

2. 自主创新对服务行业发展水平的间接影响

自主创新对服务行业发展水平的间接影响主要表现在改变了生产要素相对收益以及塑造了需求结构。近代以来，西欧之所以走资本和技术密集型的发展道路，与其缺乏劳动力和劳动力成本高昂有关，自主创新进一步强化了这种倾向，正如马克思所言："科学和技术使执行职能的资本具有一种不以它的一定量为转移的扩张能力。"自主创新通过改变生产要素的相对收益改变了产业结构，促使生产要素转移到附加值更高的工业和服务部门。自主创新还通过拓展需求空间拉动服务业的发展。1992 年以来，中国实施的"以市场换技术"战略在服务业中也得到了贯彻，地方政府相信引进外资可以加剧竞争，有利于学习国外先进的服务和管理，并能促进本地服务业的发展，实际上外资对内资的"挤出效应"非常明显。例如，外资银行和金融机构进入中国之后，挤占了中资银行和金融机构的市场份额，正是由于缺乏自主创新，中资银行和金融机构进入某些业务领域（例如资信评级等）面临的壁垒非常森严。因此，中国在生产性服务业领域缺乏自主创新将直接制约服务业和制造业的发展水平，影响国家整体竞争力的提升。

二、自主创新影响服务业成长的实证分析

（一）自主创新与服务业增长的实证分析

本文运用服务部门研发经费支出水平来衡量自主创新的程度，很显然研发投入与服务业增长之间的关系是间接的，而且这种作用和传导是需要时间的。受数据可得性限制，本文选取的样本区间为 1994~2008 年，共有 15 个样本，所有数据均来自于《中国统计年鉴》以及《中国科技统计年鉴》。解释变量为研究与开发机构科技活动经费内部支出（TD，为名义值），在总的内部研发经费支出中，服务业占绝大部分，约占 80%，因此可以用 TD 来代替服务业研究与开发机构科技活动经费内部研发经费支出，被解释变量为服务业增加值增长率（SG，为实际增长率）。ADF 检验发现，TD 是非平稳序列，而 SG 是平稳的，对 TD 进行对数和差分处理后，dlog（TD）变为平稳序列。回归模型基本形式设定为：

$$SG = c + c(0) \times dlog(TD) + c(1) \times dlog[TD(-1)] + \cdots + b(1) \times SG(-1) + b(2) \times SG(-2)\cdots$$

回归结果如下：

$$SG = -0.708587 \times SG(-2) + 9.987 \times dlog(TD) + 12.99381 \times dlog[TD(-1)]$$
$$(-1.607495) \qquad (1.869546) \qquad (2.15622)$$
$$+15.70263$$
$$(3.779077)$$

括号内为 t 统计值，R – squared 为 0.48，各解释变量在 10% 水平上显著 [除 SG（–2）项外]。可见，研发投入对服务业的作用是滞后的，这是符合实际情况的，根据该模型，滞后期为 1 年。但问题是模型拟合优度太低，意味着研发支出与服务业增长之间的关系并不显著。究其原因可能是因为大多数研发支出均集中在科学研究、技术服务和地质勘查业部门，2008 年该部门研发经费支出占服务业研发经费总支出的 88.4%，占全部研发经费支出的 75.4%，大部分科研成果可能并没有转化为经济效益，其溢出效应较小，当然还需要分析具体的支出结构才能下结论。杨名（2008）利用增长模型分析了资本、劳动和研发投入等因素对服务业增长的贡献，结果发现相对于资本和劳动来说，研发投入的贡献程度最低，这主要是因为我国传统服务业所占比重仍然较大，而且传统服务业的粗放式发展导致其不需要大规模进行自主创新和研发。因此虽然从长期来看，自主创新和服务业增长之间存在着显著的相关关系，但短期来看，在中国这种联系仍比较微弱。

（二）自主创新提升服务行业发展水平的理论与实证分析

1. 自主创新还是维持现状：一个简单的博弈分析

实施自主创新面临的是不确定的局面，风险远比模仿或维持现状高得多。现在假设某一服务部门，只存在 A 和 B 两个企业，若采取自主创新策略，则研发成本为 C，若选择维持现状策略，则维持一方将比自主创新减少利润额 D；若两者同时实施自主创新，则二者的利润额分别为 Q_A、Q_B；如一方率先实施自主创新，则可额外获得 ΔQ 的利润额，另一方相应会失去 ΔQ 的利润额，服务价格为 P。

（1）A、B 两方实力相当。若 A、B 两方实力相当（比如，所占市场份额、利润率相等等），意味着双方拥有一样的技术实力、资金及人才储备，则双方都进行自主创新且成功时可共同提高利润额，有 $Q_A = Q_B = Q$，若一方率先进行自主创新并提高利润额，可额外获得的 ΔQ 也相当，则有 $\Delta Q_A = \Delta Q_B = \Delta Q$。A、B 采取不同策略所带来的利润见表 1。

表1　实力相当的服务企业的利得矩阵

B ＼ A	自主创新	维持现状
自主创新	$PQ-C$, $PQ-C$	$P(Q+\Delta Q)-C+D$, $P(Q-\Delta Q)-D$
维持现状	$P(Q-\Delta Q)-D$, $P(Q+\Delta Q)-C+D$	0, 0

只要 $C-D<P\Delta Q$，即一个企业率先实施自主创新所获得的额外收益大于自主创新的净成本时，只存在唯一的最优策略，即实施自主创新，这意味着对于 A、B 两个企业来说，无论对方的选择是什么，自主创新都是自己最好的策略，此时博弈达到了一个占优策略均衡，均衡解为（自主创新，自主创新）。

（2）若 A、B 两个企业实力悬殊。首先考虑静态博弈情形。若 A 企业的实力远高于 B 企业，反映在市场中则是 A 企业的利润额远大于 B 的利润额，即 $Q_A>Q_B$。若 A 率先自主创新，那么它可以额外获得的利润额为 ΔQ_A，B 维持现状则会失去 ΔQ_A 的利润额；若 B 率先自主创新，可额外获得的利润额为 ΔQ_B，则 A 维持现状会失去 ΔQ_B 的利润额。由于企业 A 实力雄厚，因此它先进行自主创新时，可获得的利润必然大于同样情形下 B 所获取的利润，即 $\Delta Q_A>\Delta Q_B$。A、B 采取不同创新策略带来的利润矩阵如表2所示。若 $\Delta Q_A<Q_B+\Delta Q_B$，则 $P(Q_B+\Delta Q_B)<C-D<P(Q_A+\Delta Q_A)$；若 $\Delta Q_A>Q_B+\Delta Q_B$，则 $P(Q_B+\Delta Q_B)<P\Delta Q_A<C-D<P(Q_A+\Delta Q_A)$，即 A 企业率先进行自主创新的收益大于创新的净成本，而 B 企业率先进行自主创新的收益小于创新的净成本，此时，对 B 来说只有唯一的一个最优策略，即维持现状；而对 A 来说，其最优选择为自主创新，此时博弈达到了一个占优策略均衡，其均衡解为实力强的 A 企业选择自主创新，而实力较弱的 B 企业则选择维持现状。在静态博弈情况下，由于 A 的实力较强，承受风险的能力也较强，因此一旦实施自主创新成功，则其利润和市场份额要远高于 B，实力进一步增强。

表2　企业实力悬殊时的利得矩阵

B ＼ A	自主创新	维持现状
自主创新	PQ_A-C, PQ_B-C	$P(Q_A+\Delta Q_A)-C+D$, $P(Q_A-\Delta Q_A)-D$
维持现状	$P(Q_A-\Delta Q_B)-D$, $P(Q_A+\Delta Q_B)-C+D$	0, 0

但若是动态博弈，情形又有所不同，在长期博弈过程中，B 企业必然不会甘于现状，可能会模仿 A 企业的产品和技术，模仿成本为 E，但 A 企业也会阻止 B 企业模仿其创新，假设 A 企业在阻止 B 企业进行模仿上的投入为 F（例如诉讼等），那么 A 进行自主创新所获收益为 $P(Q_A+\Delta Q_A)-C-F$，B 企业的模仿收益为

$P\left(Q_B + \Delta Q_B\right) - E - F$，其中 $\Delta Q_A > \Delta Q_B$，$E < C$，$P\left(Q_A + \Delta Q_A\right) - C - F > 0$，且 $P\left(Q_B + \Delta Q_B\right) - E - F > P\left(Q_A - \Delta Q_A\right) - D$，则有：$P\left(Q_B + \Delta Q_B + \Delta Q_A - Q_A\right) > E + F - D$，此时，必然存在一个 F' 使得 $F > P\Delta Q_B + C - E$，也就是说使得企业 B 不再从事模仿，因为模仿所带来的收益虽然高于维持现状时的收益，但低于实施自主创新时的收益，此时企业 B 的最佳选择为实施自主创新，正因为是无限期重复博弈，A 企业可以对 B 企业的模仿行为实施报复，因此迫使 B 企业也走上自主创新之路，此时存在唯一的子博弈完美纳什均衡，即（自主创新，自主创新），两个企业每期的利得均为（$PQ_A - C$，$PQ_B - C$）。

上述分析发现，如果各个服务企业势均力敌，则每个企业都有通过自主创新获得利润额扩大的内在需求。即使两个企业实力相差悬殊，在长期博弈过程中，两个企业的最佳选择都是实施自主创新。但如果缺乏相应的环境，企业实施自主创新的成本过于高昂，则自主创新就不会发生，两个企业都会选择维持现状，这种情况在浙江的一些民企中表现得最为明显。在产业成长初期，由于资金较缺乏，企业创新能力与市场开拓能力较弱，而且承受创新失败风险的能力有限，选择维护现状或者模仿创新是一种最优策略，因此需要政府进行资金或者政策上的扶持，随着企业采纳的创新增多，则该行业发展水平得到提高，创新主体在模仿和成长中不断提高创新的自主能力和比重；随着创新能力的不断积累，研究开发投入的不断增加，一个新兴产业发展将完全过渡到自主创新阶段，并通过劳动生产率的提高获得利润额的优势，吸引更多生产要素流入该产业，提高了产业竞争力，并成为推动服务业发展的主要力量。

2. 自主创新提升服务业发展水平的实证分析

自主创新通过重新组合各种要素，引入新的概念、工艺和创造新市场等方式来进行，本文运用研发经费支出水平来衡量自主创新的程度，很显然研发投入与服务行业发展水平提升之间的关系是间接的，而且这种作用和传导是需要时间的。样本期为 1992~2008 年，所有数据均来自于《中国统计年鉴》以及《中国科技统计年鉴》。解释变量为研发经费支出（RD），被解释变量为服务业占 GDP 比重（SW）。运用 ADF 检验发现，RD 是非平稳的，而 SW 是平稳的，对 RD 进行对数和差分处理，dlog（RD）是平稳序列。回归模型基本形式设定为：

$$SW = c + c(0) \times dlog(RD) + c(1) \times dlog[RD(-1)] + \cdots + b(1) \times SW(-1) + b(2) \times SW(-2)$$

最终比较理想的回归结果如下：

$$SW = 1.780SW(-1) - 0.836SW(-2) + 6.670dlog[RD(-1)] + 3.711dlog[RD(-2)]$$
$$(12.830) \qquad (3.607) \qquad (-5.925) \qquad (2.061)$$

除 dlog［RD（-2）］项在 10% 水平上显著外，其他回归元均在 1% 水平上显著。R - squared 为 0.98，可见研发投入对服务业的作用是滞后的，这是符合实际情况的。根据该模型滞后期为两年，随着时间的推移其影响是逐渐减小的，意味着前期投入的研发经费潜力逐渐被耗尽。模型显示，上期研发投入每增加 1 个百分点，将会使当期服务业占 GDP 比重增加约 6.7 个百分点，上两期研发投入每增加 1 个百分点，将会使当期服务业占 GDP 比重增加约 3.7 个百分点。可见，自主创新对服务业发展水平的影响是非常巨大的。

三、以现代服务业特别是生产性服务业促进产业升级

（一）以现代服务业特别是生产性服务业作为产业升级主要手段的原因

经济服务化是世界经济发展、转型与升级的重要趋势。服务业特别是生产性服务业（专指那些直接或间接为生产过程提供中间服务的服务性产业，一般包括金融保险服务、现代物流、软件与信息服务、研发与设计、工程技术与装备服务、法律与会计服务、广告服务、管理咨询服务、营销服务、市场调查、人力资源配置、会展、教育培训服务等门类）已成为推动经济社会发展的主要力量，是现代服务业中最具活力和最具发展潜力的产业，其发达程度是衡量经济社会现代化水平的重要标志。对我国而言，发展生产性服务业尤为重要，它是走新型工业化道路的重要支撑，更是贯彻落实科学发展观、实现可持续发展的必然选择。我们提出发展现代服务业特别是生产性服务业是实现服务业结构转型与升级的重要目标是基于这样的判断：

首先，我国服务业发展总体滞后，结构不尽合理，过于依赖"生活型"服务业的低质结构，生产性服务业发展落后已经成为产业结构调整与优化的主要制约因素，因此，我们应将加快发展金融、保险、咨询、物流等知识型服务业或"生产型"服务业作为优化服务业内部结构、支撑新型工业化和实现三次产业协调发展的突破口。

其次，从服务业发展层次和演变规律来看，当人均收入、城市化和工业化发展到一定高度后，对生产性服务业、公共服务业等的需求更为突出。顾乃华（2006）对典型国家的服务业结构变迁进行过实证分析，其基本结论是生产性服务业的增加值和就业比重均在不断上升，生产性服务业的相对劳动生产率也在不断提高。而且，增加值比重提高幅度同行业技术含量之间存在正相关关系，技术、知识最为密集的那类生产性服务业的增加值比重在所考察的国家中均上升最

快。传统的生产性服务部门，如批发零售业、交通运输业，增加值比重上升不明显。生产性服务业不断发展壮大是源于其强大的产业关联效应，尤其是前向的产业关联效应，生产性服务业的大力发展可以成为制造业发展的动力源泉。①

最后，大力发展服务业是走新型工业化道路的需要。新型工业化的核心就是要改变单纯靠增加投入，以消耗资源、污染环境为代价的粗放型增长方式，这其中，服务业具有突出地位。没有服务业支撑，工业化只能停留在初级阶段，无法深化。随着工业化的发展，在工业产品的附加值构成中，纯粹制造环节所占的比重越来越低，而服务业尤其是现代服务业中物流与营销、研发、人力资源、软件与信息服务、金融服务、会计、审计、律师等专业化生产服务和中介服务所占比重越来越高，成为提高企业竞争力和经济效益的重要因素，从而在实现走新型工业化道路上发挥不可或缺的作用。

（二）从国际比较看我国生产性服务业发展的差距

进入 21 世纪，服务业在全球范围内快速发展，已成为世界经济中增长幅度最快、吸纳劳动就业最多的行业之一。在 OECD（世界经合组织）国家中，经济主体已经从原来的制造业转换到服务业，服务业占 GDP 比重平均高达 65%，有些发达国家甚至超过了 70%。其中以软件与信息服务、物流、金融保险、科技研发、工业设计、商务与租赁等生产性服务业发展尤为突出，其增加值占全部服务业比重大都超过了 60%，部分发达国家甚至超过了 70%。生产性服务业成为了国民经济发展名副其实的主力军。

近年来，我国服务业在保持较快发展速度的同时，其内部结构也有所改善，服务业结构转换与升级速度明显加快，物流、金融、信息服务等生产性服务业的带动作用开始显现，各种新型服务业态层出不穷，提升了服务业对国民经济特别是对现代制造业的支撑力。但总体来看，生产性服务业发展还较为滞后，与我国经济发展和产业升级的要求还很不相适应，与发达国家的差距还很明显，具体表现在：

首先，生产性服务业发展水平较低，还没有成为服务业发展的主力军。2007年我国生产性服务业占全部服务业的比重只有 45%，占 GDP 比重不到 20%。发达国家生产性服务业占全部服务业的比重普遍在 60% ~ 70%，生产性服务业占 GDP 比重在 43% 左右。也就是说，我国生产性服务业占 GDP 比重还不及发达国家的一半。就是与我国经济发展程度接近或者工业化进程基本相当、人口规模也较接近的印度相比，差距也不小。2006 年印度服务业增加值占 GDP 比重为

---

① 顾乃华：《生产性服务业发展趋势及其与制造业的互动关系研究》，研究报告，2006 年。

53%，生产性服务业占全部服务业增加值比重为56%，其生产性服务业发展水平明显高于我国。

其次，内部结构不合理，高端生产性服务业发展不足。生产性服务业将逐步向现代化和高端化转型，即知识型生产性服务业比重不断上升是世界服务业发展的重要趋势。目前，我国以金融保险、研发与设计、软件和信息服务业、商务与中介为核心内容的高端生产性服务业在全部生产性服务业中只占到40%左右，占据主体地位的还是交通运输和仓储业等传统的生产性服务业。这与发达国家的生产性服务业主要集中在金融、软件与信息、商务支持等领域还有相当大的差距。

再次，生产性服务业的内部供给现象严重，外部化、专业化发展不足。生产性服务业大多是从制造业分离衍生出来的，但中国企业"大而全"、"小而全"的思想根深蒂固，再加上知识产权制度和信用环境不够完善，导致了企业服务大量依赖内部供给。有关资料显示，我国制造业中间投入中生产性服务所占比重只有12%，远低于美国的32.6%、德国的28.4%和日本的26.6%。这表明，我国制造企业服务内部化供给的偏好十分严重，既影响了生产性服务业专业化发展，也不利于提升制造业的核心竞争力。

最后，我国生产性服务业对外开放的力度和水平还有待进一步提高。近年来，中国服务业对外开放程度越来越高，涵盖了《服务贸易总协定》12个服务大类中的10个，涉及总共160个小类中的100个。目前，包括银行、保险、证券、电信服务、分销等在内的100个服务贸易部门已全部向外资开放，占服务部门总数的62.5%。但总的来讲，我国服务业特别是生产性服务业的开放整体上晚于制造业，开放程度也远低于制造业。在国际市场上，对外直接投资约70%流向服务业，但我国利用外资的主体还是制造业，2006年服务业吸引外资只占全部外资额的32.3%，其中生产性服务业占全部服务业实际利用外资额的55.1%。目前，外资进入中国生产性服务业还要面对外资准入资格、进入形式、股权比例和业务范围等较多的限制，其对外开放的力度和水平仍有待进一步提高。

（三）我国生产性服务业有较大发展潜力

我国生产性服务业已在国民经济发展中占有一定地位，对国民经济增长起到重要的促进作用，但与发达国家相比，无论是在总量规模、效益水平方面，还是在服务能力、服务范围方面，都存在着较大的差距，总体来看，其发展还处于起步阶段。但我国生产性服务业发展有着较大的潜力，生产性服务业占国民经济产出的比重和全部服务业的比重将稳步上升。

首先，生产性服务业比重不断上升必然要求生产性服务业跨越式发展。从服务业发展层次和演变规律来看，当人均收入、城市化和工业化发展到一定高度后，经济服务化趋势引致出对人力资本、知识资本高度依赖的生产性服务的市场需求越来越大。客观上存在一个"生产性服务业比重不断上升规律"，该规律也被世界经济发展所验证。近20年来，生产性服务业是世界经济中增长幅度最快的行业，占GDP比重越来越高。服务经济国家的一个显著标志就是服务业占GDP比重达到70%，生产性服务业占全部服务业比重达到70%。从这个意义上讲，生产性服务业必然是我们致力于打造服务经济大国的"排头兵"和"主力军"。

其次，我国有较好的制造业基础，在世界市场上已经具备了一定的竞争优势，而且随着专业分工意识的增强，制造业服务外部化越来越普遍，这种制造业服务化的趋势将为生产性服务业创造广阔的市场需求。在市场经济条件下，一个产业的发展归根结底要有广阔的需求。生产性服务业主要是为制造业服务的，制造业本身的快速发展且把服务功能剥离出来、走分工和专业化道路是生产性服务业的需求源泉。我国正处在工业化中期加速发展阶段，制造业大国的地位已初步奠定，制造业发展有了较坚实的基础，制造业与服务业的专业分工已被广泛认识和接受，制造业服务化的趋势日益显著。这种发展格局客观上为生产性服务业的发展提供巨大的空间，创造出广阔的市场需求。

最后，我国城市化水平稳步提升，生产性服务业将依托城市而快速集聚发展。工业化、城市化是影响生产性服务业发展的两个最重要因素，工业是生产性服务业的需求者，城市则是生产性服务业聚集发展的空间环境和最主要的载体。城市创造了生产性服务业发展在规模上的聚集效应，使同类企业可以建立专业化程度更高的协作，不同企业之间形成比较完整的产业链。从市场机制选择来看，生产性服务业在大中城市聚集发展更有效率。改革开放以来，我国剩余劳动力不断往城市转移，城市化水平不断提高，2007年我国城市化水平已达43.9%，随着新一轮农村经济体制改革的推进，我国城市化率还将以每年不低于一个百分点的速度增长。城市化水平迅速提高必然带动生产性服务业的快速增长和层次提升。

（四）促进我国生产性服务业发展的政策建议

首先，竭力推动制造业服务化趋势，以创造更多的生产性服务业需求。生产性服务业务外包是创造生产性服务业市场需求的重要源泉，也是制造业提高生产效率的重要因素。因此，要鼓励工商企业实行主辅分离，将非核心服务业务外包，实行专业化经营，还要鼓励国家机关、企事业单位和社会团体将能够由社会提供的服务业务推向市场，比如信息咨询、会议展览、专业培训、软件开发等服务就可以实行公开招标或委托社会中介代理，交由专业的生产性服务企业来完成。

其次，进一步放开生产性服务业的管制，增强生产性服务行业的市场竞争。

我国生产性服务业水平不高的重要原因就是市场的竞争不充分，特别是在金融、保险、通信、码头港口、工程设计、铁路运输、公路运输、航海运输等行业中，由于政府管制所造成的企业进入和退出壁垒，严重限制了我国生产性服务业的市场竞争。各级政府应在法律允许范围内，进一步放宽行业进入的限制，以增加我国生产性服务业中竞争主体，从而增加生产性服务的有效供给，提高生产性服务的生产率。

再次，打造一批特色生产性服务业聚集区，鼓励生产性服务业集群发展。在国际上，生产性服务业集群化发展趋势越来越明显，如硅谷的信息服务业集群、华尔街的金融业集群。我国也有许多生产性服务业集群发展的成功案例，如中关村信息产业集群、上海陆家嘴金融服务业集群等。未来应围绕重点发展的生产性服务业领域，积极推进各类专业性园区和产业基地建设，以进一步强化生产性服务业的聚集发展效应。

最后，实施人才兴业战略为生产性服务业发展提供智力保障，而生产性服务业又大多是知识智力密集型行业。人力资源开发是生产性服务业高质量发展的保证。现代生产性服务业的发展要求社会提供大量职业经理、信息技术、商务管理、商贸经营、市场开发与策划等高素质和高技能人才。因此，要竭力推进人才兴业战略，提高生产性服务业从业人员的整体素质和业务水平。

四、自主创新促进服务业成长的实现路径

（一）调整科研经费支出结构，提高科研资源利用效率

科研经费影响自主创新的产出，进而通过自主创新的作用机制影响服务业发展水平。目前我国科研经费支出结构不合理，过多资源配置在经济效益低下的环节，应适当提高科研经费投入比重，改革现有的科研经费管理体系，增强各主管部门之间的协调互动，革除多头管理、政出无门的弊病。优化科研资源配置，引导科研资源配置到关键性的、具有战略意义的、拉动作用比较明显的领域，减少重复建设和学术腐败，强化对科研人员的激励，追踪其利用项目进展情况，分阶段进行评估，提高科研资源利用效率。

（二）通过政府干预优化自主创新环境

如果缺少有导向的干预或者干预方向有问题，企业就会丧失自主创新的动力。我国改革开放以来日益陷入粗放型增长模式的教训就是明证。由于自主创新需要耗费大量的人力、财力和物力，而且失败的风险比较高，不确定性很大，如

果缺少政府支持，企业就会选择保守策略，温州企业的抱团式进入传统行业进行发展也提供了另外一个例子。政府应在优化自主创新上下功夫，不能完全以短期的经济效益来衡量是否开展自主创新项目，在这个问题上，中国是有深刻教训的，例如大飞机的下马就是如此。政府在制订发展战略时，奉行"造船不如买船、买船不如租船"的错误理念，这种态度无论是对于制造业还是对于服务业的自主创新都是非常不利的，必然会影响产业结构的优化升级，并最终影响到中国的国际竞争力。政府应站在构筑国家未来竞争力的高度，加大力度培育和发展现代生产性服务业，对实施自主创新的企业进行奖励，这些措施都将改变企业的收益成本预期，促使企业改变保守态度，转向自主创新。

（三）建立面向企业和市场的官产学研联盟，推动自主创新

自主创新不仅仅是投入经费就可以解决的问题，由于企业自身没有能力去推动、协调各方利益，这就需要政府出面组建官产学研联盟，将有限的科研资源用在刀刃上，集中科研力量进行技术和重大项目攻关。德国、美国、日本、韩国等成功实现追赶的国家都是根据本国情况建立了官产学研联盟，并推动自主创新。中国的科研项目大多是由高校和国家研究机构完成，真正面向企业和市场的科研成果不多，科研成果转化率低既是原因，也是其脱离市场的必然结果。印度的教训值得吸取。在"二战"后的很长一段时间里，印度都试图将自己封闭起来进行自主创新，结果开发出来的技术总是落后于世界技术前沿，耗费了大量科研资源，但并没有产生显著的社会经济效益，因此，中国也应改变传统的以高校和科研院所为中心的技术创新体系及体制机制，组建以企业为技术创新载体的各种联盟，在贯彻政府意图的同时，又要兼顾其经济效益，否则"经济—科技"之间必然会发生"肠梗阻"现象。

（四）创新政策和服务环境，推动服务业发展

改变传统的服务业不生产实物产品而忽视服务业发展的观念，积极构建推动服务业发展的政策和服务环境，真正以本土企业为核心实施自主创新和产业结构调整。自主创新在某种意义上关系着中国现代化事业的成败，近年来中国试图放开资本市场，继续延续传统的外资利用模式，这种做法将会使高端服务业落入外人之手，并最终会影响到现代先进制造业的发展。目前，地方政府经过金融危机的洗礼，已经意识到了转变经济发展方式的重要性，但是对于传统发展方式与大规模引进外资之间关系的认识还不够清晰，因此在推进服务业发展上，很容易陷入与制造业同样的怪圈。政府应紧紧围绕自主创新能力构建来推进服务业的发展。

（五）打破传统思维定式，改变地方政府官员政绩考核体系

地方政府在追求经济发展过程中，过于重视实现以 GDP 增长为核心的短期经济效益，而对有利于国家长期发展的自主创新和服务业发展重视不够，往往将服务业等同于非生产性的产业部类，实际上现代生产性服务业已经深深地融入了先进制造业的发展之中。中国加入 WTO 之后，与世界经济融合的进程加快，同时也引发了一系列问题，中国的国有企业在海外并购和投资过程中接连遭遇重创，培养高端金融人才一时间成为人们关注的焦点。实际上是金融保险、物流、计算机软件服务以及技术服务业等都需要大量高端的人才，如果不改变传统的思维定式，地方政府就不会在人才的教育和培养上加大投入。服务业也可以发展成支柱产业，因此改变传统的政绩考核方式就显得尤为必要。实际上传统的发展方式主要是靠地方政府推动才逐渐形成的。发展现代生产性服务业是转变经济发展方式的应有之义，通过服务行业自主创新来推动生产性服务业增长是中国转变经济发展方式，改变"高端产业、低端环节"的重要手段。

本文参考文献

［1］李江帆主编：《中国第三产业发展研究》，人民出版社，2006 年版。

［2］夏杰长、夏农（主持）：《新型工业化道路的生产性服务业支撑体系》，研究报告，全国人大财经委员会课题，2008 年。

［3］夏杰长：《我国生产性服务业发展的差距、潜力与政策建议》，《中国经贸导刊》，2009 年第 2 期。

［4］中国社科院财贸所主编：《中国服务业发展报告 No. 2 ~ 9》，社会科学文献出版社，2003 ~ 2010 年各年。

［5］夏杰长：《发展现代服务业是扩大内需的重要途径》，《经济学动态》，2009 年第 2 期。

［6］顾乃华：《生产性服务业发展趋势及其与制造业的互动关系研究》，研究报告，2006 年。

编辑整理：张晨光

全球文化均衡发展与跨文化沟通策略理论

夏先良

2010 年 4 月 1 日

夏先良

中国社会科学院研究生院财政与贸易经济系副教授

摘 要：本文在深入分析全球文化同化和文化异化的经济机制与因素基础上，探索全球文化同化与异化力量相互作用的结果和动态均衡理论，提出五项假设，把文化因素纳入产品或服务差异化特征之中，跨文化沟通就是产品或服务流通的信息流部分，构建起影响跨文化沟通效果模型，并就此理论含义提出了文化政策建议。全球文化同化与异化力量在相互作用下所形成的动态均衡与非均衡状态的不断变迁中相依共处和不断演进。在其他条件不变情况下，在文化交集中跨文化沟通效果最优。

关键词：文化同化 文化异化 文化差异性 文化共通性 跨文化沟通

一、经济全球化推进文化同化的经济机制与因素

（一）跨国经营推动的跨文化沟通促进了全球文化一体化

当今时代全球商务的有效互动很大程度上取决于不同文化的人们能够掌握以让人理解的方式清晰传递信息的能力。某一特定国家的不同文化导向对商务沟通会产生不同的理解。例如，英国经理可能把中国人的谦逊和害羞的言辞理解为软弱。在阳刚社会里，有效管理要直接、武断甚至带有攻击性；可在那些偏向阴柔的社会里，这些行为可能被看作不友好、粗俗和自负。不同文化里人们的价值类型和工作目标可能不同。国际商务必须考虑价值和工作目标差异的文化背景。认识文化差异有助于更好地开展民族间跨文化沟通。[①] 文化差异是跨国公司面临的一个艰巨挑战。以一种全球视野开展业务的主要挑战就是有效地适应一系列不同的文化，要求跨国公司理解文化模式、价值和感观的多样性。跨国公司既要适应文化差异，反过来又日益影响当地职员、消费者以及其他顾客，缓慢推动东道国文化接受普世文化，促进文化趋同和同化，以利于实现规模经济和标准化经营。

[①] Routamaa, Vesa and Tiina M. Hautala, "Understanding Cultural Differences: The Values in a Cross - Cultural Context", International Review of Business Research Papers, 2008, 4 (5): 129 – 137.

跨国经营推动了全球跨文化理解、对话和整合。除了现代通信、交通便捷促进不同民族文化的人们增加交流之外，跨国公司推动的经济全球化进程，促进了商品、投资、技术、服务、就业的国际流动，跨国经营活动增加了国际商品和要素的交流。这种大规模的国际交流的日益增长促进了人们学习不同国家的语言文化并增进彼此了解，以及培训跨文化交流能力。全球化商务大大增加了来自不同文化背景的人们一起工作的机会，增加与不同文化的企业、政府和机构组织进行接触、商谈和合作的机会。跨国公司全球运营业务不仅要面对世界范围文化多样性，而且要面对内部文化多样性，跨文化沟通变得日益重要，商务人员必须了解其所处文化环境，具备跨文化沟通能力。跨国经营推动的全球化似乎创造了惊人的文化运动。至少在世界商务中正在跨境创造不同于我们过去传统的全球文化一体化。

（二）国际文化创意产品与服务贸易促进全球文化交流与整合

文化创意及媒体产品和服务贸易推动着全球文化交流、消费和传播，从而促进全球文化融合和一体化整合。2006 年，传媒和文化产业创造的全球 GDP 超过 7%，总价值约 1.3 兆美元。在 2000～2005 年间创意产品和服务国际贸易以前所未有的平均每年 8.7% 的速度增长。2005 年世界创意产品和服务出口值达到 4244 亿美元，占当年世界贸易的 3.4%。不仅文化产品及服务贸易对全球语言文化具有同化的推动作用，而且非文化产品及服务的国际贸易也在不同程度上推动了全球语言文化的趋同和整合。国际文化创意产品及服务贸易促进了各国文化交流与整合。主要由若干文化贸易大国推动全球文化产品及服务贸易，大国文化占据大部分世界市场。文化及媒体产品和服务的供求主要集中于西方发达国家，它们主导着世界文化，推动着世界文化的整合与同化。

（三）人员国际流动推动全球语言文化交流与同化

在全球化时代，人员国际流动规模日益扩大，这些人员流动可能出于多种动机和目的，例如国际教育交流、科技文化交流、国际旅游、国际就业、国际探亲以及婚姻，等等。这些国际人员流动从不同角度在不同程度上推动国际语言文化的交流与融合。国际教育交流增加了中外学生接触双语和多语教学机会，提高外语水平和运用能力，增加使用双语或多语言文化人数，促进跨文化交流和语言文化一体化。国际旅游是促进国际语言文化交流的重要因素。世界旅游组织统计，2005 年世界旅游人次达到 8 亿，预计到 2010 年将超过 10 亿。无论各国旅游人次和收入差别如何，国际旅游不仅为当地旅游业创造新的收入来源，同时也交流文化、知识和信息，增进理解不同语言、文化环境及社会习惯。国际旅游特别是深度的文化旅游促进了跨文化接触和交流。随着国际旅游的便利化和旅游人数规模的快速增长，国际旅游将成为国际语言文化交流的重要方式，有力地促进了国际语言文化的整合。经济全球化急剧增加国际人口流动，推动国际社会、语言和文化交流与转型，发展跨国社会关系，形成跨国人际社会联系，形成多元文化社会。

二、全球文化差异化、多样化的经济机制与因素

（一）现实世界客观存在文化差异性和多样性

各国因不同的自然环境、历史条件、社会变革形成了各不相同的文化遗产和积淀，并且在漫长的历史变迁过程中发生了条件迥异的变化，形成了当今世界多样性的文化生态。即使全球化显示出巨大的推动社会经济的聚合力量，而当今世界没有统一的经济基础，更没有统一的上层建筑，各国各阶层社会经济地位差异不可避免，世界各国经济政治差别和利益诉求差异不会使全球文化趋于同化，由此引起的全球文化异化与分化也是客观现实。世界各国存在不同程度的政治意识形态差异、社会经济发展水平差异、科技教育水平差异、文化宗教与传统习俗差异。每个民族和每个地区也有主流文化和次区域文化之分。而且同一文化的每个人之间也都有一定的道德水平、行为习惯、人生态度、价值观念等差异。

从对文化影响最深厚的哲学、宗教来看，世界上的哲学思想分支不胜枚举，教派林立。在不同社会环境下人们对自然、社会和人类自身的认知水平有很大差异，于是产生不同的哲学思想，形成不同教派的信仰和观念。当前世界宗教数量众多，信众数量差别悬殊，对政治上层建筑、社会伦理道德和价值观念形成的影响力差异明显。各种宗教也在分化演变之中，各教派人数时刻都在变动之中。而且世界上带有宗教色彩的思想和组织日新月异且不断推陈出新，已经并正在创立许多新的教派。

（二）全球文化差异化和多样化具有客观经济机理

1. 文化创新多样化

在全球化时代，民族文化、区域文化和组织文化等似乎不仅仅彼此冲突，而且相互激励、相互学习、相互依存，正在创造出新的文化。跨国公司、非政府组织、个人和各种文化组织的跨国活动在重塑新文化识别上正发挥日益明显的作用。各个国家、各跨国公司、非政府组织，乃至个别人物为了在全球化中脱颖而

出必须标新立异突出自己的识别特征和文化形象，从而创造出各具文化特色的国家、跨国企业、非政府组织以及文化人物。虽然全球文化同化增强了跨文化沟通和语言文化共享的能力，但各国通过创新以便复活民族文化，催生本土文化多样性，提高民族文化异质性，凸显文化竞争力，不至于被全球文化同化和淹没。

虽然文化消失和失传时刻都在发生，但人们也在时刻创造文化多样性、时刻创新文化，增加文化产品和丰富文化内容，并不断创造出新的文化成果。尤其是面对外国的文化产品或具有文化特征产品的国际竞争，本土需要推出大量新文化产品，提高产品国际竞争力。每年世界范围内的文化艺术和工程设计人员创作出大量不朽的作品，丰富和满足了世界人民的文化需求。例如电影电视、戏曲、音乐、舞蹈、美术、新款服装设计、新产品设计、卡通及游戏设计等使我们的生活更加丰富多彩。不仅文化要创新，而且要适应国际竞争，使文化产品或服务差异化，非文化产品也需要包含文化特征的差异化，这些差异化极大地丰富和增加了文化创新的内容。民族国家政治、经济、社会及文化差异和需求多样性又是促进新文化产品、新思想、新制度、新语言和新观念层出不穷的重要机制。

2. 文化需求多样化

人们对文化产品多样性以及产品中文化特征的个性化需求决定了民族文化差异以及多样性的客观存在。这种经济机理决定了民族文化差异以及多样性不会消失。虽然一定地区范围内人们消费需求的文化习惯具有同化趋势，但是单个人个性色彩差异仍然很浓，每个人文化消费偏好、习惯和对差异设计的敏感性不同，特别是一些人追求个性、标新立异和突出识别特征往往对文化需求产生巨大差异。国家之间社会经济发展水平不同，国民文化消费需求以及相应的销售行为也是有差异的、多样化的。尽管国家间有财富聚合趋势，但各国消费者行为仍然有巨大的差别，体现在商品包装、使用、所有权、购买行为上。文化内容通过各种媒体和方式进行多样化传播，有助于丰富和突出文化多样性。随着国家社会经济技术的发展变化，人们的文化消费需求也随之发生变化，于是文化服务提供和消费技术条件也不断发展变化。新通信、新媒体和交通技术拓宽了消费者接触多样性文化产品或服务的范围，文化产品或服务的消费比以前便利多了。全球化和新兴技术使人们有了更多的文化消费选择，促进文化差异化和多样化发展。

3. 文化贸易保护手段多样化

各国出于对本国文化传承、文化背后利益保护以及文化产业保护，在对待外来文化以及文化产品贸易中常常采取贸易保护主义政策。国际组织和各国政府采取文化多样性保护政策将促进和保护世界文化多样性。2001 年联合国教科文组织发布了《世界文化多样性宣言》，已经通过了一系列保护文化多样性和非物质遗产的公约，促进了各国重视保护民族文化尤其是少数民族文化遗产，形成了全球文化多样性治理的基本框架。各国政府开始重视文化多样性保护，制定有关文化保护的法律和政策措施。

三、全球文化异化和同化的动态均衡发展

世界各国之间的经济文化差异堪比同一个国家内部各地区之间经济文化差异，虽然各国之间迄今还没有像国家内部那样有一种行政力量协调和促进各地区之间经济文化交流，但由于各国之间文化差异随着经济文化交流的增加而产生全球文化一体化和地域文化本土化两种相反发展的趋势，全球文化一体化逐渐消除了全球文化差别，而地域文化本土化则突出地域文化识别和差异化。

由于文化传播具有趋同效果、网络效果和得势效果，因此加剧了全球文化同化，产生普世价值和全球文化一体化趋势。全球化已经导致全球文化融合、趋同和同化，我中有你，你中有我，不分彼此。同样，在一定区域或人群中会产生区域文化趋同和民族文化中心主义，凸显民族文化个性。全世界各国各地的人们分别从事不同生产经营活动，具有不同生活体验，在几乎不完全相同的环境中活动，具有不同的文化氛围，这些有差异的人群或社区总会不断产生新的文化风尚，出现新品种的地区性文化，不断出现影响范围不等的文化中心，从而丰富了文化多样性。这是文化差异化和多样化的不竭源泉。民族文化多样性不仅有历史根基和现实维护力量，而且有不断革新的动力，所以，文化异化和多样化成果会不断地增加，以满足不同人群的不同口味的文化消费需求。民族文化中心主义固然不利于跨文化沟通，但是它有利于保持文化差异化和多样化，保持民族文化个性和独立性。

全球文化异化和多样化代表着文化的个性和特殊性。全球文化异化是绝对的，总是会伴有新文化的出现，尽管在刚出现时力量弱小。文化革新、异化和升级是永恒的、动态的。异化出来的弱小文化经过一段时间的培养就从萌芽成长为强势文化，但它仍处于变化之中。那种期望创造一种一劳永逸的强势文化形态并保持永远强势是不现实的。代表同化力量的强势文化流传时间长、流传范围广。文化差异中总有共通的人性。全球文化同化代表文化共性、普遍性和统一性。文化同化以文化异化为存在前提，是在文化特殊性基础上的统一性。全球文化同化是相对的，有些文化虽然目前强盛，但已经丧失创新力、生命力，即将被新生的文化形态所替代。所以，全球文化异化与同化会互相转化。

不断加速的全球化进程是推动文化同质化的强大力量，与永不止息的文化多

样化潮流相抗衡。全球文化聚合与文化差异之间会保持动态均衡的统一，两者相互依存、相互作用。全球文化同化与异化是两种对立力量，力量较强一方会继续推动文化变迁，直到两种力量达到动态均衡，并维持一定时空下的稳定。任何一方力量的消长由内在经济和文化规律决定，力量削弱会导致失衡和文化生态变迁，系统双方会内生调和力量，达到新的均衡，并保持适当结构的稳定状态。全球文化异化与同化力量不均衡、不对称是改变文化现状和促进文化变迁的动力来源。在全球不同地区、不同社会经济环境下，会出现文化结构和文化格局的变迁，这种变迁时刻都在进行之中。总之，全球化带来竞争压力所产生的文化创新和差异化会与全球化引起的文化同化之间力量达成一种动态均衡状态。这种动态均衡状态是暂时的、局部的、变化的。即使在双方均衡之中，两种力量也处于不断变动之中，全球文化结构和内涵处在不断变迁状态。所以，全球文化异化与同化不对称力量的相互作用达到的动态非均衡又是长期的、全局的、绝对的。全球文化同化与异化、普遍性与多样性的关系长期来讲是动态非均衡的。在一定时期和范围内，全球文化同化与异化力量在相互作用的动态均衡与非均衡的不断变化中相依共处，不断演进。总体上，文化同化一方不会替代文化异化另一方而单独存在。但在动态发展的结构上，文化同化势力强盛可能会湮灭某个国家或某一地区文化结构的某些部分或全部，例如少数民族语言；文化异化活力旺盛也可能削弱文化同化的扩张能力和某些文化内容吸引力，导致民族多样性文化格局异彩纷呈。全球文化就是在这两种文化变化力量的较量或博弈中不断向前推进和发展的。

花家明（2007）将一个民族文化分成表层文化和深层文化两部分，认为各个民族表层文化在全球化过程中会体现出表层文化"趋同化"的趋势，但不会使民族深层文化也趋同，反而出现深层文化"多元化"的趋势，文化发展趋势是表层文化趋同化与深层文化多元化的统一。[①] 他把民族文化分成表层文化和深层文化的理论有一定合理成分。但是经济全球化所推动的商品、服务、资本、技术和人员国际流动绝不仅仅影响民族文化表层，而且深远地影响民族深层的、核心的文化成分，例如伦理道德、价值观念、思维方式、处世风格、人生观乃至宗教信仰的变化。西方跨国公司跨文化经营活动和跨文化沟通，对东道国媒体和社会无形中输出了西方价值观念、生活方式和伦理道德，对东道国社会产生潜移默化的文化同化作用。在中国青年中已经慢慢失去传统的含蓄、谦虚、节俭、仁爱、中庸、等级观念、集体主义、要面子、小富即安等文化，而表现出了个性张扬、及时行乐、自私、追求极致、平等观念、个人主义、要里子（追求实质利益）、

① 花家明：《跨文化广告传播：文化的趋同化与多元化》，《商场现代化》，2007年第10期。

敢于冒险等特质，具有相当浓厚的西方文化底蕴。虽然经济全球化所带来的富含文化的消费品、跨国就业、国际旅居环境等最初只会改变中国人的表层文化，但是长期的潜移默化就会由表层文化影响到深层文化，把一些中国人的文化变成西方文化，中国人社会文化个性就会丧失，剩下的只能是生物意义上的中国人。实际上表层文化与深层文化没有截然划分，两者可以相互影响、相互作用和相互转化，二者总是不断处于动态变化之中。大量旅居欧美的华侨虽然仍或多或少存留一些中国文化成分，但大部分已经融入了西方文化，不仅语言、生活习惯、价值观、人生观以及世界观融入了当地主流文化，而且宗教信仰、政治观念和伦理道德也都入乡随俗了。不仅海外华人华侨如此，国内受文化全球化影响，一部分中国人已经接受了西方文化，内心崇拜西方文化和西方生活方式，信奉西方宗教。这些发生文化变迁的中国人进一步影响与其接触的人群，带动整个中国文化潮流的西风盛行。由此，我不认同花家明所谓经济全球化不会使民族深层文化趋同的论断，而认为经济全球化已经产生全球文化同化的趋势。

按照花家明的逻辑，既然经济全球化不会使民族深层文化受影响而趋同，经济全球化也不应该使民族深层文化受影响而多元化。民族深层文化多元化或多样化不完全是经济全球化的直接产物。前文论述表明，文化异化和多样化是各国历史、现实、经济、政治等多种因素共同作用的结果。花家明没有正确阐明民族文化多样化形成的机理，他所谓经济全球化过程引出民族深层文化多元化趋势的看法是有局限的，由此给出"文化发展趋势是表层文化趋同化与深层文化多元化的统一"这样的结论也是主观的。实际上，文化发展是文化异化与同化两种力量相互作用在均衡与非均衡变动中不断演进变迁的。

四、中国文化传播比文化创新对于促进中华文化全球发展更加重要

文化同化与文化异化两种力量，或者说文化传播与文化创新两种力量因素，共同推动文化演进和发展。单纯强调文化创新而忽视文化传播不利于文化均衡、科学地发展。傅守祥强调文化创新，认为 21 世纪的中国文化必须通过新的整合与创造，会通中西，努力完成价值系统从前现代向现代的转换，同时超越西方式现代性的弊端，构建起先进的本土文化。[①] 单世联（2005）强调学习他者文化，提升自我文化，形成普遍性文化，只有经历了全球化时代洗礼的文化多样性才是值得我们向往的多样性。[②] 两者结论基本类似，都强调中国文化的创新和超越。

---

① 傅守祥：《论全球化时代中国文化的现代性建构》，《探索》，2005 年第 6 期。
② 单世联：《全球化时代的文化多样性》，《天津社会科学》，2005 年第 2 期。

他们都有一个没有写明的前提假定：文化是一元累积性（one dimensional cumulative）的，只有通过创新和超越来提高文化竞争力这一条途径，其实这是误解。

实际上文化的多元性、多样性和差异性决定文化是非累积性（non - cumulative）的。其实，民族文化多样性的生命力和竞争力来源可能是多方面的，不仅来自于学习外来有益文化提升传统民族文化，而且来自于民族国家政治经济影响力、民族文化本身的自信力与亲和力、民族文化对外宣传和跨文化沟通能力。文化竞争力是靠文化创新和文化传播双翼的提升力来飞翔的。民族文化创新与提升只能是提高民族文化竞争力的力量之一，代表文化异化力量。文化传播代表文化同化力量。

正是由于文化多元性、多样性和差异性的非累积效果，在影响人们文化选择的因素中，传播因而比创新更加关键。即使非常优秀、先进的文化，如果得不到宣传和弘扬，也可能销声匿迹。民族国家从政治上、经济上对文化产业的发展、创新和传播推广具有重大的作用。如果没有民族国家自我捍卫、自我弘扬、自我发展和自我提升的文化，可能在经历全球化的演变过程之后民族文化就会失去其独特个性而被同化。如果没有国家对民族个性的维护，可能国家的一切上层建筑和社会经济制度都是文化强势国家的翻版。目前西方文化强势的背后有强大的经济在推动传播和扩张，并非西方文化相较于其他种类的文化有多么先进和优秀，也并非有多么高明。文化创新、提升和超越传统只是增强文化吸引力、竞争力和生命力的一种方式。文化本来没有统一的标准。文化创新要有节制，要以文化需求为导向。并非创新文化就一定比传统文化更为人们所接受。很先进、很优秀的创新文化未必就很有市场、很流行。经历全球化竞争洗礼的为人们广泛接受的流行文化未必就是先进的、优秀的和现代的文化。

文化传播和流行具有极大的竞争力、感染力和生命力。当一种并不文明的行为习惯和价值观在一个地区流行时，这种行为和价值观就变成时尚的东西，被这个社区的人纷纷效仿、崇尚，而暂时不会接受其他文化，显示出文化中心主义色彩。一种文化的流行不能仅靠其文化创新的吸引力，更多靠其经济力量的推广与传播。我不认同凡是消失的或者弱势的文化都是不够优秀的，留存下来的或者强势的文化才是优秀的论断。历史上大量优秀文化的消失或处于弱势主要是因为没有得到广泛推广和传播。只有在同样传播条件下，在同一市场或时空下竞争脱颖而出的文化才是优秀的。如果在当前中西方文化竞争的社会经济、科技与政治意识形态等环境条件不平等情况下，中国文化处于弱势，它并非不够优秀，那种认定西方强势文化比中华文化优秀，因而中国文化需要创新和超越才能改造成为先进文化的观点难以让人信服。我们要充分展示中华文化的传播同化力量。目前，中华文化传播的同化力量没有得到施展。我坚信在中西方文化同等传播条件下，中华文化必将展现出优异的风采。

实际上，当前强势的西方文化并非一定都是先进文化，其流行的吸引力主要依靠政治经济张力的支撑。当今世界西方文化被国家机器宣扬为优秀的文化而盛行。在西方文化主导下的民族矛盾、种族矛盾、宗教矛盾等冲突不断，战乱连年，全球社会经济严重分裂和分化。而有些优秀文化不一定为所有文化接受而流行。当前西方文化通过政治经济张扬的强势表明其核心的、深层的文化都是基本的、普通的和一般的文化，甚至是糟粕的文化，并不比东方文化优秀。西方文化宣扬的自由、民主、博爱的普世价值观，虽有一些合理内核，但也有其巨大局限性。近几百年里西方对外发动的数以千计的扩张侵略战争，用其秉持的普世价值观无法合理解释。西方资本主义文化主导的全球文化同化进程不仅不会减少冲突，而且会由于同质文化发生冲突变得不可调和与缓解而愈演愈烈。全球多样性、差异性文化则有助于矛盾的调和。一般来说，文化冲突可以通过多样性文化之间的沟通来解决。没有文化多样性的世界只剩下不断的矛盾和冲突。当前弱势的中国文化既有农业文化的糟粕，也有一定的优秀内涵，要积极扬弃、创新和传播扩散，逐步形成强大的生命力。在世界文化融合中，中国文化将会是一种新兴的文化形态，随着中国政治经济实力增强而慢慢成长为主导力量。

在经济全球化推动下，全球文化趋于同质化，西方文化在全球盛行已经成为客观现实。经济全球化消融了民族文化，强势文化展现出扩张主义和霸权主义，强势文化对弱势文化进行"殖民"，民族文化多样性被削弱，民族文化逐渐失去了主体地位。中国文化命运将如何？中国语言文化是否也要遭遇古代埃及、巴比伦和现代印度、南非的命运。文化是人类精神、心理、行为和情感等外在表现形式。文化创新和传播是文化生命力、竞争力和吸引力的两个源头。中国文化的命运就在于是否能大力创新和传播，两者都需要依赖政治、经济、科技、教育等综合国力的支持。从创新角度来说，中国文化要宽容对待外来文化，学习"他者"和异己文化，吸收外来文化，革新、提升和超越传统文化，以全新面目、具有强大生命力和亲和力的文化内容赢得中国人民和世界人民的认同。从传播角度来说，中国文化要得到国家力量、企业家力量和社会精英力量的支持，在世界上广泛宣传、推广和使用，要以使用卓越的中华文化为荣。中国文化的传播、扩张和形成影响力是一个漫长的国家政治经济实力逐步成长的过程。随着我国经济实力逐步增强，我国传统文化和汉语言开始在世界上慢慢进入人们的视野、进入外国学校课堂、进入国际机构和国际会场，也开始慢慢通过商品进入外国商场的货架上。中国文化取得如此影响和成就并非中国文化的创新进步有多大，而在于中国政治经济实力对中华文化国际传播和使用的支持。中国提高对外宣传和跨文化沟通能力，是扩大文化传播和影响，进而提高企业国际竞争力和国家综合实力的重要手段。

五、跨文化沟通策略理论假设

（一）假定文化存在差异性和共通性

不同地区、国别、宗教的人具有不同的文化印记，从而产生不同的哲学、道德、信仰乃至政治观念、商业观念、价值观和人生观。不同文化具有差异性和共通性，两者都是客观存在的。与参照文化相比较，文化间差异部分和共通部分是构成一个整体的两部分。人类实践活动是文化差异与共通的根源。文化的共通性的根据在于人类共同的实践活动，文化的差异性的根据在于人的实践活动的差异，尤其是各民族的生产活动和交往活动及其所面临的自然环境的不同。① 文化差异无处不在，不仅体现在商业文化方面，而且体现在社会生活的各个方面。各民族文化差异性深深地影响着相互理解和沟通。文化差异不会掩盖共有人性。随着全球化运动，全球文化的融合与共通性日益增多。人终究是活在现实里。世俗是世界各种文化最大的共通性。不同文化的人有世俗性和实用主义，生存发展至上，追求现实生活美好。

（二）假定文化构成产品或服务差异化的特征之一

产品或服务是不同文化的供应商与消费者之间跨文化沟通的物质载体。产品或服务都具有一定的与客户沟通的职能，例如产品的品牌、说明、包装、技术、文化特征等，这种沟通职能就是产品或服务贸易中信息流的职能。产品或服务的厂商往往加入某种文化因素以便构成差异化，以期提高产品或服务的国际竞争力。产品或服务内含的文化变量构成产品或服务差异化的特征因素之一。产品或服务沟通职能往往通过产品或服务内含的文化要素发挥沟通功能，在国际间的流动中起到跨文化沟通的作用。

（三）假定同文化沟通和跨文化沟通均具有成本

内含在产品或服务之中的沟通功能是企业或者个人众多社会经济活动中的一项重要内容，在人与人的沟通中投入和花费大量人力、物力、财力以及时间和情感。沟通产品或服务功能的产生是一项经济活动过程，它有投入、消耗、目标、收益等。为此，假定同一文化背景下，信息沟通总有一定的成本，以 K 表示沟通成本。那么，跨文化沟通比同文化沟通具有更大的成本。即使同文化沟通成本为

---

① 季彦、秦粉玲：《浅析文化的共通性与差异性》，《和田师范专科学校学报》，2007 年第 27 卷第 1 期。

零, 跨文化沟通成本也不会消失。企业要缩小跨文化沟通成本, 但这个成本不会为零。如果把沟通成本作为沟通活动的资本投入看待, 沟通就要追求经济效益最大化, 而不是追求成本最小化。

(四) 假定有效的跨文化沟通需要越过文化屏障的能力

假如承认文化差异客观存在, 那么, 文化差异就是一种沟通障碍, 在跨文化沟通中这种文化障碍就客观存在。跨文化沟通是跨越文化屏障的桥梁。跨文化沟通的障碍类似于产品贸易中的一道壁垒或门槛, 比如关税或非关税, 这道壁垒就是各国各民族具有的文化屏障, 只有跨越这道文化屏障才可能开展进一步的沟通。这就给沟通增加了跨越障碍的难度, 需要更高的跨越文化障碍的沟通能力。跨文化沟通能力是超越文化差异开展沟通的前提。具备一定的跨文化沟通能力是开展沟通的基本前提。没有这个前提就无从谈起沟通策略或技巧。努力提高跨文化沟通能力, 这是达成顺利沟通的关键, 否则没有达到一定水平的跨文化沟通能力, 其他任何策略都无济于事。提高跨文化沟通能力, 可以降低沟通的难度, 减少文化壁垒, 从而减少跨文化沟通成本。这是有效跨文化沟通策略之一。

(五) 假定沟通效果受双方的信任度和自由度影响

沟通是一种产品或服务传递信息、影响和吸引顾客的职能。沟通过程是双方把完整、全面和真实的信息不断地交互传递的过程, 沟通成效基于这种信息反复传递与博弈的信任。在存在风险时, 信任是对他人动机确信的、积极的期望状态。信任有助于沟通形成共同认识、共通文化和共同价值。缺乏信任和自由的沟通可能产生歧义、误解和信息遗漏等问题。所以, 在同一文化背景下, 沟通成效受到双方之间信任度和自由度的影响, 跨文化背景的沟通受其影响更明显。自由、民主、平等都是取得信任的重要基础。沟通地位是否平等会影响沟通双方的信任关系。双方互不信任往往是地位不平等的结果。因此, 信任与自由分不开, 信任度与自由度有一定的联系, 两者都是跨文化沟通的影响因素。

六、跨文化沟通策略的理论模型构建及讨论

贸易理论把商品流通划分为商品价值流、物流和信息流三个部分, 是商品生产与流通的组成部分, 这种商品的信息国际流动也就是国际间跨文化沟通。跨国经营的产品、服务、资本以及人员国际流动都具有发挥商品流通的信息流职能来进行不同形式的跨文化沟通。任何对外沟通都是以人和产品两种介质展开的。人是一种社会产品。而产品是不能直接沟通的, 产品都是通过背后的人与其他人进

行沟通，通过一系列具体策略取得不同文化人群的理解和接纳。产品或服务的跨文化沟通是由生产商或供应商与客户之间两个具有不同文化背景的人进行一次或多次反复沟通的生产过程。产品或服务的跨文化沟通形式多种多样，既可能是一则声名远播的国际广告或一次普通的商业谈判，也可能是中国产的当地特色产品，还可能是让国际学生趋之若鹜的一门课程。产品或服务具有文化差异化，在生产商或供应商与客户之间发挥跨文化沟通的职能，并由产品或服务的文化差异化形成规模经济或差异化的垄断竞争格局，增加市场品种和消费者福利，扩大国际生产和贸易规模。

在国际市场上，产品或服务产品竞争力受产品所内含文化因素的吸引力、创新力和跨文化沟通力的影响。假定其他因素相同，产品或服务内含的文化因素是唯一的差异化信号。在产品或服务价格、质量等因素相同的前提下，如果消费者青睐含有某种文化成分的产品或服务，说明这种文化成分具有较强的吸引力，这种产品或服务就具有较好的跨文化沟通效果。这种产品或服务在国际市场上就会走俏，产生较大的市场效益。如果产品或服务内含文化因素没有起到吸引消费者的作用，在不同文化背景下产品或服务就没有体现出明显的跨文化沟通效果。

产品成功的跨文化沟通就是有效产品沟通，产品因有效的沟通被客户接受了，由此形成良性互动的社会关系或经济关系。现实中，成功或有效的跨文化沟通就能够增加收益，减少投资、贸易摩擦，减少人事纠纷，减少误会和损失。不成功的跨文化沟通结果则是失败的产品沟通，也就是说沟通努力没有被客户接受。由于跨文化沟通是一种生产过程，它有投入和产出，可以给出它的生产方程。投入要素既有沟通双方的人的因素，也有沟通或传播的物质条件，还有就是生产沟通所采用的技术、方法和策略。沟通过程中人的能力主要体现为跨文化沟通能力。跨文化沟通结果不仅受沟通物质条件、沟通双方的跨文化沟通能力影响，还取决于跨文化沟通的策略状况。

不同文化间沟通采取一定策略，讲求沟通艺术，可以减少沟通障碍，提高跨文化沟通效果。具体来讲，如果中国对外经贸企业采取科学的跨文化沟通策略，将可以使中国产品、服务、资本和人员更加符合客户喜闻乐见的文化品位，从而更加有利地进入国际市场，并取得期望的价值。不同的产品、服务、资本及人员进入不同国家、不同地域，往往受制于东道主文化对这种异域文化交流或沟通的接受程度。接受程度要受到沟通策略及沟通能力的影响。策略就是所有资源手段和影响因素进行组合和调配的运用。人类语言文字、符号、声音、影像等形式的沟通，带有强烈的感染性和技巧性，沟通技术水平的高低直接影响沟通效果和是否能够实现商务目标。影响有效跨文化沟通的因素有很多。根据以上假定和构建模型的分析可以看出，最直接影响跨文化沟通结果的因素至少有跨文化沟通物质条件、最低一方沟通能力、双方文化差异度、双方文化共通度、沟通信任度和沟通自由度六个方面。跨文化沟通效果与这些影响因素形成以下函数关系：

$$F = f(W, N, C, G, X, Z)$$

其中，F 表示这六项因素影响的跨文化沟通效果的生产函数；W 表示跨文化沟通物质条件；N 表示最低一方沟通能力；C 表示双方文化差异度；G 表示双方文化共通度；X 表示沟通信任度；Z 表示沟通自由度。各因素对沟通结果影响大小取决于它们对沟通结果影响的生产函数关系。从理论模型揭示了六个方面因素会影响有效的跨文化沟通，那么这六个方面就构成可以用来折服人的跨文化沟通策略。

在沟通中，双方信任信息是最重要的沟通或协商基础。信任的双方不会隐藏真实想法、情感和实情。不信任的交流往往遮遮掩掩，没有真话，相互隐瞒，只会各唱各的调，各说各的理，就可能会导致曲解、误会、分歧、冲突和仇视，不利于双方的交易和合作。不信任就很难进行有效的沟通。所以，在面对风险和不确定性情况下，沟通的有效性取决于信任度。沟通信任度主要受两种文化差异度、国民交往程度和国民感情影响，它们会影响两国人民之间沟通的效果。文化差异度越小，国民交往越多，两国沟通的信任度会越高；文化差异度越高，交往越少，国民之间就越陌生，信任度也就越低。提高信任度的关键在于缩小文化距离。从这个意义上来说，信任度又是文化差异度的函数。国家间社会制度、政治意识形态、文化等因素的差异会影响一国民对另一国民的感情，从而影响两国之间的沟通信任度。一般来说，其他条件不变情况下，信任度高，沟通效果会好；反之，信任度低，沟通效果会差。

言论自由、话语权平等、沟通充分才会有完整无缺的信息交流。双方沟通地位是否平等、话语权利是否平等、言论是否自由、言论是否受到限制威胁、沟通是否在和平环境下、是否自觉自愿等自由度都会影响沟通效果。例如，企业或组织内部上下级之间沟通是否能达到双向、自由沟通将直接影响信息真实、完整和准确，从而影响双方是否理性和科学地决策，进而影响各自的利益。妨碍自由沟通的因素有文化差异、信仰、习俗、传统、制度、社会等级观念等。

其他条件不变的前提下，沟通自由度越高，沟通效果越好。阻碍沟通自由，降低人类表达自由度，将沟通不畅。沟通自由度不仅受各国历史文化影响，而且受各国社会发展水平、文化保护政策和人权制度等因素影响。国家言论越不自由，社会越封闭，沟通越不够，越不利于人类思想传播、开启、教化和创新，社会矛盾和冲突会越深刻，也不利于社会乃至于国际经济分工与合作，不利于发展经济。社会经济发展水平主要体现为人的自由和解放水平，包括人的交流沟通自由。现代信息通信技术革命对经济发展和增长的推动是非常显著的。

开放的语言文化政策也会提高跨文化沟通能力，也会使双方沟通顺利，给贸易伙伴带来正向外部性，也提高自己与外部世界沟通的效果，而且具备跨文化沟通能力的人可以选择消费带有外国文化的产品，使用和掌握其技术和设备，以及获得跨国公司的就业机会，吸引外国直接投资。这些都有助于改善开放国家的国民福利。可见，一国文化政策越开放，国民对外来文化越乐于接受，对外国语言学习越积极，包容和接纳外国文化越大度，文化差异越少，文化共通和交集部分比例就会越大，文化间信任度就会越高，国民文化选择自由度越大，沟通中信任度和自由度都会增高，从而跨文化沟通效果就会越好，因此带来的帕累托福利效果会更大。这个结论与孔雅的结论完全不同。① 本文倡导文化自由主义和文化开放政策，不认为文化保护主义会提高跨文化沟通效果。

世界各国文化虽然有不同程度的差异性，但都有或多或少的共通性、同一性，例如遵守法律和基本伦理道德。在文化共通之处进行沟通，如同一文化背景下的沟通，既然达成共识的差异消失，障碍较小，沟通成本最低，达成共识的交易都是双方最想要的，交易收益最大，损失最小，对双方是双赢。只有寻找文化共通才能有效跨文化沟通，没有文化交集的沟通不会有效。没有文化共通难以相互理解。以共通文化背景为基础，双方沟通才可能产生共鸣、响应和接受。在不同文化的共通部分中开展沟通才会有积极效果。不同文化间沟通只能在共通之处寻找统一标准或规范，比如统一的法律、协议或商业惯例，这样的沟通才可以被接受，并以一个标准进行评价，那么，沟通就是和谐、一致、友好的，沟通效果也最高。所以，在其他条件不变情况下，在不同文化的交集或共通部分里，跨文化沟通效果最优。

假如沟通收益 Y 是沟通效果 F 的复合函数，即 $Y = y(F)$。那么，当沟通净收益 $P = y(F) - K$ 达到最大时，跨文化沟通效果最优。对 P 求导，并令其为零，如果有极值，可以得到沟通效果实现最优时 W、N、C、G、X、Z 和 K 之间变量关系，这里 $K > 0$，$K < W$。在文化交集部分沟通，具有统一沟通标准和评价体系，沟通成本 K 最低，跨文化沟通真实、全面和准确，经济效益最好，沟通效果最优。当 $N \geqslant n(C) > 0$ 时，且当 $C > 0$，$G < 1$ 时，在其他条件不变前提下，在文化共通之处沟通效果最优（maxF）。

七、结论及其文化政策含义

全球文化同化与异化力量的相互作用，导致文化系统处于动态均衡与非均衡

---

① K'onya, Istv'an, "Modeling Cultural Barriers in International Trade", Review of International Economics, 2006, 14 (3): 494 – 507.

的不断变迁中，相依共处并且不断演进。文化生命力、竞争力和吸引力主要来源于文化创新和传播两种力量。文化的非累积性质决定了人们文化选择的传播因素比创新更加关键。中国文化发展需要依赖政治、经济、科技、教育等综合国力大力支持的文化创新和传播两种因素的共同推动。

产品或服务、资本和人员国际流动具有跨文化沟通的信息流职能，是产品组成部分之一。跨文化沟通构成产品生产过程的一部分，产品或服务内含的差异化文化发挥跨文化沟通职能。跨文化沟通物质条件、沟通能力、信任度、自由度、文化差异度和共通度对跨文化沟通效果有不同程度的影响。在其他条件不变情况下，在文化交集中跨文化沟通效果最优。

中国文化政策要同等重视文化创新和文化传播，二者不可偏颇。中国要保持文化开放与文化保护均衡政策。开放的文化政策能够鼓励国民学习、包容和接纳他国文化，缩小国际文化差异，扩大文化间交集部分，增加文化间信任度，提高国民沟通自由度，会提高跨文化沟通效果，增进国民福利效果。

编辑整理：遇　芳

当代服务贸易与中国服务外包
——服务贸易逆差结构与增加有效供给分析

于立新

2010 年 3 月 18 日

于立新

中国社会科学院研究生院财政与贸易经济系教授

摘　要： 本文通过对当代国际服务贸易的发展趋势、我国外贸形势及服务贸易的走势进行分析，发现我国的服务贸易存在着发展水平低、发展结构不合理、整体国际竞争力不强等问题。在此基础上，对我国服务外包的发展现状及对策进行了深入思考，并对金融危机下中国服务贸易逆差结构进行了深入分析。最后指出，后危机时代应实施增加有效供给的内外需并重的战略方针。

关键词： 服务贸易　服务外包　逆差结构　有效供给

一、当代国际服务贸易发展趋势

（一）国际服务贸易发展加速化

国际服务贸易持续快速增长，在国际贸易中所占的比重不断提高。在20世纪70~80年代约为20%，90年代上升到25%左右，21世纪初则上升到33%。从各国的情况来看，服务业在国民经济中的比例不断上升。从20世纪90年代开始，世界产业结构中第三产业的比重就一直在60%以上。

（二）国际服务贸易发展高科技化

在全球化的过程中，国际服务贸易结构发生了深刻变化。国际服务贸易竞争的重点逐渐向新兴服务贸易部门倾斜。服务贸易结构日益向知识技术密集型方向转变。运输服务和旅游服务在世界服务贸易中的比重呈下降趋势；技术、信息、知识密集型服务贸易在服务贸易中所占的比重不断增加。

（三）各国服务贸易发展不平衡化

各国服务贸易水平及在国际服务市场上的竞争实力悬殊，各国服务贸易发展具有明显的不对称性（见表2）。

表1　1990～2008年世界服务贸易分类别的年增长率　　　单位:%

	1990～1995年	1995～2000年	2000～2008年	2006年	2007年	2008年
运输	6	3	13	11	20	16
旅游	9	3	9	10	15	10
其他商业服务	10	7	14	17	22	11
平均	8	5	12	14	20	12

资料来源：WTO秘书处。

表2　2008年世界前十位服务贸易出口和进口国家排名出口

排名	出口国家	金额（亿美元）	比重（%）	排名	进口国家	金额（亿美元）	比重（%）
1	美国	5214	13.8	1	美国	3679	10.5
2	英国	2830	7.5	2	德国	2830	8.1
3	德国	2416	6.4	3	英国	1962	5.6
4	法国	1605	4.2	4	日本	1674	4.8
5	中国	1465	3.9	5	中国	1580	4.5
6	日本	1464	3.9	6	法国	1394	4.0
7	西班牙	1426	3.8	7	意大利	1317	3.8
8	意大利	1219	3.2	8	爱尔兰	1062	3.0
9	印度	1026	2.7	9	西班牙	1042	3.0
10	荷兰	1016	2.7	10	韩国	918	2.6

资料来源：WTO网站。

　　发达国家在国际服务贸易中优势突出。从服务贸易出口总量来看，自1980年以来，美国、英国、德国、法国和日本一直居服务贸易出口前5名。服务贸易出口前十位国家中仅有中国、印度两个发展中国家。从服务贸易进口总量来看，发达国家也占据绝对优势，发展中国家仅有中国入围前十强。

　　同时，发展中国家的服务贸易出口竞争力正在增强。一些技术、经济实力较强的发展中国家也开始发展技术层次较高的服务贸易，在通信、计算机和信息服务方面加大投入，发掘区位优势、人力资源优势和政策优势，积极承接发达国家的外包业务。其中中国、印度、菲律宾、墨西哥、巴西等国已经逐步成为区域性或全球性服务外包中心。

二、当前我国外贸形势及服务贸易走势

当前外需下降趋势凸显，贸易保护主义盛行。一是目前各国经济复苏主要是靠政策刺激，企业内生动力不足；二是发达国家失业率普遍创下新高而且还在蔓延；三是各国产能普遍过剩，目前美国、德国、日本的产能利用率分别为68.3%、72%和65%，较78%的正常平均值相差较远。全球贸易仍将经历一个在低谷的调整期，我国正面临结构升级关键时期。

（一）当前我国外贸发展形势

2009年中国对外贸易进出口总额为22072.7亿美元，同比下降13.9%。其中，出口额12016.7亿美元，同比下降16%；进口额10056亿美元，同比下降11.2%。2009年全年累计实现贸易顺差1960.7亿美元，同比减少34.2%。2009年10月，我国外贸出口额1107.6亿美元，同比下降13.8%；进口额867.8亿美元，同比下降6.4%。

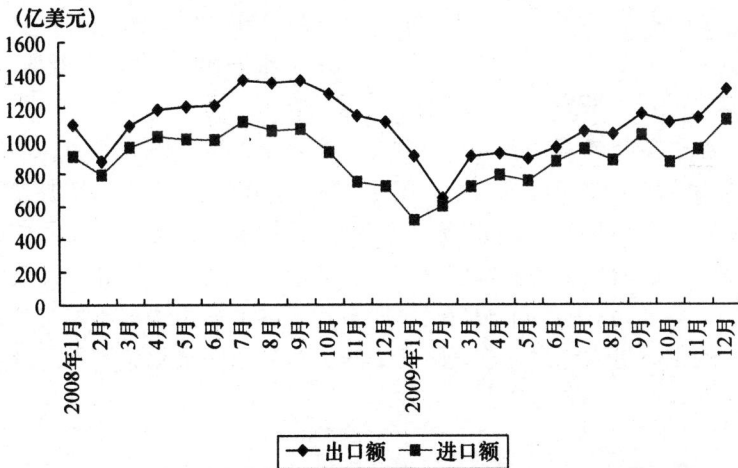

图1　2008年1月~2009年12月我国外贸进、出口额月度走势

受国际金融危机的影响，我国外贸进出口自2008年11月以来连续大幅下挫，到2009年2月下跌至谷底（如图1所示），3月份开始，经季节调整后，连续8个月环比增长，10月份进口额同比出现增长，11月份进出口总额同比开始恢复性增长，到12月份进口额、出口额同比双双出现强劲增长，环比也分别呈现8.7%和5%的大幅增长，表明我国外贸进出口呈现明显好转态势。

（二）当前我国服务贸易走势

1. 我国服务贸易现状

第一，我国服务贸易发展迅速，总体规模不断扩大。1982～2005 年我国服务贸易出口额增长近 29 倍，年均增长 15.9%，是同期世界服务贸易平均出口增速的两倍。2000～2006 年，我国服务贸易出口额增长了两倍，而同期世界服务贸易出口额仅增长 0.82 倍。我国服务贸易出口占全球的比重不断上升。1982～2007 年，中国服务贸易出口总额占全球服务贸易出口总额的比重从 0.7% 提高到 3.9%，提高了 3.2 个百分点。中国服务贸易出口额世界排名由 1982 年的第 28 位上升到 2007 年的第 7 位，进口额世界排名也由第 40 位上升到第 5 位。尽管中国服务贸易规模不断扩大，国际地位也不断上升，但与发达国家和新兴工业国家相比，其在世界服务贸易中的比重仍然偏低。

第二，服务贸易在对外贸易整体中的比例偏低。1982～2005 年，中国服务贸易出口额增长近 29 倍，但同期中国服务贸易出口额占贸易出口总额的比重一直在 10% 以下。2006 年，我国服务贸易出口额占对外贸易出口总额的比重仅为 8.62%，不到世界平均水平 18.73% 的一半，而同期其他国家服务贸易出口额占对外贸易出口总额的比重中，美国为 27.18%、英国为 33.48%、德国为 12.85%、印度为 37.82%。

第三，服务贸易的内部结构不合理，技术含量低。如图 2 所示，旅游和运输是我国两大传统服务贸易出口项目，属于传统劳动密集型部门和资源禀赋优势部门，在服务贸易出口项目中比重高达 61%。而金融、保险、咨询、专利服务等技术密集型、知识密集型和资本密集型的服务部门，在我国还处于发展阶段，发展水平不高，竞争力不强。旅游贸易和服务贸易的增长曲线与新型服务贸易的增长曲线之间的距离越来越大，这表明传统服务贸易与新型服务贸易的增速差距在逐渐拉大。

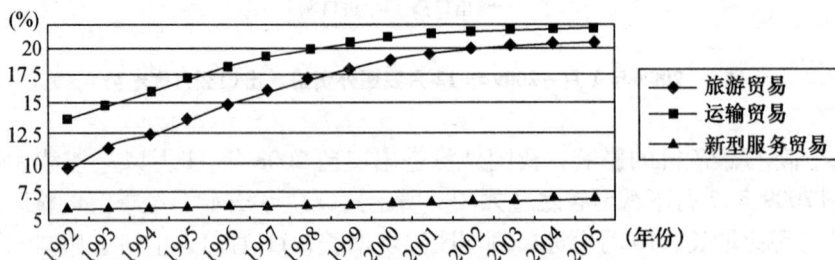

图 2　1992～2005 年我国旅游贸易、运输贸易以及新型服务贸易增长趋势图

第四，我国服务贸易整体长期处于逆差。我国的服务贸易于 1990～2006 年有 14 年处于逆差状态，总贸易逆差达到了 687.67 亿美元。1990～2008 年平均的服务贸易逆差达到了 40.45 亿美元。这说明从 20 世纪 90 年代以来，我国的服务贸易基本上是进口大于出口。从图 3 中可以明显看出我国服务贸易长期处于逆差，总体呈现一种扩大趋势。

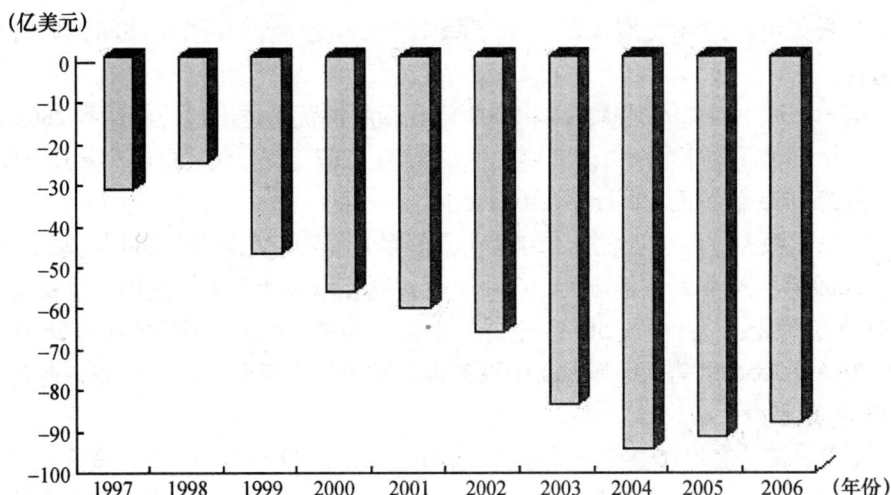

（亿美元）

图3　1997～2006 年我国服务贸易逆差额

可见，我国的服务贸易存在着发展水平低、发展结构不合理、整体国际竞争力不强等问题。这主要有以下几方面的原因：

第一，我国正处在工业化中期，经济增长还主要依靠制造业，服务业尚未成为推动经济增长的主导力量，规模较小，比重偏低。现代服务业发展不足，供给能力有限，这大大限制了我国服务贸易的发展空间。

第二，服务业开放时间短，开放程度低，遏制了我国服务业国际化的步伐，导致服务贸易额偏低。我国服务贸易开放度在 20 世纪 80 年代期间始终低于 2%，90 年代在 2%～5%，2000 年之后才增长到 5%～7%，但仍远远低于同期货物贸易的开放度。实证研究表明，服务业 FDI 对服务贸易具有非常明显的带动作用。但在过去的 20 多年，绝大多数外商在华投资的行业是制造业，协议投资金额达到全部协议金额的 60% 左右，而服务业仅占 20%～30%。

第三，货物贸易没有充分带动服务贸易的发展。我国中高端服务产品匮乏、供给能力不足，服务产品国际竞争力低下，严重限制了货物贸易对服务贸易的带动作用。

第四，服务业垄断情况严重，中国政府在电信、银行、教育等行业制定了比较全面的保护政策，这在一定程度上影响了贸易的市场化，直接导致了服务业创新动力的缺乏和效率的低下。

2. 我国服务贸易走势

自 2008 年第四季度以来，我国服务贸易发展经历了前所未有的困难。2009 年我国服务贸易总体发展仍然处于下降态势，但已经出现了局部回升向好的趋势：

第一，进出口总体规模缩减。2009 年我国服务贸易进出口总额达到 2862 亿美元，比上年同期下降 6%。其中，出口额为 1287 亿美元，同比下降 12.1%；进口额为 1575 亿美元，同比下降 0.3%。

第二，服务贸易逆差增加。2009 年我国服务贸易逆差额达到 288 亿美元。尤其是 2009 年上半年，逆差额为 167.4 美元，同比增长 4.3 倍。其中，运输逆差为 91.5 亿美元，同比增长 56.1%；旅游服务贸易差额由上年同期的顺差 26 亿美元转为逆差 28.5 亿美元；其他商业服务也由常年的大额顺差转为逆差，逆差额为 13 亿美元。

第三，部分高附加值行业服务出口实现增长。2009 年 1~11 月，全国共登记技术出口合同总金额 87.9 亿美元，同比增长 78%。2009 年上半年，我国保险服务出口额为 6 亿美元，比上年同期增长 11.4%；金融服务出口额为 1.6 亿美元，同比增长 24.7%；计算机和信息服务出口额为 28.8 亿美元，同比增长 3.9%；咨询服务出口额为 82.5 亿美元，同比增长 5.3%。其中计算机和信息服务顺差为 15.8 亿美元，比上年同期增加 1.1 亿美元；咨询服务顺差为 22.9 亿美元，同比增长 37.3%，为我国最大的服务贸易顺差行业。

三、我国服务外包的发展现状及对策思考

（一）服务外包的定义

服务外包是指企业将信息技术系统开发和架构、应用管理以及业务流程优化等非核心业务需求通过外包由第三方（服务外包提供商）来完成，以专注企业核心业务并降低成本，就能更好实现企业经营目标的经济活动。

根据外包目的地是否在国内，服务外包可以分为在岸（Onshoring）外包和离岸（Offshoring）外包。前者是指外包商与其外包供应商在同一国家，服务的生产过程在国内进行。后者是指外包商与服务供应商不在同一国家，服务生产活

动跨国进行。

按照外包对象的性质差异，服务外包可以分为信息技术外包（ITO）和商务流程外包（BPO）。前者是指系统操作服务、系统应用服务和基础技术服务，软件外包是其主要形式；后者主要是指企业内部管理服务、企业业务运作服务和供应链管理服务。

目前 ITO 在国际服务外包市场中占据主导地位。统计资料显示，ITO 在国际服务外包中约占 63% 的份额，行业领先型企业中有 74% 的企业正在进行一项或一项以上的 ITO。

（二）我国服务外包的政策战略

中共十七大报告提出，发展现代服务业，提高服务业比重和水平，积极承接国际服务外包，是加快现代服务业发展、优化经济结构、提升经济发展质量的一条重要途径。

2006 年我国提出实施服务外包"千百十工程"，即："十一五"期间，在全国建设 10 个服务外包基地城市，推动 100 家世界著名跨国公司将其服务外包业务转至中国，培育 1000 家获得国际资质的大中型服务外包企业。

2009 年 1 月《国务院办公厅关于促进服务外包产业发展问题的复函》（国办函［2009］9 号）印发。我国政府陆续认定了北京、大连、杭州、济南等 20 个城市为中国服务外包示范城市，还认定了 11 个基地城市，同时出台了一系列鼓励政策，在全国范围内深入开展服务外包试点工作。

（三）我国服务外包的总体发展状况

总体来看，我国服务外包发展势态良好，增长较快。2009 年，中国共签订服务外包合同 60247 份，同比增长 142.6%，协议金额 200.1 亿美元，同比增长 185.6%，合同执行金额 138.4 亿美元。在 2009 年我国签订的服务外包合同中，离岸外包协议金额 147.7 亿美元，同比增长 153.9%，执行金额 100.9 亿美元。信息技术外包（ITO）依然是主要方式，合同协议金额 118.7 亿美元，占总额的 59.3%，执行金额 86.4 亿美元。外包国家和地区主要是美国、日本和中国香港，协议金额共 79.1 亿美元，占协议总额的 39.6%，执行金额为 57.7 亿美元，占执行总额的 28.9%。

（四）存在的问题

第一，外包产业规模总量还不大，产业效应尚未显露。目前我国承接国际服务外包业务仍主要采用传统的承包方式，承接高端外包业务的能力不强，承接外国企业业务的流程外包服务更显不足。在国际中高端服务外包市场，例如高附加值的软件开发服务、研发设计服务、管理咨询服务、金融理财服务等外包业务的承接上，与世界一些服务外包业务发展较好的城市和地区相比，存在着较大差距。中国服务外包承接方所承接的离岸服务外包业务主要是指核心技术之外的编程和售后服务工作外包，对人才和技术的要求相对较低，又没有销售渠道拓展的压力，催生了大批小规模外包公司。

第二，服务外包发展布局比较分散，企业竞争力弱。尽管我国有为数众多的企业从事服务外包，但大部分企业规模小，规模化、集团化程度都还较低，缺少龙头企业和知名品牌，缺乏各种国际认证和专业认证。以 ITO 为例，中国的软件企业组织结构呈现"小而散"的"手工作坊式"产业分布状态，在狭小的市场空间内重复竞争，没有形成真正的大企业。根据中国软件协会的相关统计，中国目前从事 ITO 的企业超过 8000 家，其中专门从事软件研究与开发的企业仅为 2000 多家，剩下的多为兼营软件以及从事相关服务的企业。按照企业雇佣的人数来划分，50 人以下的企业约占 55%，50～200 人的企业约占 42%，1000 人以上的只有少数几家。

第三，服务外包专门人才特别是高端人才缺乏，主要是交流和业务技能方面的欠缺（见表 3）。我国接受过高等教育的人力资源比较丰富，但是既懂技术又懂内部管理、市场营销的高精尖人才匮乏，特别是行业领军人物，如软件编程和工程人员（软件蓝领）的数量不足，掌握核心技术、懂外语、会交流的国际软件开发人才和开拓国际市场的人员紧缺。

表 3　主要外包供应商交流和技能效度比较

	爱尔兰	印度	俄罗斯	中国	拉丁美洲
交流	0.8	0.49	0.53	0.35	0.54
技能效度	0.9	0.76	0.74	0.34	0.45

第四，服务外包相关法律法规和扶持政策还不够完善。服务外包属于新型经济形态，现有的法律法规难以符合新业务形式的发展要求。如业务流程外包等新型业务无法享受到政府的优惠政策。整体扶持政策还在制定中，现行的政策措施构不成体系，有的针对性不够强，既缺乏贯彻国家政策的实施细则，又缺乏具有本地特色的政策措施，因而还达不到相应的支持力度。

（五）我国服务外包的发展路径

第一，制定服务外包发展战略规划，完善促进服务外包发展的政策措施，加强制度保障。尽快研究出台全国服务外包产业发展的扶持政策，建立支持服务外包产业发展专项资金，在财政税收、投融资、进出口、出口信贷和信用保险、境外研发和营销机构的设立、人才培训、知识产权保护等方面加大支持力度，鼓励外包企业开拓国际市场。

第二，加强人才培养机制，提高服务贸易从业人员素质，加强人才培训和引进。根据服务外包业务的发展要求，不断完善专业设置和专业内容，还应注重英语能力的培养及水平的提高，确立良好的教育培训体系。

第三，统筹规划布局，加强服务外包基地建设。各地应根据自身比较优势确定重点发展领域、重点承接国家和地区，实行错位发展，打造城市服务外包品牌。

第四，加大推进服务外包招商引资力度，为扩大服务业吸引国外直接投资创造条件，积极推动外资制造业向服务业延伸、培养区域服务外包特色和确立以中外企业研发合作为导向的外资利用新战略，吸引外资把研发环节的外包服务转移到中国。

第五，完善我国服务外包环境建设和相关配套服务建设。主要包括：要加强知识产权保护，进一步完善保护知识产权法规体系，严厉打击各类侵权行为，形成尊重知识产权的氛围；加强诚信建设，培育良好的信用环境和市场经济秩序，进一步加大信息化基础建设力度；建立服务外包公共信息平台，组织对国外技术规范的引进和翻译工作，尽快使国内规范与国际接轨；建立有效的出口服务中介组织，加强信息服务等。

四、金融危机的影响：中国服务贸易逆差结构分析

（一）外需下降导致服务贸易出口下滑，局面难以扭转

我国受此轮国际金融危机冲击最大的有两类企业：一是从事加工制造低端环节的"车间型"企业；二是研发创新能力弱，缺乏自主品牌和营销网络的制造类企业。

服务贸易出口大幅下降导致服务贸易逆差显著增加。2009 年上半年逆差额为 167.4 亿美元，同比增长 4.3 倍。主要逆差行业是运输、专有权利使用费和特许费、保险服务、旅游和其他商业服务，逆差额分别为 91.5 亿美元、44.4 亿美元、42.5 亿美元、28.5 亿美元和 13 亿美元（见表4）。

表4　2009 年上半年中国服务贸易主要行业逆差情况 单位：亿美元、%

	进出口总额		出口额		进口额		贸易差额
	金额	同比增长	金额	同比增长	金额	同比增长	
总计	1257.4	−14.4	545	−24.1	712.4	−5.0	−167.4
运输	304.1	−31.2	106.3	−44.6	197.8	−21	−91.5
旅游	393.4	3.9	182.5	−9.8	210.9	19.6	−28.5
保险服务	54.5	−20.7	6.0	11.4	48.5	−23.5	−42.5
金融服务	3.4	−15.7	1.6	24.7	1.9	−34	−0.3
专有权利使用费和特许费	48	1.1	1.8	−7.8	46.2	1.4	−44.4
其他商业服务	176.7	−27.1	81.9	−42.6	94.9	−4.9	−13

注：省略了建筑服务、通信服务、计算机和信息服务、咨询、广告、宣传、电影、音像等行业数据。

资料来源：国家外汇管理局。

（二）服务贸易进口额持续增加，逆差进一步扩大

"入世"后，中国跨境服务贸易规模持续增长，但服务贸易一直呈逆差状态。从 1998 年的 25.9 亿美元上升至 2004 年的 95.5 亿美元，但在 2008 年，逆差扩大至 115.6 亿美元的历史最高水平。造成 2008 年逆差扩大的主要原因是：受金融危机的影响，使得运输、旅游、保险、专有权利使用费和特许费逆差进一步扩大，以及金融服务和其他商业服务顺差大幅度减少。

尽管我国服务业增长速度很快，但由于起点低，服务净出口占 GDP 比重和服务出口占世界服务出口总额比重很低。目前，我国服务贸易出口额居全球第五位，与我国作为一个经济大国的地位很不相称，总体上依然是服务贸易小国。我国高附加值服务进口增速高于服务贸易出口增速，逆差进一步扩大。金融、保险、计算机信息服务、咨询、专有权利使用费和特许费、广告宣传、电影音像这 7 个高附加值服务项目在国内的需求始终保持强劲增长，使得逆差呈现不断扩大趋势。

（三）服务贸易逆差产生的原因分析

金融、保险、咨询、计算机和信息服务、广告宣传和电影音像属于技术密集型和知识密集型的高附加值现代服务行业，是国际服务贸易发展较快和较集中的高端行业。中国在这些领域起步晚、竞争力较弱，直接影响到市场份额占有，不仅出口总量少，占世界市场份额小，而且这些现代服务业进口的绝对量和相对量

都较大，这是造成逆差的主要原因。

另外，部分服务行业在价格制定、产品设计以及服务提供等方面均经验不足，发展高附加值服务行业的专业人才优势尚未充分发挥。由于中国人才培养知识更新滞后带来的知识含量较低和服务理念落后，以及技术水平和创新能力不足，影响了中国国际服务贸易竞争力的提高。

五、后危机时代的机遇：实施增加有效供给的内外需并重战略方针

服务贸易的发展对调整我国出口贸易结构、改善就业、加快科技创新和提升产品附加值都有极大的促进作用。因此，如何在后金融危机时代下充分发挥服务贸易带动经济增长的优势，是中国化"危机"为"机遇"亟待解决的关键问题。

"扩大内需、稳定外需"是我国今后一个时期完善开放型经济发展战略的重要举措，作为一个经济大国，中国的长期稳定发展必须立足于自身力量，充分依靠国内有效供给的不断增加，长期过分依赖传统外需的经济增长路径不可持续。

目前，解决全球气候变暖、发展低碳经济、走可持续发展道路已经成为国际社会的共识。我国在未来相当长时间内，不仅仅要从需求角度来考虑经济增长的动力问题，更应该从增加有效供给的角度来调整经济发展思路。有效供给就是在未来低碳经济背景下，生产出更多符合新能源、新动力的高科技绿色产品，以满足国内与国际社会可持续发展的需求。

实施增加有效供给的内外需并重的战略方针，需要从以下四个方面入手：

（一）贸易政策要全面配合产业政策向竞争力导向转变

紧紧抓住以新能源和电动汽车为代表的新技术战略产业，加大科技创新对影响21世纪经济发展尖端战略产业的扶持力度，提高我国新型战略产业在未来国际市场的竞争力以及占有率。多年来，在我国经济增长中，有效供给没有大规模增加，产业结构升级缓慢，粗放经营的增长方式一直未发生根本性改变，从而导致我国在国际产业分工中一直处于产业价值链的低端，特别是加入世界贸易组织以后，我国不仅遭受工业发达国家而且还包括一些发展中国家的反倾销、反补贴调查，根源在于经济增长思路没有改变，没有从调整总供给结构的角度思考并制定经济增长战略。为此，结构调整升级、服务贸易发展、加工贸易转型及淘汰落后产能，转变贸易增长方式都应围绕这一战略目标进行布局。

（二）积极培育新兴服务业，坚持可持续贸易战略

服务业已成为我国国民经济发展的重点。以服务外包和传统制造的来料加工为例，两者对国内经济增长的贡献差距很大。从增加值来看，同样金额的出口，服务外包对中国经济的贡献是来料加工的 20 倍以上；从能源消耗来看，服务外包单位 GDP 能耗仅为制造业的 20%。尽管中国的服务业总体上落后于发达国家，但某些劳动密集型的服务领域还是具有一定比较优势的。因此，我国可根据服务产业部门在经营规模、市场份额、增长速度和比较优势等方面的排序，确定发展服务贸易的战略重点，优先发展旅游服务、工程承包、劳务输出等具有传统竞争优势的服务行业，提高这些行业的知识含量和技术含量，增加贸易的附加值。与此同时，注意培育新兴服务业的竞争优势，发展诸如会展经济、咨询设计、技术专利、金融保险、通信服务等高层次服务行业，以提高我国服务贸易出口产品的附加值，增强我国出口贸易的竞争力。

适应 21 世纪全球低碳经济发展的大趋势，实现贸易与资源环境协调发展，全面鼓励能效较高的产品出口，坚定不移地贯彻实施可持续贸易战略。近年来，发达国家越来越多地采用技术性贸易壁垒和绿色贸易壁垒，用来限制发展中国家的出口贸易。为此，我国应健全贸易和环境关系的法律体系，积极推广出口产品绿色生产和清洁技术，政府应设立绿色技术创新专项基金，鼓励企业健全绿色技术创新机制，以国家强制力导向保证我国可持续生产和贸易的顺利实施。

（三）发展信息技术服务外包，积极利用后危机时代的调整期

金融危机之后，为增强抗风险能力和持续发展能力，外包产业也将进入新一轮的调整，尤其是软件与信息服务外包，成为复苏时期的新发展模式。

一方面，由于受到劳务成本提高和金融危机的冲击，国际服务外包多元化的趋势将更加明显。以中国为代表的新服务外包地区则在发包客户多源化的需求趋势下得到更多机会。在劳务成本方面，中国平均 IT 劳务成本比印度低三四成，这是考虑向中国转移的原因之一；同时，中国多源服务外包基地的建设以及人力资本的性价比，仍有较大竞争取胜的机会。

从 2009 年我国软件出口和软件外包行业发展情况来看，相对其他行业而言，受国际金融危机的影响较小并保持了较快发展。根据图 4 可知，2009 年 1～6 月，我国软件产业累计完成软件业务收入 4270.2 亿元，同比增长 22.7%。1～6 月我国软件出口 83.4 亿美元，同比增长 47.4%，其中软件服务外包出口 9 亿美元，同比增长 64.5%，出口保持较快增长，服务外包回升加快。

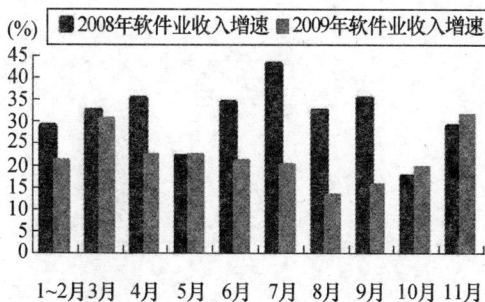

图4 2008～2009年软件业收入同比增速

另一方面，中国内需市场潜力巨大，应注重内需市场的开拓。由于西部大开发、北京奥运会、上海世博会、4G（第四代移动通信）等的辐射效应，使部分行业信息化需求快速上升，将拉动我国在岸软件服务外包市场的增长。据统计，2007年国内需求带来的服务外包业务规模占整个软件与信息服务外包规模的85%；随着我国承接离岸能力的增强，预测2010年，离岸收入占软件与信息服务外包总收入的20%，但内需占比仍达到80%（见图5）。

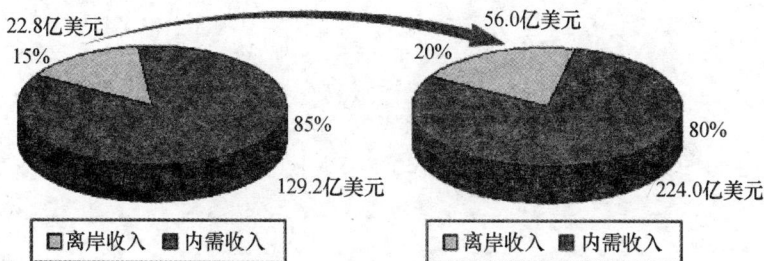

2007年中国软件与信息服务外包产业内外需比例　2010年中国软件与信息服务外包产业内外需比例(预测)

图5 2007年、2010年中国软件与信息服务外包产业内外需比例

（四）以人民币国际化为契机，全面提升我国服务贸易的竞争力

改革开放30多年来的实践告诉我们一个道理，只做到货物贸易出口大国不算贸易强国，只有全面提升服务贸易的国际竞争力，我国才能最终成为世界贸易强国。为此，积极稳妥地推进人民币国际化进程，才能使我国摆脱全球贸易保护主义困扰。海外投资举步维艰，人民币国际化是解决外需市场受不确定因素波动影响问题的根本之策，也是中国实施互利共赢开放型战略的应对之举。

编辑整理：遇 芳

税制结构的国际比较

张 斌

2010 年 3 月 11 日

张 斌

中国社会科学院研究生院财政与贸易经济系副教授

摘　要：本文对与税制结构有关的理论进行阐述，在此基础上，选择以 OECD 成员国为主的发达国家和墨西哥、土耳其、阿根廷、南非和泰国五个发展中国家，从宏观税负、税类结构和税种结构三个方面进行了对比分析。通过国家比较发现：①中国未来税制结构完善的基本方向是逐步提高特殊流转税、个人所得税的比重，相应降低一般流转税的比重；②适时出台物业税和遗产与赠与税，完善财产税体系。

关键词：税制结构　税收原则　国际比较

一、税制结构的理论分析

（一）税制结构概述

我们通常所说的税制结构，首先是指税种结构，即一个国家或地区（经济体）由多个税种组成的复合税制体系中各税种的地位及其关系。在税种结构的基础上，根据研究目的的不同，可以将税种按照特定性质进行归类分析，如按照税负能否转嫁分为直接税和间接税；按照课税对象分为流转税、所得税和财产税；按照税收收入在不同级次政府间的归属分为中央税、地方税和中央与地方共享税；按照是否指定用途分为一般税收和专款专用的税收（如社会保障税）；等等。

在市场经济条件下，税收不仅是政府筹集财政收入的主要手段，同时也是调节社会经济活动的重要政策工具，不同的税种在为政府筹集收入的同时具有不同的功能特征。随着全球经济一体化的发展，世界大多数国家和地区（经济体）均建立了复合税制体系以实现多重政策为目标，尽管构成复合税制体系的各税种的名称和内容在各国之间有所差异，但从税制基本要素的角度分析，目前各国的复合税制体系主要包括以下税种：

1. 一般流转税（General Consumption Taxes）

一般流转税（或一般消费税）是对货物和劳务普遍课征的消费税，在各国税制实践中主要体现为以美国为代表的零售环节消费税、发源于欧洲国家被世界各国广泛采用的增值税①的两种基本模式。目前，许多国家包括中国对货物及部分劳务课征增值税，对其他劳务则另行设置按销售额为税基的流转税（营业税）。②

一般流转税作为间接税，通常认为其征收成本低，筹集收入的功能较强，由于普遍课征，在采用统一的比例税率的情况下，对资源配置的干预较小，税收"中性"特征显著，这同时也意味着一般流转税调节收入分配的功能较弱，往往被认为具有"累退性"。为了缓解一般流转税的"累退性"和体现对某些行业的政策倾斜，许多国家的增值税对生活必需品等特定产品规定了较低的优惠税率。而在增值税之外对劳务课征营业税的国家如中国，分行业规定不同的营业税率也能够起到调节收入分配、引导资源配置的作用。

2. 特殊流转税（Specific Consumption Taxes）

特殊流转税或称特别消费税，是只对部分货物和劳务课征的消费税。③ 通常，课征特殊流转税的货物或劳务同时也要课征一般流转税，因此其税负较重。课征特殊流转税的货物和劳务主要有以下几种类型：烟、酒等需要抑制消费的嗜好品；奢侈品和高档服务；不可再生或难以再生的资源类产品；消耗资源及造成环境污染的产品。此外，在有些国家也存在着历史上延续下来的，为筹集收入而对生活必需品如糖、咖啡课征的特殊消费税。

我国现行的消费税就属于特殊流转税，下设不同的税目，对特定货物进行课征。在许多国家，往往对一个货物或劳务就设置一个税种，如烟税、酒税、燃油税等。作为流转税，特殊流转税的征收成本也比较低，但与一般流转税不同，特殊流转税的主要特征是"非中性"，政府在一般流转税之外选择部分货物和劳务征税能够实现以较低成本筹集收入、引导消费、调节收入分配、纠正负的"外部性"等多重政策目标，是政府干预资源配置、弥补"市场失灵"的重要政策工具。

---

① 增值税的主要特征是允许进项抵扣，以增值额而不是销售额为税基进行课征。具有增值税性质的一般流转税在许多国家并不称为增值税，如加拿大、澳大利亚、新西兰称为货物与劳务税，日本称为消费税。

② 根据对220个国家和地区资料的检索，开征增值税或类似性质的税种的国家和地区有153个，实行传统型销售税的有34个，不征税的有33个。其中在征收增值税的国家和地区，对货物和劳务全面征收增值税的约90个（国家税务总局课题组，2009）。

③ 按照OECD的分类标准，进出口关税也统计在对特别货物和劳务的征税（Taxes on Specific Goods and Services）中。

3. 企业所得税（Corporate Income Tax）

企业所得税是对公司制法人企业的利润征税的税种，严格地讲，应该称为公司所得税，非法人企业如业主制、合伙制企业通常适用个人所得税。与流转税相比，企业所得税需要核算公司的应税收入和准予税前扣除的费用，征收成本较高。而通过对行业、区域、所有制性质、收入来源、费用扣除标准等项目的差别规定，企业所得税是政府贯彻经济发展战略和产业政策的重要工具。

从收入分配的角度分析，企业所得税最终是对公司自然人股东的资本收益征税，而在公司利润最终分配给自然人股东后，股息红利通常还要再被课征个人所得税，这就产生了公司制企业利润的双重征税问题。对资本收益课征较重的税收在一般意义上是有利于收入分配的，但同时可能产生效率问题。目前，以避免双重征税为目的的公司所得税与个人所得税的一体化改革是许多国家税制改革的重要内容。而随着全球经济一体化导致的资本跨国流动和企业间竞争的加剧，企业所得税成为国际税收竞争的重要内容。

4. 个人所得税（Personal Income Tax）

个人所得税是对自然人所得课征的税收，与流转税相比，个人所得税是以所得额而不是消费额为基础征收的，如果同时采用超额累计税率，即收入越高适用的边际税率越高，个人所得税无疑具有较强的累进性，收入越高税负越重，能够对收入分配起到较好的调节作用。

个人所得税主要有三种征收模式，即分类税制、综合税制、综合与分类相结合的税制。我国目前采用的是分类税制，即按照所得的类型分别适用不同的计税方法，按月或按所得发生的次数征收。这种分类征收模式可以实现所得的源泉扣缴，征收成本比较低，但无法实现将各种收入归集到具体的个人或家庭，在居民收入来源趋于多元化的情况下，这种分类征收模式难以全面、完整地反映纳税人的纳税能力，也无法考虑到不同纳税人的实际生活负担，不利于充分发挥个人所得税的收入分配功能。

目前世界上大多数国家采用的个人所得税模式则是综合制或综合与分类相结合的税制。综合税制是以年为纳税的时间单位、以个人或家庭为纳税单位，对纳税人全年全部所得减去法定的和扣除后的部分征税。综合与分类相结合的税制模式则兼有综合税制与分类税制的特征。相对于分类征收模式，综合制的征收模式收入分配的作用更加显著，但对征管条件及其配套措施的要求较高，同时个人的纳税成本也比较高。

5. 社会保障税（Social Security Contributions）

社会保障税与一般税收不同，具有"专款专用"的性质。对社会保障收入是称为税（Tax）还是费（Charge），或者称为缴款（Contribution），各国并不统一。为了表述方便，除我国按习惯称为"社会保障基金"外，其他国家统称为"社会保障税"。

社会保障收入是现代国家福利制度运行的基础，发挥着重要的收入分配功能。养老保险、医疗保险、失业保险作为社会保障制度的主要组成部分，关系到社会成员的切身利益和基本福利，其覆盖范围和收支规模对一个国家收入分配发挥着非常重要的基础性作用。[①]

6. 财产税（Property Taxes）

财产税是对社会存量财富征收的税收，主要包括对房产、地产等不动产课征的房地产税，对继承和赠与课征的遗产与赠与税。[②] 对财产征税有利于调节社会财富的分布，而社会存量财富同时又是资本收益的来源，按年度征收的财产税实际上需要以财产所有者的流量收入缴税，因此对财产课税能够起到较好的收入分配调节的作用。

（二）税收原则与税制结构

在理论上，税收原则是衡量税制优化的标准，同时也是评价税制结构是否优化的基础，从政府政策目标的角度，将公平与效率两大税收原则引申为政府确定税制结构时需要考虑六个基本要素。

1. 筹集收入

税收的基本功能是为政府筹集收入，作为长期运行的税收制度，除了要满足政府筹集收入的数量要求外，还要努力实现收入的稳定和有足够的弹性。在复合税制体系中，尽管所有税种都能够为政府筹集收入发挥作用，但从政府确立税制的政策意图来看，不同税种之间具有明显差异，某些税种的主要功能是获取充足和稳定的收入，如增值税；而某些税种则主要侧重其调节功能，如遗产税。随着

---

① 需要指出的是，并不是所有的国家都通过设置专款专用的社会保障税（Social Security Contributions）作为社会保障支出的主要资金来源，如澳大利亚、丹麦、新西兰等国的社会保障支出就大部分列入政府财政预算支出。

② 按照 OECD 的分类标准，对金融和资本交易的课税（Taxes on Financial and Capital Transactions）也统计在财产税（Taxes on Property）中。

经济社会的发展，税种的主要功能也会发生相应转变，如个人所得税最初是为筹集战争经费而临时开征的，后来则发挥着越来越重要的收入分配功能，而随着个人所得税收入占税收收入比重的提高，其筹集收入的功能也日益显著。

2. 收入分配

税收的公平原则如果落实为特定时期政府的政策目标，应当主要体现为通过税收的再分配功能实现对收入分配的调节。如前文所述，不同税种的收入分配调节功能具有差异，而某些税种内部的调整，如增值税对生活必需品的低税率设置也能够发挥部分的收入分配调节功能。从税制结构的角度来看，通常我们认为超额累进的个人所得税、财产税、对奢侈品课征的特殊流转税等税种具有较强的收入分配功能。

3. 税收中性

在市场能够有效发挥作用的领域，税收要尽可能减少对市场价格体系的扭曲，做到"税收中性"，这是税收原则中效率原则的基本含义，增值税被普遍采用的一个重要原因是它被认为具有显著的"中性"特征，在筹集收入的同时对市场的干预较小。

4. 弥补市场失灵

除收入分配外，在"市场失灵"的领域，税收发挥弥补市场失灵和提高资源配置效率的功能。如通过课征环境税解决由污染造成的负的外部性问题。此外，对不同产业的税收差别待遇在实现政府产业政策目标中发挥着重要的作用。在理论上，政府通过税收手段干预资源配置与实现"税收中性"，减少对市场机制的扭曲分别适用于"市场失灵"和"市场有效"的领域，但在现实中，如何把握两者的界限是一个复杂的问题。

5. 征管成本

征管成本是指政府征税机关的征收成本，税收收入减去征管成本是政府获得的可支配净收入，如果其他条件不变，政府追求的是可支配净收入的最大化。实际上，广义的征管成本还包括征管的环境约束，在没有统一的财务会计准则和账簿记录的情况下，企业所得税是无法有效运行的。

6. 奉行成本

奉行成本是指纳税人为履行纳税义务支付的成本，征管成本和奉行成本构成了税制运行的直接成本。奉行成本由纳税人支付，不仅包括货币支出，还包括纳税人精力、时间的支出，难以准确计量。由于对政府可支配净收入不产生直接影响，政府在确定税制时，对征管成本和奉行成本的权衡存在差别。

（三）税制结构的优化

目前，世界大多数国家（地区）都建立了复合税制体系，除单一税种难以满足政府筹集收入的要求外，政府之所以选择复合税制体系，其主要目的是利用不同税种在调节社会经济活动中不同的功能特征实现多重政策目标。在这个意义上，如果我们把不同税种视为具有不同功能的政策工具，那么税制结构问题，即复合税制体系中各税种的地位和相互关系实际上是政府为实现多重政策目标而建立的政策工具组合，而税制结构的优化可以视为随着政府多重政策目标的变化而对政策工具组合进行的适时有效调整。① 具体来说，一个国家的税制结构优化要考虑三方面的因素：首先是环境约束，如由经济发展水平决定的人均国民收入、社会财富和收入在社会成员中的分配状况、产业结构、征管环境与征管条件。其中，财务会计准则与账簿体系的完善程度、居民收入信息等征管环境和征管条件对税制的运行和税制结构产生直接的影响。其次是政府政策目标的组合，政府税收政策的目标包括政府支出决定的税收收入规模、收入分配目标、促进经济发展的目标（包括实现税收中性和以产业政策目标为代表的弥补"市场失灵"两方面的要求）、征管成本和奉行成本。在不同的经济社会发展阶段，上述多重目标的权重是不同的，而政策目标之间也存在着冲突，往往为了实现某一个目标，如为实现收入分配的目标可能就需要相应降低与效率有关的目标。最后是多个税种构成的政策工具组合与政府多重政策目标组合的符合度，即在确定了特定的税收政策目标组合后，税制结构在多大程度上实现了这一政策目标组合以及实现这一政策目标组合的成本是否最小，在环境约束和政策目标组合一定的情况下，这也是判断一个国家税制是否优化的标准。

需要说明的是，如果把税制作为政府财政政策组合的一部分来看，可以将政府财政政策目标组合进一步细分为财政支出政策目标组合和税收政策目标组合，如财政政策目标之一是将基尼系数调整到某一水平，实现这一目标既可以采取财政支出政策工具，也可以采取税收政策工具，那么最优的财政政策工具组合应当是财政支出政策与税收政策两类工具组合的成本最小。如果最低生活保障、基本

---

① 需要指出的是，我们认为税制结构优化是税制优化的重要内容，强调的是政府多重政策目标变化后政策工具组合——各税种之间关系的调整和优化，而某一税种内部税制要素的调整（如增值税由生产型转变为消费型）属于广义的税制优化，不属于税制结构的优化，但是构成税制的各税种的优化是税制结构优化的基础。

养老保险、基本医疗保险等支出政策工具相比复杂的综合模式的个人所得税实现收入分配目标的成本更低，在税收政策工具组合中个人所得税的收入分配目标就可以相应降低。

综上所述，由于世界各国环境约束和税收政策目标组合存在着差异，按照上述理论标准对特定国家税制结构是否优化以及优化的程度进行准确判断是非常困难的。因此，对不同类型国家税制结构的状况（主要以不同税种占税收收入或GDP 的比重体现）进行描述，希望以此得到对中国税制结构优化的启示和借鉴。

二、发达国家的税制结构

国际货币基金组织（International Monetary Fund，IMF）《政府财政统计2008》将所有国家和地区（经济体）分为发达经济体（Advanced Economies）与新兴和发展中经济体（Emerging & Developing Economies），其中发达经济体包括31 个国家和地区。[①] 以发达国家为主体组成的经济合作与发展组织（Organisation for Economic Co -operation and Development，OECD）目前有30 个成员国，其中墨西哥、土耳其、捷克、斯洛伐克、波兰、匈牙利6 个国家不属于 IMF 界定的发达经济体，我们以 OECD 成员国中 24 个发达经济体作为发达国家基本样本进行分析。这24 个国家是奥地利、比利时、芬兰、法国、德国、希腊、爱尔兰、意大利、卢森堡、荷兰、葡萄牙、西班牙、澳大利亚、加拿大、丹麦、冰岛、日本、韩国、新西兰、挪威、瑞典、瑞士、英国、美国。[②]

（一）发达国家宏观税负的演变（1965～2007 年）

发达国家税制结构的变化是以宏观税负的变化为前提的，对近年来发达国家和发展中国家的宏观税负进行了分析，本节采用 OECD 的数据描述 1965 年以来24 个发达国家宏观税负的变化。

从图1、表1 中可以看出，1965～2000 年，24 个发达国家的宏观税负经历了一个稳步上升的时期，2000 年后趋于稳定。1965 年，23 个发达国家（不包括韩国）宏观税负的非加权平均值为 26.1%，其中欧洲 18 国的平均值为 27.1%，非欧洲5 国的平均值为 22.7%；1975 年，加入韩国后 24 个发达国家宏观税负平均

[①] 这31 个国家和地区是：奥地利、比利时、塞浦路斯、芬兰、法国、德国、希腊、爱尔兰、意大利、卢森堡、马耳他、荷兰、葡萄牙、斯洛文尼亚、西班牙、澳大利亚、加拿大、中国香港、丹麦、冰岛、以色列、日本、韩国、新西兰、挪威、圣马力诺、新加坡、瑞典、瑞士、英国、美国。

[②] 本节发达国家的数据主要来源于 OECD：《Revenue Statistics 1965 -2008》，与 IMF《政府财政统计2008》中的数据有差异。

值为 30.1%，欧洲 18 国的平均值为 32%，非欧洲 6 国的平均值分别为 24.6%；到 2000 年，上述三个平均值分别上升为 37.5%、39.9% 和 30.0%；2007 年，24 个发达国家宏观税负的平均值为 37.2%，18 个欧洲国家平均为 39.4%，非欧洲 6 国的平均值为 30.5%。

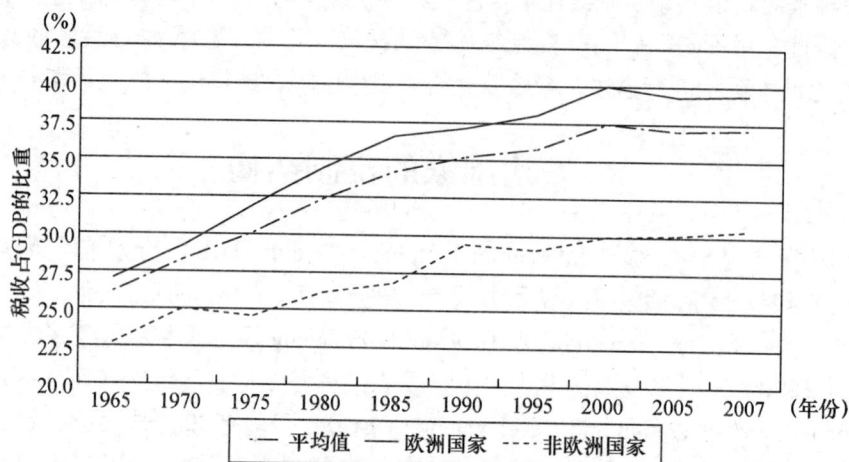

图 1　发达国家的宏观税负（1965～2007 年）

表 1　发达国家宏观税负（1965～2007 年）　　　　　　单位:%

序号	国家	1965 年	1970 年	1975 年	1980 年	1985 年	1990 年	1995 年	2000 年	2005 年	2007 年	GNI（美元）
1	加拿大	25.7	30.9	32.0	31.0	32.5	35.9	35.6	35.6	33.4	33.3	39650
2	美国	24.7	27.0	25.6	26.4	25.6	27.3	27.9	29.9	27.5	28.3	46040
3	澳大利亚	21.0	21.5	25.9	26.7	28.3	28.5	28.8	31.1	30.8	30.8	35760
4	日本	18.2	19.6	20.8	25.4	27.4	29.1	26.8	27.0	27.4	28.3	37790
5	韩国	—	—	14.5	16.5	15.7	18.1	18.6	22.6	23.9	26.5	19730
6	新西兰	24.1	26.1	28.7	30.8	31.3	37.4	36.6	33.6	37.4	35.7	27080
7	奥地利	33.9	33.8	36.6	38.9	40.8	39.7	41.4	43.2	42.3	42.3	41960
8	比利时	31.1	33.9	39.5	41.3	44.4	42.0	43.6	44.9	44.7	43.9	41110
9	丹麦	30.0	38.4	38.4	43.0	46.1	46.5	48.8	49.4	50.8	48.7	55440
10	芬兰	30.4	31.5	36.5	35.7	39.7	43.5	45.7	47.2	44.0	43.0	44300
11	法国	34.1	34.1	35.4	40.1	42.8	42.0	42.9	44.4	43.9	43.5	38810
12	德国	31.6	31.5	34.3	36.4	36.1	34.8	37.2	37.2	34.8	36.2	38990
13	希腊	17.8	20.0	19.4	21.6	25.5	26.2	28.9	34.0	31.4	32.0	25740
14	冰岛	26.2	27.4	30.0	29.6	28.2	30.9	31.2	37.2	40.8	40.9	54100

序号	国家	1965 年	1970 年	1975 年	1980 年	1985 年	1990 年	1995 年	2000 年	2005 年	2007 年	GNI(美元)
15	爱尔兰	24.9	28.5	28.8	31.1	34.7	33.1	32.5	31.3	30.4	30.8	47610
16	意大利	25.5	25.7	25.4	29.7	33.6	37.8	40.1	42.3	40.8	43.5	33490
17	卢森堡	27.7	23.5	32.8	35.6	39.4	35.7	37.1	39.1	37.6	36.5	75880
18	荷兰	32.8	35.6	40.7	42.9	42.4	42.9	41.5	39.7	38.5	37.5	45650
19	挪威	29.6	34.5	39.2	42.2	42.6	41.0	40.9	42.6	43.5	43.6	77370
20	葡萄牙	15.9	18.4	19.7	22.9	25.2	27.7	32.1	34.1	34.7	36.4	18950
21	西班牙	14.7	15.9	18.4	22.6	27.6	32.5	32.1	34.2	35.7	37.2	29290
22	瑞典	33.3	37.8	41.2	46.4	47.4	52.2	47.5	51.8	49.5	48.3	47870
23	瑞士	17.5	19.3	23.9	24.7	25.5	25.8	27.7	30.0	29.2	28.9	60820
24	英国	30.4	36.7	34.9	34.8	37.0	35.5	34.0	36.4	35.8	36.1	40660
非加权平均值												
25	全部国家	26.1	28.3	30.1	32.4	34.2	35.3	35.8	37.5	37.0	37.2	—
26	欧洲国家	27.1	29.3	32.0	34.4	36.9	37.2	38.1	39.9	39.4	39.4	—
27	非欧洲国家	22.7	25.0	24.6	26.1	26.8	29.4	29.1	30.0	30.1	30.5	—
不包括澳大利亚、新西兰、丹麦的非加权平均值												
28	全部国家	26.3	28.3	30.0	32.2	34.0	34.9	35.5	37.4	36.7	37.0	—
29	欧洲国家	26.9	28.7	31.6	33.9	36.1	36.7	37.4	39.4	38.7	38.9	—
30	非欧洲国家	22.9	25.8	23.2	24.8	25.3	27.6	27.2	28.8	28.1	29.1	—

注：由于澳大利亚、新西兰没有开征社会保障税，丹麦社会保障税的比重不足 GDP 的 2%，因此本表单列不包括上述三国的平均值以比较社会保障税对宏观税负的影响。

资料来源：OECD：《Revenue Statistics 1965 - 2008》；人均 GNI 为 2007 年数据，主要来自世界银行 *World Development Indicators* 2009，pp. 14 - 16；冰岛、卢森堡数据来自世界银行网站。

1. 不包括社会保障税的宏观税负

从图 2、表 2 中可以看出，如果分析不包括社会保障税的宏观税负变化，考虑到澳大利亚、新西兰不征社会保障税，丹麦社会保障税的比重非常低，剔除这 3 个国家的数据后，1965 年，20 个发达国家（不包括韩国）的非加权平均值为 20.9%，其中欧洲 17 国平均为 21%，非欧洲 3 国的平均值为 20%；1975 年，包括韩国在内的 21 个发达国家的非加权平均值为 22.3%，其中欧洲 17 国平均值为 22.9%，非欧洲 4 国的平均值为 19.6%；2007 年，这三个数据分别为 26.9%、28% 和 22.3%，分别比 1975 年上升了 4.6、5.1、2.7 个百分点。

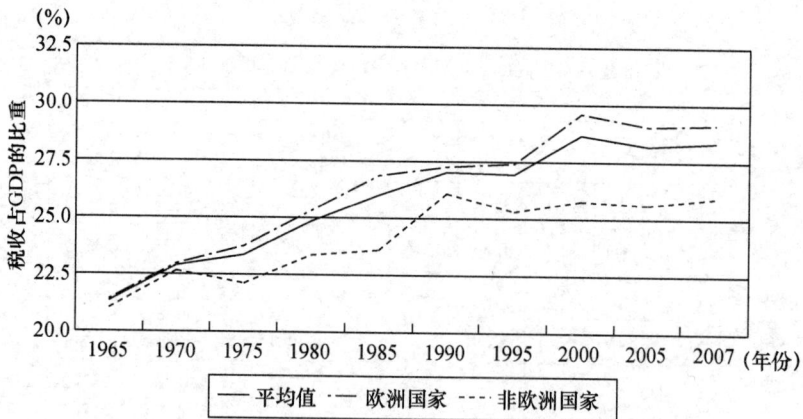

图2 发达国家宏观税负（不含社会保障税）（1965～2007 年）

表2 发达国家宏观税负（1965～2007 年）　　　　　　单位：%

序号	国家	1965 年	1970 年	1975 年	1980 年	1985 年	1990 年	1995 年	2000 年	2005 年	2007 年
1	加拿大	24.3	27.9	28.8	27.7	28.1	31.5	30.6	30.8	28.4	28.5
2	美国	21.4	22.7	20.3	20.6	19.1	20.5	20.9	23.0	20.8	21.7
3	澳大利亚	21.0	21.5	25.9	26.7	28.3	28.5	28.8	31.1	30.8	30.8
4	日本	14.2	15.2	14.8	18.0	19.1	21.4	17.9	17.5	17.3	18.0
5	韩国	—	—	14.3	16.4	15.5	17.2	17.3	18.8	18.9	21.0
6	新西兰	24.1	26.1	28.7	30.8	31.3	37.4	36.6	33.6	37.4	35.7
7	奥地利	25.4	25.2	26.5	26.8	27.8	26.6	26.5	28.5	27.8	28.0
8	比利时	21.3	24.1	27.6	29.4	30.3	28.1	29.2	31.0	31.0	30.3
9	丹麦	28.8	37.1	38.2	42.5	44.8	45.6	47.7	47.6	49.7	47.7
10	芬兰	28.3	28.7	29.1	27.4	31.0	32.4	31.6	35.3	32.0	31.1
11	法国	22.4	21.7	21.0	23.0	24.3	23.5	24.5	28.4	27.7	27.4
12	德国	23.1	22.0	22.6	23.9	22.9	21.8	22.7	22.7	20.9	22.9
13	希腊	12.2	14.0	13.7	14.5	16.4	18.3	19.5	23.6	20.3	20.4
14	冰岛	24.1	25.1	29.2	29.0	27.5	30.0	28.7	34.4	37.5	37.7
15	爱尔兰	23.3	26.1	24.8	26.6	29.6	28.2	27.8	27.1	25.8	26.1
16	意大利	16.8	16.0	13.7	18.4	22.0	25.4	27.5	30.2	28.3	30.4
17	卢森堡	18.8	16.7	23.1	25.3	29.0	26.0	27.3	29.1	27.2	26.4
18	荷兰	22.7	23.1	25.1	26.6	23.7	26.9	24.1	24.2	25.4	24.0
19	挪威	26.1	29.0	29.5	33.5	33.8	30.2	31.3	33.7	34.6	34.6

续表

序号	国家	1965 年	1970 年	1975 年	1980 年	1985 年	1990 年	1995 年	2000 年	2005 年	2007 年
20	葡萄牙	12.4	14.0	12.9	16.1	18.7	20.2	22.4	23.8	23.4	24.7
21	西班牙	10.5	10.0	9.7	11.6	16.3	21.0	20.5	22.3	23.7	25.1
22	瑞典	29.2	32.2	33.2	33.0	35.5	38.0	34.4	38.1	36.3	35.7
23	瑞士	14.9	16.2	18.6	18.9	19.7	19.7	20.2	22.7	22.2	22.2
24	英国	25.7	31.6	28.8	29.0	30.4	29.5	28.0	30.2	29.0	29.5
非加权平均值											
25	全部国家	21.3	22.9	23.3	24.8	26.0	27.0	26.9	28.7	28.2	28.3
26	欧洲国家	21.4	22.9	23.7	25.3	26.9	27.3	27.4	29.6	29.0	29.1
27	非欧洲国家	21.0	22.7	22.1	23.4	23.6	26.1	25.4	25.8	25.6	26.0
不包括澳大利亚、新西兰、丹麦的非加权平均值											
28	全部国家	20.9	22.1	22.1	23.6	24.8	25.5	25.4	27.4	26.6	26.9
29	欧洲国家	21.0	22.1	22.9	24.3	25.8	26.2	26.2	28.5	27.8	28.0
30	非欧洲国家	20.0	21.9	19.6	20.7	20.5	22.7	21.7	22.5	21.4	22.3

注：由于澳大利亚、新西兰没有开征社会保障税，丹麦社会保障税的比重不足 GDP 的 2%，因此本表单列不包括上述三国的平均值以比较社会保障税对宏观税负的影响。

资料来源：OECD：《Revenue Statistics 1965–2008》。

2. 1965 年的宏观税负情况

1965 年，23 国中宏观税负低于 20% 的国家有 5 个，分别是日本（18.2%）、希腊（17.8%）、葡萄牙（15.9%）、西班牙（14.7%）、瑞士（17.5%）；20%～30%（不含）的国家有 9 个，分别是加拿大（25.7%）、美国（24.7%）、澳大利亚（21%）、新西兰（24.1%）、冰岛（26.2%）、爱尔兰（24.9%）、意大利（25.5%）、卢森堡（27.7%）、挪威（29.6）；宏观税负为 30%～40% 的国家有 9 个，分别是奥地利（33.9%）、比利时（31.1%）、丹麦（30%）、芬兰（30.4%）、法国（34.1%）、德国（31.6%）、荷兰（32.8%）、瑞典（33.3%）、英国（30.4%）。其中最低的是西班牙，仅为 14.7%；最高的是法国，为 34.1%。

扣除社会保障税后，1965 年宏观税负水平最高的国家是瑞典（29.2%），宏观税负水平最低的国家是西班牙（10.5%），除西班牙外，还有 6 个国家的宏观税负低于 20%，分别是日本（14.2%）、希腊（12.2%）、意大利（16.8%）、卢森堡（18.8%）、葡萄牙（12.4%）、瑞士（14.9%）；其余国家的税负均为 20%～30%。

3. 2007 年的宏观税负情况

2007 年，24 国中宏观税负为 20%～30%（不含）的国家有 4 个，分别是美国（28.3%）、日本（28.3%）、韩国（26.5%）、瑞士（28.9%）；宏观税负为 30%～40% 的国家有 11 个，分别是加拿大（33.3%）、澳大利亚（30.8%）、新西兰（35.7%）、德国（36.2%）、希腊（32%）、爱尔兰（30.8%）、卢森堡（36.5%）、荷兰（37.5%）、葡萄牙（36.4%）、西班牙（37.2%）、英国（36.1%）；宏观税负为 40% 以上的国家有 9 个，分别是奥地利（42.3%）、比利时（43.9%）、丹麦（48.7%）、芬兰（43%）、法国（43.5%）、冰岛（40.9%）、意大利（43.5%）、挪威（43.6%）、瑞典（48.3%）。其中最低的是韩国，为 26.5%；最高的是丹麦，为 48.7%。

扣除社会保障税后，如果不考虑澳大利亚、新西兰和丹麦，21 个国家中宏观税负水平非加权平均值为 26.9%，其中最低的是日本，仅有 18%，其次是希腊（20.4%）、韩国（21%）、美国（21.7%）、瑞士（22.2%）、德国（22.9%）等国；宏观税负最高的是冰岛（37.7%），其次是瑞典（35.7%）、挪威（34.6%）。

4. 发达国家宏观税负的特征

从发达国家宏观税负 1965 年以来的演变我们可以看出以下几个基本特征：

第一，随着经济的发展，从 1965 年到 2000 年，发达国家宏观税负水平经历了一个稳步上升的阶段，2000 年以来总体上趋于稳定。但各国之间差别较大，2007 年与 1965 年相比，上升幅度较大的国家有西班牙、葡萄牙、丹麦和意大利，分别上升了 22.5、20.5、18.7 和 18.0 个百分点。上升幅度较小的国家有美国、德国、英国、爱尔兰，分别仅上升了 3.6、4.6、5.7、5.9 个百分点。

第二，发达国家宏观税负的绝对水平差异很大，1965 年宏观税负最高国家（法国）是最低国家（西班牙）的 2.32 倍；2007 年宏观税负最高的国家（丹麦）是最低国家（韩国）的 1.84 倍。

第三，发达国家宏观税负水平的差异不仅与经济发展水平有关，如韩国 2007 年的人均 GNI 为 19730 美元，丹麦的人均 GNI 为 55440 美元，但 2007 年葡萄牙的人均 GNI 与韩国接近，为 18950 美元，其宏观税负为 36.4%，比韩国高 9.9 个百分点。2007 年瑞士、美国的人均 GNI 分别高达 60820 美元和 46040 美元，但这两个国家的宏观税负仅为 28.9% 和 28.3%，分别比丹麦低 19.8 个和 20.4 个百分点。

第四，发达国家社会保障税对宏观税负有很大的影响。从总体来看，如果将剔除澳大利亚、新西兰和丹麦的 21 个国家包含社会保障税的数据与扣除社会保障税的数据进行对比，可以看出，1975 年，社会保障税占 GDP 的比重中 21 个国家平均为 7.7%，17 个欧洲国家平均为 8.7%，4 个非欧洲国家平均为 3.6%；2007 年，上述三个数据分别上升为 10.1%、10.9%、6.8%；分别比 1975 年增加了 2.4、2.2、3.2 个百分点。

对某些国家而言，社会保障税是导致宏观税负水平增加的主要原因，扣除社会保障税后，2007 年与 1965 年相比，德国的宏观税负水平还略有下降（减少了 0.2 个百分点）；美国仅上升了 0.3 个百分点；荷兰仅上升了 1.3 个百分点；上升幅度低于 5 个百分点的国家包括加拿大（4.2%）、日本（3.8%）、奥地利（2.6%）、芬兰（2.8%）、法国（5.0%）、爱尔兰（2.8%）、英国（3.8%）。

（二）发达国家的税类结构

按照 OECD 的分类标准，各税种划分为六大税类，分别为所得税、社会保障税、工薪税、财产税、货物与劳务税（流转税）以及其他。从图 3、图 4 中可以看出，所得税、社会保障税、货物与劳务税和财产税占税收收入的绝大部分。2007 年，24 个发达国家上述四类税收的比重分别为 39.5%、23.7%、28.4% 和 6.4%；1965 年则分别为 34.5%、17.4%、38.7% 和 7.8%。2007 年与 1965 年相比，所得税上升了 5 个百分点，社会保障税上升了 6.3 个百分点，货物与劳务税下降了 10.3 个百分点，财产税下降了 1.4 个百分点。

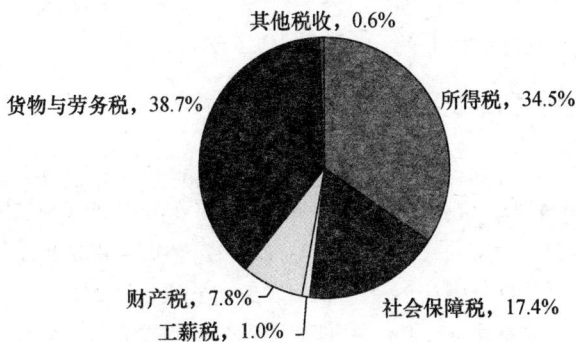

其他税收，0.6%
货物与劳务税，38.7%
所得税，34.5%
财产税，7.8%
工薪税，1.0%
社会保障税，17.4%

图 3　发达国家的税类结构（1965 年）

1965 年，欧洲国家所得类税收的比重为 31.2%，非欧洲国家为 44.4%，后者要高出 13.2 个百分点；欧洲国家社会保障税的比重为 20.9%，显著高于非欧洲国家[①]；非欧洲国家的财产税比重为 11.8%，高出欧洲国家 5.3 个百分点；欧

---

① 需要说明的是，澳大利亚和新西兰不征收社会保障税，因此非欧洲国家的平均值偏低。

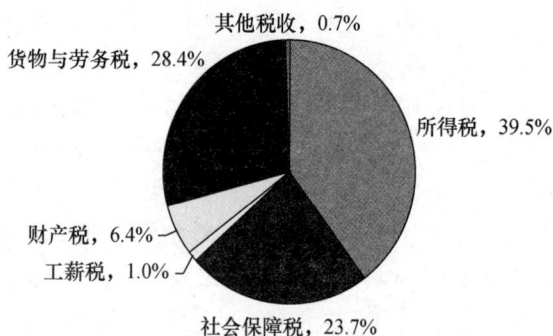

图4 发达国家的税类结构（2007年）

洲国家货物与劳务税的比重为39.7%，高出非欧洲国家4.2个百分点。

2007年，欧洲国家所得类税收的比重为36.6%，非欧洲国家为48.3%，后者要高出11.7个百分点；欧洲国家社会保障税的比重为26.4%，仍然显著高于非欧洲国家；非欧洲国家的财产税比重为9.5%，高出欧洲国家4.1个百分点；欧洲国家货物与劳务税的比重为29.7%，高出非欧洲国家5.1个百分点。

从税类结构的演变来看，发达国家货物与劳务税的比重自1965年以来有明显的下降，所得税与社会保障税的比重相应提高。欧洲国家货物与劳务税的比重要高于非欧洲国家。如果按照直接税与间接税进行划分，2007年与1965年相比，直接税的比重由60.8%上升至70.7%，增加了9.9个百分点；相应的间接税的比重则由38.7%下降至28.4%，下降了10.3个百分点。

（三）发达国家的税种结构

从税种角度分析，发达国家的主体税种主要是个人所得税、企业所得税、社会保障税、一般流转税、特殊流转税、财产税五大类税种。从图5、图6中可以看出，2007年与1965年相比，个人所得税的比重由24.4%上升到27.7%，增加了3.3个百分点；企业所得税的比重由8.6%上升到11.2%，增加了2.6个百分点；社会保障税的比重由17.4%上升到23.7%，增加了6.3个百分点；一般流转税的比重由12.5%上升到17.8%，增加了5.3个百分点；特殊流转税的比重由24%下降至8.9%，下降了15.1个百分点；财产税的比重由7.8%下降至6.4%，下降了1.4个百分点。由此可见，特殊流转税的大幅下降是这一时期发达国家税制结构总体变化的主要特点。

表3、表4分别显示1965年、2007年发达国家各类税收占税收收入的比重。图7~图12是所有发达国家中，2007年GDP总量排前6位国家（美国、日本、德国、法国、英国、意大利）的税制结构。其中个人所得税比重最高的是美国，

其他税收，2.1%

其他流转税，2.2%

特殊流转税，24.0%

个人所得税，24.4%

企业所得税，8.6%

一般流转税，12.5%

财产税，7.8%

工薪税，1.0%

社会保障税，17.4%

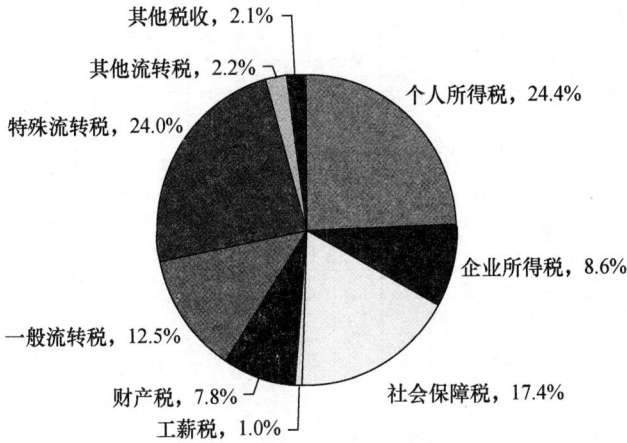

图5 发达国家的税种结构（1965年）

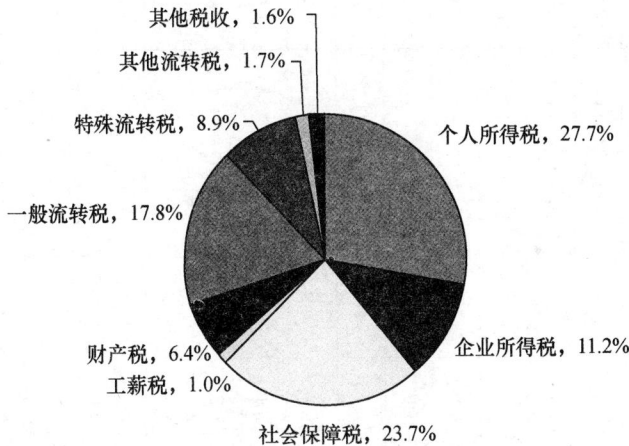

其他税收，1.6%

其他流转税，1.7%

特殊流转税，8.9%

个人所得税，27.7%

一般流转税，17.8%

财产税，6.4%

工薪税，1.0%

企业所得税，11.2%

社会保障税，23.7%

图6 发达国家的税种结构（2007年）

高达38.1%，最低的是法国，仅为17%；企业所得税比重最高的是日本，为16.8%，最低的是德国，为6.1%；社会保障税比重最高的是法国，为37%，日本、德国分别为36.4%和36.6%，最低的是英国，仅有18.4%；一般流转税比重最高的是德国，为19.4%，英国、法国比较高，也达到了18.2%和17%；特殊流转税比重最高的是英国，为9.8%，最低的是美国，为6%；财产税比重最高的是12.6%，美国为11%，最低的是德国，仅为2.5%。总的来看，经济发展水平相近的发达国家税制结构也存在着明显的差异，其中欧洲四国一般流转税的比重显著高于美国和日本，日本、美国的企业所得税比重则相对较高。

表3 发达国家各类税收占税收收入的比重（1965 年）

单位：%

国家	个人所得税	企业所得税	所得类税收	社会保障税	工薪税	合计 1	财产税	合计 2	一般流转税	特殊流转税	其他流转税	流转税合计	其他税收
加拿大	22.6	14.9	38.6	5.6	—	44.2	14.3	58.5	17.8	16.8	5.9	40.5	1.0
美国	31.7	16.4	48.1	13.3	—	61.4	15.9	77.3	4.8	15.1	2.9	22.8	0.0
澳大利亚	34.4	16.3	50.7	—	3.1	53.8	11.5	65.3	7.4	22.7	4.6	34.7	0.0
日本	21.7	22.2	43.9	21.8	—	65.7	8.1	73.8	—	25.0	1.2	26.2	0.0
韩国	8.5	8.9	24.3	0.9	—	25.2	9.7	34.9	12.7	47.3	1.1	61.1	4.0
新西兰	39.4	20.7	60.5	—	—	60.5	11.5	72.0	7.7	18.5	1.7	27.9	0.1
奥地利	20.0	5.4	25.5	24.9	7.6	58.0	4.0	62.0	18.7	18.0	0.7	37.4	0.6
比利时	20.5	6.2	27.6	31.4	—	59.0	3.7	62.7	21.1	13.0	3.1	37.2	0.1
丹麦	42.3	4.5	46.8	3.8	—	50.6	8.0	58.6	10.1	28.9	2.4	41.4	0.0
芬兰	33.3	8.1	41.4	6.8	5.2	53.4	4.0	57.4	18.5	23.4	0.6	42.5	0.1
法国	10.6	5.3	15.9	34.2	4.6	54.7	4.3	59.0	23.3	14.3	0.8	38.4	2.6
德国	26.0	7.8	33.8	26.8	0.6	61.2	5.8	67.0	16.5	14.6	1.9	33.0	0.0
希腊	6.8	1.8	9.1	31.6	0.8	41.5	9.7	51.2	10.3	33.8	4.7	48.8	0.0
冰岛	19.5	1.8	21.4	8.1	0.9	30.4	4.0	34.4	16.7	45.0	1.0	62.7	2.9
爱尔兰	16.7	9.1	25.7	6.5	—	32.2	15.1	47.3	5.7	43.4	3.5	52.6	0.1
意大利	10.9	6.9	17.8	34.2	—	52.0	7.2	59.2	12.9	24.1	2.5	39.5	1.3

续表

国家	个人所得税	企业所得税	所得类税收	社会保障税	工薪税	合计1	财产税	合计2	一般流转税	特殊流转税	其他流转税	流转税合计	其他税收
卢森堡	24.9	11.0	35.9	32.3	0.9	69.1	6.2	75.3	12.4	11.1	1.2	24.7	0.0
荷兰	27.7	8.1	35.8	30.8	—	66.6	4.4	71.0	12.4	14.7	1.5	28.6	0.4
挪威	39.6	3.8	43.4	11.9	—	55.3	3.1	58.4	21.5	18.4	1.2	41.1	0.5
葡萄牙	—	—	24.6	21.8	0.9	47.3	5.0	52.3	—	44.0	3.6	47.6	0.1
西班牙	14.3	9.2	24.5	28.3	—	52.8	6.4	59.2	22.2	18.4	0.2	40.8	0.0
瑞典	48.7	6.1	54.9	12.1	0.0	67.0	1.8	68.8	10.4	19.2	1.6	31.2	0.0
瑞士	33.4	7.7	41.1	14.9	—	56.0	9.9	65.9	10.6	21.3	2.3	34.2	0.0
英国	33.1	4.4	37.0	15.4	—	52.4	14.5	66.9	5.9	25.2	2.0	33.1	0.0
全部国家	24.4	8.6	34.5	17.4	1.0	52.9	7.8	60.8	12.5	24.0	2.2	38.7	0.6
欧洲国家	23.8	6.0	31.2	20.9	1.2	53.3	6.5	59.8	13.8	23.9	1.9	39.7	0.5
非欧洲国家	26.4	16.6	44.4	6.9	0.5	51.8	11.8	63.6	8.4	24.2	2.9	35.5	0.8

注：

1. 所得类税收还包括个人所得税、企业所得税之外的所得税；
2. 合计1为所得类税收、社会保障税、工薪税之和；
3. 合计2为合计1加财产税；
4. 其他流转税为流转税合计减一般流转税和特殊流转税后的差额，主要是使用税和行为税（Taxes on Use of Goods and Perform Activities）；
5. 其他税收为100减一般流转税和特殊流转税合计后的差额；
6. 韩国为1975年的数据。

资料来源：OECD：《Revenue Statistics 1965－2008》。

表 4　发达国家各类税收占税收收入的比重（2007 年）

单位：%

国家	个人所得税	企业所得税	所得类税收	社会保障税	工薪税	合计1	财产税	合计2	一般流转税	特殊流转税	其他流转税	流转税合计	其他税收
加拿大	37.4	11.0	49.8	14.4	2.0	66.2	9.9	76.1	13.6	8.4	1.6	23.6	0.3
美国	38.1	11.0	49.0	23.4	—	72.4	11.0	83.4	7.7	6.0	2.9	16.6	—
澳大利亚	36.7	23.1	59.8	—	4.7	64.5	8.9	73.4	13.0	11.3	2.3	26.6	—
日本	19.6	16.8	36.4	36.4	—	72.8	9.0	81.8	8.8	7.1	2.1	18.0	0.2
韩国	16.7	15.1	31.8	20.8	0.2	52.8	12.8	65.6	15.8	14.5	1.0	31.3	3.2
新西兰	42.1	14.2	62.9	—	—	62.9	5.3	68.2	23.5	5.9	2.3	31.7	0.0
奥地利	22.5	5.8	30.0	33.7	6.3	70.0	1.4	71.4	18.3	7.6	1.7	27.6	0.7
比利时	29.3	8.2	37.5	31.0	0.0	68.5	5.1	73.6	16.3	7.2	1.7	25.2	0.0
丹麦	51.7	7.4	59.6	2.0	0.5	62.1	3.8	65.9	21.4	10.4	1.8	33.6	0.0
芬兰	30.3	9.0	39.3	27.7	—	67.0	2.6	69.6	19.5	9.8	0.8	30.1	0.1
法国	17.0	6.8	23.8	37.0	2.8	63.6	8.0	71.6	17.0	7.0	0.7	24.7	3.4
德国	25.1	6.1	31.2	36.6	—	67.8	2.5	70.3	19.4	8.8	1.1	29.3	0.0
希腊	14.7	8.0	23.4	36.4	—	59.8	4.3	64.1	23.4	9.2	2.9	35.5	—
冰岛	33.9	6.1	45.4	7.7	0.1	53.2	6.1	59.3	25.9	10.2	4.3	40.4	0.3
爱尔兰	28.4	10.9	39.3	15.4	0.7	55.4	8.2	63.6	24.1	10.3	1.7	36.1	—

续表

国家	个人所得税	企业所得税	所得类税收	社会保障税	工薪税	合计1	财产税	合计2	一般流转税	特殊流转税	其他流转税	流转税合计	其他税收
意大利	25.6	8.8	33.7	30.0	—	63.7	4.9	68.6	14.2	8.5	2.5	25.2	5.9
卢森堡	20.1	14.9	35.0	27.8	—	62.8	9.8	72.6	15.7	10.9	0.6	27.2	0.1
荷兰	20.4	8.7	29.1	36.2	—	65.3	3.3	68.6	19.8	8.7	1.4	29.9	0.5
挪威	22.1	26.0	48.1	20.8	—	68.9	2.8	71.7	19.1	7.7	1.6	28.4	—
葡萄牙	15.8	10.1	25.9	32.1	—	58.0	3.8	61.8	24.1	12.7	0.7	37.5	0.4
西班牙	19.8	12.4	33.1	32.6	—	65.7	8.0	73.7	16.2	7.5	1.8	25.5	0.4
瑞典	30.9	7.9	38.7	26.1	5.7	70.5	2.4	72.9	19.3	6.4	0.9	26.6	0.1
瑞士	35.3	10.6	45.9	23.3	—	69.2	8.2	77.4	13.1	7.3	2.2	22.6	—
英国	30.1	9.4	39.5	18.4	—	57.9	12.6	70.5	18.2	9.8	1.2	29.2	—
全部国家	27.7	11.2	39.5	23.7	1.0	64.2	6.4	70.7	17.8	8.9	1.7	28.4	0.7
欧洲国家	26.3	9.8	36.6	26.4	0.9	63.9	5.4	69.3	19.2	8.9	1.6	29.7	0.7
非欧洲国家	31.8	15.2	48.3	15.8	1.2	65.3	9.5	74.8	13.7	8.9	2.0	24.6	0.6

注:

1. 所得类税收还包括个人所得税、企业所得税之外的所得税;

2. 合计1为所得类税收、社会保障税、工薪税之和;

3. 合计2为合计1加财产税;

4. 其他流转税为流转税合计减一般流转税和特殊流转税后的差额,主要是使用税和行为税(Taxes on Use of Goods and Perform Activities)。

资料来源: OECD:《Revenue Statistics 1965-2008》。

其他流转税，2.9%

特殊流转税，6.0%

其他税收，0.0%

一般流转税，7.7%

个人所得税，38.1%

财产税，11.0%

工薪税，0.0%

社会保障税，23.4%

企业所得税，11.0%

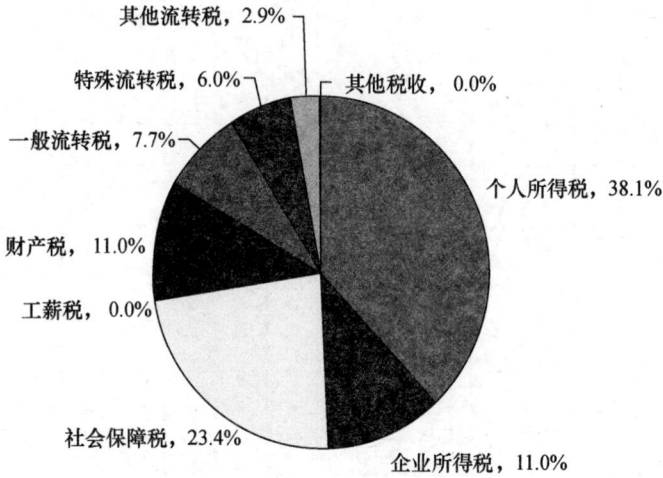

图7 美国的税制结构（2007年）

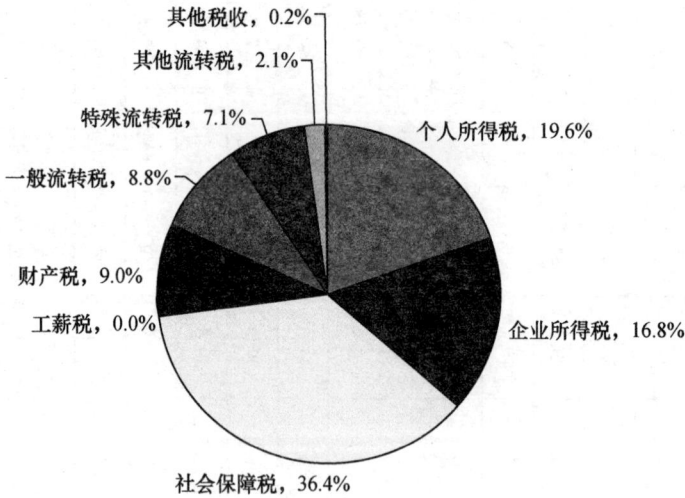

其他税收，0.2%

其他流转税，2.1%

特殊流转税，7.1%

个人所得税，19.6%

一般流转税，8.8%

财产税，9.0%

工薪税，0.0%

企业所得税，16.8%

社会保障税，36.4%

图8 日本的税制结构（2007年）

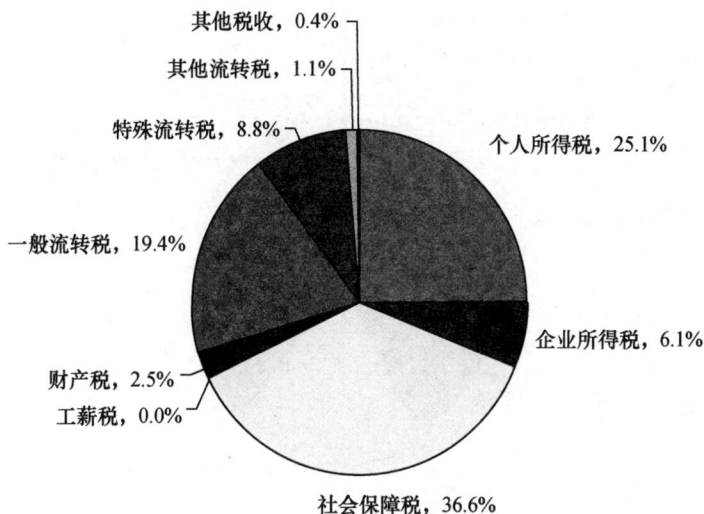

图 9　德国的税制结构（2007 年）

其他税收，0.4%
其他流转税，1.1%
特殊流转税，8.8%
个人所得税，25.1%
一般流转税，19.4%
企业所得税，6.1%
财产税，2.5%
工薪税，0.0%
社会保障税，36.6%

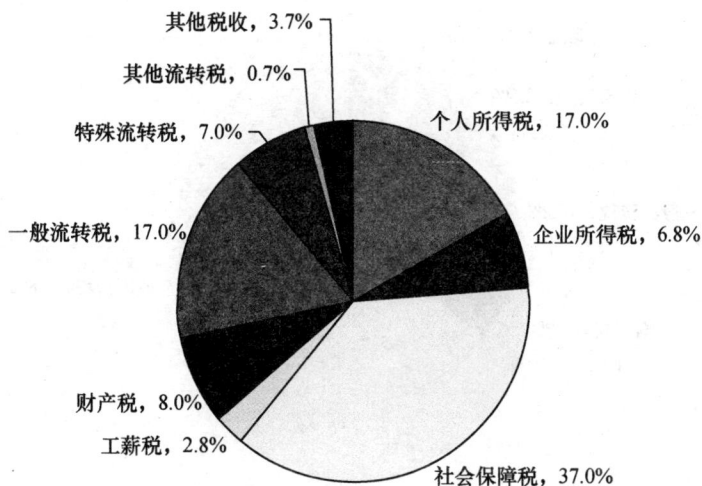

图 10　法国的税制结构（2007 年）

其他税收，3.7%
其他流转税，0.7%
特殊流转税，7.0%
个人所得税，17.0%
一般流转税，17.0%
企业所得税，6.8%
财产税，8.0%
工薪税，2.8%
社会保障税，37.0%

其他税收，0.3%

其他流转税，1.2%

特殊流转税，9.8%

个人所得税，30.0%

一般流转税，18.0%

财产税，12.6%

企业所得税，9.4%

工薪税，0.0%

社会保障税，18.0%

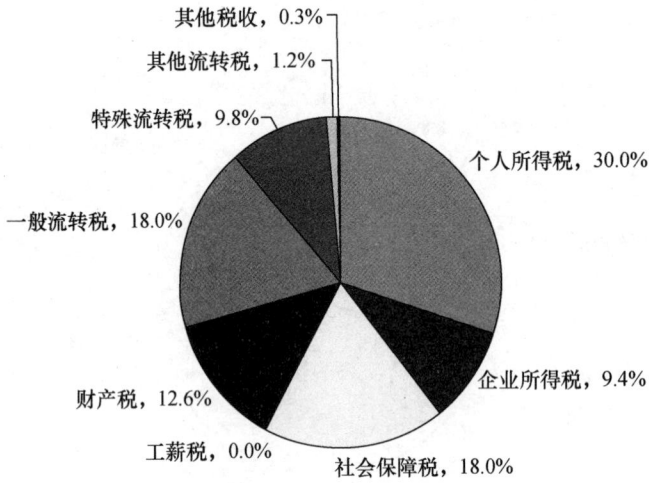

图 11　英国的税制结构（2007 年）

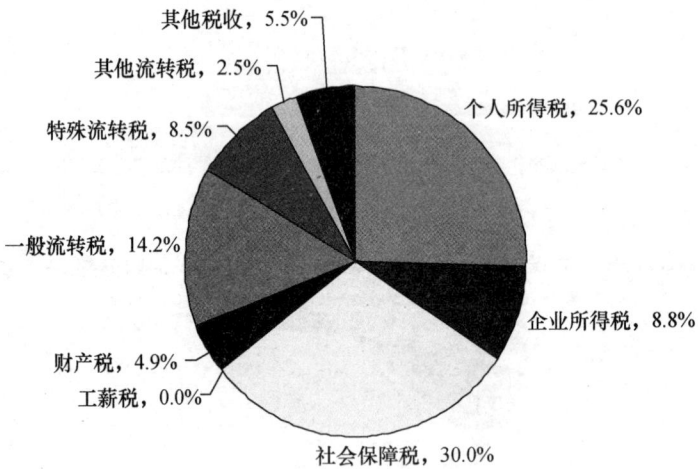

其他税收，5.5%

其他流转税，2.5%

特殊流转税，8.5%

个人所得税，25.6%

一般流转税，14.2%

企业所得税，8.8%

财产税，4.9%

工薪税，0.0%

社会保障税，30.0%

图 12　意大利的税制结构（2007 年）

三、发展中国家的税制结构

2007 年发展中国家不含社会保障税的宏观税负水平为 21.12%，社会保障税占 GDP 的比重平均为 7.31%，两者合计为 28.43%。[1] 考虑到发展中国家数量众多，人口、疆域以及经济社会发展水平有较大差异，同时由于资料的限制，我们以 IMF《政府财政统计 2008》和 OECD《Revenue Statistics 1965 - 2008》为主要资料来源，选取了墨西哥、土耳其、阿根廷、南非、泰国五个发展中国家作为代表性样本进行分析。

（一）发展中国家税制结构概况

以 IMF《政府财政统计 2008》的数据为基础，发展中国家非加权平均的基本税制结构是：国内流转税为 41.5%、社会保障税为 22.6%、所得税为 22.6%、国际贸易税收为 7.1%、财产税为 2.3%、其他税收为 1.8%。从总体上比较，发展中国家的流转税比重显著高于发达国家和转轨国家，所得税的比重则显著低于发达国家，社会保障税的比重略低于发达国家。

扣除社会保障税后，发展中国家国内流转税的比重为 55.2%，所得税的比重为 30%，国际贸易税收的比重为 9.5%，财产税的比重为 3%，其他税收的比重为 2.3%。

（二）代表性发展中国家的税制结构

表 5 中所列的五个发展中国家，人均国民收入最低的是泰国，为 3400 美元；最高的是墨西哥，为 9400 美元。然而泰国的宏观税负与墨西哥基本相当，分别为 18.4% 和 18%。五个国家中南非的宏观税负水平最高，为 30.4%，但其人均国民收入为 5720 美元，低于土耳其和阿根廷。

从表 6 所列的税制结构角度看，五个国家也存在着较明显的差异。南非、泰国的所得税比重较高，两国企业所得税的比重显著高于其他三国，南非的个人所得税显著高于其他四国；社会保障税方面，土耳其、墨西哥明显高于南非和泰国。阿根廷增值税、财产税和国际贸易税收的比重则明显高于其他四国。泰国、土耳其消费税的比重高于其他三国。除南非外的四个国家对国内货物、劳务征税的比重均比较高，其中墨西哥石油收入占到税收收入的 27.5%，这导致墨西哥的流转税比重超过了 50%。

---

[1] IMF：《政府财政统计 2008》。

表5 代表性发展中国家的宏观税负

国家	人均 GNI（美元）	国家分类	不包括社会保障税的宏观税负（%）	社会保障税占GDP 比重（%）	宏观税负（%）
墨西哥	9400	中高收入	15.2	2.8	18.0
土耳其	8030	中高收入	18.6	5.1	23.7
阿根廷	6040	中高收入	22.9	3.0	25.9
南非	5720	中高收入	30.4	0.6	31.0
泰国	3400	中低收入	17.4	1.0	18.4

注：墨西哥、土耳其、泰国为2007年数据；阿根廷为2004年数据；南非为2006年数据。

资料来源：人均 GNI 为2007年数据，来自世界银行《World Development Indicators 2009》，pp. 14 - 16；墨西哥、土耳其宏观税负数据来自 OECD《Revenue Statistics 1965 - 2008》；阿根廷、南非、泰国宏观税负数据来自 IMF《政府财政统计2008》。

表6 代表性发展中国家的税制结构

国家	对所得、利润和资本利得征税			社会保障税	工薪税	财产税	对国内货物、劳务征税			国际贸易税收	其他税收
	总计	个人	企业				总计	增值税	消费税		
墨西哥	27.7	—	—	15.3	1.4	1.7	51.4	20.4	2.3	1.7	0.8
土耳其	23.7	17.0	6.8	21.7		3.8	46.5	21.3	19.3	1.2	3.2
阿根廷	20.0	6.1	13.9	11.6	0.3	10.2	42.3	32.6	6.0	11.1	4.5
南非	53.7	27.3	26.3	1.9	1.0	5.4	33.6	24.3	8.2	4.3	0.1
泰国	39.7	11.5	28.3	4.8	—	1.2	47.7	20.7	22.7	5.9	0.8

注：

1. 墨西哥、土耳其、泰国为2007年数据；阿根廷为2004年数据；南非为2006年数据。

2. 墨西哥对国内货物、劳务征税的比重偏高主要因为其石油收入（Ordinary Fee on Oil Production），2007年占其税收收入的27.5%。

资料来源：墨西哥、土耳其根据 OECD《Revenue Statistics 1965 - 2008》数据计算得到；其他三国根据 IMF《政府财政统计2008》数据计算得到。

四、国际比较视角下中国的税制结构

（一）中国税制结构的现状

由于本文所涉及的主要国家的数据为2007年，因此我们以2007年中国的税制结构为基础进行对比分析。中国目前没有开征社会保障税，我们以养老保险等五项社会保险基金收入作为社会保障收入。根据《中国财政年鉴 2008》社会保障收入的有关数据，剔除财政补贴和利息收入后，2007 年五项社会保险基金收入为 8485.25 亿元。2007 年，中国税收收入为 45621.97 亿元[①]，社会保障收入与税收收入合计为 54107.22 亿元，GDP 为 257305.6 亿元[②]，宏观税负水平为 21.03%。

目前中国有近 20 个税种，我们根据税种的性质，将增值税、消费税、营业税、关税、城市建设维护税、烟叶税、车辆购置税、资源税归为流转税；将企业所得税、个人所得税、社会保障基金收入归为所得税类[③]；将房产税、车船使用税、城镇土地使用税、契税和证券交易印花税归为财产税类；剩余的属于其他税。

1. 流转税

根据《中国统计年鉴 2008》和《中国税务年鉴 2008》的相关数据，2007 年流转税的比重为 52.77%，其中增值税、消费税、营业税的比重分别为 29.25%，4.38%、12.17%，关税的比重为 2.65%，由于城市建设维护税是附加税，因此可以将其按比例分解加入增值税、消费税和营业税，调整后增值税、消费税、营业税占税收收入的比重分别为 30.62%、4.58%、12.73%（见图 13）。烟叶税、车辆购置税、资源税等都属于对特定商品课征的流转税，这三类税收与消费税都可以视为特殊流转税，上述三税的比重合计为 2.19%，与消费税相加得到特殊流转税的比重为 6.77%。

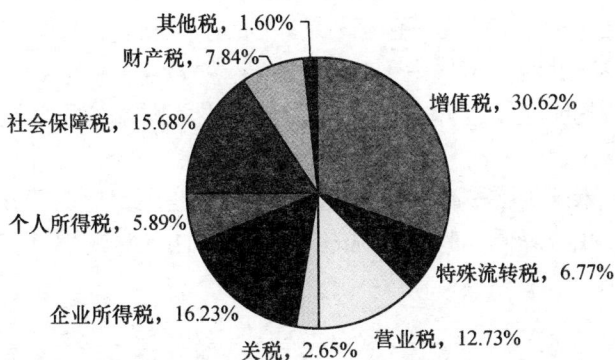

图 13　中国的税制结构（2007 年）

その他税，1.60%
财产税，7.84%
社会保障税，15.68%
个人所得税，5.89%
企业所得税，16.23%
关税，2.65%
营业税，12.73%
特殊流转税，6.77%
增值税，30.62%

---

①　《中国统计年鉴 2008》。
②　《中国统计年鉴 2009》。
③　土地增值税按其性质也应归入所得税类，但考虑到 2007 年其占税收收入的比重仅为 0.75%，我们将其归入其他税类。

2. 所得税与财产税

2007 年所得税的比重为 37.80%，其中企业所得税、个人所得税、社会保障税的比重分别为 16.23%、5.89%、15.68%。财产税的比重为 7.84%，其中证券交易印花税的比重为 3.71%，房产税、车船使用税、城镇土地使用税、契税的比重分别为 1.06%、0.13%、0.71%、2.23%。

（二） 中国税制结构的完善

2007 年，中国的人均国民收入为 2370 美元，属中低收入国家[①]，在不考虑政府基金收入、预算外收入的情况下，目前中国的宏观税负在国际上属于较低的水平，但高于人均国民收入为 9400 美元的墨西哥（18%）和人均国民收入为 3400 美元的泰国（18.4%），与 8030 美元的土耳其（23.7%）接近。从历史角度来看，21.03% 的宏观税负水平与 1965 年的澳大利亚（21.5%），1970 年的瑞士（19.3%），1975 年的日本（20.8%），1980 年的希腊（21.6%）、葡萄牙（22.9%）、西班牙（22.6%），2000 年的韩国（22.6%）的水平接近。如果不考虑一个国家特定发展时期的具体国情，我们是难以对宏观税负水平高低做出判断的。

从税制结构的角度分析，目前我国流转税的比重偏高，超过了 50%，而在流转税中，具有较强"非中性"政策功能的特殊流转税的比重偏低，以组织收入为主要目的，在收入分配上倾向于"累退"的一般流转税的比重偏高。在所得税中，能够较好地发挥收入分配调节功能的个人所得税的比重仅有 5.89%。财产税中证券交易印花税和契税占税收收入的比重分别为 3.71% 和 2.23%，这两个税种占财产税的比重高达 75.77%，能够较好发挥财富分配功能的物业税和遗产与赠与税尚未出台。

综上所述，未来中国税制结构完善的基本方向是逐步提高特殊流转税、个人所得税的比重，相应降低一般流转税的比重；适时出台物业税和遗产与赠与税，完善财产税体系。

编辑整理：遇　芳

---

① 世界银行：《World Development Indicators 2009》。

、法学前沿、

中国收入不平等的变动模式、影响机制与未来趋势

陈光金

2010 年 5 月 27 日

陈光金

中国社会科学院社会学所副所长、研究生院社会学系教授

摘　要：中国目前收入分配不平等程度很大。如果一个国家收入不平等过大，会对经济产生制约。2000~2008年，中国的消费最终需求对经济增长贡献占40%左右。最终需求包括政府公共需求，按照测算公共需求占最终消费需求的比重为30%以上，因此居民的消费需求对经济增长的贡献比较低。从国际来看，美国的消费需求增长占经济增长的60%~70%，所以很多人指出中国需要拉动内需。近几年来，政府也采取了很多措施。但是根本问题在于，收入分配不平等造成有效消费需求不足。根据社科院社会学所2008年抽样调查结果进行分析，中国基尼系数已经超过0.5。中国居民收入为何不平等，且差距过大，这是当今学界研究的一个焦点问题。

关键词：收入分配　公共需求

一、主要研究问题

（一）何谓收入不平等的变动模式

1. 不平等程度的绝对变化趋势

研究中国收入不平等变动模式，首先分析不平等程度绝对变化的趋势，比如不平等持续扩大趋势、不平等变化过程中的波动趋势以及造成这种波动的原因，例如国家分配制度中分配主体的力量对比等。

美国经济学家库兹涅茨在20世纪50年代研究了"二战"以前西方国家收入分配的变动趋势。他发现，在以往50年中，西方国家收入分配差距的变动趋势是一条倒"U"型曲线。也就是说，收入不平等是一条在经济社会发展过程中先上升到一个拐点之后再下降的曲线，即库兹涅茨倒"U"型曲线。由于没有充分的证明，又称"库兹涅茨假说"或"倒U型假说"。这个假说同时也在其他很多学科得到应用，其基础是市场化和经济发展。库兹涅茨认为，出现这一现象的原因是，西方国家是市场经济国家，市场经济的发展最初一定会扩大贫富差距，造成不平等。之后，随着市场化和工业化进一步发展，以及城市发展水平的进一步提高，经济结构发生很大变化，相应地改变就业结构和职业结构，要求劳动者有更高的素质。随着人力资本的增加以及经济结构的转型，整个收入分配就会产生向劳动力倾斜的趋势。这样，劳动报酬相对较多，占 GDP 比重相对较大，整个社会收入分配的格局就会有所改变，收入差距逐渐缩小。

2. 贫富分化的相对变化趋势

这种变化有四种可能。

（1）非极化的相对变化。也就是指贫富两极的收入都在增长或者减少，不出现某一极格外高或者格外低。这种变化还是基本上比较均匀的变化。

（2）单极化的相对变化。所谓单极化，是指贫困的一极或者富有的一极在整个收入分布中所占的比例很高或者很低，出现一种明显的单极化变动趋势。

（3）两极化的相对变化。这种变化表现在，收入分布中的高收入部分占有的收入份额增长，低收入部分占有的收入份额减少。

（4）多极化的相对变化。这个变化趋势并不多见，比方说，我们将收入函数做十等份的分组进行观察，如果发现有几个突出拐点，就意味着收入分布曲线出现多极化现象。

这四种变化趋势中，两极化和单极化的变化趋势比较常见，而多极化的变化趋势并不多见，非极化的变化则是人们所盼望的一种收入的不平等变化趋势。

3. 不平等形成的主要机制

（1）再分配机制。比方说，在中国计划经济时代，就是实行再分配机制，那是一种过度的再分配，居民的收入获得都决定于国家的计划安排；税收和转移支付也是再分配的形式，理论上要起调节收入分配差距的作用。中国改革开放后，这种再分配机制仍然存在，或者说任何社会的收入分配中都必然并且必须有这种机制发挥作用，以平衡收入的不平等。不过，中国现今的再分配机制同样存在不合理之处，表现为二元社会结构下的城乡不平等、权力过度参与、垄断高收入等。

（2）市场化机制。这个机制突出表现在初次分配中，但需要注意的是，这个机制很可能产生富有更加富有、贫穷更加贫穷的"马太效应"。但是，"马太效应"受到一些约束，所以，实际上可能是在收入普遍增长的情况下出现收入不平等和分化现象。

（3）转型期机制。这种机制主要存在于发展中国家，实际上是指在"二元经济结构"转型情况下的分配机制。"二元经济结构"是指在经济部门中既有传统经济成分，也有现代经济成分，两者构成经济结构的"二元"。新中国成立以后，在计划经济时期，"二元经济结构"与"二元社会结构"结合在一起，"农村搞传统农业，城市搞现代工业"。一般在单纯的二元经济结构下，收入分配有一个特点，即随着劳动力从传统部门向现代部门转移，收入分配的格局将逐渐发生变化，收入不平等形成的机制逐渐从结构型机制转化成为集中型机制。所谓结构型机制，就是指不同的收入来源对收入不平等所起的作用，突出表现为结构型差异造成的收入不平等。例如，农业从业者的收入低于工业从业者的收入，这种差距就是由部门差异引起的结构型差异。集中型机制是指每一种收入来源的收入比较多地集中在部分人手里，从而造成不平等的机制。目前，有人称中国的收入不平等主要来源于城乡不平等。其实，如果我们分别对城乡收入进行分析，那么可以很清楚地看出，中国城市和乡村内部的收入不平等都在扩大，对总体收入不平等造成了比城乡间不平等更大的影响。

（二）已有研究概述

1. 现有研究关于不平等变动趋势的三个主要论断

（1）现阶段中国的收入不平等程度不算很高，尤其没有出现两极分化等问题。归结起来，这种论断主要有四个理由：第一，当代中国的收入不平等是在全社会整体收入水平共同提高的基础上出现的，而不是富者越富、穷者越穷，即使收入不平等程度较高，也不等于出现两极分化。这个论点主要出现在经济学中。这些学者批评分析现有的收入分配水平过大的人别有用心。第二，中国是一个"二元社会"，如果将城乡分开分析，差距就小了。第三，根据库兹涅茨假说，现阶段中国收入不平等的扩大是市场化过程中的正常现象。第四，马克思、邓小平等赋予了两极分化特定的含义，认为它是与生产资料私有制、商品经济以及剥削等相联系的经济范畴，是一个阶级概念。中国作为社会主义国家是不应当存在马克思意义上的剥削阶级与被剥削阶级的，如果认为中国存在两极化，就违背了马克思、邓小平关于不平等两极化的阐述。

显而易见，这些理由都有一定的道理。但是，仍然存在一些问题。

首先，第一个理由明显缺乏经验证据并且存在逻辑问题。比方说，尽管大家的收入水平都在上升，并不意味着不同收入群体的收入相对下降的趋势不存在。不能简单地看待绝对收入的数量增长，而要去分析相对份额的数量变化，才能了解收入分配不平等的内在原因。

其次，城乡分开分析不过是诡辩策略，即"鸵鸟策略"。因为虽然统计上的城乡间物价有很多的差异，但是实际上目前这种差异正在不断缩小。在农民目前的收入结构中，农产品自产自销所形成的收入比重逐渐下降，现金收入比重越来越大，农民的工资性收入比重达到50%左右，非农或农业经营收入占10%以上，还有转移支付的比重也占整个收入的5%或6%，真正属于自给自足性质的收入大概是30%。所以，不能简单地说城乡之间有本质不同。有人提出一个问题，就是为什么"大量农民工进城也没有改变这种现象"，实际上，其中的关键原因就在于农民整体的收入水平相对较低。另外，农民不管进城打工还是不进城打工，都会经常进城。何况目前农民工总数接近3亿人，几乎每一农户家里都有一位农民工，所以农民对于城乡间的生活差距看得清楚，把城乡分开进行分析，并不能使城乡居民具体感受到不平等有任何缩小。

最后，库兹涅茨假说迄今为止仍然是假说，只在某些国家存在这种趋势，而不是在任何一个国家都存在这样的趋势。同时，库兹涅茨本人也没有说这是个普遍适用的规律，只能说是假说。对于倒"U"型曲线的形成，他本人甚至都不清楚主要原因是什么。他分析了六个方面的形成因素，第一个因素是经济的发展；第二个因素是社会结构的变化，即低端劳动者逐渐减少，中小业主增多，中产阶级增多（这里需要强调，社会学研究中产阶级是从职业结构而不是收入结构进行分析的）；第三个因素是一直存在于社会公众中的对公平正义的价值追求；第四个因素是国家和政府对收入分配的调节，比如福利国家制度建设；第五个因素是国际上存在的资本主义与社会主义两大阵营的斗争；第六个因素是收入来源结构的变化，即财产性收入所占比重的下降。库兹涅茨本人也没有把握说明以上六个因素中的哪一个是最重要的影响因素。所以，倒"U"型收入分配趋势的出现不仅仅是市场经济一个方面的因素所致，还要考虑到很多因素共同发挥作用。

最后的那个理由论述明显对马克思、邓小平的论述存在误读。实际上，马克思在讲到"两极分化"时，强调社会将要分化为两个阶级，一个是资产阶级，另一个是无产阶级，中间阶级会慢慢地向两极发展。最终，社会是两极化的，无论"财富"或者"社会"都将两极化。这样看来，阶级与收入是分不开的，必须把它们当作整体来对待。邓小平指出，中国是社会主义国家，中国的社会制度会保证中国不会出现两极分化，或者过度的收入不平等，虽然我们提倡"让一部分人先富起来"，但是在社会主义制度和中国共产党的领导下，我国不会出现严重的两极分化。这些是20世纪80年代邓小平在提出"让一部分人先富起来"的政策之后所做的解释，旨在消除一部分人的担忧。但是，随着时间的推移和实践的演变，邓小平发现贫富差距不可避免，差距扩大趋势难以扭转，所以，他在1992~1993年特别强调要对"共同富裕"加以重视并解决收入不平等的问题。

（2）不平等程度较高，目前尚未出现极化趋势，但未来可能出现极化趋势。

这种论断没有提出太多的理论依据，主要是基于如下的经验逻辑：第一，现阶段中国收入不平等已经达到相当大的程度，而且仍呈继续扩大的趋势；第二，持续扩大的不平等可能失控，因而存在出现两极分化的可能性；第三，应当尽快遏制或扭转现有分化趋势，避免出现严重的不平等和两极分化。

相关学者在进行研究时，大都采用经验数据。从经验数据中，相关学者发现收入不平等的程度在逐渐上升，越来越明显。他们也认为可能会导致失控的状态，同时会导致两极分化，但是目前还没有达到这种状态。那么，为了避免出现两极分化，应该如何处理这一系列现象？这是这些学者们重视和着力研究的问题。不过，他们所采用的经验数据也有一些先天的不足。一是直接使用国家统计局的统计数据，这种数据主要是收入平均值，即使分组数据，也是各收入组的平均收入值。二是一些学者使用了全国或部分地区的抽样调查数据，但这些数据采集时间较早，难以据此判断近年来中国收入不平等变动趋势。三是设定的两极化标准相互不一致，以致谨慎有余。

（3）不平等程度很高，已经出现极化趋势（单极化/两极化/多极化）。持这种判断的相关研究者提出了三个主要理由：第一，在国家相关政策不够合理的情况下，市场经济的发展必然带来收入分配的两极分化；第二，中国经济结构中存在其生产关系具有资本主义性质的非公有经济；第三，在市场竞争和非公有经济中存在"剥削"。

这样三个理由有一定的逻辑合理性，但也存在一些问题。第一，部分研究直接把较大程度的不平等等同于两极分化。第二，经验证据不系统，一般只是简单引证各种关于不平等的零散测量结果作为支撑。第三，缺少对不平等的内部结构以及变动趋势的实证考察。

2. 关于不平等形成机制的三种主要论断

（1）城乡差距导致总体收入差距过大。首先，一些文献运用城乡分组分解的方法发现，城乡间差距对总差距的贡献，远远大于城乡内部差距贡献之和。李实等人经过调查认为，城乡间差距对总差距的贡献，占到 60% ~ 70%，甚至更高。

其次，城乡差距过大及其对总体差距的贡献表明，"二元社会结构"是收入不平等的主要形成机制，这种机制具有再分配不平等性质。我国改革开放发展了三十多年，为什么这种机制还在起作用呢？尽管农村很多劳动力都转移出来了，但是，包括转移出来的农民工在内的很多农村人口还不能享受改革开放发展三十多年的成果。20 世纪 90 年代有一个经过调查分析得出的结论，平均一个农民工在一年里创造出来的 GDP 大概为 1.5 万元人民币，但是，农民工平均一年的工资大概在 8000 元人民币。所以，平均每个农民工每年大概给流入地贡献了 7000 元人民币的价值。这便是"二元结构"的一个产物。

最后，这种研究存在不足之处。第一，主要利用国家统计局的数据，并采用插值法构造统一的城乡收入分布函数，实际上却忽略了各地城镇之间以及农村之间和城乡内部的收入不平等问题的影响。第二，一部分全国抽样调查时间较早，不能反映 21 世纪以来的收入不平等变动状况。第三，分组分析一般只有两个组，实际上难以据此做出总体性判断。

（2）市场化改革不到位，导致收入差距过大。这种观点断定，如果市场化改革到位，中国的收入差距就会缩小。这也是机械地理解"库兹涅茨倒 U 型"假说而引起的判断。

按照这种判断，专家学者提出很多批评。第一，政府干预过多造成收入不平等。美国耶鲁大学一位教授坚定地认为这个因素是造成收入不平等的主要因素，并且做了定量分析。他举例说，中国北京和上海政府干预很多，所以在这两个城市收入不平等很突出，而在中西部地区，由于政府干预较少，收入相对平等。第二，国有垄断行业高收入造成收入不平等。如果要解决中国收入不平等的问题，首先就要解决垄断行业高收入问题。不少经济学界学者说，只需要将垄断行业的收入降低即可。第三，腐败造成收入不平等。第四，灰色和黑色收入规模巨大，造成不平等。第五，权利不平等冲击了市场化的平等化效应。

当然，以上的这些因素分析都有一定的道理，这些因素的确影响着中国的收入分配，尤其是灰色、黑色收入。但是，在这里应该指出的是，迄今为止所有的抽样调查所获得的数据都不包括腐败的灰色收入和黑色收入，在这种情况下，调查者所发现的巨大不平等其实与灰色收入和黑色收入没有关系。至于国有垄断行业高收入问题，的确也是一个问题，但是我们知道，全国在国有企业就业的劳动力不到 4000 万人，加上在党政机关和国有事业单位就业的大约 4000 万人，全国在国有部门就业的劳动力不到 8000 万人，其余大约 7 亿劳动力在非国有部门就业，在统计中，4000 万人的较高收入是否能够成为全国巨大收入不平等的主要成因，这值得怀疑。况且，一方面固然要对垄断行业的过高收入进行调控，但另一方面为什么不同时考虑用非垄断行业的低收入提高来减少这个差距呢？

概括地说，这个观点存在的主要不足之处：一是不同程度地造成新自由主义意识形态偏好；二是看到了收入不平等的部分原因，但对其影响做了不适当的夸大；三是在多数相关文献中，个别案例和个人感觉代替了严谨的科学研究，其原因不仅在于一些影响因素本身难以经验测量，更在于那种为市场化辩护的意识形态偏好；四是个别分析利用的数据具有过多猜测的成分。

（3）收入不平等过大是市场化的结果。这种判断中既有意识形态偏好的影子，例如坚持认为市场化条件下的非公有制经济存在剥削等，也有一些经验研究作为支撑。例如，一些经验研究发现，市场化发展本身是不平衡的，并且会扩大地区与行业差距；一些经验研究发现，非公有制单位劳动报酬增长速度较慢是收入分配差距扩大的重要原因；一些经验研究发现，无论城镇内部还是农村内部，收入不平等都在扩大。不过，这些研究也存在不足之处，缺乏整合性的分析，难以做出关于各种市场化因素对总体不平等的影响的分析。

3. 关于中国不平等未来变动趋势的三种判断

第一种判断认为，库兹涅茨倒"U"型趋势已经在中国出现，有人甚至声称找到了拐点出现的时间。第二种判断认为，中国收入不平等变化中还未出现库兹涅茨倒"U"型趋势，如果坚持市场化发展方向的话可以期待这种趋势会在中国出现。第三种判断认为，中国市场化条件下的收入不平等过程仅仅经历了 20 余年的时间，不足以对库兹涅茨假说进行检验。中国即使继续市场化的发展方向，也还是要等待将来验证该假说。

关于以上三种说法也有一些不足之处。第一种说法未免过早乐观，因而难以得到学界认同。第二种说法比第一种说法稍微谨慎一些，但理论取向是一致的。第三种说法从理论上显得消极，实际上还有一些中程性质的检验方法，可据以判断库兹涅茨倒"U"型假说是否可能在中国收入不平等变动趋势中实现。

（三）主要研究问题

1. 现阶段中国社会收入不平等的演变态势与结构性特征

现阶段中国社会的收入不平等已经达到相当高的水平，这已经成为一个共识。但是，关于这种较大程度的不平等的社会经济意味着什么，共识也少了许多。焦点问题是，中国现阶段的收入不平等变动态势具有怎样的特征或性质？存在两极分化吗？如果存在，则两极分化从什么时候开始出现？目前达到怎样的水平？基于已有的研究以及世界上一些国家（如 OECD 国家）收入不平等变化的趋势，提出如下两个判断，第一个判断，在中国迄今为止的收入不平等格局的变动中，存在着两极分化的态势，并且这种态势是逐渐加剧的。第二个判断，随着经济市场化进程的推进，中国的收入不平等也存在某种程度的 U 型变动特征，这种 U 型变动的底部转折点将大致与乡镇企业和国有企业改制基本完成的时间（1996年前后）吻合。

2. 现阶段中国社会收入不平等的主要形成机制

（1）必须看到，中国的收入不平等是伴随着经济市场化程度的提高而不断扩大的，否认市场化机制扩大不平等的作用是没有现实依据的。

（2）从国际上看，从 20 世纪 70 年代以来，随着新自由主义政策成为国家的经济社会政策的核心和要旨，发达国家的收入差距也一改过去缩小的趋势而不断扩大。因此，断定中国现阶段的收入不平等与市场化进程无关，似乎并无确实证据。所以，结合经济学和社会学的一些理论，我们提出下述判断，作为理解现阶段中国收入不平等形成机制的切入点。第一个判断：中国的城乡间不平等对总体不平等的贡献存在一种下降趋势，而城镇和农村内部的不平等对总体不平等的贡献则呈现出上升的趋势。第二个判断："体制内"与"体制外"之间的收入不平等对总体不平等的贡献趋于下降，而它们各自内部的不平等对总体不平等的贡献则趋于上升。第三个判断：市场化程度较高的收入来源对总体不平等的贡献将会越来越大。第四个判断：随着市场化程度的提高，中国收入不平等将更多地来源于在市场化条件下影响人们收入获得的经济社会特征和个人禀赋因素。

3. 中国社会收入不平等变动的未来趋势

迄今为止，中国收入不平等一直呈不断扩大的趋势，因此人们普遍关心，今后这种趋势是否会得到扭转？如上所述，直接检验库兹涅茨假说，或者运用该假说来预测中国收入不平等的未来趋势，似乎不大可能。但可以基于该假说的三个延伸判断来加以检验或进行预测。如果这些判断成立，则可以预言中国收入不平等的未来变化将遵循库兹涅茨假说。第一个判断：随着时间的推移，城市收入不平等将高于农村。第二个判断：随着时间的推移，农业部门收入不平等将小于非农业部门。第三个判断：随着时间的推移，造成收入不平等的结构效应将会弱化，集中效应将会增强。

二、数据和方法

（一）数据来源

主要有两大类数据：第一类是 2008 年中国社会科学院社会学研究所的社会和谐稳定问题研究课题组进行的全国抽样调查。这次调查有 7100 多个样本，涉及全国 28 个省（直辖市、自治区）、130 个县（市、区）、260 个乡镇和城市街道社区、520 个村委会和居委会。第二类是中国居民营养和健康调查（CHNS），这个调查始于 1989 年，并于 1991 年、1993 年、1997 年、2000 年、2004 年、2006 年分别对住户上一年的人口、就业和收入等状况进行了调查。两个数据共同构成了 1988 ~ 2007 年这 20 年的住户收入序列。CHNS 数据具有面板数据性质。

经过分析，2008 年调查在样本构成上与 CHNS 调查比较接近，它们之间的差异则大体反映了 20 年中的中国社会结构变化趋势（见表1）。

表1　历次调查中被访者的基本情况分布结构　　　单位:%

年份	1989	1991	1993	1997	2000	2004	2006	2008
男性比例	50.8	50.9	51.0	51.9	51.7	50.4	50.6	49.8
平均年龄（岁）	37.4	38.4	39.4	40.8	42.7	46.6	48.3	45.2
教育水平（年）	7.6	7.7	7.8	9.5	8.5	8.6	9.5	8.5
非农户籍比重	32.6	30.8	34.1	36.2	37.0	40.7	40.8	37.1
农业就业比重	52.8	55.3	53.9	51.9	48.2	56.4	45.7	47.4
非农体制内就业比重	45.7	49.0	42.8	34.8	31.1	31.5	26.6	23.5

（二）方法

关于研究方法是基于前面所提到的若干方面来确定的。

1. 考察收入不平等变动趋势的方法

第一，计算历年基尼系数，公式为：

$$G = \frac{1}{2n^2\mu} \sum_{i=1}^{n} \sum_{j=1}^{n} |x_i - x_j|$$

式中，n 为样本量，μ 为总体均值，x_i、x_j 为样本观测值。

第二，计算历年泰尔指数 T 与泰尔指数 L，公式为：

$$GE(L) = \frac{1}{n} \sum_{i=1}^{n} \log \frac{\mu}{y_i} \qquad GE(T)\ \frac{1}{n} \sum_{i=1}^{n} \frac{y_i}{\mu} \log \frac{y_i}{\mu}$$

式中，n 为样本量，μ 为总体均值，y_i 为样本观测值。

第三，分析收入不平等内部结构（两极化）。

一是分析绝对标准下的两极分化趋势，其表现是最高收入组的平均收入增长，最低收入组的平均收入下降。

二是分析相对标准下的两极分化趋势，其表现是最高收入组的平均收入与总体中值收入之比上升，最低收入组的平均收入与总体中值收入之比下降。

三是分析最高收入组的收入份额与最低收入组的收入份额的相对变化，如果前者上升而后者下降，则可以认为存在两极分化趋势。

四是分析中位数相对分布结构变化趋势，方法是：首先，按基年收入中位数

135

与对照年收入中位数之比,调整对照年的收入分布函数;其次,以基年十等份分组的截点数值为标准,将对照年的收入分布函数分为十组;最后,比较对照年收入分组中各组样本份额与基年相应组别样本份额,观察其变化趋势。

五是分析计算两极化的程度,方法是分别利用 W 指数公式和收入中位数相对分布两极化指数公式计算分析。

W 指数的计算公式为:

$$W = 2 \, (2T - G)/m/\mu$$

式中,m 为总体中值,μ 为总体均值,G 为基尼系数,T 为 50% 低收入成员的人口份额与其收入份额之差,即 $T = 0.5 - L \, (0.5)$,$L \, (0.5)$ 表示收入最低 50% 被调查者的收入份额。

收入中位数相对极化指数的计算公式为:

$$LRP_t/URP_t(Q) = \frac{8}{Q-2} \sum_i^{Q/2} \left| \frac{2i-1}{2Q} - \frac{1}{2} \right| \times g_t(i) - \frac{Q}{Q-2}$$

$$MRP_t = \, (LRP_t + URP_t) \, /2$$

式中,$g_t(i)$ 是相对分布,即按中位数调整后其收入落入一对分组收入切点之间的 t 年住户比例与基年相应收入组住户比例之比,$i = 1, 2, \cdots$; Q。MRP 的值域为 $[-1, 1]$。当 t 年某个收入分组的住户分布相对于基年的相应分布没有变化时,MRP 为 0;MRP 为正值时表示其相对极化,为负值时表示其收入分布向中间收敛。MRP 极化指数可以被分解为中位数以上与以下两部分的分布变化的贡献,LRP 即是中位数以下相对分布极化指数,URP 则是中位数以上相对分布极化指数。

2. 考察收入不平等形成机制的方法

第一,按城—乡、体制内—外分组,基于泰尔指数进行收入不平等的分组分解分析。公式为:

$$T = \sum_{g=1}^{G} p_g \lambda_g T_g + \sum_{g=1}^{G} p_g \lambda_g \log \lambda_g$$

式中,G 表示分组,p_g 为第 g 组人数与总样本人数之比,λ_g 为第 g 组样本户家庭人均收入的均值与总样本户家庭人均收入的均值之比,T_g 为第 g 组的泰尔指数;等号右边第一部分为组内差距之和,第二部分为组间差距之和。

第二,基于基尼系数,按收入来源进行分组分解分析。公式为:

$$G = \sum_{k=1}^{K} \, (\mu_k/\mu_y) \times C_k$$

$$R_k = cov[y_{ki}, \, f \, (Y)]/cov[y_{ki}, \, f \, (y_k)] = C_k/G_k$$

式中,K 表示收入来源,μ_y 为总样本均值,μ_k 为第 k 项收入的均值,C_k 为第 k 项收入的集中系数。

第三，基于回归的夏普里值因素分析。首先通过对数线性回归确认十个左右具有显著性的因素，然后将对数线性回归方程改造为指数方程，运用分解程序提炼出各因素的差异对收入不平等的贡献。公式为：

$$\ln(Y) = a + \sum_{i=1}^{n} \beta_i X_i + \varepsilon$$

$$Y = (e^a) \cdot (e^{(\beta_1 X_1 + \beta_2 X_2 + \cdots + \beta_n X_n)}) \cdot (e^{\varepsilon})$$

式中，X_i 为变量，β_i 为回归系数，a 为回归截距，ε 为残差项，e 为自然对数的底。

3. 考察收入不平等未来变化趋势的方法

第一，计算并比较城、乡内部收入分布的泰尔 T 指数、泰尔 L 指数和基尼系数。

第二，计算并比较农业就业部门内部与非农业就业部门内部的泰尔 T 指数、泰尔 L 指数和基尼系数。

第三，以收入来源数据为基础，对基尼系数进行结构效应、集中效应和共同效应分析。公式为：

$$\Delta G = \sum_{i=1}^{K} C_{it} \times \Delta S_i + \sum_{i=1}^{K} S_{it} \times \Delta C_i + \sum_{i=1}^{K} \Delta C_i \times \Delta S_i$$

式中，ΔG 为基尼系数的变化值，C_{it} 为第 i 项收入在 t 年的集中率，ΔC_i 为第 i 项收入集中率的变化值，S_{it} 为第 i 项收入在 t 年总收入中所占份额，ΔS_i 为第 i 项收入份额的变化值。公式右边第一项是结构效应，第二项为集中效应，第三项为二者的共同效应。

三、主要结果

（一）收入不平等的变动态势与结构特征

1. 收入不平等程度的变动态势（见表2）

表2主要反映的是20年中中国收入不平等的基本态势，这是一种不断上行的趋势，2005年以后，各种不平等指数都达到了非常高的水平，例如基尼系数超过了0.5。

表2 1988～2007 年中国家庭人均收入分配不平等趋势

年份	平均值	中位数	标准差	L 指数	T 指数	基尼系数	样本数
1988	1060.3	892.8	1068.0	0.1398	0.1287	0.3990	3743
1990	1081.8	907.6	816.0	0.1222	0.1053	0.3797	3586
1992	1529.2	1164.7	1376.9	0.1017	0.2145	0.4260	3410
1996	3137.2	2525.0	2690.6	0.1418	0.1237	0.4091	3805
1999	3953.5	2999.6	4247.7	0.1841	0.1628	0.4589	4300
2003	5608.2	3802.9	6081.6	0.2082	0.1805	0.4943	4318
2005	6743.6	4306.5	9402.2	0.2363	0.2179	0.5225	4359
2007	8237.4	4774.0	30697.0	0.2465	0.2445	0.5384	6986

2. 收入不平等变动的结构性特征：两极分化（见表3、图1、图2、表4）

表3 1988～2007 年中国家庭人均收入不平等变化的结构性特征

年份	最低10%收入组			最高10%收入组			收入份额之比
	平均收入（元）	均值比中值**	收入份额（%）	平均收入（元）	均值比中值**	收入份额（%）	
1988	147.5	0.1652	1.39	2952.9	3.3075	27.83	20.0
1990	172.6	0.1902	1.60	2815.5	3.1021	25.98	16.3
1992	203.4	0.1746	1.33	4509.1	3.8715	29.49	22.2
1996	417.7	0.1654	1.33	8935.9	3.5390	28.45	21.3
1999	349.3	0.1164	0.88	12833.2	4.2783	32.46	36.7
2003	408.5	0.1074	0.73	19674.2	5.1735	35.02	48.1
2005	429.1	0.0996	0.63	25462.8	5.9126	37.68	59.4
2007	579.6	0.1214	0.70	35302.7	7.3948	42.82	60.8

注： * 以人均收入中值为1。

** 以最低10%收入组的收入份额为1。

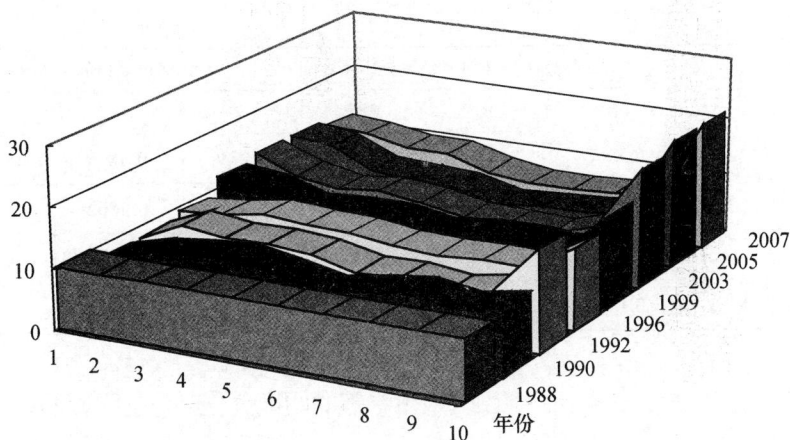

图1　中位收入相对分布变化趋势（不考虑家庭人口）

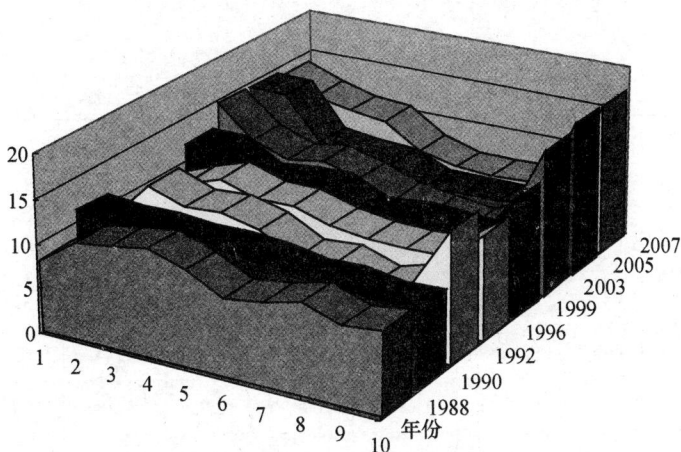

图2　中位收入相对分布变化趋势（考虑家庭人口）

表4　1988～2007年中国城乡居民收入分布极化指数

年份	W	不考虑住户人口时的 MRP			考虑住户人口时的 MRP		
		LRP	URP	MRP	LRP	URP	MRP
1988	0.3530	—		—	—		—
1990	0.3892	− 0.0555	0.0490	− 0.0033	0.1291	− 0.0363	0.0464
1992	0.4186	− 0.0280	0.1750	0.0735	0.0329	0.1529	0.0929
1996	0.3819	− 0.0260	0.0860	0.0300	0.0308	0.0737	0.0522

续表

年份	W	不考虑住户人口时的 MRP			考虑住户人口时的 MRP		
		LRP	URP	MRP	LRP	URP	MRP
1999	0.4241	0.0775	0.1415	0.1095	0.1736	0.1065	0.1401
2003	0.5014	0.0905	0.2690	0.1798	0.2898	0.1862	0.2380
2005	0.5766	0.1250	0.3135	0.2193	0.3570	0.1932	0.2751
2007	0.5993	0.0950	0.3120	0.2035	0.3091	0.1809	0.2450

从上述图表清楚地看出，中国收入不平等的两极分化趋势是明显的。

（二）收入不平等的形成机制分析

1. 城乡分组：组间差距与组内差距的贡献（见表5）

表5　基于泰尔T指数和城乡分组的收入不平等分解

年份	泰尔T 指数	城乡组内贡献额			城乡间 贡献额	城乡组内贡献率			城乡间 贡献率
		城镇	农村	合计		城镇	农村	合计	
1988	0.1287	0.0391	0.0791	0.1182	0.0105	30.4	61.5	91.8	8.2
1990	0.1053	0.0279	0.0694	0.0973	0.0080	26.5	65.9	92.4	7.6
1992	0.2145	0.0452	0.0889	0.1341	0.0804	21.1	41.4	62.5	37.5
1996	0.1237	0.0442	0.0715	0.1157	0.0081	35.7	57.8	93.5	6.5
1999	0.1628	0.0612	0.0865	0.1477	0.0151	37.6	53.1	90.7	9.3
2003	0.1805	0.0681	0.0930	0.1611	0.0195	37.7	51.5	89.3	10.8
2005	0.2179	0.0880	0.1123	0.2003	0.0177	40.4	51.5	91.9	8.1
2007	0.2445	0.1497	0.0652	0.2141	0.0304	61.2	26.7	87.9	12.1

从表5看，城镇和乡村内部的不平等对总体不平等的贡献始终较高，其中，乡村内部的不平等对总体不平等的贡献呈现总体下降趋势，而城镇内部不平等的贡献则呈现总体上升趋势。至于城乡之间的不平等对总体不平等的贡献，近20年来一直比较小。

2. 按收入来源分解：市场化程度较高的差距贡献较大（见表6）

表6 基于收入来源的住户人均收入分布基尼系数分解分析

年份	农业经营收入	非农经营收入	工资性收入	转移性收入	财产性收入	其他收入	合计	总体基尼系数
1988	9.2	8.1	57.9	20.7	4.2		100.0	0.3979
1990	9	12.2	57.7	15.3	5.9		100.0	0.3787
1992	10	14.4	58.3	10	7.3		100.0	0.425
1996	7.2	16.7	62.2	5.9	8		100.0	0.4069
1999	2.5	9.9	72.8	8.3	6.5		100.0	0.4586
2003	5.2	8.2	65.9	4.4	16.3		100.0	0.4941
2005	4.1	9.4	72	3.1	11.4		100.0	0.5221
2007	1.2	19.6	69.6	0.6	5.7	3.4	100.0	0.5401

从表6可以看出从1988年到2007年不同的收入来源的内部贡献和总差距的内部份额变化：农业内部收入较少，农民自产自收对农业内部的贡献比较小，呈下降趋势；非农业部门的贡献呈上升趋势，虽然从1999年到2005年有一些变化，但是总体仍呈上升趋势。

在CHNS调查中，财产性收入与其他收入没有分开。但总的来讲，财产性收入差距的贡献是呈上升趋势的。这里需要说明的是，增加居民财产性收入这个提法可以提高居民的收入来源机会，但是不能起到缩小收入差距的作用；相反，在当前起到扩大收入差距的作用。

3. 非农就业者：体制内与体制外的差距贡献分析（见表7）

表7 非农从业人员收入不平等的泰尔T指数分组分解

年份	泰尔T指数	组内贡献额			组间贡献额	组内贡献率			组间贡献率
		体制内	体制外	合计		体制内	体制外	合计	
1988	0.3335	0.0764	0.1283	0.2047	0.1288	22.9	38.5	61.4	38.6
1990	0.0885	0.0180	0.0819	0.0999	-0.0114	20.3	92.6	112.9	-12.9
1992	0.1517	0.0417	0.0775	0.1192	0.0325	27.5	51.1	78.6	21.4
1996	0.1078	0.0219	0.0847	0.1066	0.0012	20.3	78.6	98.9	1.1
1999	0.1188	0.0328	0.0852	0.1180	0.0008	27.6	71.7	99.3	0.7
2003	0.1309	0.0359	0.0873	0.1232	0.0077	27.4	66.7	94.1	5.9
2005	0.1806	0.0403	0.1328	0.1731	0.0075	22.3	73.5	95.8	4.2
2008 *	0.3014	0.0582	0.2508	0.3090	-0.0076	19.3	83.2	102.5	-2.5

注：* 这是根据调查前一个月非农从业人员的月收入计算的。

从表 7 可以看出，体制内差距贡献比较小，体制外差距贡献比较大，两种体制之间的贡献也比较小，这可以说明以下几个问题：第一，体制内差别并不是十分突出，这些年呈现基本稳定的贡献份额；第二，体制外的贡献差距总的来讲是上升的，这里排除 1990 年由于特定的历史原因产生的特殊现象；第三，体制内外之间的差距，并不是导致分配收入差距的主要原因，有些因素的贡献额是负值。实际上，它反映的是市场化对收入不平等的作用要远远大于再分配。

4. 基于对数线性回归的夏普里值分解：综合的因素分析（见表 8）

表 8　基于对数线性回归的基尼系数夏普里值分解

因　素	贡献额	贡献率（%）
人均非农经营/劳动收入占人均收入的比重	0.0999	19.2
住户人均金融资产	0.0909	17.5
有收入者的平均受教育年数	0.0833	16.0
住户人口数	0.0621	11.9
阶层变量	0.0548	10.5
地区变量	0.0435	8.4
有效的有非农收入者比重	0.0267	5.1
住户人均生产投资	0.0149	2.9
住户失业人口比重	0.0063	1.2
住户老少人口比重	0.0053	1.0
有效的有收入者人数	0.0016	0.3
合计	0.4894	94.2
残差	0.0303	5.8
总计	0.5197	100.0

从表 8 中各因素贡献比重的排列来看，人均的非农经营和劳动收入贡献最大，贡献率达到了 19.2%；其次是住户人均金融资产，达到 17.5%，第三位是有收入者的平均受教育年数，为 16.0%。在这些变量里面，城乡变量没有进入，因为在回归分析中其效应不显著。总体来说，市场化程度越高的收入来源，它对总差距的贡献就越大。所以，更重要的仍然是市场化机制的影响。

（三）中国收入不平等的未来变动可能趋势

1. 城乡内部不平等：城镇内部不平等程度是否更高（见图3）

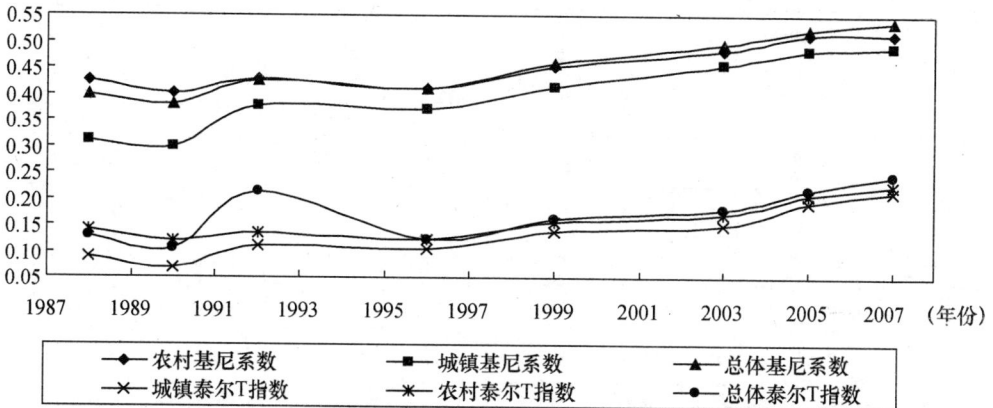

图3　1987～2007年城乡被调查住户收入分布泰尔T指数和基尼系数变动趋势比较

由图3可以看出，农村的基尼系数一直高于城市的基尼系数。迄今为止，我们没有发现农村的基尼系数小于城镇的基尼系数。这里很多指标都是这样，我们可以在这里否定第一个判断，农业部门的基尼系数一直大于非农业部门。

2. 部门内部不平等：农业部门与非农业部门比较（见表9）

表9　部门内收入不平等变动趋势比较

年份	农业部门			非农业部门		
	L指数	T指数	基尼系数	L指数	T指数	基尼系数
1988	0.2406	0.2050	0.5801	0.1471	0.2222	0.4552
1990	0.2226	0.2032	0.5623	0.0871	0.0920	0.4405
1992	0.2480	0.2094	0.5580	0.1185	0.1356	0.3912
1996	0.2085	0.1817	0.5001	0.0978	0.1119	0.3760
1999	0.2358	0.1991	0.4868	0.1141	0.1268	0.3656
2003	0.3065	0.2559	0.5201	0.1299	0.1290	0.3914
2005	0.3106	0.2547	0.5004	0.1674	0.1751	0.3292
2008	0.2875	0.3089	0.5131	0.1612	0.2093	0.4334

从表9的结果看，农业部门的不平等始终大于非农业部门的不平等。

3. 结构效应与集中效应：何者更为突出（见表10、图4）

表10　基于分项收入对基尼系数变化的结构效应与集中效应分析

年份	结构效应		集中效应		共同效应		贡献率合计（%）	系数变动额
	贡献额	贡献率（%）	贡献额	贡献率（%）	贡献额	贡献率（%）		
1990	-0.0047	-16.9	-0.0184	-66.2	-0.0046	-16.5	-100.0	-0.0278
1992	0.0071	17.1	0.0370	88.9	-0.0024	-5.8	100.0	0.0416
1996	0.0043	19.5	-0.0246	-111.8	-0.0017	-7.7	-100.0	-0.0220
1999	0.0440	57.4	0.0202	26.4	0.0124	16.2	100.0	0.0766
2003	-0.0217	-40.9	0.0660	124.5	0.0087	16.4	100.0	0.0530
2005	0.0234	80.1	0.0052	17.8	0.0006	2.1	100.0	0.0292
2007	0.0323	185.6	-0.0325	-186.8	0.0176	101.2	100.0	0.0174

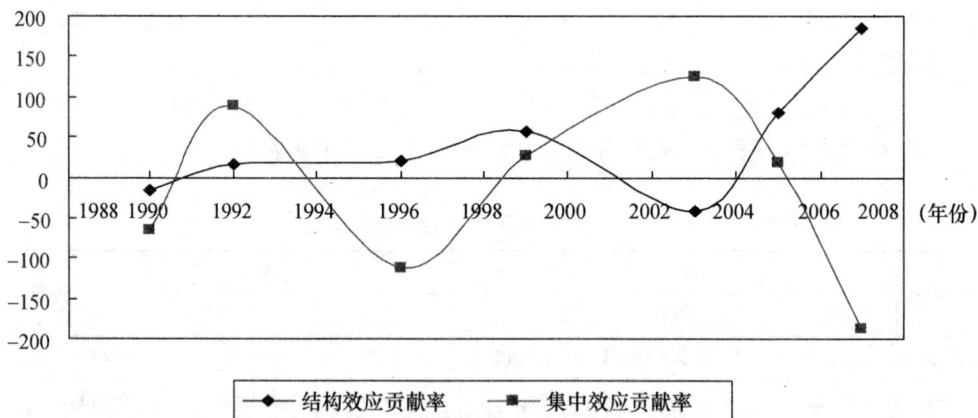

图4　基尼系数变动的结构效应与集中效应变动趋势比较

由表10可以看出，总的来讲，除了个别年份之外，结构效应的贡献率最大，而集中效应则有更大波动，图4更清楚地反映了这一点。那么，前面关于随着时间的推移集中效应将慢慢大于结构效应的判断便不成立了。

4. 收入不平等的 U 型变化趋势（见图 5、图 6）

从图 5 和图 6 看，农业部门的收入不平等变化趋势呈现相当平缓的 U 型变化态势，而非农业部门的不平等则呈现更加清晰的 U 型变化态势；U 型变化的拐点都在 1996 年。

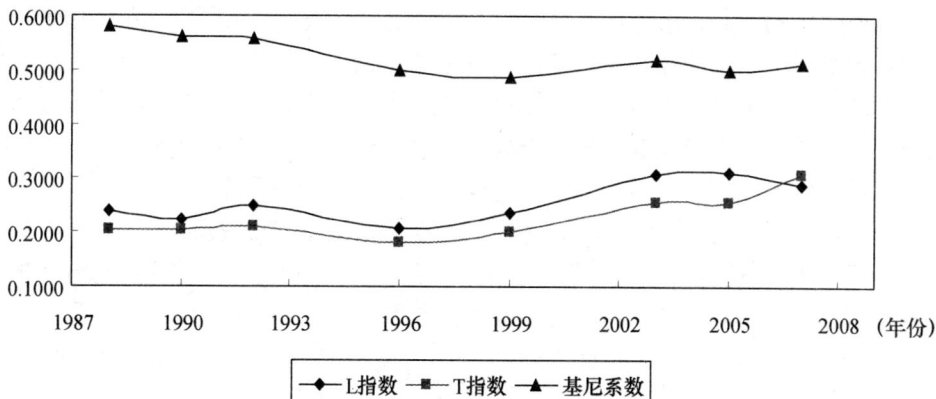

图 5　农业部门不平等变动趋势

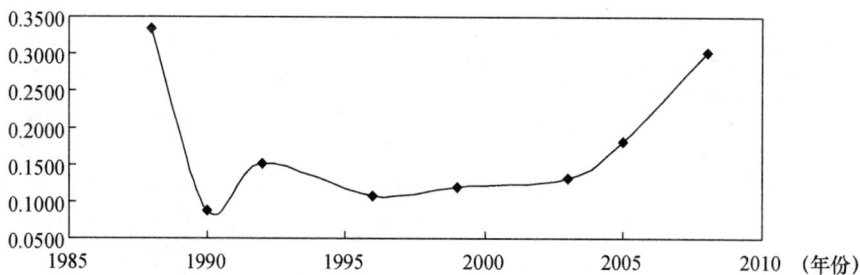

图 6　非农从业人员收入泰尔 T 指数的变动趋势

四、简要结论和讨论

第一，中国收入不平等格局的变动中存在着两极分化趋势，并且这种趋势呈加剧态势：这一判断得到数据支持。而且，与发达国家相比，这种两极分化的程度相对较高。有文献显示，从 1969 年到 1999 年，英国两极分化指数 MRP 不到 0.2，美国的 MRP 不到 0.15。从 1988 年到 2007 年，仅仅经过 20 年的演变，中国 MRP 指数在不考虑住户人口的情况下达到 0.2035，在考虑住户人口时则达到 0.2450。

第二，关于 U 型变化趋势的判断，在部分情况下也得到了数据支持：非农从业人员收入不平等的变动趋势具有较为明显的 U 型变化态势，农业部门的这种态势也存在，但更平缓一些。U 型变化的时间拐点正好是 1996 年前后。

第三，关于收入不平等的形成机制的分析表明，非市场化的因素对不平等的贡献并非主要的机制，市场化较强的因素所做出的贡献更大。所以，单纯依靠市场化肯定难以改变中国收入的趋势，应该还有其他因素影响收入不平等。

第四，关于未来趋势的三个中程性质的判断，均未得到数据支持。因此，我们尚无条件认为，可以根据库兹涅茨假说预测中国收入不平等的未来变化。实际上，前面提到，主流经济学对库兹涅茨假说的理解是不全面的，要实现库兹涅茨倒 "U" 型变化，光有市场化是不够的，还必须有其他机制发挥作用。

第五，由于数据限制，我们未能对行业差距问题进行分析，这需要进一步的调查。调整收入分配格局需要三大机制共同起作用，且国家机制要起到主导作用。

编辑整理：李墨洋

国外电子治理及对我国的启示

董礼胜

2010 年 6 月 7 日

董礼胜

中国社会科学院研究生院政府政策与公共管理系主任、政治学系教授

摘　要：信息社会的到来不但改变了人们传统的交往方式，并且对整体社会转型产生了深远的影响，电子政务已经被当代各国纷纷采用并且制定了相应的战略规划。本文正是从这一角度出发，首先对电子政务的发展历程进行简单的梳理，运用数据的形式对各国的发展现状作出概括；其次分别从行政管理的视角和公民参与的角度针对具有代表性的国家的电子政务发展战略进行分析；最后从不同利益群体的利益冲突带来的电子政务发展目标的多重性出发，从操作、管理、技术三方面总结阻碍电子政务发展的因素，利用电子政务成熟度指数与民主化程度数据模型对电子政务的发展前景进行预测，即公民参与—电子民主—电子治理的模式。

关键词：电子政务发展　目标　中国

在今天通信技术高度发达的情况下，无论是日常生活还是商业贸易，人们已经离不开网络通信。对于这样的一种通信手段，互联网的时代是瞬时的，同时传播的数量是难以估计的。从电子政务到电子治理，有一个本质的飞跃。第一步：信息及时在网上公布；第二步：发达国家有一个互动，比如可以通过网络办理护照。电子治理范围更广泛一些，不只是政府和公民之间的关系，而是每个公民都有的监督和治理的权利。目前，大家希望通过电子治理实现一个新的民主形式。例如，某大会议题的提出可以先通过互联网吸引公众参与，再做会议讨论议案。这样每个公民都可以参与提出议题，大大增加了公民的参与程度。所以说，电子政务已经涉及社会的方方面面，我们有必要使各个学科都对这个问题来进行研究。

一、各国电子政务发展现状

信息社会的到来不但改变了人们传统的交往方式，并且对整体社会转型产生了深远的影响，改变政府运作方式的应对措施已经被各国纷纷采用并且制定了相应的战略规划。

本文正是从这一角度出发，首先对电子政务的发展历程进行简单的梳理，运用数据形式对各国的发展现状作出概括；其次分别从行政管理的视角和公民参与的角度针对具有代表性的国家的电子政务发展战略进行分析；最后从不同利益群体的利益冲突带来的电子政务发展目标的多重性出发，从操作、管理、技术三方面总结阻碍电子政务发展的因素，利用电子政务成熟度指数与民主化程度数据模型对电子政务的发展前景进行预测，即公民参与—电子民主—电子治理的模式。

由表1、表2、表3中全球电子政务在2003～2007年间排名的变化，我们不难发现全球各个地区电子政府发展状况呈现出极大的不平衡，不发达地区的落后状况仍然没有得到很好的改善，经合组织非成员国和成员国之间产生了巨大的数字鸿沟（见表4）。

表1 全球各地区电子政务成熟度指数

地区	2008 年	2005 年	地区	2008 年	2005 年
非洲			美洲		
中非	0.2530	0.2397	加勒比地区	0.4480	0.4282
东非	0.2879	0.2836	中美	0.4604	0.4255
北非	0.3403	0.3098	北美	0.8408	0.8744
南非	0.3893	0.3886	南美	0.5072	0.4901
西非	0.2110	0.1930			
亚洲			欧洲		
中亚	0.3881	0.4173	东欧	0.5689	0.5556
东亚	0.6443	0.6392	北欧	0.7721	0.7751
南亚	0.3395	0.3126	南欧	0.5642	0.4654
东南亚	0.4290	0.4388	西欧	0.7329	0.6248
西亚	0.4857	0.4384			
大洋洲	0.4338	0.2888			
世界平均	0.4514	0.4267			

资料来源：United Nations E – Government Survey 2008, Department of Economic and Social Affairs Division for Public Administration and Development Management, 2008.

表2 2003 年和 2005 年全球各个地区电子政务评估指数

	大洋洲	欧洲	亚洲	北美洲	非洲	南美洲	平均数
2005 年总体平均数	49.94	37.17	33.11	30.21	24.87	20.87	33.11
2003 年总体平均数	46.01	30.23	28.49	27.42	17.66	17.66	28.49

注：这个表评估的是政府通过电子政务可以帮助公民实现的或者说可以做到的程度。

资料来源：Worldwide E – governance Research, Rutgers University , 2005.

表3 2007 年全球电子政务排名

Rank	Country	Score	Rank	Country	Score
1	美国	67.18	6	芬兰	60.86
2	新加坡	66.60	7	中国台湾	59.72
3	加拿大	62.59	8	英国	58.00
4	日本	61.44	9	瑞典	56.85
5	澳大利亚	61.44			

资料来源：Waseda University Studies on E – government Ranking，Waseda University Research Institute of E – government，2007.

表4 经济合作与发展组织（OECD）成员国和非成员国电子政务成熟度差异

	使用性	内容	服务	安全	公民参与	年度
经合组织成员国	14.30	10.21	7.50	7.17	5.18	2005
经合组织成员国	13.62	8.55	5.95	3.94	4.29	2003
得分提高百分比（经合组织）	5%	19.4%	26%	82%	20.7%	
非经合组织成员国	11.32	6.12	4.03	2.41	2.63	2005
非经合组织成员国	10.28	5.29	4.22	1.77	2.71	2003
得分提高百分比（非经合组织）	10.1%	15.6%	-4.5%	36.4%	-2.95%	

资料来源：World Worldwide E – governance Survey，Rutgers University，2005.

表1 中北美地区在全球的电子政府发展指数最高。美国和加拿大都是电子政务发展的领军国家。欧盟积极推行"电子欧洲"计划，并且每半年对成员国进行一次全面评估。北欧国家有着全球最高的互联网使用率，大多数国家的电子政务规划中兼顾了以公众为中心以及更高程度的电子商务服务的均衡性。尽管欧洲各国政府的热情很高，但是民众的参与度并不高，互联网的影响力也不如北美地区。

那么，南美地区在全球电子政府发展中处于什么水平？现在它们处于中等水平，除巴西和阿根廷较为领先外，其他国家都没有发展目标，缺乏真正"以客户为中心"的理念，数字鸿沟问题较为明显。中东地区在全球也处于中游水平，各国发展极不平衡，该地区以以色列较为领先，紧随其后的是阿联酋、科威特、巴林与黎巴嫩，而也门、突尼斯等水平偏低。亚太地区除澳大利亚、新西兰、新加坡、韩国、日本、马来西亚外，其他国家的发展状况处于全球较低水平。值得一提的是韩国，近年来有了显著的发展，走到了世界的前列。印度软件业很发达，信息技术基础比较好，因此，电子政务发展较为迅速。但是，政府的官僚作风等问题是制约该地区电子政务以及电子发展的重要原因。例如，印度火车频繁出事，其原因都是如"超载"等很小的事情，且出事之后也没有采取很好的预防手段和措施。中美地区、加勒比地区、非洲属于全球最低水平，尽管电子政务发展已经被提到各国发展的议程上来，但仅仅是建立了政府的门户网站，而信息基础设施、人力资源发展都很薄弱，更新得都比较慢。埃克塞图尔公司在2002年对全球22个国家和地区电子政务的发展状况进行了测评，在调查报告中根据整体成熟度将22个国家和地区的电子政务发展状况分为四类（见表5）。第一类：创新领袖型（Innovative Leaders）。因其在公共服务电子化方面远远超出其他国家而出类拔萃。第二类：有远见的追随者型（Visionary Followers）。基于公共服务电子化方面的坚实基础而显示出强劲的发展势头，并且在公共服务传递方面显示出日益提高的成熟度。第三类：稳步进取者型（Steady Achievers）。逐步显示出公共服务电子化的服务宽度，通过网上服务和传递成熟度的最大化，有明显的机会得以发展。第四类：平台建设者型（Platform Builders）。公共服务电子化程度较低，在相互合作、横跨机构的政府网站建设方面有很大的潜力。

表5 22个国家和地区的电子政务发展状况

类　型	国家或者地区	排名	服务成熟度	传递成熟度
创新领袖型	加拿大	1	适中	适中
	新加坡	2	适中	适中
	美国	3	适中	很低
有远见的追随者型	澳大利亚	4	较低	低
	挪威	5	较低	很低
	芬兰	6	较低	低
	荷兰	7	较低	很低
	英国	8	低	适中
稳步进取者型	新西兰	9	低	较低
	中国香港	10	低	较低
	法国	11	低	低
	西班牙	12	很低	较低
	爱尔兰	13	很低	低
	葡萄牙	14	低	低
	德国	15	低	低
	比利时	16	低	很低

续表

类　型	国家或者地区	排名	服务成熟度	传递成熟度
平台建设者型	日本	17	低	很低
	巴西	18	低	很低
	马来西亚	19	很低	低
	南非	20	很低	低
	意大利	21	很低	较低
	墨西哥	22	很低	低

资料来源：Accenture（2002）. E – government Leadership：Realizing the Vision. The Government Executive Series. Retrieved September 9, 2006, from http：//www. accenture. com/Global/Services/htm.

表6　电子政务业务模型

模　式	定　义	特　点	主要项目
政府对政府	E – administration 电子行政	共享与保存中央与地方的数据	经济发展、公共安全、应急管理等
政府对公民	E – government 电子政府	公民使用网站获取电子服务	社会服务、借贷、税务等
政府对企业	E – government E – commerce E – collaboration 电子政府　电子商务 电子合作	优化贸易程序、为企业提供便捷的"一站式"服务	法律法规、经济发展、贸易、审批、借贷、资产管理
政府对公民 社会组织	E – governance 电子治理	协作、监督	沟通政府与公民关系，表达不同团体的利益诉求，重大灾难后的共同合作
内部绩效提升	E – administration 电子行政	政府运作采用企业的实践	供应链管理、人力资源管理、财务管理

资料来源：Layne, K. , & Lee, J. （2001）. Developing Fully Function E – government：A Four Stage Model. Government Information Quarterly, 18. （pp. 122 – 136）：Elsevier Science Inc.

　　通过表5、表6和表7的综合分析，可以看出创新领袖型国家正在向无缝集成阶段迈进，而有远见的追随者型和稳步进取者型已经进入网上业务处理阶段，但是这个比例很小。根据联合国经济与社会事务部的调查报告，全球被评测的169个国家中，只有10%的国家进入网上处理阶段，71%的国家仍处于第二、第三阶段，世界上还没有一个国家进入无缝集成阶段。电子政府的发展是一个循序渐进的过程，而且还要与政府业务流程再造结合起来，真正进入第五阶段不仅仅是技术发展的问题，更大的挑战在于政府自身的改革。

表7 电子政务发展阶段

阶段	服务内容	特征	技术	公众参与
第一阶段 初始阶段	通过网站发布与政府有关的各种静态信息，如法规等	政府信息网上发布	网络	上网浏览
第二阶段 政府与用户的单向互动	除了发布相关静态信息外，还向用户提供某种服务	信息发布和单向服务	网络、电子邮件	被动接受服务
第三阶段 政府与用户的双向互动	政府根据需要在网上就某一公共问题咨询公众意见，公众也可以向政府提出建议和咨询	公众参与政府的管理和决策	网络、电子邮件、入口	建议咨询
第四阶段 网上事务处理阶段	以电子的方式全面完成各项政府业务的处理	政府服务电子化	网络、电子邮件、数字签名、公钥基础设施、入口、安全套接层协议层	电子化服务
第五阶段 无缝集成阶段	社会资源整合，组织"零成本"运行是电子政务的最终目标和方向	服务个性化和即时反映	网络、电子邮件、数字签名、公钥基础设施、入口、安全套接层协议层、其他现有技术	完全参与

资料来源：Layne, K., & Lee, J. (2001). Developing Fully Function E – government：A Four Stage Model. Government Information Quarterly, 18. (pp. 122 – 136)：Elsevier Science Inc.

二、各国电子政务战略规划

从上文电子政务的发展脉络中我们可以发现，几乎所有政府都在积极实施电子政务战略规划，力求向公众提供一种高效便捷的服务，促进政府和公众之间的交互性。但是仍有许多国家处于提供静态的且不充足的信息服务阶段，仅仅局限于政府信息公开发布、政府机构介绍等，主要表现在亚洲、非洲的大多数国家。而在欧美，很多国家已经进入了互动性交互阶段，建立了"一站式"的门户网站。用户可以通过门户网进入政府的主要职能部门，以互动的方式与政府交流。

为更好地理解发达国家电子政府战略规划，有必要从行政管理和公民参与的视角做进一步分析。

（一）行政管理视角（Public Administration Perspective）

（1）从政府管理的角度分析，上述国家电子政务的战略规划就成就而言，基本上达到了所制定的目标，OECD 认为电子政务的产出及其影响应该用"善治"（Good Governance）的评估标准来衡量，并检测其结果是否向"善治"进步。

经合组织的善治标准包括如下七个方面：合法性（Legitimacy）、法治（Rule of Law）、透明度（Transparency）、效率（Efficiency）、适应性（Adaptability）、参与（Participation）、咨询（Consultation）。用这些标准衡量所取得的发展成果显示：这些国家都有合法的治理机构来专门负责电子政务的业务，如制定了一系列的法律、法规来规范政府和公民，提供了广阔的平台让更多的人能够体验电子政府的便捷。

表 8　主要国家电子政务的最新发展战略

战略计划	管理机构	推进方式	"一站式"服务	目　标	取得成就
跨政府间电子战略计划（美国）	电子政府特别工作组	自上而下	首次接待责任制	以公民为中心，以结果为导向，以市场为基础	1. 重塑了政府对公民 G2C、政府对商界 G2B、政府对政府 G2G 等电子业务模型 2. IEE 内部绩效提升：提高了政府绩效 3. "一站式"服务简化事务流程并降低了成本
现代化政府（英国）	电子信使办公室（Office of E - Envoy）	自上而下	英国在线	1. 以客户为中心提供的公共服务 2. 提供跨部门、跨机构的协同服务 3. 强化内部绩效提升 4. 运用技术加强电子民主建设 5. 到 2008 年所有重要公共服务均在网上实现	1. 英国在线提供一体化的信息和服务 2. 电子协同合作框架（E - GIF），为电子政务的建设提供了基础结构 3. 门户 Gateway：弥补了英国在线的缺陷，向公众提供事务交易等服务 4. 政府安全内网建设

续表

战略计划	管理机构	推进方式	"一站式"服务	目　标	取得成就
联邦在线 2005（德国）	国务秘书委员会	自上而下	联邦在线	1. 现代化的行政管理 2. 以公众为中心的快捷透明的公共服务 3. 内部绩效提升 4. 2005 年联邦公共服务电子化传递	1. 联邦服务在线传递 2. 实现政府采购电子化 3. 绿卡政策——吸引 IT 人才成果显著
电子欧洲（eEurope 2005）（欧洲委员会）	信息社会化指导委员会	自上而下	欧盟网站	1. 加强宽带基础设施建设 2. 全力推进政府信息化，刺激 IT 服务，应用与内容等方面的建设 3. 多样化高品质的公共服务 4. 最终目标是使欧盟从信息社会的发展中获益	1. 促进各国加快建立相关的法律体系 2. 标杆管理 Benchmarking 报告 3. 许多欧盟国家制定并实施本国的信息化战略方针

资料来源：Accenture（2005）．Leadership in Customer Service：New Expectations，New Experiences．The Government Executive．Retried from September 9，2006，from http：//www.accenture.com/Global/Services/htm.

（2）从制定的目标而言，符合善治的精神，即以公众为中心，在一定程度上改善了政府与公民的关系。

表 9 列举了电子政务的战略目标，其不同群体的目标具有不一致性，利益目标的冲突也不可避免。尽管各国都把与公民的互动放在首位，但是即使在像美国这样电子政府高度发达的国家，官僚主义的文化仍然很深，这与电子政务是格格不入的。官僚主义害怕变革会对其既得利益造成威胁。因为电子政务带来的公开性和透明度损害了某些存有私心的官员的利益，所以他们会尽自己最大的努力来阻碍电子政务的发展与运用。

政府的保密制度限制了大众对信息资源和政府权力的分享。这些问题都会成为电子政务发展的障碍。要实施真正的电子政务，不仅需要理念上的更新，更需要政府组织形式的再造。那种认为"新技术只要即插即用，就可使政府效率迅速提高"的说法是荒谬的。如果不改造旧的官僚机构，只是安装一些硬件设备是行不通的。

表9　电子政务的战略目标

目　标	个　人	社　会	组　织	政　治
效益		√	√	
效率		√	√	
责任			√	√
平等		√	√	√
参与	√		√	√
透明		√		√
服务	√			√
权益	√			√
一体化		√	√	

资料来源：UN Global E – Government Readiness Report. （2004）. United Nations Department of Economic and Social Affairs . Retrieved March 27, 2005, from http：//www. unpan. org/e – government 3. asp.

（3）从战略推进的力度而言，各国都通过门户网站推行"一站式"的服务（One – stop Shop），从而方便公众。但是，从门户网的基础设施安全保障的角度来看，安全保护措施并不完备，网络恐怖已经成为新的问题点，而且所推行的大型电子政务项目也存在潜在的风险。

电子政务的规模与风险成正比，规模越大、耗资越多、时间越长、工程越复杂的电子政务项目，失败的风险越大。盲目地使用新的技术并非明智之举，特别是对发展中国家而言，一定要结合本国的国情，在不成熟的技术上建立的电子政务系统很容易失败。这需要政府具备风险管理的能力，识别并处理风险是电子政务项目成功的关键。

（二）公民参与的视角

从公民参与的角度分析，表8中各国的战略规划的推进方式都是自上而下设计的。不可否认，这种方式有着决策迅速、推动力强等优势。但是在战略实施伊始就因缺乏公众的参与有违"以公众为中心"的初衷。随着信息技术的不断发展，政府和公民（G2C）及政府和政府之间（G2G）的充分交流不但促进了民主的加强，而且也使得公民和公民（C2C）之间的交流成为可能。也就是说，电子政府的不断完备为民主的电子化创造了更有利的条件。

OECD 将电子政务中公民参与的层次分为三种：

第一是单向信息传递，它指政府产生和传递信息给公民使用，信息的传递是单向的。它包括公民被动地根据需要利用信息和政府主动地采取措施传播信息。

政府信息的提供是参与电子民主的前提。

第二是咨询，即公民对于政府所提供的信息给予反馈，政府和公民之间是双向交流的关系。这就需要在网上具有信息提供机制和反馈机制。

第三是积极参与，即公民与政府之间建立伙伴关系，公民可以积极地参与到决策当中来。虽然最后的政策决定权还是由政府来行使，但是公民可以提出政策创意并且开展与政府的直接对话。

自上而下设计的推进方式使得多数的电子政务项目集中于"一站式"服务科技水平的提高。公众对于电子政务的要求与政府部门有所不同（目标差异见表9），他们更希望得到方便、快捷、高效的服务。

自上而下的设计意味着金字塔式的推广，中央与地方的关系、地区间发展水平的差异都会影响计划的顺利推行。如果知识经济和信息技术仅仅服务于社会的高收入阶层，那么，它在社会公平和政治稳定方面都会存在问题。领导者需要考虑数字鸿沟的问题，应该发现那些容易被忽略的地区，包括城郊和农村及相应的弱势群体。

三、电子政务发展前景分析

通过以上分析，可以分别从技术、管理、规划三个层面简要概括目前阻碍电子政务发展的因素。虽然目前电子政务的发展遇到种种问题，但是信息化社会的到来是不可逆转的趋势，电子政务的发展前景令人憧憬。人们对电子政务的未来有着诸多的预测，此处仅基于上文的分析从公民参与一电子民主一电子治理的角度来分析这个问题。

首先，我们可以通过一个模型框架来分析电子政务成熟度指数与民主化程度的关系，从电子政务的发展脉络和全球各个国家和地区的情况来看，电子政务的发展程度与公民参政存在一定的关系。无论是从电子政务的理论，还是从实践来考量，以客户为中心是各国发展电子政务的核心内容。在电子政务的发展过程中，电子民主受到了越来越多的关注，从最初的政府上网到电子服务，再到网上业务处理，电子民主是伴随电子政务发展的必然产物，电子政务的目标不仅仅是公民和政府互动的电子交易，更重要的是吸引公民参政议政且与管理者进行交流。

电子政务具有政治和效率双重目标，提高政府的效率是各国发展电子政务的首要任务，并且在电子政务的系统中都有所体现；政治目标是政府决策民主化程度的提高，但是各国从技术和政策方面对政治目标的重视程度不够。

2001 年经合组织将电子民主划分为信息、咨询与积极参与三个部分。这也代表了电子民主发展过程的几个层次。信息准备是最初步骤，然后是更具挑战性的电子咨询和政府管理的总体目标，即积极的公民参与、电子政务成熟度指数体现了各国电子民主的发展水平。

上述内容代表了电子政务发展的不同程度，可以分别用信息、透明、咨询、参与表示。第一，信息——政府主动发布政策制定的信息，或者公民根据他们自己的需要获取信息。以上两类信息都遵循从政府到市民的流向，为他们进一步参与民主的过程提供足够的信息，其途径有获取公共记录、官方公报、政府网站等。为民众提供及时有效的信息是处在这一发展程度的国家发展电子政务的首要目标，比如非洲的一些国家，政治目标（如民主权利、公民责任等）对它们来说是一种奢求。电子政务在这些国家仅仅是用来管理和统治的工具。第二，透明——这一部分代表了高度发达的电子政务和较低的民主化程度的国家（如马来西亚和新加坡）。与第一类国家相比，这些国家追求的不仅仅是单纯的传递信息，更多的是所提供服务的效率和效益。高效的服务似乎和较低的民主化程度相互矛盾，因此这类国家的电子政务的战略需要更加注重透明，接受民众的监督。第三，咨询——第三部分代表了民主化水平较高但电子政务成熟度不高的国家。民主的价值诚然可贵，但是由于政府信息基础设施的建设薄弱，政府与民众交流的渠道相对不畅通。政府就政策制定进行咨询并获取公民的反馈，而为了获取反馈，政府需要界定与政策制定相关的人，也需要事先向公民提供信息。在这类国家环境中，这些目标的实现不能很好地得到技术的支持。因此，政府更加重视与民众的咨询互动，由此创造了一种由政府发起、公民参与的有限的双向互动关系，其目标是提高民主过程中的社区参与性。例如立法草案的评论、公众观点调查等。第四，积极参与——第四部分代表了高度民主化和电子政务成熟度较高的国家。民主精神是政府与公民良好沟通的基础，发达的电子政务水平使得沟通变得更为容易。市民积极地参与决策和政策制定，同时政策的表述和最终的决定还是在于政府。在政策制定中，市民的参与是基于政府和市民合作关系之上的高级的双向关系，例如公开论坛、非专业人士座谈小组和对话。

其次，通过上述分析我们可以对电子政务的前景作出如下的预测，即在公民参与—电子民主—电子治理的发展过程中，公民参与是基础，也符合电子政务的精神。目前人们如何看待电子民主是一个尚在研究的课题，但不可否认的是，电子民主兴起有两个关键因素，即西方民主政治的低参与率和信息技术的应用。

由于这种民主政治的低参与率，西方政府渴望改变现状，而信息技术促进了电子政务的兴起，也为西方政治民主的推广提供了有利的政治和技术平台。电子政府并不能脱离电子民主而独立存在。因为政府所做出的无论是地方的、国内的或者是国际性的任何决策、通过的任何法律以及提供的任何服务，对于公民来说都是重要的民主议程。但是电子民主的含义比电子政务更为广泛，它的范围还包括自治政治领域。虽然许多人认为互联网的渗透率在许多国家创造了电子民主的氛围，然而电子邮件和网上表决却已经导致了虚拟社区的出现。与此形成鲜明对比的是，互联网在许多发展中国家的普及率仍很低，而且根据调查显示包括像美国这样电子政务发达的国家，公民对电子民主仍然反应冷淡，对在线选举表示出了很多的不信任，所以电子民主的充分实现还任重道远。

那么电子政务应该走向何方呢？电子治理可能是最为合适的解读。电子政务和治理理论产生在相同的背景下，它们都是西方国家面对传统政府管理困境以及信息社会来临所采取的应对策略。只不过电子政务从实践层面探索着改进政府管理的操作技术，而治理理论则从理论层面对当前政府管理模式和现实社会之间的矛盾，以及由此导致的管理困境进行理性分析，并力求从思想上寻找突破口。

电子政务的本质，"并不是单纯地把信息科技应用于政府和公共事务的问题处理上，也不是如何应用信息技术来提供信息和电子服务以提高行政效率的问题，而是政府面对信息技术所带来的新的社会范式的挑战，以及如何进行政府的再造，促进政府的转型，建立适应信息社会需要的新的政府治理范式，促进善治，实现善政的问题"。

电子政务和治理理论分别在理论和实践的层面探索政府改革、社会转型等问题。在治理理论引导下，电子政务的发展大致要经历四个阶段：

以组织为中心的电子政务阶段→以公众为中心的电子政务阶段→以组织为中心的电子化治理阶段→以公众为中心的电子化治理阶段。电子治理的核心是授权公民社会，增加公民的参与，决策的相互作用及决策程序的透明性。公共部门需要利用信息与通信技术来为所有公民提供更完善的服务、更可靠的信息及更多的知识，以便加速实现善治。它鼓励更多的公民参与，增强公民个人与公共部门之间的合作关系。

电子治理应当包括所有信息与通信技术的应用，但主要是运用网络技术创造一个广泛的数字联结，包括政府部门内联结，创建协同政府；政府与公民及非政府组织的联结，增强各方负责性；政府与公众及企业联结，加快服务提供转型；非政府组织内联结及社区间联结等。

电子治理的实现是一个复杂的工程，是诸多因素共同作用的结果，需要法律政策的支撑、技术平台的搭建、服务型政府和整体社会环境的转变，其使命重大而艰巨，充满了机遇与挑战，需要几代人的努力。

编辑整理：李墨洋

中西文明的差异性与互补性

何星亮

2010 年 4 月 26 日

何星亮

中国社会科学院民族学系教授

摘　要： 本文主要根据二元分类法，认为中西文明是两种不同类型的文明，差异性很大，并从不同角度把中西文明分为伦理型与法理型、内向型与外向型、整体性思维型与个体性思维型、"家族"本位型与"个人"本位型四种相互对立的类型进行比较分析。笔者认为，中西文明的差异性不是冲突的根源，而是互补的基础。中西文明彼此之间应该相互尊重，取长补短，互通有无，共生共荣，并行发展。

关键词： 中西文明　文明差异性　文明互补性

一、引　言

众所周知，中西文明是两种不同类型的文明，差异性很大，许多中外著名学者和政治家都曾研究过。中西文明的差异性是冲突的根源，还是互补的前提？有些学者认为是冲突的根源。但从大量中外历史事实来看，文明的差异性不是冲突的根源，而是互补的前提。探讨中西文明的差异性和互补性之前，简单说明世界各种文明或文化分类的研究情况。

世界上各民族的文明或文化纷繁复杂，如何进行分类，没有共同的标准。有的学者从地理角度，有的从历史角度，有的从宗教角度，有的从心理意识角度。由于角度不同，所以划分的类型也就多种多样。目前学术界主要有二元分类法、三元分类法和多元分类法。

二元分类法是从地理和方位的角度进行分类的方法，即根据东半球和西半球把世界主要文明分为东方文明和西方文明两大类。它是一种最为粗略、简单的分类方法，但又是最为普遍的分类方法。自19世纪下半叶起，中国学术界普遍采用这一种方法。所谓"中体西用说"、"全盘西化说"等，都是在两分法基础上形成的观点。日本学者也普遍采用这一分类方法。① 从历史上看，古希腊、古罗马文明、爱

---

① 高山岩男：《文化类型学研究》，弘文堂书房，1942年版；村山节等：《东西方文明沉思录》，平文智等译，中国国际广播出版社，2000年版。

琴文明以及现在高度繁荣的欧美文明，均属于西方文明；而古代美索不达米亚文明、伊朗文明、印度文明、中国文明和日本文明均属于东方文明。而当代中国学者所说的东西文明，东方文明以中华文明为代表，西方文明则以欧美文明为代表。

三元分类法是从文化心态的角度进行的分类。例如，俄裔美籍社会学家索罗金把文化分为三个类型：理念型（印度教、犹太教、伊斯兰教和中世纪的基督教文化等）、理想型（以儒家文化为代表）和感觉型（以近代西方文化为代表）三类。[①] 华裔美籍学者、著名文化学家黄文山也把世界文化分为冥观型（印度文化）、中庸型（中国文化）、实感型（西方文化）三类。[②] 梁漱溟也把世界上的文化分为三大类：第一类是"意欲向前"的文化（西方文化），第二类是"意欲持中"的文化（中国文化），第三类是"意欲向后"的文化（印度文化）。华裔美籍著名人类学家许烺光也把文化分为三种类型：第一类是"情境取向"的文化类型（中国文化），第二类是"个人取向"的文化类型（西方文化），第三类是"超自然取向"的文化类型（印度文化）。[③]

多元分类法是把世界历史上的各种文化分为多种不同的类型。19 世纪下半叶的俄罗斯学者丹尼拉维斯基（N. Danilevsky, 1822~1885）把世界文明分为十类。[④] 德国历史学家斯宾格勒（Oswald Spengler, 1880~1936）把世界文明分为八个类型。[⑤] 英国著名历史学家汤因比（Arnold Joseph Toynbee）把世界历史上的文明分为 20 多类（第一次分为 21 类，第二次分为 26 类）。[⑥] 美国著名政治学家

---

① 以上见孙隆基：《文化体系类型之商榷》，张益弘主编：《黄文山文化学体系研究集》，台湾中华书局，1976 年版，第 179~180 页。

② 黄文山：《文化学体系》（上册），台湾中华书局，1968 年版，第 459~595 页。

③ 梁漱溟：《东西文化及其哲学》，《梁漱溟全集》第一卷，山东人民出版社，1990 年版。

④ 丹尼拉维斯基（N. Danilevsky, 1822~1885）是俄罗斯著名历史学家和文化哲学家，是近代最早进行文明类型划分和研究的学者之一。他在 1869 年发表《俄罗斯和欧罗巴》（Russia and Europe）一书，认为文明是有机体，有兴起、生长和没落的历程，每一个文明必然经历几个阶段。丹尼拉维斯基把历史文明类型分为十类：（1）埃及；（2）叙利亚、巴比伦、腓尼基、卡尔丹族或古代闪族；（3）中国；（4）印度；（5）伊朗；（6）希伯来；（7）希腊；（8）罗马；（9）新闪族或阿拉伯；（10）日耳曼、罗马或欧罗巴。其中只有两种文明，即墨西哥和秘鲁，在早期阶段便消亡（参见黄文山：《文化学体系》（上册），台湾中华书局，1968 年版，第 342 页）。

⑤ 斯宾格勒（Oswald Spengler, 1880~1936）是德国著名历史学家。他在 1918 年出版的第二册《西方的没落》（The Decline of the West）一书中，认为文化是一种有机体，如花卉一般，有萌发、盛放、凋谢、衰亡的过程。每一种文化都有其精神和灵魂及象征。他根据各种文化的基本象征，把世界历史上的文明分成八种类型。此外，还有尚未完全形成的俄罗斯文明（参见奥斯瓦尔德·斯宾格勒：《西方的没落》（上、下册），齐世荣等译，商务印书馆，1963 年版）。

⑥ 汤因比在他的巨著——1934 年至 1954 年陆续出版的十二卷本的《历史研究》中，与斯宾格勒一样，反对"西欧中心论"，不同意西欧文化是世界文化的顶端，认为世界上的各个文明都是"价值相等的"。每一种文明都有其生长、成熟、衰落的阶段。他在第一次分类中，把世界文明分为 21 类，在第二次（第 12 册）分类中，把世界文明分为 26 类（参见汤因比：《历史研究》，曹锦清等译，上海人民出版社，1986 年版）。

亨廷顿把当代世界文明分为 8 类，即西方文明、中华文明（最初称儒教文明）、伊斯兰文明、俄罗斯文明、日本文明、印度文明、拉丁美洲文明和非洲文明。①

本文主要根据二元分类法，就中西文明进行比较。本文所说的中国文明或文化，是指宋代以来的文化；而西方文明或文化，则是指文艺复兴以来的文化。

二、中西文明的差异性

中西文明是两种不同类型的文化，差异很大，许多中外著名学者和政治家都曾研究过，例如，孙中山、梁启超、严复、陈独秀、李大钊、杜亚泉、梁漱溟、黄文山、林语堂、许烺光等，但他们仅在某一方面提出一些看法，并未全面探讨中西文明的差异性。笔者认为，从文明类型来看，中西文明的差异主要表现在伦理型与法理型、内向型与外向型、整体性思维型与个体性思维型、家族本位型与个人本位型四方面。

（一）伦理型与法理型

从文化性质来看，中国文化属于"伦理型"文化；西方文化属于"法理型"文化。中国文化从"性善"的角度出发，认为人的本性是善的，主张建立良好的伦理道德以规范人们的行为，并通过教化使人形成自律意识，自觉克服人的动物性本能，自觉克服个人的私欲，遵守社会规范，维护社会秩序。西方文化从"性恶"的角度出发，认为人的本性是恶的，主张"原罪说"，认为人生下来就有罪，主张建立严密的法律来抑制个人的私欲和动物性本能，以"他律"来促使人们遵守社会规范，维护社会秩序。伦理型文化与法理型文化的差异主要表现在如下几方面：

其一，在文化与社会的关系方面，文化影响社会，文化类型不同，维护社会秩序的方式也就不相同。中国文化以德治为主、法治为辅，主要通过教化来解决人与人之间的关系问题，通过权威和权力来维护社会秩序；西方文化以法治为主、德治为辅，主张通过建立严密的法律来处理人与人之间的关系，通过建立各种制度和规范来维护社会秩序。梁启超在《中国史学之成立与发展》一书中指出："西洋人注重人同物的关系，所以物理学很发达；中国人注重人同人的关系，所以事理学很发达。这是中国人与西洋人不同的特点。"陈独秀也曾说："西洋民族以法治为本位，以实利为本位；东洋民族以感情为本位，以虚文为本位。"②

其二，在文化与个人的关系方面，文化影响个人，不同类型的文化造就不同

① 萨缪尔·亨廷顿：《文明的冲突与世界秩序的重建》，周琪等译，新华出版社，1998 年版。
② 陈独秀：《东西民族根本思想之差异》，《新青年》，1915 年第 1 卷第 4 号。

类型的人。即在培养什么样的人方面，中国文化以培养善良、本分、厚道的人或好人为基本目的。注重教化，重心性修养，通过压抑个性、私欲来规范行为，通过教化、修养来提升人的自律意识；重树立典型作为学习的榜样，以典型人物的意识和行为约束自己。这种自律意识的形成可称为"道德化自律"，它是在道德驱动下形成的。通过教化使每一个人都有"良心"，都有廉耻感，使每一个百姓都成为孝子良民。西方文化以培养一个守法的公民为基本目的。西方文化重法制建设，从制度上规范人们的行为和意识。这种自律意识和行为可称为"制度化自律"，它是在制度约束下形成的自律，使每一个百姓都成为一个守法的人。在中国，归还所借的钱，是出自于良心、廉耻和道德观念，不是担心法院的审判；西方则不同，不还所借的钱，是担心惹上官司，负法律责任。辜鸿铭曾说，在中国，"一般的纠纷，依据礼义廉耻就可以解决，所以警察用不着那么多。在这一点上，是值得欧洲人好好学习的"。①

由于中西文化在培养、造就人的目的方面不同，所以在人才选拔方式和目标方面也不相同。中国人一是重德，重"完人"，"德"是选才的重要标准；二是重举荐，古有伯乐相马之说，每一个朝代有荐贤举能的措施。直到现在，有各种各样的推荐形式。西方是重才，不求"完人"，重竞争，崇拜强者。在人生目的上，中国文化强调如何"做人"和"处世"，教人怎样才能正当地生活，人怎样才能过上人的生活。"入则孝，出则悌"，即在家为孝子，在国为良民。西方文化强调如何"做事"，如何使自己成为一个成功的人，怎样做一个能适应社会的人。

其三，在文化与自然关系方面，西方文化以自然为恶，强调人与自然的主客二分、二元对立，人是主体，自然是客体，人与自然的关系是主体与客体、征服与被征服的关系。主张征服自然，不断向自然索取。中国则相反，与自然为善，强调天人合一，人与自然和谐相处。"一切皆以体天意、遵天命、循天理为主。故西洋文明为反自然化，而我国人之文明为顺自然化。"② 中国文化是"成人之性"，而西方文化是"成物之性"。中国文化重人、重人文、人生、人道、人间、人伦、人格、人情、人性。儒家一切意识形态皆以"人"为出发点，又以"人"为归宿点。所以，作为"天之道"的宗教在中国不发达，作为"地之道"的自然科学在中国亦不得开展。③

---

① 《辜鸿铭文集》（下），黄兴涛等译，海南出版社，1996年版，第309页。

② 杜亚泉：《静的文明与动的文明》，《东方杂志》，1916年第13卷10号。

③ 金耀基：《从传统到现代》，广州文化出版社，1989年版，第166～173页。

（二）内向型与外向型

为什么美国那么喜欢打仗，几乎每一任总统都要打上一两次仗，似乎不打仗就不是美国总统。而中国正好相反，从古至今崇尚和平，崇尚稳定，稳定压倒一切。所有这些，都与文化类型不同有关。

从文化性格来看，中国文化属于内向型文化，西方文化属于外向型文化，主要表现在如下几方面：

其一，从动和静的角度来看，中国文明是静的文明，求稳定，求平安，从古至今，崇尚稳定，知足常乐，满足现状。善于忍耐，大事化小，小事化无。追求社会的均衡与和谐，时时处处强调稳定。无论是古代还是现在，都强调稳定，祈求平安，在稳定中求发展。西方文明是动的文明，崇尚变化，不断进取，永远不满足于现状，在变动中求发展。李大钊认为东洋文明主静，西洋文明主动。"东人之日常生活，以静为本位，以动为例外；西人之日常生活，以动为本位，以静为例外……东人之哲学，为求凉哲学；西人之哲学，为求温哲学。求凉者必静，求温者必动。"① 辜鸿铭也说："欧洲人认为人生的目的在于运动。而我们东洋人认为人生的目的在于生活……西洋人贪得无厌不知足，而东洋人则是知足者常乐。"②

其二，在对外关系方面，中国爱好和平，不喜欢战争，以战争为例外，不太重视外部环境，主要通过内部控制来维护国内的稳定与安全；不爱管他人之事，俗话说："各人自扫门前雪，不管他人瓦上霜。"以防守为主，主张后发制人，人不犯我，我不犯人。西方文化的进取性和扩张性很强，重视外部环境对自身安全的影响，通过扩张来保障国家的安全。以战争为常事，不断地向外扩张，在扩张中发展和巩固自己，主张先发制人，事事争取主动，强调把对手消灭在萌芽状态。从历史上看，美国十分善于利用战争扩张势力。例如，珍珠港事件后，美国对日宣战，并在战后迅速扩大势力范围，在日本、韩国等东亚国家建立军事基地。"9·11"事件之后，美国借打击恐怖主义进行扩张，在中亚、中东地区建立军事基地，不断扩大自己的势力范围。陈独秀曾说："西洋民族以战争为本位，东洋民族以安息为本位。"③

西方人历来有意识、有计划地向外传播其文化，进行文化扩张，例如基督教传教士从古至今到世界各国传教，几乎所有国家和地区都有西方的传教士；再如近几十年来，美国不断把自己的价值观念和人权思想强加于别国。日本历史学家

① 李大钊：《东西文明根本之异点》，转引自《李大钊文集》，人民出版社，1984年版。
② 辜鸿铭：《辜鸿铭文集》（下），黄兴涛等译，海南出版社，1996年版，第305页。
③ 陈独秀：《东西民族根本思想之差异》，《新青年》，1915年第1卷第4号。

村山节在《东西方文明沉思录》一书中，认为西方文明是男性文明，具有较强的权力欲和逻辑性，呈现一种征服的、攻击性的男性性格和不断扩张的特点。东方文明正好与之相反，具有较强的综合性和感性，呈现出一种温和的与非攻击性的女性性格和宽容的特点。[①]

由于以美国为代表的西方文化十分重视对外关系，形成了一套行之有效的对外战略，喜欢制造二元对立结构来控制世界各地区的局势，从中渔利。例如，以色列与巴勒斯坦的对立、印度和巴基斯坦的对立、中国大陆和台湾地区的对立、朝鲜和韩国的对立、日本与中国和韩国的对立，近年又在制造俄罗斯与独联体国家的对立，等等。

其三，从个人性格来看，中国人是柔性性格，灵活性较强，大多是性格温良的人，没有冷酷、过激、粗野和暴力的人，不爱表现自己，温和平静，庄重老成。西方人是刚性性格，进取心、自信心强，爱表现自己，时时处处以自己为中心。辜鸿铭曾说："中西之异也可以用毛笔和钢笔来比喻，中国人的毛笔或许可以被视为中国人精神的象征。用毛笔书写绘画非常困难，好像也难以精确，但是一旦掌握了它，你就能够得心应手，创造出美妙优雅的书画来，而用西方的坚硬的钢笔是无法获得这种效果的。"[②]

（三）整体性思维型与个体性思维型

从思维方式来看，人的思维通常可分为正向思维与逆向思维、横向思维和纵向思维、形象思维与逻辑思维、综合性思维和分析性思维、整体性思维和个性性思维。日本著名学者中村元认为，中国人抽象思维、逻辑思维不发达，而西方人则相反。一般而言，中国人形象思维较强，逻辑思维不发达，西方人则逻辑思维较强。笔者认为，中国人整体性思维较强，而西方人个体性思维较强。

中国人强调整体的定性思维，注重从整体的角度来把握个体和观察事物，着眼于事物之间的有机关系，强调人与自然是一个统一的整体，缺点是不善于或不重视对事物做周密的逻辑分析，也就难以发现社会和自然界中的规律或原理。而西方人强调个体局部的实证思维，注重的是个体的人，善于从个体上把握整体，善于对某一个体作精密的逻辑分析，能够透过表层发现内在的规律和原理等，缺点是具有某种片面性。

由于思维方式不同，造成中西文化有很多不同点，它主要表现在如下几方面：

其一，表现在科学与技术方面，中国文化属于技术型文化，西方文化属于科

---

① 村山节、浅井隆：《东西方文明沉思录》，平文智等译，中国国际广播出版社，2000年版。
② 《辜鸿铭文集》（下），黄兴涛等译，海南出版社，1996年版。

学型文化。而中国古代有辉煌的技术，如火药、造纸、印刷术和指南针四大发明，但这些技术都是经验技术，是人们在长期的生产实践中发明的，不是在科学理论或原理的基础上推导出来并发明的技术。而西方正相反，自然科学和社会科学都很发达，大多数自然科学的原理、定律及影响世界的人文社会科学理论都是西方人发现或创立的，西方现代技术都是在科学理论或原理的基础上发展而来的。中国之所以至今仍无人获得诺贝尔奖，有多种原因，个体性思维较弱是其中之一。1901～2000 年，诺贝尔奖获得者已分布到近 50 个国家。一个拥有 12 亿人口的大国却不能占有一席之地。而同属于黄种人的日本人，已获得诺贝尔物理学奖 3 次，化学奖 2 次（至 2000 年）。获诺贝尔奖最多的是美国，1985～2000 年，15 年里共有 33 名科学家获诺贝尔化学奖，其中 20 人是美国人或其主要科研工作是在美国做的；获得诺贝尔生理学或医学奖的 34 人中有 23 名是美国人；37 名诺贝尔物理奖得主中有 23 人是美国公民或在美国居住；24 名获得诺贝尔经济学奖的学者中有 17 名是美国人，美国人似乎垄断了诺贝尔奖。其原因与思维方式不同有密切的关系，整体性思维方式较强的人，总是从全局的角度把握问题和分析问题，讲究四平八稳，难以在某一个方面进行深入的研究，也就难以发现自然界某方面的规律或原理。而分析性思维方式较强的人，往往从一个方面深入地探讨，善于透过现象看本质，透过表层看内在的规律和原理等。

其二，中国人考虑问题总是由大到小、由上至下，而西方人则是由小到大、由下至上。例如，中国人姓名的写法，象征家族的姓在前，而表示个人的名在后；而西方人表示个人的名在前，象征家族的姓在后。中国人记时顺序是年—月—日，而西方人正好相反，是日—月—年。西方人撰写履历总是由现在到过去，而中国人则一般是由过去到现在。

中国人做事总是先考虑大原则、大框架，先做大计划，然后再一步一步实施。例如，五年计划、十年计划、二十年计划等，专门有一批人在做计划，总是先从整体着想，然后再考虑具体怎么做。西方人做事则不同，一般是由下到上、由小到大，无论做什么事，总是以现实为基础，通常只有可见的几年之内的计划，没有宏伟的远景规划。

中国传统社会中，等级观念很强，上下尊卑的区分严格，无论开什么会，或者举行各种活动，都是按官位高低排座次，论职务大小顺序出场，如果安排不当或有人越位，将会引起非议或不满。

在学术研究中也一样，中国人求全、求完美，不轻易提新观点，一旦提出一种观点，要求能够站得住，在没有新材料发现之前，不会被驳倒。而西方人喜欢从某一角度提出自己的看法，不求全，只求有新的观点。在研究问题时，中国人总是考虑问题的各个方面，因而也就不可能深入；而西方人通常从一个方面或一个角度入手，进行深入的分析，因而能透过现象看本质，分析深层次的东西。

在文学艺术方面，中国人注重整体和结构，中国人写小说的格式也一样，总是由全局到部分，从全国到地方。艺术也一样，注重结构美和整体美。

其三，表现在宗教信仰方面，西方人专一，中国人兼容；西方人重精神寄托，中国人重功利；西方人一般只信仰一种宗教，不会既信基督教又信天主教或伊斯兰教，而中国人在信仰上不排他，许多人既信佛教，也信道教和其他宗教。有些人见神就拜，见寺庙或教堂就求，无论它属于什么宗教。有些寺庙甚至把多种宗教的神像放在一块儿共同供奉和祭祀，如明清以来的许多寺庙，都是儒、道、佛三教同堂供奉。人们的祭祀和敬拜心理，也是拜的神越多越好，会得到更多神的保佑，而西方民族的宗教信仰具有排他性的特点，每个人一般只信仰一种宗教。正如罗素所说："我们从犹太那里学到了不宽容的看法，认为一个人如果接受一种宗教，就不能再接受别的宗教。基督教与伊斯兰教都有这样的正统教义，规定没有人可同时信仰这两个宗教。而中国则不存在这种不相容；一个人可以是佛教徒，同时又是孔教徒，两者并行不悖。"[①]

从信仰的目的来看，中国人功利心很强，祈求的目的很明确，重赐予和回报，而西方则不同，目的性不强，重忏悔和宽恕。

（四）家族本位型与个人本位型

从文化取向的角度来看，中国是以"家族"为本位的文化，西方是以"个人"为本位的文化。陈独秀曾说："西洋民族以个人为本位，东洋民族以家族为本位。""西洋民族，自古迄今，彻头彻尾，个人主义之民族也。"[②]

"家族本位"的中国文化，也就是以家庭、家族、宗族为基本取向单位，人与人之间的关系以相互依赖为特征，以血缘关系为基础，以稳定、持久的家庭、家族和宗族为纽带。每个人都被固定在关系网上，各种社会性需要都能在家庭、家族和宗族中得到满足。在这种基本关系中，人们相互依赖，并负有相互支持和相互回报的义务。中国的伦理道德的核心是孝道，它是子女对父母应持有的种种职责、义务和态度的综合体，也是子女对父母养育之恩的回报。由于自己集团内的东西和集团外的东西对他来说具有根本不同的意义，并通过人生体验认识到不同的状况存在着不同的真理，所以这种类型最基本的文化心理取向是以情感为中心，强调特殊性，个人对自己的集团和外部集团分别采取不同的标准，从而形成双重或多重道德准则。

"个人本位"的西方社会，人与人之间的关系以"自我依赖"为主要特征。

---

① 罗素：《中国问题》，秦悦译，学林出版社，1996 年版。
② 陈独秀：《东西民族根本思想之差异》，《新青年》，1915 年第 1 卷第 4 号。

近亲者之间的血缘纽带是暂时性的，没有永久的家庭和宗族基础，个人的基本生活和环境取向便是自我依赖。也就是说，一切都必须自我思考，自己做决定，自己动手。在这种模式中成长起来的个人认为依赖别人是不可容忍的，因为那会毁掉自己的自尊；他也同样认为不能让人依赖自己，因为这种情况下会招致别人反感。由于没有基本集团"家庭"和二级集团"宗族"的束缚，所以认为整个社会、整个世界可以为自己所自由利用。由于西方人以整个社会、整个世界为自己活动的空间，所以倾向于建立一种普遍的准则，形成一种具有普遍性的是非原则。

"家族本位"和"个人本位"两种不同文化类型，形成两种不同的意识。在家族取向的中国社会，"家族"或亲属意识很强，时时处处首先考虑家族和亲属的利益，而社会和国家的观念和意识却十分淡薄。中国人的意识只上升到家族，而没人上升到民族和国家。中国历史上没有国家的概念，只有"天下"的概念。一个国家也就是皇帝的"家天下"。孙中山在《民族主义》演讲中说："中国只有家族主义和宗族主义，没有国族主义……中国人的团结力，只能及于宗族而止，还没有扩张到国族。"梁启超曾说："中国不知群之物为何物，群之义为义也，故人人心目中但有一身之我，不有一群之我。""中国群力之薄弱，固早已暴露于天下矣。"①

在个人取向的西方社会里，并不以家族或宗族作为活动空间，而是以整个社会、国家甚至世界为自己活动的空间，因而他们十分关注个人与社会、个人与国家的关系，也十分关注社会、国家和世界的各种现象，并努力建立共同的规则，形成共同的观念和意识。所以，西方社会不仅个人意识很强，作为国家和世界的社会意识也很强。

中国式的"家族本位"和西方式的"个人本位"两种不同的文化，表现出两种不同的心理和行为，主要表现在如下几方面：

其一，中国人私欲过强，公心太弱。而西方人是私心和公心都很强。梁启超说："我国民所最缺者，公德其一端也。吾中国道德之发达，不可谓不早，虽然，偏于私德，而公德殆阙如。"② 美国传教士明恩溥（A. H. Smith）也曾说，中国人有私无公。"中国人不仅对于那些属于'公家'的东西漠不关心，而且所有的'公家'财产，如果没有得到保管，或保管不得法，便会渐渐地不翼而飞。铺石路不见了，城墙上砌着的砖头，都会一块一块地减少。"③

其二，成就动机方面。西方人通常是重个人取向或自我取向和国家取向的，无论做什么事，主要根据自己的兴趣、爱好和国家的需要；而中国人则属于他人

---

① 梁启超：《中国积弱溯源论》，《饮冰室合集·文集二》，上海中华书局，1932年版。
② 梁启超：《新民说》，《梁启超选集》，上海人民出版社，1984年版。
③ 明恩溥：《中国人的特性》，匡雁鹏译，光明日报出版社，1998年版，第95~99页。

取向，学习、职业甚至婚姻的选择，父母等亲属的意见起到重要的作用。陈独秀认为，中国"宗法社会以家族为本位，而个人无权利，一家之人听命于家长"。①

其三，在荣誉感方面。中国光宗耀祖的荣誉感很强，而西方人则自我实现的荣誉感很强。

其四，在凝聚力方面。中国人家族的凝聚力很强，民族和国家的凝聚力很弱；而西方人民族和国家的凝聚力很强。孙中山先生曾说："常人有言，中国四万万人实等于一盘散沙，今欲聚此四万万散沙，而成为一机体结合之法治国家，其道为何？"十一届三中全会以后，实行家庭承包责任制，充分调动了农民家庭、家族的积极性，国家不需要任何付出，便解决了农民的吃饭问题。中国人经商做买卖，更是"八仙过海，各显神通"。20 世纪 70 年代以来，中国香港、中国台湾和新加坡的经济腾飞，家庭经营的小企业起到相当重要的作用。改革开放以来，东部和南部沿海地区的崛起也与家庭式企业密切相关。

近十多年来，中国贪污腐化严重，也与中国人的这种民族性有密切的关系。在许多人看来，公共财产是人人有份的，也就是人人可取的。凡是公共的东西，不拿白不拿，不吃白不吃。

三、中西文明的互补性

文明的差异性是冲突的根源，还是互补的基础？美国著名政治学家萨缪尔·亨廷顿（Samuel Huntington）于 1993 年提出"文明冲突论"，认为文明的差异是冲突的根源，在"冷战"后的世界，冲突的基本根源不再是意识形态，而是文化或文明方面的差异。② 日裔美籍学者弗朗西斯·福山提出"历史终结论"，认为西方文明将取代其他文明。③ 日本学者平野健一郎在 1996 年出版的《国际文化理论》一书提出"文化摩擦论"，认为文化摩擦主要是因文化不同而引起的误会、偏见、纠纷、冲突和矛盾等。

从历史和现实来看，文明或文化多样性与差异性并不是冲突的根源，而是互补的基础。

（一）文明差异性是互补的基础

国内外大量事实表明，文明或文化差异性有利于取长补短，有利于文化创新

---

① 陈独秀：《中国式的无政府主义》，《新青年》，1921 年第 9 卷。

② 萨缪尔·亨廷顿于 1993 年在美国《外交》杂志（夏季号）上发表了题为"文明的冲突？"一文，引起国际学术界普遍关注和争论。随后，他又发表了一系列文章，并于 1996 年结集成一部专著，书名为《文明的冲突与世界秩序的重建》（中译本，周琪等译，新华出版社，1998 年版）。

③ 弗朗西斯·福山：《历史的终结及最后之人》，黄胜强、许铭原译，中国社会科学出版社，2003 年版。

和发展。

其一，文化多样性是人类社会的基本特征，也是人类文明发展进步的动力。越是异性、异质的文化，互补性也就越强。任何一种文化在历史发展长河中，并不是自我封闭，而是在相互交流中保护自己的特色，在竞争和比较中取长补短，在求同存异中共同发展。每一种文化都有其长处和不足，如果两种文明完全相同或相似，就不可能取长补短，更不可能吸收新的文化因素，文化或文明也就没有活力。一种文化没有活力，就会停滞不前，就会衰落，历史上许多文明的消亡大多是由于文化失去活力而引起的。

其二，文化多样性是创新和创作的源泉。它表现在两方面：一是文化创新或某种新文化的创造，在许多情况下是在不同文化的交流中产生的，有不少是在异民族文化的基础上或吸收了其精华而创造的。古今中外许多著名舞蹈、音乐、绘画、工艺等，都是在不同文化的交流中产生的。现代西方流行的许多舞蹈、音乐，是在非洲黑人和印第安等民族的舞蹈和音乐上创造的。二是许多民族的各类创作，如文学艺术等，都根基于本民族的文化传统。离开本民族的文化传统，创作出来的作品也就不会有鲜明的民族特色。

中国哲人两千多年前便意识到文化多样性和差异性的重要性，认为"不同"是事物互补和发展的根本，相异的事物相互补充，才有可能不断发展和繁荣。如果事物相同，就没有比较和借鉴，事物就会停滞不前甚至窒息。《国语·郑语》记载西周末年史伯说过的话："和实生物，同则不继。"中国著名哲学家冯友兰先生解释"和实生物，同则不继"时说，咸味加酸味，"即能得另一味，此所谓'和实生物'也。若以咸味加咸味，则所得仍是咸味。咸与咸为'同'，是则'以同裨同'，'同则不继'也"。[①] 三国时人韦昭（公元 204～273 年）注《国语》中"和实生物"一句为"阴阳和而万物生"，即异性、异质事物相生，亦即性质不同的事物聚合在一起才能产生新事物。注"同则不继"之"同"为"同气也"，即同性、同质事物相克，意指性质相同的事物重复相加，那就还是原来事物，不可能产生新事物，就会停滞或窒息。中国古代先贤所说的"和"、"同"原理，直至今天仍具有重要的理论意义。"同性相斥，异性相吸"是自然现象的基本法则。社会文化现象也一样，异性、异质事物具有互补性，同性、同质事物没有互补性，而且相互排斥。

明清时期的回族学者早就注意到不同文明的互补性，认为伊、儒可以互补。伊斯兰教不仅与儒家同源，而且可以弥补儒家之不足。他们说，儒家学说有两点不足，其一是不讲求"先天原始"，其二是不考究"后天归复"。儒家没有像伊

---

① 冯友兰：《中国哲学史》，中华书局，1961 年版。

斯兰教那样的真主如何造人、死后如何进天堂或下地狱的说教，在这一方面，恰恰是伊斯兰教的长处。据伊斯兰教的观点，人生有始、中、卒三个阶段，有先天、当今、后世之"三世说"，它是一个历时概念，其终点是"后世"，人类在那里永存。佛教的"三世说"是一个共时性概念。而儒家只言"中"，不言"始"和"卒"。他们认为，如果"真主造人"、"死后复活"等内容为儒家所吸收，儒家学说将更加完备、更富魅力。①

著名英国哲学家和思想家罗素十分注重文化接触和互补的重要性，他在1922年出版了《中国问题》一书，他说："不同文明的接触，以往常常成为人类进步的里程碑。希腊学习埃及，罗马学习希腊，阿拉伯学习罗马，中世纪的欧洲学习阿拉伯，文艺复兴时期的欧洲学习东罗马帝国。学生胜于老师的先例不少。至于中国，如果我们视之为学生，可能又是一例。事实上，我们要向他们学习的东西与他们要向我们学习的东西一样多，但我们的学习机会却少得多。"② 可见，早在80多年前，罗素就认识到每一种文化均有其长短，不同文化之间的交流和借鉴是促进人类文化发展的重要因素。

（二）异文明交流是互补的途径

文明的差异性不仅是文明创新和发展的基础，同时也是各民族文化交流的前提。如果没有差异，就无法进行交流，也没有必要交流。越是异性、异质的文化，越有必要交流，越有可能从对方吸收有价值的东西。各种文化相互交流，可以相互学习，取长补短，互通有无。世界上各种文化，都是多种文化的混合物，其中有自身固有的，也有相当部分甚至大部分是外来的。世界上很少有纯粹的民族文化，如果有，这样的文化必然是隔离的、封闭的、原始的、与他族不相往来的。

在原始时代，由于交通不便，不同民族之间的交流很少，各民族文化的发展主要靠本身内部的变革和创新。随着交通工具不断发展，异族之间的交流越来越频繁，不同文化、不同文明的接触越来越多，各民族不断从他民族中吸收自己没有的文化。

文明或文化交流是文化发展的重要动力之一，同时也是各民族文化丰富、繁荣的重要因素。因为文化具有累积性，世界上流传至今的各种文化都是经过长期累积而成的。A. L. 克罗伯（Kroeber）称："……广泛地说，文化发展过程是增加的，因此也是累积的，而生物演化的过程基本上却是一种代替的过程。"③ 据

---

① 秦惠彬：《中国伊斯兰与传统文化》，中国社会科学出版社，1995年版，第97～100页。

② 罗素：《中国问题》，秦悦译，学林出版社，1996年版，第146页。

③ A. L. Kroeber, Anthropology, New York, 1948, p. 297.

W. F. 乌格朋（Ogburn）的意见，"文化累积的原因由于两个性质，一是旧文化的保存，一是新文化的增加……现存文化与新文化的产生，有一定的关系……所谓文化的累积，就是新文化并入已存文化的数量之内"。[①] 文化的累积是文化成长、发展的一种基本形式，任何文化无时无刻不在累积，或因发明而累积，或因引进而累积。无论是发明和引进，大多在文化交流的基础上引起的。

从世界的角度来看，现代世界各民族的文化，有相当部分是通过文化传播和交流而引进的。尤其是物质文化和科学技术，没有国界，交流和传播的速度更快，不受一切语言、地理环境的阻碍与隔阂所影响，超越一切民族的壁垒。如现代的数学、物理学、化学、医学、天文学、生物学等，全是世界性的，自然科学一旦有新的原理发现，便马上传遍世界各地。科学技术一旦有新的发明和创造，立刻为全世界所接受和采用。

美国人类学家 R. 林顿早在 1936 年所写的《人的研究》一书中便说明美国文化大多是外来的，他举了大量风趣的事例说明美国人的日常生活用品都不是美国人所固有的，如美国人的床的样式源于近东，丝绸源于中国，软皮拖鞋是印第安人发明的，浴室里的装置是欧洲人和美洲人发明的混合物，肥皂是古代高卢人发明的，睡衣源于印度，外套源于亚洲草原民族，领带是 17 世纪克罗地亚人围的披肩的残存形式，玻璃是埃及人发明的，套鞋是用中美洲印第安人发现的橡胶制成的，雨伞来自东南亚，毡顶的帽子出自亚洲草原地区，烟草来自巴西，雪茄烟源于西班牙，报纸的印刷符号是由古代闪米特人发明的，而印刷的流程则是由德国人发明的，等等。[②]

从历史上看，一个地区文化越单一，保守性和排他性也越强，社会和文化发展也就越慢；而开放的、多种文化交流的地区，社会经济和文化的发展也较快；文化繁荣发达的地区，大多是文化多元共存和文化交流发达的地区。

众所周知，汉代开通"丝绸之路"为东西方的经济文化交流开辟了一条极为重要的通道。这条通道到唐代达到了空前繁荣。它东从陕西长安出发，穿过河西走廊，沿天山以南塔里木盆地边缘的南北两路跨越葱岭，或沿天山北麓草原向西至中亚、黑海、地中海直至罗马，全长 7000 多公里，把黄河流域古老的中华民族文化，同印度文化、波斯文化和古希腊罗马文化连接在一起。传统的中国蚕桑缫丝技艺、美丽的中国丝绸，以及瓷器、造纸、火药、印刷技术等沿着这条道路传到了西方；西方的基督教文化、西亚阿拉伯的伊斯兰教文化和南亚古老的佛教文化艺术也随之传入中原。

历史上的中国新疆古称"西域"，曾经创造过灿烂的古代西域文化，这与历

---

① 乌格朋：《社会变迁》，费孝通等译，商务印书馆，1935 年版，第 54 页。
② R. Linton, The Study of Man, 1936, Renewed, 1964, pp. 326 - 327.

史上多种文化共存和交流分不开。新疆是历史上丝绸之路著名的东西方文化交流荟萃之地。古老的东方文化一般都要通过新疆再传向西方，而西方的文化也都是先进入新疆再传入内地的。作为特有的东西方交通喉舌，中原汉学、印度佛学、基督教、伊斯兰教四大文化在这里交融荟萃，形成五彩缤纷、繁荣发达的文化景观。从宗教层面来说，西域最早流行的是原始宗教，以后相继有琐罗亚斯德教（祆教）、摩尼教等，公元前 2 世纪，约在汉武帝时佛教传入西域，4~10 世纪得到广泛传播，影响巨大，15 世纪走向衰败。景教（基督教的早期派别聂斯脱利派）也于 6 世纪前后传入了西域部分地区，并于 7 世纪传入中原。至元代，大量回鹘人信奉景教。10 世纪，伊斯兰教开始传入塔里木盆地，13 世纪逐渐蔓延天山南北。从 18 世纪起，基督教、天主教相继传入新疆。古往今来，宗教对于新疆，乃至整个西域有着举足轻重的作用，世界比较重要的宗教几乎都在这里流行过，并汲取诸多民族文化营养，与各民族文化完全融合。古代西域各族人民既是东西方文化的受益者，也是东西方文化交流的使者和传播人。古代新疆各族人民在多元文化共存的有利条件下，兼收并蓄，博采众长，创造了丰富多彩、独具特色的西域文化。

（三）中西文明具有很强的互补性

英国著名的思想家罗素早在 80 多年前，便站在历史的制高点俯瞰中国和西方文明，从文化价值观的角度透视中国，既看到了中国这个文明古国在西方文明冲击下所遭遇的险恶困境，又看到了中国文化内含的瑰宝。罗素认识到中西文明具有很强的互补性。他说："中国在丝毫未受欧洲影响的情况下，完全独立地发展了自己的传统文化，因而具有与西方截然不同的优点和缺点。"[1] 在他看来，"中国文化中有个弱点：缺乏科学。中国的艺术、文学、风俗习惯绝不亚于欧洲人。"[2] 中西双方都应该保留自己的长处，借鉴对方的长处，绝不能学习对方的短处和保留自己的短处。他指出："我们的文明的显著长处在于科学的方法；中国文明的长处则在于对人生归宿的合理理解。人们一定希望看到两者逐渐结合在一起。"[3] 他认为中西交流可以互补，"中西交流对双方都有好处。他们可以从我们这里学到必不可少的实用的效率；而我们则可以从他们那里学到一些深思熟虑的智慧，这种智慧使其他古国都已灭亡之时，唯独使中国生存了下来。"[4]

罗素认为，中国文明必须吸取西方文明和其他文明的长处，但不能全盘西

① 罗素：《中国问题》，秦悦译，学林出版社，1996 年版，第 2 页。
② 罗素：《中国问题》，秦悦译，学林出版社，1996 年版，第 39 页。
③ 罗素：《中国问题》，秦悦译，学林出版社，1996 年版，第 153 页。
④ 罗素：《中国问题》，秦悦译，学林出版社，1996 年版，第 155~156 页。

化。罗素曾说："我相信，中国人如能对我们的文明扬善弃恶，再结合自身的传统文化，必将取得辉煌的成就。但在这个过程中要避免两个极端的危险：第一，全盘西化，抛弃有别于他国的传统。第二，在抵制外国侵略的过程中，形成拒绝任何西方文明的强烈排外的保守主义。"① 他还说："必须使中国传统文化注入新的元素，而我们的文明正好投其所需。然而，中国人却又不照搬我们的全部，这也正是最大的希望之所在，因为如果中国不采用军国主义，将来所产生的新文明或许比西方曾经产生的各种文明更好。"②

罗素还认为，西方文明必须从中国文明中吸取有价值的东西，他严厉地批判了西方资本主义文化中掠夺、侵略、好战的一面，赞赏中国文化蕴涵的"和平"之光彩，欣赏中国文化所倡导的"天人合一"、"和谐"、"中庸"、"仁义礼智信"和孝道等，希望这些思想能在今天为世人接受并发扬光大。在他看来，"中国人是个伟大的民族，不能永远忍受外国人的压迫……是世界上唯一真正相信智慧比红宝石更宝贵的人民。"③ 也认为，"中国人的思想能丰富我们的文化，就像同他们做生意能使我们的口袋鼓起来一样"。④ 他甚至还认为，中国智慧拯救西方文明和世界，"从人类整体的利益来看，欧美人颐指气使的狂妄自信比起中国人的慢性子会产生更大的负面效果……中国人摸索出的生活方式已沿袭数千年，若能够被全世界采纳，地球上肯定会比现在有更多的欢乐祥和。然而，欧洲人的人生观却推崇竞争、开发、永无平静、永不知足以及破坏。导向破坏的效率最终只能带来毁灭，而我们的文明正在走向这一结局。若不借鉴一向被我们轻视的东方智慧，我们的文明就没有指望了"。⑤ 当年罗素发出的中国文化精华能够给人类和平带来希望的感慨正在变成现实。崇尚"和谐"与"和平"的思想将被越来越多的人所接受。

四、结　语

中西文明属于两种不同类型的文明，各有所长，也各有所短。宋代以来的中国文明，与近代西方文明差异悬殊。从文化性质来看，中国文化属于"伦理型"文化，西方文化属于"法理型"文化；从文化性格来看，中国文化属于内向型文化，西方文化属于外向型文化；从思维方式来看，中国文化属于整体性思维型

① 罗素：《中国问题》，秦悦译，学林出版社，1996 年版，第 4 页。
② 罗素：《中国问题》，秦悦译，学林出版社，1996 年版，第 164 页。
③ 罗素：《中国问题》，秦悦译，学林出版社，1996 年版，第 178 页。
④ 罗素：《中国问题》，秦悦译，学林出版社，1996 年版，第 57 页。
⑤ 罗素：《中国问题》，秦悦译，学林出版社，1996 年版，第 7~8 页。

文化，而西方文化属于个体性思维型文化；从文化取向来看，中国是"家族"本位型文化，西方是"个人"本位型文化。由于文化类型不同，差异性很大，互补性也很强。

加强对话，相互尊重，彼此认同，充分理解，平等合作，和谐相处，是世界不同文化、不同文明、不同宗教的民族之间的相处之道。文化具有相对性，每一种文化都是适应自然和社会环境的产物，一切文化都有其内在的独特的价值，不应脱离历史和社会环境评价某种文化之优劣。一切文化的价值是相对的，绝对的价值标准是不存在的。无论哪一个民族，都应尊重文化的差异性和多样性，既尊重自己的文化，也尊重他人的文化；既要尊重强势文化，更要尊重弱势文化。

总的来说，我们既要欣赏东方文明之美及其伟大贡献，也要欣赏西方文明之美及其历史价值；既要继承东方的智慧，也要吸收西方的智慧。全盘肯定传统，固步自封，夜郎自大，不愿吸收和借鉴西方文明的精华，必将落后于世界；而全盘否定传统，妄自菲薄，自轻自贱，必将丧失自己的优秀传统，成为西方文化的附庸。文化保守主义和历史虚无主义都不是科学的态度，不利于中华文明的复兴和发展。中西文明彼此之间应该相互尊重，取长补短，互通有无，共生共荣，并行发展。

编辑整理：李墨洋

中国共产党与中国政治发展

郑 言

2010 年 5 月 10 日

郑 言

中国社会科学院政治学研究所研究员

　　摘　要：中国共产党成立90年来，领导中国人民相继进行了新民主主义革命、社会主义革命、社会主义建设和改革开放事业，在此过程中，政治制度实现了革命性变革，找到了一条中国特色社会主义政治发展之路，破天荒地开创了人民当家作主的崭新局面，积累了诸多基本经验。

　　关键词：政治发展　基本经验　中国共产党

　　伟大的中华民族曾经在历史上创造了无数的辉煌。然而，近代以来，帝国主义的坚船利炮打断了中国的发展进程，中国日益沦为半封建、半殖民地国家，山河破碎、军阀混战、民不聊生，陷入任人宰割和蹂躏的境地。为挽救民族危亡，实现中华民族的复兴，无数仁人志士，前赴后继，浴血奋战，但均未如愿以偿。直至十月革命后，马克思主义传入中国，并在与中国工人运动相结合的过程中建立了中国共产党，中国革命的面貌从此焕然一新。中国共产党创建90年来，领导中国人民相继进行了新民主主义革命、社会主义革命、社会主义建设、改革开放伟大事业，不仅在经济社会建设领域取得了令世人瞩目的成就，而且在政治发展方面也实现了跨越性的发展，并逐步探索出了一条中国特色社会主义政治发展之路。

　　政治发展既是一个自然的过程，作为一个相对独立领域的政治变迁和进步有其自己的规律性。同时，政治发展又是一个自觉的过程，离不开人的主观能动性。政治发展领导力量的形成、政治发展目标的确定、推动政治发展力量的凝聚、政治发展途径的选择等均对政治发展至关重要。中国共产党自成立之后，始终顺应历史发展的潮流，从中国的具体国情出发，以最广大人民群众的根本利益为出发点和落脚点，有针对性地认识和解决不同历史时期中国政治发展所面临的主要矛盾问题，带领全国各族人民推动中国政治发展事业实现了重要的历史性跨越，顺利地完成各个历史时期政治发展的任务。

　　众所周知，政治发展在不同的历史阶段具有不同的任务和目标。自鸦片战争以来，中国社会经历了"千年未有之变局"，殖民主义、帝国主义和中华民族的矛盾，封建主义与人民大众的矛盾逐渐上升为中国社会的主要矛盾，由中国工人阶级先锋队——中国共产党所领导的新民主主义革命正是要完成中国近代历史上其他阶级、派别所没能完成的历史任务，即反帝反封建，实现民族的独立和国家的统一，在思想、制度、机制等多个层面使真正的民主政治得以在中国土地上生根，为实现中华民族的复兴创造政治前提。这种对政治发展目标体系的自觉认识首先就反映在中国共产党自建党伊始就把自身的命运与国家、民族的兴衰紧密相连，明确提出了中国政治发展的纲领和目标。中共二大确立的党的最高纲领（实现共产主义）揭示了中国政治发展的终极方向，而最低纲领（打倒列强、除军阀，统一中国本部为真正的民主共和国）则是消除中国政治发展面临的主要障碍，实现国家的独立、统一，完成现代政治体系的建构。

中国共产党领导中国政治发展的过程中，在中国这样一个主要由农民和小生产者所构成的环境里，缔造了强有力的马克思主义政党，将以农民为主要成分的革命武装建设成为无产阶级领导的新型人民军队，并随着政治形势的发展，阶级关系的变动，统一战线不断调整、灵活应对，巩固和发展统一战线，最大限度地孤立和有效打击敌人。这也正是中国共产党领导的中国政治发展最终得以扫清近代以来国内外反动势力所设置的种种障碍的关键所在。

一般而言，政治发展有两种基本途径：政治革命和政治改革。对于广大后发现代化国家而言，政治革命是推动政治发展进程的直接动力。"中国共产党选择政治革命作为政治发展的基本途径，既是形势所迫，又受革命传统的影响，还是世界共产主义运动的要求。"[①] 其中，武装夺取政权是政治革命的核心内容，在长期的革命实践斗争中，中国共产党总结出："革命的中心任务和最高形式是武装夺取政权，是战争解决问题。"[②] 武装斗争是推动新民主主义政治发展的主要形式。作为半殖民地半封建国家，革命的敌人异常凶残，这就决定了中国革命不仅要以武装斗争为主要形式，而且这种斗争会是长期的、异常艰苦的，如果没有"工农武装割据"、"农村包围城市"等行之有效的斗争战略和策略，中外反动势力为中国政治发展所设置的政治障碍是不会自动消失的。

"中国革命的军事斗争是同土地革命不能分开的。"[③] "不改变地主的土地所有制，便没有彻底的反封建可言。"[④] 土地革命极大地增强了党的阶级基础，提升了党在统一战线中的地位。从最初的《井冈山土地法》、《兴国土地法》，到抗日战争时期"双减双交"，解放战争时期颁布实施的《中国土地法大纲》，中国共产党根据中国革命的不同发展阶段灵活实施不同的土地政策。从最初满足贫雇

---

① 关海庭主编：《20世纪中国政治发展史论》，北京大学出版社，2002年版，第215页。
② 《毛泽东选集》第2卷，人民出版社，1991年版，第541页。
③ 胡绳主编：《中国共产党的七十年》，中共党史出版社，1991年版，第99页。
④ 胡绳主编：《中国共产党的七十年》，中共党史出版社，1991年版，第106～107页。

农到照顾中农利益再到分化地主阶级的策略的调整，使土地政策惠及面不断扩大，最大限度地发挥了政治动员的作用，使新民主主义政治发展获得了源源不断的动力。

谁是我们的敌人，谁是我们的朋友，这是革命的首要问题。工人阶级是革命的领导阶级已为马克思主义经典作家所论述，农民阶级是中国革命天然和可靠的同盟军，这是中国的国情所决定，问题是怎么分析中国的资产阶级，"认识中国资产阶级，认识中国这样一个半殖民地半封建国家的资产阶级区别于一般资本主义国家资产阶级的特殊矛盾和特殊本质，制定我们党的中国资产阶级理论，正确地处理党同资产阶级的关系，是中国共产党诞生后面临的必须解决的困难而又复杂的任务之一。"① 中国共产党第一次科学地把中国资产阶级分成民族资产阶级和买办资产阶级两部分，又进一步科学地把民族资产阶级分为左右两翼，认识到其在中国革命的不同阶段和不同条件下可能具有的两面性，由此提出了党对民族资产阶级的正确的政治经济政策。② 从而使政治发展能够汇聚尽可能多的积极力量，在最广泛的范围内形成有利于推动政治发展大局的合力。

建立一个什么样的国家是新民主主义政治发展的终极目标，中共五大提出"工农小资产阶级民主独裁制"的阶级联合专政，关于政权组织形式，体现了苏维埃制度的中国化，包含了人民代表大会制度的萌芽。"纵观中国共产党的早期国家理论，可以看到中国共产党在那个时代所描绘的未来国家方案，特别是关于工农小资产阶级联合专政的思想是别有创见的。"③ 在之后的革命斗争中，以毛泽东为代表的中国共产党人进一步完善了新民主主义国家理论："总结我们的经验，集中到一点，就是工人阶级（经过共产党）领导的以工农联盟为基础的人民民主专政。这个专政必须和国际革命力量团结一致。这就是我们的公式，这就是我们的主要经验，这就是我们的主要纲领。"④ 深刻反映了中国共产党对中国近现代政治发展趋向的洞悉与把握。

上述一切都表明中国共产党逐步找到了新民主主义政治发展的规律，"以毛泽东为主要代表的中国共产党人，在运用马克思列宁主义指导中国革命的过程中，从'走俄国人的路'到进一步探索'走自己的路'，创造了一系列适合中国国情的新经验和新理论，系统而完整地制定了新民主主义革命的学说和纲领。"⑤

---

① 徐世华：《试论我党关于中国资产阶级理论的形成》，《西北师范大学报》（社会科学版），1984 年第 1 期，第 3 页。

② 谢俊春、彭孝、张涛：《论毛泽东关于民族资产阶级理论的形成》，《西北师范大学报》（社会科学版），1992 年第 6 期。

③ 任军：《中国共产党早期国家理论研究》，《解放军外语学院学报》，1993 年第 1 期，第 117 页。

④ 《毛泽东选集》第 4 卷，人民出版社，1991 年版，第 1480 页。

⑤ 蓝瑛主编：《社会主义政治学说史》（下编），上海人民出版社，1992 年版，第 223 页。

并以此为指导，完成了政治发展进程中的各项任务。

新民主主义政治发展所取得的成就，最终还需要以稳定的制度形态得到确认和巩固，在中国共产党领导的人民民主革命斗争中，对创建人民政权、发展民主政治方面进行了卓有成效的探索，从采用苏维埃代表大会作为政权组织形式的井冈山时期的革命委员会、工农苏维埃政府到作为统一战线性质的民主联合政权的抗日战争时期的"三三制"政权，中国共产党积极地探索各项政治制度建设的基本原则，并积累了大量的实践经验，这些政治制度对于促使新型民主制度和政治文化更稳固地在中国大地上扎根，对于促成中国政治体系的全面重构起到了关键作用，也为后来社会主义民主制度的全面建立和发展奠定了初步基础。

随着中华人民共和国的成立，中国共产党初步完成了现代政治制度体系的构建，开始进一步巩固当代中国政治发展的制度基础，中国的政治发展进入了一个全新的历史阶段。

新中国面临巩固新生政权、进行国家重建、国民经济恢复发展和推动民主政治发展的艰巨任务。中国共产党通过全国范围内的土地改革、对资本主义工商业的改造、"三反五反运动"、镇压反革命运动及深入社会基层动员群众开展的以封建习俗和思想为对象的斗争，明确而坚定地扫除了旧社会遗留下的，以封建土地所有制、资本主义剥削制度、旧封建礼教等为代表的一系列有悖于现代政治发展目标、阻碍中国政治发展的历史痼疾，确立了适合中国国情和满足时代发展需要的国体、政体、国家结构形式等，建立起能够动员和团结尽可能多的力量投入社会主义政治发展事业的社会主义政党制度和政治协商制度，在中国历史上第一次以法律和政治制度的形式规定和保障了各民族平等的经济、社会、政治和发展权利，有力地推动了新型民族关系的建立。建立和完善了一系列从中央至基层、层级职能明晰、上下沟通顺畅、自身基础稳固，并得到人民群众充分信任支持的社会主义政治制度。成功地实现了在统一的国家框架内对社会力量资源的整合，取得了抗美援朝等一系列保卫国家主权和领土完整的战争胜利，从而彰显了实现国家统一、民族独立后的中华民族的强大凝聚力和抵御外侮、捍卫来之不易的民族解放果实的坚强决心。

建立起来的人民民主专政制度其实质是无产阶级专政，作为无产阶级专政与中国具体国情相结合的产物，"我国人民民主专政既反映了中国革命和建设的发展历程，又反映了我国政权具有广泛的民主性和阶级基础，能够团结一切可以团结的力量，调动一切积极因素，保证革命和建设事业的胜利发展。"[1] 人民群众破天荒地成为国家和社会的主人。人民代表大会制度以集中人民的意志并统一行

---

[1] 陈明显主编：《中华人民共和国政治制度史》，南开大学出版社，1998 年版，第 27 页。

使人民当家作主管理国家和社会事务的权利；采用单一制的国家结构形式，在少数民族聚居的地方实行民族区域自治制度，以保证既有利于在中央政府的统一领导下，各地区、各民族间团结协作和共同发展，又有利于充分发挥民族地区的广大人民群众的积极性、创造性，因地制宜；实行共产党领导的多党合作和政治协商制度，以作为适应中国国情的社会主义政党制度。一系列中国特色社会主义政治制度的建立，"特别是中国共产党创设的各种政治制度和管理制度，对中国现代国家的建构起到了决定性的作用。"① 在具体的政治体制建制层面，为适应即将开始的大规模建设的需要，党和国家领导制度进行调整，撤销大区一级的党政领导机构，在国家行政体制方面，确立了国务院即中央人民政府的一级政府体制；建立省、市委书记处，实行分级管理干部的制度；对国营企业的领导制度进行探索，逐步实行党委领导下的厂长负责制等，加强执政党对政府工作、中央对地方工作的集中统一领导，对于完成过渡时期的总任务发挥了重要保证作用。

在过渡时期，制定了宪法等一系列法律法规。民族区域自治得到发展，军队向革命化、正规化、现代化迈进。"通过实践中的摸索和调整，共和国政治制度从不稳定、不正规和不健全状态走向比较稳定、规范和比较系统完备的状态。"② 在社会主义政治制度的初步建构过程中，各种机构和法制规范初具规模。政治体系的全面变迁，为后来的政治实践和中国政治的继续发展确定了基本原则，也为创造民主和法制的国家奠定了良好的开端。在创造中国政治发展的政治制度和体制基础的同时，中国共产党还找到了一条适合中国国情的变革社会生产关系的道路，通过由"公私合营"、"和平赎买"，再到全面的社会主义革命，中国共产党所推动的由新民主主义社会向社会主义社会的过渡及其对生产关系和生产资料所有制的根本性变革，初步建立起完整的社会主义现代工业体系，并在此基础上开展以"五年计划"为标志的大规模社会主义建设事业，为社会主义政治发展创造了必要的物质基础。

生产资料社会主义改造基本完成后，社会主义基本制度已经建立起来，但生产力落后的情况仍然十分严峻和突出，随着前一阶段历史遗留障碍被扫除，此时政治发展的主要任务已经开始转向社会主义建设领域。在苏联体制弊端日益暴露的情况下，中国共产党从理论和实践上开始寻求突破其模式，"八大"前后，中国共产党冷静对待和分析国际国内新情况和新形势，初步总结了社会主义建设的基本经验，开始积极探索适合中国国情的社会主义建设道路，总结明确了对于社会主义社会基本矛盾及其性质的判断，营造了一个较为健康稳定的社会政治环

---

① 刘建军、何俊志、杨建党：《新中国根本政治制度研究》，上海人民出版社，2009 年 9 月第 1 版，第 16 页。

② 陈明显主编：《中华人民共和国政治制度史》，南开大学出版社，1998 年版，第 25 页。

境。与此同时，在对外关系方面，积极倡导和平共处五项原则，展示新中国的良好形象，扩大了友谊，为政治发展争取了较好的外部条件。

当然，由于严峻的国际环境和经验的匮乏，使这种对社会主义建设的探索缺乏系统性和理论自觉性，特别是全党全国上下对什么是社会主义以及如何建设社会主义的问题"并没有完全搞清楚"①。导致探索社会主义政治发展规律的过程中出现了一些理论和实践方面的偏差，这些失误影响了中国政治发展的进程。

"文化大革命"结束后，在中国政治发展进程中继续探索中国特色社会主义建设规律。以中共十一届三中全会召开为标志，全党的工作重心开始转移到以经济建设为中心的社会主义现代化建设上来。"实现四个现代化，要求大幅度地提高生产力，也就必然要求多方面地改变同生产力发展不相适应的生产关系和上层建筑，改变一切不适应的管理方式、活动方式和思想方式，因而是一场广泛、深刻的革命。"② 以此为起点，首先理清了对社会主义社会中阶级斗争的内容和形式的认识，将民主和法治建设作为社会主义政治发展的重要战略目标和主要任务。邓小平指出："没有民主就没有社会主义，就没有社会主义现代化。"③ 视民主为社会主义的生命和本质。通过健全党规党法，严格组织纪律，恢复监督机构、完善监督机制等手段来大力发展党内民主；通过改变政社合一的人民公社制度，拓展人民参与国家和社会事务管理的渠道来发展基层民主，从而使得发展社会主义民主政治成为新的历史时期中国政治发展目标体系当中至关重要的一项内容。

经历"文化大革命"的灾难之后，全党逐步形成了一致的共识："发展社会主义民主，制度建设更带有根本性、全面性、稳定性和长期性。"④ 具体而言，"民主政治制度是实现人民当家作主的根本保障。"⑤因而中国共产党始终把制度建设放在政治发展的重要地位，不断推动民主政治建设迈向更高的水平。

"人民代表大会制度，是中国社会主义民主政治最鲜明的特点"，⑥ 也"是中国人民当家作主的重要途径和最高形式，是中国社会主义政治文明的重要制度载体"⑦。1982 年《宪法》对人民代表大会制度作了新的重要规定，奠定了坚持和完善人民代表大会制度、发挥国家权力机关作用的根本性法律基础。"20 世纪 90 年代后，随着国家经济体制改革的深入及行政体制改革的逐步展开，人民代表大

---

① 《邓小平文选》第 3 卷，人民出版社，1993 年版，第 137 页。
② 胡绳主编：《中国共产党的七十年》，中共党史出版社，1991 年版，第 528 页。
③ 《邓小平文选》第 2 卷，人民出版社，1994 年版，第 168 页。
④ 中共中央文献研究室编：《十五大以来重要文献选编》（上），人民出版社，2000 年版，第 31 页。
⑤ 刘诚等：《1989～2002 年中国民主法治建设》，社会科学文献出版社，2007 年版，第 5 页。
⑥ 《十六大以来重要文献选编（中）》，人民出版社，2006 年版，第 230 页。
⑦ 《十六大以来重要文献选编（中）》，人民出版社，2006 年版，第 224 页。

会制度通过组织法修订及程序立法等一系列的途径，使自身在权力结构、组织程序、管理机制等方面都取得了极大的进展。"① 新时期，以胡锦涛为领导的党中央从四个方面对人大制度的政治功能做了高度概括：这一制度保障了人民当家作主；动员了全体人民以国家主人翁的地位投身社会主义建设；保证了国家机关协调高速运转；维护了国家统一和民族团结。② 同时对其重要性作出了明确积极的肯定："人民代表大会制度作为我国的根本政治制度，体现了国家一切权力属于人民，体现了中国共产党的领导地位和执政地位，体现了我国社会主义国家性质。这就决定了我国人民代表大会制度与西方资本主义国家政体有着本质区别。"③时下，在正确总结以往经验教训的基础上，人大代表的选举制度得到完善，人大的立法和监督制度得到强化；人大代表的工作制度和对外交往工作制度取得新进展，自身建设不断加强。

中国共产党领导的多党合作和政治协商制度作为另一项发扬人民民主、保障人民权利的重要政治制度，体现出对党和国家对各民主党派和人民团体各自联系的那一部分社会主义劳动者和一部分社会主义爱国者平等权利的尊重和保护。中共十二大将多党合作的"八字方针"进一步增加了"肝胆相照，荣辱与共"，标志着中国共产党与民主党派之间新型合作关系的形成，调动了各民主党派参政、议政、监督的积极性。中共中央制定颁布的《中共中央关于坚持和完善中国共产党领导的多党合作和政治协商制度的意见》，明确指出各民主党派与中国共产党之间是通力合作的亲密友党，是参政党，并阐述了民主党派的具体职能，中共十四大把"共产党领导的多党合作和政治协商制度"确定为建设有中国特色社会主义理论的重要内容。1993 年通过的《中华人民共和国宪法修正案》，把"中国共产党领导的多党合作和政治协商制度将长期存在和发展"作为重要内容载入宪法，2005 年《中共中央关于进一步加强中国共产党领导的多党合作和政治协商制度建设的意见》，进一步明确了多党合作和政治协商的原则、方式及程序等方面的内容，为健全与完善中国特色社会主义政党制度明确了发展方向。2004 年修订后的《中国人民政治协商会议章程》推进了政协工作的制度化、规范化和程序化，使尽可能广泛的人民群众参与国家政治生活的权利能够得到国家层面的制度保障。

民族区域自治制度是社会主义民主制度的重要组成部分和人民当家作主在我

① 杨德山、苏海舟：《中国共产党与当代中国民主政治建设》，中共党史出版社，2008 年版，第 87 页。

② 胡锦涛：《在首都各界纪念全国人民代表大会成立 50 周年大会上的讲话》，《人民日报》，2004 年 9 月 16 日。

③ 吴邦国：《坚持中国特色社会主义政治发展道路　努力把人大工作提高到一个新水平》，《求是》，2008 年第 8 期，第 5 页。

国民族地区的直接体现。中共十一届三中全会以后，中央政府通过各种措施帮助和支持民族自治地方发展经济社会各项事业，大力培养少数民族干部，为民族区域自治制度的运行奠定了坚实的基础。中共十二大、1982 年《宪法》和 1984 年《宪法》明确了我国平等、团结、互助的社会主义民族关系，制定和颁布相应的法律法规，保障民族区域自治制度的贯彻实施。《中华人民共和国民族区域自治法》的实施使民族区域自治步入法制化的轨道；1993 年颁布《民族乡行政工作条例》，作为对民族区域自治的补充形式，完善了民族区域自治制度的内容。中共十五大将"民族区域自治制度"与"人民代表大会制度"以及"中国共产党领导的多党合作和政治协商制度"作为必须长期坚持的重要政治制度，从而极大地突出了民族区域自治制度在社会主义民主制度体系内的地位，保证了民族地区人民的当家作主。2005 年颁布的《国务院实施〈中华人民共和国民族区域自治法〉若干规定》推进了民族区域自治制度的实施。在新的历史时期，民族区域自治作为党解决我国民族问题的一条基本经验不容置疑，作为我国的一项基本政治制度不容动摇，作为我国社会主义的一大政治优势不容削弱，民族区域自治制度必将在今后的实践中得以加强和完善。

改革开放之初，中共中央就明确提出要"在基层政权和基层社会生活中逐步实现人民的直接民主"。① 1982 年《宪法》确立了"村民自治"的原则，规定了村委会是群众的自治组织，村委会通过选举产生，《中华人民共和国村民委员会组织法（试行）》也得以颁布执行。20 世纪 90 年代后，中国的基层自治与民主管理制度建设进入了新时期。随着国家经济水平的提高与社会民主意识的增强，中国共产党在加强基层政权建设的同时，进一步扩大基层自治的领域，并在建立和扩大人民群众民主参政途径、加强群众对基层政权监督方面做了大量的工作。十五大提出村民自治的"四个民主"，即"民主选举、民主决策、民主管理、民主监督"。十五届五中全会首次在党的会议公报中明确肯定了村民自治和农村基层民主建设的重要意义，被称为"社会主义民主的伟大创造"。十六大报告指出，"扩大基层自治组织和民主管理制度，完善办事公开制度，保证人民群众依法直接行使民主权利，管理基层公共事务和公益事业，对干部实行民主监督。"② 2004 年中共中央政治局召开专门工作会议，重点研究"农村村务公开"、"基层民主管理"等与完善村民自治制度密切相关的事务。如今，农村基层民主政治建设、城市社区民主政治建设、企业民主管理制度建设不断推进，并得以完善，开拓了人民当家作主的新形式。十七大将基层民主自治制度列为中国必须长期坚持的基本政治制度，凸显了中国共产党对基层民主自治的重视，大大拓展了中国民

① 《三中全会以来重要文献选编》（下），人民出版社，1982 年版，第 787~788 页。
② 《十六大以来重要文献选编》（上），中央文献出版社，1995 年版，第 296 页。

主政治的实现形式。

"民主建设的一项重要成果就是把保障和充分实现人权作为中国立法的观念明确下来。"①在领导中国政治发展的历程中，中国共产党越来越清醒地认识到发展和保障人权是实现人民当家作主不可或缺的内容。把尊重和保障人权引入中国民主建设之中。中共十五大将人权概念写入党的全国代表大会的政治报告，尊重和保障人权成为中国共产党执政和领导民主建设的一项重要目标，十六大把"尊重和保障人权，保证人民依法享有广泛的权利和自由"作为加强党的执政能力建设的一项重要内容，十六届六中全会进一步将尊重和保障人权提升到构建社会主义和谐社会的高度，十七大通过新的《中国共产党章程》，在领导人民发展社会主义民主政治的自然段中写入了尊重和保障人权的内容。与此相应，全国人大将"国家尊重和保障人权"和保护私有财产的条款写进《宪法》，制定了《国家人权行动计划》，标志着中国人权事业已经成为国家建设和社会发展的一个重大主题。同时，中国还签署了《经济、社会、文化权利国际公约》和《公民权利和政治权利国际公约》，批准了《经济、社会、文化权利国际公约》，积极参与国际人权领域的对话、交流与合作，充分体现了中国一贯促进人权事业的立场和全面推进国内人权建设、保障人民权利的坚定信念。经过共产党不懈的努力和探索，当下，中国特色社会主义人权保障体系已经初步形成，为保障人民当家作主奠定了坚实的基础。

改革开放以来，中国共产党针对中国传统社会缺乏法治传统的弊端，特别突出强调了法制建设的重要战略地位，提出"有法可依、有法必依、执法必严、违法必究"十六字法治方针，推动整个政治生活从主要依靠"人治"到主要依靠"法治"的方向逐渐转变。此外，中国共产党还结合中国国情，为法治思想充实进更为丰富的内容，提出了"依法治国，建设社会主义法治国家"的基本方略，使"依法治国"与"以德治国"有机结合，"依法执政"与"依法行政"相统一。以胡锦涛为总书记的中央领导集体进一步提出了依法治国、执政为民、公平正义、服务大局、党的领导的理念，以"三个至上"作为社会主义法治的必然要求，以"三个统一"作为社会主义法治的本质属性，对于保障社会主义法治的正确方向，推进依法治国进程，具有重大的现实意义和深远的历史意义。

通过建设社会主义民主，整个社会的活力被激发出来，调动了人民群众政治参与的热情和积极性，在这一过程中，政治发展领导力量自身的建设问题也得到了突出强调。邓小平适应新形势发展的要求，明确指出新时期的目标是"把我们

---

① 杨海蛟：《30 年来中国特色社会主义民主政治建设回顾》，《学习与探索》，2008 年第 6 期，第 22 页。

党建设成为有战斗力的马克思主义政党，成为领导全国人民进行社会主义物质文明和精神文明建设的坚强核心"①，第一次完整、准确、鲜明地确立了执政党的建设目标和任务。中共十六届四中全会第一次系统地总结了新中国成立以来执政的主要经验，论述了党的执政能力建设理论，在总结执政的主要经验时深刻指出：必须坚持科学执政、民主执政、依法执政，不断完善党的领导方式和执政方式。进一步深化了对执政规律的认识。为了加强党的执政能力，提出建设马克思主义学习型政党。通过不懈努力和探索，中国共产党领导全国人民逐步找到了一条适合自身特点的社会主义政治发展之路，即"发展社会主义民主政治，最根本的是要把坚持党的领导、人民当家作主和依法治国有机统一起来"。②

政治体制改革是政治发展的强劲动力，以《改革党和国家的领导体制》一文的发表为标志，中国政治体制改革进程正式启动。1982 年《宪法》对党和国家的领导制度进行了重大调整，其基本原则就是致力于改变权力过分集中的现象，对最高权力在横向和纵向层面形成合理的布局和分工，保证党和政府的民主生活、集体领导、民主集中制、个人分工负责制等得以落实，通过废除领导干部职务终身制，改革国务院领导体制和政府机构，以及恢复和完善人民代表大会制度，加强了人民代表大会制度建设，完善选举制度、丰富选举形式，建立新的立法体制等措施，使人民当家作主的权利和地位得到了更加有效的制度保障。需要强调的是，在通过推进政治体制改革实现政治发展的过程中，"我们的政治体制改革，目标是建设有中国特色的社会主义民主政治，绝不是搞西方的多党制和议会制"。③ 具体来说，"推进政治体制改革，必须有利于增强党和国家的活力，保持和发挥社会主义制度的特点和优势，维护国家统一、民族团结和社会稳定，充分发挥人民群众的积极性，促进生产力发展和社会进步"。④ 政治体制改革的主要内容围绕"要坚持和完善工人阶级领导的、以工农联盟为基础的人民民主专政，坚持和完善人民代表大会制度和共产党领导的多党合作、政治协商制度以及民族区域自治制度"。⑤在政治发展的路径选择上，"要以党内民主为政治体制改革的突破口来完善党的领导体制和领导形式，同时要求改革和完善决策机制和监督机制，深化行政管理体制和干部人事制度改革，并进而提出了'依法治国，建

---

① 《邓小平文选》第3卷，人民出版社，1994年版，第39页。

② 《十一届三中全会以来历次党代会、中央全会报告、公报、决议、决定（下）》，中国方正出版社，2008年版，第754页。

③ 《中国共产党第十四次全国代表大会文件汇编》，人民出版社，1997年版，第30页。

④ 《中国共产党第十五次全国代表大会文件汇编》，人民出版社，1997年版，第32页。

⑤ 中共中央文献研究室：《中国共产党十三届四中全会以来历次全国代表大会中央全会重要文献选编》，中央文献出版社，2002年版，第607页。

设社会主义法治国家'的基本治国方略"。①在此基础上，中国共产党还将以改革促进政治发展的理论和实践上升到了建设社会主义政治文明的高度以保障政治发展。中共十六大提出了社会主义条件下"政治文明"概念，第一次把政治文明建设纳入社会主义初级阶段的基本政治纲领，通过阐明社会主义政治文明建设的基本前提、基本原则、基本内容，形成系统的政治文明建设思想②，为我国民主政治建设确立了基本目标。在积极稳妥的政治体制改革进程中，中国共产党逐步推进着社会主义民主的制度化、法律化，使这种制度和法律不因领导人的改变而改变，不因领导人看法和注意力的改变而改变。

在其他政治制度和体制的改革方面，如前所述中国共产党充实完善了中国共产党领导的多党合作与政治协商制度，充分发挥民主党派参政议政、政治协商、民主监督的职能，政治协商的形式和内容不断得到拓展和充实，制度化程度提高；健全和完善民族区域自治制度，制定和颁布相应的法律法规，使少数民族权利得到切实保障；改革完善地方政权组织和选举制度，在基层和企业实行党政企分开，发展基层民主制度，推进基层民主发展，充分调动中央和地方两方面的积极性。此外，继续加强监督体制的完善，坚决反对腐败，加强党内监督，建立巡视制度，改革纪检监察体制，加强基层党风廉政建设等对新时期的政治发展起到了明显的助推效果。政治体制改革"总的目的是要有利于巩固社会主义制度，有利于巩固党的领导，有利于在党的领导和社会主义制度下发展生产力"，③有利于贯彻执行党的十一届三中全会以来所制定的一系列路线、方针、政策。实践证明，中国共产党所领导的政治体制改革的各项举措很好地适应了新的历史时期中国政治经济社会的发展需要，从而有力地推动了中国的政治发展。

作为新时期政治发展的一项重要理论和实践创新内容，中国共产党从历史和现实的实际出发，为解决香港问题和台湾问题提出了"一国两制"的构想，根据这一构想，我国恢复对香港和澳门行使主权。

除了上述围绕中国政治发展核心任务开展的政治建设之外，中国共产党注意解决涉及中国政治发展事业的各领域相关问题，以争取为中国政治发展创造尽可能良好的外部环境。进入改革开放时期，中国共产党相继做出了和平与发展是当今世界主题及中国发展进入关键的战略机遇期等科学论断，并提出了一系列灵活务实的外交方针，对外交战略、外交思想进行了重大调整，丰富发展了独立自主的和平外交政策，提出了包括不结盟、不搞对抗；反对霸权主义和强权政治，但不针对某个具体国家；冷静观察，稳住阵脚，沉着应付，韬光养晦，有所作为等

---

① 周建胜：《江泽民政治文明思想的特点与贡献》，《人民论坛》，2010 年第 17 期，第 90 页。

② 钟建明：《江泽民政治文明建设思想研究》，《理论与改革》，2006 年第 5 期。

③ 《邓小平文选》第 3 卷，人民出版社，1993 年版，第 241 页。

具体外交思想，为使中国迅速摆脱世界社会主义运动陷入低潮后所带来的压力和困境，化被动为主动，稳住阵脚，增进同世界各国的友谊与合作关系取得了良好的效果。新的历史时期，党中央审时度势，纵览全局，提出了"和谐世界"的战略理论，为国内政治发展创造了良好的国际环境。

中国共产党建党 90 年来，中国由任人宰割到实现民族独立，从四分五裂走向国家的基本统一，从贫穷落后和饱受奴役向全面建设小康社会迈进，人民当家作主过着更加幸福和更有尊严的生活，从积贫积弱到综合国力大幅提升，在国际上发挥着举足轻重的作用，走向中华民族的伟大复兴。中国共产党在领导和推动政治发展的过程中，积累了大量的宝贵经验，但基本经验概括起来主要有以下几点：

（1）将马克思主义政治发展的理论与中国实际相结合，不断创新政治发展理论，并通过政治社会化过程，武装全党教育人民，充分发挥理论的引领功能。

没有革命的理论，就不会有革命的行动，没有理论指导的实践是盲目的实践。十月革命的一声炮响，给中国送来了马克思主义，为中国共产党领导全国各族人民完成中国政治发展的任务提供了重要的理论指导。但与此同时，中国共产党在理论和实践斗争中深刻地认识到，马克思主义基本原理为中国政治发展提供立场、观点和方法，但却不能提供现成的解决具体问题的方案。只有将马克思主义政治发展理论与中国实际相结合，用新的理论成果指导不断发展着的实践，才能促进中国的政治发展，也才能让马克思主义政治发展理论在中国革命和建设的丰富实践中不断得到充实和完善。"中国共产党所以能够把中国革命引向胜利，是由于它坚持了马克思列宁主义的普遍真理同中国革命的具体实践相结合和正确的方向。这是党的一条最基本的经验。"① 中共十七大报告进一步指出，"《共产党宣言》发表以来近一百六十年的实践证明，马克思主义只有与本国国情相结合、与时代发展同进步、与人民群众共命运，才能焕发出强大的生命力、创造力、感召力"。在中国改革与建设的长期实践中，以毛泽东为代表的中国共产党人，以马列主义为指导，根据时代基本特征，从中国具体实际情况出发，对不同历史时期的主要政治发展任务做出了准确的判断，有针对性地解决新民主主义革命时期、社会主义革命时期和社会主义建设时期影响中国政治发展的主要问题，揭示了不同时期的政治发展规律，并使逐步成熟完善的政治发展理论成为指导中国共产党及其领导下的中国人民夺取新民主主义革命、社会主义革命和社会主义建设胜利的强大理论武器。改革开放以来，中国共产党为继续推进马克思主义中国化做出了不懈努力，在准确把握新的时代特征，总结其他国家改革发展成败得

① 胡绳主编：《中国共产党的七十年》，中共党史出版社，1991 年版，第 289 页。

失的基础上，使得政治发展的目标更加具体化、系统化、科学化，也使得政治发展这一概念的含义外延突破了西方传统政治发展理论设定的窠臼，涵盖了更加广泛具体的政治生活领域，为解决好社会主义改革发展时期所遇到的诸多发展所带来的新问题提供了正确的理论指导，最终形成了对中国政治发展实践经验的系统化理论成果——中国特色社会主义理论体系。

邓小平以改革开放为显著特征的政治发展实践，紧紧抓住"什么是社会主义，怎样建设社会主义"这一全局性命题，形成了邓小平理论。邓小平理论揭示了社会主义的本质，第一次比较系统深入地回答了中国社会主义发展道路、发展阶段、根本任务、发展动力、外部条件、政治保证、战略步骤、领导力量和依靠力量等一系列基本问题，指导我们党制定了社会主义初级阶段的基本路线，开辟了马克思主义政治发展理论的新境界，为中国特色社会主义理论体系的发展奠定了基石；20世纪最后10年中，以东欧剧变和苏联解体为标志，世界社会主义运动经历了一次重大的挫折，以世界多极化和经济全球化的不断发展为标志，国际形势又发生了前所未有的深刻变化。就国内而言，政治发展所要解决的重大课题就是要坚守阵地，继往开来，把先辈们开创的建设中国特色社会主义的道路推向前进，面临执政环境和内外压力的改变，如何准确地把握时代主题，认清和完成新时期中国政治发展的主要任务，成为摆在中国共产党面前一项关乎党和国家前途命运的重大考验。有鉴于此，在稳步推进政治社会经济体制改革的同时，中国共产党还将着力点放在了建设一个能够抵御各种风浪考验的、坚强有力的马克思主义政党方面，致力于解决"建设一个什么样的党，怎样建设这样的党"的问题。中共中央总揽全局、审时度势地提出了"三个代表"重要思想就是对党的指导思想的重大理论创新，成为马克思主义中国化的又一理论成果；处于当前世界大发展大调整大变革的历史时期，包括中国在内的世界各国都不同程度地面临着国内经济社会的发展所带来的利益冲突和社会矛盾问题，同时，区域发展的不平衡问题、传统的社会管理模式的效能下降等也对政治发展构成了新的挑战。因此，从更为宏观的角度来认识政治发展的总体战略问题就显得十分必要了。在此背景下，胡锦涛着眼于新世纪新阶段"为什么发展"、"发展为了谁"、"依靠谁发展"和"怎样发展"以及"建设一个什么样的社会，怎样建设这样一个社会"等重大课题，提出了科学发展观和构建社会主义和谐社会的重要理论，使政治发展理论再次实现了创新，指明了新时期中国政治发展的方向。

在领导和推动政治发展的每一阶段，中国共产党还将政治发展理论进一步具体化、细化。作为中国政治发展事业的重要特征之一，在进行理论创新的同时，中国共产党根据不同时期的社会条件，分别采用不同的方式方法促进政治发展理论的创新成果武装全党，教育人民。如在新民主主义革命时期，中国共产党通过历次整风运动，深入系统地学习探讨中国国情条件下进行民主革命的规律，明确了中国政治发展的方向和道路，在全党范围内实现了空前的团结和统一，为新民主主义革命的胜利准备了思想条件和政治条件。在社会主义革命和建设时期，中国共产党又以正确处理人民内部矛盾为主题，重点学习由革命转入建设的新形势下如何正确理解政治发展目标、主题等问题的新课题，"是探索中国自己的建设社会主义道路的新成果，对于党的事业同样有长远的重要意义"，① 顺利完成了由新民主主义向社会主义社会的过渡。改革开放以来，开展以"三讲"为主要形式、深入学习邓小平理论为主要内容的党性党风教育，"实践证明，用'三讲'教育的办法，解决党性党风方面存在的突出问题，对提高领导干部的思想政治素质，加强我们党同人民群众的联系，保证改革开放和社会主义现代化建设的顺利进行，都具有重要意义。"② 其后开展的以学习实践"三个代表"重要思想为主要内容的保持共产党员先进性教育活动和深入学习实践科学发展观、建设马克思主义学习型政党的活动，为以改革创新的精神加强和改进新形势下党的建设，不断提高党的建设科学化水平，为推动科学发展、促进社会和谐提供了坚强保证。由此可见，在党的历史上，每一重大政治发展理论创新与全党上下和人民中间开展的深入学习，正是中国共产党领导下中国政治发展的重大优势之一。

（2）根据时代和形势任务的变化，及时制定党的基本路线。

纲领是政党根据自己在一定时期内的任务而规定的奋斗目标和行动步骤，它往往是针对特定历史阶段的不同时代特征和主要历史任务制定的阶段性政治发展总体规划。中国共产党对于政治纲领及其相应路线、政策的制定完善，也体现出中国共产党具备善于将政治发展规律的普遍性与特殊性统一起来，始终保持理论和实践创新活力的能力素质。中共一大明确规定共产党的最高纲领即政治发展的终极目标是实现共产主义；中共二大分析了国际形势和中国社会的性质，制定了最低纲领即党在民主革命阶段的主要纲领：消除内乱，打倒军阀，建设国内和平；推翻国际帝国主义的压迫，达到中华民族完全独立；统一中国为真正的民主共和国。新民主主义革命的胜利使最低纲领基本得以实现，但距最高纲领的完全实现尚需时日。这就需要在政治发展的每一个阶段，坚持最高纲领和最低纲领的统一，根据时代和形势任务的变化，及时制定出每一阶段政治发展的基本路线，以此指导和指引政治发展前进的目标和方向。

在整个新民主主义革命时期，中国共产党根据其对近代中国革命的基本问题所进行的初步探索讨论，形成了新民主主义革命的基本思想。比如，土地革命战争时期，以毛泽东为代表的中国共产党人以"农村包围城市，武装夺取政权"

---

① 胡绳主编：《中国共产党的七十年》，中共党史出版社，1991年版，第384页。

② 《江泽民文选》第2卷，人民出版社，2006年版，第566页。

革命道路的理论充实和丰富了新民主主义革命的理论宝库。抗日战争时期，中国共产党在系统总结建党以来经验教训的基础上，在深刻分析了中国革命的国际国内环境的基础上，阐述了中国新旧民主主义革命的历史特点和中国革命的发展规律，提出了新民主主义革命的基本路线，即无产阶级领导的，人民大众的，反对帝国主义、封建主义和官僚资本主义的革命。这条总路线正确地解决了新民主主义革命的性质、对象、任务、动力、领导者和前途等一系列基本问题，为很好地解决中国政治发展初始阶段的主要任务提供了有利的思想武器。

新民主主义革命胜利后，中国的社会结构和经济形势都发生了根本性的变化。无产阶级和大地主大资产阶级的矛盾已经解决，无产阶级与资产阶级的矛盾开始凸显。在经济方面，国民经济虽然已经恢复，但我国的生产力整体水平依然十分落后。为了改变这种落后的状况，必须逐步实现社会主义的工业化和农业的集体化。针对这一时期改革生产资料所有制、建设工业化国家基础、发展国民经济的历史任务，中国共产党制定了过渡时期的总路线：从中华人民共和国成立到社会主义改造基本完成，这是一个过渡时期。党在这个过渡时期的总路线和总任务，是要在一个相当长的时期内，逐步实现国家的社会主义工业化，并逐步实现国家对农业、对手工业和对资本主义工商业的社会主义改造。这条"一化三改"的总路线，突出"发展生产力与解放生产力同时并举"，代表了全国各族人民的共同利益，基本上反映了我国由新民主主义向社会主义过渡的历史必然性，在这条总路线的指引和指导下，我国顺利地完成了从新民主主义社会向社会主义社会的过渡，推动了社会主义制度在我国的建立，极大地促进了生产力的发展。

随着国民经济的恢复和初步发展，中国共产党通过了社会主义建设总路线，主要内容是"鼓足干劲，力争上游，多快好省地建设社会主义"。这条总路线过于夸大人的主观能动性，具有"激情"发展的特点。这条以发展生产力为主要目标的社会主义建设总路线的提出，反映了广大人民群众迫切要求尽快改变我国经济文化落后的普遍愿望。然而由于它不是从当时我国生产力实际发展水平出发制定的，忽视了经济发展规律，夸大了主观努力和主观意志的作用，所以它不但没有实现发展生产力的目标，反而阻碍和破坏了生产力的发展。在这条具有激进特点的总路线的带领下，全国迅速掀起了"大跃进"和人民公社化运动的热潮，人们陷入一片盲目追求快速发展的非理性之中，最终导致了双重恶果，一方面国民经济比例严重失调，另一方面人民生活陷入困难境地，影响了政治发展的健康运行。实践证明，这条充满激情的总路线过于忽视我国当时的政治经济状况。

"文化大革命"结束后，中国共产党人对世界主题和国内主要矛盾做出了科学判断，对阶级斗争的整体形势重新做出了评估，扭转了"以阶级斗争为纲"的错误理论和实践，认识到在新的历史时期，解放和发展生产力是推动中国政治发展和改变中国命运的根本性力量。为此，中国共产党及时正确地制定出社会主义初级阶段的总路线，即领导和团结全国各族人民，以经济建设为中心，坚持四项基本原则，坚持改革开放，自力更生，艰苦创业，为把我国建设成为富强、民主、文明、和谐的社会主义现代化国家而奋斗。这条总路线的形成是中国共产党对迅速发展的国内外形势进行认真分析和深刻认识的重要成果，其本质是解放和发展生产力，在内容上反映了改革、发展和稳定三者之间有机统一的关系，中国共产党由此也找到了长期困扰中国社会主义初级阶段政治发展难题的根本破解之道，正是基于此，"基本路线要管一百年，动摇不得"。① 这条总路线历经不断的完善，极大地解放和发展了社会主义社会生产力，保证了中国政治发展的正确方向。

（3）密切联系群众，紧紧依靠群众，将维护、实现人民群众的根本利益作为促进政治发展的出发点和落脚点。

马克思主义告诉我们，人民群众是历史的创造者，是推动人类社会不断前进的根本力量。不同国家政治发展指导思想及其实践活动的本质区别，往往就反映在它是否以最广泛的人民群众的利益为归依。90年来，中国共产党之所以能够克服种种困难，从小到大、由弱变强，是与党为人民服务的性质、宗旨、作风及工作中贯彻的群众路线有着紧密联系的。"一切为了群众，一切依靠群众，从群众中来，到群众中去"，尊重群众的首创精神，从群众中发掘创造历史的威力，是中国共产党团结最广泛范围内的人民群众共同致力于中国政治发展事业的关键所在，这使中国共产党本身超越了特定历史阶段、特定历史任务、特定参与政治发展的群体性力量固有的局限性，始终保持中国政治发展事业坚强领导核心的地位。历史反复证明，无论政治革命或政治改革，只有依靠广大人民群众，充分发动他们的力量，切实维护和发展人民的利益，保障和改善他们的政治地位，激发他们的积极性和创造性，才能获得成功。

在中国的政治发展进程中，社会主义政治发展会带来政治参与的扩大，人民群众政治参与的扩大又会反过来推动中国政治发展，"在某种意义上，能够在多大程度上做到将人民群众吸引到主动参与社会主义政治建设与政治发展进程中来，直接反映了我们对坚持依靠人民群众这条基本经验理解和把握的深刻程度，决定了政治建设与政治发展是否具有足够的活力和持续的动力"。② 换句话说，"忽视人民民主在政权建设中的主体地位，必将给我国的政治发展带来灾难性的

① 《邓小平文选》第3卷，人民出版社，1993年版，第370~371页。
② 张贤明、杨渊浩：《新中国60年政治建设与政治发展经验的几点思考》，《政治学研究》，2009年第6期，第11页。

后果"。① 始终坚持人民利益至上，将人民积极参与的力量吸引到政治发展的进程中来，是社会主义政治发展的本质和关键所在。也只有切实维护人民的利益，得到广大人民群众的积极支持和拥护，才能从根源上减少各种不稳定因素，为政治发展事业有效应对各种政治风浪创造良好的社会政治环境，使社会主义立于不败之地。在任何情况下，都应该坚持政治发展的人民性，这也是衡量我们政治立场的基本准则。"是否以一切从人民利益出发，作为改革的逻辑起点，是社会主义国家改革成败的关键，是检验领导改革的党是否是真正无产阶级政党的试金石。"② 从国内看，只要我们党的政策符合人民利益，党的事业就兴旺发达，否则就会遭遇挫折；从国外看，世界上一些大党、老党之所以走向衰败，甚而丧失执政地位，表面上看与它们思想僵化，不能做到与时俱进，提出符合时代发展的政策和纲领有关，从根本上来说是由于它们的政策主张逐渐偏离了广大人民的利益诉求，削弱了阶级基础，失掉了群众基础。就从国内外的历史经验教训看，政治发展进程的顺利与否与其获得群众理解支持的程度保持着明显的相关关系。因此，中国共产党才一再强调，密切联系群众，紧紧依靠群众是我们党的最大政治优势，脱离群众则是当前中国共产党面临的四大危险之一，③ 而且是我们党执政后的最大危险。

从根本上说，中国共产党密切联系群众，紧紧依靠群众还是为了维护和实现人民群众的根本利益，这也是中国特色社会主义政治发展事业性质与根本目标的必然要求。无论是在新民主主义革命、社会主义革命、社会主义建设时期还是改革开放以来，中国共产党政治建设最终目的都是为了实现、维护、发展最广大人民的根本利益，这是贯穿中国共产党全部活动的价值所在。历史唯物主义在评价历史进步时有两个基本标准：一是以生产力决定生产关系作为历史发展的机制和动力，把生产力的发展视为衡量社会历史发展的基本尺度；二是以人的自由而全面的发展（人民利益充分实现的完美境界）作为衡量社会历史发展的基本尺度。"无产阶级的运动是绝大多数人的、为绝大多数人谋利益的独立的运动。"④ 这是马克思、恩格斯在《共产党宣言》中首次提出了无产阶级革命运动的根本宗旨是"为绝大多数人谋利益"。列宁在谈到为谁服务的问题时指出："为千千万万劳动人民，为这些国家的精华、国家的力量、国家的未来服务。"⑤ 发展了马克思主义为绝大多数人谋利益的人生观理论。纵观中国共产党 90 年的历史，就是

---

① 孙云龙：《论邓小平的人民民主专政思想》，《中共天津市委党校学报》，2002 年第 2 期，第 45 页。

② 刘诚、杨绍琼：《人民利益至高无上——论新时期邓小平的人民利益观》，《扬州大学学报》（人文社会科学版），2007 年第 4 期，第 10 页。

③ 胡锦涛：《在庆祝中国共产党成立 90 周年大会上的讲话》，人民出版社，2011 年版，第 10 页。

④ 《马克思恩格斯全集》第 1 卷，人民出版社，1995 年版，第 283 页。

⑤ 《列宁选集》第 1 卷，人民出版社，1987 年版，第 666 页。

一部不断为人民争取利益、维护利益、实现利益的历史，党的宗旨是全心全意为人民服务，中国共产党领导和推动政治发展的实质就是为了更好地实现其宗旨。中国共产党没有自身的特殊利益，从它成立那天起就把自身的兴衰荣辱同国家、民族的命运，同最广大人民群众利益的保障紧密联系在一起。毛泽东提出中国共产党人"全心全意为人民服务"的原则，拓展了马克思主义"为绝大多数人谋利益"的无产阶级革命运动的根本宗旨；邓小平提出的"三个有利于"标准和"人民高兴不高兴，人民赞成不赞成，人民答应不答应"的形象化论断，坚持了人民利益高于一切的价值观；江泽民提出要"诚心诚意为人民谋利益"，"我们共产党人全部工作的出发点和归宿，都是为人民谋利益。这是我们的立党之本，执政之本"。① 而且深刻指出，"不断发展先进生产力和先进文化，归根到底都是为了满足人民群众日益增长的物质文化需要，不断实现最广大人民的根本利益"。② 胡锦涛坚持以最广大人民根本利益为最高标准，提出了以人为本的科学发展观。可见，贯穿不同时期中国共产党政治发展的一条红线就是以人民利益为标准的价值取向。因此，我们党要始终代表中国最广大人民的根本利益，党的理论、路线、纲领、方针、政策和各项工作，就必须坚持把人民的根本利益作为出发点和归宿，充分发挥人民群众的积极性、主动性、创造性，在推动社会不断进步的基础上，使人民群众不断获得切实的经济、政治、文化利益，使人民的生活更加美好。失去了这样一个终极价值，中国政治发展就失去了方向、动力和依托。

中共十七大明确指出，要始终把实现好、维护好、发展好最广大人民的根本利益作为党和国家一切工作的出发点和落脚点，尊重人民主体地位，发挥人民的首创精神，保障人民各项权益，走共同富裕道路，促进人的全面发展，做到发展为了人民、发展依靠人民、发展成果由人民共享。中国的政治发展应当有利于绝大多数人权利和利益的保障和实现，"忽视了这一根本问题，中国的政治建设与政治发展就会缺乏动力支持，也就失去了真正的意义和价值"。③ 因此，实现和发展广大人民群众的根本利益是社会主义政治发展最根本的价值取向，"90 年来党的发展历程告诉我们，来自人民、植根人民、服务人民，是我们党永远立于不败之地的根本。"④

（4）从实际出发，从中国的国情出发探索中国政治发展的规律与道路，制

---

① 江泽民：《高举邓小平理论伟大旗帜，把建设有中国特色社会主义事业全面推向二十一世纪：在中国共产党第十五次全国代表大会上的报告（1997 年 9 月 12 日）》，《人民日报》，1997 年 9 月 22 日。

② 江泽民：《论三个代表》，中央文献出版社，2004 年版，第 163 页。

③ 张贤明、杨渊浩：《新中国 60 年政治建设与政治发展经验的几点思考》，《政治学研究》，2009 年第 6 期，第 10 页。

④ 胡锦涛：《在庆祝中国共产党成立 90 周年大会上的讲话》，人民出版社，2011 年版，第 14 页。

定中国政治发展的战略目标和根本原则，绝不盲目照抄照搬。

每一历史时期的政治发展，需要特殊阶段的政治发展理论。政治发展理论不是僵死凝固的，它需要不断地创新才能满足每一时期政治发展的需要。而与具体实际相结合，从本国国情出发，是一切政治发展理论创新的先决条件。90年来，中国共产党从中国的国情出发，着眼于中国社会变化的实际和每一时期中国政治发展的主题和任务，不断推进政治发展理论创新，独立自主地探索政治发展道路，使中国特色社会主义政治发展事业迈上了顺利前进的快车道。"实践证明，中国这个客观世界，中国人自己才能真正认识，不是别人所能认识的。"① 从根本上说，一国政治发展的目的和价值在于服务于本国人民，同时也只能从本国的国情出发，制定自己的政治发展战略和根本原则，才能逐渐地接近和实现这一目标，拘泥于别国的经验、模式和固有纸面的教条，往往只会缘木求鱼，结果只能是南辕北辙，适得其反。中国共产党从追求民族独立、人民解放，到实现小康、解决温饱，再向中华民族的伟大复兴迈进，克服了政治发展道路上重重困难和障碍，实现了一个又一个政治发展的目标，成功的秘诀之一就在于中国共产党始终坚持从中国的实际出发，从中国人民的根本利益出发领导和推动政治发展。

政治发展只有植根于一定的历史—社会—文化条件，以本国的国情、地域、传统等为依据，只有与经济、社会和文化的发展相协调，才能顺利推进，同时"政治发展是路径依赖的一个过程。一旦选定了一个制度，今后发现错了再想改是非常困难的"。② 这就要求需要将更多的精力和资源投入到积极稳妥的改革发展当中，在始终保持健康、持续的经济社会发展态势的过程中发现问题、研究问题、解决问题。事实上，中国共产党在中华人民共和国成立后所领导的政治发展，尤其是改革开放以来的中国政治发展实践中所总结出的一条最重要经验就是，中国的政治发展必须始终坚持在积极稳妥推进的全面改革和保持良好势头的经济社会发展中寻求微观领域具体问题的解决之道，这也正是与一些原社会主义国家和后发现代化国家相比，中国特色社会主义政治发展能够最终克服困难，闯出改革发展新路的关键所在。

与此同时，政治发展是人类政治文明的重要组成部分，我们要积极学习、吸收和借鉴世界上其他国家政治发展的成功经验，但必须结合本国的特点进行，防止出现"生于淮北而为橘，生于淮南而为枳"的结果。就国外政治发展的经验来看，政治发展模式和道路的简单嫁接往往容易造成政治灾难和社会动荡不安，非洲和拉美的民主化进程就给我们敲响了警钟。正是基于对国内外政治发展经验教训的深刻洞察，邓小平谆谆告诫，"我们既不能照搬西方资本主义国家的做法，

① 胡绳主编：《中国共产党的七十年》，中共党史出版社，1991年版，第226页。
② 王绍光：《民主四讲》，三联书店，2008年版，第188页。

也不能照搬其他社会主义国家的做法，更不能丢掉我们制度的优越性"。① 特别要从思想上、实践中抵御西方民主制度的诱惑，"如果不顾国情，违背人民的根本利益，照搬'三权分立'、西方式的多党制和两党制，必然从根本上动摇人民当家作主的政治地位，动摇我国政治稳定的根基，导致社会混乱，人民遭殃"。② 从根本上说，这是因为中国的民主模式"是区别于西方多党制民主的一种构想，其基本宗旨在于既能保证共产党的领导，又能顺应民主政治的历史趋势"。③

90 年来我们之所以能够在政治方面取得了可以和经济领域相媲美的巨大成就，与不懈探索最适合中国国情的中国特色社会主义政治发展之路是不无关系的。早在改革开放之初，中国共产党就已明确："把马克思主义的普遍真理同我国的具体实际结合起来，走自己的道路，建设有中国特色的社会主义，这就是我们总结长期历史经验得出的基本结论。"④ 这是整个改革开放时期中国政治发展遵循的基本原则，也是中国特色社会主义政治发展道路形成的基本政治认知条件。在思考解决"什么是社会主义，怎样建设社会主义"的过程中，中国共产党恢复、重建、完善了党和国家的各项民主政治制度，强调民主的制度化、法律化，以及法制建设对民主的保障作用；重视社会主义精神文明建设，以思想道德建设为核心大力发展社会主义政治文化等，社会主义政治体制改革的蓝图得到了初步勾勒，而以政治体制改革推动政治发展的具体目标、内容以及必须坚持的原则等内容也已经开始被有机整合进一个完整的理论体系当中，这无疑就"为中国特色社会主义政治发展道路的诞生作了理论与实践的准备"⑤。进入新的历史时期，中国共产党把"发展社会主义民主政治，建设社会主义政治文明"作为社会主义政治发展的重要目标，使中国特色社会主义政治发展迈向更为宏大之域，表现出了更高的境界和追求，在中国特色社会主义政治发展的实质内涵日渐明晰的前提下，"中国共产党人和中国人民对自己选择的政治发展道路充满信心，将坚定不移地把中国特色社会主义政治建设推向前进。"⑥ 并开始明确提出"政治发展道路"这一概念。其后，中国共产党还进一步对中国特色社会主义政治发展道路的内容、本质、措施和发展动力等问题进行了深刻的阐述，科学发展观、构建社会主义和谐社会等一系列重要战略思想的提出，都为中国特色社会主义政治

① 《邓小平文选》第 3 卷，人民出版社，1993 年，第 256 页。

② 郑言：《回顾与思考：新中国政治建设与发展 60 年》，《政治学研究》，2009 年第 5 期，第 17 页。

③ 胡伟：《民主政治的历史趋势与党内民主的选择》，转引自高建、佟德志主编《党内民主》，天津人民出版社，2010 年版，第 266 页。

④ 《邓小平文选》第 3 卷，人民出版社，1993 年版，第 3 页。

⑤ 侯远长：《辛亥革命以来社会主义政治发展道路的历史进程》，《中国浦东干部学院学报》，2011 年第 2 期。

⑥ 《十六大报告辅导读本》，人民出版社，2002 年版，第 34 页。

发展实现"又好又快"的发展指明了方向，创造了条件。由此，经过数代党中央领导集体和中国人民的伟大探索、实践与理论总结，"中国特色社会主义政治发展道路"① 这一科学命题正式提出，概括地讲，"中国特色社会主义政治发展道路，就是在中国共产党领导下，立足本国基本国情，以发展社会主义民主政治为目标，积极稳妥地推进政治体制改革，坚持党的领导、人民当家作主、依法治国有机统一，坚持和完善人民代表大会制度、中国共产党领导的多党合作和政治协商制度、民族区域自治制度以及基层群众自治制度，不断推进社会主义政治制度自我完善和发展，提高社会主义政治文明水平"。② 从根本上说，这条政治发展道路理论论证了一个国家选择什么样的政治发展道路，主要是由这个国家的国情和国家性质决定的，虽然后发现代化国家实现政治发展需要借鉴人类政治文明的一切有益成果，但绝不意味着要照搬别国的政治制度模式。"中国特色社会主义政治发展道路是中国共产党领导中国人民在长期实践中走出的一条符合我国国情、顺应时代潮流，能够实现坚持党的领导、人民当家作主、依法治国有机统一，能够为国家富强、民族振兴、人民幸福、社会和谐提供根本政治保证的政治发展道路。"③既是对中国人民在中国共产党领导下坚定不移地沿着中国特色社会主义政治发展道路继续前进信心的宣示，同时也表明在中国共产党领导下的当代中国政治发展已经开始自觉有效地突破西方固有政治发展模式的窠臼，使对政治发展规律的认识逐渐进入一个新的境界。

"中国特色政治发展道路是中国共产党与中国人民长期奋斗的重大理论和实践成果，反映了时代特点，顺应了世界政治发展的潮流，体现了中国特色社会主义事业的发展要求。"④ 在今后的政治发展当中，仍将坚定不移地沿着这条道路继续前进。

（5）不断加强党的先进性建设，始终坚持和改善党对政治发展的领导，保证党处于"总揽全局、协调各方"的地位。

"先进性是马克思主义政党的本质属性，是马克思主义政党的生命所系、力量所在。"⑤ 因此，先进性是中国共产党领导政治发展的合法性资源和依据。中

---

① 胡锦涛：《高举中国特色社会主义伟大旗帜　为夺取全面建设小康社会新胜利而奋斗——在中国共产党第十七次全国代表大会上的报告（2007 年 10 月 15 日）》，《人民日报》，2007 年 10 月 25 日。

② 侯远长：《辛亥革命以来社会主义政治发展道路的历史进程》，《中国浦东干部学院学报》，2011 年第 2 期，第 102 页。

③ 胡锦涛：《在庆祝中国人民政治协商会议成立 60 周年大会上的讲话》，《人民日报》，2009 年 9 月 21 日。

④ 庄聪生：《中国特色社会主义政治发展道路初探》，《民主》，2007 年第 5 期，第 3 页。

⑤ 胡锦涛：《在庆祝中国共产党成立 85 周年暨总结保持共产党员先进性教育活动大会上的讲话》，人民出版社，2006 年版，第 10 页。

国共产党的执政地位是中国人民在长期的历史发展中自觉选择的结果，因而党的先进性又是维系现代公民对政治体系的认同与忠诚的政治心理基础。中国共产党作为中国唯一的执政党，也只有保持自身的先进性才能适应长期连续执政的现实需要。更重要的是，先进性这一命题从来都是历史的、具体的，过去先进不等于现在先进，现在先进不等于永远先进，所以中国共产党的先进性一方面是由其性质和宗旨决定的，但更重要是"靠坚持不懈地开展自身建设来保持和发展的"。① 在领导中国政治发展的过程中，中国共产党对于上述问题始终保持着清醒的认识。这就决定了先进性建设一直是党的建设的一条主线，保证了中国共产党能够在不同历史条件下不断加强和改善对政治发展的领导，使其始终在政治发展中发挥"总揽全局、协调各方"的作用。

"先进性是中国共产党的诞生证。"② 中国共产党是工人阶级先锋队，先进的阶级特质加上以先进的马克思主义理论为指导，中国共产党一经登上历史舞台，中国政治发展的面貌就焕然一新了。以毛泽东为代表的共产党人把马克思主义的党建理论与中国具体实际相结合，形成了一条着重从思想上建党、组织建设紧密跟进、作风建设贯穿其中的保持和发展党的先进性的道路，在农民、小资产阶级人口汪洋大海的国度里，缔造了一个在"全国范围的、广大群众性的、思想上政治上组织上完全巩固的布尔什维克化的中国共产党"。当新民主主义革命即将在全国取得胜利时，中国共产党又以"进京赶考"的姿态和思想准备，提出了对全党上下牢记"两个务必"，警惕资产阶级"糖衣炮弹"袭击危险的教育。新中国成立后，中国共产党在执政条件下继续对保持和发展党的先进性进行探索，通过开展整党整风运动，纠正了党内滋生的不良倾向。"从总体上看，20 世纪 50 年代是新中国成立以后反腐败成效最为显著、政治最为廉洁的一个时期。"③ 这表明，在经由革命党到执政党地位转变之后，中国共产党仍然经受住了考验，证明自己足以继续承担中国政治发展事业坚强领导核心的职责。十一届三中全会以后，以邓小平为核心的中央领导集体重新确立了党的思想路线、政治路线和组织路线，在改革开放的历史条件下围绕保持和发展党的先进性提出了一系列重要思想。坚持党要管党、从严治党，要求党必须适应改革开放和现代化建设的需要，以崭新的姿态，站在改革和现代化建设的前列，成为一个勇于改革、充满活力的党，纪律严明、公正廉洁的党，选贤任能、卓有成效地为人民服务的党；"执政

---

① 陈占安主编：《党的十六大以来马克思主义中国化的新进展》，北京大学出版社，2008 年版，第 278 页。

② 秋石：《深刻理解保持和发展马克思主义政党先进性的根本点——学习胡锦涛总书记"七一"重要讲话》，《求是》，2011 年第 15 期。

③ 李义凡：《解放初期我国反腐败制度建设的主要历史经验》，《马克思主义与现实》，2008 年第 5 期。

党的党风问题是有关党的生死存亡的问题"①，这一时期，在改变原先主要依靠群众性政治运动推动党的建设的模式的前提下，中国共产党针对权力过分集中、管理体制存在弊端以及经济社会领域出现的新问题等，主要致力于依靠改革制度、完善法制的方式探寻反腐倡廉建设之路。② 进入深入改革发展的新历史时期，以江泽民为核心的中央领导集体，根据国内外形势的变化，围绕在长期执政条件下"建设什么样的党、怎样建设党"这个重大问题，开展"三讲"教育活动，提出并贯彻"三个代表"重要思想，还提出要围绕不断提高党的领导水平和执政水平、提高拒腐防变和抵御风险能力这两大历史性课题，全面推进党的建设的新的伟大工程，强调治国必先治党，治党务必从严。从理论和纲领上提出了判断马克思主义政党是否先进的"三个是不是"标准、吸收新党员标准以及判断人们政治上先进与落后的"三看"标准，努力把党建设成为"用邓小平理论武装起来、全心全意为人民服务、思想上政治上组织上完全巩固、能够经受住各种风险、始终走在时代前列、领导全国人民建设有中国特色社会主义的马克思主义政党"。③ 十六大以来，以胡锦涛为总书记的党中央继续大力加强党的先进性建设，不断加强和改善党对政治发展的领导，逐渐形成了保持和发展党的先进性的科学体系。胡锦涛指出，中国共产党之所以能够成为领导中国政治发展的核心力量，承担起中国人民和中华民族的历史重托，在剧烈波动的国际国内环境中始终立于不败之地，根本原因是中国共产党始终做到"三个代表"，始终高度重视并不断保持和发展自己作为马克思主义政党的先进性。④ 此外，在学习实践"三个代表"重要思想的过程中，中国共产党还深刻分析党的先进性存在的突出问题，总结出保持党的先进性的"五条"经验，提出加强党的先进性建设的"四项"要求，进一步明确党的先进性集中体现在"五个坚持"和党的先进性建设的基础、着力点、衡量标准、基本要求以及历史意义，深刻阐明了在长期执政和改革开放的条件下加强党的先进性建设的重大意义、科学内涵、目标任务和实现途径等一系列重要问题，初步揭示了中国共产党先进性建设的规律，有力推进了党的建设理论与实践的发展。面对着社会经济发展变迁对党的执政能力提出的更高要求，中国共产党还十分重视党的执政能力建设问题，这表现在其不仅对执政能力的科学内涵做出科学的阐释，提出民主执政的命题和建设马克思主义学习型政党的战略任务，以应对世情、国情和党情发生深刻变化条件下党所面临四种考

---

① 《陈云文选》第3卷，人民出版社，1995年版，第273页。

② 杨海蛟主编：《回顾与展望——改革开放以来的中国政治发展》，人民出版社，2008年版，第567页。

③ 江泽民：《江泽民文选》（第2卷），人民出版社，2006年版，第43页。

④ 胡锦涛：《在庆祝中国共产党成立85周年暨总结保持共产党员先进性教育活动大会上的讲话》，人民出版社，2006年版，第4页。

验和四种危险对政治发展带来的挑战和冲击，而且反映在其不断巩固自身科学执政、依法执政的基础上。中国共产党就强调既要"改革和完善党内监督体制，加强党的代表大会、党的委员会全体会议、党代会代表的监督作用，健全和规范党委常委会向全委会定期报告工作并接受监督制度，充分发挥民主生活会、巡视工作作用"①。"加大监督力度，突出监督重点，前移监督关口，加强对领导干部特别是主要领导干部行使权力的监督，加强对制度执行的监督，加强对重点人员、重点岗位、重要职能、重要事项的全方位全过程监督，增强监督的权威性和有效性。"②同时，中国共产党也注意在组织建设方面深入推进党的建设和组织工作改革创新，确立德才兼备、以德为先的干部任用标准，大力加强领导班子思想政治建设，制定和落实党政领导班子建设规划纲要，对关键岗位干部实行重点管理；以民主、公开、竞争、择优为重点，全面深化干部人事制度改革，制定新的十年改革规划，大力推进竞争性选拔干部，建立健全促进科学发展的领导班子和领导干部考核评价机制，坚决整治选人用人上的不正之风，提高选人用人公信度；大规模培训干部，增强干部教育培训的针对性实效性；确立党管人才原则，提出科学人才观，大力实施人才强国战略。作为对加强党自身建设经验的总结，胡锦涛在建党90周年的讲话中，从思想、作风、组织等方面系统阐述了保持中国共产党先进性的根本点③，成为新时期加强党的先进性建设、改善党对政治发展领导的宣言书。

总而言之，自中国共产党诞生90年来，中国共产党通过其在中国革命和建设实践中的表现充分证明自己足以能够承担领导中国政治发展事业的重任。可以预见，在沿着中国特色社会主义政治发展道路继续前进的历程中，中国共产党还将继续不断巩固自身的领导执政基础，提高应对各种风险和挑战的能力，整合社会各方面的积极力量，投入到推动中国特色社会主义政治发展的伟大事业中来。

---

①② 胡锦涛：《在第十七届中央纪委第五次全体会议上的讲话》，2010年1月12日。

③ 胡锦涛：《在庆祝中国共产党成立90周年大会上的讲话》（2011年7月1日），人民出版社，2011年版，第9~10页。

中国改革开放以来政治体制改革的光辉历程、基本经验与应当注意的几个理论问题

郑　慧

2009 年 3 月 2 日

郑 慧

中国社会科学院政治学所研究员，研究生院政治学系教授

摘　要： 本文详细梳理了从 1978 年到 2008 年中国政治体制改革的历史轨迹，总结了政治体制改革在六个不同阶段取得的主要成就。同时概括了中国政治体制改革的三大成功经验并结合当前中国面临的机遇和挑战，提出了中国进一步推进政治体制改革需要注意的几个问题。

关键词： 中国政治体制改革　历程　经验　问题

1978 年中共十一届三中全会以来，中国开启了政治体制改革的探索之路。经过 30 多年的不懈努力，取得了辉煌成就，积累了许多经验。

30 多年来中国政治体制改革的历程

中国的政治体制改革是从中共十一届三中全会开始的，到目前为止，30 多年的政治体制改革历程大致可以划分为六个阶段。

第一阶段：政治体制的恢复和改革的起步阶段（1978 年十一届三中全会至 1982 年中共十二大）。

在这一阶段，遭到"文革"破坏的政治体制开始恢复。十一届三中全会召开以后，中央书记处、中央组织部、中央统战部、中央宣传部、中央政法小组（1980 年改为中央政法委员会）、中央财经小组先后恢复工作，中央和地方重新设置了纪律检查组织，恢复了中国共产党内监督机制。全国人大及其常委会恢复了正常工作，并恢复了对国民经济计划和预决算，以及人民法院、人民检察院工作报告的审议。中央和地方各级的权力机关和行政机关也基本得到恢复。各级司法部门也基本恢复，并重建了律师制度和律师辩护制度。《中国人民政治协商会议章程》的通过标志着人民政协制度的恢复。

十年"文化大革命"给中国共产党和国家带来重创，根本问题是我们中国共产党和国家领导体制存在着重大的弊端。十一届三中全会论述了政治改革的必要性，在对原有的政治体制进行恢复的基础上开始进行初步改革。采取措施改变权力过分集中的现象，在中国共产党的领导层设立中央书记处，使中共中央形成了中央书记处、中央政治局和中央政治局常委会三个层次的领导体制。随后对国务院部分领导成员进行调整，结束了党、政、军的最高职务集于一身的状况，并开始出现了党、政、军三大权力的合理分工。废除实际上存在的干部职务终身制，1980～1982 年，先后颁布的《关于老干部离职休养的暂行规定》、《关于建立老干部退休制度的决定》和《关于老干部离职休养的几项规定》，使干部人事制度改革有了一个良好的开端。为了建立强有力的政府工作系统，加强国务院的领导体制，国务院增设了国务委员，减少了副总理人数。《关于修正〈中华人民共和国宪法〉若干规定的决议》、《地方各级人民代表大会和地方各级人民政府组织法》和《全国人民代表大会和地方各级人民代表大会选举法》，对地方政权组织和选举制度作了重要改革。从 1980 年底开始，中国少数企业进行了厂长负责制和公司董事会领导下的经理负责制和改革试点工作。《国营工业企业职工代表大会暂行条例》的实施推进了企业领导体制改革的实践在较广泛的范围内实行。此外，法制建设在司法机关恢复的基础上也有所进展，人大常委会设立了全国人大常委会法制委员会，制定并施行了《刑法》、《刑事诉讼法》等一系列重要的法律、法令和条例。

第二阶段：政治体制改革的继续推进阶段（从中共十二大至 1986 年）。

（1）中共十二大明确提出继续改革和完善政治体制的任务。健全中国共产党的民主集中制，使党内政治生活进一步民主化；改革领导机构和干部制度，实现干部队伍的革命化、年轻化、知识化、专业化；加强中国共产党在工人、农民、知识分子中的工作，密切中国共产党同群众的联系；有计划有步骤地进行整理，使中国共产党的党风根本好转。新《中国共产党党章》的修改将中共十二大报告这一指导思想贯彻其中，对党的领导的必要性和重要性、中国共产党的领导方式、中国共产党的组织制度、中国共产党的民主集中制等方面都做了更加具体和明确的规定。

（2）新《宪法》的修改再次吹响了政治体制改革的号角。根据《宪法》规定的"中华人民共和国的国家机构实行民主集中制的原则"，对国家机构和领导体制作了许多重要的新规定。加强了全国人大常委会的工作，恢复了国家主席的建制，设立了中央军事委员会，领导全国武装力量，取消实际上存在的国家领导职务终身制，把居民委员会、村民委员会等群众性自治组织的地位和作用列入了宪法。五届全国人大五次会议根据《宪法》对国家机构所作的一系列新的重要规定和实践中出现的一些新的情况和问题，对《中华人民共和国人民代表大会组织法》、《中华人民共和国国务院组织法》、《地方各级人民代表大会和地方各级人民政府组织法》、《全国人民代表大会和地方各级人民代表大会选举法》作了相应的修改或者重新修订，并公布施行。

（3）局部深入推进政治体制改革。中共十二大以后，中国政治体制改革得到深入推进。中国共产党的干部制度建设开始起步，积极推进了中国共产党党内民主。十二大设立了中央顾问委员会，取消了实际存在的国家领导职务终身制。在加强干部队伍"四化"建设的同时，改革干部管理体制，把握只管下一级的原则，建立"人才交流中心"的社会调节机构，部分实行了干部任期制和选聘合同制，积极推进中国共产党党内民主，实行差额选举。社会主义民主和法制建设取得了进展。改革地方和基层政府机构，《中央党政机关改革第一阶段总结和下一阶段打算》和《关于省市自治区党政机构改革若干问题的通知》以及地市州和县级党政机关机构改革的问题发出通知等为各级中国共产党政机构的改革提出了要求。在农村实行政社分开，各地经过充分准备，根据具体条件分期分批地展开了建立乡（镇）政府的工作。在以城市为重点的全面经济体制改革中实行政企职责分开，企业试行中国共产党政分开。认真贯彻十六字方针，发展共产党领导的多党合作和政治协商制度，制定和颁布《民族区域自治法》，巩固民族区域自治制度，赋予经济特区和开放城市更大的自主权等。

第三阶段：全面配套改革阶段（1986～1989年）。

随着经济体制改革的不断深入和全面铺开，政治体制改革与经济体制改革不相适应的问题更加凸显，迫切需要通过政治体制的全面配套改革予以解决。邓小平在多次谈话中强调了政治体制改革的必要性，为政治体制改革指明了方向与目标。中共十三大依据处在社会主义初级阶段的中国的实际和社会主义现代化建设的需要，在深刻分析政治体制改革的必要性和紧迫性的基础上，阐述了改革的目标、任务和原则，勾画了中国政治体制改革的蓝图。政治体制改革的总目标是为了在中国共产党的领导下和社会主义制度下更好地发展社会生产力，充分发挥社会主义的优越性。政治体制改革主要内容为实行党政分开，加强中国共产党党内民主制度建设，进一步下放权力，改革政府工作机构，进一步改革干部人事制度，建立社会协商对话制度，完善社会主义民主政治的若干制度，加强社会主义法制建设，加强中国共产党的制度建设。

中共十三大以后，政治体制改革规划的近期目标开始付诸实施。中国共产党的领导体制得到重大改革。《十三届中央政治局工作规则（试行）》、《十三届中央政治局常委会工作规则（试行）》和《十三届中央书记处工作规则（试行）》和《国务院的工作规则》的制定，明确地区分了中国共产党中央机构和中央人民政府各自的职能、工作范围和工作方式，为中国共产党中央和国家最高行政机关的关系按照党政职能分开的要求形成合理的格局，提供了初步的规范。根据党政职能分开的要求，改革了中央纪律检查委员会的领导体制并构建了新的国家监察系统。同时，中共十三大后逐步撤销了在国家各部门设立的监察组，对国家各部门的监察工作由国家监察部负责。中国共产党的中央和地方领导机构改革成果显著。按照《中国共产党中央直属机构改革实施方案》改革后，中国共产党中央原有的 26 个直属工作机构和事业单位改为 23 个。各省、自治区、直辖市的党政领导机构也按照党政职能分开的要求相继制定了各自的有关工作规则。同时，地方的中国共产党委在具体的组织形式和工作方式上进行了一系列改革。以转变政府职能为关键改革了政府机构。按照《国务院机构改革方案》，部委一级机构撤销 12 个，新组建 9 个部委，保留 32 个，合起来由原来的 45 个调整为 41 个，新华社转为事业单位等。但为了集中力量搞好治理整顿，暂停了省、自治区、直辖市一级的政府机构改革。全面开展建立国家公务员制度的准备工作，推进人事制度改革。人事部于 1988 年 10 月提出了《国家公务员暂行条例》草案第 15 稿，提出了关于业务类公务员的职位分类、考试录用、考核、奖惩、职务升降和任免、培训、转任与回避、工资福利、申诉控告、辞职辞退、退休退职等方面的管理制度和管理办法并进行了中央和地方公务员制度的试点。人民代表大会制度进一步加强和完善，继续增强选举的民主化程度，要求必须实行差额选举和代表联名推荐候选人。坚持和完善中国共产党领导的多党合作和政治协商制度，《关于政治协商、民主监督的暂行规定》明确了人民政协的主要职能以及政治协商、民主监督的主要内容和形式。《中共中央关于坚持和完善中国共产党领导的多党合作和政治协商制度的意见》的实施为民主党派开展活动创造了有利条件。基层民主也取得很大的进展。《中华人民共和国村民委员会组织法（试行）》、《中华人民共和国城市居民委员会组织法》两部法律的制定施行，保证了群众依法自我管理、自我教育、自我服务，使基层政权体制和边界的划分更加合理、清楚，有力地促进了城乡基层民主的发展。

第四阶段：政治体制改革的调整和继续推进阶段（1989 年至 20 世纪 90 年代中后期）。

1989 年之后，改革的风险性和稳定的重要性显现出来，稳定成为中国社会主义改革开放和现代化建设的前提，是压倒一切的政治问题。中共中央在冷静分析国内外形势的基础上，在坚持十一届三中全会以来的基本路线和基本政策不变的前提下，在具体思路和做法上对政治体制改革进行了调整。政治体制改革的整体步伐有所放缓。1992 年春天，邓小平南方谈话再次拉开了新一轮改革开放的序幕，政治体制改革随经济体制改革的深入再度提出。邓小平提出的判断各项工作是非得失的"三个有利于"标准，为继续推进政治体制改革指明了方向，消除了疑惑。江泽民在中央党校的讲话中较为具体地阐述了政治体制改革问题。中共十四大再一次把政治体制改革的任务提到日程上来，报告以"积极推进政治体制改革，使社会主义民主和法制建设有一个较大发展"总领了对政治体制改革任务的安排和部署。

为贯彻落实中共十四大"积极推进政治体制改革"的重大决策，政治体制在以下几个方面继续深入：全国人大及其常委会制定了关于加强对法律实施情况检查监督的若干规定，全国人大常委会听取和审议国务院及其部门和最高人民法院、最高人民检察院的工作报告已经形成制度。进一步完善选举制度。1995 年通过修改选举法和地方组织法的两个决定，缩小了农村与城市每一代表所代表的人口数的比例，规范了地方各级人大代表名额，简化了选民直接选举县、乡两级人大代表的手续；完善了差额选举和提名、确定候选人的程序等。继续改革政府机构，1993 年 3 月全国人大批准了国务院机构改革的方案。1995 年基本完成省级机构改革方案的实施工作，1996 年上半年大部分地、市、县完成了机构改革的任务。中国共产党领导的多党合作与政治协商制度的建设有了新的发展，《中国人民政治协商会议章程（修正案）》把参政议政列入政协的主要职能，《政协全国常委会关于政治协商、民主监督、参政议政的规定》进一步明确了政协履行职能的主要任务和基本方法，完善和规范了政协的工作。干部人事制度改革进一步深化，从《国家公务员暂行条例》的颁布到 1997 年 3 月 26 日人事部出台《关于建立国家公务员申诉案件备案的通知》，历时四年的公务员制度推行工作，在全国各级政府机关稳步展开。法制建设步伐明显加快，中共十四大以来，涉及政治体制改革方面，制定和修改了一批重要的法律。法官法实施后，最高人民法院立即作出部署，制定了法官考评委员会、法官考试、法官培训等配套实施办法，并制定了法官登记暂行规定。各地检察机关也积极推进司法改革。法律服务业方面，建立和健全了律师工作的规章制度体系，律师制度的基本框架已初步形成，司法部正式提出建立法律援助制度。

第五阶段：政治体制改革的突进阶段（1997 年中共十五大~2007 年中共十七大）。

随着经济体制改革的日益进入攻坚和体制创新阶段，中国政治体制改革的必要性和紧迫性日益增强。中共十五大提出建设"社会主义法治国家"，对政治体制改革的认识更加清晰。中共十五大报告第一次确认"法治"概念，规定了政治体制改革当前和今后的任务，即健全民主制度；加强法制建设；推进机构改革；完善民主监督制度；维护安定团结。1998 年 3 月的《国务院机构改革方案》提出了机构改革的目标，根据《国务院机构设置和调整国务院议事协调机构方案》进行国务院机构改革。然后启动了地方政府机构改革，要求地方各级政府编制要达到精简原定编制数的 50%。行政审批制度开始进行改革，取得了初步成效。加强了法制建设，《立法法》的制定和颁布施行，使中国立法制度逐步健全。司法救助制度形成。反腐败和廉政建设继续深入。扩大基层民主和发展民主自治，《中华人民共和国村民委员会组织法》是加强农村基层民主建设，实行民主选举、民主决策、民主管理、民主监督的一部重要法律。《民族区域自治法》的修正案正式颁布标志着中国的民族区域自治制度和民族团结进步大业进入了一个新阶段。

中共十六大提出"建设社会主义政治文明"，政治体制改革地位更加突出。随着"政治文明"概念的提出，中共十六大对政治体制改革的目的、途径、内容阐述得更加具体深刻，标志着中国政治体制改革进入了一个全新的阶段。中国共产党领导体制建设的一大亮点就在于提出中国共产党的执政能力建设问题，《中共中央关于加强中国共产党的执政能力建设的决定》的贯彻落实使中国共产党的领导水平和执政能力有了新提高。中共十六大以来，各级中国共产党组织建立健全充分反映党员和党组织意愿的中国共产党内民主制度。中央和地方各级党委常委会向全委会负责、报告工作和接受监督的制度，党的代表大会代表提案制度，代表提议的处理和回复机制等，逐步得到落实。2004 年 9 月，中央颁布《中国共产党员权利保障条例》，逐步扩大中国共产党党务公开范围，建立和完善中国共产党党内情况通报制度、中国共产党党内重大决策征求意见制度等。深化行政管理体制和政府机构改革。中共十届人大一次会议通过了《国务院政府机构改革方案》，着手进行新一轮的政府机构改革。在政府体制改革方面，政务公开工作不断深化并逐渐制度化。《关于在全国乡镇政权机关全面推行政务公开制度的通知》，对乡（镇）政务公开作出部署，对县（市）级以上政务公开提出了要求。2003 年"非典"期间启动了问责制，"非典"过后，从中央到地方开始加快推行问责制的制度化。干部人事制度逐步完善，初步形成了相互配套、有机衔接、较为完备的干部人事工作制度体系。中共十六大以来，制定了《2006～2010年全国干部教育培训规划》，颁布《干部教育培训工作条例（试行）》。中央人才工作协调小组制定下发了《中共中央、国务院关于进一步加强人才工作的决定》，加强了对人才工作的宏观指导。继续推进法制建设。《中华人民共和国宪法修正案》将"三个代表"重要思想载入了《宪法》，"公民的合法的私有财产不受侵犯"、"尊重和保障人权"等直接关系到中国政治发展宗旨和方向的重大问题也以根本大法的方式确立起来。《司法解释备案审查工作程序》的颁布标志着中国已经启动了真正意义上的违宪审查制度。继续加强监督体制的完善，坚决反对腐败。2004 年 2 月，中央颁布《中国共产党党内监督条例（试行）》，要求建立和完善集体领导和分工负责、重要情况通报和报告、述职述廉、领导推荐负责、民主生活会、巡视、谈话和诫勉、询问和质询等监督制度。此后，《中国共产党纪律处分条例》、《中国共产党党员权利保障条例》两部重要的中国共产党党内法规相继颁布实施。同时，中央纪委及时组织专门力量，认真开展《关于建立健全惩治和预防腐败体系》的课题调研，形成了《关于建立健全惩治和预防腐败实施纲要》并正式颁布实行。多党合作和政治协商制度继续向纵深发展。中共中央先后发出了对多党合作和政治协商制度具有指导和推进意义的三个文件，即《关于进一步加强中国共产党领导的多党合作和政治协商制度建设的意见》、《中共中央关于加强人民政协工作的意见》和《中共中央关于巩固和壮大新世纪新阶段关于加强统一战线工作的意见》。

第六阶段：政治体制改革的深化阶段（中共十七大召开之后）。

2007年6月25日，胡锦涛在中国共产党党校省部级干部进修班发表重要讲话时指出，"中国政治体制改革必须坚持正确的政治方向，必须随着经济社会发展不断推进，努力与中国人民政治参与的积极性不断提高相适应"。中共十七大从六个方面对未来政治体制改革任务进行了部署，包括：扩大人民民主，保证人民当家作主；发展基层民主，保障人民享有更多更切实的民主权利；全面落实依法治国基本方略，加快建设社会主义法治国家；壮大爱国统一战线，团结一切可以团结的力量；加快行政管理体制改革，建设服务型政府；完善制约和监督机制，保证人民赋予的权力始终用来为人民谋利益以及"以改革创新精神全面推进中国共产党建设新的伟大工程"，构成了全面推进深化政治体制改革建设的宏伟蓝图。

中共十七大后，十一届全国人大一次会议和全国政协十一届一次会议在深化政治体制改革方面迈出了崭新的步伐，进一步释放出了中国深化政治体制改革的决心与诚意。人大代表结构进一步优化，领导干部代表减少，一线工农代表增加，人大常委会组成人员候选名单的差额比例从上届的5%提高到7%，对候选人的酝酿由各代表团充分发表意见，更加充分体现了民主原则。中国共产党领导的多党合作和政治协商制度展示了更大活力，这次政协会议上就有4000多份提案、几百个大会发言，平均每个人有两件以上的提案和发言，而且大部分有问题、有分析、有建议。此次"两会"的最大亮点就是推进政府机构改革，探索实行大部门体制。2007年2月27日，中国共产党第十七届中央委员会第二次全体会议通过《关于深化行政管理体制改革的意见》和《国务院机构改革方案（草案）》。2008年3月15日表决通过的《第十一届全国人民代表大会第一次会议关于国务院机构改革方案的决定（草案）》决定，国务院将新组建工业和信息化部、交通运输部、人力资源和社会保障部、环境保护部、住房和城乡建设部。改革后，除国务院办公厅外，国务院组成部门设置27个。此外，中共十七大后，政治体制改革的成果还有《公务员录用规定》、《最高人民检察院检务督察工作暂行规定》。

中国的政治体制改革，大大推动和保障了中国经济社会的发展。其主要经验可以概括为：

第一，改革目标的明确性与推动改革的坚定性相统一。对于社会主义国家中国而言，政治体制改革的目标是为了更好地健全和完善社会主义政治制度，更加充分地发挥社会主义政治制度的本质优越性，而不是为了改变甚至是颠覆重建现有的制度体系。从根本上说，社会主义政治制度适应了社会发展规律，之所以需要改革，是因为它在具体实践过程中受到不完全适应现实需要的体制、机制的束缚，无法充分发挥其优势。因而中国的政治体制改革必须坚持共产党的领导，坚持社会主义不动摇，明确了这一点，就会在实践中牢牢把握政治体制的方向。在社会主义发展史上，一些国家的执政党正是因为没有很好地解决政治体制改革的目标问题，导致改革在盲动中失去方向，以至于最终丧失改革的合理性，使改革成为颠覆社会主义政治制度、给国家和人民造成巨大灾难的开始。这些教训时刻提醒我们，只有明确政治体制改革必须服务于巩固社会主义政治制度，有利于社会主义社会稳定、团结，有利于维护人民群众最根本的政治利益的目标，才具有现实价值和合理性。改革开放以来中国的政治体制改革也正是因为始终坚持明确的改革目标，才不断地战胜种种艰难险阻，健康顺利推进。与此同时，中国政治体制改革取得辉煌成就的另一个重要原因就是从实践目标的要求中获得强大的内生动力，改革成为一个不间断的过程。尽管在改革过程中，在不同的历史发展阶段，政治体制改革会有不同的侧重点和内容，很可能显现出不同的阶段性，但改革从来没有停滞过。从本质上说，中国的政治体制改革并不是针对某一历史阶段内特定目标的"头疼医头，脚疼医脚"的改革，而是中国共产党在对社会主义建设规律、人类社会发展规律、执政规律认识和把握基础上一种高度的自觉。它意味着改革已经被内化为社会主义制度存续的内在要求，内化为社会主义制度适应社会经济形势不断变迁的必要条件。换言之，在中国特色社会主义发展事业中，改革是没有止境的，它是朝着明确目标不断前进的一个持续的动态过程，需要每一代社会主义建设者坚定不移的不懈努力。

第二，政治体制改革内容的丰富性与政治体制改革措施的灵活性相统一。正如上文所述，中国政治体制改革并不局限于特定的对象和问题领域，而是具有丰富的实践内容。从民主体制机制到行政管理体制、社会管理体制，再到利益关系调整机制，政治体制改革涵盖了整个政治体系存续运行过程中方方面面的内容。与一些国家的执政党和政府将改革简化为针对特定问题的做法相比，中国政治体制改革内容的全面性、丰富性，不仅很好地体现出改革的根本目标和动力在于解决关系国计民生的各类实际问题，而且还因为不局限于特定的内容，尤其是那些受到时效性限制的内容，被赋予了更为持久的合理性，因而也更有可能得到来自社会的广泛理解和支持。与此同时，中国政治体制改革的另一个显著特点便是改革措施不拘一格的灵活性，与改革内容的丰富性相呼应，确保了改革的时空性和本土性。诸如，在探索创新实现人民民主的体制机制时，不但没有拘泥于西方既有的各种民主形式，而且结合中国国情对西方模式加以大胆的批判扬弃，超越那种将直接民主与间接民主、选举民主与参与民主简单分割对立的思维，充分发挥自上而下和自下而上民主建设的积极性和创造性，摸索出一系列体现、发展民主制度的新体制、新机制，初步形成了以政治体制改革促进中国特色社会主义民主发展有效形式。

第三，政治体制改革布局的系统性与政治体制改革方式的渐进性相统一。与改革内容的丰富性紧密相关，中国政治体制改革是一项复杂的系统工程，具有牵一发而动全身的相关性，这就要求改革的领导者必须时刻清醒地认识到，应当站在全局的高度对待政治体制改革，处理不同领域、不同时期、不同重要性序列上的政治体制改革的问题，制定出科学的政治体制改革规划，根据实践中总结的正反两方面经验遵循政治体制改革的基本规律，更好地勾画出改革的总体路线图。从改革开放以来的实践看，中国的政治体制改革首先把握住了党和国家领导干部制度改革这一基本切入点，继而将主要力量集中在恢复和发展既有的主要政治制度方面，进而全面铺开，深入推进，这使得每一阶段的改革都能够把握重点，合理分配改革资源，缓解改革中出现的矛盾对社会和政治体系的压力。毫无疑问，注重政治体制改革布局的系统性是中国政治体制改革的重要特征和显著优势之一。同时，与之相适应，中国的政治体制改革基本上是沿着一条结合中国国情渐进稳妥推进的道路前进的。这是因为，无论什么形式的改革，都不可避免地会因为改变利益关系格局而在社会内引发反作用力，如果不对这种反作用力的作用范围和程度加以适当控制，就有可能在极端的情况下葬送整个改革事业。尤其是对中国这样一个处在高速发展中的后发现代化国家而言，政治体制改革的试错空间并不大。因此，中国的政治体制改革既是一个克服固有体制缺陷，建立新体制的过程，同时也是一个整合社会共识，调整社会关系，减少改革负面影响的过程。尤其不可忽视的是政治体制改革所针对的原有体制弊端的认识需要一个过程，新政治体制的探索和重构离不开艰难的探索，因此稳妥渐进的改革步伐是政治体制改革取得成功的唯一选择。及时解决政治体制改革每一阶段出现的各种问题，避免政治体制改革造成的冲击超出当时社会和政治体系的承受能力，中国的政治体制改革才有可能成为一项长久的事业，得到最广泛的支持和拥护，为中国特色社会主义建设事业注入更为强劲的动力。

总结国内外政治体制改革的经验教训，面对新的机遇与挑战，在当今中国推进政治体制改革，必须在坚持社会主义原则、从本国国情出发在党的领导下循序渐进的同时，还应当进一步明确以下几个问题：

（1）政治制度与政治体制的关系。从学理上讲，政治制度和政治体制是两个既相互联系又有区别的概念。二者任何一方都不可能绝对独立存在，而总是彼此联系在一起。政治制度决定政治体制并由政治体制表现出来，政治体制表现政治制度并服务于政治制度。无论什么性质的政治制度都有与其相适应的政治体制，由其反映政治制度的阶级本质和统治阶级的意志，并组织实施阶级统治。同时任何政治体制都不是抽象和空洞的，它反映政治制度的本质要求，以实现政治制度的宗旨为其建立和活动准则。纯粹脱离政治制度的政治体制是不存在的。政治制度总是从各方面制约、影响政治体制，规定政治体制中的权力主体属性、权力结构以及政治体制运行的根本目的和服务方向。政治体制影响政治制度的实现程度和作用发挥的效果。

然而，政治制度与政治体制在国家政治生活中的地位又有所不同。就政治制度整体而言，是一个社会在政治领域为社会成员所规定的根本行为准则，它表明社会性质并以此区别人类社会不同发展历史阶段和类型的主要特点，也是该社会政治系统的本质内容以及表现形式内在的一般规定。任何一个社会的统治阶级总是千方百计地维护和巩固该社会的政治制度，从而维护和巩固自己的阶级地位和既得利益。政治制度的改变，也就意味着该社会各阶级地位与相互关系的根本变化，从而可能带来社会性质的根本变化。政治体制是政治制度形之于外的具体表现和实施形式，是权力配置结构、运行规则和活动方式的总和。如果说政治制度是内容的话，那么政治体制就是反映内容的一种形式。它以政治制度的预定目标为己任，其存在和发展主要以政治制度为依据，政治体制不决定社会性质，只决定政治制度的运行状况和实施程度。政治体制也不决定该社会的阶级本质和阶级关系，但直接影响阶级关系的协调情况。

就其内容方面的差异而言，政治制度是一个社会形态阶级本质的内在规定，反映一个社会的阶级关系，具有鲜明的阶级性，从而也带有排他性。相对于此，政治体制具有多元性和复杂性，它的形成和发展既要适应政治制度的本质要求，同时还受到多种因素的影响。这就使得一种政治制度通过不同的政治体制表现出来具备了可能性。

一般说来，政治制度非经过革命和重大事件不会发生质的变化，具有相对稳定性。当然政治制度建立之后，也会随着经济的发展和社会的进步，不断完善和发展，但这种完善和发展不会发生质的变化。而政治体制不仅可以随着政治制度的完善和发展经常调整，而且还要顺应社会结构、主要矛盾以及社会环境和形势的变化不断变革。政治体制作为政治制度与社会政治活动的双重实现形式，相对于政治制度而言，不断进行调整的必要性与可能性都要大得多。否则，不仅会妨碍政治制度作用的正常发挥，而且会导致政治制度的扭曲和变形。同时，随着人类社会不断地走向文明，科学技术的发展使得人类政治生活更加丰富多彩，社会成员的参与意识、参与能力日益增强，政治体制也将不断地更新内容、方法和形式。

还应看到，制约政治制度与政治体制的因素有所不同。政治制度主要受经济制度和社会结构和阶级结构的影响，有什么样的经济制度、哪个阶级在经济上占有统治地位，就会建立体现哪个阶级、维护哪个阶级利益的政治制度。也就是说政治制度的决定因素相对而言具有单一性、根本性，而政治体制不仅直接受阶级力量对比、政治制度的影响，而且受民族特征、文化传统、地域环境、社会变革方式的影响，同样的政治体制可能和可以服务于不同的政治制度，同样的政治制度也可能采取不同的组织体制。

根据上述分析，我们认为政治体制改革的对象是那些在实践中暴露出弊端或者业已无法满足时代变迁需要的政治体制，而非我国现有的整套政治体制系统，更不能以我国的基本政治制度为变革对象。我国的社会主义政治制度是在民主革命取得胜利的基础上，在马克思主义指导下，结合我国的具体国情建立起来的。实践证明，它具有无可比拟的优越性，也有自己的特点，必须坚定不移地坚持。对于社会主义政治制度，其实是一个完善和发展的问题，而不存在改革问题。从整体上而言，我国的政治体制是适应社会主义政治制度的本质要求建构起来的，曾充满生机和活力，发挥了积极的作用。当然，也不容否认，历史的惯性和痕迹积淀渗透在这一过程中，并获得了一定的表现形式，使其具有潜在的消极因素，与政治制度在一定程度上形成了一定程度的不协调和不一致。况且在社会基本矛盾的辩证运动过程中，政治制度是不断发展的，随之也会出现政治体制与政治制度相矛盾的地方，解决这些矛盾和不协调的根本途径就在于通过改革政治体制，使之更好地体现和服务于政治制度。

明确政治制度与政治体制的区别，有利于准确把握政治体制改革的内容和确定政治体制改革的目标，既避免以坚持社会主义政治制度为理由反对政治体制改革，也防止以推进政治体制改革为旗号否定社会主义政治制度，将坚持巩固社会主义政治制度和实行社会主义政治体制改革有机地统一起来。

（2）政治体制与其他体制的关系。从系统论的角度观察与分析，人类自进入文明社会以来，社会是特定时期政治、经济与文化等共同构成的有机整体。政治、经济与文化相互依存、相互作用，推动了人类社会的进步和发展。尽管各自在社会中的地位不同，发挥的作用也不尽相同，且在学术研究和相对的意义上是相对独立的。但在现实生活中，政治与经济以及其他领域的区分并不是泾渭分明和截然分开的，反而相互渗透或交织在一起，并可以在一定时空范围相互转化。特别是随着政治社会化进程的加快，相当多的社会问题往往与政治有关，许多问题的解决必须借助政治的手段。政治体制与经济体制的关系更多情况下也是如此。实际上，在一定时空范围，经济体制改革都必然也涉及政治体制的不同层面，或者就是政治体制改革，涉及调整权力体系在社会经济体系中的角色与功能，而政治体制改革的许多方面，如政府的职能与权限，决策与政策制定体系，不同层级的政府间权力的划分与配置等，又往往与经济体制相联系。就宏观的改革发展全局来说，经济体制与政治体制的相互交叠与协调发展，有机统一于国家的改革全局，合力推动着国家的现代化进程共同构成了中国改革发展进程的宏大叙事，因此不能将政治体制改革与经济体制改革的规定性截然分开，① 改革开放以来，中国三十多年的经济社会发展成就正是得益于各种体制改革的交相辉映。无论人们承认与否，从计划经济体制向社会主义市场经济体制的改革实践表明，经济体制改革与政治体制改革一道推进的历史脚步从未停滞过。从某种意义上讲，有些改革彼此交织牵涉，既是经济领域的体制改革，也是政治体制改革。众所周知，农村改革开启了中国改革实践进程的序幕，以家庭联产承包为标志的农村生产经营体制改革极大地调动了亿万农民的积极性，解放了农村生产力。这种改革并非仅仅是经济体制改革，因为此改革逐步废除了人民公社和生产大队政社合一的行政命令型管理体制，在乡镇实行政社分开，建立了乡镇人民政府，村级废除了生产大队和生产队，建立了农村自治组织，实行基层群众自治，② 理顺了国家基层治理结构，促进了农村的整体发展。这方面的改革简单地冠之任何一种改革似乎都不太合适。

伴随改革开放的深入所推行的政企分开，重新划分各级政府与企业的关系，改革原有的管理机构与管理方式，充分发挥市场在资源配置中的基础作用，发挥企业在生产经营中的主体作用，把企业的自主权交给企业，使其真正成为自主经营、自负盈亏、自我约束的市场主体。政府负责统筹规划、信息引导、监督检查、提供服务，从很多竞争性领域逐渐退出，不再扮演既是裁判员又是运动员的双重角色。适应市场经济体制的特点，政府逐渐减少直接管理，加强间接管理；减少对微观经济领域的管理，加强宏观调控；减少市场干预，加强市场监管；减少具体的行政审批权限，强化社会服务与民生建设。经过数次反复的政府机构改革，政府的职能和机构已经悄然发生了改变。这样的改革既是经济体制改革的主要内容，也是政治体制改革的重要环节，有机统一于社会主义改革发展进程。

坚持体制改革的有机统一观，不仅是取得改革发展成就的重要经验之一，更是我们正视现实问题、推进政治体制改革所必须的。只有在此指导下，改革进程才能既注重经济体制与政治体制的协调推进，相辅相成、相互促进，同时避免将政治体制与经济体制绝对截然分开，确立全面、系统和联系地分析问题的思维，

---

① 《邓小平文选》（第3卷），人民出版社，1993年版，第176页。
② 秦志华：《中国农村社区组织建设》，人民出版社，1995年版，第14页。

将改革措施置于社会各领域的联系、互动中予以思考和布局。当然，这里所强调的是并非将政治体制与经济体制、文化体制混同起来，也非将所有改革都附加上政治体制的色彩，我们所强调的是，在改革伟大实践中，应当将政治体制与经济或其他体制联系起来，切忌在统筹全局改革过程中画地为牢，将各种体制的改革绝对隔离开来，不加分析地称为某种改革，将政治体制改革局限于党政关系、与公共权力机构等方面，而忽略其曾经取得的成就和广泛内容。

（3）历史地、全面地分析和对待我国的政治体制。如同所有社会现象一样，政治体制也是一个历史的范畴，任何一种政治体制都有一个产生、发展的过程。一个时期以来，有些人在论述到改革政治体制的必要性时，总是把我国的政治体制说的一无是处，视为"洪水猛兽"，将改革开放前的一切失误以及改革过程中出现的不尽人意的情况均归罪于政治体制。还有一种观点貌似科学，实则与上述观点十分相近，可谓同出一辙，认为我国的政治体制，无论历史和现实的政治体制都必须全面、深刻地予以改革。尤其是一个时期以来，国内外一些人总是罔顾事实，诋毁我国的政治体制。

不可否认，回顾新中国政治体制的发展历程，某些政治体制潜在的弊端随着社会的变迁日益凸显，政治体制改革也确实存在一些不尽如人意的地方。但并不能以此静止地、片面地否定新中国建立起来的政治体制的功绩，贬斥三十多年政治体制改革的成就，或是人为割裂改革开放前后的新中国政治发展史。历史唯物主义启示我们，评判任何事物必须放在具体的历史情景中，历史地、全面地、辩证地予以分析。对政治体制的评价也当如此。

众所周知，新中国成立之后如何合理配置权力结构，规划权力运行机制，使人民民主专政的政治制度体系尽快巩固与稳定运行；如何维护国家的统一和人民的团结，保证国家政令统一，保证党和国家的政策有效地贯彻执行；如何全面集中调动有限的人力、物力、财力满足建设发展的最紧迫需要。当时的政治体制设计必须对人民民主专政制度做出准确表达和确实体现，同时也必须对恶劣国内与国际困难交织背景下的国家与民族的生存发展问题做出回答。因此，如何建立与社会主义建设发展相适应的政治体制，是摆在全党面前的一项艰巨任务。中国共产党人以马克思主义为指导，从中国的具体国情出发，在总结革命战争时期和新中国成立初期一些成功的经验的基础上，借鉴了苏联的一些做法，创立了一整套以集中统一为主要特征的政治体制。如何客观地看待这一体制，必须回到实践中去。邓小平曾经十分明确地指出："我们评价一个国家的政治体制、政治结构和政策是否正确，关键看三条：第一是看国家的政局是否稳定；第二是看能否增进人民的团结，改善人民的生活；第三是看生产力能否得到持续发展。"① 实践表明，新中国成立后逐步形成的政治体制，在特定的历史条件下，迅速有效地保障了新生政权的稳定，正确地处理各方面的利益关系，维护了政局的安定团结；恢复了国民经济秩序，建立了社会主义的经济制度，保障和改善了人民的生活；在一个千疮百孔的烂摊子上初步建成国民经济体系，社会生产力发展水平得到了显著提升。在当时的历史条件下，政治体制在国家的各项建设事业中显示出了巨大的优越性，在充分反映社会主义政治制度本质的同时，保证了社会主义政治制度体系的运作，促进了社会的全面发展，发挥了不可磨灭的历史作用。

十一届三中全会后，在中国共产党的正确领导下，中国开启了改革开放的历史新篇章。对权力过分集中、机构臃肿效率低下的官僚主义问题、干部人事制度的问题、具体制度不健全、法制不完备等一系列问题进行了大刀阔斧的改革。经过三十多年不懈的探索与追求，政治体制改革取得巨大成就，中国的政治体制焕然一新。中国共产党的执政方式得到转变，执政能力不断提高和增强。人民代表大会制度的选举、工作、代表及组织建设等方面逐渐规范化，立法和监督职能进一步增强。中国共产党领导的多党合作和政治协商制度逐步程序化、规范化，政治协商的合作和沟通渠道与形式不断丰富，各民主党派自身建设也得到加强。民族区域自治制度进一步健全和完善，少数民族权利得到保障，促进了少数民族地区的经济社会发展。基层民主自治体系的法制化与规范化有力地保障人民当家作主的权利。人民的民主权利得到保障，政治参与的形式不断丰富，参政议政途径不断发展。通过政治体制改革，使人民真正享有了宪法规定的各种权利，如选举权，被选举权，对国家机关和国家工作人员的批评权、建议权、检举权等。知情权也随之扩大，人民的监督权也因监察制度的完善而得到了增强。② 政府改革与能力建设进一步加强。权力结构日趋合理，政府职能不断转变，机构设置日趋科学，工作责任更加明确，工作效率不断提高。法治在国家和社会治理中发挥着越来越重要的作用。政治体制改革的成就有目共睹。因而一概否定我国现有的政治体制是极其不科学的。当然，我们绝对不否认我国的政治体制有诸多方面需要改革。

值得强调的是，从相对独立的意义上而言，政治体制是一个极其复杂的结构体系，由各子系统有机组成。各子系统之间相互影响与相互制约。部分子系统的不断改进的确可以暂时适应关涉领域的发展要求。但随着现实要求的发展变化，部分的改进必将受到其他配合系统的掣肘，其相对优势必然受到制约。综观政治

---

① 《邓小平文选》（第3卷），人民出版社，1993年版，第213页。

② 师泽生、王英：《改革开放30年我国社会主义政治体制改革概览》（上），《探索》，2008年第5期。

体制改革全局，"政治体制改革各部分之间呈现不平衡态势，行政管理体制改革进展较大，干部人事制度改革取得一定进展，政府间管理体制改革曲折中前进，党政领导体制改革，决策机制改革、司法体制改革、权力监督制约机制建设相对落后，选举民主仍停留在村级自治层次，公民政治参与制度化水平不高"。① 部分政治体制改革的相对滞后，制约了政治体制整体成效的进一步发挥。但不能因为部分改革的滞后而忽视整体改革的成就，并以此否定我国所有的政治体制。

与此同时，还必须明确的是不同政治体制改革项所面对的具体矛盾不同，必然体现为不同的个性要求，相对体制改革的共性要求而言，更为生动具体。各改革事项对现实发展的有效性存量各异，对政治制度质的规定性强弱不一，对社会稳定的关涉度有别。只有具体客观地分析具体改革事项，认识矛盾的特殊性，弄清其内含的主次方面，抓住具体矛盾的主要方面，才能找到相应的正确方法，对症下药。

具体到某项政治体制改革的着眼点、侧重点与努力方向也不尽相同。因此，在筹划政治体制改革方案、规划改革进程时，切记一概而论，一哄而起。需要对政治体制改革内容的选择进行具体分析，采取坚持、调整与建设等适当的因应措施，力戒不加分析地盲目推进。对与我国国情相符、适应时代潮流与社会主义政治制度性质相适应，能够激发社会活力的政治体制，坚决予以巩固和维护；对已经过时、不适应中国国情，并阻碍社会发展、进步，窒息社会生机的政治体制毫不犹豫地予以大刀阔斧改革；对时代发展和形势需要的政治体制在实践的探索中不断创新；对古今中外的政治体制中对我国有益的具体形式、方法与运行机制大胆地学习借鉴。真正发挥政治体制改革的应有价值和正能量，进一步彰显中国特色社会主义政治制度的优越性。

---

① 何增科等：《中国政治体制改革研究》，中央编译出版社，2004年版，第67页。

回顾与思考：新中国政治建设与政治发展60年

杨海蛟

2010 年 5 月 10 日

杨海蛟

中国社会科学院政治学所副所长、研究生院政治学系教授

摘　要：新中国成立60年来，在中国共产党的领导下，经过全国各族人民的艰苦奋斗和共同努力，取得了令世人瞩目的辉煌成就，中国社会经历了一场广泛而深刻的历史性变革，发生了翻天覆地的变化。本文介绍了新中国成立60年来的政治建设和发展状况，对其进行回顾、总结和展望。

关键词：政治发展　政治建设　中国　60年

新中国成立60年来，在中国共产党的领导下，经过全国各族人民的艰苦奋斗和共同努力，取得了令世人瞩目的辉煌成就，中国社会经历了一场广泛而深刻的历史性变革，发生了翻天覆地的变化。形成了经济快速发展，科技不断进步，文化日益繁荣，综合国力极大增强，国际地位明显提升，人民群众的生活水平大幅度提高，民主建设进程加快，法治更加完备的局面。在理论与实践的结合上，全面回顾新中国政治建设和政治发展的光辉历程，总结其经验教训，展望未来的美好前景，具有重大的历史和现实意义。

一、新中国政治建设与政治发展的发展阶段

众所周知，新中国所取得的进步不仅是全方位、多领域的，而且是一个不断探索和创新的过程。由于没有现成的理论指导，也缺乏成功的经验借鉴，因此在一定时期就会出现曲折，呈现出一定的阶段性。以改革开放起始为界，可划分为人们常说的前30年和后30年，前后30年是一个连续不断的过程。伴随着中国经济和社会发展的历史进程，新中国的政治建设与政治发展呈现出以下几个发展阶段。

第一阶段，开创奠基和奋斗创业阶段（1949年10月~1956年）。这一阶段，从根本上彻底改变了旧中国政治的性质和面貌，肃清了国民党反动军队的残余势力，进行了全国规模的镇压反革命运动，建立了军管会，依据《中华人民共和国土地法》完成了土地制度的改革，废除了地主阶级封建剥削的土地私有制，维护了社会政治稳定；建立了共产党领导的多党合作与政治协商制度，中国共产党正

式成为全国范围的执政党，经过政党整风和开展"三反"运动，教育了广大党员干部。根据中国的基本国情，运用马克思主义关于无产阶级专政的国家学说，创立了工人阶级领导的以工农联盟为基础的人民民主专政的国家政权，以及确立了建立在民主集中制基础上的人民代表大会制度，人民真正成为国家和社会的主人。与此同时，启动了以宪法为主体的新中国的法制建设；成立了国务院，创立的新的政治体系逐步完善；随着全国人民代表大会的召开，中国人民政治协商会议作为统一战线组织，依据《中国人民政治协商会议章程》就有关国家政治组织和人民民主统一战线的重要事项进行协商；从根本上确立了民族之间的平等关系，出台了一系列维护少数民族权利的政策，并使民族区域自治成为我国的一项基本政治制度，有效地保障了少数民族当家做主的权利，促进了民族平等和民族发展；在国营企业建立了工厂管理委员会和职工代表会议，以及充分发挥人民代表会议和各界民主人士在重大决策中的作用，保障了人民民主权利的具体实现；坚持和平共处五项原则处理对外关系，抗美援朝、保家卫国反侵略战争的胜利，提高了中国的国际地位，通过一系列的外交活动和政策，显示了中国的重要作用，争取了有利的国际环境。这一阶段可谓一路凯歌，为今后的政治建设和政治发展奠定了基础。

第二阶段，探索中的曲折发展阶段（1956 年~1966 年 5 月）。这个阶段充分体现了探索性的特点。1955 年底，毛泽东提出以苏联为鉴，探索适合本国国情的社会主义建设的重大问题。1956 年 4 月毛泽东的《论十大关系》明确必须走自己道路的根本思想，论述了中央与地方、汉族与少数民族、党与非党、中国与外国的关系等一系列政治社会生活中必须处理的重大问题。同年 9 月召开的八大，提出全国人民的重要任务是集中力量发展社会生产力，强调要坚持民主集中制和集体领导制度，发展党内民主和人民民主，反对个人崇拜，加强党的统一和团结，团结一切可以团结的力量，争取世界持久和平等几个方面的要求，为新时期社会主义事业以及党的建设等方面指明了方向；1956 年全国基本上完成了生产资料的社会主义改造，社会主义制度在中国建立起来，同时真正开始了探索中国自己建设社会主义的道路。1957 年毛泽东提出了必须正确区分和处理社会主义社会两类不同性质的矛盾，提出了在人民的政治生活中，判断言论行为是非的六条标准，其中最重要的是社会主义道路和党的领导。1957 年针对党已经成为全国范围内的执政党，在全党进行一次普遍、深入的反对官僚主义、宗派主义和主观主义的整风运动。与此同时，坚持独立自主，反对霸权主义，进一步提高了我国的国际地位。在积极探索政治建设和政治发展的同时，也出现了曲折，主要是反右斗争扩大化和"左倾"思想严重化，党和国家民主生活出现不正常现象，甚至导致了"文化大革命"的全面爆发。

第三阶段，严重挫折阶段（1966 年 5 月~1976 年 10 月）。史无前例的"文化大革命"将以阶级斗争为纲推向了极端，是一场在对党和国家政治形势做出错误估计的情况下，以防止资本主义复辟，维护党的纯洁性为出发点的持续 10 年之久的运动，给国家政治生活带来了极大的冲击和灾难，基本破坏了新中国建立起来的政治体系与党与国家政治生活中的领导制度与民主集中制原则，削弱了党的领导和组织纪律，民主法制遭到践踏。在"文化大革命"期间，派性斗争严重，个人崇拜狂热，全国陷入一片混乱，给党、国家和各族人民带来严重的灾难，甚至打断了新中国政治发展的进程，幸得周恩来等老一辈无产阶级革命家艰苦卓绝的工作，使党和政府的一些工作制度得以运行，国家的本质未出现质的变化。此外，外交工作在困境中谋发展，在毛泽东"三个世界"划分的基础上，不但使中华人民共和国恢复了联合国的合法席位，而且与许多国家建立了邦交关系。

第四阶段，徘徊中前进阶段（1976 年 10 月~1978 年 12 月）。粉碎"四人帮"的伟大胜利，挽救了党和社会主义事业，广大干部群众以极大热情拨乱反正，在揭发江青反革命集团罪行的基础上，开始平反"文革"期间的冤假错案，整顿党和国家的组织体系、组织和领导制度，恢复党和国家的政治生活正常化和民主法制工作。然而，由于当时仍坚持"以阶级斗争为纲"、"无产阶级专政下继续革命"理论以及"两个凡是"的错误原则，政治建设和政治发展尚处于徘徊状态。1978 年，全国范围内开展了关于真理标准的大讨论，冲破了"两个凡是"的束缚，政治建设进入一个崭新的历史时期。

第五阶段，恢复重建、开启改革阶段（1978 年 8 月~1989 年 6 月）。党的十一届三中全会是新中国成立以来具有历史意义的转折点。经过思想上的拨乱反正，确立了正确的思想路线，停止了"以阶级斗争为纲"的口号，作出了将党和国家的工作重心转移到社会主义现代化建设上来的战略决策，提出发展社会主义民主，加强社会主义法制，维护安定团结的政治局面。此时，大范围地平反冤假错案，有步骤地解决新中国成立以来的历史遗留问题，确立了改革开放的方针，提出社会主义现代化建设是我们当前最大的政治，坚持四项基本原则是实现四个现代化的根本前提。《关于党内政治生活的若干准则》重申了党的许多重要政治原则，历时 3 年的整党，全党在思想、作风、组织、纪律方面，积累了正确处理党内矛盾的经验；《党和国家领导制度的改革》的讲话拉开了党和国家领导制度改革的序幕，对政治体制改革的必要性、目标、内容、原则、突破口、步骤等内容进行了详细的论述部署；在当时的历史条件下，党和国家特别提出要走自己的路，建设有中国特色社会主义民主政治、以改革推进中国民主政治的发展，着力恢复和完善社会主义民主政治的若干制度，重视社会主义法制建设，使改革成果得以保障，逐步实现了政治生活的有序化、制度化；与此同时，创造性地提出"一国两制"方针，继续坚持独立自主的外交政策，反对霸权和强权政治。

第六阶段，与时俱进、开拓创新阶段（1989 年 7 月～2003 年）。在这个阶段，党和国家面对国内外各种挑战和压力，从大局上处理好改革、发展与稳定的关系，大力加强党的建设，强化执政意识，加强党的执政地位，提高执政本领，增强党的阶级基础，扩大党的群众基础，加强党风廉政建设，反对腐败，坚持两手抓，全面进行了"三讲"教育，保持党的先进性、纯洁性，增进党的团结，扩大党内民主，提升党员干部的党性修养和政治素质。通过政治体制改革，坚持和完善各项政治制度，逐步健全了科学民主决策机制和办事高效、运转协调、行为规范的行政管理体制；全面实施依法治国，建设社会主义法治国家的基本方略，社会主义民主的制度化、规范化、秩序化不断加强，提出要把加强党的领导、人民当家做主和依法治国有机统一起来，以宪法为核心的中国特色社会主义法律体系初步形成，国家政治、经济、文化、社会生活等方面基本做到了有法可依；尊重和保障人权入宪，人权事业得到根本改善；在苏东剧变，国家间力量对比发生重大变化的情况下，挫败了国际敌对势力和平演变的图谋，继续坚持独立自主的外交政策，积极发展同一切国家的友好关系，在和平共处五项原则的基础上，改善和发展同西方发达国家的关系，把维护国家的独立和主权、促进世界和平和发展作为外交政策的基本原则，积极参与多边外交，推动公正合理的国际政治经济新秩序的建立；坚持反对霸权主义、强权政治，建立以互惠、互利、平等协作为核心的新安全观，积极致力于发展不结盟、不对抗、不针对第三方的外交政策，建立了发展面向 21 世纪双边关系的基本框架，为建设中国特色社会主义争取良好的国际环境和周边环境，成功地实现了香港、澳门回归祖国。

第七阶段，继往开来、奋勇前进阶段（2003 年至今）。党的十六大提出全面建设小康社会的奋斗目标，将发展社会主义民主政治，建设社会主义政治文明作为小康社会的重要目标，社会主义政治建设与政治发展迈出了新的步伐。以改革创新精神全面推进党的建设新的伟大工程，着力加强党执政能力建设，发展党内民主、切实保障党员权利，通过保持共产党员先进性教育活动，建立健全保持共产党员先进性的长效机制；强化党内监督，特别是坚持标本兼治、综合治理、惩防并举、注重预防，建立健全与社会主义市场经济体制相适应的教育、制度、监督并重的惩治和预防腐败体系，提出努力建设马克思主义执政党的任务和水平。把发展作为党执政兴国的第一要务，坚持以人为本，实现全面、协调和可持续发展，政治建设与政治发展作为全面协调发展的重要内容，为实现科学发展提供了政治保障。进一步完善人民代表大会制度，保证人大代表依法行使权利；积极推进行政体制改革，通过转变职能、理顺关系、优化结构、提高效率等形成责权一致、分工合理、决策科学、执行顺畅、监督有力的行政管理体系。按照建立服务型政府的要求，探索大部制改革；加强中国共产党领导的多党合作和政治协商制度建设，巩固和扩大新世纪新阶段的统一战线，推进了政协职能的制度化、规范化和程序化；扩大公民有序政治参与，切实保障公民政治权利，基层民主建设进一步加强，基层群众自治组织不断发展、群众自治范围不断扩大，并且将基层群众自治制度纳入中国特色社会主义政治制度。中国特色社会主义法律体系基本形成，依法治国基本方略全面实施，社会主义法治国家建设取得重大进展，公民有序政治参与不断扩大，人权事业稳步发展，爱国统一战线持续壮大。坚持独立自主和平外交政策，积极参与国际事务，推动国家不论大小、强弱，平等参与国际事务，推动不同文明间的交流沟通，主张互利共赢，倡导世界多样性，积极推动各国间开展协商对话，共同应对地区冲突和全球化问题，不断加强人大、政协、军队、地方和民间团体的对外交流，增进中国人民和各国人民的相互了解，高举和平、发展、合作的旗帜，坚持和平发展道路，以更加开放自信、理性务实的外交方式为推动和谐世界作出了自己的贡献。

二、新中国社会主义政治建设和政治发展的经验

60年来，新中国的社会主义政治建设和政治发展取得了辉煌的成就，积累了宝贵的经验，可以概括为以下几个方面：

（一）党的建设成绩斐然，执政能力和执政水平不断提高

中国共产党作为中国工人阶级的先锋队和中华民族的先锋队，作为各项事业的领导核心，自身的建设状况如何直接影响着党的事业和国家、民族的前途命运。在60年的执政历程中，共产党之所以能始终把握时代的脉搏，保持在中国革命、建设和改革事业中的领导核心地位，引领中国朝着政治发展的方向不断前进，主要得益于适应不同历史时期形势的变化，时刻注重自身的建设，继续将其作为"法宝"。

60年来，党坚持以马克思主义为指导，坚持理论与实际相结合的马克思主义学风，反对本本主义和教条主义，在实践中坚持理论创新，在不同的发展阶段为马克思主义理论体系不断丰富适应时代特征的新内容，用发展的马克思主义武装全党、教育人民和指导实践，从而丰富和发展马克思主义，实现了马克思主义中国化的历史性飞跃。以毛泽东为代表的领导集体，推进马克思主义同中国实际相结合，创造性地提出和实施了一系列新思想和新观念，丰富了毛泽东思想。以邓小平为核心的第二代领导集体，通过总结新中国成立以来正反两方面的经验，

开启了改革开放的伟大历史进程；根据时代主题与国内外形势的变化，解放思想，一切从实际出发，确立了"一个中心，两个基本点"的基本路线，解决了"什么是社会主义，怎样建设社会主义"的一系列重大理论和实践问题，创立了邓小平理论。以江泽民为核心的第三代领导集体，经受住了国内外一系列严峻的考验，根据新的时代条件和国情、党情的特点，与时俱进，开拓创新，在改革开放与社会主义现代化建设新的伟大实践中，解决了"建设一个什么样的党，如何建设这样一个党"的问题，创立了"三个代表"重要思想。以胡锦涛为总书记的党中央高举邓小平理论和"三个代表"重要思想伟大旗帜，坚持立党为公，执政为民，求真务实，锐意进取，在全面推进社会主义经济建设、政治建设、文化建设、社会建设、生态建设和党的建设的同时，着眼于国际国内环境的新变化，推进理论创新，科学地回答了新世纪新阶段面临的"为什么发展"、"发展为了谁"、"依靠谁发展"和"怎样发展"以及"建设一个什么样的社会，怎样建设这样一个社会"等重大命题，实现了马克思主义的新飞跃。60 年来，中国共产党不断开拓马克思主义理论发展的新境界，赋予当代马克思主义鲜明的实践特色、民族特色和时代特色。在全党范围内陆续开展的全面整党、先进性教育和学习与实践科学发展观等活动，把全党的理想、信念统一到对党的基本纲领、基本路线和基本政策与方针的科学认识和自觉实践上来，增强了党的生命力、战斗力和凝聚力，从而保持了党自身的先进性与纯洁性。

60 年来，时刻牢记党的宗旨，把党的最高纲领和最低纲领结合起来，适时制定和坚持党的基本路线。经过反复探索，从巩固社会主义制度、发挥社会主义优越性的高度，结合社会主义初级阶段的特点、我国社会所面临的主要矛盾和基本国情，制定了社会主义初级阶段的基本路线，并坚持其稳定性。改革开放和社会主义现代化取得的辉煌成就，说明了坚持党的基本路线的必要性和重要性。

60 年来，中国共产党已经成为一个党员数量众多，年龄、知识、专业、干群比例结构较为合理的马克思主义政党组织。基层党组织的覆盖面不断扩大，凝聚力和战斗力显著提升，各级党组织战斗堡垒的作用不断增强。尤其是通过深化改革，逐步创造了一个公开、平等、竞争、择优的用人环境，建立了一套干部能上能下、能进能出、充满活力的管理机制，形成了一套法制完备、纪律严明的监督体系。广大领导干部的素质也得到了全方位的提高，整个干部队伍呈现出生机勃勃、人才辈出、后继有人的局面。

60 年来，党的作风建设取得了明显实效。高度重视长期执政条件下实践党的宗旨的问题，引导广大党员干部特别是领导干部树立正确的世界观、人生观、价值观和权力观、地位观、利益观，党的作风建设与制度建设有机地统一起来，以充分发扬优良传统、提出新的作风要求和形成制度保障相结合的实践工作，取得了凝聚党心、民心，确保党的执政基础的效果。在党的作风建设中，党风廉政建设以及反腐败工作也取得了重大成绩。在不同的历史时期，面对各种复杂的问题，党从战略的高度认识反对腐败工作的重要性、紧迫性和艰巨性，坚决同腐败作斗争，一贯坚持依法严肃处理了大量的腐化堕落分子，教育和挽救了一大批党员干部，赢得了人民群众的衷心拥护和爱戴，为中国特色社会主义事业创造了清正廉洁的社会政治环境，初步探索出了一条中国特色的反腐倡廉道路。

与此同时，党内民主不断得到发扬，并逐步实现制度化。党内民主深入到党内政治生活的方方面面。民主集中制建设取得的新进展，极大地增强了全党贯彻和执行民主集中制的自觉性，党内民主带动社会民主，促进了整个中国社会主义民主政治的发展。

党的建设提高了党的执政能力和执政水平。新中国成立以来特别是改革开放以来，党对此形成了较为清楚的认识，即以党的执政能力建设为重点，全面加强和改进党的思想、组织、作风和制度建设以及反腐倡廉建设，保持和发展党的先进性，实现科学执政、民主执政、依法执政，不断提高党的执政能力，进一步把党建设成为立党为公、执政为民、求真务实、改革创新、艰苦奋斗、清正廉洁、富有活力、团结和谐的马克思主义政党。60 年来，执政的中国共产党坚持把思想理论建设放在首位，不断提高全党马克思主义水平。把推进党的建设伟大工程同推进党领导的伟大事业紧密结合起来。保证党始终成为社会主义事业的坚强领导核心，始终走在时代前列。保持党同人民群众的血肉联系，以改革创新精神增强党的生机活力。从严治党，提高了管党治党水平。通过不懈努力逐步增强了驾驭社会主义市场经济的能力、发展社会主义民主的能力、建设社会主义先进文化的能力、构建社会主义和谐社会的能力、应对国际局势和处理国际事务的能力。党的科学判断形势、应对复杂局面、依法执政、总揽全局的能力正在不断提高，经受住了国际风云变幻的严峻挑战，应对新形势、新问题的经验更加丰富，把握时代和发展机遇的能力明显增强。近年来从容应对国内外重大自然灾害以及重大事件，充分彰显了党的执政能力和水平。

（二）社会主义民主建设逐步制度化、规范化和程序化，民主制度进一步健全和完善

社会主义民主是中国社会主义政治建设与政治发展事业的题中应有之义，人民民主是社会主义的生命、本质要求和内在属性。社会主义民主的本质是人民当家做主。新中国成立 60 年来，党和国家一直致力于保障人民群众当家做主的主人翁地位，为找到"民主新路"进行了积极有益的探索。新中国成立初期，就建立了一系列民主制度。"文化大革命"结束之后，总结"文化大革命"的惨痛

教训，在领导人民推进改革开放和社会主义现代化建设的进程中，中国共产党和中国人民义无反顾地重新踏上了继续探索社会主义民主政治建设的道路。经过30多年的不懈努力，民主建设在理论和实践方面均取得突破性进展。在吸取"文化大革命"10年间"大民主"的实践给社会主义民主政治发展事业带来的深刻教训的基础上，探索一条适合中国国情的社会主义民主政治建设道路，以及共产党的领导、人民当家做主和依法治国的有机统一，让人民在党的领导、支持和组织下当家做主，实现民主的制度化、法治化和程序化。因此，形成了这样的共识：无政府主义倾向的"大民主"并不符合民主的基本价值；西方世界所倡导的自由主义民主价值观并不利于中国式民主的发展。60年来，人民民主专政、人民代表大会制度等一系列社会主义民主政治制度在发展过程中不断完善，各项政治制度基本上保障了公民的各种权利，使其具有广泛性和真实性，彰显和保障了中国特色社会主义民主政治的真正价值，充分发挥了中国特色社会主义政治制度保障人民民主的优越性。

以马克思主义无产阶级专政的理论为指导，从中国实际出发建立的新型的、具有中国特色的、符合中国国情的、以工人阶级领导的、以工农联盟为基础的人民民主专政的国家制度，其目的是争取和团结一切可以团结的力量，最大限度地孤立和打击极少数反动阶级和破坏社会主义的分子，是在人民内部实行最广泛的民主和对敌对势力和敌对分子实行专政的有机统一。人民群众成为国家和社会的主人，切实享有宪法、法律规定的各项民主权利，通过各种途径和形式管理国家和社会事务、经济文化事业，实现了人民当家做主。

建立在民主集中制基础上的人民代表大会制度，是社会主义民主在中国的主要标志和人民当家做主的基本形式，充分实现了最广泛的人民民主，吸引了广大人民群众参加国家管理，提高了工作效率，确保国家重大决策的合法性与科学性，巩固社会主义制度和国家的统一以及安定团结的政治局面。历史证明，人民代表大会制度具有巨大的优越性和强大的生命力。在人民代表大会制度的创立和发展过程中，我国的选举制度不断完善，不但保证和加强了人大代表的人民性和代表性，扩大了直接选举和差额选举的范围保证人民群众充分行使民主权利，而且逐步实行城乡按相同人口比例选举人大代表，更加体现出权利平等原则，提高了选举的民主程度。

中国共产党领导的多党合作和政治协商制度作为中国社会主义政治制度的独特优势之一，有利于加强和改善执政的中国共产党的领导，充分调动各方面的积极性，扩大和发扬社会主义民主，维护社会长期稳定，巩固爱国统一战线，实现祖国统一。中国共产党领导的多党合作和政治协商制度在60年的发展历程中也取得了巨大成就。这一制度以根本大法的形式得到了确认。在与各民主党派"长期共存、互相监督、肝胆相照、荣辱与共"的过程中，中国共产党与各民主党派合作关系的政治原则和政治基础更加稳固，中国共产党的领导地位和各民主党派的参政议政地位都得到了巩固和强化。

民族区域自治制度，不仅有利于保障少数民族的自治权利，而且有利于促进民族地区的经济发展和社会全面进步，以及全国的均衡、协调发展与各民族的共同繁荣，维护各民族的团结与国家的统一。60年来在持续发展中不断健全和完善，少数民族权利得到保障。《中华人民共和国宪法》把民族区域自治作为一项政治制度在国家根本大法中固定下来。民族区域自治制度的进一步发展和完善，不仅进一步保障了少数民族的各项权利，而且促进了少数民族地区经济社会的发展和少数民族地区人民生活水平的迅速提高，各项社会事业全面进步。平等、团结的民族关系得到了巩固和加强，各民族共同繁荣的理想初步实现，促进了中国整体政治经济发展和社会主义和谐社会的建设。

基层群众自治制度有利于广大人民群众直接行使民主权利，依法直接行使民主选举、民主决策、民主管理、民主监督的权利，实行自我管理、自我服务、自我教育、自我监督，提高基层群众参与意识和民主素质。时至今日，基层社会群众自治制度已经成为当代中国最直接、最广泛的民主实践，业已成为我国政治制度体系的重要组成部分和逐步扩大人民民主的重要形式。

（三）人权事业不断推进，公民权利得到保障

人权事业是社会主义民主政治的基本范畴。60年来，中国人民在党和政府的领导下，以国家主人翁的姿态，不但消灭贫穷落后，而且在建设富强、民主、文明、和谐国家的道路上不断发展，充分实现了人权的崇高理想，中国人权状况发生了翻天覆地的变化。

国家的独立和主权是一国人民享有人权的根本前提。新中国成立后，迅速荡涤旧社会遗留下来的污泥浊水，建立了促进和保护人权的基本社会政治制度，使国家和社会的面貌焕然一新，实现和捍卫了真正完全的国家独立，为人权的发展创造了必不可少的前提；废除了压迫人民的旧制度、旧习俗，扫除损害人民身心健康的社会丑恶现象，为新中国的人权发展扫清障碍，促进社会经济的发展和人民享受人权水平的不断提高，尤其是经济社会的发展为人权的进步奠定了重要的物质基础。

中国政府根据人权的普遍性原则和中国的具体国情，在依法保障人民的公民权利和政治权利的同时，极大程度地提高了人民享受经济、社会、文化权利的水平，使中国的人权状况实现了历史性跨越，走出了一条中国特色的人权发展道路。党的十五大将"人权"概念写入党的全国代表大会的政治报告，将尊重和

保障人权确定为共产党执政和党领导民主建设的一项重要目标。2004 年以来，"尊重和保障人权"先后载入《宪法》、国家"十一五"发展规划纲要和《中国共产党章程》，成为党和政府治国理政的一项重要原则。人民的生存权和发展权得到前所未有的保障，中国经济、社会发展突飞猛进，13 亿中国人的生活水平得到了大幅度提高，实现了从贫困到温饱和从温饱到小康的两次历史性跨越。人民生活质量显著提高，贫困人口显著减少，人均预期寿命大幅度提高，已达到中等发达国家水平。与此同时，公民权利和政治权利在民主与法制的轨道上得到了不断扩大和有效保障，公民的各项权利有了坚强的法律保障。新中国积极稳妥地推进政治体制改革，公民的民主权利切实得到保障，坚持发展为了人民，发展依靠人民，发展成果由人民共享，通过发展经济、社会、文化事业，着力解决各项人民群众最关心、最直接、最现实的重大问题，极大地改善了人民的经济、社会、文化权利状况。

在积极维护和促进国内人权发展的同时，中国还积极参与联合国人权领域的活动，努力推动国际人权事业的发展，已批准或加入了包括《经济、社会和文化权利国际公约》、《公民权利和政治权利国际公约》等数十个有关人权问题的国际公约和文书，并通过立法、行政和司法等手段负责任地履行了公约所规定的义务。事实证明，新中国的司法人权、劳动权利、公民宗教信仰自由权利、少数民族权利、计划生育人权以及残疾人权利等各项人权保障已经取得了巨大的进步。

（四）依法治国基本方略全面落实，法治更加完备

政治的首要价值目标就是在人类的公共生活中建立有效的秩序。要确保国家稳定、建立良好秩序，离不开法治。法治作为人类进步和政治文明的标志，是衡量一个社会是否实现现代化的重要参数。社会主义在本质上应该实行法治，人民民主制度的任何一个层面均依赖于法治。人民的基本权利，国家政治生活的民主制度和运作程序，经济生活的民主化、社会生活的民主自治等，都需要法治加以确认和保障。新中国成立初期，面对各项社会改革，法治建设为多种形式的民主参与提供了依据。以《共同纲领》为依据，先后公布实施了一系列法律法规，奠定了新中国成立初期法律制度的基础。"文化大革命"结束之后，邓小平提出了"必须使民主制度化、法律化，使这种制度和法律不因领导人的改变而改变，不因领导人的看法和注意力的改变而改变"。真正做到有法可依，有法必依，执法不严，违法必究。经过多年的法治建设，基本上取得如下成效：

第一，确立了依法治国，建设社会主义依法治国基本方略，法律体系基本形成。截至目前，全国人民代表大会及其常务委员会已经制定了 229 件现行有效的法律，涵盖了全部七个法律部门；对形成中国特色社会主义法律体系起支架作用

的基本法律，以及改革、发展、稳定急需的法律，大多已经制定出来。与法律相配套，国务院制定了近600件现行有效的行政法规，地方人民代表大会及其常务委员会制定了7000多件现行有效的地方性法规，民族自治地方的人民代表大会制定了600多件现行有效的自治条例和单行条例。国务院有关部门以及省、自治区、直辖市和较大的市的人民政府还制定了大量规章。

第二，中国共产党依法执政能力显著增强。作为我国社会主义事业的领导核心，中国共产党不断增强科学执政、民主执政、依法执政的自觉性和坚定性。党的十六大第一次提出了"依法执政"的口号。党的十七大明确提出"依法治国是社会主义民主政治的基本要求"，强调指出"要坚持科学立法、民主立法，完善中国特色社会主义法律体系"，同时，从加强宪法和法律实施、推进依法治政、深化司法体制改革、加强政法队伍建设、深入开展法制宣传教育、尊重和保障人权、党组织和党员的自觉守法七个方面阐明了全面落实依法治国基本方略的具体路径。

第三，促进经济发展与社会和谐的法治环境不断改善。按照建立社会主义市场经济的要求，加强经济立法，完善宏观调控，依法禁止任何组织或个人扰乱社会经济秩序，建立健全了一系列促进经济发展、维护市场秩序、实现社会公平正义的法律和制度，初步形成了社会主义市场经济的法律制度，各项社会保障体系得到不断的完善和发展。

第四，依法行政和公正司法水平不断提高。通过建立健全行政执法和司法的组织法制和工作机制，保证了行政和司法机关按照法定权限和程序行使权力、履行职责。行政立法和制度建设进一步加强，各类公开办事制度不断完善，法治政府建设不断推进。深化司法体制改革，建立完善死刑核准制度、再审制度、执行制度、人民陪审员制度、法官制度、公开审判制度、未成年人审判制度，建立公正、高效、权威的司法制度。

第五，对权力的制约和监督得到加强。不断建立健全决策权、执行权、监督权，既相互制约又相互协调的权力结构和运行机制，已建立起比较完善的监督体系和监督制度，监督合力和实效不断增强。多年来，中国积极推动在全体公民中树立法治观念，国家坚持不懈地开展法制教育和公民意识教育，努力使全社会形成学法、守法、用法的良好风尚。公民的法律意识和维权观念不断加强，依法治国观念已日益深入人心，自觉学法守法用法的社会氛围正在形成，客观上促进了社会主义法治社会的建设。

（五）行政体制不断科学、合理、完善

新中国成立以来，党和政府为建立和完善结构合理、人员精干、灵活高效的

党政机关进行了坚持不懈的努力，进行过多次精兵简政。党的十一届三中全会之后，邓小平深刻分析了我国行政体制改革的必要性，明确指出了我国行政体制改革的目标，系统地阐明了我国行政体制改革的主要内容，科学地提出了我国行政体制改革的原则和方法。[①] 在新的历史时期，党中央不断丰富和发展了邓小平中国特色社会主义行政体制改革的思想，把理论和实践不断向前推进。党的十七大报告指出，要加快行政管理体制改革，建设服务型政府；党的十七届二中全会通过的《关于深化行政管理体制改革的意见》，对行政管理体制改革的指导思想、基本原则、总体目标和主要任务作出重大部署，这是党的历史上第一份系统阐述行政管理体制改革的中央全会文件，是今后较长一个时期深化行政管理体制改革的纲领性文献。2008 年 3 月，随着《国务院机构改革方案》在十一届全国人大一次会议上通过，新一轮的行政管理体制改革正式拉开了帷幕。根据党的十七大精神，这次改革的总体目标是打造服务、责任、法治、廉洁、高效政府：按照全面建设小康社会和构建社会主义和谐社会的奋斗目标，全面建立和不断完善适应社会主义市场经济体制、民主政治体制与和谐社会要求、职能转变到位、政府规模适度、组织结构优化、人员素质优良、权责一致、分工合理、决策科学、执行顺畅、监督有力的中国特色的行政管理体制，切实建立一个以人为本、施政为民的服务政治，权责明晰、监督到位的责任政府，法律完备、行为规范的法治政府，清正透明、精干有力的廉洁和高效政府。[②]

我国行政体制改革在中央政府的积极主导和推动下以"下放权力、转变职能"为重点，自上而下，逐步向纵深推进，取得了巨大成就。政府机构改革取得了重大成效，基本解决了机构庞大、人员臃肿的弊端。根据精简、统一、效能的原则，经过六次大规模的政府机构改革，实现了从中央到地方的全方位体制改革。国务院各部门从 1982 年的 100 个减少为 28 个，地方政府的机构改革也陆续推进，初见成效，撤乡并镇，精简基层政府规模和干部数量。建立起符合国情的公务员制度，积极推进干部人事制度改革。1993 年，国务院颁布实施《国家公务员暂行条例》，使我国公务员管理工作迈向法制化轨道；2005 年颁布的《中华人民共和国公务员法》，成为公务员队伍建设和管理走向法制化轨道的重要标志。在各级政府机构改革中，按照公开、公平、择优、竞争的原则，一批优秀年轻干部脱颖而出，改变了政府机关人员结构，提高了整体素质。政府职能转变取得显著成果。1998 年，九届全国人大一次会议明确把政府职能定为三项：宏观调控、社会管理和公共服务。政府对市场经济活动的干预从微观控制转变为宏观调控，干预手段也从主要依靠行政指令转变为依靠法律、经济手段。尽管由于社会主义

---

① 刘文光：《邓小平对我国行政体制改革理论的重要贡献》，《理论界》，2005 年第 7 期。

② 袁曙宏：《加快推进行政管理体制改革》，《国家行政学院学报》，2007 年第 6 期。

市场经济体制刚刚建立，宏观调控和市场监管体制还不完善，但应当说，以转变政府的经济管理职能为主要内容的政府职能转变的主要任务已基本完成。[①] 行政审批制度改革正深入推进，大幅度减少行政审批，规范审批行为，强化监督机制。与此同时，政务公开的不断推行使行政管理方式不断创新。政府通过多种渠道，向公众发布有关政务信息，同时建立和完善公众听证制度和民众信访制度，扩大公众监督政府的途径，使政府活动向"阳光行政"发展，从而有利于建立高效、廉洁的政府。与此同时，行政法治建设取得重大进展，对保证政令畅通，促进廉政建设，改善行政管理，提高行政效能，防止或纠正违法或者不当的具体行政行为，保护公民、法人和其他组织的合法权益，促使行政机关依法行政具有重要意义。[②]

经过多年努力，政府职能转变迈出重要步伐，市场配置资源的基础性作用显著增强，社会管理和公共服务得到加强；政府组织机构逐步优化，公务员队伍结构明显改善；科学民主决策水平不断提高，依法行政稳步推进，行政监督进一步强化；廉政建设和反腐败工作深入开展。从总体来看，我国的行政管理体制基本适应经济社会发展的要求，有力地保障了改革开放和社会主义现代化建设事业的发展。[③]

（六）对外政策、对外关系成果卓著，创造了有利的国际环境

新中国成立60年来，根据时代主题、国际环境和国内形势的发展变化，不断调整外交政策，中国的国际地位和国际威望大大提高，中国的外交政策受到国际社会的普遍赞赏，同时也为国内建设创造了良好的外部环境。新中国成立初期认真执行"另起炉灶"、"打扫干净屋子再请客"、"一边倒"三大政策，使旧中国的屈辱外交得以荡涤，新中国崭新的独立自主外交形象在短短不到一年时间里得以建立。[④] 中国提倡的和平共处五项原则，至今仍是世界公认的处理国家间关系的基本准则。在中国政府的努力下，第一届亚非会议成功召开，形成了"求同存异"的万隆精神。根据国际局势的变化，中国及时调整自己的外交策略方针，从"一条线，一大片"战略到"两个拳头打人"，反帝反修，坚决捍卫自身的安全与独立。

改革开放使中国外交进入新的历史时期，外交政策发生了重大调整。党和国家清醒地认识到和平与发展成为时代主题，中国必须高举反对霸权主义和强权政

---

① 范恒山：《深化我国行政体制改革的重点》，《科学社会主义》，2006年第6期。

② 胡良俊：《我国行政体制改革的回顾与展望》，《山东行政学院学报》，2004年第6期。

③ 《关于深化行政管理体制改革的意见》，《人民日报》，2008年3月5日。

④ 《四十年的回顾与思考》，中共中央党校出版社，1991年版，第149页。

治的大旗，实行"韬光养晦，有所作为"的战略方针，善于守拙，绝不当头；面对复杂局势，"冷静观察，稳住阵脚，沉着应付"；作为负责任的大国，实行不结盟政策，不卷入任何军事或政治集团，对于国际问题的是非曲直以中国人民和世界人民的根本利益出发来考虑问题，决定自己的方针和政策，我们的朋友遍天下；作为第三世界的一员，永远把第三世界作为自己外交的立足点，永远不称霸；重申以和平共处五项原则处理国家间关系，不以意识形态和社会制度划线，尊重各国人民自己的选择，在外交中平等互利，维护国家利益；外交要服务于国内现代化建设，首先把自己国内的事情办好等。在一系列正确的外交方针的指引下，在东欧剧变、苏联解体造成的国际共产主义运动的低谷中，稳住了阵脚，扩大了阵地。

在新的发展阶段，坚持独立自主的和平外交政策，推进全方位外交。我国与所有大国都建立了不同形式的伙伴关系，各领域交流与合作日益深化，促进后冷战时代的稳定合作的国家间关系。在巩固已有邦交友好的同时，开拓建设新的外交关系，大力推进区域合作，参与地区多边政治安全对话与合作，周边环境得到很大改善。我国同发展中国家的政治经济合作和传统友谊得到巩固和充实。积极参与国际事务，对维护国际和地区和平稳定与发展作出积极贡献。北京申奥和上海申博成功，我国加入世贸组织，博鳌亚洲论坛成立等，让中国外交呈现全方位发展的新格局。①

近年来，以胡锦涛为总书记的党中央审时度势，总揽全局，提出了"和谐世界"的国际战略理论，受到国际社会的高度关注和积极评价。党的十七大强调高举和平、发展、合作旗帜，奉行独立自主的和平外交政策，始终不渝走和平发展道路，始终不渝奉行互利共赢的开放战略，坚持在和平共处五项原则的基础上同所有国家发展友好合作，推动建设持久和平、共同繁荣的和谐世界。目前，中国外交处在大发展的历史时期，正按照胡锦涛在第十一次驻外使节会议上提出的要求，不断开创外交工作新局面，更好地维护国家主权、安全、发展利益，更好地营造良好国际环境和有利外部条件，努力使我国在政治上更有影响力，经济上更有竞争力，形象上更有亲和力，道义上更有感召力。开展各种形式的对外文化交流活动，扎实传播中华优秀文化，提升外交能力，显示了新时期外交工作的新思路。

60年来，新中国外交经受了国际风云变幻的严峻考验，取得了举世瞩目的成就。同世界各国的友好合作全面发展，建交国已从新中国成立初期的18个增加到现在的171个。我国积极参与多边外交各个领域的活动，共参加130多个政

---

① 李肇星：《新时期外交工作的宝贵精神财富——学习江泽民同志外交思想体会》，《人民日报》，2006年9月30日。

府间国际组织，缔结 300 多项多边条约，在国际事务中的作用日益增大，我们坚定维护国家主权、安全和发展利益，外部环境总体上更加有利。我国的综合国力显著增强，国际地位大幅度提高，正在为推进世界和平与发展的崇高事业作出越来越大的贡献。[①] 通过各种政治、外交、军事等手段，同发达国家关系全面发展，同周边国家睦邻友好不断深化，同发展中国家的传统友谊更加巩固，积极推进建设持久和平、共同繁荣的和谐世界，国际地位和影响不断提高，在国际社会享有崇高威望。随着国家综合实力的提高和外交战略的更趋灵活成熟，处理危机、应对挑战、维护国家和人民利益的能力不断增强，在国际政治舞台上扮演着更加重要的角色，发挥着前所未有的重要作用；政治建设与政治发展的外部环境持续改善，与世界各国和各个国际、地区政治组织之间的关系水平都迈上了一个新台阶。

（七）各种政治关系日趋协调，基本上形成稳定和谐的政治局面

社会和谐是人类社会的不懈追求和价值选择，也是中国共产党孜孜以求的战略目标。社会和谐是中国特色社会主义的本质属性，是国家富强、民族振兴、人民幸福的重要保证。新中国成立初期，在社会和政治生活中所设置的制度、制定的政策和采取的措施，其中一个目的就是协调各种关系，实现社会关系的和谐。改革开放从某种意义上讲也在于通过利益的调整，理顺各种关系，缓和解决社会矛盾和冲突，维护和谐稳定的局面。通过不懈的努力，中国的各种政治关系在改革中逐步实现了稳定与和谐。

具体来看，各种政治关系在发展中实现和谐的现状表现为：

第一，阶级阶层关系逐步协调。在庞大而复杂的现实政治关系网络中，阶级阶层关系占有极为重要的地位，它影响着其他政治主体之间的关系。因此，阶级阶层政治关系的变化对于政治稳定的影响也就更为深刻和广泛。新中国成立时，我国还是一个包括资产阶级在内的各革命阶级联合专政的共和国。"三大改造"完成以后，作为整体的阶级已经不存在。党的八大通过的政治决议宣布"我国的无产阶级同资产阶级之间的矛盾已经基本上解决"[②]。据此，毛泽东提出了关于正确处理人民内部矛盾的学说，把正确处理人民内部矛盾作为国家政治生活的主题，坚持人民民主，团结一切可以团结的力量，调动一切积极因素，目的就是造成一个既有集中又有民主，既有纪律又有自由，既有统一意志又有个人心情舒畅、生动活泼的一种政治局面。

---

① 李肇星：《新时期外交工作的宝贵精神财富——学习江泽民同志外交思想体会》，《人民日报》，2006 年 9 月 30 日。

② 薄一波：《若干重大决策与事件的回顾》（上），中共中央党校出版社，1991 年版，第 548 页。

十一届三中全会之后，特别是伴随着市场经济的确立和完善、经济关系的调整和变革，我国的社会组织形式、就业方式、利益关系和分配方式日益多样化，由此决定了阶级和阶层也日益多样化。从原有阶级中分化出许多新的阶层，而且这些新的社会阶层目前尚没有完全定型，处在变化发展之中。党和政府从改革开放初期就开始认真对待新阶层问题，采取了种种措施来化解各种冲突和矛盾。首先，对新阶层的政治地位予以确认，认为它们是中国特色社会主义事业的建设者，也是构建社会主义和谐社会的重要力量。其次，通过建立健全公正合理的利益分配和利益协调机制，化解利益冲突，适应我国社会结构和利益格局的发展变化，形成科学有效的利益协调机制、诉求表达机制、矛盾调处机制和权益保障机制。再次，随着新阶层利益要求和政治参与积极性的提高而共享政治资源，扩大其政治参与。又次，改革一系列与现阶段阶级阶层政治关系发展不相适应的相关政治体制，制定了一系列方针和措施。根据不同历史时期我国阶级阶层社会结构的演变情况，科学评估各时期、各领域、各层次阶级阶层的状况和彼此关系，听取各阶级阶层的利益诉求，协调其利益关系，使得无论是作为我国国家政权基础力量的阶级，还是改革开放进程中出现的新阶层，都能享有平等的政治权利，以彼此合作的良好关系共同成为积极的社会主义事业的参与者和建设者。同时，在注重克服原有社会结构中存在的不合理的城乡分割体制障碍和地区发展严重不平衡的过程中，先后推动了西部地区大开发、振兴东北老工业基地和中部崛起战略的实施，加强了宏观调控政策的力度，使城乡间、地区间协调发展成为新时期社会关系结构调整的一项重要成果。通过对良好道德观念的宣传和核心价值观的教育，充分发挥其在凝聚力量、引领风尚、教育人民方面的重大作用，把它们转化为广大群众的愿望、要求和自觉行为，在全社会形成统一的指导思想、共同的理想信念、强大的精神支柱和基本的道德规范。最后，就是改革了一系列与现阶段阶级阶层政治关系发展不相适应的相关政治体制，制定了一系列方针和措施，有力地保障了阶级阶层之间关系的和谐发展，也进一步促进了社会政治的稳定进步。

第二，中央与地方关系日趋规范。我国是单一制的国家，新中国成立之后，为了集中、动员有限的资源搞建设、办大事，曾经建立了高度集中的体制，在当时发挥了重要作用。同时，中央政府十分重视调整和改善中央与地方的关系，把加强中央集中调控与发挥地方主动积极性有效地结合起来，强调在坚持民主集中制原则的基础上，处理好中央与地方的关系。

改革开放以后，对中央与地方关系的调整包括财权与事权从中央向地方的下放，这种关系的调整前后经历了三个阶段：第一阶段是纵向的权力下放。第二阶段的重点是进行财权关系的调整，包括调整财税关系、产权关系、资源配置关系和社会事业管理权限。但是，中央权力下放的同时也带来了一些负面效应，最显著的特征是中央宏观调控经济的能力弱化，中央财力下降。在此背景下，以分税制为主要内容的中央与地方关系改革被提上议事日程，改革进入第三阶段。分税制从制度上明确了中央和地方在财权与事权方面的权限。通过三个阶段的中央和地方关系的调整，既维护和巩固了中央的权威和领导力，也增强了地方的自主性，调动了中央和地方的两个积极性，焕发了国家的生机。随着党和国家西部大开发、振兴东北老工业基地和中部崛起战略的实施以及宏观调控政策的出台和落实，地区发展不平衡状况正得以逐步改善。

第三，国家与社会出现协调发展的局面。国家与社会的关系不仅是政治学研究的重要内容，而且是当代政治发展理论关注的焦点问题。摆正国家与社会的关系，是我国政治社会发展和现代化建设的必然要求，而且在某种程度上直接影响我国社会主义现代化建设进程。

新中国成立初期，为了尽快恢复生产摆脱贫穷落后的状态，加速实现工业化，我国效仿苏联建立了高度集权的中央计划和管理体制。这种体制将整个国家和社会、个人和组织都纳入到党和国家一体化的权力结构模式之下。这种关系模式大大提高了国家的组织和动员能力。但其缺点也是很明显的，社会缺乏自主性，流动性差，内部分化不明显，各种社会组织无法得到正常发育，致使社会权力相对萎缩，而且组织和个人几乎成了国家权力的附属物。改革开放以来，我国对国家与社会的关系进行了一系列调整，在政府和社会组织的关系上，政府将管理权适当下放给了各种经济组织和社会组织，加强了政府对社会事务的宏观调控，各种经济组织和社会组织有了自主权，增强了活力。国家与社会关系呈现出适度分离、科学合理、有序规范的趋势，彼此的权责范围在实践中不断明晰，社会自我管理、自我服务与国家政治管理和提供公共产品互相促进，日益呈现出协调合作、互相促进、共同发展的趋势。国家与社会关系正处于良性平稳的发展中，人民的民主权利、社会团体和中介组织在国家政治生活中的地位得到了确认和重视，国家与社会的新型协调关系正在逐步形成。

第四，政党关系持续和谐。历史证明，中国共产党和各民主党派之间亲密友党相互合作和政治协商的关系逐步制度化、法律化，使执政的中国共产党与各参政党和谐发展。民主党派不仅成为我国爱国统一战线的一支重要力量，也成为我国维护安定团结、促进社会主义现代化建设和祖国统一的重要力量。民族关系趋于团结稳定。经过多年的不懈努力，民族区域自治建设取得了巨大成就，巩固和发展了平等、团结、互助、和谐的社会主义民族关系，真正做到了民族团结、经济持续发展和社会稳定，开辟出社会主义国家民族关系和谐的新境界。

此外，在"一国两制"方针的指导下，香港、澳门相继回归祖国，雪洗了百年丧权辱国的历史。海峡两岸关系克服重重阻力，向着趋向统一的良性方向发展。

站在新的历史起点上，直面前进道路上的各种挑战，明确发展的方向和任务，中国的政治建设与政治发展应当从以下几个方面努力：

第一，面对发展主题的挑战，坚持以科学发展观为指导，促进经济社会全面发展进步。在充分肯定新中国成立以来所取得的发展成就和当前良好的发展势头的同时，我们必须认识到，任何发展绝对不是一蹴而就的，不能企图通过某项制度创新或者改革而毕其功于一役。目前，在经济上，我国还面临着可持续发展资源短缺、资源配置和分配体系不尽合理、市场机制不够有序健全、防范经济风险能力有待提高等一系列严峻挑战；在政治上，发展社会主义民主、理顺政治关系、改革行政管理体制、改善公共政策系统、预防和惩治各种腐败现象、保持社会稳定等问题，也对党和国家的应对能力提出了新的要求；在社会文化领域，处理好日益多元的社会结构中阶级阶层关系、培育与国家政权和谐互动的公民社会力量以及如何做到营造符合"双百"方针的社会主义文化氛围、使先进积极的文化成为社会文化的主流等，特别是如何坚持社会主义的核心价值体系，坚持马克思主义在意识形态领域的指导地位，都是摆在我们面前亟待解决的课题。应对这些挑战，发展才是硬道理，是解决一切问题的根本所在，这是任何时候、任何情况下都不能动摇的根本原则；同时，发展又是在科学发展观指导下的经济社会全面协调可持续发展，中国特色社会主义政治建设与政治发展事业在其中显然也与其他各项事业的发展保持着密不可分和互相促进的关系。

政治建设与政治发展作为社会发展的组成部分和重要内容，应当为经济社会的发展规定价值取向，提供规范、合理、公平正义的制度保障、源源不断的动力资源以及社会整合的机制。但是由于经济发展与社会发展的阶段性，决定了政治建设与政治发展也必须根据经济发展状况和社会发展目标所需条件要求来设计自身发展的具体目标和任务。当前，由于我国政治建设与政治发展相对不足，政治体制供给匮乏，机制有待健全，以及出现政治权力腐败、权力主体行为错位、地方保护主义、中央调控政策在现实中有所扭曲、公民政治态度冷漠等现象。诸如此类不仅违背政治有效合理运行的发展规律，也严重阻碍政治建设与政治发展以及社会发展的顺利进行。要改变这种状况，应当依靠民众的同意和社会的共识来管理社会，以增强其政治合法性；从立法、司法等方面加强法治建设，逐步建立社会主义法治国家；通过村务公开、镇务公开、厂务公开、党政职能部门实行"两公开一监督"制度、人大会议旁听制度、警务公开、检务公开和审判公开制度，实施政府上网工程等政务公开化措施，提升政治的透明度；通过民主选举、强化各级人民代表大会及其常委会对"一府两院"工作的监督，加强行政系统和司法系统内部监督和责任制约束，加大舆论监督的力度等，强化政府官员的责任感，建立责任型政府。提供各种优质高效的服务，增强政府对公民民主权利要求的回应性；通过基层民主、党内民主和党外民主等多种形式，扩大公民的政治参与；通过政府机构改革、行政审批制度改革等，不断提高政府的效能和效率；较好地处理改革、发展、稳定的关系，并通过社会政策和措施，不断保持长期的、动态的政局稳定；建立和创新各种制度，防止权力腐败，提升党和政府的廉洁程度；以人为本，通过减少贫富两极分化，保护弱势群体利益，消除歧视性待遇，促进机会平等，以促进公平的、可持续的人类发展。

政治建设与政治发展在推动、保证社会发展的过程中，在为社会发展整体目标而努力的同时，也为自身价值目标的实现而努力，这既是社会发展之必然，也是政治建设与政治发展规律使然。只要我们切实处理好政治发展与社会发展和其他一系列事业发展的关系，中国特色社会主义政治建设与政治发展事业就能克服一切困难，不断迈上新的台阶。

第二，面对国际风云变幻的挑战，坚定不移地走中国特色社会主义政治发展道路。新中国成立60年来，我国所处的国际环境和整个国际共产主义运动的形势都发生了很大变化。改革开放以来特别是"冷战"结束后，我们所面对的来自外部环境方面的挑战表现出了一系列新特征：国际政治总体格局在两极格局瓦解的基础上开始出现一超多强的架构，多极化趋势日趋明显，但多极世界的正常秩序尚未完全确立，以西方世界为首的霸权主义和强权政治以及恐怖主义、分裂主义、宗教极端主义等共同构成了对我国社会主义政治发展事业的严峻威胁；经济全球化成为不可逆转的潮流，是消极回避还是积极适应融入大潮，成为决定我国社会主义建设事业发展前途的重要选择；开放条件下社会主义政治发展必须直面西方世界消极文化的渗透侵蚀、国内外敌对势力意识形态领域内推动的和平演变，以及社会文化多元化所带来的挑战；此外，党和政府还肩负着在新形势下捍卫国家主权独立和领土完整，维护国家统一的重任。

国际风云变幻对我们最重要的一个现实挑战就是中国在复杂多变的国际环境下如何实现和平崛起。当今的世界是一个开放的世界，中国的发展离不开世界。"一球两制"是当今世界的一个基本特征，意识形态和制度上的差别，决定了资本主义国家必然要想方设法把社会主义国家纳入资本主义的轨道，也就决定了他们必然抱着怀疑、敌视、延缓、西化社会主义国家的态度去制定一系列阻止社会主义国家发展的战略。资本主义世界对社会主义认识的一种普遍心理，不是把社会主义看成一种积极的社会形态，而是看成人类社会发展的一个"变种"，他们把社会主义看成独裁、集权、不自由的代表，因而他们从骨子里仇恨社会主义，而把资本主义看成人类历史上最美好的和最后的制度。同时西方国家大多带有一种民族的偏见与傲慢以及西方种族的那种优越感，对非西方国家本身就持一种排斥态度。这种意识形态和民族心理的差别决定了社会主义与资本主义斗争的不可避免性、长期性与艰巨性。社会主义与资本主义必将长期共存，短时期内不存在谁吃掉谁。中国作为发展中的社会主义国家，闭关锁国没有出路，必须学会与资本主义打交道。当前我国所处的国际环境并不太平，西方国家想方设法挤占国际空间，对我国奉行既接触又遏制的双重战略，支持反分裂势力，鼓动周边国家挑起领土、领海争端，想方设法延缓我国崛起的速度和时间。怎么才能既处理好和资本主义的关系，又维护我国国家主权和民族独立，在维护我国国家主权完整与独立的同时，在建立一个和谐世界之间寻找一个有力的支撑点和平衡点，这是一个非常重大的挑战。

实践证明，要适应外部环境的改变，首要的是坚定不移地走中国特色社会主义政治发展道路，这是中国人民在 60 年来的实践中探索出的引领中国实现现代化的唯一正确道路。历史上，那些罔顾本国国情、照搬外来政治发展模式的个案无一例外地招致了失败；现实中，中国特色社会主义政治发展道路焕发的生机和激发的动力更是不容否认的。必须在维护我国国家主权完整与独立以及建立和谐世界的过程中，坚持中国共产党的领导、坚持社会主义。中国共产党是建设中国特色社会主义事业的领导核心，中国共产党的性质和宗旨决定了必须坚持党的领导。同时，现阶段政治建设和政治发展的艰巨任务决定了必须始终坚持党的领导的必要性。60 年的政治建设与政治发展无论是发展社会主义民主，还是建设社会主义法治国家，都是通过党的政治、思想、组织领导实现的。作为中国的执政党和中国特色社会主义事业的领导核心，只有在它的带领下才能保持全民族的凝聚力，实现社会主义现代化的宏伟目标。要坚持党的领导，其一，必须旗帜鲜明地宣示我们坚持党的领导的坚强决心，同各种反对党的领导、妄图乱党乱国的错误倾向进行坚决的斗争；其二，必须与时俱进地改善党的领导，提高党的执政能力和执政水平，加强对党员干部的监督，加强反腐败问题建设，加强党的领导干部队伍建设，提高党和政府在人民群众中的形象和威信。

要保持正确的政治方向，还意味着我国的政治发展必须坚持社会主义制度，不同性质和类型的政治发展具有不同的本质属性，不同性质的国家的政治发展具有不同的目标体系和价值选择，中国是共产党领导的人民当家做主的社会主义国家，其本质要求和内在属性决定了中国特色的建设发展必须有利于加强和巩固党的领导，有利于社会主义制度优越性的发挥，有利于最广大人民群众当家做主权利的实现，如果在这些问题上发生了动摇或出现了问题，就背离了中国社会主义政治发展的初衷。60 年来，之所以能取得辉煌成就的一个重要原因，就在于始终毫不动摇地坚持了社会主义的原则，建立和巩固了中国特色社会主义经济、政治、文化、社会以及各方面的制度体制，为社会主义中国的国家统一、民族团结、经济发展、文化繁荣、民主进步、社会和谐奠定了制度基础，中国获得了从未有过的长期快速稳定发展，经受住了20世纪80年代末90年代初国内严重的政治风波与国际上的东欧剧变、苏联解体的严重考验，战胜了来自政治、经济、社会领域和自然界的各种困难和挑战。我们可以毫无疑问地讲，社会进步、政治昌明、人民当家做主的国家离不开社会主义制度这个最基本的前提条件，放弃和削弱社会主义制度，必然造成国家和民族的灾难和倒退。

同时由于政治发展是一个自主的多样性发展过程，每个国家都有自己独特的国情，历史背景、经济发展水平、政治文化传统、人口素质也各不相同，所以政治建设与发展的起点、模式、道路也应是多样化的。我国是一个拥有13亿人口的发展中大国，仍然处于并将长期处于社会主义初级阶段，人口多、底子薄，生产力发展水平不高，民主与法制的基础比较薄弱，中国的政治建设和政治发展既不能急于求成，更不能不顾国情，盲目走西方民主政治发展道路，而是要始终立足我国的基本国情，坚持从实际出发，循序渐进，稳步推进。在经济全球化、政治多极化、文化多样化、社会信息化进程不断加快的新形势下，要以更加开放的胸襟，借鉴人类政治文明的有益成果。绝对不能照抄照搬别的国家的模式或者生搬硬套西方模式。苏联、东欧国家政治体制改革教训以及拉美国家移植西方政治体制带来的政权更迭，军事政变频繁，导致经济始终低增长与负增长；非洲效仿西方政治体制引起的混乱和冲突，给非洲各民族带来深重的灾难，足以让我们警觉。

第三，面对现实政治生活中遇到的新情况、新矛盾和新问题，以正确的原则、科学的精神、坚决的态度和谨慎的方法，有领导、有组织、有步骤地不断深化政治体制改革，以改革的精神予以解决。众所周知，我国社会主义政治发展道路并不是一条坦途，其中还存在着来自多方面的障碍和阻力，需要应对一系列困难和挑战。首先，作为一个有着悠久封建主义的国家，在社会主义政治发展过程中必须克服来自历史传统中消极的制度、关系、文化等的影响，让改革和发展创造出的新制度、新关系、新文化，能够尽快在中国土壤里扎根。其次，在政治体制改革的过程中，如何做到在保持社会主义各项制度性质不动摇的同时，选准制约发展的政治体制加以突破，是一项需要坚持有所为有所不为的坚定信念，运用科学严谨的分析方法，动员集中社会各方面力量共同参与的系统工程。再次，在改革中处理好本国现时经验与传统、外来经验的关系，眼前局部利益与长远全局利益的关系，处理好改革创新与发展稳定之间的关系，需要审慎态度与政治智慧的完美结合。又次，在中国特色社会主义政治发展的过程中，既不能抽象地谈论民主，更不能机械地照抄照搬西方的民主，而是要根据我们自己的实际情况逐步推进社会主义民主发展进程。最后，随着经济社会的发展，同我国经济社会发展的新形势相比，同保障人民权利、维护社会公平正义的新要求相比，我国政治体制还有一些不适应的地方，必须坚定不移地通过深化政治体制改革予以解决。然而，政治体制改革事关党和国家工作全局，也事关广大人民的根本利益，必须按照党的十七大作出的战略部署，从以下几个方面深化政治体制改革：坚持发挥党总揽全局、协调各方的领导核心作用，从提高党的执政能力、巩固党的执政地位、履行党的执政使命的高度，改进和完善党的领导方式和执政方式，提高党科学执政、民主执政、依法执政的水平，保证党领导人民有效治理国家，使党始终成为中国特色社会主义事业的坚强领导核心；切实保证国家一切权力属于人民，扩大人民民主，健全民主制度，丰富民主形式，拓宽民主渠道，从各个层次、各个领域扩大公民有序政治参与，推进决策科学化、民主化，保证人民依法实行民主选举、民主决策、民主管理、民主监督，保障人民享有更多切实的民主权利，保障人民的知情权、参与权、表达权、监督权，全面落实依法治国基本方略；加快建设社会主义法治国家，树立社会主义法治理念，弘扬法治精神，坚持科学立法、民主立法，完善中国特色社会主义法律体系，加强宪法和法律实施，推进依法行政，坚持执法为民，深化司法体制改革，实现国家各项工作法治化，维护社会公平正义，完善制约和监督机制，建立健全决策权、执行权、监督权，既相互制约又相互协调的权力结构和运行机制，完善各类公开办事制度，切实保障人民的经济、政治、文化、社会权益。

需要指出的是，无论如何改革，人民民主专政的阶级基础绝对不能边缘化，而且也绝对不能实行"三权分立"和西方的两党制和多党制，因为这些制度在中国既无政治基础和社会基础，也无经济基础和阶级基础，如果不顾国情，违背人民的根本利益，照搬"三权分立"、西方式的多党制和两党制，必然会从根本上动摇人民当家做主的政治地位，动摇我国政治稳定的根基，导致社会混乱，人民遭殃。因此，必须充分发挥社会主义政治制度的特点和优势，坚持我国的基本政治制度不动摇，坚定不移地走中国特色社会主义政治发展道路。

第四，面对社会结构和利益格局变化的挑战，切实保障人民群众根本利益，营造和谐社会氛围。随着改革开放的不断深入和社会主义现代化进程的加快，社会问题和社会矛盾凸显、社会风险的可能性增大是一个现实的挑战。经过60年的发展，我国的社会结构发生了翻天覆地的变化，伴随着这种社会发展而来的是国内社会问题和社会矛盾的增多，直接影响着中国特色社会主义的进一步发展。根据以往其他国家现代化进程的经验，可以认为我国社会已经进入到一个高风险状态，如果不重视处理好各种社会问题，就可能会阻断我国的社会主义现代化进程。而应对这种高风险状态的一个重要要求就是在改革中协调各种政治关系，重点解决贫富差距拉大问题和民生问题。当前，在中国经济社会飞速发展、社会结构日益多元化、各种经济政治社会关系更趋复杂的条件下，评判我国政治发展成效的一个重要标准是：政治发展的成果能否惠及全体人民，并能使全体人民平等地享有各项政治经济社会文化权利，以及能否实现政治和谐与政治稳定，为有利于最广大人民群众利益的经济社会的发展提供有效的政治保障。从根本上将政策制定的立足点放在人民利益上，维护人民群众的各项权利。把人民拥护不拥护、赞成不赞成、高兴不高兴、答应不答应作为制定各项方针政策的出发点和落脚点。同时应当加强制度建设，从制度上保证人民群众主体地位，尽快建立完善利益协调机制、民主参与机制、权益表达机制等关系人民群众切身利益的制度保障，防止和杜绝那种与民争利的行为，把为人民群众谋取最大利益作为党的最高利益，坚持全心全意为人民服务，最大限度地彰显其人民性的本质，真正保障人民主体地位。始终坚持人民的根本利益至上，从社会主义政治发展的本质和关键出发点将人民积极参与的力量吸引到政治建设与政治发展进程中来，那种轻视人民力量、排斥群众参与的态度和工作方法只能起到适得其反的消极作用。

具体而言，应当以经济体制改革保证持续的经济发展，为解决社会结构方面的问题创造物质基础；加强政府在规划利益分配格局、协调社会关系和提供公共服务方面的能力，及时有效地改革那些不利于保障人民群众根本利益的体制；通过基层民主建设使广大人民群众参与到和谐社会构建过程中来，发挥好国家和社会两个方面的积极性；依靠有力的宏观调控和社会政策，防止两极分化，逐渐缩小城乡间、地区间的发展差距，维护公民平等权利，保证全体人民共同享有改革发展的成果；从加强政府和执政党建设入手，提高人民群众对政府和政策的满意度，使不同社会群体之间的矛盾通过制度内合法途径得以解决，达到保持长期、动态的社会稳定的目标。

第五，面对社会多元化负面影响的挑战，始终坚守意识形态阵地。改革开放以来，我国社会朝日益多元化方向发展已经是一个有目共睹和不可逆转的趋势，社会多元化的积极影响是增强了社会的活力，创造了实现更高层次的政治稳定和政治和谐的可能性，但与此同时，多元化的负面影响也是显而易见的，可概括为以下几个方面：其一，建立在社会结构不尽合理基础上的多元化在得到大多数社会成员支持方面存在障碍，如果不同阶级阶层之间、不同社会群体之间、城乡之间、地区之间因人为原因造成的差距过大，多元化的社会就不可能长期稳定发展。国内外部分学者将这种与分化悬殊同步发展起来的多元化社会描述为一种断裂的社会，这并不完全是危言耸听。能否解决好多元化的合理社会结构基础问题，能否避免某些利益集团化的群体独占改革发展的成果，能否切实地保护好弱势群体的相关权益，是最终决定社会多元化能否成为中国发展事业福音的根本点所在。其二，社会多元化必然造成意识形态领域斗争局面的复杂化。国内敌对势力也从没有放松过颠覆和破坏的活动，近年来，在意识形态领域出现了一些杂音、噪声，从迎合西方世界破坏中国改革发展事业的新自由主义思潮，到试图动摇党的领导地位的民主社会主义思潮，再到竭力抹杀新中国成立 60 年来的成就、抹黑新中国历史的历史虚无主义及其自由史学思潮，还有借某些政策领域的问题挑动对党和政府的不满情绪，甚至直接配合境外势力需要，煽动破坏和谐稳定的大好局面，各种敌对势力和敌对分子纷纷粉墨登场。从社会发展的大方向来看，这是社会多元化过程中难以回避的消极现象，同时也从侧面说明了放松意识形态领域的工作将会带来多么严重的后果。

具体而言，在意识形态领域坚持以马克思主义为指导，主要面临两个方面的挑战：一方面是西方新自由主义。新自由主义并非中国本地产物，而是西方社会的产物，其基本主张是政治上学习西方基本政治制度，高举抽象的民主、自由、人权、法制、理性，主张对我国政治制度进行彻底改革；经济上主张完全的市场自由经济，取消政府的干预，建立自由平等的统一市场。这种社会思潮是西方经济社会发展的翻版，主张中国社会发展要向西方学习，只有坚持借鉴西方社会发展理论，中国社会发展才有出路。尽管这种思潮没有直接提出要全盘西化，但是它以慢慢蚕食的方式占领马克思主义意识形态地位，改变着人们的思维，必须高度警惕它的蔓延，特别是对青年一代的影响。另一方面则来自于教条主义。这种社会思潮利用人们对社会改革开放时期出现的一些问题的情绪，如腐败、贫富分化差距拉大等问题否认改革开放，否认社会主义市场经济，要求回到计划经济时代，回到本本的马克思主义，这种思潮表面上看是在坚持马克思主义，实际上是在教条地、僵化地坚持本本的马克思主义。这两种社会思潮都对马克思主义意识形态地位形成了极大的冲击。对于这两种社会思潮，我们一定要保持警惕，如果任其泛滥，中国特色社会主义道路就有可能中断。

因此，目前一项重要任务就是要旗帜鲜明地坚持社会主义核心价值体系，面对经济成分多样化、社会思想价值观念多样化以及经济全球化、政治多极化、文化多元化的挑战，坚决反对指导思想的多元化，坚持马克思主义在意识形态领域的指导地位，坚持中国特色社会主义理论体系不动摇。因为这个理论体系，坚持和发展了马克思主义、毛泽东思想，凝聚了几代中国共产党人带领中国人民不懈探索的智慧，是马克思主义中国化的最新成果，具有鲜明的实践特色、民族特色和时代特色，已经显示了强大的生命力和巨大的指导作用。与此同时，还必须坚决抵制新自由主义、民主社会主义，反对以西方的民主、自由、平等、人权等作为普世价值，充分认清其危害性。综合运用各种手段，同各种错误思潮和破坏活动进行坚决的斗争，防止它们干扰我们的指导思想和改革开放以及社会主义现代化建设事业。树立起足够的自信，使意识形态领域的主流声音始终嘹亮。

当然，在坚守意识形态领域阵地的过程中，工作的根本重心还在于社会主义事业的全面发展进步。只有在发展问题有效解决的前提下，党和政府的合法性基础才能得到充分保证，意识形态领域的工作也才能得以顺利开展。

第六，随着社会主义民主建设进程的加快以及政治参与不断扩大的挑战，需要大力加强公民文化建设，也需要培养公民的参与意识和参与能力。随着社会主义市场经济体制的建立和公民社会的培育、发展，公民正在自主地参与社会生活，并逐渐成为社会生活的主体。社会变革又对人的发展和文化的进步提出了新的要求。只有通过加强公民文化的建设，才能促进公民社会的发育、完善以及社会的整体文明。公民文化建设不但是一项社会工程，而且是公民德性的自发塑成。为此，要培养和形成公民强烈的主体意识，使其具备良好的参与意识并积极行使自己的权利，应具有契约观念和诚信意识，具有较强的政治认同感、公民认同感，养成较高的政治素养，以理性、合理、有序的方式进行政治参与，而不动辄诉诸极端的行为。实际上，中国特色社会主义政治发展，最重要的是两大因素：一是民主制度层面的因素，二是公民文化层面的因素。这两大要素相辅相成、缺一不可，在我国现阶段尤其需要整体把握、共同推进。需要指出的是，文化是比制度更深层次的东西，文化一旦形成，就会在人们的内心深处沉淀，成为人们自觉的习惯，公民文化一旦形成，可以为制度提供强有力的支撑，巩固政治建设和政治发展的成果。公民文化包括自主意识、公平意识、平等意识、法制意识以及和谐价值追求的政治人文精神，它是推动我国经济社会向更高层面的公平正义发展的强大精神支撑和精神动力。因此，党的十七大报告强调，要"加强公民意识教育，树立社会主义民主法治、自由平等、公平正义理念"，这是发展中国特色社会主义民主政治的重要精神基础。只有如此，才能确实夯实中国政治建设和发展的根基，从容应对各种挑战。

新中国的政治建设与政治发展气势磅礴，成就辉煌，前景美好，对其进行回顾、总结和展望，理应是政治学者的使命和职责。正因为如此，我们斗胆选择了此主题展开研究，拟以我们的研究成果作为庆祝中华人民共和国60华诞的一份献礼。

编辑整理：李墨洋

·国际问题前沿·

国际问题研究中的方法问题

黄　平

2010 年 10 月 18 日

黄　平

中国社会科学院美国所所长、研究生院美国系教授

摘 要：本文以介绍问题意识出发，结合现实例子论述了何为问题意识，以及怎样以问题意识去发现、寻找学术上有研究价值的问题，接着以历史的角度介绍了问题研究的方法问题。每一个学科都有自己的特殊方法，但是做论文的关键在于有一个属于自己的问题意识以及处理资料与解决问题的方法，这样才能有创新。

关键词：问题意识 研究方法 历史叙述 不确定性

本文研究了国际问题研究中的方法问题。这个问题听起来虽然有些陈旧，但是以本人在社会学所以及美国所的实际经验来看，就读博士期间非常重要的一项任务就是博士论文的写作，而博士论文的水平高低很大程度上取决于方法。所以希望本文可以为大家提供一些实际的启发，为大家论文的写作提供一些帮助。这说起来是方法问题，其实既是写好文章的问题，也是如何做研究的问题。

一、问题意识

一般来讲，同学们在自己的研究领域寻找到一个比较好的研究话题，一个在学术范围内受到广泛关注、需要攻关以及普遍感到挠头的问题，并不是很难的事情，当然这里还牵涉如何把现实中的问题转化为学术问题，这个我们后面还会提到。关键在于，你若想在就读博士的有限时间内做好一个论文，很大程度上取决于研究的方法。博士论文应该是学术生涯中非常重要，甚至是我们一生中最认真、最重要的一篇论文，也应该是我们多年以后依旧感到非常得意的一篇论文。博士就读期间，一方面是我们最有创造力、想象力、冲劲以及精力的时段；另一方面也往往是精力被其他诸多事情所牵涉的时段。所以能否找到一个适合自己研究课题的方法，对解决问题就特别的重要和关键。

当代社会科学的突破与进展很大程度上取决于方法的突破，通常是方法上实现了突破，也就实现了这个领域学术的推进，人们都已经意识到了这个问题。这也就意味着，无论什么领域，方法都应该是过硬的。大学中，同学们学过一些基本的研究方法，比如数学、统计学，但是现实中，社会科学中很少有人是专门研究方法的。科学哲学的研究者们就是专门研究方法的。但事实上，不同学科的人是在自己的领域用好自己的方法。在历史上，曾经在科学方法争论最激烈的年代，有一批人有志于专门去研究方法，以研究方法作为研究的对象。在20世纪60年代，他们自嘲说："我们什么都研究不了，所以来研究方法了。"

每个领域都有其独特的研究方法，学科之间有着很大的差别，方法也是不同的。所以我们首先从发现问题谈起，也就是人们经常谈到的问题意识。

什么是问题意识？严格学术意义上的问题意识，并不是我们通常说的现实中的问题。例如，下雨了，这是个气候问题；堵车了，这是个交通问题。再比如，房价问题、就业问题、养老问题，等等，这些都是政府与大众所关注的。但是这些只是现实中的问题，是社会科学要去处理的，但并没有构成我们所说的学术上的问题意识。学术问题是需要用经济学、社会学的方法去面对的，例如，我们看到的就业问题，失业的人、厂长、家长们，甚至就业的人等，都会考虑这个问题，但这并不是学术问题，而是经验层面上的现实问题。

那么什么是学术问题呢？比如说我们考虑经济增长率与就业的关系，是否经济增长率增加一个百分比，就业就会增加多少；或者经济增长率减少多少，就业就会减少多少？这两者之间的关系至少构成了一个可能的问题意识。再比如说汇率问题，汇率增长是否就会造成出口减少，从而造成相应的失业，这也可能构成了经济学上的一个问题意识。一般人考虑现实问题，通常就不会形成关于这种关系的联想。另外，经济学家一直在研究但还没有真正解决的问题，才能构成一个学术问题。例如上面提到的经济增长率与就业之间的关系，是不是已经确定这个结论了，这才是一个学科意义上的问题，在这里形成了一个经济学意义上的问题。这是经济学领域在攻关但是还未解决的问题，这才能形成我们说的问题意识。

社会学也要解决就业问题，但是更关心的可能是失业率与社会稳定、社会秩序之间的关系，那么这就构成了一个社会学的问题。比如说，多少的失业率是一个警戒线。随着研究深入就会发现，可能对于美国，接近10%的失业率已经很可怕，而对于欧洲可能就更严重，但对中国可能就不是问题。这里我们就会意识到，失业率与文化、制度、心理承受力以及民间非正规就业渠道等因素都有关系。

例如，中国曾经有几千万人下岗；2008年金融危机后出口减少，珠三角也有几千万人返乡，但并没有引起大的社会动荡，但是如果是同样的比例发生在富裕国家，他们很可能就不能承受。那么这里就有很多可以研究的问题意识：文化、心理、制度等。政治家研究这个问题，考虑的是就业与政治、制度、政策，与政治的正当性问题，以及如何通过政策实现政治意义上的秩序与稳定。

首先，学术问题至少要研究两个很重要的变量之间的关系，其次应该是想要解决但是还未解决的问题。从某种意义上说，硕士论文就是学会研究方法，但不要求突破创新。博士论文则要求某种创新与推进，对领域内普遍关心的问题应该是有所贡献的。拥有了问题意识之后，怎样实现贡献，怎样解决问题，就需要方法。

社会科学从 20 世纪 30 年代以来产生了很大的进步和革命性的进展，但是并未应用在国际问题研究领域。在很大程度上，国际问题研究还没能进入真正的科学领域，基本上还是一种事实的叙述，没有经过科学论证的阶段，比如归纳、推理等，就直接进入了政策层次。全球的国际问题研究都存在这个问题，差异仅仅在于资料是否全面和完整，政府通常也并不需要严格的论证过程。但是科学的结论，应该是通过严格的论证方法得到的。这里并不否定经验上的判断，比如政治家、外交官凭借经验、胆略、气魄、视野就可以做出准确的论断，但是作为学术研究，往往并没有相关的经验，应该是通过科学研究得到结论的。

例如，小学时候学习音乐、美术之类的课程，自己并没有什么意识，但是一旦进入学习，就会知道最好的音乐是莫扎特的，最好的画是齐白石的，最好的诗歌是李白、杜甫的，等等。其实，这就是社会科学首先需要做的事情。无论原来状况如何，现在的关键在于，一旦进入这个领域，就要了解这个领域内最高的标准是什么、这个学科内的最高标准是多少、自己处于什么样的位置，而不仅是了解自己小范围内的状况排名。某种意义上，本科是了解基本的知识，相当于 50 分；硕士是学着做研究，相当于 60 分；博士则是要做出突破，这可能就达到了 70 分。以我个人的经历，能够清晰地体会到这一点。

这意味着，一旦进入学术殿堂，首先，就应该知道最高的标准是什么，有一个标杆；其次，这样能让我们意识到，如何去发现一个问题；最后，他们是怎样去解决这个问题的，也就是我们说的问题意识与处理问题的方法。

二、研究方法

如果有了一个好的问题，比如东海石油问题、台海问题、经济增长与就业问题等，接下来就是方法问题。直到 19 世纪末，有两种最基本的传统的科学方法，一种是归纳法，另一种是演绎法。从经验中得来的知识是通过归纳法获得的。数学是演绎法，这是普遍性的、逻辑上自洽的、能够推理的知识。迄今为止，数学与逻辑学是演绎的，其他学科则都是归纳与经验的。狭义的社会科学包括经济学、社会学、心理学等，广义的社会科学则还包括人文学科。这些学科与牛顿意义上的科学的距离是最远的。

国际问题则很难定位，很多人都认为国际问题研究不能算作严格意义上的科学。国际问题研究现在处于很尴尬的地位，国家社会科学基金给予国际问题研究的项目非常少。其中一个可能的原因是国际问题研究不被认为是科学研究，只能算是政策研究、实事研究。某种意义上，国际研究是最不讲方法的。

国际问题研究的问题本身都很重要，但是国际问题很难用演绎的方法去研究。就本性来讲，人们总是希望用非常有限的阅历、知识、经验以及眼界去概括一个无限命题，这也就是为什么要关注资料与数据的来源和完整性。通常，占有的资料与数据越多，就越能支持命题。占有最大量的资料，才能支撑自己推出的结论。

问题在于，资料总是有限的，所以相关的处理方法有两点。第一，资料是否是第一手的，从未被发现与使用过的，这样就能在很大程度上弥补资料的不完全。获得完整的资料是不可能的，即便一个国家也很难得到。因此，第一手资料，哪怕是个案资料，资料的新颖性与原生性就能弥补资料的有限性。第二，如果做不到第一点，得不到第一手资料，就采用尽量大的样本。这是社会科学不得已退而求其次的方法，为了获得科学的外观，往往采用统计学的方法。样本越大，概率也就越大，命题成立的可能性就越大，其实就是大数定理。

这两种方法都要求有谨慎的态度。前者很可能只是一种例外，是不可重复的，并不具备代表性。以本人的经验，我反对回到自己熟悉的地方进行资料搜集。因为太过熟悉，不会发现问题，在陌生的环境中才能真正发现问题，也才能真正看到一个人的研究能力，就这一点上，我们国内的研究差得很远。也就是说，第一手的资料未必可靠。国际问题研究中不能总是引用他人的言论，而是要去研究言论、议案背后的社会问题。当然，能把一个个案真正做透彻，也是很不容易的，但这要求首先对自己的资料有一个准确的判断。

首要的问题就是用什么方法去获得资料与数据。通常一个研究，就是一个命题用一个方法，用这个方法去处理这个问题，而不是罗列出无限的方法。其次，要考虑数据的可获得性。例如考察气候变化问题，即便是西方社会的研究者们想得到足够的资料与数据，也几乎是不可能的。气候变迁是一个长久的过程，要以百年为单位，去追溯千万年的变化过程，才能真正看清楚气候是否在变动，还要考虑区域差异，是发达区域还是不发达区域；如果确定有变动，那么就要确定是不是工业化带来的。最后，我们才能找到一个解决的方法。所以，资料如果不能获得，就无法做相关的研究。

固然，我们可以退而求其次，做个案研究，这也并不缺乏成功案例。例如，费孝通的研究就被认为是里程碑式的研究。原因有两个：第一，人类学被认为是研究原始社会的学科，但是费孝通却对文明社会进行了探讨，对中国这个早熟文明进行了研究。第二，人类学家通常研究的是非本国的、不熟悉的社会，费孝通研究的不仅是本国社会，而且还有自己非常熟悉的家乡，因此他实现了学科内突破。但这样的研究难度很大，要求在熟悉的环境中发现问题。

经验研究中资料的可靠性与可获得性是非常重要的。第一是资料的可靠性，第二就是资料是否能够获得。如果无法获得第一手原生的资料，那么就借用第二手资料，在广泛的资料中发现没有被处理的问题。

例如，考察食品消费与收入之间的关系，也就是恩格尔系数的变化。中国人特别在意饮食，所以研究中国的恩格尔系数就要考虑文化因素。这个系数在非西方社会的适用性如何，就成为一个可以研究的问题。因为文化、心理因素本身难以测量，在模型中往往被排除，这时候可以通过大量数据与资料来研究自己关注的这个问题。

处理数据的时候要谨慎，数据再大，也是有限的，总会有例外发生。这取决于参照系的设定，参照系发生变化后，例外可能就不再是例外，这也是科学进步与革命发生的路径。我们相信一个原理，是因为经验的证明。当例外出现的时候，超出了原有的边界，就意味着原有的命题受到怀疑。一旦超出了某个边界，边界被拓展之后，那么原来的假设就被否定了。

三、历史叙述

在 18 世纪的启蒙时代，西方社会提出了理性的概念（Reasoning）。在中世纪，强调的是上帝是全知全能，是绝对真理。理性概念则强调任何问题都要有推理过程。由理性概念引申出的重大影响的科学意义上的理论有两个。第一个是牛顿的力学理论，使得自然科学遵从了科学的规则，而不是上帝的规则。第二个则是与社会变迁密切相关。经历了 1929 年的经济大萧条以及"一战"之后，西方社会进行了深刻的反思。启蒙其实是"照亮"的意思，照亮自己的愚昧，通过理性去理解。人们开始考虑社会是否正当，是否合理等问题。就此人们发现，社会科学中大量的命题都达不到理性的标准，很多命题都是武断、主观乃至缺乏经验支撑的。

20 世纪 30 年代，结合了法国的唯理主义学派与英国的经验主义学派，形成了经验逻辑主义学派，即维也纳学派。他们提出了一个著名命题：那些无法符合经验与逻辑论证的命题应该被清除出去，这样的命题就是形而上的命题。这是在科学领域内一场革命性的运动。

英国经验学派的代表大卫·休谟，著名的怀疑主义者，提出了不能以过去的经验来推出同样结论的命题，结论不是超验的。

20 世纪 30 年代，卡尔·波普（《开放社会及其敌人》的作者）提出了一个著名命题：我们的知识很大程度上是无法证实的。我们可以拥有大量数据与资料来支撑成立的可能性，人们不能证实（除非是无限的经验），但是可以证伪，也就是证伪原理。科学的进步过程就是一个不断证伪的过程，不断推翻原来的命题，只要有一个反例就可以证伪，推翻原有的命题。

波普的学生匈牙利人拉克特尔斯反驳了他的理论。拉克特尔斯提出，大量失败的化学试验并没能推翻化学原理，生物学也是如此。人们认为推翻了某个命题，其实只是忽略了某个因素，而不是这个命题本身是错误的。科学进步的过程中，不可控制的因素是非常多的。

社会学中，社会变迁中现实与理论之间的差距，有可能是现实中有些因素没能满足模型本身，也可能是理论模型本身就有问题，有因素没有被考虑，或者时间、空间都不够大。

美国著名学者托马斯·库恩（科学革命的结构）认为，中世纪的知识并非就是理性主义所认为的，即谬误的。他认为一个命题是否成立，取决于设定的环境。爱因斯坦的相对论并没有推翻牛顿的力学三大定律，哥白尼的日心说也没有推翻托勒密的地心说，因为设定的出发点不同。每一个命题在设定的范围内都是成立的。当设定的边界不断被打破，出现越来越多的例外，命题就被怀疑、被完善、被补充与替代，这就是科学革命。每一个时代都有一个核心命题，并没有绝对的对错，也无所谓推翻与否。条件环境发生了变化，就需要新的核心命题来替代。严格地说，并不是证实与证伪，而是确定每一个命题的边界与它的核心要素。每一个学科领域都是如此。

做论文其实就是要找到一个核心，无论用哪种方法去解释。比如说研究农民工的工资拖欠问题，国际贸易的链条位置问题，无论是用经济学、政治学还是社会学研究，都需要找到一个核心。这就是问题意识与方法：命题的边界与边界之内构成问题的要素才是关键，边界设定之内，所有的资料等都要围绕着这个核心进行，资料并不在于数量的多少，而在于它的相关性。所以做论文，首先要确定边界，牛顿与爱因斯坦的物理学的差异其实就是边界的设定问题。

由此，科学革命不可能是时刻发生的，那么日常研究的意义在哪里呢？与此同时，法国著名结构主义者阿尔都塞以结构主义方法去阅读马克思的《资本论》。问题意识最早就是由阿尔都塞提出的。他认为，当有一个好的问题意识出现的时候，即便原来已经有一个核心命题，那么也可以不断地丰富与完善这个核心命题。一个是在经验层面上拓展我们的知识。每个人的研究也许就是在这方面的深化。例如我们在读《资本论》的过程中，就丰富了相关的知识。

另一个是在核心命题下，并没有推翻这个核心命题，却可以不断地丰富与完善。在核心命题下，可以有二级、三级命题。例如，探讨为什么资本主义在欧洲产生的问题，韦伯认为教伦理是核心，弗洛伊德则从个人的意识推导资本主义的产生与发展，以及资本主义制度本身的束缚，也就是在核心命题的框架内非革命性的知识的推演。

学者艾本德提出了一个著名命题：没有一个所谓的权威来宣布哪种方法是最好的。另一层含义是：只要能阐述清楚一个问题，那么越简单就越好。这个理论被称为是科学方法上的无政府主义，其实是回到了笛卡儿时代的基本思路：清楚明白就是好的。康德的集大成思路就是一种融会贯通，实现了深入浅出，证实了上述的命题。

四、不确定性的潮流

社会学科以及人文学科中的不确定性越来越多，人们对于确定性产生了怀疑，社会的复杂性才是常态。物理学在 20 世纪 30 年代提出了波粒二象性，自然科学本身的发展已经证实不确定性的普遍存在。逻辑学上出现了模糊逻辑，探讨的是可能的世界，世界的模糊性与探讨世界的模糊性。这是后现代认识论的基础。这些进展不仅是智力发展的结果，也是社会变迁的产物。

20 世纪 60 年代，美国出现了大规模的反对越战的学生运动，同时出现的是环保运动，以罗马俱乐部与《寂静的春天》为标志。30 年的持续繁荣之后，欧洲众多国家进入了福利社会，也就是社会民主主义的成就。在这种情况下，女性获得了极大的解放，所以又伴随着大规模的女权运动，还有马丁·路德·金领导的反种族主义的民权运动。这些社会运动交织在一起，形成了当时的时代背景。这一切使得相对主义、无政府主义等认识论被广泛应用于透视现代社会。20 世纪 60 年代到 80 年代是社会思潮与方法论的革命性时期。

著名学者沃伦斯坦领导一个小组用 5 年时间写了《开放社会科学》一书。随着社会的变迁，很多原来按照自然科学与理性主义设立的假设被动摇。后来他又写作了《否思社会科学》一书，提出了"Unthinking Social Science"这个概念。与"Post Modern Epoc"概念一样，并非说已经处于后现代，而是用后现代的认识论方法来透视。正如艾本德所提出的：打破了科学的神话与形而上学。

社会科学的边界不断地被拓展、被打破，假设不断地被更新，不断地被修正、充实、填补，很多来自于原来科学不涉及的领域，例如环境问题、种族问题、性别问题等。社会科学拥有了自主性，打破了以牛顿为标准的科学框架。康德处理了所有的问题之后，发现并提出了要给信仰留下空间。科学只能解决经验问题，不能处理超验问题，而人们不仅存在于有限世界，同样存在于信仰世界。

当代社会科学进入了一个综合的时期，学科不断融合，不断地鼓励我们在学科边缘与模糊地带进行探讨，这是最有可能被突破与创新的。

联合国教科文组织中的一个机构进行回顾研究后，认为原有的学科划分已经不适用了。例如气候变化问题，既是自然科学问题又是社会问题。这是人类共同面对的，不是原有的分类下的一个或者几个学科就能解决的，也不是几个学科简单结合起来就能解决的。

今天做社会科学研究，首先要意识到本身的局限性。一方面，任何学科本身有一套严格的规定、要求与训练。另一方面，科学本身是在不断进步、完善，不断打破自己边界的。而且，科学的发展不仅是智力问题，也是与环境和社会变迁密切相关的。当代一个重点问题是非西方中心的社会科学的可能性。例如，迄今为止，科学理论还是欧洲中心的，但是这样的经济学理论就无法令人信服地解释中国的经济问题。这就意味着有可能出现新的经济学，最发达的经济学出自最发达的经济，就如张五常所说的。现有理论无法解释的区域最有可能产生新的命题。例如，张五常的"中国改革30年"中，强调了"县"这个现象，所有理论中都没有提到这个概念，而这个概念却是解释中国经济最重要的概念。

科学革命有可能晚于现实革命，但也有可能先于现实革命，例如，一位著名功能主义学者的论文"17世纪英国的科学技术与革命"，就是阐述科学革命如何推进工业革命与第一轮现代化进程的。中国经济的变迁在与西方的碰撞中，酝酿着经济学、政治学以及国际关系学的革命。

回到国际研究问题，如果国际研究的学者能有一个科学家的视野、跨学科与多学科的视野，那么在处理相关的国际问题上，就会有远远超出记者意义上的现场描写、外交官意义上的政策方案，甚至不同于政治家意义上的结论，他们的勇气与视野远远超出我们的想象。在这里，技术规范并不是那么重要，因为这些只要学习，很快就会理解与掌握。真正重要的在于，切实要有一个自己研究的问题，不是鹦鹉学舌的，不是记者们人云亦云的关注。例如中国缺水问题、非洲饥饿问题、印度的武装斗争问题，这些并没有被报道，但其实是至关重要的。

五、小　结

每一个学科都有自己的特殊方法，但是做论文的关键在于，有一个属于自己的问题意识，有一个自己处理资料与解决问题的方法，这样才有创新。但是，回顾是必需的。

一个真正感兴趣的问题，可能要很长时间才能完成，但一篇论文，可能就解决问题的一个方面，而不是面面俱到。

博士论文应该是一个里程碑，引导以后的研究路径。

社会科学的不确定性使得研究也是不间断的。马克思说过：一门学科当它只有能用数学表达的时候就算成熟了。但是经济学中，数学模型的运用很粗糙，而且也不能完全说明现实问题。科学需要形式上的完美。马克思还有一句话：事实上，只有一门科学，那就是历史学。数学模型抽离了历史因素，然而，事实上社会并没有一个自然定律去决定，而是每个人的活动所共同决定的。

这就需要历史的眼光，需要一个长时间的观照。很多在很长的脉络里看不是问题的，或短期内不觉得是问题的，也许就是问题。例如，气候变化的问题，需要千万年才能真正看出变化的轨迹，仅仅以百年时间是看不出来趋势的。趋势确定后，变化是否由工业化造成的，也不能轻易确认。考察社会的变迁，一样需要长期的目光。很多我们现在认为是问题的问题，其实是题中应有之义，这是社会剧烈变迁中的自然现象。同时，我们还要以更大的空间去观照，这就会打开我们的视野。例如观察"二战"以后的独立国家，就会意识到中国其实是一个奇迹，正如张五常所说。

我曾经对中国的30年变迁用一句话来表达：中国自1978年以来，连续30年的时间，十亿以上的人口，以每年接近两位数的增长，解决了三亿多人的脱贫、两亿多人的非农业化、一亿多人的中产阶级化问题，没有出现大规模的内乱、动荡、革命、起义、内战，也没有出现大规模的对外移民、殖民、侵略，这是欧洲工业革命从来没有过的。

在历史的大背景、大脉络下看待今天的很多问题都是正常的，同时，那些短期内不觉得是问题的，倒可能是问题。

社会科学的研究，某种意义上不但要"知其然"，更要"知其所以然"，为什么是这样的，以及怎么样是这样的。

最后，每个学科的重要在于找到问题，组织材料，确定自己的问题意识与方法，论文应该早点入手。

编辑整理：王　旭

转轨经济研究的若干问题

孔田平

2010 年 10 月 25 日

孔田平

中国社会科学院欧洲研究所研究员

摘　要： 本文从转轨经济的概念讲起，研究了转轨经济研究的视角，并通过对中东欧国家以及中国转轨进程的比较，总结了导致转轨经济绩效差异的几个主要因素。通过比较两个转轨经济的代表国家——俄罗斯和中国的转轨进程，论述了激进式改革和渐进式改革之间的区别。在全球化的大背景下，分析了转轨国家尤其是中国面临的挑战，以及全球金融危机背景下转轨经济的发展趋势。

关键词： 转轨经济　渐进式改革　休克疗法　中东欧国家

本文不阐述具体的转轨方面的问题，如宏观经济稳定化、价格自由化、国有企业私有化和金融改革等问题，而是以一个更加广泛的视野来探讨转轨经济研究方面的问题。

我研究的领域基本上是中东欧地区，这个地区在"冷战"结束后有了很大的变化，在"冷战"时期，地缘政治含义上的东欧只有八个国家，目前，"东欧"的概念从地缘政治含义来说已经不复存在，现在我们更多地称为中东欧。主要包括波兰、匈牙利、捷克、斯洛伐克、斯洛文尼亚和新巴尔干的一些国家（除斯洛文尼亚之外的前南斯拉夫继承国和阿尔巴尼亚），以及东南欧的罗马尼亚和保加利亚等国家。

一、概念的界定与转轨的缘起

在社会主义时期东欧的改革历程中，既有改革的概念，又有完善的概念。改革意味着经济体制的实质性变化，而完善经济体制是指对经济体制方面的要素进行修补。在东欧的改革历程中，真正进行过经济体制改革的国家只有三个：南斯拉夫、匈牙利和 1982 年后的波兰。

转轨经济是指经济体制从中央计划经济向市场经济的转轨，包括的范围非常广泛，如苏联继承国、波罗的海国家、中东欧国家和亚洲转轨国家（如中国、蒙古和越南）。由于经济的全球化，在过去的 20 年间，转轨经济成为新兴市场的重要组成部分。

从制度变迁的角度来看，"转轨经济学"的翻译相较于"过渡经济学"的翻译更为恰当些。转轨经济学的研究范围一般局限丁苏联和东欧等国家的经济改革，一般讨论具体的问题，如宏观经济稳定化、经济自由化、国有企业私有化和制度改革等。从目前来看，虽然转轨经济学有自己的研究目标和范围，但缺乏其他学科无法替代的研究方法与理论体系。对于中国的转轨经济学、东欧的转轨经济学和俄国的转轨经济学的讨论有些夸大其词，因为很难通过个别国家的个别案例建立一个经济学体系，只能用来解释本国经济现象的一门学科。

20世纪二三十年代米塞斯和哈耶克对中央计划经济提出批评，认为中央计划经济不能实现资源的有效配置。转轨经济兴起的一个直接原因是中央计划经济运行不良，社会主义在与资本主义的经济竞争中败北。在社会主义时期，社会主义经济是一种低福利（短缺经济）、低效率的经济。中东欧的很多国家都面临消费品短缺。同时，社会主义经济又是低效率的经济。中央计划经济体制并没有产生经济的高效率，没有体现出一些社会主义国家所宣称的社会主义制度的优越性。苏联在"冷战"时期还是一个超级大国，但实际上是一个虚弱的帝国。苏联在出口工业品方面从1973年的世界第11位降至1985年的第15位，而同期中国台湾、韩国、中国香港、瑞士则后来居上，超过了苏联。我们也可以看到两种制度在经济上的绩效差异。以朝鲜半岛为例，目前朝鲜经济还面临着很大的问题，而韩国早已是"亚洲四小龙"之一，而且加入了发达国家俱乐部经合组织；在社会主义时期，东西德国之间的差距、东欧和西欧的差异也非常大。

表1　东欧与西欧人均国民生产总值的比较　　单位:%

年份	1937	1960	1970	1980
东德/西德	100	70	71	64
捷克/奥地利	90	91	78	70
匈牙利/意大利	89	86	70	74
波兰/西班牙	105	125	88	77
罗马尼亚/西班牙	85	85	58	60
南斯拉夫/希腊	87	97	83	81

在社会主义时期，西方经济学家在社会主义经济改革失败的情况下提出了中央计划经济不可改革性的问题（Unreformability）。事实上，20世纪80年代社会主义国家实际可以进行经济改革，但是很多国家都失败了。只有南斯拉夫、匈牙利和波兰进行了一些实质性的改革，其他国家如东德、罗马尼亚、阿尔巴尼亚和捷克斯洛伐克等国家都只是采取了一些完善计划经济体制的修补性措施，并没有

进行实质性的经济改革。

转轨并不具有历史必然性，是一系列随机事件的产物。中央计划经济体制是一个运行不良的经济体制，但是有些国家（如朝鲜）并没有进行经济体制改革，其经济仍在负病运行。从中国的情况来看，1976 年毛泽东去世、粉碎"四人帮"、邓小平复出，都是决定中国走向经济改革的重要因素。中东欧国家的转轨，事实上也是随机事件的产物，中东欧国家得益于戈尔巴乔夫崛起于苏联政坛，对外政策改弦更张，最终导致了 1989 年的剧变，使得中欧国家可以独立选择自己的发展道路。俄罗斯的转轨也是一系列随机事件的产物，如苏联解体、叶利钦崛起于政坛，一直到后来实行"休克疗法"。

二、转轨经济研究的视角

从全球经济体制变迁的角度来看，过去的二三十年是一个大转型的时代，或者说是一个大转轨的时代。中国、苏联的继承国以及中东欧国家都选择了市场取向的经济改革和经济转轨。到 2009 年，中东欧国家的转轨已经有 20 年了；到 2008 年，中国实行经济改革已经有 30 年了；到 2012 年，俄罗斯的经济转轨也将有 20 年了。因此，在最近几年非常有必要全面地了解、分析这些转轨经济的经验教训。因为在如此短的时间内进行全面的制度变迁在人类历史中非常罕见。国际经验的借鉴很重要，中国可以从其他国家的经验教训中吸收养分，别的国家也可以从中国改革的经验教训中获得借鉴。

在过去的十年中，转轨经济研究的视角有所变化，关注的问题从转轨战略的选择、转轨政策的研究转向经济发展问题。实际上在 20 世纪 90 年代初期，对这些转轨国家来说，当务之急是选择什么样的目标模式、选择什么样的转轨战略，这些问题对转轨国家来说十分重要。1995 年一些国家基本建立了市场经济的框架；1996 年世界银行发展报告——《从计划到市场》试图对经济转轨进行初步的总结；2004 年 8 个中东欧国家加入欧盟。

另外一个视角的转变是从一般的转轨问题的研究转向大转轨问题的研究。事实上，我们可以看到，在过去的二十多年间，中东欧的转轨和苏联的转轨不仅仅是经济转轨，而且涉及政治转轨、法律制度转型、民主与发展问题以及宪政改革等问题。

制度视角在研究转轨经济的重要性方面与日俱增。在苏东剧变之后，所谓的制度经济学在经济学领域日益引起关注，这和 20 世纪 90 年代初国际范围内经济体系的变化有很大联系。根据诺斯的观点，"制度是为人类设计的，构造着政治、经济和社会相互关系的一系列约束。制度是由非正式约束（道德约束力、禁忌、习惯、传统和行为准则）和正式的约束（宪法、法令、产权）所组成"。"制度是一个社会的游戏规则或者更正式地说是人类设计出来的改变人们相互影响的约束"。1996 年，波兰经济学家巴尔采罗维奇就提出了将转轨经济学的研究与制度的研究相结合的问题。匈牙利经济学家科尔内 1998 年在柏林—勃兰登堡学院提出了"制度范式"。他认为，制度范式是一个综合性的社会科学流派，其重点研究具有不同社会功能的各个领域间的互动关系（政治、经济、文化和意识形态）。以制度范式为指导的研究关注长久的制度。在科尔内看来，制度的概念非常宽泛，包括法律秩序、道德规范、产权制度、权力地位的分配、激励机制、信息结构等。制度范式研究的特点是比较。奇莫尔曼《经济学前沿问题》有专门的一章：制度与转型。新制度经济学学派强调初始条件与路径依赖、历史是重要的以及内在和外在制度的关系（惯例、伦理规则、习俗、私人规则、国家法律）。

还有一个视角的变换是从宏观问题的探讨转向微观问题的探讨。在转轨初期，人们更加关注的是宏观经济稳定。随着这一目标的达成，后来经济学家将分析的重点转向了企业，比如探讨私有化对公司治理结构的影响。

三、转轨是否已经结束？

20 世纪 90 年代中期，学者们对这一问题已经有过探讨。其中，涉及的一个问题是转轨完成的标准是什么？有些经济学家认为欧盟成员国地位是转轨完成的标准，如果已经成为了欧盟成员国，则说明转轨已经结束。1993 年欧盟通过哥本哈根标准，其中经济上加入欧盟的标准是必须有可运行的市场经济体制，能够应付欧盟内部的竞争压力。如果说以欧盟成员国地位来衡量，那么已经加入欧盟的 10 个中东欧国家已经完成了转轨。如果标准是发达的市场经济，那么可以说，到目前为止，即使是那些领先的中欧国家，转轨也还没有完成。

我们可以从市场经济的标准来看：

第一，产权私有化。中东欧经济中私有经济已经占据了主导地位。在转轨之前，除波兰保留了私营农业外，其他东欧国家的私营部门在经济中的地位是微不足道的。国有经济在整个经济中占主导地位。转轨之后，中东欧国家加快了国有企业私有化的步伐，新生的私营部门在竞争的经济环境下迅速成长，到了 1996年，波兰、捷克、匈牙利、斯洛伐克和阿尔巴尼亚私营部门占国民生产总值的比重已经达到了 60% ~ 75%，其他中东欧国家的私营经济也占据了半壁江山。与发达国家和发展中国家的私有化速度相比较，中东欧国家国有企业私有化的速度大大超出了人们的预料。

第二，经济决策分散化。经济决策的集中化是中央计划经济的一个明显的特征，在经济转轨的进程中，中东欧国家解散了中央计划机构，加快了国有企业私有化的步伐，促进了私营经济的发展，经济决策日益分散化。在转轨之后，中东欧国家的主要决策由成千上万家的企业自主做出，取消了非国有经济进入市场的壁垒，各种所有制企业可以自由进入市场，个人或企业从事经济活动的自由得到了扩大。与此同时，中东欧国家采取了一些措施，如缩小政府的规模，减少政府对经济的过度干预，形成有助于企业经营的良好的法律环境，保护产权，企业可以获得外汇并且可以自由从事外贸。经济自由的恢复促进了长期压抑的企业家精神的复苏，中小企业获得了前所未有的发展机遇。

第三，资源配置的市场化。1990 年之后，中东欧国家实行了价格的自由化，放开了 90% 以上的商品和劳务的价格，在其他配套设施的配合下，价格的自由化取得了成效，价格的功能得到了恢复。价格的自由化有助于恢复价格在资源配置中的主导地位，资源的合理配置为经济运行提供了适当的价格信号。

第四，市场经济的框架得以建立。中东欧国家在过去的 20 年中，建立了适应市场经济的法律体系，尤其是欧盟的中东欧国家在法律改革中取得了长足的进步，实现了司法的独立，在法律体系上与欧盟国家实现了完全的一致，具备了现代的法律制度。另外，中东欧国家也建立了与市场经济相适应的统计、会计和审计制度，建立了现代的税制、银行体系和股票交易所，市场基础设施趋于完善。

从上述四个方面来看，中东欧国家已经建立了市场经济体制，但是市场经济的成熟度与西欧发达国家相比还有很大差距。在中东欧国家内部，中东欧欧盟成员国与西巴尔干国家在市场经济的建立和完善方面的进展不统一。20 世纪 90 年代，在西巴尔干国家特别是南斯拉夫继承国，除斯洛文尼亚之外，主导的议程是民族主义冲突而不是转轨。2000 年之后，西巴尔干国家的转轨才步入正轨。

从转轨的进展来看，中东欧国家转轨最基础的工作已经完成，市场经济已经得到确立，因此可以说中东欧欧盟成员国家的转轨已经完成。但西巴尔干国家的转轨尚未完成，还有很大的差距。苏联继承国如乌克兰、白俄罗斯，包括中亚国家，转轨也尚未完成。我个人认为中国的转轨也尚未完成。

四、经济转轨战略的争论是否仍有意义

在转轨初期，经济转轨战略的争论是非常重要的。在中东欧国家发生剧变之后，对于新上台的执政力量来说，当务之急是确定向何处去、如何达成既定的目标，通过什么样的方式建立市场经济。经济转轨有两种战略，即"休克疗法"与渐进主义。

"休克疗法"的主要支持者是来自西方的主流经济学家，如杰弗里·萨克斯、斯坦利·费舍尔、萨默斯和利普顿等，还有波兰的巴尔采罗维奇和捷克的克劳斯，以及国际货币基金组织、世界银行和主要西方国家的政府特别是美国财政部与中央银行。主张渐进改革的学者有莫雷尔和科尔内等。

激进改革的主张者意识到国家和市场失效的普遍性，但更担心国家失败，而渐进改革的倡导者更关注市场失败，赞成国家干预，相信社会工程。激进改革者认为转轨是有风险的事业，有可能失败；渐进改革者认为依靠国家的力量，提出详尽的最优的改革顺序性，市场经济的成功是理所当然的。激进改革者认为缺乏供给为主要问题，而渐进改革者则希望通过需求管理刺激产出。

休克疗法与渐进改革的区别并不在于经济转轨的内容上，而在于经济转轨的速度上，以及经济转轨的顺序性上。无论是休克疗法还是渐进改革，都涉及以下几个问题：宏观经济的稳定化、资源配置的市场化、国有企业的私有化以及适应市场经济的制度的建立。

20 世纪 90 年代后期，有些经济学家提出要超越"休克疗法与渐进主义"的两分法。克劳斯（1999）认为："我们很早就认为采用'休克疗法与渐进主义'两难选择的谬误，制度变革是整体改革中不同组成部分在不同时间内一系列不同的选择，而不是单一的选择。"斯坦利·费舍尔也强调，休克疗法与渐进改革的两分法过分简化了改革的速度问题。他认为，实行"休克疗法"的国家如波兰、南斯拉夫、捷克斯洛伐克、民主德国、保加利亚和罗马尼亚等国的实际差别在于为转轨实施各项具体改革的措施上存在差异。

关于休克疗法与渐进主义、激进与渐进的争论，在转轨 20 年之后，虽然没有了现实意义，却具有永恒的学术意义，有助于我们对转轨进程的了解。

五、被误读的"华盛顿共识"和未成共识的"后华盛顿共识"

"华盛顿共识"是对 20 世纪 80 年代末一种经济政策主张的简要概括。一般认为威廉姆森的主张比较典型。他的 10 点政策主张被认为是"华盛顿共识"的主要内容。这 10 点政策主张为：减少预算赤字，加强财务约束；重新调整公共支出的优先性；进行税制改革，扩大税基，降低税率；实行金融自由化，最终目标是市场决定利率；统一汇率；实行贸易自由化，以关税取代数量限制；取消外商进入的壁垒，鼓励外国直接投资；国有企业实行私有化；政府取消妨碍企业进入或限制竞争的法规，解除对经济活动的不当管制；法律体系应保护产权。

波兰经济学家科沃德科认为，"华盛顿共识"是"休克疗法"的理论基础，它是针对 20 世纪 80 年代拉美的经济危机而提出的政策建议，后来又被世界银行和国际货币基金组织应用到转轨国家中。其主要内容是尽可能快地实现稳定化、自由化和私有化。

1998 年，斯蒂格利茨对"华盛顿共识"进行了批评。他指出，"华盛顿共识"往好了说，它是不完全的；往坏了说，它是误导的。他认为，"华盛顿共识"过多地将注意力集中在通货膨胀上，而忽视了对宏观经济不稳定的其他来源的关注，如薄弱的金融部门；"华盛顿共识"将注意力集中在贸易自由化、解除管制和国有企业的私有化上，而忽视了竞争的作用；"华盛顿共识"拒绝国家在经济中发挥积极作用，认为国家越小越好，忽视了国家在转轨经济中可作为市场的补充的功能。

对"华盛顿共识"的过于简化的理解以及失之偏颇地将"华盛顿共识"视为中东欧转轨政策的主流，实际是夸大了"华盛顿共识"对中东欧的影响。

威廉姆森在华沙的学术报告中对华盛顿共识进行了澄清，强调"华盛顿共识"是为拉美改革提出的政策框架，如果要为其他地区的政策改革提供一份具有可比性的计划，那么该计划将与"华盛顿共识"有重叠之处，但也会有所不同，如果一定要为转型国家提供与"华盛顿共识"相似的计划，应把建立市场经济的制度基础写入。

瑞典经济学家阿斯伦德认为，将激进改革计划等同于"华盛顿共识"是不正确的，波兰初始的改革计划根据实际条件进行了调整。当巴尔采罗维奇起草改革计划时，他甚至没有读到"华盛顿共识"。波兰经济学家科伊明斯基认为，激进派为"保守革命"（里根主义与撒切尔主义）之子，在政治光谱上属右翼，而渐进派则接近于中左的社会民主党。对于激进与渐进的转轨需要冷眼观察，将政治情感撇到一边。

科沃德科根据转轨 10 年的经验，提出了以下的政策结论：制度安排是实现经济可持续增长最重要的因素；制度建立是一个渐进的过程；与政府政策的质量和政府规模的变革方式相比，政府的规模并不重要；如果制度安排受到忽视，让位于自发过程和自由化市场释放出的力量，非正式的制度就要填补制度真空；必须进行司法体制的精简和改造；将中央政府的权限下放给地方政府对于转轨经济解除管制是必要的；收入政策和政府对于公平的增长的关注在转轨中具有重要的意义；短期资本的自由化应在国际金融组织的支持下，由转轨国家的财政和货币当局进行监控；布雷顿森林体系应当重新考虑对于转轨经济的政策，以促进制度建立和支持公平的增长。这就是所谓的"后华盛顿共识"。

但是，实际上共识并没有达成，关于"后华盛顿共识"的讨论随后逐渐淡出。

六、对转轨绩效差异的不同解释

中东欧国家转轨的绩效存在很大的差异，截止到目前，已经有一些中欧国家加入了欧盟，如波兰、匈牙利、捷克、斯洛伐克、斯洛文尼亚、罗马尼亚和保加利亚。无论是从政治转轨还是经济转轨的角度来看，西巴尔干国家要落后于中欧国家。对于这些差异有不同的解释。

（一）对西巴尔干国家落后的解释

1. 历史决定论，认为中欧国家过去的历史决定了目前转轨的差异

中欧国家与西巴尔干地区国家之间的差异早就存在，可以追溯到中世纪，起源于不同的帝国遗产。中欧国家曾经受到奥匈帝国的统治，经济较为发达，而巴尔干国家经历了奥斯曼帝国数百年的统治，经济较为落后。直到目前，一些西巴尔干国家还要将发展的落后归咎于奥斯曼帝国的统治。巴尔干地区的农业耕作制度和农业技术也落后于中欧，工业化进程开始的时间也要晚于中欧。中欧的波西米亚、摩拉维亚、波兰的西部和布达佩斯都属于工业化的先行者。在社会主义时期，中欧地区和巴尔干地区之间的差异并没有缩小。

从民主制度的发展来看，中欧国家如波兰、匈牙利曾经有过不同程度的民主制度，而巴尔干地区国家缺少民主传统。这在一定程度上也决定了两者在政治体制转轨方面的差异。

在过去的二十年间，使用频率比较高的一个词是"路径依赖"。"路径依赖"认为这种变化只能在过去的路径规定的界限中发生。应该说，"路径依赖"适用于个别案例，但是不能适用于所有的国家。所以说，历史决定论对中东欧国家的转轨有一定的影响，但不是决定性的。

2. 文明决定论

1990 年，波音公司的一位分析师在探讨转轨国家的经济发展前景时，认为新教国家和天主教国家的经济表现将会非常出色，东正教国家的经济前景将非常糟糕，而穆斯林国家的经济前景将会更糟。这就是文明决定论的一个非常典型的腔调。但是，如果我们从过去二十年整个转轨国家的发展来看，这种判断似乎是对的。可以看到，那些在转轨中处于领先地位的国家往往是天主教国家，如波兰、匈牙利、捷克、斯洛伐克、斯洛文尼亚等国家，东正教国家如罗马尼亚、保加利亚的表现稍微差些。而穆斯林地区，包括波斯尼亚和黑塞哥维纳、阿尔巴

尼亚以及科索沃的经济表现是非常糟糕的。我个人认为，这可能是一种历史的巧合。到目前为止，我们确实还不了解不同的文明和经济发展之间的传导机制。而且不同文明的国家能否取得经济的进步，从根本上来说取决于文明内部的革新能力和适应外部环境的能力，否则我们很难解释一些穆斯林国家同样取得了经济上的成功。所以说，文化传统对未来一个国家的发展是重要的，但是我们也不应该过度夸大这一因素的影响力，文化决定命运的这种论断显然陷入了文化的宿命论。

3. 地理决定论

持这种观点的学者认为，中欧国家和巴尔干地区国家之间的差异由这些国家所处的地理位置决定。中欧国家之所以在政治和经济转轨上领先于西巴尔干国家，主要是由于中欧国家在地理上接近西欧，促进了中欧国家跨境贸易、私营部门的发展。波兰作为一个转轨的成功案例，也得益于数百万的波兰小商人在德波边境从事商业活动，刺激了波兰私营经济的发展。接近西欧也促进了对中欧国家的投资，中欧国家成为西欧国家大公司投资的首选之地。

中欧国家位于西欧和俄罗斯之间独特的地理位置上，具有重要的地缘战略价值。背负奥斯曼遗产的西巴尔干国家远离西欧，实际上，西欧国家在1999年之前对西巴尔干国家的关注是不够的。欧共体（后来的欧盟）在南斯拉夫解体后，也曾介入过南斯拉夫冲突的调停，但是由于其硬实力不足，虽然投入了很大的精力，但是并没有实现巴尔干地区的和平。1999年科索沃问题尘埃落定之后，西欧才真正介入了巴尔干地区。从地理上接近西欧是中欧国家转轨相对成功的一个非常重要的因素，但同样，地理因素也不是其决定性的因素。

4. 世界体系范式

沃伦斯坦提出的世界体系可以解释中东欧转轨从苏联帝国的西部边界转向扩大的欧盟的东部边界的转轨进程。世界体系范式是基于作为中心和外围联系的西欧和东欧历史关系的分析。

东欧的政治和经济转轨印证了中心—外围模式。东欧的政治和经济的重新定向符合上述的欧洲地理关系模式。在雅尔塔体系下，东欧国家在政治和经济上依赖于苏联，而转轨的一个主要的现象是从对东方的依赖转向对西方的依赖。从经济上来看，俄罗斯作为主要的贸易伙伴和效仿的模式被西欧国家所取代。中欧国家主要的贸易伙伴是统一的德国，波罗的海国家的主要贸易伙伴是芬兰和瑞典，而巴尔干国家的主要贸易伙伴是意大利。从政治上来看，中东欧的转轨意味着拒绝苏联的标准，解散经济互助委员会和华沙条约组织，采纳欧洲中心的政治标准。

东欧国家与欧洲中心的贸易、经济和政治联系愈快，克服转轨危机，恢复或超过转轨前的 1989 年的经济发展水平就愈快。2004 年，波兰的国内生产总值几乎为 1989 年水平的 142%，匈牙利为 120%，捷克为 114%，斯洛伐克为 118%，罗马尼亚为 100%，保加利亚为 92%。

（二）转轨绩效差异的成因

1. 国家主导议程的差别

1989 年以后中欧国家的国家主导议程是加入西方体系，特别是加入欧盟，建立良好运行的经济体制，缩小中欧国家同西方发达国家的差距。而西巴尔干国家首先面临的问题是要解决南斯拉夫解体之后的继承问题，民族主义和冲突是西巴尔干国家的主旋律。2000 年之后，西巴尔干国家的转轨才开始走向了正轨。

2. 经济转轨政策的差异

中欧国家经济转轨政策的执行保持了连续性。波兰就是一个典型的例子，1990 年 1 月 1 日，波兰实行了"休克疗法"，波兰社会平静地接受了这一变化。转轨初期，波兰政府的权力更迭频繁，虽然历届政府的经济政策的侧重点有所不同，但是都致力于经济的市场化，保持了市场取向的转轨方向。而其他国家，如罗马尼亚经济政策的波动非常大，缺乏连续性，直接影响到了转轨的绩效。

3. 外部约束，主要是欧洲化的约束强弱

入盟的议程成为中欧国家经济政策的中心，因为这不仅涉及与欧盟法规的协调，而且影响到日常的经济决策。与欧盟政策的协调不仅是中欧国家推进改革的催化剂，也是政策约束的来源。入盟谈判对中欧国家的约束是比较强的，如波兰、匈牙利、捷克和斯洛文尼亚成为第一批受邀进行入盟谈判的国家。巴尔干国家特别是西巴尔干国家与欧盟的制度联系姗姗来迟，从 1999 年科索沃战争结束后，欧盟才开始更加关注这个地区，《稳定联系协定》成了欧盟与西巴尔干国家的一种制度联系的方式。尤其是 2000 年米洛舍维奇下台，从根本上改变了东南欧的政治、经济格局，也导致了欧盟政策的实质性变化。所有的西巴尔干国家都被视为潜在的欧盟成员国。

4. 转轨初始条件的差异

经济发展水平存在差异。从历史的状况来看，中欧国家的发展水平显然比西

巴尔干国家要高。

改革经验存在差异。从改革经验的积累来看，中欧国家如波兰、匈牙利有过市场取向改革的经验。波兰在 1982 年实行的经济体制改革措施非常类似于 1968 年 1 月 1 日匈牙利实行的新经济机制。南斯拉夫虽然有过 1965 年市场社会主义的试验，但是他们的改革经验并没有被南斯拉夫解体后的政治精英所吸收，因为当时他们面临的急需解决的问题是民族主义与地区冲突的问题。一般而言，具有改革经验的国家转轨要快于没有改革经验的国家。

公民社会的发展程度存在差异。虽然都是传统的苏联型的社会，但中欧国家对社会的控制存在很大的差异。波兰 1980 年产生了团结工会，当时工会会员人口占据了波兰人口的 1/4，即一千多万人，官方的工会日益边缘化，公民社会得到了发展，这些因素都是有助于这些国家进行转轨的因素。

剧变方式存在很大的差异。中欧国家如波兰、匈牙利的转轨方式是通过圆桌会议的方式，共产党的改革派和建设性的反对派达成了一种新的政治安排，以一种社会契约的方式进行。罗马尼亚是中东欧国家里唯一通过暴力方式完成政治剧变的国家，这种剧变的方式影响到了罗马尼亚在转轨之后的经济表现。

中东欧国家在民族同质性方面也存在差异。如波兰在"二战"之后成为一个几乎全部是波兰人的国家。在巴尔干地区，民族的异质性很强。因此，在民族同质性强的地区进行转轨比在民族异质性强的地区进行转轨要相对容易。

七、全球化、一体化与转轨

在过去的改革历程中，无论是中国 30 年的改革开放历程，还是中东欧国家 20 年的转轨历程，以及俄罗斯将近 20 年的改革历程，全球化对转轨经济的影响日益增强。一方面，转轨国家的经济日益市场化；另一方面，所有的转轨国家都加入了经济全球化的进程。转轨国家向市场经济的转轨，促进了世界经济的全球化，而经济的全球化进一步推动了中东欧国家的经济发展，为中东欧国家参与全球劳动分工、发挥比较优势创造了条件。

1989 年之前，东欧国家的外国直接投资微乎其微，外国直接投资额不到 10 亿美元。到了 2004 年，流入中东欧的外国直接投资达到 2800 亿美元。

2004 年 5 月中东欧 8 个国家加入欧盟，2007 年 1 月罗马尼亚和保加利亚加入欧盟。欧洲化是转轨激励的一个来源。欧盟提供了正常社会的标准，通过提出要求、制度转移以及帮助入盟国家加强民主制度，对中东欧国家的转轨做出了重要贡献。在早期阶段，欧盟向中东欧国家开放市场，后来迫使新成员国接受西方的市场经济和法律制度的标准。

在过去转轨的 20 年中，中东欧国家不断融入国际组织。从表 2 中可以看出中东欧国家加入国际组织的时间。

表 2 中东欧国家加入国际组织的时间表

国家	欧洲协定的签署	欧洲协定生效	欧盟成员国申请	入盟谈判开始	入盟谈判结束	加入欧盟	国际货币基金组织第 8 条	关贸总协定/世界贸易组织
保加利亚	1993 年 3 月	1995 年 2 月	1995 年 12 月	1999 年 10 月	2004 年 6 月	2007 年 1 月	1998 年 9 月	1996 年 12 月
克罗地亚	2001 年 10 月	2001 年 10 月	2003 年 2 月	2005 年 10 月	—	—	1995 年 5 月	2000 年 11 月
捷克	1993 年 10 月	1995 年 2 月	1996 年 1 月	1998 年 3 月	2002 年 12 月	2004 年 5 月	1995 年 10 月	1995 年 1 月
匈牙利	1991 年 12 月	1994 年 2 月	1994 年 3 月	1998 年 3 月	2002 年 12 月	2004 年 5 月	1996 年 1 月	1995 年 1 月
波兰	1991 年 12 月	1994 年 2 月	1994 年 4 月	1998 年 3 月	2002 年 12 月	2004 年 5 月	1995 年 6 月	1995 年 7 月
罗马尼亚	1993 年 2 月	1995 年 2 月	1995 年 6 月	1999 年 10 月	2004 年 12 月	2007 年 1 月	1998 年 3 月	1995 年 2 月
斯洛伐克	1993 年 10 月	1995 年 2 月	1995 年 6 月	1999 年 10 月	2002 年 12 月	2004 年 5 月	1995 年 10 月	1995 年 1 月
斯洛文尼亚	1996 年 6 月	1999 年 2 月	1999 年 2 月	1998 年 3 月	2002 年 12 月	2004 年 5 月	1995 年 9 月	1995 年 7 月

八、经济转轨的大国案例：俄罗斯与中国

俄罗斯在 1992 年实行了"休克疗法"，从基本的措施来看非常类似于波兰 1990 年实行的"休克疗法"，而且杰弗里·萨克斯也担任了俄罗斯经济制度改革的顾问。但是遗憾的是，20 世纪 90 年代被认为是俄罗斯"失去的 10 年"。

1989～1998 年俄罗斯经济危机爆发期间，俄罗斯经历了转型性衰退，国内生产总值下降到 1989 年水平的 55%。2001 年俄罗斯国内生产总值只有 1989 年水平的 65%。1998 年，俄罗斯的经济日益实物化，70% 的贸易是以货易货，出现了货币抽逃和卢布的大幅贬值，以及债务危机。

2000 年，俄罗斯进入了普京时代。普京时代俄罗斯经济高速增长，年平均增长率为 7%（2000 年为 10%，2001 年为 5.7%，2002 年为 4.9%，2003 年为 7.3%，2004 年为 7.2%，2005 年为 6.5%，2006 年为 7.7%，2007 年为 8.1%，2008 年为 5.6%）。应当说，在普京执政的 8 年间，俄罗斯经济增长的记录非常良好。工业增长 75%，投资增长 125%。平均工资增长了 8 倍，从 80 美元增长到 640 美元。中产阶级从 800 万美元增长到 5500 万美元，中产阶级人数增长了近 7 倍。生活在贫困线下的人口的比率从 30% 下降到 14%。普京为俄罗斯带来了稳定和经济生活水平的提高。当然，俄罗斯也有些问题，如贫富差距的扩大：2000～2007 年间贫富差距为 14～17 倍。2007 年俄罗斯 GDP 超过了 1990 年的水

平。之所以说俄罗斯转轨的前十年是失败的十年，是因为俄罗斯直到2007年经济才恢复到了转轨时的水平。

2009年俄罗斯又受到了国际金融危机的冲击，虽然普京在危机的初始阶段持乐观态度，认为俄罗斯受危机冲击的影响不会太大，但是2009年俄罗斯经济下降7.9%，石油价格下降，融资困难，资本抽逃，表明俄罗斯经济受到了国际金融危机的较大冲击。

20世纪90年代末俄罗斯人均收入近1500美元，2010年为10000美元，增长的速度也是很快的。但是俄罗斯经济过度依赖石油天然气（财政收入、出口），国家对经济的影响过大，腐败仍很严重。

关于俄罗斯20世纪90年代经济转轨为何失败有不同的解释：①民主化之祸：在缺乏必要文化的条件下推进民主理想。②私有化的问题：叶利钦改革快速地将银行和石油天然气等部门私有化，私有化使那些受到偏爱的朝臣得到报偿。③推行"市场布尔什维克主义"：精英以革命方式推行俄罗斯经济的转轨，其结果是摧毁了俄罗斯的工业基础，造成人口下降、经济的犯罪化和国家的私有化。④70年代社会主义的沉重遗产：重工业占整个经济的70%~80%。

对于俄罗斯转轨失败的原因，本人有如下几点认识：

第一，苏联解体增加了俄罗斯转轨的困难。最大的灾难是卢布区保持了一年半，这导致了12个独联体国家中的10个国家出现了恶性通货膨胀（月通货膨胀率超过50%），因为多家中央银行竞相发行货币。1990年末，苏联作为一个财政和货币实体，已经不再发挥作用，因为共和国不再向联盟上缴财政收入，而同时不负责任地增加其支出。

第二，货币政策的问题。俄罗斯未能保持紧缩的货币政策的连续性。当时的俄罗斯中央银行行长格拉申科被称为"最糟糕的央行行长"。

第三，苏联的沉重遗产。工业结构中，重工业占整个经济的70%~80%，并且大部分是军事工业，因为"冷战"时期苏联的国民经济军事化现象严重。另外，缺乏市场文化和企业家精神。

第四，国家的攫取之手和寡头的掠夺。在俄罗斯转轨的第一个十年期间，政府官员发挥了非常不好的作用。在市场化过程中，那些和权力机构有勾结的寡头形成了支配俄罗斯经济的寡头集团。

到2008年，中国的改革已经进行了30年，中国的经济体制发生了很大的变化，1978~1992年是经济改革，1992年之后是经济转轨。

中国经济转轨的成就举世公认。2008年，中国的国内生产总值超过了30万亿元，而1978年的国内生产总值仅有3624亿元。2008年中国的经济总量已经跃居世界第三，占到了世界6.4%的比重。2004年，中国成为世界第三大贸易国。

在全球经济危机的背景下，中国成为世界经济增长的引擎，综合国力得到了提升，人们生活水平得到了改善，国家财力空前提升。而且，中国对外开放成绩卓著，到2008年中国连续17年成为吸引外商直接投资最多的发展中国家。全球500强的企业有近490家在中国内地建立了企业和分支机构。跨国公司在华设立的研发中心超过了1160个，中国成为最具吸引力的投资东道国和研发首选地。

中国经济取得如此大的成就是和中国改革的特色有关系的，或者说与中国经济转轨的中国道路有关。随着中国经济改革成就的逐渐突出，俄罗斯开始关注中国的改革。从国际比较的角度来看，中国的经济改革有如下特点：

第一，中国改革的哲学为实用主义，一切从实际出发，将实践作为检验改革成效的唯一标准。1992年初，邓小平南方谈话时提出判断的标准，不是姓社姓资，应该看是否有利于社会生产力的发展，是否有助于增加综合国力，是否有助于提高人们生活水平。东欧国家在社会主义时期，社会主义改革之所以受到束缚，主要是由于对意识形态的争论束缚了改革者的手脚。在东欧剧变之后，俄罗斯的一些改革者摇身一变，成了市场原教条主义者。

第二，经济改革的目标模式的认识经历了较长的过程。从1978年直到1992年，中国才确立了社会主义市场经济模式。而从中东欧国家来看，改革的目标模式非常明确，如当时的捷克总理克劳斯认为，"我们需要一种没有任何形容词的市场经济"。

第三，经济改革战略是渐进式的。这与20世纪90年代苏联和东欧地区居主导地位的激进改革形成了鲜明对照。

第四，中国的经济改革促进了经济的发展，大大解放了社会生产力。

第五，中国的经济改革伴随着工业化、城市化进程的加速。东欧国家是个非工业化的过程。

第六，中国的经济改革伴随着经济的开放。

第七，中国的经济改革是政府主导型的。政府在中国经济改革中发挥着至关重要的作用，政府的政策选择与大多数人利益是一致的，而不是倾向于特殊利益集团。

第八，中国的转轨是人类社会经济史上最为复杂的转轨之一。三个转轨交织在一起：从中央计划经济向市场经济的转轨，从传统的农业社会向现代工业社会的转轨，经济增长方式从粗放式向集约式的转轨。如何实现上述三种转轨之间的协调与配合，是转轨时期中国决策者面临的严峻挑战。

经济转轨是中国全面转型的重要组成部分，虽然经济转轨的相对成功有助于其他领域的转轨，但不会自然而然导向其他领域的改革。中国转型主要面临着以下几个方面的挑战：

第一，政治改革的推进。温家宝总理在纪念深圳经济特区成立30周年的讲话中提到，如果不进行政治体制改革，经济改革的成果有可能得而复失。从总的方面来看，经济体制改革取得了巨大成就，但是政治改革滞后于经济体制改革，中国缺乏相应的政治体制改革配套，遗留下来很多问题，如市场经济扭曲、贫富差距悬殊、收入差距扩大、社会分配不公、权力"寻租"、贪污腐化、道德诚信沦丧、假冒伪劣盛行、自然资源破坏、环境恶化、官民矛盾突现、社会矛盾加剧以及民粹主义高涨等。通过政治体制改革，确立与市场经济相适应的宪政体制，是中国未来面临的重大挑战。中东欧国家通过20年的发展，确立了宪政民主的基本框架，公民的权利和自由得到了真正的保障，政府更迭有效运行，政治改革的结果使社会矛盾得到缓解，社会保持了基本的稳定。政治改革能否成功取决于政治领导人的高瞻远瞩、审时度势，把握可能的机会，克服既得利益集团的障碍，开启中国政治体制改革之门，为国家的长治久安奠定宪政框架。当然，政治改革不可能一蹴而就，需要试错，需要探索试验。

第二，经济的进一步市场化。改革开放30年以来，中国经济的市场化得到了前所未有的扩大，但市场在资源配置中的基础作用尚待加强，政府仍然掌握着相当大的资源配置权力，对资本和土地等资源的价格具有很大的影响力。

第三，建立法治。中欧国家特别是加入欧盟的中欧国家，法治建设得到了较快的发展，实现了司法的独立，建立了现代的法律制度。改革30多年来，中国的法治建设也取得了很大的成就，但是法治建设落后于市场经济的建设。法律制定出来之后，还涉及一个执法的问题。

第四，政府的改革。经济转轨过程中如何对政府的作用进行界定是转轨国家面临的共同问题。中国的改革由政府主导，应当说政府在改革中的作用功不可没。但是从提供公共品的角度来看，中国政府的表现并不尽如人意。政府在教育、医疗和社会保障上尚不能满足公众的期望。政府应当为市场经济提供基本的"游戏规则"以及基本的法律与秩序。但是政府过多地介入经济活动，甚至以权力介入市场，这不利于公平的市场秩序的形成。政府的改革已经刻不容缓，有限、有效、有责任政府是政府改革的努力方向。

第五，关注社会公平。中国改革开放30多年来，收入差距扩大已经成为一个严重的问题。根据亚洲开发银行2007年公布的报告，中国的基尼系数从1993年的0.407增加到2004年的0.47，接近拉美地区的水平。这表明中国贫富差距过大，已超过国际警戒线。改革开放后，中国的城乡收入比先缩小后扩大，改革开放之初2.5倍，1985年为1.8倍，后来变为3.3倍左右。中国在发展过程中盛行的"新圈地运动"，压低农村土地的价格，农村和农民成为利益受损者，产生了数千万的失地农民。收入差距、城乡差距和地区差距的扩大已经成为不容忽视的问题。中国经济改革的一个原则是效率优先、兼顾公平，现在应当将效率与公平提到同等重要的地位，否则改革难以持续，也不可能获得社会支持。

第六，发展模式的转变。中国已经意识到改革过程中形成的发展模式的局限性。十七大强调必须实现经济发展模式的三个转变：由主要依靠投资、出口拉动向依靠消费、投资、出口协调拉动转变；由主要依靠第二产业带动向依靠第一、第二、第三产业协调带动转变；由主要依靠增加物质资源消耗向主要依靠技术进步、劳动者素质提高、管理创新转变。波及全球的金融危机进一步凸显了经济发展模式转变的紧迫性。要实现经济发展模式的转变必须破除影响和制约发展模式转变的体制因素，要通过进一步的改革实现发展模式的转变。

第七，关注价值观的问题。人类除了追求经济利益之外，尚有更高层次的精神追求，这就涉及价值观的问题。中华民族要实现复兴不能回避价值观的问题。民主、自由、法制和人权应当成为核心的价值观，因为社会主义的创始人是把社会主义看作发达的和完善的民主共和政体的。经典的共和政体思想包括：法治国家、议会制、人和公民权利、政教分离、世俗化、教育普及、科学的独立、法院的独立性、言论和信仰自由、文化普及等。在转型时期必须防止社会意识形态的空心化与虚伪化，避免出现信仰危机。苏联解体的一个重要的原因就是信仰危机，殷鉴不远，值得注意。

第八，统筹国内国际两个大局。中国力量的上升是近 30 年国际格局的最大变化之一，然而中国对自己的国情必须要有清醒的认识。中国正处在大转型的进程中，需要统筹国内国际两个大局。根据世界银行的资料：2008 年中国的国内生产总值居世界第三位，达 4.326 万亿美元，美国国内生产总值为 14.204 万亿美元，日本为 4.909 万亿美元，俄罗斯为 1.607 万亿美元。从人均国内生产总值看，美国为 46716 美元（第 12 位），日本为 38443 美元（第 18 位），俄罗斯为 11339 美元（第 42 位），中国为 3264 美元（第 96 位）。转轨国家的人均国内生产总值：斯洛文尼亚为 26784 美元（第 26 位），捷克为 20760 美元（第 28 位），斯洛伐克为 17565 美元（第 33 位），爱沙尼亚为 17218 美元（第 34 位），克罗地亚为 15638 美元（第 36 位），匈牙利为 15408 美元（第 37 位），拉脱维亚为 14909 美元（第 38 位），立陶宛为 14098 美元（第 40 位），波兰为 13823 美元（第 41 位），罗马尼亚为 9300 美元（第 51 位），黑山为 7268 美元（第 56 位），塞尔维亚为 6811 美元（第 60 位），保加利亚为 6546 美元（第 64 位），波黑为 4891 美元（第 77 位），马其顿为 4672 美元（第 78 位），阿尔巴尼亚为 3912 美元（第 86 位），乌克兰为 3899 美元（第 88 位）。这表明中国发展的水平仍很低，需要集中精力解决经济的发展问题，以增进人民福利。因此，中国在国际舞台上要继续坚持韬光养晦的方针，避免承担超越中国国力的国际责任，坚定捍卫中国的核心利益。

关于中国模式的争论：有的人认为中国模式已经形成；也有的人认为即使有，也是不完善的；还有一些人认为中国模式根本就不存在。周有光认为"没有奇迹，只有常规"，"中国要建立一个模式，我想可能性不是很大"，"我们必须走全世界共同的发展道路，走这条道路，中国会发展；离开这条道路，中国会有灾难。没有第二条道路、第三条道路可走"。

九、国际金融危机背景下的转轨经济

关于国际金融危机背景下的转轨经济，本人有如下几点判断：

第一，国际金融危机的冲击不会导致转轨的逆转。所有的国家都不可能出现市场经济的逆转。

第二，国际金融危机的冲击迫使转轨国家调整其发展战略。对于中东欧国家而言，资本和市场高度依赖西欧的状况不可能根本改变，因为它们具有路径依赖性，但可能会进行微调。对俄罗斯来说，金融危机后，它会更加强调从能源经济向创新经济的转换。中国面临的一个问题就是，从过度依赖外部需求到启动内需拉动的经济增长模式的转变。

第三，后危机时代转轨经济在世界经济中的地位有可能进一步增强。中国、俄罗斯以及中欧国家在世界经济中的地位可能进一步增强。

编辑整理：王　旭

后危机时代全球经济发展趋势

李向阳

2010 年 11 月 8 日

李向阳

中国社会科学院亚洲太平洋研究所所长、研究生院亚太系教授

摘　要：金融危机的爆发对世界经济产生了重大的影响，对全球的政治、经济、文化等都产生了重大的冲击。本文研究了后危机时代世界经济的变化趋势，从全球经济发展模式的变化问题到国际贸易和国际金融领域的未来发展方向，再到未来全球经济格局的变化方向，宏观上预测了未来全球经济的发展趋势。最后，本文对全球经济做了一个整体的判断，认为未来中短期内，全球经济将呈现中低速增长的趋势。

关键词：后危机时代　再平衡　经济发展模式　低碳经济　气候规则　金融监管

已经结束的此次全球经济危机是近一个世纪以来全球最严重的经济危机，不仅对全球的经济结构、经济发展模式产生了重大影响，而且对全球的政治、经济、文化乃至经济学理论都产生了重大的冲击。对中国经济而言，从 2011 年开始，中国进入了一个特殊的发展时期——"十二五"发展时期。针对"十二五"发展时期经济发展的方向，五中全会的基本导向是要以转变经济发展方式为主线。确定此方向的一个基本前提就是对全球经济发展环境和未来的基本发展趋势必须要有一个清晰的认识。2010 年年初，胡锦涛同志在中央党校省部级干部关于转变经济发展方式的研讨班上曾经专门强调，"要加强对后危机时代全球经济发展趋势的研究，因为它决定着未来中国经济发展的导向"。之所以这么说，是因为在过去的 10 年时间中，即中国加入 WTO 之后，中国经济与全球经济已经形成了客观上的互动阶段。在这场经济危机中，中国经济不仅受到了全球经济的重大影响，而且反过来，中国经济的每一项重大决策也影响着全球经济的走势，因此讨论后危机时代中长期的全球经济的变化是至关重要的。

对后危机时代世界经济的变化趋势，在学术上有很大的争议。对于这一课题，我们在一年前就开始了跟踪研究，题目中的有些问题在过去的一年里已经部分或者全部得到了验证，有些问题目前还处在猜测或假说的阶段。

本文主要内容包括以下六个方面：第一，全球"再平衡"与经济发展模式的调整；第二，全球气候变化规则与低碳经济的发展；第三，通过制定国际规则推进贸易投资自由化的难度加大；第四，在不损害发达国家核心利益的前提下推进全球金融体制改革与监管；第五，世界经济重心东移困难重重；第六，全球经济呈现低速增长。这六个方面的一个共性就是"变化"，即同危机前相比较，未来5～7年内全球经济有可能发生的一些变化。

从题目中可以看出，第一个和第二个方面主要是指全球经济发展模式的变化问题，第一就是"再平衡"，第二个方面就是围绕气候、减排，即围绕气候变化规则所引发的经济发展模式的调整。第三个和第四个方面是国际经济领域的两个重要分支，一个是国际贸易领域的变化，另一个是国际金融领域未来的发展方向。第五个方面涉及未来全球经济格局的变化方向。第六个方面是对全球经济的一个基本判断。

一、全球"再平衡"压力加大与经济发展模式的调整

关于这一点，已经有很多人进行了讨论和研究。与"再平衡"相对应的一个关键词就是在危机发生前常常被人提及的全球经济"失衡"。从"失衡"到"再平衡"的转换，表现出了此次金融危机所带来的影响。

所谓"失衡"，简单地说是指美国经常账户的逆差已经不可持续了，因为从20世纪80年代以来，除去少数年份，美国在绝大多数年份里都是贸易逆差，大多数年份的经常账户也是逆差。在进入危机前的几年间，学术上对持续的逆差争议很大。一派认为这种增长已经不可持续了，因为人类历史上没有哪一个国家可以依靠借债来促进经济增长。但是另一派观点认为，这种经济已经运转了十几年了，凭什么可以否定它，认为这种经济未来会失败呢？

回顾自20世纪90年代以来全球经济基本的增长逻辑，起点就是美国的负债消费。个体的负债消费在总体层面上突出表现为经常项目的逆差，即美国人不断加大进口的规模，由此带动其他国家对美国的出口，其中对美国出口增长最快的就是东亚经济。东亚经济通过对美国的贸易出口积累的贸易顺差形成了巨额的外汇储备。外汇储备通过资本市场回流到美国，购买美国的国债、股票、机构债等，一方面把美国的长期利率压得非常低，另一方面非常低的利率促使了美国融资的便利，从而促进了负债消费。因为低利率首先促进了资产价格的上涨，资产价格包括股票市场、房地产市场，股票市场和房地产市场的财富效应促使普通家庭有能力进行负债消费。

在那个年代，有种说法认为当时全球经济的两大引擎是美国的消费和亚洲的生产，更有人认为中国的生产和美国的消费驱动着全球经济的持续发展。在危机前，对于这一发展模式是否可以持续一直存在着争议。由于国际金融危机的爆

发，事实已经证明这种发展模式是不可持续的，其中最关键的是美国的房地产市场崩溃，美国不能继续依靠资产价格的上涨来支撑居民的消费，负债消费模式已经不可持续。因此，在后危机时代全球经济学家首先面临的就是全球经济"再平衡"问题，即在原来"失衡"的基础之上，未来全球经济要实现可持续增长必须实现"再平衡"，进行重新调整。

从奥巴马上台之后提出的主张来看，"再平衡"在美国已经出现，由此派生出的第一个问题就是："美国过去十几年的负债消费模式是否可以重新回来？"如果仅仅是危机阶段进行的一种调整，过两年重新进入复苏、繁荣阶段，这种负债消费模式还能够回来，那我们就可以仍然像过去那样依靠出口来拉动经济的增长，亚洲经济也不用费心去调整其经济发展模式。过去的经历已经证明，这种情况是有可能出现的，2000～2001年的 IT 泡沫崩溃，以及 1997～1998 年的亚洲金融危机过后，以美国为主的发达国家经济就再次回到过去的经济增长方式。从目前来看，答案是否定的，美国很可能不能再次回到过去的经济发展模式中。这是因为美国的经济增长方式调整的核心在于储蓄和消费之间的关系。收入分为两部分——消费和储蓄。储蓄高了，消费就要减少；消费高了，储蓄就要减少。美国 20 世纪 90 年代之前的储蓄率维持在 8%～10% 的水平，90 年代后期降低到 5%～6% 的水平。到了 21 世纪前半期，美国的私人储蓄率在 3%～4% 的区间上下波动，从 2005 年至金融危机爆发前，美国的储蓄率下降到 1%～2%。随着金融危机的爆发，美国的私人储蓄率出现了明显的上升，从危机前的不足 2% 已经上升到 2010 年 7 月的 6% 左右。在其他条件不变的情况下，一般认为美国的私人储蓄率每上升 1 个百分点，美国的私人消费要减少 1000 亿～1100 亿美元。有人可能会产生疑问，为什么在过去的两年间美国的私人储蓄率上升了 4 个百分点，而美国的消费在统计上仍然在增加，中国对美国的出口还在不断增长。其中一个根本的原因，笔者认为是和美国在经济危机期间推出的一系列经济刺激政策有关。从统计上可以看出，一个国家的储蓄可以分为公共储蓄、个人储蓄和企业储蓄，在过去两年间，美国的企业储蓄变化不太大，私人（家庭）储蓄和公共储蓄出现了两个相反的走势，私人储蓄不断上涨，而公共储蓄（财政）赤字大幅增加。大量的赤字用储蓄的语言描述就是政府的负储蓄在不断增加。美国的私人储蓄和公共储蓄反向的走势实际上在一定程度上抵消了美国私人储蓄的上升，这就是在美国私人储蓄率上升时，却并没有出现美国所估算的消费大幅增加的原因。

一个国家每年 13000 亿美元左右规模的财政赤字是不可持续的，尤其是美国民主党重新执政以后，美国在继续实行紧缩财政后，在未来几年压缩财政赤字是一个必然的趋势。所以，在这种形势考虑下，未来储蓄率的变化是：随着政府储蓄（财政）赤字规模越来越小，私人储蓄率的上升对私人消费的负面影响会逐渐显现出来。大多数人包括美国政府在内都认为，未来 5 年内美国私人储蓄率维持在 5% ~8% 的水平。很多经济学家认为该估计过于乐观，从历史的经验来看，要维持美国经济的可持续增长，美国的私人储蓄率应该维持在 20 世纪 90 年代以前的水平，即 8% ~10% 的水平。因此，在未来几年，美国的负债消费模式很难重现。全球经济的"再平衡"一方面表现为美国经济要增加储蓄、减少消费；另一方面作为全球经济"再平衡"的另一方，亚洲经济必须要降低储蓄率、增加消费，否则全球经济"再平衡"的调整就会沦为一句空话。

那么亚洲经济是否已经做好了准备呢？答案同样是否定的，至少到目前为止，亚洲绝大多数出口导向型模式国家都没有做好准备，包括中国在内。中国已经从国家战略高度上提出要调整经济发展方式。经济发展方式调整的第一项就是需求结构的调整，从过去依靠投资和出口逐渐转向消费、投资和出口的协同拉动。首要的任务就是要增加国内需求，间接地要求减少经济增长对出口的依存度。

自金融危机爆发两年来的统计结果来看，出口对中国经济增长的促进作用并没有降下来，由此所带来的一系列问题，如我们现在所看到的人民币升值的压力、各种国际场所要求中国承担起全球经济"再平衡"的压力越来越大。很多人会产生困惑，为什么世界突然间对中国经济这么不友好，一直就人民币升值问题向中国施加压力。事实上，到现在为止，在人民币升值问题上已经形成了全球统一战线。所有的这些都是在全球"再平衡"的大背景下发生的，因为大家都已经认可，全球"再平衡"是未来全球经济可持续增长的必要条件之一。既然美国已经做出了调整，那么作为反向的中国也必须做出调整。因此，全球"再平衡"问题就简化为中美之间经济结构的调整问题。

假定欧洲、南美和非洲的未来需求不变，那么从理论上讲，如果美国经济减少 1000 亿美元，那么亚洲经济应该相应地增加，否则全球经济无法达到平衡。但是短期内，亚洲经济很难有能力做出这种反向的调整。

根据全球市场规模估算，按照市场汇率（官方以美元）计算，亚洲最终消费品的市场规模还不及美国一个国家的规模。亚洲约占全球消费的 20%，而美国占到了 30% 左右。这种计算很显然会低估亚洲实际的市场规模。如果按照市场购买力平价（PPP）来估算，亚洲和美国的市场大致相等。如果其他市场的需求不变，那么亚洲尤其是东亚地区和美国需要做出对等的调整。这会对亚洲的出口导向型模式产生非常大的冲击。我们不能假定其他国家都没有意识到问题，他们没有做出调整很大程度上是因为中国经济的增长。在金融危机爆发之后的过去两年间，中国周边国家的经济增长，乃至整个区域的增长，很大程度上是由于中国经济增长的拉动。从国际贸易的收支结构来看，中国对周边国家都是逆差。对于这些小国，如新加坡、马来西亚、菲律宾等国家，只要它们能够找到新的需求点就可以。统计上已经显示，在过去几年中，亚洲国家对中国市场的依存度越来越高。英国《经济学家》杂志头条曾讨论，"世界对中国的市场依赖是否在提高？"对于这些小国来说，它们不管是中国国内市场消费的拉动也好，还是4万亿元投资的拉动也好，或者是每年投入将近10万亿元的信贷拉动也好，只要能够拉动它们的出口，那么对于它们来说，就不是危机。实际上，包括日本在内，亚洲国家的经济复苏都是依靠中国需求的拉动。

因此，最后的落脚点就是中国。由此派生出的第三个问题就是：中国是否有能力和义务单独承担"再平衡"的压力？

从道义上来讲，中国完全有义务承担起全球"再平衡"的压力，因为中国是亚洲最大的经济体，中国是对美国市场出口最大的国家，也是最大的贸易收支盈余国。若美国经济要调整，中国经济必然也要做出调整。问题在于，目前国际社会要求中国单独承担起这个义务。中国短期内并没有能力单独承担起"再平衡"的压力。整个亚洲的市场规模和美国基本上对等，因此让中国单独承担起"再平衡"的压力是不现实的。如果中国单独承担起"再平衡"的压力，那么中国国内的消费必须出现大幅的增加，而中国存在的一个短期内不能改变的问题是消费不足，它受制于两类因素的约束：第一类是国民收入的再分配机制，即中国的财政支出更多的是生产性财政，而不是公共性财政，因而没有为老百姓提供良好的宏观消费环境。第二类是国民收入的初次分配，即整个国民收入分配中，资产收益占的比重过高，而劳动的收益——工资所占的比例在不断下降。尤其是从近20年的统计来看，薪酬占国民收入的比重在不断下降。对于这两种格局的调整，对国民收入再分配的改革稍微容易一些，因为它只是涉及国家财政支出的导向，即使这样，改革仍然很难，因为形成中国的生产性财政比重较大的格局是和中国的经济增长模式联系在一起的。至于要改变国民收入的初次分配，这项改革更难，之所以出现资本收益比例不断上升，是因为生产要素价格的形成机制不合理，这就涉及整个国民经济的体制改革问题。

那么中国有没有义务呢？从道义上有义务，但是中国没有义务单独承担起这个责任。得出这种答案的原因在于中国在亚洲经济中所处的特殊地位。从中国过去几年的国际收支统计来看，中国对周边国家全部都是逆差，而顺差来源地主要是欧美市场。这种国际收支结构背后所反映的问题，即人们常说的东亚地区的国际生产网络。中国处在东亚国际生产网络的最末端，因此在贸易上就表现为中国从这个网络的上游，如从日本、韩国、中国台湾等地进口大量高附加值的零部件等中间品，在中国进行组装加工以后再出口到欧美市场。因而从这个意义上来说，中国对欧美市场的贸易不平衡很大程度上是整个东亚经济对欧美市场的不平衡，这就是中国没有义务单独承担"再平衡"的压力的原因。在很多的国际场合，如中国应对人民币升值的压力问题时，应对国际社会要求中国在未来几年把贸易盈余压到 GDP 的某个百分点以下，实际上就存在着一个国际道义和国际责任的问题。

派生出来的最后一个问题是，从中长期来看，亚洲经济能否和欧美经济"脱钩"？这在短期内很难实现。无论是市场的规模、现有的经济结构和各个经济体的国家政策制定者的导向都做不到。从中长期来看，亚洲经济能否和欧美经济"脱钩"就是近几年国际经济学领域讨论的一个很热的话题——"脱钩论"，核心是赞成者认为亚洲经济的高速增长会逐渐摆脱欧美经济的约束，能够摆脱对欧美经济的市场依赖，而反对者则认为是不现实的。在金融危机爆发前就出现了"脱钩论"，在金融危机爆发之后，"脱钩论"一度受到了激烈的批判。自 2007 年次贷危机爆发至 2008 年雷曼兄弟破产，金融危机开始波及实体经济，实体经济首先受到冲击的是亚洲经济。在发达国家里，日本早于美国一个季度率先进入衰退，当时很多人认为亚洲新兴经济体受次贷危机的影响不会太大，但是自 2008 年起影响开始显现，亚洲的主要经济体——实体经济都受到了重大冲击。因此，当时人们认为"脱钩论"是一个虚幻的概念。但是，2009 年上半年"脱钩论"再次回归，因为自 2009 年第二季度开始，全球经济进入复苏，复苏的引领者就是亚洲经济，从 2009 年年初至今两年左右的时间里，全球经济的复苏主要是由亚洲经济引领的。因此"脱钩论"再次盛行，认为在未来数年的中长期内，亚洲经济可以摆脱欧美市场的约束，实行独立增长，因此有人认为目前的"脱钩论"和危机前的"脱钩论"已经发生了变化，戏称为"脱钩论"的"2.0 版本"。但是，从中期来看，这种可能性极小。

图 1 是亚洲开发银行在 2008 年对 2006 年亚洲出口做的一项研究。假定亚洲出口比重为 100%，那么区域内贸易占到了 51.8%，区域外贸易占到了 48.2%。这一比重同欧盟内部贸易的 60% 左右的比重相比是不错的，区域内贸易所占比重超过了 50%。但是具体来看，产品可以分为最终消费品和中间产品，无论是区域内贸易还是区域外贸易都可以做进一步的区分。通过对这两类产品的处理，可以得出亚洲区域内最终产品的消费所占比重不足 1/3，只有 32.5%，表明亚洲最终消费品出口的拉动主要来自区域外。亚洲区域内贸易比重较高主要是由于区域内中间产品的贸易推高。而对于一个区域的可持续增长来说，最重要的是最终产品的需求。因此，在短期内亚洲经济摆脱区域外影响是根本不可能实现的。亚洲经济在短期内无法实现同欧美市场的"脱钩"。

在全球经济"再平衡"的大环境下，中国原来的以出口为导向的经济增长方式正面临着前所未有的压力。

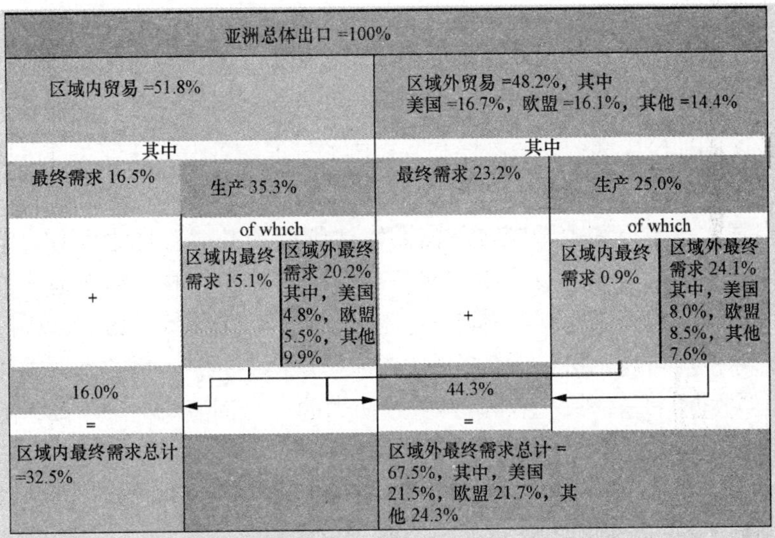

亚洲总体出口 =100%			
区域内贸易 =51.8%		区域外贸易 =48.2%，其中 美国=16.7%，欧盟=16.1%，其他=14.4%	
其中		其中	
最终需求 16.5%	生产 35.3%	最终需求 23.2%	生产 25.0%
	of which		of which
+	区域内最终需求 15.1%	区域外最终需求 20.2% 其中，美国4.8%，欧盟5.5%，其他9.9%	+	区域内最终需求 0.9%	区域外最终需求 24.1% 其中，美国8.0%，欧盟8.5%，其他7.6%
16.0%		44.3%	
=		=	
区域内最终需求总计 =32.5%		区域外最终需求总计 =67.5%，其中，美国21.5%，欧盟21.7%，其他24.3%	

Source:ADB(2008)Emeging Asian Regionalism,p.72.

图1　亚洲出口的最终需求高度依赖区域外市场：直接和间接联系（2006 年）

二、全球气候变化规则与低碳经济的发展

我们不从科学的角度探讨全球是否在变暖，以及温室气体的排放导致了全球气候的变暖是否是一个真命题。从经济学来讲，如果为遏制全球气候变暖制定出相应的规则，而这些规则对民族国家的经济有约束力，那么其在经济学上就是一个真命题。因此，我们讨论问题的起点在于全球气候变化规则，而不是全球气候是否在变暖。

2009 年年底召开的哥本哈根会议是为制定全球气候变化规则所做的一次最大尝试。这次尝试没有达到预期的结果，国际社会将这种尝试不成功的原因归咎于中国，我们在此也不讨论责任问题。

气候变化规则正在多层面上形成。第一个层面是在联合国层面，即哥本哈根会议，要解决的问题是全球温室气体减排的额度问题以及减排额度在不同国家的分配。分配额度的时候自然派生出的一个问题就是，发展中国家提出共同担有的区别原则以及希望发达国家给予财政补偿。这种补偿不是指从道义上发达国家对发展中国家的怜悯和无私的援助，补偿的起点是对历史的补偿，因为地球上空的二氧化碳排放的空间是有限的，而发达国家过去二百多年的发展已经将地球上空的二氧化碳排放空间基本占据，现在要减排，不是说要对最近几年，而是对过去

二百多年的排放所做的统一的清理。

在哥本哈根会议上，第一天美国代表团就提出，中国政府不应该享受发达国家对发展中国家的财政补偿，理由是中国当时有2万亿美元的外汇储备。这是一种非常荒谬的理论，因为财政补偿和受援国的外汇储备没有任何关系。要补偿与不要补偿不是道义上的问题，而是发达国家对过去二百多年的时间里排放的合理补偿。中国代表团声称中国减排不需要发达国家的补偿，对此官方给出的解释是：我们不愿和其他小的发展中国家争夺有限的补偿。很显然这是一种外交辞令。一个更重要的理由是，中国与发达国家面临的一个重大分歧，即中国减排是否需要国际核查问题。我们一直坚持中国减排是自主的，不需要发达国家的补偿和核查。"核查"是在外交上非常具有杀伤力的一个词汇。在十年前，萨达姆执政时，就存在着核查伊拉克是否存在核武器问题，围绕着核查问题将萨达姆总统拿了下去。伊朗核问题和朝鲜核问题也是一个可核查问题。因为一旦成为可核查问题，就意味着国际规则的约束是强约束。

在第一个层面上，正是由于在减排额度分配上和财政补贴问题上存在分歧，哥本哈根会议暂时没有得到结论，没有取得预期成果，但是这一进程绝不会中断，坎昆会议预计仍然不会达到预期目标，但是发达国家不会气馁。

第二个层面是在民族国家层面，其中有两个关键的词汇——"碳税"和"碳交易"。碳税是指根据碳排放额度的高低进行征税，来促使企业的减排，减少碳排放。碳交易是起到相同作用的另外一种机制，是指把企业或者个体的碳排放作为一种特殊商品，拿到特殊市场上进行交易。政府通过调节碳排放商品的价格对整个国家碳排放的进度施加压力。这个规则现在在大多数发达国家逐步建立。

第三个层面是在双边层面，一旦联合国层面的减排额度分配完成以后，肯定会存在某些国家不自觉的情况，发达国家对此有清楚的认识。对于无法完成联合国规定的碳排放减排额度的国家，其出口将被征收碳关税。但是在国际层面的哥本哈根会议的碳排放规则没有制定出来的前提下，这些措施现在并没有实施的空间。

第四个层面是未来的以WTO为主的多边层面。WTO多哈回合从2001年开始一直被搁置，多哈回合的议程里本来没有气候减排，但是可以肯定地说，在未来，WTO的多边谈判一定会和气候变化联系起来。

因此，联合国层面是最重要的，一旦联合国的碳排放减排额度确定下来，各个国家分配结束，那么其他层面的规则都是实施规则。一旦碳排放的规则制定出来，那么将会对民族国家的经济产生重大的影响。

在理论上，围绕着全球气候变化规则可能产生的影响的研究都只是预测或者猜测，我们只能根据过去经验做未来的推论。比如对产业结构是一个非常直接的影响。经济学中，一个产业或者企业的生产函数是固定的，劳动、资本、技术在一定时期内的投入比例是大致固定的，如果生产函数中的某一生产要素的价格发生了巨大变化，那么生产函数必然会发生变化。

表1是不同国家与产业的碳密度。所谓碳密度是指单位产值碳排放的数量，具体来说，在表1中是指每百万美元产值的碳排放吨数。从表1中可以看出，不同产业的碳排放密度差异非常大，最高的是能源行业，最低的是服务业，相差10倍。因此同一规则对不同行业的影响肯定存在巨大差异。由于不同产业受到的冲击不同，那么对产业的布局可能也会产生影响。

表1 2004年不同国家与产业的碳密度

单位：吨/百万美元（直接与间接合计）

	高收入国家	中低收入国家	世界合计
农业	98	223	168
能源	729	1147	928
所有制造业	99	449	187
能源密集型	172	811	330
其他	66	289	122
其他产业	60	342	132
服务业	67	242	92
总计	109	479	187

谈到能源价格的变化，那么变化的幅度到底如何呢？目前谈论最广泛的是以煤炭和石油为主的化石能源。长期以来，从工业革命开始，我们经历了从煤炭到石油能源的转化，总体来说，过去三百年的历史都是化石能源时代。这其中有个误区：搞低碳经济是不是就要将煤炭和石油从经济中替换出来，这一点在未来的二三十年内是不可能实现的。全球气候变化的核心是减排，减排的途径有两类：一类是现有的煤炭和石油在使用过程中有大量的二氧化碳排放，我们可以进行"碳捕捉"与"碳储存"，在生产过程中减少碳排放，这无疑会增加能源的使用成本。另一类是使用更加清洁的能源，如太阳能、风能、水力发电和天然气等。

无论是生产过程中碳排放的控制还是清洁能源的使用，都会改变能源的价格，因此对不同产业的布局也会产生重大影响。

技术进步的方式也可能会发生重大变化。气候变化规则对技术进步的影响目前还不清楚，但是从过去的经验可以看到，20世纪末期，《京都议定书》是针对发达国家减排而签订的,不适用于发展中国家。《京都议定书》签署之后,清洁能源的技术进步速度出现了一个飞跃,这就是规则对技术创新的影响。在现实中,我们也可以看到,以前我们所谈论的技术创新包括产品创新和工艺创新。产品创新意味着创造出一种新的产品,工艺创新意味着由于新技术的使用而导致的单位产值增加。在全球减排的大环境下,未来可能出现一种技术,它既不会创造出新的产品,也不会短期内增加单位产值,但仍然是技术创新,如比亚迪电动汽车。电动汽车和燃油汽车相比,使用特征没有发生任何变化,甚至还不如燃油汽车,但是由于它减少了二氧化碳排放,因此仍然是一项新技术产品。因此,一旦气候规则制定下来,会对产业和企业的生产方式产生重大的冲击。

低碳经济在金融危机爆发后,仿佛突然变得耳熟能详起来,实际上,在金融危机爆发前,就已经有很多的经济学家在谈论这个问题,但是之前为什么没有流行开来?因为过去的这场金融危机源于发达国家,受打击最大的也是发达国家,其中在发达国家出问题的最核心部门就是金融业,受打击最大的也是金融业。在金融危机爆发前,金融业对经济的高速发展起着至关重要的作用。以美国为例,美国的负债消费模式为什么可以维持那么长时间?因为美元是世界货币,世界货币建立的基础是成熟发达的美国金融市场,所以离开金融业,美国的负债消费模式就是一句空话。由于国际金融危机严重打击了金融业,所以继续依赖金融业成为经济高速增长的推动力已经不现实。有的人指出可以依靠制造业,实际上制造业在过去的20年都已经以FDI的形式转移出去。在发达国家,制造业所占的比例最高的为日本,所占的比例不超过20%;金融危机前的美国,制造业所占的比例不足15%。指望这一部分来拉动经济增长是不现实的。因此在金融危机爆发之后,经济学家们马上提出的一个问题是下一轮经济增长的支柱产业是什么,如果无法找到一个新的支柱产业,那么发达国家经济乃至世界经济就无法进入新一轮的高速增长时期。上一轮的高速经济增长靠的是IT,自2001年起IT产业进入了稳定发展的阶段,因此就不能重新成为一个新的增长点。最后找来找去,发现了低碳经济。低碳经济的核心是减排,无论是通过何种方式,都能吸引资本不断流入,拉动经济的新一轮增长。

但是低碳经济面临的一个最大的问题是:如果没有规则的限制,没有任何人会在道义上对生产过程中产生的碳排放进行处理,而清洁能源面临的则是成本问题。总之,高成本是阻碍低碳经济发展的最根本原因。低碳经济发展的一种可能的选择是技术进步,依靠技术进步来为低碳经济的两类解决途径创造条件。但是技术进步一般都需要比较长的时间才可以对经济产生影响。那么,剩余的唯一的道路就是规则制定,通过制定规则改变清洁能源与化石能源之间的比价。化石能源价格较低是因为碳排放成本并没有被计入生产成本,现在需要通过强制性的规则要求将这一成本计入，无形中改变了两类能源之间的价格比价，可以通过操纵碳排放的价格来调节它们之间的价格比价。从这个意义上来说，没有气候变化规则就没有低碳经济。目前还没有任何一个国家的低碳经济成为支柱产业。

那么，既然现在规则尚没有制定出来，为什么很多企业仍然在投资呢？因为这是大势所趋，谁能够在未来新一轮的发展中占据先机，谁就可以拥有竞争优势。另外一个原因是，有一部分发达国家在国内已经开始实施低碳经济的市场运作。这里面就蕴含着一个新的问题，那就是发达国家为发展低碳经济有需求，并且发达国家提出了很多理由。但是，这些不能促使发达国家制定一项类似《京都议定书》的规则，这是因为一项新的产业如果要成为支柱产业就必须要有全球市场。例如 IT 产业的发展。实际上，IT 产业在 20 世纪 80 年代的危机中就已经酝酿，进入 90 年代，IT 产业带动了整个经济长达 10 年的高速增长。但是人们经常忽略的一点是，美国作为 IT 产业最领先的国家，在 IT 革命出现之前所做的一项很重要的事情是，在 WTO 产生的第一次新加坡会议上，美国就提出了信息产品自由化，因为只有信息产品自由化之后，IT 产品才有全球市场。因此，气候变化规则未来必须要涵盖全世界，尤其是中国、印度和巴西等碳排放大国，否则就变成发达国家自说自唱了。

气候变化规则会对全球经济结构和经济模式产生重大影响，那么到底谁是受益者呢？为什么哥本哈根会议上各国存在着那么大的分歧？我们基本的判断是，全球气候规则对不同国家的影响是存在差异的。其基础就是经济学中的制度非中性，任何一项规则制定出来之后，对不同的行为主体会产生不同的影响。从表 1可以看出，发达国家的碳密度连发展中国家的 1/4 都不到，很显然，在未来的低碳经济竞争中，发达国家有着先天的优势。一方面是长期以来，发达国家已经在技术上开始重视环保，已经有大笔的投入；另一方面是产业结构，不同产业的碳密度差异是非常大的，而发达国家现在都已经进入了后工业时代，一个突出的标志是服务业占整个经济的比例非常高，绝大多数的发达国家第三产业所占比例都超过了 70%，这是发达国家碳密度较低的根本原因。在这样的背景下，如果制定同等的标准，那么显然是不公平的，发展中国家也是无法承受的。中国和其他发展中国家在哥本哈根会议上提出的共同但有区别原则的原因在于此。减排需要各国的努力，但是各个国家所负责任的大小应该有所区别。

关于全球气候规则的制定，剥离了科学和道义的外衣之后，可以简化为两句话："你们不能像我们一样生活，但你们要像我们一样减排。"在中长期内，全球经济受气候变化的影响是不可避免的，而一旦这些规则被制定出来，对发展中国家尤其是尚未完成工业化的发展中国家而言，其影响会是非常深远的。

三、通过制定国际规则推进贸易投资
自由化的难度加大

在国际贸易领域，未来几年，一个根本的变化是规则的制定可能发生一些变化。在此次金融危机中，我们可以看到各种各样的新型贸易保护主义政策出现，如美国推出的购买美国货条款，欧洲很多国家制定的受到政府救援的金融机构只能向本国企业发放贷款的条款，有些国家通过税收的方式把海外的资金抽逃回来，这些行为看起来和 WTO 的条款是不相悖的，但是同 WTO 最基本的理念——非歧视原则又是不相符的。与此同时，后危机时代面临的一个基本格局是：全球需求增长的速度在放慢，因此在国际贸易领域的国际竞争会加剧。

美国作为全球最大的经济体，新一届美国政府提出来一个口号："在未来5年内出口实现翻一番。"

总之，在未来数年内，国际市场的竞争会空前激烈，按照逻辑推理，应该制定更加自由的规则来应对国际贸易领域出现的新挑战。但是这个趋势有可能受到阻碍，通过制定国际规则推进贸易投资自由化的难度加大。

得出上述判断的理由，第一个是不同类型国家的认知和理念分歧在加大。在金融危机之前的 20 年间，国际社会普遍接受盎格鲁—撒克逊模式，这种模式是以减少国家干预、推动经济自由化为导向的，华盛顿共识是这种经济自由化的代表。虽然在危机之前人们对华盛顿共识有非议，但是大多数国家都认为它是全球经济可持续发展的必要条件。但金融危机证明，经济自由化最彻底的英国和美国，包括整个发达国家受危机影响最严重。因此，在国际金融危机之后，人们对经济自由化的理念提出越来越多的质疑，包括经济学理论都在发生变化，围绕着多边贸易谈判来制定新规则的难度越来越大。

第二个是全球总需求增长放慢。在后金融危机阶段，美国将放弃负债消费模式，美国的需求减少，而亚洲短期内没有能力弥补美国的消费需求缺口。因此，在未来的国际市场上，竞争会空前地激烈。与此相对应，在未来的国际贸易谈判中，就有可能出现一个尴尬的局面：大家都打着贸易投资自由化的旗号，但是关注的重点却不同。在 2010 年的 G20 峰会上，各国的首脑曾经达成一个共识——要重新启动多哈回合谈判，在 2011 年年初的时候，多哈回合谈判重新启动。当时国内外很多经济学家都预测多哈回合谈判在金融危机阶段能够取得预期的成果，但是事实证明，多哈回合谈判又被无限期地搁置了。未来，围绕着国际贸易的多边谈判有可能出现分歧，是发达国家同发展中国家间的分歧，发展中国家更愿意在原来的以提高市场准入层面上来推进新规则的制定，而发达国家更愿意把未来的讨论重点放在环境保护和知识产权保护等问题上。

环境保护到现在还没有被提上议事日程，但未来总会被提出来。现任 WTO 总干事 Lamy 有一句名言："气候第一，贸易第二。"在 2011 年年初的多哈回合谈判上，Lamy 再次重申他仍然坚持这一主张。从中可以反映出，未来气候、环境问题和多边贸易规则会是一个高度相关的谈判主题。

围绕着气候和未来贸易规则之间的关系，各国可能会存在着非常大的分歧。发达国家一旦制定出全球减排的额度以及额度在各个国家之间的分配制度之后，必然要制定出相应的实施规则。

图 2 是生产国内最终消费需求与进口产品的碳排放。

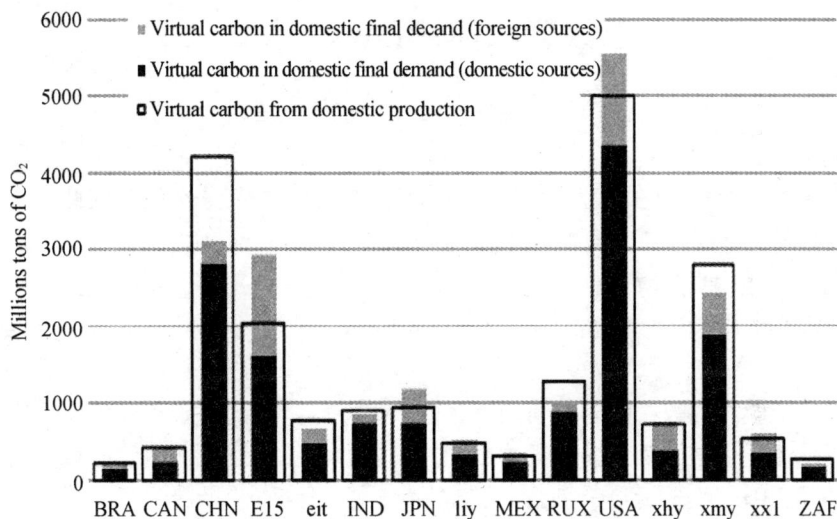

图 2　2004 年生产国内最终消费需求与进口产品的碳排放

图 2 中的三个指标理论上在不存在贸易的条件下是统一的，即本国生产、本国消费、碳排放应该是统一的。但是由于贸易的存在，这三个指标出现了差异。发达国家国内总需求所产生的碳排放（本国生产和国外来源）经常超过国内生产产品的碳排放，如美国、日本和欧洲 15 国。相反地，发展中国家如中国、印度等国家国内总需求所产生的碳排放则小于国内生产产品的碳排放。

图 2 可以说明，中国生产的很多产品碳排放留在了国内，而产品通过出口输出国外。最近几年，很多人在国际贸易领域做了研究，认为中国是碳排放的净出口国，因为中国有大量的净出口。因此，在未来围绕气候变化和规则谈判中，这是一个很大的难题。中国辛辛苦苦生产出来的产品，污染了自己的同时，外国还

不领情。未来的减排是以国界为基础的，并不是按照人均碳密度制定的。

知识产权在目前的 WTO 规则中已经存在，未来发达国家的执行会越来越严格。目前，美国和中国进行谈判的首要话题就是汇率，其次就是知识产权保护问题，知识产权保护越来越成为发达国家关注的焦点。跨越式发展就如同排队中的加塞，领先者会尽一切可能维持现有秩序，防止加塞，但是后来者则费尽心思想往前走。在经济领域，维持现有秩序最有效的手段就是知识产权保护，通过严格的知识产权保护才能保护领先者的创新优势，后来者可以分享国际分工全球化的成果，但是不能扰乱国际分工的位次。知识产权在这方面发挥着特殊的功效。

四、在不损害发达国家核心利益的前提下推进全球金融体制改革与监管

在国际金融领域，改革国际金融体制是金融危机后的一个基本共识。经历过这场危机后，大家看到，无论是金融机构，还是金融工具、金融市场、金融交易方式、金融中介和金融监管，都对这场危机负有不可推卸的责任。因此，人们意识到，危机一旦结束就必须要改革全球金融体制。

围绕金融体制的改革，主要在两个层面上进行。一是在宏观层面上，改革以美元为中心的国际货币体系；二是在微观层面上，改革多年来所形成的金融运行机制。

第一个层面的改革是国际货币体系的改革。之所以需要改革以美元为中心的国际货币体系，是因为这场危机的根源是美国的负债消费，而负债消费的基础就是以美元为中心的国际货币体系。长期以来，美联储作为世界的中央银行发行世界货币，但是多年来美联储依靠其特权不断增发货币，借债消费。后危机时代，需要找到一种可以替代美元的货币，充当真正意义上的世界货币。欧元、日元、英镑、人民币都不具备世界货币的职能。因此，唯一的选择就是寻找一种超国家货币来替代美元作为世界货币。最后就找到了国际货币基金组织的特别提款权。特别提款权是 20 世纪 60 年代创立起来的，是政府间的一种结算符号。但是特别提款权在长达半个世纪以来并没有完全发挥其应有的作用，因为其规模太小，存在着先天的缺陷。如果大家认可以特别提款权为基础建立一个超国家的世界货币，首先就需要改革国际货币基金组织的运行机制，其中最核心的运行机制就是份额投票权问题。危机之后，G20 峰会每次都会讨论国际货币基金组织投票权份额问题，份额的改革已经取得了明显的成果，经过改革之后，中国已经成为第三大投票国。长期以来，发达国家投票权份额要远远高于其经济份额，因而改革国际货币基金组织投票权份额问题就是要让投票权份额同经济份额相匹配。为此，

主要改革的方向是扩大新型市场体在国际货币基金组织中的投票权。

但是，这其中存在着一个界限，投票权的分布存在着高度的不均衡性，美国和欧洲所占份额非常大。按照国际货币基金组织现有的规章制度，涉及重要问题时，必须要达到85%的投票权，而美国一个国家所占份额就超过17%，欧元区所占份额也超过15%，从这个意义上来说，在国际货币基金组织中只有美国一个国家具有一票否决权。那么，改革的界限就是美国的否决权问题。所以要在不损害发达国家核心利益的前提下推进全球金融体制改革与监管，这种核心利益对于美国而言就是否决权。因此，改革以美元为中心的国际货币体系，可能会给中国、巴西和印度等新兴经济体国家增加一些份额，但是不会从根本上改变美国的主导地位。

特别提款权是"一揽子"货币，其中美元占据着最大份额，其次是欧元、日元、英镑，如果不能彻底改变国际货币基金组织的投票权，那么即使未来建立特别提款权为世界货币，同以美元为中心的国际货币体系并没有什么区别。因此，以美元为中心的国际货币体系中期内不会发生明显的变化。

第二个层面的改革是金融体系的改革。一方面改革的压力来自国际社会，尤其是发展中国家对发达国家在过去二十多年金融自由化所建立起的这套金融体系极端不满，认为这是造成此次金融危机的主要根源。另一方面更重要的压力是来自发达国家国内。在这场危机过程中，各国政府对本国的金融机构进行了大量的救助，拿着纳税人的钱去救助金融机构。金融机构不负责任的行为需要纳税人替其埋单，这是导致发达国家国内要求金融体制改革的根本原因。因此，奥巴马政府执政之后，最开始的举措就是改革金融体系，设计未来的金融体系改革方案，被称为"沃克尔规则"。"沃克尔规则"大致分为三个主题：第一个是"大而不能倒"。在金融危机中，人们看到大型的金融机构由于其庞大的规模，政府明知道其存在问题，即危机前有很多经济学中所指的"败德行为"，但是仍然需要对其进行救助，否则损害的不仅仅是华尔街的利益，而且是整个国家的利益。解决这一问题是金融改革的首要问题。第二个领域的改革是资本金的要求。在金融危机阶段，很多金融机构要求进行救助，原因在于需要维护存款人的利益。按理说，按照原来的巴塞尔协议，金融机构需要用其资本金来对储户进行补偿。但是，资本金的要求不够，并且资本金的构成也存在问题。第三个是改进宏观谨慎的监管，围绕着整个监管体系进行改革。

2011年美国推出了范围最广的一次金融改革法案，并且已经成为法律。法案推出之后获得了媒体的极高评价，认为是半个多世纪以来最大的一次改革。虽然改革的力度很大，但是改革法案并没有触及大银行、大金融机构的核心利益，进一步地说，没有损害美国最核心的利益。首先，禁止银行衍生品交易，这被认为是改革的一个方向，但是在银行衍生品交易的限制过程中，保留了利率掉期、外汇掉期和金银掉期，这些占到了银行衍生品交易的90%。"大而不能倒"这个问题甚至都没有被触及。至于自营交易和两房问题只是局部地或者就没有被触及。美国的金融改革法案通过之后，OECD的巴塞尔委员会在2011年7月也推出了新的金融改革方案——巴塞尔Ⅲ。在巴塞尔Ⅲ中，主要解决的是资本金问题，预计将把银行的资本金比率从8%提高到12%。另一块就是资本金的构成，明确规定可变现以及流动性标准、安全标准等。从中可以看到，改革的范围是非常小的。

因此，金融监管改革同样不能损害发达国家在全球金融业的主导地位。金融业是发达国家的核心利益。同时，金融业是发达国家从全球获得利润的一个重要渠道。美国的金融业为美国带来了巨大的财富。

五、世界经济重心东移困难重重

金融危机爆发之前以及爆发之后，世界经济中心东移的说法越来越流行，以至于在媒体上似乎成为一个共识。如果这一趋势变为现实，那么对于中国而言是一个美好的前景，但是，这一前景短期内很难实现。

随着近代史尤其是工业化社会以来，从全球经济和世界市场产生以来的近三百年的历史来看，充当经济重心有着巨大的收益，是一个地区、一个国家获取财富的一个重要来源。获取财富的一个途径就是通过制定规则，即主导规则的制定，从而获取最大的收益。随着工业化的实现，世界市场一旦形成，规则就成为一个至关重要的东西。英国充当经济重心以后，从全球获取了巨大的收益，到了20世纪30年代大危机可以称为一个交接期，美国通过主导战后规则和规则制定，获取了巨大利益。未来全球经济重心能否回到东亚、回到中国？答案是很难。尽管从经济份额来看，亚洲的经济份额增长非常快，从80年代的不足20%，现在已经接近35%，未来10年很有可能接近或者超过50%。这也是世界经济重心东移论的最主要理由。

通过图3可以看到，按照汇率计算亚洲的经济份额增长不大，因为从亚洲经济危机之后，亚洲国家货币集体对美元贬值，因此根据美元计算，亚洲的经济份额变化不大。但是按照购买力计算，亚洲的经济份额在直线上升。如果按照刚才的定义，世界经济重心不仅仅是经济份额问题，而是类似于当初的英国或者是现在的美国那样，需要衡量一下亚洲是否具备这样的条件。

首先，从英国和美国的经历来看亚洲经济能否实现区域内自主增长。如果不能实现，那么就不可能主导经济的规则，因为在国际经济规则的制定过程中，决定因素不是经济的规模和出口的规模，而是进口，即能够向世界市场提供多大的出口市场是重要的。亚洲的最终消费需求在区域内不足 1/3，亚洲能否创造区域内最终消费需求是决定亚洲能否实现自主增长的一个决定条件。

Oriental express
Asia's share of world GDP,%

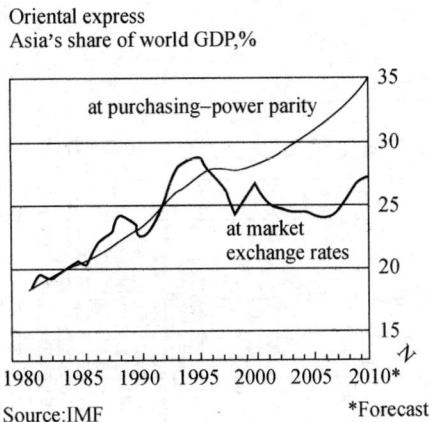

图3　亚洲经济占世界 GDP 比重

其次，亚洲经济能否形成统一的区域市场？亚洲没有任何一个国家能够和美国相抗衡，在这种情况下，如果亚洲要成为经济的重心，换句话说，亚洲要在规则的制定中有统一的声音，那么就必须要有统一的利益，统一利益的前提就是统一的市场。否则，亚洲仍然无法主导规则的制定。而亚洲的统一市场进展得非常不顺利。虽然从区域贸易协定的数量上来说，增速非常快，从 20 世纪 90 年代初的微不足道到现在已经超过了 160 多个。而区域贸易协定的增加应该带来区域贸易的增加，我们从图4 可以看出，亚洲的区域内贸易几乎没有什么变化。说明迄今为止，亚洲区域经济合作并没有按着统一的市场方向发展，出现这种情况的原因有以下几个方面：

第一，亚洲区域经济合作中的"面条碗效应"，决定了它难以进一步推动区域内贸易比例的提高。所谓"面条碗效应"是指区域贸易协定绝大部分是双边的。区域贸易协定包括很多形式，如自由贸易区、关税同盟、共同市场等。最普遍的是自由贸易区，核心是取消成员国之间的关税壁垒。但是自由贸易区和关税同盟的区别是，各个成员国之间是单独对外实行各自独立的税率，其中存在着原产地规则。如果亚洲是一个统一的市场，那么就会减少很多成本。所以很多的亚洲双边自贸区协定的数量到最后形成了所谓的"面条碗效应"，反而起不到应有的作用。

第二，以东盟为核心的亚洲区域经济合作格局难以为整个区域一体化的发展提供制度保障。迄今为止，东亚区域合作是由区域内最弱的国家、经济规模最小的经济体——东盟来主导。东盟曾发表声明反对任何形式的中、日、韩与"10 + 3"的合作，因为任何形式的合作都意味着东盟地位的边缘化，它们只希望进行以东盟为核心的"10 + 1"合作。

Sources：Asian Develapme at Bank　　*As of June

| —— 亚洲区域内贸易的比例(%) | 亚洲双边自贸区协定数量 |

图4　亚洲区域贸易协定的影响

第三，以市场驱动型为特征的亚洲一体化模式将阻碍一体化进程的深化。迄今为止的东亚地区经济一体化不是依靠自贸区协议推动的，而更多的是依靠市场的分工，即东亚国际生产网络驱动的。东亚国际生产网络的形成完全是依靠市场选择出来的、自然形成的区域内国际分工。由此带来的一个结果就是，由市场驱动的一体化进程发展到一定水平反而成为制度、契约一体化、市场一体化的障碍。

第四，亚洲国家推进跨区域自由贸易区协定的趋势正在偏离亚洲区域一体化的发展方向。大国寻求区域外的合作实际上正在偏离统一市场的方向。更重要的一点变化是，由于美国重返亚洲，正在彻底改变亚洲区域合作的格局。

随后一个条件就是，亚洲能否占据全球产业链的顶端。中国处在区域产业链的末端，整个亚洲经济除去日本之外，大部分处在全球产业链的中端和末端。这意味着全球产业链中增值最大的部分都是由区域外控制的，如研发、物流、金融等。要改变这种格局，就取决于区域内的大国——中国和印度的自主研发，取决于未来的工业化进程能否走出一条以自主研发为主导的工业化进程。如果不能实现这点，亚洲不可能进入全球产业链的中高端。

作为全球经济的重心,至少要满足上述条件,同时还需要政治上、军事上的其他重要的条件。

六、全球经济增长趋势

在金融危机前10年,全球经济平均增长率在5%左右,被认为是几十年来的一个高速增长期。进入后危机时代,中期内5~10年的时间内,全球经济能否回到危机前的高速增长时期,从现在来看,难度非常大。一个基本的判断是,全球经济将呈现中低速的增长。

第一,做出这种判断的原因首先与这场金融危机的特性有关系。IMF《世界经济展望》通过对全球过去88次金融危机的经验研究表明,危机结束后的中期内增长速度比趋势线平均会低10%。这种持久性损害一般要持续7年以上的时间才可能消失。对此,经济学有很多的解释,在此我们只从劳动力的角度进行解释。劳动力是经济增长的一个重要推动力,但是在经济危机阶段,周期性失业人口上升,如果危机持续的时间足够长,那么这种失业有可能转化为结构性失业。可能产生的一个问题就是,这批劳动力有可能永远游离在就业队伍之外,原因有两个:其一,在社会福利相对较好的情况下,他们失去了寻求再就业的动力;其二,一旦失业的时间太长,那么他们就有可能丧失生产的技能。

经济危机所带来的需求萎缩持续的时间越长,对危机后的复苏及供给影响越大。此次危机是20世纪30年代后最严重的一次危机,所以此次危机的经济复苏进程要远远低于以往的危机复苏进程。

第二,导致未来全球经济呈现中低速增长的重要原因是金融监管。金融监管是全球后危机时代一个必然的发展趋势,与金融监管相对应的就是危机前的金融自由化。危机前的20年的时间里,全球金融深化和金融自由化带来的一个很重要的结果是,全球的融资成本空前地低。风险在金融市场中不仅仅是宣传口号,风险越高、利率越高。金融创新所带来的风险分散化导致风险降低,因此利率必然要降低。随着金融自由化,风险被低估了。在金融危机后,我们必须要进行改革,从各个领域进行监管。风险监管导致的结果就是风险定价回到它正常的水平上。因此,未来中长期内全球的融资成本必然会上升。

那么金融监管已经出来了,为什么全球和发达国家的利率仍然很低?一个最根本的原因是发达国家在危机阶段实施的经济刺激政策还没有退出。穆迪公司的一项研究显示,银行到2012年将有7万亿美元的短期债务到期,在2015年之前将有10万亿美元的短期债务到期。一旦目前的政府支持金融体系措施退出,银行发行长期债券为其融资将面临利率上升的压力。现在短期债务都是由政府担保的，风险必然被压低，发达国家的金融机构就可以以降低的利率发行债券，而这是不可持续的。发达国家必须要退出经济刺激政策。一旦这些短期债券到期，如果银行用10年期债券为其短期政府担保债券再融资，成本将提高7个百分点。未来金融监管的加强以及政府刺激政策的退出，必然使未来的全球融资成本提高。

第三，全球产业结构调整过程会减缓经济增长步伐。从目前的化石能源高碳排放经济增长模式向低碳排放增长模式的转化是必然趋势。在这种转化或调整过程中，全球的产业结构、全球企业的经济增长方式、全球技术进步的路径都会做出重大的变化和调整。这种调整进程必然会降低经济的增长速度。在这个进程中，各国还面临着巨大的调整风险。有人认为，目前都已经认可了未来会朝着低碳经济发展，那么还存在什么风险呢？首先，投资不等于优势。以中国的太阳能板为例，太阳能是典型的清洁能源，但其前提是生产出来的产品是清洁能源，不能等同于太阳能板的制造是清洁能源。国内有种描述就是"两头在外"，太阳能板的生产和研发都是在国外，太阳能的生产也主要是供给国外。而太阳能板的生产过程是高碳排放、高污染的生产活动。一旦未来的全球气候规则被制定出来，不是按照最终消费品的碳排放量决定，而是按照国界计算碳排放量，中国投资得再多，为世界生产的太阳能板再多，中国的碳排放也是挺多的，投资多不等于我们已经占据了低碳经济的优势地位。

第四，即使大家都看到这是未来的发展方向，也不等于在调整和转化过程中就不存在风险。一个产业背后的发展过程存在着很多风险，如技术风险。此次金融危机之前最严重的一次危机是20世纪70年代末80年代初的危机，那次危机孕育了一个全新的产业——信息产业，即后来的IT产业。当时，全球尤其是发达国家都认可，未来新一轮的经济增长的支柱产业是信息产业，以计算机为主的信息产业将会支撑未来的发展方向。但是技术进步的路径到底是怎样的，各国的看法不同。如日本认为未来信息产业的发展方向是计算机的大型化，当时日本政府联合日本的很多大公司在第五代计算机上投入了大量的研发资金。而美国认定未来信息产业的发展方向是计算机的微型化，结果到了20世纪90年代证明了美国的选择是正确的。后来有人总结日本停滞的10年的时候，发现日本有经济政策方面的失误，同时在此次信息产业技术路径选择方面的失误也是一个重要的原因。

第五，对未来是否是低碳经济，低碳经济内产业转变的路径、技术转变的路径、产业组织的模式即经济增长的模式、企业经营的模式会朝什么方向发展，目前都还是未知数。因此，在这个发展过程中，很多国家可能会失败，会付出代价。对于发展中国家来说，我们的工业化进程刚刚起步，不可能把重化工业扔出去，对于大多数发展中国家而言，重化工业还有很大的发展空间，但是重化工业面临着重大的约束，即除去以前的资金约束、技术约束、人力约束、技能劳动力约束之外，增加了一个全新的气候、环境碳排放约束。在这转化过程中的不确定性非常大，这是我们对中期内全球经济增长抱有相对悲观看法的前提。

从以上可以看到，在后危机阶段，中国经济面临的环境和危机前相比发生了巨大的变化，我们不能期望危机前的过去 20 年，甚至是改革开放 30 年的发展环境在危机后重新被复制。与此相对应，不能照搬过去中国自身的发展战略、经济发展模式以及经济政策的选择。这些问题中，有些方面存在着高度的不确定性，但又是一个迫切需要我们关注和研究的领域。

编辑整理：王　旭

韬光养晦与有所作为的辩证思考

王在邦

2010 年 11 月 29 日

王在邦

中国现代国际关系学院副院长、教授

摘　要：本文首先从现实国际形势出发，讨论了为什么要重新提起"韬光养晦与有所作为"。从邓小平提出"韬光养晦与有所作为"的背景与意义出发，从成语的根本意思上探讨何为"韬光养晦"，并进行相关的哲学和政治学的思考。本文提出"韬光养晦与有所作为"不是一项短期策略，而是一项长期坚持的策略。在现实条件下，提出要创造性地坚持"韬光养晦与有所作为"，以及创造性坚持的重点和途径。

关键词：韬光养晦　有所作为　创造性坚持

一、缘何旧话重提

缘何旧话重提，首先源于国际战略力量对比变化。

自 2008 年以来，世界发生了很大的变化，具体表现为发达国家遭遇了严重的金融危机的冲击，步入缓慢增长的轨道。虽然对这一问题尚有分歧，但是越来越多的人在谈论年度国际形势的时候逐渐达成一种共识，那就是发达国家经过此次金融危机的冲击之后，暴露出了它们当前发展所面临的困境。

本文将这一困境归结为"三高一低"：高成本、高债务（高赤字）、高失业以及低经济增长率。众所周知，发达国家的劳动成本很高；无论是美国、欧洲还是日本，国家债务、预算赤字都非常高；失业率很高，目前失业率仍在 10% 的高位徘徊。"三高"导致了"一低"，因为成本较高，所以国家财政能力受到了高债务和高赤字的约束，产品竞争力受到了高成本的抵消，产业结构调整就面临着较大的困难。

今年（2010 年）美国经济增长率仅为 2.4%，明年美国、欧洲和日本的增长率可能还会低于今年。

另外一个力量对比变化表现在，中国的实力地位和国际影响力大幅提高，而且发展的前景被一致看好。金融危机发生后，中国也一度面临着非常艰难的形势。但是，国家果断采取了积极的财政政策，推出了 4 万亿元的经济刺激计划，在其他国家经济发展普遍减缓的情况下，中国去年实现了9%的经济增长，今年预计仍将保持一个较快的发展速度。中国的发展尽管面临着一系列的问题，如贫富差距、环境代价、结构调整等，但是总体来说，中国经济仍然处在高速发展的轨道之上。

暂且将 GDP 衡量方法的科学性、有效性和全面性放在一边，中国的 GDP 总量今年超过了日本。2011 年，国际社会会实行一个用 PPP 即购买力平价衡量一国经济实力的计划，尽管世界银行认为用 PPP 衡量中国经济实力有点过高，但是，中国经济实力的排名仍然要比目前高。人民币的购买力在很多方面是强于美元的。

过去，国际社会出现过 G8 和 G20，从去年开始，国际社会热炒过一段 G2，即中国和美国两个国家集团。我国官方对此是持否认和反对的态度，官方的否认和反对是出于政策与策略考虑，但是客观现实是中美两国在国际事务中的影响力是其他国家所不可比拟的。中美两国对一些重要议题的态度往往决定着高层多边论坛的成效和方向。

以上谈论的是国际战略力量对比变化，并且这一变化表现得很明显。中国的发展有一个新兴大国群体性崛起的大的背景，其中中国的崛起表现得尤其抢眼。

从 2009 年年底到 2010 年年初，关于是否要韬光养晦，中国学界进行了非常激烈的讨论，激烈程度可以说前所未有。有的人公开说，形势变化今非昔比，认为中国应该放弃韬光养晦，坚持有所作为，或者应该淡化韬光养晦，强调有所作为。对外使节的会议上，胡主席提出要坚持韬光养晦、积极有所作为。

中国学术界对这一问题的讨论，说明我们需要继续关注和研究这一问题。还有的人公开提出，韬光养晦是一种权宜之计，是一种策略，有人认为韬光养晦是一种战略，是一种理念。对这一问题的争论目前为止仍然没有取得完全的一致。那些坚持认为韬光养晦是权宜之计的人仍然在顽固地坚持他们的看法。

同时，外部世界对中国的疑虑和恐惧增多，尤其是 2009 年年底和 2010 年年初。2009 年年底，美国总统奥巴马会见达赖，美国对中国台湾军售，中国采取了一些反制措施，结果便导致世界舆论哗然，美国指责中国反制其对台军售是"傲慢"和"强硬"。美国以外其他国家舆论界开始质疑中国外交，认为中国放弃了韬光养晦策略，在某些问题上过早地"展现肌肉"，属于"不明智"之举。

以上就是缘何旧话重提的背景。

二、韬光养晦提出的背景及意义

提出创造性坚持韬光养晦、有所作为，首先需要弄清楚韬光养晦、有所作为到底是权宜之计，还是必须始终遵循的哲学理念和政治韬略。如果说它是权宜之计，那就不存在创造性坚持甚至是坚持的问题。因为形势确有变化就要放弃。如果说它是哲学理念与政治韬略，那就不存在过时不过时的问题，只有如何根据形势变化加以有效坚持的问题。

邓小平提出韬光养晦、有所作为的背景。首先是苏东剧变，国际共产主义运动遭遇挫折。苏联解体，东欧改制，改行西方民主制度，改行资本主义生产关系。与此同时，1989 年"六四"风波后，中国面临何处去的问题，是否坚持共产党领导，是否坚持社会主义，是否继续推进改革开放。在这样的背景下，西方"中国崩溃论"盛极一时。苏联解体了，东欧垮台了，中国又经历了"六四"风波，中国的改革开放刚刚进行了 10 年左右的时间。由于苏联的解体和东欧的剧变，国际共产主义运动失去了领导，这时只有中国依然坚持走社会主义道路，所以有些发展中国家希望中国当头。而且，当时西方世界对中国实行了经济制裁，中国国内面临着"高压之下城欲摧"的威胁，有人比喻"八国联军又回来了"。

在这样的背景下，邓小平提出韬光养晦的"二十八字方针"："冷静观察、稳住阵脚、沉着应付、善于守拙、决不当头、韬光养晦、有所作为。"这种特定背景下，容易使人赋予韬光养晦、有所作为以某种应急策略的意义。但是正确理解邓小平讲话的原意，需要认真辨析。

为辨析方便，不妨先采取排除法。先不看他的原意是什么，先看他的原意不是什么。首先，在邓小平思想中，韬光养晦不是短期策略思想。针对有些第三世界国家希望中国当头，邓小平指出"这个头我们当不起，自己力量也不够"。1992 年 4 月 28 日，他又提到，"我们再韬光养晦地干些年，才能真正形成一个较大的力量，中国在国际上发言的分量就会不同"。这似乎暗示着，韬光养晦实属无奈，有朝一日力量足够强大，就可以当头。韬光养晦只具有短期策略的意义。但实际上，早在两年前他就已提出，"不当头"是"根本国策"，而且是"永远不当头"。

其次，邓小平提出韬光养晦的原意，也不是忍辱负重、卧薪尝胆。当时，举国沉闷，如果他只是要大家卧薪尝胆，就难免流露出自扫门前雪、君子报仇十年不晚的心态，以至于面对外部压力时处处退让、忍气吞声、逆来顺受。实际情况恰恰相反。他明确提出，像中国这样的大国，"在国际问题上无所作为不可能，还是要有所作为"。面对外部压力，他多次坚定表示，"中国永远不会接受别人干涉内政"，"不要指望中国人民吞下苦果"，"要维护我们独立自主、不信邪、不怕鬼的形象，我们绝不能示弱"。

三、韬光养晦的原意

排除邓小平讲话原意的短期策略意义后，那么韬光养晦是否是一项长期坚持的哲学理念呢？我们来看这个成语的本意是什么。

《词源》中对"韬光"的解释为"汉孔融孔少府集离合作郡名字诗'美玉韬光'，亦以指人藏才不露"。晋书慕容垂示载记："垂世子宝言于垂曰：'家国服丧，皇纲废……当隆中兴之业，建少康之功，但时来之运未至，故韬光俟奋耳。'"这里，"韬光"的本意是掩饰抱负与能力，避免张扬的意思。

《词源》中对"晦"的解释为月末，夜，昏暗，深微，含蓄，败谢，凋零，草木华实荣茂谓之明，林叶凋伤谓之晦，倒霉。

《词源》无"养"字，古代汉语解释同现代汉语，指供给生活资料，生育、培养、扶植。

《辞海》解释"养晦"如下：

《宋史·邢恕传》："公著（吕公著）荐于朝，得崇文院校书，王安石亦爱之，因宾客喻意，使养晦以待用，恕不能从。"

中国成语丰富多彩，却有一定规律性。如"同义叠加"，丢盔卸甲、朝三暮四。"反义叠加"，去伪存真，扬长避短。韬与养反义，光与晦反义，韬光养晦属反义叠加。韬光养晦的本意可以有两种理解，一是掩饰抱负与力量，改进缺陷与不足；二是避免张扬，讲究含蓄。这两种理解都可以讲得通。

"韬光养晦"的英文解释为"Cover your capacity and bother your time"，即"隐藏实力、等待时机"。西方人就抓住"等待时机"的说法，认为中国的韬光养晦只是短期策略。

四、相关哲学、政治学的思考

从理论上看，韬光养晦、有所作为，体现着深刻的哲理和睿智的政治韬略。

一方面，韬光养晦，永不当头，与"中国永不称霸"一脉相承。"永不称霸"不是一种承诺，而是一种哲学。为什么永不称霸？因为，当头"绝无好处，许多主动都失掉了"。所以邓小平曾刻意地展开说，"过头的话不要讲，过头的事不要做"。这体现着中国"枪打出头鸟，露出的椽子先烂"的传统智慧。另外，霸权有其自身逻辑，一个国家的对外政策一旦滑入称霸轨道，就难免形成惯性，导致过度扩张。

世界是个大系统，从系统结构辩证的角度看问题，每个国家或地区都是子系统，一个国家的对外关系是系统与整体的关系，充满复杂的辩证互动。寸有所长，小国有小国的优势；尺有所短，大国有大国的难处。国家间关系隶属实力范畴。在这样的情况下，如果四面树敌，盲目蛮干，势必招惹众怒，失道寡助，甚至墙倒众人推。再进一步说，在国际关系中，矛盾普遍存在，只有韬光养晦，才能有利于及时有效地利用矛盾，主持公道，增大战略回旋空间；只有韬光养晦，才能在处境不利时，容易获得同情与支持，即得道多助；只有韬光养晦，才能在遭遇冲突与摩擦时，易冷静理性，确保矛盾与冲突可控。

另一方面，要有所作为。邓小平的话很浅显，但是却蕴含着深厚的哲学含义。

邓小平特别指出不要屈从外部压力。"你越怕，越示弱，人家劲头就越大。并不是你软了人家就对你好一些，反倒是你软了人家看不起你。"为什么如此呢？

国际政治的基础是竞争法则。国际政治的本质是实力政治。几百年的国际关系史充满着弱肉强食的残酷与血腥。民族自强才能自立民族之林，各民族各个国家都能自立自强，才能保持国际社会多样性统一。各民族自强自立，又必然产生激烈的生存竞争。各民族的并存竞争是人类社会发展的必由之路，没有并存也就没有竞争，并存与竞争是国际政治的根本法则。

鉴于并存和竞争是国际政治的根本法则，那就不难理解，韬光养晦与有所作为是一个问题的两面，它源于对国际政治特点与规律的深刻认识和把握。不韬光养晦不行，不有所作为也不行。这对关系类似有所为、有所不为。不自强自立就会灭亡，自助方能人助。任何国家、任何人都不能包打天下。强有所为，就难免四面树敌。上帝也有无能为力的时候。只有有所不为，才能有所为，只有在某些方面有所为，才能拥有在某些方面不作为的物质基础与战略自信。

五、创造性坚持的必要性

首先，人们不能两次踏进同一条河流，事物无时无刻不在发生着变化。"冷战"结束 20 年，世界已经历太多复杂而深刻的变化。

苏联刚解体的时候，美国学者福山抛出了"历史终结论"，后来有人提出了"文明冲突论"，小布什上台后搞了"美国新世纪"，美国右翼信心满满地要建立属于美国的 21 世纪。虽然目前美国仍是唯一的超级大国，但是同 20 年前的美国作为超级大国的地位相比已经发生了巨大的变化。20 世纪 90 年代中期，我们得出结论，未来世界将是"多极"的世界，当时有很多人不同意这一说法。但是今天，连美国自己都承认目前的世界是一个"多极"的世界，并且美国也在走下坡路。再比如，"经济全球化"、"信息现代化"，90 年代时根本不能想象现在的发展。但是，仅仅过了 10 年左右的时间，网络无所不在，世界变化真是太快。10 年之前没有人可以想象到今天世界的样子，同样，也没有人可以预见到 10 年之后世界将会变成什么样。

改革开放 30 年，中国政治、经济和社会经历全面而深刻的转型。1997 年东南亚金融危机之后，中国的市场成为买方市场，供大于求。政治上，20 世纪 90 年代，中国与西方国家进行了长达 10 年的人权之争。美国在日内瓦会议上连续 11 年对我们发起反华人权攻击。当时，我们认为人权是西方资本主义的东西。但是在 2003 年，保障人权被写进了党章和宪法，说明党的政治理念发生了巨大的变化。虽然我们的政治体制依然存在一些问题，但是同过去相比已经取得了巨大的进步。从一个封闭的社会转变为开放的社会，从一个单一的社会转变为多元的社会。中国改革开放 30 年，变化和转型是非常明显的。

中国与外部世界的关系经历着前所未有的重大实质性变化。中国的国家利益遍布世界的每一个角落，无法想象。1978 年，中国加入世界银行和国际货币基金组织，目前是仅次于美国和日本的第三大份额占有国和投票国。这就是权利和影响力的表现。2009 年，由于美元贬值，央行行长周小川发表文章称，要建立超级主权货币，引起了美国的高度重视。目前，中国与俄罗斯商讨建立人民币和卢布互换协议，引起了世界的重视。中国改革开放 30 年始终保持很高的经济增长速度，这在世界历史上是绝无仅有的。目前，很多国家都在参考中国模式，美国一个诺贝尔奖获得者说到，如果有人可以解释清楚中国发展的问题，那么他马上就可以获得诺贝尔奖了。

其次，理论、政策、方针与行为具有滞后性。理论具有相对独立性，容易造成事情变化，但是理论没有相应地发生变化。人的思维容易形成定式，容易先入为主，信息获取具有选择性。政策策略难免随形势变化具有滞后性，成效下降。同时，行为方式容易形成惯性。

最后，随着自身实力地位和国际影响力的变化，外部难免出现这样那样的反弹。同时，民族自豪感与自信心增强，难免滋生极端民族主义情绪，从而形成与客观形势发展要求相向而行的情况。如形成暴发户心态，主观期待超越现实可能性，引发外部更加强烈反弹，形成恶性循环。如牛顿第三运动定律所述："每一个作用力都会有一个大小相等方向相反的反作用力与之并存。"

即使我们自己的思想观念与行为方式方法不变，中国自身实力的变化也足以令外界惊恐不已。因此，韬光养晦是必须长期坚持的根本原则性问题，不是简单地坚持，而是要更加自觉地坚持，有所创新地坚持。具体来说，中国当前自身实力的变化急需我们在外交关系中创造性地贯彻韬光养晦的策略。外部世界和中国以及中外关系变化使中国在对外政策领域面临前所未有的复杂矛盾与困惑。

首先，国际社会"中国责任论"与"中国威胁论"同步发酵。坚持韬光养晦、有所作为面临双重制约。有人说，中国已经成了一个大国，应当负起一个大国的责任，同时，也有人在宣称"中国威胁论"，不知道中国以后如何应用自己强大的实力，担心未来面临中国的威胁。在这种情况下，如果简单地强调韬光养晦可能被指责为拒绝承担国际责任，如果主张更加有所作为可能被视为图谋战略扩张。

其次，对中国实力地位的认知错位，导致内外政策感知落差。外部世界总是关注中国的 GDP 总量，而国人经常看人均 GDP，由于关注问题角度的不同，国人容易将"中国威胁论"视为舆论压制和恶意挑拨，将"中国责任论"视为不怀好意的捧杀，担心稍有作为就可能陷入被动甚至落入美国等西方国家设置的圈套，即阴谋论，实力越强，疑心越重。

最后，中国快速崛起凸显观念政策滞后，导致内外心理期待错位。一方面，民众期待外部世界给予中国更多尊重，对美国等西方大国对华政策消极面的容忍程度下降，希望外部尤其西方大国有所调整的期待上升，忧患意识淡化，滋生浮躁情绪和急于求成心理。另一方面，西方大国对华战略心态长期居高临下，实施某些消极对华政策已习以为常，容易把某些对华不合理与不公正做法以及中国政府的低姿态视为理所当然。稍有变化就不可接受，认为中国放弃了韬光养晦的策略，攻击中国过早地展现"肌肉"。

总之，国际形势已今非昔比，一般强调坚持韬光养晦已经不行，将其视为短期策略原则而主张放弃更不行，必须与时俱进，创造性地加以坚持。

六、创造性坚持的重点与途径

总体来看，创造性地坚持韬光养晦、有所作为，就要针对新情况、新矛盾与新问题，在思想观念、思维模式与行为方式等方面加大反思、调整与创新力度，更加坚定地增强战略自觉，最大限度地保持政策坚定性与策略灵活性的统一，具体有以下几点：

第一，规划与实施国家总体战略，须重视空间与区位布局。重点是在对外关系领域更加自觉地贯彻韬光养晦，在促进国内发展方面寻求更大作为。我们获得的今天的国际地位和国际影响力归根结底来源于过去 30 年，特别是过去 20 年我国人民的埋头苦干，没有过去 30 年的埋头苦干，我们就没有今天的国际地位。发展是第一要务，发展是硬道理。"有为才有位"，只有在发展上有所作为，才能获得国际地位与尊重。中国实力越发展，外部世界越焦虑，我们越要加倍谦虚谨慎，戒骄戒躁，清醒地看到自身面临的问题与困难。

第二，在规划对外关系时需要更加重视周边外交工作。毕竟，周边环境是国家处理对外关系的地缘战略依托。成为有影响力的地区大国是谋求世界大国地位的前提与基础。只有稳定周边，才能徐图域外发展，这是始终不能忘记的准则。中国古代传统地缘政治讲究远交近攻，那是进攻性战略，是为了扩大领土规模，实行地域扩张型策略。防御性战略或和平战略则要追求近者悦，远者来，广交朋友。

第三，把韬光养晦、有所作为纳入和平发展与和谐世界的理论框架，以理性现实主义维护国家利益，避免墨守成规与急于求成两种极端倾向。奉行现实主义，更加坚定地维护国家利益尤其是重大核心利益，也要冷静客观理性，不能超越现实可能性。坚持互利共赢理念，在促进世界发展中实现自身发展，以自身发展促进世界发展。目前的世界是相互依赖、利益交错的世界，没有一个国家可以脱离世界独自发展。

第四，辩证处理韬光养晦与有所作为的关系，保持原则坚定性与策略灵活性的统一。过去很容易采取韬光养晦，但是在目前的形势下，要设法在创造性地坚持韬光养晦方面有更大作为。在更加坚定维护国家重大核心利益时，需要更加讲究方式方法，强弓慢拉，避免盲目蛮干和强求冲撞，多一些私下或事前沟通交涉，少一些公开或事后叫板抗议。立场要更加明确坚定，态度也要更加诚恳和蔼，当然，态度和蔼并不意味着不坚定。对中小国家尤其要加倍谨慎，坚持以大事小以仁。处理好与众多小国的关系，有助于处理与主要大国的关系。要积极为国际社会提供公共产品，尽可能地承担国际责任。在这些方面有所作为，可增大中国崛起的国际接受度，与坚持韬光养晦异曲同工。

第五，中国军队在保障中国和平发展方面具有特殊地位和作用。国防现代化的进程必须逐步增加透明度。我国的海军跨越式导弹试验，之前并没有和日本打过招呼。当时鸠山由纪夫依靠承诺解决美军驻普天间机场的搬迁问题而成功当选日本首相，但是美国对此很反感。中国的海军跨越式导弹试验让日本国内舆论大哗，中国海军威胁论甚嚣尘上。对此日本国内民众，尤其是保守派认为需要加强美日同盟，但是日本民众又需要解决普天间机场搬迁问题，这不利于美日同盟，所以鸠山由纪夫左右为难，只好黯然辞去日本首相职务。这和中国海军的跨越式导弹试验有一定的关系。有人认为，我们不能养成日本人的习惯，不能每次都和他们打招呼，但是我们海军还有三五十年的发展道路，我们的海军实力同日美相比还差得挺远。中国海军现代化进程必须要以一种缓和、和解、透明的方式进行。国防现代化必须寻求军事力量的非战争应用这个新着力点。中国国防现代化必须考虑为维护国际安全提供更多公共产品。

第六，创造性坚持韬光养晦和有所作为，需要人才和智力支撑。加快专业性与复合型人才的培养。专业性是指在某个问题上的研究成果必须具有权威性。要求复合型人才的培养是因为，当今世界的政治、经济、军事和文化相互联系，不可能将其完全割裂开来，当今世界是个复杂的系统，充满着各种复杂的运动。所以，我们既需要专业性人才，也需要复合型人才。研究人员要有使命感与责任心。今天中国和世界，中国的发展和未来中外关系的转型可能会更加复杂，完全是一个未知的未来。面对未知的未来，我们的对外关系怎样才能走得更顺利、更稳健，对外关系处理得更好？这就要求研究人员要有使命感，要心系国家和民族，要有严肃求真的态度和负责任的精神。加快智库建设与科学管理。

哲学是世界观和方法论，要自觉地运用哲学的观点理解和看待问题，首先，要理解哲学。一旦理解，就会自然地应用这种方法观察和分析问题。其次，哲学侧重两个问题，一是系统论，整体和部分的关系；二是在系统的基础上讲究辩证，即系统辩证。在研究过程中，无论是经济学还是政治学，或者是国际研究，要敢于质疑，要有考据的思想。

编辑整理：王　旭

欧洲一体化

——从《罗马条约》到《里斯本条约》

吴 弦

2010 年 12 月 6 日

吴　弦

中国社会科学院研究生院欧洲系教授

摘　要：本讲从欧共体/欧盟成员国所缔结的一系列重大条约的角度，概述举世瞩目的欧洲一体化进程的由来、发展及前景。首先介绍一体化的含义、特点及其总体性的意义与影响，然后从缔结进程、背景与动因、主要内容和意义与影响等方面，分别介绍了《罗马条约》、《单一欧洲法令》、《欧洲联盟条约》、《阿姆斯特丹条约》、《尼斯条约》和《里斯本条约》，试图以此反映出半个多世纪以来欧洲一体化不断深化的发展脉络，揭示其特点与前景。欧盟的建立与发展为国家间的紧密合作与交融提供了一条全新路径，取得了很大成就，但仍存在诸多深层问题。

关键词：欧洲一体化　罗马条约　欧洲联盟条约　阿姆斯特丹条约　里斯本条约

一、欧洲一体化

（一）概念阐释

（1）概念界定：欧洲一体化是指战后以来，欧洲民族国家在和平与自愿的基础上，通过组建欧洲共同体/欧洲联盟和机构化、制度化和法律化的方式，不断打破民族国家之间的界限，促进彼此之间市场连接和政策统一，以建立统一的经济实体乃至政治实体的历史进程。

（2）切入视角解读。

1）按照一体化的实施领域划分：如经济一体化、政治一体化、法律一体化等。本讲主要涉及这三大领域的一体化。

2）深化与扩大：欧洲一体化还可从深化与扩大两个维度来讲。深化是指从一体化的低级阶段向高级阶段的发展进程。例如，根据西方经济学原理，一体化的低级阶段可以从关税特惠区算起，然后是关税同盟、共同市场、经济和货币联盟，这是从低级阶段向高级阶段逐渐发展的。深化还可以理解为从经济一体化向政治一体化发展。经济一体化（特别是其低级阶段）相对来说比较容易，政治一体化则属于比较高级的发展阶段，如在外交和安全、防务领域。

扩大简单来讲就是指欧洲一体化实施的区域范围越来越大，即参加一体化的成员国不断增多。

3）消极和积极一体化：一体化还可以分为消极一体化和积极一体化。消极一体化是指成员国之间拆除彼此之间的障碍，如关税障碍、资本自由流动的障碍等。积极一体化是指成员国在消极一体化的基础上，创立和实施某些共同政策，以切实保证消极一体化的实施，更加积极地促进一体化之发展。

4）静态与动态一体化：一体化还可以分为静态一体化和动态一体化。所谓静态一体化是指一体化实施在某个时点上所处的一种状态。动态一体化则把一体化看作是历史演变的发展进程，是指一体化在某个时段内的实施过程和形态。

（二）特点与难点

（1）制度创新与主权的转移、共享问题。欧共体/欧盟建立了一套具有超国家调节色彩的组织机构，涉及到制度和体制创新，特别是成员国主权的转移与共享，由此形成了欧洲一体化的基本特点。由于主权关乎国家的根本权利，实现其转移与共享的难度非常之大，也由此造成了欧盟发展中有别于其他国际组织的一个突出难点。

（2）高度统一要求与成员国发展不平衡之间的矛盾。这一点非常突出。众所周知，实施一体化的主体是民族国家，民族国家对推动一体化的进程拥有最终的决定权。欧洲一体化强调在民族国家之间确立某种统一的规则与制度，建立统一的机构，要求有统一的市场，实行共同的政策，总之有要求各方面趋于统一的取向。但与此同时，由于每个国家的地位、利益和发展状况不尽相同，欧共体/欧盟的一体化实施又建立在和平与自愿的基础之上，不能靠武力实行强制统一（用武力统一欧洲的做法，如拿破仑、希特勒最终都没有成功），故为了达到统一，就必须通过各成员国利益的不断协调与平衡，即各国之间要通过反复的协商和博弈才能达到统一。所以这个过程是很艰难也是很漫长的，涉及欧共体/欧盟共同利益和各成员国特殊利益之间的矛盾、各成员国利益之间的矛盾等。

（3）上述两点决定了欧洲一体化的第三个特点，即它是一个渐进的、不断发展的过程，不可能一蹴而就。所以本讲将欧洲一体化定义为一种历史进程，这个进程还在发展演变之中。

（三）意义和影响

欧洲一体化的意义和影响可以从现实和学理两个层面来看。从现实层面看：第一，从世界范围看，欧共体/欧盟实现区域一体化的程度最高，成员国最多，整体经济实力最强，对欧洲乃至世界经济、政治格局的影响也最大。这都是毋庸置疑的。

第二，欧洲一体化具有示范效应。从国际关系和区域组织的角度讲，欧盟强调国家间的和平与合作，甚至是主权的转移与共享，确立了人类国际社会中一种更加高级、更加理性、更加智慧的组织形态。所以从长远来看，它代表了人类国际社会的一种新型的发展模式与发展方向，故对世界其他地区的国家间关系和区域组织具有某种示范效应。

第三，对中国来说，在我国的和平崛起中，欧洲一体化占有重要地位。1975年中国与欧盟的前身欧共体建立了正式的外交关系，1978年开始实行改革开放。自1990年代中期以来，中国与欧盟的关系发展迅速，在世纪之交双方关系经历了三次飞跃。第一次是1998年，中国与欧盟建立伙伴关系，2001年提升为全面伙伴关系，2003年又提升为全面战略伙伴关系。更为重要的是，欧盟是中国第一大贸易伙伴，而且是第一大技术来源地，第三大外资来源地，这些对于中国的和平与发展都具有至关重要的意义。

从学理层面上看，欧洲一体化的意义更为重大。由于主权的转移与共享，欧盟实际上是一种新型的模式，创造了一种人类社会独特的国际组织形态，对西方传统的政治学、经济学、法学的分析框架提出了一种挑战，因此需要用一种新的学理架构和理论分析框架才能更好地阐释其意义，并产生新的理论解读。西方学术界对欧盟的理论分析随着欧盟的发展而不断发展，这是一个可以致力于理论创新的重要领域，值得大家重视。

二、从《罗马条约》到《里斯本条约》

法律上的一体化是欧洲一体化发展的最根本特征与保证，可以说，没有法律上的一体化，就没有今天的欧洲一体化，也不会有欧共体和欧盟。这与欧洲独特的文明起源和历史文化传统有着深层关联。

众所周知，欧洲文明的源头是古希腊和古罗马，古希腊带给欧洲的是民主，古罗马带给欧洲的是法律和成文法的思想。法律和成文法的思想对欧洲一体化产生了深远的影响，对此欧洲有大量著作对其进行论述。从欧洲历史发展来讲，在欧洲经济政治体制逐步趋同的背景下，西欧各国法律机制的逐步生成与完善，包括民法、商法、公法、私法，特别是国际法的生成与完善，为欧共体法的形成和发展奠定了深厚的基础。

欧共体条约的缔结是规范一体化演进的根本法，条约的发展演进过程又可集中地体现出欧洲一体化演变的阶段性和基本发展脉络。欧盟法包括两个部分：源本法与派生法。源本法是欧共体/欧盟在一体化过程中所缔结的各种条约，起到从根本上规范欧盟发展方向与实施内容的作用。派生法根据根本法确立的框架，对实施规则加以细化。

由于源本法的主要内容，能够体现出欧洲一体化发展的基本脉络，故以下按照时间顺序，对欧共体/欧盟各主要条约的缔结，逐一加以介绍。

（一）《罗马条约》

1. 缔结进程

在20世纪50年代，欧共体的创始国有六个：法国、西德、意大利、比利时、荷兰、卢森堡。其中法国、西德和意大利相对较大，人口相对较多，另外三个国家则是小国。六国在20世纪50年代共缔结了三个条约：第一个条约是《建立欧洲煤钢共同体条约》，1951年4月18日签字，1952年7月25日生效，也称为《巴黎条约》，决定建立"欧洲煤钢共同体"。1957年3月25日，在罗马缔结了《建立欧洲经济共同体条约》和《建立欧洲原子能共同体条约》（通常所说的"罗马条约"主要是指前者），两条约均于1958年1月1日正式生效。《建立欧洲经济共同体条约》是后来欧洲联盟发展的主要基础。

2. 条约缔结的背景和动因

《罗马条约》缔结的背景和首要动机是，通过欧洲经济一体化实现政治一体化，以最终解决欧洲的战争问题。实现欧洲的永久和平是战后欧洲各国面临的一个重大问题。众所周知，欧洲历史上战火连绵不断。特别是两次世界大战，尤其是第二次世界大战的主战场都是在欧洲，而且德国是战争的发源地，造成的伤害极大。战后欧洲的国际地位急剧衰落。因此如何实现欧洲的永久和平，使得欧洲国家间不再爆发战争，就成为摆在欧洲国家面前的重大问题。

当时欧洲普遍认为，战争是民族主义发展到极端的产物，故为了彻底地消除战争，就需要在政治上重新构架欧洲，甚至消除欧洲民族国家，建立欧洲合众国，以最终避免因国家之间的利益冲突而导致的战争。因此，欧洲政界不少人最初希望从政治上重建一个欧洲，即各国签订一个条约，一举将国家主权转移到更高的层面上去，即一种更高的欧洲政治实体层面，最终消除民族国家，以达到消除战争的目的。但是历史发展表明，这条路行不通。欧洲曾召开过海牙大会，曾经起草过欧洲防务共同体条约、欧洲政治共同体条约等，但是最后都没有获得通过，不了了之。为此，有"欧洲之父"之称的法国人莫内提出一种思想，主张放弃直接谋求政治统一的方式，而通过建立经济共同体，建立共同的机构，实现某种主权的转移，最终逐步达到实现政治统一的目的。这是促成欧洲经济共同体诞生的一个很直接的原因，也是最主要的原因。

在这种思想指导下，20世纪50年代初建立了"欧洲煤钢共同体"，六个创始国建立了一个高级机构来共管煤和钢。因为当时发动战争的基本物质基础就是煤和钢，所以共管煤和钢，实行超国家管制，这样就避免了战争的再次爆发。之后又通过缔结《罗马条约》建立了"欧洲经济共同体"和"欧洲原子能共同体"。后者主要是针对"二战"后原子能的发展对人类的破坏很大，于是各国希望共管，用以保障国家安全。而前者则强调成员国不仅要在煤和钢两个领域实行一体化的举措，而且要将一体化的举措扩展到经济层面的所有领域，所以该条约的意义也就更为重大。

《罗马条约》缔结的第二个原因，是试图促进成员国共同的经济发展与繁荣。首先，这根源于欧洲历史发展的独特性，是欧洲文明和特定的历史文化传统所决定的。欧洲是资本主义生产方式（市场经济体制）、工业革命、近代和现代意义上的民族主权国家的发源地。各国彼此之间的市场连接与投资关系本来就特别紧密。实际上，早在第一次世界大战前，就已经实现了西欧经济的区域化，成员国之间的商品、资本、人员、服务往来已经非常紧密。按照凯恩斯的说法，在"一战"以前，欧洲的经济区域化已经形成，民族国家并不能阻止区域经济的发展。而由于资本主义生产方式的内在矛盾，"一战"后至"二战"之间，1929~1933年的大危机又导致了民族主义抬头和区域经济的解体，也最终促成了第二次世界大战的爆发。第二次世界大战之后，随着生产的恢复和第三次科技革命浪潮的推动，欧共体各国内部市场狭小的矛盾更加突出，更加需要借助彼此之间的市场开放。同时，由于凯恩斯主义盛行，国家对经济、社会领域的政策干预趋于成熟，认为如果连接成员国之间的市场，加强彼此之间的经济政策协调，从长远来看有利于欧洲经济的共同发展与繁荣。这是在经济领域推动欧共体诞生的深层次原因。

推动《罗马条约》缔结的第三点原因是欧洲国家谋求政治上的联合自强。关于这一动因，欧洲自身也有所提及，但国内学界好像更看重这点。欧洲通过建立一体化，可以提高国际地位，在国际舞台上发挥更重要的影响，这主要是由"二战"后特定的历史条件所造成的。17、18世纪，甚至是19世纪，欧洲列强主导国际关系，但是在"二战"后，美国和苏联崛起成为世界超级大国，并且形成了雅尔塔和冷战格局，世界与欧洲都一分为二，美苏两大阵营直接对抗。西欧国家都沦为二流国家，成为对抗的前沿，军事上要面对所谓的苏联威胁，需要依靠北约和美国的军事保护，政治影响力也大不如前。而如果能够联合起来，就有希望提升自身的国际地位，发挥更大的影响力。

正是由于以上三点原因，"罗马条约"得以签订，表明了欧洲经济共同体的建立，欧洲一体化的起步。

3. 主要内容

（1）提出了欧洲一体化的实施目标，可分为经济目标和政治目标。

经济目标：明确规定建立欧洲经济共同体，打破成员国之间的经济界限，实现区域经济一体化，将成员国经济连接成为区域经济，谋求共同发展。

政治目标：由于在政治一体化道路上，战后欧洲国家的努力遭到了一系列挫折，所以这一目标规定得比较含混，提出要通过建立经济共同体，为把欧洲各国人民组成一个日益紧密的联盟奠定基础。这一提法是《罗马条约》明确承认的，联盟的概念可以解释为松散的国家联合体，也可以解释为具有主权性质的统一国家。总之，建立日益紧密的联盟被视为欧共体的政治目标。

（2）规定了欧洲一体化的举措。

第一，建立关税同盟，有详细的措施与具体时间表。关税同盟是指参加欧共体的成员国彼此之间取消关税壁垒和贸易限额，对外实行统一的关税，由此使得欧共体各国对外表现为一个统一的经济体，即一旦某种商品从某个成员国进入，就可以在欧共体各成员国之间自由流动。因此该种形式被视为一种较为高级的一体化形态，高于自由贸易联盟，因为自由贸易联盟只是在成员国之间取消关税壁垒和贸易限额，但对外并不实行统一关税，各成员国仍然有自己的关税壁垒，从而使得第三国产品进入联盟后并不能自由流动。

第二，建立共同市场。共同市场是指成员国之间不仅要建立关税同盟，实行商品的自由流通，而且要实现劳务的自由流通，还要实行人员、资本（生产要素）的自由流通。关于这点，《罗马条约》只是作为目标取向提及，但没有具体的时间表。

（3）成员国之间实行某些共同政策。

第一，比较重要的政策是共同农业政策，实际上也是为商品自由流通服务的。农业问题比较特殊，如果没有共同的农业政策，就不可能实现农产品的自由流通。

第二，要实现共同的贸易政策，即对外实行统一的贸易政策。在建立关税同盟之前，成员国有自己独立的贸易政策和关税水平。如果没有共同的贸易政策，实际上也会影响到成员国之间的公平竞争。

第三，提出实行共同的运输政策，这一问题在当时看起来很重要，并被认为实行起来不会遇到太多困难，但实际上该问题拖了很久。

第四，成员国要加强其他经济政策协调。

第五，成员国之间以后要建立欧共体自有财源。

（4）机构建设问题。为了保证欧洲一体化的实施，欧共体专门设立了自己的机构，有了自己的机制运转模式，比较重要的机构有以下几个：

第一，欧盟委员会，被视为代表欧共体的整体利益，是一超国家机构。即委员会成员一经选出，就不再受成员国支配，而应该服从欧共体的总体利益。其最主要的职能之一是具有立法的创议权，即欧共体法案一定要由欧盟委员会提出。欧盟委员会有欧洲发动机之称，其原因正在于此。

第二，部长理事会，被视为代表各成员国利益，由各成员国部长组成。由于议题涉及的领域不同，部长理事会可以分为外交部长、农业部长和经济与财政部长理事会等等。部长理事会具有决策权，即对于共同体的决策享有最终的决定权。基本程序由欧盟委员会提出立法草案，提交部长理事会讨论、投票是否通过。如果部长理事会不认可，则该项法案就不能获得通过。在早期阶段，欧洲共同体的决策模式就是由欧盟委员会提出议案，由部长理事会作出最后决定，基本上是两者之间的博弈。

第三，欧洲议会，最初由各成员国推派本国议员产生，1979 年之后改由各国公民直接选举欧洲议会议员。虽然各成员国议会享有立法的创议权和决定权，但在欧洲层面上的欧洲议会，尤其是在欧共体成立的最初阶段，只是一个咨询机构。

第四，欧洲法院，主要有两个作用，一是对欧共体的法律拥有最终的解释权；二是涉及到欧洲一体化各种机构间的矛盾、争议可以拿到欧洲法院仲裁，由欧洲法院作出最终裁定。

此外，《罗马条约》还设立了经济与社会委员会等机构，在此不赘述。

4. 意义与影响

第一，《罗马条约》的如期实施，使得欧洲经济共同体得以启动。1958 年 1 月 1 日条约正式生效后，欧洲经济共同体开始运作。按照条约规定，成员国建立了关税同盟，在促进共同市场的发展方面有所进展。关税同盟的建立为欧洲共同体奠定了极为坚实的基础。如果没有关税同盟，也不可能有欧洲一体化的今天，就不可能出现今天的欧洲联盟。

第二，根据《罗马条约》的规定，实施了共同农业政策。欧共体的机构也开始了运作和运转。在欧共体建立之初，其他没有参加的欧洲国家和美国等都是抱着一种怀疑的态度。随着《罗马条约》生效，一整套机构的建立和政策的实施，尤其是关税同盟的建立，公平竞争体制的确立，以及共同农业政策的实施，都使得欧共体真正立住了脚跟，得到了世人承认。

随着欧洲经济共同体的建立与发展，成员国的利益交织深化，成员国开始谋求《罗马条约》规定之外的一体化举措。例如，1973 ~ 1981 年前后，西方世界爆发了两次经济危机，并且出现了美元危机和石油危机，对欧洲国家打击很大，严重影响了欧洲经济的发展。在这种情况下，由于关税同盟建立和成员国之间利益交织加深，曾促进各国谋求建立经货联盟，并且筹划加以推进，这在《罗马条约》中是没有规定的。在经货联盟未能取得成功的背景下，又建立了"欧洲货币体系"，这在条约中也是没有规定的。

第三，成员国共同经济利益的加深，促成了"欧洲政治合作"（European Political Cooperation – EPC）的开展。从 1970 年开始，成员国在外交政策领域试图采取沟通与协调举措，成员国外长定期举行会晤，除彼此交流信息外，看是否有条件采取共同行动。

第四，条约的缔结与生效最终促成了两次扩大的实现。共同体通过《罗马条约》的实施站稳了脚跟，对周边国家产生了吸引力，实现了两次扩大，这实际上是对欧洲一体化已有成就的认可。1973 年实现了首次扩大，英国、爱尔兰和丹麦加入，欧共体从六国扩大为九国。后希腊（1981）、西班牙和葡萄牙（1986）又先后加入，成功实现了第二、三次扩大（当时也统称为第二次扩大）。欧共体成员国的加入标准有两个：经济上实行市场经济体制，政治上实行民主代议制。在欧共体建立之初，欧共体认为希腊、西班牙和葡萄牙在战后实行的是军事独裁体制，不符合欧共体的加入标准，拒绝它们加入。但是后来希腊、西班牙和葡萄牙成为民主制国家，具备了加入资格，所以经过谈判它们得以加入。欧共体在这期间从六国扩大为十二国。

（二）单一欧洲法令（Single European Act）

1. 缔结进程

《单一欧洲法令》实际上是对《罗马条约》的首次修改。1985 年 6 月，成员国决定举行政府间会议，就条约修改进行谈判。1985 年 7 月，举行了首次政府间会议。1985 年 12 月，欧共体卢森堡首脑会议就《单一欧洲法令》达成协议。1986 年 2 月法令文本得以正式签署，经欧洲议会和欧共体十二国批准之后，于1987 年 7 月 1 日正式生效。

这里需要补充说明的是，由于各成员国是欧共体的基本组成单位，是欧洲一体化的最终发动者，故欧洲共同体只能采取授权原则，即由成员国授予欧共体某种权利，欧共体才可以去实施，所以重要条约的缔结都是由成员国举行政府间会议进行谈判的结果。同时还应说明的是，成员国从达成文本协议到最终签字，往往还有一段时间的间隔，如 1985 年 12 月卢森堡首脑会议就条约修改达成协议，而正式签字是在 1986 年 2 月。其原因在于，条约文本最终要转化为欧共体的法律条文，就需要法律专家逐条进行修正和润色，以形成极为严密的法律文本，最后才能正式签字。以下其他条约的签订过程也都类似。即首先由政府间会议进行谈判，然后由首脑会议达成最终协议，经法律专家修饰后正式签字，最后由欧洲议会和各成员国批准后生效。

2. 背景和动因

关于《单一欧洲法令》主要有以下三个方面：

第一，旨在大力深化欧洲经济一体化进程，实现罗马条约规定的四大自由目标，以更好应对经济全球化挑战。从 1973 年到 1981 年，随着两次世界性经济危机和石油危机的爆发，欧洲经济中的结构性弊端暴露无遗，在全球竞争中处于不利地位。与美日相比，欧洲经济增长乏力，出现滞胀，经济总量差距再次拉大；高新技术领域的差距也在加大。而在传统制造业部门，欧洲又开始受到亚洲四小龙等新兴经济体的严峻挑战。在这种情况下，欧共体的领导者和决策者都有了强烈的危机感，担心欧洲被世界边缘化。于是，各国决心通过深化欧洲一体化进程来应对全球化挑战。

而《罗马条约》的目标恰恰是不仅要实现关税同盟，还要实现四大自由，即商品、服务、人员、资本能够在整个欧共体范围内实现自由流通。欧盟委员会指出，虽然签署了《罗马条约》，但是欧共体仍然分割为 12 个市场，不能联结为一个统一整体，不利于应对全球竞争。如当时欧共体最大成员国德国的市场规模不及日本一半，甚至不到美国的 1/4。因此，只有把欧共体 3.2 亿人口的市场联结起来，才能大大降低欧洲企业的交易成本，优化资源配置，以此加强竞争实力和规模经济效益。如果再配以宏观经济协调，最终就可以实现提升欧洲竞争力的目的。为此在欧洲大企业的推动下，委员会提出了统一大市场计划，即实现四大自由，大力深化欧洲经济一体化进程。但《罗马条约》虽然提出了四大自由目标，却并未提出实施路径与期限。故从这个意义上讲，有必要对条约进行修改。

第二，为了实现四大自由，必须改革欧共体的决策机制，以加强部长理事会的多数表决制，而不是实行一致通过制。

第三，在内外形势推动下，有必要扩大欧共体的活动领域。

正是由于上述三点原因，欧共体成员国启动了《单一欧洲法令》的政府间会议谈判。

3. 基本内容

（1）明确规定了欧共体在 1992 年 12 月 31 日前实现单一市场，即真正实现四大自由。

（2）为了保证四大自由之实现，在涉及相关法案的通过时，部长理事会实行多数表决制。

（3）扩大欧共体活动领域。例如将加强社会与经济凝聚力、货币合作、研究与技术开发、环境等纳入了欧共体活动范围。

（4）在外交领域，确认了欧洲政治合作的内容与机制，称在适当时候实现欧洲的外交政策。

（5）欧洲议会参与决策的权力有所加强。

4. 意义和影响

《单一欧洲法令》产生了较大影响，基本可以归结为以下三点：

第一，通过法令实施，将经济一体化从关税同盟提升到了"单一市场"阶段，实现了一次历史性的重大飞跃，为全面深化奠定了基础。

第二，直接促成了欧共体第四次扩大之实现。一些西欧国家因担心被排除在四大自由之外而遭到诸多歧视，最终要求加入欧共体。为此，奥地利、瑞典、芬兰三国于 1995 年 1 月 1 日正式加入。欧共体也由 12 国变为 15 国。

第三，由于单一市场的建立，欧共体成员国之间的经济联系与交织更趋紧密，外部世界也更加将其视为一个统一的大经济体来看待。从长远来看，这具有很深远的影响。

（三）《欧洲联盟条约》（Treaty on the European Union，又称"马斯特里赫特条约"，简称"马约"）

1. 缔约进程

马约谈判从 1990 年 12 月的罗马首脑会议开始，到 1991 年 12 月马斯特里赫特首脑会议结束，成员国达成最后协议。条约于 1992 年 2 月签字，1993 年 11 月 1 日正式生效。条约生效表明在欧共体的基础上诞生了"欧洲联盟"。

2. 背景和动因

（1）欧洲一体化的经济基础加强。1993 年 1 月 1 日欧洲统一大市场建设的法律框架基本确立，四大自由得以实现。经济一体化的深化需要货币一体化来保证。同时，由于成员国利益的交织加深，需要进一步扩大欧共体的活动领域，甚至包括政治领域的举措来加以巩固。

（2）中东欧形势剧变。20 世纪 80 年代末至 90 年代初，欧洲格局发生剧变。中东欧国家包括苏联向西方的政治经济体制认同，最终导致了雅尔塔体系解体和冷战终结。从政治角度看，这给欧洲共同体成员国带来了两方面的重大影响，一方面是德国问题再次突出。德国是两次世界大战的策源地，如何约束德国曾是欧洲政治一体化的重要动因之一。有人担心，随着东西方对峙结束，今后仅仅靠经济共同体将不能把德国约束在西方阵营。另一方面是在冷战终结的大背景下，欧洲国家具备了在外交、安全乃至防务领域发挥更大作用的条件。

（3）欧共体的活动领域需要扩大，机制改革有待加强。

3. 主要内容

（1）"马约"表明各成员国要在欧共体的基础上建立"欧洲联盟"，意味着欧洲一体化从经济领域进一步发展到政治领域，是一体化的一大飞跃（欧盟被认为是政治性联盟，而不再仅仅是经济联盟）。

（2）条约建立了三柱架构。在欧盟这个大屋顶下，存在着三大活动领域（支柱）。第一支柱关乎欧共体活动的经济领域，所有欧洲一体化的经济性成果全部包含在这个领域。第二支柱是共同外交和安全政策，是从经济向政治一体化飞跃的首要体现。第三支柱涉及司法与内务合作，主要关注各成员国间的人员自由流动问题。

值得指出的是，虽然欧盟确立了三大支柱，但三大领域的决策机制有所不同。具体而言，第一支柱仍然是欧洲联盟的基础性支柱，实行的是超国家调节机制。主要是欧盟委员会、部长理事长和欧洲议会参与决策。而另外两大支柱的决策方式虽有欧盟委员会等参与，但成员国基本实行一票否决制，故被视为政府间合作机制。

（3）决定建立经货联盟。条约规定建立经济与货币联盟（主要是指货币联盟），包括欧洲央行和欧洲央行体系、实行单一货币等。为此，条约规定了经货联盟的目标、模式、实施阶段与建立欧央行的时间表，而且就趋同标准和两种速度问题做出安排。

（4）扩大欧共体的权限。根据条约规定，在11个领域里，重新确立和扩大了欧共体权限，包括教育、培训、工业、卫生、文化、消费者保护、发展合作、全欧网络系统、加强经济与社会凝聚力、研究与开发、环境等领域。条约对欧共体介入的范围与程度均有所界定，为防止欧共体越权，条约明确写入了辅助性原则。

（5）欧共体的超国家调节机制有所加强。首先，欧洲议会的权力有所扩大。主要是议会在立法领域中共同决策权的扩大，对某些共同体事务获得了否决权或者审查控制权，同时还增大了对欧盟委员会成员任命上的发言权等。其次，部长理事会的多数表决制有所加强，扩大到了环境政策、社会政策的某些方面以及教育、职业培训、卫生、泛欧网络、发展政策、消费者保护等领域。

此外，由于对这次谈判结果各成员国分歧较大，决定几年后再次召开政府间会议，对条约进行修改。

4. 意义和影响

（1）1993 年 1 月 1 日，随着"马约"生效和欧盟成立，成员国实现了从经济共同体向政治联盟的飞跃。"马约"确定了政治联盟的基本目标。为便于推行共同外交与安全政策，条约在决策方式上规定对某些决定可采取特定多数制，这是对每项外交决定必须一致通过机制的重要补充。条约还准备把"西欧联盟"变为一个地区性防御机构，作为政治联盟的组成部分，实施与防务有关的决定（在防务问题上，英国反对建立欧洲独立防务体系，主张西欧联盟只作为北约之补充，而法德则主张将之作为欧盟的防务机构。结果条约最终规定，把西欧联盟建设成欧盟的防务机构，负责制订欧洲的防务政策，同时与北约保持一定联系。条约还规定，在 5 年时间使西欧联盟与北约将包括后勤在内的各项工作统一起来）。

（2）促成了经货联盟建设，导致欧洲央行和欧洲央行体系的诞生，并最终导致了欧元问世。条约确定了经货联盟的最终目标，规定最迟于 1998 年 7 月 1 日成立欧洲中央银行，并于 1999 年 1 月 1 日实行单一货币。按最初计划，如到 1996 年有 7 个国家符合规定的聚合标准（包括通胀率、财政地位、汇率和长期利率等方面），即于 1997 年实行单一货币，但需经 12 国以特定多数表决通过。条约又规定，如届时达标者不足 7 国或经特定多数表决未获通过，那么达标国至迟将于 1999 年 1 月 1 日放弃本国货币，实行单一货币。其他国家则待达标后加入。

实行经货联盟意味着成员国把货币决策管理的自主权转让给欧洲中央银行，这个超国家机构将承担起行使成员国货币主权的职能，以确保价格稳定并实现统一大市场促进欧盟经济增长和就业方面的整体利益。

（3）确立了欧盟在欧洲国家组织中的核心地位。众所周知，战后西欧地区除欧共体之外，还有欧洲自由贸易联盟；而在东欧地区则成立了经互会与华约组织。而随着冷战结束和欧盟建立，华约与经互会解散，欧洲自由联盟实际上已不存在（其绝大多数成员国先后加入欧共体/欧盟），再加上欧盟的东扩势头，其在欧洲国家组织中的核心地位得以牢牢确立。

（4）吸引中东欧国家加入。冷战结束之后，欧盟吸引了大批中东欧国家，最终导致成功东扩（即第五、六次扩大），成员国先后由 15 国扩大到 25 国和 27 国。

"马约"是欧洲一体化进程中的重大历史性进展。它表明欧共体将朝着一个经济、政治、外交和安全等多种职能兼备的联合体方向发展，因此具有里程碑式的意义。

（四）《阿姆斯特丹条约》

"阿约"具有承上启下的作用，即上接"马约"，下又直接造成了《尼斯条约》谈判。

1. 缔结进程

1996 年 3 月到 1997 年 6 月，成员国举行政府间会议就条约内容展开谈判，最终在阿姆斯特丹（荷兰城市）首脑会议上达成协议，故称《阿姆斯特丹条约》。1999 年 5 月 1 日，条约正式生效。

2. 背景和动因

（1）成员国在马约谈判时已达成协议，承诺应于 1996 年就修改马约再次举行谈判。这是一个直接原因。

（2）"马约"批准进程中暴露出诸多问题。批准进程一波三折。法国的全民公决险些未获通过（约为 51：49，赞成方略占多数）。更为重要的是，丹麦民众曾予以否决。故普遍认为，之前的欧洲一体化主要由精英阶层推动，而大众对此的认同度并不很高。因此，如何使欧盟更加贴近欧洲公民，以获得更加广泛的基础，是当时欧洲领导人面临的一项重大挑战。在这种背景下，就条约举行谈判使之更加适应形势需要，就显得颇为必要。

（3）欧盟内外形势发生重大变化。"马约"生效后，欧盟内外形势发生了很大变化，包括内部市场建设，失业率居高不下，以及第二、三支柱出现问题，导致大家对欧盟前景产生忧虑。

3. 主要内容

（1）建立"自由、安全与司法区域"。这项进展事关欧盟第三支柱即司法与内务合作领域。建立该支柱的目的在于促进各国人员之间的自由流动，但因涉及到打击跨境犯罪和贩毒、签证政策等民事和刑事领域的一系列问题，所以必须要有成员国司法与内务方面的合作。由于问题都涉及到国家主权，因此实施起来难点重重。而根据"阿约"规定，将第三支柱民事领域的权限移至第一支柱，同时决定将《申根协定》纳入"阿约"（该协定本是各成员国为促进彼此人员流动而在条约框架之外所缔结）。这些都表明，涉及到民事领域的司法与内务决策开始适用欧共体的机制，超国家调节色彩有所加强，而不再是政府间合作方式。

（2）加强了共同外交与安全政策。

（3）将就业内容正式纳入条约。由于失业率居高不下，成员国认为应加强就业领域协调，把就业内容纳入。

（4）有限启动了"灵活性"原则（所谓灵活性原则，是指在部长理事会表决通过的前提下，若干成员国可以在某些政策领域先行一步）。

（5）部长理事会的多数表决制有所扩大。欧洲议会在共同立法决策中享有的共同决策权和否决权亦有较大扩展。

然而，为东扩安排所引起的欧盟决策机制改革之争，包括委员会构成与部长理事会投票权数重估等难点，均未在阿约谈判中达成共识，成为重大"遗留"问题。

4. 意义和影响

主要包括两大方面。一方面，欧盟在经济和政治一体化领域都有所深化。但另一方面，也凸显出解决东扩机制安排问题的难度，使得再次举行条约谈判成为必要。

（五）《尼斯条约》

1. 缔约进程

欧盟成员国于 2000 年 2 月启动政府间谈判，同年 12 月就条约内容达成共识，次年 2 月正式签字。经各方批准后，条约于 2003 年 2 月 1 日正式生效。因成员国首脑于法国南部城市尼斯就条约达成最终协议，故称《尼斯条约》。

与以往的条约谈判相比，此次谈判的一个突出特点是，集中讨论阿约谈判所遗留的欧盟机制改革问题，以为东扩实现做出必要的安排。条约对既存的欧盟和欧共体诸条约加以修改，主要涉及到《欧洲联盟条约》和《欧洲共同体条约》。

2. 背景和动因

自 1990 年以来，欧盟逐渐推进其东扩战略，该战略在其议事日程上的位置越来越重要。从 1998 年起，与中东欧申请国的谈判已经启动。依照安排，在新世纪头 10 年内，欧盟成员国将猛增至 27 国以上（除中东欧 10 国外，还将包括塞浦路斯和马耳他）。面对这一前景，成员国都承认，如不进行机制改革，欧盟非但不能迎接扩大，反而有瘫痪之虞。为此，专门举行了《尼斯条约》谈判。

3. 主要内容

（1）关于欧盟委员会规模问题。委员会本来实行大国两名委员、小国一名原则。12个新成员国全部加入后，有可能造成委员过多、机构臃肿之局面，故需加以限制。但各国均不愿意削减本国委员人数。最后达成妥协，明确规定，欧盟在达到27国或更多成员之后，委员会委员的设置将少于27名。

（2）重定成员国部长理事会投票权重。理事会投票绝大多数采用特定多数表决制。为此在综合权衡各种因素后就每一成员国的投票权数均有明确规定。权重越大，则该国在欧盟决策中的影响力也就越大，故均希望增加自身权重。东扩使得调整、规定新老成员国权重成为必要，导致一系列分歧和争论。最后规定，基本按成员国人口多寡比例分配表决票数。

（3）扩大部长理事会特定多数表决范围，涉及50多个领域，以提高欧盟决策效率。

（4）"加强合作"机制。旨在使"阿约"所规定的"灵活性"原则更具可操作性，即某些成员国可在欧盟框架下先行实施某些政策。但同时规定了运用该机制不得损害单一市场运行等限制性条件。

4. 意义

条约通过为东扩实现扫清了机制性障碍，并促成了欧盟制宪进程及其后的《里斯本条约》谈判。

（六）欧盟"制宪"与《里斯本条约》

1. 欧盟"制宪"与"里约"缔结进程

欧盟"制宪"启动及其演变历程，直至《里斯本条约》诞生，无疑是进入新世纪以来，欧洲最具深远影响的大事之一。概而言之，这一近10年的发展历程，前后可分为两个时期。先是欧盟在世纪之交明确提出了"制宪"的宏大目标，并于2002年启动了该进程。2003年年中，"制宪会议"正式提出了"欧洲宪法条约"草案。同年10月，成员国就此启动政府间谈判，且于次年6月达成协议。然而，2005年5、6月法国、荷兰的公投结果，使得宪法条约批准乃至欧盟自身，都陷入到"危机"之中；其后，在经过两年的"反思期"之后，欧盟领导人终于2007年6月决定，再次启动政府间会议，谈判一项"改革条约"（Reform Treaty）。同年7月至10月，谈判正式举行，并于葡萄牙首都达成最后协议，《里斯本条约》文本产生。在解决了爱尔兰公投问题之后，举世瞩目的《里斯本条约》，终于2009年12月1日生效。

2. 背景与动因

"里约"直接源于欧盟"制宪"进程。而"制宪"进程的启动，是欧洲一体化与欧盟内外形势不断发展演变的产物。从根本上来讲，它是在新的历史条件下，欧盟试图革新自身以应对内外挑战，获取更大历史合法性的重大步骤。具体言之，在一体化不断深化与扩大的大背景下，其动因主要有三：

（1）自成立以来，随着诸项条约（即"源本法"）的依次缔结，欧盟已有可能考虑通过"简化"乃至"重组""既有条约"，来为"欧洲公民"制定一更具"宪法性"意义的"基本条约"，以集中体现"欧盟的目标、权力和政策手段"，并认真思考这一"宪法性条约"所应具备的"根本特征"。

（2）一体化不断深化，使得欧盟的政治架构设计这一根本性问题，即坚持"政府间合作"还是加强"超国家调节"的矛盾，表现得愈加突出，有必要谋求根本性决断。

（3）欧盟东扩势头的有力推动，构成不容忽视的又一深层动因。因为东扩不仅将结束"二战"后的欧洲分裂状态，而且意味着，数百年来以战争、强权和均势为主要特征的欧洲民族国家关系，将转变为一种以和平和深度一体化为特征的新型关系。一个至少囊括 27 国、近 4.8 亿人口且实行共同规则的区域组织，将在欧洲出现。这使各成员国都感到，已有必要和可能，以一种更加长远的历史眼光，来审视和规划欧洲的未来。通过"为欧盟建议一个新的框架和结构"，就某种新型的欧洲国际社会组织形态，做出长远和根本性安排。

值得指出的是，尽管法、荷公投造成批准危机，最终促使欧盟决定以修改现行诸条约的"改革条约"取代宪法条约（这意味着放弃用单一文本的"宪法条约"取代既有条约的设想，而是通过"改革条约"对诸项条约作出根本性修订），最终导致《里斯本条约》的产生，但"宪法条约"中的重大实质性内容，均在"里约"中得以保留。

3. 主要内容

"里约"实际上由《欧洲联盟条约》和《欧洲联盟运行条约》两项条约组成（后者是《欧洲共同体条约》的更名文本）。两项条约具同等法律地位，均不具有宪法性（意指前者并非更具根本法性质，后者仅作为前者的执行条约而存在）。与以往诸条约相比，"里约"所取得的进展主要如下：

（1）"欧洲联盟"取代"欧洲共同体"，全面继承了后者的权利与义务。欧盟由此获得了单一的法律人格。

（2）欧盟实行"去支柱化"，放弃了三大支柱架构。但又规定，原第二支柱（含欧洲防务）的特别决策程序依然有效。

（3）改革内部机制，提高欧盟的透明度、工作效率与民主合法性。具体规定包括：

1）在讨论立法性事务时，部长理事会应对成员国议会和公民公开。

2）就欧盟与成员国的权力划分作出更明确规定，共分为三大类。

3）部长理事会决策的特定多数表决适用范围，扩展至 40 个新领域。

4）"共同决定秩序"（co-decision procedure）——该程序规定欧洲议会与部长理事会在决策中均享有否决权——扩展至欧盟的绝大多数立法领域。

5）部长理事会日后改行"双重多数表决制"。即一项法案之通过，除必须至少获欧盟 55% 的成员国（27 国中的 15 国）支持外，还须考虑到人口因素：赞同国的人口数相加，至少要达到欧盟人口总数的 65%。

6）如若干成员国公民人数达 100 万时，可签署请愿书，提请委员会向欧盟提交政策建议。

7）欧洲议会权力增大，特别是在绝大多数领域获得了立法否决权。

8）成员国议会将在欧盟立法中发挥新作用。

同时，为提高欧盟的国际影响与行动能力，"里约"还规定：

（1）设立欧洲理事会常任主席一职。

（2）规定"欧盟外交事务与安全政策高级代表"一身三职，以加强欧盟对外行动的协调、统一性。

（3）设立"欧洲对外行动署"，负责支持高级代表的工作。

4. 意义与影响

总之，与历次条约谈判相同，欧盟"制宪"启动与《里斯本条约》生效，只能是最大限度协调各方利益的产物，也再次体现出欧洲一体化发展的特点与难点之所在。但应看到，自 1950 年代诞生以来，欧盟终于首次明确提出了"制宪"目标，并在"制宪会议"和广泛参与基础上，完成了"欧洲宪法条约"文本，以求深化诸多方面的体制改革。从长远来看，这应是欧洲发展史上最具深远意义的大事之一。尽管最终未获批准，但"宪法条约"的绝大部分内容，都在"里约"中得以保留。而"里约"的最终生效，又对欧盟明确发展方向，调整机制结构，规范欧洲的"多层治理"，特别是发挥其国际影响力，都将产生重要影响。考虑到欧洲一体化发展模式的独特性，欧盟既有成就的深度和广度、条约签署国的广泛代表性，以及欧洲当前发展中的时代特点，"制宪"与"里约"生效所蕴含的深远历史意义，就更加易于彰显出来。

编辑整理：王　旭

中国与非洲关系的历史和现实

杨 光

2010 年 11 月 15 日

杨 光

中国社会科学院西亚非洲研究所所长、研究生院西亚非洲系教授

摘　要： 本文首先从中国和非洲国家关系的历史谈起，从 15 世纪初之前的和平交往，到 15 世纪中期至 20 世纪中期失去的 500 年，20 世纪 50 年代后中非关系出现了复兴。自 20 世纪 90 年代，中非关系出现了新篇章，中非合作从政治互助延伸到经济合作，中非关系掀开了新篇章，中非之间的交往形式也更加多样化。但是，西方世界指责中国在非洲国家推行新殖民主义、对非洲国家的援助无附加政治条即是鼓励腐败等。对于这些指责，本文逐一进行了分析，归纳出中国与非洲国家的关系是一种战略合作伙伴关系。

关键词： 中非关系　战略伙伴　新殖民主义

近年来，中国与遥远的大陆非洲之间的关系引起了国内外政府、企业和学界的普遍关注。中非关系的某些问题甚至出现在党和国家领导人的议事日程上。中非关系到底是怎么回事？今天，我们就来简要回顾一下中国与非洲国家交往的历史，并分析介绍一下中非关系现在的情况。我分五个部分来讲。第一，中非双方在古代和平交往的历史；第二，中非关系"失去的 500 年"；第三，20 世纪中期以来中非关系的复兴；第四，中非关系的新篇章；第五，在结论部分，我们来看一看中非关系的性质，并且纠正一些对中非关系的不正确看法。

一、早期的友好交往

有关中非关系起源的传说有很多，但大多都难以考证了。谁是中非直接交往，并且留下书面记载的第一人？让我们分别从陆地交往和海路交往两个方面来看一看。

从陆地交往来看，第一个去过非洲并且留下记载的，应当是唐朝人杜环。阿拉伯帝国崛起以后，相继有两个大的王朝，后一个王朝称为阿拔斯王朝，同中国的唐朝有共同的边界。中国与阿拔斯王朝的关系总体来说是好的，双方和平交往。但是在公元 751 年，两国发生了一次比较大的边境冲突，中国军队有大批人员被俘，其中包括一个名叫杜环的军人。被俘的中国军人被充实到了阿拔斯王朝的军队，因此杜环得到了在阿拔斯王朝广阔的地域内旅行的机会。公元762年，杜环回国，回国后写了一本《经行记》，其中记叙了他在马格里布的所见所闻。杜环的叔叔杜佑是《通典》的作者，在《通典》中引用了《经行记》里1500字的内容，就是杜环在马格里布地区的这一段见闻。在古代，非洲方面也有些人来过中国，并留下了游记。其中比较有名的是摩洛哥的旅行家伊本·白图泰。他在元朝末期曾经来中国旅行，回国后根据他在中国的见闻整理出版了《伊本·白图泰游记》一书。这本书在阿拉伯国家有较大影响，后来也被翻译成了中文版本，中译本的书名是《异境奇观》。伊本·白图泰应该是来到中国并留下文字记录的非洲第一人。

中非之间通过海路进行交往的时间可能更早。唐朝的贾耽（730～805年）在其著作中提到，唐朝的船只就曾经到达过一个叫三兰的地方。学者们经过研究考证，认为三兰的地点有两种可能，一个是在当今的索马里，另一个就是今天坦桑尼亚的达累斯萨拉姆。到了元朝末年，中国的大旅行家汪大渊曾经两次乘着阿拉伯人的船到过200多个地方，其中就包括非洲的一些地方。他回国后写了《岛夷志略》一书，记载了在非洲的所见所闻。然而，要说中非之间大规模的官方交往，还是要提一提明朝的大航海家郑和。郑和备受明成祖的重用，率领庞大的中国船队七次下西洋。关于郑和下西洋的使命有各种说法，但是无非有两个使命：一是昭告天下中国已经改朝换代，这是他的公开的使命；二是寻找被推翻的皇帝朱允文，这是他的秘密使命。当时的中国人对世界和非洲已经有了一定的认识。郑和从现在的江苏省太仓出发，沿着海岸航行，穿过马六甲海峡，到了印度洋和阿拉伯海，每一次都到达了霍尔木兹海峡，有四次到了非洲东海岸。值得一提的是，郑和的航行与西方殖民主义者不同，他在航行过程中与所到国家友好交往，没有占领任何国家的土地。

二、失去的500年

古代中国和非洲的关系在郑和的时代达到了高峰，之后从15世纪中期一直到20世纪初期，中国与非洲的官方关系几乎完全中断，因此，我把这段时期称为中非关系"失去的500年"。1441年，中国接待了一位来自埃及的使者以后，就再也没有接待过非洲官方的使者。郑和下西洋这样大规模的航海行动，在郑和去世以后也就停止了。其中的原因主要有三点：第一是欧洲西方殖民主义的兴起。葡萄牙从公元1415年开始登上非洲的土地，用了不到100年的时间就控制了非洲的西海岸和东海岸，其中包括在东海岸打败了当时奥斯曼帝国的舰队，成为非洲东海岸的霸主，控制了海上通道。第二是中国明朝的海禁。15世纪中期以后，倭寇对我国沿海的袭扰不断增加。倭寇与反对朝廷的势力相勾结，对明朝政权产生了威胁，因此明朝皇帝采取了海禁的政策。第三是大规模的航海耗费巨大，朝廷也没有足够的财力继续支撑了。

不过，在这500年期间，中国和非洲的关系也不是一片空白。最值得一提的是华工在非洲出现。随着欧洲殖民主义者对非洲殖民化的规模扩大和程度加深，需要引进大量劳工。从18世纪后期开始，就有华工被运送到非洲的毛里求斯和马达加斯加等地。根据学者的研究，从19世纪初到20世纪30年代，总共有大约14万华工被运到非洲做苦力。他们劳动的区域覆盖了当时非洲15个殖民地，其中包括南非的矿山，刚果和塞内加尔的铁路项目，东非特别是坦桑尼亚和毛里求斯的种植园等。这是一段中国人和非洲人在非洲一起遭受殖民主义剥削的历史。

三、中非关系的复兴

从20世纪50年代开始，中非国家之间的官方关系出现了复兴。这种复兴是同中国和非洲人民争取民族解放的伟大事业联系在一起的，是民族解放运动这一纽带将中国和非洲重新紧密地连接在一起。

在第二次世界大战以后，世界上出现了民族解放运动的高潮。新中国在1949年宣布成立，非洲和拉丁美洲国家也掀起了反对殖民主义的民族独立运动。在这样一场运动中，中国人民和非洲人民承担着反对帝国主义、殖民主义和霸权主义的共同任务。中国当时处在一个被封锁、被孤立的国际环境中，以美国为首的西方国家鼓励封锁中国，为的是所谓防止共产主义蔓延，所以新中国成立后先是采取了"一边倒"的外交路线，即依靠苏联。但是自苏共二十大以后，中苏在意识形态方面的分歧越来越大，直至后来中苏关系发生了破裂。到了20世纪60年代，中国已经同时面临着来自美国和苏联两个大国的压力。20世纪50年代和60年代，中国的周边还发生了一些战争，包括朝鲜战争和越南战争，中国被迫派出志愿军参加抗美援朝战争以及抗美援越战争。所以当时中国面临着巨大的外交压力。作为一个新生的中华人民共和国政权，寻找突破口，打破被封锁、被孤立的局面，是中国外交面临的重大课题。

在中国的外交努力中，1955年周恩来总理率领中国代表团参加万隆会议，是一次具有历史意义的行动。在这次会议上，中国的第一代领导人第一次感受到新独立的前殖民地国家是一支新兴的国际力量，也是中国可以依靠的重要国际力量。可能是中国可以依赖的一支重要力量。在这次大会上，周恩来总理见到了已经独立的6个非洲国家的领导人，以及一批非洲民族解放运动的领导人。在同他们的接触中，周恩来总理发现他们在反对殖民主义和帝国主义方面，与中国有着共同的诉求，可以成为中国外交战略的伙伴，与他们建立战略伙伴关系，有助于打破中国被孤立、被封锁的状况，实现外交突破。毛泽东主席作为一个伟大的战略家，在 1961～1963 年期间提出了一个重要思想，这个思想对后来中国和非洲关系的发展发挥了重大的理论指导作用。毛主席提出的这个思想，就是"两个中间地带"的思想。他认为，世界上有两个中间地带，一个中间地带是由新独立的前殖民地国家组成的，另外一个中间地带是由西欧国家和日本组成的，这两个中间地带的国家处于美国和苏联之间，同两个超级大国之间都有矛盾，正是中国外交可以借助的国际力量。毛泽东主席划分世界格局的这种思想，对于中国后来依靠发展中国家、前殖民地国家打开外交局面，发挥了重要的指导作用。但值得注意的是，虽然世界上有"两个中间地带"，但这两个中间地带是具有不同性质的中间地带，在中国对外关系中的分量也是不同的。西欧日本中间地带还有不少帝国主义国家，新独立的前殖民地国家这个中间地带才是我们最可以依靠的力量。当时在中国的外交界，新独立的前殖民地国家也被称为"第一中间地带"。因此，1973 年，毛泽东主席进一步将"两个中间地带"理论上升为第三世界理论。

有一个例子，可以说明两个中间地带在中国外交中的地位不同。1954 年，阿尔及利亚人民掀起了反对法国殖民主义的武装斗争，中国对阿尔及利亚人民反对殖民主义和帝国主义给予了非常有力的支援，其中包括直接提供武器。到了 1960 年，法国已经支持不下去了，所以派遣了使者向中国传递口信，提出中国停止支持阿尔及利亚人民的武装斗争，交换条件是法国与中国建立外交关系。尽管与法国这样一个世界大国建交对中国也有不小的吸引力，但是中国的领导人并没有接受这个建议，反而赞扬阿尔及利亚人民打得好并继续支持阿尔及利亚人民的武装斗争，直到阿尔及利亚取得独立以后，才与法国建立外交关系。由此可以看出，两个中间地带不是同等重要的，中国更重视前殖民地这一中间地带，而不是法国所在的西欧中间地带。

"两个中间地带"理论奠定了中非关系的基础。在毛泽东主席提出了两个中间地带理论之后，这一理论立刻被付诸实践，其中一个重大的步骤是，周恩来总理从 1963 年底开始至 1965 年初三次率领中国代表团到非洲访问，一共访问了 12 个国家，增进和非洲国家的关系，为中国的外交突围，打破西方国家的孤立进行实践。

中国对非洲重要战略地位的认定之时，也就是中国对非洲国家提供大量援助的开始，提供援助成为中国和非洲国家战略合作关系的重要组成部分。中国不仅向新独立的国家提供经济、技术援助，帮助它们在经济上逐渐摆脱对老殖民主义的依附，而且帮助那些正在争取民族解放运动胜利的组织的武装斗争和非武装斗争提供道义和物质上的帮助。20世纪60年代周恩来总理在第三次访问非洲期间，提出了中国对外援助的原则，特别是对非洲援助的原则，提到中国对非洲的援助绝不是对非洲单方面的援助，而是相互的援助，因此中国对非洲的援助绝不附加任何政治条件。

有一个关于中国援助非洲的例子至今仍被传颂，这就是中国援建坦赞铁路。坦赞铁路是中国在国内经济相当困难的情况下向非洲国家提供的援助，坦赞铁路的勘察和建设在时间上几乎与中国的"文化大革命"同始同终。当时，中国经济受到"文革"冲击，起伏不定，许多年份是负增长，"文革"期间中国的职工平均工资水平还不如1957年，供应短缺情况非常严重。坦赞铁路本是一个被世界银行评价为毫无经济合理性的项目，但是中国毅然提供了约10亿元人民币的长期无息贷款，援助坦桑尼亚和赞比亚修建这条铁路，完全是出于支持非洲的民族解放运动的战略目的。只有修建了这条铁路，才能够更好地支持坦桑尼亚特别是赞比亚反对殖民主义和反对南非种族主义隔离制度的斗争。当时，非洲国家在团结起来共同反对南非的种族隔离制度，坦桑尼亚和赞比亚等南部非洲国家处在这场斗争的前线，但是经济上还受到一些严重的牵制。赞比亚当时必须通过南非的铁路和港口，才能出口铜矿，而铜矿又是赞比亚的单一经济产品，关系国家的经济命脉。只有修建一条铁路，让赞比亚生产的铜矿出口能够运输到坦桑尼亚出口，赞比亚才能摆脱对南非的经济依赖，更加坚定地参加反对南非的种族隔离制度的斗争。因此，中国援建坦赞铁路对于非洲国家民族解放运动的战略意义是非常明显的。

中国对于非洲国家和非洲的民族解放运动给予了有力的支持，所获得的战略性回报也是巨大的。1971年联合国大会通过恢复中国在联合国的合法席位的决议，非洲国家的支持是非常重要的。阿尔及利亚就是两个提议国之一。在76个投票赞成恢复中国合法席位的国家中，有26个非洲国家。毛泽东主席听到这个消息后高兴地说，是非洲兄弟把中国抬进联合国的。

四、中非关系的新篇章

20世纪90年代对于中国和非洲国家来说，都是一个不同寻常的时期。中国从70年代末开始改革开放，决心把全国的工作重点从以阶级斗争为中心转移到以经济建设为中心，实现了从阶级斗争为纲向发展经济的重要战略转变，在90年代初进入了改革开放的又一个春天。非洲作为一个整体，从50年代一直到80年代，主要的历史任务是民族解放，也可以说是非殖民化，这一斗争到90年代基本上宣告结束。1994年南非第一次实现了多种族的大选，黑人掌控了国家的权力，结束了长期的种族隔离制度，可以说是这一历史任务基本完成的标志。在反对殖民主义的斗争胜利以后，经济发展的问题更加突出地摆在非洲国家的面前。20世纪80年代是非洲经济"失去的10年"。在这一时期，非洲国家普遍出现了高通货膨胀、经济负增长、高失业率和债务危机的困难局面。90年代初，如何尽快摆脱经济困难局面，也成为非洲国家关注的重大课题。中国和非洲国家对于经济发展问题的高度关注，是经济关系和发展合作成为双方关系的重要新内容。中非关系的发展由此掀开了新篇章。

政治上的相互支持在中非关系新篇章中仍然有重要的地位，中国和非洲国家在国际政治中仍然需要相互支持。非洲国家总的来说在国际舞台上处于弱势地位，尤其是20世纪80年代之后处于被边缘化的境地。非洲国家改善国际地位，争取国际经济政治的新秩序，需要中国支持。中国作为联合国安理会的常任理事国，在参与解决非洲冲突方面也发挥了重要作用。中国不仅在安理会的外交舞台上为非洲国家主持正义，而且还积极参加联合国的维和计划，是联合国安理会常任理事国中派出维和部队人数最多的国家。21世纪以来，我们经常可以看到中国政府的非洲问题特使在非洲奔走，为缓和非洲冲突进行斡旋。从中国方面来说，最大的问题还是主权问题，祖国的完全统一问题，最突出的是台湾问题，中国需要非洲国家的支持。在联合国，实行的是一国一票原则，非洲有54个国家，而且在国际问题的投票上往往可以协商一致，因此是一个大"票仓"，是国际政治中一支非常重要的进入力量。关于台湾问题，1988年蒋经国去世之后，李登辉执掌台湾当局，大搞"两个中国"，并且推行"银弹外交"，在非洲争取所谓的外交空间。90年代有7个非洲国家与中国台湾当局建立所谓邦交，一度与中国台湾当局建有所谓邦交的非洲国家数量达到10多个。但是经过中国的外交努力，21世纪以来情况已经完全改变，绝大多数非洲国家采取一个中国的立场，承认中华人民共和国是中国的唯一合法代表。现在与中国台湾当局保持所谓邦交关系的非洲国家只剩下4个了。

从20世纪90年代开始，中非关系掀开了经贸关系大发展的新篇章。中国和非洲国家的经济互补性还是比较强的，中国需要非洲的资源。中国的底子较薄，资源短缺成为经济发展的最大瓶颈，特别是石油、天然气、铁矿、铜矿、木材、棉花等资源，都需要从非洲进口。非洲在这方面有着巨大的开发潜力，同时也是工业制成品的潜在市场。随着中国改革开放以来，制造业生产能力迅速发展，非洲成为中国工业制成品的一个重要市场。因此，以工业制成品换取非洲的资源产品的货物贸易模式逐渐形成。2004年之前，中国和非洲整体的贸易是平衡的，从2005年开始，中国对非洲国家的贸易逆差逐渐扩大。

如今在谈论贸易的时候，已经不能仅仅谈论货物贸易了，服务贸易正在以前所未有的速度发展，中国和非洲国家之间的贸易关系也是如此。其中最重要的一项服务贸易是中国为非洲国家提供建筑工程承包的服务。20世纪90年代以前，这种服务贸易的规模还很小。1998年中国公司在非洲市场上实现建筑工程承包营业额只有20亿美元，这样的数额一直到2003年都变化不大，但是从2004年开始增长迅速，2008年已经达到了396亿美元。美国有个刊物叫《世界工程记录》，它每年统计世界上225家最大的国际建筑承包公司。近年来，中国的国际建筑工程承包公司数量已经占到225强中的1/4。2008年，中国公司占据了非洲建筑承包市场的42.4%，是非洲市场上最大的建筑工程承包服务的提供者，而欧洲公司只占非洲市场的35.7%。由此可以看到中国对非洲国家的服务贸易出口已经发展到了很大的规模。

在中国和非洲20世纪90年代以来的关系发展中，一个重要的新现象是，越来越多的企业面向非洲走出去，带动了中国对非洲国家投资的急剧增长。中国在非洲的投资主要集中在能源、制造业、加工业、农业等领域。2000年中国对非洲的投资额只有2亿美元，到了2008年中国对非洲的直接投资额接近55亿美元。

除了贸易和投资以外，中国对非洲国家提供的援助规模也显著扩大了，援助的形式也大大多样化了。过去中国主要是提供经济技术援助、派遣医疗队、提供培训等，目前，除了这些援助形式继续存在以外，免除非洲国家所欠债务和对非洲国家的商品进入中国市场免征进口关税，也成为中国对非洲国家援助的新形式。近年来，中国还以帮助非洲国家建立经济贸易合作区的形式，援助非洲国家。因为，非洲很多国家的基础设施较差，在吸引外资方面有必要首先创造一个局部的有利投资环境。

中非经贸关系和对非援助的急剧扩大，呼唤新的协调机制，2000年中非合作论坛应运而生。当年，中国和非洲的40多个已建交国家，在北京创建了中非合作论坛。从此以后，中非合作论坛每3年召开一次部长级会议，并且下设了许多分支机构。每次会议都对前3年的合作进行评估和总结，对未来3年的合作进行规划。每次召开论坛，中国方面都会提出对非合作的新举措。论坛提出的合作举措，现在已经远远超过了经贸合作和中国对非援助，中非之间政治、经济、文化，以及学者智库之间的交流与合作，都被包括在论坛讨论的范围之内。2006年中非合作论坛还在北京举办了论坛峰会，40多个非洲国家的主要领导人齐聚北京，共商中非发展合作的大计。

五、纠正国际视听

随着中国与非洲关系的快速发展，近年来对于中非关系的评论也多了起来。国际社会总体上积极看待中非关系的发展，但也有一些观点是站不住脚的，需要我们进行分析和纠正。

第一，关于中非关系的性质。西方媒体往往强调中非关系的发展是出于中国从非洲获取资源的需要。以上我们简要地回顾了中非关系的历史和发展历程。从前面的论述中可以看到，中非关系源远流长。中国与非洲在历史上只有友好交往，从未发生过战争和冲突，这就为后来中国与非洲国家开展战略合作奠定了互信的基础。如果说古代中国与非洲的关系的发生和发展还带有偶然性，甚至发生过较长时间的中断，今天的中非关系已经大不相同了。自从 20 世纪 50 年代以来，中非关系的战略合作性质日益明显。之所以这样说，一方面是强调双方在核心利益方面有共同点，合作关系是建立在核心利益一致的基础之上。过去我们共同的核心利益是争取民族独立和解放，共同反对殖民主义、帝国主义，提高各自的国际地位。后来双方又都把利益的重心转移到经济发展上面来。另一方面是强调双方的合作关系是建立在双方长期利益基础上，而不是建立在某种短期诉求的基础上。无论是民族解放运动还是经济发展，都是双方的长期战略利益，而不是短期的考虑。因此，我们和非洲国家的关系从性质上讲是一种战略伙伴关系，是双方在共同核心利益和长期利益基础上的相互支持和互利合作。因此，中非关系是一种战略合作关系。

第二，关于殖民主义的指责。一些西方国家的政客和媒体，指责中国在非洲搞殖民主义，有些非洲学者也对此认识不清。英国的外交大臣声称，中国在非洲的作为和他们在 150 多年前在非洲所做的事情没有什么不同，他指的显然是殖民主义。殖民主义有新老之分。一位英国学者曾经说过，老殖民主义无非就是两种模式：一种模式是"军旗追随贸易"，另外一种模式是"贸易追随军旗"。欧洲殖民主义列强在非洲搞殖民主义，完全符合这两种模式。它们或者是首先建立商栈，掠夺当地的资源，进行不平等贸易甚至贩卖奴隶，然后派遣军队，建立殖民地政府，以保护殖民主义者的经济利益；或者是先利用军队占领土地，然后掠夺当地的资源，进行不平等贸易甚至贩卖奴隶。因此，老殖民主义总是与军事占领和政治上的控制相联系的。这样一种模式显然和目前中国与非洲国家的关系完全不是一回事。目前我们和非洲国家的贸易、政治关系都是建立在主权国家平等交往的基础上的，既没有军事占领，也没有政治上的控制，甚至我们提供的援助都不附带政治条件。因此我们和老殖民主义是不沾边的。也有人说中国在非洲搞的是新殖民主义。这里首先要搞清新殖民主义的概念。新殖民主义这个术语的基本含义是，一些前殖民地国家虽然在政治上获得了独立，但前殖民主义宗主国仍然利用国际不平等交换，特别是利用工业制成品与初级原料产品的剪刀差，掠夺新独立国家的财富，在经济上继续对它们进行剥削，并且利用经济上依附来实现政治控制。中国开展对非洲的经贸合作，效果恰恰与此相反。中国从非洲购买的主要是资源，对非洲销售的主要是工业制成品。中国对非洲初级产品的需求带动了初级产品的价格上升，中国向非洲国家输出工业制成品的成本较低，牵制了国际工业制成品价格的上升幅度，使非洲国家以较低的价格获得了工业制成品供应。因此，中国对非洲开展经贸合作，不但没有扩大国际贸易中的剪刀差，反而缩小了剪刀差，为改善非洲国家的贸易条件做出了显著的贡献，有力地支持了非洲国家反对新殖民主义的斗争。因此，殖民主义这顶帽子，根本戴不到中国头上。

第三，中国产品危害非洲工业。有些人指责中国廉价产品的进入，影响了非洲的民族工业发展。对于这个问题，我的看法是这样的。中国和非洲国家都处在工业化进程中，都是发展中国家，总体上中国领先于非洲，但双方在个别产业上发生竞争也并不奇怪。如何缓和这方面的矛盾，我认为要看得长远一些，要具有动态的眼光。中国政府在处理这一问题上采取了非常积极的态度。从短期来讲，中国对非洲国家提供多种形式的援助，通过提供援助的方式来为非洲国家提供外汇支持，有利于弥补贸易不平衡带来的外汇收入缺口。从中期来讲，中国政府鼓励企业"走出去"，通过对非洲的投资帮助非洲国家发展自己的工业制造业，提高出口能力。同时，中国投资的流入本身就有利于非洲国家国际收支的总体平衡。从长期来讲，中国的大规模劳动力转移已接近尾声，劳动力成本正在提高，一些劳动密集型产业在国内逐渐失去比较优势，需要通过"走出去"实现向国际转移，其中包括向劳动力成本较低的非洲国家转移。这就意味着，中国与非洲国家在某些劳动密集型产业方面的竞争将趋于减弱，同时也给非洲国家的劳动密集型制造业发展提供了历史性的机会。非洲国家应当做好迎接中国大规模技术转移的准备，显著提升劳动密集型制造业的发展水平。因此，对这一问题的缓和和解决，我认为是有希望的。

第四，中国援助不利于非洲良政。有人指责中国的援助不附加政治条件，因此可能助长非洲的腐败，不利于非洲国家推行良政，事实并非如此。现在发达国家向非洲提供援助并强调非洲国家必须反腐败，这是完全可以理解的。因为，现在 OECD 国家向非洲国家提供援助形式是一般性预算援助（General Budget Assistance），简单地说就是将资金援助提供给受援国，由受援国政府进行支配，所以他们更加强调政府的廉洁问题。中国对非洲国家的援助不附加政治条件，但并非因此就会助长腐败。这与中国的援助形式是有关系的。中国对非洲国家的主要援助形式是与项目挂钩的形式（Project – related Assistance），即每一笔援助都是落实在具体的项目上，而这些项目往往都是由双方共同管理或者是由中方管理的。因此，中国完全可以通过项目的管理来保证援助资金的使用效率。所谓中国援助不附加条件就是鼓励腐败，这种观点是完全站不住脚的。

编辑整理：王　旭

东亚区域合作的再思考

张蕴岭

2010 年 9 月 20 日

张蕴岭

中国社会科学院学部委员、研究生院亚太系教授

摘　要：本文主要论述了东亚区域合作的理论与实践的思考，东亚地区的合作起步于 1997 年亚洲金融危机，但是之前已经开展了区域的合作运动。东亚区域合作的统一框架尚未建立，合作的政治、经济基础还不足以很快地促进东亚合作的进程发展。但是，虽然这条路还很漫长，而合作的趋势应该不会停止。我们需要思维的转变和理论上的创新来认识和推动东亚地区的合作进程。

关键词：东亚　区域合作　东盟　欧盟

一、东亚合作运动的兴起

前些年，东亚地区的合作应该说是轰轰烈烈，现在好像有些让人摸不着头脑，对于它的发展现实和前景，特别是前景，看不太清楚，不知道向哪里发展，也不知道发展成什么样子。为了比较深刻地认识这个问题，笔者首先从区域合作的兴起谈起。

东亚地区的机制化合作应该是从 1997 年亚洲金融危机正式开始，但是区域的合作运动提出得要更早。20 世纪 60 年代，东南亚的 5 个国家就开始合作，后来逐渐扩大，发展起了包括东南亚 10 个国家的东南亚联盟（ASEAN），简称"东盟"。

东盟的发展首先起始于政治，最早是出于对抗共产主义的扩张，得到美国的支持。在很长一段时间内，该组织并没有得到很大的发展。随着中国和东南亚国家关系的改善，地区形势的变化，原来以反共为基础的地区合作机制走到了尽头。但东南亚国家还是有合作的需要，从政治的动机来说，通过合作解决地区内部的动乱问题。从经济的角度更是如此，各国需要通过合作，改善发展环境，取得更快的发展。这样，就促使东南亚国家对合作机制和目标进行重大的调整，由对外转向对内，由政治转向经济。特别是到了 20 世纪 90 年代初，东盟经济合作的步伐加快。也许东盟受到欧洲统一大市场建设的启发，着手建立东盟自贸区。

东盟自贸区建设的一个突出特点是，着眼于本地区的实际，设立符合本地区发展的目标机制。首先要回答的是，在这样一个落后的地区建立自贸区的目的是什么？是通过开放内部区域市场，改善本地区的综合发展环境，使对外投资更具有吸引力。应该说，这样的目标设定符合东盟的实际情况，也能得到所有成员的支持。

20世纪90年代后半期，东南亚地区的经济出现了高速增长，这样一种高速增长就鼓励了越来越多的国家采取更加开放的政策，如不太发达的印度尼西亚和发展比较快的泰国、马来西亚，都实行了积极的金融开放政策，甚至实行货币可兑换，鼓励金融市场的大力发展。再加上地区合作推动了内部的优惠贸易和投资安排，使得整个东南亚经济出现了一派繁荣的景象。

但是在这样一种热潮之下，开放、高速发展就出现了很多危机信号，比如说贸易出现了大量逆差，可兑换货币在国际收支出现恶化的情况下也出现了不稳定的因素，这些综合因素导致了1997年的金融危机。

金融危机发生后的最初一段时间，东盟对国际组织特别是国际货币基金组织寄予了很大期望。国际货币基金组织的传统职能是很明确的，它不是对金融危机救助，主要是解决国际收支不平衡的问题。但是东南亚金融危机是一场规模巨大的，从金融、货币开始，扩展到整个经济领域的大的危机。在这种情况下，国际货币基金组织的药方不对症。比如，为了达到国际收支平衡只有一条路可以选择——紧缩开支。东南亚的金融危机主要是由货币引起的银行系统的危机——货币贬值、大量的资金外逃、银行缺乏流动性。同时在国际市场上也筹不到资金，所以这个时候需要补救金融系统的危机，但是国际货币基金组织的方案正好相反。由于金融危机带来的经济大幅度下降，政府需要进一步增加开支来刺激经济增长，国际资本流进来，以使经济活起来。国际货币基金组织并不能做到这一点。它们只有一个解决方案：为了解决国际收支和贸易不平衡，只能紧缩开支，为经济降温，解决不平衡问题。但东南亚金融危机需要的恰恰是加温，国际货币基金组织的降温做法引起了东南亚国家的不满。泰国最先实行，实行之后经济形势进一步恶化。当时，一些国家希望美国出手援助，但是，美国直到1997年11月韩国发生金融危机后才开始采取措施。在当年11月的APEC会议上，美国总统克林顿还声称"相信亚洲有能力解决自己的问题"。

既然外部帮不上忙，东盟面临严峻的局势，邀请经济利益密切的中日韩对话，共同应对危机。这样的形势也很符合韩国、日本和中国的利益。从表面上看是东南亚的危机，在深处则是日本金融机构的危机，也是韩国公司的危机，而中国经济也受到了严重冲击。大量的日本企业到东南亚投资，日本的金融系统为它们提供了大量贷款，东南亚的企业出现了问题，日本金融系统马上就陷入严重危机。

当时中国情况相对比较好。1992 年邓小平南方谈话,中国的经济发动机开始加温,到了 1994 年中国经济出现严重的通货膨胀,1995 年,政府就开始实行软着陆冷却政策,治理金融系统、控制信贷、解决坏账,到了 1996 年底,中国经济基本上实现了软着陆。到了 1997 年东南亚发生金融危机的时候,中国经济刚开始向好的方向恢复。但是,鉴于中国的经济同外部联系非常紧密,亚洲金融危机发生后,尽管中国的金融系统没有受到大的冲击,但是贸易却出现了绝对的下降,经济增长速度也大幅度降低。因此,合作对话也符合中国的利益。

东盟与中日韩对话形成了"10 + 3"东亚合作机制,这个机制把 13 个国家拉在一起,共同应对危机,这是一个新的发展。这样一个框架出现后,1998 年领导人会议就发生了一个很大的变化,提出合作的机制化,1999 年发表了东亚领导人关于东亚合作的声明。这个声明列出了许多合作的设想,包括机制化建设。时任韩国总统的金大中提出,能不能对东亚合作长期发展进行一些展望和研究。这个提议得到所有国家的支持。

响应领导人的号召,成立了由 13 个国家专家参加的"东亚展望小组"。展望小组经过两年的工作,向领导人提出了研究报告。展望小组的报告是很有价值的,这个报告提出的几点非常重要:

首先,东亚历史上第一次提出了一个明确的、长远的合作目标——东亚共同体的建设。这个共同体是什么呢?就是地区的和平、合作和繁荣。支撑机制为:第一个框架,也是最基础的框架,要有一个东亚的 FTA(自贸区)、开放市场;第二个框架,要有一个政治合作框架,通过东盟与东北亚三国对话构建起来,也就是"10 + 3",逐步提升到东亚领导人峰会,把它例行化,每年召开;第三个框架,就是地区的金融合作机制(Regime)。三个支撑的框架尽管不同于欧盟,但还是比较清晰地描绘了东亚合作的一个明朗的框架前景。

其次,东亚合作突出了东盟的领导作用,以东盟的合作为核心,构建逐步提升的东亚区域合作机制。也就是说,东亚合作是建立在制度化渐进发展的基础之上的。

该框架提出后,领导人基本上都接受了,指示成立了研究小组,由高官组成。高官小组提出了 17 条落实的行动计划。应该说,在最初的几年里,东亚合作进程发展很快,进展非常令人鼓舞。

最后,我们也应该看到,在当时金融危机的大背景下,大家比较齐心协力,共渡经济危机难关,使东亚地区保持发展的活力。由于东亚地区的复杂性,一旦难关渡过,各国的想法就多了。尤其是在如何深化东亚合作上,出于政治、经济、安全的利益考虑,东盟、中国、日本、韩国,还有后来加入东亚合作进程的印度、澳大利亚、新西兰都提出不同的想法,这使原来看好的进程出现不少困难。

二、亚洲合作的基础和驱动力

东亚地区的关系比较复杂，所以劲儿不能向一个地方使，各国在关系自己的国别利益上考虑很多，这样就影响了合作进程的进一步深入。

我们把东亚地区的合作同欧洲的合作相比较，发现两者很不同。欧洲的合作过程为什么可以取得今天的成功，它有两个重要的共同基础：第一点就是清晰的政治动机——避免再发生大战，两次世界大战发生在欧洲，欧洲再也经不起另一次世界大战，这是所有政治家考虑的一个核心问题，而且所有的欧洲合作的构造都是围绕这一条来想和做的。第一次世界大战以后，欧洲就有一批人提出了各种各样的合作想法，如欧洲邦联、欧洲联盟等，那些想法都没有很好地得到落实。第二次世界大战之后，甚至在战争尚未结束的时候，大家都感到，欧洲再也不能打了。所以，在战争刚见曙光尚未结束的时候，欧洲政治家就召开了欧洲联合会议，讨论欧洲联合问题。所以说，欧洲联合的政治动机非常强，而且是比较明确，得到大家的共识。

第二点就是承受力。由于战争的代价太大，合作进程困难再大也要坚持，出了问题大家都能承受得住。欧洲联合的政治框架设计目标非常清晰，有中坚力量支持和领导。目标设计从煤钢联盟开始。这个联盟的政治目标很清楚：分割资源，不能让德国再掌握发动战争的重要资源，也就是通过计划控制德国的煤和钢铁，大家按指定计划进行生产。中坚力量是法德联合，"两驾马车"共同推动。法德为什么会合力共同推动呢？笔者认为，一是力量结构对比，二是共同利益。法德历史上打了这么长的战争，过去的战争大多数都是法国占下风，德国占上风，第二次世界大战把德国彻底打败了，强者下来了，弱者上去了，法德可以"平起平坐"，共同协作。德国被战败，担心成为欧洲的弃儿，因此，德国人从心眼里接受合作的选择。欧洲的合作提供了一个接受德国、把德国作为欧洲的一个组成部分的机会，而且是作为一个重要的成员来平等地对待。在这个政治基础上，合作机制的设计就可以有共同的力量结构和共同的地区利益基础。

当然，欧洲合作之所以可以走到今天，不仅依赖很高的制度化合作水平，还有文化的基础。欧洲国家有着相似的宗教信仰、相似的思想文化基础，这样，高深度一体化就相对容易得多，不会发生"文明的冲突"。

我们再探讨一下东亚合作的政治动机和基础。马来西亚前总理马哈蒂尔提出过东亚经济联合共同对抗美国霸权的想法，显然，这个基础不能被所有东亚国家接受。当时，中国从政治上虽然感觉这样对我们是有利的，但是，如果真正与美国对抗起来对我们其实是不利的。东亚有美国的盟友，这些盟友更是不能够接受对抗美国。因此，合作的政治基础就是建立在一般的维持地区稳定与合作，这样的一个基础缺乏明确的支撑点。因为地区的稳定与和平是否一定要通过地区合作的方式实现呢？在欧洲是很清楚的，但是在亚洲则不一定。长期以来，很多国家靠美国保护，靠美国盟友的关系等。

东亚地区的合作是由东盟来推动的。背景是1997年起始于东盟的亚洲金融危机，因为出现了危机，所以要求东亚国家来对话合作。东盟一直强调自己的领导地位，东盟自己说，一定要保证自己坐在驾驶员的位置上。但是，我们也看到，东盟的长期战略是小国与大国做游戏，建立一个能够平衡大国的地区框架，即"东盟（10）＋"框架。这样就出现了"10＋1"、"10＋3"、"10＋6（8）"多个框架。要是把这几个框架绑在一起，搞统一的地区框架，对东盟来说，其领导者的角色就难以保证。

东盟自己有一个清晰的蓝图——东盟共同体。东盟领导东亚地区合作有一个前提，即所有的合作都必须要有利于它们实现东盟共同体的建设，支撑东盟共同体的建设，这是它们的核心利益。也就是说，任何区域的合作不能削弱东盟的主导地位。因此，任何扩大的地区一体化，要先看东盟自己的发展再说。

在这种情况下，有人说如果东亚要由中日合作共同推动东亚合作进程那就好了。中日联合共同推动东亚合作当然很理想，但不太现实。比较一下欧洲，法德"两驾马车"共同领导和推动欧洲合作运动，前提是强者要下来，弱者要提上去，达到平等。中日则大不一样，第二次世界大战后日本被打败，但出于冷战的需要，美国扶植日本，并且建立了美日同盟，日本很快发展起来，而中国在成立中华人民共和国之后，处于冷战对立的另一方，经济在相当长的一个时期发展不快。日本上去了，中国没有提上来。冷战将东亚地区分割了。中日处于两条不同的战线，所以中日并没有处在一个不同的政治和安全框架之内，是分头发展的。到了我们这个地区开展合作的时候，日本已经是一个经济非常强大的国家。日本一直希望发挥地区经济合作的主导性。日本发挥主导性也有根据。因为在市场方面日本已经处于主导地位，日本在该地区的投资占最大的分量，推动了东盟的经济起飞和进一步的提升。日本有自己的特殊利益要求和布局，比如在亚洲金融危机时期，日本提出了建立亚洲货币基金，如果亚洲货币基金建立，日本肯定会处于主导地位，按照当时的份额分配，亚洲的货币基金肯定也是日本主导。如果过渡到单一货币，也会是以日元为基础，等等。

现在，形势发生了很大的变化，中国经济提升很快，总量超过日本，而日本经济长期处于增长的低速状态，当中国经济力量快速上升，日本经济力量相对下降的时候，又会产生新的不平衡。

我们看到，中日在地区经济合作的框架设计上和努力的主导方向上出现了很大的分歧。在"10＋3"合作框架刚刚发展起来的时候，中国率先提出了构建中国—东盟自贸区（FTA）。2000年，中国率先提出，也得到东盟的响应。中国是从经济政治的高度提出与东盟加强合作的，希望通过一种机制稳定与东盟国家的关系，进一步改善和加深，基于地缘上的连接，双方有着深化合作的基础。中国东盟可以走到一起，也有些特殊背景。亚洲金融危机之后，中国的经济迅速恢复并保持增长，整个经济环境非但没有恶化，反而得到了进一步的改善。还有，2000年中国终于完成了加入WTO的谈判。在这种情况下，东南亚非常担心资金都流向中国，影响它们的经济恢复。当时，朱镕基总理提出，双方可以达成一种长期的合作安排，让东盟从中国的发展中受益。这个提议得到东盟的积极回应。按照领导人的指示，双方成立了官方专家组进行研究，我是成员之一，只用了6个月的时间就提出了报告。专家组报告建议，用10年的时间建立中国东盟自由贸易区。

一石激起千层浪，中国与东盟构建自贸区引起很大的反响。第一个感到震动的是日本。日本就非常着急，于是很快提出了要与东盟谈自贸区。这也可以理解，因为日本在东南亚从20世纪六七十年代开始努力，到80年代通过增加在该地区的投资，已经构建了日本与东南亚之间非常紧密的利益关系。中国是个后来者，前几年双方关系还不太好，现在突然抢先，这有点让日本感情上受不了，利益上也担心会受到损害。

中国从一开始就把东盟作为一个整体来对待。一是整体谈判比较容易，东盟10个国家要是一个一个谈判，不知道要谈到什么时候，各国的情况很复杂，分别谈判困难很大。同时，我们还从中国与东南亚地区的整体关系考虑。事实证明，这个决策很正确。比如，中国—东盟的谈判出现分歧的时候，先让东盟10个国家谈判达成共识，中国再与东盟进行谈判达成共识，这个办法比较有效。日本没有采用这个办法。因为日本是一个发达国家，它坚持先与较发达的国家谈，这样就会引起东盟内部的误会，认为日本这是在分裂东盟。日本最后还是与整个东盟签订了一个综合的协议。后来韩国也积极跟进，与东盟谈判FTA，东盟自己又进一步把"10＋1"FTA扩展，与澳大利亚、新西兰、印度，还有欧盟谈判FTA，这样"10＋1"FTA的建设就超出东亚的地理范畴。

"10＋1"的框架出来以后，东亚合作的整体运动出现了分裂。因此，需要一个合力将它们合在一起。所以2004年的时候，"10＋3"经济部长会议做出了一个决定，要研究关于统一的东亚自贸区的可行性。中国承诺牵头该项研究。我是这个专家组的组长，成员来自"10＋3"的所有国家。专家组2006年提供了报告，认为应该尽早由"10＋1"FTA向统一的东亚FTA过渡，为此尽早开启谈判进程。从理论上说，既然是3个国家共同的报告，报告出来后下一步应该是领导人达成共识，推动谈判进程。但是，恰恰是薄弱的政治基础影响了进程。

要搞统一的东亚 FTA，需要很强的政治共识，而恰恰是在政治共识上出了问题。东亚提升政治合作统合水平的努力自 2004 年开始，按照领导人的建议，如何构建更高层次的东亚合作政治框架，就是把"10＋3"对话机制转变为"东亚峰会"机制。马来西亚提出第一次峰会在吉隆坡召开，中国提出第二次在中国召开。结果，在这里出现了变故：日本不同意把"10＋3"作为唯一的东亚合作机制，提出东亚合作应该包括印度、澳大利亚、新西兰。于是，"10＋3"对话机制不变，东亚峰会成了扩大的东亚合作另一个框架，即接纳印度、澳大利亚、新西兰 3 个国家参与。

政治框架变化引发了建立统合经济一体化机制的进程变化。日本提出不同意在"10＋3"框架下搞 FTA，而是主张在"东亚峰会"框架下建立 FTA（CEPEA，紧密经济伙伴关系）。于是，又成立了一个研究专家组，又研究了两年，提出了报告。

这样，有关建立东亚 FTA 的动议就出现了两个版本，一个是"东亚 FTA"，另一个是 CEPEA，各说各有理，只好交给东盟去决定。从道理上讲，东盟如果接受以"10＋3"为基础的 FTA 建议，就意味着否定日本的动议，东盟的经济和日本联系紧密，东盟不愿意得罪日本；如果接受以东亚峰会为基础的 CEPEA（10＋6）建议，那就是得罪中国，因为中国牵头，东盟也不愿意做，这样就只好停下来。至今，有关建立东亚 FTA 的进程没有进展。

东亚地区的金融合作还是取得了一定的进展。虽然日本在 1997 年金融危机时提出的亚洲货币基金被否决，但该地区的金融合作还是需要的。地区金融合作走了一条曲线道路。既然一个统一的地区机制很难建立，"10＋3"财政部长会议于 2003 年在泰国的清迈召开，提出了"清迈倡议"，建立了双边的货币互换协议。双边互换机制进展比较顺利，在这个基础上，各国同意将各个双边协议联合起来形成一个地区合作网络。2007 年，中国提出可以考虑建立一个外汇储备库，目前，13 个国家已经为建立外汇储备基金达成了协议，规模为 2000 亿美元，并且同意在此基础上发展地区金融货币合作监督与预警机制。

当然，现在还只是一个"储备库"，不是真正的基金，2000 亿美元都还只是承诺资金，都还在美国国库里没有拿出来。如果再向前发展就需要将该资金拿出来独立地运作，但是真做起来不容易。因为这么大规模的资金如果从美国那里拿出来，对国际金融市场的影响无疑是巨大的。再则，如果要建立基金，需要一套完整的运作机制。比如，需要建立预警机制，预警机制要具有权威性和影响力。这就要求合作要有很高的程度，并对地区的经济具有干预性。问题恰恰出现于此，1997 年出现金融危机，其实有很多人已经预见到了危机发生的风险，当时国际货币基金组织（IMF）的报告已经点出了泰国情况危险，东南亚整体危险，后来发布之前，泰国政府担心国内的经济和金融系统崩溃，所以要求不公开该报告。IMF 这样的国际组织还不行，地区组织要行就要有很高的合作程度。

所以，建立储备基金看起来容易，但如果要真正发展成形，还有大量的工作要做。如果走到这一步，那就表明该地区的合作水平已经很高，要得到很强的政治支持才可以实现。

东亚的合作走到现在，情况不如我们预想的那么顺利，但是也并不一定意味着失败。首先需要看衡量标准。目前大家都习惯用欧盟的标准。对东亚来讲，也许我们必须制定一套新的标准来衡量该地区的一体化。欧盟有自己的一套方式，从政治到经济再到政治，最终走向高度的统一。东亚地区从政治上是行不通的，从经济上也是很难。东亚展望小组的报告提出，东亚合作的长期目标是东亚共同体。这个提法看起来被人们所接受。但是，东亚共同体的内涵究竟是什么？实现的方式是什么？这些问题都值得我们以东亚的方式来认真加以思考。

三、东亚合作的特点

我们看到，东亚地区的合作呈现多框架、多角色特点。判断一件事情好与不好，取决于选择的标准。关于区域合作，我们有现成的理论和模式，即以欧盟为经验。我们熟悉的理论是贸易转移和贸易创造理论，即通过构建内部的经济区，实现关税同盟或者建立自贸区，内部创造一个更优化的环境，会产生贸易转移和贸易创造效应：就是原来给区域外部做的一些生意会拿到内部来做，这样，区内贸易比重增加，可以推动本区域的经济发展，创造更多的就业，增加更多的收入。还有，通过贸易转移，内部经济发展了，就业增加了，收入也就增加了，这样也就会增加从外部的进口。因此，区域经济安排会增加收入总量和福利总量。

然而，看亚洲的经济合作用这个理论去套就难。如果仅从增加区内贸易的比重来看，似乎作用并不大。从实践来看，东盟搞了十几年的自贸区，但内部贸易增加非常缓慢，从百分之十几到百分之二十几，尽管翻了一番，但是总量比例仍然很低。欧盟实行关税同盟和经济共同体使内部贸易增加到了近 70%。如果单一地以欧盟为标准，东盟就显得很失败。因此，要考虑东盟的本身特点。东盟像欧洲那样增加区内贸易非常困难。比较发达的国家新加坡人口太少，只有几百万人，况且它们是贸易型国家，所以其目标设计肯定要不同，搞区内市场开放主要是为了优化本地区的经济发展环境。它们的目标设计是，知道自己的资源不足，有资金缺口、技术缺口，需要外部引进，而外部引进需要自己本身具有吸引力，因此，对它们来说，目标就是通过区域的合作，降低本地区内部的关税，减少经济交往的障碍，改善经济发展的环境，增加该地区的吸引力，使外部的资金、技术能够更多地流向本地区，发展该地区的经济。因此，目标设计需要进行重新设定。所以，不能仅仅用区内贸易比重来衡量东盟的成功与否。贸易创造体现的还是非常明显的。

其实谈到改善环境，我提出过"贸易释放理论"，这个理论与贸易创造不同，它是通过改善内部条件，创造开展贸易的环境和条件，从而降低关税，但对于发展中国家来说，还有其他的条件，尤其是基本的硬件条件。举个简单的例子，农民都说"要想富、先修路"，路修通后可以开展贸易交换。路不通，东西运不出去；路修通了，形成了贸易释放，增加了贸易本身，有了收入进而带动一系列的经济活动。比如，中国—东盟自贸区是以早期收获、开放农产品市场为开端。当时的想法是挺好的，中国很少有热带水果，如果开放农产品市场，东南亚的热带水果就可以大量地进入中国市场，他们增加了收入，我们改善了胃口，可以取得"双赢"的局面。但是，要真正地达到这一目的并不是那么容易的。热带水果要运到中国需要一系列配套条件，特别是基础设施的条件，不仅仅是关税的问题。虽然关税降低到 0，如果其他的替代成本增加，生意照样不能进行。据泰国一项研究，它们的热带水果用了 5 年的时间才最后打入中国市场，因为缺少如交通、运输，特别是仓储设备等配套设施的支持，还有分销系统等一系列问题。开展贸易需要很多的条件才可以进行，所以这个地区的经济合作就必须要考虑很多的问题。自贸区不仅是通过降低关税和非关税，规范管理规则，其实还有一个很基本的东西，就是通过区域合作改善整体的区域发展环境。在最近的东亚区域合作中，针对提升内在发展动力，提出启动该地区的基础设施工程，这很重要。

笔者认为，我们设计中国—东盟自贸区，从开放农产品开始，是一个创造。当时在考虑建立自贸区从哪里开始着手的时候，也是金融危机时期，东盟的经济恢复比较慢，面对中国经济的强势，很多国家很担心。早期收获这个想法最早是东盟成员提出的。笔者记得，在缅甸与当地官员座谈关于建立自贸区的问题，一位官员提出，中国太强大，要搞自贸区，开放市场，能否搞一点"Early harvest"（早期收获），先让我们尝到开放的甜头。也就是说，在正式的谈判之前，先安排一些能使东盟国家感觉到可以从这些安排中受益的项目。农产品、水果中国和东盟具有互补性，且不担心产业冲击，所以率先把 400 项的农产品开放，作为早期收获。想法固然美好，但执行起来却并不容易，执行过程中会遇到很多意想不到的问题。东盟背后都是一个个地区、一个个人，不同的地区会有不同的影响，不同的产业、类别会有不同的影响。互补的想法很好，但是有竞争性。比如，泰国北部的蒜农、姜农就感到受到冲击。我国的产品质优价廉，冲击了当地的生产。如果遇到这种情况，理想的办法是建立中国—东盟的共同基金，对一些农民进行补偿，或者由当地政府提供补偿。因为毕竟是整体受益、个别受损，所以需要对个人进行补偿，维持平衡。市场开放产生了很多的不平衡，比如说中国—东盟自贸区，从2010年1月1日全面落实，东盟各国反应不一。印度尼西亚提出，有17类工业产品可能不能按时执行，这就需要研究和协商。也可能落实起来与预先想的不一样。事实上，2010年以来，中国东盟之间的贸易发展很快，超出预料，有关担心落实自贸区会受损的想法不符合实际。

又如，我们说生产网络是东亚建立自贸区的一个共同利益基础。但是，也要看到，生产网络的建立由很多大公司完成，市场开放对它们是有利的，但是社会经济的主体是中小型公司。记得有一次笔者在菲律宾讲演时提到，菲律宾对中国的贸易处于有利的地位，出口很快，贸易是顺差。有个企业家提问到，这种分析太宏观，大量的中小企业情况很不同，很多都受到冲击，大量中小企业已经倒闭。因此，我们要分析总体的利益，社会内部的差别。在开放的情况下，需要建立一种补偿机制。这样一种机制，在发展中国家谈自贸区协议、谈市场开放时是必须考虑的问题。所以，中国—东盟自贸区有很大的部分是关于经济合作，包括单独签订了农业合作协议。我们提出要培训东盟的商业人员，指导东盟的农产品如何进入中国市场。

我们对我们的理论研究提出新的任务。在新的条件下，如何来构造市场开放，如何才能使参与者将参与的损失降到最低，尤其是经济综合的发展平衡问题，要给予高度的重视。我们看过去所有的地区经济合作目标的设计，都是定在使市场更开放、更便利，交易成本更低。在全球和区域生产网络下，只有那些大的、构造生产网络的大公司才能够获得最大的利益。因此，目标设计需要更全面、更均衡。尤其是发展中国家需要考虑经济综合的发展。

在后金融危机时代，如何才能使我们的经济有内生动力，有长期发展的基础？过去我们是靠构建生产网络、引进外资，进行大量的生产，增加出口、增加就业，拉动经济。当采用这种方式的时候，需要满足一个条件，那就是不断扩大外部市场需求。当外部市场需求受到抑制的时候，经济的发展可能会放慢速度，甚至有时候会停止发展。经济一旦放慢速度，特别是停下来的时候，甚至是倒转的时候，综合的影响变得非常大。所以，我们必须要重新思考东亚经济合作的框架、目标和功能，仅仅推FTA恐怕不行。

关于东亚合作的前景，还有一个问题需要思考，那就是多框架能不能最后统合为一个？我看不一定。东亚合作的基本特征就是一种多框架并存，不一定会像欧洲那样，或者像我们开始想的那样。这与东亚合作的多角色作用有关。

比如东盟，在实现它们自己的目标之前它们不想继续向前挪一步，它们又坐在驾驶员的位置上，它们经常说你们可以告诉我向哪里开，但是千万不要把我拉下来。东盟的角色为领导（Leadership），显然，东盟如果把我们领向一个合作的组织，只有一种情况，那就是需要它们自身非常强大，以东盟为核心，将我们吸收进去。无论如何，东盟如果想不断地吸收新的成员难度很大。实际上，它们采用了不同的吸收方式，即以"东盟＋"的方法，以我为主来和其他国家对话合作。也就是说，我的领导位置不能变，可以邀请更多的客人来，但是我的位子不能挪动。最近有人问，东盟经济共同体是什么？是要建立一个关税同盟吗？答案好像是否定的。那到底是一种什么形式？我们也许不一定要用欧盟的模式来衡量。因为东盟经济共同体到目前为止设定的目标还是协调（Coordination），而不是管理。但是东盟内部的关税将为0，是一个开放的大市场。同时，东盟通过"10＋1"的谈判对外部的关税也降得很低，也不是对外设置壁垒的同盟。对于这样一个模式，我们还在观察。关于政治、安全共同体，东盟是否将要像欧洲那样建立一个统一的安全政策，甚至建立一个统一的部队呢？答案同样是否定的。因为那需要让渡国防权，东盟远远达不到。但也不能说它就是不成功的。东盟的社会共同体最基本的标志就是促进人员的自由流动。但是我们看到，东盟内部实现人员自由流动非常困难，因为不同的国家间差别很大，要建立真正的社会共同体显然为时尚早。

关于日本的作用，是很有意思的。日本作为一个发达国家，其目标设计是与发展中国家不一样的。同时，日本是美国的盟友。日本要考虑美国的态度，日本要向前走一点，美国都要往后拉一拉，总之不能让日本离美国太远。一个新的情况是，中国迅速崛起、力量上升，中国的影响力增加，日本担心中国会主导进程，因此，要搞自己的一套制衡。日本是一个发达国家，但是实力在相对下降，对于日本来说，区域合作最好符合两个条件：一是严格的规则制定；二是扩大的地区规模。前一个条件为日本提供管理主导权，后一个条件减轻中国主导的压力。但是，这样一个角色使日本在东亚合作中，有时是推动者，有时是破坏者。遇到中国起主导作用时，宁可起破坏者的作用。

关于中国的角色，笔者认为，我们基本有一个比较清晰的区域战略，那就是我们必须花最大的力量改善我们的区域关系。我们要推动一个什么样的区域架构，这并不是很清楚。过去我们曾想，一个能够平衡美国力量的东亚是最理想的。这里的问题是，很多国家不希望制衡美国，而反倒希望美国来制衡中国。以前，美国对东亚合作采取了"友好的忽视政策"，既不支持也不反对，但现在不同了。美国看到中国的发展和影响力，于是决定重返亚洲。美国积极、主动要求加入东亚峰会，东盟也支持，中国也认可，于是美国加入了东亚合作进程。美国进来又多了一个角色。我看也不一定是坏事，要因势利导。东亚峰会把几个大国都放到一个框架中也可以发挥新的作用。因为在亚洲，没有一个战略性的大国关系框架，现在美国、中国、印度、日本在一个区域框架下，可以构建战略平台。我们也需要与时俱进，根据新情况进行新的战略设计。

一个新的变数是中国力量的快速上升所引起的新变化。在第一个阶段，我们通过上升的力量改善了我们所处的环境，接下来，理想的发展是构建一个我们能够发挥重大影响，最好是能发挥领导作用的区域框架。现在看来，这存在着很多困难和制约因素。

对中国来说，一个困难是，存在一些未解决的争端问题，在此情况下，力量越上升，别的国家担心就会越大。因此，我们还是要着眼于长远发展。对一些问题不要急于求成。现在出现的一些问题，有别人的因素，也可能是我们自己耐心减少的结果，并不是形势恶化的结果。我们必须有充分的思想准备，在中国实力进一步上升的过程中，外部对中国的制衡力量还会增强，会以不同的方式表现出来。

对于东亚地区的合作，我们一是要继续努力参与和推动；二是要调整认识与战略。东亚合作的路还很漫长，需要找到一个适宜的方式。我们需要思维的转变和理论上的创新来认识和推动我们这个地区的合作进程。尽管进程不会太顺利，会出现各种问题，但合作的大趋势应该不会逆转。欧盟当年的发展也是遇到了很多问题。东亚地区需要合作，出于共同的利益，大家总会通过协商、妥协、协调、合作来寻求出路。道路是曲折的，前途是光明的，面对困难，一定不要失去信心。

编辑整理：王　旭

经济学前沿

现代保险业发展与金融市场

郭金龙

2010 年 10 月 28 日

郭金龙

中国社会科学院研究生院金融学系教授

摘　要：现代保险业不断与金融市场的融合使得保险业在风险管理基本功能的基础上逐渐成为拥有经济补偿、资金融通、社会管理三项功能的一个有机整体。本文首先解释了现代保险的含义和发展模式及保险业发展与金融市场的关系，然后阐述了金融危机对各国保险业的影响，并且以此为背景对我国保险业发展状况和趋势进行了分析，最后从理论角度对保险理论的发展进行了归纳。

关键词：保险业　金融市场　金融危机　发展趋势　保险理论

一、现代保险及其发展模式

（一）保险的含义

人们对保险从不同的角度做出众多解释，主要有：

中华人民共和国保险法所称的保险，是指投保人根据合同约定，向保险人支付保险费，保险人对于合同约定的可能发生的事故因其发生所造成的财产损失承担赔偿保险金责任，或者当被保险人死亡、伤残、疾病或者达到合同约定的年龄、期限等条件时承担给付保险金责任的商业保险行为（2009 年 2 月 28 日第十一届全国人民代表大会常务委员会第七次会议修订）。

保险是以经济合同方式建立保险关系，集合多数单位或个人的风险，合理计收分摊，由此对特定的灾害事故造成的经济损失、人身伤亡提供资金保障的一种经济形式。

保险既是一种经济制度，也是一种法律关系。从经济制度的角度来说，保险是为了确保经济生活的安定，对特定风险事故或特定事件的发生所导致的损失，运用多数单位的集体力量，根据合理的计算，共同建立基金，进行补偿或给付的经济制度，从法律的角度来看保险是根据法律规定或当事人的双方约定，一方承担支付保险费的义务，换取另一方对其因意外事故或特定事件的出现所导致的损失负责经济补偿或给付的权利的法律关系。

保险是一种经济补偿制度。这一制度通过对有可能发生的不确定性事件的数理预测和收取保险费的方法，建立保险基金，以合同的形式将风险从被保险人转移到保险人，由大多数人来分担少数人的损失。

保险的定义可谓众说纷纭，但是有一点是基本趋同的，即保险反映的是一种经济关系，这种经济关系的本质是"经济保障"。

（二）现代保险的基本属性

现代保险具有经济保障、金融和社会管理三大属性，具有风险管理与经济补偿、资金融通、社会管理功能。保险的三项功能是一个有机联系、相互作用的整体。风险管理与经济补偿是保险最基本的功能，是保险区别于其他行业最根本的特征。资金融通功能是在风险管理与经济补偿功能基础上发展起来的，是保险金融属性的具体体现，也是实现社会管理功能的重要手段。正是由于具有资金融通功能，才使保险业成为国际资本市场的重要资产管理者，特别是通过管理养老基金，使保险成为社会保障体系的重要力量。现代保险的社会管理功能是保险业发展到一定程度并深入到社会生活的诸多层面之后产生的一项重要功能。社会管理功能的发挥在许多方面都离不开风险管理与经济补偿和资金融通功能的实现。

保险业的保障性是指风险发生时能有效地进行经济补偿或给付，为社会经济发展提供风险保障，保障性是保险业的本质属性。为了提高保险业风险保障能力和保险业的持续发展而派生出其他属性，如金融属性、社会管理属性等。

保险的金融属性既表现为保险是投保人以保险人为金融中介人，以保单为金融资产，运用金融市场机制，相互融通补偿资金，从而使被保险人的资产得到保障的一种特殊金融方式；也表现为由于缴纳保费和出险补偿或给付之间存在"时间差"，保险人为了提高风险保障能力，也迫于市场竞争压力，必然进行保险资金运用；还表现为方便被保险人，保单质押和保单贷款功能也应运而生。

保险的社会管理属性是从保险本质所体现的社会性来认识的保险属性。它一方面是由保险服务的社会性决定的；另一方面也是作为现代社会生活的一种重要制度安排所决定的。保险业作为一种新型服务业，具有特殊的社会管理功能，这种功能融入保险业的金融功能和风险保障功能的实现手段的深化和创新之中，是在实现保险补偿功能和金融功能过程中同时实现的；同时，作为一种重要的制度安排，通过其深入社会经济生活每个角落的深层次的服务，弥补国家和政府在一定程度上无法完成的管理功能，其社会管理功能是随着与其他经济、金融活动密切结合而日益拓展的。

（三）传统保险向现代保险转型

保险业是经营"风险"的行业。随着社会、经济的发展和科技的进步，"风险"的形态和特征发生了变化；同时，由于保险经营环境和条件的变化，保险的内涵与外延在不断丰富和扩大，保险功能相应拓展。

第一，经济发展和科技进步，促使保险内涵和外延发生变化，保险功能得以拓展。社会、经济的发展、科技的进步，在给人类社会带来各种精神享受和物质利益的同时，也由此导致"显性化风险"、"附着性风险"和"创造性风险"逐渐增大，风险形态和特征发生着深刻的变化。此外，由于政治、经济和人类生存环境的恶化等各种因素综合作用，全球范围内的巨灾损失不断发生。20世纪60年代以来，自然灾害的数量和严重程度一直在急剧上升，由此造成对国际保险业的巨大影响。

第二，保险经营的经济、金融环境的变化，促使保险功能得以拓展。自20世纪80年代以来，金融管制的放松和自由化浪潮的掀起，导致了更加激烈的市场竞争，它大大促进了包括保险公司在内的金融机构向综合经营的方向发展，保险金融化趋势日益明显。保险投资业务成为保险公司生存和发展的关键。资本市场的快速发展，各种投资工具和投资组合的不断涌现，加速了保险公司投资业务的发展，促进了保险资金融通功能的发挥。

第三，随着市场经济的不断深入，新兴的经济形态与结构调整中的市场需求，促使保险的内涵与外延不断加深、扩大，也使保险功能进一步拓展。一方面保险业不断加大与其他产业的关联度及其本产业链的外延度；另一方面保险业内涵与外延上的扩展，必将加深与社会、经济、金融及其他产业深入而广泛的联系。

（四）保险发展模式的转变——保险产品的发展路径

保险发展模式或者说保险产品的发展路径，一般来说，是由经济社会的发展程度及其阶段特征决定的，是市场选择的结果。具体来说，以下几个因素对保险发展模式产生重大影响：一是生产方式的变革；二是经济社会的发展以及由此决定的保险供求关系；三是金融市场发展程度及其产品结构；此外，人口结构的变化及老龄化时代的到来对保险发展模式正在产生深刻影响。

第一次保险发展模式变革：主要是由社会生产方式变化引起的变革，特征是由"贵族保险"到"工人保险"。从18世纪至20世纪初，保险的经营始终恪守一种模式，即私营经营模式，其经营保险的机构、保险服务的对象主要有两个：企业及富有的家庭。"工人风险"没有办法通过保险获得保障，工人为此举行的罢工运动此起彼伏，构成了严重的社会问题。严峻的社会问题考验着保险经营者，也考验着保险业。保险史上因工人的保险需求得不到满足而引发了第一次保险危机。解决第一次保险危机的办法是采用扩展保险外延的方式。保险市场上出现了一种新的保险形式，即"工人保险"，即主要为工人家庭提供收入损失和医疗费用等方面的保障。由此出现了第一次保险模式变革。

第二次保险发展模式变革：是由社会因素引起的变革，特征是"巨灾风险"及其解决方案。20 世纪 70 ~ 80 年代在世界范围内掀起了以技术进步为标志的新技术革命浪潮，大大推动了美国乃至西方世界的国民经济和社会结构的变化。在经济形态上，由过去的工业经济形态转变为服务经济形态；大量的人口由农村逐步集中到城市，产生了大城市、特大城市。这种由技术变化引起的社会变化给保险业带来直接影响，即巨灾风险损失的可能性增大。巨灾损失等这样的风险损失，需要社会各个方面的共同努力来寻找新的解决方式。地震保险、原子能保险、出口信用保险等都是全社会共同参与保险的结果。

第三次保险发展模式变革：是由保险市场竞争和金融市场发展引起的变革，特征是保险市场萎缩及偿付能力不足到投资连结保险或万能保险的出现。20 世纪 70 年代末，保险业内部和外部竞争激烈。保险公司开始寻找如何根据被保险人的需要，增加保险的职能。保险人的做法大都经历了三个阶段，采用过三种方式：第一阶段，用增加投保回报的方式迎合被保险人的需要。比如人寿保险中的预定利率高于银行存款利率，以此吸引更多的客户。第二阶段，用回扣的方式迎合被保险人的需要。比如，采用无事故、无损失的奖励办法；降低保险费率的办法，等等。第三阶段，用开发新产品的方式迎合被保险人的需要。具体地说，就是开发出被保险人感兴趣的保险产品，比如一揽子保险、投资连结保险、分红保险等。因此，保险公司的业务得到了很大的发展，保险公司在整个金融界的地位也得到了很大的提高。

根据有关资料统计，1978 ~ 1994 年，全世界共有 600 多家财产保险公司出现偿付能力不足的问题，其中美国占 66%，英国占 7%，英国以外的欧洲占 4%，其他地区占 23%。仅 1992 年就有 90 多家财产保险公司宣告破产。美国是全球保险公司数量最多的国家，而它经营失败或出现偿付能力不足的保险公司数量也是全球最多的，1976 ~ 1992 年，美国经营失败的保险公司数量达到了 768 家，其中寿险公司达 322 家，产险公司达 446 家。由此，出现了保险历史上第三次危机。这场危机的解决方式是一种"非传统保险方式"，即现代保险模式，包括银行保险等。

分红保险在国际上也不存在保障型产品饱和后再发展投资型产品的固定模式。在国外，分红保险属于传统产品，有上百年的发展历史。相比较来说，投资连结保险推出的时间较晚，但其产生的真正背景，不是保障型产品已经饱和了，而是保险业顺应经济社会发展和信息技术进步所进行的产品创新。这些产品的创新和发展，促进了传统保险向现代保险的转型，极大地推动了国际寿险业的发展。

二、现代保险业发展与金融市场

（一）现代保险业与金融业的互动发展

现代保险业是现代金融体系的重要组成部分。现代保险业改变了全球金融体系和金融结构：保险机构成长迅猛，作用日益增强；保险资金在金融市场举足轻重（保险资金来源的长期性与保险投资行为）。现代金融业扩展了保险功能和保险业发展的空间。现代金融业使保险业经营模式发生了深刻变化：资产管理更为重要（改变了盈利模式等），改变了组织体系（监管体系、公司治理结构、公司组织体系扁平化、事业部制等）、经营模式（与其他金融合作）。现代保险业与金融业的互动发展推动保险业与其他金融业的融合。

（二）当前国际保险业发展概况和特点

1. 不同经济发展水平国家（地区）保险业发展状况

表1　不同经济发展水平国家的平均保费收入增长率

单位：%

年份	1994	1995	1996	1997	1998	1999	2000	2001	2002	2003	平均值
高收入国家（地区）	7.2	8.1	4.7	7.3	5.4	10.2	7.5	4.7	6.1	3.2	6.44
上中等收入国家（地区）	2.3	-0.9	7.9	8.6	6.1	6.7	11.5	6	4.6	4.9	5.77
下中等收入国家（地区）	16.7	7.2	4.6	7.7	4.5	8.1	12.2	9.3	11.3	8.8	9.04
低收入国家（地区）	-4.9	7.9	2.4	0.3	-3.6	-1.1	10.3	7.1	9.6	2.1	3.01

表2　不同经济发展水平国家的平均保险密度

单位：美元/人

年份	1994	1995	1996	1997	1998	1999	2000	2001	2002	2003
高收入国家（地区）	1275.9	1458.8	1515.4	1486.1	1511.5	1631.0	1624.5	1595.9	1760.4	2128.8
上中等收入国家（地区）	86.9	95.3	107.0	111.8	114.3	121.1	127.2	139.7	148.3	175.4
下中等收入国家（地区）	52.1	63.0	62.0	67.8	69.6	63.5	63.8	63.1	58.3	75.7
低收入国家（地区）	9.6	12.6	12.8	11.2	12.2	9.5	11.2	12.3	10.6	17.4

2. 当前国际保险业发展特点

第一，发展更加迅猛，覆盖范围广泛；第二，市场更加自由化，资本更加全球化；第三，国际资本市场与保险市场的联系更加紧密；第四，创新成为推动保险公司发展的重要动力。

保险自由化是指由政府对保险严格管制并加以保护，转向逐步放松管制，取消某些限制性、保护性规定，给保险企业以更大的经营自主权。

在过去几十年中，保险市场的资本国际化特点也十分显著。国际化的方式主要有三种：第一，投资外国保险市场。即通过在外国建立分公司或子公司的方式，向外国保险市场渗透，这种方式是目前保险国际化的主流。但是，由于世界各国保险市场开放程度不同，开放方式各异，因此设立分公司或子公司的难易程度也不相同。第二，投资国外资本市场。即将本公司的资金运用到外国资本市场，分散投资风险，寻求资本收益。这种方式一般受本国保险法关于保险公司资金运用规定的限制。第三，开放本国保险市场。通过完善保险法规，逐步开放本国保险市场，允许外国保险公司参与本国保险市场，使国内保险市场经营主体国际化和本国风险管理国际化。

过去几十年的发展经验表明，创新已成为国际保险业发展的重要动力。保险业的创新主要表现为以下六个方面：第一，服务综合化创新；第二，产品创新不断，险种结构调整加快；第三，保险组织形式的调整与创新：表现在相互保险公司的股份化、公司管理扁平化模式等方面；第四，保险营销方式的创新：电话直销、网络销售等新型营销方式发展迅速；第五，保险信息处理的创新；第六，风险管理的创新：保险公司除了继续采用增加资本金、增加准备金提取和增加再保险比例等一般的分散风险手段外，还采用了包括巨灾风险证券化等在内的新型风险管理方式。

（三）保险业在金融体系中的作用和地位

1. 保险业的发展对金融市场有直接和间接的重大影响

保险业发展对金融市场的直接影响包括三个方面：第一，保险业的发展改变了经济中的资金结构，使长期资金供给相对增加；第二，促进了金融市场的创新；第三，保险业发展也改善了资本市场规制，促进资本市场提高透明度，改善了公司的治理结构。

保险业发展对金融市场的间接影响主要包括：保险业的发展促进国内金融市场的深化和流动性，从而给境外投资者传递国内金融市场稳健的信息，促进境外投资者跨境交易。

2. 保险业已经成为金融市场重要的机构投资者

在全球机构投资者中，保险业管理的资产平均达到1/3。但是，由于各个国家金融结构的差异、金融体系的不同，保险业在不同的国家有不同的表现。在一些金融市场发达的国家，如美国，由于共同基金和养老金发达，保险业管理的资产在 2001 年不到 25%，但是在日本、德国的保险业管理的资产高于 50%，英国略低于 50%。在市场成熟国家（主要是 OECD 国家），机构投资者的资产达到 GDP 的 147%，其中保险业占 GDP 的比例是 47%。就成熟市场国家而言，保险资产已经远远超过银行资产，两者在 2001 年的差距达到 21 个百分点，而在 1993 年，两者之间的差距仅为 13 个百分点。可见，金融体系的发展事实上已经引起了保险业资产相对增加、银行资产规模相对缩小的趋势，尤其是在制度层面，随着全球化的发展，金融体系的竞争和创新，以及监管当局的管制放松和自由化，都无一例外地促进了市场导向型金融体系的发展。

3. 保险业与金融体系相互融合渗透进一步加深

（1）与商业银行的融合与渗透。

商业银行与保险公司或保险经纪公司的相互渗透，是 20 世纪 80 年代以来金融混业经营的另一重要特征。通过两种金融业务的结合形成了"银行保险"等交叉业务，使传统的世界金融业发生了深刻变化。

商业银行向保险业务的扩展。德意志银行、TSB 等商业银行在 20 世纪 90 年代中期先后成立了自己的保险公司，并直接销售保险产品。在西班牙，商业银行与保险的结合已经有较长的历史，主要大型商业银行都拥有大型的保险公司或保险集团。其他国家和地区的商业银行则选择收购保险公司。例如，SE – Banken（瑞典）在 1990 年 10 月购买了瑞典最大的保险公司 28% 的股权。1988 年，劳埃德银行成为 Abbey 人寿保险公司最大的股东。商业银行与保险公司合作的第三种形式是通过互换股权建立联系。1991 年，荷兰银行、NMB（荷兰第三大银行）与荷兰领先的保险公司 National Nederlander 的合并形成了荷兰金融国际集团（以下简称 ING）。这一合并无论从战略角度还是从组织角度来看都是成功的案例。此外，有一些商业银行则倾向于与保险公司建立策略联盟或市场联盟。

保险公司也在积极向商业银行业务领域拓展。保险公司一般是通过购买商业银行的一定股份向商业银行渗透。这种股份或者作为保险公司在商业银行的一种投资，或者是保险公司综合经营的一种方式，通过银行网络来推销自己的业务。例如，香港有 6% 的保险产品是通过银行出售的，且数量呈上升趋势。如恒生人寿保险公司从 1995 年 11 月开业到 1996 年 6 月底所售出的 6000 多张保险单中有 90% 来自原银行客户。汇丰保险控股公司也通过汇丰银行开拓保险业务。另外一些保险公司则倾向于与银行签订分销协议。在大多数情况下，保险公司与商业银行的合作可以有效地将银行的分销网络与保险公司的产品创新结合在一起。

（2）保险公司与投资银行的业务整合。

投资银行与保险业务之间也存在着众多的合作机会，例如商业保险公司、再保险公司和投资银行之间可以在风险的管理和风险管理系统的设计上进行合作。在美国，为企业防范和化解风险提供金融安排是投资银行的重要业务之一。实际上，几乎所有美国大型投资银行都建立了大型的风险管理部门，集中利用资本市场工具为大型企业的风险管理开发新的产品。

投资银行、商业银行、保险公司、再保险公司和保险经纪人可以组建合资性的财产险和责任险保险公司。例如，JP 摩根投入大量资金建立了 EXEL 有限责任保险公司，并且对 ACE 保险有限公司进行了大量投资。旅行者集团也曾是保险公司与投资银行互动的典范，它拥有美邦公司（Smith Barney Holdings）的控股权。除拥有投资银行业务之外，旅行者集团也提供大量的其他的金融服务，例如，人寿保险和年金产品（通过拥有 Primerica 的控股权）、商业融资（通过控制商业信贷公司的股权）、财产和灾害伤害保险（通过旅行者保险公司的控股权）。旅行者集团通过美邦经纪公司、商业信贷公司的代表和 Primerica 的销售力量进一步提供一体化的交叉销售服务。大型保险公司也在向投资银行领域拓展业务，例如美国国际集团（AIG）建立了 AIG 资本管理公司，开拓了全球的投资银行业务。

（3）保险集团化和综合经营（美国）。

表3　2003年美国营业收入排名前十上市保险公司情况

单位：百万美元

排名	公司名称	营业收入	是否集团
1	AMERICAN INTERNATIONAL GROUP INC	71200	是
2	ALLSTATE CORPORATION（THE）	24677	是
3	METLIFE INC	23102	是
4	BERKSHIRE HATHAWAY INC	21493	是
5	CIGNA CORPORATION	15900	是
6	HARTFORD FINANCIAL SERVICES GROUP INC	11900	是
7	PRINCIPAL FINANCIAL GROUP INC	6341	是
8	GENWORTH FINANCIAL INC	5069	否
9	LINCOLN NATIONAL CORPORATION	1699	是
10	NATIONWIDE FINANCIAL SERVICES INCORPORATED	1553	是

（四）国际保险业并购重组的状况

保险并购包括合并与收购两层含义，保险合并是指两个或者两个以上的保险企业依照法律规定和协议约定而组成一个保险企业的法律行为。保险合并通常可以划分为吸收合并和新设合并。保险收购是指一家保险企业通过有偿获得另一家或多家独立保险企业的经营控制权的方式，而使该保险企业的经营决策权改变的经济交易行为，它强调作为买方的保险企业向卖方的保险企业的赎买。20 世纪90 年代以来，全球保险业经历了一场前所未有的并购风潮，特别是这些年来，国际保险业并购浪潮此起彼伏，保险企业并购的范围之广、涉案之多、金额之大、效果之明显，为历史所少见。在此过程中，涌现出一批保险"巨无霸"。并购浪潮不但迅速改变了世界保险业的地区和业务格局，而且对今后保险业的发展方向有着重大而又深远的影响。

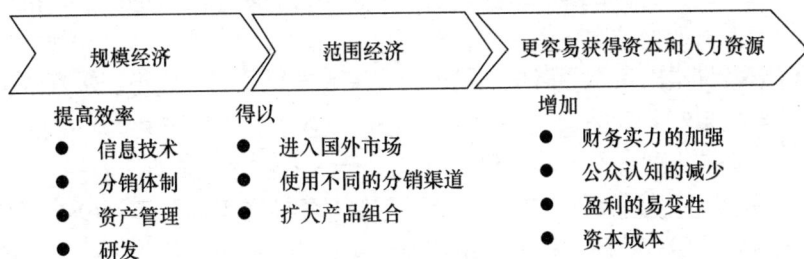

规模经济	范围经济	更容易获得资本和人力资源
提高效率	得以	增加
● 信息技术	● 进入国外市场	● 财务实力的加强
● 分销体制	● 使用不同的分销渠道	● 公众认知的减少
● 资产管理	● 扩大产品组合	● 盈利的易变性
● 研发		● 资本成本

图1　并购的动机

三、全球金融危机对保险业的影响

次贷危机对许多投资银行、商业银行、对冲基金、政府住宅代理机构等都产生强烈冲击，并引发了全球金融市场动荡。作为金融服务业的重要组成部门之一，保险业势必也不能独善其身。在保险界，包括 AIG、德国安联、瑞士再保、FGIC、MBIA 和 Ambac 等在内的保险业巨头，都付出了巨大的代价。

次贷危机开始于银行或房地产抵押贷款机构贷款给自身现金很少的地产商和购房者，同时通过抵押贷款证券将风险转移给投行。而投行本身并没有多少现金，它们需要寻找真正的投资者，这些投资者包括保险公司、基金、养老基金、金融集团等金融机构。另外，在这个过程中，保险公司还以出售担保保险的方式，为各类债务凭证 COD 提供保险，成为债务凭证担保人。在抵押贷款证券化的过程中，诸多权威信用评估机构，如穆迪、惠誉、标准普尔等对抵押贷款证券化做出了高质量的评级，导致保险公司轻视衍生品本身的风险，在次贷危机之前以较高价格买入了大量抵押贷款证券化产品，或是为大量债务凭证提供担保保险。

保险公司充当了"真正的投资者"和"债务凭证担保保险人"两个角色。所以，保险业巨头们因次贷危机产生的损失主要有两类：一是作为机构投资者遭受的投资损失；二是作为风险转移者支付的保险赔付。受次贷危机影响较大的保险公司也分为两类：一是债券类保险公司，如 FGIC、MBIA、Ambac 等；二是传统保险公司，如 AIG、德国安联等。

（一）对美国保险公司的影响

多数保险公司由于严格控制次贷相关债券的投资而受到较小的直接冲击，少数大保险公司则蒙受巨额亏损。

近年来，投资收益在保险公司的利润结构中占有越来越大的比重，投资活动对保险行业而言变得越发重要。随着资本市场的发展和金融创新活动的频繁，保险公司对于各种层出不穷的衍生工具投资也多有涉猎。但是，受到本身业务性质和监管法规的限制，大多数美国保险公司仍然遵循了非常谨慎和保守的投资策略，将投资资产主要分布于高等级债券上，严格控制对高风险证券的投资比例。2006 年，美国寿险公司平均 53% 的资产投资于最高等级的债券，19% 的资产投资于次高等级的债券，股票投资只占到净认可资产的 4.6%；非寿险公司投资于最高、次高等级的债券以及股票的比例分别为 67%、4% 和 16%。尽管许多保险公司持有次贷相关资产，但由于比例很小，投资风险暴露处在可控范围内，因此受到此次次贷危机的直接冲击远远小于商业银行。正如美国保险信息协会（ISO）的副主席所评论的那样："大多数美国保险公司受到此次危机的影响很小……要感谢保险公司保守的投资组合管理策略以及州保险条例的严格监管。"

另外，少数大的保险公司由于采取了相对激进的投资策略，在次贷支持类债券上进行了大量投资，从而蒙受了巨额亏损。例如，全球最大的保险公司美国国际集团（AIG）在住宅抵押市场的投资额占公司全部投资资产的 11%，远远高于行业平均水平，在次级房贷违约率上升的情况下，形成了巨额的投资亏损。2008 年初，AIG 宣布对次级抵押贷款支持债券相关衍生品冲减 111 亿美元，从而使得 2007 年第四季度亏损高达 52.9 亿美元，创造了自 1919 年成立以来最大的季度亏损纪录。

在次贷危机中，AIG 是受到冲击最大的保险机构，也发生了最受公众瞩目的金融破产事件。由于其资产管理部门的投资失误，AIG 几乎处于破产的边缘。由此也一度引发人们对跨国金融集团向海外风险转嫁的担忧与关注。2007 年前，

AIG 还是全球第一大保险集团。然而，受次贷危机影响，其市值自 2008 年以来最大跌幅曾逼近 90%。

全美排名第一的人寿保险公司——大都会人寿公布的 2008 年第三季度财务报告显示，当季持续经营收入为 10.31 亿美元，摊薄至每普通股为 1.42 美元；营业利润为 6.39 亿美元，折合每股盈利为 0.88 美元，比去年同期下降了 39%。截至第三季度，大都会人寿资本溢出达 60 亿美元，持有现金及现金等值亦从第二季度末的 140 亿美元增加至 210 亿美元。不过，受资本市场影响，该公司年金业务同比下跌 65%，营业利润从去年 2.35 亿美元下降至今年第三季度的 8300 万美元。

全球最大的债券保险公司 MBIA 于 2008 年 1 月 31 日公布，该公司去年第四季度遭遇 23 亿美元的创纪录亏损。标准普尔宣布维持对 MBIA 的 AAA 评级，但将其列入负面观察名单，意味着该公司未来仍可能被降级。美国第二大债券保险商 Ambac 宣布，其 2007 年第四季度净亏损 32.6 亿美元；惠誉在 2008 年 1 月 18 日宣布调低其财务评级，由 AAA 级降至 AA 级，并不排除进一步调低评级。债券保险商 FGIC 因资本不足而于 1 月 30 日被惠誉将其评级下调至 AA，成为第三家被剥夺 AAA 财务评级的债券保险公司，并被列入负面观察名单。1 月 31 日，标准普尔将其评级从 AAA 级下调至 AA 级；2 月 14 日，穆迪也将 FGIC 的 AAA 财务评级下调 6 个子级至 A3。

2008 年第二季度，美国联邦存款保险公司（Federal Deposit Insurance Corp.，FDIC）清单上的"问题银行"大增 30%，达到 2003 年以来的最高水平。FDIC 在其发布的季度报告中表示，截至 6 月 30 日的第二季度，"问题银行"从第一季度的 90 家增加到 117 家。FDIC 在贷款保险方面的净利润为 49.6 亿美元，与同期的 368 亿美元相比，下降了 87%。

投资大师巴菲特的旗舰投资公司伯克希尔·哈撒韦公司也没能避开美国次贷危机的冲击。该公司最新发布的财报显示，2009 年第四季度实现利润 29.5 亿美元，比 2008 年同期下降 18%。一直以来，哈撒韦公司有一半的收益来自保险业。哈撒韦公司 2008 年 2 月 29 日的声明称，公司净收益由一年前的 35.8 亿美元下降至 29.5 亿美元，每股由原来的 2323 美元下降至 1904 美元。

（二）对欧洲保险公司的影响

欧洲保险业在这次危机中也遭受重创。欧洲最大保险业集团德国安联保险集团由于受到次贷危机的影响，2007 年第四季度集团盈利 6.65 亿欧元，远低于上年同期的 14 亿欧元，同比大跌 52%。季度营业额小幅增长 4%，为 259 亿欧元。受旗下德累斯顿银行的次贷相关资产减计影响，2008 年第一季度营业利润达 18

亿欧元，比2007年同期的29亿欧元下滑38%，净利润下滑66%，降至11亿欧元。

法国最大的保险公司、欧洲第二大保险商企业、世界第三大保险集团安盛保险公司（AXA）2008年8月7日发布财报说，金融市场动荡导致其上半年业绩大幅下滑，净利润锐减三成。财报显示，2008年上半年安盛净利润为21.6亿欧元（合33亿美元），同比大幅下降了32%。2008年上半年次贷危机引发金融市场持续动荡，全球股票市场走势疲弱，安盛上半年的证券资产减记额已达7.86亿欧元。

英国最大保险和抵押贷款银行哈利法克斯银行（HBOS）面临强制接管。英国劳埃德银行在2007年9月17日声明，就强制接管哈利法克斯银行进行谈判，该谈判已升级到让英国首相布朗出面。哈利法克斯银行占英国住房抵押贷款市场份额的1/5，发放的住房贷款高达2350亿英镑（约合4200亿美元），同时吸纳了英国16%的储蓄金额。目前该银行股价已跌去70%，在市场做空压力下大厦将倾。2007年10月13日，由英国戈登—布朗（Gordon Brown）组建的政府接管苏格兰皇家银行（Royal Bank of Scotland Group Plc, RBS）与哈利法克斯银行（HBOS），并收购两家银行多数股权，以寻求遏制这场自20世纪30年代以来最恶劣的金融危机。

比利时 Ethias 保险公司受比利时第二大银行 Dexia 连番下跌的股价拖累，深陷财务困境，2007年10月19日接受政府再度提拨15亿欧元（20亿美元）的救援资金。这已是金融风暴以来，比利时政府资助的第三家金融机构。Ethias 是日前才遭政府资助的 Dexia SA 的股东之一，拥有5%股份。由于 Dexia 股价已暴跌60%，必须接受法国、比利时和卢森堡政府联合挹注64亿欧元，并为其新贷款作保，才免于倒闭危机。

（三）对日本保险公司的影响

在这一轮次贷危机中，与欧美相比，日本保险公司蒙受的损失较少。这和日本保险公司在经历11年的经济的严冬后具备了稳健经营的良好手段以及资金运用的成功经验有很大的关系。但是，由于日本经济和美国经济密切相关，金融机构之间往来频繁，日本保险业遭受的损失也逐渐显现出来。

受美国次贷危机影响，日本的金融机构大和生命保险公司（创立于1911年，在日本保险公司内排名第10位）持有的证券价值萎缩，导致亏损扩大。大和生命保险公司一直高成本经营，为追求利润而过度依赖高风险、高回报的金融商品。由于此次美国次贷危机相关损失不断扩大，使该公司财务状况不断恶化，截至2008年第三季度末，负债总额已高达2695亿日元（约27亿美元）。2008年

10月10日，大和生命保险公司向东京地方法院提交申请，要求适用为破产而设置的"更生特例法"，放弃自主重建，正式宣布破产。大和生命保险公司是日本在此次金融危机中破产的首家金融机构。

日本公共养老基金在这次次贷危机中也蒙受了近5年来最大的亏损。2008年7月4日，负责日本公共养老基金投资管理的政府年金投资基金（Government Pension Investment Fund，GPIF）公布了截至2008年3月底年度亏损高达5.84万亿日元（约585亿美元）。这也成为近5年来，日本公共养老基金运用首次出现年度投资亏损。就在GPIF爆出亏损的前一天，日本执政党自民党主权财富基金小组完成一份报告，呼吁政府动用公共养老基金资产，成立规模为10万亿日元的主权财富基金（SWF）。GPIF正是由社保缴费形成的"缴费型"主权养老基金的代表。主权养老基金和主权财富基金的投资侧重点不同。前者追求安稳，风险容忍度低，自然收益也下降；但后者恰恰相反，追求高风险、高收益，这由基金的性质所决定。

（四）对亚太地区其他保险公司的影响

中国台湾地区金融、保险业在次级房贷风暴中也遭受严重冲击。据东森新闻网报道，美国次级房贷风暴持续扩大，台湾地区金融业受到拖累影响，不少损失金额开始浮上台面。台湾金管会的最新调查显示，在保险业部分，包括9家的寿险公司，投资含有美国次级房贷相关商品大约新台币300亿元，再加上3家产险公司的1.88亿元，乘上次级房贷平均比率31.34%，金额就高达94.6亿元。

次贷危机引起部分美资保险公司在中国香港、中国澳门、新加坡的退保潮，对这些地区保险业未造成结构性影响。受AIG事件影响，其附属公司友邦保险的投保人担忧保单安全性，中国香港和新加坡涌动了"退保潮"。据报道，9月16日、17日两日，在中国香港，友邦保险（AIA）遭遇退保2000份左右。而AIA在中国澳门与中国香港的总承保量有200多万份保单，其中95%以上都在中国香港。在新加坡，许多客户一早就在友邦保险办公地点排队退保。尽管美国政府迅速以850亿美元接管了AIG，但客户仍然担心友邦母公司AIG倒闭，连累友邦。

（五）对中国保险业的影响

虽然由于我国保险市场国际化程度相对较低，此次金融危机对中国保险业的影响相对有限，但在美国金融市场持续动荡、金融危机迅速蔓延的背景下，我国的保险业也无法完全"独善其身"，这场金融危机对中国保险业的直接消极影响主要包括以下四个方面：

第一，市场信心下降。美国金融危机可能造成消费者对保险业偿付能力的担忧和市场信心的下降。由于保险产品的特殊性，消费者对保险业或保险公司的信心以及保险业发展具有至关重要的意义。在此次危机中，AIG 遭受重创，瑞士、荷兰全球人寿保险集团（AEGON）、英国英杰华（Aviva）等世界知名保险公司也都遭受了不同程度的损失。美国保险业集体受创，许多公司甚至陷入危机，这无疑给国内消费者造成了"保险公司不保险"的印象。在国内保险业自身诚信度不高、偿付能力不足等问题长期困扰的背景下，这将进一步打击公众对保险业的市场信心。例如，虽然中国人寿、平安、太保 3 家公司都明确表示未持有海外次级债券以及 AIG、雷曼、美林等公司出售的债券，但 3 家上市公司股票仍然连续急剧下跌，接连跌破发行价。这中间固然有国内经济、政策等各方面的原因，但美国金融风暴特别是海外保险公司在这场风暴中的表现无疑也是重要影响因素之一。

第二，利率变化与利率风险。央行宣布从 2008 年 9 月 16 日起降低一年期人民币贷款基准利率，9 月 25 日起调低除工、农、中、建、交、邮政储蓄银行外，其他存款类金融机构的人民币存款准备金率。这是我国 4 年内首次同时下调"双率"。随后于 2008 年 10 月 8 日、10 月 29 日、11 月 26 日、12 月 22 日四次下调存贷款利率。而作为保险公司，尤其是寿险公司主要风险之一的"利率风险"，在 2009 年以后利率变化的情况下，可能面临利差损的问题。

第三，境内外投资损失。此次金融危机中，虽然我国保险公司直接持有次级债券和破产或陷入危机的金融机构的股票和债券等相对有限，但影响不容忽视。以中国平安为例，2007 年投资富通集团 1.21 亿股，初始投资金额约为 238 亿元，截至 2008 年 10 月 16 日、10 月 17 日，富通集团股价已跌破 1 欧元大关，最低探至 0.95 欧元，若按该日股价（0.95 欧元）和汇率（1 欧元对 9.2056 元人民币）计算，平安对富通的投资只剩 10.58 亿元，相对初始投资成本 238.74 亿元来说，亏损幅度高达 95.57%。而且，由于我国的部分金融机构通过 QDII 或其他形式参与境外金融资产投资，一旦所投资的境外金融资产发生风险，直接影响参与投资的我国境内金融机构，还将间接影响参股或购买这些境内金融机构及其资产的保险公司。

此外，美国金融危机对我国保险业投资的一个最重要的影响就是，受美国金融危机影响，全球股市持续低迷，我国保险业投资收益和各保险公司净利润大幅下降。保险公司 2008 年年报显示，A 股三大保险巨头净利润较 2007 年出现大幅缩水，平均减幅高达 73%。数据显示，2008 年中国人寿实现净利润 100.68 亿元，同比下降 64.19%。对于利润的大幅下降，中国人寿认为主要原因是国际金融危机的冲击、资本市场的深度下调。

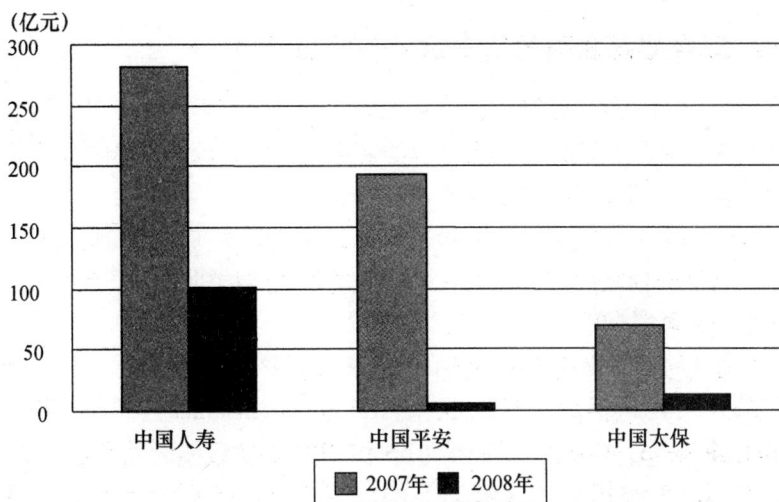

图2　2007～2008年中国三大保险公司利润变化

中国平安则受伤更深。中国平安由于海外投资严重受损，对富通股票投资计提减值准备227.90亿元，导致净利润（按国际财务报告准则）由2007年的192.19亿元大幅降至4.77亿元（按中国会计准则为8.73亿元），同比缩水高达97.52%，基本每股收益由2007年的2.61元降至0.04元。

中国太保实现净利润（归属于母公司股东）13.39亿元，同比下降80.6%。

第四，经济金融环境恶化影响增长。由于保险需求与经济和金融市场环境息息相关，此次金融危机可能导致我国的经济和金融环境恶化，从而影响保险业的增长速度。就目前来说，此次金融危机对我国经济和金融环境的影响尚未完全显现，影响的程度和大小都无法准确预测或评估，但有两点是确定的：一是消极影响肯定存在；二是不确定性因素增加。其主要表现是：一是美国、西欧、日本等国家经济的衰退或停滞将极大影响我国的外贸出口和外商投资，并造成人民币的升值压力加大，恶化我国的出口贸易；二是这些国家的金融危机或动荡将引发我国金融市场动荡、股市下跌、资产贬值，影响我国金融业的盈利能力和安全性，并可能由此拖累经济增长；三是受此次金融危机影响，我国近年来一直从紧的货币政策开始放松，降低利率和存款准备金率。同时，通胀率过高、投资过热等压力和潜在的经济衰退或放缓以及股市萧条等可能性并存，由此加剧我国经济和金融环境的不确定性。由于保险业的发展与经济和金融环境直接相关，其中任何一种潜在可能的发生，都将恶化我国保险市场的经济和金融环境，影响我国保险业务的增长。

（六）保险业在金融危机中扮演的角色分析

在金融危机的利益关系链中，国际保险业扮演了多重角色，其主要包括：

第一，作为金融市场的重要资金供给者和投资者，保险业购买了大量的次级抵押债券，成为次级债券的重要投资者之一。

第二，作为传统的抵押贷款保险提供者，保险公司在放贷机构放松贷款条件的前提下，仍然为信用程度和收入水平较低的贷款者提供按揭贷款保险，从而更加增强了放贷机构的信心。

第三，作为重要的信用担保机构，保险公司忽视潜在的巨大风险，为次级债券提供保险，主要包括单一风险保险（Monoline Insurance）和信用违约掉期（Credit Default Swap，CDS），从而给 ABS 和 CDO 等次级债衍生品贴上了"安全"的标志，这不仅大幅提高了次级债券的信用等级，而且大大增强了投资者的信心。

总之，在金融危机的形成机制和利益关系链条中，保险公司不仅充当了次级债券的重要投资者，成为次贷市场资金的重要来源之一，而且通过其提供的按揭贷款保险、单一风险保险和信用违约掉期等产品，大大增强了市场和投资者的信心，成为金融危机形成机制中的重要一环。

（七）全球金融危机带给保险业的启示

1. 保险行业要始终将稳健、安全放在首位

保险业作为"谨慎性金融"行业，生存与安全永远是第一位的，只有在稳定经营基本业务、有效控制未来风险的基础上，才能追求金融的无限创新和收益的最大化。金融是整个国民经济的命脉，金融体系的稳定和效率对国家的繁荣与昌盛至关重要。对于保险、银行这类关乎国计民生的金融行业，国家及相关监管部门有必要对其进行较为严格而密切的监管，并对市场加以正确的引导和规范，以保证其稳健发展，维护社会经济的稳定与安全。

2. 保险业要加强对资本市场的研究和风险控制

众多老牌金融机构在危机中陷入困境，甚至破产倒闭，其实不是它们不会投资，不懂风险控制，而是低估了小概率事件发生的可能；雷曼兄弟的破产告诉我们，资本市场上没有不可能发生的事，对风险防范要始终采取更为审慎的态度。这也适时给保险业敲响了警钟：在看到资本市场对保险业的积极影响时，更应该居安思危，了解其对保险市场消极的一面；资本市场充满风险，但不能因此

就望而却步，更要加强对资本市场的理论研究，掌握其运行规律。

3. 保险经营要理性回归，保险的本质在于"保障"

全球保险巨头 AIG 身陷次贷危机，顷刻间出现巨额资金缺口而走到破产边缘，探究其危机源头，不是保险业务自身出了问题，而是系列的金融投资衍生产品出了问题。可以看到，在资本市场火爆的情况下，许多保险公司在营销策略上，把保险当基金卖，把投资型险种当寿险卖，再加上销售传达环节的误导，一段时间内，甚至整个行业都在向外传达"投连就是保险"的错误信息，以致大多数购买投资型产品的客户将保险视为投资工具，而且抱有相当高的投资预期。尽管近年来国内保险业发展非常之快，可当一系列重大灾害事故发生的时候，保险业发挥的作用却有限，原因就在于我们购买的保险保障相对不足，或者购买的保险没有回到保险的基本意义和功能保障上去。在全球金融危机的影响还在不断传导情况下，我们更应该深刻认识到：保险经营与消费要回归理性，保障才是保险最基本的功能，这种功能是其他任何金融工具都无法代替的，这是保险行业存在的理由和价值。

4. 中国保险市场将迎来新的持续稳定发展阶段

金融海啸之后，我国政府已通过各种政策来保证经济和金融的安全、稳定与发展。监管部门各项监管政策陆续出台，反复强调保险业理性回归保障、稳健经营的重要性。在未来一段时间内，将继续通过相关措施，促进保险机构规范经营及保险业的长期稳定。国内那些将大量资金投资于资本市场的保险公司亲历了金融风暴带来的损失，也逐渐从前一年疯狂追逐资本市场的奔跑中冷静下来，实施新的经营策略。可以说，这次金融危机对保险业来说是一个调整的契机，也使中国保险市场迎来新的持续稳定的发展阶段。

5. 保险公司应专注保险主业

越来越多的国家高调步入金融市场完全自由化之列，金融综合经营的国际发展趋势也愈演愈烈，然而，中国的保险业发展有自己的特殊国情，应坚持自己的发展步调和特色。此次 AIG 因非保险业务陷入破产边缘，国内保险公司尤其是寿险公司更要深刻意识到：现阶段还需专注保险主业，由于实际经营时间还太短，对寿险经营的规律认识还不够，从业人员也缺乏经验，因此现在不是扩张领域的时候，而是需要大力推进寿险专业化经营，加强从业人员专业知识培训和能力的提升。

四、我国保险业发展的状况和趋势分析

（一）我国保险业发展状况

自20世纪80年代以来，中国保险行业经历了一个从小到大、从少到多的发展过程。不管是从保费增长、保险公司总资产增长还是寿险业总保费增长来看，都取得了巨大的进展。

1980年全国保费收入仅为4.6亿元，2008年实现保费收入9784.1亿元，年均增长超过30%，比2007年增长39%，为近5年来的新高。增幅远高于同期国内生产总值的增长水平，是国民经济中发展最快的行业之一；其中，财产险保费收入2336.71亿元，寿险保费收入6658.37亿元，健康险保费收入585.46亿元，意外险保费收入203.56亿元。从2000年起中国保费收入世界排名平均每年上升1位，2008年中国保费收入世界排名居第9位。

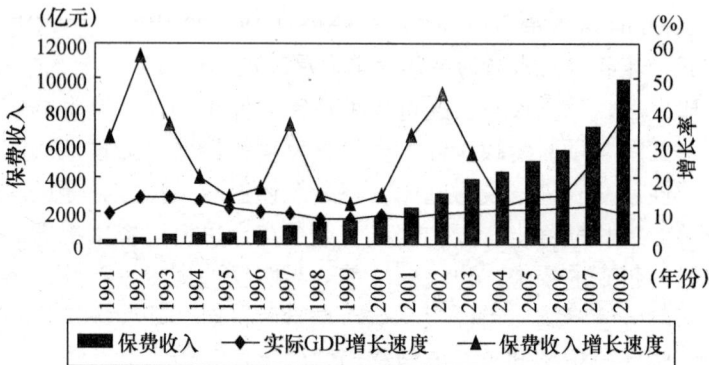

图3 1991年以来保费收入及其增长速度、GDP增长速度对比

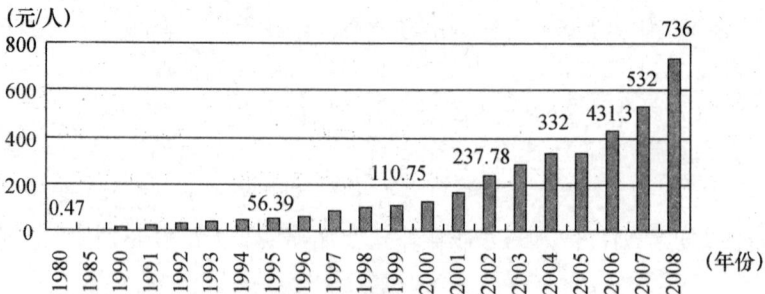

图4 改革开放以来保险密度增长趋势

（二）保险业发展动力

经济发展是保险市场发展的重要基础，社会进步为保险市场发展拓宽了空间。国家重视社会发展和改善民生，公共财政支出大幅增加，社会事业的发展为保险市场发展提供源源不断的需求。

1. 经济增长带来消费升级

寿险行业的蓬勃发展在得益于自身经营特点的同时，更受惠于我国整体经济发展的大好形势。作为一种个人金融消费商品，要建立在国民个人消费能力的基础上，正是由于国民整体消费水平有效提升且拉动了保险需求的增加和保费业务的增长，才构成了寿险发展的根本动力。

2. 人口结构变化为保险带来巨大需求

保险作为一种服务于个人的金融商品，其发展势必受到人口发展状况的高度影响。目前，保险需求的扩张除了受消费升级影响外，还因为我们现在正站在两次人口高潮带来的巨大的消费市场上，也恰恰是18～32岁的人口高峰与33～55岁的人口高峰产生了巨大的保险需求。

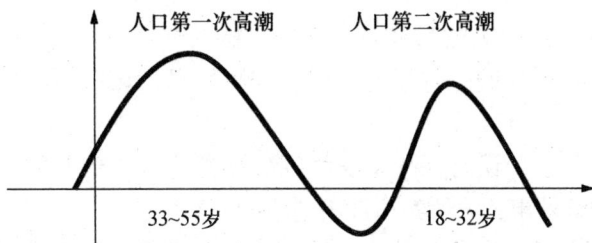

图5　中国人口增长的两次高潮

未来，中国低出生率和老龄化趋势还将加剧，人口的二度波浪是静态的，也是运动的，它是当下寿险销售难得的机遇。并且，随着33～55岁人口高峰逐渐接近和进入老龄，以及18～32岁的人口高峰开始掌握独立的经济消费能力时，人口二度波浪理论的影响还将更加深远。

小家庭结构的兴起。传统的大家庭结构向三口之家的小家庭结构转变，导致家庭抵御风险的能力也随之降低。人均寿命延长、人口老龄化加重。同时，教育越来越精致，受教育时间越来越长，一个小孩从出生到成才所需的教育费用在20万元以上。这是一个不小的数字，而且这个数字还在逐年递增。

3. 收入在增长——理财需求增加

超前消费兴起。信用卡、贷款消费（如买房、买车）等超前消费越来越流行，在享受超前消费带来的快感的同时，风险也隐藏其中。

财富增长、资产保全。财富逐年增长，拥有巨额资产的人越来越多，俗话说"创业容易守业难"，毕生辛辛苦苦创造的大笔财富，如果没有经过精心的资产规划，结果很可能是"竹篮打水一场空"。

五、现代保险理论的发展

（一）传统保险理论的发展

从世界上第一本保险专著问世算起，保险理论研究工作已有近 500 年的记载。14 世纪后半叶，海上保险开始在意大利出现。16 世纪初期，以海上保险条款和判例为主要研究内容的海上保险专著出版，使传统保险理论在实践中逐步形成。传统保险理论的研究方法一般从探讨保险的本质出发，也展开对保险功能的深入研究。在保险产生的初期，关于什么是保险，人们对此颇有争议，具体的代表性学说有三种。

第一种，"损失说"。该学说以损失这一概念为核心，主要从损失补偿的角度来剖析保险机制，强调没有损失就没有保险。具体可以分为如下几个代表性学说：

（1）损失赔偿说。认为保险是一种损失赔偿合同，保险的目的是补偿由于发生自然灾害和意外事故等偶然事件所造成的损失。

（2）损失分担说。该学说认为，从经济意义来看，保险是把个人未来特定的、偶然的、不可预测的事故在财产所受的不利结果，又处于同一危险中，但未遭遇事故的多数人予以分担以排除或减轻灾害的一种经济补偿制度。

（3）风险转嫁说。该学说从风险处理的角度研究保险性质，认为保险是一种风险转嫁机制，个人和企业以支付一定的保险费为代价，将现实生活中的各种风险转嫁给保险公司，由保险公司通过集聚多数人来分担风险损失。

第二种，"非损失说"。该学说认为"损失说"没有涵盖人身保险，不能全面描述保险的属性，应该寻找一种能够全面解释保险概念的学说。主要有如下几种学说：

（1）保险技术说。强调保险的数理基础，主张保险就是把面临同样危险的多数人或多数单位集合起来，根据危险事故发生的概率计算保险费率并向个人或单位收取保费，当危险事故发生时支付一定的保险金。

（2）欲望满足说。认为保险的本质是一种满足人们的经济需要和金钱欲望的手段。

（3）相互金融机构说。强调保险的资金融通功能，认为保费的收取和赔款的支付都是通过货币进行的，保险是以发生偶然事件为条件的金融机构。

第三种，"二元说"。该学说认为保险合同可以分为两类，一类是损失赔偿合同，如财产保险；另一类是以给付一定金额为目的的合同，如人身保险。

传统保险理论在对探讨保险本质的基础上，对保险功能进行了研究。传统保险理论认为，保险最本质的特点在于能够在被保险人遭受损失时给予经济补偿，因此经济补偿是保险的基本功能。随着金融市场在西方国家的逐步繁荣，人们认识到资金融通也是保险的主要功能之一。

（二）现代保险理论的发展

20世纪60年代早期，肯尼斯·阿罗和卡尔·博尔奇（Karl Borch）发表了几篇重要的论文（Arrow，1963，1965；Borch，1960，1961，1962），可以看作为保险活动现代经济分析的发端。之后，许多学者在对保险基础理论广泛深入研究的基础上，展开了对保险应用理论的研究，形成了现代保险理论。西方保险理论学家按照近年来的研究文献把保险理论研究领域分为八个领域：效用、风险和风险厌恶；保险需求；保险与资源配置；道德风险；逆向选择；保险市场结构和组织形式；保险定价；保险监管。结合我国保险理论创新，现代保险理论可分为保险发展理论、保险功能理论和保险监管理论三个方面。

（三）保险理论的新发展：金融与保险的融合

目前，保险理论研究已经深深受到现代主流金融理论的影响，保险理论研究的分析方法和研究范式也越来越遵循一般的经济学理论和金融理论框架。例如，资产组合理论的方法被用于分析保险公司的管理，保险公司被看作是对一个资产组合进行管理的机构，保险公司的管理必须考虑资产负债的规模扩张和偿付能力限制，保险定价需要考虑保险风险和金融风险的相关性。此外，期权理论在人寿保险领域也有很明显的体现，保险风险与金融风险的相互转移和影响的研究以及保险风险证券化问题的实践和理论研究等都不断拓展保险理论研究的范围。

编辑整理：陈　钰

统筹城乡居民保险体系——常熟案例（上）

金志强

2010 年 11 月 4 日

金志强

常熟市卫生局副局长

摘　要：常熟市农村合作医疗至今已有55年历史，逐步建立起符合当地实际情况的居民基本（农村合作）医疗保险制度较为完善的制度框架和管理运行机制，在探索建立统筹城乡、适应农村发展的医疗保障制度方面有很多值得学习、推广的经验。本文从组织沿革、运行情况及效果、制度设计与建设等方面全方位地展示了常熟市居民基本（农村合作）医疗保险制度的基本情况。

关键词：居民基本（农村合作）　医疗保险　统筹城乡　医疗救助制度
精细化管理　常熟

一、常熟市居民基本（农村合作）医疗保险制度组织沿革

（一）常熟市农村合作医疗制度的历史回顾

农村合作医疗是我国农民自己创造的互助共济的医疗保障制度，常熟市农村合作医疗从1955年初创始至今已有55年历史，经历了不同的发展阶段。常熟市农村合作医疗历史大体划分为以下几个时期：萌芽时期（1955～1968年）、发展时期（1969～1982年）、波动时期（1983～1987年）、调整时期（1988～1995年）、创新时期（1996年至今）。

1. 萌芽时期（1955～1968年）

早在1955年农业合作化高潮时期，原常熟县归市乡新民农业生产合作社（位于现董浜镇东盾村）为提高社员福利，与乡联合诊所签订了医疗合同，规定社员在乡诊所看病，可在合作社公益金中报销40%～60%的医药费。1958年，当时的东张乡实行了统筹医疗制度，并正式取名为农村合作医疗。在以后的几年时间内，先后又有12个乡办起了类似合作医疗形式的统筹医疗。

2. 发展时期（1969~1982 年）

全市大力推行举办农村合作医疗，掀起全面办医高潮。1972 年的统计显示，当时农村 34 个公社（场），合作医疗举办率 100%，676 个生产大队覆盖率达到 98.2%。这一时期合作医疗管理形式由队办队管逐步转变为队办社管或社队联办为主；合作医疗基金筹集以生产大队集体资金支持为主、个人交纳为辅，基金标准一般在 2~5 元（占当时农民收入的 1%~2%）；补偿保障则以福利（小额门诊补偿）为主。

3. 波动时期（1983~1987 年）

农村实行联产承包责任制后，作为合作医疗主要筹资来源的村（队）集体经济失去了继续支持的能力，合作医疗基金筹集改由农民个人出资为主。农村合作医疗自身存在着统筹规模小、筹资水平低、保障程度低、无法帮助农民抵御大病风险等缺陷，加上部分干部群众对农村合作医疗在认识上的不一致，导致一些乡镇的合作医疗解体停办。当时全市农村合作医疗的行政村覆盖率和群众参合率仅在 70%和 50%左右，因此这一时期迫切需要研究和提出农村合作医疗的新思路和新保障模式。

4. 调整时期（1988~1995 年）

1988 年，全市在当时的藕渠、兴隆两镇开展试点，探索由福利型合作医疗向大病风险统筹医疗过渡。1990 年，在总结试点镇工作的基础上，大病风险统筹医疗逐步在全市各镇推行。重点解决以乡村为统筹单位而无法解决的部分因患大病、重病所带来的高额医药费用和可能由此而产生的因病致贫、因病返贫的社会问题。

5. 创新时期（1996 年至今）

1996 年，市政府在认真分析形势和研究本市实际情况的基础上，制定了《常熟市农村大病风险医疗实施办法（试行）》，在全市农村实施大病统筹医疗。市镇两级财政第一次给予合作医疗每人每年 2 元补助，标志着常熟市农村合作医疗进入了新的历史时期，在指导思想、理念、思路、内涵、机制、运作模式等方面都有重大突破。

（二）新型农村合作医疗的建立和发展

1. 由传统农村合作医疗向新型农村合作医疗制度过渡

2002 年 10 月中央提出建立新型农村合作医疗制度。常熟市根据中央部署和要求，结合实际，由传统农村合作医疗向新型农村合作医疗过渡。市政府在2003年制定下发了《常熟市实施农村合作医疗保险办法（试行）》，确立了常熟市新农合运行制度初步框架。

与传统合作医疗制度相比，新型农村合作医疗的主要特点：一是加大政府支持投入力度。2004年基金已经按人均100元标准筹集，市、镇财政补助由1996年人均2元提高到50元。二是以大额医疗费用补助为主，兼顾门诊费用补偿，重点减轻农民因患大病造成的经济负担，缓解农民"因病致贫、因病返贫"的矛盾。三是由政府负责和指导，建立市合作医疗管理委员会，负责组织、协调管理和指导农村合作医疗保险。常熟市卫生局设立合作医疗管理办公室，各镇成立合作医疗管理所，核定全市合管所编制52名，所需人员、工作经费由镇财政统一列支。同时赋予农民知情权和监管权。四是农民以家庭为单位自愿参加，体现了农民互助共济的合作原则。五是以市（县）为单位统筹和组织实施，增强了抗风险和监管能力。六是同步推进农村医疗救助制度。

2. 新型农村合作医疗参合对象扩展

在市委、市政府领导下，常熟市新型农村合作医疗取得了明显的成效，受到了广大农民群众的欢迎，也为加强农村居民基本医疗保障制度建设积累了经验。2006年11月27日，常熟市人民政府在制定印发的《常熟市2007年农村合作医疗保险工作意见》文件中明确提出，2007年全市新型农村合作医疗参保对象要扩大到除参加城镇职工医疗保险、少儿医保以外的全部本市户籍农（居）民，实现"健康保障、人人覆盖"目标。

3. 城镇居民基本医疗保险制度建立并与新农合并轨运行

2008年，常熟市按照中央全面推进新型农村合作医疗部署，加快实施进程，同时认真执行省政府《关于建立城镇居民基本医疗保险制度》文件精神，将参保人员扩大到除参加城镇职工医疗保险、少儿医保、60年代精简退职人员以外的全部本市户籍居民，统筹做好新农合和城镇居民基本医疗保险。市合管办增挂"常熟市城镇居民基本医疗保险管理委员会办公室"牌子，负责城镇居民基本医疗保险制度实施的具体工作。两种制度实施同一筹资标准、同一补偿方案、同一基金账户、同一结算平台，并统一由卫生部门管理。

4. 少年儿童基本医疗保险划入

常熟市根据《苏州市少年儿童住院大病医疗保险试行办法》于2006年5月制定《常熟市少年儿童住院大病医疗保险试行办法》，并于2006年9月由社会保障和劳动部门开始组织实施少年儿童住院大病医疗保险。2007年11月，由少年儿童住院大病医疗保险发展建立起少年儿童基本医疗保险制度（以下简称少儿医疗保险）。少儿医疗保险的参保对象是具有本市户籍的18周岁以下的少年儿童（包括在外地学校就读的学生）。少儿医疗保险在2008年及以前由劳动和社会保障部门管理。2009年2月，常熟市人民政府第11次常务会议作出将少年儿童医疗保险划入新农合运行并由卫生部门管理的决定。考虑到两种制度运行的实际情况，2009年的重点是做好少儿医疗保险划入新农合的政策、信息平台衔接过渡的工作，具体运行仍然由社保部门进行。2010年1月起，少儿医疗保险正式被纳入新农合制度体系。

（三）常熟市居民基本（农村合作）医疗保险制度建立与推进

根据市委、市政府在《关于加快推进城乡一体化发展的若干意见》中提出的全面实施城乡统一的居民基本医疗保险制度和将少儿医保划入新农合，由卫生局统一管理决定，常熟市居医（农合）办公室牵头，组织卫生、劳动和社会保障、财政、民政等部门，对新农合、居民基本医疗保险和少儿医保等不同医疗保险制度的政策和运行进行了深入调研，根据国家、省构建基本医疗保障体系的方针政策，结合本市实际情况，进行了统筹规划。

2009年10月，市政府制定印发了《常熟市居民基本（农村合作）医疗保险管理办法（试行）》等规范性文件，市居医（农合）管理委员会、市居医（农合）办制定了《常熟市居民基本（农村合作）医疗保险补偿方案（试行）》等十余个配套文件，形成了常熟市居民基本（农村合作）医疗保险政策框架。2010年1月1日零时，经过信息资源整合建立的适应新制度运行的居民基本（农村合作）医疗保险信息平台正式运行，由新农合发展建立的覆盖全市城乡所有非就业人群的居民基本（农村合作）医疗保险新制度组织实施。

二、常熟市新农合和居民基本医疗
保险制度运行情况及效果分析

（一）参保情况

常熟市新农合和由新农合发展建立的常熟市居民基本（农村合作）医疗保险，多年来一直保持了高水平的参保率，参保人数因制度衔接调整和城保扩面逐年有所变化。

2010 年 (截至 9 月底统计) 有 55.3673 万人参保, 参保率达到 98.55%。另外, 常熟理工学院 1.0198 万名大学生参加了本市居民基本 (农村合作) 医疗保险 (见图 1)。

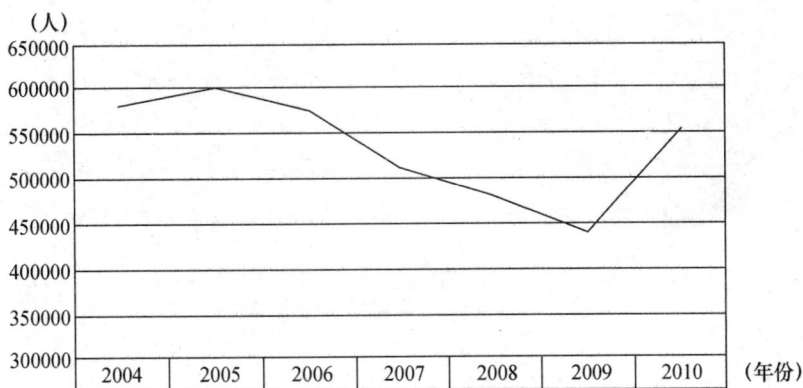

图 1 常熟市新农合及居民基本 (农村合作) 医疗保险各年参保人数统计

(二) 基金筹集、使用与分配

基金筹集以政府资助为主导, 筹资标准逐步提高, 原则上每两年调整一次。2010 年筹资标准由 2004 年的 100 元/人提高到 400 元/人 (见图 2)。政府财政资助由 50 元/人提高到 300 元/人, 政府财政资助占人均筹资额的比例由 50% 提高到 75% (见图 3A 和图 3B), 建立起了稳定的筹资机制和基本稳定的筹资增长机制。

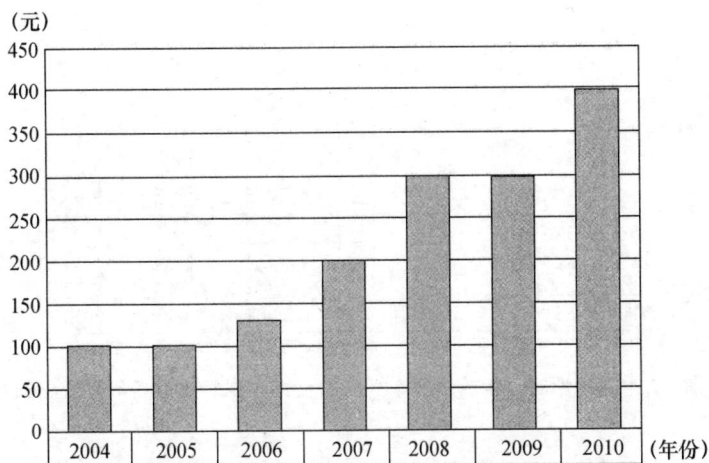

图 2 常熟市新农合和居民基本 (农村合作) 医疗保险各年度筹资标准

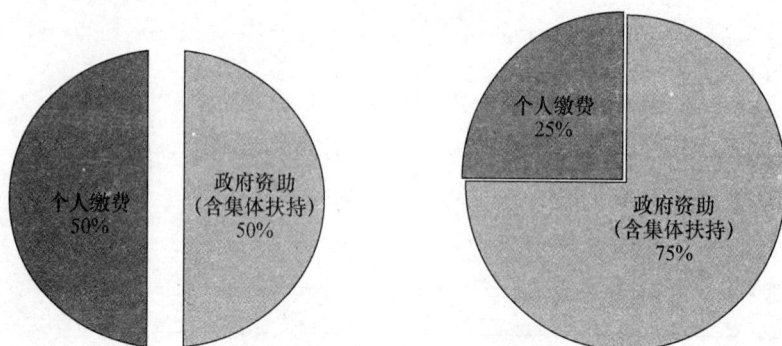

A 常熟市 2004 年新农合和居民基本（农村合作）　　B 常熟市 2010 年居民基本（农村合作）

图3　常熟市医疗保险筹资标准构成

2004～2010 年，常熟市累计筹集合作医疗基金 8.2540 亿元（因目前尚未到年终，2010 年年度筹资总额暂按应筹集基金总额计算）（见图4）。其中，各级财政补助（含村集体扶持）5.8466 亿元，个人缴费 2.3750 亿元，利息收入 0.0324 亿元。基金累计支出 7.0590 亿元。2004～2009 年基金累计使用率 94.45%，其中，2008 年和 2009 年当年基金使用率分别达到 98.34% 和 113.98%（见图5）。

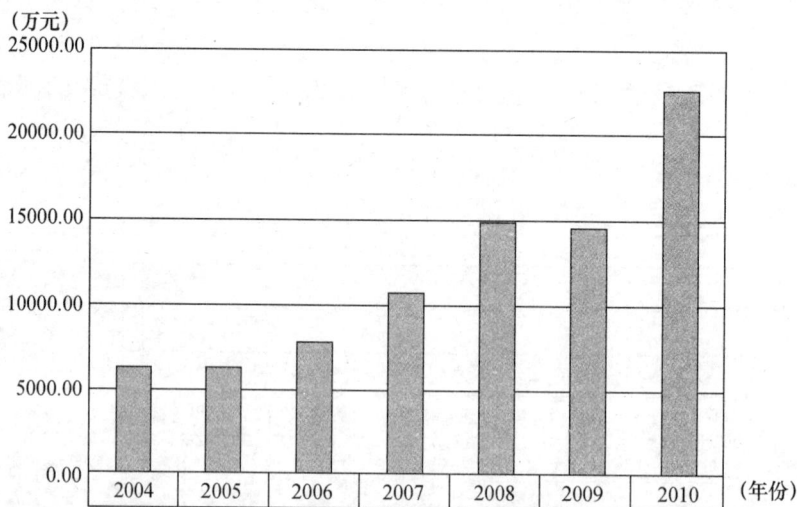

图4　常熟市新农合和居民基本（农村合作）医疗保险各年筹资总额

(%)

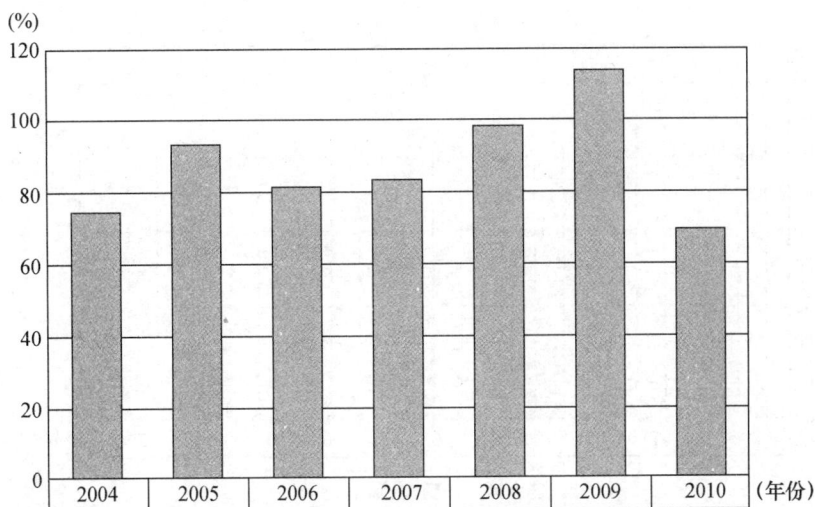

图 5　常熟市新农合和居民基本（农村合作）医疗保险各年基金使用率

注：2010 年基金使用率统计时间段仅指 2010 年 1～9 月。

　　2004～2009 年，基金用于住院、普通门诊、特殊病种大额门诊、体检和其他（医疗救助提取），分配比例分别是 73%、19%、2%、3% 和 3%（见图 6）。基金用于普通门诊分配比例逐年提高，已由 2004 年的 9.45% 提高到 2009 年的 23.89%（见图 7）。

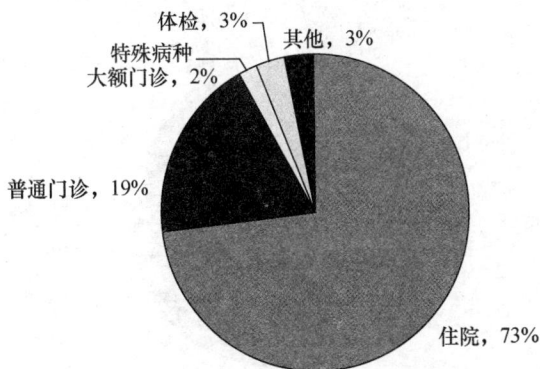

图 6　常熟市新农合和居民基本（农村合作）医疗保险 2004～2010 年基金分配比例

注：2010 年统计时间段指 2010 年 1～9 月。

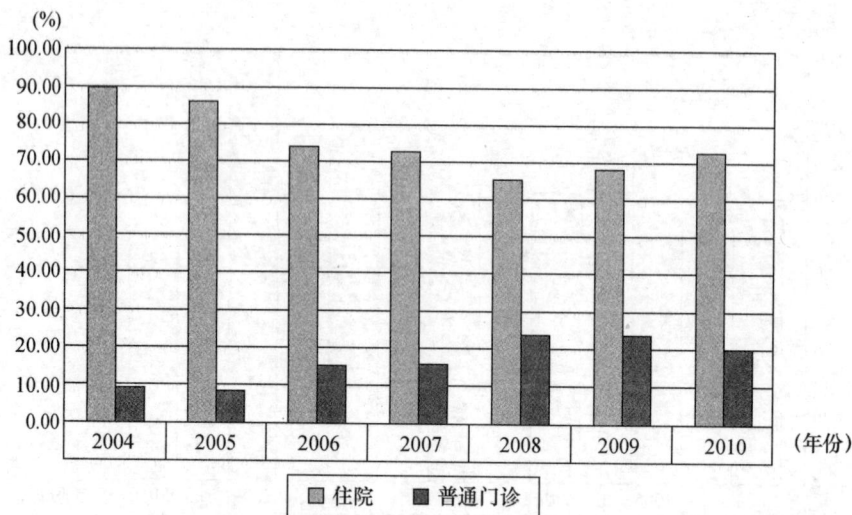

图7 常熟市新农合和居民基本（农村合作）医疗保险2004~2010年各年基金用于普通门诊和住院分配比例

注：2010年统计时间段指2010年1~9月。

基金用于医疗费用补偿流向市（县）外、市（县）级、镇（乡）级、村级医疗机构的比例，分别是9%、50%、27%、14%（见图8）。流向市（县）外医疗机构的比例逐年下降，流向村级医疗机构的比例逐年提高（见图9）。

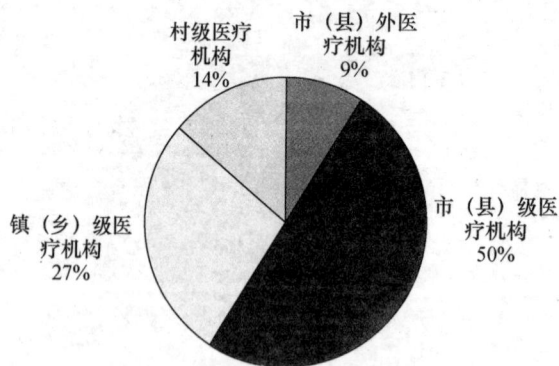

图8 常熟市新农合和居民基本（农村合作）医疗保险2005~2010年基金在各级医疗机构流向比例

注：2010年统计时间段为2010年1~9月。

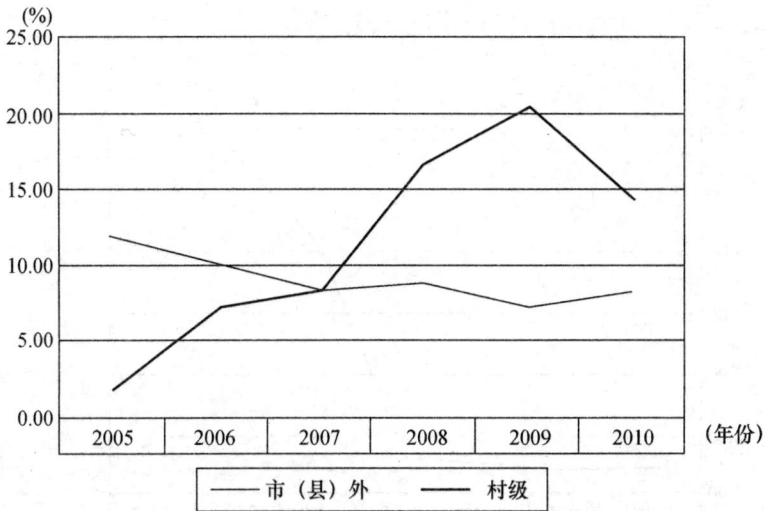

图9 2005～2010年各年基金在市（县）外、村级医疗机构流向比例
注：2010年统计时间段为2010年1～9月。

（三）卫生服务的利用和分布

1. 年人均门诊和住院率

截至2010年9月底，2004～2010年，各级各类定点服务机构共为参保人员提供了790.8766万人次诊疗服务。其中，门诊753.5990万人次，住院30.8793万人次，特殊病种大额门诊6.3983万人次。2009年，参保人员年人均门诊和住院率分别达到了5.65次和12.25%（见图10A和图10B）。这一变化与居民收入水平、保障水平和政策引导明显相关。

2. 门诊人次流向比例

在门诊人次流向比例方面，市（县）级、镇（乡）级和村级医疗机构分别占门诊总人次的11.70%、19.46%和68.84%，镇村二级医疗机构门诊占总人次的88.30%（见图11A），这与政策引导作用相关。

3. 住院人次流向比例

在住院人次流向方面，市（县）外级、市（县）级、镇（乡）级分别占住院总人次的3.98%、41.20%和54.82%。流向市（县）外医疗机构比例呈逐年下降趋势，2010年（1～9月）被控制在2.80%（见图11B），基本做到了居民小病康复在社区，同时较好地贯彻了市外转诊制度。

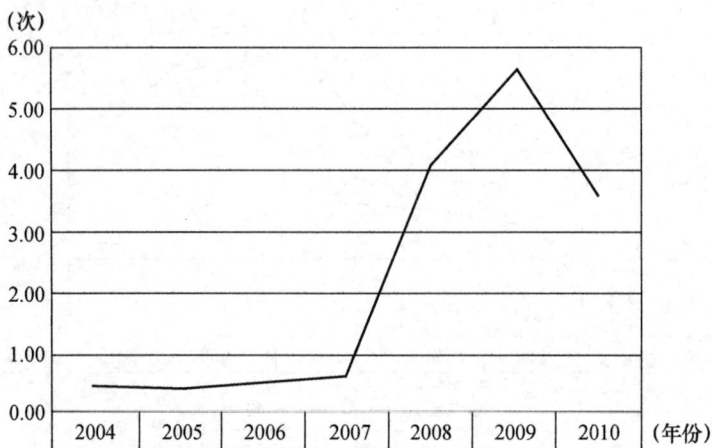

（次）

图 10A　常熟市新农合和居民基本（农村合作）医疗保险
2004～2010 年参保人员年人均门诊人次

注：2010 年统计时间段是指 2010 年 1～9 月。

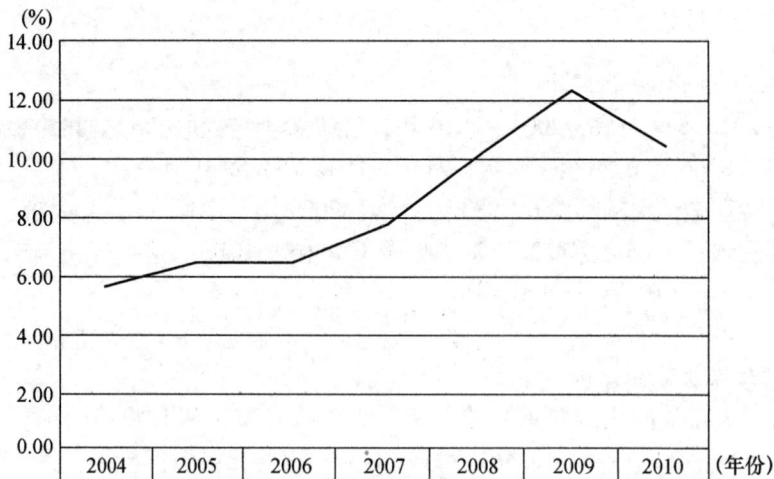

(%)

图 10B　常熟市新农合和居民基本（农村合作）医疗保险
2004～2010 年各年住院率

注：2010 年统计时间段为 2010 年 1～9 月。

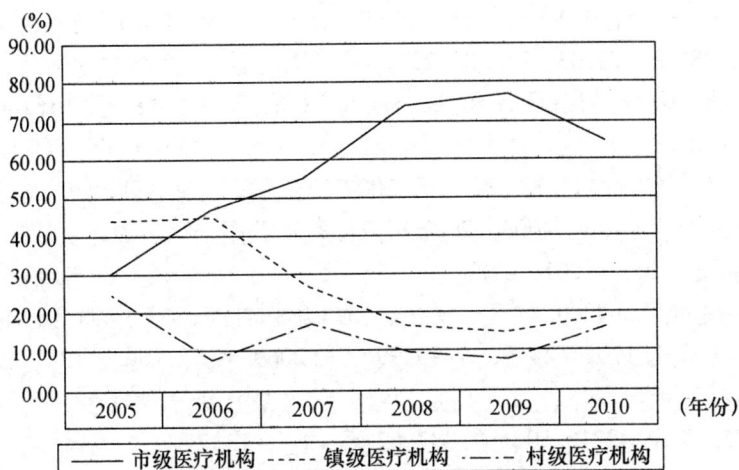

图 11A　常熟市新农合和居民基本（农村合作）医疗保险
2005～2010 年门诊人次流向比例

注：2010 年统计时间段是 2010 年 1～9 月。

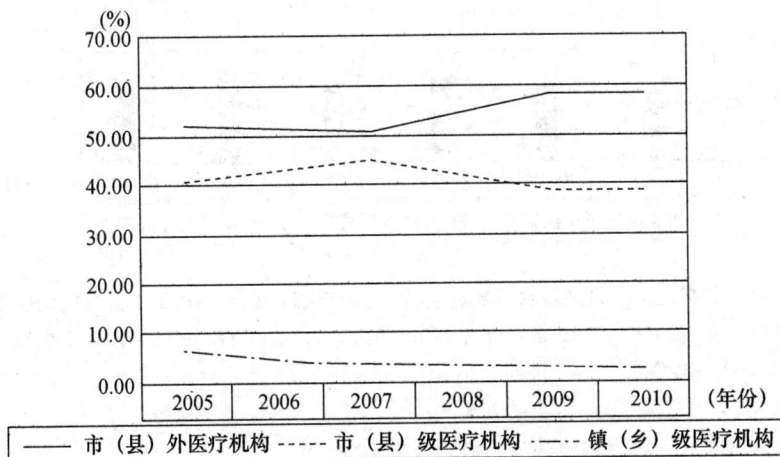

图 11B　常熟市新农合和居民基本（农村合作）医疗保险
2005～2010 年住院人次流向比例

注：2010 年统计时间段是 2010 年 1～9 月。

4. 费用、补偿水平和疾病负担

（1）门诊（2008～2010 年）。

次均门诊费用为 51.83 元，其中，市（县）级、镇（乡）级和村医疗机构分别为 140.98 元、72.43 元和 33.29 元。次均门诊补偿为 14.46 元，其中市（县）级、镇（乡）级和村医疗机构分别为 13.61 元、18.68 元和 16.46 元。次均门诊自负 37.37 元，其中市（县）级、镇（乡）级和村医疗机构分别为 127.37 元、53.75 元和 16.83 元。由于 2007 年 4 月及以前信息系统尚未建立，门诊费用结报方式不同，故 2003～2007 年门诊费用数据未纳入统计。

（2）住院（2005～2010 年）。

次均住院费用为 4900.37 元，其中，市（县）外级、市（县）级和镇（乡）级医疗机构分别为 17024.24 元、7493.99 元和 2069.99 元（见图 12）。次均住院补偿为 1812.73 元，其中，市（县）外级、市（县）级和镇（乡）级医疗机构分别为 5175.09 元、2718.50 元和 887.62 元（见图 13）。

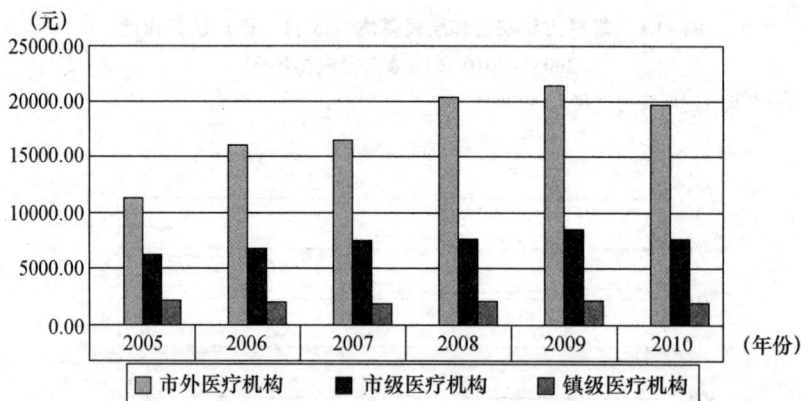

图 12　常熟市新农合和居民基本（农村合作）医疗保险 2005～2010 年各年次均住院费用

注：2010 年统计时间段为 2010 年 1～9 月，2010 年次均住院费用有较大幅度下降，除控费措施外，少年儿童纳入也是影响因素。

（3）住院实际补偿比统计（2005～2010 年）。

住院实际补偿比为 36.99%，其中，市（县）外级、市（县）级和镇（乡）级医疗机构分别为 30.40%、36.28% 和 42.88%（见图 14）。住院政策补偿比为 51.19%，其中，市（县）外级、市（县）级和镇（乡）级医疗机构分别为 46.64%、50.69% 和 54.69%（见图 15）。住院实际补偿比和政策补偿比逐年提高，增幅明显（见图 16）。

（元）

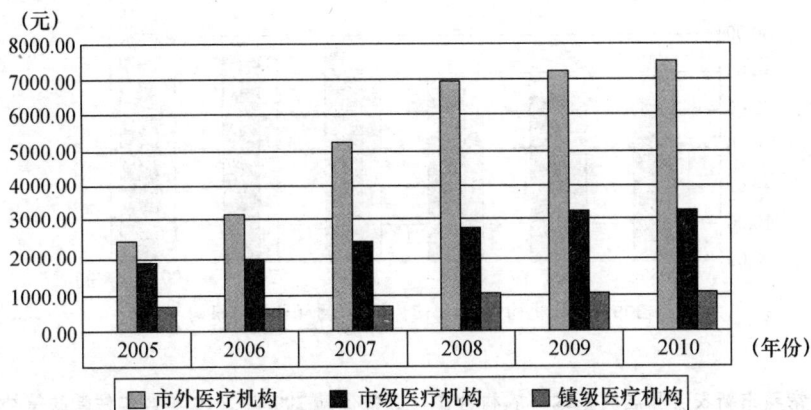

图13　常熟市新农合和居民基本（农村合作）医疗保险 2005～2010 年各年次均住院补偿

注：2010 年统计时间段为 2010 年 1～9 月。

（%）

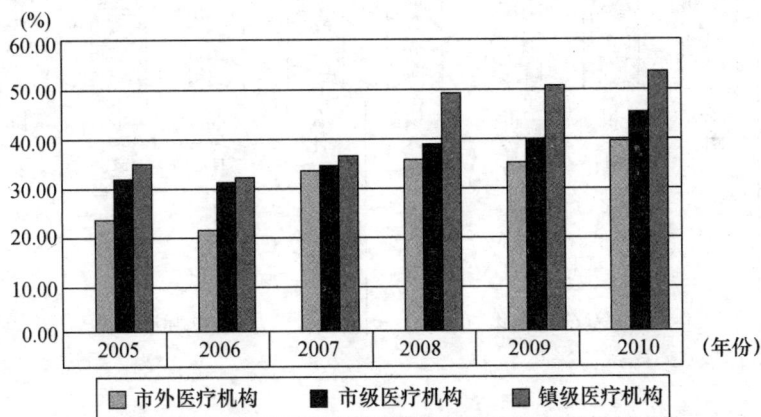

图14　常熟市新农合和居民基本（农村合作）医疗保险 2005～2010 年各年住院实际补偿比

注：2010 年统计时间段为 2010 年 1～9 月，实际补偿比计算：住院补偿费用/住院总费用×100%。

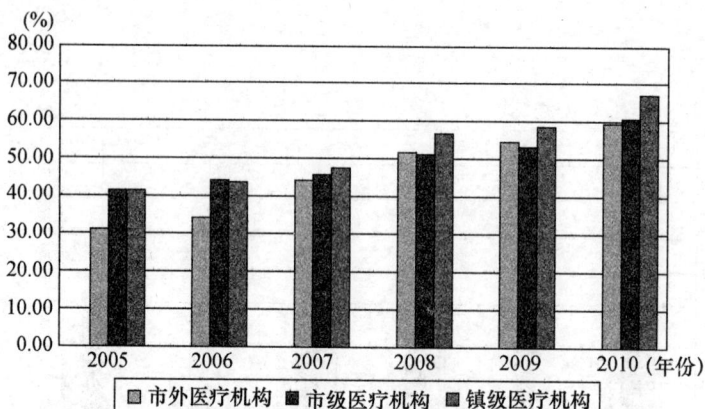

图 15　常熟市新农合和居民基本（农村合作）医疗保险 2005～2010 年各年住院政策补偿比

注：2010 年统计时间段为 2010 年 1～9 月，政策补偿比计算：补偿费用/可报费用×100%。

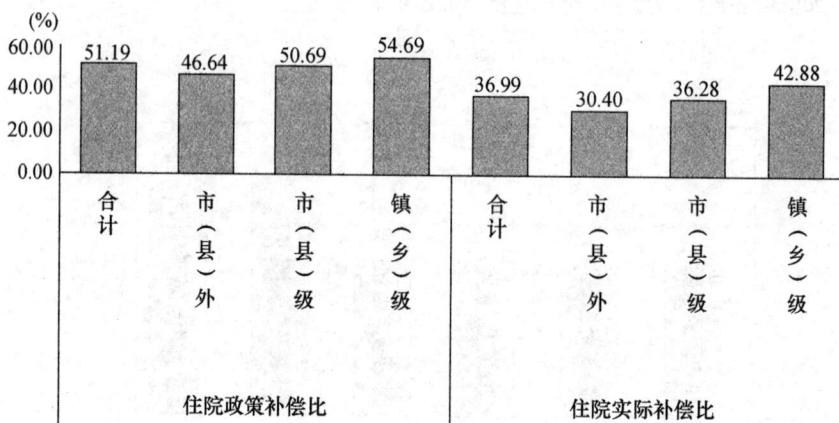

图 16　常熟市新农合和居民基本（农村合作）医疗保险
2005～2010 年住院政策补偿比、实际补偿比

注：2010 年统计时间段为 2010 年 1～9 月。

三、主要指标完成情况

常熟市新农合和在此基础上发展建立的居民基本（农村合作）医疗保险多年来一直保持了高水平参保率，2010 年（截至 9 月底统计）参保 55. 3673 万人，参保率达到98.55%。2010年筹资标准为人均400元，其中，政府财政资助人均300元，个人缴费100元，分别占人均筹资额的75%和25%。基金累计（2004～2009年）使用率94.45%，其中2008年和2009年当年基金使用率分别达到了98.34%和113.98%。基金用于住院和普通门诊的分配比例分别为72.31%和18.89%。其中，2008年、2009年分别为65.67%和23.77%、68.11%和23.89%。参保人员年人均门诊和住院率，2008年、2009年分别为4.06次、5.65次和10.06%、12.25%。2010年最高支付限额10万元，达到上一年农民人均收入（1.2015万元）的8.3倍。2010年住院实际补偿比44.90%，住院政策补偿比62.25%。

四、制度设计与建设

（一）筹资

常熟市新农合和在此基础上发展建立的居民基本（农村合作）医疗保险建立了以政府为主导的筹资模式，实行个人缴费、集体扶持和政府资助相结合的筹资机制，筹资标准原则上每两年调整一次，筹资水平随着经济社会发展而不断提高。在2003年制度实施之初，常熟市政府制定印发的《常熟市实施农村合作医疗保险的办法（试行）》中第六条规定了筹资标准，农村合作医疗保险基金按年人均100元标准筹集。其中，参保者个人交纳50元，市财政交纳20元，镇、村交纳30元。第七条规定了筹资办法，即市镇两级财政出资部分按照应参保者人数及时全额直接划拨至市镇两级农村合作医疗保险基金专用账户，村出资部分（村集体扶持如有困难，由镇财政承担）按应参保者人数直接缴至镇农村合作医疗保险基金专用账户，用人单位及个人交纳部分由镇合管所协调筹措。以上这些条款明确了筹资模式和机制。

2004～2010年，筹资标准由100元/人提高到400元/人，政府资助由50元/人提高到300元/人（政府资助比例由50%提高到75%）。2010年，全市居民基本（农村合作）医疗保险基金总量将达到2.3亿元。其中，财政投入将达到1.75亿元。市镇两级政府把居民基本（农村合作）医疗保险补助资金列入财政预算，按照序时进度要求，足额及时到位。

（二）补偿

常熟市新农合和在此基础上发展建立的居民基本（农村合作）医疗保险建立和实施了住院统筹和门诊统筹相结合的模式。在制度设计上，坚持以大病统筹

（住院和特殊病种大额门诊）为主，重点提高受益水平；实施门诊统筹，扩大受益面；补偿项目主要是住院补偿、门诊补偿、特殊病种大额门诊补偿和免费健康体检。

2006 年前，实行市、镇两级统筹。其中，市级农村合作医疗保险基金主要是用于住院及门诊大病医疗费用补偿。普通门诊费用由镇级农村合作医疗保险基金支付，支付标准各镇可按实际情况制定，但不得超过镇级农村合作医疗人均基金的 25%。对住院医疗费用的支付，实行起付线的办法，超过起付线以上的住院医疗费用，由统筹基金分段按比例报支。2006 年及以后实施市级统筹。2006 年开始，设立老年人个人账户。为以户为单位连续 3 年参加农村合作医疗保险的家庭中的 60 周岁以上的农村居民建立老年人个人账户，初始金额为 60 元（2007 年起增加到 100 元），用于老年参保者在居住地区的社区卫生服务机构就诊时门诊医疗费用的支付。在实施过程中，基金沉淀和诱导治疗的弊端也逐渐显现。2008 年开始，调整老年人个人账户管理办法，账户当年结余部分不再转入下年度使用。2009 年开始，取消老年人个人账户，改为老年人在社区门诊实施优惠政策。2010 年开始，具体优惠政策规定对连续参保 3 年的家庭中的 60 周岁以上老年人不设起付线，对于符合补偿规定的医疗费用先按 80% 比例给予补偿，每次最高补偿 40 元，累计补偿满 100 元后再发生的医疗费用按正常门诊补偿政策执行。

（三）管理

1. 管理机制建立

在制度实施之初，《常熟市实施农村合作医疗保险的办法（试行）》明确，市农村合作医疗管理委员会负责组织、协调、管理和指导农村合作医疗保险工作。市合管委下设合作医疗管理委员会办公室，合管办设在卫生局内，核定人员为 2~3 名，所需经费由市级财政纳入预算。镇设合作医疗管理所，人员配置按辖区人口（1.5 万~2 万）:1 的比例在现有编制和人员中调整，所需经费全部由镇财政列入预算。镇合管所行政上接受当地政府领导，业务上接受市合管办指导。由新型农村合作医疗制度发展建立的常熟市居民基本（农村合作）医疗保险制度，其管理体制进一步健全了。同时，成立由分管市长担任主任，由市政府办公室、宣传、农业、发改、教育、公安、民政、司法、财政、劳动和社会保障、卫生、审计、物价、食药监、工会和残联等部门组成的市居民基本（农村合作）医疗保险管理委员会，统一协调全市居民基本（农村合作）医疗保险工作。市居民基本（农村合作）医疗保险管理委员会下设办公室，并把办公室设在市卫生局，负责日常事务工作。卫生部门是本市居民基本（农村合作）医疗保险工作的行政主管部门，负责全市居民基本（农村合作）医疗保险的政策制定、组织实施和监督管理。各镇（场、城、区）政府负责区域内居民基本（农村合作）医疗保险的具体组织实施工作。全市建立了政府领导、卫生部门主管、相关部门配合、经办机构具体承办、医疗机构提供医疗服务、居民群众参与的管理运行机制。

2. 建立市、镇两级经办机构

为了加强全市新型农村合作医疗组织管理，促进新型农村合作医疗持续、健康发展，2007 年 4 月 18 日，常熟市机构编制委员会批复建立"常熟市农村合作医疗管理中心"，明确为行政管理类全民事业单位，隶属于常熟市卫生局领导，核定人员编制 10 名，经费由市财政全额拨款。常熟市农村合作医疗管理中心在 2010 年增挂常熟市居民基本医疗保险管理中心、常熟市卫生信息中心牌子。常熟市委、市政府在 2005 年乡镇机构改革中决定，在原镇合管所基础上，成立各镇公共卫生和合作医疗管理中心，为镇属全额拨款事业单位。常熟市居民基本医疗保险管理中心（农村合作管理中心）、各镇公共卫生与合作医疗管理中心（合管所）为全市居民基本（农村合作）医疗保险的市、镇两级经办机构，负责全市居民基本（农村合作）医疗保险基金的筹集、使用和管理的具体工作。

3. 建立了基金市级统筹制度

常熟市 2005 年 8 月出台《常熟市农村合作医疗基金管理办法（试行）》，并于 2006 年 1 月 1 日开始实施基金市级统筹。基金实行封闭运行管理模式，市财政局设立基金专户，市经办机构设立基金支出户，居民个人缴费、镇财政资助资金直接划入市财政基金专户，市经办机构按月填报用款申请，经市财政部门审核后，由财政部门将基金从财政专户拨入支出户，向定点医疗机构结算垫付的医药费用，向事后审核参合（保）居民支付补偿费用。建立财政、审计、社会监督相结合的基金监管机制。

4. 建立各项管理和工作制度

常熟市在推进和发展新农合、居民基本医疗保险进程中，根据国家和省、市宏观政策，结合当地实际情况，制定了常熟市新农合和居民基本医疗保险管理办法、基金管理办法、定点服务机构管理办法、定点服务机构考核审查办法、基本药品目录诊疗项目及医疗设施范围管理和支付办法、特殊病种大额门诊管理办法、参保和医疗证卡管理办法、就医转诊管理办法、异地居住就医管理办法、医疗保险费用结算管理办法、住院按病种结算实施办法、健康体检管理办法、医疗保险结报会审检查办法、医疗保险公示管理办法等系列规范性文件，形成了制度框架。常熟市卫生局、常熟市合管办、常熟市居民基本医疗保险管理办公室分别在 2007 年 1 月、2008 年 3 月、2010 年 2 月将这些文件收集整理，汇编成《常熟市新型农村合作医疗文件汇编》（第一版）、《常熟市新型农村合作医疗文件汇编》（第二版）、《常熟市居民基本（农村合作）医疗保险文件汇编》（第三版），逐步由粗放管理向精细管理迈进。下面是常熟市居民基本（农村合作）医疗保险制度 2010 年编纂的管理文件汇编（第三版）目录。

常熟市居民期（农村合作）医疗保险文件目录

5. 全面实施信息化管理

常熟市市镇二级政府投资近千万元，建设居民基本（农村合作）医疗保险信息化管理系统，于 2007 年 4 月投入使用。目前，已在苏州市范围内率先成功实现了与省级平台联网对接。市管理中心与全市 270 所定点服务机构联网，计算机终端成功延伸到村级。实现了在全市域范围内，参保者刷卡就医，即时结报，实时救助。将各项政策转变成管理软件，通过计算机管理，实现了实时监控。高效信息化系统保证了居民基本（农村合作）医疗保险制度运作的效率和可靠性，为实现精细管理提供了技术保障。

表1 常熟市定点服务机构2009年农村合作医疗（居民基本医疗保险）运行主要指标趋向分析（梅李中心卫生院） 单位：元

项目	1月	2月	3月	4月	5月	6月	7月	8月	9月	10月	11月	12月
次均住院费用	2642.11	2546.33	2584.68	2466.98	2381.14	2378.04	1956.56	2308.86	2453.58	2274.05	2715.22	
核定住院结算标准	1550.00	1550.00	1550.00	1550.00	1550.00	1550.00	1550.00	1550.00	1550.00	1550.00	1550.00	1550.00
卫生院平均次均住院费用	2274.42	2164.83	2203.13	2262.95	2070.64	2033.13	2015.99	1845.45	3025.72	2070.58	2156.67	
住院可报出率（%）	77.42	75.41	76.96	76.63	78.21	76.97	76.29	76.57	76.49	76.81	77.63	
卫生院平均住院可报出率（%）	79.22	80.37	80.21	79.49	80.03	80.79	80.04	81.40	80.65	80.51	78.85	
住院补偿比（%）	44.40	43.53	44.25	44.53	45.12	44.51	43.71	44.82	45.29	45.85	45.35	
卫生院平均住院补偿比（%）	45.34	46.36	46.32	46.13	47.14	47.24	46.98	47.80	47.69	47.80	46.73	
次均门诊费用	81.50	81.80	77.00	83.51	80.97	91.78	81.50	80.50	82.11	90.37	78.88	
门诊经营标准	68.00	66.00	68.00	68.00	68.00	68.00	68.00	68.00	68.00	68.00	68.00	68.00
卫生院平均次门诊费用	59.58	60.77	62.19	61.00	50.99	59.13	58.35	56.28	56.56	57.35		
门诊可报比率(%)	57.90	55.38	59.29	53.84	50.84	59.57	54.43	52.20	50.28	52.13	56.26	
卫生院平均门诊可报比率（%）	64.51	58.42	63.45	62.85	63.88	68.91	64.91	64.96	63.18	64.15	64.42	66.65

续表

项目	1月	2月	3月	4月	5月	6月	7月	8月	9月	10月	11月	12月
门诊补偿比（%）	17.38	17.58	18.55	16.76	26.39	28.18	29.18	16.15	26.30	16.45	28.39	
卫生院平均门诊补偿率(%)	23.23	22.68	22.34	21.70	24.57	33.02	26.07	22.75	22.39	22.83	24.87	

表2　梅李中心卫生院2009年农村合作医疗（居民基本医疗保险）住院补偿比按月统计

	1月	2月	3月	4月	5月	6月	7月	8月	9月	10月	11月	12月
住院补偿比（%）	44.40	45.53	44.16	44.53	45.12	44.51	43.71	44.81	45.19	45.85	45.35	
卫生院平均住院补偿比（%）	45.34	46.35	46.31	46.13	47.14	47.24	46.98	47.80	47.69	47.80	46.83	

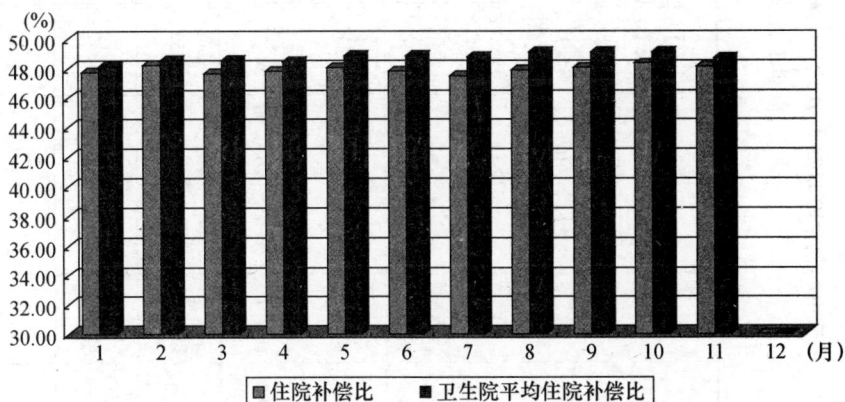

图17　梅李中心卫生院2009年农村合作（居民基本医疗保险）住院补偿比

表3 梅李中心卫生院2009年次均住院费用与去年同期水平、核定结算标准、本院同期职工医疗保险费用比较

单位：元

月份	2008年	2009年	同比增减	结算标准	高于(低于)结算标准(%)	同期职工医疗保险次均住院费用	高于(低于)同期本院职工医疗保险(%)
1	2353.16	2642.11	12.28	1550.00	70.46	2080.90	26.97
2	2310.33	2546.33	10.21	1550.00	64.28	2080.90	22.37
3	2239.71	2584.68	13.88	1550.00	66.75	2080.90	24.21
4	2429.54	2466.98	1.54	1550.00	59.16	2272.62	8.55
5	2320.44	2371.14	2.62	1550.00	53.62	2272.63	4.77
6	2191.57	2378.05	8.51	1550.00	53.42	2272.68	4.64

月份	2008年	2009年	同比增减	结算标准	高于(低于)结算标准(%)	同期本院职工医疗保险水平	高于(低于)同期本院职工医疗保险(%)
7	2250.79	1956.95	-13.05	1550.00	26.25		
8	2546.53	2308.86	-9.33	1550.00	43.96		
9	20.38	2453.98	20.38	1550.00	58.32		
10	2364.51	2274.05	-3.83	1550.00	46.71		
11	2407.51	2715.22	12.78	1550.00	75.18		
12	2675.45		1550.00				

（四）新农合与城镇居民基本医疗保险衔接融合

1. 衔接背景

改革开放以来，常熟抓住发展乡镇企业、开放型经济、民营经济和城市化四次机遇，实现了"由农转工"、"由内转外"、"由单转多"、"由乡转城"四次历史性跨越，取得了经济社会发展的巨大成就。常熟现代化发展过程的一个显著特点就是以农村的工业化推动农村发展水平逐步向城市接近，形成了现代化社会的就业结构。2002 年，常熟在全国率先启动农村居民集中居住区建设。农村人口的就业结构与居住方式发生变化，特别是 2003 年户籍制度改革后取消了农民和居民户籍分类，原来意义上的农民已经和非就业的城镇居民融合为一个新的居民群体。在加快城乡一体化发展的背景下，常熟市积极探索推进新型农村合作医疗与城镇居民基本医疗保险的衔接融合，2008 年被卫生部确认为全国新型农村合作医疗与城镇居民基本医疗保险衔接的 10 个重点联系地区之一。

2. 衔接组织实施

2007 年为解决城区无医疗保障人员就医，新农合覆盖范围首次扩展到全市城镇居民。2008 年，市合管办增挂"常熟市城镇居民基本医疗保险管理委员会办公室"牌子，具体负责城镇居民基本医疗保险。2009 年市政府决策将单独运行的少年儿童基本医疗保险划入新农合运行。2010 年正式实施常熟市居民基本（农村合作）医疗保险制度，同年常熟市区域内高校在校大学生纳入制度体系，体现了一种自然的演变过程。

3. 两制衔接融合后的公平性

2008 年本市城镇居民人均可支配收入 24602 元，农村居民人均纯收入 11804元，两者之比约为 2:1。城镇居民统计数据包含了被城镇职工医疗保险覆盖的行政事业、企业单位职工的收入。如果剔除上述人群因素，城镇居民的人均纯收入应该与农村居民相差不大，二者采取相同的筹资标准，也符合公平性原则。参保城镇居民人均门诊次数略低于农村居民，住院率高于农村居民。城镇居民门诊实际补偿比低于农村居民，住院补偿比基本持平（见表 4）。

两制衔接下，城乡居民在医疗保障资源的利用和补偿方面未出现显著不公平，城镇居民和农村居民在两制衔接下都得到了较大受益。由于制度设计上补偿比例向基层医疗机构倾斜，居民在社区卫生服务机构就诊的补偿比例要高于医院。相对于农村居民，城镇居民老龄化程度较高，并且具有更强的医疗服务需求，而本市城区社区卫生服务机构相对不足，这可能是造成城镇居民住院率高、农村居民门诊补偿高的原因。

表4 常熟市城镇居民和农村居民卫生服务利用和补偿情况

年份	卫生服务利用				补偿情况			
	城镇居民		农村居民		城镇居民		农村居民	
	年人均门诊次数	住院率（%）	年人均门诊次数	住院率（%）	门诊补偿比（%）	住院补偿比（%）	门诊补偿比（%）	住院补偿比（%）
2008	3.29	11.99	4.23	9.62	23.76	38.15	36.87	39.26
2009	5.47	13.81	5.69	11.73	15.43	44.53	41.31	43.44

五、与医疗救助制度的衔接

（一）常熟市医疗救助制度建立和运行情况

常熟市人民政府在2004年批转了由常熟市卫生局、民政局制定的《常熟市特困人群医疗救助实施细则（试行）》（常政发〔2004〕79号）（以下简称《细则》）文件，建立和推进以新型农村合作医疗为依托，以大病医疗救助为重点的医疗救助制度，并且在运行中不断完善提高，实现了医疗救助与新农合、居民基本（农村合作）医疗保险这两个制度的无缝衔接。

1. 医疗救助制度设计

（1）救助对象。

2004年，《细则》明确的救助对象是4种：农村五保户，低保对象，因患恶性肿瘤、白血病、精神病、尿毒症等严重疾病且同其生活的家庭成员月收入在最低生活保障标准2倍以内的参合者，因年医疗费用超过5万元造成生活特别困难的参合者。从运行初期至2010年，救助对象的范围不断扩大。2010年，《常熟市特困人群医疗救助实施方案》（2009年12月修订）明确的救助对象已经扩展到9种：农村五保户、低保对象、低保边缘人员，重度残疾人、其他（重点）优抚对象、特困职工家庭中的18周岁以下的少年儿童、经济困难大学生、符合救助规定的年医疗费用大于5万元造成生活特别困难的人员、其他符合医疗救助规定的人员。

（2）救助形式和标准（2010 年）。

①个人保费由财政（慈善助医基金）负担。五保户、低保对象、其他（重点）优抚对象、家庭经济困难大学生和特困职工少儿参保的个人保费由镇财政（家庭经济困难的大学生参保个人缴费按高校隶属关系由同级财政）安排补助资金。

②门诊救助。救助人员符合补偿规定的普通门诊医疗费用，不设起付线。超过 1500 元/人/年的封顶补偿后的门诊费用，五保户、低保对象、家庭经济困难的大学生由救助基金按照 90% 的比例实施救助。低保边缘对象、未纳入低保的重度残疾人、重点优抚对象和特困职工少儿按照 60% 的比例救助。

③住院和特殊病种大额门诊救助。救助人员发生的符合补偿规定的特殊病种大额门诊和住院医疗费用，不设起付线。补偿后的个人负担部分，五保户、低保对象、家庭经济困难的大学生由救助基金按照 90% 的比例实施救助，低保边缘对象、未纳入低保的重度残疾人、重点优抚对象和特困职工少儿按照 60% 的比例实施救助。年度医疗救助封顶 10 万元。

④符合救助规定的年医疗费用超过 5 万元、造成生活特别困难的居民基本（农村合作）医疗保险参保者，给予适当救助，医疗救助标准 0.2 万～10 万元。

（3）开展提高儿童重大疾病医疗保障水平试点。

本市参保儿童患先天性心脏病、白血病符合试点规定的，先天性心脏病的补偿比例按限定费用的 70% 由本市居民基本（农村合作）医疗保险基金给予补偿。对于符合救助条件的，再按限定费用的 20% 由本市医疗救助基金给予救助。儿童白血病治疗，抗生素、血制品以外的费用按限定费用标准，由本市居民基本（农村合作）医疗保险基金按 80% 的比例给予补偿。对于符合救助条件的，再按限定费用的 20% 由本市医疗救助基金给予救助。抗生素、血制品治疗费用实行支付总额控制，由基金按照实际治疗费用的 50% 比例给予补偿，符合医疗救助条件的由本市医疗救助基金再给予实际治疗费用 20% 的比例救助。超出总额控制支付费用部分，由定点救治医院承担。纳入试点病种实际补偿和救助不受本市居民基本（农村合作）医疗保险和医疗救助年最高封顶限制。

（4）实施进一步提高贫困人群患重症尿毒症等三种重大疾病医疗救助待遇新政策。

经市委、市政府研究决定，市民政局、市卫生局、市财政局联合制定印发了《关于进一步提高五保、低保和低保边缘对象患重症尿毒症等三种重大疾病医疗救助待遇的意见》文件，2010 年 10 月 1 日开始，进一步提高五保、低保和低保边缘对象患重症尿毒症等三种重大疾病后的医疗救助待遇。"患重症尿毒症、再生障碍性贫血、重性精神病"的五保、低保和低保边缘人员按照《常熟市居民基本（农村合作）医疗保险特殊病种大额门诊管理办法（试行）》办理登记手续，在本市定点服务机构发生的符合特殊病种大额门诊管理办法规定的医疗费用，在居民基本（农村合作）医疗保险和特困人群医疗救助政策给予补偿和救助后，对其自负部分费用，五保、低保对象按100%、低保边缘对象按90%的比例给予再次救助。2005～2010年，随着医疗救助基金的逐渐增多，救助标准也不断提高，常熟市2005年、2008年、2010年的救助标准可见表5。

表5　常熟医疗救助对象、救助标准、救助程序变化情况

项目或求助标准	2005 年	2008 年	2010 年
救助对象	五保户、低保对象，因患恶性肿瘤、白血病、精神病、尿毒症等严重疾病且同其生活的家庭成员月收入在最低生活保障标准2倍以内的本市非城镇职工基本医疗保险参保者和救助规定的年医疗费用大于5万元且造成生活特别困难人员（4种）	五保户、低保对象、低保边缘人员、符合救助规定的年医疗费用大于5万元且造成生活特别困难人员、其他符合医疗救助规定的人员（5种）	五保户、低保对象、低保边缘人员、重度残疾人、其他（重点）优抚对象、特困职工家庭中的12周岁以下的少年儿童、家庭经济困难大学生、符合救助规定的年医疗费用大于5万元且造成生活特别困难人员、其他符合医疗救助规定的人员（9种）
由财政负担个人参保费用	五保户、低保对象	五保户、低保对象	五保户、低保对象、其他（重点）优抚对象和特困职工少儿、家庭经济困难大学生
救助标准	1. 五保户、低保对象不设起付钱 2. 补偿后自负部分，五保户、低保按60%救助 3. 符合救助规定的年医疗费用大于5万元。造成生活特别困难人员或因患恶性肿瘤、白血病、精神病、尿毒症等严重疾病且同其生活的家庭成员月收入在最低生活保障标准2倍以内的本市非城镇职工基本医疗保险参保者	1. 五保户、低保对象、低保边缘人员不设起付钱 2. 补偿后自负部分（门诊超过年封顶后部分），五保户、低保对象按90%，低保边缘人员按60%救助 3. 符合救助规定的年医疗费用大于5万元，造成生活特别困难人员救助标准2000～100000元	1. 五保户、低保对象、低保边缘人员、重度残疾人、其他（重点）优抚对象、特困职工家庭中的12周岁以下的少年儿童、家庭经济困难大学生不设起付钱 2. 补偿后自负部分（门诊超过年封顶后部分）；五保户、低保对象、家庭经济困难大学生按90%、低保边缘人员、未纳入低保重度残疾人、重点优抚对象、特困难职工少儿按60%救助 3. 符合救助规定的年医疗费用大于5万元，造成生活特别困难人员救助标准2000～100000元 4. 贫困人群"三病"低保、五保按100%、低保边缘人员按90%给予再次救助

续表

项目或求助标准	2005 年	2008 年	2010 年
年封顶说	1000～5000 元	100000 元	100000 元
事后审核		刷卡实时救助。市外转诊，或因临时外出接受急诊治疗并办理急诊登记备案或办理异地就医登记等相关手续后，在市外就医发生的医疗费用，符合救助规定的年医疗费用超过5万元、造成生活特别困难的参保人员医疗费用。经审执后按规定予以救助	刷卡实时救助。市外转诊，或因临时外出接受急诊治疗并办理急诊登记备案或办理异地就医登记等相关手续后，在市外就医发生的医疗费用，符合救助规定的年医疗费用超过5万元、造成生活特别困难的参保人员医疗费用。经审执后按规定予以救助

（5）救助程序。

五保户、低保对象、低保边缘人员、重度残疾人、重点优抚对象、特困职工少儿和家庭经济困难大学生凭医疗卡和相关证件在本市定点服务机构实施刷卡就医，即时结报、实时救助。应由医疗救助基金结付的费用，由市居民基本医疗保险管理中心（农村合作医疗管理中心）与定点服务机构按有关规定结算。市外转诊，或因临时外出接受急诊治疗并办理急诊登记备案或办理异地就医登记等相关手续后，在市外就医发生的医疗费用，符合救助规定的年医疗费用超过5万元、造成生活特别困难的参保人员医疗费用，需经审核后按规定予以救助。2007年及以前，由于信息化系统原因，所有救助对象医疗救助采取先个人垫付，后走救助程序。

2. 医疗救助基金的筹集与管理

常熟市医疗救助基金通过财政预算和社会筹集等多渠道解决，主要包括：①市财政每年安排不少于50万元的专项补助；②从居民基本（农村合作）医疗保险基金中提取市、镇财政投入的5%；③市慈善总会慈善基金中的慈善助医基金；④民政部门每年从留成的社会福利彩票公益金中，安排不低于10%的资金；⑤上级经费补助等。在2004～2009年，每年筹集医疗救助基金逐年增加，分别是118.9万元、170.86万元、395.74万元、542.83万元、691.86万元、668.35万元（见表6）。2004年11月，常熟市财政局制定印发《常熟市特困人群医疗救助基金管理办法（试行）》，建立特困人群医疗救助基金财政专户，实行专项管理封闭运行。市合管办建立医疗救助基金支出户，专款专用。全市建立健全救助基金使用公示制度、资金跟踪管理制度，审计部门对医疗救助基金的使用和救助情况实施审计监督，确保医疗救助资金的合理使用，杜绝挤占、挪用等现象的发生。

表6 常熟市2004~2009年医疗救助基金筹集统计

单位：万元

年份	财政资助			合作医疗提取		慈善总会	福彩留成	合计
	省级	市级	助级	市(助)级	镇级			
2004	0	3.9	0	65	0	50	0	118.9
2005	0	5.86	50	65	0	50	0	170.86
2006	15	0	50	120	148.741	50	12	395.74
2007	32	7.15	50	182	154.433	50	67.3	542.83
2008	0	7.46	50	275	241.1	50	68.3	691.86
2009	0	8.00	50	280.5	219.85	50	60	668.35
合计	47	32.37	250	987.5	764.124	300	207.6	2588.54

3. 医疗救助基金的分配与使用

（1）医疗救助基金的分配。

常熟市每年资助五保户、低保对象、其他（重点）优抚对象、家庭经济困难大学生和特困职工少儿参保的个人保费经费，不在救助基金中列支，由各镇财政专项出资。各年财政出资资助救助对象参保情况如表7所示。

表7 常熟市2005~2010年资助救助对象参保情况统计

年份	资助参合对象	资助参合人员	资助金额（万元）
2005	五保户、低保对象	8353	41.77
2006	五保户、低保对象	8148	40.74
2007	五保户、低保对象	7350	44.10
2008	五保户、低保对象	8183	65.46
2009	五保户、低保对象	7872	62.98
2010	五保户、低保对象、其他（重点）优抚对象和特困职工少儿、家庭经济困难大学生等	11068	110.68

（2）2004~2009年度医疗救助基金使用情况分析。

2004~2009年度医疗救助基金支出2741.02万元。其中，五保户、低保和低保边缘人员医疗救助 1682.54 万元，占 61.38%；年医疗费用 5 万元以上的大病人群医疗救助 1058.49 万元，占 38.62%。医疗救助基金总超支 152.53 万元（见表 8）。

表 8　常熟市 2004～2009 年医疗救助基金使用情况

单位：万元

年份	年度筹资额	年度支出总额	五保、低保等困难人群救助	大病救助	年度结余
2004	118.90	137.20	28.70	108.50	-18.30
2005	170.86	235.24	72.12	163.12	-64.38
2006	395.74	252.54	163.07	89.48	143.20
2007	542.83	451.46	333.85	117.61	91.37
2008	691.81	770.75	468.52	302.23	-78.94
2009	668.35	893.83	616.28	277.55	-225.48
合计	2588.49	2741.02	1682.54	1058.49	-152.53

4. 医疗救助对象受益情况

（1）2004～2009 年医疗救助实施情况。

2004～2009 年，实施医疗救助 30227 人（次），救助金额 2741 万元。其中，对经民政、残联等部门认定的五保户、低保对象、低保边缘人员、重度残疾人、其他（重点）优抚对象、特困职工家庭中的 18 周岁以下的少年儿童、家庭经济困难大学生等困难人群救助 27885 人（次），救助金额为 1682.54 万元。对符合救助规定的年医疗费用超过 5 万元、造成生活特别困难的参保人员救助 2342 人（次），救助金额为 1058.49 万元。2004～2009 年医疗救助实施情况见表 9。

（2）2009 年医疗救助对象受益情况。

2009 年，各镇财政出资 62.98 万元，为 7872 名五保户、低保人员缴纳了个人医保费。同年有 15002 人次得到医疗救助，救助总额 893.83 万元。特殊病种大额门诊救助 11241 人次，救助额为 189.42 万元；住院救助 3761 人次，救助额为 656.30 万元。获得万元以上救助 202 人次，救助最高额度为 10 万元。获得医疗救助的五保户、低保家庭人员、低保边缘人员 14604 人次，占救助总人次的 97.34%。年医疗费用超过 5 万元从而造成生活特别困难的人员获得救助 398 人次，占 2.66%。2009 年救助对象因病在各级医疗机构住院、特殊病种大额门诊发生医疗费用、补偿和救助情况见表 10、表 11。

表9 常熟市2004～2009年医疗救助实施情况

单位：万元

年份	救助总人次	救助总金额	五保、低保等困难人群救助人次	五保、低保等困难人群救助金额	大病救助人次	大病救助金额	获得万元以上救助人次	最高救助额度
2004	852	137.20	126	28.70	726	108.50	0	0.50
2005	732	235.24	426	72.12	306	163.12	41	3.20
2006	913	252.54	696	163.07	217	89.48	41	5.00
2007	2521	451.46	2294	333.85	227	117.61	54	10.00
2008	10207	770.75	9739	468.52	468	302.23	286	10.00
2009	15002	893.83	14604	616.28	398	277.55	202	10.00
合计	30227	2741.02	27885	1682.54	2342	1058.49	624	

表10 2009年救助对象因病在各级医疗机构住院费用、补偿和救助情况

单位：元、%

医疗机构	住院人次	次均费用	次均补偿	次均救助	次均补偿与救助	总补偿比
镇级	1861	2981.22	1600.77	578.14	2178.91	73.09
市级	1421	9941.89	4430.96	2073.38	6504.34	65.42
市外	81	18205.80	5607.72	3042.80	8650.51	47.52
合计	3363	6289.07	2893.15	1269.30	4162.45	66.19

表11 2009年救助对象特殊病种大额门诊在各级医疗机构费用、补偿和救助情况

单位：元、%

医疗机构	大额门诊人次	次均费用	次均补偿	次均救助	次均补偿总额	总补偿比
镇级	151	71.08	19.60	39.44	59.04	83.07
市级	11071	443.28	204.76	168.02	372.78	83.99
市外	19	4937.55	2578.50	1475.00	4053.51	82.10
合计	11241	446.43	206.28	168.50	374.78	83.95

5. 医疗救助管理

（1）总体情况。

常熟市医疗救助主要由财政、民政、卫生三个部门来负责。其中，财政部门负责医疗救助基金的筹集、拨付和监督；民政部门把好医疗救助对象的审核；卫生部门根据医疗救助需要，明确医疗救助服务项目，规范医疗服务行为，提高医疗服务质量和效率；市合管办负责医疗费用审核和医疗救助金兑付。

（2）信息化管理情况。

常熟市医疗救助与新农合、居民基本（农村合作）医疗保险采用同一信息系统，基金管理部门通过计算机网络对医疗救助对象建立个人台账，实施动态管理，实现了"刷卡就医、即时结报、实时救助"。在实行信息化管理之后，简化救助程序，使救助对象可以及时获得救助，极大程度地方便了救助对象，缓解其经济压力。对救助对象基本信息管理从实施初每年调整改为每季更新。

（二）新农合和居民基本（农村合作）医疗保险与医疗救助制度衔接

1. 建立部门协作机制

常熟市在做好两种制度衔接时，建立了政府领导，卫生、民政、财政部门协作的工作机制。在工作中，卫生、民政建立定期会商制度和信息互动机制，民政部门每季向卫生部门（市经办机构）提供救助对象资料，为市经办机构开展医疗救助提供依据；卫生部门定期反馈医疗救助的实施情况；卫生、民政、财政相关部门相互通报情况，及时协调解决两种医疗制度施行及衔接过程中出现的新情况、新问题。

2. 补偿、救助方案衔接

新农合和居民基本（农村合作）医疗保险的制度设计较好地解决了参保居民医疗费用发生后公平享受的问题。农村特困人群更是弱势群体，疾病负担重，需要通过医疗救助的渠道予以解决。常熟市卫生、民政和财政部门密切配合，明确两种制度的共同点和不同点，根据基本医疗保险和医疗救助两个基金筹集和使用情况，适时调整补偿方案和医疗救助政策，让救助对象能够真正享受到两种制度的联合覆盖。

（1）五保、低保等救助对象无门槛参保，个人保费由当地财政承担。

2005~2009年，资助无门槛参保对象是五保户、低保对象，2010年增加了其他（重点）优抚对象、家庭经济困难大学生、特困职工家庭的少儿。

（2）参保医疗救助对象医疗费用补偿实行零起付。

2005年，对五保户和低保对象符合补偿规定的医疗费用，新农合结报时不设起付线。2006年开始，低保边缘对象新农合结报时也不设起付线。2010年，除年医疗费用5万元以上大病对象外的全部救助对象在居民基本（农村合作）医疗保险结报时均不设起付线。

（3）在新农合和居民基本（农村合作）医疗保险补偿基础上给予医疗救助。

2005年，对五保户和低保对象符合规定的医疗费用，在合作医疗按规定报销之后，其个人负担部分再由医疗救助资金按60%比例给予救助。2006年、2007年按上述政策执行，增加了参保的低保边缘人员。2008年开始，五保户、低保对象、低保边缘人员符合规定的普通门诊费用，在超过封顶补偿后，由救助基金分别按90%、90%、60%的比例实施救助。对符合规定的特殊病种大额门诊和住院医疗费用，在农合结报时，补偿后的个人负担部分，由救助基金分别按90%、90%、60%的比例实施救助。在农村合作医疗保险补偿后，年医疗救助封顶10万元。

（4）对年医疗费用超过5万元，造成生活困难人员救助。

2005年，对于年医疗费用在5万元以上的人群，给予了适当救助，其标准是最低1000元，最高5万元。到了2008年，对于年内住院和特殊病种大额门诊符合救助规定的医疗费用超过5万元，造成生活特别困难的参保者，救助标准提高到2000~10万元。

3. 管理与服务衔接

（1）报销服务衔接。

在2007年以前，由于没有完善的信息系统，医疗救助采取先垫付，后救助的程序。在2007年之后，随着信息系统的完善，常熟市实行了新型农村合作医疗和特困人群医疗救助"一卡通"，救助程序由事后审核转变为实时救助。

（2）资金管理衔接。

在资金管理上，常熟市新农合和居民基本（农村合作）医疗与医疗救助两个基金的账户是分开的。财政局建立特困人群医疗救助基金财政专户，专项管理。市居医（农合）办建立各类特困人群医疗救助基金支出户，专款专用，按季向财政部门和民政部门报送救助基金收支情况，定期向全社会公布医疗救助的实施情况。

（3）信息管理衔接。

常熟市医疗救助和新农合、居民基本（农村合作）医疗保险采用统一的信息系统，信息化管理水平很高。这也为常熟市实行"一卡通"报销方式，在医疗机构对救助对象直接减免费用得以实现提供了保障，极大程度上方便了救助对象，也提高了工作效率，减少了错误，实现了两种制度对供方的即时监管。

附录：常熟市简介

常熟市位于江苏省东南部，"长三角"腹地，距上海100公里，苏州、无锡、南通各40公里，北临长江，苏通大桥在境内通过，是一座历史底蕴深厚的文化之城、生态环境优美的山水之城、生机活力勃发的创新之城，更是经济社会协调发展的和谐之城。全市户籍人口106万，外来人口80万，综合实力位居全国百强县（市）第一方阵。2009年，完成地区生产总值1280.21亿元，实现财政收入189.99亿元，其中地方财政一般预算收入78.08亿元。先后荣获中国全面小康十大示范县市、国家卫生城市、国家园林城市、中国优秀旅游城市、国际花园城市、全国生态市等荣誉。第九届全国县域经济基本竞争力十强县（市）之一（与江阴市、昆山市、张家港市作为"区域经济强县统筹发展组团"并列第一名）。2010福布斯中国大陆最佳县级城市排名中位列第二。同时，作为被国务院发展研究中心确定的首个城乡一体化综合配套改革调研联系点，常熟市正努力建设成全国城乡一体化发展的"排头兵"和示范区。

编辑整理：陈　钰

统筹城乡居民保险体系——常熟案例（下）

——改革建设与探索经验

金志强

2010 年 11 月 4 日

金志强

常熟市卫生局副局长

摘　要：本文着重介绍了常熟市按病种结算的支付方式、四位一体的基本医疗卫生制度建设等方面的有益探索和经验，常熟市坚持农村合作医疗制度在新的历史时期得到了新的发展，其新农合与城镇居民基本医疗保险衔接融合已经成为目前我国医疗保险制度发展的一个探索方向。最后，提出了未来的发展方向和发展重点。

关键词：居民基本（农村合作）医疗保险　统筹城乡　医疗救助制度　精细化管理　常熟

常熟市农村合作医疗经过长期的改革探索，逐步建立起符合当地实际情况的居民基本（农村合作）医疗保险制度的较为完善的制度框架和管理运行机制，在探索建立统筹城乡、适应农村发展的医疗保障制度方面有很多值得学习、推广的经验。

一、发挥卫生主管体制优势，实施精细化管理

常熟市新农合和居民基本医疗保险由卫生部门主管，卫生部门统筹管理基本医疗保险和医疗服务，充分发挥了"一手托两家"的体制优势和行业管理优势，提高了医疗卫生服务的可得性和可及性。更为重要的是在一个部门管理格局下，医疗机构创收冲动和医保基金约束矛盾将在内部消化，从而能够较好地满足医疗服务需求和控制医疗费用之间的有效平衡，并控制合作医疗费用不合理上涨。

（一）纳入卫生工作总体目标，做到三个结合

1. 基本医疗保险和卫生服务体系建设结合

全市进一步健全了以市（县）级医院、专业公共卫生机构为龙头，镇卫生院（社区卫生服务中心）为枢纽，社区卫生服务站（村卫生室）为基础的医疗卫生服务网络和公共卫生服务体系。目前，全市共有各级各类医疗机构409所，

医疗卫生机构固定资产总值 16.13 亿元，职工总数 6680 人。其中，卫生技术人员 5423 人，开放总床位 4712 张，每千户籍人口拥有卫生技术人员 5.09 人，拥有医师 2.84 人，拥有床位 4.42 张。2009 年，全市医疗卫生机构诊疗总人次 730.98 万人次，床位使用率 95.5%。其中，镇村医疗卫生机构诊疗人次达到 421.16 万人次，占 57.62%，镇卫生院（社区卫生服务中心）床位使用率达到 92.94%。目前定点服务机构包括了常熟本市市属综合（专科）医院、社区卫生服务中心（卫生院）、社区卫生服务站（村卫生室）、部分符合条件的民营医疗机构 271 家、市外指定医院 41 所。

2. 基本医疗保险和公共卫生服务结合

常熟市通过基本医疗保险这个平台把医疗服务与公共卫生服务紧密结合，提高了广大居民的健康水平。常熟市自 2006 年开始，由新农合和居民基本（农村合作）医疗保险制度安排组织参保老年人员免费健康体检。体检工作由农村合作医疗保险定点服务机构中的各镇社区卫生服务中心、卫生院承担。体检项目主要有常规检查、辅助检查。体检表格式、项目、健康指导意见等都与居民健康档案要求一致。体检采用以集中体检为主，上门体检为补充的方式。

各社区卫生服务中心（卫生院）以健康检查为切入点，组建社区卫生服务团队，落实患病农民后续治疗和跟踪服务。同时开展健康教育和健康促进活动，并进一步开展高血压、糖尿病等慢性非传染性疾病社区防治，为体检对象建立纸质和电子健康档案。2010 年，常熟市被江苏省卫生厅列为全省居民健康档案五个试点县市之一，新农合组织健康体检和建档工作为推进试点工作奠定了坚实基础，也促进了公共卫生服务工作全面开展。

3. 基本医疗保险和医疗机构管理结合

近年来，常熟市通过组织医疗管理服务年活动，改善服务流程，提高服务质量，为参保人员提供更便捷的服务。2006 年开始，建立以市属综合医院为核心、镇卫生院为成员的医疗服务网络集团，开通绿色通道和双向转诊渠道，加强市、镇医疗机构的纵向技术协作。建立医学检测中心，真正实现检验结果同城互认。通过补偿方案设计，拉开不同级别医疗机构补偿水平，合理引导病人流向，确保人人享受基本医疗服务。

市卫生行政部门把医院新农合运行主要指标列入对医疗机构年度考核内容，把平常监测情况和年中、年终考核结果，有无违反合作医疗政策或制度规定，受到经办机构通报、批评、扣款等不良记录作为对医疗机构的工作考核、经费拨付，评比奖惩依据，也与医疗机构以及负责人的年终分配奖金发放挂钩。在管理基金的同时，综合运用行政、人事、财务、医政、药政管理等手段加强对医疗卫生机构的管理，规范医疗服务行为。

（二）建立完善的网络工作平台，提供精细化管理的技术保障

常熟市市镇二级政府投资近千万元，建成农村合作（居民基本）医疗保险信息化管理系统，于2007年4月投入使用。市管理中心与全市271所定点服务机构（含社区卫生服务站）联网，计算机终端成功延伸到村级。实现了在全市域范围内，参保者刷卡就医，即时结报，实时救助。将各项政策转变成管理软件，通过计算机管理，实现了实时监控。高效信息化系统保证了居民基本（农村合作）医疗保险制度运作的效率和可靠性，为实现精细化管理提供了技术保障。图1和表1是市合管中心每月在网上定点服务机构的动态监测数据。

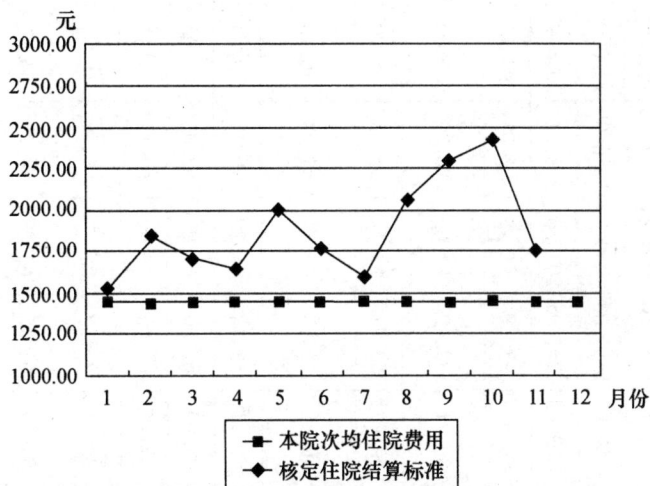

图1 何市卫生院2009年农村合作（居民基本）医疗保险次均住院费用

（三）建立控制医疗费用的管理规则和缜密的监管制度

1. 对定点服务机构医疗保险费用结算实施定额管理

常熟市新农合和居民基本（农村合作）医疗保险经办机构与定点服务机构的结算采取"定额结算、质量考核、结余奖励、超支分担"的原则。经办机构与定点服务机构对项目收费医疗费用的结算，采用定额结算方式。结算采用总量控制的办法。

表1 常熟市定点服务机构2009年农村合作（居民基本）医疗保险运行主要指标趋向分析（何市卫生院）

单位：元

项目	1月	2月	3月	4月	5月	6月	7月	8月	9月	10月	11月	12月
次均住院费用	1521.54	1853.46	1712.13	1660.10	2009.24	1765.42	1602.94	2070.15	2298.60	2428.69	1766.00	
核定住院结算标准	1450.00	1450.00	1450.00	1450.00	1450.00	1450.00	1450.00	1450.00	1450.00	1450.00	1450.00	1450.00
卫生院平均住院费用	2274.43	2164.83	2203.13	2251.95	2070.61	2085.13	2015.99	1945.45	2025.72	2070.72	2070.58	2196.67
住院可报比率（%）	90.67	89.16	96.32	93.28	91.45	96.88	97.12	95.83	95.48	96.30	96.74	
卫生院平均住院可报比率（%）	79.22	80.37	80.21	79.49	81.03	80.79	80.00	81.40	80.65	80.51	78.35	
住院补偿比（%）	51.27	51.18	55.09	53.47	53.64	56.68	55.96	56.42	52.21	57.22	57.00	
卫生院平均住院补偿比（%）	45.34	45.16	46.31	46.13	47.14	47.24	46.98	47.80	47.69	47.80	46.73	
次均门诊费用	47.12	47.23	51.71	53.18	48.20	40.55	49.64	43.12	45.09	44.50	47.09	
核定门诊结算标准	62.00	62.00	62.00	62.00	62.00	62.00	62.00	62.00	62.00	62.00	62.00	62.00
卫生院平均次均门诊费用	59.58	60.77	62.19	61.00	57.99	59.13	58.35	56.28	56.30	56.86	57.34	
门诊可报比率（%）	79.04	79.36	85.75	87.12	80.06	85.70	72.01	71.40	73.40	83.29	84.22	
卫生院平均门诊可报比率（%）	64.21	63.42	63.45	62.85	63.88	68.91	64.96	63.18	64.15	64.42	66.65	
门诊补偿比（%）	29.78	29.44	26.07	25.60	32.68	43.22	30.16	28.88	30.56	30.29	31.67	
卫生院平均门诊补偿比（%）	23.23	22.68	22.34	21.70	24.57	33.02	26.07	22.75	22.59	22.59	22.83	24.87

每月实际发生的医疗费用在规定的定额总量以内的，市级和民营医疗机构按照实际医疗费用的80%结付，镇级医疗机构按照实际医疗费用的90%结付。每月实际发生的医疗费用在定额总量以上的，分别按照定额总量的80%和90%结付。剩余20%和10%作为预留考核费用结合全年服务质量考核情况按规定予以结付。定点服务机构实际发生的医疗费用，超过定额标准20%以内（含20%）的，超过部分的费用由定点服务机构和基金各负担50%；超过20%的部分，由定点服务机构自负。对普通门诊费用补偿按每次门诊的定额标准和最高支付限额25元实行双控制。

2. 制定和执行分级用药和诊疗目录制度

常熟市居民基本（农村合作）医疗保险基本药品目录是市居医（农合）办根据全市基金筹资水平和参保人员医药消费特点，在国家基本药物目录、省卫生厅《江苏省新型农村合作医疗基本药物目录（修订）》（以下简称《基本药物目录（修订）》）和《江苏省乡村医生基本用药目录（修订）》基础上，做适度调整以后的药品目录。市属综合（专科）医院执行适度增加药品数量后的《基本药物目录（修订）》，社区卫生服务中心（卫生院）、民营医疗机构执行《基本药物目录（修订）》，社区卫生服务站（村卫生室）原则上执行《江苏省乡村医生基本用药目录（修订）》。

诊疗项目和设施范围分为基本医疗项目、特殊医疗项目、基本医疗服务设施范围和其他医疗项目。市合管办制定诊疗项目及医疗服务设施支付办法。基本医疗项目列入医疗保险准予支付费用诊疗项目目录以内，特殊医疗项目、特殊检查项目等列入医疗保险准予支付部分费用诊疗项目目录以内，其他医疗项目属于医疗保险不予支付费用诊疗项目目录以内。

3. 严格执行市（县）外转诊制度

规范转外就医，是建立分级诊疗体系的重要内容，既是提高基金使用效益的重要手段，也是维护基金安全的重要保障。常熟市农村合作医疗管理委员会办公室在2006年6月制定《常熟市农村合作医疗保险参保人员就医、转诊管理办法（试行）》，2006年7月1日开始执行市（县）外转诊管理制度。2005年以来常熟市向外转诊情况得到合理的管理（见图2、图3）。

明确市属综合（专科）医院为转诊办理医院，根据上级规定、市外医院申请，结合本市医疗服务需求和市外医院的医疗技术水平、服务质量、医疗收费等情况，确定市外指定医院，同时根据实际运作情况，适时进行调整，并向社会公布。参保人员因病情需要转市外指定医院诊治的，应由转诊办理医院主治医师

（主治医师以上）提出建议，填写《常熟市居民基本（农村合作）医疗保险转诊、转院审批表》，并在市居医（农合）医疗保险管理中心办理市外转诊登记手续，经核准后方可赴市外指定医院诊治。凡经审核同意办理市外转诊登记备案等相关手续后，在市外指定医院就医发生的符合补偿医疗费用，办理补偿申请，审核结报。

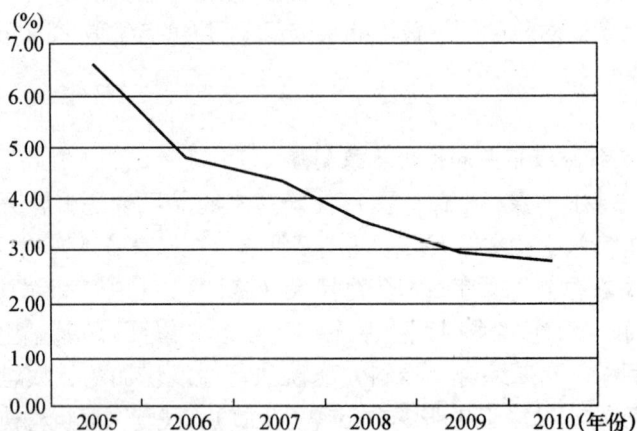

图2 2005～2010年各年市外转诊人次占住院总人次比例

注：2010年统计时间段为2010年1～9月。

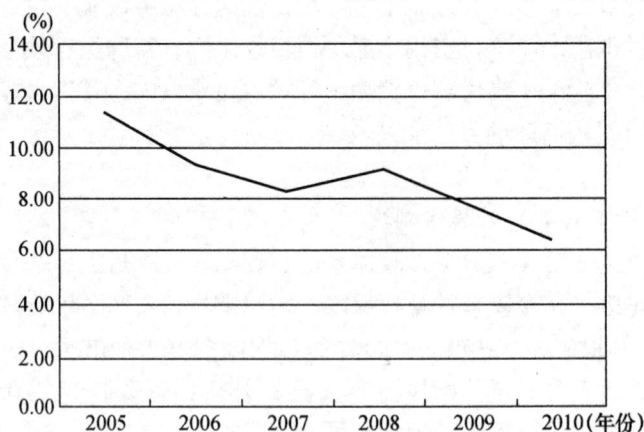

图3 2005～2010年各年市外转诊补偿占基金用于补偿总额的比例

注：2010年统计时间段为2010年1～9月。

4. 实施向基层医疗卫生机构倾斜的政策

一是参保人员在社区卫生服务站（村卫生室）门诊免收挂号诊疗费。二是提高镇村医疗机构补偿比例。对于普通门诊，社区卫生服务站（村卫生室）补偿50%、社区卫生服务中心（卫生院）补偿40%、市级医院补偿20%。对于住院，社区卫生服务中心（卫生院）补偿比例要高于市级医院5%～10%。三是对60周岁以上老年参保居民在基层医疗卫生机构门诊实施提高补偿比例的优惠政策。四是新农村制度组织参保老年居民健康体检安排在社区卫生服务中心（卫生院）进行。

5. 建立医疗技术指导专家组

为了进一步加强经办机构管理能力，提高定点服务机构医疗服务质量，常熟市在2008年8月成立了农村合作医疗保险（居民基本医疗保险）医疗技术指导专家组。专家组接受市居医（农合）办的领导和管理，其主要职能是研究居民基本（农村合作）医疗保险管理相关的规定、制度、规程，为市居医（农合）办制定政策措施并提供依据；协助市居医（农合）办对申报定点服务机构的医疗机构进行审核，参与对定点服务机构医疗服务质量检查和医疗服务综合评价；协助市农村合作医疗保险（居民基本医疗保险）经办机构，做好定点服务机构危重病人病历质量审核和有关个案病例合理用药、合理检查情况分析等。专家组成立两年，开展危重病例病案、住院天数特短病例病案、住院费用特大（或特小）病例病案质量审核。共计审核上述相关病案病历11590份，合格病案10760份，审核通过率92.84%。专家组审核结果，由市合管办通过文件形式下发到各定点服务机构，促进了定点服务机构合理深入开展。

6. 建立定点服务机构运行监测、评估和预警机制

（1）建立定点服务机构运行监测指标体系。核心指标主要包括：次均门诊费用、次均留观费用、次均住院费用、次均门诊补偿、次均留观补偿、次均住院补偿、可报比率、门诊实际补偿比、住院实际补偿比、每百门急诊住院人次、每百门急诊留观人次等。

（2）依托信息平台，每月筛查需重点核查机构、人员、事件。如同一参保人员一个月内在同一机构连续刷卡15次以上；住院病例费用特小如低于300元以下病例；住院天数特短如3天以内病例；住院仅有检查，无治疗用药病例等，组织力量进行核查，发现违规情况严肃处理。

（3）对各定点服务机构运行情况进行实时监控，在卫生系统政务网上公布

各机构运行动态变化。按月在常熟卫生信息网，年中、年终在常熟日报公示各定点服务机构运行主要指标，接受社会和群众监督。

（4）每两个月编制《定点服务机构运行情况监测简报》，每季度召开通报会，分析运行趋势，对积极执行政策、较好控制医疗费用机构予以肯定；发布预警，对运行指标欠佳单位责成整改。以下是常熟市农村合作医疗管理中心编制的一个实时监测简报。

7. 建立定点服务机构运行绩效考核奖惩制度

常熟市对定点服务机构考核审查，实行年度考核、分级负责、定点服务机构自查、经办机构复查相结合制度。考评结合定点服务机构日常运作情况，采取抽查、日常检查、专项督察及全面考核等形式，对定点服务机构的医疗服务质量、医疗费用管理等进行定期考核和不定期检查。考核审查的主要内容为定点服务机构执行居民基本（农村合作）医疗保险的政策情况，主要是基础性工作、服务行为、费用控制、信息化建设及平时不定期检查情况五个方面，并结合卫生、药监、物价、工商等相关部门的行政监管处理意见、群众投诉处理结果等形成最终考核结论。①考核审查结果与定点服务机构预留考核费用结付挂钩。年度考核总评90分以上（含90分），全额结付当年预留费用；在90～80分（含80分），每低1分扣减当年预留费用的1%；在80～70分（含70分），每低1分扣减当年预留费用的2%；在70～60分（含60分），每低1分扣减当年预留费用的3%；低于60分的定点服务机构，扣减全部预留费用；因严重违反医疗保险规定，被核减服务范围或诊疗科目的定点服务机构，当年度考核视为不及格，并扣减全部预留费用。②考核审查结果与定点服务机构资格确认挂钩。考核在90分以上（含90分）者，保留定点服务机构资格，并予以通报表扬；在90～80分（含80分）者，保留定点服务机构资格；在80～60分（含60分）者，责成定点服务机构整改，视整改结果保留或取消定点服务机构资格；低于60分者，报市居民基本（农村合作）医疗保险管理委员会并取消定点服务机构资格。连续两年年度考核总评分达到90分以上（含90分）的定点服务机构，在第三年度医疗服务和执行新农合的各项政策制度中无严重违规行为的，免去当年度的考核审查，全额结付预留费用，并给予一定奖励。2007年、2008年、2009年、2010年1～9月，市居民基本（农村合作）医疗管理中心依据规定对部分定点服务机构次均费用超过定额结算标准、有过违规行为的扣减预留费用金额分别是24万元、56万元、113.26万元、164.97万元。

定点服务机构运行情况监测简报

第4期（总4期）

常熟市农村合作医疗管理中心　　　　　　　　　　　　　　　　**2009年9月23日**

2009年7～8月本市定点服务机构运行情况

一、费用情况

（1）普通门诊。门诊费用总额为1413.75万元，符合补偿规定的医疗费用为1072.77万元，门诊费用可报比率75.88%。其中，市级医院、镇卫生院、社区卫生服务站、民营医疗机构门诊可报比率分别是54.61%、64.12%、96.73%、74.36%。次均门诊费用为42.09元，较前期减少了2.46%。其中，市级医院、镇卫生院、社区卫生服务站、民营医疗机构次均门诊费用分别是124.78元、57.35元、26.30元和52.04元。

（2）住院。住院费用总额为3694.4657万元，符合补偿规定的医疗费用为2758.6169万元，住院费用可报比率74.67%。市级医院、镇卫生院、民营医疗机构住院补偿比分别是38.76%、47.38%和51.07%。次均住院费用为4392.42元，较前期减少了3.87%。其中，市级医院、镇卫生院、民营医疗机构次均住院费用分别是8265.14元、1982.70元、3438.60元。本市定点服务机构本期住院次均费用低于前期176.96元/人次，其中，市级医院高于前期179.26元/人次，镇卫生院较前期减少72.16元/人次，民营医疗机构高于前期129.99元/人次。

二、预警

（1）次均门诊费用较高的单位：市第二人民医院（159.31元/人次）、市中医院（142.53元/人次）、碧溪卫生院（110.11元/人次）、市五院（135.95元/人次）、梅李中心卫生院（81.06元/人次）、任阳卫生院（68.08元/人次）、张桥卫生院（65.54元/人次）、市二院传染病分院（121.87元/人次）、中山医院（68.29元/人次）。

（2）门诊费用可报比率较低的单位：市五院（39.71%）、瑞兴医院（43.58%）市二院（45.83%）、市中医院（48.62%）、唐市中心卫生院（52.81%）、梅李中心卫生院（53.41%）、沙家浜卫生院（53.53%）、琴湖惠民医院（53.78%）、任阳卫生院（57.47%）、森泉卫生院（58.37%）。

（3）次均住院费用较高的单位：支塘中心卫生院（2758.30元/人次）、大义卫生院（2240.26元/人次）、市中医院（8492.59元/人次）、市二院（844.46元/人次）、海虞卫生院（2080.99元/人次）、梅李中心卫生院（2210.81元/人次）、古里卫生院（2037.34元/人次）、市一院（8120.94元/人次）、市三院（7307.51元/人次）、琴湖惠民医院（1944.98元/人次）。

（4）住院费用可报比率较低的单位：市二院（69.79%）、市三院（70.12%）、市五院（70.57%）琴湖惠民医院（71.76%）、市中医院（72.51%）、陆一希眼科医院（73.13%）、市一院（74.62%）、市二院传染病分院（75.83%）、梅李社区卫生服务中心（76.35%）、大义社区卫生服务中心（76.87%）。

三、要求

请列入预警提示单位，按照市合管办（居民基本医疗保险办公室）与各定点服务机构服务协议内容和有关政策规定，根据各自运行情况，进行分析，提出改进措施并落实。整改分析报告请于10月8日前报送市农村合作医疗管理中心（电子版本请通过OA发送）。各单位整改情况列入定点服务机构年度考核内容。

8. 实施分级公示制度

为加强民主监督，保证参保人员有参与和知情的权利，确保新农合制度的健康运行，常熟市制定公示管理规定，就公示内容、方式、要求做出了明确规定。公示内容主要是国家、省和本市各项政策、规章和实施办法，定点服务机构及医疗服务项目，医疗费用补助，经办机构工作管理制度、监督举报电话、信箱等。公示方式有新闻媒体、互联网、开设公示栏或公示屏（电子屏）、印制发放公示材料、各类会议和其他可行的公示方式。公示按单位类型和管辖范围分级、分类实施。

要求定点服务机构长期公示本市居民基本（农村合作）医疗保险的各项政策、管理制度和实施办法；长期公示本机构服务范围及服务项目、收费标准、常用药品价格等；每季度公示在本机构发生的参保人员就诊人次、发生医疗费用；社区卫生服务站（卫生室）每季度公示服务区域内参保人员补偿情况；长期公示定点服务机构工作管理制度、监督举报电话、邮箱等。要求经办机构、定点服务机构建立公示制度，规范公示管理，除长期公示外，其余内容公示时间不得少于半个月。对公示内容和材料定期归档管理。

9. 加强稽查力度

市、镇管理部门进一步加大稽查和投诉举报检查工作力度。2010 年 1～9 月，市居民基本（农村合作）医疗保险管理中心依据规定对部分定点服务机构次均费用超过定额结算标准、有过违规行为的扣减预留费用 164.97 万元，对个别乡村医生使用居民医疗卡配药，套取医疗保险基金等情况进行了严肃查处，并追回了基金。

10. 加大乡村医生培训、考核、管理力度

提高医疗保险服务方参与管理的积极性，实施镇村一体化管理，加大政府投入。常熟市建立乡村医生培训考核机制，表彰奖励优秀乡村医生。通过财政支付和村集体统筹解决乡村医生基本报酬，实施乡村医生社会养老保险制度、医疗责任保险制度，提高乡村医生待遇。开展乡村医生全科医师岗位培训和中专学历补偿教育。开展评选先进定点服务机构活动。2010 年正在组织在岗有执业资质的乡村医生考核进编工作。

（四）住院和门诊费用增长情况

常熟市新型农村合作医疗在 2007 年 4 月建成信息化系统，2007 年上半年及以前费用结报是手工操作。考虑到数据的可靠性与可比性，选择 2008 年至 2010 年

（1～9月）医疗费用情况进行比较。2008年至2010年（1～9月），住院费用和门诊费用水平及增幅情况见表2、表3。

表2　常熟市新农合和居民基本（农村合作）医疗保险2008～2010年住院费用增幅

年份	合计			市（县）外医疗机构			市（县）级医疗机构			镇（乡）级医疗机构		
	次均住院费用	较上一年增长（%）	较2008年增长（%）	次均住院费用	较上一年增长（%）	较2008年增长（%）	次均住院费用	较上一年增长（%）	较2008年增长（%）	次均住院费用	较上一年增长（%）	较2008年增长（%）
2008	5091.14			20425.01			7648.53			2124.80		
2009	5258.58	3.28	3.28	21296.07	4.26	4.26	8568.02	12.02	12.02	2244.13	5.62	5.62
2010	4707.81	−10.47	−7.53	19698.25	−7.50	−3.56	7661.46	−10.58	0.17	2006.75	−10.57	−5.56

表3　常熟市新农合和居民基本（农村合作）医疗保险2008～2010年门诊费用增幅

年份	合计			市（县）外医疗机构			镇（乡）级医疗机构			村级医疗机构		
	次均门诊费用	较上一年增长（%）	较2008年增长（%）	次均门诊费用	较上一年增长（%）	较2008年增长（%）	次均住院费用	较上一年增长（%）	较2008年增长（%）	次均门诊费用	较上一年增长（%）	较2008年增长（%）
2008	56.43			164.91			85.22			35.50		
2009	44.00	−22.03	−22.03	130.06	−21.13	−21.13	62.97	−26.11	−26.11	30.93	−12.87	−12.87
2010	57.00	29.55	1.01	134.01	3.04	−18.74	70.54	12.02	−17.22	34.30	10.90	−3.38

2009年和2010年（1～9月），次均住院费用较上一年度增幅分别是3.28%和−10.47%。2010年较2009年次均住院费用出现负增长，主要与少年儿童纳入有关。2010年次均门诊费用57.00元，较2008年次均门诊费用（56.43元）增幅仅1.01%，控费工作取得较好成效。

二、开展住院按病种结算，积极开展支付方式改革

（一）常熟市开展住院按病种结算基本情况

2006年下半年开始，常熟市在省卫生厅指导下，按照苏州市统一部署，以乡镇卫生院为重点，组织实施城乡居民基本医疗保险住院按病种结算试点。目前，全市开展（或正式签订协议承诺开展）按病种结算定点服务医疗机构39所，

其中，32 所乡镇卫生院已经全部开展按病种结算。全市明确按病种结算的病种 30 种，2006 年 7 月至 2010 年 9 月，纳入按病种结算病例累计达到 3237 例。

（二）常熟市开展住院按病种结算主要做法

1. 加强组织领导，精心组织实施

常熟市卫生局、市居民基本（农村合作）医疗保险管理委员会办公室要求全市经办机构、各定点服务机构都要充分认识这项工作的重要意义，切实加强领导，积极稳妥推进。常熟市合作医疗（居民基本医疗）管理委员会和办公室根据国家政策，认真研究并遵循医疗卫生机构、医疗保障和患者三方关系的规律，相继制定了《常熟市农村合作医疗保险住院按病种结算实施办法（试行）》等系列配套文件。明确了试点工作目标、按病种结算病种种类和指导价格、费用结算方式。在新农合基础上发展建立的常熟市居民基本（农村合作）医疗保险制度，又对按病种结算的相关文件作了进一步修订，形成了本市按病种结算的政策框架和操作规范。明确凡具备按病种结算试点病种诊疗条件的定点服务机构，必须签订按病种结算合同。

2. 合理确定病种，逐步扩大实施范围

2006 年试点开始之初，常熟市依照国际疾病分类标准（ICD - 10），在苏州市确定的 37 种农村合作医疗保险住院病人按病种结算试点病种的基础上，经广泛征求全市医疗机构意见，综合考虑疾病发生频度、疾病经济负担、病种的临床治疗效果，确定将阑尾炎、胆囊结石伴胆囊炎等 12 种（及其相关）疾病作为首批住院病人按病种结算病种。2007 年 9 月，常熟市将急性肾盂肾炎等 8 个病种增加纳入按病种结算范围。2010 年将乳腺癌等 10 个病种增加纳入按病种结算范围，实施病种扩大到 30 个。

3. 制定调整费用结算标准，明确费用结算方式

常熟市根据《苏州市农村合作医疗保险住院按病种结算首批病种指导价格》，结合对全市近 3 年各级各类医院相关病种实际发生费用以及调价等因素调查，在征求各级医疗机构和听取有关专家论证意见基础上，制定了首批试点病种费用结算标准（见表 4）。2008 年、2009 年分别对结算标准和部分病种特殊材料费用进行过调增，具体病种按病种付费价格都向社会公布和公示。按病种结算费用由基金和住院参保病人共同负担。根据农村合作医疗住院统筹平均补偿比例和实际费用测算，设定基金支付和个人自负标准。2009 年标准为：参保人员在一

级（或相当于一级）医院治疗，基金支付标准50%，个人自负50%；参保人员在二级医院治疗，基金支付标准45%，个人自负55%；参保人员在专科医院实施的传染病病种结算，基金支付比例在二级医院标准基础上上浮5%，即基金支付标准50%，个人自负50%。

4. 建立告知制度，维护患者知情权

常熟市制定的住院按病种结算实施办法规定：各定点服务机构应向符合诊断标准的参保住院病人（家属）告知按病种结算政策，经当事人在按病种结算知情同意书上签字后纳入按病种结算范围并予以实施。

5. 做好部门协调，加强考核监督

在推进试点工作过程中，市卫生局与物价部门多次进行沟通，取得物价部门对按病种结算病种指导价格的认可，与财政、审计、监察部门会商，将在实施按病种结算试点中取消住院一日清单做法并予以通报，也取得了理解和支持。市卫生局、市居医（农合）办成立住院按病种结算技术指导小组，对定点服务机构按病种结算工作进行技术指导与监督；成立住院按病种结算考核领导小组，制定按病种结算管理要求和考核办法。市卫生局将按病种结算实施开展情况列入对市属医院委托经营和各镇卫生院年度工作考核内容，并将各镇卫生院按病种结算实施率列入了市政府对各镇政府年度综合考核的新风杯指标要求，每年定期对定点服务机构按病种结算执行情况进行考核评价。

表4   常熟市住院按病种结算费用、基金支付和个人自付费用标准

单位：元

病种名称	一级医院			二级医院			备注
	按病种结算费用	基金支付	个人自付	按病种结算费用	基金支付	个人自付	
阑尾炎	2000	1000	1000	3150	1418	1732	
胆囊结石伴胆囊炎	4250	2125	2125	5900	2655	3245	
腹股沟疝	2150	1075	1075	2500	1125	1375	单侧，补片费用另行结算，补偿45%，封顶450元，其余由个人自付
下肢静脉曲张	2500	1250	1250	4200	1890	2310	单侧

续表

病种名称	一级医院			二级医院			备注
	按病种结算费用	基金支付	个人自付	按病种结算费用	基金支付	个人自付	
膀胱结石	3000	1500	1500	5100	2295	2805	
卵巢囊肿	3250	1625	1625	4500	2025	2475	单侧
子宫肌瘤	3700	1850	1850	4850	2182	2668	
慢性扁桃体炎（局麻）	1200	600	600	2000	900	1100	
慢性扁桃体炎（全麻）	2200	1100	1100	3000	1350	1650	
白内障	2000	1000	1000	3000	1350	1650	单眼，人工晶体费用单独结算，补偿45%，封顶450元；乳化专用刀费用单独结算，补偿45%，封顶225元
甲肝	—	—	—	6000	3000	3000	传染病，在传染病分院治疗，基金支付比例上浮5%
伤寒	—	—	—	4500	2250	2250	同上
细菌性痢疾	—	—	—	1800	900	900	同上
前列腺增生	6200	3100	3100	8500	3825	4675	电气化手术
甲状腺良性肿瘤	3000	1500	1500	3500	1575	1925	单侧
腰椎间盘突出	—	—	—	5300	2385	2915	普通手术，所用材料费单独结算，补偿45%，封顶4500元，其余自付
急性肾盂肾炎（非手术）	1450	725	725	5000	2250	2750	
十二指肠球部溃疡伴出血（非手术）	2000	1000	1000	3500	1575	1925	
胃溃疡伴出血（非手术）	2100	1050	1050	3550	1598	1952	
肺炎（非手术）	1300	650	650	3550	1598	1952	
胃瘘	—	—	—	14000	6300	7700	
贲门瘘	—	—	—	15000	6750	8250	

续表

病种名称	一级医院			二级医院			备注
	按病种结算费用	基金支付	个人自付	按病种结算费用	基金支付	个人自付	
食道癌	—	—	—	17500	7875	9625	
直肠癌	—	—	—	13000	5850	7150	
胆总管结石	8500	4250	4250	10000	4500	5500	
输尿管结石	—	—	—	7500	3375	4125	
精索静脉曲张	3200	1600	1600	3800	1710	2090	
脾功能亢进（外科）	—	—	—	11000	4950	6050	
痔（PPH手术）	3000	1500	1500	3800	1710	2090	
麻疹	—	—	—	1300	650	650	

（三）常熟市开展按病种结算取得一些成效

1. 有利于降低不合理医疗费用

按病种结算试点工作初期，常熟市农村合作医疗管理中心对 2006 年 7 月至 2007 年 6 月实施的 770 例住院按病种结算病例医疗费用与实施前（2005 年同一级别医院、同一病种）医疗费用水平比较结果显示：节约费用 47.7392 万元，降幅 15.05%，人均住院费用下降 620 元。对 2009 年实施的 717 例住院按病种结算病例医疗费用与常熟市同年同类医院同病种住院病例医疗费用水平比较结果显示：节约费用 34.73 万元，降幅 13.54%，人均住院费用下降 484.38 元。

2. 参保城乡居民得到实惠

常熟市在制度的设计上，根据实际补偿情况，在划分患者自付与合作医疗基金支付比例和确定数额时，对按病种结算患者给予倾斜，进一步提高参保居民对医疗服务的可及性。2006～2009 年，常熟市实施按病种结算病例住院实际补偿比分别是 34.43%、39.20%、43.89%、50.68%，较同年参保人员（按项目收费结算）住院补偿比（26.82%、33.23%、39.01%、40.68%）高出 5～10 个百分点。

3. 有利于控制医疗费用不合理上涨

实施按病种结算，充分调动了医疗机构在费用控制活动中的积极性，增强了内部管理的自主性。医疗机构从被动控费变为主动控费，费用自我约束机制和分担机制初步建立。各定点服务机构针对单病种付费制各病种治疗过程中各阶段的成本标准，健全医院成本核算体系。同时积极推行临床路径管理，有效控制不必要的检查和用药，限制了贵重药品材料的无序使用，避免了过度服务和诱导服务。常熟市大义卫生院一年开展按病种结算200多例，医院的经济效益和社会效益同步提升，带来了医院的发展。

卫生部卫生经济研究所有关研究人员抽样收集常熟市2006~2008年住院费用数据研究后认为：实施按病种结算后，次均住院费用得到不同程度的降低，实际补偿比不断提高。药品比重、检查比重呈降低趋势（按病种结算药品比重从2006年的43.96%降低至2008年的32.27%，检查比重由2006年的17.62%降低至2008年的11.44%），费用控制有一定效果。

4. 促进了乡镇卫生院运行机制转换

通过支付方式改革，采取住院按病种结算等预付制度，可以促使乡镇卫生院医疗经营向健康管理转化，从注重治疗向注重预防转化。基层医疗卫生机构对费用控制的主动性增强，在使用和配备药物时，会更加关注药物的适宜性，有利于提高基本药物的使用率，同时也有利于促进适宜技术、设备在基层医疗卫生机构的运用。

5. 推动了居民基本（农村合作）医疗保险向精细化管理迈进

支付方式改革不是一项孤立的改革措施，常熟市在推进住院按病种结算过程中，着重加强信息化建设、定点服务机构监管，农村卫生服务体系建设、镇村一体化管理、乡村医生队伍建设，丰富了监管内涵。特别是充分发挥卫生部门统筹管理城乡居民基本医疗保障和医疗卫生服务的"一手托两家"的优势，采取综合措施，控制医疗费用不合理增长并取得较好成效。

三、加快"四位一体"基本医疗卫生制度建设

（一）加快基层医疗卫生服务体系建设

1. 坚持规划先行，推动农村卫生机构基本建设

2007年由市政府制定《常熟市社区卫生服务机构设置规划（2007~2010年）》，市镇两级政府有效组织了规划实施。2007年至2010年5月，易（原）地

新建了唐市、梅李、莫城卫生院，对白茆、周行、福山等20个乡镇卫生院（分院）进行了改扩建，新（改扩）建社区卫生服务站90所。目前，建成社区卫生服务中心27所（2010年底将达到31所）、社区卫生服务站221所，占规划总数的98%。成功创建省示范社区卫生服务中心3所、苏州市级示范社区卫生服务中心12所，示范社区卫生服务站16所，基本完成了农村卫生机构建设任务。

2. 实施稳定农村卫生人员政策

大力加强对农村卫生人员的培训、培养。从2006年开始，市卫生局连续五批组织社区卫生服务机构的卫生技术人员开展全科医学岗位培训，累计参加培训人数达到1539人。2009年，正式启动了全科医师规范化培训。2010年，开展中医类别全科医师岗位培训。全市农村卫生人员培训率达到90%以上。按省卫生厅、教育厅统一部署，全市组建了10个集中教学点，259名乡村医生参加了中专学历补偿教育，38名乡村医生参加了中医中专学历教育。推进社区医生定向培养工作，2009年以来，录取定向培养大专生46名。

做好基层医疗机构人员招聘工作。2007～2010年，全市有385名医药院校毕业生通过招聘补充到卫生院工作。2007年、2008年两年内，面向社会招聘了39名具备报考医师（护士、药士）执业资格人员，统一安排到卫生院进行培训。目前，其中27名已经通过国家考试取得了执业资质，正式补充到社区卫生服务站工作。2009年8月市政府制定了《关于加强常熟市农村卫生人才队伍建设的实施意见》。2010年5月，常熟市编委印发了《关于调整全市乡镇卫生院人员编制的批复》等重要政策性文件，进一步明晰了卫生院和社区卫生服务站（村卫生室）公益性性质管理体制，适应了新时期农村卫生工作形势，调增了全市乡镇卫生院总编制。为合理配置农村医疗卫生人力资源，进一步健全基层医疗卫生体系，推进镇、村医疗卫生机构一体化管理打下了坚实基础。

3. 加强乡村医生管理

按照《乡村医生从业管理条例》，开展了乡村医生执业注册后两年一次的培训和考核工作，开展评选表彰优秀乡村医生活动。2009年，为全市747名符合条件的在岗乡村医生进行了再注册。全市各社区卫生服务中心（卫生院）统一为乡村医生建立了个人档案、聘用和退休返聘制度。通过镇村统筹、财政补助和业务收入，统筹解决乡村报酬，并逐年提高其收入水平。2009年，在职乡村医生平均收入29169元。2005年，在省内率先为注册在岗乡村医生办理了城镇职工养老和医疗保险。目前，全市乡村医生养老已由"两险"转为"五险"，实施了住房公积金制度。2009年，常熟市还统一为乡村医生办理了医疗责任保险。

4. 建立医疗服务集团，推进市镇医疗机构纵向协作

2006 年，市卫生局提出以自愿互惠为原则，市属医院为核心，卫生院为成员，组建医疗服务集团的工作计划。经过多年的实践，全市组建了以市一院、二院、中医院为核心，17 家镇卫生院为成员的 3 家医疗服务集团。市级医院和卫生院之间建立起了稳定、畅通的协作机制和双向转诊机制。以医疗服务集团医院为平台，全市较顺畅执行市属医疗卫生机构专业技术人员晋升高（中）级职称前到基层医疗机构工作一年的制度。2006 年以来，已有 232 名市属医疗卫生机构卫生技术人员先后在卫生院帮助工作。市卫生局近年从市属医疗卫生机构选调41 名优秀中青年骨干到卫生院任职或挂职。

5. 加强农村卫生机构内涵建设，提高服务整体水平

在推进城乡社区卫生服务进程中，进一步加强内涵管理。各社区卫生服务中心发挥"六位一体"功能，为居民群众提供综合、连续、便捷、安全的基本医疗和公共卫生服务。2008 年开始，全面推进全科医师团队服务，全市建立了 95个全科医师团队，逐步开展家庭保健签约和落实责任医生制度。全科医师团队活跃在基层，做好初步的基本医疗，建立、充实健康档案的内容，加强居民动态健康管理，开展慢病社区综合防治。去年，市卫生局等制定《关于进一步加强社区卫生服务站管理的若干意见》，进一步规范了社区站乡村医生执业管理。

（二）促进农村公共卫生服务逐步均等化

1. 实施基本（重大）公共卫生服务项目

常熟市认真贯彻落实国家和省政府提出的关于促进基本公共卫生服务逐步均等化意见精神，实施基本公共卫生服务项目和重大公共卫生服务项目。一是健康教育工作不断深入；二是卫生应急机制不断完善；三是重大疾病防治得到加强；四是综合防病工作水平得到提高。2010 年开始，组织实施"常熟市妇儿健康工程"，被省卫生厅列为全省居民健康档案五个试点县市之一，全面开展居民健康档案建档工作。

2. 常熟市公共卫生服务专项经费建立和使用情况

2005 年开始，市镇财政按户籍人口设立人均 10 元标准的农村卫生专项经费，主要用于对镇村医疗卫生机构从事公共卫生服务、乡村医生和村医疗机构日常运行的补助。专项补助经费逐年增加：2007 年人均 20 元，2008 年人均 40 元，

2009 年人均 50 元，2010 年人均 60 元，2010 年资金总量达到 6300 万元。2008 年，常熟市将社区卫生服务中心人员经费补助由 5000 元/人/年提高到 1 万元/人/年。公共卫生项目工作补助经费，年初编制工作计划和经费预算，年中由市财政局和市卫生局预拨指标，年中和年终绩效考核后，按考核结果拨付。

（三）常熟市新农合组织参合老年居民健康体检

1. 健康体检实施情况

常熟市自 2006 年开始，由新农合和居民基本（农村合作）医疗保险制度安排组织参保老年人员免费健康体检。2006～2008 年第一周期，连续 3 年分别组织 70 周岁以上、60～70 周岁、50～60 周岁参合居民免费健康体检。实际体检 27.66 万人，体检率达 93.13%，建立健康档案 26.86 万人，建档率达 97.10%。由合作医疗基金向承担体检任务的社区卫生服务中心（卫生院）支付了 1425.52 万元体检经费。2009 年开始组织实施第二周期免费健康体检。2009 年组织对 70 周岁以上参保人员共 7.31 万人体检。2010 年组织对 60～70 周岁的 10.39 万名参保人员体检。

2. 参合居民健康体检主要做法和特点

（1）建立工作管理机制，加强组织领导。

常熟市参合居民健康体检建立了政府领导、卫生牵头、部门合作、乡镇实施工作机制。市卫生局、市居医（农合）办每年都以文件形式下发组织健康体检工作的通知，召开会议予以部署。各镇都建立了由镇分管领导为组长、公共卫生和合作医疗管理中心、劳动保障、民政、社区卫生服务机构、各村（社区）等多部门负责人组成的体检工作领导小组。各镇（场）公共卫生和合作医疗管理中心（合管所）负责制定本地区实施方案，各社区卫生服务中心、卫生院负责职责范围和体检任务。

（2）完善各项工作制度，规范免费健康体检。

全市统一确定体检项目，体检项目包括一般体格检查，五官科、内科、外科检查，心电图、B 超（包括肝、胆、肾）、胸部 X 光透视、血液检查（包括尿酸、空腹血糖、谷丙转氨酶）。2008 年根据体检对象的年龄特点，增加了女性子宫、乳房，男性前列腺项目检查。全市参保农（居）民健康体检由本市定点服务机构中的各镇（场）社区卫生服务中心（卫生院）承担。使用全市统一体检表，体检后形成体检结论和健康指导意见，并在体检结束后及时反馈（要求在体检结束后 15 天内）给参加体检人员，对查出的疾病要落实后续治疗或转诊。常熟市居民基本（农村合作）医疗保险管理中心通过组织人员对各地体检工作进行抽查或专项检查，对各镇上报体检资料进行审核，根据各镇、各定点服务机构体检工作完成情况和工作质量向体检承担机构核拨相应的体检经费。

（3）增强服务意识，切实抓好体检质量。

市卫生局、市居医（农合）办制定工作质量指标，要求体检率达到85%以上，体检表合格率（项目齐全、记载规范、有明确体检结论和健康指导意见）达到95%以上，体检信息及时反馈率（体检对象体检完成后15日内将体检结论反馈给本人）达到95%以上。各体检单位切实抓好体检质量，3年内，体检各单位各项质量指标均达到规定要求。同时建好和规范体检农（居）民健康档案。在做好纸质档案基础上，按照社区卫生服务信息化管理要求和提供的软件管理模块，建好电子健康档案。

3. 参合居民健康体检取得的成效

（1）免费健康体检在群众中反响强烈。

政府免费体检在广大居民群众中引起了非常强烈的反响。有些农村居民都是第一次参加健康体检，居民群众扶老结伴来院体检，场面十分感人。家中有没有人查出毛病、如何治疗成为农村居民日常谈论的话题。广大农村居民群众衷心地赞誉党和政府关爱居民群众，为他们办了一件"看得见、摸得着"的好事。

（2）参保居民真正得到实惠。

开展老年居民免费健康检查，群众真正得到了实惠，做到了有病早治疗。对体检发现异常情况人员，各体检单位都一一跟踪，进一步检查确诊，对需要治疗对象，与家属沟通，落实治疗方案，进行健康指导。健康体检最大的好处是使广大农村居民接受了一次具体的健康教育，尤其是通过医生与农（居）民面对面的保健指导，促使农（居）民群众提高卫生防病、无病先防的意识，自觉养成健康、科学的生活方式。

（3）推动社区卫生服务深入发展。

通过免费健康体检，各社区卫生服务中心（卫生院）为体检对象建立健康档案，建立慢病综合防治各种制度，实施规范化管理，开展健康教育，把卫生防病宣传资料送到家家户户。农村居民健康体检开展，为政府卫生资金的有效投放提供了制度平台，拉动了农（居）民健康投资，为农村卫生服务体系注入了新的活力。基层医疗卫生机构通过健康体检，更新了服务理念、转变了服务模式，有力推进了农村医疗卫生发展，也进一步增强了新农合制度的吸引力，体现了新农合和社区卫生服务的良性互动机制，促进了农村卫生事业的可持续发展。

4. 实施国家基本药物制度

认真贯彻实施国家基本药物制度。从 2007 年开始，全市医疗机构开展药房托管工作。制定了药房托管后续管理规定和药品让利具体措施，市级医疗机构药房托管目录中的药品统一让利 4%，镇卫生院选择 50 种常用药品，统一让利差率为 10%。2009 年全市医疗卫生机构药品让利达到 1600 万元。全市社区卫生服务站用药全部由社区卫生服务中心（卫生院）统一供配。常熟市还按照要求，将国家基本药物纳入居民基本（农村合作）医疗报销范围。

四、总结与展望

（一）坚持农村合作医疗制度 55 年不动摇，并且在新的历史时期得到了新的发展

常熟市农村合作医疗从 1955 年初创至今已有 55 年历史并且从未间断。2002 年 10 月中央正式提出建立新型农村合作医疗制度后，传统农村合作医疗向新型农村合作医疗转型过渡。2007 年开始，在城乡统筹发展大背景下，常熟市新型农村合作医疗制度参合覆盖面不断扩大，筹资水平稳步提高，参合居民受益面和受益水平不断提高，农村医疗机构服务条件得到改善、服务质量和水平明显提高，建立了符合当地实际情况的制度框架和管理运行机制，管理由粗放向精细迈进，在探索建立适应农村发展的医疗保障制度方面，取得了新的发展。

（二）常熟市新农合与城镇居民基本医疗保险衔接融合已经成为目前我国医疗保险制度发展的一个探索方向

常熟市在加快城乡一体化发展的大背景下，在全国率先开展新型农村合作医疗与城镇居民基本医疗保险衔接融合。2007 年开始，常熟市新农合参合对象已经扩大到除参加城镇职工医疗保险、少儿医保以外的全部本市户籍居民。在国家提出建立城镇居民基本医疗保险意见后，正式将城镇居民基本医疗保险制度纳入新农合并轨运行。2009 年，将原独立运行的少年儿童基本医疗保险纳入新农合运行，同时，常熟市统一为"常熟市居民基本（农村合作）医疗保险"制度，2010 年常熟市区域内在校大学生被纳入制度体系。常熟市新农合适应经济社会变革由农村向城市发展，制度覆盖了户籍关系在当地行政区域内职工医疗保险参保范围外的所有农民、城镇居民、少年、在校大学生。同时，常熟市统一了筹资标准、补偿方案、管理部门、信息平台，居民参保率保持了高位水平，筹资水平不断提高，费用控制效果提升，城镇和农村居民在两制衔接融合下都得到了较大受益。常熟市新农合与城镇居

民医疗保险的衔接已经成为目前我国医疗保险制度发展的一个探索方向。

（三）开展住院按病种结算，探索支付方式改革的路径

2006 年下半年开始，常熟市以乡镇卫生院为重点，组织实施住院按病种结算试点。住院按病种结算费用水平降幅在 15% 左右。实施按病种结算，充分调动了医疗机构在费用控制活动中的积极性，增强了内部管理的自主性。费用自我约束机制和分担机制初步建立，促进了乡镇卫生院运行机制转换，推动了居民基本（农村合作）医疗保险向精细化管理迈进。

（四）同步推进医疗救助制度，改善贫困人群基本卫生保健

常熟市自 2004 年开始，建立和推进以新型农村合作医疗为依托，以大病医疗救助为重点的医疗救助制度。在运行中不断完善提高，实现了医疗救助与新农合两个制度的无缝衔接。全市进一步建立健全了政府领导，卫生、民政、财政部门分工协作的工作机制。救助对象已覆盖到低保家庭成员、五保户、低保边缘人员、优抚对象、重度残疾人、特困职工家庭子女、家庭经济困难大学生和因大病造成生活困难人员。实行多种方式救助，坚持以住院救助为主，同时兼顾门诊救治。依托居民基本（农村合作）医疗保险信息网，全面实施计算机管理，实时救助，提高了医疗救助科学管理水平。

（五）充分发挥卫生主管体制优势，实施精细化管理

常熟市发挥卫生部门既管理基本医疗保险，又管理医疗服务的"一手托两家"的体制优势，优化配置卫生资源，合理确定补偿方案，引导就医流向，综合运用卫生行政管理和信息化手段，加强医疗机构管理。以监管和疏导相结合，把监控双方从对立状态转变为相互依存状态，建立创新的控费机制，调动医疗保险服务提供方、管理方和需求方积极性等综合措施，控制医疗费用不合理增长。

（六）加快"四位一体"基本医疗卫生制度建设

常熟市以基本医疗保障体系为纽带，从促进和改善居民健康全局出发，加强医疗保障体系、医疗服务体系、公共卫生服务体系、药品供应保障体系为"四位一体"的基本医疗卫生制度建设，协调推动农村各项卫生事业发展。

（七）进一步发展思考

1. 积极探索建立中长期筹资增长机制，保证制度可持续发展

常熟市新农合和居民基本（农村合作）医疗保险已经建立了稳定的筹资机

制，每年的筹资标准均由政府在年度工作意见中明确。由于市委、市政府领导重视，近年筹资增长幅度也较快。但筹资增长额度与社会经济增长指标、农民人均纯收入、城镇居民可支配收入等指标尚无直接关联，非制度化的调整方式也不利于制度的长远发展，亟须进一步研究建立稳定可靠、合理增长的中长期筹资增长机制。

2. 如何更好地满足医疗服务需求和控制医疗费用的平衡，实现医疗卫生事业和医疗保障事业协调、可持续发展

一个国家的国民医疗服务需求不可能无限制地得到满足，因此需要在满足医疗服务需求和控制医疗费用之间取得平衡。进一步研究在"一手托两家"体制下，如何统筹供方和需方管理，平衡供需双方关系，引导供需双方的行为向着合理方向发展，提供比较优质的医疗服务，实现人人享受基本医疗卫生服务目标。

3. 加强与基层医疗卫生服务体系改革发展的联动

当前，新医改方案实施正在有序推进，居民基本（农村合作）医疗保险要做好基层医药卫生体制改革。实施国家基本药物制度等重点改革的衔接，进一步研究居民基本（农村合作）医疗保险与其他改革的互动和影响，统筹医疗保险和医疗服务协调发展，促进医疗保障向健康保障制度发展。

编辑整理：陈　钰

土地政策与宏观调控
——对几个土地问题的认识

李景国

2010 年 12 月 9 日

李景国

中国社会科学院研究生院城市发展与环境研究系教授

摘　要：土地问题是一个热门话题，在土地问题上演绎着各种各样的悲欢离合。本文首先回顾了我国改革开放以后的土地制度和政策的发展脉络，然后分析了现有土地问题的主要矛盾——生产与生活用地的矛盾。我国的耕地保护无论从数量上还是质量上都面临着很大的难题，经济发展对于建设用地的强烈需求使耕地保护面临着严峻挑战。解决耕地保护与建设用地扩张之间日益尖锐的矛盾，需要把土地规划和实行城乡建设用地增减挂钩，同时建立全国性建设用地市场作为配套措施，其中，后者是解决这一矛盾更为有效的途径。在许多情况下，土地是比资本市场更为有效的宏观调控工具，本文介绍了土地参与宏观调控的理论与现实依据以及目标。

关键词：土地政策　土地参与宏观调控　土地问题　全国性建设用地市场

　　土地问题是一个热门话题，在媒体和学术领域都很热门，在现实中土地问题也演绎着各种各样的悲欢离合。本文要讲关于土地政策与宏观调控的问题，但这个题目偏大，本文集中讨论对若干土地问题的认识。

一、土地制度、政策简述

　　我国的经济体制自十一届三中全会后发生了很大变化，逐渐由计划经济转向市场经济，土地制度和土地政策以及对于土地的认识随之发生了很大的变化。我认为一个最大的变化是我们对土地的认识的变化，在计划经济时代，我们将土地当作一种资源；在市场经济时代，土地不仅仅是一种资源，也是一种资产，更是资本化的资产。这种认识的变化直接导致了土地制度和土地政策的一系列的变化。经济体制变了，土地制度和土地政策也要相应变化。这种变化主要体现在以下方面：

（一）土地产权制度

　　土地产权制度从本质上没有发生变化，但是其实现形式发生了变化。现行的土地产权制度是城乡分割的二元制度，城市土地属国有，农村土地是集体所有。所以现在如果将集体土地转变为国有土地，就必须征地，即将农村土地转变为城镇用地或国有建设用地，必须向农民征地，征地由国家统一征，所以一级土地市场是垄断经营的。现在有许多人对一级土地市场的国家垄断发起挑战，笔者认为我国的土地无论是集体所有还是国家所有，都不是个人所有。只要城镇土地是国有，就应该由国家掌控，谁代表国家？当然应该由各级政府代表国家来掌握土地，这是理所当然的，因为土地的所有权归国家。总的来说，中国的土地产权制度是城乡分割的二元制度，这种二元土地产权制度导致了征地的问题。

（二）土地管理制度

改革开放以前，中国没有专门的土地管理部门，以前的认识是我国地大物博，因此不需要去管理。市场化改革之后，土地资产化，经济发展又十分迅速，土地日益紧张，人们认识到必须有专门的土地管理部门管理土地，因此专门设立了土地管理部门，国家层面的管理部门起初称为国家土地管理局，后改为国土资源部，体现出对土地问题的认识有一个逐渐深化的过程。在此之前，在农业部门有专门的土地管理机构，只管农业用地，城市用地由城建部门管理。现在的土地管理部门也不是所有土地都管，它不管城市的具体用地。我们国家搞了三轮土地规划，第一轮在 20 世纪 80 年代末，第二轮在 90 年代中后期，第三轮现在正在做。土地管理部门在做第一轮土地规划时把城市用地划分一个范围和数量，里面的土地如何用不管，如何用由城建部门来管。现在土地管理部门越来越想管城市用地，这一轮土地规划要求做出城镇用地的规划，对城镇用地想管但实际上管理不了。

（三）农地政策

随着计划经济向市场经济转变，农地政策也发生了巨大的变化，最突出的变化是原来的农地由生产队、农村大队统一支配，市场化之后实行承包责任制，现在又可以流转，把土地转给别人。

（四）城镇土地政策变化——无偿划拨到有偿使用

原来的城镇用地是无偿划拨的，现在已经有偿使用，即城镇用地市场化了，在具体落实方面的变化是由划拨转为出让，出让的形式也发生了很大变化，由协议出让变成"招拍挂"，纯粹市场化了。也有人反对"招拍挂"的方式，认为房价高主要是因为地价太高，而地价高与"招拍挂"有关。

（五）农地非农化政策

农地非农化政策实际就是征地，农业农村用地转化为城镇、建设用地，农地非农化即非农业利用。农地非农化政策越来越多，越来越庞杂，也在发生变化，补偿越来越多，但是到目前为止，补偿仍然不够高，农民意见大，导致社会矛盾。

（六）土地价值

关于土地价值，一个是对土地资源的认识，另一个是土地政策，两者的变化使土地由资源变成资产、资本，价值越来越高，原因是土地稀缺，特别是建设用地。

二、现行土地政策

（一）现行土地政策的核心：保护耕地、严控建设用地

我国现行土地政策最核心的是保护耕地，这一点早在 1982 年已经确定。

1. 国策

我国的国策是珍惜和合理利用每一寸土地，保护耕地，严格限制建设用地。

2. 耕地保护的具体目标：18 亿亩

（1）制定 18 亿亩的依据。

现在我国的耕地大约为 18.2 亿亩。18 亿亩耕地红线的依据是：全国平均下来亩产 300 多公斤，如果按照人均 370 公斤每年的粮食需求量算，大致可以满足需求。如果按照人口峰值 15 亿人口计算，大约需要 18 亿亩耕地。它是按照当前的产量提出的，是以此为依据的。

（2）严厉实施。

2007 年国土资源部编制的第三轮全国土地利用规划纲要（即对全国的土地利用进行规划到 2020 年）由国务院的常务会议进行讨论但没有批准，原因是 18 亿亩耕地没有保证，这说明国家对耕地保护非常重视，所以又重新搞了一次规划纲要，于 2008 年批准。

3. 政策目标

政策目标就是粮食安全，坚决维护 18 亿亩耕地红线就是为了粮食安全，为

了解决吃饭问题。对于粮食安全有不同的观点，个人赞成国家的观点，粮食安全非常重要，不能依赖国际粮食市场。我国的人口多，粮食问题一直存在，如果吃饭问题解决不了，随时可能出现大的社会问题。历史上总是出现农民起义，就是因为吃不饱。有的专家说我们现在是全球经济一体化，粮食问题可以通过国际市场解决。个人不赞成这种观点，因为如果粮食依靠国际市场提供，一旦西方国家因为什么事件想制裁我们就可以用粮食来制裁，国家很容易就乱了。因此不赞成这种观点。国际市场是靠不住的，不能让别人扼住你的咽喉。这就需要妥善解决吃饭和建设的关系问题。

（二）现行土地政策制定的背景：土地利用矛盾日益尖锐

现行土地政策制定的背景是土地利用矛盾日益尖锐，这个矛盾就是耕地和建设用地的矛盾：

1. 耕地数量减少

（1）人均耕地在主要国家的排序。

如果从人均耕地看，在全球 5000 万以上人口的国家中，我国是倒数第三位，我国的人均耕地不到 1.3 亩，很多地方特别是东南沿海地区人均一亩都不到，但是这些地区的个别地方政府仍希望通过减少耕地的方式进一步增加建设用地。我国的人均耕地少，尤其是东南沿海地区更是如此，这一方面是因为东南沿海地区经济发展快，需要较多的建设用地；另一方面是因为早期我们持着"地大物博"的观念，对建设用地的使用限制较晚。所以经济发展早的省份受益，建设用地规模大，但是现在再搞建设用地非常困难，第三轮土地规划给的建设用地指标非常少，因此这也是一个很大的矛盾。

（2）耕地减少情况。

从耕地减少的情况看，1996 年我国通过土地详查（测绘部门对每一块土地进行测量，绘制在图上，并标注用途、数量、位置等）得到的耕地数大致是 19.5 亿亩，到 2008 年通过变更调查得到的变更数据是 18.257 亿亩，1996～2008 年减少了 1.25 亿亩，平均每年减少一千万亩。我想提醒的是，每年减少一千万亩对于我们如此大的国家而言貌似并不多，但是应该注意的是，我们是在严格控制建设用地、保护耕地的严厉土地政策之下仍然每年减少一千万亩，这个问题就很大。另一个问题是事实上我们现在并不需要因增加城乡建设用地而减少耕地，因为现有的城乡居民点建设用地总规模完全可以满足人口峰值时的需求，但是我们仍然在扩大城乡建设用地规模。

2. 耕地质量下降

（1）耕地质量的特征。

从耕地质量上看，2009年有关机构对我国的耕地质量进行了调查，结果显示，如果将耕地质量分为优级、高级、中级、低级，我国的耕地大多为中级和低级质量，大约占70%，我国耕地质量差是我国耕地的一个重要特点。耕地质量差，一方面是耕地本身质量差，另一方面是其他的自然条件也比较恶劣。例如坝上地区，因为极端缺水，耕地质量特别的差，这主要是由于气候、水源、土壤等方面的自然条件的限制造成的。

表1　各等级耕地质量比重（2009年资料）

土地等级	优	高	中	低
比重（%）	2.67	29.98	50.64	16.71

（2）质量呈下降趋势。

我国的耕地质量本来就很差，而耕地质量还在呈下降的趋势。水土流失和污染是耕地质量还在不断下降的主要原因。由于我国处于重工业为主的时期，工业污染非常严重，使土壤板结，耕地质量下降。水土流失是耕地质量下降的另一重要原因。泥石流是最大的水土流失。

3. 引发的矛盾——吃饭与建设的矛盾

有人说，既然吃饭和建设的矛盾如此之大，少搞一些建设用地就可以解决问题了。但是建设用地中很大的比例是用于居住，人类解决衣食住行的问题都要使用土地。穿衣需要农业生产棉花，"行"需要道路用地。矛盾是很难调和的。

（1）保护耕地与城市化的矛盾。

城市化随着经济发展的必然趋势是不可阻挡的。不搞城市化经济发展就会放慢。有一位美国学者指出，21世纪对全球经济影响最大的几个因素之一就有中国的城市化。城市化需要建设用地，实际上，城市建设用地不是占大头的。对建设用地的定义，在第一轮土地规划中，将用地分为八类，很多用于建设的用地不被归为建设用地，例如水利用地不被归为建设用地、归为水域用地，现在将水利设施用地归为建设用地，城镇用地在建设用地中的比重由于建设用地定义范围的扩大而降低，约为1/4。

（2）保护耕地和其他建设用地的矛盾。

例如水利设施和道路，为了发展地方经济、农业，这些建设用地也是必需的。

（3）未来建设用地供求。

未来，建设用地和保护耕地的矛盾依然很大。2008 年国土资源部制定的全国土地利用总体规划纲要，是指导全国土地利用的一个规划，从国家层面制定到 2020 年各类用地包括主要建设用地增量指标，自上而下，层层分解，指令性地将指标分解到各省，各省再分配到各市、县、乡、村，落实到各级政府具体的土地规划中。与以往的规划不同，现在要拿着图纸去批地，土地管理部门权力很大。全国的规划不再是纸上谈兵。现在批地很难，批地必须拿图，利用规划的数据库，地点、形状不能变，重点项目的名称、位置、占地面积、形状都要反映在图上，在批地时要按照那个形状、位置和面积去批，不是那样的地点和形状批起来就麻烦。借助计算机信息系统，落实土地利用规划纲要很重要。

根据 2008 年土地利用规划纲要，到 2020 年建设用地有 585 万公顷，即 8775 万亩，是用全国最近几年的建设用地总量中的城镇用地比重的数字，来推算 2020 年相应的城镇建设用地的数量。城镇建设用地中有居住用地的数据，根据 2009 年的数据可以大致推算居住用地的数量，将容积率设为 2，则年均可以新建住宅 3.7 亿平方米。自 1998 年以来，年均建设用地是 4.6 亿平方米，最近几年竣工的量是年均 6 亿～7 亿平方米。如果按照人口和城镇化水平推算，根据建设部下属的政研中心的数据，到 2020 年人均建筑面积达到 35 平方米，新增人口年均需求约为 4.4 亿平方米，还不包括改善性需求。按照土地利用规划纲要推算，每年可以提供 3.7 亿平方米的住宅面积，但是每年仅新增人口需求就有 4.4 亿平方米，另外经济的发展使得人们有着强烈的改善住房的需求，因此供求矛盾很大。

（三）试图解决土地利用矛盾的途径

1. 土地利用总体规划

土地利用总体规划是通过行政手段，限制建设用地，保护耕地，在耕地保护中还要搞基本农田，基本农田的保护更为严厉。在土地利用总体规划中包含了基本农田保护的规划，规定基本农田的比例要占耕地的 80% 以上，多数要达到 90% 以上。

规划演变。

通过规划的演变，可以发现我国对于保护耕地和控制建设用地越来越严厉。第一轮土地规划是在 1980 年全国推行的，规定了县乡两级规划。第一轮规划没有得到理想落实，原因之一是没有自上而下的指标控制，自己搞自己的，说明当时对于土地问题的认识不足，经验也不足，没有将控制建设用地作为非常棘手的问题看待，对建设用地的增加没有控制的意识，而是根据对经济增长的预测来匡算，这种规划的做法看似科学，但是由于规划制定者偏重于经济发展，指标往往偏大，超过了实际需求；原因之二是没有将指标落实到图上，当时虽然每个乡镇都会作图，具体到地块，但是在批地时并不看图并且批地的把关也没有现在这样严格。所以第一轮规划并没有真正落实。第二轮规划开始制定指令性的主要指标，从国家开始逐级向下，层层控制，层层分解，主要指标包括：耕地指标、基本农田指标、建设用地指标。第二轮规划对建设用地的控制相对较少，主要是总量控制，并提出了占补平衡。第二轮土地规划还提出了城乡建设用地增减挂钩，城镇化要占建设用地，城镇化使农村人口向城镇转移，农村人口减少，城市扩容，农村建设用地理应减少，因此应实行城乡建设用地增减挂钩，城镇增，农村居民点减。第二轮规划要求必须落实到图上，因此是真正的规划。我国搞的规划很多，真正能够落实的规划，一个是城镇规划，另一个是土地利用规划。到现在，西部地区第二轮规划的建设用地指标还未用完，2003 年调研东南某发达地区时，发现早在 2001 年他们就用完了 2010 年的建设用地指标，只好异地购买建设用地指标，有的地区指标用不完、有的不够用，这为我们提供了一个思路，就是建立全国的建设用地统一市场，这样建设用地指标就可以进入市场，这当然需要很多前提，如城乡建设用地不再增加等。重庆已经开始做这件事，但是比我的设想范围小，应该搞全国的。实际上，由于建设用地缺乏，在第三轮土地规划中很多省都在搞增减挂钩。第三轮规划中建设用地指标非常少。表 2 中是某县到2020 年的建设用地规划指标，这个指标是由国家给出，再自上而下由省—市—县逐级下达的。2020 年，建设用地总规模的指标数大于现状数，可利用的指标有 200 多公顷，城乡建设用地指标也有富余，但是另一个控制指标——城镇工矿用地规模，其指标数少于现状数，还欠 130 公顷。由于下级的规划必须与上一级衔接，即必须按照市下达的规划指标执行，这样的规划编制起来就非常困难，执行起来也非常困难。规划必须是现实的、能够实施的，要有长期的考虑。需要让建设用地指标上市，市场化的实施规划，各地通过建设用地指标的交易来调剂余缺，这当然对目前规划中下达城乡建设用地指标的方法提出了挑战。值得注意的是，这里交易的标的物是指标而不是实际的土地，例如北京为城市扩张需要增加建设用地但指标不足，可以向山东购买农村建设用地指标，山东在卖出建设用地指标后，要通过压缩农村居民点的方式将这部分指标减下来。北京向山东支付购买指标的费用，山东可以用这部分钱为缩减居民点的农村盖楼房、复垦和整理耕地等，这样就可以解决在目前的城乡建设用地增减挂钩的实践中常常出现的不顾农民权益、硬性压缩农村居民点用地、给农民增加购房负担的不合理现象。一些地方实行的增减挂钩正是这种硬性减少农村居民点的方式，而没有通过市场交易，带来的问题一方面是经济上的，另一方面是农民没有经济能力支付高额的房价，农民怨声载道，造成社会矛盾和问题。另外，农民的新居远离自己的承包地，给农业活动带来很大不便。农民也不适应居住高层楼房的城镇生活。目前一些地方在实施增减挂钩中，最主要的问题是缺乏配套政策，将实施的很大一部分成本强行让农民承担。

表2 某市下达给某县到2020年建设用地规划指标与现状对比表

单位：公顷

指标	项目	现状	市下达的2020年规划指标	可利用指标
总量指标	建设用地总规模	8792.92	9030	237.08
	城乡建设用地规模	7537.32	7870	332.68
	城镇工矿用地规模	1390.72	1260	130.72
效率指标	人均城镇工矿用地	—	190（平方米）	—
增量指标（2006~2020年）	新增建设用地	—	550	—
	新增建设用地占用农用地规模	—	400	—
	新增建设用地占用耕地规模	—	300	—
	整理复垦开发补充耕地义务量	—	890	—

说到底，规划解决的是限制建设用地增量、保护耕地的问题。限制建设用地增量之后，矛盾依然存在，这是要害处。我认为，规划本身并没有从根本上解决这个矛盾。

2. 城乡建设用地增减挂钩

（1）主要依据。

现在很多地方都在搞城乡建设用地增减挂钩，但是由于实施的方式方法欠妥，使得老百姓对于增减挂钩很反感，认为这是一个很差劲的政策。其实增减挂钩是一个好政策，方向并没有错，关键是要有相应的配套政策同时实施。我认为，应逐步建立全国性建设用地市场，这当然需要一定的时间。目前一些省市正在就此进行小范围的试点并取得了成效，例如重庆市正在试验的地票交易和其他城市向邻近区县购买建设用地指标的做法。

为什么提出建立全国性建设用地市场？一是我国已有的城乡居民点建设用地规模已经超过人口峰值时所需的用地规模的最高水平，通过实行增减挂钩并配套建立全国性建设用地市场，可以伴随城市化的进程合理配置城乡土地利用结构。

国家计生委在其一份关于人口的报告中指出，到 2033 年左右，我国的人口将达到峰值，大致为 15 亿，如果按照我国的城镇化以每年 1% 的速度增加，到 2033 年左右我国的城镇化水平接近 70%，当然实际上是达不到的。我国的城镇化数据有水分，一方面将居住在城镇半年以上的都统计为城镇人口（如民工），这部分多统计的城镇人口约为 1.5 亿；另一方面行政区划变更使一些县升级为区，使一部分住在农村并从事农业劳动的农民被纳入城镇人口的统计中。社科院有一位学者对此进行过分析，得出的结论是如果去除这些水分，我国的城镇化水平大约要下调 9%。按照国家统计局公布的数据，2009 年我国的城镇化水平为 46.7%，如果下调 9%，则我国的实际城镇化水平不到 40%。这里讲的是如果按照统计局公布的数据，我国的城镇化到 2033 年将达到 70% 这个水平，在此之后，一般来讲，城镇化推进的速度将会非常缓慢。如果按照到 2033 年有 15 亿人口，70% 是城镇人口，约为 10.5 亿，按照建设部规定的城镇用地的最高限人均 120 平方米，农村用地的最高限人均 150 平方米计算，城镇建设总用地大约为 1260 万公顷，农村建设总用地大约为 675 万公顷，则城乡居民点建设用地总共是 1935 万公顷。也就是说，即使到人口峰值的时候，按照建设部规定的最高人均建设用地限额来计算，所需的城乡建设用地总额不到 2000 万公顷。但是按照国土资源部公布的数据，2005 年城乡居民点建设用地的规模为 2385 万公顷，因此我国现在的城乡居民点建设用地现状，已经超过了应该有的规模。换句话说，我国的城乡居民点建设用地不需要再扩张，并且我们通过实行增减挂钩，缩减农村居民点可以省出一些土地。

二是城镇化的过程中，农村人口向城镇转移，农民变成市民。如果农村人口向城镇转移的同时，农村居民点没有相应缩减，是讲不通的。很多人质疑中国的城镇化并不是真正的城镇化。我认为中国的城镇化有很多途径，并不是人们想象的只有单一途径。例如，农村生源的大学生毕业后在城市就业，经商成功的农民在城市买房，农民工在大城市打工然后在小城镇购房，等等。在河北的坝上地区，由于生存条件差，很多人选择外出打工，很多村庄基本上是空的，常住人口很少，农村人口一直在减少。这也是城镇化的一个途径，当然这种城镇化并不是真正的城镇化，因为这些人例如农民工并没有在城镇扎根。随着国家对保障住房的重视和建设，这些问题应该会得到解决。

（2）实施中问题。

一方面从数据上讲，城乡居民点建设用地总量即便按照人口峰值和最高标准也不需要再增加；另一方面城镇化的推进也理应要求城乡居民点增减挂钩。现在在一些省份搞的城乡居民点增减挂钩的实践，并不是方向搞错了，关键是缺乏配套政策。第二轮土地规划就提出了城乡建设用地增减挂钩，但是没有提出配套政策,特别是不顾本地经济实力、不顾农民权益而硬性实施。很多人认为增减挂钩的政策方向错了,我认为大的方向并没有错。

3. 解决问题的办法:建立全国性建设用地市场

(1)建立全国性建设用地市场的要点。

要点(基础)之一是在全国范围内,未来城乡居民点建设用地总量不能再增加,如果一边增加农村建设用地,另一边搞城乡建设用地增减挂钩,这样建立全国性建设用地市场就没有意义了。无限地增加农村居民点,或者说长时间不停止农村居民点增量的增加,那么搞城乡建设用地增减挂钩就没有意义了,因为虽然名曰增减挂钩,但实际的情况是只增加而没有减少,这就没有真正实现增减挂钩。因此,要点之一是总量不能增加,反而应该减少。

要点之二是在总量不增加甚至减少的情况下,城乡建设用地的流转的大方向是从农村向城镇,即建设用地的指标上,城镇要增加,同时农村要减少。这里面还涉及新农村建设问题,这是一个系统问题。将城乡居民点建设用地增减挂钩和新农村建设结合起来,是顺畅的和合理的做法。新农村建设不是每个村都要进行,因为与此同时进行的是城镇化,城镇化是城镇人口增加、农村人口缩减的过程,农村人口缩减的过程本身也是农村居民点缩减的过程,一个是农村居民点数量的缩减,另一个是农村居民点规模的缩减。对于上述问题,应该有一个规划以确定哪些村庄应该保留、哪些在未来将被取消以及空间布局的问题,新农村建设应该将主要的资源配置给未来将要保留的村庄,否则是一种资源的浪费。

要点之三是建设用地指标从农村向城镇的流转应该通过市场来进行。

要点之四是交易所得的大部分应该拿出来归农民。城市扩建一定是在城市经济发展到一定程度后的必然要求,既然已经有了一定的经济基础,就需要城市用钱向农村购买建设用地指标。交易所得中还要拿出一部分用来整理复垦。平原地区的村庄拆旧建新,整理出的大块土地应该进行复垦。在上文中已经显示,我们现有的城乡建设用地规模大于我们实际需要的建设用地规模。多出来的部分可以进行复垦转化为耕地。

要点之五是先造地后用地,在用地之前必须先掏钱造地。

(2)建立全国性建设用地市场的社会经济效益。

这样做的社会经济效益有以下几点:

一是激发农民退出闲置废弃建设用地的积极性。现在农村保有相当的闲置废弃建设用地特别是宅基地,但是农民不愿意退出,原因在于农村居民点的建设用地不需要缴纳税和费,增减宅基地没有成本,如果对每亩宅基地收税,则一部分农民就会退出宅基地,因为占用宅基地需要花费成本。通过这样做,实际上相当于以给农民一笔钱的方式激发农民退出闲置宅基地的积极性，同时还保障了农民的权益。现在一些地方在增减挂钩中农民被迫自己掏钱买房，而大多数农民买不起房，这样做的结果是影响政府的威望和社会的稳定和谐。

二是更好地保护耕地，使保护耕地不再是一句空话，因为城乡建设用地增减挂钩实施之后会增加一部分耕地。现在我们谈保护耕地，在实践中却没有多少有效的办法去保护。规划是可以变的，在第二轮土地规划之后规定了规划可以被修改，第三轮土地规划与第二轮土地规划不同的是不再允许修改，实际上是做不到的。规划要有弹性，在地点、具体的项目上可以有弹性，但是总量上不能有弹性。

三是提升农村土地资源的价值。目前，城市的房子一直在增值，但是，农村的房子从盖好之日起就一直在贬值，因为农村的土地未进入市场。如果把农村居民点建设用地推向市场并允许交易，农村土地资源就会增值，至少会体现其价值。

四是实现城市支持农村，工业反哺农业，这个设想很早以前就被提出，但是我们还未找到多少实现这一设想的具体途径和具体做法。很多政策都很好，但是没有具体的实施细则，结果这些好的政策就变成了口号和空话。通过市场化实现城乡建设用地增减挂钩的做法，正是实现城市支持农村，工业反哺农业的设想的一个有效途径。

五是促进城乡集约和节约用地。为了实现集约和节约用地，我们现在通常的做法是通过搞规划的方式，尽管我们的规划和批地搞得很严格，而农村却不管这一套。因此必须一分一厘都要卡住，不然就不是增减挂钩了。

六是有利于缓解建设用地指标供给严重不足的矛盾。现在所谓吃饭与建设的矛盾问题，最主要的体现是建设用地指标过少。各县土地局很大的一块工作就是争取建设用地指标。

第三轮土地规划也体现出这种倾向，市里的土地规划首先保证中心城市的建设用地，压缩县一级的建设用地指标，优先满足中心城市的建设用地。市长首先考虑的是城市。现在是市直接管县，但是市长将其工作重心放在城市，经常性的做法是优先保证中心城区的建设用地指标，结果导致县里的建设用地还欠账。造成这种现象的原因是现在的建设用地指标没有进行市场化和货币化，县一级对于市一级将自己的建设用地指标分给中心城区的做法没有提出反对意见。如果进行市场化改革，大家的意识就增强了，节约建设用地指标就不会只是空话而成为实际的行动，因为这时需要用钱去买指标，人们就会根据实际需要决定是否要购买建设用地指标。当然，这样会使地价更进一步上涨，因为开发商会因此而增加成本，一是向其他地区购买指标的成本，二是征本地土地的成本。虽然会导致地价的进一步上涨，但是会促进土地的集约利用。要实施建设指标的市场化，还存在着诸多问题：一是法规问题。目前的法规不支持至少是不允许这样做。二是城市的建设成本提高。因为如果突破了建设用地的指标，城市在扩张时就需要掏两份钱，恰恰由于城市建设成本提高，才会促进其集约和节约用地，否则就没有集约和节约用地的激励。三是要结合新农村建设挂钩，妥善实施，不能盲目地搞。有一个县计划用 10 年的时间将 700 多个村庄合并成 100 多个，这显然有很大困难，资金、工程量、动员农民的难度都非常大。四是坚决杜绝农村建设用地的继续增加。农村建设用地的增加很难被控制，很难限制农民违规增加建设用地，目前中国缺乏相关的法律，对违规和自行增加建设用地的当事人做出处罚，官员也很少因为土地违规利用而被问责的。很多土地政策无法真正落实，其原因就在于缺乏责任制，我们的一些土地政策其本身是好的，但是无法落实，结果成为一纸空谈。控制农村建设用地继续增加在落实方面的确非常困难。

三、土地参与宏观调控

（一）土地参与宏观调控的理论基础和实际依据

2003 年，"土地参与宏观调控"首次被正式提出，近年来对这个问题的讨论日渐增多，土地参与宏观调控的程度也更深、更广了。2010 年土地资源部门在做"十二五"设想时专门有一个关于土地参与宏观调控的课题。土地参与宏观调控的经济学理论基础是生产要素理论，土地与资本、劳动力一样都是生产要素，生产要素影响着经济发展，因此通过对生产要素的调控可以实现对经济发展速度和方向的调控，但前提之一是国家能够掌握土地这一生产要素，能够对土地进行调控。中国有着调控土地生产要素的优势，城市土地是国有的，农村土地虽然名义上是集体所有，但实际控制权和管理权在政府手中，政府通过规划和年度供给计划对土地资源进行控制，这本来是非常好的土地调控工具，但是在实际运用这些调控工具时做得并不是很好。土地本应是一种比资本市场更有效的调控要素，但是由于和房地产市场调控一样，我们缺乏在这方面的战略性规划，所以我们做得并不好。所谓战略性规划，是一种长期的规划，而不是 3 年、5 年这样的短期规划，应该向人们提出一种远景，让老百姓对今后 10 年、20 年的土地供应、住房供应、城市格局有一个较为清楚的预期。依据战略性的土地规划，结合需求预测，搞年度计划，提出土地供应规划。根据经济发展冷热，适当缩减、增加土地供应。通过对土地供应量的调节就可以有效地实现对经济的宏观调控。由于国家是完全垄断土地这一生产要素的，因此通过土地比通过资本市场调控经济更容易实现。一个理论依据是地租理论，不同区位的收益和地租是不同的，这是从土地要素参与调控城镇内部的空间布局的角度来讲的。我认为将地租理论作为土地参与宏观调控的基础理论可能并不完全合适。另一个理论依据是丁伯根—蒙代尔法则。我的理解是，调控的工具越多，对于实现调控目标就越方便、越容易。增加土地这一调控工具和手段，能够增加实现调控目标的概率。

实际依据是，以前政府利用金融、税收、货币手段进行宏观调控，实践证明以上调控手段还远远不够，无法达到调控目标。在调控宏观经济时，土地调控的作用可以立刻显现出来，可以起到釜底抽薪的作用，而货币调控还存在着滞后性的问题。另外，控制银根还存在着热钱的问题，国外的热钱涌入会削减调控的实际效果。

（二）土地参与宏观调控的目标

土地参与宏观调控的目标就是要使经济健康稳定地发展，这个目标说起来很容易，但是实现起来却困难重重。近几年来，政府对土地的调控时紧时松，使老百姓无法形成一个稳定的预期。另外，我认为，房地产调控的目标是供求基本平衡和结构基本合理。现在房地产市场供求不平衡，而是偏紧，结果使房价快速上涨。

编辑整理：陈　钰

中国的农村劳动力转移
——理论与实证

刘建进

2010 年 11 月 18 日

刘建进

中国社会科学院研究生院农村发展系教授

摘　要： 农村剩余劳动力的转移是中国现代化进程中面临的主要问题。本文在回顾发展经济学、刘易斯二元经济理论和托达罗理论等劳动力转移理论的基础上，介绍了中国城乡收入差距和农村劳动力转移的现状，同时对中国劳动力数据指标进行了说明，最后对农村劳动力转移和农村本地工资的影响因素进行了实证研究，发现农业利润的上升是农业雇用工资快速上升的重要原因，农产品价格对农村劳动力的转移和农民工的收入产生非常重要的影响。

关键词： 劳动力转移　二元经济　统计数据　农业劳动生产率　农村本地劳动力市场

一、劳动力转移的理论和中国的实际情况

农村劳动力转移是一个发展中国家普遍面临的问题，国家的现代化过程基本上可以看作是农村劳动力、农村剩余等要素不断向工业、服务业转移的过程。

（一）发展经济学的观点

发展经济学的经济增长模型认为，国家总量生产函数可以看作是各部门生产函数之和，各部门生产都可以使用一个柯布—道格拉斯生产函数来表示。经济增长速度是各部门增长速度的加权和，其中权重各部门的产值所占比重，另外再加上一项资源总配置效应 TRE，因为生产要素在生产率不同的部门之间转移的时候会带来额外的经济增长收益。在发展中国家，农业部门生产率一般较低，因此生产要素从农业部门转移到工业部门就能带来整体经济效益的提升，这样发展中国家通过资源的重新配置就能实现经济增长。

$$Y = \sum_i Y_i = \sum_i F_i(K_i, L_i, t)$$

$$G_y = \sum_i \rho_i G_{yi} + TRE$$

$$TRE = \frac{1}{Y}\left[\sum_i L(f_{ti} - f_i) + \sum_i K(f_{ki} - f_k)\right]$$

农村劳动力向工业部门的转移也能带来巨大的要素重新配置效应。由于恩格尔定律的存在，使得对农业的需求随经济增长不断降低，其他非农部门的要素边际生产力就高于农业部门，劳动力要素在各部门积累的同时向具有更高经济效益的部门转移并推动经济的快速发展。在经济增长的同时带来产业结构的变化，根据发达国家现代化进程的历史，我们发现一个国家现代化的过程就是不断地从农业部门把剩余生产要素转移到更高生产率的工业部门和服务业部门的过程，在经济发展的早期和中期阶段，这种资源再配置效应带来的经济增长贡献都比较明显地存在。

（二）刘易斯的二元经济发展理论

刘易斯的二元经济理论把国家经济分为两大部门，即传统部门和现代部门。传统部门存在剩余劳动力，劳动生产率很低；现代部门是按照经济学所讲的理性经济人追求利润最大化的生产部门，劳动生产率较高。因此，二元经济理论认为传统（农业）部门边际劳动生产力为零，劳动力不断地向现代部门转移，存在无限劳动力供给曲线。经济发展初期存在"工资铁律"，农业制度工资不变，农业是被动的，只提供产品和劳动力资源，与现代部门隔离，在剩余劳动力全部转移之后达到"刘易斯转折点"，劳动力工资开始上升。

蔡昉教授认为"刘易斯转折点"的含义如图 1 所示，一开始农村劳动力的边际生产力为 0，达到 P 点后农业生产的劳动边际生产力不再为零，但仍然比较低，发展到 R 点的时候农村劳动边际生产力等于平均劳动生产率，就不再存在农村剩余劳动力转移。因此，P 点至 R 点这段区域中就存在所谓的"刘易斯转折点"。但是蔡昉教授的理解与费景汉、Gustav Ranis 的关于转折点的描述和定义不同，是在 P 与 R 之间的某个位置。但按照刘易斯的二元经济发展理论，只要不高于农业制度性工资水平，农业劳动边际生产率的不为零并不应该能够使得工业部门的工资率上升。我认为从刘易斯理论的描述来看"刘易斯转折点"应该是一个确定的点，而不是存在有一个"刘易斯转折区域"。"刘易斯转折点"应该是 R 点，从这一点以后随着经济的发展工资就开始快速上升。

费景汉和拉尼斯在 20 世纪六七十年代对刘易斯二元经济理论有深入的研究，在他们的著作《劳动力剩余经济的发展——理论与政策》中也对二元经济进行了详细的阐述和数学推导，到 90 年代末他们又对其进行了补充和完善并出版了《增长和发展：演进观点》一书，他们又对二元经济进行了更加详细的描述。费景汉和拉尼斯认为：

（1）"劳动力无限供给"是宏观总量、动态的演化路径；而新古典的劳动力供给无工资弹性是基于微观的收入——闲暇优化行为的结果，是静态结果。

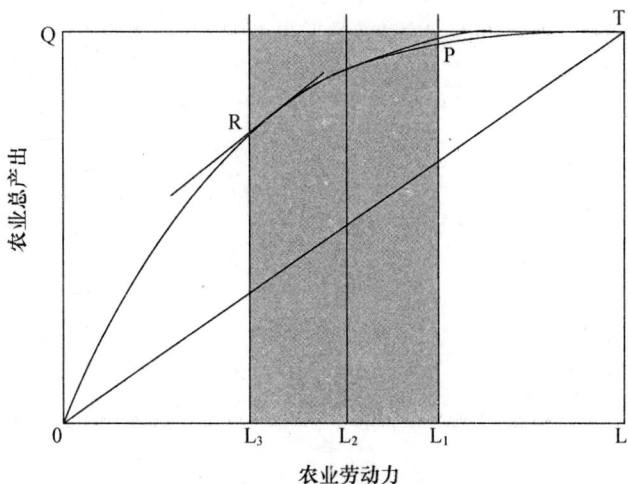

图1 刘易斯转折点

（2）改进了刘易斯关于农业劳动力边际生产率为零的假设，提出"隐性失业"概念，认为虽然很多农村劳动力有就业，但他们的就业是不充分的，没有达到经济效益。

（3）制度性实际工资不是长期不变，而是缓慢上升的。

（4）刘易斯的"劳动力无限供给曲线"是以工业实际工资为时间路径，不是新古典经济学的微观静态优化结果。

费景汉和拉尼斯对日本经济发展进行了研究并认为，1917年左右日本进入刘易斯转折点（见图2），而现在又有一些文献认为日本1960年左右进入刘易斯转折点。

（三）舒尔茨理论

舒尔茨等人根据新古典主义理论认为刘易斯二元经济理论是不对的，因为农民是理性的，农民也遵循最优化行为配置生产要素，不存在边际劳动为零的农业剩余劳动力。农业可以通过增加投入来主动发展，改造传统农业要诱导农民使用新技术，发展人力资本，注重农业均衡发展，维护好市场机制将自动促使经济均衡发展，走向现代化。

（四）托达罗理论

很多发展中国家在借鉴发达国家经验实现农村劳动力转移时发现，农村剩余劳动力转移到城市后并不能完全实现现代化，城市部门无法实现劳动力资源的有效利用和配置。托达罗理论认为城市部门分为现代的正规部门和非正规部门两部

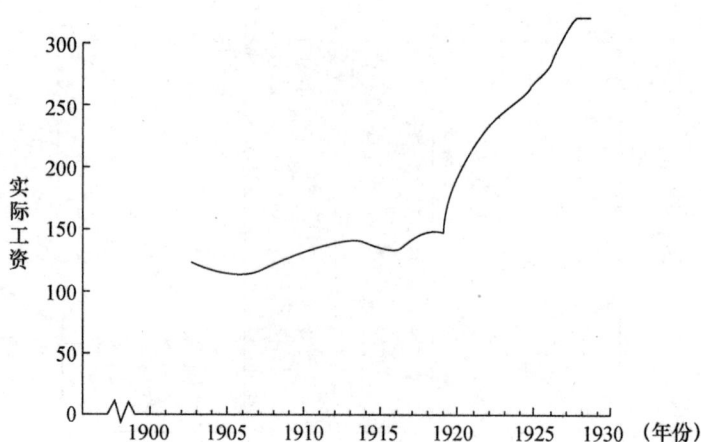

图2　日本经济发展的刘易斯转折点

分，农村劳动力只要预期能够获得更高的收入就会转移向城市，虽然可能在城市的非正规部门。这样就形成了农村部门、城市非正规部门和正规部门的三部门经济理论，以解释后来的发展中国家并不能够按照正统状况的发展经济学理论走向现代化的实际状况。例如，墨西哥的城市实际工资水平十几年几乎不变（见图3），城市和农村的工资除受到金融危机的冲击有小幅波动外基本保持了不变，墨西哥农村剩余劳动力转移到城市使得城市存在大量的非正规部门。

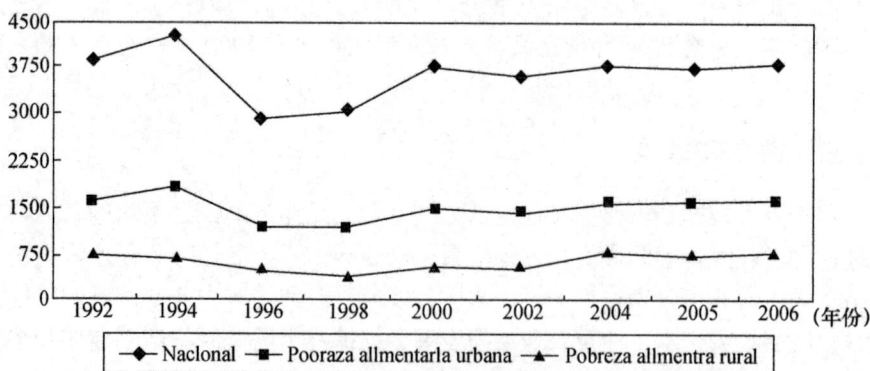

图3　1992～2006年墨西哥农村和城市部门实际的工资变化

（五）黄宗智：《中国的隐性农业革命》

黄宗智认为，中国自明清时期的商品化无法导致近代化是因为中国小农经济的发展方式与 18 世纪英国农场的发展方式不同。其最核心的一个概念就是"过密化"或叫"内卷化"，由于中国人口、土地等资源禀赋的特点使得中国家庭式小农生产以单位劳动报酬递减为代价的总产出增加，形成所谓的没有发展的增长。黄宗智认为现在有三大历史趋势将会使得中国有另外的发展道路的可能：非农就业增加和人口生育率降低使得务农劳动力下降，食品消费的趋势使得农产品需求结构发生变化（见图 5 ~ 图 9），农业向高附加值高劳动需求的结构变动恰好与劳动力结构变动趋势（见图 4）吻合，可以走出与追求总产出扩大排斥劳动的规模产业化不同的发展道路。

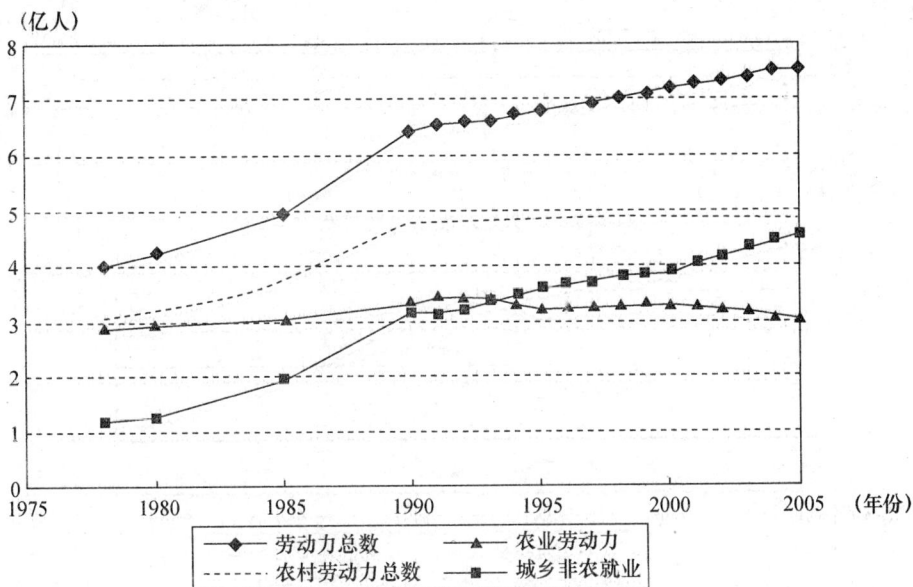

图 4 劳动力变动趋势

黄宗智根据劳动力和农产品消费的变化特征对农业劳动投入量进行了预测（见图 10），2005 年农业劳动力年人均 169 天务农，其中 136 天从事种植业，33 天从事渔牧业。按一年 250 个工作日算，约 1/3 的时间是失业的，即有 1 亿左右剩余劳动力，与学术界的共识基本一致。到 2015 年农民用 176 天从事种植业，64 天从事渔牧业。农村隐性失业问题将大大缓解。至 2030 年，每个农民就要用 300 天种田，120 天从事渔牧业，这就可能需要机械替代。

对黄宗智研究的几点评论：第一，人均粮食消费的下降不一定意味着对粮食需求的下降，鱼肉消费上升可能意味着饲料需求（粮食的间接需求）上升；第二，其他农产品需求的上升也可能意味着土地需求的上升，结构转换能否可持续实现还有待深入研究。黄宗智认为刘易斯二元经济理论关于剩余劳动力是历史观

（公斤）

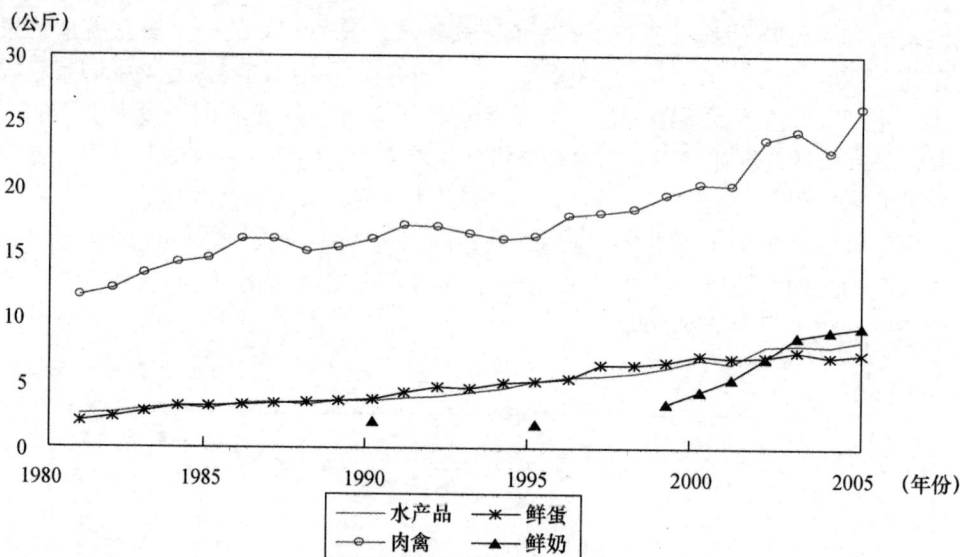

图5　牧渔业产品的消费趋势

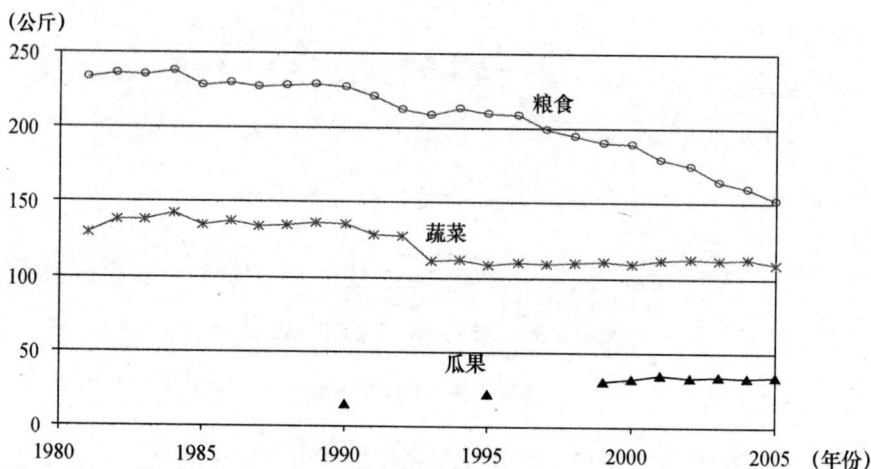

图6　人均粮食消费的趋势

察的产物，但仍然以新古典主义理论为发展的归宿。舒尔茨的理论是以市场机制的信念为基础，不分历史和具体条件强调理论的指导性。中国过去的农业生产是"过密化"，今后可能是"去过密化"，但小农经济仍有生命力。

（六）中国农村劳动力转移与城乡收入差距的扩大

在中国经济发展过程中，大规模的农村外出务工并没有引起城乡和区域收入差距的缩小，城乡收入差距扩大令一些经济学家们困惑。对此不同的学者提出几种解释：

(公斤)

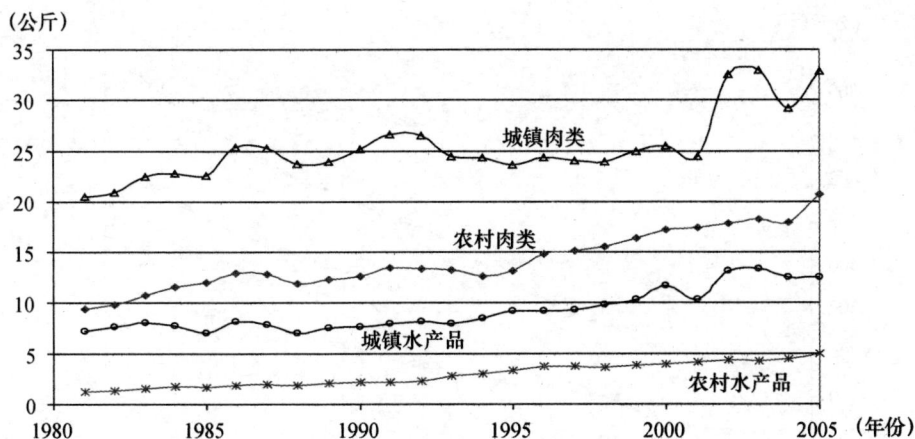

图7 城乡消费的比较

(公斤)

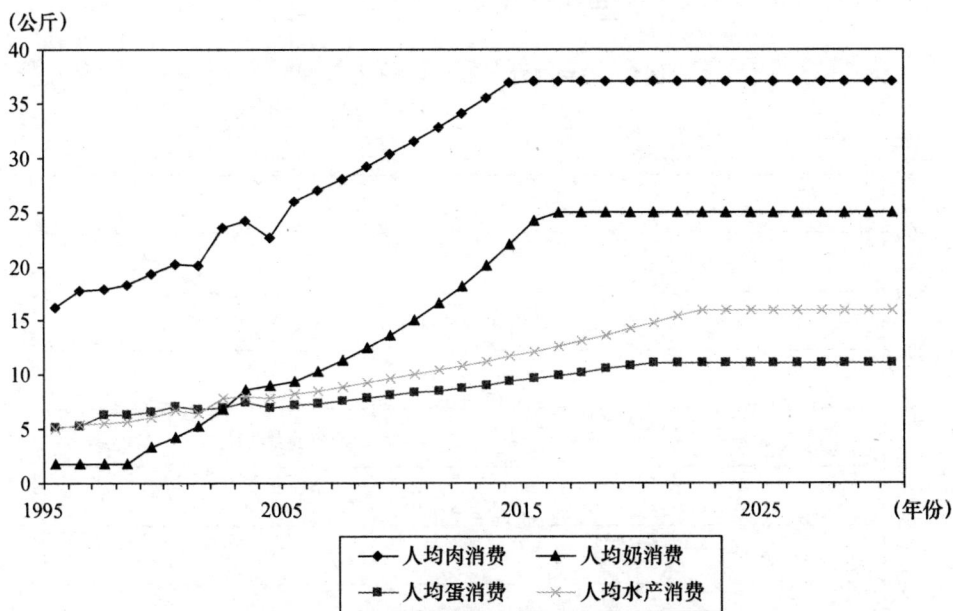

◆ 人均肉消费　▲ 人均奶消费
■ 人均蛋消费　✕ 人均水产消费

图8 人均消费的趋势预测

第一，如果中西部地区的农民不到东部地区打工，收入差距会更大。在此意义上，劳动力流动缩小了收入差距，此观点被普遍接受（姚枝仲、周素芳，2003；王小鲁、樊纲，2004）。但此解释只能作为微观假设，在做宏观分析时不能够采用此假设，而姚枝仲的分析基础是宏观生产函数增长方程。

（公斤）

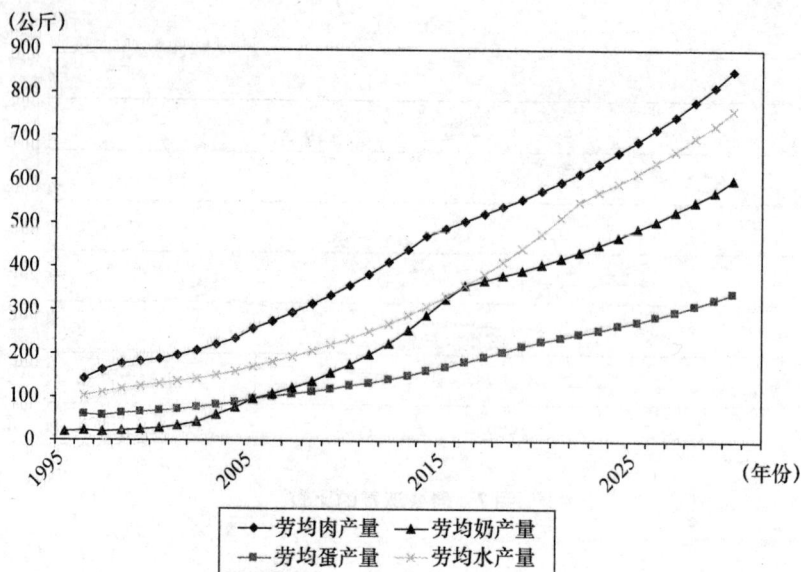

图9　各种副食产品的劳均产量预测

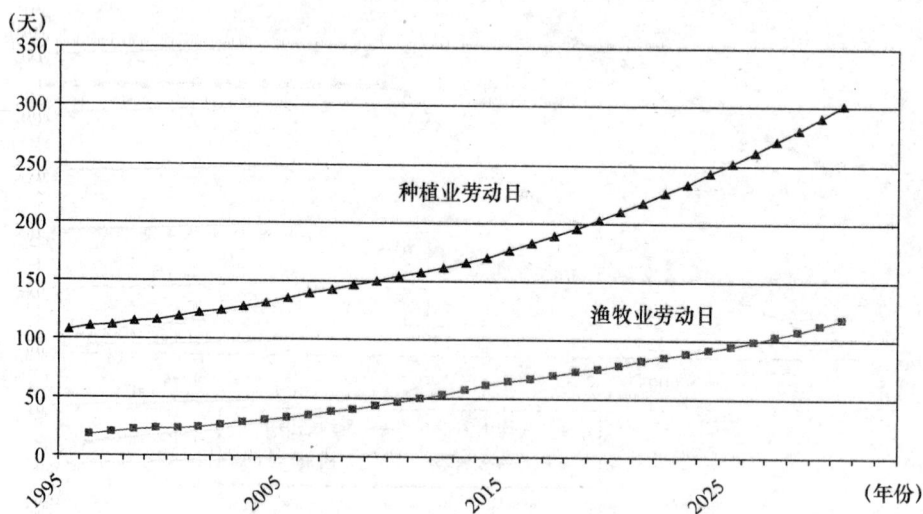

图10　农业劳均劳动投入量的预测

第二，外出务工的农村劳动力的务工收入没有被计算进农民人均纯收入统计指标，导致农民收入被低估；外出务工的农村劳动力的务工收入没有被计算进城市居民收入导致城市收入被高估。这也存在两个质疑点：一是不符合统计调查制度和实际操作。二是不能够在改变城乡收入统计对象的外延时却要某个部门保持原收入水平。事实是城市居民收入增长比农民工工资增长快，农民工收入是农村收入增长最快的部分。

第三，对于农村劳动力转移的，非熟练劳动力不应该分年龄段认为某个年龄段的劳动力是不可转移的，以及某种文化水平以下就不可转移。不是剩余量减少就导致工资上升，而是剩余消失才导致工资水平上升。讨论总量是否过剩的问题时，不应当以结构为理由谈某个年龄段劳动力短缺。工资上升要以实际工资来判断，而非名义工资。

（七）农村剩余劳动力数量讨论

在这里还要介绍一下王检贵、丁守海2005年在《中国社会科学》发表的一篇文章：《中国究竟还有多少农业剩余劳动力》，这篇论文曾引起较大的反响，他们应用几种不同的估计方法得到的结论是认为中国农村剩余劳动力有4600万人。

他们的国际结构标准比较估算方法是：如果把表1中农业部门的就业比重看成一个国际标准，那么一国农业剩余劳动力的比例，就是该国农业部门就业比重超过国际标准比重的部分减去其产值比重超过标准比重的部分。

表1　国际标准结构中农业部门的比重

第一产业所占份额	人均 GNP（以 1964 年美元计价）								
	<100	100	200	300	400	500	800	1000	>1000
产值	0.552	0.452	0.327	0.266	0.228	0.202	0.156	0.138	0.127
就业	0.712	0.658	0.557	0.489	0.438	0.395	0.3	0.252	0.159

他们根据表1所示的结构标准对中国各省农业剩余劳动力进行测算得到表2，得到全国农村剩余劳动力比例为14%，总共有4492.88万人。

表2　分地区农业剩余劳动力数量

	人均 GDP	标准 L [，1]／L	标准 I [，1]／I	实际 L [，1]／L	实际 I [，1]／I	R	剩余劳动力（万人）
北京	496.31	0.3967	0.2030	0.0779	0.0261	-0.1419	-9.49
天津	477.60	0.4045	0.2080	0.1961	0.0366	-0.0370	-3.05
上海	720.69	0.3250	0.1681	0.0955	0.0145	-0.0759	-5.59
河北	206.88	0.5522	0.3227	0.4927	0.1499	0.1133	189.19
辽宁	281.27	0.5019	0.2776	0.3743	0.1026	0.0474	33.02

续表

	人均GDP	标准L [，1]/L	标准I [，1]/I	实际L [，1]/L	实际I [，1]/I	R	剩余劳动力（万人）
江苏	331.91	0.4727	0.2538	0.3462	0.0888	0.0386	48.26
浙江	396.02	0.4400	0.2295	0.2963	0.0775	0.0083	7.27
福建	295.92	0.4917	0.2684	0.4245	0.1324	0.0688	51.33
山东	268.85	0.5101	0.2849	0.4694	0.1191	0.1252	285.00
广东	337.94	0.4696	0.2516	0.3786	0.0803	0.0803	125.20
海南	163.20	0.5944	0.3733	0.5953	0.3701	0.0040	0.84
山西	146.23	0.6115	0.3945	0.4427	0.0876	0.1381	89.85
内蒙古	178.24	0.5792	0.3545	0.5459	0.01954	0.1258	69.02
吉林	184.04	0.5732	0.3470	0.5014	0.1930	0.0823	43.09
黑龙江	229.07	0.5373	0.3093	0.5102	0.1130	0.1692	140.01
安徽	122.25	0.6358	0.4245	0.5489	0.1845	0.1532	287.26
江西	131.26	0.6267	0.4133	0.5013	0.1978	0.0901	89.05
河南	143.84	0.6136	0.3970	0.6019	0.1759	0.2095	697.88
湖北	177.54	0.5792	0.3545	0.4509	0.1478	0.0784	89.69
湖南	137.34	0.6206	0.4058	0.5737	0.1911	0.1677	338.32
广西	111.09	0.6469	0.4383	0.5984	0.2385	0.1512	235.43
重庆	141.84	0.6156	0.3995	0.4919	0.1495	0.1264	103.15
四川	123.72	0.6338	0.4220	0.5454	0.2068	0.1267	307.57
贵州	69.13	0.7120	0.5220	0.6265	0.2200	0.2164	287.24
云南	111.14	0.6469	0.4383	0.7275	0.2040	0.3149	538.22
西藏	134.80	0.6227	0.4083	0.6503	0.2202	0.2158	18.34
陕西	128.23	0.6297	0.4170	0.5215	0.1334	0.1753	174.75
甘肃	98.87	0.7120	0.5220	0.5904	0.1814	0.2190	168.65
青海	144.15	0.6136	0.3970	0.5411	0.1183	0.2063	28.38
宁夏	131.06	0.6267	0.4133	0.5182	0.1440	0.1608	24.21
新疆	191.52	0.5651	0.3370	0.5507	0.2199	0.1027	40.79
全国						0.14	4492.88

评价：这种所谓的国际标准比较方法在理论基础和使用方法上是存在问题的。有必要指出，这种"国际标准"下的中低收入水平的发展中国家本身就还存在大量农业劳动力剩余，用这样的产业就业偏离度来衡量农业劳动力剩余，本身就极大低估了农业劳动力剩余。

王检贵、丁守海还从人均收入水平区间与劳动力工作时间投入的关系角度研究，认为农业劳动力也存在如表3所示的关系。

表3 不同收入组的农村劳动力年均投入工日数

组内农户的人均收入（元）	691.95	1344.34	1927.54	2801	6582.93
劳动力年均工作日	187.02	205.7	220.75	240.37	267.74

资料来源：2000年农业部农村经济研究中心全国农村固定观察点调查系统调查数据。

他们认为，一般而言，农户家庭的年均投工情况与农业从业人员的投工情况是大致相同的，因此表3数据也反映了不同收入情况下对应的农业从业人员的工作负荷。人均收入水平本身就能反映出农业劳动力年投工数，从而间接反映出剩余劳动力水平。

将2003年全国31个省市自治区（不包括港澳台地区）的农村家庭人均收入折算成2000年的水平，对比表3，可以得到各省的农业人员年均投工数及剩余比例，再以各省农业人员占全国的比重为权，可以测算出全国的平均水平。计算结果如表4所示，也得到接近的结论。

表4 分地区农业劳动力的年投入工数、剩余比例和剩余规模

	人均年收入（元）	年均投工数（天）	剩余比例	加权剩余比	剩余规模（万人）		人均年收入（元）	年均投工数（天）	剩余比例	加权剩余比	剩余规模（万人）
北京	5491.72	259.84	0.038	0.000	2.5	江西	2409.34	231.57	0.142	0.004	140.7
天津	4476.48	252.50	0.065	0.000	5.3	河南	2191.84	226.68	0.160	0.017	534.6
上海	6523.45	267.50	0.009	0.000	0.7	湖北	2516.43	233.97	0.133	0.005	152.7
河北	2797.43	240.00	0.111	0.006	185.6	湖南	2483.21	233.23	0.136	0.009	274.7
辽宁	2876.90	240.92	0.108	0.002	75.0	广西	2053.44	223.57	0.172	0.008	267.7
江苏	4156.14	250.18	0.073	0.003	91.8	重庆	2171.13	226.21	0.162	0.004	132.4
浙江	5283.37	258.33	0.043	0.001	37.9	四川	2186.14	226.55	0.161	0.012	390.5

续表

	人均年收入（元）	年均投工数（天）	剩余比例	加权剩余比	剩余规模（万人）		人均年收入（元）	年均投工数（天）	剩余比例	加权剩余比	剩余规模（万人）
福建	3660.68	246.59	0.087	0.002	64.7	贵州	1533.98	210.60	0.220	0.009	292.0
山东	3088.72	242.45	0.102	0.007	232.3	云南	1663.84	213.94	0.208	0.011	354.9
广东	3975.08	248.87	0.078	0.004	122.1	西藏	1657.61	213.78	0.208	0.001	17.7
海南	2537.31	234.44	0.132	0.001	27.7	陕西	1642.80	213.40	0.210	0.007	208.9
山西	2254.09	228.08	0.155	0.003	101.0	甘肃	1640.25	213.33	0.210	0.005	161.6
内蒙古	2223.19	227.38	0.158	0.003	86.6	青海	1758.95	216.39	0.199	0.001	27.3
吉林	2480.79	233.17	0.136	0.002	71.4	宁夏	2003.24	222.44	0.176	0.001	26.5
黑龙江	2459.75	232.70	0.138	0.004	114.3	新疆	2064.89	223.83	0.171	0.002	67.9
安徽	2085.76	224.30	0.169	0.010	317.4	全国				0.144	4586.6

评论：把"农户家庭的年均投工情况与农业从业人员的投工情况是大致相同的"作为方法的假设而又不加以实证是不可以的，必须通过实证检验而不能够直接"假设"。这种估算方法是本末倒置的。收入水平与劳动力投工、农业劳动力投工的关系是经验数据关系，本身需要通过抽样调查数据来实证。把全国调查抽样数据的平均结果作为各省的经验关系用插值方法来估计投工数是不可取的，也是方法上的"本末倒置"。

研究生们在做文献阅读时不能够只停留在什么文献得到什么样的结论上，要学会深入判断结论是如何得到的，前提假设是否合理，方法和逻辑推理是否正确，数据的来源及可靠性的判断。经验关系本身就是有适用范围、条件和时间地域等的限制，不可以在没有加以论证和实证检验的条件下无限地推广使用甚至加以延伸。实在由于种种原因限制，也应当对不同年份的情况加以验证，如果有人感兴趣，可以把王检贵、丁守海的方法与20世纪80年代和90年代的年份情况做个验证和比较。

二、中国农村劳动力转移数据问题

农村劳动力的统计数据是我们研究中国农村剩余劳动力的最重要的基础，统计数据对判断起非常大的作用，在使用统计数据的时候，特别需要具有一致性结构的数据。应当说，在有关中国的农村劳动力方面存在有较高质量的统计数据，但因种种使用的限制，现有的开发使用利用还远远不够。

（一）农村劳动力统计数据主要来源

（1）统计年鉴。它包括城乡就业口径和乡村从业人员（乡村劳动力）口径。

（2）1996年、2006年全国农业普查统计数据。

（3）国家统计局农村调查队农村劳动力专项抽样调查。

（4）其他调查（如农业部固定观察点调查）数据。

（二）数据特点

（1）统计年鉴"乡村劳动力"指标数据更多基于上报汇总数据（乡村基层组织已经难以胜任此项工作），与普查数据相差甚大。

（2）农业普查中的农村劳动力数据应该说更为准确，但每10年才调查一次（国际上并不这么认为，普查人员往往会低估就业水平）。

（3）城乡就业口径数据参考了1%人口抽样变动，但仍然参考部门上报的汇总数据（从《国家统计调查制度》可知），分类数据仍然存在有准确性问题。

（4）农户抽样调查数据较为准确，更多的是结构数据而不是总量数据；没有固定数据发布制度，需要总量数据才能推断宏观情况。年份间的数据可比性有时会出现问题。

（三）有关农村劳动力研究中的数据问题

（1）关于中国农村劳动力总量和结构的统计数据几乎都使用统计年鉴中"乡村劳动力"的数据（后改称"乡村从业人员"统计指标口径数据），极少使用第一次全国农业普查数据。

（2）很少考虑数据之间不一致的情况。在不少研究文献中不注意正确使用统计数据。

（3）农业普查数据与农户抽样调查数据之间较为符合，但不易获得涉及区域和结构方面的数据。有时会有年度之间数据口径的可比性问题。

（4）原有关农村劳动力的统计年鉴数据截至2005年。《2007中国统计年鉴》不再发布原来的"乡村人口和从业人员"等统计口径数据，《2007中国农村统计年鉴》也不再有"农村基本情况和乡村从业人员"表。

表5 两种口径下的中国农村劳动力和农业劳动力变动情况

年份	乡村劳动力口径			城乡从业人员口径		
	农村劳动力（万人）	农业劳动力（万人）	农业劳动力比重（%）	农村劳动力（万人）	农业劳动力（万人）	农业劳动力比重（%）
1978	30637.8	28455.6	92.9	30638	28318	92.4
1982	33866.5	31152.7	92.0	33867	30853	91.1
1986	37989.8	30467.9	80.2	37990	31254	82.3
1988	40067.0	31456.0	78.5	40067	32197	80.4
1990	42009.5	33336.4	79.4	47708	38914	81.6
1991	43092.5	34186.3	79.3	48026	39098	81.4
1992	43801.6	34037.0	77.7	48291	38699	80.1
1993	44255.7	33258.2	75.2	48546	37680	77.6
1994	44654.1	32334.5	72.2	48802	36628	75.1
1995	45041.8	32334.5	71.8	49025	35530	72.5
1996	45288.6	32260.6	71.0	49028	34820	71.0
1997	46234.3	32677.9	70.7	49089	34840	71.0
1998	46432.1	32626.4	70.3	49021	35177	71.8
1999	46896.5	32911.8	70.2	48982	35768	73.0
2000	47962.1	32797.5	68.4	48934	36043	73.7
2001	48228.9	32451.0	67.3	69085	36513	74.4
2002	48526.9	31990.6	65.9	48960	36870	75.3
2003	48971.0	31259.6	63.8	48793	36546	74.9
2004	49695.3	30596.0	61.6	48724	35269	72.4
2005	50387.3	29975.5	59.5	48494	33970	70.0
2006	—	—	—	48090	32561	67.7
2007	—	—	—	47640	31444	66.0

资料来源：《中国统计年鉴》。2006年后的乡村劳动力口径统计指标不再公布数据。

（四）粗线条把握农村劳动力转移数据的尝试

我以两次农业普查数据为基础，其中较早的数据使用"乡村劳动力口径"，参考一些抽样调查结果，估算1980～1986年、1986～1996年、1996～2006年不同阶段的农村劳动力就业状况与转移状况（见表6），得到1996～2006年10年间农村就业人口下降8700多万。农村劳动力转移速度加快，外出转移速度高于本地转移，但本地转移也占有重要地位，并且这些年也在加速，劳动力转移一直是以外出为主要途径，与一般认为 80 年代至 90 年代以乡镇企业转移为主有所不同。原因是 80 年代以前乡镇企业就已经有近 2000 万，而当时外出转移却非常少。

表6　1980～2006 年中国农村劳动力从业状况及其变化　　　单位：万人

	农村劳动力就业类型				
	户籍从业人员	常住从业人员	本乡镇内农业从业人员	本乡镇内非农从业人员	外出6个月以上从业人员
2006 年全国	55511	47852	33565	10339	11607
东部地区	18260	17652	9118	5728	3413
中部地区	16983	13043	10031	2631	4321
西部地区	17023	13927	11897	1541	3585
东北部地区	3244	3230	2517	438	288
1996 年全国	56148	50304	42295	6653	7201
1986 年全国	37990	35452	31254	4198	2538
1980 年全国	31836	31666	29122	2544	170
1996～2006 年变化	−637	−2452	−8730	3686	4406
1986～1996 年变化	18158	14852	11041	2455	4665
1980～1986 年变化	6154	3786	2132	1654	2368
1980～2006 年变化	23675	16186	4443	7795	11437

在此需要说明的是表6中的本乡镇内非农劳动力就业数量不一定是本地农民工（要求非农就业6个月以上）数，可能包含非农就业时间小于6个月但大于农业就业时间者。根据最新得到的数据发现2009年本地农民工数量8445万人，比2008年减少56万人，此减少是趋势性还是波动性？还不清楚，尚需观察。另外，还需区分转移劳动力和劳动力转移两个概念，农村转移劳动力是外出6个月以上，或本地非农6个月以上的农村劳动力，它是就业状态描述，是存量，而农业/农村劳动力转移数量是某时间段内农业就业状态改变的数量，是变化量，要明确起止时点。

2006年农村普查数据显示，农村劳动力非农化程度还不高，即使东部地区，无论是户籍从业人员还是常住从业人员都还有超过一半的农业劳动力（见表7）。如果从就业模式来划分的话，户籍从业人员中1/3（31.7%）务工，38.3%为工资性收入，2/3（66.9%）自营，53.8%为经营性纯收入，常住从业人员中1/5（18.9%）务工，4/5（79.3%）自营。

表7　2006年中国农村不同区域劳动力就业非农化程度

	户籍从业人员（Registered Status）			常住从业人员（Residental Status）		
	Agr.	Secondary	tertiary	Agr.	Secondary	tertiary
National	61.12	21.28	17.61	70.78	15.58	13.65
Eastern	50.46	28.08	21.45	52.41	28.84	18.75
Middle	59.69	21.71	18.60	76.78	10.62	12.60
Western	70.73	15.93	13.34	86.27	5.21	8.52
North – East	78.10	8.72	13.19	80.12	7.75	12.14

从2006年农业普查数据的对比分析可以看出，农业普查得到的农村劳动力资源和农村从业人员数量比统计年鉴的数据高出5000多万，农业普查得到的农村户籍口径的农业从业人员与常住农业从业人员数量相差不大，但比统计年鉴的数据高出约4000万。

（五）年轻农村劳动力是否"能走的都走了"

农村外出从业人员占农村户籍从业人员的比重与年龄成反比，但总体上30岁以下的外出劳动力比例没有超过一半［20岁以下为46.5%，最高省份（湖北）为70%；21～30岁为40.7%，最高省份（湖北）为61%］，应该还不到"能走的都走了"的程度。2006年农业普查中某省连续区域的8个县3950个村330万17～60岁成年人（排除在校学生、非农户口，相当于农村户籍劳动力）中，仅近15%为外出15天以上。外出者大部分离家半年以上，70%迁移省外。佐证了农村劳动力并非"能走的都走了"。

由普查数据分析，20岁以下农村从业人员占农村劳动力比例竟为53%（见图11）。20岁以下农村户籍劳动力资源有8662万，如果20岁以下农村劳动力资源的劳动参与率提高10%，保持外出比例不变，大概会有400万的20岁以下农村外出劳动力的供给增加（还需要从多方面深入研究年轻劳动力外出的决定行为和障碍因素）。

从户籍劳动力调查数据看，20岁及以下和21～30岁的年轻农村劳动力外出就业比例都不到一半（见图12），结合农村教育等现实情况，可以认为农村劳动力也并非"能走的都走了"。

从不同地区农村劳动力从业时间方面的特点来看（见图13），一般地，外出从业人员就业时间＞户籍从业人员就业时间＞常住从业人员就业时间，少数民族地区外出就业时间低，东北地区常住从业人员就业时间低（气候原因），河南省农村常住从业人员就业时间低（剩余劳动力多）。

%

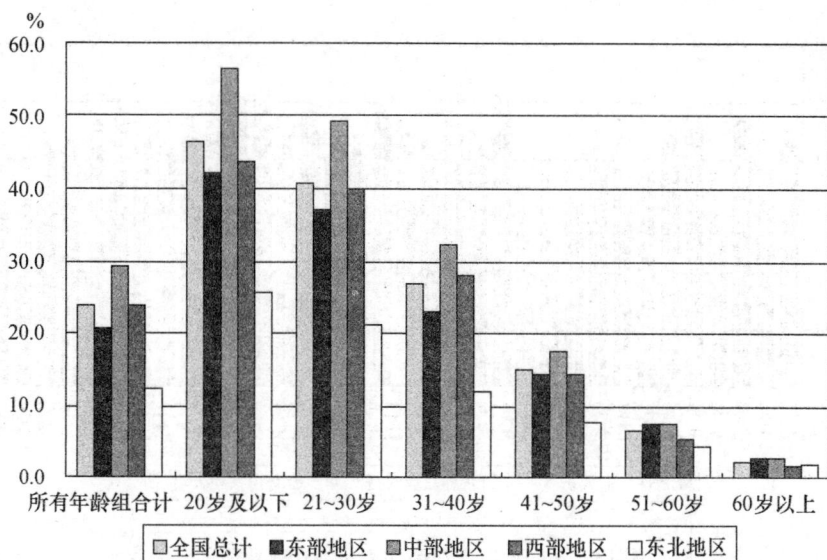

图 11　分年龄组农村外出从业人员占户籍从业人员比重

%

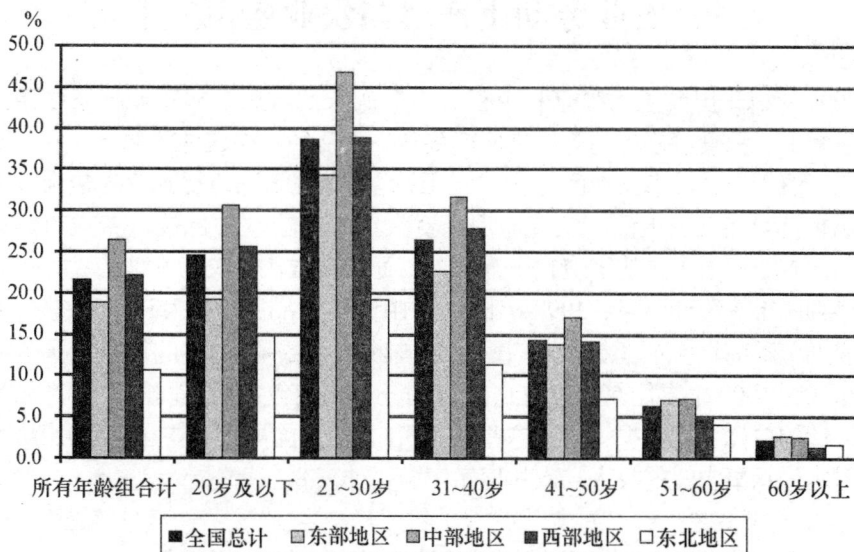

图 12　农村外出从业人员占户籍劳动力资源比例

　　由上述分析结果可以说明：中国农村劳动力转移应当还有长期路程，还有大量农村劳动力需要转移，如果转移遇到障碍，更多的应当是体制性障碍因素，而不是资源禀赋/结构因素，城市化进程如果能够有实质性进展，举家迁移比例能够增加，农村劳动力的供给还可以增加。

月

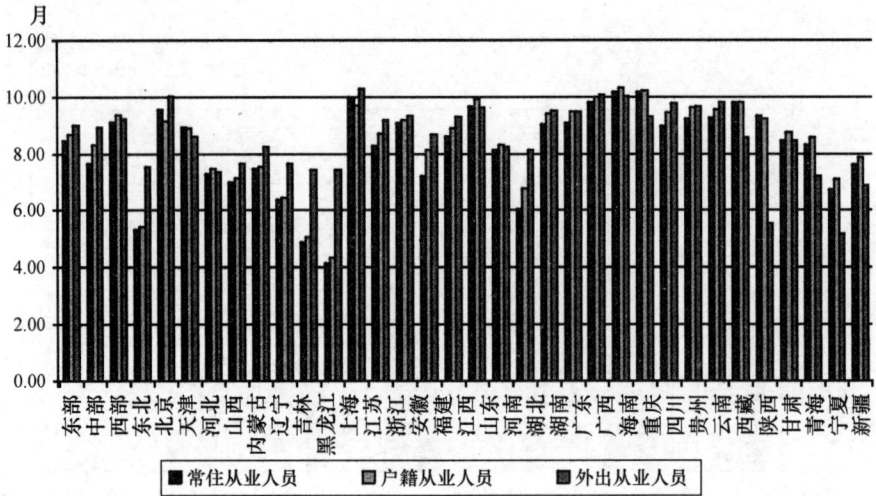

图 13 不同地区农村劳动力平均年就业时间

三、农业劳动生产率与农业雇用工资

2003 年以来出台了不少有利于粮食生产的农业政策，如农业税费改革、补贴逐年增加、粮食价格提高等措施使得粮食生产营利。在这种情况下，农村低技术劳工工资上涨，沿海工业区出现"民工荒"、农民工工资提高，农村当地劳动力市场也就面临工资上涨，农业雇用工资大约相当于本地低技术劳工市场的工资，当地农业雇员工人的工资也迅速上升。通常很难找到农村本地劳动力市场的时间序列的系统统计信息，1998 年以后"中国农产品的成本和收益数据"中包含的雇佣劳动信息包括了投入/产出、成本/收入、数量/价格的信息。国家发改委价格司对 1000 个县的 60000 农户进行调查，得到各省按不同的农业产品品种汇总统计的总体平均数据，通过这些数据我们能分析得到外出农民工的工资变化和农村本地从事农业的收入与农村雇工工资，如表 8、表 9 所示。

表 8　外出农民工的名义工资变化情况：2001～2008 年

年份	2001	2002	2003	2004	2005	2006	2007	2008
月工资（元）	662	677	690	778	861	946	1060	1205
日工资（元）	25.46	26.04	26.54	29.92	33.12	36.38	40.77	46.35

资料来源：中国农村住户调查与中国统计年鉴；计算日工资时每月以 26 日计算。

表9　三种谷物（大米、小麦、玉米）收益数据

年份	2002	2003	2004	2005	2006	2007	2008
单位劳动种粮纯收入1（元/日）	15.61	19.95	39.61	34.84	43.02	51.94	59.24
单位劳动种粮纯收入2（去除补贴）（元/日）	15.61	19.88	38.73	33.77	41.02	48.74	52.53
外出农民工工资（元/日）	26.04	26.54	29.92	33.12	36.38	40.77	46.35
种粮雇用劳动力工资率（元/日）	18.10	18.80	22.51	25.84	30.26	35.59	46.36
平均粮食价格（元/公斤）	0.98	1.13	1.41	1.35	1.44	1.58	1.67

　　通过分析发现，2003年以前农业生产利润最低，2004年以后农业生产纯收入最高，农村当地农业雇工的工资增长速度超过了农民工工资。那么是什么让当地农村工资上涨？农业生产利润上升或农村本地劳动力短缺？进一步的问题是农村本地工资上涨导致外出农民工工资增加或农民工工资增加导致农村本地工资上升？

　　在此对三种谷物收益数据的相关系数进行统计检验（见表10），发现农业收入与农村本地工资有很高的相关性，而农村劳动力受雇比例与农村本地工资的相关系数很小。

表10　农业收益与农村本地工资的相关性检验

1. 纯收入 vs 农村本地工资 1998～2008年	
纯收入1vs农村本地工资	0.9774
纯收入2vs农村本地工资	0.9784
2. 农村劳动力受雇比例 vs 农村本地工资	0.4463

　　我们同时也通过回归方程来检验影响农村本地工资的因素（见表11A、表11B）。

表11A　对农村本地工资的影响因素的回归分析

Multiple R	0.9341				
R Square	0.8726				
Adjusted R Square	0.8407				
Obs.	11				
方差分析					
	df	SS	MS	F	Sig. F

续表

回归分析	2	814.27	407.14	27.39	0.000264
残差	8	118.9	14.9		
总计	10	933.2			
	Coeff.	S E	t Stat	P – value	
Intercept	0.2309	8.82	0.0262	0.9798	
Hired labor ratio	184.10	215.50	0.8543	0.4178	
net income （–1）	0.6189	0.095	6.5023	0.00019	

表 11B 对农村本地工资的影响因素的回归分析

Multiple R	0.9289				
R Square	0.8628				
Adjusted R Square	0.8285				
Obs.	11				
方差分析					
	df	SS	MS	F	Sig. F
回归分析	2	805.18	402.59	25.16	0.000354
残差	8	128.01	16.00		
总计	10	933.2			
	Coeff.	S E	t Stat	P – value	
Intercept	14.0089	20.1033	0.6968	0.5056	
net income （–1）	0.6064	0.1590	3.8125	0.0051	
Hired labor quantity	–11.9863	36.3601	–0.3297	0.7501	

由表 11A 和表 11B 的回归结果显示：农业生产利润显著影响农村本地工人工资，农业劳动力的需求不会明显导致本地雇用的劳动力市场工资变动。若农村本地工人工资上涨，那么农民将雇用更少的农业劳动力。

综合上述分析可以得到以下结论：本地农村劳动力市场的工资上涨速度快于外出农民工的工资，很可能是农业利润使当地的工资上涨。由此可见，农产品价格将对农村劳动力的转移和农民工的收入产生非常重要的影响。

编辑整理：陈 钰

经济成长阶段问题
——理论、证据与应用

刘 辉

2010 年 9 月 19 日

刘　辉

中国社会科学院研究生院经济学系教授

　　摘　要：本文在总结现有经济增长理论成果的基础上，建立了一个描述经济增长阶段的模型，发现一个经济体的长期增长进程分为加速和减速增长两个阶段（S形）。基于这个模型本文利用 5 个发达国家的历史发展数据进行了实证研究，发现模型对现有发达国家的增长特征有较好的解释力，最后将模型应用于对经济历史路径的解释和中国未来经济发展前景的模拟，结果表明目前的中国尚处于工业化、城市化过程中，即加速经济增长时期，而且这一过程还要维持相当长的时间。所以从中长期看，中国经济还会保持快速增长。

　　关键词：经济成长　增长理论　成长模型　中国经济

　　经济成长阶段问题属于宏观经济学的一个课题，再细划分，它是经济增长方面的课题。在 20 世纪 50~60 年代关于这个课题的研究比较热。当时"二战"刚结束，很多国家刚从殖民体系中独立，正处于追求经济发展的阶段。当时有很多对于这些发展问题感兴趣的经济学家进入这个领域，但是后来发现这个问题很宽泛，很难进行理论方面的探讨，比如它涉及政治制度、文化、法律体制、历史等，这些与经济发展相关，经济学家很难把握，结果使很多经济学家就退出了这个领域。发展经济学从 20 世纪 70 年代开始就处于停滞的阶段，但是经济成长阶段问题很重要，所以还有一小部分人对其进行研究，这些人大部分在国际组织里工作，如世界银行、国际货币基金组织、国际粮农组织等，但总体上研究水平一直不高。这个情况进入 20 世纪 80 年代末以后有所改变，很多凯恩斯主义学者慢慢意识到关于宏观经济政策的研究不能仅限于短期，因为它跟整个经济变动不合拍，使人们看到的只是短期经济的变动，而没有看到这些变动后面的因素，所以很多学者就开始侧重长期的研究。这个过程中发展出了一套新的经济增长的语言模式，发现这些也可以应用于发展中国家的研究，慢慢地很多人又开始回到经济成长问题的研究，但是重新开始研究后他们把原来不擅长的东西就剔除出去了，如政治体制问题、法律问题，另外又吸收进来一些相关学科领域新的内容，如制度经济学、博弈论与信息经济学中的有关内容，这些变化丰富了经济成长问题研究的内容。但是至今经济成长问题的研究总体上也不是一个很热门的领域，因为主流经济学者大多是美国及欧洲学者，他们较多注重的是对美国及欧洲经济问题的研究，如创新、人力资本等方面，所以主流经济学家真正进入这个领域的还是比较少。

关于经济成长阶段，大家知道最多的是罗斯托的《经济成长阶段》这部著作（新译名为《经济增长阶段》，中国社会出版社），罗斯托在其中总结了之前发展经济学关于经济成长阶段的若干结论，他归纳出来一个经验规律，即经济起飞理论。这个理论在中国有很大的影响，差不多影响了一代经济学家。因为《经济成长阶段》中所总结的规律是我们所追求的，其中有关第二阶段、第三阶段的消费特征、投资特征和经济增长特征的总结分析指导了中国改革和发展的实践，所以这个理论的实践意义非常大。然而这个理论在美国几乎没有被经济学家关注，罗斯托为吸引西方学者的注意力，他给《经济成长阶段》这本书起了一个副标题叫"非共产党宣言"，但他的内容根本与共产党宣言无关，他起这个副标题纯粹是为了引起西方学者的注意，但是很遗憾，这本书在西方学术界的影响一直非常小。学术界曾经在这本书刚出来的时候有过一阵的讨论，由于罗斯托的经济起飞理论只是一个经验规律，缺少数学表述和模型的演化推导，罗伯特·索罗认为这只能称为一个假说。我们今天的话题就是继承罗斯托的研究基础，然后在索罗的批判和指引下展开。

一、理　论

从理论上讲，经济增长必须说明两件事情，第一是为什么一个经济体能够从一个很落后的经济体成长为一个很高级的经济体？现有理论没能说明一个经济体如何从初始状态发展到现在大都市这样一个高级经济体的成长的机制，这是一大缺陷，罗斯托试图去说明，但是他只做了一个开头。第二是什么动力机制导致经济体的扩张？我们知道物质世界受三个守恒律的制约，在一个封闭的系统里若无外界输入能量的情况，是不可能扩张的。一个经济体从最原始的状态发展成为现代高级的经济形式，其中发展的动力到底来自哪里？这是一个很值得研究的问题，为什么它能抗拒自然规律的力量来源于此。由于现在的经济理论没有对前面两个问题进行很好的解释和理解，这使得经济增长理论走向了另外一条道路，它们基本都是研究经济的均衡状态，即在特定的条件下，一个经济体能够达到什么样的均衡产出状态，最后发现所有可见的要素投入都是规模收益递减的，最终都不能促进经济体的持续增长。现代经济增长理论就把这种现象归因于索罗剩余，索罗剩余对经济有增长效应，它包含人力资本和技术创新。但是，笔者认为这种以统计学工具来推导剩余的方法只是权宜之计，它没有从理论上正面说明这个增长动力机制问题。

因此，在某种意义上目前主流经济增长理论不是关于一个经济体的经济如何长期演化的理论，而更多的是关注一个经济体的均衡问题。即在事先确认存在一个最优均衡增长路径之后，考察经济与最优均衡路径的偏离和波动，尤其关注会影响均衡的资本积累、人口增长及技术进步等因素。但该均衡路径的性质是令人起疑的，因为它就是索罗所假定的增长曲线，它将经济中微观个体所遵从的边际收益递减这一经验规律直接放大为宏观经济体的长期增长路径，而不是建立在更为基本的经济学假设上，通过逻辑推理结果。但是，微观主体的行为结果并不必然在任何时候都与宏观变动等价，增长的背后是什么呢？

针对现有经济增长理论存在的缺陷，我试图建立一个新的生产函数来解释产出为什么会呈现增长的效果。但是在建模的过程中存在很大的困惑，经济系统中的要素不管是古典经济理论还是现代经济学理论都认为人在其中起着非常重要的作用，但是反过来又存在另外一件事情，经济生产中的人力资本的作用经常是通过人所创造的生产工具来体现的，而使用工具的过程是技术更新的过程，所以在经济系统的直接表现里面技术是最重要的。那么在经济系统中到底是人决定了经济系统的运行，如人的创造力和生产关系起关键的作用还是人所创造的生产工具起关键的作用呢？现在人们搞不清楚，哲学界也分不清楚，这是因为发展到一定阶段，人才与生产工具会有一定的结合，一小部分的高级人才所创造的技术对经济生产有巨大的作用，而不是所有的劳动力投入都对技术的变化产生显著影响。这些问题的存在使得我们还无法解释经济系统发展的根本动力机制，人在经济增长中起到什么样的作用？人所创造的工具又起到了什么样的作用？它们如何体现在经济增长的生产函数当中？这应该是宏观经济学里面一个很重要的课题。

在此试图建立一个描述经济成长阶段的模型，但是现在所建立起来的模型还不是一个生产函数，而是一个时间变化模型。时间变化模型是自实现模型，时间变化，模型最终的结果就会相应变化，这与经济系统的现实发展还不相符。

在建模过程中，我参考了很多方面的资料，如索罗等西方经济增长学者对这个问题的研究、罗斯托的理论等，在建模方面实实在在能给我较大启发的是人口模型。

我的建模是基于一个封闭经济系统的一个特定的变化过程。假设所考察的是一个封闭的经济体，并且不计政府干预对增长的长期作用。这时，该经济的生产函数表为：$Y(t) = F(K, L, t)$，式中变量的含义是认为劳动力因素不仅包括了已经就业的劳动者，而且还包括待就业的人员，所以它是经济体中全体符合劳动条件的劳动力资源，之所以这样考虑劳动力因素，是因为不发达经济体中有大量待开发的劳动力资源存在，而且它是未来促进增长的重要因素。该生产函数的重要变化是设定产量变化与时间直接相关，从而使增长呈动态化。

根据国民经济核算恒等式，人均产量在短时间内的增加，表现为人均消费和投资量的增加，即：

$$f(k, t) = c_t + k'_t \tag{1}$$

式中，c 为人均消费，而且，在一个封闭经济体中可以认为人均消费和投资变动与人均产量成正比，即：$c_t = af(k, t)$，$k'_t = bf(k, t)$，式中 a、b 分别为消费和投资系数，且 $a + b = 1$。

我们先考察一个特别简单的经济体。设该经济体在一个有限时段内并没有表现出明显的增长特征，即维持一个简单的再生产过程，这时，人均产量的增加通过消费和维持经济循环所需投资消耗掉了。用较精确的语言描述为，假设我们从某一个连续生产的经济体中随意抽出一小段生产过程，以 $\Delta f(k, t)_k$ 表示 t 时刻在人均资本存量为 k 时的人均瞬时产量，而 $\Delta f(k, t)_{k+\Delta k}$ 为 t 时刻在人均资本存量为 $k + \Delta k$ 时的人均瞬时产量。

如果我们取一段微小时间间隔 Δt，在这段时间内人均产量的增长将表现为人均资本 $k + \Delta k$ 时的人均产量与人均资本 k 时人均产量之差，即在一微小时间间隔内人均产量的增加等于一微小人均资本变化导致的产量变动。这一过程的数学表述为：

$$\Delta f(k, t)_{k+\Delta k} - \Delta f(k, t)_k = \Delta f(k, t)_{\Delta t} \tag{2}$$

将上式左边用泰勒公式展开并取一阶近似，代入后取极限（令 $\Delta k \to 0$）得左边为：$\dfrac{\partial^2 f}{\partial k^2}$；右边取 $\Delta t \to 0$ 的极限后为 $\dfrac{\partial f}{\partial t}$。从而得：

$$\frac{\partial^2 f}{\partial k^2} = \frac{\partial f}{\partial t} \tag{3}$$

因为在该方程的推导过程中我们忽视了太多的因素，导致该经济体没有扩大再生产的机制，与现实经济不符，为此，要对该方程进行完善。入手点是考虑有冲击因素将在一个微小的时间内对人均产出形成影响，从而出现扩大再生产过程：

第一个要考虑的是投资因素，虽然在推导时已经顾及了维持简单再生产的投资，但投资在一个增长经济体中是扩大再生产的重要因素，所以投资因素还要进一步考虑，我们认为扩大再生产的投资与人均产出成正比，表示为 af。

第二个因素是增长的阻力，模型中既没有考虑到折旧，也没有考虑增长中因环境、资源的变化和其他经济摩擦带给增长的反作用，这些因素与投资相比自然直接作用要小，为此我们认为它与人均产出的二阶量成正比，表示为 ef^2，e 为阻力系数且是一个小于 a 的常量。

第三是模型中完全没有考虑到经济创新对增长的影响，创新并不会直接影响增长，而是通过引致投资的变动来产生作用，它在经济发展的不同阶段对增长的作用力不同。在低水平的发展阶段，投资是影响增长的主导力量，创新的作用力很弱；而在发达经济体中一般投资会被各种阻力消耗，唯有创新才能带动新的投资，所以，我们认为创新是一个与人均产量关联的因素，可将其设定为与人均产量的三阶量成正比，表示为 gf^3。

将上述三种因素代入上式（1）的左边可得：$\dfrac{\partial f}{\partial t} - \dfrac{\partial^2 f}{\partial k^2} = af - ef^2 + gf^3$ （4）

为便于处理，将上式写为：$\dfrac{\partial f}{\partial t} - \dfrac{\partial^2 f}{\partial k^2} - \alpha f(1-f)(f-\beta) = 0$ （5）

其中，$a = \alpha\beta$，$e = \alpha(1+\beta)$，$g = \alpha$，且设：$0 \leq \beta \leq \left(\dfrac{1}{2}\right)$。从数学角度看，这是一个反应—扩散型的非线性偏微分方程，这类方程存在行波解。求行波解是将方程的解写为如下形式，即 $f = f(\xi)$，$\xi = k - ct$，其中 c 为常数，相当于波的传播速度。将上式代入偏微分方程得一个二阶常系数常微分方程：

$$-c\dfrac{df}{d\xi} - \dfrac{d^2 f}{d\xi^2} - \alpha f(1-f)(f-\beta) = 0 \qquad (6)$$

为解此方程，设：$f = \dfrac{1}{1 + e^{\gamma(\xi - \xi_0)}}$，$\gamma$ 为积分常数，将其代入常微分方程（6）得：

$$\dfrac{df}{d\xi} = \dfrac{\gamma e^{\gamma(\xi - \xi_0)}}{[1 + e^{\gamma(\xi - \xi_0)}]^2}, \quad \dfrac{d^2 f}{d\xi^2} = \dfrac{\gamma e^{\gamma(\xi - \xi_0)}[1 - e^{\gamma(\xi - \xi_0)}]}{[1 + e^{\gamma(\xi - \xi_0)}]^3},$$

即 $[\gamma^2 + \gamma c - a(1+\beta)]e^{\gamma(\xi - \xi_0)} + (-\gamma^2 + \gamma c + \alpha\beta)e^{2\gamma(\xi - \xi_0)} = 0$ （7）

将式（7）分解得：

$$\gamma^2 + \gamma c - a(1-\beta) = 0$$
$$-\gamma^2 + \gamma c + \alpha\beta = 0 \qquad (8)$$

故 γ 与 c 同号，则可取：$\gamma = -\sqrt{\dfrac{\alpha}{2}}$，$c = -\sqrt{2\alpha}\left(\dfrac{1}{2} - \beta\right)$，将其代入式（8）中得方程式：

$$f = \dfrac{1}{1 + e^{\pm\sqrt{\frac{a}{2}}(\xi - \xi_0)}} \qquad (9)$$

为简化对模型的分析，我们取 $\xi \geq 0$，这是为了使解收敛，可取：

$$f = \dfrac{1}{1 + e^{\pm\sqrt{\frac{a}{2}}(\xi - \xi_0)}} \qquad (10)$$

这就是我们的模型所得到式（10）表示的基本结果，它是一个随着时间 t 变化的自实现模型。其数学图形示意如图 1 所示，这是经济学者所熟知的逻辑函数的图形，似 S 形。

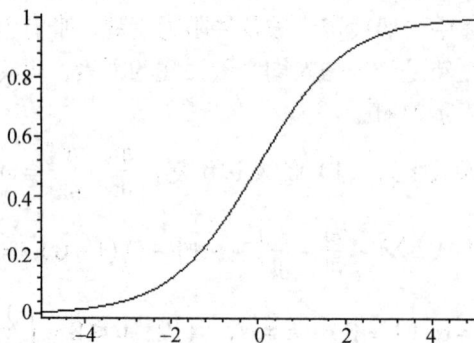

图 1 模型示意图

图 1 的经济学含义为，从一国经济成长的长期历史看，人均产量增长分为两个阶段：在人均资本存量处于较低水平的增长阶段，随着人均资本的增加，人均产值也呈加速增长之势，具有规模收益递增的特征，被经济学界看成起飞阶段。但加速经济增长并不是永远持续的，而是有一时间限度，当人均资本存量达到某一水平时，存在一个拐点，高速增长到该点后，随着人均资本存量的进一步增加，人均产出将在越过该点后呈递减的增长趋势，其后就是遵循新古典增长的足迹，即规模收益递减。这一结论是符合经济发展现实的，特别是对发展中国家经济政策的制定有现实的指导意义，正是由于经济发展的起飞阶段存在规模递增，政府才能通过特定经济政策的刺激尽可能地发挥规模收益递增的作用，实现经济的赶超。

二、证　据

（一）计算方法

按前面的理论推导，一国的长期经济增长规律可用如下的 Logistic 增长函数进行描述：

$$y_t = \frac{k}{1 + a \cdot e^{1 - b \cdot t}} \tag{11}$$

式中，y 为经济发展水平，a 为积分常数，表明经济发展起步早晚，b 为斜率，t 表示时间；b 越大，经济发展就越快；K 为饱和值，即 t→＋∞ 时，y→K。

为了对上述公式进行计量与模拟分析，对式（11）进行一阶和二阶微分可得：

$$\frac{dy}{dt} = \frac{baK}{\left[\,1 + a\exp\,(\,-bt\,)\,\right]^2 \exp\,(\,bt\,)}$$

$$\frac{d^2y}{dt^2} = \left[\,\frac{2ba}{a + \exp\,(\,bt\,)} - b\,\right] \cdot \frac{baK}{\left[\,1 + a\exp\,(\,-bt\,)\,\right]^2 \exp\,(\,bt\,)}$$

当 $y_t = \dfrac{dy}{dt} > 0$，表示经济不断发展。当 $\dfrac{d^2f}{dt^2} = 0$，可得到：$t = \log\,(\,a\,)\,/b$，可利用本式估计出各类拐点。

由函数凸（凹）判断可知，当满足上式的数值就为曲线的拐点，曲线在此点前后表现为不同的性质。当 $t < \log\,(\,a\,)\,/b$ 时，曲线是上凹（下凸）的，此时经济发展呈现加速状态，表现为经济发展加速度逐渐增大。当 $t > \log\,(\,a\,)\,/b$ 时，曲线是上凸（下凹）的，此时经济发展加速度不断减小，经济发展趋于平稳。

（二）英美法德日五国经济发展阶段的计量实证

本文基于前文推导得到的 Logistic 增长函数并利用英、美、法、德、日 5 个发达国家的数据进行实证研究。

1. 英国经济增长的阶段

由麦迪森（Maddison，2010）数据库得到英国 1830～2008 年的人均国内生产总值，在这基础上，计算得到以 1952 年 = 1 的人均国内生产总值（见图 2）。

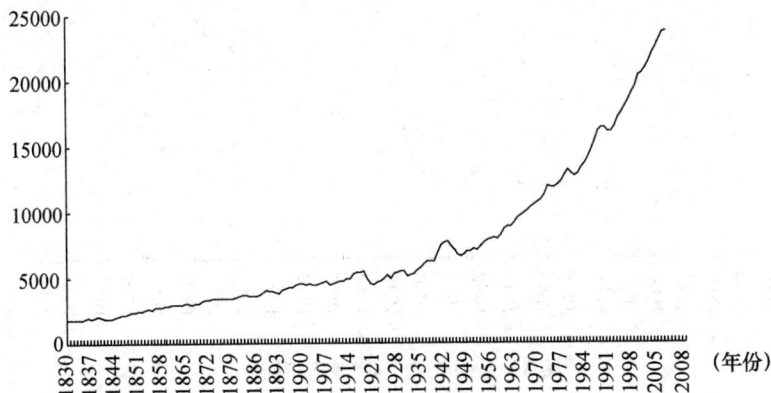

图 2　英国人均 GDP 变动趋势

由图 2 可知，英国人均 GDP 增长线呈现出"S 形"曲线形状，至 2004 年增长率开始下降，英国增长曲线出现拐点。采用 1830～2008 年的人均 GDP 数据，利用非参数估计法来估计 t 的拐点，得到了以下结果：第一，英国加速增长期为

1955～1977 年（22 年时间），在此之前为经济起飞前期；第二，英国减速增长期为 1978～2004 年（26 年时间），在此之后为经济停滞期。

在 20 世纪 50 年代英国真正地进入一个持续 20 多年的快速增长期，之后进入经济缓慢增长期。实际上英国的经济增长期可能往前推，因为这两个阶段的划分可能受到两个干扰因素的影响，即两次世界大战，这两次世界大战都导致了英国人均 GDP 下降，这就会影响整个曲线的性质，导致估计的时间往后推。

2. 美国经济增长的阶段

由麦迪森（Maddison，2010）数据库得到美国 1870～2008 年的人均国内生产总值，在这基础上，计算得到以 1952 年 = 1 的人均国内生产总值（见图 3）。由图可知，美国人均 GDP 增长线呈现出"S 形"曲线形状。除了 1930 年期间的经济危机外，美国的人均 GDP 增长率较为平稳，至 2005 年增长率开始下降，美国的增长曲线出现拐点。

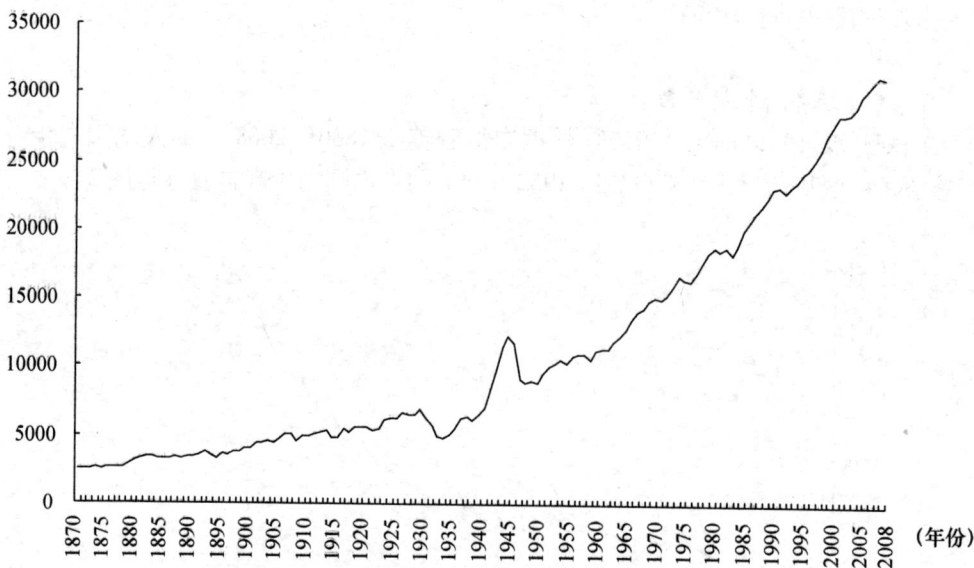

图 3 美国人均 GDP 变动趋势

我们分析得到：美国加速增长期为 1954～1990 年（36 年时间），在此之前为经济起飞前期；美国减速增长期为 1991～2005 年（14 年时间），在此之后为经济停滞期。

美国与英国较相似，但走势比英国更陡一些，总体来看，美国经济增长的强劲度要强于英国，并且时间要长，在"一战"和"二战"期间也有一段明显的增长期，所以有可能在估算的时候把美国的加速增长期缩短。我们可以看到美国的加速增长期很长，原因在于美国的人口要远远大于英国，它出现规模收益递增的人口因素作用力更大。

3. 法国经济增长的阶段

在法国 1820~2008 年的人均国内生产总值基础上，计算得到以 1952 年 = 1 的人均国内生产总值（见图4）。由图可知，法国人均 GDP 增长线呈现出"S 形"曲线形状，2005 年增长率开始下降，法国的增长曲线出现拐点。

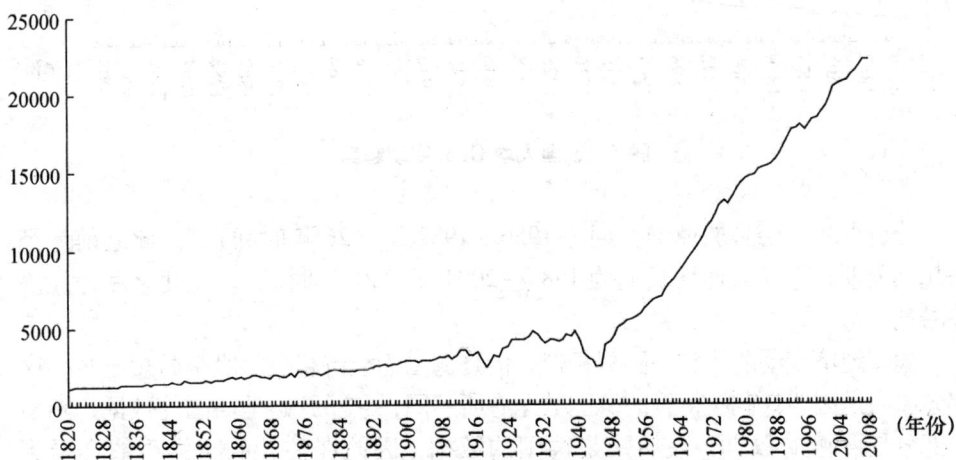

图4　法国人均 GDP 变动趋势

分析发现：法国加速增长期为 1954~1986 年（32 年时间），在此之前为经济起飞前期；法国减速增长期为 1987~2000 年（13 年时间），在此之后为经济停滞期。

法国经济增长曲线与美国较为相似，法国经济快速增长的时间为 32 年，比美国短，但是经济起飞的力度是很大的。这说明人口多的国家处于加速增长期的时间要比人口少的国家要长。

4. 德国经济增长的阶段

在德国 1850~2008 年的人均国内生产总值基础上计算得到以 1952 年 = 1 的人均国内生产总值（见图5）。由图可知，德国人均 GDP 增长线呈现出"S 形"曲线形状，2004 年增长率开始下降，德国的增长曲线出现拐点。

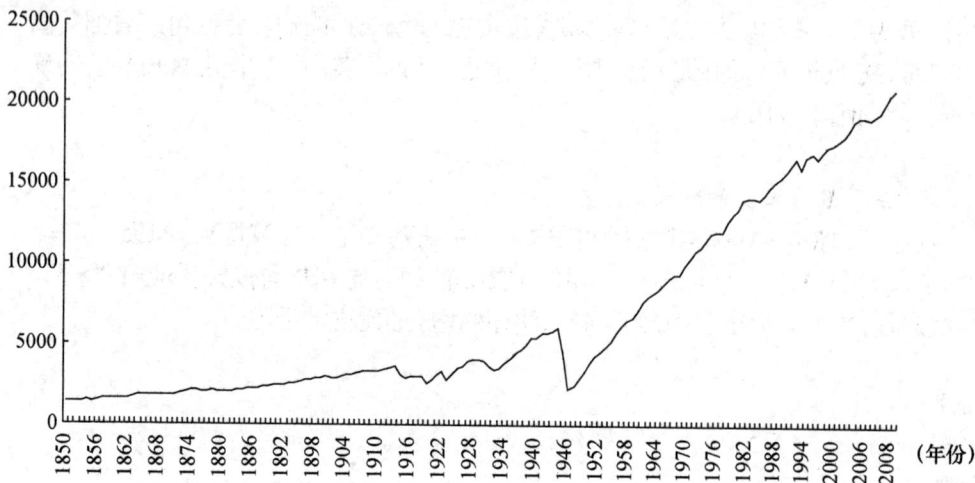

图5 德国人均 GDP 变动趋势

分析得到：德国加速增长期为 1956～1982 年（26 年时间），在此之前为经济起飞前期；德国减速增长期为 1983～2004 年（21 年时间），在此之后为经济停滞期。

德国经济变动曲线和法国很相似，但是德国的经济起飞阶段稍微短一些，这部分原因是因为我们所得到的德国数据有所不同，它一开始是德国的数据，随后一部分是西德的数据，最后又是德国的数据，因此在估计的时候可能会受到影响。

5. 日本经济增长的阶段

在日本 1870～2008 年的人均国内生产总值基础上计算得到以 1952 年 = 1 的人均国内生产总值（见图6）。日本人均 GDP 增长线也呈现出"S 形"曲线形状，2005 年间为日本增长曲线的拐点。分析发现：日本加速增长期为 1961～1977 年（16 年时间），在此之前为经济起飞前期；日本减速增长期为 1977～2005 年（28 年时间），在此之后为经济停滞期。

日本从 20 世纪 50 年代以后进入高速增长期，我们计算结果显示相对较晚一些，日本的加速增长期为 16 年，而减速增长的时间比较长。这与现实有一点差距，这可能是因为在 1978 年石油危机发生后，日本经济增长的方式发生变化。它前期增长的速度比别的国家要快，因此可能更快地进入经济减速增长期。

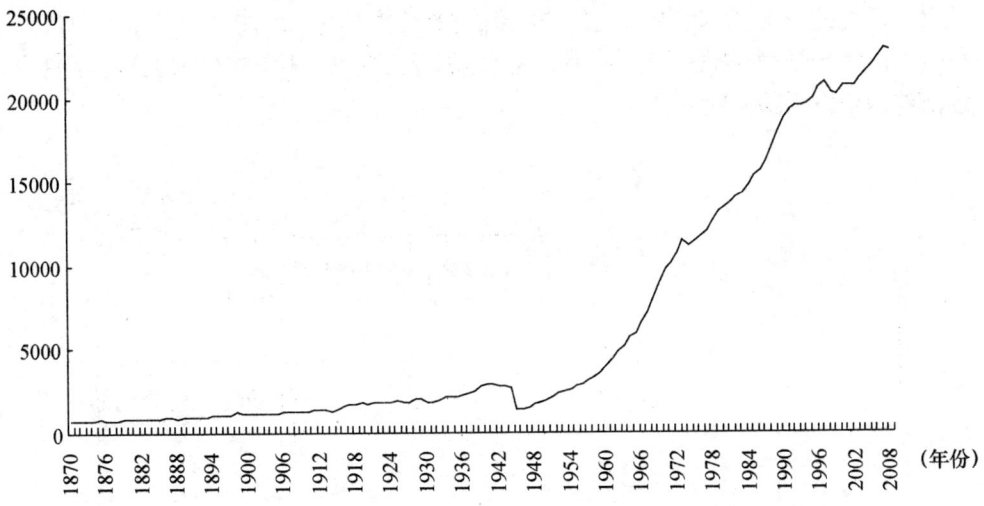

图 6　日本人均 GDP 变动趋势

　　从这五个国家的实证研究说明我们前面构建的理论模型是有一定的解释力的。总体上我们可以得到两个结论：第一，发达国家的经济增长存在比较明显的 S 曲线现象，发达国家基本走完了这个周期；第二，这些国家的周期长短和拐点是不一样的，总体看来，大国的加速增长期相对较长。这里日本是一个例外，这个机制有待进一步检验，当然有可能日本的情况是属于第三种情况，就是经济起飞时间短、增长速度猛的国家有可能很快就进入减速增长期。

三、应　用

（一）解释经济历史现象

　　从经济发展的历史来看，工业革命以前社会处于马尔萨斯的增长陷阱，这在我们中国是最明显的，中国自从南宋以后就陷入马尔萨斯的增长陷阱，这是人口和增长之间的巨大矛盾，所有的产出增量都被人口的快速增长所吸收，所以中国长期没有得到经济扩张，本文所构建的模型能够解释这一段经济时期的特点。工业革命发展阶段是发展经济学所研究的重要阶段，它是关于如何实现经济的起飞的，总体上我们认为人均资本存量的变化是经济起飞的一个基本的条件。之后，经济增长突破贫困陷阱进入规模收益递增的赶超阶段，然后达到卡尔多典型事实的均衡增长阶段，卡尔多的六个事实说明了经济进入均衡增长时候的特点，这也是索罗研究的一个基本前提，之后进入新经济增长理论认为技术创新和人力资本积累可以带来规模收益递增的效果。因此总体上讲，我们所构建的理论能够说明经济的历史发展阶段特征。

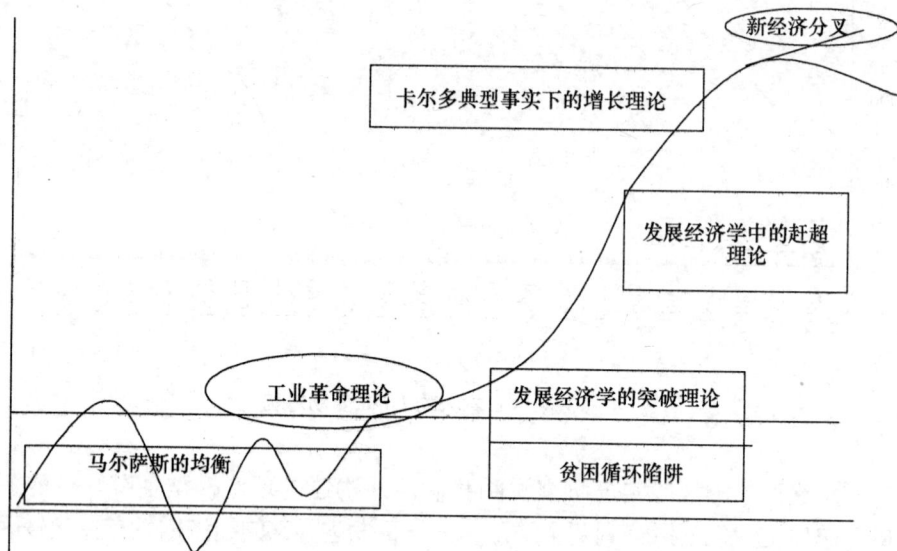

图7　经济成长的长期历史阶段划分

中国经济发展已进入中等收入国家行列，因此，现阶段中国必须避免进入所谓的"中等收入陷阱"。2006年世界银行在其《东亚经济发展报告》中提出"中等收入陷阱"一词，它指从低收入经济体成长为中等收入经济体的战略，对于它们向高收入经济体攀升是不能够重复使用的。其意义指如果一国用某一战略摆脱了贫困状况，则要进入更高经济水平行列，需要有新战略，不然经济可能停滞，陷在一个新的陷阱里，它叫"中等收入陷阱"。历史表明，许多国家都可以达到中等收入状况，速度往往相当快。但很少有国家能够超越中等收入而成为高等收入国家，其主要原因是落入了"中等收入陷阱"，这方面典型的例子是20世纪70年代以来的拉美国家和俄罗斯等国家。

（二）中国经济增长的机制

在经济起飞的阶段，中国运用政策机制获取了经济快速增长的收益，我们在此总结中国、东亚和美国的发展经验机制：

第一，非均衡的经济增长战略。后发国家经济赶超的利器是通过政府把资源

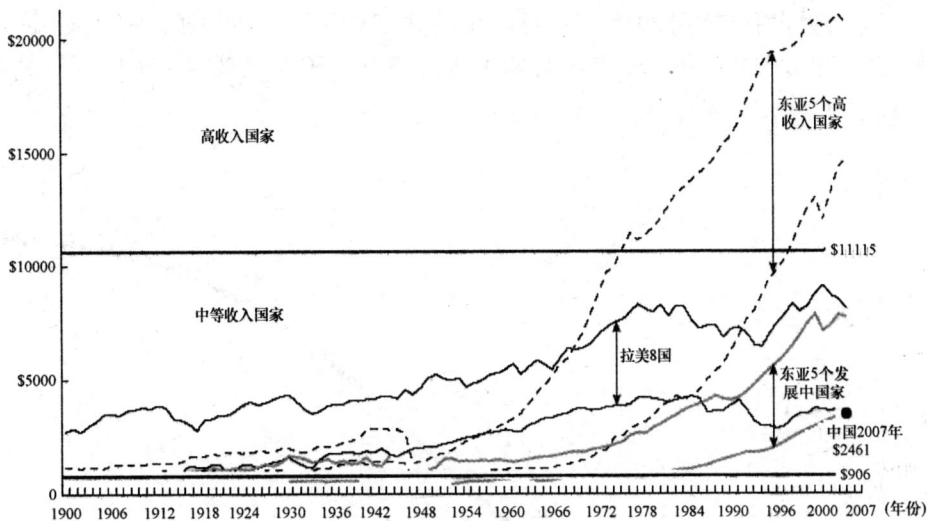

图8　经济成长的"中等收入陷阱"

配置到高增长的现代化部门并实现经济增长的加速，典型的是运用政府动员体制有效地将农业资源转移到工业部门。目前，中国是典型的高资源投入驱动的工业化国家，"大干快上"成为常态，在成为世界大工厂的同时，工业现代化水平则不高。

第二，要素快速积累。这种增长方式具有低成本、高投入的特征。在中国经济由计划体制向市场体制的转轨过程中，要素市场化滞后于商品市场化，因而在相当长的时间内，土地、水、电等资源和资本、劳动力要素的价格具有政府干预因素，政府为激励企业加速完成原始积累，控制生产要素投入价格，使得土地、劳动力、投资品保持较低的投入成本，如能源、水等长期低于国际均衡价格，环境、自然资源和劳动力社保等成本约束低，或者根本就没有。

第三，全球配置、"干中学"机制。通过对外开放进行全球配置，鼓励国际生产性资本的进口和商品的出口，最大限度地把国内低价的"无限劳动供给"和国际资本、广阔的海外市场结合起来，解决经济发展中的资金、资源和市场三大问题。市场化改革和国际化推进同步进行，在开放条件下由于"干中学"效应和竞争性创新机制的获得，诱导和激活国内实物资本和人力资本形成，保证了技术的引进吸收和自我创新。

（三）中国未来增长前景

在较长一段时期内，中国经济仍将处在一个加速上升通道内，按照我们的推算，这一过程将维持到 2035 年前后。采用"三和法"估计中国增长 Logistic 模型，其结果如图 9 所示，中国人均 GDP 大约在 49～50 期（2034～2035 年）出现拐点。

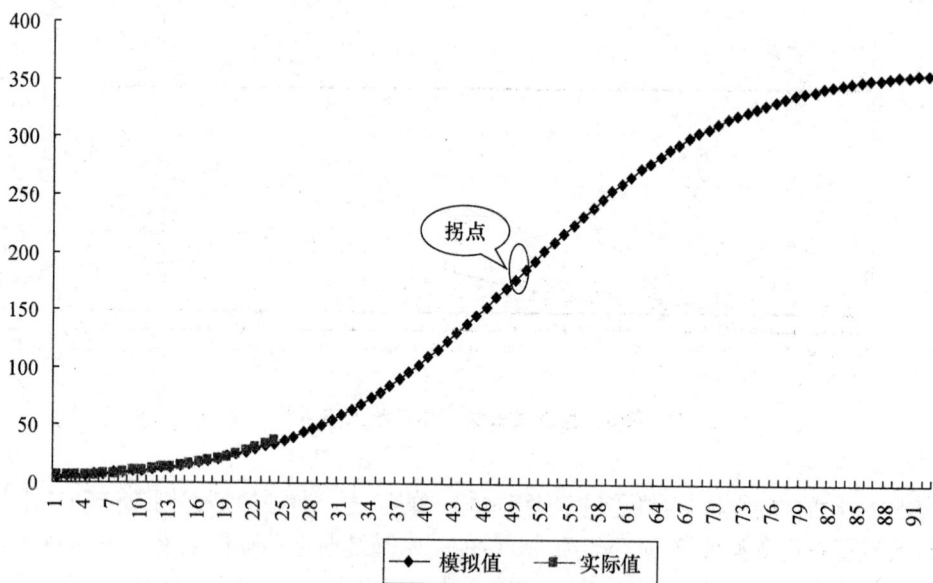

图 9　中国经济长期增长模拟结果

　　同样按我们的计算，2015 年中国劳动年龄峰值人口为 10.2 亿人（第一次峰值），劳动力总供给估算为 7.9 亿。但是，此后劳动力年龄人口不会马上持续下降，在 2022～2030 年之间将有一个短暂的上升（第二次峰值）或缓慢下降的阶段。至 2035 年左右，中国劳动年龄人口将出现持续下降趋势。以此推算，中国人口红利的最终消失，将发生在 2030 年之后。

　　各国城市化发展的规律由诺瑟姆 1975 年总结为城市化发展曲线，即 S 形曲线，具有明显的阶段性，可以分为三个阶段。第一个阶段城市化水平小于 30%，此时城市人口增长缓慢，当城市人口比重超过 10% 以后城市化水平才略微加快。第二个阶段城市化水平在 30%～70% 之间，当城市人口比重超过 30%，城市化进入加速阶段，城市化进程出现加快趋势，这种趋势一直要持续到城市化水平达到 70% 才会逐渐稳定下来。第三个阶段城市化水平大于 70%。此时社会经济发展渐趋成熟，城市人口保持平稳。我们用城市化的 Logistic 函数以 1800 年为基期对 1978～2007 年分析并得出中国的城市化模型，其城市化增长速度为 0.04357。中国将在 2013 年左右结束加速城市化过程，这一期间的城市化增长率约为

1.09%，城市化率在47.93%～53.37%之间，此后中国的城市化增长逐步放缓，但增长速度仍很高。到2015年为52.28%，2020年中国的城市化率为57.67%，2030年城市化率达到67.81%。要完成2030年67.81%的城市化水平，按照2008年中国的城市化率45.68%，今后每年要提高城市化水平近1个百分点，相当于每年有近1400多万人转移到城市来。

假定在我国人均国民收入增长率分别为10%、9%和8%的情况下，2012年我国人均国民收入将分别为4502美元、4461美元和4420美元，都会超过世界银行中高收入国家人均国民收入下限。只有在我国人均国民收入增长率低于7.2%或中高收入国家出现异常增长的情况下，我国进入中高收入国家的下限的时间才会有所延迟。在2021年左右我国人均国民收入将达到10000美元，中国达到初等发达国家的水平，这时候中国的经济总量跟美国大致持平，所以中国未来经济的发展是辉煌的。

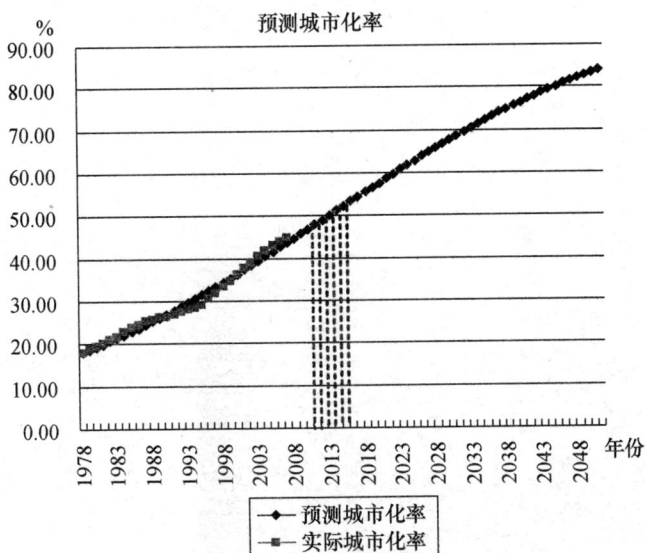

图10　中国城市化模拟结果

编辑整理：陈　钰

晚清财政的扩张及财政规模估计（1851～1911）

史志宏

2010 年 10 月 21 日

史志宏

中国社会科学院研究生院经济系教授

摘　要：本文首先对清前期和晚清两个阶段的财政收支规模进行比较，指出前期变动不大，而后期则迅速膨胀，并从财政体制机制的角度对晚清财政扩张的原因和过程进行分析；随后，对晚清财政收支的实际规模做了估计，相应地修正了过往的财政数字。本文认为，外销的泛滥是晚清财政的重要特点，它得益于且又反过来促成各省独立财政的发展；不过，另一方面晚清各省财政还不是，也不可能是完全独立的地方财政。清末的财政改革对民国北京政府和南京国民政府时期的中国财政体制演变，在发展路径上有重要的影响。

关键词：财政扩张　规模估计　晚清　外销

清代历史可以划分为清前期和晚清两个阶段。清朝前期仍然属于传统封建社会，而晚清则在社会性质和发展方向上发生了重大变化，属于"近代"史的范畴。中国古、近代历史的分界点从大历史的角度观察应该是鸦片战争，即以1840年为界，但是具体到财政史，我认为以1851年太平天国起义为界划分更为合适。太平天国起义以后，清朝财政在许多基本的方面，与以前相比都发生了重大变化。

表1、图1以清官方数字为依据，反映清代前、后期财政规模变化。从表1和图1中可以清楚地观察到，清代前期的财政收入变化相当平缓，从乾隆中以后的近100年时间里没有大的变化，一直维持在每年4000万～5000万两的水平上；但是到了晚清，情况就完全不一样：短短数十年时间不但收入数字成倍翻番，而且，清末几年的数字比甲午—庚子前后的数字又有了一次不可思议的非常陡峭的上升（见图1）。由此，提出了我们要探讨的两个问题：一个是晚清的财政规模为什么会扩张？是怎么扩张起来的？另一个问题是官方数字反映出来的晚清财政规模扩张，清末的数字与此前的数字不能衔接是怎么回事？

表1　清代前、后期财政规模变化（以财政收入示例）　　　单位：万两

清前期	康熙朝（1662～1722）	3500
	雍正朝（1723～1735）	3800
	乾隆朝（1736～1795）	5000
	嘉庆朝（1796～1820）	4750
	道光朝（1821～1850）	4500
晚清期	同治十三年（1874）	6000
	光绪甲午前十年（1885～1894）	8360
	甲午至庚子前后（1895～1905）	9000～10000
	清末清理财政后（1908～1911）	30000

注：本表各朝收入数字的来源及其相关说明，参见史志宏：《清代户部银库收支和库存统计》，福建人民出版社，2008年版；史志宏、徐毅：《晚清财政：1851～1894》，上海财经大学出版社，2008年版。

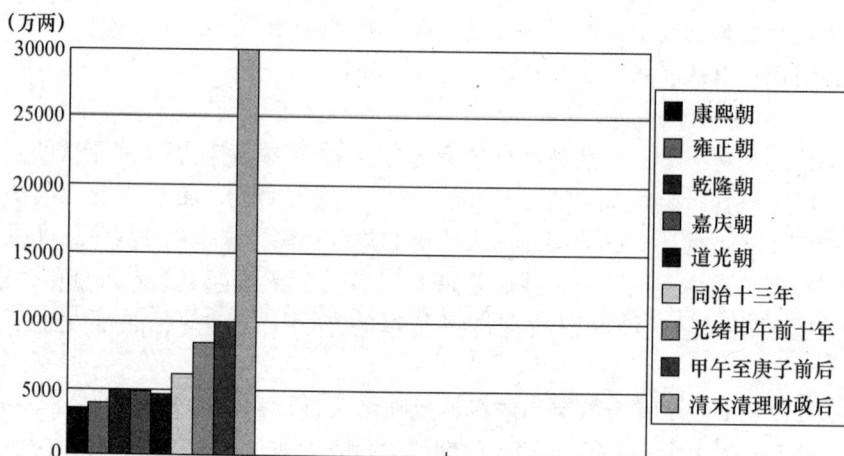

图1　清朝前、后期财政规模变化

一、晚清的财政扩张

（一）晚清财政扩张的原因

1. 财政管理体制发生变化：清前期中央集权，晚清财权下移

清前期，政治上高度中央集权，财政管理上不分中央财政与地方财政，全国

一盘棋：赋税虽由各省征收，但支配赋税的权力不在地方而在中央户部，由户部作为最高管理中枢，统筹安排各省及中央的开支。户部通过起运、存留、冬估和春秋拨、京饷、协饷、奏销、考成等一系列制度来管理、监督全国财政的运行。在这套制度下，地方没有独立的财权。

例如作为土地税的田赋，各省州县征收上来以后，除一小部分依例存留本州县供行政开支外，绝大部分都要起运到"藩库"即省布政使司库。起运到"藩库"的"钱粮"，各省不能随便动支，而需要履行冬估和春、秋拨等一系列财务拨款手续。所谓"冬估"，就是各省于每年冬季，向户部报送次年本省官兵俸饷开支的预估册。"春、秋拨"即第二年的春天和秋天，再分两次向户部报送当时的库存银两实数册。户部根据各省的报册，每年分两次拨款，除允许各省开支上年"冬估"的本省官兵俸饷外，统筹安排各省及中央（即京师）的全年开支。拨款的原则是省际间以有余补不足，收支有余的省份根据户部的指拨向收不足支的省份解出钱粮，称为"协饷"；省际互协以外，收大于支的省份的剩余钱粮命其全部解送中央，存于户部银库，称为"京饷"。在这套拨款制度下，各省只有在接到户部的批文后才能动用相应的款项，自己是不能随便安排的。"奏销"是财务审计程序：各省每年都要将上一年度的收支编造详细册籍报送户部（同时送呈一份给皇帝，称为"黄册"），户部依例对其收支进行审计，符合规定者奏报皇帝，准予销案；不符合则"按款指驳"，责令改正。"考成"是对州县官、府官、道官直到督抚的各级官员的征收业绩的奖惩。

如上一整套的制度，保证了清前期中央集权的财政管理。但是到太平天国起义以后，情况开始发生了变化。太平天国起义以后，特别到咸丰三年初太平军占领南京以后，由于战争规模越来越大，波及全国大部分省份，一方面各省旧有的库存消耗殆尽，新的征收也因战争受到很大影响；另一方面征收上来的钱粮各省"纷纷奏留"，就地用作军费，在这种情况下，户部再无可能按照以往的制度来统筹全国财政，发挥其指挥中枢的作用了。于是，从咸丰三年以后，清廷不得不放手让各省"自练兵、自筹饷"。战后，一批在镇压太平天国运动中崛起的地方军阀如曾国藩、李鸿章、左宗棠等人成为各省督抚。这些地方实力派与清前期的督抚完全不同，他们有自己的军队，有在战争中及战后报销、善后、筹防及兴办各种洋务新政中不断膨胀起来的用人权和财权，由此逐渐形成了晚清"外重内轻"的权力格局。

曾国藩就说过："前代之制，一州岁入之款，置转运使主之，疆吏不得擅专。我朝之制，一省所入之款，报明听候部拨，疆吏亦不得擅专。自军兴以来，各省丁漕等款纷纷奏留，供本省军需，于是户部之权日轻，疆吏之权日重。"① 同治中，曾国藩的幕僚赵烈文在一次与曾谈及军兴以来统军将领自练军、自筹饷、利权在手的后果时说，当时的局面是"一统既久，剖分之象盖以滥觞"②。《湘军志》的作者王闿运将当时的形势与"将富兵横，矛戟森森"的五代相类比，认为"恐中原复有五季之势"③。清末梁启超论及中国财政改革的艰难时，更明确以"十八国"来形容其时的分裂局面，说"今一议及清理，则各督抚攘臂以争，惟恐中央之夺其橐"，各省之间也"此疆彼界，划如鸿沟，以一国而成为十八国"。

一些研究中国近代史的西方学者在研究晚清的权力格局时，提出了"地方主义"（Regionalism）一词，认为清中央政权在 19 世纪以来的多次大叛乱中遭到削弱，国内一些核心地区的军事及政治势力开始抬头，形成了尽管形式上仍保留在清帝国权力体系之中，但已经发挥着部分国家功能的核心地区的"地方主义"④。由大一统向着各省分裂的方向发展，这是中国近代史上的一个重要现象。

2. 晚清各省的地方政务大不同于清前期

在清前期，地方行政事务基本就是"钱谷刑名"。省级设布政、按察二司，县署设"六房"，足以办理应办之事。

晚清时期，在传统的地方行政事务之外，各省办理厘金、洋务、外交、通商、创办新式军需工业、投资民用工商业，以及清末编练新军、筹办巡警、审判厅所、新式学堂、禁烟等，皆非旧时所有，这些都是晚期新增的政务。这些新的政务有一个特点，它们基本是各省自筹自办，督抚掌握着很大的决定权。

（二）晚清财政扩张的过程

晚清财政扩张的过程可分为两个阶段，一个是咸丰军兴至光绪甲午以前（1851～1894）时期；另一个是光绪甲午至清末清理财政（1895～1911）时期。本文不详细讲这个问题，只能就整个过程中一些影响较大的关节点或事件，作一简要说明。

咸丰三年初开始放任各省"自筹饷需"以后，各省筹款的办法主要有两个：加征旧税和开征新税。旧税如田赋的加征遍及各省，四川等省有"按粮捐输"、"按粮津贴"，云南、贵州有"厘谷"，江苏、安徽等地有"亩捐"，广东沿海等

① 《曾文正公奏稿》卷 24《江西牙厘请照旧征收折·同治三年三月十二日》。
② 《能静居日记》，同治六年六月二十九日。
③ 《湘绮楼日记》，同治九年正月十六日。
④ Stanley Spector：*LiHung - chang and the Huai Army，a Study in Nineteenth - Century Chinese Regionalism.* pp. 21 - 43，Introduction by Franz Michael.

地有"沙田捐"，等等。此外，有漕各省在漕粮折征中的勒折浮收等也很厉害。

新的税收厘金被创造出来。这个咸丰三年创办、实行于江苏扬州个别市镇的新税收，虽最初仅具临时、权宜的性质，但一经出现，短短几年间便被推广于各省，并最终延续下来，成为晚清时期仅次于田赋和海关税的第三大收入。这一近代史上的大恶税，到1931年才被国民党政府废除，存在了80多年。厘金收数，光绪以后仅各省每年报告户部的数字就有1400万～1500万两，实际收数数倍于此。厘金的出现是晚清财政扩张的一个重要表现。

海关税直到第二次鸦片战争以前都不是大的税种。第二次鸦片战争以后，根据新的不平等条约增开口岸，同时列强攫取了中国海关的管理权，各关设税务司，中央设总税务司，到同治时期海关税收开始大幅度增长，甲午前达到岁入2200多万两，成为仅次于田赋的大宗税收。

支出方面，战争期间招募的"勇营"（湘军、淮军等）战后并未遣散，而是大部分保留下来，成为继八旗、绿营之后又一支国家军队，驻防各地，称为"防军"。勇营兵饷支出每年约计2000万两，大致与八旗、绿营的"制兵饷"相等。

从战争时期筹捐筹饷开始，特别是在战后报销、善后、筹防以及兴办各种洋务新政的过程中，各省绕开既有的行政机构，设立了大量局所。宣统元年，度支部奏陈军兴以来各省此类新机构膨胀的情况说："国初定制,各省设布政使司,掌一省钱谷之出纳,以达于户部,职掌本自分明。自咸丰军兴以后,筹捐筹饷,事属创行,于是厘金、军需、善后、支应、报销等类,皆另行设局,派员管理。迨举办新政,名目益繁。始但取便一时,积久遂成为故事。"[1] 这些新机构及其办事人员（总办、会办、提调、委员、司事等）都不在国家正式的行政系统之内，办事人员的职位只是由督抚委派的"差事"，其一切经费也均为自筹。光绪初户部颁布的新会计科目中虽有"关局经费"一项，但从刘岳云《光绪会计表》统计的甲午前十年此项支出的数目中可以看出，各省的局所经费实际上并不报销。局所经费的出现，是晚清财政膨胀的又一大表现。

战时为筹饷及战后为报销、善后、筹防设立的机构有：军需局、支应局、转运局、报销局、善后局、筹防局等；整顿财政税收有厘金局、纲盐局、督销局、掣验局、清赋局、招垦局、官荒局、交代局、清查藩库局等，金融铸币有官钱局、银元局、铜元局等，地方治安及刑讼有保甲局、团防局、清讼局、发审局、候审所、自新所等，洋务新政有洋务局、商务局、巡防局、机器局、船政局、火药局、电报局、电线局等，此外还有营务处、课吏局、忠义局、救生局等五花八门的新机构，总之有一事便设一局。

---

① 《各省财政统归藩司综核折》，宣统元年四月。

清前期没有内、外债。当政府遇到战争、灾荒赈济或大的工程等额外支出时，以动用库存及开办捐例为临时筹款的不二法门。从咸丰军兴起，开始有外债。以后左宗棠西征及平定新疆、同治十三年因日本侵略台湾而筹办台防、光绪十年中法战争等重大事件，均曾大量举借外债。甲午前的外债，不算铁路及其他实业借款，仅军政借款就达4400多万两。因大量借债，甲午前每年偿债的本息支出大约为200万～300万两。

内债也开始萌芽。镇压太平天国时期，山西、陕西、广东以及江苏、浙江、江西、山东、贵州等省都举办过"捐借"。左宗棠西征期间，因军饷不继，除借了1600多万两外债外，还向商人借过几百万两内债。票号对地方财政的短期借垫款也是当时内债的一种形式。这些早期的向民间举债还不是真正的近代国内公债。战争时期许多地方的"劝借"实为勒派，扰累民间，又因政府信用不彰，效果也不是很好。百姓借出的钱，很多并没有归还，而是由当地官府奏请给奖，等同捐输办理，是始之为借，而终以所谓"富户捐"为结局。

晚清时期皇室经费也大幅增加。咸丰、同治时期内务府经常向户部借拨银两。同治五年（1866年）起户部每年向各省和海关指拨内务府经费，最初为每年30万两，同治七年以后增加到每年60万两，光绪二十年以后又增加到每年110万两。甲午前，不算另拨的内务府经费，每年由户部提供的与皇室有关的经常支出总数就有500多万两。遇到皇室重大事件还要另外筹款。同治十一年（1872年）皇帝大婚花银1000多万两。光绪十三年（1887年）皇帝大婚花费总计550万两。光绪十一年中法战争结束后，慈禧太后下令重新启动京师三海工程，以其为归政后的颐养之所，为此借外债总共200万两，均由海关税偿还。光绪帝大婚后慈禧太后为修颐和园大量挪用海军经费尽人皆知，甲午年为筹办六十大寿也花费巨大。

晚清时期，灾荒、大工不断。光绪十三年初西北大旱，河南郑州黄河决口都影响大片地区（数十、上百州县），花费了大量白银。光绪初山西等省的大旱连国外都捐款。河南郑工借外债200万两。

甲午以后，中国对日赔款2亿两，赎辽费3000万两，另有日军驻守威海卫的军费每年50万两。为筹措赔款，清政府借了三笔外债，即俄法借款、英德借款和英德续借款，加上战争时期的几笔战费借款，几年间清政府所借外债总额达到库平银3亿余两，超过战前40年所借外债7倍余，为此每年对外偿债支出从200万～300万两增加到2000多万两。这些外债的每年应付本息大部分摊派于各省，导致各省加捐加税，引起新一轮的财政膨胀。

光绪二十七年（1901年）辛丑和约订立，4.5亿两的巨额赔款使对外债、赔款的本息支出又增一倍，约计每年4200万两。庚子赔款之每年本息偿付，亦如甲午后诸债款，由户部以"合力通筹"名义，强行分摊于各省。

甲午、庚子两次战败使清政府不得不"变法"。光绪二十七年（1901年），慈禧太后在西安发布"变法"懿旨："国势至此，断非苟且补苴所能挽回厄运，惟有变法自强为国家安危之命脉。"光绪三十一年，派遣以宗室载泽为首的五大臣分赴欧美日各国考察政治。次年五大臣回国，开始改革官制、筹备立宪。随后，制定出以光绪三十四年为第一年的"逐年筹办"计划。清末"新政"的改革使政府经费支出又一次大规模膨胀，尤以编练新军、地方警务、司法审判、学堂等为最。与此相伴，当然是各项赋税的又一次加征。

二、晚清财政规模估计

（一）清代的奏销制度：内销（正销）与外销

在正式提出个人对晚清财政规模的估计之前，需先对清代财政史上的"外销"问题稍作说明。

前面讲过，奏销是清代财政管理的一项重要制度，目的是对京师和各省的财政收入和支出进行控制，类似于今天的财务审计。但是清代的奏销，尽管在理论上应该包括国家的一切财赋收支，实际上却并不是这样。当时每年奏销的款项，仅为政府财政运作中真实收支的一部分，还有一部分由于不在奏销条例之内，并不向户部报告，即不进行奏销。清末清理财政时，将进行奏销的款项称为"内销之款"或"正销之款"，而不进行奏销的则被称为"外销之款"。

1. 为什么会有"外销"

清代的财政制度设计是一种"不完全财政"，收入不足以满足维持国家机器正常运转的全部资金需求，支出不能涵盖政府运作所需日常经费的所有方面。清代国家管理财政的基本原则是"收入有经，用度有制"，收入和支出都被框定在国家行政法典如《大清会典》、《户部则例》规定的"经制"项目范围之内，轻易不允许突破，而这些所谓的"经制"收支，从一开始就不能满足政府财政运作的全部需求。一种情况是本身有相应的名目，即在"经制"之内，但所规定的数额不能满足实际的需求。还有一种情况是虽本身没有相应的名目，不在"经制"之内，但这项支款却又是维持正常财政运行所必需的。在这样的制度设计之下，那些非"经制"而又是维持国家机器正常运转所必不可少的收入和支出，就只能由主管财政实际运作的各级政府部门去寻求制度外的途径加以解决，由此便产生了"外销"问题。

例如官俸，清代的文职官俸，正、从一品官岁支俸银180两，京官另支俸米90石，合每月支领俸银15两、俸米7.5石；品级最低的从九品官及未入流者岁支俸银31.5两，京官另支米15.75石，平均每月银2.6两余、米1.3石余。知县是正七品官，每年俸银只有45两，平均每月3.75两。如此低的官俸标准，当然不足以维持一个官员的正常生活支出。

地方公费也留支不足。明代，田赋的存留部分全部作为地方行政经费，由各省自行支配。一条鞭法以后的差役折银通常也存留为地方行政经费。清代地方存留经费的数额大为减少，特别是顺治统一战争及康熙平定三藩时期，由于军费不足，将许多原来存留的地方支款提解到中央，此后也未恢复，造成各省地方的经费留支不能满足实际需要的长久问题。

除有款项而数目不足的问题外，还有一些必要的但不在"经制"中开列的款项。如衙署里的师爷、跟班这些人，都不在编制之内，不能吃"皇粮"。书吏（处理文书及档案人员）、衙役（皂、捕快、壮班三班衙役）以及库丁、仓夫、斗级、门子、禁卒、仵作、铺兵，等等，其规定的名额编制也远少于实际所需。存在不在编却又实际在衙署里工作的人员，就需要地方另筹经费，给他们开"工资"。这部分开支不能按例报销，自然只能"外销"。

额外用款如军需，其不在例、案之内的支出也不能在国家财政之内报销，而要"外销"，一般采取由承办官员分摊的办法，如摊捐、摊扣、分赔等。

2. 外销经费的来源

清代地方政府的外销经费，大体有以下几种来源：

第一，地丁征收中的耗羡。民间以散碎银两缴纳赋税，官府需将其熔铸成统一规格的元宝才能解运交库，不无损耗，并且解运亦需费用，故而加征"火耗"，亦称"耗羡"。实际加征的数目要远超过实际耗费，由各级官员朋分，用充地方办公经费及中饱私囊。雍正时期实行"耗羡归公"及养廉银制度，将耗羡公开化，明确其一部分给官员"养廉"，另一部分补充地方办公经费。乾隆时期，耗羡银纳入钱粮奏销，每年大约有300多万两。"耗羡归公"以后，各地仍广泛存在着"耗外之耗"。

第二，漕粮征收，除正额漕粮及随征耗费即用补漕运、仓储折耗及充各项征漕经费的"漕项"（随正耗米、轻赍银、易米折银、席木竹板、运军行月钱粮、赠贴等）之外，还有给运军作漕运帮船开销的各种"帮费"以及给经征漕总、漕书及地方刁徒的各种"漕规"等项加征。帮费、漕规均不属漕粮的正式附加，不入奏销，属于额外加征。

第三，盐、关各项税收也都在正额之外有种种加征，如盐杂课、关税征收中的各种浮收、陋规等。鸦片战争爆发的一个原因就是英国商人抱怨清海关征税不透明，正税看起来不高，但是连各种附加征收都算上就不低了。

第四，利用银、钱比价浮收。清朝实行银、钱并行的二元货币，民间的小额交易使用铜钱，大宗交易及政府税收则主要用银。国家法定的银、钱比价是1∶1000，但实际的银钱比价是浮动的。康熙、雍正时期大部分时间银贱铜贵，1两白银往往只能换制钱800~900文。嘉庆、道光时期转为银贵铜贱，1两白银能换的制钱远超过1000文，甚至达到过2000文以上。地方官征税的时候，往往利用这种银、钱比价的变动浮收多征。

第五，平余。清代用银是称量的，而不使用铸币；又因为各地所用银的成色也不一致，称量的同时还要换算，这样无论地方官府向百姓征税还是白银在政府部门间流动，都有上下其手谋取利益的机会。如地方官吏收税时加重戥子称银，所得的溢额银两就叫平余。清初各省解缴户部税银，规定每1000两随解平余银25两，称"随平陋规"。后来，户部与地方官吏共同分肥，将解部者减半，余归地方。乾隆时，规定平余银给各部院官吏作为"养廉"。

第六，用闲置库款发商生息。如把官库里的闲置银子发到当铺里作为当本，商铺按年向官府缴纳息银。这种息银一般都有特定的用处，比方说很多地方官办书院就是用发商生息银作为经费来源的。

3. 晚清的"外销"与清前期的区别

清前期的外销收支只占国家全部收支的很小部分，是当时中央集权财政体制下全国大一统中的小自由。清前期的奏销收支基本上可以反映国家财政收支的总体状况，外销收支的存在不影响对国家财政情况的了解和判断。

晚清则不同。自从咸丰军兴各省"自筹饷需"，各省的财务自主权得到了极大扩张。战后随着社会经济、政治各方面的变化，地方政务日益扩充，外销收支越来越多，在各省财政上的地位越来越重要。到光绪甲午前，各省相对独立的财政体系已经基本形成，而支撑这一体系的，主要就是外销收支。

晚清各省的外销经费来源于两大地方岁入支柱，即厘金和杂税捐。厘金在前面已经讲过，这里重点讲一下"杂税捐"。

"捐"是一种早就存在于民间社会的行为或现象。清前期，民间社会已经存在着民间内部的捐款，如会馆、善堂举办的义捐、募捐等。这种民间捐款有时也借助官府的力量，带有某种强制性质，但并不普遍。当时还存在由民间向政府捐款的现象，如地方官府为举办某项公益事业向人民派捐，也都是零星的且不具有合法性。但是到了晚清时期，在当时特殊的财政形势下，"捐"开始从主要存在于民间的一种行为走向了普遍的政府行为。

咸丰、同治以后，各省为筹饷而捐局林立，"内则京捐局，外则甘捐、皖捐、黔捐，设局遍各行省，侵蚀、勒派、私行减折，诸弊并作"①。伴随着捐输制度的恶性扩张，"捐"逐渐离开了它的传统含义，而发展成了各级官府及新设局所机构以其名义开征的各种各样杂税的代名词。民国初年修的《宝山县续志》作者评论这一现象说："前清（此指晚清时期）自正税以外，凡取于民者，无论为国家所特设、地方所单行，皆称捐不称税，明乎事非经制，异乎正供也。"晚清很多地方的新增征收都以"捐"的名义举办。这些"捐"，既有附加在正税下面征收的，如亩捐、按粮捐输之类，也有以独立名目征收的，如船捐、钓鱼捐、茶捐、布捐、绸捐、戏捐，等等。

"捐"在晚清是一种比厘金征收范围更加广泛的收入。它们最初或仅具临时、权宜的性质，但一旦开征，往往就固定、延续下来，成为一种实质上的新税收。这些"捐"的名目五花八门，单看每一种都很苛细，征及锱铢，但总量十分惊人。这些"捐"从未如同厘金那样被承认为国家的正式税收，因而也始终未被纳入各省每年的奏销，但这些以"捐"的名义得到的收入在当时各省地方财政上所起的作用极大，支撑着很大一部分不能纳入正式奏销的地方开支，成为独立于国家财政统计之外的一个巨大的灰色地带。直到清末对各省收支进行"和盘托出"式的财政清理，以往"外销"不报部的各种"捐"才大部分被清理出来，数额达每年数千万两。各省在编纂财政说明书时，一般将此类收入统冠以"杂捐"、"正杂各捐"的名义，被列为各省的法定收入。

（二）清前期及晚清包括外销收支在内的实际财政规模估计

1. 清前期的财政规模估计

说清楚了清代财政中的外销问题，就可以尝试着估计当时实际的财政规模了，首先，看清前期的实际财政规模。

清前期从乾隆中到道光末的经常项目岁出入奏销，岁入从未超过 5000 万两，岁出在 4000 万两上下。当时的外销收支受到前面说过的各种限制，规模不可能太大，估计最多不会超过奏销收支的 20% ~ 30%。依此，当时的实际岁入约为6000 万 ~ 6500 万两，岁出约为 4800 万 ~ 5200 万两。当然，这只是就银收、银支而言，没有包括实物部分；如果包括实物收支，数字还要再大一些。这个估计也没有包括各级官员超出正常财政运转合理和必要限度的加派浮收和中饱私囊的部分，因为这已经不是财政研究要讨论的问题，而主要是一个吏治问题，历朝历代

---

① 《清史稿》卷112《选举七》。

都一样，是无法准确估算的。

2. 甲午前的实际财政规模估计

甲午前十年的岁出入数字同清前期的数字一样，也是奏销统计，而不能反映当时实际的财政规模。光绪初为重建奏销制度，对军兴以来各省的收支变化进行了一定调查，重新更定会计科目，在旧有的经制项目即所谓的"常例征收"和"常例开支"之外，将厘金、洋税等项收入及勇营饷需、关局经费、洋款等项支出也纳入奏销，分别称为"新增征收"和"新增开支"。但是由于军兴以来中央政府对各省的控制已经大为削弱，地方财政自主权日益发展，这次财政整理并不彻底。各省大量的收支并没有包括在新会计科目之内；包括进去的，各省也并不如实造报。这里面，既有纯粹的新增收支，也有旧有经制项目之下的例外收支。

估计甲午前的实际财政规模可以有两种办法。一种办法是根据各种来源的记载，对各省的外销经费直接做出估计，然后与其每年向户部报告的奏销数字相加，从而得出实际的财政规模。但是这种办法对晚清时期的情况很难适用。由于这时不但清前期的各种外销收支继续沿袭下来，而且随着各省财务自主权不断增大，以往限制外销扩张的体制性障碍被冲破，外销收入和支出的范围、规模已经远非清前期那种相对简单的情况可比，不可能像估计清前期财政规模那样在奏销数字之外再估计一个修正比例即可了事。现有文献关于晚清各省外销款项的记载，无论在数量上还是在质量上都不足以支持采用这种估计办法。

另一种办法是以清末清理财政后统计的数字作为估计的基础，将甲午后各项新增加的部分从中剔除，进行反向推算，从而得出甲午这个时点的实际财政规模数字。这个估计数字与户部奏销数字之间的差额，就是当时各省外销的规模。

清理财政是清末财政改革的准备和组成部分，于光绪三十四年（1908年）年底定议并实行。此次清理，在度支部设立清理财政处，各省设由布政使或度支使负责的清理财政局，户部向各省派出财政监理官进行监督，要求各省将所有收支款项，无论以前报不报部的，一律"和盘托出"。此次清理虽仍难说十分彻底，但认为清出了各省的大部分外销款项，应该说是没有什么疑问的。宣统二年（1910年），各省清理财政局相继编成了本省的财政说明书，对省内的现有收支款项进行了详细的分类和说明，有的还对其历史演变进行了追踪。与此同时，度支部也根据各省的报册，编制出了中国历史上第一个近代意义的国家预算——宣统三年岁入、岁出总预算。

我们的估计工作就是依据宣统三年预算的各项收入数字，结合各省财政说明书和其他资料，对甲午前的财政规模进行反向推算。对收入而不是支出进行估计，是因为收入项目有限且界限清楚，而支出估计就非常复杂。当时的岁入项目为田赋、盐茶课税、洋税、常关税、厘捐、正杂各税、杂收入。这些项目囊括了甲午前除捐输以外的岁入的所有方面，再补充上捐输，就很完整了。估算的结果如表2所示。

表2　甲午前财政规模估计

项目	甲午前岁入（万两）		宣统三年预算岁入（万两）
	奏销岁入	实际岁入	
总计	8168	14616	29695
田赋	3050	3500	4810
盐茶课税	728	3000	4631
常关税	264	550	700
海关税	2073	2300	3514
厘捐	1539	3000	4319
正杂各税	166	1000	2616
杂收入	82	1000	3524
捐输	266	266	565
官业收入	—	—	4660
公债	—	—	356

表2的数字仍只是保守的估计。由于一些收入如田赋、厘金都是按比较保守的估计数计入的，当时真正的岁入规模很可能比表中所显示的还要大一些。

刘岳云记录的甲午前十年奏销数，多数年份都偏低，而且海关税（洋税）数字如刘锦藻指出的是错误的，对之进行修正，奏销的总岁入应该有9000万两左右。按9000万两奏销岁入计算，甲午前各省不报告户部的外销收入至少在5000万两以上，占全部岁入的近40%，占奏销数的比例则高达62.4%，远远高于清前期20%～30%的水平。这种情况，反映了咸丰、同治以后各省财政自主权的发展。

前面对清前期的实际财政规模做过一个整体估计，即岁入约为6000万～6500万两，岁出约为4800万～5200万两。为了更好地比较清前、后期财政规模的变化，现在对表1中清前期各朝的收入数据也同样按20%～30%的外销比例做出修正（姑取其中值，按25%修正），与晚清各个时期的岁入估计数同列一表，结果如表3所示（同治十三年的收入，因其已经进入晚清时期，各种税负都有了增加，按清前期外销比例的高限30%进行修正）；依据此表数据做的柱状图，如图2所示。

表3和图2，一方面清晰地体现出清前、后期不同的财政规模变化大趋势，另一方面又完全没有表1、图1中清末与此前数字变化突兀、前后不能衔接的情况。我以为，这是更符合清代财政规模变化的实际情况。

表3　清代前、后期实际财政规模变化（以收入示例）　　单位：万两

清前期	康熙朝（1662~1722）	4375
	雍正朝（1723~1735）	4750
	乾隆朝（1736~1795）	6250
	嘉庆朝（1796~1820）	5938
	道光朝（1821~1850）	5625
晚清期	同治十三年（1874）	7800
	光绪甲午前十年（1885~1894）	14616
	清末清理财政后（1908~1911）	29695

（万两）

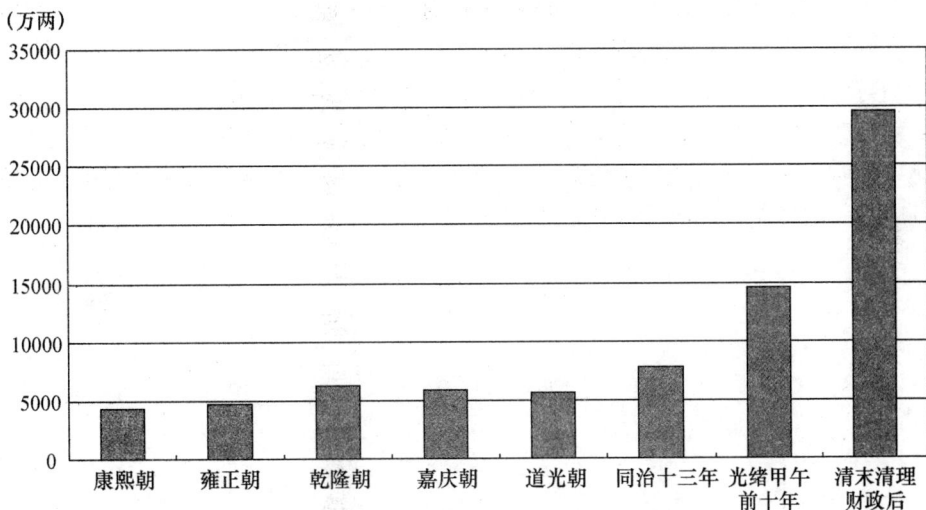

图2　清代前、后期财政规模变化示意图

三、结论

外销的泛滥是晚清财政的重要特点。外销的根源是清王朝财政的"不完全性"，即制度本身没有给地方所有必要的行政开支安排足够的相应经费，从而地

方不得不自辟财源以弥补"经制"安排的缺口。不过，在清前期，由于中央集权财政管理体制下地方没有自主权，以及由于传统农业社会的环境条件，各省的外销收支还只能处在国家正式财政即"经制"财政的补充和从属地位。咸丰军兴以后，各省财政自主权扩张，国家的经济、政治乃至整个社会的环境条件也发生了很大变化，在这种背景下，外销收支开始膨胀起来。外销收支的膨胀起始于各省地方财政自主权的扩张，又反过来进一步加强和巩固着各省地方的财政自主权。这个历史过程的最终结果，就是以省为单位，以外销收支为基本支撑的地方财政从原来户部集中管理的大一统的王朝财政中分离出来，形成相对独立的各省地方财政。

另外，在晚清各省财政还不是，也不可能是完全独立的地方财政。晚清时期仍然没有中央收入与地方收入、中央支出与地方支出的明确划分，所有收入都是国家的，所有支出都应由户部统筹安排的大一统管理，从来没有被废止。晚清各省的税收，仍然要负担不属于本省的中央开支，仍然要按照户部的拨款指令向京师中央政府解款并为重要的国用开支承担经费；即便各省自己的行政开支，只要条例规定的，在形式上也仍然要向中央政府报告并接受奏销审计。清末，清政府在内外压力下进行财政清理和改革，试图按照西方财政管理的模式划分国家税收和地方税收、国家支出和地方支出，并分别编制国家、各省财政预算。但这个改革还没有到结出果实，清王朝财政的历史便随着王朝的灭亡而结束了。以后民国北京政府和南京国民政府的财政，从制度安排到实际运作，都继续沿着晚清财政发展的历史轨迹，而继续演进、发展。

编辑整理：陈　钰

服务业深度参与结构调整前沿问题研究

宋 则

2010 年 12 月 16 日

宋 则

中国社会科学院研究生院财贸经济系教授

摘　要：中共十七届五中全会的公报和建议提出，"十二五"时期是深化改革开放、加快转变经济发展方式的攻坚时期，必须以更大决心和勇气全面推进各领域改革。本文在指出我国产业结构的突出矛盾和问题的基础上，提出转变发展方式的要害是率先转变调整结构的方式，澄清对市场机制的巨大误解，深化资源、能源价格体系的市场化改革。应当充分发挥金融、商贸服务业的影响力，依靠服务业推动、引领制造业结构优化、流程变革和技术创新，走出一条符合我国国情和市场经济规律的产业结构调整之路。

关键词：结构调整　服务业　发展方式转变　市场化改革　产业升级

一、转变发展方式的要害是率先转变调整结构的方式

中共十七届五中全会在"十二五"规划建议的指导思想和发展目标中指出，要"以科学发展为主题，以加快转变经济发展方式为主线，深化改革开放"，"转变经济发展方式取得实质性进展"；"坚持把经济结构战略性调整作为加快转变经济发展方式的主攻方向"。应当说，在"十二五"期间，作为主线的"转方式"要"取得实质性进展"，作为主攻方向的"调结构"要"取得重大进展"，任务极为艰巨。因为"转方式"和"调结构"紧密相关、一脉相承，都是由来已久、长期累积的"老大难"、"硬骨头"，对体制机制改革创新的要求极高。其中，"调结构"的方式是大有讲究的要害问题，却常常被忽视。以往"转方式"收效不大，根本原因就在于"调结构"的方式转变迟缓。

经验和教训一再表明，由政府主导、包打天下，直接出面调结构的老路数历来是不成功的，既无必要也无可能。应该明确提出改革的新思路，即政府创造条件，靠市场来调结构。或者说，政府要创造结构调整市场化的环境条件。

产业结构是实体经济中的基础性结构。产业结构对应着国民收入的初次分配，二者息息相关，合理的产业结构会提高效能，增加初次分配中的各种收入；不合理的产业结构则会减少初次分配中的各种收入。产业结构和初次分配共同构

成了实体经济结构的基础。这是本文将产业结构作为研究和分析重点的理由。

（一）我国产业结构面临的突出矛盾和问题

产业结构是实体经济中的基础性结构。长期以来，我国产业结构面临的突出矛盾和问题，一是制造业产能严重过剩，重复建设屡禁不止，反弹回潮近乎常态，落后产业产能淘汰不力，且缺少长效的退出机制；二是制造业"大"而不"强"，升级困难，在国际分工中，被长期锁定在价值链的低端，而在自主研发、技术、专利、标准制定和自主品牌、销售渠道等高附加值环节十分薄弱，几乎没有比较优势；三是区域产业结构严重趋同，各地方均把传统或热门制造业作为带动区域增长的主导产业，并对区域外产品收取各种费用，人为设置行政障碍，增加区域外商品进入本地市场的成本，致使区域间依存度下降，贸易壁垒阻碍消费品和生产要素的自由流动。而制造业的分工深化进程受阻，使得整个国民经济长期处于低效率甚至整体无效率状态，削弱了制造业的创新力和竞争力。

回顾我国制造业的发展历程，可以很明显地发现一条相同的轨迹。即以严重的重复建设、资源浪费、能源高耗、环境污染为代价，求得了一时的经济增长，却也换来了产业落后、结构失调、库存积压和银行坏账等问题，致使实际能够发挥作用的社会有效供给所占比重十分低下。其中，仅仅由粗钢、焦炭、水泥、汽车、电解铝、铁合金、建材、化工产品等重化工业带来的直接和间接经济损失难以计数，且问责无门。而在此次保增长、应对国际金融危机的过程中，由于体制机制远远没有根本转变，即体制机制准备不足，导致结构恶化、产能过剩越加严重，加上部分地区违规审批、边批边建等现象仍在继续，产能过剩、重复建设已再次成为制约我国制造业结构调整和发展方式转变过程中的突出问题。改革开放30多年后，我国依然没能从体制机制上有效解决区域产业结构趋同这个计划经济延续下来的老难题，确实令人尴尬，更值得深思。

在我国，历来是保增长易，调结构难。究其原因十分复杂，但说到底是体制、机制问题。解决我国产业结构失调的关键不在于增量调整，而在于存量优化。从存量上看，主要着力点不在第一、第三产业，而在制造业。产业结构调整优化的思路不应再是仅仅着眼于对新增产能的优化升级，重点应该放在消化存量，解决长期累积下来的经济存量中的各种矛盾和问题。目前，试图依靠发展新兴产业来"调结构"仍属于"增量解决"的老办法，时间长、见效慢、等不起。况且，体制机制病灶不除，新兴产业注定沿袭旧道、增添新乱。若要在短期内取得实效，必须有解决存量难题的新思路。换句话说，转变发展方式的要害是首先要转变结构调整的方式，即调整制造业产业结构要从行政化到市场化转变，改变长期以来越过市场、排斥市场、依靠行政命令、凭借政府机关"开会、下文件、发通知"调结构的陈旧办法。这就要求充分发挥金融、商贸等服务业的传导市场信号、提高市场运行效率、深度参与结构调整所不可替代的重要作用。"十二五"期间，最优先考虑的问题应该是如何改革、如何转变结构调整的方式。倘若"调结构"的方式，特别是实体经济中制造业"调结构"的方式不能率先改革，转变发展方式的诸多目标就有可能再度落空。

（二）结构调整的方式要从政府主导型转变为市场主导型

以往的宏观政策实施效果表明，总量管理是政府的强项、市场的弱项，而结构调整是市场的强项、政府的弱项。追溯我国经济、产业结构扭曲的原因，根子就在于政府包办、过度干预市场，而绝非"市场之过"。在从排斥市场体制向依靠市场体制转变的过程中，我国同一般市场经济国家的最大区别在于服务业和市场体系这一传导产业，其传导机制的"底盘缺失"，常常被忽视。在这种场合，习惯采取"限时限刻"、"一刀切"式的简单生硬的办法直接调整产业结构，具体表现是凭借政府层层开会、发布红头文件、下达紧急通知，运用行政手段、行政命令，追求的是立竿见影的效果。长此以往，不仅会使真正意义上的市场这只"看不见的手"越来越"看不见"了，更会使政府这只"闲不住的手"越来越"闲不住"，并进一步导致原本与市场体系相对应和配套的宏观调控也不可能真实存在。这种体制弊端的陈旧思路和方式至今并没有根本改变。而面对日益复杂的新形势和新问题，我国一轮又一轮由政府行政干预为主导，指望以每年有限的增量来调整产业结构中巨大的"问题存量"，就越来越难以奏效。

目前，借助电子商务、信息技术平台和供应链优化管理，对产业结构实现竞争性调整、升级、高效率运作，在技术上已经不是问题，关键是体制、机制转变迟缓，政策环境保障不力。因此，"十二五"期间，必须下大决心彻底改革从计划经济体制延续至今的纵向化、条块分割、九龙治水的行政管理体制，着力解决政企不分、行政垄断、地区保护等顽症，弱化政府部门对结构性问题、产业政策问题的直接行政干预、行政命令、行政包办，要改变"保姆心态"和包办式思维惯性，切实从行政命令调节转变为市场信号调节，即对存量结构调整要从自上而下为主转变为自下而上为主；行政会议为主要转变为商务会议为主；"会议调节"、"文件调节"要转变为"参数调节"，将结构性的资源存量配置问题切实建立在市场化的税率机制、利率机制、汇率机制、价格机制、订单机制、淘汰退出机制的基础上。其中，资本市场、产权交易市场等尤其要对行政体制主导下的制造业扩张冲动实行釜底抽薪，彻底消灭一轮又一轮低水平重复建设和日益严重的结构性损失。与此同时，产业政策、节能减排任务也要有市场化的利益导向，尤其要尽早出台市场化的资源、能源价格体系改革方案。

实际上，转变调整存量结构的方式，具有充分、可靠的客观基础。参数调节、价格机制以及金融、商贸等服务业对产业结构变动历来具有长效动态化的积极影响力，并表现在优化空间产业结构、优化时间经济流程、增进居民消费、降低社会交易成本等诸多方面。其中，金融、商贸服务业中竞争性的订单择优采购、订单择优销售机制，可以间接地优化产业结构，使资源配置优化的成本不断降低；服务业中经济节奏的较量，储备信息支配储备商品，快节奏、精确化的采购销售和库存，高效率的物流、系统化的物流供应链，可以直接间接地优化经济流程，使总成本不断降低①。在此基础上，要利用金融、商贸制度创新优化产业存量结构布局。在扩大区际贸易、内需主导型的过程中，各地区要去除区际贸易干预，减少对外来商品的税费征收。在支柱产业选择上，要着力发展那些产业关联度高且具有区域比较优势的产业。鉴于政府政令、政策、法律法规统一是建立国内统一市场的前提，国家应就此出台或重申相关法律法规和政令政策，规范政府行为，确保区际间商品和要素自由、高效流动，推动全国统一、开放、竞争、有序的市场畅销体系的形成。这些市场化的机制性作用只有深化改革，才不会被继续压抑，才有可能充分释放。

（三）深化资源、能源价格体系的市场化改革

价格信号对结构调整具有重要意义。对于水、电、燃油、天然气、煤炭等重要资源、能源类产品价格改革，目前仅仅局限于"调"的思路，即政府定价、政府调价。而"调"的目的是为了"理顺"。这种价格形成机制不属于严格意义上的市场价格体系，仍然是沿袭老办法，因而也很难"理顺"，难以充分反映资源的稀缺性和产业结构优化的要求，也很难满足、摆平利益相关各方的要求，更难遏制资源、能源的浪费和高耗低效势头、实现节能减排的目标。失败的最新案例是，2010年下半年依靠简单生硬的行政命令、搞运动式的突击减少碳排放，只落得事与愿违的结局，造成了极大的负面影响。因此，资源类价格改革应该引入竞争机制，从政府定价、政府调价转变为"调放结合、以放为主"。在宏观指导调控下，放开价格，使资源价格根据市场供求变化，在一定区间波动，形成动态化的资源类价格导向机制。宏观调控的任务，一是依靠必要的储备吞吐和进出口来维护正常波动，监控、防止过度投机引发的异常波动；二是依照反垄断法严密防范、严格监管人为制造短缺、操纵价格牟取高额利润的垄断行为；三是对少数收入群体和少数产业群体辅以临时性、必要的财政补贴；四是掌握好资源价格

---

① 宋则、赵凯：《我国商贸流通服务业影响力研究》，《经济研究参考》2009年第31期。国家社科基金项目最终成果，全文7万字。

改革的时机、力度和节奏，与稳定物价总水平的目标相衔接。

（四）澄清对市场机制的巨大误解[①]

要率先转变调整产业结构的方式，必须澄清对市场机制的巨大误解。当前，经济和社会发展中暴露出的问题不容乐观：经济增长过热、产业结构失调、区域经济失衡、收入差距拉大、生态环境恶化、能源高耗依旧、恶性事故频发、社会矛盾激化。与此同时，涉及城乡居民、千家万户切身利益的住房、医疗、教育、就业和社会保障等问题，以及食品安全、社会治安、交通状况、突发事件等各种不和谐现象，引起社会的广泛关注和强烈不满。对此，学界的解释也是见仁见智、众说纷纭，其中一些人对"市场化"改革产生了动摇和怀疑，认为这一切都是改革出了方向性问题，"都是市场惹的祸"，因而强烈呼吁政府进行干预，而不能再"由着市场乱来"。

"市场惹祸论"是对反思上述现象和问题的一种误解，由此牵涉到一系列基本判断和后续政策走向，事关重大，必须予以澄清。中国改革发展进程中遇到的新情况、新问题，并非像一些市场保守人士宣称的"市场惹祸"、调控弱化那么简单。事实的真相和奥妙刚好是中国由来已久、颇具传统的拒绝市场、排斥市场力量的"千姿百态"，压抑扭曲了市场体系的正常发育，导致先天不足、后天失调、拖延迟滞，造成了"市场变异"。

"市场变异"属于中国特有的现象，有别于西方所有关于市场缺陷的理论与实践。通常意义的市场缺陷，主要指的是"即使是健全的、有效率的市场，也不可能避免与之俱来的周期性波动和两极分化，也存在发挥作用的边界"。而本文讨论的市场变异则另有所指。所谓市场变异是指：市场体系尚未健全且处于发育成长过程中而不断地蜕变和异化。即由于深层次的体制性、机制性背景和原因，市场主体、市场机体、市场交易中不断植入、滋长、异化出许多非市场的因素和排斥市场的力量。其基本特征是：从形式上、表象上看似乎相关当事人都是在进行市场交易，但骨子里从来不是或从来不打算按照产权归属、市场程序、效率原则、法治精神，公开、公正、公平地行事。

在解释中国式的市场变异或"变异之谜"方面，原有的经济理论和智慧，如市场均衡论、反均衡论、垄断竞争理论、灰色市场理论、短缺经济理论、交易成本理论、公共选择理论等，虽然可以从某一个视角单独进行论证，但都难以给

---

① 参见宋则：《市场变异是破坏社会和谐的总根源——兼论一种"改革悖论"》，四川省社会科学院《经济体制改革》（双月刊）2007 年 11 月 25 日第 6 期；中国人民大学报刊复印资料《社会主义经济理论与实践》2008 年第 3 期。

出更具针对性的圆满解释①。最主要的原因来自中国行政化体制转变的深层障碍，来自市场发育过程中"边成长、边渗透、边蜕变、边异化"的史无前例，来自新老既得利益边改革、边凝固、边膨胀的特殊背景，因而始终没有形成相互制衡、动态优化、自我协调的市场主体和竞争力量，从而在制度上、机制上，总是使少数人凭借外在的超经济力量或普遍的假市场行为处于强势地位，占有着更多资源。

产业结构不合理和分配不合理的真相。当前，造成产业结构不合理与收入、财产差距拉大的主要因素还不是市场机制，而是破坏市场秩序的行政垄断、权钱交易和种种潜规则。退一步说即使是市场机制造成的差距，也比后者容易纠正得多。

行政垄断是产业结构不合理与分配不公的最大根源。从行为性质判断，它是凭借和滥用超经济力量，对别人财产的无偿占有和剥夺。行政垄断导致中国在应当市场化、民营化的领域止步不前、改革滞后，如民航、铁路、电信、石油、金融行业；而在不应当市场化、民营化的领域姑息迁就、放任行政侵权、与民争利，如教育、医疗、公共服务、社会保障等领域。

中国这些特有的垄断现象，有一个极其鲜明的共同点，即都是在经济学意义上的经济规模集中度非常低下的情况下发生的。换句话说，中国还没有来得及形成真正意义上的规模经济性垄断的场合，行政性垄断便早已捷足先登了。也正是由于这种捷足先登，导致规模经济永远不可能长大。这些刚好折射出了中国改革的最大难点②。于是，越是重要领域和关系到国家命脉的关键行业，如要素市场、重化工业、支柱产业、基础设施等，越缺少有效监督，排斥市场的不和谐状况就越突出。在这些领域，超经济垄断潜移默化、千姿百态，包裹缠绕着政企不分、权钱交易、官商勾结、巧取豪夺、行贿受贿、腐败盛行的层层黑幕，而它凭借对最宝贵、最稀缺资源的垄断、独占，也凭借最少透明和监督的"背景"和

---

① 关于"警惕市场变异"的观察与思考，笔者早在 15 年前就已开始，绝非时下的应景即兴之作，只是当时还远未引起普遍关注。最初的成果参见宋则：《着力解决市场秩序混乱两个要害问题的建议》，中国社会科学院内参《要报》编辑部的《信息专报》1995 年 5 月 22 日第 51 期。随后边补充、边完善、边征求意见，主要观点和政策主张先后在《经济与管理研究》1995 年第 3 期、《光明日报》1996 年 5 月 30 日第 5 版公开发表、《财贸经济》1999 年第 9 期；香港《大公报》1999 年 7 月 9 日摘要发表；最后被收入《通向公平竞争之路》第 4~6 章，郭冬乐、宋则主编，社会科学文献出版社 2001 年 11 月出版。

② 关于行政性垄断及其缘由和危害的研究启动较早，最初的成果参见宋则的长篇研究报告：《中国垄断现象的特殊性及特殊对策》（15000 字），《经济工作者学习资料》1998 年 11 月 4 日第 68 期，中国社科院《要报》编辑部《领导参阅》1999 年 1 月 25 日第 3 期摘要刊发。随后边修改完善、边征求意见，主要观点和政策先后在《财贸经济》1999 年第 2 期、《经济学家》2001 年第 1 期公开发表（10000 字），《新华文摘》同年第 5 期予以全文转载，最后被《中国商业理论前沿》（第 2 部）全文收入，社会科学文献出版社 2001 年 6 月出版。

"来头"，足以击败市场上的任何对手，攫取巨额的行政性垄断利润。以国家和人民的名义盗窃国家和人民，公众权益在市场表象和外壳下，通过非市场手段被私有化，加剧了资本、收入和财富向少数人的积聚和集中。

市场竞争性稀缺资源缺少效率机制，社会公共性稀缺资源缺少公平机制，纳税人的钱被增幅遥遥领先、日益庞大的巨额行政开支大量侵吞，公共资源被少数人占有把持、挥霍浪费，最终的结果是既丢掉了效率，也失去了公平。长此以往，人们期待的"效率优先、兼顾公平、共建共享、增进和谐"的目标就有可能落空。因此，在贯彻落实中央重大措施的关键时刻，深化改革、反行政垄断是最重要的体制机制保障。

潜规则是产业结构不合理与分配不公的次生根源。潜规则破坏法治、扰乱公平竞争秩序，同样造成伪市场调节。即使在表面看上去市场调节占主导地位的领域，如竞争性的商品市场，通常也被不守规矩、不讲诚信、无处不在的"潜规则"所左右，使得不折不扣按规矩办事倒成了"例外"。其间，浑水摸鱼、相互欺诈、相互猜疑、彼此试探的生意经，以及通过拉关系、托门子、找熟人、寻靠山、访背景等防不胜防的违规操作，虚耗了大量时间和精力，隐性交易成本和管理成本大大增加，也致使法律法规形同虚设，甚至沦为潜规则玩弄的道具。伪市场导致无效率，也导致国民收入初次分配这一基础性、竞争性领域的异常混乱和真假难辨。而初次分配面目不清，收入差距缺乏市场化基础，收入二次、三次分配注定不真实、不准确，使灰色收入甚至黑色收入大行其道。因此，在落实十项重大措施的过程中，一定要对种种破坏制度的潜规则和灰色、黑色收入保持高度警惕。

总之，在培育中国开放、竞争、有序的市场体系的过程中，倒是必须高度警惕从自己肌体和土壤中滋生出来的市场变异，必须防止这种市场变异条件下的"伪市场调节"。而背景复杂、形式奇特的制度性、机制性的市场变异才是目前中国种种不和谐的总根源。贯彻中央战略意图，应对凶险的后金融危机形势，根本的选择在于坚定不移地推进中央决策的市场化改革开放大业。为推进产业结构的市场化调整，新时期千举措万举措，理顺政府与市场的关系，划定政府与市场的边界，建立起高效、有序、健康运转的市场体系。这是坚定不移地深化市场化改革，完整准确地认识理解和创造性地贯彻落实中央一系列会议决议的核心内容，也是改革攻坚阶段真正的主攻方向，绕不过去、回避不了、拖延不得。

二、服务业要深度参与经济结构调整和产业升级

转变产业结构调整的方式，除了实行"调放结合、以放为主"的价格信号

体系以外，还可以让服务业深度参与并调整经济结构和产业升级，以及提高金融、商贸服务业对经济结构调整和产业升级的影响力和贡献率，由于其内容十分丰富，所以可做起来的事情非常多。

（一）深化服务业改革，推动服务业自身结构的调整和优化

服务业已经有大体分类，涉及范围十分广泛。国务院 2007 年 3 月 19 日第 7 号文件和国务院办公厅 2008 年 3 月 13 日第 11 号文件已经作大致分类，吸收了最新研究成果。

一是面向生产的服务业，包括运输业（第三方物流）、信息服务业、金融服务业、科技服务业、商务服务业、商贸流通业六大类。二是面向民生的服务业，市政公用事业、房地产和物业服务、社区服务、家政服务、社会化养老、教育、医疗卫生、新闻出版、邮政、电信、广播影视、旅游、文化、体育和休闲娱乐，等等。

重新认识和充分发挥现代服务业的影响力已成为 21 世纪国内外关注的重大前沿问题。现代服务业影响力的内涵是指：它们支撑或改变国民经济、社会生产和居民生活原有状态的能力，或者表述为：国民经济、社会生产和居民生活对商贸服务业和现代物流业的依赖程度。这种影响能力或依赖程度的大小、强弱，取决于相关的管理体制、运行机制、产业政策和行业整体技术水平、管理水平、企业状况，等等。

重新认识和充分发挥现代服务业的影响力也是践行科学发展观、转变发展方式，落实中央一系列战略意图的全局性问题。最新情况显示，凭借技术创新和科技含量迅速提高，现代服务业注重提高国民经济运行质量、优化国民经济流程、优化国民经济结构、扩大国内需求、增进消费、扩大就业，节能降耗、降低综合成本，从而对增进社会总福利影响力越来越明显、越来越广泛、越来越深入。因此，对现代服务业影响力需要再认识，需要从战略高度重新定位。

现代服务业影响力就是它们直接贡献和间接贡献（外溢效应或外部性）的总称。而对现代服务业间接影响力"如何识别"是当前最前沿的重大课题，也是影响力研究的薄弱点和今后的重点、难点。而以往现代服务业影响力被低估，都与这种溢出效应被忽视有直接关系。

分析显示，以往的统计框架仅仅计算了现代服务业对经济增长的直接贡献，而大大低估了它们对经济增长的间接贡献，从而低估了总体贡献；现代服务业的外溢效应，可以提高国民经济运行质量、优化国民经济流程、调整国民经济结构、扩大国内需求、增进社会总福利等全局性的潜移默化的影响能力，可能远远大于它所提供的直接贡献；低估这种外溢效应是长期以来"重生产、轻服务"

的真正原因之一。

以前的研究注重测算商贸流通服务业对经济增长的直接贡献，其外溢效应却没有实实在在地体现在统计数字之中，从而大大低估了商贸流通服务业对经济增长的间接贡献。也就是说，社会虽享用了商贸流通服务业的外溢效应，但并未因此而支付任何费用。这也许是所有不那么直观的服务业所具有的共同特征，从而也是包括商贸业在内的服务业在各个国家后来居上、蓬勃发展的深刻缘由。不太直观的服务业正在改变世界，也在改变原来"很表面、很直观、很物质"的农业和工业。所以，在合理的制度空间下，大力发展包括商贸流通服务业在内的服务业，可能会得到更好、更有效率的农业和工业，也会得到更好的生活质量和社会总福利。

目前，服务业影响力不断增大，并使制造业乃至国民经济对它的依赖程度不断增强。例如，研发主导、金融主导、渠道主导、品牌创意主导、服务贸易主导，等等。正是对这些关键领域的轻视和落后，让我国经济吃了大亏。

深化服务业改革，推动服务业自身结构的调整和优化的核心，一是深化事业单位改革，推动事业单位自我服务向服务业社会化转型；二是加快对内开放，打破各种垄断，实行市场准入，扩大民营资本的比重，服务业骨干企业同样可以是民营企业；三是传统服务业要从粗放、外延扩张型转变为集约、内涵型，同时积极发展现代服务业；四是加快优化自身结构，促进各类服务业，以及每种服务业内部各个亚种类的协调发展，提高服务业的经济性质（而不是行政垄断）的市场集中度，构建服务业领域可靠的微观基础和市场主体，同时千方百计增强服务业的就业吸纳能力，为农业、制造业劳动力转移创造更大空间。

（二）充分发挥金融、商贸服务机制的调节作用

我国正处在工业主导向服务业主导的转型期。为改革和转变存量结构调整的方式，服务业要唱主角，发挥引领作用。关键是政府要创造必要条件，推动这一转型。市场调节在现实生活中具体表现为参数调节、商务机制调节和中介机构调节（没有官方背景的民间商会、协会）。作为市场配置资源的"人格化"表现，对产业结构优化调整和市场运行效率提升有至关重要的作用，例如金融服务业资助优质增量（项目），盘活存量资产的能力和商业信贷机制，商贸服务业竞争性的商贸订单机制、仓单质押机制、货物代理机制和分销渠道机制，等等；凭借贴近市场和了解消费信息的优势，金融、商贸企业拥有对上游制造商、供应商的引领能力。因此，在结构调整这个大主题上，要给市场实现自我调整的机会，打破行政垄断，明确市场准入，维护公平竞争，从战略高度重新定位服务业。为切实促成发展方式的转变，我国必须将主要注意力从以往侧重于制造业、政企不分直

接干预制造业转向服务业，通过服务业引领，寻求和探索解决原有诸多问题的新途径。这就要求金融、商贸服务业应当率先从政府主导型体制向市场主导型体制转变，在自主经营的基础上，通过税收、信贷和科技扶持，鼓励服务业企业开展创新试点，逐步增强我国金融、商贸服务业对产业结构变动的影响力。

（三）推动生产性服务业深度参与市场化的产业存量结构调整

鼓励金融、商贸服务业向制造业渗透，与制造业融合，在研发、创新、投资、采购、销售等关键环节建立长期的契约化的战略合作伙伴关系，提供化解系统风险、满足全方位需求的周到服务。一是通过资本市场、产权交易市场、资产管理公司、期货公司等组织创新，强化金融服务业兼并重组、盘活存量的能力；二是通过商贸服务业技术创新提升商务、物流配送等生产性服务能力；三是通过制度创新健全产业链信息与利益共享机制，建立适合大规模生产的专业化流通服务能力；四是打破制造业的区域保护、封锁和行政垄断，明确市场准入，维护公平竞争，剔除垄断利润，明确制造业骨干企业。

为此，要完善工业品流通体系，确立制造业所需要的现代批发体系，根据各类商品流通的特点和规律，完善多层次的分销渠道。作为产业链条上的紧密型关系主体，金融、批发、零售、物流、制造商之间也须完善以商业信用为基础的契约机制，依靠金融、商贸业信用制度创新，保证各环节之间的专业化分工及合作，促进信息和利益共享，强化制造商生产性服务外包的内在动力。例如，建立退出补偿机制，让坚持低水平、高耗低效的落后产业和企业得不偿失、自愿放弃市场化竞争机制和评价体系；金融、商贸业服务要前移，推动以消费需求引导研发，研发成果按照需求寻找国内外厂家订单，增加制造业的附加值，实现在当地的本土化；大型物流服务商可以提供前置化生产与共同创造，完成"从佣人到管家"的功能提升，深度参与、介入制造业前置化生产，向研发和生产过程渗透、延伸，从研发、代理采购、零部件组装、销售各个环节入手，实行供应链全程配送服务，减少、消灭多余的物流、商流活动，降本增效、降耗增效，在切实替客户省钱中挣钱；加强标准化建设、品牌建设、物联网建设、物流智能化建设等。

目前，广东物产集团、浙江物产集团、天津物产集团等大型批发企业已经与大型工矿企业形成供应链式的战略联盟关系，对制造业存量结构的变动产生了巨大的积极影响；以浙江专业市场为代表的批发市场集群已经对广大中小制造企业集群及其产业存量结构产生了巨大的引领、优化功能，并实现了走出去、国际化的模式创新。

总体而言，服务业调整存量结构的潜能巨大，但是这些天然功能还受到种种体制限制，其自身也存在不够规范的行为，这些都阻碍了其作用的充分发挥。将欲取之必先予之。为展示商贸影响力，就要像呵护制造业那样，对具有一定规模的民间金融、商贸企业以提高自营比例和竞争力为条件，给予优惠低息贴息贷款，注入流动资金和固定资产投资，同时应作出提高服务功能和自营比重的承诺，指导民间金融和生产资料、消费品商贸企业振兴活跃起来。

（四）推动商贸、物流服务业促使制造业节能降耗

流通业影响力对于制造业节能降耗同样值得关注。目前我国能源消费总量占世界总能源消耗的 10% 左右，随着世界能源供给趋紧，产业结构调整面临能源价格不断提升的压力。而商贸物流业通过促进区际贸易和区际分工，将改善区域能源需求同构现象，从流通环节强化市场准入和退出工作，对符合相关标准的企业发放许可证，限制一些能耗和污染超标的工业品流通，将有利于通过市场机制淘汰落后产能。

商贸物流业可以用高效的物流管理节约制造业的流通费用。在我国，物流高耗低效等问题主要不在批发、零售业等商贸服务业，而在于制造业，突出表现工业企业"大而全、小而全"及其普遍"自办物流"的低效格局。在历年的社会消费品零售总额和工业生产资料投资品销售总额中，工业企业自采自销比重高达70%；在社会总产品中，工业生产资料产品占75%，工业品物流总值占社会物流总值的85%以上，这些产品的市场流通绝大部分是在工业企业之间直接进行的。目前，对工业企业自设的采购、库存、储运、销售机构所造成的巨额投入，以及成本和效率状况几乎胸中无数，导致游离于市场交易之外的非社会化物流运作在全部物流活动中所占比例过高。这正是我国物流效率低下、流程恶化的原因所在，也是潜力之所在。

对此，商贸物流业借助信息技术实现的物流供应链管理，可以优化整合采购、库存、储运、销售、废旧物回收等流程，可降低制造业现有物流成本的50% ~60%。而物流成本占 GDP 中比重每降低 1%，则可以在货物运输、仓储方面节能降耗 3000 亿~4000 亿元。2008 年年底全国社会物流总额已经从 1991 年的 3 万亿元上升到 88.82 万亿元，年均增长 22.2%。当年物流费用支出占 GDP 的比重已经从 1991 年的 24% 下降到 2008 年的 18.4%，达 5.21 万亿元。而美国物流费用一般占国内生产总值 10% 左右。假如我国物流技术管理达到美国的水平，则 2008 年物流费用支出仅为 2.83 万亿元，与实际支出相比，可以少支出2.37 万亿元。

我国在节约物流费用及相应能源耗费方面潜力巨大，但不合理审批制度、庞杂收费、税制缺陷、行政垄断、地区封锁导致价格机制失灵，制造企业内部繁杂的组织结构加大了服务外包的难度，流通业专业化协作水平低下及各部门间物流

标准不统一弱化了其生产性服务能力。对此，必须通过流通制度创新剔除体制性成本，并将大力发展生产性的第三方物流、大幅度降低制造业物流成本纳入我国节能降耗、节能减排的总盘子。

（五）积极推动商贸物流服务业外向化经营

改革开放30多年来，我国商贸与物流服务业的快速发展和巨大成就始终是主流。目前的突出问题是，传统业态资源过剩，新型业态发展虽快但规模过小，大型企业过少，国际化企业空缺。从服务贸易角度看，海外几乎没有像样的"商业存在"。也就是说，我国商贸物流服务业在国际市场上的影响力一直是"负数"。外资商贸企业大举进入，已令国际竞争国内化，内地企业在本土被迫应战，穷于应付，竞争力并未显示出优势。要改变这种被动局面，就必须在外向化过程中重视流通组织创新，使不同行业、区域的商业资本得以重新组合，壮大走出去的实力。而在国际金融危机全球经济震荡调整的背景下，原来外资主导的流通渠道损毁，正是我国商贸物流企业"走出去"，抓紧培育自主分销网点来取而代之的重要契机，以此提升我国在全球价值链管理中的掌控权。信息化的迅猛发展，将改变"走出去"的方式、路径和成本格局，提供了便捷、高效的难得机遇。从长远看，我国巨大的商品输出必须同巨额的商业资本输出相匹配。要利用海外华人已有的中介、运输、商业等社会网络关系；要加强制造企业与流通企业的合作，以自主产业链参与国际分工和服务贸易，以自主分销逐步替代外资低价采购，以自主品牌逐步替代贴牌生产；相关政府部门应做好引导，加强信息、金融、市场调查、咨询等各项服务。

（六）实施"反滞销战略"，有效遏制制造业的滞销增量，化解滞销存量

当前，服务业尤其要关注、化解、盘活制造业已经发生的巨额库存滞销问题。鉴于2009年以后国内外因素共同造成的严峻形势和产成品滞销、库存积压的强劲势头，无论近期还是中远期，服务业的所有政策措施都要努力形成一股合力或一种机制，即充分发挥全部影响力，实施"反滞销战略"，千方百计促消费、扩内需，盘活存量，有效遏制滞销增量，化解滞销存量。而在这个过程中，尤其要注意必要储备和滞销积压的区别；在滞销积压中，要注意绝对滞销和相对滞销的区别；在相对滞销中，要注意滞销存量和滞销增量的区别。"注意三个区别"可引出多向性的对策思路，为反滞销提供全方位的政策支持。

总之，调整制造业产业结构是转变经济增长方式的主攻方向，解放思想、率先转变调整结构的方式，推进从行政化到市场化的改革，发挥价格机制和服务业天然具有的"调结构"的功能，我国产业结构一定能够走出长期不合理的困境，

从而确保转变发展方式多项目标的圆满实现。在指导思想上，我国应当走出陈旧的"制造业内部自我调控思路"，充分发挥金融、商贸服务业的影响力，依靠服务业推动、引领制造业结构优化、流程变革和技术创新，走出一条符合我国国情和市场经济规律的产业结构调整之路。

编辑整理：陈　钰

应对再平衡挑战

汪红驹

2010 年 12 月 2 日

汪红驹

中国社会科学院研究生院经济系教授

摘　要：自从 2007 年次贷危机以来，国际金融危机在全世界都受到极大地关注，20 国集团中很多国家，包括国际货币基金组织（IMF）等国际组织都认为现在存在一些全球失衡的现象，全球失衡的存在就需要再平衡。本文首先回顾了国际货币体系的发展演变历史，详细分析了各时期国际货币体系的利弊及其与全球经济失衡的关系，随后介绍了当前全球失衡的具体表现和美元本位的弱点，最后就全球经济再平衡之路和中国如何应对全球经济再平衡的挑战进行了阐述。

关键词：再平衡　次贷危机　国际货币体系　全球失衡　区域一体化

一、国际货币体系和全球失衡与再平衡的历史

（一）金本位制（Gold Standard）

金本位制就是以黄金为本位币的货币制度。在金本位制下，每单位的货币价值等同于若干重量的黄金（货币含金量）；当不同国家使用金本位时，国家之间的汇率由它们各自货币的含金量之比——铸币平价（Mint Parity）来决定。金本位制于 19 世纪中期开始盛行。在历史上，曾有过三种形式的金本位制：金币本位制、金块本位制、金汇兑本位制。1819 年，英国《恢复条令》标志着金本位制的正式采用；1879 年，美元钉住黄金；1900 年"美国金本位法案"将美元与黄金挂钩；19 世纪末，德国、日本等相继采用金本位制。这时期英国为霸权国，海外贸易，经常项目顺差，积累了大量海外资产。

金本位制在"一战"后曾短暂再现，1919 年，美国率先恢复了黄金的自由兑换，随后英国于 1925 年恢复了金本位，法国于 1928 年恢复了金本位，实际上只有美国实行的是完整的金本位制，英法两国实行的是金块本位制，而其他主要国家实行的是金汇兑本位制：小国用大国货币作储备，大国用黄金作储备。1929 ~ 1933 年大萧条期间，各国货币兑黄金以及彼此间的汇率被允许在很大的范围内波动，多国实行货币紧缩试图阻止黄金流出，世界经济分割为众多自给自足的经

济，世界性经济衰退。1931 年，英国退出金本位，1934 年，美元兑黄金从"一战"前的 20.67/盎司贬值为 35/盎司。"二战"期间美元是唯一的可兑换贸易货币，各国对内部平衡的考虑先于对外部平衡的考虑。

（二）布雷顿森林体系

1944 年 7 月，44 个同盟国家的 300 多位代表出席在美国新罕布什尔州（New Hampshire）布雷顿森林市（Bretton Woods）召开的国际金融会议，商讨重建国际货币秩序。随后在 1946 年 5 月，国际货币基金组织（IMF）正式成立。IMF 协定于 1947 年正式生效，布雷顿森林体系开始运行。布雷顿森林协议的主要内容包括：建立一个永久性的国际金融机构，即国际货币基金（IMF），旨在促进国际货币合作；规定以美元作为最主要的国际储备货币，实行美元—黄金本位制，实行可调整的固定汇率制度；IMF 向国际收支逆差国提供短期资金融通，以协助其解决国际收支困难；废除外汇管制。

1. 国际货币基金组织的宗旨

国际货币基金组织的宗旨在于，作为一个常设机构在国际金融问题上进行协商与协作，促进国际货币合作；促进国际贸易的扩大和平衡发展；促进和保持成员国的就业、生产资源的发展和实际收入的高水平；促进国际汇兑的稳定，在成员国之间保持有秩序的汇价安排，防止竞争性的货币贬值；协助成员国在经常项目交易中建立多边支付制定，消除妨碍世界贸易发展的外汇管制；向成员国临时提供融通资金，使其纠正国际收支的失调，而不采取危害本国或国际繁荣的措施，缩短成员国国际收支不平衡的时间，减轻不平衡的程度。

2. 国际货币基金组织的职能

国际货币基金组织主要是确立成员国在汇率政策、与经常项目有关的支付以及货币兑换方面需要遵守的行为准则，并实施监督；向国际收支发生困难的成员国提供必要的临时性资金融通；为成员国提供进行国际货币合作与协商的场所。国际货币基金组织基金份额（Quota）的确定是根据成员国加入时，用 25% 的外汇和 75% 的本国货币向 IMF 认缴基金份额，用于对成员国的资金融通，份额按成员国各自的国民收入水平、进出口规模和国际收支水平确定，定期调整。份额决定成员国在 IMF 的投票权、借款权和特别提款权。IMF 的贷款是附有条件（Conditionality）的。

3. 布雷顿森林体系的特征

在布雷顿森林体系中，美元为唯一国际货币，黄金为最后的支付手段，美国没有任何调整的余地，各国可以根据自身的情况选择自己的储备水平。它实行的是双挂钩的政策：美元与黄金挂钩，同时其他货币与美元挂钩（见图1）。布雷顿森林体系实施的其实是有名无实的可调整固定汇率，因为 IMF 规定成员国应维持实际汇率在基准汇率的1%以内，在基准汇率10%以内的浮动需通知 IMF，超过 10% 需经 IMF 批准，实际上是固定的。对于国际收支的调节，短期失衡可以通过 IMF 贷款解决，长期失衡通过汇率调整解决。

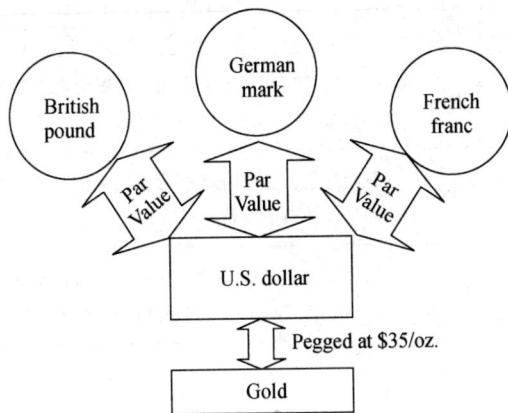

图1 布雷顿森林体系：双挂钩

4. 对布雷顿森林体系的评价

优点：布雷顿森林体系是国际货币合作的产物，它消除了战前资本主义国家之间混乱的国际货币秩序，为世界经济增长创造了有利的条件；美元作为黄金的补充源源不断地流向世界，一定程度上弥补了当时普遍存在的支付手段不足的问题；固定汇率制度为国际贸易和国际投资提供了极大的便利，奠定了战后经济的繁荣。

缺点：汇率僵化；"特里芬难题"（Triffen Dilemma），即必须保证美元按固定官价兑换黄金，以维持信心，同时提供足够的国际清偿力（支付能力）。在实际运行过程中，由于运行规则得不到遵守（德国等顺差国不愿货币升值，结果导致通货膨胀），国际间始终没有形成正常的国际收支调节和资本流动的秩序，国际收支失衡并没有得到解决。

5. 美元危机与布雷顿森林体系的崩溃

20 世纪 50 年代各国从战后中恢复，需要大量美国产品，造成美元荒，在整个 60 年代，美国持续的国际收支逆差和财政赤字使美元兑换黄金的基础不断削弱，在 1960～1971 年，爆发了三次美元危机（见表 1），1971 年 8 月 15 日，美国宣布实行"新经济政策"，停止美元兑换黄金。美元与黄金的官方平价兑换一终止，实际上等于废除了布雷顿森林协定。这些最终导致在 1973 年 3 月布雷顿森林体系的彻底崩溃。

表 1　三次美元危机

危机	年份	问题
第一次美元危机	1960	美国对外短期债务首次超过其黄金储备，市场纷纷抛售美元，抢购黄金
第二次美元危机	1968	越南战争，美国财政金融状况恶化；以及外汇市场上的投机浪潮冲击，被迫采用黄金双价制
第三次美元危机	1971	12 月，G10 签署史密森协议（Smithsonian Agreement：US 贬值至 1/38 oz. of gold），汇率波幅扩大至 2.25%

（三）牙买加体系

国际货币基金组织于 1972 年 7 月成立一个专门委员会，具体研究国际货币制度的改革问题。委员会于 1974 年 6 月提出一份"国际货币体系改革纲要"，对黄金、汇率、储备资产、国际收支调节等问题提出了一些原则性的建议，为以后的货币改革奠定了基础。直至 1976 年 1 月，国际货币基金组织（IMF）理事会"国际货币制度临时委员会"在牙买加首都金斯敦举行会议，讨论国际货币基金协定的条款，经过激烈的争论，签订达成了"牙买加协议"，同年 4 月，国际货币基金组织理事会通过了《IMF 协定第二修正案》并于 1978 年 4 月 1 日生效，在此基础上形成了新的牙买加体系。

1. 牙买加协议后国际货币制度的运行特征

（1）多元化的国际储备体系。美元仍是主导货币，是最主要的国际支付手段，也是最主要的国际价值储藏手段。它增强特别提款权（SDR）的作用，主要是提高特别提款权的国际储备地位，扩大其在 IMF 一般业务中的使用范围，并适时修订特别提款权的有关条款。实施黄金非货币化，仍然是重要的国际储备。

（2）多种形式的汇率制度安排。在牙买加体系下，浮动汇率制与固定汇率制并存。一般而言，发达工业国家多数采取单独浮动或联合浮动，但有的也采取钉住自选的货币篮子。对发展中国家而言，多数是钉住某种国际货币或货币篮子，单独浮动的很少。不同汇率制度各有优劣，浮动汇率制可以为国内经济政策提供更大的活动空间与独立性，而固定汇率制则减少了本国企业可能面临的汇率风险，方便生产与核算。各国可根据自身的经济实力、开放程度、经济结构等一系列相关因素去权衡得失利弊。

（3）多样化的国际收支调节方式。可以利用短期资金的流入流出来调节国际收支的利率调节，通过浮动汇率的汇率调节，向 IMF 贷款即直接管制，对商品贸易和资本流动实施控制。

2. 对牙买加体系的评价——无体制的体系

优点：多元化的国际储备体系在一定程度上解决了特里芬难题；以浮动汇率为主的多种汇率制度安排能够对世界经济形势的变化作出灵敏反应，使汇率对经济调节的杠杆作用得到较好的发挥；多种国际收支调节机制选择更能适应世界经济发展不平衡的现状。

缺点：在多元化国际储备格局下，储备货币发行国仍享有"铸币税"等多种好处，同时，在多元化国际储备下，缺乏统一的稳定的货币标准，这本身就可能造成国际金融的不稳定；汇率大起大落，变动不定，汇率体系极不稳定，其消极影响之一是增大了外汇风险，从而在一定程度上抑制了国际贸易与国际投资活动，对发展中国家而言，这种负面影响尤为突出；国际收支调节机制并不健全，各种现有的渠道都有各自的局限，牙买加体系并没有消除全球性的国际收支失衡问题。

（四）美元本位下现行国际汇率制度

汇率制度是指一国货币当局对本国汇率水平的确定、汇率变动方式等问题所作的一系列安排或规定。1982 年以后，IMF 把汇率制度按照灵活性即汇率的弹性分为三大类：钉住汇率制，包括钉住单一货币、钉住特别提款权和钉住"一篮子"货币；有限浮动汇率制，包括单个货币的有限浮动和一组货币按照合作协议的有限浮动；更为灵活的汇率安排体制，包括根据一套指标较频繁地调整汇率的安排，其他有管理的浮动和独立浮动。1999 年，IMF 用新方法对各国的汇率制度进行了重新划分，将汇率制度分为九类，按浮动程度由小到大排列，这九类汇率制度依次是：无独立法定货币的汇率安排（包括货币联盟和美元化）；货币局制度，如香港的港币是典型的货币局制度；中间汇率制度；其他传统的固定钉住制（包括管理浮动制下的实际钉住制）；有波幅限制的钉住；爬行钉住；有波幅限制的爬行钉住；不事先公布汇率路径的管理浮动；单独浮动。世界上实行各种汇率制度的国家分布情况如表 2 所示。

表2   实行各种汇率制度的国家数目

汇率制度	国家数目			
	1999.1.1	1999.9.30	2001.12.31	2006.12.31
无独立法定货币	37	37	40	41
货币局制度	8	8	8	7
钉住制度	39	44	40	52
爬行钉住与爬行有限钉住	16	12	15	6
管理浮动	38	33	42	51
单独浮动	47	51	41	25

资料来源：IMF, International Financial Statistics.

（五）美元化（Dollarization）

1999 年 1 月 14 日，阿根廷总统梅内姆提出了"美元化"这一概念，宣布美元彻底取代本国货币比索，实现整个经济的美元化。所谓美元化，是指美国以外的国家将美元作为部分或全部法定货币的进程。非官方美元化是指本国居民非正式地使用美元，尽管这种使用没有得到本国政府的承认，官方美元化是指本国货币当局明确宣布用美元取代本币，美元化作为一种货币制度被确定下来。

1. "三难选择"（trilemma）

蒙代尔认为，美元化是许多国家或经济体在面对"三难选择"时所做出的一种本能或被迫的反应。任何一个国家或经济体通常寻求三个货币金融目标：一是拥有独立的货币政策，以便利用利率这个工具来应对通货膨胀或经济衰退；二是维持本币汇率的稳定，以便消除或降低由本币币值波动引起的经济不确定性和对本国金融体系的干扰；三是确保本币的完全可兑换，以保证资本的自由流动。这三个目标在逻辑上和操作上互相矛盾。这种"三难选择"使得一个国家或经济体只能在固定汇率制、浮动汇率制以及资本管制三种汇率制度中选择其中的一种。

2. 美元化的利弊

美元化代价主要有以下三个：丧失货币政策的独立性，独立的货币政策的丧失，将使得美元化经济体在遇到"不对称冲击"（Asymmetric Shocks）时，亦即经济变化对美元区内各不同成员的影响往往各异时，无法采取积极有针对性的措施以应对；中央银行自动放弃"最后贷款者"的作用和货币发行者的角色；铸币税收益（Seigniorage Revenue）的完全丧失。

美元化经济体也从美元化中得到好处，尤其是对那些与美国在贸易与投资方面联系密切的经济体而言，主要表现在两个方面：一方面汇率风险将消失或大大降低；另一方面为本国提供更为严格的金融纪律，进而为经济的长期稳定发展创造良好的政策条件。

（六）"一战"前后主要国家境外投资变化

从各大国的境外投资变化可以看世界各国地位的变化（见表3、表4），在1914年英国对外投资最大，而到1938年美国地位大幅上升。德国因"一战"失败受到战争赔款的影响，其境外投资大为减少。

表3　1914年主要国家在不同地区境外投资的当期价值

单位：百万美元（当期汇率）

	欧洲	西海岸国家	拉美	亚洲	非洲	合计
英国	1129	8254	3682	2873	2373	18311
法国	5250	386	1158	830	1023	8647
德国	2979	1000	905	238	476	5598
其他	3377	632	996	1913	779	7697
美国	709	900	1649	246	13	3517
合计	13444	11172	8390	6100	4664	43770

注："其他"包括比利时、荷兰、葡萄牙、俄罗斯、瑞典、瑞士、日本。

资料来源：Maddison，世界经济千年史。

表4　1938年主要国家在不同地区境外投资的当期价值

单位：百万美元（当期汇率）

	欧洲	西海岸国家	拉美	亚洲	非洲	合计
英国	1139	6562	3888	3169	1848	16606
法国	1035	582	292	906	1044	3859
德国	274	130	132	140	—	676
荷兰	1643	1016	145	1998	16	4818
其他	1803	1143	820	101	646	4513
美国	2386	4454	3496	997	158	11491
日本	53	48	1	1128	—	1230
合计	8333	13935	8774	8439	3712	43193

注："其他"包括19个欧洲国家。

资料来源：Maddison，世界经济千年史。

（七）"二战"以后美国和英国经常账户和国际投资头寸变化

对美国商品和服务出口而言，在1929~2009年，其中1935年和1936年商品和服务净出口逆差，1942~1945年逆差，1946~1975年中有27年顺差，1976~2009年商品和服务净出口全部逆差，1946~1975年积累了大量对外资产，1976~2009年消耗海外资产（见图2）。

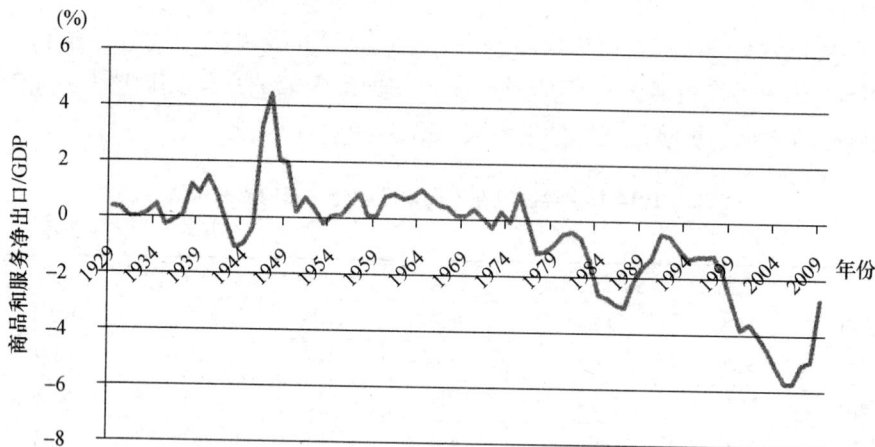

图2　美国商品与服务净出口变化

从图2可以看出，在实行布雷顿森林体系的时期（1946~1973年），美国经常账户基本上是顺差，这一时期的调整主要是美国与西欧和日本之间的调整。而美国经常账户持续逆差及随后有调整过程的主要是以下三次：①1976~1981年；②1982~1991年；③1992年至今。次贷危机以后，美国商品和服务净出口/GDP已经从2006年的 -5.74%缩减至 -2.74%。

而英国在1948~2009年，1956~1959年商品和服务4年顺差，1969~1972年4年顺差，1977~1985年9年顺差，1996~1997年2年顺差，"战后"1948~2009年62年中总共只有19年顺差，1976~2009年消耗海外资产（见图3）。

总体比较而言，美国1980年以来海外资产急剧扩张，1980~2007年海外资产年均增长12.8%，海外负债年均增长14.8%，分别增长25倍和45倍。2009年对外资产和负债分别是18.4万亿美元和21.1万亿美元。资产是GDP的1.3倍，负债是GDP的1.5倍，但对外负债净值占GDP的19.4%。英国1980年以来海外资产急剧扩张，1981~2007年海外资产年均增长13.6%，海外负债年均增长14.1%，分别增长29倍和32倍。2007年海外资产和负债分别是15.8万亿美元和17.8万亿美元。资产是GDP的1.1倍，负债是GDP的1.3倍（见图4）。

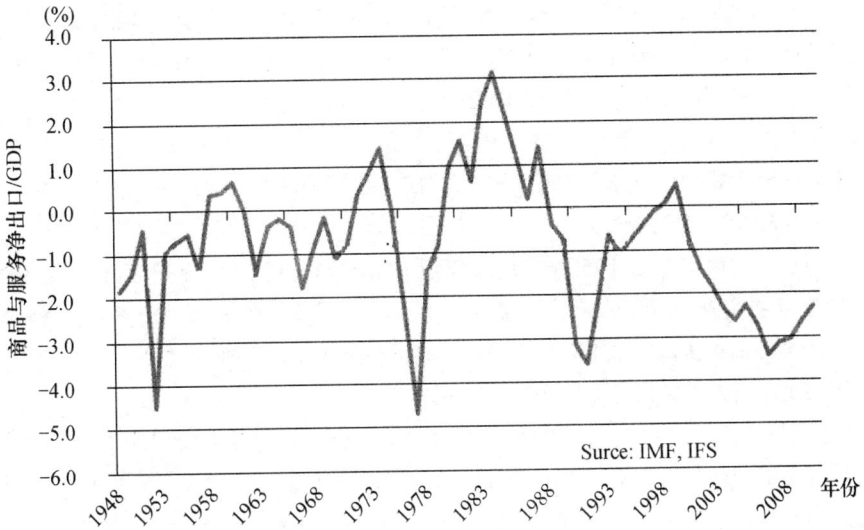

图 3　英国商品与服务贸易变化

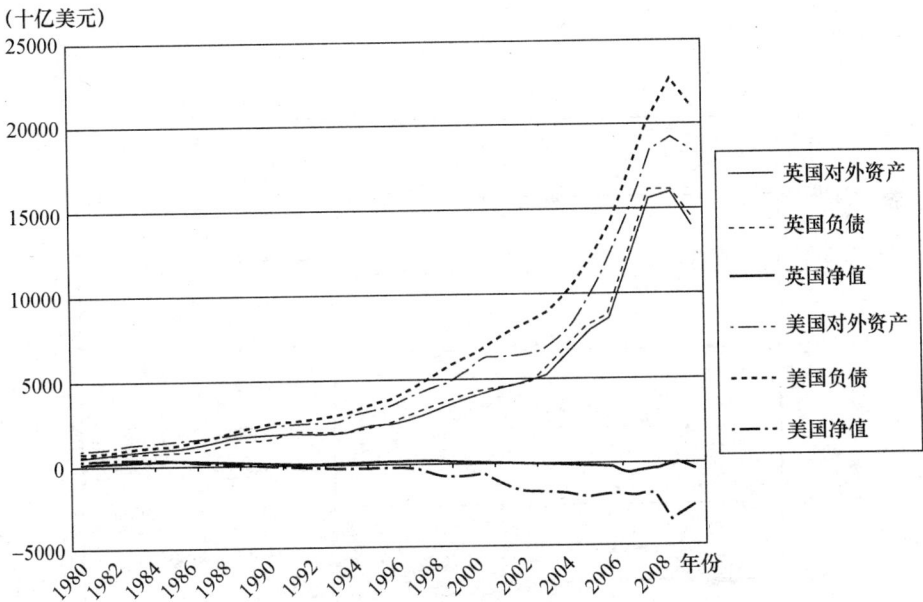

图 4　英国和美国对外资产负债变化

（八）世界 GDP 分布变化

1870~2009 年，世界经济的版图发生了极大变化。根据麦迪逊的《世界经济千年史》，1870年中国占世界GDP的比重为17.2%，印度为12.2%，以下依次是英国为9.1%，美国为8.9%，俄罗斯为7.6%，法国为6.5%，德国为6.5%，意大利为3.8%，日本为2.3%，西班牙为2.0%。到"一战"前（1913年），中国和印度下降至8.9%和7.6%，英国、法国和西班牙分别下降至8.3%、5.3%和1.7%，美国上升至19.1%。德国、俄罗斯和日本分别上升至8.8%、8.6%和2.6%。

"二战"结束以后，1950年美国GDP占世界GDP的份额升至27.3%，欧洲的老牌资本主义国家都下降了，英国、德国、法国、意大利和西班牙分别降至6.5%、5.0%、4.1%、3.1%和1.3%。中国和印度也下降至4.5%和4.2%。俄罗斯（苏联）和日本微升至9.6%和3.0%。

"二战"结束后世界经济重建，1950年至1960年是20世纪西方资本主义国家发展的黄金10年，美欧日快速增长。根据世界发展数据库数据计算（见图5），以2000年固定的美元价格计算，1960年美国GDP占世界GDP的比重达到35%，日本也上升至9.2%。中国和印度则下降至1%和0.9%。

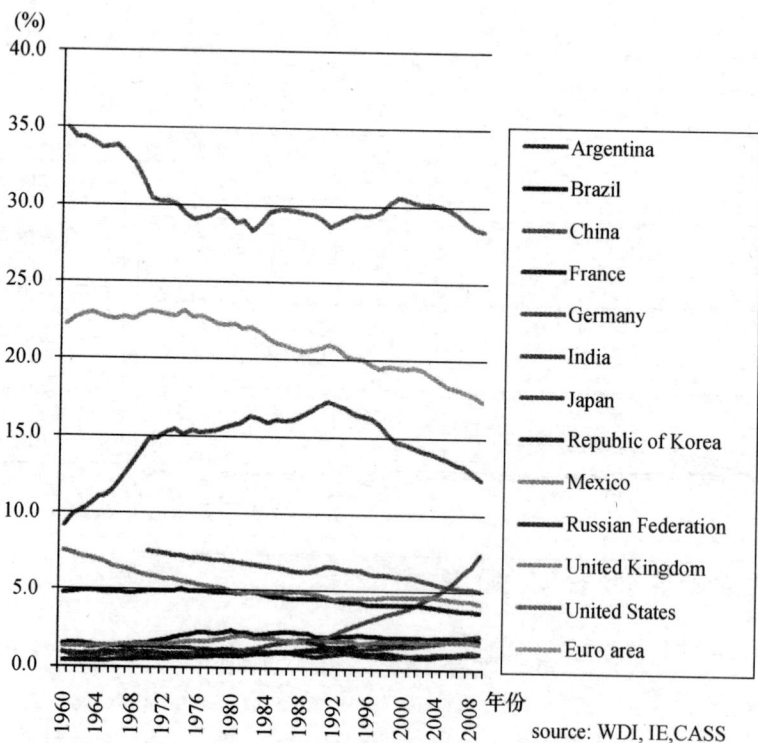

图5 世界GDP分布

20 世纪 70 年代以来，相继经历了两次石油危机、拉美债务危机、东欧剧变、日本泡沫经济破灭、东南亚金融危机、欧洲经济一体化和欧元区诞生、网络泡沫破灭和次贷危机等重大事件。美国自 1968 年以来基本平稳，欧元区总体上下降，日本先上升，1990 年以后下降。中国自改革开放以后快速上升。至 2009 年，GDP 份额排名依次是美国（28.4%）、欧元区（17.4%）、日本（12.3%）、中国（7.4%）、德国（5.0%）、英国（4.3%）、法国（3.7%）。

二、当前全球失衡的表象

（一）贸易失衡

贸易失衡是当前全球失衡的重要方面。如图 6 所示，2009 年世界各国贸易顺差排序：沙特，6.17%；中国，5.88%；韩国，5.13%；德国，4.97%；日本，2.8%。2009 年逆差排序：南非，-3.91%；意大利，-3.13%；加拿大，-2.86%；美国，-2.68%；印度，-2.07%；英国，-1.25%。

World: Current account imbalances

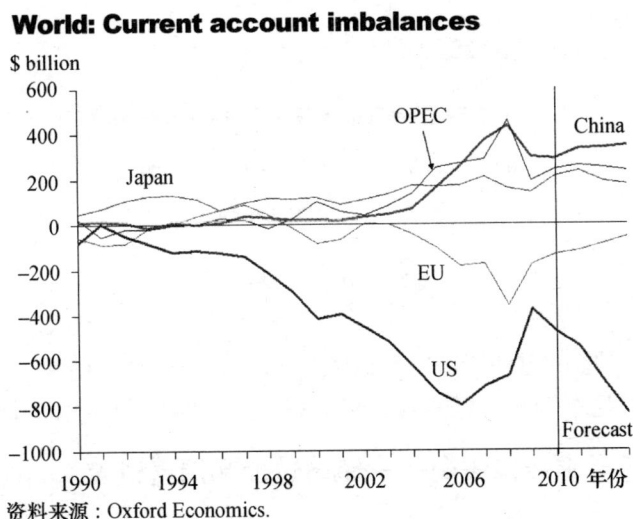

资料来源：Oxford Economics.

图 6　G20 经常账户/GDP

（二）资产结构失衡

外汇储备规模相差巨大，中国、日本、德国、瑞士、挪威等是债权国（见

图7），正好弥补美国、欧元区（其他）、英国等债务国的负债（见图8）。

G20 Foreign Exchange (2009)

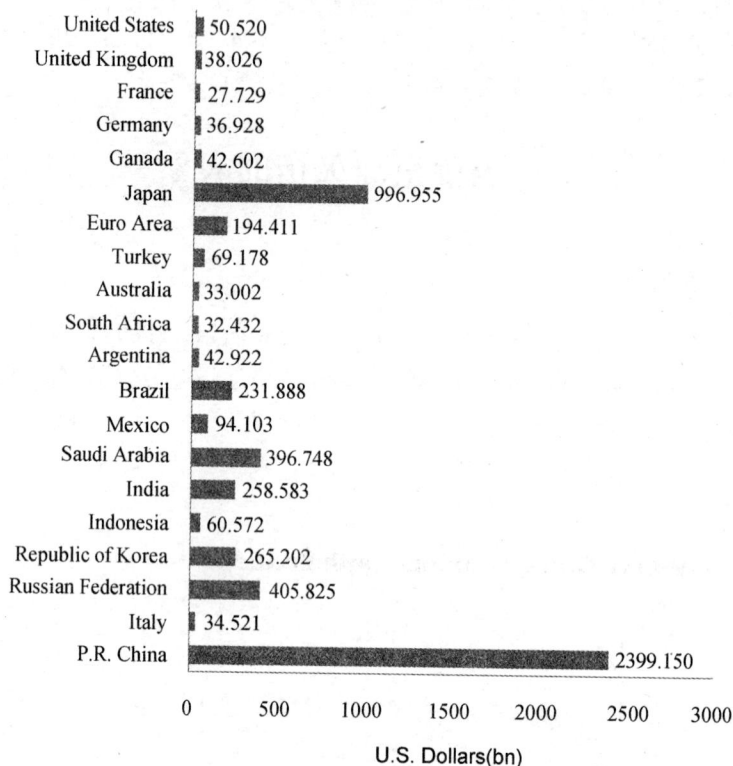

图7 G20外汇储备

金融不发达国家的对外资产中有很大一部分是官方外汇储备（见图9），中国接近70%，印度为75%，巴西为50%，韩国为40%，日本也有18%。

（三）内部需求结构失衡——储蓄过度和消费过度

由国民经济核算中的经济核算恒等式：$C + S = Y = C + I + (X - M)$得知，多年来中国储蓄过度，消费不足，而美国消费过度，储蓄不足。储蓄率高于资本形成率的情况在中国已有十余年历史（见图10）。而自20世纪60年代后期以来，除克林顿政府期间，美国政府收支一直为赤字（见图11）。此外，美国私人部门的储蓄率一直处于下滑态势（见图12）。

Net IIP, U.S.D bn

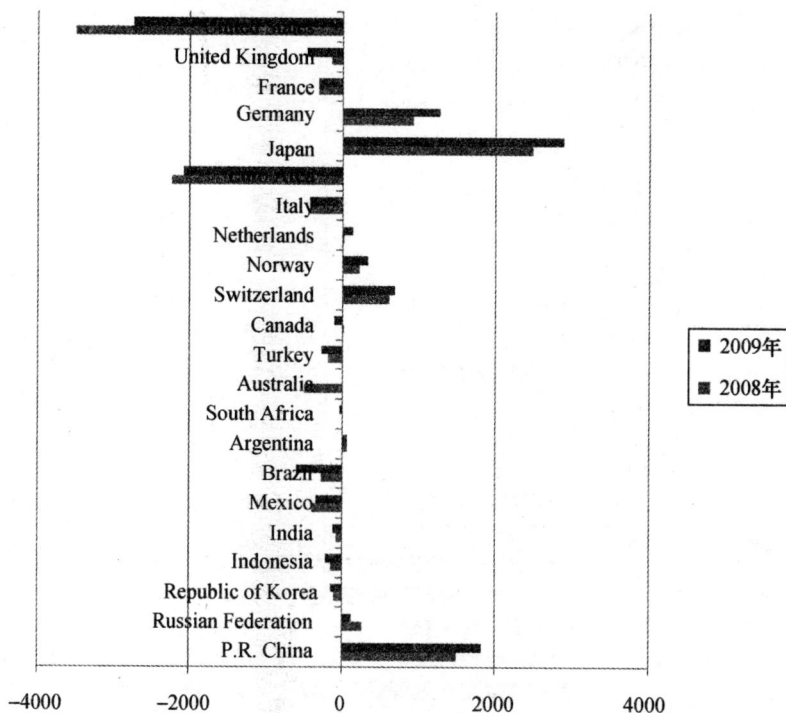

图8　G20外汇净资产

（四）国际分工和产业结构失衡

从我国三次产业的比重变化看（见图13），第二产业比重波动不大，第一产业的比重从1982年的33.4%下降到2008年的11.3%，第三产业比重则从1980年的21.6%上升到2008年的40.1%。从就业结构看（见图14），第一产业就业比重下降，第二和第三产业就业比重上升。

美国产业结构中，2009年服务业占私人部门创造增加值的比重为79.6%，实物生产部门占比为20.4%，科技部门增加值占比为4.6%。美国的产业结构与我国相反，服务业非常发达（见图15）。

Foreign Reserve /II Assets

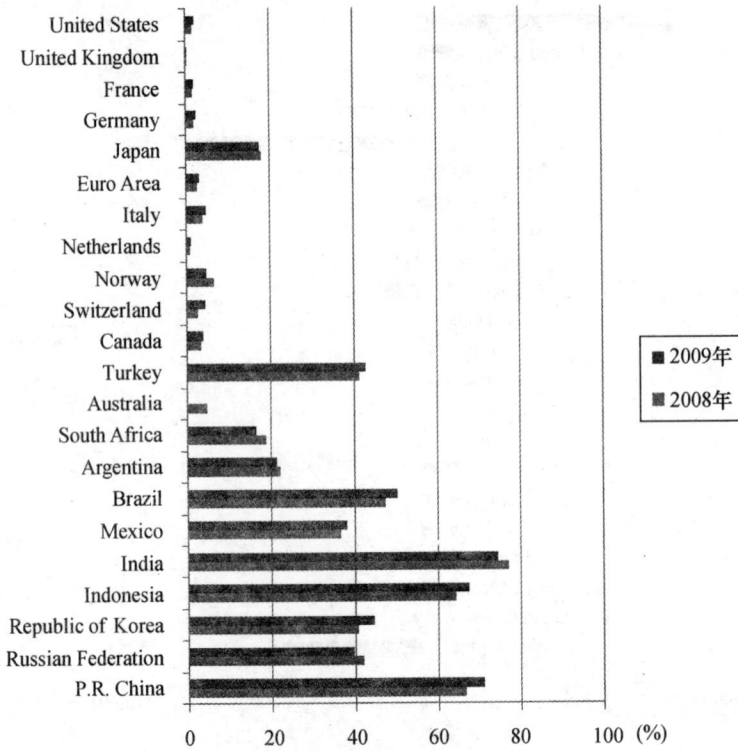

图9 各国官方外汇储备

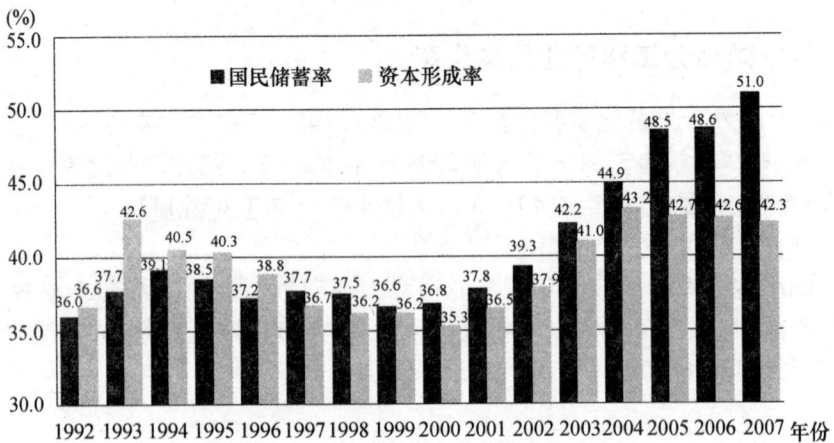

图10 中国国民储蓄率与资本形成率

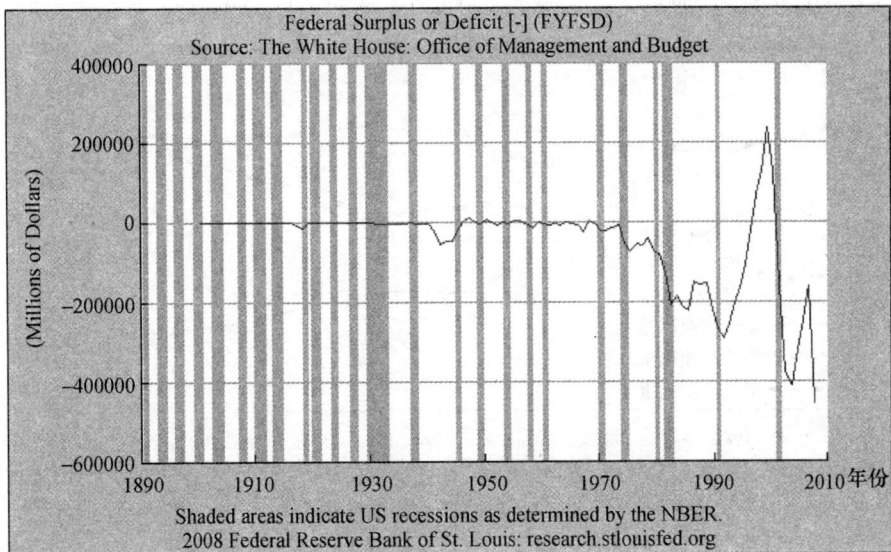

Federal Surplus or Deficit [-] (FYFSD)
Source: The White House: Office of Management and Budget

Shaded areas indicate US recessions as determined by the NBER.
2008 Federal Reserve Bank of St. Louis: research.stlouisfed.org

图 11　美国政府部门的收支状况

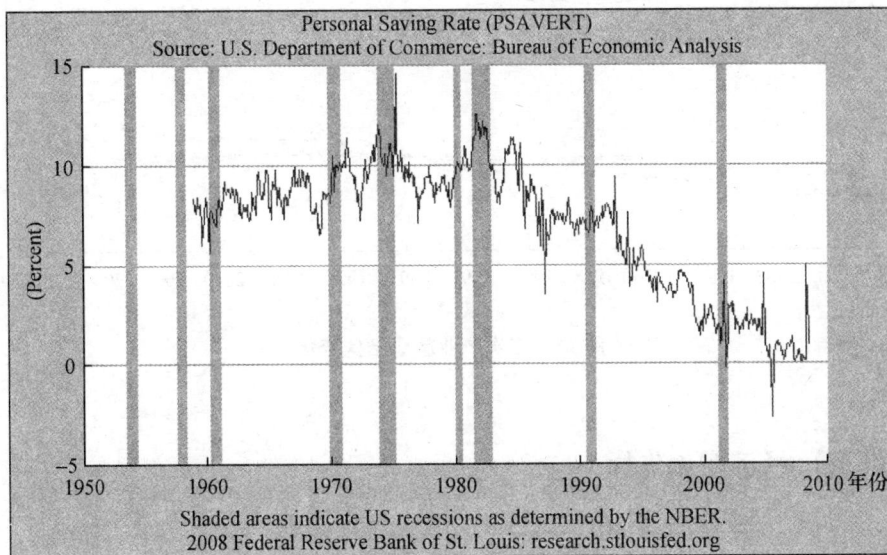

Personal Saving Rate (PSAVERT)
Source: U.S. Department of Commerce: Bureau of Economic Analysis

Shaded areas indicate US recessions as determined by the NBER.
2008 Federal Reserve Bank of St. Louis: research.stlouisfed.org

图 12　美国私人部门的储蓄率变化

(%)

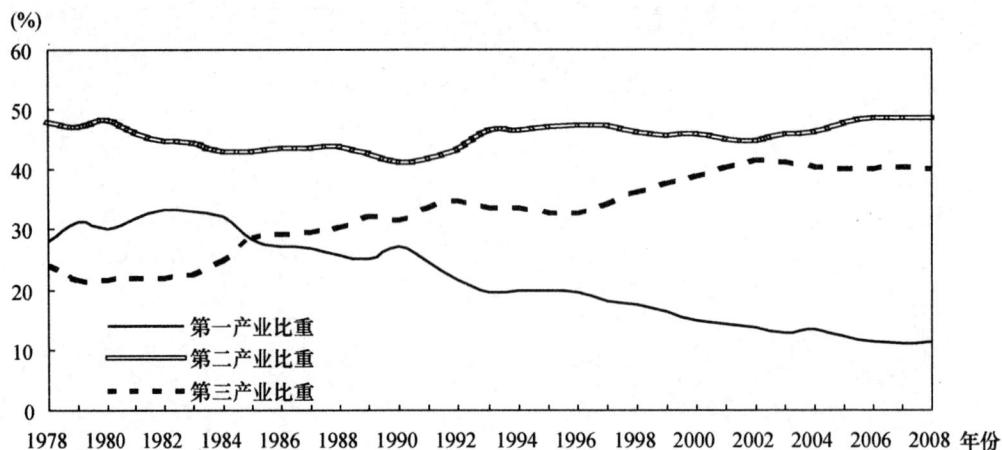

图 13 三次产业比重变化

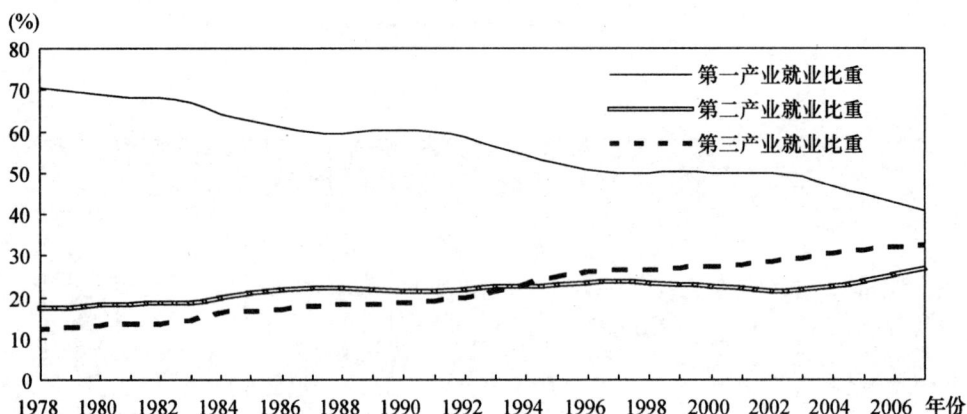

图 14 三次产业就业结构变化

（五）经济增长失衡

美联储主席伯南克在 2010 年 11 月一次讲话中提出，发达国家的经济增长率长期低于新兴市场国家（见图 16），他认为这对世界经济的长期可持续发展构成了挑战。

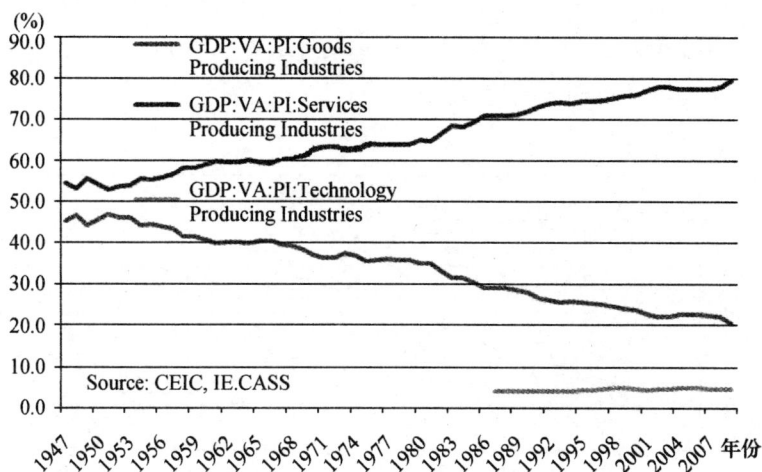

(%)

Source: CEIC, IE.CASS

图 15 美国处于结构变化

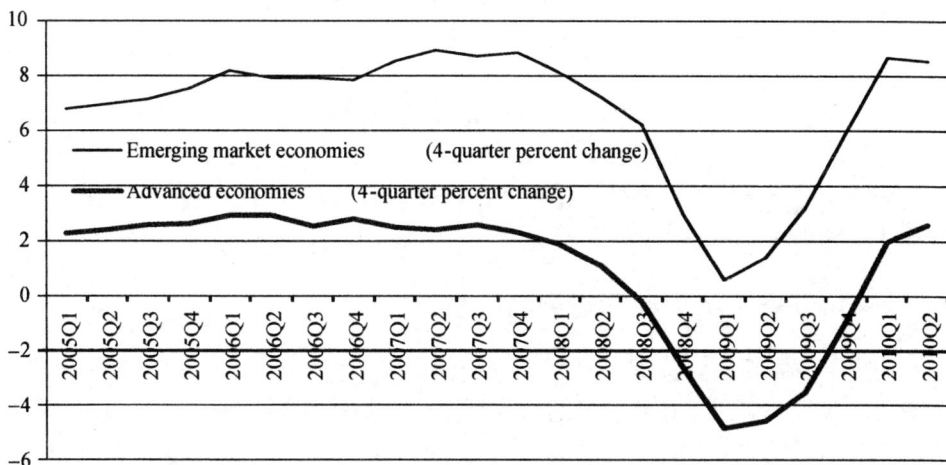

图 16 新兴市场国家与发达国家

注：Aggregates weighted by shares of gross domestic product valued at purchasing power parity. Advanced economies consist of Australia, Canada, the Euro area, Japan, Sweden, Switzerland, the United Kingdom, and the United States. Emerging market economies consist of Argentina, Brazil, Chile, China, Colombia, India.

资料来源：Fed Speech, Bernanke 11/19/2010.

　　同样，金融危机后经济复苏差异也很大（见图 17），新兴市场国家已经从金融危机率先走出来，并且超过危机前的水平，而发达国家比较缓慢，经济还未恢复到危机前的水平。

在经济全球化发展的时代，新兴市场经济体与发达国家之间经济增长率的缺口可能不利于世界经济的均衡增长。

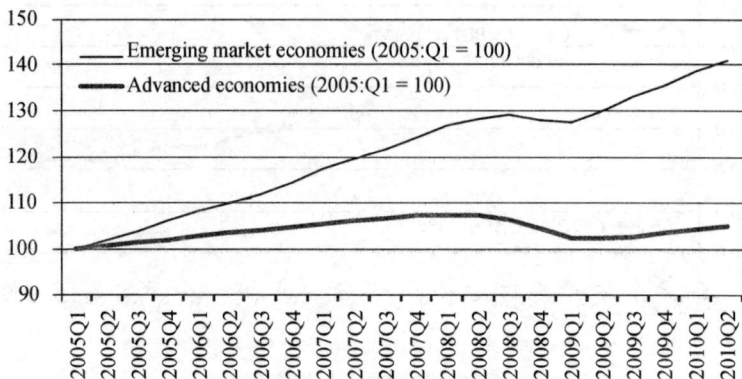

图17 危机后新兴市场国家与发达国家的发展状况

三、美元本位的弱点

我们在前文谈到全球经济失衡与货币体系有关，在此我们讨论当前美元本位与全球经济失衡之间的关系。当前美元本位存在如下的一些弱点：

（一）储备货币中心国与金融陷阱

美元本位体制使储备货币中心国陷入金融陷阱。一方面这导致美国国际借贷软约束，财政赤字，贸易赤字，储蓄大幅下降。财政赤字/GNP 上升，国内私人储蓄/GNP 下降，因资本流向美国可以弥补双赤字。另一方面美国加速去工业化，1960 年，制造业产出/GNP 为 27%，制造业部门就业占 24%。2004 年分别下降至 13.8% 和 10.1%，这也跟国际产业分工失衡有关系。

（二）繁荣期扩张无约束

在美元本位制下，中心国和外围国如果都处于经济繁荣期，通货膨胀率保持在正常范围内的时期，各国货币政策决策机构都没有动力约束自己，结果导致全球流动性过多，产生资产价格泡沫。

第一，布雷顿森林体系以后美元已摆脱黄金约束。

第二，浮动汇率体系下，过分迷信通过资产组合实现国际风险分担的作用。

第三，美国货币政策只顾自己实现本国内部的宏观目标，平滑周期波动。

第四，外围国跟随扩张。这导致世界一次次的危机：拉美货币危机、墨西哥货币危机、日元升值、东南亚金融危机、网络泡沫破灭、次贷和随后的金融危机。

（三） 中心国衰退期缺少激励相容机制协调政策

第一，当前新兴经济体和美欧日等发达经济国家经济复苏速度不一，宏观政策冲突不可避免。包括：新兴经济体面临较大通胀压力；发达经济体复苏迟滞；欧债危机；QE2 的后果；大宗商品与资产价格剧烈波动。

第二，贸易战、汇率战的风险增加，G20 协调机制，风险分担、调整成本分担如何实现。

（四） 成因：清洁浮动难以实现

第一，非静态预期导致汇率过度波动。

第二，三角形货币不对称导致害怕浮动。中心货币与外围债务国货币不对称：外围债务国不能用本币借入，债务积累，害怕贬值和投机攻击，利率包含正风险溢价。中心货币与外围债权国货币不对称，外围债权国不能用本币放贷，债权积累，害怕升值和投机攻击，利率出现负风险溢价。外围债务国与外围债权国货币不对称。

第三，竞争性中心货币的冲击：美元与欧元。

第四，汇率风险阻碍国际资产组合实现风险分担。

第五，经济全球化提高各国周期一致性，系统性风险增加。

四、再平衡之路

国际上已经有大量文献讨论了全球失衡的原因，同时也给出了恢复平衡的建议。比如国际货币基金组织在 2010 年 4 月份的世界经济展望中考察中国台湾、韩国和日本后，就国际再平衡之路专门写了一份报告，其中研究了这些历史上出现大的国际收支顺差的地区和国家是如何进行政策的调整的。在此，本文从金融货币的角度来总结一下全球经济的再平衡之路。

（一） 恢复金本位制

世界银行（World Bank）行长罗伯特·佐利克（Robert Zoellick）提议建立一种新的国际货币体系，该体系将包括汇率灵活波动的多种储备货币——美元、欧元及向国际投资者开放程度更高的人民币，并以金价作为货币波动的"参照基准"。

（二）提高 SDR 的作用，超主权货币

周小川认为，国际货币体系改革的目标是创造一种"与主权国家脱钩，并能保持币值长期稳定的国际储备货币，从而避免主权信用货币作为储备货币的内在缺陷"。比这种"超主权国际储备货币"更理想化的制度是"世界单一货币"。但是世界单一货币可行吗？现实中，各国差异非常大，而且各个国家都希望享受铸币税的收益，因此很难实现有一个国际组织来掌握货币权。

（三）区域货币，内生性最优货币区

早期的区域货币合作已有很多实践，1961 年的中美洲经济一体化银行，1962 年的西非货币联盟，1972 年的阿拉伯货币基金，1963 年的苏联和东欧国家的经互会货币区，这些实践都失败了。目前只有欧洲货币一体化比较成功，1972～1978年，西欧国家货币联合浮动；1979～1998 年，建立欧洲货币体系（EMS）；1999 年至今，有欧洲货币联盟（EMU）；1999 年 1 月 1 日，出现欧元（Euro）电子货币；2002 年 1 月 1 日，出现欧元纸币和硬币流通；2002 年 3 月 1 日，欧元彻底取代各国货币。欧元区包括 16 个成员国：比利时、德国、希腊、西班牙、法国、爱尔兰、意大利、卢森堡、荷兰、奥地利、葡萄牙、芬兰、塞浦路斯、马耳他、斯洛伐克、斯洛文尼亚。加入欧元区的条件：每年的财政赤字不得超过国内生产总值3%；国债余额不得超过 GDP 的 60%或正在快速接近这一水平；通货膨胀率不能超过 3 个最佳成员国上年通货膨胀率的 1.5%；长期利率不得超过通货膨胀率最低的 3 个国家的平均利率的 2%；在加入前两年内对欧元汇率保持稳定。

对于亚洲货币合作的前景来讲，亚洲货币合作的进一步发展，存在许多难以在短时间内克服的困难和障碍：第一，亚洲各国经济发展水平、经济制度以及经济结构等方面存在很大的差异；第二，亚洲货币合作缺乏一个能够为整个地区决定货币政策，并对区内各国政策起协调作用的领头国；第三，亚洲货币合作存在政治障碍。

（四）现行国际货币体系的改革前景

1. 近年来的新动向

2006 年，IMF 将中国的份额从 2.98%调整增加到 3.72%，排名在美国、日

本、德国、法国、英国之后，成为 IMF 的第六大股东。2009 年，IMF 扩大了一次 SDR 的规模。2010 年 11 月 12 日，G20 批准 IMF 改革方案，基金份额总数从 2384 亿 SDR 调整为 4768 亿 SDR（特别提款权）；欧洲将让出 2 个执董席位；中国持有份额从 3.72% 提高至 6.4%，上升至第三大股东。巴西、俄罗斯和印度入围该组织前十大股东。但是美国仍然有一票否决权。

2. 特别提款权（SDRs）

第二次美元危机爆发后，1969 年由 IMF 创设。IMF 成员国可以自愿参加 SDR 的分配，成为特别提款账户参加国；在基金范围内，成员国可以用 SDR 来履行原先必须要用黄金才能履行的义务，以及清算国际收支差额；实际上，SDR 的分配量与成员国在 IMF 的基金份额成正比。成立时，规定 1 单位 SDR ＝ 0.888671 克黄金，美元与黄金脱钩后，SDR 的价格由欧元、日元、英镑与美元四种货币的加权平均数决定，权重每 5 年调整一次。SDR 不能用于国家间贸易和金融交易的支付，但出现储备货币短缺的国家可以用它换取其他成员国的美元或其他自由兑换货币。

（五）固定汇率，缩小汇率波动区间

恢复固定汇率制也是再平衡的可能途径之一，但是要实现固定汇率协调困难，国际收支调节也困难，因为固定汇率意味着各国需要根据自身的发展情况进行相互协商来确定各种货币之间的汇率比价，汇率需要变动的时候会受到限制。同时固定汇率制会受到货币攻击，布雷顿森林体系崩溃已经从实践上证明固定汇率制这方面的缺陷。现在看来，没有最优国际货币制度，充满矛盾的、动态变化的制度是现实的制度，单从货币制度治理再平衡无法实现目标。

五、中国面临的挑战和应对之策

（一）中国的高增长

在 1980～2009 年，我国经济实现了历史上少有的快速增长，年均增长率达到 9.9%（见图 18），人均 GDP 从不足 800 美元提高到 4000 美元，绝对贫困人口下降，工业化和城市化水平上升。中国等新兴市场国家国际地位上升，照此速度，5 年后，中国、新兴国家 GDP 总和占比接近欧元区（见图 19）。

GDP同比增长率

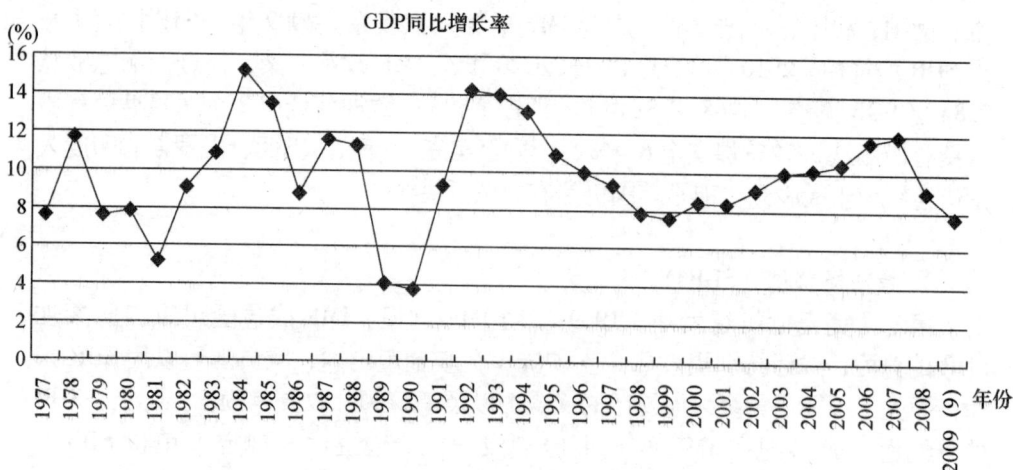

图18 中国1978年以来GDP同比增长率

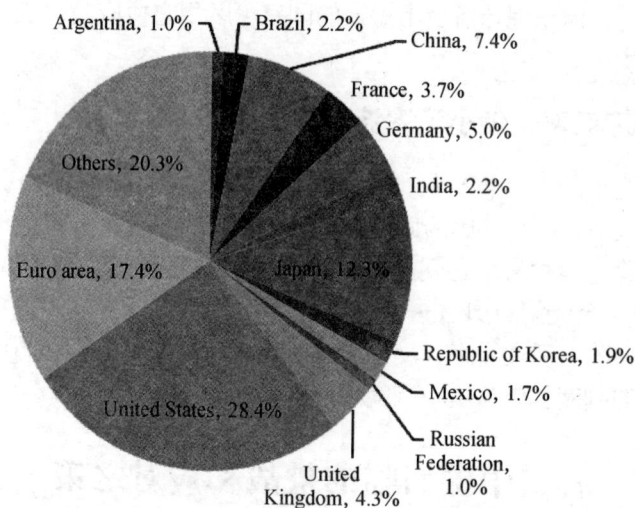

图19 2009年世界GDP分布情况

（二）结构失衡之一

在考察全球经济面临外部失衡的同时，我们也需要看到中国内部的严重失衡情况。

第一，需求结构失衡。中国经济增长过度依赖出口和投资，消费需求相对不足，呈现高投资、高增长、高出口，高污染、高能耗、低效率和产能过剩、创新不足的特点。中国通过借钱给美国等逆差国（表现为巨额的国外资产）来消化其过剩的产能，是全球失衡的一极，多年双顺差累积了大量外汇储备，成为大的债权国（见图20），全球贸易失衡恶化。

第二，收入分配结构失衡。城乡收入差距扩大，基尼系数超过国际警戒线。分配结构不合理、分配差距过大是导致消费需求不足的原因之一。

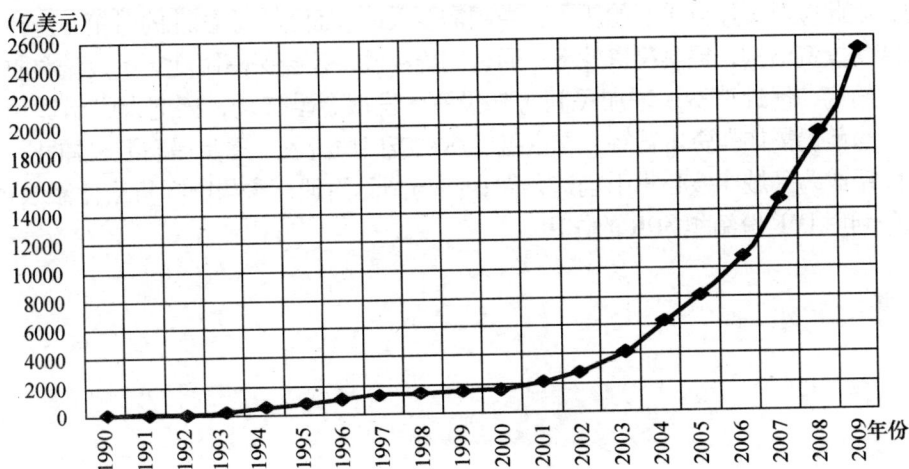

图20 我国外汇储备变化情况

第三，产业结构失衡。

第四，人口结构和劳动力市场的挑战。

（三）高增长与结构失衡的原因

第一，政府主导的"赶超型经济"。

第二，人口红利期，工业化和城市化阶段。

第三，地方政府竞赛、政府动员资源的政策。高增长依赖压低的要素（资金、土地、劳动力、汇率；煤、电、油、气、水等）价格，导致投资过度，价格体系扭曲，资源过度使用、配置低效、环境恶化，并可能导致钱权交易和腐败问题。行政垄断和民间部门的非国民待遇，也是导致资源配置效率低下，收入分配不合理的重要原因。

第四，高储蓄。计划经济政府压低消费，市场经济政府仍然以"高投资高增长"为目标，教育、医疗、养老、住房等民生问题市场解决不了，后半生的不确定性导致高储蓄。

（四）应对再平衡的系统性对策

我国应对再平衡的目标应该是：防止中等收入陷阱，保持增长持续性，提高中国在世界 GDP 的份额。如何实现这些目标？我们前面的分析表明，全球失衡的原因是多方面的，单纯改革国际货币体系、调整汇率不能改变深层次的结构问题，因此应对国际再平衡的压力，中国需要采取全面的、系统性的对策。应该通过调整投资结构，提高投资效率，通过完善税收、社会保障制度等手段调整收入分配结构，促进消费，增加民间对外投资，发展金融市场，拓宽人民币适用范围；当前仍需加强资本管制，严密监控热钱流出后流入，逐步提高汇率弹性，为人民币成为区域性核心货币创造条件；参与国际治理，参与国际货币体系改革，充分利用 IMF 份额和 SDR 的作用。

均衡增长和结构变革
——证据、理论和中国实效

张 平

2010 年 9 月 16 日

张 平

中国社科院经济研究所副所长、研究生院经济系教授

摘　要：本文首先对发达国家和发展中国家的有关发展历史的典型事实进行了归纳，指出了古典经济模型假设条件下古典模型对发展中国家经济增长规模收益递增现象研究的困难，而后从结构变革和空间经济理论对发展中国家规模收益递增的典型化事实进行了研究，最后对我国的经济增长典型进行归纳和探索，并给出了实现增长路径的转换所必要的政策激励机制设计的方向。

关键词：典型化事实　均衡增长　结构变革　增长路径　政策激励

一、引　言

理论有其独立发展演进的逻辑体系，并不是完全依赖于实践，因为很多的东西首先是由理论模型推导出来的，是超越实践的，但最终需要实践的检验。比如，到了 N 维空间，一般的实践活动是没法想象的，它超越现实，先有了理论模型，然后再去实证所谓爱因斯坦的相对论体系。理论有其简洁化解释世界的可能性，而且它有自我的逻辑可以推演未知世界。但经济理论就没那么玄了，经济理论是对现实的解释，也是对现实的一个抽象，并运用经济学逻辑推演出未来经济将要发生的问题，同样实践最终检验着经济理论的正确与否，并对理论不断提出修正。本文主要从什么叫典型性事实归纳，什么叫理论，最后如何去修正这个理论，然后到中国的一些典型化事实、中国的一些政策以及经济学家应该怎么运用中国的实践去修正经典理论，并运用理论为中国实践服务，提升中国经验的理论价值。

二、发达国家和发展中国家有关增长的典型事实归纳

首先，我们对发达国家和发展中国家都做一个判断。因为我们是发展中国家，在我们上学的时候还见不到太多的西方主流经济学，见到的都是与中国现实相符的发展经济学，所以我们印象最为深刻的全都是发展经济学的范式，到 90

年代中期以后开始慢慢转向新古典范式，现在经济学的学生受训练的都是以新古典范式为基准的。

2009年琼斯和罗默写了一篇"新卡尔多事实"，开篇就讲"如果你天天是文章到文章、会议到会议、讲座到讲座，你会丧失对经济学和科学探索的兴趣"。说得简单一点就是，我们必然要走入现实。传统的古典力学模型似乎已经把理论和现实统一起来了，但解决不了第一推动力问题，这个问题的深究就产生了现代物理学，进入到宇宙和粒子世界中推动实践，并通过实践再完善理论。一旦深究理论的一些根源问题得不到解释后，就需要理论创新，要让理论能包容更多的现实命题。

除了理论和实践的问题，还有很多的人问经济学理论为什么搞得这么复杂？我经常给经济学院和商学院的学生讲课，从宏观经济学初级课程设置看都是一样的，奠定的理论思想基础也是一样的，甚至教科书，但由于角度不同，学习的路径完全不同。经济学院和商学院的学生有不同之处，经济学院的学生比较闷；而商学院的人出去都是非常高兴的，到处跟人打招呼，为什么会出现这种情况？就是因为商学院的人毕业以后做老板也好，做公司职员也好，他可以自我承担一件事的责任和义务，他们需要的是自己能做出快速的决定，并自我能承担后果，顶多是破产，所以他判断的是短逻辑，它不需要跟人辩论，而是与更多的人合作。你跟我说这事情赚钱，我跟你辩论这事情不赚钱，辩论一天，推导一堆数学模型，可能等于废话，还不如行动看看，这就是商学。虽然商学是出自经济学，但跟经济学完全是两码事，我败了回来跟你说：我败了，不行了，我回来给你打工。这就是差异。而经济学，不可以，经济学人很难把一个国家做赌注，说今天就按我的方案先试试，万一失败了，很多人饿死了，学者根本负不起这个责任。所以经济学是按照一个听证会辩论的形式，大家要把大量有逻辑的东西互相来辩论，最后达成社会共识，未必是最正确的，但是由于大家的辩论形成了一个共同的框架，各方陈述了利益诉求，因此方案较为中庸，也不会出大错。大家也知道一个很清楚的事实：那就是辩论的时候你不能没有逻辑，这是最大的问题，否则就会没完了争吵，这就是经济学要求有一个共同的理论范式。如果你我两人争论的事，完全是运用不同的方法，那么也是非常麻烦的。所以全世界经济学，包括商学、金融学都开始进行着一个规范的范式的讨论。如金融学中的股票价值也是一个标准范式，上市一定要计算其公允值，要不然我说发行值100元，你说发行就值1元，那就没法发出来，所以商学的金融系一直不断追求所谓公允值共同框架的培训。一旦出现了这种公允模型，就可以大规模地发行股票，也可以发债。这就是经济学更需要非常复杂的理论逻辑，但到了类似于金融的复杂商业活动后，逻辑范式一样很复杂。

（一）新老卡尔多的事实：均衡增长理论

克鲁格曼 2000 年写了一本书叫《发展、地理学与经济理论》，首先就讲到发展经济学，为什么发展经济学有这么多伟大的思想，如大推进理论、二元经济结构理论和不平衡增长等，都是跟现实贴切无比的理论，思想也很灿烂，为什么会昙花一现呢？克鲁格曼认为这是因为所有发展经济学的这些理论都跟主流模型没法相容，这也是本文研究的出发点，而主流模型都要求要有规模收益递减性的假定。我们在主流经济学的学习中都讲边际效用递减和规模收益递减，吃第一块肉的时候效用最大，吃到第十块肉可能边际效用为 0 了，这个是由斯密所开创的以经济学为核心的基础。但是现实有些人在某一个阶段上，他可能是越吃胃口越大，到另一个阶段上当然也一定会收敛，不同的阶段会导致不同的规模收益特征性。如果在某阶段，规模收益是递增，我们古典经济学的所有理论就崩溃了。发展中国家在快速发展阶段正如一个人处于青春又饥饿的时候，如我今天吃好多馒头并长了身体，明天身体强壮了，结果更饿了，更要多吃，所以在青春期，一个人可能是有一个规模收益递增的过程。其实发达国家也一样有规模收益递增的过程。但是规模收益递增情况下，收益曲线呈现一个下凹形曲线，它成指数增长，不收敛。只有上凸形曲线才收敛，收敛才有所有模型推导的基础，如果都发散了就无法计算均衡解和最优解。所以，所有嫁接在古典模型里的一般均衡模型只要遇到规模收益递增性的挑战就立刻崩溃。克鲁格曼就讲到发展经济学有那么多的真知灼见却没有被主流所吸收，慢慢发展经济学就停滞了，他又讲到新经济地理学，如果没有规模收益递增，在哪儿生产经营都一样，那肯定没有城市，人口都往城市聚集，而且越聚越大，这肯定有规模收益递增性。

1977 年迪克西特和斯蒂格利茨提出了一个 D‐S 模型，它是描述垄断条件下的规模递增模型，克鲁格曼就运用 D‐S 模型来研究城市经济，解释了一定的经济地理的形成。由此，克鲁格曼发展出了一门新经济地理学。克鲁格曼是一个非常聪明的人，他先梳理了哪些地方我能干，哪些地方我不能干，他把原来一个局部的模型运用于地理学和国际贸易理论的研究，把现实的问题和主流的方法拼接。但是你必然要让一个公众所能接受的逻辑框架能跟你所研究的问题相容，要不然你将不能被主流接纳。

大量的国家发展是从结构到均衡的，但完整的理论却是相反的，是从均衡理论到结构。我们现在很多人都研究结构变革、均衡和可持续发展等，在研究这些东西之前，我们必须定义什么是均衡、什么是可持续等概念，先定义完了原点坐标系才知道我们跑哪儿去。所以结构改革要改成均衡，我们就必须首先要知道均衡目标，这就是理论与逻辑。什么是均衡呢？我们就要说到卡尔多的六个所谓的经验，只有达到了这些均衡条件，你才能够完成对均衡的理解。卡尔多的六个事实可以简单表达为六句话：①劳动生产率和技术进步增长速度是均衡稳定的；②人均资本增长是稳定的；③实际利率或资本回报率是稳定的；④资本产出率是稳定的；⑤资本和劳动投入获得收入分配占国民收入的比例是稳定的；⑥各国增长是趋同的。这就是相当于我们计划经济时期天天讲的有计划、按比例，但是它这计划是所有的一概按比例，这就叫均衡。均衡的特征就是有序发展，各国每年按3%~5%一起发展。这就宣告了资本主义社会在市场机制的作用下进入了非常均衡的发展态势，这种发展态势下，各方面的发展都是按比例的，各国也慢慢都会收敛。在这种均衡体系下，技术进步和人力资本被当作外生给定的，这样形成了古典经济的完美模型。索罗—斯旺模型把卡尔多的这些完美事实变成一个完美的增长方程。索罗—斯旺模型解决了所有卡尔多事实关于增长的描述，并且得到一个稳态解，这个解奠定了所有经济增长理论的核心。这个模型虽然简单，但是至今无人可攻破，所有增长理论都以此为基准来拓展。如果有对卡尔多事实或古典增长模型里的条件感兴趣的同学可以参考我们经济所左大培教授的获得孙冶方经济科学奖的《内生稳态经济增长模型的生产结构》这本书，书里包含大量的数学模型，左教授研究的不是模型的动态过程，而是模型要达到均衡解的条件，任何一个人做动态模型，要想得到均衡解，必然要符合左教授推导得出的条件。这就可以看出一位好的经济学家都会找到一个自己可切入的角度，这是很重要的。如果你去研究一个动态过程，那将是一个非常繁杂的过程，但这是研究一个动态过程的稳定解的必要条件，这样就比较容易入手而且有意义。现在很多人学完新古典模型都形成思维定式了，先建立一个行为模型，设立一个效用函数，然后给个约束条件，做一个一般均衡和最优解，这就成了小学生做作业的模式了。但是一拿中国来比较就特别难受，大量的海归为什么拿着豪华武器也打不着鸟，他们够不上，这里面的原因就是中国事实上充满了规模收益递增，恰恰很少能被所谓典型的模型所构建的。因此，拿一般均衡模型套上就有问题，这是老的卡尔多事实。

（二）新典型化事实：均衡理论的再探索

琼斯、罗默等一批经济学家开始引入新卡尔多事实，首先引入创意，创意是一个不排他的市场活动，所以创意一定是规模递增的，点子越多越好。其次分析教育，同样教育也是不排他的，教育规模越大越好，这也就出现了规模收益递增的问题，一旦规模收益递增，要实现原来按比例稳态发展就很难。教育和创意的要素都纳入不了古典模型。罗默的重大贡献是在生产函数中的劳动力 L 部分拆出了一个人力资本积累理论，他把人力资本引入到传统生产函数使其能够相容，并且推导出规模收益递增的理论。现在美国经济学界所有的最有智慧的大脑都在思考怎么把规模收益递增纳入到传统理论的框架，或者是怎么改造传统理论框架，否则，越是现代的经济发展越是无解。现在全世界都发展创意产业，经济学家无法利用古典模型解释现代产业的规模收益递增的现象。同样重要的是制度，有一个好的制度机制，经济发展速度就快。中国制度经济学家也有很大发展，引进很多伟大的制度经济学家的思想，如科斯、阿尔钦和威廉姆森等的思想。全世界都知道制度至关重要，因为每个人都能体会到，但制度又永远纳入不到任何的理论体系，所以经济学教科书里顶多说点制度思想。中国制度经济学家也有非常大的分歧，研究起来难找方向。制度经济学说来特别好听，而且跟中国贴切，但是它很难跟正统的理论相贴合。现在中国制度经济学研究就变成两个趋向：一部分人写着写着就纵横历史，上下五千年，横比一百个国家，然后讲制度怎么在一些地方成功，一些地方不成功，怎么在一些阶段成功，一些阶段不成功，但是很难归纳。另一部分人就彻底地细化，这块领域还能在主流领域占有一席之地，但是其思想性就很弱了，比如，最近研究比较多的私营企业制度是如何促进发展的，香港中文大学的一位学者研究了泰国华裔企业家的下一代的婚姻关系对企业经营的影响，设计出来一套比较漂亮的模型，这就是细化了。这个方向引申出来很多研究，如代际更迭知识存量是否能够继续的研究，他们研究大量的香港的房地产企业换代以后股票估值以后会跌多少，认为做地产的第一代人都必然跟金融和政治高度相关，这些关系很难直接传递给下一代。最后利用模型计算得出结论认为换代股票跌60%。制度研究涉及一个问题就是它不可完全观测，像生产函数里的余值 A 似的，A 都被叫做技术进步，但是它是不可观测的。制度经济学在微观经济领域做了很多不可观测性的研究，这就需要一个条件就是时间要长，这样的样本很难找。人口也是一直忽略在所有增长模型之外。近年来开始探讨人口的影响，发展中国家的主流经济发展模型基本上还没有考虑人口这个因素，现在谁都认为人口至关重要，但是无法纳入古典模型。我国的蔡昉教授就开始从最古老的发展经济学中挖掘出来刘易斯二元经济理论。刘易斯的二元经济理论讲得既简洁又符合中国的国情，而且里面包含了大量的理论，比如农村劳动力剩余，农村生产率低下，剩余劳动力在农村创造不了任何剩余价值，他们唯一的价值是消耗农村的积蓄，所以每转移出来一个农村剩余劳动力，就能增加一份农村剩余的积累，城市就吸收了一个按生存成本计工资的低成本劳动力，这就是刘易斯的剩余劳动力理论。什么时候达到农村剩余劳动力基本转移完了，城市的劳动力市场就会出现劳动力工资按劳动力边际劳动贡献定价。如果还是处于剩余劳动力供给阶段，工资线就是一条水平线，仅够工人生活的工资标准。这就是著名的刘易斯二元经济结构，即存在一个农村部门，存在一个工业部门；农村部门劳动生产率极低，人口极多，长期以来，劳动力的定价是按照劳动力的生存标准定价，是一条直线。如果农村没有了剩余劳动力，工资就要开始上升，这时就出现刘易斯拐点。刘易斯二元理论中人口很难测度，但是工资测度很容易，只要是工资出现系统性的上涨，就可以认定刘易斯拐点基本上到来了，因为这些都会敏感地表现在劳动力市场的供求关系上。现在被投行谈论的比较多的就是人口红利，如果社会上年轻人占的比重较大，社会储蓄就会增加，社会负担较小。这样处于人口红利的国家就处于高增长，没有人口红利的国家经济增长的活力就下降。投行所讲的人口红利在经济学里论证的不是特别多，现在也有很多人讨论人口结构与储蓄的关系，但是把人口纳入一个经济增长的角度来看，成熟的研究还是比较少。现在基本使用两阶段模型，先研究人口与储蓄的关系，然后研究储蓄中的资本形成与经济增长的关系，大概是这样的逻辑线索。此外讨论了范围经济的作用，上述内容都是我们所谓的新卡尔多事实所探讨的内容，它探讨了一系列导致规模递增、不可纳入古典模型但又实实在在对经济增长至关重要的问题。

（三）钱纳里等归纳发展经济的事实和结构理论

发展经济学的最后一位大师钱纳里和另两位经济学家写了一本书叫《工业化和经济增长的比较研究》，归纳了几点发展经济的典型化事实——结构理论：一是恩格尔定律：随着收入增加，人们的消费支出在收入中所占比例不断下降。以前的小康标准争论时候认为，恩格尔系数 0.5 以上为贫困，0.5 开始达到小康水平。所谓食品是指基础生活品，随着生活水平越高，基础生活品支出占收入比重越低。那么这就直接导致了需求结构的极大变动，为什么所有发展经济学都是结构主义者？原因就在这，因为他们发现经济发展按比例均衡发展在现实中不存在，经济结构是经常变动的。新古典的总量模型里根本不用讨论结构问题，因为他是一个均衡、同质的市场，结构问题都可以化为总量问题。需求结构变动的同时，产业结构也跟着变动，农业部门的发展就是一个不断下降的过程，制成品部门的发展就是一个不断上升的过程，服务业也是一个不断上升的过程，这是需求结构变动决定的，食品消费少了，农业的产出供给就少了，所以恩格尔定律的存在导致国家经济呈现系统性变化。二是刘易斯定律。发展中国家存在大量的剩余劳动力，这时工资的定价不是按照市场供求来定价的，这就不可能不存在资本的份额不断上升的过程，资本回报要高于劳动回报，这就是中国为什么资本份额不断上升，因为劳动的份额长年被压得基本不变，那么所有增长都是有利于资本积累的。这就跟古典模型有很大的不同，所有的正的盈余全都转给资本。三是出口贸易。发展中国家发现出口也是规模收益递增的，出口规模越大，经济增长越高。现在全社会倾向于招商引资，所有的国家搞政策补贴，希望贸易越大越好。到1997年中国的贸易盈余对中国经济贡献达到接近50%，1994年人民币汇率一下从4.2贬到了8.3，都是希望出口部门扩大，而事实也证明中国出口部门对中国经济带动巨大，使得中国成为世界的大工厂。20世纪90年代初的时候中国是一个贸易逆差国，1994年人民币贬值以后中国成了世界最大外汇储备国，贸易带动了中国工业部门的规模化和现代化发展，范围越大越好。四是库兹涅茨发现的一个现象：部门间劳动生产率和增长速度有着系统性的差别。古典总量理论认为不同的部门经过多年的市场竞争是平衡的，没有结构特征，所以新古典函数就只有总量，绝无结构。但是库兹涅茨通过计算发现长期以来一些部门比另外一些部门生产率高，最典型的就是工业部门与农业部门有系统性收入差异。在农村劳动力转移完的情况下，谁要能够多发展一些工业，经济增长就会快得很多，也就会创造更多的福利。只要把从农村剩余转移到工业部门都会促进经济增长。这样通过把农村剩余投入工业部门来实现快速规模收益递增，并获得结构性收益。罗斯托的大推动理论谈到一个发展中国家缺少第一推动力，缺少基础设施和资本，就没法发展现代部门，就需要有国外资助来推动，引进外资投向生产部门和基础设施建设，使发展中国家能走上正常轨道，这就是五六十年代的所谓的大援助计划。罗斯托的这个理论就是看到了工业化赶超的特征。但是后来又发现大推进理论失效，很多发展中国家陷入"贫困陷阱"，收入差距分化，导致很多富人消费向国际购买，而不向国内购买。这种富人向国际购买所有消费品叫做消费主义，在国内市场上，穷人买不起工业品，富人又不买，最后产业链断裂导致结构的转型未完成。五是人口的快速增长。随着人均收入的增加，人口出现变化趋势，即一系列因素导致人口增长加速，而后又使之减速。概述起来，这些同收入水平相关联的结构转变特征表明，发展中国家的增长同发达国家的增长过程有着实质性的区别。正是有明确的结构性机会，政府干预走出"贫困陷阱"是必然的选择，主流意识和政府干预行为都成为了发展中国家的内生性选择。如果我们使用非均衡增长，如倾向于全部剩余积累的资源投入到工业，你就能得到特殊的赶超速度，只是这个赶超速度可能会出现一些不可收敛性现象。所以有规模收益递增是第一个伟大事实，规模收益递增导致增长曲线是下凹的，但是这些东西均有阶段性特征，或者是区域性特征，或者是部门性特征。总之，它不是一个可以长期存在的现象，不论是历史论证，还是模型论证，指数增长都是不可收敛的。

将上述的各类典型化事实归纳在表1中。

表1 典型化事实：均衡增长和结构变革理论

卡尔多的典型化事实	新的典型化事实	结构主义
事实归纳		
所有部门的要素生产率都等于要素边际生产率	规模递增：全球化和城市化	恩格尔定律：需求结构随着收入变动而变动
规模经济递减	加速增长：人口和非掠夺性资源	刘易斯的劳动力无限供给
资本和劳动保持稳定份额	各国增长在收入和全要素增长率上差距加大	库兹涅茨观察到的部门间劳动生产率和增长速度有着系统性的差别
增长的收敛性质	存在着赶超速度，可制度解释	H－O和巴拉萨
	增加人力资本	收入差距拉大特征明显
	长期稳定的相对工资趋势	随着人均收入增加，人口出现变化趋势，即一系列因素导致人口增长加速，尔后又使之减速
理论异同		
总量生产函数，加入新的解释变量，人口、人力资本、制度以及技术进步的方式		异质性加总的理论难题，总量函数使用的难度很大
一般均衡加入新事实后，也在新变量基础上加入均衡讨论		局部均衡
封闭模型受到外部冲击忽略		开放模型受到外部冲击

（四）增长理论试图解释发展过程——新产业革命理论

现代主流经济学家也试图解释他们自己的增长过程，发达国家也有工业化过程，因此以卢卡斯为代表的主流开始架构一个带有一定阶段规模收益递增特征的增长模型。卢卡斯认为，之所以将"增长"和"发展"视为不同领域，是因为增长理论被界定为经济增长中我们已有所理解的方面，而发展理论被界定为我们尚未理解的方面。卢卡斯也发现发展经济学充满知识和魅力，但是事实上的研究却很困难。新增长理论试图解释发展过程。一是自然演化的资本积累模型，以Hansen and Prescott（2002）、Laitner（2000）、Landon－Lane and Robertson（2003）为代表，强调了经济转换中资本积累的作用；二是自然演化的技术变革模型，以Galor and Weil（2000）、Stokey（2001）为代表，强调了技术变革在经济转换中的作用；三是外部因素作用的人力资本模型，以Goodfriend and McDermott（1998）、Kejak（2003）、Lucas（2000）、Strulik（2001）等为代表，认为人力资本积累和学习效应是促使经济转换的关键，而人力资本积累并非自然实现，它与人口变动相关；四是外部因素作用的技术变革模型，以Jones（1999）、Tamura

（2002）等为代表，强调制度演化导致的技术变迁在经济转换中的重要作用。现实的经济发展过程表明各种可能都存在，但在现代世界经济格局下，有条件的工业革命可能更接近实际，我们所熟悉的古典经济理论和发展经济学就是在工业革命不会自动产生这一前提下研究的经济发展问题。有关这方面的研究综述可参见张平和刘霞辉（2008）的《中国经济增长前沿》。

三、典型化事实：均衡增长和结构变革理论

在古典模型中基本使用的是总量模型，规模经济一定要递减，资本和劳动等各种份额不会再出现变动，各国经济增长由于均衡条件一致化呈现收敛态势。新的典型化事实核心是规模递增，除人口、创意外，它非常讲究城市化，就是我们已经讲到的新经济地理学、国际贸易收益递增，其实它把结构主义的国际贸易理论融合进来了。克鲁格曼认为如果世界完全按古典模型的理论发展，世界将会是平的，就不需要城市了，城市也不会不断地膨胀，城市化规模收益递增导致加速增长主要讨论的是非掠夺性资源，所以也存在赶超速度，主要的对策就是增加人力资本。而结构主义理论遇到偏好加总问题，福利函数的偏好最优设定全社会是一样的，但实际上市民和农民间收入差距很大，偏好必然是不一样的，所以在利用总量模型的时候遇到一个巨大的问题就是结构加总问题，因此在总量模型研究时一般使用一般均衡模型，可一到结构主义就做不了一般均衡，这时一般就做一个局部均衡的单一方程。关于典型化事实的增长动力机制和政策见表2。中国很多的单一方程的实证研究就跟这有关。

学生们在做论文的时候如果想用一些比较主流的理论，我有两个建议可以供学生们参考：一是做单一部门模型。不管是发展经济学还是现代经济增长理论均可做，比如仅做农业部门、工业部门或仅做服务部门，当涉及结构变革，用一类模型基本上就很难了。二是有关计量的问题。计量模型现在被全世界滥用，因为很多传统的理论是很难推导出模型的，本来不能直接运用计量在没有逻辑推演的基础上实证一个模型，而是应该通过效用函数推导出极大似然，然后做极大似然联合分布，它的简化形式才能做计量模型，否则计量是可以和任何的理论捆绑在一起的。我们在做实证的时候即使不能在理论上从数理到数量的推导，也起码应该在文字和逻辑上能够证明所设置的计量模型能够得出合理的实证结果。我们需要进行理论铺垫并确定实证的方向，再进行计量分析，尽量能够解释实证得到的结论。关于计量变量的设定问题，需要很多的技巧，所以克兰因说计量经济学既是一门科学，更是一门艺术，增加和删减一些变量都是有影响的。所以，我们在做实证的时候应该先用理论来控制实证模型可解释的东西，如果一个变量无法找

到数据，就需要寻找相关的替代变量。有时候变量对现实的测度会比较困难，比如说，中国有一段大力推进国企改革时期，笔者和世界银行合作做国企改革的计量分析，发现 TFP 增长特快，全要素贡献率达到 90% 以上，结构分析数据发现国企在 20 世纪 90 年代曾大幅度裁员，所以在生产函数中劳动力投入 L 部分每年都负增长，但是每年经济都在增长，这样 A 就变得巨大。这里问题是当设立生产函数的时候就隐含一个基准假定，即市场是均衡的，劳动和资本是在一个完全正确的比例下，不存在大量的劳动力冗员。中国国有企业没有市场化过程，所以它的减员反而增效，因此，如果对中国经济发展史不熟悉的话，利用一个完全竞争市场假定的模型来描述中国一个高速变革的时代就肯定乱了。所以在研究中国经济发展过程时一定要注意这些背景情况。

表2 增长动力机制和政策

卡尔多的典型化事实	新的典型化事实	结构主义
	增长动力	
均衡积累增长	交换范围扩大和人口增长推动规模递增	资源再配置：资源流向生产效率较高的部门
中间部门的投入增加（质量提高性质）	人力资本投入和广义全要素生产率提高	规模经济：扩大交易范围和隐蔽性资产的国际交换定价，劳动力、土地等
全要素生产率增长	制度推动了赶超速度	"干中学"的技术进步推动着赶超速度
增长的收敛性	劳动力市场的不均衡性	市场和分配的严重不均衡是增长的激励机制
老龄化	人口红利	
增长的机制		
微观主体具有完全的新和理性预期	微观主体具有有限理性和适应性预期	
市场机制是完善的，要素流动充分，持续的市场均衡	市场机制不完善：分割、信息不对称和价格弹性低是常态	
政府行为机制是内生的，同任何一个经济主体是一样的	政府配置资源经常是主导，并非是市场内生的产物，它是不平等的	
	不均衡是激励和不稳定机制	
	开放是增长和冲击的来源	
减少干预和自动均衡	政府干预资源配置，结构调整加速赶超	
增加公共部门支出，增加人力资本	增加国际贸易和城市化范围	
增加市场活力，劳动力市场和金融市场	加强国内不均衡的稳定机制建设	

对于中国经济增长动力问题，中国经济增长过程中出现规模收益递增的现

象，其中最大的一个表现为技术进步的"干中学"，通过进口中物化的技术学习设备来达到技术进步。干中学机制是中国规模收益递增中技术进步机制的一个重要特征，因为没有人愿意自我创新，都是"干中学"，在看到一个市场打开以后很长一段时间有规模递增性，就可以大量引进设备，最著名的例子就是长虹电视，在 1995 年以前人们都不知道有长虹电视机，它用外汇配额一下引进 10 条生产线，迅速成为市场老大，长虹通过"干中学"模式大规模引进设备并迅速开展，并且市场供不应求。我国很多人在研究生产函数中已经开始计量"干中学"技术进步，在我和刘霞辉合著的书中有关"干中学"的一篇文章，也模拟了"干中学"的效应和"干中学"的收敛性，发现"干中学"在跟引进技术的水平很接近的时候，规模收益的递增性就结束了，这时候如果不自主创新就会停滞。在 1985 年，德国工业部专家来国家计委讲政府干预问题。在早期只要盯住发达国家，集中全国的力量就可以模仿，实现规模收益递增。但是到了技术创新前沿后，技术创新变得比较分散化了，这样引进技术就存在技术选择风险，所以必须要从通过干预集中资源走向分散。如日本在实行计算机赶超战略时，紧跟美国公司，积极地学习 IBM 走大型机的技术路线，这样错过了 PC 技术的兴起。在美国，衰落的仅仅是一个公司，可日本是倾全国之力，所以日本的电子技术大为落后。我们国家也是在看到规模收益递增的时候都利用"干中学"，而不是自主创新，这两者是有差异的，在"干中学"机制里接下来需要的是规模，规模大就可以低价竞争，所以中国就走了一条低成本的竞争道路，规模降低成本。大家知道波特的竞争战略就两种：成本领先战略和差异化战略，它告诉我们任何一个企业，舍其中任何一个战略并想走一个中间战略都必死无疑。中国现在走的是第一种战略即成本领先战略，而且屡试不爽，所有的中国企业都在规模战略上遥遥领先，而且非常成功，只要持续资源投入，就能扩张规模，降低成本，再加上政府的帮助和金融条件，这些因素归结起来反映在生产函数里就是 K，也就是不断地增加资本累积和投入。企业得到一个基本的适应性预期是，每一次经济紧缩的时候，还能得到扩张性资源，就赶紧争取，只要是每一次争取到了足够的扩张性资源，到下一次经济复兴的时候它就一定是老大，不论是企业、个人还是地方政府，均形成了这样一种适应性的预期。所以中国人做理论模型时对投资推动经济增长加入了一些研究，对金融条件推动经济增长也加入了一些研究，对财政动员能力对经济增长的作用也进行了一些研究。这些研究主要集中在中国如何动员资源在规模递增阶段进行赶超性发展。

在增长机制方面，传统西方体系里是非常讲究均衡的，所以政府一直被定义为公共服务政府，他们勉强接受凯恩斯政策，容纳了宏观稳定政策体系，坚决反对政府过多地参与和干预资源分配。中国由于有结构性收益，一直存在强大的政府干预资源配置，而且在政府以外的微观领域使用的都不是理性预期，而是适应性预期，这与中国的增长路径和需求激励都是高度相关的，所以最近大量的学者重新讨论预期理论。

中国经济增长路径是一个典型的下凹形曲线，也是一个规模收益递增的过程（见图1）。我们已经讲到规模收益是阶段性的，它能转变规模收益递减，也能转变到均衡。我们经济所的研究也致力于从原来的解释下凹形曲线存在的合理性转向增长方式的转变研究。我们知道指数函数从数学角度都是不收敛的，当年的罗马俱乐部写的《增长的极限》就是使用了一系列的指数得到增长极限的悲观结论，我们现在研究的前沿就是探讨如何从不可收敛的指数增长逐步向均衡增长转换。

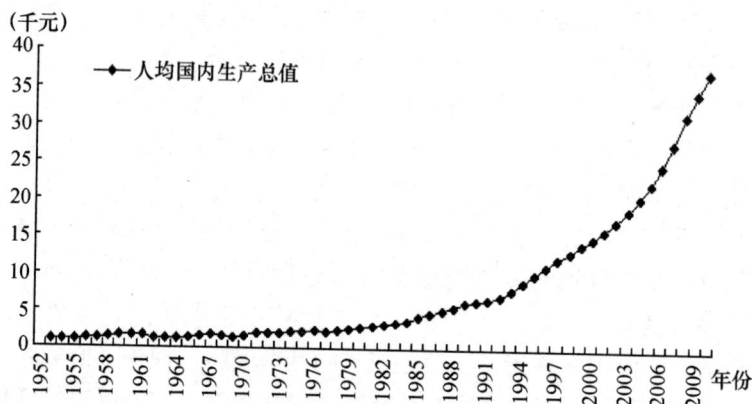

图1　中国经济增长的路径

现在在测算技术进步方面有着不同的测算方式，很多人运用柯布—道格拉斯生产函数测算技术进步，一旦利用柯布—道格拉斯生产函数往里加变量就特别难加，所以要使用 Malmquist 指数得先做 TFP 的统计，再加入新的计量变量进行解释。

发达国家现在也研究如何使规模收益递增，以及技术、人力或制度等因素的再次突破均衡进入赶超速度阶段。而新兴市场国家则趋向于走入稳定化的过程，如世界银行研究警告新兴市场国家小心中等收入陷阱。他们最近出的报告《重塑世界格局》讲到城市化的规模收益递增性，大城市具有强大的技术创新外溢效应，但是大城市也有很多问题阻碍规模收益递增，我们也在《经济研究》上发表了类似的理论，通过规模收益的递增或递减性做城市规模边界的测算，以及什么时候有利于技术创新外溢、有利于服务业的发展。

中国的下凹形曲线的挑战已经越来越临近，从结构性特征来看，早期大量的要素投入都是非常受益的，只要有投入就有不错的收益，就能推动就业和结构变革。到了 21 世纪主要是空间结构演变，本质上是城市化和国际贸易，中国现在已经进入到空间结构演化阶段（见图 2）。工业化的规模收益开始减弱，因为现在的事实是普遍的产能过剩，这就意味着工业化的规模收益递增已经面临着结束的挑战了。

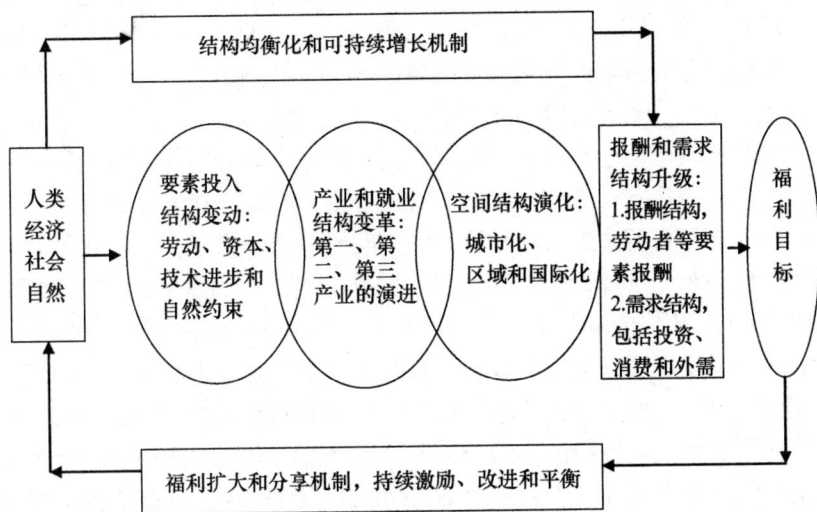

图 2　结构性收益的来源

工业品加上比较优势的国际贸易工业化的范围就是全球化的经济，服务业的全球化能力是很差的，服务受区域性的文化和语言的限制，而工业化商品是标准化的，因此大规模的工业化生产加上比较优势的国际贸易会推动长期的规模收益递增，这就是为什么中国工业化阶段能持续如此长的原因。近些年来，国内各产业产能大量过剩，已经达到规模收益的边界，现在再进行大规模的实业投资就必然要向自主创新发展。因此，中国在利用劳动力成本低廉的比较优势时也看到了结构性收益基本到头了。

中国现在最有规模性收益的领域是城市化，这是空间集聚导致的规模收益递增和结构效益。中国在 1992 年以后土地才从无价变为有价，1997 年开始允许住房消费信贷，1998 年取消福利住房，1999 年开始全面进入居民住房城市化推进阶段，严格来讲，中国从 1997 年以后开始进入一个城市化大发展的阶段。从居民可以购买商品房以后，大量的劳动力才开始向大城市加快集中。城市化和工业化有一点不同：工业化的时候政府目标、企业目标和个人目标几乎高度一致，因为只要有工业的生产，老百姓就能就业，政府就有收入，所以政府所有的税收都是基于企业的税收，即流转税，这时政府、企业和个人有一致的福利目标和奋斗目标来搞工业、搞生产。但是到了城市化各主体的目标就完全分离了，市民需要社会保障、教育、医疗，等等，政府不能只抓生产，需要提供公共基础设施的运营服务，政府目标也开始出现多元化。我们现在也研究城市化以后政府目标和政府收支的结构变化，过去政府的收入全来自于企业，也为企业服务得很多，现在收入还来自于企业，但需要服务于居民了，政府没有直接向居民征过税，而现在政府支出目标开始要服务于居民，但收入还来自于企业，这就遇到了企业目标、个人目标和整个社会目标的分化和义务责任不对称的问题了。社会进入了一个社会分层分化、多福利目标和多指标的复杂社会阶段。因此，尽管我们从投资角度、生产角度看城市化还有很大的规模收益，但是它的分层化的福利目标和工业化的时候有很大的不同，城市化阶段尽管还有规模收益，政府和企业还会投资城市化，但是他要面临解决的问题和个人的取向已经不一样了，如社会公共服务问题、公共财政问题、预算透明化问题和市民化问题等。过去政府是发展型政府，财政支出的45%用于基建投资，现在政府开始转向公共型政府，虽然看起来还有很多的政府建设投资，但它占政府财政的比重下降到了24%。

从理论上讲，我们对中国经济增长路径的研究领域如图3所示，假设一个经济是一个S形曲线，发展经济学的赶超理论始终都没有特别的完善，但中国的当务之急是如何避免中国经济走入一个不可持续的震荡路径，这就是经济学家的责任。我们希望中国能走入均衡可持续的发展道路，也正因为这个时机，理论模型的研究有从局部均衡向一般均衡的过渡性，从方法论上主要是假设两种路径情景来克服这个问题。

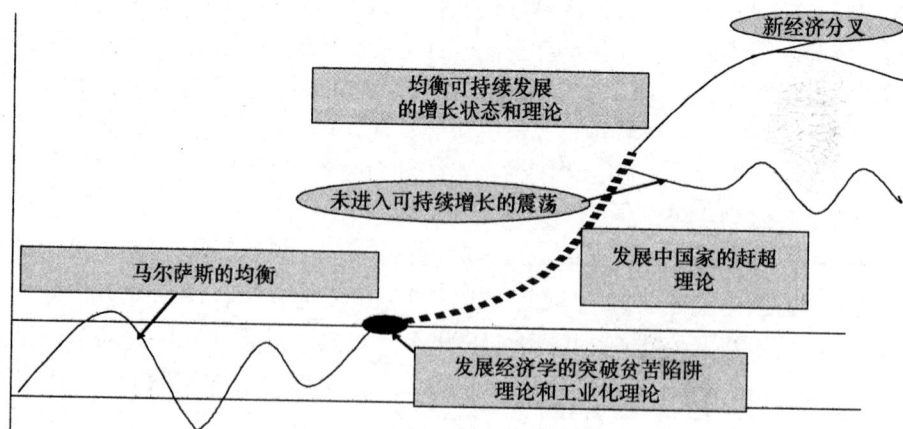

图3　经济学发展的一个基本图示

发展经济学主要研究的方向是突破贫困陷阱，中国已经突破了这个阶段，达到中高收入阶段，向高收入阶段迈进，一旦进入高收入阶段就进入了可持续均衡发展路径。因此目前我国主要就是需要避免中等收入陷阱（见图4）。按世界银行分类标准：在3600~8000美元间为中等收入，世界银行根据历史数据分析发现拉美中等收入国家很容易停滞，难以突破中等收入水平，长期停滞在这一大的中等收入阶段，因此格外需要注意这一阶段的主动变革，否则容易像拉美长期停滞在这一期间。

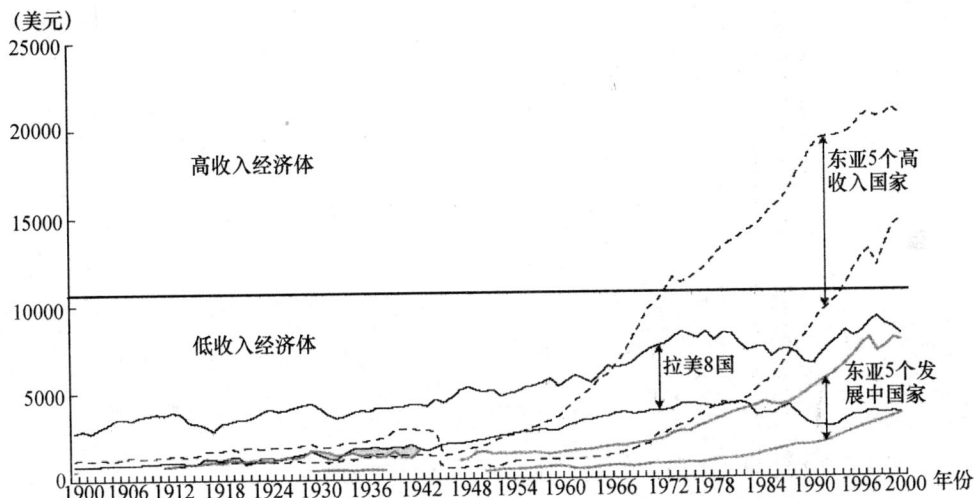

图4　低收入和中等收入陷阱

世界银行指出突破贫困型陷阱的战略在这一阶段是不能再适用了，因为经过政府干预的规模收益递增增长开始进入结构扭曲的不可均衡增长状态，社会收入分配分化严重，必须处理好收入分配问题。在经典的卡尔多事实里面，资本和劳动是保持平衡比例的，而我们是大规模地向资本倾斜，从这个角度看，中国确实处于原始资本积累的阶段，收入差距巨大，官方公布的基尼系数为0.45，城乡差距如果包含社保等在内达到4.6左右，中国现在还需要巨大的努力。

四、中国经济实证：证据和命题

从经济发展阶段看，中国是1998年跨越中等收入经济体人均GNI下限，所谓下限是人均GNI 1000美元，按动态测算，2012年将跨越中高收入经济体，人均GNI达到4500多美元，如果我们能保持这个增长态势，2021年将接近于高收入经济体的人均GNI的1万美元。我们主要关注短期至2021年中国经济增长阶段的转变问题（见图5）。

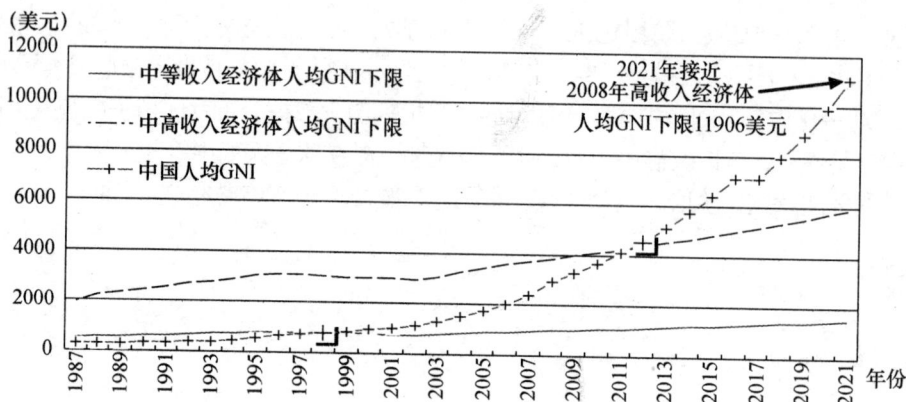

图 5　中国经济增长 GNI 系数变化

　　根据陈昌兵教授对中国经济增长的模拟测算，中国经济增长的整体拐点大概出现在 2034～2040 年，中国经济开始彻底进入平稳期。这是纯模拟的结果，运用如下逻辑曲线进行模拟：$y_t = \dfrac{364.55}{1 + 78.1897 \cdot e^{-0.0879 \cdot t}}$，该模型增长率均采用滤波，视为潜在增长率的模拟曲线。模拟发现中国的拐点大概在 2034 年（见图 6），中国经济增长进入经济增长的拐点，即还有 24 年左右。分时段看，2010 年我们的潜在增长速度为 9.5%，2010～2015 年从 8.5% 降低至 7.5%；2016～2021 年降低到 7%；2022～2032 年降至 5% 以下，到 2049 年降至 2%，所以我们的经济增长在 2015 年前还能保持在一个较高的水平，2016 年以后将有一个明显的下降。

　　从生产函数上来看，全球比较公认的中国生产函数是：资本贡献率还是最高为 0.6，而美国和欧洲生产函数都是以劳动投入为主要贡献的，这是差别很大的。如果中国资本还以 8% 的速度增长，那么整个 GDP 的增长将稳定在 8%。但是如果我们进行仔细研究就会发现中国经济还是有很大的挑战的，如到 2015 年，中国劳动力总量开始从峰值期往下走，这种情况下生产函数中 L 在 2016 年以后会出现下降，在中国要素投入，特别是劳动力投入第一次出现了负增长（见图 7）。这样如果按照现在真实劳动力数据和资本给定的增长速度，中国经济增长 2016 年将降至 7.3%，这还是不带有外部需求冲击的，外部冲击可能往上冲击一两个点，也可能往下冲击一两个点。

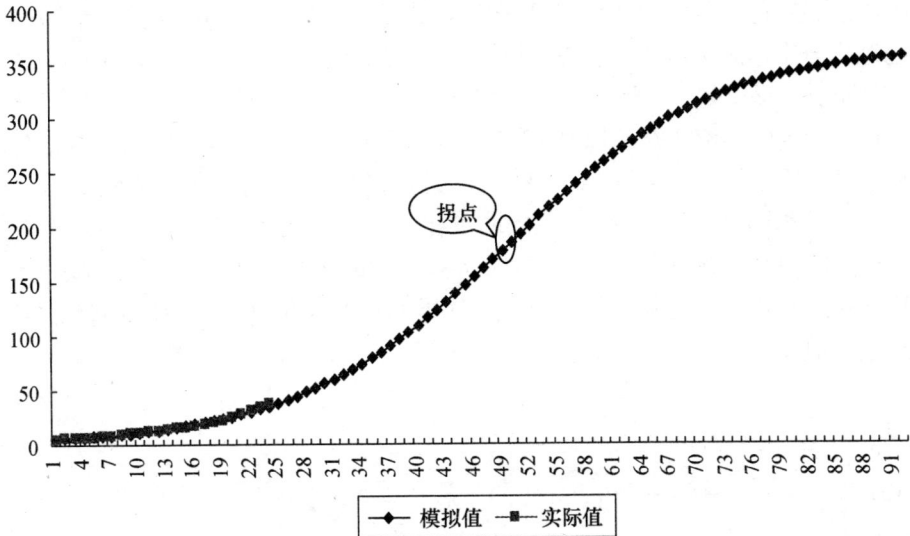

图 6　中国经济增长路径模拟

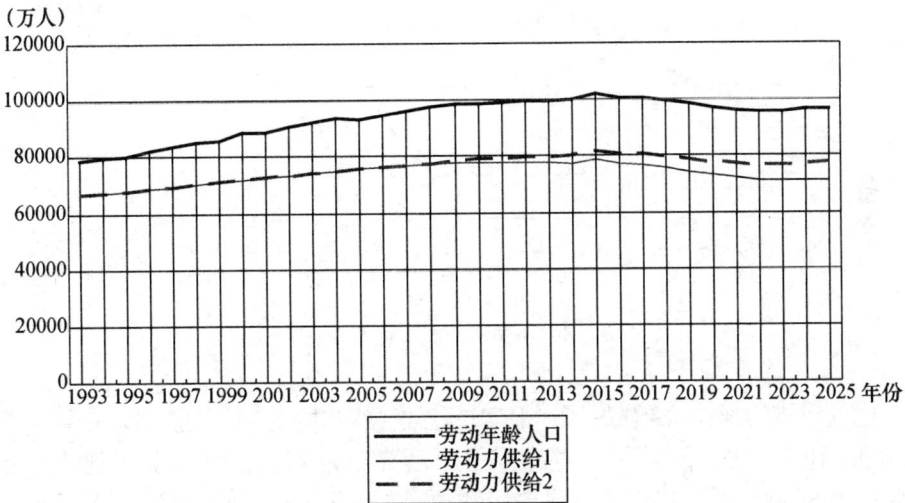

图 7　中国劳动力供给变化

　　中国全要素生产力 TFP 常年的贡献大概在 30%。2016 年以后，随着产出 Y 值的下降，A 值也下降，2020～2030 年的时候，其绝对值降至 2.2，但是其相对贡献率在上升，技术进步的贡献率从 30% 上升到 45% 左右，这实际上表示中国经济增长要向内延性增长转变。

　　把二氧化碳排放放入生产函数进行测算，做了总量和未来情景的模拟，按照中国承诺的变化，严格来讲经济增长每年要下降一个点，2010 年的节能减排形势已经能够清楚地显示其对经济增长的影响，估计也能落下一个点。中国规模报酬递增走到了多个尽头，比如说贸易受外部的压力、环境的挑战，另外空间聚集的城市化带动的规模收益递增到 2013 ~ 2017 年进入转折点，现在每年城市化增长率已经从原来的 1.4% 下降到 1%，未来到 2013 ~ 2017 年逐步下降到 1% 以下，到 0.8%，城市化的核心还是人口的城市化，中国现在土地城市化速度非常快，人口进城的速度远远没有那么快。按照库兹涅茨的研究，城市化周期可以分为两个周期：一个是建设周期，另一个是运营周期，中国在 2017 年前后开始进入运营周期（见图 8）。

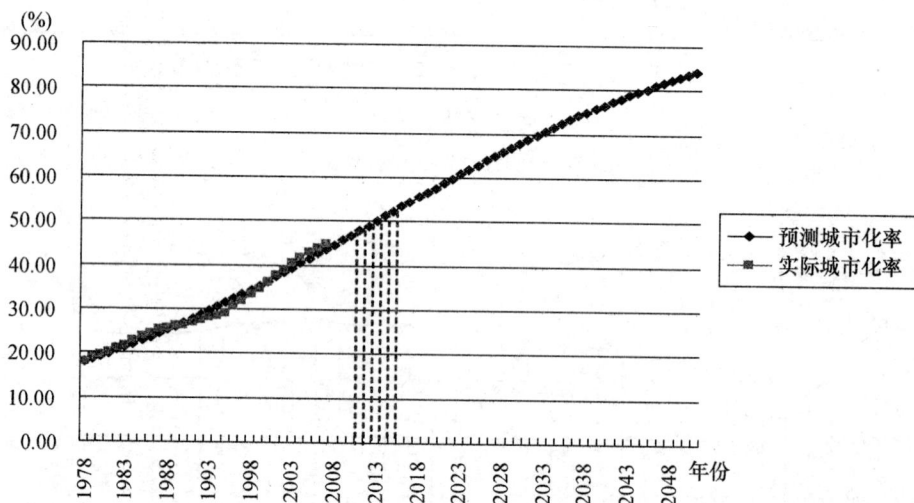

图 8　中国预计城市化率变化

　　空间经济的崛起如果做好了，很容易导致结构的均衡，比如我们经济中存在结构扭曲，出口太多，内需不足，投资太大，消费不足等。经我们测算，到城市化率 60% 以上的时候，住房建设减少，市民开始增加消费，消费所占的比重将开始上升（见图 9）。随着城市化率的进一步提高，消费在经济增长中的作用将更重要。

　　最后，我们大量研究都能发现中国所有的规模递增都依赖于资本，怎么依赖资本呢？就是中国有大量的货币自我创造能力推动了经济增长。我们可以看到国家 M2 永远都是以高出 GDP 一倍的速度在增长，货币供给量很大（见图 10）。按照弗里德曼的货币理论货币供给超过经济增长必然会引起通货膨胀，但是中国 M2 高速增长却没有通货膨胀，可是房价却快速上涨。中国早期之所以创造货币没有引起通货膨胀是被中国的很多规模收益递增和隐蔽资产的正常价格计算给吸

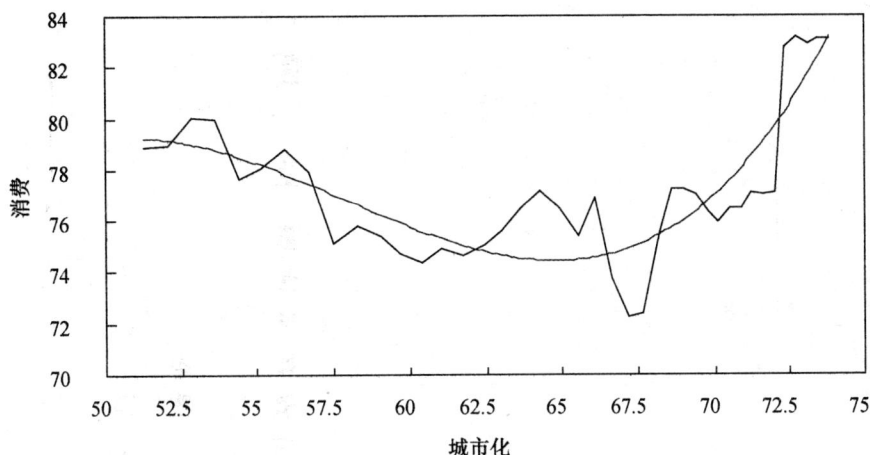

图9 城市化率与消费变化的关系

收掉了，如市场化过程中，过去不值钱的土地现在有价了，这些土地马上就得重新货币计价，新发的货币被用于隐蔽资产的定价。中国比较早地推动了房地产的市场化，所以资产价格的吸收成为这个发展阶段的关键。

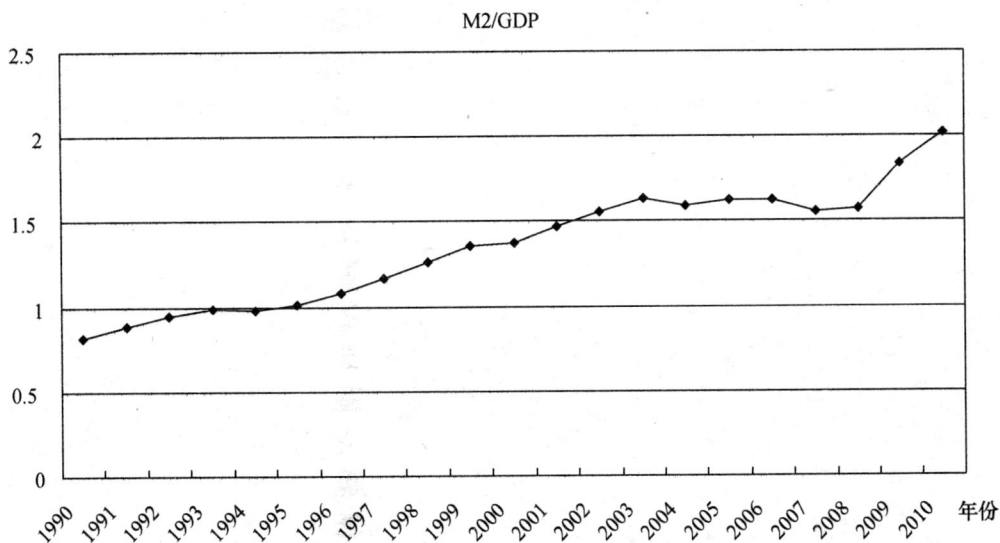

M2/GDP

图10 中国货币 M2 与 GDP 增长速度的关系

中国现阶段扩张使用了大量的负债表式的扩张，即在向历史借钱，在这样的政府动员资源的机制情况下，社会公众的预期还未有改变，还是适应性预期，对未来的风险讨论得很少。人们在每一次收缩的时候都想着获得更多的货币、获得更多的扩张资源，这种条件下，人们只能做"干中学"。如果传统的宏观政策始终是需求激励，那么中国的宏观路径和微观路径永远是一致的，想要调整结构基本上是不可能的。中国长年适应性预期必然导致高杠杆的累积，这对中国未来的发展有极大的风险。所以从政策来讲，中国在税收和金融方面要有很大的政策改变，更重要的是中国依赖于需求扩张模式来刺激经济发展的政策，我们希望用一些政策来改变这种状况，使经济增长能走向正常化。这就要让人们不能够有不断依赖于宏观刺激的预期，使中国经济逐步转变为内生性增长。

编辑整理：陈　钰

主流宏观经济学的反思与中国经验

张晓晶

2010 年 9 月 30 日

张晓晶

中国社会科学院研究生院经济系教授

摘　要：2009 年全球金融危机使主流经济学饱受争议，面临着严峻的挑战。在这种背景下，主流经济学开始进行反思，并向以中国为代表的发展中国家学习和借鉴宏观经济管理经验。本文将主流经济学存在的问题概括为基本信念危机、方法论危机、形式化危机和忽视金融的危机。主流宏观经济学在反思中逐步意识到其对结构性宏观调控的忽视，而中国则在结构性宏观调控、中间汇率与资本管制、产业政策、货币政策、财政政策等方面为主流经济学思想提供有益的经验。值得提出的是，中国的经验与中国特定的发展阶段有很大关系，因此，也应意识到中国经验的局限性。

关键词：主流宏观经济学　反思　中国经验　结构性调控

一、经济周期与经济学思潮的周期

经济是有周期的，经济学的周期总是跟着经济周期走，正如希克斯的经济史理论指出的"理论变迁是跟着实际在变迁的"。20 世纪 30 年代的大萧条产生了凯恩斯革命与现代宏观经济学。尽管罗斯福对于凯恩斯的赤字财政信条将信将疑，但新政还是受到凯恩斯主义的影响。特别是"二战"以后，发达经济体全面实施凯恩斯主义，导致凯恩斯主义一统天下。以至于当时的美国总统尼克松发出这样的感慨，现在我们都是凯恩斯主义者了。

但凯恩斯主义统治下的战后繁荣，也就持续了 30 年，即所谓西方世界经济增长的黄金时代。20 世纪七八十年代发达经济体遭遇到严重的石油危机冲击以及随之而来的经济滞胀。凯恩斯主义经济学在这个时候不灵了；更为糟糕的是，凯恩斯经济学本身成为滞胀的罪魁祸首，正如今天新古典经济学成为次贷危机的罪魁祸首一样。于是出现了现代宏观经济学的第一次危机。货币主义、理性预期、实际经济周期（RBC）学派（或统称为新古典经济学）开始向凯恩斯主义发难；不仅如此，后凯恩斯主义以及新奥地利学派也加入到讨伐的阵营（Bell and Irving，1981）。凯恩斯主义真有点众叛亲离、四面楚歌的味道了。

面对挑战，传统凯恩斯主义开始修正，出现了新古典综合，萨缪尔森经济学就是典型的代表。后来又出现斯蒂格利茨的综合以及 Woodford（2003）的综合，这些可以统称为新凯恩斯主义。新凯恩斯主义开始接受新古典的一般均衡方法，纳入理性预期，以及在价格黏性方面寻找更广泛的微观基础，逐步完善凯恩斯的理论。

尽管如此，经历了这样的一场反革命，凯恩斯主义一统天下的局面不复存在。回溯到 1980 年，芝加哥大学的卢卡斯写到，凯恩斯主义的经济学说十分荒唐，以至于"在科研研讨会上，人们不把凯恩斯主义的理论当回事，与会者开始彼此交头接耳、叽叽喳喳"。毕竟，要承认凯恩斯在很大程度上是对的，这对于他们来说太丢脸了。巴罗在哈佛讲堂上也调侃道，《通论》之前的凯恩斯还是不错的，言外之意，《通论》是有问题的，他很不赞成。普雷斯科特更是宣称他的学生很想知道凯恩斯是谁，因为他从未在课堂上提到过这位大师。

从某个角度来讲，新古典主义几乎主导了近三十年的主流经济学，真的是三十年河东三十年河西。不过 2007 年夏天爆发的次贷危机，又彻底扭转了这一局面。现代宏观经济学的第二次大危机出现了。在克鲁格曼看来，危机的发生是因为经历了一段新古典主义的"黑暗时期"，如果回到传统的凯恩斯主义，或许就没事了。但实际上，问题远远没有这么简单。这次危机是对整个主流宏观经济学的冲击，是经济学的"系统性失败"，是令经济学家们颜面扫地从而产生信任危机的"滑铁卢"。因此，对于主流宏观经济学应引起全面反思，而不能仅限于相互指责或简单的修修补补。

二、主流宏观经济学的四大危机

主流宏观经济学的危机可以概括为以下四个方面：基本信念危机、方法论危机、"形式化"危机以及忽视金融的危机。

（一）基本信念危机

所谓基本信念危机是指：经历了这场危机，人们意识到市场不再是那样完美无缺，市场理性是有限的，市场并不能搞定一切；这导致人们崇尚自由市场的信念面临挑战。

主流经济学对于自由市场的信念根深蒂固，自亚当·斯密以来就一直如此。尽管凯恩斯革命打破了古典经济学的市场万能论，但后来的新自由主义以及新古典学派还是相信市场是不会错的。市场失灵问题，在很长一段时间几乎被人们淡忘了，特别是华盛顿共识盛行之时，市场化、自由化被放在了至高的位置。新古典学派更是将它奉为圭臬，成为新古典的灵魂。

主流宏观经济学中，对于市场的推崇不遗余力。其中以"有效市场假说"最为著名。有效市场假说，是指在金融市场中，价格完全反映所有可获得的信息（若一个公司的信息是公开的，那么股票总是能准确反映该公司的盈利、经济前景，等等）。实际经济周期理论中的冲击传导机制也暗含着市场是有效的。该理论认为，对外部冲击的传导主要是靠经济人的优化行为（比如跨期替代效应）完成。从这个角度看，大萧条不过是一次大休假，而且都是自愿的。正是由于对市场的这种无条件信任，才支撑着撒切尔主义、里根经济学和所谓的"华盛顿共识"。

不过，过于信任市场的新古典经济学解释不了大萧条何以会产生，何以会有长期的大规模失业，同样，它也无法解释本轮的国际金融危机。

危机之后，经济学家们开始反思：自由市场是靠不住的，它还需要制度保障。Acemoglou（2009）强调，自由市场并不等同于毫无约束和管制的市场。之前，主流的逻辑与相关模型都表明，即便我们不能相信个人，但我们还是可以相信那些长期存在的大企业，它们可以自我监督，因为它们已经积累了声誉资本。这样一种观点忽视了两个重要的认识。首先，企业自身的监管大部分是由企业内部人员完成，但这些人并不是风险的直接承担人，因此并不能过于信任企业的内部监管。其次，当这些企业由于自身监管不足和过度的风险行为而出现问题时，他们的行为应该受到惩罚，但这样的惩罚却往往遭遇许多困难，这种困难在此次危机中显得尤为突出。一些出问题的企业规模很大，并且拥有其他部门所不具备的资源和技术，对这些企业的惩罚将会造成巨大的社会成本的损失，因此使得惩罚失去了应有的效力。今后应该对企业的声誉有重新的认识，驰名商标、国际名牌未必不出问题。安然事件、雷曼兄弟等，都是前车之鉴。同时，对企业的评价也要更多地基于对其整体行为的考量，而不仅仅关注企业的价值。

另外值得关注的是，过去对市场的监管仅限于微观监管却忽视了宏观审慎监管的重要性。宏观审慎监管广义上是指对系统性风险的监管，狭义上是指以下四方面内容：金融体系不稳定导致实体经济的代价；系统性风险；内生性风险；金融体系与实体经济的互动（Borio，2005）。尽管金融体系整体风险大小取决于其组成部分（金融机构、金融市场及其他市场参与者）的个体风险程度，但又不完全等同于个体风险的简单加总。个体风险从微观角度而言可能并无不妥，但综合起来看，却有可能对整个金融体系造成冲击。比如次贷危机爆发前，无论是美国的投资银行、商业银行，还是保险公司，都符合监管当局的微观监管指标（如资本充足率水平等），但从宏观审慎监管的角度来看，全球经济的重大失衡、美国住房抵押市场的超速发展、金融创新与衍生品交易的过度膨胀、具有系统重要性的金融企业间的业务关联度过大等迹象，都显示出重大系统性风险。还有，当时的美国没有加入 IMF 的金融部门评估项目（FSAP），不接受其监督，也使得系统性风险与金融不稳定不能得到"外部"权威机构的有效评估①。

经济学理论告诉我们，市场经济需要有一系列的制度来保障所有权、合同效力以及产品和服务的质量，等等，但制度的重要性并没有得到足够的关注。关于制度的研究大多局限于分析发展中国家应该如何建立有效的制度来促进经济发展，却并没有探究发达国家需要怎样的制度来保持经济的繁荣。此次危机让我们对于制度的重要性有更深刻的理解，主流经济学应更多地关注市场监督与管理的相关理论，特别是宏观审慎监管的思想。在市场监管不完善的情况下，机会主义行为将会对市场产生负面影响。只有在有效的市场管理下，机会主义行为才会演变成经济增长和创新的动力。此外，信息经济学、行为经济学等学科的发展，也再次表明，市场的理性是有限的，市场应该受到管束。在市场失灵的情况下，需要有政府来补充（尽管也存在政府失灵）。

总之，此次危机使得人们对于自由市场的盲目乐观与自信遭受巨大的冲击。尽管如此，人们对于市场在配置资源中发挥基础性作用这一点不会动摇，因为这是整个主流宏观经济学理论乃至全球市场经济实践的基石。

（二）方法论危机

主流经济学采用的是均衡方法。而所谓方法论危机是指，均衡经济学以及与之相关的线性化处理方法，忽略了时间与过程，取消了经济体系变动的丰富性与复杂性，从而主流经济学也在某种程度上取消了类似大萧条与大危机出现的可能性。

1. 均衡与过程

均衡是经济学的核心概念，可以说贯穿于整个经济学之中，比如微观的供求均衡，博弈论中的纳什均衡，动态市场结构的收敛均衡，经济增长的均衡路径，等等。没有均衡方法，主流经济学的很多模型就不知道怎么做了。DSGE 也就不存在，因为 DSGE 本来就是指动态随机一般均衡。

对于均衡经济学，奥地利学派早就提出批评：市场是一个过程，而不是产生市场均衡的一组相互协调的价格、质量和数量。我们需要的是一个市场过程理论，它明确考虑到市场参与者的行动所凭借的信息和预期的系统变化，以及如何把他们引向假设的均衡"解"。

单纯的均衡解几乎忽视了时间的存在，只有结果没有过程；或者有时候是对

---

① 危机爆发之后，美国承诺加入 FSAP，预计关于美国金融部门的第一份评估报告会在 2010 年出炉。

过程不够关注。这会带来很多问题。比如我们考虑经济转型，这是指经济从转型开始时的非均衡（一系列改革打破了原有均衡）走向转型结束后的新均衡。仅仅从模型角度，或许把价格搞对、机制搞对，资源就能有效配置，从而一切就能搞对。在实施休克疗法的时候，恐怕就是基于这样的均衡方法。不过，这样一种简单化的处理忽略了从一个均衡到另一个均衡的过程。而事实上，有时候这个过程是非常重要的。弗里德曼曾反对采用医疗执照的方式对医生进行限制，因为越来越多的医生进来会使得那些庸医自然被淘汰从而医疗的质量会提高。如果我们只关注均衡的结果，那么弗里德曼的说法似乎很有道理。但问题是，这个均衡是如何达到的呢？或者说这个世界是如何实现均衡的呢？均衡的过程变得重要起来。要发现哪些医生很糟糕，就得需要接受那些庸医治疗的患者告诉别人。但是，患者实际上在判断医术好坏方面缺乏专业知识，因此一个庸医可能在江湖混迹多年而不会被发现。一个均衡的结果不能与实现均衡的路径完全分割（Waters，2009）。

2. 单一均衡与多重均衡

在主流宏观经济学中，尽管也发展出一些多重均衡模型，但大多是单一均衡。而对于流动性陷阱导致通货紧缩，以及大萧条导致长期大规模失业等现象，则需要运用多重均衡或至少认为经济在一个较长时期内不是处于均衡状态。然而，纳入财政与货币政策的标准的 DSGE 模型却是单一均衡模型，而不是多重均衡模型。

与单一均衡模型相关的还有代表性经济人，如单一家庭代表着整个经济中的消费、储蓄与劳动供给决定。显然，所有的家庭并不都是一样的，这里没有考虑到不同质的经济人之间的互动所产生的复杂性以及多重均衡模型。

单一均衡模型的存在还和模型的实际处理有关。当我们对一个模型线性化，并加上一个随机扰动的时候，一个不幸的副产品是，这个线性化模型要么呈现出一种很强的稳定形态，要么呈现出一种毫不留情的爆炸性形态。在这些模型中，不存在"有限的不稳定性"（Bounded Instability）。DSGE 的专家们看到经济在过去的时间里并没有出现过不受限制的爆发性局面，从而认为，在线性化模型中可以把这个情况排除掉。经过这样的处理，剩下的情况就是，在外生随机冲击之后，经济会很灵敏地回到确定性的稳态。这样一来，就没有 L 形的衰退，也没有大萧条，经济回到了单一均衡。尽管非线性模型早就有人提出，但还没有能进入主流，因为非线性更难处理。

（三）"形式化"危机

形式化（Formalization）有时被看作是一件科学的外衣。其实，数学、模型、形式化本身并没有过错。如果不进行抽象与简化，一门学科就难以进行所谓的科学研究。想象一下，1:1 的地图又有什么价值呢？现在的问题在于如何进行抽象与简化。为了有用，模型应该是可处理的并易于掌控，但这要求大量的省略与简化，从而牺牲了模型把握重要现象的能力。简单、美与复杂的现实之间永远是一对矛盾，需要寻找平衡。如果说主流经济学存在着形式化的危机，那就主要是指，将主要精力放在了如何把模型做得漂亮上，而忽视了它的实用性功能；理论模型与政策实践之间的距离越来越大，前者根本无法指导后者，有时甚至是误导后者。换句话说，越来越形式化的主流宏观经济学尽管看起来更加"科学"了，但实际上并不好用，脱离了经济学"经世济用"的初衷，离工程学还有很长一段距离。

1. 原教旨主义者与现实主义者的分歧

随着现代经济学的发展，"数理化"、"模型化"的倾向越来越严重。有时候，人们相信抽象模型胜过相信具体的现实。这就是主流经济学中的所谓原教旨主义者（Fundamentalists），他们坚信模型是最重要的，认为政策总是要从现有最好的模型中得出来，而数据则要通过模型来进行过滤。如果观察数据与理论模型不相符，那么这些观察数据就应该被忽略或抛弃。另外一派是所谓现实主义者（Realists），他们意识到模型的局限性，并且乐于有这样的劳动分工：即研究者们来改进模型，而由政策制定者来决策。他们知道，抽象的模型一定是忽略了一些（甚至是很重要的）细节；他们确信，有用证据的获得可以通过两种方式：一种是直接经验，另一种是通过测试与改进模型。他们认为，研究者需要考虑到模型有时候会出错（在其预测与实际的判断相差很大的时候），而政策应该来源于这两类证据（直接经验与模型结论），不应该有所偏颇。

面对危机中的救市计划，这两派有很大分歧。基于模型的原教旨主义者信奉一套规则，反对救市计划；基于经验的现实主义者信奉相机抉择，支持救市计划。在雷曼兄弟倒闭问题上，原教旨主义者按照习惯思维，认为破产是司空见惯的事，从而认为雷曼的倒闭与强制出售贝尔斯登没有什么不同，于是赞成雷曼倒闭，这可能犯了大错。因为这回的雷曼倒闭引起全球性的市场恐慌，这是抽象模型所无法揭示的；而处在一线的政策制定者以及所谓的现实主义者却凭着经验能感觉到，所以原教旨主义者应该倾听现实主义者的声音（Romer，2008）。

2. "看上去很美"的主流模型

不少学者（以新凯恩斯主义者为主）很怀念 20 世纪 70 年代之前凯恩斯主义盛行的时候，认为那个时候的经济学真的是非常实用。而最近 30 年来，尽管经济学家们宣称宏观经济学取得了巨大进展，但对于政策实践的影响却微乎其微。这样的结论，未免不让人感到震惊继而沮丧。Mankiw（2006）举了两个例子：一个是货币政策方面。根据两位诺贝尔奖获得者基德兰和普雷斯科特的意见，自然应该是遵循政策规则，但在实践中，格林斯潘却感受到了执行政策规则的困难。20 世纪 90 年代中后期美国的新经济繁荣，恐怕不是得益于他采取了什么政策规则，反而是得益于他的相机抉择。尽管这个问题还可以争论，但显然，政策的动态一致性，在美国的实践中也没有得到很好的贯彻。这就是说，实际经济周期学说的光芒还只能停留在理论上，而没有落实到实践中。另一个是关于财政政策的。小布什打算减税，减税对就业有很大的影响。曼昆就用了一个宏观计量经济学的模型来测算。令他感慨万千的是，这里的模型不过是克莱因、莫迪利安尼他们所创建的、用了差不多 20 年的模型。是没有新模型吗？不是，是没有"好用"的新模型。

出现这种状况，问题不在于政策部门对于经济学最新进展的无知，相反，美国联邦储备委员会吸引了最优秀的年轻的经济学博士，总统顾问委员会也吸引了一流大学的研究人才。问题在于，现代经济学作为一门科学在解释世界方面是较为成功的，但是，它还不能像工程学那样对政策实践发生实际的作用。Romer 和 Romer（2008）在一篇很有影响力的论文中提到，美联储依照主流模型进行的预测可能是错误的，但其政策决策却相对正确。这主要是因为政策决策没有完全按照模型预测而是按照经验来进行。

DSGE 的教父萨金特也说，"我发现那些支持刺激方案的计算是非常粗略的，忽略了我们在过去 60 年中所学到的宏观经济学"。这一评论表明政策操作与经济理论之间的距离到底有多远。不过，萨金特希望运用 DSGE 模型来指导政策操作。但实际上，DSGE 模型很难解释现在所面临的复杂环境。

（四）忽视金融的危机

主流宏观经济学危机的一个直接导火索是它不能解释当前的金融危机。究其原因有三点：长期以来由"两分法"导致的宏观经济学对于金融研究的缺失；大稳定（Great Moderation）时代的宏观环境导致对于金融动荡与危机问题的漠视；以及忽视金融化引起收入差距扩大进而可能引发危机的作用渠道。

1. 从"两分法"到宏观经济学与金融学之间的距离

"两分法"是指货币金融与实体经济是截然分开甚至是没有实质关联的两个部分，其早期渊源是萨伊的学说。萨伊认为，商品总是为商品所购买，货币在其间所起的是瞬间的交换媒介作用，是"一块遮挡实际经济力量活动的面纱"，对实际经济没有影响。其后，虽然金融大发展对经济的影响越来越深远，但坚持两分法的还是大有人在。新古典经济学中的实际经济周期理论就是典型的现代版本的两分法。该理论强调，周期的解释因素都可以从实体经济中去寻找（如技术冲击、劳动的跨期替代等），这里，货币因素被彻底剔除。

与之相应的是宏观经济学研究与金融学研究之间的相互隔离。熊彼特曾这样描述 1870～1914 年（及以后）经济学的状况：银行和金融文献在货币和信用文献中是一隔离车厢，正如后者在一般经济学文献中是一隔离车厢那样（熊彼特，1954）。而今天，处在"隔离车厢"中的是宏观经济学与金融学。

金融经济学与宏观经济学的距离从金融经济学诞生之日起就产生了。战后初期，金融学还是一门新兴的学科，它侧重于金融与统计分析，以向传统的制度性金融挑战。但这些努力并不为经济学家们所赞赏，哈里·马可维茨的轶事表明了这一点。哈里·马可维茨因在金融经济学方面的贡献而获得 1990 年诺贝尔经济学奖，但他在芝加哥大学进行博士论文答辩的时候却遇到了麻烦。答辩委员之一的弗里德曼认为，他的资产组合理论不是经济学的一部分，因而不能授予他经济学博士学位（张晓晶，1998）。

随着金融在经济生活中扮演越来越重要的角色，以及金融理论的大发展，金融经济学的地位也有了明显提高，但这丝毫不表明它与宏观经济学之间的距离缩短了。一个颇有说服力的例子是，都强调经济人的理性，宏观经济学中的理性预期学说与金融经济学中的有效市场假说却有很大不同（尽管它们也有相似之处）。在《新帕尔格雷夫辞典：货币与金融》卷中，有萨金特等人的一组文章是关于理性预期的，同样也有另外一组文章是关于有效市场假说的。有趣的是，除了一篇短文总结了不对称信息条件下的理性预期并将这一术语运用到金融中之外，这两组文章竟没有相互索引。可以说金融经济学的发展一定程度上是独立进行的。它有自己的研究对象和自己的研究方法，这些都不同于一般的宏观经济学。

正因为如此，Summers（1985）提出著名的"番茄酱经济学"（Ketchup Economics）。他指出：有一个可能存在但实际上并不存在的经济学领域：番茄酱经济学。有两类研究者关心番茄酱经济学：一类是一般经济学家（General Economists），他们把对番茄酱市场的研究看作是更广阔的经济体系的一部分；另一类是由处在番茄酱部门的番茄酱经济学家组成，他们关注的是番茄酱市场上是否存在多余的套利机会。他们指出，如果没有交易成本的差异产生的偏差，两夸托瓶装的番茄酱的售价总是一夸托瓶装番茄酱售价的两倍。金融经济学家就像这里的番茄酱经济学家，关心的是不同金融资产价格之间的相互关系，是否存在套利机会。事实上，期权定价模型与 MM 定理就遵循着这样的逻辑。期权定价模型表明，一个期权的价格可以由一只股票和一只债券的价格来计算，这就好比是一大瓶番茄酱的价值可以由两小瓶番茄酱来计算。MM 定理表明，一个公司的总价值（公司股票与债券价值总和）独立于二者之间的比例，就好比一定量番茄酱的价格与它是由两小瓶来出售还是以一大瓶来出售的方式无关。

番茄酱经济学尽管在其逻辑框架内是完善的，但却忽视了对于很多人来说更为重要的问题：是什么决定了整个金融资产的价格水平。而这恰恰是宏观经济学家们的研究对象。尽管 CAPM 将股票价格水平及其变动与人们的消费联系在了一起，从而不再是只比较资产之间的价格，而是考虑到资产价格总水平以及将它和这些资产给人们的生活所提供的价值联系起来，但总体上，宏观经济学与金融学之间相互隔离的状态还未能有根本的好转。

2. 主流模型对金融以及金融危机的忽视

关于危机的种种微观机制大都已经揭示出来，比如说，委托—代理理论、激励理论、不对称信息及其后果、行为经济学、异质性经济人、协调失败，等等，但从宏观层面上看，还缺乏一个能够将以上因素均纳入其中的模型。流行的 DSGE 模型是有微观基础的，不过这种微观基础很难与信贷周期与金融配置相一致。很多模型中没有金融资产，是因为考虑到：①在强有效市场假说下，金融资产价格反映了所有的可获得信息；②不存在协调失败的问题，因为具有前瞻性的理性经济人的行为与总体经济的模型是一致的；③由于跨期预算约束总是成立，也就不存在无力偿还的情况。缺少对金融变量的考虑恰好满足了这些模型的线性或线性化的性质，当遇到实际的或货币的冲击时，这些模型就会产生形式良好的、最终趋向于单一均衡的经济周期。所有的模型都那么精巧，但它们对于理解金融危机何以会出现以及如何演进没有任何作用。Wyplosz（2009）指出，主流经济学认为金融市场只是一个余兴表演，从来不是主角，因此可以将它处理成外生的，或者以一种非常初级的方式纳入模型。当然有些例外。比如伯南克的金融加速器模型。不过，这个模型只是概括了信贷周期向实体经济的传导效应，而不是解释金融危机本身。总的来说，一个成熟的金融部门很难在可用的宏观模型中发现。因为，尽管如《通论》所揭示的，金融在整个经济世界中扮演着重要角色，但整个宏观经济学的重点仍是劳动力与产品市场的黏性，以及在一个金融变量不存在或无关紧要的环境中政策的作用。

忽视金融也和过去 20 多年宏观环境的影响有关。尽管地区性的金融危机与货币危机频发，但与金融市场相关的问题却变得没那么重要，原因在于出现了所谓的大稳定。这个前所未有的高增长、低通胀的情况，导致经济环境的改善，产出、通胀甚至资产价格的波动性下降。正如福山所称的"历史的终结"，有人借用，认为经济不稳定的终结标志着（经济）历史的终结。当然事实并非如此，本轮次贷危机甚至是报复性的宣告，危机没有终结（以研究周期波动为主旨的），宏观经济学也没有终结。

除了上述理论与现实原因之外，对于金融的忽视也存在一些技术处理问题。尽管我们希望主流模型中应考虑诸如不对称信息、异质性经济人、杠杆周期、银行资产负债表等因素，处理起来却很困难。比如，金融市场的非线性特征就很难与线性或线性化的模型相一致。

3. 忽视金融化对于分配的影响

主流宏观经济学不仅对于金融研究是缺失的，对于分配的研究也是缺失的。新古典经济学运用边际生产率理论解释了各生产要素都能分配到自己的贡献额，即"各得其所"，从而在很大程度上"取消了"关于收入分配研究的重要意义。因此，在主流经济学中，收入分配的研究一度"消失"。忽略了收入分配对于理解经济波动和金融危机就会很困难。对主流经济学家而言，这次危机是一次小概率事件，但在后凯恩斯主义者看来，这次危机是可预测的：由于经济趋向于金融化（Financialization）的发展，导致收入分配差距拉大，一方面劳动生产率在增长，另一方面与之相关的劳动报酬却未能相应提高，从而出现无分享的增长，这是导致危机可能出现的一个重要原因（Palley，2009）。

图1显示，2005年美国的劳动生产率相当于1959年的2.7倍，增长了170%，而2005年的劳动报酬却是1959年的1.5倍，只增长了50%。这导致贫富差距的急剧扩大。图2与之有很好的对应。在劳动生产率与劳动报酬显著扩大的20世纪80年代初，恰恰是收入分配差距扩大的开始，而这也和里根、撒切尔夫人的新自由主义时代开始完全吻合。

如果我们更进一步将时间追溯到20世纪30年代的经济大萧条，发现历史何其相似。在经济大萧条之前，也发生了劳动生产率增长与劳动报酬增长的不同步。第一次世界大战以后，由于有了各种大规模生产的技术，美国工人每小时的劳动生产率已经提高了40%以上。而在20世纪20年代，工人的收入并没有随着生产力的提高而相应增加。就是在黄金时代的1929年，布鲁金斯研究所的经济学家也已计算过，一个家庭如果想取得最低限度的生活必需品，每年要有2000元的收入，但当年美国家庭60%以上的进款却达不到这个数字（曼彻斯特，1974）。也正因为如此，大萧条之前，贫富差距达到顶峰，只是经过罗斯福新政，贫富差距才大幅度缩小。

从这个角度来看，过大的收入分配差距是危机的一个根源，尤其当这个收入分配差距很大程度上与金融业的过度膨胀或金融化相关的时候，就更是如此。

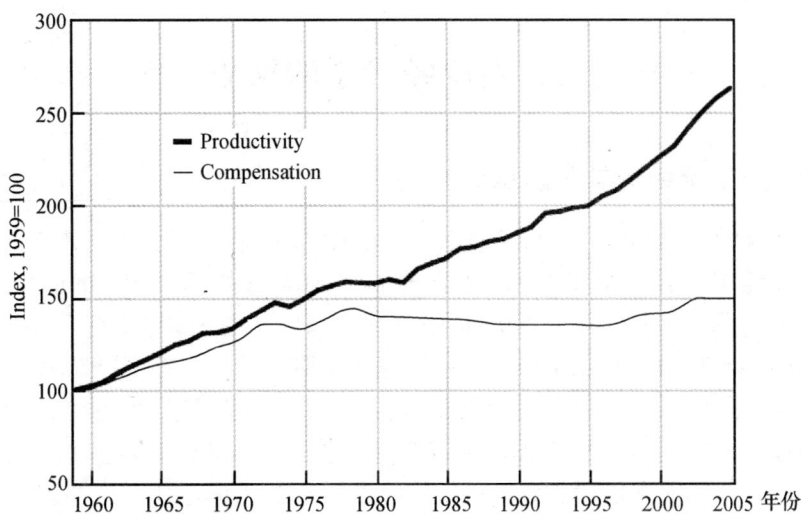

图1 美国劳动生产率指数与产业工人单位小时报酬指数

资料来源：Economic Policy Institute.

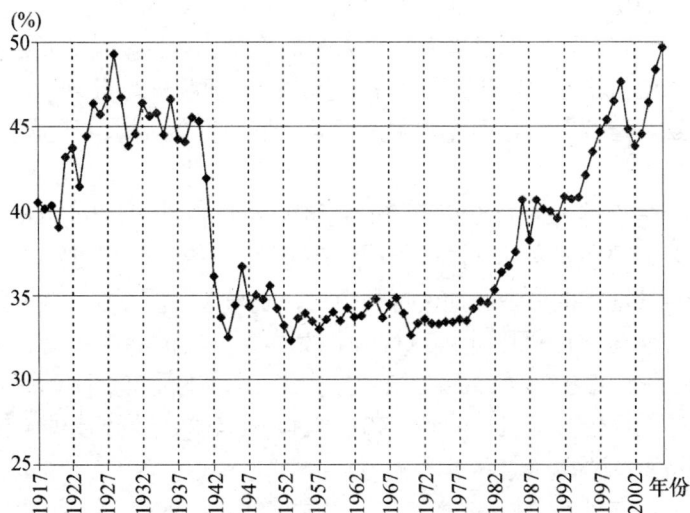

图2 1917～2006 年的美国收入分配

注：收入最高的10%人群的收入占总收入的比重。

资料来源：Saez（2008）.

三、主流经济学的反思

（一）主流经济学家的反思

国际金融危机的到来，让主流经济学的过度自信遭遇到前所未有的打击。因为主流经济学难以解释和应对这场危机。经济学家阵营开始全面的反思。

一个是乔治·索罗斯于 2009 年成立的"新经济思想研究所"（Institute of New Economic Thinking，INET）。索罗斯作为金融大鳄，他在金融领域的所作所为可能并不讨好，但他的学术情怀特别是对于主流理论的批判精神却让人钦佩。索罗斯强调成立 INET 的初衷是：新古典经济学关于市场自身能解决问题的假设是错误的，我们现在需要创立一种新的经济学范式。正是基于这种初衷，2010年 4 月 8～11 日在剑桥大学的国王学院，召开了名为"经济危机与经济学的危机"的首届 INET 讨论会。参加会议的有 200 多名来自世界各地的学者，从多个层面对主流经济学进行了反思。大多学者是在批判，但也有一些是在辩护，可谓精彩纷呈。这是经济学家集体向主流经济学发出挑战所迈出的第一步。

另一个是 2010 年 2 月，国际货币基金组织发表了一篇布兰查德（Blanchard，IMF 首席经济学家，研发部负责人）等人写的论文，题目就是"反思宏观经济政策"。其实，这里面是对主流宏观经济思想进行梳理并进行批判，还提出一些新的建议，而这些建议若放在原先的主流框架下都是不合适的，甚至是应该抛弃的思想。

还有一个是哈佛肯尼迪政府学院的经济学家弗兰科（Jeffrey Frankel），他直接指出：很多人都在思考如何拯救宏观经济理论，答案就在于那些曾经应用于新兴市场并符合其现实的模型。他还特别指出，原来人们惯于谈论的是新兴市场金融的不完善。而这次危机则让人意识到，发达经济体的金融也有让人意想不到（Unexpected）的不完善。如果说在布兰查德那里，还没有点明新兴市场经济的宏观管理经验的可借鉴意义，而到了弗兰科那里，新兴市场的经验或教训则成为拯救主流经济学的稻草了。

发达经济体在遭遇危机的时候（这次危机本质上是发达经济体的危机），往往需要寻找新兴市场经济体的支持（如购买美国国债，IMF 债券以及给 IMF 和世界银行凑份子等）；与之类似的是，在主流经济学遭遇危机的时候，新兴市场经济体的"经验"或许也能提供很好的启示。要拯救或改造主流经济学，应该到"西方"之外去寻找灵感、智力支持了。

（二）主流经济学的"西方中心论"

主流经济理论以及其所依赖的经验大都来自发达经济体，早先是英美，后来德国、日本崛起，主流经济学又来解释或解决它们的问题。比如 20 世纪 80 年代的新贸易理论和国际经济学的一些发展，就和日本的经验有关；而欧洲央行强力反通胀的做法就与当年德国超级通货膨胀的经历有关，这或许也是理论发展的规律。因为理论不会凭空产生，没有实践经验，也就没有理论总结。

回顾主流经济学的发展历史就会发现，主流经济学从来都是西方中心论。虽然西方中心论一直存在，但主流却不自知。在主流看来，他们的理论是放之四海而皆准的东西。斯密在创造"看不见的手"这一理论时，他绝不认为这只适用于英国，他认为所有的国家都要使用这个理论指导经济发展，只要发展市场，财富就会增长。实际上，从经济学诞生之日起，就存在着是一种经济学还是两种经济学的论争，核心是先发与后发国家之争。在斯密（Adam Smith）提出"看不见的手"理论之后，美国第一任财长汉密尔顿（Alexander Hamilton）就反对这个观点，主张对幼稚产业进行保护，这是对主流最早的反击。当时美国正处于发展初期，因此需要保护幼稚产业对抗英国。当德国开始发展时，当时的德国经济学家李斯特（Friedrich List）坚持保护幼稚产业并提出了政治经济学的国民体系，即经济学理论并不是放之四海而皆准的，必须要结合国情。当德国也成为发达国家，以及很多西方国家都已经发展起来的时候，整个经济学思潮又倾向于趋同了。这种情形一直维持到"二战"后，当普雷维什（Raúl Prebisch）提出了著名的"中心—外围"理论时，我们再次听到了对主流进行反击的声音。普雷维什认为战后的发展中，一方是处于中心的西方发达国家，另一方是处于外围的拉美和东方国家。在中心国家和外围国家之间存在着不平等交易。中心国家生产并出口制造业产品，有定价权并且完全垄断，而外围国家出口的是初级产品，其价格被压低，外围国家的贸易条件不断恶化。普雷维什认为，指导发达国家的新古典经济学并不适合发展中国家，因为发展中国家存在诸多复杂的结构性问题，如果按照主流的观点在全球开展自由贸易和竞争，取消保护和补贴，会使发展中国家受损。普雷维什主张发展中国家实行进口替代战略，虽然从当时的角度来看，这种战略的出发点是好的，是为了建立自己的工业体系，但是试验最终失败了，进口替代并未使拉美摆脱落后局面，反而扩大了与发达国家的差距。拉美试验的失败使得发展经济学日渐没落，强调价格机制忽视结构的主流经济学再次占了上风。

主流经济学的经验主要来自发达经济体，早先是英美，后来是德日。这一点可以用诺贝尔经济学奖获得者的国籍分布作为佐证。根据一份来自韩国的报道，在总量上从 1969 年至今，77% 的获奖者都是美国人或者是美国的移民。基础理论获奖的基本上都是西方经济学家，例如托宾、蒙代尔、斯蒂格列茨等都来自发达经济体，研究的主题也基本上是有关发达国家的。库兹涅茨的国民收入研究、弗里德曼的货币史也都是关于美国的。基德兰与普雷斯科特也主要关注的是工业化国家政策的动态一致性。卢卡斯尽管研究的是增长与发展问题，但总体上还是在总结发达国家早期工业化的经验。在经济史方面，诺斯研究的是西方世界的兴起，福格尔研究的铁路与增长、黑奴等计量经济史也都是美国的历史。金融方面无疑只有从发达经济体的经验而来。虽然在多如繁星的西方经济学家中，还有一些屈指可数的关注发展中国家发展问题的经济学家，例如刘易斯研究的二元经济结构，舒尔茨研究的农业问题，阿玛蒂亚·森对于贫困和健康的关注。但是在主流看来，关注发展中国家的问题是在关注外围问题，并没有真正将发展中国家放在重要的位置。

如果说主流经济学界完全无视发展中国家的存在，也与事实不相符。不过，这种对发展中国家宏观管理的总结，却是以负面的总结为主，发展中国家的经验往往是作为反例出现在教科书中。因为新兴市场经济体尽管增长很快，但也是波动巨大，甚至出现了危机。比如 20 世纪 80 年代的拉美债务危机、90 年代末的亚洲金融危机，等等。因此，从宏观管理角度看，发展中国家乏善可陈。

于是主流经济学就更加自得起来，以为只有它才是真经，而不符合这个真经的，往往就是谬误。对于发展中国家基于特殊的国情或问题所采取的政策，则被视为是暂时的、权宜的，而且往往是扭曲的、迫不得已的；总之是偏离了最优状态，是需要纠正和改变的。要拿发展中国家的经验反过来指导发达经济体的实践，这在危机之前是不可思议的。

（三）发展中国家的正面形象进入主流视野

从负面总结的角度，我们能够理解主流经济学对于发展中国家经验的忽视。不过，21 世纪以来，发展中国家或者说新兴市场经济体以一种全新的面貌出现。全球经济版图出现了新的、重要的变化。如果说过去 400 年，西方因为经历了文艺复兴、启蒙运动、资产阶级革命、工业革命、科技革命，从而走在世界前列，这意味着，在这几百年里，西方的标准就是世界的标准，西方的规则就是世界的规则，西方的时尚就是全世界追逐的潮流，西方经济学就是主流经济学。那么现在，这种状况随着发展中国家的崛起而发生改变。首先，占全球一半人口的发展中国家的崛起是人类历史上没有的先例；其次，按 IMF 预测，到 2014 年，发展中国家的产出也将超过发达经济体（见图 3），特别是危机之后发展中经济体所呈现的活力，使得发达经济体不得不"刮目相看"。

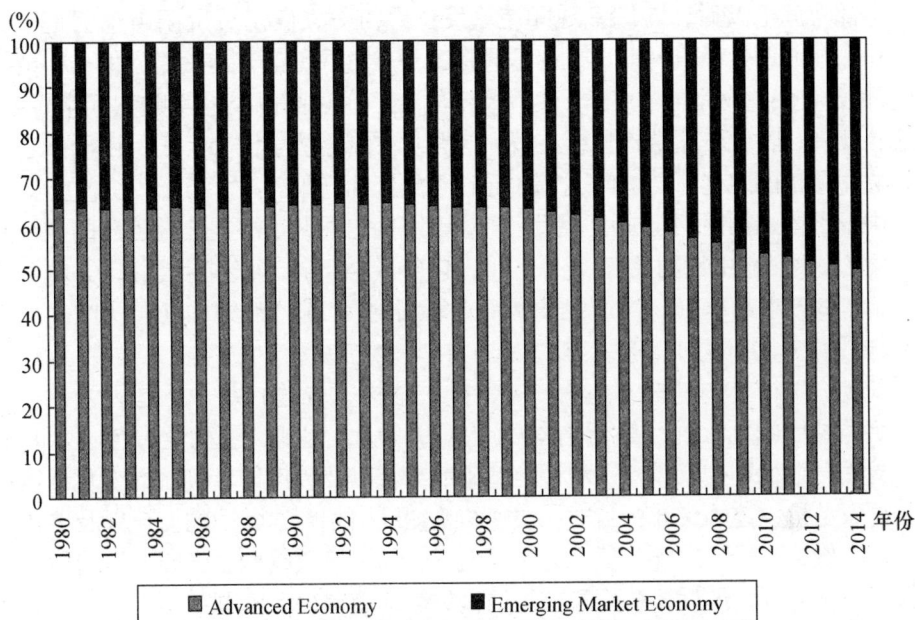

图3　新兴经济体与发达经济体占全球产出份额的比较

对于中国，他们有些矛盾的心态，冷战思维或者酸葡萄的心理多少也是有的，不大愿意承认所谓的中国经验。但中国的确在世界上变得重要了。按学术语言来说，是具有"系统重要性"的国家了。中国道路也在某种程度上得以认同。不仅如此，中国的宏观管理一直被认为还很不成熟，甚至很多"大棒"恰恰是直接针对中国宏观管理的（如产业政策、汇率政策、资本管制等）。中国经济曾经大起大落，也难怪他们会有这样的看法。但最近，这些观点正在发生转变。对中国的批评仍在，但不再那么居高临下。"中国特色"的宏观管理甚至被当作是有益的经验，这包括审慎的监管、财政纪律、大量外汇储备，以及产业政策、汇率政策、资本管制，特别是中国特色的结构性宏观调控，都很受推崇。当然，不能说中国这样的做法就一定是完美无瑕的，但在主流经济学看来，这些实践有值得借鉴的地方，并不是都能简单地一棍子打死的。总结中国的宏观经济管理经验有可能会对正在遇到如此多问题的主流经济思想带来好的借鉴，指明一个新的方向。

四、主流的反思与中国经验

和发展中国家强调结构问题相对的是，主流经济学一直以来强调的是总量调控。但此次危机以后，人们发现即使是发达经济体，仅仅总量调控也不是可靠的。比如在所谓大稳定时期，无论是通胀还是产出缺口都非常平稳，但一些结构问题却很突出：如消费率过高、住房投资的杠杆率过高以及经常账户赤字过高，等等；此外，收入分配结构也存在很大问题。主流经济学认为，正是由于宏观政策只关注总量而忽视了结构问题，才导致了危机的产生。

中国因为结构性问题成堆，因此，对于结构的强调是中国宏观管理的重要经验。中国的结构性问题主要表现为：①人口年龄结构（老龄化问题）；②城乡二元结构；③产业结构（三次产业发展不平衡问题）；④分配结构（国民收入分配格局与贫富差距问题）；⑤体制结构（中央地方关系、政府与市场关系等）；⑥增长动力结构（内外需不平衡、要素投入结构不合理）等。正是因为存在着一系列的结构问题，并且处于结构剧变的过程中，因此，结构性调控非常有必要：首先，结构剧变意味着宏观调控基础的变化以及政策传导机制的变化，这可能会导致总量调控的失效；其次，快速结构变动引起要素回报的变化以及要素的流动，在价格信号不准确、不完善的情况下，易于导致结构性失衡，这使得结构性调控必不可少；最后，结构剧变与结构失衡，使得很多问题并不单纯是一个短期的宏观稳定问题，而是涉及短期宏观调控与中长期发展之间的协调，结构调整对于中长期的可持续发展而言尤为关键。

中国的结构性问题，归结起来，一个是体制结构，另一个是广义的经济结构。体制结构问题是经济转型还未完成，存在着双轨过渡，与之相应的是形成双轨调控的思想，即行政性调控与市场化调控并用。一方面随着市场化改革的逐步推进，宏观调控体系的构建和发展一直坚持市场化导向，强调以经济和法律手段进行间接调控；另一方面传统的计划行政手段不断退却，但是从来都没有被完全抛弃，而是以某种形式最终融入宏观调控，最终形成了计划、财政和金融三位一体的宏观调控体系。其中，国有企业、地方政府与发改委在宏观调控中所发挥的作用，以及由此所体现出的市场化调控与行政性调控的结合，恰恰形成了中国宏观调控的独特之处。广义经济结构问题的存在，使得结构性调控与总量调控并重，有明显行政性干预色彩和结构性调控特点的产业政策、规制政策（如节能减排）、资本管制、严格的金融监管和平衡财政等"非常规"工具为促进经济增长与宏观稳定发挥了重要作用。

广义而言，针对发展中国家结构特点而进行的调控方式，都可以称为结构性调控。因此，下面提到的汇率政策、产业政策、财政政策和货币政策，在很大程度上都带有结构性调控的色彩。

（一）中间汇率与资本管制

中国的浮动汇率制度一直受到外界的批评，似乎变成自由浮动，一切问题就都解决了。但实际上，强调完全自由浮动的观点已经"过时"了（Frankel，2009）。

关于汇率，主流的观点是：要么是完全的固定汇率，如货币局制度、欧元、美元货币联盟；要么就是完全的自由浮动（这被称作是角点汇率制度），没有中间道路可走。特别是从欧洲汇率机制到亚洲金融危机，似乎表明这一判断是对的。不过随着时间的推移，特别是新世纪以来的经验，让人们有了新的思考。Williamson（2000）从防范危机的角度出发，对角点汇率制度和中间汇率制度进行了深入研究，结果表明，角点汇率制度同样可能允许危机形成。IMF 于是不再推崇角点假说了。从现实的操作来看，大多数国家都处在中间地带而非角点。

中间汇率为什么行不通呢？这主要来自于克鲁格曼所谓的三难问题，即本国货币政策的独立性、汇率的稳定性及资本的完全流动性不能同时实现，最多只能同时满足两个目标，而放弃另外一个目标。理论上，这三难中可以有所选择、有所放弃，但在主流经济学看来，三难中可以不要货币政策的独立性（货币局制度），也可以不要汇率稳定（自由浮动），但不能不要资本自由流动。也就是说，三难中只有资本自由流动是要坚决捍卫的。这实际上是为推动金融全球化所做的重要的理论上的铺垫。因为货币政策的独立性或汇率的稳定性，似乎只是关涉本国的利益，而资本自由流动却关乎世界的发展，或许这才是最深层的理由。

不过，资本的自由流动真的就那么好吗？越来越多的证据表明，特别是危机以来的事实表明，金融全球化可能走过头，资本流动需要控制了。于是，曾经备受批判的资本管制又受到青睐。我们认为，这肯定是来自于发展中国家的经验，比如马来西亚、中国等。经验分析表明（Ostry 等，2010）：资本控制不但可以提高货币政策的独立性，而且能够改善流入资本的构成，即更多吸引绿地投资的 FDI，而不是证券组合投资，从而有利于宏观稳定。另外，关于三难问题，亚洲国家也有一些解决的办法，即一方面是维持汇率稳定，另一方面是持有大量外汇储备，外汇储备不仅是危机预警的重要指标，而且也是应对危机的重要手段。

强调中间汇率与资本管制并不意味着中国的汇率机制将止步不前。事实上，中国仍在不断推进资本账户的开放和增强汇率机制的弹性，只是并不将汇率的完全自由浮动当作终极目标。

（二）产业政策

发展中国家的产业政策，很长一段时间以来，成为国家干预和扭曲的同义词。主流经济学反对产业政策的理由是：虽然产业政策的初衷是弥补市场失灵，但实际上，却可能带来政府失灵。不过，产业政策真的这么糟糕吗？或许有很多是由于发达经济体担心发展中国家的贸易保护和扭曲性赶超。强调幼稚产业保护的汉密尔顿、李斯特，其实提倡的就是一种产业政策。在现实中，无论是发展中国家还是发达国家，产业政策从未过时。Rodrik（2008）认为，成功的经济一直都要靠政府政策来推动结构性调整。产业政策尽管在美国政治中一直是被视为异端，但实际上产业政策这只"看得见的手"一直都在。比如美国国防部在硅谷的早期开发中起着关键作用，而互联网也起源于美国国防部1969年的军事项目。

在中国，产业政策更是非常典型。中国有发改委这样一个独特的宏观调控机构，其产业政策涉及了行业准入、支持创新、节能减排、扶持新兴产业、淘汰落后产能，等等，无论是新产业的出现还是夕阳产业的退出，以及现有产业结构的调整和升级，都与产业政策分不开。因此，产业政策不是要不要的问题，而是如何实施的问题。产业政策最好不是直接的补贴，而是一些制度性的支持和提供相关的服务。

（三）货币政策

这次危机对于传统货币政策的冲击非常大，有两个方面值得关注：

第一，传统货币政策管总量，监管政策管结构。传统上，货币政策就是管总量的。无论是利率政策，还是现在的定量宽松政策。但实际上，这是不够的。虽然物价水平稳定，但其他方面有问题，如资产泡沫、杠杆率高等，就不能完全依靠总量调控政策来实现。因此，货币政策也还包括监管性的政策。比如，伯南克等人一再强调，低利率未必是次贷危机的祸首，而监管不力才是罪魁祸首。比起传统利率政策，监管政策更有针对性，可以点对点调控，能够更好地解决"结构问题"。比如，银行杠杆率高了，就可以提高资本金比率；居民杠杆率高了，就可以提高首付比率，全社会杠杆率高了，就可以减少信贷投放等。这些方面，中国都有很多的实践。因此，主流学界认为，关于宏观审慎监管，亚洲包括中国的经验都非常值得借鉴。

第二，货币政策目标问题。全球范围来看，如果说20世纪80年代是狭义货币M1的时代，20世纪90年代是汇率钉住制的时代，那么过去10年则是通货膨胀目标制的时代（Frankel，2009）。不过，货币政策只关注通货膨胀是有问题的。首先，除了大约10多个采取浮动汇率制的国家外，没有任何国家能够做到只看CPI而不关注汇率；其次，货币当局只看CPI不关注资产价格也是大有问题的，本轮危机就是例证；最后，外部冲击（特别是贸易冲击）对一国会产生较大影响，只关注 CPI，无疑会导致国际收支不稳定。这意味着货币政策还应关注汇率、资产价格与国际收支等指标，这些与中国的经验很吻合。

（四）财政政策

虽然财政政策在中国而言一直非常重要，但在很长一段时间却被发达国家所忽视。因为在他们眼里只有货币政策，财政政策只在危机的时候才派上用场。这次危机的爆发，特别是欧洲主权债务危机，让人们意识到平衡财政与财政纪律的重要性，特别是注意繁荣期如何减少财政赤字、增加财政盈余，以积累财政实力从而在衰退或危机时能够游刃有余。

按照主流理论，经济要发展就需要融资（借钱），一种是利用外部资源（借外债），另一种是向后代借钱（跨期配置）。中国一直有综合平衡的思想，这在主流框架中是不合时宜的。但危机的发生，使我们看到平衡财政的好处。坚持这样的财政平衡和财政纪律（欧盟有财政纪律，但不少国家如希腊并不遵守），特别是不乱借钱和不乱花钱，就不会有高额的外部赤字和公共债务水平。但这些对于发达国家而言太难了。因为发达国家的一个显著优势就是能够依靠自己的信誉特别是发达的金融体系借到钱，要让他们抵制借钱的诱惑实在困难，或许只有危机能够形成硬约束。

五、后危机时代的中国宏观调控

以上从结构性宏观调控、中间汇率与资本管制、产业政策、财政政策与货币政策等多个方面，总结了中国特色宏观调控。这些原本为主流理论所不容的做法，现在逐步得到认同。通过这些分析，我们可以看出中国宏观管理经验的意义，主流经济思想的重塑或许正在从这里起步。不过，我们也要清醒地认识到，基于中国发展阶段特点的中国式调控，很大程度上只是一种无奈之举，并且还隐含着诸多问题与风险。因此，进入后危机时代，需要正视中国宏观调控的优势与问题。特别是减弱增长与波动中的政府性驱动。

后危机时代的最大特点，就全球范围而言，是全球经济再平衡，这意味着世界各国都要调整结构，特别是增长动力结构，以适应再平衡的需要和保证增长步入正轨；就中国而言，则有着更为艰巨的结构调整任务，除了转变发展方式中所强调的优化需求结构、产业结构与要素投入结构这三块内容，还有与之相关的收入分配结构、体制结构，等等。由此，我们认为，结构调整将是后危机时代全球宏观调控的方向，也是未来中国宏观调控的主线。此外，考虑到后危机时代中国在体制转轨、结构变迁以及对外开放方面的新特点，中国宏观调控也会有相应的调整。

　　总体而言，后危机时代中国宏观调控的新思维可概括如下：①把握宏观调控的主线：突出供给管理，加快结构调整；②完善宏观调控的基础：推进市场化改革；③转移宏观调控的重心：从工业化到城市化；④拓宽宏观调控的视野：关注世界发展的中国因素、加强国际政策协调。

编辑整理：陈　钰

中国的生育率转变及其社会经济后果

郑真真

2010 年 11 月 11 日

郑真真

中国社会科学院研究生院人口与劳动经济系教授

摘　要： 人口变动有其自然规律，其变动对社会经济的诸多方面有重大影响，并具有滞后性。本文从生育率的变化探讨中国人口变动及发展趋势。中国在完成人口转变后，生育率持续下降，低生育水平在很大程度上已经不再是政策强制的结果而成为民众的自愿选择。在研究人口变动与发展的国际趋势时，作者发现，与中国的情况相似，大多数国家都经历着生育率下降的人口变动趋势。本文讨论了长期低生育率及其带来的人口变动对社会和家庭的影响及其经济后果。

关键词： 生育率转变　人口转变　社会经济后果

一、中国人口变动及发展趋势

（一）中国人口总量和出生人数变化

中国的人口总量一直呈现上升趋势，预测在 2030～2040 年间中国人口将达到峰值，之后人口总量会下降。在人口理论中有"稳定人口"，其特殊状态是"静止人口"，即人口的出生人数等于死亡人数，人口增长率为零，人口总量稳定不变。"静止人口"仅是理论上的，在实际中的人口极少出现静止的情形，一国的人口总量或增加或减少，一直处在变动之中。有学者提出要达到中国人口零增长的目标，但这只是理论上的说法，在实际中或许能够出现在某一年增长率恰巧为零的情形，但是在这之后就是负增长。上海市是一个典型的例子，上海市户籍人口从 1993 年开始负增长，一直到现在这种负增长的情形依然在持续。中国的人口一旦负增长，将会一直持续到 21 世纪末。从近年来的官方预测来看，中国对人口增长放缓的估计偏于保守[①]，对未来人口负增长的程度估计不足。

---

① 根据 2010 年中国第六次人口普查结果，中国大陆总人口为 13.397 亿人，从 2000 年至 2010 年间 10 年的年平均增长率为 0.57%。而根据"十一五"人口规划的预测，中国人口将在 2010 年达到 13.6 亿人，"十二五"规划纲要则将 2010 年人口总数调整为 13.41 亿人，约束性指标为人口年均增长小于 0.72%。从第六次人口普查结果看，现实情况均明显低于这些指标。

图1显示了1950~2100年中国人口的总量变化情况,在经历了近50年的单调增长后,中国的人口总量将在2035年前后达到峰值,之后会单调下降。图1中的粗线为联合国人口司根据最新中国人口普查结果,于2012年应用概率方法进行的预测。根据该预测,2100年的中国人口将下降到20世纪80年代初的规模。

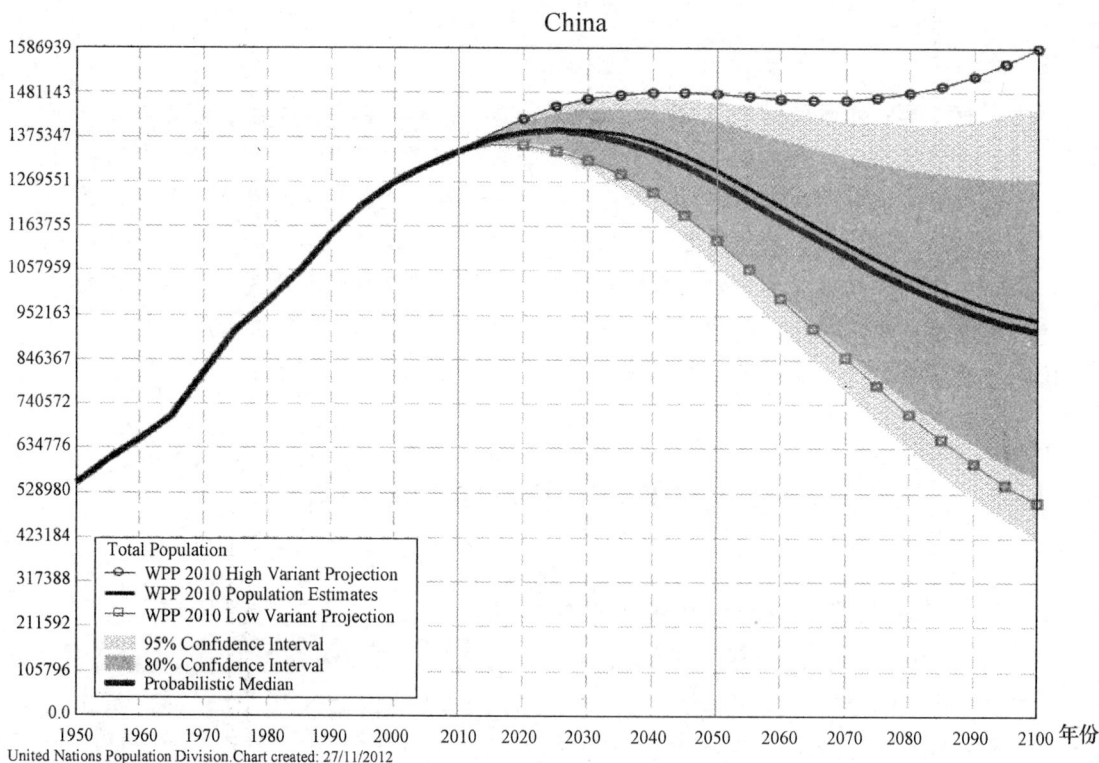

China

图1　1950~2100年中国人口总量变化

资料来源:United Nations, Department of Economic and Social Affairs, Population Division (2013). World Population Prospects:The 2012 Revision, DVD Edition. http://esa. un. org/unpd/wpp/Excel – Data/population. htm.

在研究人口问题时,除了要看到人口总量的增加,还要特别关注出生指标,即关注生育率。生育率为什么重要?人口变动受三个主要因素直接影响,分别为出生、死亡、迁移。对中国而言,大规模向海外迁移人口和从海外引进人口的可能性都很小,迁移因素对中国的总人口变动影响很小。中国的死亡率从1950年开始不断下降,现在逐渐接近发达国家的水平。死亡因素在未来不会有大的变动,平均预期寿命将缓慢提高。中国未来的人口变化主要取决于生育水平。因而我们非常关注出生，因为出生的数量和模式决定了中国未来的人口变化趋势。在谈论中国的人口变动时我们关注的焦点仍然要集中到生育问题上，生育问题也是人口研究领域的争论热点。中国的年出生人数在 20 世纪 90 年代以后，一直呈下降趋势，80 年代的年出生人数在 2000 万以上，近年来基本稳定在 1500 万左右，估计未来变动的总趋势是持续下降。出生人数在下降，人口总量却在增长，这种现象的原因是人口变动有其自然规律，其影响具有滞后性。这种人口变动的自然规律和滞后性表现在，如果 20 年前出生人口减少了，那么 20 年后可以生孩子的人就减少，这样一代代传下去，如果生育行为不改变，出生人数只能是持续下降的，这是不可避免的自然规律。

（二）中国的人口转变以及不同时期人口政策的作用

中国的人口变动可以大致分为五个阶段，第一阶段是 1950～1970 年；第二阶段是 1970～1980 年；第三阶段是 1980～1990 年；第四阶段是 1990～2000 年；第五阶段是 2000 年至今。2010 年是《中共中央对全国的党员、团员公开信》发表 30 周年，这 30 年人口转变历程展示了政策变动与中国人口转变之间的关系。

第一阶段（1950～1970 年），人口死亡率快速下降与高生育率并存，两次生育高峰积累了巨大的人口增长惯性。新中国成立后，国家对公共卫生和疾病预防投入了非常大的力量，控制传染病传播和提高新法接生率，极大减少了婴儿死亡和传染病导致的死亡。20 世纪 50～60 年代，中国在短期内显著降低了死亡率。但是在死亡率快速下降的阶段，人们的生育模式并未有多大改变，仍然延续传统的生育习惯，因此在 50～60 年代出现了两个持续时间相当长的生育高峰，这两个生育高峰积累了非常大的人口增长惯性，需要用 40～50 年的时间才能消减。

第二阶段（1970～1980 年），"控制人口数量，提高人口素质"被定为国策并持续至今，全国普及计划生育服务，生育率快速下降。20 世纪 70 年代初期，国家重新开始了因"文化革命"而中断的避孕和计划生育服务，并从城市和部分农村地区推向全国。70 年代没有具体的生育政策，国家提倡"晚、稀、少"的婚育模式，投资生产避孕药具，改变了过去依靠进口的状况。国家向全国城乡提供免费避孕服务，在城市主要通过医院实施，在农村基层则是通过各种方式和途径，包括赤脚医生。在这一时期，中国人口的生育率出现了快速下降。在 10 年时间里，从一对夫妇平均生 6 个孩子下降到 3 个。

第三阶段（1980～1990 年），各地开始制定具体的生育政策，生育水平在波动中缓慢下降，京、津、沪、辽、吉、黑、苏、浙下降至更替水平。1980 年 9 月 25 日中共中央发表公开信之后，各省制定了明确、具体、严格的生育政策，但是与现实相比过于严格的生育政策很难在农村地区真正执行。当时的生育政策基本是一对夫妇生一个孩子，但是当时农村的平均生育水平是一对夫妇生 3 个孩子，差距实在太大。城市的生育水平大约是一对夫妇平均生 1.27 个孩子，所以在城市里接受这个政策困难比较小，而在农村则相当困难。有学者曾就 20 世纪 80 年代生育政策的实施情况访问了当时从事计划生育工作的干部，了解到有些地区还未来得及在基层施行严厉的政策，就已经被作为问题反映到中央，中央在 1982～1983 年希望各省根据当地情况调整和放宽政策，这就是计划生育史中所称的"开小口"，即规定一些条件允许一部分夫妇生第二个孩子。在很多农村地区，非常严格的人口政策实际上很难被执行也没有得到执行，因为中央下达的命令在各行政层级的传达、具体政策的制定直到各村的落实需要相当一段时间。在 80 年代，虽然中央有很大的决心，但是地方的实施需要有个过程，具体政策需要调整和磨合。这段时期，生育水平有上下波动，整体趋势呈现缓慢下降。一些东部沿海和东北地区的省份，如北京、天津、上海、辽宁、吉林、黑龙江、江苏、浙江的生育水平已经下降至更替水平。

第四阶段（1990～2000 年），生育水平进一步下降，地区差距缩小，社会经济因素的作用日益重要。到 20 世纪 90 年代，生育水平进一步下降，1992 年的全国计划生育调查首次显示了这个变化，但是当时大家都认为调查结果所显示的生育率过低，与实际情况不符。为此，国家人口计生委到一些地区进行复查，也确实有个别地方被查出当年的出生婴儿有 30% 的漏报，因此当时比较一致地认为观察到的低生育率有 30% 的水分。到 2000 年人口普查时，1990 年出生的孩子已经长到 10 岁需要上学，被漏报的出生人口必然会浮出水面。但是人们惊奇地发现 1992 年的生育率数字基本上反映了真实情况，即 90 年代真正出现了生育率的再次下降。2000 年以后，人口学领域对中国出生率进一步下降的原因有很多讨论，不少学者论证，社会经济发展是中国出生率进一步下降的主要影响因素。

第五阶段（2000 年至今），较早完成人口转变的地区生育率持续走低，婚育模式已发生变化。进入 21 世纪，可以观察到很多地方维持着很低的生育水平，在北京、上海，一对夫妇平均生不到一个孩子；在东北、浙江、江苏等省份以及一些一线、二线城市也都可以看到低生育率的情况。从宏观数据和微观调查都可以看到，群众的生育行为和婚育模式已经完全转变。作者在江苏应用定量和定性混合的方法进行了生育意愿和生育行为的调查研究，调查结果也证实了上述判断。在人们的思维中，认为中国人特别喜欢生孩子，但是从历史上看并不是事实。在封建社会的强盛时期（如唐朝和清朝的一些时期），政府甚至出面干预鼓励早结婚或多生育，而这恰恰反映了当时人们不愿意过早结婚或多生孩子。中国人口政策的历史作用是通过改变群众生育行为，减少出生人数，减缓人口过快增长，这种政策成效显著，目前人口增长惯性基本释放，群众生育行为已经转变。

（三）从中国人口的生育水平看人口转变

图 2 显示了 1950 年至今的中国生育水平，横轴是时间，纵轴是总和生育率。总和生育率是人口学特有的综合指标，它是考虑各年龄妇女的生育率而综合计算出的指标。总和生育率的含义是，如果所有的妇女都按照在调查的这一年各年龄妇女的生育状况来生育，终其一生她将生育的孩子数，总和生育率的单位是人。中国的总和生育率在 20 世纪 50 年代基本上维持在 6 这个水平。在 1959～1961 年三年困难时期，很多人推迟结婚生育，总和生育率下降到 4 左右，但这只是暂时的，一旦经济状况稍好就有一个巨大的上升作为补偿，1962～1964 年的总和生育率处在 6 个以上的高值就是对前 3 年的补偿，前后平均之后仍在 6 左右。这是人口转变的第一个阶段，人口死亡率快速下降，如婴儿死亡率从 1950 年的 200‰下降到 1960 年的 100‰以下。这个阶段婴儿死亡率的下降也对现今的老年人口规模做了贡献。很多老年人是因为 50 年代的条件改善而存活下来的，而在 30～40 年代出生和生活的人中有很多活不到老年，婴儿的死亡、妇女因生孩子死亡和人们因传染病死亡的可能性都非常大，而这一切在 50 年代都得到很大改善。由于这一时期的出生率变化不大，死亡率下降很快，因而人口迅速增长。

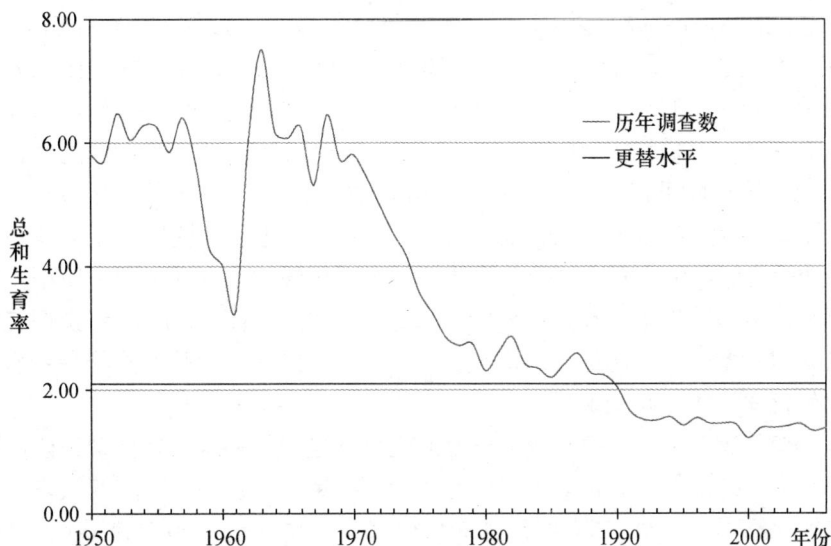

图 2　1950～2005 年中国人口的生育水平

资料来源：1950～1991：1982 年、1987 年、1992 年全国生育率抽样调查；1992～2006：历年《中国人口统计年鉴》，其中 1993 年根据 1992 年和 1994 年插补。

20世纪70年代，国家提供了有效的避孕服务。实际上要降低生育率，只有避孕服务是远远不够的，但如果民众有少生孩子的意愿，普及避孕服务就产生了非常理想的效果。国家有服务，政府有号召，民众愿意少生孩子。尤其对于妇女而言，无论考虑本人事业还是抚育子女，多生孩子都是很大的负担。因而，可以说70年代的生育率快速下降在很大程度上是由于国家政策和群众需求高度吻合。到80年代，虽然各地政府都有具体的生育政策，全国生育水平一直是波动的。值得注意的是，在这个波动时期一些东部省份已经率先下降到更替水平以下。所谓更替水平（在图2中为水平直线），是指人类实现世代更替所需的生育水平。从长远来看，人口的发展有其自然规律。根据增长的规律，如果人口持续增长，所有夫妇都生3个孩子，就会导致人口爆炸；而只生2个孩子就会使人口灭亡。这是理论上的说法，因为实际的情况是，人的生育行为并不是长期固定不变的，也不是整齐划一的。中国的更替水平一般认为是2.1，但是京、津、沪、辽、吉、黑、江、浙这些省市在80年代已经下降到2.1以下。

20世纪90年代，总和生育率在徘徊了10年之后进一步下降，10多个省份已降到更替水平以下。图3a显示了1975~1990年分省总和生育率的变化，横轴是1975年的总和生育率，纵轴是1990年的总和生育率，所有点显示的是各省1975年和1990年的总和生育率，两条直线显示的是2.1的更替水平。在1975年，只有北京、上海在更替水平以下，到1990年已经有12个省市在更替水平以下。

在这个过程中出现了一些新特点，20世纪90年代以前生育率的区域差异很大，政策实施和影响较弱的偏远省份如云南、贵州等地的生育率比江苏、浙江的生育率高很多，但是到了90年代，无论生育政策差异大小，各省份的生育水平都在趋同，随着时间的推进，中国各省份的总和生育率间的方差越来越小。进入21世纪，较早完成人口转变的地区其生育率仍然呈现下降趋势，而不是稳定在某一低水平，这与欧洲在完成第一次人口转变后出现的情况很类似。所谓人口转变是指人口从高出生率、高死亡率转变为低出生率、低死亡率。学者预期在完成第一次人口转变后，一切都进入稳定状态，但是人们的行为并不像研究者想象的那样，生育率仍然在向低走。

人口变化有其自然规律，人口总量的走势一旦降下去就很难指望其很快再上升。每年人口统计都有关于新生人口的统计，结果显示，在中国连续很多年新生二孩的比例都不到30%，新生三孩的比例约5%，也就是说60%的新生儿是夫妇的第一个孩子。虽然还有人认为中国的人口依然太多，应该减少，但是这种减少是有限度的，不能不让夫妇生孩子，而大部分新出生的孩子是第一个孩子。进入21世纪时，全国已经有半数以上省份的生育率下降到1.5以下，各省份生育水平均降至2.1或以下，即使是西藏和贵州在2000年的生育水平也只是在2.1（见图

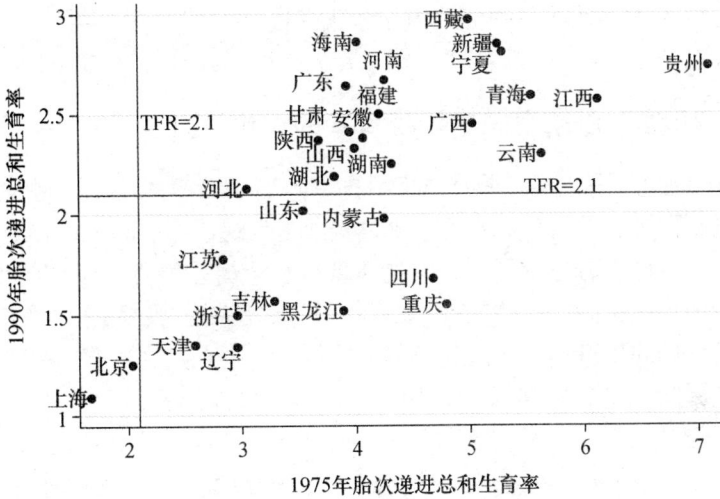

(a)

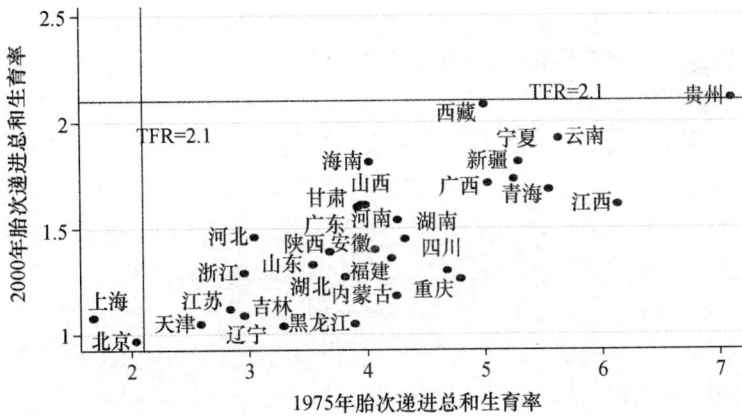

(b)

图3　1975－1990年和1975－2000年分省总和生育率的变化

资料来源：牛建林、郑真真：《从人口普查结果看中国生育转变的地区差异》，《中国人口年鉴2011》，中国社会科学院人口与劳动经济研究所，2011年。

3b）。2005 年中国进行了 1% 人口抽样调查，调查结果显示，35～39 岁妇女的平均子女数是 1.67。采用 35～39 岁这个年龄段是因为按照我国的生育模式，这个年龄段的妇女基本上完成了生育。需要注意的是，她们的生育水平代表的是 90 年代的生育水平而不是现在的，因为这个年龄段妇女的生育主要是在其 20 多岁即 90 年代完成的。

（四）21 世纪以来有关中国生育率的讨论

进入 21 世纪以来，人口学界围绕生育率开展了持续的讨论，讨论的焦点表面看起来是围绕中国生育率的确切水平，实质上反映了对中国人口转变进程的不同认识。这一讨论充分显示了生育率的重要性，只有了解真实确切的生育水平，才能更贴切地预测中国人口的未来，否则预测会与现实差距遥远。国家历次人口调查结果所得到的生育率及变动趋势基本一致，中国人口的生育水平已经长期稳定在 1.8 或更低，并在 90 年代初期曾有很大幅度的迅速下降[1]。唯一的不一致是，官方报告的总和生育率连续多年维持在 1.8，被称为"不变的风景线"。众多研究者对这个数据持怀疑态度。联合国人口司在 2007～2008 年重新估计了中国的总和生育率，将 2005 年的总和生育率调整为 1.56。为什么围绕着真实生育率会有如此多的讨论？因为生育率数据对做人口预测非常关键。生育水平被用来预测未来每年的新增人口数、再过 20 年进入劳动力市场的人口数和再过 60 年的老年人口数，环环相扣，如果从生育率开始就没搞清楚，其后的所有预测都会有偏差。虽然对于中国的确切生育率有很多讨论，算法和估计方法各有不同，但是这些估计都没有超出一个范围，即一定在 1.8 以下。虽然在具体数值上有争议，但已没有人怀疑中国的总和生育率已经处在更替水平以下。

21 世纪以来，对中国生育率变动趋势既有实证分析也有理论思考。怎样判断中国的人口转变？必须有实证依据，对人口变动的任何理论思考也都基于实证研究。讨论生育率的重要意义在于，如何认识中国的人口转变。李建民的一个主要结论是，现阶段中国低生育水平的稳定机制已经开始从政策控制为主向群众自我控制为主转变[2]。中国从 20 世纪 90 年代开始出现稳定的低生育水平，这种低生育水平的稳定机制在 90 年代上半段是以政府生育政策控制为主，但是在现阶段，中国已经完成了生育革命，不再是靠政策控制群众的生育行为，而是群众的自愿控制。这就可以解释为什么在 2000 年生育政策很宽松的地区如新疆、西藏、贵州等地的总和生育率也下降到较低的水平。认识到这一点对于理解中国现在的

① 郭志刚：《中国的低生育水平及相关人口研究问题》，《学海》，2010 年第 1 期。
② 李建民：《中国的生育革命》，《人口研究》，2009 年第 1 期。

生育水平和未来的人口变动趋势非常重要。陈卫[①]、蔡泳[②]等曾经使用中国的宏观数据和县级数据进行了深入分析，认为90年代以后中国总和生育率的下降主要是社会经济发展的贡献。学者们的基本判断是，中国生育率的长期稳定低水平已经成为事实，而不是像人们想象的那样低生育率是被政策强制压下去的。实际上中国生育率已经缺乏弹性了。

人口转变是多年前提出的一个人口理论，即死亡率首先降低，出生率会随之降低，当出生率和死亡率下降到一个较低水平时，人口变化就会稳定下来，人口出现相对稳定或者较慢增长的状态。但是完成第一次人口转变后的欧洲首先发现，人口转变理论并不能解释此后的人口现象，欧洲的人口并没有稳定下来而是继续在变动，生育率继续下降。因此，欧洲的人口学者提出了第二次人口转变理论[③]，与第一次人口转变最大的不同是，第二次人口转变过程打破了传统的婚育模式，向更为自由选择的多样化现代模式转变，从而带来的转变包括：①生命历程的多元化、家庭形成方式的多元化和两性关系的更加平等。家庭形成方式的多元化包括单身母亲和同性家庭，这在亚洲是极少见的。②婚姻不再成为生育的必要条件（但是在这一点上亚洲与欧洲不同，即使在亚洲的低生育国家，非婚生育只是个别而非普遍现象）。③妇女的生育年龄推迟，生育意愿降低，而实际生育水平比生育意愿更低，这是全球很多国家的相同点。中国东部地区及城市已形成长期超低生育水平，婚育行为不再遵循中国传统的固定模式，传统中20岁左右就要结婚，但是现在30多岁结婚很正常；按照传统，结婚后很快就要生孩子，但是现在人们也不这样认为，有些人在结婚后不生孩子或者等很长时间再生孩子。中国这些地区已经初步具备第二次人口转变的基础条件，长期的低生育率直接影响人口的年龄结构变化。

（五）中国人口年龄结构变化

人口数量和年龄结构都是人口的重要指标，而当前我们更需要关注的是人口年龄结构。图4为各次人口普查时获得的中国人口年龄结构。

中国于1953年进行了第一次人口普查。当时的老年人相对较少，中国是个很年轻的国家，小孩和劳动年龄人口占很高的比例。劳动年龄人口是指年龄15～59岁的人口，人口变动时劳动年龄人口的结构也会发生变化。1982年第三次

---

① 陈卫：《"发展—计划生育—生育率"的动态关系：中国省级数据再考察》，《人口研究》，2005年第1期。

② Yong Cai. China's Below – replacement Fertility: Government Policy or Socioeconomic Development? *Population and Development Review*, 2010, 36（3）: 419－440.

③ Van de Kaa. "Europe's Second Demographic Transition," *Population Bulletin*, 1987（42）: 1－57.

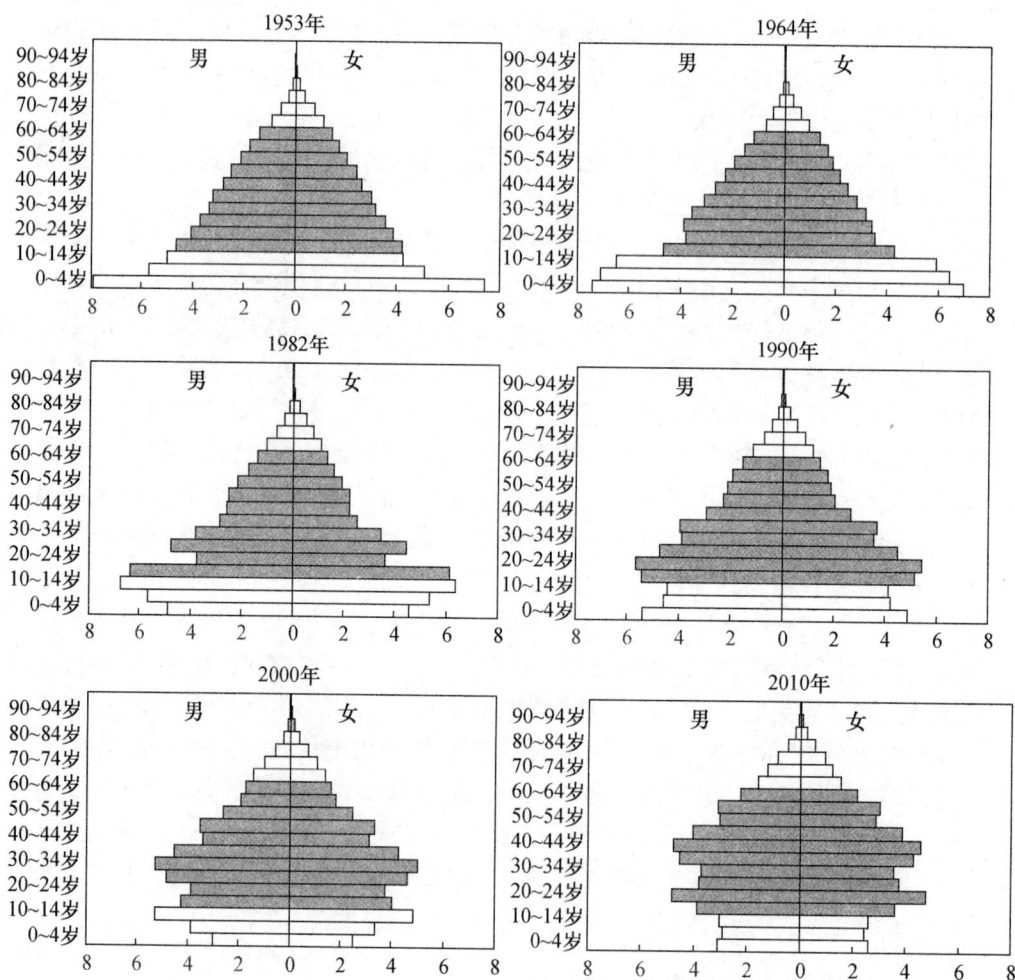

图4 中国人口年龄结构变化（1953~2010 年）

资料来源：姚新武、尹华编：《中国常用人口数据集》，中国人口出版社 1994 年版；国务院人口普查办公室、国家统计局人口与社会科技司：《2000 年第五次全国人口普查主要数据》，中国统计出版社 2002 年版；国务院人口普查办公室、国家统计局人口与社会科技司：《2010 年第六次全国人口普查主要数据》，中国统计出版社 2012 年版。

人口普查时，20~24 岁的人口比例有一个较为明显的缩进，这主要是由于 3 年困难时期少生了孩子。1982 年，中国进行了第三次人口普查，这也是中国第一次与国际接轨的人口普查，联合国人口司为这次普查设计提供了技术支持。当时基本上所有人都有户口，人口流动性不强，因而 1982 年的人口普查是比较准确的。可以看到，1982 年 0~4 岁儿童的比重明显降低，说明这个时期出生的人口在减少。2000 年的人口结构中这种缩进更为显著。人们常常提到的"人口红利"就出现在这一时期。这时人口年龄结构显示出一种形态，正如我们所观察到的 2000 年的人口结构，人数最多的是青壮年劳动力，即 20～30 多岁的人。由于这一时期新生孩子少，老人的比重也不高，所以有大量劳动力，这种人口现象被称为"人口视窗"，为经济增长提供了有利的人口条件。这体现了人口与经济发展的重要关系。在广东沿海地区工资多年不变依然能招到工人，是因为中国的人口结构中以青壮年劳动力为主，有源源不断的劳动力从农村转移出来。但是如果向前看，在 2000 年人数最多的处于壮年的劳动力随着时间的推移会往上走，如果他们走到金字塔的顶端，金字塔底端的人由于低生育率而越来越少，将会是怎样的前景呢？到 2050 年，如果保持中国的生育率不变，中国人口会呈现出深度老龄化的年龄结构。

一国的人口年龄结构很重要，但是我们在日常生活中可能感受不到这个重要性，因为我们看到的只是我们周围的环境。而人口研究要有宏观的视角，要从几千万上百万的数据中找出规律。如北京 2000 年的人口结构，中青年占比例较大。北京的外来人口迁入数量很大，因为北京的城市发展在源源不断地为外来人口创造就业机会，但是北京每年出生的孩子很少，基本上本地人口的出生和外来人口的出生各占一半。虽然北京的人口在老化，但是从外地迁移而来的众多青年人口将这个矛盾掩盖了。在讨论北京市的养老问题时，要降低到家庭层面考虑问题，既要看宏观结构，也要看微观效果。虽然北京市的青年人数众多，但是外来的年轻人占很大的比例，他们有自己的父母要赡养。

（六）中国人口变化趋势及特点

中国人口的变化趋势是，持续的低生育率正在积累人口负增长惯性，从 90 年代开始积累的这种负增长惯性正在逐渐增大（见图 5）。负增长惯性是内生的，并与未来的人口结构有关。有研究者用人口减半的时期描述人口内在负增长的速度。例如日本现在的总和生育率是 1.33，按照这种速度和人口的年龄结构，日本的人口在 46 年后就会减半。中国的总和生育率如果按照 1.7 计算，将在 75 年内人口减半。对于这种人口的减少，很多人会认为是一件好事，因为长期以来普遍认为中国人口众多是负面因素。但是任何事情都有两面性，在人口总量下降的过程中，人口的减少不是因为老年人的减少，老年人会因预期寿命的延长而减缓减少的速度，人口的减少主要依靠出生人数的减少。出生人数减少会影响未来劳动人口的年龄结构，减少新增劳动力。人口负增长惯性的长期存在将导致青年劳动力数量持续下降，劳动力的年龄结构也会变老。这是中国人口变化趋势的第一个特点，也是比较重要的特点。

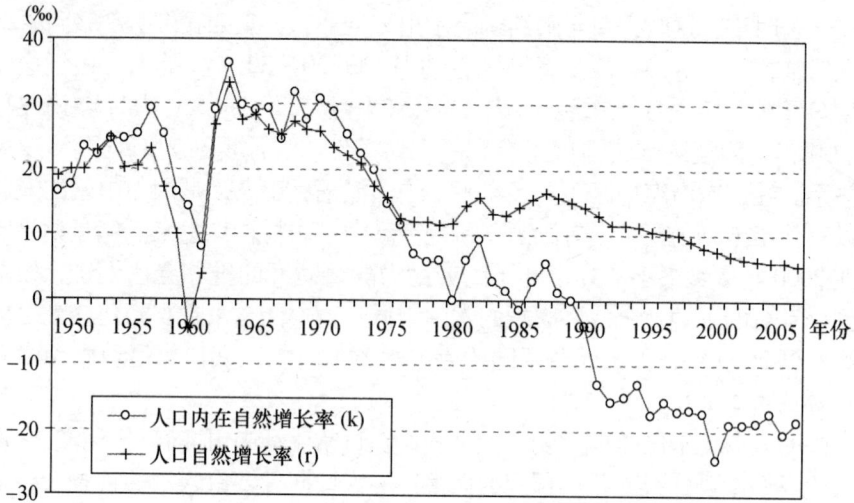

图 5　中国人口的自然增长率和内在自然增长率

资料来源：王丰、郭志刚、茅倬彦：《21 世纪中国人口负增长惯性初探》，《人口研究》，2008 年第 6 期。

中国人口发展趋势的第二个特点是数量庞大的独生子女家庭将长期存在。图 6 中纵轴是 2005 年 1% 人口抽样调查得到的 30 岁及以下没有兄弟姐妹的人口比例。上海有近 60% 的家庭是独生子女家庭，北京、天津、辽宁也在 50% 以上。广东、云南、海南、贵州、宁夏等省的独生子女较少，但这些地区大多是人口较少的省份。人口多的省份如山东、湖北、四川、江苏的独生子女家庭也已经占到 30% 以上。这样庞大的独生子女家庭的存在是中国从未遇见过的，对中国而言是一个很大的挑战。

第三个特点是人口老龄化进程不断加快，老年人口的比例会不断上升，将在 21 世纪后半叶达到 30%，约一半人口在 45 岁以上。关于中国人口老龄化虽然有不同的预测，但都显示出 2050 年之前中国老年人口比例的上升趋势。根据预测，到 2050 年中国的老年人口大约 3 亿～4 亿，并且 80 岁以上的老年人比例将升高，而 80 岁以上的老年人对照料的需求更多、需求程度更高。需要照料的老年人比重和独生子女家庭比重的上升，是由生育率下降和死亡率下降所造成的中国人口变动的未来趋势。

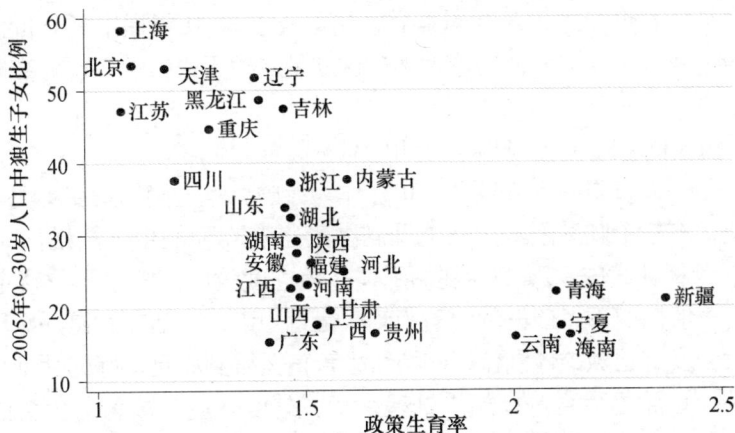

图6 中国分省独生子女比例

资料来源：同图3。

二、人口变动的国际趋势

（一）全球生育率向更替水平趋近

生育率下降并非中国人口的独特现象，20世纪90年代以来，全球大部分地区人口的生育率都呈现下降趋势，只是下降速度和变化幅度不同而已。20世纪70年代，人口学家邦戈茨总结了人口转变时期直接影响生育率变化的主要因素，提出了邦戈茨生育模型：

$$TFR = Cm \times Cc \times Ca \times Ci \times TF$$

其中，TFR为总和生育率，是对生育水平的时期测量指标。在这个生育模型中，人口生育水平的参照值是自然的生育率TF[①]，婚姻（Cm）、避孕（Cc）、流产（Ca）和产后不育（Ci）等因素会直接影响生育率变化。例如，推迟结婚年龄、采取避孕措施、流产和产后不育时期延长等，都会起到降低生育率的作用。

但是当欧洲进入第二次人口转变阶段，婚姻已经不再是生育的必要条件，人们只要有需求都可以采取避孕措施，大多数欧洲国家的妇女终身生育数量不超过3个孩子，在这样的形势下，需要重新考虑邦戈茨模型的适用性。在研究和总结

---

① 人口的自然生育率采用的是欧洲的一个人群（哈特莱特人）的经验数据。根据历史数据记载，在没有任何控制的前提下，如果一个哈特莱特妇女15岁结婚，整个生育期都有配偶，那么到生育期结束时，平均将生约12个孩子。

了低生育时期的生育模式和影响因素后，邦戈茨于 2000 年提出了分析低生育情况下的生育率及其影响因素的理论框架，这就是应用于第二次人口转变时期的低生育模型：

$$TFR = Fu \times Fr \times Fg \times Ft \times Fi \times Fc \times IP$$

该模型用个人意愿的生育数量（IP）作为参照，考虑到妇女在实现其生育目标的道路上，有三个刺激因素和三个抑制因素影响实际的生育数量。Fu 为非意愿生育，Fr 为替补效应，Fg 为性别偏好，Ft 为进度效应，Fi 为不孕效应，Fc 为竞争效应。一般情况下，前三项因素为刺激生育因素，包括非意愿妊娠导致的生育，因为对子女有强烈的性别偏好而持续生育直至得到满足偏好的性别构成，因孩子的意外死亡而再生育等；如果推迟生育，进度效应就成为对生育的抑制因素，原发性和继发性不孕则是因非意愿原因抑制了生育水平，竞争效应指妇女由于追求其他人生目标放弃达到意愿的生育数量，因此也是生育水平的抑制因素。当抑制因素的作用大于刺激因素时，实际生育数就会低于生育意愿。两个模型对应于两个不同的时期，意味着对生育水平变化的了解和分析在不断更新[1]。

至于在宏观层面影响生育水平的因素，社会经济发展无疑起到了主要作用。有学者对国际的生育状况进行分析后发现[2]，人口的生育水平与该地区人类发展指数（HDI）相关。在 HDI < 0.9 时，HDI 与生育率负相关，即生育率是随着人类发展指数的提升而下降的；在 HDI > 0.9 时有些国家的时期生育率呈现与之正相关的趋势，但是并不能在所有国家都观察到这种相关，有些国家的生育率在 HDI > 0.9 以后仍继续下降。不过这些相关关系都是在一定的范围内变化，总和生育率提高到 2.1 以上就比较困难，在一些国家可以观察到随着 HDI 的增加，总和生育率向 2.1 回归的现象。很多国家的调查结果显示，一对夫妇生两个孩子是最普遍的生育意愿，也可以说，人们的生育行为在向自己的愿望回归。

（二）发达国家与发展中国家人口结构差别

虽然全球生育率变化的主要趋势一致，但是由于绝大部分发达国家早已进入低生育时代，而很多发展中国家的生育率降低则较晚，有些发展中国家的生育率虽然下降，但是速度非常缓慢。另外，发达国家老年人更为健康长寿，老年人口比例在不断上升。在"出生"和"死亡"这两个人口过程上的显著差别，形成了发达国家和发展中国家人口结构的差别。图 7 中的左图为发达国家的人口年龄

---

① 对两个邦戈茨模型的更详细介绍，可参见：曾毅等：《人口分析方法与应用（第二版）》，北京大学出版社 2011 年版，第七章第五节"生育模型"。

② 曾毅主编：《UNESCO 生命支持系统大百科全书·人口学分卷》，中国人口出版社 2010 年版，第137 页。

结构,与右图的发展中国家人口年龄结构相比,老年人所占比重相对更高,而少年儿童和年轻人的比重相对要低。发展中国家显然具有更为年轻的年龄结构,24岁以下的人口数量庞大、占主要比重,老年人所占比重相对很小。由于发展中国家的生育率远远高于发达国家,这种人口年龄结构的差别还将持续很长一段时期。

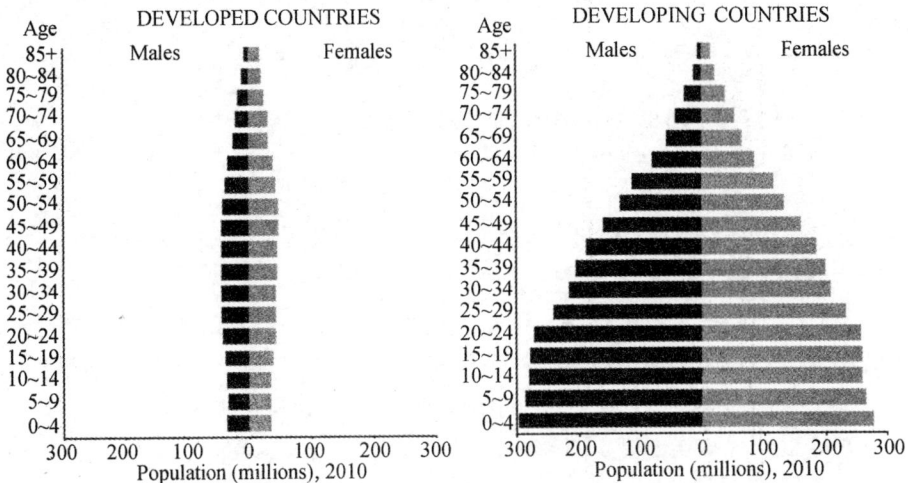

图7 发达国家与发展中国家人口年龄结构(横轴为人数,单位:百万人)
资料来源:UN Population Division,World Population Prospects:The 2008 Revision(2009)。

(三)全球生育状况:区域差别与未来展望

虽然发达国家和发展中国家人口年龄结构差别明显,但在发展中国家间也存在很大差别。考察生育水平的历史发展,20世纪70年代总和生育率在1.5及以下的只有苏联、日本和少数欧洲国家,拉美、非洲和亚洲的大部分地区生育率都相对较高。但是到2005年,生育率高的地区主要在非洲和少数亚洲国家,中国已经加入了1.5及以下的低生育国家行列。图8分别显示了1970年和2005年的全球生育状况。

很多低生育国家具有一些共同特征,例如:①处于社会经济转型期,如前苏联的很多国家,这些国家90年代以后处在经济社会转型,社会经济都发生重大变化,存在社会保障水平低或青年就业困难等社会转型期的特有问题;②处于经济发达区域内但经济社会发展水平相对较差,如意大利、西班牙和希腊;③具有

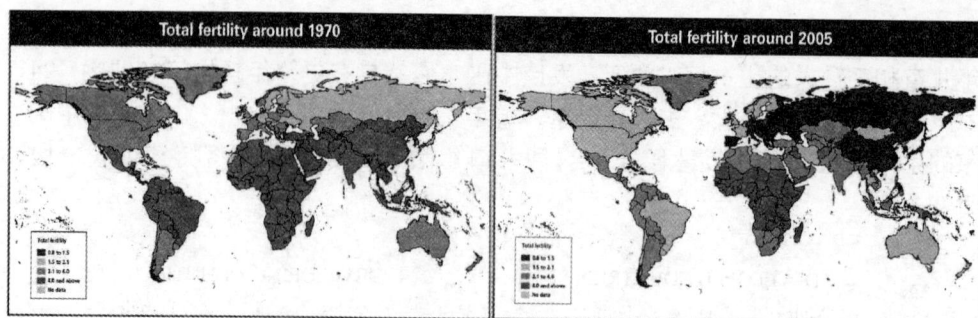

图8 1970年和2005年全球生育状况示意图

资料来源：UN：World Fertility Pattern，2009。

儒家文化特点，如东亚[①]和亚洲"四小龙"。中国正处于社会经济转型期，有的地方发达但有的地方仍然落后，区域差异大，社会保障水平低，又有儒家文化的熏陶，因此中国的低生育水平是合理和必然的，与国际上的情况差别并不大，所以了解国际生育率变动趋势有利于认识中国的形势。

尽管国家之间差别巨大，但总的生育水平都呈现下降趋势，包括欠发达国家。巴西从20世纪70年代生育率开始下降，现在已经下降到2左右；乌干达人口的生育水平虽然一直处在7左右的较高水平，但是近几年也出现了下降的趋势。因此生育率下降是一个国际趋势，即使非洲下降开始比较晚，速度比较缓慢，但还是沿着相同道路在走。

联合国曾经对全球生育率进行50年的展望（见图9），其预测结果是，世界上大多数国家的生育率可能在2045~2050年下降到3以下的水平，总和生育率在3~5这个水平上的只有少数几个国家，主要分布在非洲和西亚。关于全球人口变化未来趋势的基本判断是，发展中国家将经历与发达国家相似的人口变化，但是发展中国家的变化速度将更快，就像中国用50年时间完成了发达国家需要100年或更长的发展历程一样。因此未来发展中国家人口变化的影响将更显著和更集中。关于全球老龄化趋势，目前老龄化程度较高的地区主要在发达国家，2050年以后非洲以外的全球大部分地区的老龄化程度都会比较高。

---

① 虽然日本的生育率下降和长期处于低水平与相邻的东亚地区和国家相似，但有日本学者认为，日本的家庭制度并不具有儒家文化的特征，而与欧洲特点更为相近。

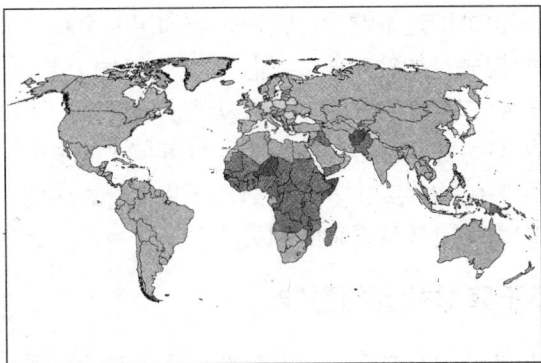

图9　全球生育率展望示意图（2045～2050）

资料来源：同图8。

三、生育率持续下降对社会和家庭的影响

（一）生育率下降的影响途径

生育率下降同时伴随着迁移模式、婚育模式和死亡模式的变化，会带来人口年龄结构和家庭结构的变化，这些变化既会影响社会也会影响家庭。David Reher曾系统阐述了人口转变对社会和家庭变化的影响途径[①]。首先，整个变动过程的起因是人口转变，人口转变的主要因素是生育和死亡水平的变化，目前对中国而言主要变化源自生育水平变化。人口转变的特点之一是生育的有效性提高，因为科技进步、医疗护理和生活水平改善，每次怀孕、生育的结果都会是一个健康的孩子，从而大大减少"浪费"的怀孕次数。生育效率的提高会使家庭尤其是妇女减少投入在怀孕、生育和养育孩子方面的时间和资源，增加对每个子女的教育投入和在子女身上的消费。由于孩子受到更好的教育和抚养，他们将有更多向上流动的机会。同时，由于养育孩子的时间减少、孩子养育成本增加以及其他家庭行为的改变，妇女在社会经济中扮演的角色也会发生相应的变化。

人口转变的另一个特点是长寿，这在发达国家已经成为现实。老年人的长寿带来的影响更是多方面的，长寿可能延长个人的职业生涯，也可能增加政府的养老负担。人口转变也影响到迁移，迁移在很大程度上还与生育水平相互影响，经

[①]　David Reher. "Demographic transitions and familial change：comparative international perspectives."在"人口转变后的家庭变迁国际研讨会"上的发言，2010年9月，北京。

济和人口的各个环节也是相互影响的。人口转变的另一个特点是影响家庭年龄结构和家庭中同龄人的构成，如独生子女就没有兄弟姐妹，堂表亲也会越来越少。分析人口转变对于社会和家庭的影响，可以从最宏观的层次下降到宏观的各个层次和微观层次，分析对家庭和对个体的影响。生育模式的变化、老年人长寿、迁移模式、老龄化和年龄结构的变化等方面都是研究者所关注的人口议题，生育率下降对社会和家庭的影响更是越来越受到关注。

（二）生育率下降对社会的影响

生育率下降并长期处于低水平，在没有外部移民的情况下，将导致人口结构老化。因而低生育水平和人口老龄化的影响是密切相关的。在中国目前的情况下，我们已经看到或可以预见的影响大致有以下几类。

（1）家庭对社会支持的需求增加。由于家庭规模的小型化和家庭内部养老资源（经济的和人力的）日趋不足，老年人必然转向社会，寻求必要的支持和服务，对社会养老资源的需求将快速增长。中国传统的养老模式是家庭养老，但是如果生育率下降导致将来家庭养老的资源不足，养老就需要社会支持，而社会支持是有形的、实在的，它需要金融财政保障和人力支持，具体提供养老服务的仍然是劳动力。如日本有些养老院要依靠外国移民提供服务，而未来中国如此庞大的老年人口是很难依靠外国移民来提供所需要的服务。如果所有的家庭都只有一个孩子，劳动力的来源将成为很严峻的问题，社会支持就难以实现。

（2）在社区层面的挑战。生育率下降和长期低迷将导致一部分社区尤其是城镇社区的家庭结构单一。生物学上讲生物多样性，但是当前生育政策使得中国的家庭尤其是城镇家庭失去了多样性而结构单一。如果一个社区的家庭都是独生子女家庭，邻里间的互助就很难实现。这样的家庭结构也给社区工作带来了挑战，即使社区希望对居民提供帮助，但是可能找不到必需的人力资源。随着时间的推进，在20世纪50～60年代两个出生高峰时期出生的人正在步入老年，而这些人恰恰是在80年代实施独生子女政策时生育的人，他们大部分只有一个孩子，这些人群在80岁时的养老问题和需求对中国来说是巨大的挑战。

（3）人口老龄化意味着参与政治活动的人群老龄化和社区居民构成的老龄化。国内对选民的老化这个问题的研究比较少，但是在欧洲已经受到关注。如果选民都是50岁以上的人，他们可能更偏好维持现状。中老年人和年轻人的需求也往往是不同的。如果参与政治活动的人群主要由老年人构成，这将影响到未来的社会政治活动和规划。例如一个以老年居民为主的社区可能会选择不建儿童乐园而是建养老院。国内对于这一点的研究还很不足，但是现实已经对此提出了越来越迫切的需求①。

（4）城乡人口老龄化差别。由于农村劳动力的大量外流，农村人口老龄化水平高于城镇，而目前我国城乡老年人之间获得的公共服务存在巨大差异，城乡人口老龄化的差别更加重了这种差异所带来的影响。我们很高兴地看到国家已经开始做农村老年保障的试点，如果政府有足够的力度，农村老年保障是可以在全国推开的，这将至少在一定程度上改善农村老年人的状况。

（5）独生子女一代是否会形成不同的企业文化？有调查认为，80后、90后人群进入企业后会带来不同的企业文化，因为调查发现他们的思维方式、忍耐程度等与20世纪60~70年代出生的人不一样。当然，不一定是独生子女形成了不同的企业文化，而有可能是新一代青年人的共同特点，这些特点也可能是促进变化和改革的积极因素。不过，独生子女在家庭中受到的注意力显然与多子女家庭不一样，这是否会影响他们未来在社会上的表现，从而影响整个社会，还需要有更多研究。

（三）生育率下降对家庭的影响

生育率下降导致家庭结构的变化，出现更多的独生子女家庭。在目前的经济社会条件下，则导致家庭抗御风险的能力降低，子女教育、代际互动不同于非独生子女家庭，家庭进入空巢的时间提前和空巢时间延长并从而引发老年赡养等诸多问题。

（1）家庭抗御风险的能力降低。如汶川地震导致很多儿童和青少年罹难，而四川执行的是较为严格的独生子女政策（尤其是城镇地区），这种损失对人到中年的独生子女父母来说几乎是无法挽回和难以补偿的，对独生子女家庭造成了非常强烈的冲击。独生子女家庭是一种脆弱的家庭结构，如果不是自愿的选择而是政府的统一要求，风险会对家庭有更大的打击，也会使得家庭对政府补偿和社会支持的需求更强烈。

（2）子女教育、代际互动不同于非独生子女家庭。独生子女家庭有很多积极因素。例如，由于家庭资源全部放在一个孩子身上，独生子女获得的教育应当好于多子女家庭的孩子。同时，代际互动也可能更为频繁，独生子女得到两边老人的同时关照，可能会更有益于儿童成长。英国的一项研究认为，在父母非常忙的时候，祖父母会很好地起到补充父母角色的作用。但是也有学者指出，长辈的过分关注和过分担忧会给独生子女带来很大的负担。

---

① 例如作者在苏北农村调查时正值村委会改选，选举规则要求原则上候选人要在55岁以下，但是当地常住居民老龄化程度严重，主要是50岁以上的中老年人，绝大多数年轻人都已外出打工。这种要求显然不适应当地人口构成。

（3）家庭进入空巢的时间提前和空巢时间延长。一对夫妇没有子女的家庭（通常是因为子女成人全部离家）称为空巢家庭。由于过去子女多，子女在年龄上有差距，有的子女已经工作，有的还在读书，所以家里没有子女的时间会比较短。但是现在家庭里只有一个子女，子女出去工作后家庭里就没有子女了。因此家庭进入空巢的时间提前，空巢时间延长。如果一对夫妇30岁时生孩子，50岁时孩子外出求学或工作，从50～80岁他们有30年的时间要两个人孤独度过，这对于社会和家庭也是一个挑战。已经有研究证实，是否与家庭成员同住对老人的健康影响很大。

（4）独生子女家庭中老年人的赡养问题。凡是妇幼保健和计划生育工作起步早并做得很好的地区，独生子女家庭相对较多，如江苏南通地区独生子女家庭早在20世纪70年代已经出现，这个地区同时也是我国有名的长寿地带，老年人的赡养问题已经凸显。由于这种地区还不普遍，有很多家庭有不止一个孩子，现在可能还看不到这个问题的严重性，但是未来二三十年，这个问题会变得非常突出。

上述分析给我们的启示是，我们考察宏观现象和全国平均现象时，对有些问题不一定会意识到，但是如果将视野转向家庭，就会发现很多我们在宏观层次观察不到的实际问题。

四、生育率下降的经济后果及应对策略

生育率下降以及人口老龄化在财政税收、医疗和公共卫生、劳动力供给以及投资和消费等多方面将对中国经济产生影响，有些是直接影响，有些是间接影响。例如：老年保障的公共负担加重，养老保障体系支付压力加大；公共卫生和医疗保障体系支出增加；人口结构变化会对投资和消费都产生影响；直接影响未来的劳动力供给；等等。

生育率下降对人口结构的影响就是人口老龄化加剧，从而引起老年保障的公共负担加重，养老保障体系支付压力加大。如果保持现在的退休年龄不变，而预计2050年中国的平均预期寿命将超过80岁，那么一个受过高等教育的人工作30多年就开始领取可长达30年的养老金，这对政府来说是很大的负担。这也是西方国家推迟退休年龄的原因之一。由于中国人口基数大，未来老年人口规模也会很大，随着国家对民生和社会保障的日益重视，政府正在承担起很大的负担。

老年人患病率相对较高，因老年人增多保健需求也会相应升高，老年以后的看病需求将随年龄呈指数增长，公共卫生和医疗保障支出也就相应增加。医疗需求可以通过患病率、住院率和医疗费用等指标间接反映。根据已有国内外研究和中国卫生服务调查等相关调查，可以看出医疗需求具有明显的"J"形年龄模式，即在 5 岁以下婴幼儿期有较高的需求，随着儿童的成长，健康风险逐渐下降，进入老龄阶段则随年龄迅速上升（见图 10，图中住院率在 25～34 岁组有明显升高，应当与妇女分娩住院有关）。

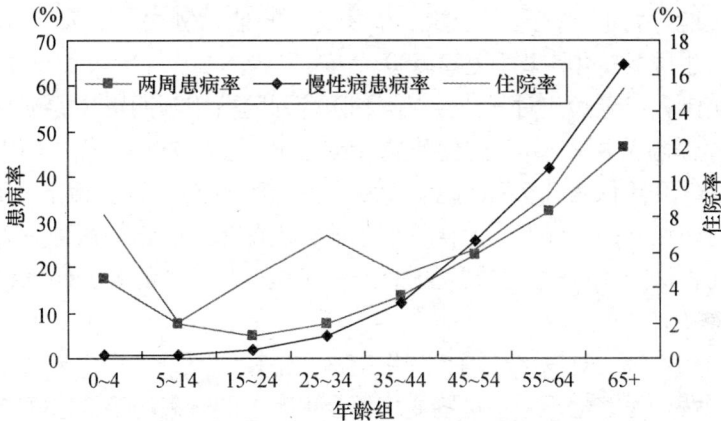

图 10　按城乡居民年龄分组的两周患病率、慢性病患病率和住院率（2008 年）

资料来源：卫生部统计信息中心编：《2008 年中国卫生服务调查研究：第四次家庭健康询问调查分析报告》，2010 年。

　　与 2003 年的相似调查相比，2008 年中国卫生服务调查结果发现，这 5 年间中国城乡居民无论是患病率、慢性病患病率还是住院率都大幅度上升。这一方面反映了医疗服务可及性的改善，另一方面也和人口老龄化有密切联系。以城市人口为例，在寿命延长的同时，65 岁及以上的老年人有 85.2% 报告自己患有慢性病。当然，患病率和住院率不仅与健康状况有关，还与医疗服务的可及性和利用率相关。在医疗保险缺失的情况下，经济不富裕的居民会选择少看病、少住院，因此经医生诊断和调查对象自报的患病率会偏低。中国正处在医疗改革阶段，估计随着医疗服务均等化问题的改善，农村人口的患病率会进一步上升。

　　与患病率和住院率的模式相似，医疗费用也随年龄呈"J"形变化。研究表明老年人口的人均医疗费用是年轻人的 3～5 倍，而且在医疗费用上涨时，老年人的医疗费用增速更快。医疗费用随年龄变化的模式不仅与老年人的医疗需求相关，也受到医疗保障制度的影响，如美国的医疗费用在 65 岁以后急剧上升，大大高于其他经合组织国家，与其 65 岁以上人口可以享受政府提供的老年医疗计划，而 65 岁以下人口中有相当一部分人没有享受任何医疗保障有关。而中国的数据则显示，城乡居民医疗费用支出存在显著差异。由于更多城市人口享有医疗保障，城市居民医疗消费约为农村居民的 2 倍。据估算，2003 年中国城市居民人均医疗消费在老年以后急剧上升，70 岁以上老人的人均医疗消费约在 2000 元左右。而照料需求实际上涉及到费用和人员两方面。有研究根据老年人家属报告的日常生活照料费用和老人临终前照料费用，估算了 2005 年 65 岁城镇老人在余生中需要用于支付照料的总费用为 11600 元。日常照料费用根据年龄、性别、城乡和老人自理能力而不同，大约在 70～75 岁达到峰值，例如一个 75 岁城镇不能自理老人的余生照料费用平均高达 21500 元①。

有关美国人口老龄化对其社会保障和医疗保险费用预期影响的预测发现，未来美国医疗保险费用占 GDP 的份额将持续上升，到 2050 年将占 GDP 的 8.7%（该份额在 1970 年仅为 0.7%，此后持续上升，2000 年后则加速上升）。由于目前中国政府所负担的医疗费用比例是很小的，因此尚未感觉到这种压力。当全国正在逐步完善保障体系时，需要考虑政府能承担得起多大的社会保障和医疗保险费用负担。

人口结构变化会对投资和消费产生影响，年轻的人口结构和年老的人口结构其投资和消费行为完全不同，这些变化都会影响中国未来的经济选择。

生育率下降对未来劳动力供给的影响是最直观和最显著的。生育率下降直接导致人口结构变化，引起劳动力老化甚至短缺。目前，中国正处于劳动年龄人口与非劳动年龄人口之比的最高峰，劳动年龄人口比例很高，但是在此之后会发生迅速下降，印度的该比值在 2025 年左右会超过中国，但是不会达到中国所经历的峰值。我们对于将要经历的劳动力人数和比例迅速下降，也许现在还不以为然，但在未来将会感受到生育率下降对中国经济的影响。

"中国未来的劳动力是否会短缺，缺口会有多大"已经成为研究热点。研究中的一大挑战是预测分地区的未来劳动力需求。如果产业结构变化，以服务业为主的产业结构与以制造业为主的产业结构相比，其需要的劳动力类型不同，但是服务业的发达同样对劳动力有很大需求。在对于未来劳动力短缺与否的研究中，生育率的重要意义被凸显出来，如果中国的总和生育率是 1.8 而不是 1.5，那么出生人数是不同的，未来的劳动力数量也有很大差异，从而导致关键结论的巨大差异。一个人出生后要经过 15～20 年才会进入劳动力市场，而这种人口现象的滞后性往往被忽视。

如何应对可能出现的劳动力短缺？中外研究者已经提出各种可能的应对措施，至少包括：转变产业结构、提高劳动力素质、从农村转移劳动力、提高劳动参与率、开发老年潜力、放开国际移民等，随着时间的推进和研究的深入还将有

---

① 曾毅等著：《老年人口家庭、健康与照料需求成本研究》，科学出版社 2010 年版。

更多的想法被提出来。目前已经有很多关于人口红利和刘易斯转折点的研究，这些都是与劳动力供给和产业结构密切相关的议题。受过教育的劳动力的劳动生产率不同于文盲，如果通过教育提高劳动力素质将会减少劳动力的需求数量。但是这种减少是有限度的，这取决于将来所需要的劳动力类型。

实际上，即使在完成产业转型之后，我们仍然有不同层次的劳动力需求，因此不仅要关注劳动力数量，还需要关注劳动力结构。有研究者提出，农业机械化的逐步发展将继续将劳动力从农村转移出来。但是目前中国农村的劳动力是以40~50岁甚至更高年龄的人为主，年轻劳动力基本上已经转移出来，不可能再有更大规模的转移。如果没有新增农村劳动力，以后再从农村转移更多劳动力是很困难的。

还有学者提出，为了弥补劳动力短缺问题，应当考虑改变文化传统，对老年人的年龄界限进行重新界定，将60~70岁人口的劳动潜力开发出来。但是在一个企业或产业中，年轻人的贡献和位置与老年人不同，能否用这种方法弥补年轻劳动力的短缺是值得研究的。有些国际咨询报告建议中国政府放开国际移民，但是根据国际人口变化的趋势，除了非洲生育率都是往低走的，等中国需要劳动力的时候其他国家尤其是中国周边国家也都需要劳动力，且从规模上也很难弥补中国这么巨大的缺口。西方国家的移民经历对中国有很多启示和教训，我们需要探讨非洲人移民到欧洲工作所遇到的问题。多年前，加拿大政府为了应对老龄化出台政策，引进移民以改善年龄结构，但是若干年后他们发现这些措施并不有效，这些移民也会逐渐老去，而他们的生育模式与加拿大本地人趋同，结果老龄化趋势并未得到缓解。

关于提高劳动参与率，有学者根据中国的人口普查数据指出，中国尤其是城市在20世纪90年代的劳动参与率与80年代相比下降了（例如数据显示中国1990年的劳动参与率高于2005年），可以把这部分劳动力释放出来，但是释放出来的也还是40~50岁的劳动力。此外，这种劳动参与率的现实意义也值得讨论，例如虽然2005年只有约70%的妇女在劳动力市场上，但是并不意味着30%的妇女完全不工作。中国妇女的劳动参与率在国际上也属于高水平了，进一步发掘并不容易。

五、结语：正视现实、把握趋势、积极应对

人口变动在很大程度上有其自然规律，其影响具有滞后性，如果决策时不考虑人口变动影响的滞后性和未来趋势，将会造成对形势的误判。首先，我们应该了解和尊重人口规律，而不是妄图改变它，因为有些规律是无法改变的，比如人

需要一岁一岁地成长。弄清人口规律需要有准确的人口数据和足够的知识。我们常常会发现人口数据不够准确，但是不能因此而拒绝做决策，应该在对既有数据进行分析的基础上有一个基本的判断。如果有足够的知识和数据，就可以评估人口数据的缺陷并找到调整和补偿的科学方法。其次，我们要科学地分析和预测，而科学预测的前提是正确理解历史，有时我们甚至需要回溯到唐宋时期去理解当前状况和变化，否则对未来的判断可能是有偏的。正确理解历史，有助于科学预测未来。最后，在看清和承认事实的前提下，我们要积极应对，未雨绸缪。预测的目的是要做好科学的应对措施，但是我们往往关注眼前的问题而对未来考虑不够。

在与人口相关的研究中，我们需要对人口与经济的相互作用有足够的科学认识。比如，认为中国因为降低了出生率从而促进了经济增长的观点是值得商榷的，人口数量的多少和经济增长的快慢不是直接相关的。对于很多事情我们不能做没有研究的判断，而应该在大量实证的基础上对人口与经济的相互作用有足够的科学认识，人口学和经济学都是实证的科学。当前对于两者相互作用机制的研究还比较缺乏，一方面是由于数据的缺乏，另一方面是由于既跨学科研究者的缺乏。我们需要更多跨学科的研究，以取长补短并得到更科学的结论。

最后，希望大家在经济研究中注意人口变量的作用，正确使用人口变量，而不能简单地将人口变量看作是正面或负面的变量，它是一个中性的变量，是一个事实，且往往是不可操纵和干预的。人口变化本身并不一定是个问题，而是需要我们注意的事实。但是如果我们不清楚人口变化的趋势，不够重视人口变化及其可能的影响，则会带来严重的问题。

编辑整理：陈　钰

市场经济中政府的边界
——以医疗行业为例

朱恒鹏

2010 年 10 月 14 日

朱恒鹏

中国社会科学院研究生院经济系教授

摘　要：市场并不是完美的，在"看不见的手"之外，经济的良好运行还需要依靠政府这只"看得见的手"。同样，政府干预经济也存在许多局限，存在明显的"政府失灵"。在市场经济中，政府的边界在哪里？政府在对经济进行干预时应该采用怎样的方式？是否在那些所谓存在市场失灵的领域中就必然需要政府介入？本文以医疗行业为案例试图回答上述问题。

关键词：政府边界　市场失灵　医疗行业　信息不对称　社会医疗保险

一、为什么讨论这个问题？

对于目前我国的经济体制类型，国内外存在截然不同的判断。一些发达经济体不承认中国的市场经济地位，国内有些学者却认为我们的市场经济过度了。关于什么是市场经济、什么是好的市场经济的争论一直存在着，在 20 世纪 90 年代就有这方面的争论。但是即便到现在，对这个问题我们也尚未形成较为一致的认识。

中国目前究竟是仅仅初步建立市场经济体制还是已经过度市场化？我个人的看法是中国目前的市场化程度并不高，离完善的市场经济体制还有很大差距。那些表面上看是市场化过度所导致的现象，实际上恰恰是表明经济还不够市场化的证据。以餐饮业为例，作为第三产业服务业中较低端的产业，餐饮业一直被人们认为是市场化程度很高的行业，但事实并非如此，餐饮业的市场化程度并不像表面上看起来这样高。这些行业的背后都有着很深的政府力量的介入。通过对中国经济现实的观察，我们会清晰地得出这样的结论，那些认为我国的市场化过了的观点是存在问题的。比如医疗行业并不存在过度市场化的问题。一个基本的判断是，我国的市场经济体制已经初步建立，但还远不够完善、当然更谈不上成熟。

在目前发展阶段，如何界定政府和市场的边界成为建立完善的乃至成熟的市场经济体制的关键。如果我们的目标是建立完善的市场经济体制，那么在完善的市场经济体制下，政府这只"看得见的手"应该到哪个位置为止，即政府的边界在哪里是一个必须明确回答的问题。在中国现有的经济体制下，存在着政府对市场的过度干预，即政府越界的问题。近几年引起社会高度关注的一系列经济事件，比如前些年陕西的民营油田事件、2009年山西的民营煤矿事件、国进民退、房地产价格、绿灯价格，等等，本质上都是这个问题的体现。

笔者目前正在研究的一个问题从理论角度讲就涉及政府介入市场经济活动的边界问题。大家都知道，目前药价居高不下的问题已经成为一个社会热点问题，从2000年开始政府实施了公立医院药品集中招标采购制度，意图解决这个问题。但该制度实施了10年后，药价虚高问题不但没有缓解反而愈演愈烈，最近政府相关部门准备出台基本药物统一采购制度来解决这一问题，该制度准备以省为单位每年搞一次基本药物集中招标采购，要求所有政府举办的卫生院和社区卫生服务中心与中标药企就本年度要采购的药品签订量价挂钩采购合同，即合同中既要明确本年度每种药品的采购价还要确定本年度每种药品的采购量。所有政府举办的基层医疗机构都必须参加这一基本药物集中采购制度，没有拒绝参加的权利。这是一个政府越界干预自己不该干预，也不可能取得良好效果的典型案例。我们可以用另一个更为直观的案例说明这一点。在我国，煤炭分为电煤和非电煤。20世纪90年代中期以后，非电煤的定价和交易基本已经实现了市场化，而电煤却仍然受到政府高度干预。2002年国家决定取消电煤指导价，逐步实现电煤定价市场化，但是事实上国家计委依然制定一个参考性价格，并要求甚至动用对运输能力的行政权力"迫使"煤炭企业和电力企业在每年的电煤订货会上签订包括价格和数量的电煤购销合同，即电煤量价挂钩购销合同。而实际情况是，政府制定的煤炭价格既不能让煤炭企业满意，也无法让电力企业满意，煤电双方以及相关地方政府对这种做法均有很大意见，每年都有一定数量的煤电合同未能签订，重点电煤合同的签订率甚至达不到70%。合同执行中也存在诸多矛盾。这些矛盾累积到2008年集中爆发，在该年底的电煤订货会上，关于2009年的煤炭购销合同在经历了长时间的争吵和讨价还价后依然未能签订。2009年国家发改委发文声明：不再对电煤定价，也不再召开订货会，由相关各方自愿订立合同。

我们可以比较一下上述药品和电煤两个案例：对于像煤这种品种和质量非常单一、优劣极易区分的商品，政府主导数量有限的国有大型煤矿和国有大型电厂来签订量价挂钩合同尚且如此困难，更何况是药品！一个省份涉及的基本药物供应企业多达数千家，其中仅药品生产企业就超过1000家，中等规模省份卫生院和社区卫生服务中心多达2000家，像河南省这样的大省甚至达到2800多家；而订立合同的标的——药品的品种数量也非常庞大，基本药物有307种，再加上地方增补品种，按品规来算进入采购目录的药品有上万种，即使经过招标筛选，中标品规也要一两千种。大家想一想，政府强制2000家左右的医疗机构和1000多家药厂就1000多种药品签订必须执行的量价挂钩购销合同，这怎么可行？和上述电煤合同比较一下，大家能够更清楚地看清楚这一点。

在这一事件中，我们需要思考政府边界的问题，政府是否在药品定价方面越界了？政府是否在药品交易方面越界了？利用这种手段政府能够实现政策意图吗？

近年来出现的一些重大经济问题以及理论和政策争论其实质往往就是"市场经济体制中政府定位问题"，或者说是市场和政府各自的边界如何界定问题。通俗地讲，我们今天需要回答如下问题：市场经济体制下，政府应该做什么？不应该做什么？以什么方式做哪些应该做的事？经济学理论和分析方法依然是回答这些问题的主要工具。尤其是其中的微观经济学，对于启发人的思维很有益处。当然，我们今天已经知道，经济学理论和方法不仅仅帮助我们分析狭义的经济问题，也非常有助于我们分析社会问题和政治问题。

二、政府的边界——市场失灵的领域

什么地方需要政府，经济学教科书已经给出了清楚的答案，就是那些市场失灵的地方。受到诸多经济学家批评的所谓"黑板经济学"将市场失灵归结为以下几种，竞争不完全（自然垄断）、公共品、外部性和信息不对称。有一种说法，凡是存在"市场失灵"的地方，就是政府应该介入的地方。按照这样的说法，政府和市场的分界由产品与行业的经济特征决定，仅在自然垄断、公共品、外部性和信息不对称等少数"市场失灵"的地方，才有政府干预的空间。公共品的基本特征是非排他性，由于医疗服务是典型的排他性产品，按照公共品的定义，医疗服务是明确的私人产品。但是有人将医疗服务尤其是所谓的基本医疗服务界定为（准）公共品，尽管何为基本医疗没有人说得清楚。

经济学教科书告诉我们市场失灵的定义和市场失灵的类型，但是当我们从教科书转向现实，我们要问的一个问题是：何谓"市场失灵"？那些所谓"市场失灵"的领域真的存在"市场失灵"吗？比如经济学教科书中一直将灯塔作为典型的公共品，依靠市场无法充分供给，必须由政府来建造和运营。但是《经济学的著名寓言——市场失灵的神话》一书用扎实的史料证明了在过去数个世纪英国的许多灯塔恰恰是由私人建造和运营的，并且是营利性的，灯塔尽管是很典型的公共品，市场却依然能够很好地供给。因此，对市场失灵理论进行深入研究后会发现，有些所谓的市场失灵并非真的是市场失灵。现实经济中完全竞争的情况是少之又少的，即便最具竞争性的行业中至少还存在着搜寻成本。例如在国内我们会观察到这样一个现实：满大街都是药店，但是药价依然很高。这与政府的制度设计有关，国家药监局和卫生部为防止居民乱买药，规定在一定区域内不能出现两家药店。因此如果北京的金象大药房在一个新建的小区开设了分店，其他药店就无法再进入该小区。小区居民出于搜寻成本、距离成本等方面的考虑，会选择接受金象大药房的高价格而不是到两公里以外的一家平价药房购买低价药品。在这个世界上，竞争从来是不完全的，但这并不意味着一旦出现不完全竞争的情况，药店就要由政府来开。所谓市场失灵的地方是否真的是市场失灵，这是一个需要我们仔细探讨的问题。

黑板经济学对外部性问题提出了两种解决方法。第一种解决方法是庇古解，对负外部性问题可以通过多收税的方式施加惩罚，税收的征收使得私人成本加上惩罚性税收等于社会成本，负外部性问题就得到了解决。同理，正外部性问题可以通过补贴的方式解决，我们只要将补贴的程度设定在私人收益加上补贴等于社会收益的水平上就可以了。在这个过程中，通过政府介入来解决外部性问题，向产生外部性的单位收税、实施惩罚或者补贴。需要指出的是，我们在界定政府边界时，丝毫没有无政府的说法。人们对此已经达成共识——这个世界不管你愿不愿意，必然是有政府的。有些事情需要政府来做，有些事情由政府做确实效率很高，例如庇古解中补贴和税收的执行。解决外部性的第二种方法是科斯解，如果能将产权明晰到具体的行为人，又能使交易成本不太高，自由交易的情况下外部性也可以解决。例如在碳排放问题中，由于污染权是可界定的、明晰的、可交易的，初始分配可能并无效率，但最终交易的结果一定是有效率的。在这两种方案中，我们看到都需要政府介入，但是都不是由政府来包办，在庇古解中，政府的税收或者补贴是为了矫正私人成本（收益）和社会成本（收益）的背离，但是政府并不负责产品和服务的提供，产品和服务的提供依然通过市场解决。而在科斯解中，政府要界定并保护产权，但并不取代市场交易。当然这两种方式是否比政府直接包办效率更高，还有待进一步分析。但至少，经济学已经提供了一些不需要政府包办或不需要政府主导的案例。公共品、信息不对称也存在着类似的问题，即在解决由公共品、信息不对称造成的市场失灵时，在很多情况下，我们可能需要政府干预，但并不需要政府主导，更不需要政府包办。

"市场失灵"是否就必然意味着"政府不失灵"？换句话说，市场干不好的事情，政府是否就一定能干好？当政府介入某领域的时候常常会给出这样的理由：因为它是公共品或者它具有外部性，所以要由政府来做。其背后的逻辑就是市场干不好的事情政府必然能干好，可是事实上真的如此吗？A干不好的事情，B必然干得好，这在逻辑上显然是不成立的。构成市场失灵的一大原因是信息不对称，市场不能解决这个问题，政府也不能。医生给病人看病时由于信息不对称，欺骗病人，然后政府让医生成为国家干部，享受公务员待遇，就想当然地认为信息不对称从此消失，逻辑上显然也不成立。为什么只要政府介入市场失灵就必然消失呢？政府真的不会失灵吗？这是我们需要考虑的问题。

有些市场失灵问题确实需要政府介入，但是政府介入的方式是什么？有些商品的价格确实需要政府监管。以零售药品价格为例，在目前中国的公立医院垄断处方药零售的情况下，如果政府不管制药品零售价，医院很有可能会把药价抬高到穷人买不起的地步，这就是以利润最大化为目标的垄断定价行为模式，这也是处于垄断地位的医院在缺乏政府管制的情况下的必然行为。在现实中，医院真的是这样做的，同一个手术在一个中部发达省份的县级医院大约需要 3 万～4 万元，在北京、上海、广州的三甲医院需要 10 万元左右，医院对这种巨额差价给出的理由是大医院的医生医术高并且设备好。这种解释是有道理的，但是就像博士和本科生一同教小学数学，博士不一定比本科生有优势一样，三甲医院的医生怀着一身绝技给病人看感冒这样的普通疾病，索价 2000 元，而在县级医院看好感冒只需要几百元，这明显是不合理的。大医院锁定的顾客群体是富人，是能从他身上获得最高利润的人。那么，只为富人服务的医院是真正的公益医院吗？药价需要政府监管，但是政府监管的方式是什么？是管最高零售价还是管加价率，还是管采购价？经济学告诉我们，价格管制只是一种解决方式，也有一些更好的方式。政府现在的做法是从采购价到加价再到零售价一并管起来，既管医生、护士的工资，也管院长的工资，2700 多种药品和近 5000 种医疗服务由政府定价。而实际上，仅管制最高零售价是最好的方式，简单、好操作并且效率高。卫生部更是主张由政府来办医院，将医生、护士由财政供养。不但要管价格，还要管人，这就是所谓的政府主导。如果从经济学的角度以公平和效率为评价标准进行分析，到底哪种方式更好呢？有学者提出这样的论调，需要政府主导是因为医疗行业市场失灵，但是他并没有告诉我们，为什么市场失灵就一定要由政府管。

三、医疗行业的"市场失灵"与"政府失灵"

医疗行业有三个特征：其一是医疗服务存在着严重的信息不对称。其二按照某种说法是医疗需求有刚性，缺乏价格弹性。但是医疗需求真的有刚性吗？相比而言，医疗需求的价格弹性确实比一般商品小，但是说是刚性的却不准确。其三是医疗行业存在着自然垄断。某个大夫有绝活就形成了自然垄断，这话是有道理的。医生术业有专攻，他对有些病的治愈率更高，但是由这种绝活形成的自然垄断是否真的大到需要政府来做？在对高州医院的调研中，我发现所谓的医生的绝活有的并不存在，有些是医生自己的吹捧，有些甚至是民间的吹捧。高州医院是广东省的一个县级医院，它的心外手术治愈率很高，其高治愈率甚至得到了卫生部的认可。这些做心外手术的医生中竟然有两个是赤脚医生。由这个案例，我们要对医生的绝活导致自然垄断从而需要政府介入的说法提出质疑。实际上，很多医疗方面的自然垄断是人为形成的，也是一种行政垄断。我国的制度安排禁止医生多点执业，如果医生能够多点执业，这一点我国现在很难做到，自然垄断将得到极大的缓解。我对医疗需求刚性和医疗供给存在自然垄断特征的说法持怀疑态度，但承认医疗行业的信息不对称确实是存在的。

即使医疗行业存在这三个方面的市场失灵，公立医院就是解决所谓医疗行业市场失灵的有效方案吗？信息不对称在医疗行业比较明显而且比较严重。如果政府让医生成为国家雇员，医生成为国家干部，从而医生必然诚实对待患者，这个说法似乎经不起推敲，如果这个说法成立，那么官员的腐败问题又作何解释呢？即使身份成为公家人，人却永远是私人，行事逻辑不会有什么变化。我一直持这样的观点：这个世界上存在公有财产，但不存在公有的人，任何人都是私人，不管他在国企还是在私企，而人恰恰是最重要的生产要素。为什么一个人进了公立医院就是一个优秀的大夫，在民营医院就要欺骗患者呢？卫生部长会这样解释，他们管着公立医院的医生，他们会让公立医院的医生成为好医生。那么我们需要再问一个问题，卫生部的官员为什么就靠得住？你和医生有什么区别？实际上人与人是没有区别的，都是为了个人利益最大化行事的，我们无法希望依靠某个人或某些人的监管就解决信息不对称的问题。这个逻辑很重要，在我们的政策制定中，有很多错误都是在这里犯了逻辑错误。例如药品招标采购制度，从开始出台就是个错误到现在还一直错着。错在哪里？当政策设计者观察到医院卖药拿返点，医生卖药拿回扣，造成全国药价高这样一个事实后，于1999年试行2000年迅速推开药品政府集中招标采购制度，把公立二级、三级医院的药品采购权上收至政府，医院买什么药、以什么价格买，由政府招标办说了算，这就是药品集中招标采购制度。一开始是由市一级的招标办来执行集中招标采购制度，一个市大约有30~40家公立医院，一个市的招标办只有4~5个人。在药品集中招标采购制度出台之前，一个药厂为了让医院采购自己的药，让医生开自己的药，需要向正副院长、药剂科主任和每个开方的医生公关。药厂能够成功地把这上千多个人都拉下水并导致药价虚高。中央政府为了制止这种现象，剥夺了医院的药品采购权将其交给招标办的5个人，由他们决定医院买什么药和以什么价格买。可是既然药厂能够向1000多人公关成功，为什么政策设计者会认为药厂无法搞定这5个人呢？事实是这5个人肯定也被药厂公关了。医院院长不甘心既得利益的丧失，利用可以从招标办确定的中标目录中决定买哪一种药的权利向药厂施压。在药品招标采购目录中，基于科学考虑，一种药品至少有两个甚至更多的中标企业，医院院长有权在进入中标目录的药品中进行选择。所以在药品集中招标采购制度出台之后形成的特征是，过去药厂只要把院长和医生拉下水，现在要先把招标办拉下水，再去打点院长和医生，这样的结果是导致药价更高。中央政府为了遏制这种情况，直接将招标权收到省里实行省级招标，这就是现在的药品省级招标采购制度。全省的公立医院和卫生院的药品采购必须由省级招标办统一进行。省招标办不过 5～10 个人，药厂依然能够对省招标办进行公关，这显然能够做得到。这就可以解释为什么现在的药价更高了。首先省招标办招标，然后丧失招标权的市卫生局在省级招标办确定的药品目录中"确标"，最后医院院长在市卫生局遴选的药品目录中再"勾标"，这就是目前政府对药价的管制方式。我们在做分析时需要考虑这样一个问题，如果市场中存在着信息不对称，而由政府介入就能够解决信息不对称吗？现实的情况往往是政府的介入使信息不对称更进一步加剧。我们对现实会有这样的感觉，对于一些政府介入很深的领域我们更摸不清是怎么回事，反而是那些政府介入不深、不怎么管的领域的信息至少我们还知道一些。

在解决信息不对称方面，确实存在着一些优于政府的市场解决方式。以信用评级机构为例，在发达国家信用评级机构不是由政府举办的，甚至一些管制机构都不是政府办的。例如美国的医师协会就是一个民间组织。美国医生的素质、医术和服务态度是无可争议的，当然美国医生的要价也很高，因此弗里德曼认为美国医师协会是一个垄断组织，这个判断 80% 是对的，但是那些认为中国的医师协会、公立医院因其公有性、由政府举办从而不是垄断组织的想法是错的。中国的各类协会基本上都是政府办的，通过这类组织解决信息不对称问题时往往会产生更多的麻烦。与政府相比，市场组织在解决信息不对称方面有两个优势。第一个优势是市场性的评级组织有盈利动机，从长期看它需要很高的信誉以将业务做大做强并使之持续。作为一个民间组织，评级机构通过给医院和医生做评价的活动获得盈利，在长期经营中只能依靠信誉，这也是国际上大型的信誉卓著的民间组织能够存在数百年的原因。在判断两个人的话谁更可信时，人们的判断标准是历史，人们选择相信历史上撒谎少的人，历史经验告诉人们这样的选择会使他们被骗的概率小一点。民间机构注重信誉，政府机构在这方面明显很难做到这一点。政府可以是铁打的，但政府官员从来不是铁打的。信誉之所以有价值是因为建立信誉是需要成本的，政府官员不愿意建立信誉是因为他今天建立信誉需要明天才能受益，但是有限任期使得最后的受益方是其继任者而非本人。在有限任期的条件下，理性人进行了成本—收益的权衡后会选择不建立信誉。市场组织在解决信息不对称方面的第二个优势是市场组织面对市场竞争，在两家评级机构之间，信誉度高且更有效率的评级机构更容易获得市场。民间组织很难垄断市场，但是政府很轻易就可以垄断市场，政府会说这个事情我能干、你们不能干，因为你们不能干所以你们不能干。有些同学们提到这样一个问题，民间组织的负责人其任期也不是长期的，为什么民间组织行为可以长期化？其实中西方对私有化的理解不同。四大地主影响了数代中国人，使得一提到私有制中国人就有天然的反感。而在西方并不存在这样的偏见。为什么民间组织、私营机构这些表面看起来也是有限任期的组织能够在乎长远利益呢？因为私营组织有明晰的产权和终端所有者。例如黄光裕一定在乎国美的长期价值，因为他要把这份家产留给子女，子子孙孙以至无穷远，或者在现代市场经济下他可能会退出国美，但他会要求变现，而变现的价值显然取决于这个公司的信誉，所以他在乎国美的信誉。而像公立医院这样的公立机构以及国有企业，它们最大的悲哀就在这，医院院长有限任期，他可以经营医院的信誉，若在建立信誉的过程中付出了很大的成本，将来收益可能却与他个人无关。在这种条件下希望医院院长为长远利益考虑是很难的，即使他想做，医生也不答应。一个民营企业老板可以为了给这个企业树立品牌付出很多成本，大家不会反对也管不着。一个国有企业却很难做到这一点。民营医院的老板普遍不允许医生拿回扣，而且做得到，技术上也不困难，而且医生也服气，因为医生拿得多意味着老板拿得少。但是公立医院的院长想让自己的医生不拿回扣，是非常困难的。

成功解决信息不对称问题的范例是证券市场。我国的证券市场并不是采取由中央政府统一运营所有的上市公司的模式，而是采取将上市公司全部实行市场化，政府建立强制性的信息披露制度，通过法律和监管的方式解决证券市场的信息不对称问题。至少在今天，人们普遍认为这种方式是最好的办法。尽管中国股市的信息披露非常令人满意，但是没有人会提出这样的主张，即解决证券市场信息不对称的最好的办法是把所有上市公司收归国有。医生欺骗患者的难度和上市公司欺骗小股东的难度很难说哪个更高，至少是不分伯仲的。证券市场上的信息不对称并不亚于医疗行业，各国实践表明以强制性信息披露为核心的监管制度是保护投资者利益的有效措施，为什么医疗非要政府主导呢？卫生院医疗服务供给非要公立医院主导呢？解决信息不对称问题的方法有很多种，政府直接介入经办恐怕并不是好的方式，因为我们基本上没有理由相信政府能在解决信息不对称问题上比市场有更大的优势，但政府的干预仍然是必要的，因为保证强制性信息披露的最有效率、最快的执行需要政府的力量。尽管有经济学家如小弗里德曼，论证出没有政府的强制干预，市场最终会演变出自愿性的信息披露。例如我国上市公司的季报就不是强制的信息披露。很多上市公司之所以会积极主动地发布季报，是因为这有利于提高自身信誉。历史的经验告诉我们，只要时间足够长，一群坏蛋也能创造出良好的机制，华尔街的历史就向我们很好地证明了这一点。把华尔街规范起来的就是一群大坏蛋，好人基本上干不了这种事，因为好人根本不知道如何干坏事，但是坏人知道。《伟大的博弈》向我们揭示了这样一个事实，一群高智商的坏蛋把市场折腾烂了，然后他们发现最好的结果是他们讲规则、讲秩序。折腾一次也许可以发一笔大财，但是第二次可能又被别人骗了。长期下去，能使大家都发财的唯一的方式只有大家讲秩序、讲规则。没有政府市场也可以生成信息披露的机制，但是在大多数情况下，政府实施强制性信息披露在时间上将更短一些。

有个说法是医疗服务是公益性的，从中央领导到经济学家再到普通百姓，这个说法深入人心。但是从经济学角度来看，市场经济比计划经济好，这才是经济学家应有的逻辑。现在我们还无法弄清楚何谓公益性，如果公益性是指公共品，按照经济学给出的公共品的定义，基本医疗服务不是公共品。即便承认医疗服务是公共产品也得不出要由政府办的结论。对于医疗服务是公益性服务这个观点的另外的解释是医疗服务对人民群众非常有用，百姓非常需要，但是吃饭穿衣更重要，而餐饮、服装业却都是市场化的。有的观点用外部性解释公立医院存在的价值，因为医疗服务具有外部性，所以需要财政补贴，建立公立医院。由于解决外部性问题的两种市场化方案——庇古解和科斯解其广义交易成本很高，在理论上这两种方法是可行的，在现实中却不可行，解决外部性只能由公立来做。为了确定庇古最优解，让税收和补贴恰好能弥补个人成本和社会成本之间、个人收益和社会收益之间的差额，需要了解供给函数、需求函数，在计算出补贴或税收的总量后，一个更大的困难是要落实到个体，补贴给谁，补多少，这个工作的复杂度和困难度极高。有的学者认为由于对民办学校给予财政补贴，无法确定补贴数额，民办学校的校长会和教育局讨价还价，这是一件没有效率的事情，因此学校需要公立。同理，民营医院与政府之间存在着相似的博弈，因此医院也应该是公立的。个人认为用上述观点解释教育大致是合适的，因为教育有较强的外部性，但是基本医疗服务的外部性并没有强到需要财政补贴的程度。因此用外部性解释公立医院的存在价值是很难站得住脚的，并且公立医院同样有讨价还价的问题，其讨价还价的成本并不比民营医院低。在理论上公立医院存在的理由很薄弱，但是现实中公立医院既然已经存在，我们应该怎样做？我们或许可以从国企改革中寻求经验和教训。国企改革30年的历程无论从其故事的趣味性，还是从其理论发展的趣味性，都有极高的价值，但是现在却没有一本系统论述国企改革30年的书。这样一本书的缺乏对中国的危害是，很多人不知道为什么要改革，并且在实践中在其他行业重复犯着当年国企改革中所犯的错误。国企改革一波多折，犯了很多错误，最后走向集体性改制的改革方向，既与朱镕基的个人智慧、个人魄力有关，又与亚洲金融危机有关。亚洲金融危机使中国国有企业全面亏损，国有企业全行业的净利润为负，这是从中央到地方政府都难以承受的。对于国有企业的私有化改革，从中央到地方政府一致支持。但是今天，在公立医院的问题上我们已经忘记了国企改革之痛。

四、公立医院——财政补偿供方的方式

我们暂且承认公立医院存在的价值，并且公立医院需要财政补贴，应该怎么补？在补贴方式和数额确定方面，政府政策出台的科学民主性有待加强。有些政策是领导干部一拍脑袋提出来的，政策出台事先既无调研也无论证。卫生部提出的目标是公立医院财政养，院长、医生、护士的工资财政发，但是对于财政养到什么程度没有进行过测算。在意识到全靠财政养公立医院根本不可能，财政无法支付如此巨额的补贴后，卫生部转而提出财政供养公立医院总收入的30%，我相信这也很难做到，因为全国公立医院年收入的30%依然是个十分庞大的数字。假设财政支付得起这笔钱，那么这笔钱应该以什么方式支付？一个方案是采取总额定额补偿或者按人头定额补偿的方式。目前医生的收入来源由几个部分构成，包括财政补贴、医疗服务收费和药品加成、药品回扣和红包。政策设计者认为一旦将医生原先来自红包和药品回扣部分的收入由财政补贴弥补，医生就不会吃回扣和收红包了。卫生经济学理论中确实有医生目标收入说，但在现实中医生收取红包和回扣的行为不会因财政补贴的增加而停止。对于财政补偿供方的方式而言，无论是采取总额定额补偿的方式，还是采取按人头定额补偿的方式，财政对医生补贴的程度并不影响其之后的行为，即医生和医院总会有一部分收入来自于患者。用微观经济学模型来解释，就是定额补贴下最优解是不变的，因此定额补贴不能解决医生收受药品回扣和红包的问题。

相关政府部门提出的另一个改革方案是将目前的医院自收自支改为收支两条线加上绩效考核，对医疗机构进行绩效考核，据此决定财政补偿规模，奖优罚劣。医院将所有收入上交财政，而医院的支出由财政支付，医生的基本工资按职称确定，绩效工资按业绩考核考评，以此激励医生的工作积极性。但是这个方案的缺陷是卫生局考核医生时面对的信息不对称更严重。其实20世纪90年代初国企改革的思路不是改制而是政府加强管理，但是加强管理的结果是国有企业全面亏损。这使当时的国务院领导明白了一个道理，那就是政府根本没有办法有效监管这几十万国有企业，更不用说几千万国企职工了，因此开始果断地转向推行国有企业民营化。95%的国企走向民营化奠定了2000年以来中国经济高速增长以至经济总量超越日本的基础。回顾和评价国企改革，如果了解90年代中国国有企业艰难的经营状况和国企拖累国有商业银行以致呆坏账庞大到不得不债转股的历史现实，就会深刻体会到国有企业民营化的重大意义。当进入21世纪，中国开始进行医疗体制改革时，相关政府部门又开始走当年国企民营化前的老路，不但要对公立医院进行绩效考核，还要对卫生院进行绩效考核。政府部门对医生进行有效的绩效考核这是根本不可能做到的事。对农民的考核可以利用生产粮食的数量,对钢铁工业的考核可以利用钢产量和质量这两个指标。相比较而言对农民和工人的考核相对容易,而对医生的绩效考核难度要大得多,面临更为严重的信息不对称。如果说由于无法对农民进行有效的绩效考核导致人民公社制度失败,无法对国企职工进行有效的绩效考核导致国企不得不走向民营化,对医生进行有效的绩效考核将更不可能,那么所谓的通过政府部门的绩效考核保证医生的工作积极性和公立医院的公益性的说法又最终会导致什么结果呢?

假设承认公立医院有存在的理由,并且需要由财政补贴,根据激励理论,应该考虑何种财政补偿模式能够建立合理有效的激励机制,即何种财政补偿方式更能既保证效率又兼顾公平。我们曾经对广东省的高州医院进行了实地调研。高州医院的案例让我们认识到公立医院的低效率。同样一个心脏手术在广州市的公立医院需要10万元,但是在高州医院只需要3万元。虽然高州医院的医疗收费明显低于其他公立医院,但是高州医院依然可以从中获取10%左右的利润,并用此建起29万平方米的办公楼和购置先进的、齐备的医疗设备。高州医院从3万元的心脏手术收费中可以赚10%的利润,那么10万元的收费能赚多少钱?在这种情况下,公立医院依然抱怨财政补偿不足。当然,3万元和10万元之间的7万元差额不可能都成为广州、北京三甲医院的净收入,这7万元中有一部分是效率损失,即没有任何人获得这部分收入。由于体制、机制不合理所导致的效率损失可能真的可以达到5万~6万元。没有高州医院作比较,我们难以意识到一个心脏手术只需要3万元就可以。三甲医院的院长告诉我们按照现在的收费标准尽管一个心脏手术收费10万元医院还是亏损的,至少是微亏。在公立医院,药品和器材的回扣很可能落到医生手中,但在高州医院这部分收入由医院获得。高州医院的钟院长强调高州医院的两点经验:第一个经验是不需要财政一分钱,但是医院需要掌握自主用工和确定工资的权力。政府部门在宣传高州医院的经验时突出加强管理的作用,实际上加强管理恰恰是高州医院最细枝末节的经验,因为大部分民营医院的管理都不比高州医院差。高州医院搞得好并不是因为其加强管理,而是因为它遇到一位具有企业家精神的好院长。正如海尔有了张瑞敏,长虹有了倪润峰,钟焕清院长虽然是赤脚医生出身,但他是天才的企业家。当职工推选他为院长后,他实行一系列制度安排,将高州医院管理得欣欣向荣。第二个经验是财政应该将钱投向医疗保险,医院从医保那里挣钱。这个逻辑是对的,如果财政真的想帮助患者,就应该增加医保的投入,患者看病的钱由医保支付,医保资金跟着患者走,哪家医院干得好,患者就去哪家医院就医,医院就能从患者身上赚到那笔钱。这样就形成很好的激励机制,医院想要盈利,必须使患者前来就医,医院可以依靠广告宣传欺骗的方式,也可以依靠良好的医疗服务积累信誉的方式。很明显，前者是不可持续的，只有提供优质的医疗服务建立良好信誉的方式才是医院长期获得盈利的唯一途径。

五、民营医院真的不可靠吗？

大部分医药服务是"私人品"，民营机构是供给私人品最有效率的市场组织。但是民营医院靠得住吗？在中国许多人给出的答案是否定的。但是在世界的其他国家和地区，我们会找到很多民营医院良好运行的案例。北京新兴医院这样的医院极大地败坏了中国民营医院的名声，中国的民营医院整体上质量堪忧，这也成为卫生部坚持发展公立医院的理由，即民营医院不可靠，所以需要公立医院来主导。许多人总是把行政垄断的结果作为行政垄断的理由，并以此来强化行政垄断。民营医院不可靠并不是由于其私营性质，也并不意味着私营不可靠，而是卫生行政部门现行的管制模式导致民营医院形成目前的格局。在台湾地区，民营医院的经营状况和医疗质量非常好。长庚医院是台湾地区很大的民营医院，它的医疗技术、医疗服务态度在台湾地区数一数二。长庚医院还建立了长庚研究院，既在医疗也在卫生经济学方面开展科研活动，台湾地区最好的卫生经济学家基本都在长庚研究院里。那么，在大陆一个好人想办民营医院会怎么样？我访谈过一个真实的案例。浙江某二甲医院知名大夫王大夫退休后不再返聘，病人络绎不绝来她家请她看病，邻居不厌其烦，大家鼓励王大夫到街上租个铺面开诊所，但是王大夫根本做不到。开办诊所需要在前期投入大量资金。按照卫生行政部门的要求，一家诊所的营业面积不得低于若干平方米，并要满足装修和设备购置方面的规定，诊所必须有护士和财务人员，将所有这些准备好需要花费数十万元。当这些前期投资完成后，才能递营业申请书，请卫生行政部门审批。这样的制度安排给主管部门制造了索贿机会，因为先投资再递申请意味着他若拒绝你，你的营业申请的几十万元投入就打了水漂，因此一些主管官员会提出各种理由阻挠营业执照的办理，直到你满足他的寻租要求。就我访谈的这个王大夫，还有另外一个困难，一个人若想开办私人诊所必须先取得医师执业资格证书，但是王大夫的医师资格证书放在原来医院的人事处，她无法拿到这个证书，因为原单位认为她若开办诊所会抢了医院的生意，所以拒绝将其医师资格证书归还她本人。而王大夫一辈子行医，只会看病，不会走后门找关系以及送礼这些手段，因此她的诊所一直没能开办起来。北京新兴医院院长会送礼、会公关，而王大夫不会这些，尽管她是称职的、合格的大夫。结果是北京新兴医院开张了并且大作虚假广告，而王大夫这样的好医生却在非法行医。出现这样的怪现象，我们要问到底管制这个行业的理由是什么？

六、医疗改革的另一种思路——建立社会医疗保险制度

医疗改革的一个思路是公立医院由财政养，同时低收费，降低百姓的看病成本。另一个思路正如高州医院的钟院长等人士所主张的，也是我所赞同的思路，即建立社会（公共）医疗保险制度（SHI），做到覆盖全民，解决民众"看病贵"难题，财政将原来对公立医院的补贴投到医保中。医保的支付方式是财政支付和个人支付相结合，财政全额支付弱势群体的医保费用，并鼓励富人捐助。这就是所谓的"补需方"的方案。在这个方案中，把需方（患者）看得起病作为其基本权利，保证需方获得基本的医疗服务。成都医改的思路是需方福利化，供方市场化。供方市场化，即医疗行业、医疗机构市场化。

如果我们关注社会保险理论，会对要建立社会医疗保险的理由有更深刻的认识。医疗服务是私人产品，商业医疗保险的合理性基本不需要论证，因为私人产品领域由民营机构介入并提供供给。那么为什么要建立社会医疗保险？这里有三种解释：一是社会医疗保险比商业医疗保险的效率高。分散的商业医疗保险行政成本高，微观经济学的激励理论和信息不对称问题中有很多是用保险业作为案例或模型的基础的。保险行业面临着高昂的行政成本，这种行政成本不只体现在管理上，还包括应对逆向选择和道德风险的成本。很多学者在理论上提出一个全国性的、统一的保险公司来提供医疗保险优于让几百个商业保险公司来提供。我们更有理由相信，强制性的社会医疗保险比自愿加入的商业医疗保险更有效率。因为医疗保险有一个很大的特征即逆向选择，医疗保险的缴纳必须带有一定的强制性，而不能完全遵循自愿原则。如果按照自愿原则，人在年轻的时候由于身体健康普遍不愿意缴纳医疗保险，等年纪稍大才会意识到医疗保险的重要性。这在美国就很典型，美国的大学生普遍不缴纳医疗保险。二是基于公平的考虑，让每个人都看得起病。三是来自于公共选择理论，由于大部分民众认为应该有社会医疗保险，并且它是财富、医疗和健康再分配的好方式，所以社会医疗保险就有其存在的价值和合理性。经济学的实证分析表明，效率和公平的考量在实践中证据不足，而公共选择理论对社会医疗保险的存在价值的解释力是最强的。在比较欧洲和美国的情况时，我们会很明显地发现这一点。美国的全民医疗保险迟迟不能在国会通过，欧洲、加拿大在这方面就没有遇到类似的困难，美国选民中有很多人认为决定是否买医疗保险是他的权利，因此不准建立强制性的医疗保险。欧洲人却认为政府建立全民医疗保险的做法是对的。社会医疗保险抑或是公共医疗保险都需要政府的介入，这一点基本没有争议。

对于那些由市场自发形成信息披露机制成本过高、周期过长的领域，政府的介

入是需要的，但是政府介入的模式是什么？在社会医疗保险的政府介入模式上，社保部的想法是由社保部一家负责整个社会医疗保险的运行，从政策制定到监管和筹资再到付费全都干。那么政府的边界在哪里呢？是否由社保部一家将社会医疗保险的所有流程承担下来就是公平并且有效率的呢？公平和效率是有关系的，在一些情况下无效率就导致没有公平。根据我调查的案例显示，一些地方的社保官员与公立医院勾结在一起套取社保资金的现象不敢说是普遍，但至少是存在着的。政府部门经办社保资金不一定是有效率的，如果其官员套取社保资金并放入自己的口袋，那么效率既失公平也就没有了。可以换个思路，由政府制定社会医疗保险的政策，确定出资标准和出资方式并进行监管，由商业性保险公司经办社保业务。商业保险公司收取保险费用，确定付费方式。商业保险公司和医院谈判，以确定支付方式和对医院提供的医疗服务提出质量要求，并监管医生、监管医院。政府可以与商业保险公司签订合同，确定居民的大病补偿率，这是可以进行测算的指标。例如将住院费用的实际补偿率确定为70%，那么一次医疗费用由医保支付70%，个人自行负担30%。商业保险公司利用自己的网络包括借助银行网络把社保资金收上来，设计付费方式并监管约束医生。在履行了让居民的医疗实际补偿率不低于70%的承诺后，剩下的就是商业保险公司的利润。在制度安排下，商业保险公司比政府部门在运营社会医疗保险时更有效率也更公平，因为营利性机构都高度关注成本，特别在竞争的约束下导致价格不能上抬的条件下，降低成本就成为赚钱的主要方式。私营机构对降低成本的积极性是很大的，当然前提是要有竞争。

七、结　语

在此，用药品价格管制和公立医院的政府监管模式这两个案例展示了现实中的政策制定和执行机制的情形。如果用经济理论来确定政府的边界在哪里，市场的边界在哪里，我们会发现有很多问题的答案是很清晰的，本文提到过的一些理论分析工具就可以解决这些问题。但是当我们将眼光转向现实，就会发现现实和理论的差距竟如此之大。我们的政策制定模式和执行模式恰恰不是经济学理论告诉我们的那样，但这不代表上面的分析没有意义。政府在一些问题上或许做得不对，或许做得不好，但这恰恰是我们学习的价值。

编辑整理：陈　钰

·社科大讲堂系列丛书·

S OCIAL SCIENCE
ENCYCLOPEDIA

第二辑 第 **3** 卷

下册

社科大讲堂

主编◎刘迎秋   副主编◎文学国

经济管理出版社
ECONOMY & MANAGEMENT PUBLISHING HOUSE

图书在版编目（CIP）数据

社科大讲堂·第二辑·第三卷/刘迎秋主编 . —北京：经济管理出版社，2014. 4
ISBN 978 - 7 - 5096 - 3080 - 8

Ⅰ. ①社… Ⅱ. ①刘… Ⅲ. 社会科学—文集 Ⅳ. ①C53

中国版本图书馆 CIP 数据核字（2014）第 075492 号

组稿编辑：陈　力
责任编辑：张巧梅
责任印制：黄章平
责任校对：陈　颖　张　青

出版发行：经济管理出版社
　　　　　（北京市海淀区北蜂窝 8 号中雅大厦 A 座 11 层　100038）
网　　址：www. E - mp. com. cn
电　　话：(010) 51915602
印　　刷：北京银祥印刷厂
经　　销：新华书店
开　　本：720mm × 1000mm/16
印　　张：64. 75
字　　数：1238 千字
版　　次：2015 年 9 月第 1 版　　2015 年 9 月第 1 次印刷
书　　号：ISBN 978 - 7 - 5096 - 3080 - 8
定　　价：198. 00 元（上、下册）

社科大讲堂

陈奎元题

《社科大讲堂》丛书

主　　编：刘迎秋

副 主 编：文学国

学术委员会（按姓氏笔画为序）：

　　文学国　王逸舟　王　巍　朱　玲　刘迎秋

　　江时学　李　林　金　碚　侯惠勤　陆健德

　　党圣元

编辑委员会（按姓氏笔画为序）：

　　毛晓青　李　提　张菀洺　杨　燕　陈　力

　　赵　凡　曹　靖　张巧梅

上册

·财贸经济理论前沿·

·法学前沿·

·国际问题前沿·

·经济学前沿·

下　册

·马克思主义、哲学、宗教学前沿·

·史学理论与前沿·

·文学—文化前沿·

·文艺学通论·

、马克思主义、哲学、
宗教学前沿、

自然主义视野中的科学与形而上学

段伟文

2010 年 11 月 8 日

段伟文

中国社会科学院研究生院哲学系副教授

摘　要：科学与形而上学的关系问题是哲学研究中的重要命题，怎样理解科学与形而上学的关系直接关系到科学观与科学价值观的形成。自然主义是当代哲学发展史上重要的一个思想流派，对这二者的关系有着自己独特的见解。本文从总体上对自然主义思想中的科学与形而上学问题进行了探讨。

关键词：形而上学　科学　自然主义

哲学在我们的时代有何价值？我们现在处于一个科学的时代，科学和哲学的关系曾经不是一个问题，但又是一个问题。哲学对于事物的思考有一部分是很抽象的，比如形而上学、本体论，但实际上又是非常具体的。曾经，世界文明最高的知识形式被称为"爱智慧"，也就是哲学，"形而上学"看起来非常可怕，可能是因为在中国有一种唯上唯尊的观念，学术也要排个上下高低，把学问变成了神学，把学者都变成一种必须要尊重的长者。其实，"爱智慧"不过是要人们追求智慧，第一位系统的哲学家苏格拉底说"我知道我不知道"，他的被杀就是因为他嘲讽所有的人包括统治者的无知。爱智慧不是知识，而是对知识的可能性与界限的反思，是对知识的超越；追求智慧意味着人类面对世界时需要一些超越性的思想，需要超越对现实的理解。呈现在我们面前的世界是杂多的、流变的，如果随之以繁复的眼光看待世界，什么事情都要从变化的角度去理解，在现实之中转来转去，很有可能无法超越现实而把握之。因此，古老的爱智慧希望超越变动不居的表面现象展开理论性的思考，但这并不是将理论性的思考放在金字塔的塔尖，而是我们需要这样一种志趣和倾向，需要一种从超越或无限的角度思考世界的信心和信念——相信人的理智可以把握这样的东西，17世纪后启蒙理性主义的理念大抵如此。这种理念最早可以追溯到柏拉图和亚里士多德的时代。当他们谈到这些无限的东西的时候，他们不是将它投射到人，而是投射到一个想象中的主体——全知全能的造物主或神。实际上，人是按照自己的样子去想象神，就像神按照自己的样子造人——这是一种循环的关系。什么是神？神实际上是想象赋予其无限的形态、无限地把握的能力、无限地透视的能力……在柏拉图、苏格拉底、亚里士多德的时代，出现了机智、狡猾、为了达到目的不择手段的所谓智者，人们的道德状况因此变得非常混乱。在这种情况下，苏格拉底才说"美德即知识"，柏拉图和亚里士多德诉诸型相和实体，都是希望找到一种超越现实和人的有限性的秩序，由此就出现了希腊式的哲学，这种哲学的基础就是形而上学。

形而上学在亚里士多德那里有三层含义。第一层含义是第一科学，表明它在逻辑上先于所有的科学，是所有科学的基础，同时也是在科学基础上进行的研究。第二层含义就是我们通常所说的"智慧"，而且亚里士多德认为哲学作为第一科学所寻求的对象就是智慧，这里的智慧就是要寻求各门科学发展的前提，要发现一个前提就要对这个前提进行反思、展开思考，而不能简单地随声附和。现实生活中也需要这种智慧——"世界上的任何人都不比你聪明"，智商、权势、财富都可能是金玉其外、败絮其中，人生最大的智慧是独立思考而不是盲从迷信。第三层含义就是所谓的神学，一些形而上学的研究延续了这种传统，有一门学科叫做基督教科学，专门讨论科学的新发现怎样跟基督教教义融合。形而上学看起来很玄妙，但实际上并不复杂。它研究的核心问题是本体论，即世界上存在着什么，它还研究一些抽象的关系，比如因果性、决定论、偶然性问题等。本体论就是讲世界上应该存在什么样的东西，怎么样去把握存在的东西，或者是说当我们做事情的时候应该怎样把这些事情放在它应该有的位置上。对不同的存在以及存在的原因展开不同的思考，就是一种本体论的思考。

科学与形而上学的关系首先涉及科学与哲学的关系，而且是历史性的。在思想史上，科学与哲学联系十分紧密。古典时期，柏拉图既是纯粹的思想家也是数学家，而他的学生亚里士多德在某种程度上是一位百科全书式的科学家，虽然亚里士多德的科学也存在一些问题，但在他所处的时代，是非常伟大的成就。当人们对世界的把握不甚明确的时候，处于科学前沿的模糊观念中同时包含了哲学的观念和科学的观念。但不论是科学观念还是哲学观念，都是在历史文化语境中不断变迁的。柏拉图和亚里士多德在哲学上的努力最后实际上是以罗马被蛮族占领而暂告一段落。当然罗马的衰落有其历史的必然性，因为当时的人们过于追求世俗的生活，这可以说是一种自然的惩罚或者是反馈。所以在罗马灭亡之后人们有一种强烈的心态，就是厌恶世俗生活，认为世俗的生活是非常危险的、恐怖的，也就是说人自己不能把握自己的欲望，所以中世纪有了很强大的基督教运动，它需要一种无限的、绝对的东西（神）来制约人、统治人，让人在这样一种静思和默想中思考人生、思考意义，来把握永恒的东西。中世纪的哲学成为这种旨趣的工具——人们运用哲学思考超越的可能和人与神的关系，哲学和科学都以神学的形式匍匐延续。然而，文明的发展往往像钟表一样循环，在过度世俗化的社会之后，就会是一个比较超越纯净的社会。

在宗教观念统治了人类很多年之后，在中世纪出现了两个对现代文明发展非常重要的"反叛者"：一位是奥卡姆，他提出了"奥卡姆剃刀"，倡导不增加不必要的实体，避免烦琐的论证；另一位是罗吉尔·培根，他提出了实验的思想，认为通过具体的科学实验可以得到比纯粹的教条更多的东西。到了文艺复兴时期，随着物质财富的积累，人们开始追求奢华的生活，作为主体的人开始觉醒了。人的主体的力量在蛰伏了千年之后，在对人与神的关系的再思考中迸发出了张扬主体的冲动和欲望：如果说以前是人按照自己的形象创造神，将自己最崇高、最美好、最完善、最无限性质提升到神性的高度或赋予神；现在则应该是时候通过人的努力彰显神性，让神的形象通过人得以呈现。也就是说，人给自己的心灵和精神世界制造了一个太阳，然后用这个太阳的光芒来照射自身。

从哥白尼、伽利略、开普勒到牛顿、莱布尼兹、笛卡尔，近代自然哲学和实验哲学方兴未艾，是为近代科学之滥觞，近代形而上学也由此发轫。如何理解近代科学与形而上学的关系呢？有人认为，科学与形而上学毫无关系，如逻辑经验主义者主张，科学是一种仅仅基于经验和实证的理论构建，完全可以脱离形而上学而存在。但是，一方面恰如蒯因所主张，思想观念是具有整体性的，科学思想和形而上学观念之间并不存在一条明确的界限，很难对两者做出绝对的划分；另一方面科学的演进历程表明，尽管哲学与科学的关系并非直接的推演关系，没有一种哲学观念可以直接指导科学，哲学及其形而上学观念却往往会对科学理论的选择产生影响。当哥白尼看到天文数据的时候，他认为如果把太阳放在宇宙的中心所得到的图景比把地球放在宇宙中心要简单得多，这里面就有寻求和谐和简单性等哲学观念。后来的开普勒和伽利略选择日心说而放弃地心说，亦受此影响，而这种思想可以追溯至毕达哥拉斯学派和柏拉图主义。

实际上，近代形而上学并不满足于为科学理论的选择提供参照，其野心在于为科学提供一个无懈可击的基础。近代以前，科学附属于哲学，或者说主要以哲学的面目出现，柏拉图、亚里士多德等人的理论既是哲学又是科学，其理论旨趣是为变化的世界找到不变的模式和基本的实体，并由此把握世界的本质；中世纪的科学与哲学一样，附属于普遍性、目的性、必然性等大全与无限的神学真理。随着近代自然哲学和实验哲学的发展，科学逐渐从哲学中分离出来，但哲学家们依然希望赋予科学一个绝对形而上学的基础，确保科学能够发现世界的本质、追求不变的真理。在近代科学所描述的世界图景中，尽管自然的必然性和规定性依然归因于神创，但人不再被动与盲目地接受自然规律，而可以通过理性发现这些规律，这与其说彰显了神的伟大，不如说显现了人的理性的力量。

人对于自身的理性力量的信心在17世纪启蒙运动时期上升到顶峰，理性主义（又称"大理性主义"）由此产生。这种理性主义建立在身体与心灵、主体与客体相区分的二元论的基础上，尽管人的理性能力像自然规律一样归因于全知全能的神的赋予，但理性主义主要强调的是人的理性能力最终能对世界有一种无限的、真理性的把握，人的思维能够像镜子一样表征世界，而其前提是使科学建立在某种具有必然性和普遍性的形而上学基础之上。这使得形而上学不是在神学的意义上，而是在"第一科学"或"第一哲学"的意义上得到了复活。在 17 世纪，科学与哲学的互动十分明显，近代形而上学恰如哲学家乐见的那样，被视为科学的基础或所谓"第一科学"或"第一哲学"。现在看来，其中最为重要的原因在于，当时科学的前沿比较模糊，很多科学领域尚处于探索阶段，科学的发展需要一些前提性的假设和猜想；而其结果则表明，形而上学思辨固然在一定程度上有助于厘清科学概念和范畴，但并不能为科学找到不变的依据和前提。理性主义对科学基础的追寻既促进了近代科学的形成与发展，也为科学设置了需要克服的"障碍"，科学与形而上学实际上是在互动中发展的。像原子、属性、实体之类的概念，原本是哲学概念，有的经过不断改造而成为科学概念，有的依然是介于科学和哲学之间的概念，有的则被科学抛弃且不再为哲学重视。

人对其理性的自信一度使人们相信，人可以通过"第一科学"或"第一哲学"之类的内在明证的思想把握世界存在的原因和原则，无限的知性已经或将要构想世界，事实服从于原因，原则支配知识。这就是所谓明证的思想与真实世界的直接一致性，而这种肯定的无限或者肯定的确定性实际上将人误置为了神，导致了理性的自负。当人在按照神的理智塑造自己的理性的时候，忘了自己是人；就像当人按照人的形象塑造神的时候，忘了神是人造的一样。理性的自负使人们获得了追寻肯定的、确定性和无限的知识的勇气，但却以对遗忘理性的创造性源头——否定的无限为代价，知识的历史性和可错性也因此被掩盖。理性的自负使人们没有看到，当人们把握某种事物时，就是在否定某种既有的事物，我们对事物的新的肯定性把握都是对既有事物的否定的否定。

基于理性的自负，进步主义和决定论的观念将世界刻画为服从单一规则的伟大进程。实际上，将人类的认识真理化、绝对化和无限化在现实中危害巨大，整个 20 世纪的悲剧以及现代性的困境在根源上都与这种理性主义的缺陷有很大的关联。其中最值得反思的是所谓的总体主义。总体主义可以追溯至柏拉图和亚里士多德，即认为整个世界是按照某种本真的模式和总体性的、有机的架构建立起来的。在以前看来，这个架构是由神建立和操控的，现在则可以由人通过理性去探索、去构造。但对理性主义的过度自负却会诱使人们相信，理性能帮助我们发现一个关于世界怎样、任何事情应该怎么做的完整的答案，也就是说，我们对于这个世界可以有一个乌托邦式的解决方法，可以用一种全新的方式对世界进行彻底的改变。这是一种强大而具有破坏力的理念。例如，在德国作为一个民族国家的形成过程中，出现了一种很强大的理性的张力：一方面极其强调人的个性和创造力，对像歌德这样的人来说，树上的每一片叶子都是不一样的；另一方面德国又有一种思想认为，每个人都是巨大的集体中的一部分，每个人的创造最后都会变成一种合力、一种历史的洪流，这种总体主义的思想最后就为后来纳粹思想的形成奠定了基础。

到了 20 世纪初，经典科学处于成熟与危机的临界点，但思想的惯性和滞后性使误以为无限的科学在一切事物中已经、即将或终将确立，可以用科学解释一切存在，这种"小理性主义"的思潮的代表就是 20 世纪初的"统一科学"运动和科学哲学运动。科学哲学最初是以逻辑实证主义或逻辑经验主义的面目出现的，旨在以理论与经验的对应关系和理论命题间的逻辑关系为科学的合理性辩护，并以此告别传统的形而上学并否定第一哲学，进而以基于逻辑和语言分析的哲学替代传统的体系化哲学。然而，科学哲学运动发展到最后并没有厘清科学与非科学以及科学与哲学的绝对界限。最开始科学以实证性与其他知识相区分，但波普尔提出了批判理性主义，认为当且仅当一种理论可以被证伪的时候才可以称其为科学。后来又出现了历史主义学派，主要代表人物是库恩，他认为科学就是科学共同体所进行的范式建构活动。费耶·阿本德主张，科学的方法论是什么都行；到了罗蒂，科学作为自然之镜的说法被打破转而被视为一种文化；而在科学知识社会学看来，科学知识是一种社会建构的产物。

通过前文的介绍，可以看到，人们对形而上学的理解经过了许多阶段，科学与哲学的关系也随之变化。一般而言，在柏拉图、亚里士多德的时代，科学与哲学不分彼此；在中世纪的经院哲学时期，科学受制于神学化的哲学；在近代，当笛卡尔、莱布尼茨等人主张以第一哲学之类的不证自明的知识作为理解世界的前提时，科学虽然开始从哲学中分离，但与哲学的关系却是友好的和充满互动的——呈现出一种"超越科学而不摧毁之，限制形而上学而不排斥之的自如"，而这种友好的前提是当时的科学和哲学都试图以无限的理性对世界做出一元论的、整全的把握。当科学经过自然哲学和实验哲学阶段而逐渐独立于哲学时，哲学则在若干体系化的辉煌之后不得不承认，用体系化的哲学完全把握世界是一项不可完成的任务。作为对体系化哲学的反动，早起的科学哲学运动具有很强的科学主义意味，认为科学不仅可以成为一种改变世界的力量，还可以成为一种统一的新的形而上学，但是这种努力并没有成功——既没有将科学统一起来，也没有说明科学与其他的知识有什么区别。

正是在这样的背景下，科学与哲学的关系逐渐摆脱了一方受制于另一方或相互取代的强关联性，而变得松散了。论及科学与哲学的关系时，哲学家变得比以前更为现实。在这种形势下就出现了自然主义这一哲学流派，即主张哲学应成为自然科学的延续，而不再是第一科学或第一哲学。在科学与形而上学的问题上，自然主义主张用科学自身的术语来把握和理解科学所涉及的事物、实体和过程，这就是所谓的"自然的本体论的态度"。当代数学哲学家玛黛指出，哲学并不是外在于数学基础之上的，换句话说，哲学家不再试图从成功的实践中推导出科学是什么样子，而是简单地接受科学的成功并且理解这种成功。那么什么是"自然"呢？简单地讲，首先"自然"就是在自然之内，自然主义认为没有一种超自然的存在。哲学与形而上学讲的是本质上什么东西存在，而科学讲的存在很多情况下并不是可以直接感知的存在，而可能是复杂的理论建构的存在或仪器测量的结果。其次"自然"就是跟随科学，也就是说，已有的科学是迄今为止对自然的最好描述，哲学家应该用科学自身的概念，比如粒子、夸克等理解和解释科学涉及的形而上学问题。

从自然主义出发，我们可以对科学与形而上学的关系进行一些思考。自然主义主张，科学的形而上学是不存在的，科学并不需要一个第一哲学进行指导，科学的基础只能由科学说明它的合理性和合法性。但在科学还不完备的地方，形而上学可以发挥它的诠释功能。因为所有的科学都不是完结的科学，而是在进行中的、不完善的科学，所以科学还是需要形而上学和本体论进行一些解释，填补科学尚不能明确诠释的方面。但也有哲学家反过来主张，形而上学的研究是可以独立于科学的。在相对论出现之后，现代仍有两种哲学家：一种哲学家是根据广义相对论和狭义相对论来讨论时间和空间的关系问题，另一种哲学家是根据日常生活的经验来分析时间和空间的观念。这里就有一个核心的问题，对于科学中涉及的一些概念进行哲学研究究竟是服务于科学还是服务于哲学呢？自然主义主张的是前者。卡尔纳普认为形而上学和本体论问题是一种语言框架的问题，蒯因等认为本体论研究是为最好的科学提供本体论的承诺。所谓本体论的承诺类似于"实验的倒退"，就是指当人想要发现一个事物的时候，首先是认为这个事物存在，如果不相信就不会去发现它。实际上，科学家也不满足于他们所研究的科学现象，也常常要进行形而上学的研究。

在自然主义看来，对科学的形而上学思考的基本步骤是，找到科学中的一些有待廓清的议题，追问假设和前提中的形而上学假定，再加以比较与分析。科学总是建立在一些假设和前提之上，而在这些假设和前提中，很难区分出哪些是形而上学的假定，哪些是事实，所以就有必要对这些问题进行思考和辨析，而且这些辨析就不再是第一科学或第一哲学意义上的，而是第二科学、第二哲学。在科学里有一些哲学的观念，如实在、实体等，对它们的理解固然要超越日常经验，但不应仅仅诉诸抽象的概念，而应该聚焦光子、电子等科学研究的对象，应深入到实验、测量等具体科学的语境之中。在研究科学涉及的形而上学问题时，自然主义主张紧缩的本体论而非膨胀的本体论，这也是科学家的基本立场，即除非找到直接的经验支持，不要在自然现象和科学对其描述中涉及的形而上学承诺以外再寻找一些其他假定，例如有人认为量子力学的正统理论对世界的概率描述还需要完善，但自然主义反对这种思想。科学家一般也不会对不可观察的实体作出本体论的承诺。

自然主义在探讨科学涉及形而上学问题时一般采取两段方法论，首先寻找世界可能的存在方式，其次保持形而上学假定与科学的连续性。寻找世界可能的存在方式就是根据经验对事物作出合理的猜想。德勒斯认为哲学的工作是创造概念，但是创造出的形而上学概念应该与科学保持一种连续性。自然主义主张的这种自然化的形而上学就是将对科学的自然描述提升到一种形而上学和存在论的层面。作为自然主义的主要思想之一的物理主义主张，所有事物都可以根据当代的物理理论进行理解，包括人们的信仰、知识和道德，比如用脑成像这种方法研究人们的道德观念，探索善和恶的观念是怎样形成的。这种自然化的形而上学的立场已经超越了自然科学的内涵，在观念和事实之间有很多空白需要论证。

在当代自然科学中有很多观念都可以视为自然化的形而上学。如还原论认为我们可以把世界上所有事物都还原为基本粒子的运动，就是要用基本粒子解释分子，用分子解释生命，用生命解释神经的活动，用神经的活动解释人的心理，用人的心理解释社会，以此类推。还有一种观点认为世界上的事物并不是有序的，而是无序的，只不过是人类赋予了它们秩序，而世界本身是斑驳的，换句话说，世界在形而上学的层面就是混杂的。自然主义的形而上学近年来还出现了一个值得关注的趋势，"实验哲学"即像研究科学那样研究哲学，如基于实验的哲学研究即通过实验进行哲学研究，也就是说，哲学中的争论可以通过经验得到证实，而不再是单纯依靠哲学上的抽象的探讨。这种研究进路意味着哲学研究本身的自然化，认为哲学研究像科学研究一样单纯地依靠科学就够了，可以在科学的范围之内研究所研究问题的本质及后果。前面提及的那个问题再次出现：基于自然主义的形而上学的研究目的在于思考是服务于哲学还是服务于科学，还是应该对两者都有利呢？在一个科学和哲学高度专业化的时代，面对这一问题显然需要寻求某种平衡。

接下来，我想强调指出的是形而上学是一种历史性的研究，知识是一种人化物或人工物，是一种历史性的存在。在亚里士多德讲形而上学是第一科学的时候就留下了一个悖论，因为亚里士多德是在自然科学之后寻找先于科学存在的东西，形而上学是后来的却又是先在的。从逻辑上来讲，是后来的却又居"上"的并不难理解，因为人们只有后见之明而没有先见之明，所有的先见之明都是猜测而已。但从历史性来讲，从科学中提炼的形而上学没有先验或先在的理由。形而上学之所以被蒙上了神秘的面纱，之所以能以神学的面貌统治人类 1500 年，就是因为在形而上学产生后就将产生形而上学的历史语境抛弃了，形而上学就成为一种绝对的、无限的知识。这里就要涉及发现的语境与辩护的语境的差别。发现的语境是说不清楚的，但是这种语境要被人们接受就要证成和辩护，证明自己的理论是成立的，早期科学哲学所进行的研究在很大部分上是在证明科学的合理性与合法性。而自然主义的形而上学分析意味着，形而上学概念或理论是在经验的基础上做出形而上学承诺，这种承诺是在语境中、历史的脉络中作出的，因此这些概念或理论应该处于"实在论"和"可错论"之间。所谓"实在论"是承认按照人类的现有经验是这样的，但是按照历史的经验来说，它又是"可错"的。毋庸置疑，形而上学具有一定的必要性，它可以满足人类求知的欲望，但是不可以因此将形而上学上升为绝对的真理，就像我们不可以说世界上所有的事物都必然可以感知一样。回到科学与哲学的关系，两者应该是一种共生的关系，也就是前面已经说过的，哲学与形而上学要超越科学但并不摧毁科学，同时科学要限制形而上学但并不排斥它。

基于自然主义的立场，我们要更加关注科学的实践的向度和实行的科学。科学和哲学研究最容易出现的问题是混淆书面上的科学和实际进行的科学研究。实践的向度就是指你可以有一套对世界的把握方式，我也可以有一套自己的方式，并不存在唯一的方式。其实哲学所告诉大家的最根本的一点就是独断是不可取的。强调科学是一种人化物，是指不要将科学神秘化，要认识到它是可错的、有问题的。知识就像一个潘多拉的盒子，在打开后不一定会造成什么样的问题。科学与其他知识一样也是人工物，当它指出一个事物存在的时候，并不是意味着这个事物绝对存在。因为到现在也没有一种从任何一个视角让我们可以把事物的所有的方面都看清楚的科学，所以所有的科学在认识事物时都是透视主义的、视角主义的。当用另一只眼睛看世界的时候，就会绘制出完全不同的一幅地图，在各种不同的地图之间就存在着一种学科界限的问题。各种不同的知识都可以构建一个微世界，问题是怎样将这些微世界联系在一起，在这些边缘的地方寻找新的知识。人类所有的思想都具有一种封闭性，很多东西都是一种自我的循环、自我的论证，当人们发现某种事物并进行猜测，且通过这种猜测寻找事物的原因，这就是皮尔斯的"溯因推理"。但是我们并没有找到世界的终极原因，而只是设法构造了这样一种原因，让这种原因呈现出来，将这样一种因果关系转变为一种条件关系。这样可能获得某些成功（但并不是有绝对保证的），也可能陷入一些破坏性的循环无法自拔。这不仅涉及科学的限度，更涉及人类的命运，因而我们需要在实践的层面进行形而上学思考，反思我们的思想与行动的前提。

编辑整理：沈朝立

道教内丹学：理论与方法

戈国龙

2010 年 12 月 27 日

戈国龙

中国社会科学院研究生院世界宗教系教授

摘　要：道教是中国传统的土生土长的宗教，在悠久的历史中形成了独特的特点，是中国传统文化的重要部分。内丹学是道教重要的修炼方术，历史悠久、理论丰富，是道教理论的重要组成部分。本文全面介绍了道教内丹学的主要理论和方法。

关键词：内丹学　主要理论　方法论　四象限

一、道教的特质及内丹学在道教中的地位

道教与其他宗教相比具有不同的特点，它没有把自己的经典作为《道藏》的全部书籍，而是在《道藏》中收集了很多中国传统文化的经典，现在我们还可以在《道藏》中找到先秦诸子的一些版本，甚至有的经典是由于《道藏》才得以保存，所以《道藏》的成分是非常丰富多彩的，是中国传统文化的宝库。所以道教一般会被人们认为是杂而多端，杂而多端既可以说是道教的不足和问题，也可以说是它的一个优点，就优点而言，杂而多端就是一种包容性、丰富性。道教在中国文化中具有集大成的性质，道教不仅属于过去，也属于现在，更属于未来。因为道教中有许多对人体、对生命奥秘的探讨，以及对天人关系、人与宇宙关系的深层探索，而这种对于人的奥秘的探索并不会因为时代的发展就会失去它的现代意义。不仅是道教，整个宗教在人类历史中也具有重要的意义。现代是科学技术高速发展的时代，科技文明在整个人类文明中占据了统治地位，宗教在一定意义上被边缘化了，被认为是比科学低的一种意识形态。其实宗教与科学之间不是对立的关系，而是互补的关系。因为它们的研究领域、探索方法是不同的，解决的问题也是不同的。物质文明的高度发展不能通过宗教的修持得到解决，科技给人类的生活带来了极大的便利。但是宗教文明所取得的成果也是科技文明所不能得到的，宗教解决的是人的精神问题，是向内的探索，追求的是生命的终极意义、人在宇宙中的地位、生命最终的寄托和安顿。如果把科技文明比作人类发展的发动机，那么宗教文明就提供了一种方向性。科技文明的发展一方面

给人类带来了很多的便利；另一方面又造成了很多的问题，盲目地追求物质利益的满足，导致了人与人之间、国与国之间的竞争，也导致了人对自然环境的破坏。如果片面追求物质文明的进步，人类是很难有前途的，甚至是非常危险的。

道教中有各种各样的修炼理论，而内丹学可以说就是这些修炼理论和修炼方术的集成和综合，它代表了道教的圆满境界。任何宗教在发展过程中都会趋向自身的圆融，道教也是从不成熟向成熟发展。与佛教相比，我们可以把道教的老庄学相当于般若学，是显教；内丹学相当于佛教的密宗，是密教。作为道教修炼方术的实践归宿和理论完成，自宋明发展成熟起来的内丹学在整个道教中的地位，相当于禅宗在中国佛教中的地位或理学在儒家思想中的地位。宋明以后，儒佛道三家都有一个新的理论高峰，儒家就是宋明理学，佛教就是禅宗的发展，道教就是内丹学的发展。

二、道教内丹学的概念

道教内丹学主要有以下几个特点：第一，内丹学是与外丹有关的。炼丹的概念是从外丹中引入的，内丹学借用了外丹烧炼的一套语言。外丹将炉鼎、药物、火候作为烧炼的三个要素，内丹学借用了这套语言，但其意义不再相同，外丹的炉鼎在内丹中是指人体，药物是指精气神，火候是指人意识的运用。外丹是想炼出某种药物，内丹是在人体内修炼，希望将精气神综合升华和演练，以达到人的精神和肉体的升华和提升。第二，内丹学吸收了古代思想中的阴阳五行八卦的符号系统并作为内丹学理论和功夫描述的象征语言，形成了内丹学独有的一套符号系统。第三，从理论上说，内丹学以老庄道家和道教哲学为内丹学的宇宙论基础，结合内丹学本身的特点形成自己独特的一套修炼思想体系。第四，从实践上说，内丹学系统总结了道教史上的修炼方术和养生理说，并升华成内丹学的修炼功夫系统。第五，从整体的理论宗旨来说，内丹学以对精气神的修炼而达于"性命双修、形神俱妙、以道合一"的神仙为根本宗旨，"性命双修"是内丹学独特的理论旗帜，从这一点出发，它既可以批判传统的方术，又可以批判只进行身体的而没有能量转换的修炼方式。第六，以三教合一为旗帜，吸收融合了儒释各家养生学说的精华。

根据道教内丹学的特点，我们给内丹学下一个简单的，但又相对完整的定义：道教内丹学借用外丹术语以鼎炉、药物、火候为三要素，以阴阳、五行、八卦等符号系统为象征语言，以道家哲学为理论基础，是综合和升华了道教史上的各种修炼方术，而形成的以三教融合为特征、以性命双修为宗旨的内修成仙之道。

三、道教内丹学的历史源流

（一）内丹学与传统诸方术的关系

内丹学是在道教发展过程中慢慢形成的，实际上它是对道教修炼方术的一种整合，结合了外丹的理论和它的功夫语言，内丹学有一个漫长的形成过程。内丹学的源头无疑可以上溯到先秦的诸子百家与仙道方术，先秦诸家炼养方术，亦皆与内丹有渊源关系，且存在生命修炼体验上的内在可相通性，但是我们仍不可直接把有关方术视为内丹。内丹之渊源不等于是内丹，内丹之概念必须有其独特之意义，若是把内丹概念无限泛化，则谈内丹学之源流毫无意义。故我们只能把先秦的修道传统和炼养方术看成是内丹学的历史渊源，而不能认为在先秦已有内丹功法，更不能认为在先秦已有内丹学。内丹学是道教发展到一定程度后的产物，在道教尚未建立之前，是既无内丹之名，亦无内丹之实，根本就谈不上有内丹。后人以内丹的观念去解释先秦的修道与方术，只能是一种以果溯因、从流溯源的主观解释与臆测之词。

（二）内丹学与道家理论的关系

在内丹学产生之前，道家修道的传统本来有很高深的境界，老庄修道思想已达至修道理论的高峰，其修道境界亦极深妙圆通，这为内丹学的形成奠定了理论的基础，也成为内丹学修炼的最后归趋之境。内丹学和道家的修道之间还是有所不同的，其中主要的不同就是在内丹学的修炼当中，除了修道的高境界以外，它还补充了具体转化的环节，将道和术进行了完美的结合。内丹学一方面继承了道家的理论，另一方面在具体的实践方法上有很大的拓展，所以我们不能将老庄的一些修炼方术直接称为内丹。内丹之与修道，相通而不尽相同，若不识其相通，则无以知内丹学之根源；若不识其相异，则无以见内丹学之流变。

（三）内丹与外丹的关系

内丹学理论的形成则与内外丹的交融有密切的关系，而《周易参同契》则是联系内外丹的一部最主要的经典，《周易参同契》与内丹学的形成有密切的关联。《周易参同契》是东汉时期魏伯阳所作的道教经典，被称为"万古丹经王"，是丹经最主要的一部经典。学术界对《周易参同契》的性质和特点一直有不同的观点，有人认为它是内丹的经典，有人认为它是外丹的经典，有人认为它是内外丹的经典，这部著作对于梳理内外丹理论具有重要意义。《周易参同契》不仅涉及炼丹的技术问题，而且建立了炼丹的理论模型，而这套理论模型恰恰被内丹学所继承，成为内丹学理论形成的经典来源，所以后世的内丹学家将《周易参同契》作内丹学的注解，将其作为内丹学的著作，这在诠释学上是完全成立的。

隋唐时期，是内外丹交融并酝酿出内外丹的代兴的重要时期。唐代外丹由极盛而渐衰微，而内丹则由不断发展而趋于繁荣，以钟吕传道为标志，在晚唐之际，内丹学蓬勃兴起，取代了外丹的主流地位，成为以后道教根本的理论和修炼方法。内外丹理论在彼此消长的过程中又相互支撑，炼丹的理论在整体上是将内外丹结合在一起的，两者不能分开。

（四）佛学对内丹学的影响

佛学的刺激与影响，对于成熟形态的内丹学的建立有重大的关联。佛道关于形神问题的争论对于内丹学解脱观念的形成有促进作用，外丹炼形，重形体不死；而内丹则重神，重阳神成仙。禅学的明心见性思想对内丹学的性功有重大的影响，内丹学的性命双修与禅家之明心见性，若即若离，难解难分。早期内丹尚多辨丹禅之异，形成别禅之丹；而后期丹道则多与禅融合，形成归禅之丹与融禅之丹，丹禅合一成为内丹学的基本宗风。

四、道教内丹学的基本理论

在这里仅仅略述，只是对一些重要的问题进行概说，详见《道教内丹学探微》（再版于《游心于佛道》之下篇，华夏出版社，2007）。

（一）返本还原

内丹学是一套系统的理论和方法，以成仙为目标，从理论上来说，它的总体目标是与道合一，神仙是以合道为最高的境界，而道是宇宙演化的源泉，所以修道就是返本还原的过程。在内丹学里，对宇宙万物的演化有一套模型，这套模型在说明宇宙万物演化的过程的同时，也说明人的修行要经历什么样的方法。在内丹学著作里，对返本还原理论有很多的论述，在这里选一段作为代表：谭峭《化书》："道之委也，虚化神，神化气，气化形，形生而万物所以塞也。道之用也，形化气，气化神，神化虚，虚明而万物所以通也。是以古人穷通塞之端，得造化之源，忘形以养气，忘气以养神，忘神以养虚。虚实相通，是谓大同。"这段话给出了全套的宇宙演化的模型，也指明了内丹学修炼的方法。

（二）顺逆演化的图示

我们用数字"0"来表示"道"和"虚"的层次，"道"和"虚"之间如果详细区分，也可以作一个微妙的区别，所以在内丹学里有"还虚和道"这一个环节，但从逻辑上来说，我们可以将它作为一个层次，就是本体性的层次。用"1"来表示"先天一气"或"混元一气"的层次，用"2"来表示"神与气"或"阴与阳"的二分层次，用"3"来表示"精（形）、气、神"的三元层次。"0→1→2→3…万物"则可用于表示"道生一，一生二，二生三，三生万物"的道的顺向演化。"万物…3→2→1→0"则可用于表示"炼精化气、炼气化神、炼神还虚（道）"的内丹学功夫中的逆向演化过程。

（三）生命的基本结构：精气神虚四层模型及其应用

从宇宙演化的顺逆两个层面，可以提炼出精气神虚四个层次。精气神虚四层模型作为普遍的理论模型，可应用于不同的主题：四种人、美、疾病、功夫或道路、万物。四层模型可以用于生命的结构，因为天人是相应的，所以宇宙的不同演化阶段就在人的生命里形成了不同的发展层次。精就代表人的生命的物质层面，代表肉体的物质结构；气代表着人体的能量运行层面；神是代表精神、意识作用；虚代表人的本性层面、灵魂层面。这种层次的区分非常重要，我们可以用这种区分观察不同的系统。我们用这种系统来看人，可以将人区分为四种：生活在物质层面的人，以肉体为中心，以追求肉体的满足为目的；生活在能量层面的人，这种人以情感为中心；生活在神这个结构层面的人，他们关注的焦点是人的精神生活；生活在虚的层面的人，我们可以说，这不是现有的人的精神境界，只有通过修炼才可以达到，要通过"明心见性"，达到真我的境界。四层结构也可以用于讨论美的课题，美具有不同的层次：第一层次是物质结构的美，如果没有其他层次的配合，这样的美还不算是真正的美；第二层次是气，也就是生命能量的美，能量层次的美就是能量的充实，也就是气脉的变化、畅通；第三层次是神的美，也就是精神状态的美；第四层次是虚层次的美，也是最高层次的美，就是得道人的美，这种人完全活在他的觉悟当中，不再为外物所影响。用四层模型来看待疾病问题，就西医来说，完全是用某种指标来衡量有没有疾病，这就是在第一层的物质层面，也就是认为疾病就是在人的物质结构层次，但这种测量完全不能涉及气的层次，因为人的气脉的流动是无法用仪器衡量的。而在中医和传统的道家医学中，对人体中气的流动有一整套认识。第二层次的疾病是在精神层面，道教、佛教都强调神气无二，精神的变化能导致人能量的变化，所以佛教说烦恼也是病。还可以用四层理论看待人修炼的功夫，有的所谓的大师炫耀自己有很大的神通，其实只是在能量的层面，如果在精神层面还是充满了执着，完全以自我为中心，那么就完全谈不上神的层面或者更深层面的功夫了。四层结构理论不仅仅局限在内丹学里，它还是人体的深层剖析，也是宇宙万物奥秘的理论模型，可以应用于万事万物之中，可用于处理不同的系统。四层结构可以与不同宗教的传统对人体、对生命的认识相通。在印度教里，将生命分为浊体、精体、心体、真性四个层次，这种结构与四层结构是完全相同的。有的体系分为生理体、能量体、心理体、灵体，也是大同小异。

如果将四层更加严格地区分，可以分为七体。三体或七体属于不同的模型。

五、内丹学研究方法论的问题

（一）修道现象学的概念

内丹学并没有放之四海而皆准的方法，它是随着研究者、研究对象、研究主题而异的。研究中国哲学或者宗教有很多方法，但它们有一个共同的切入点，就是与它们对话，与它们交流，所以提出了一个修道现象学的概念。人类思想的方式大致有这样几种形态：首先是康德称为"独断论"式的思想方式，即问："世界的本质是什么？"其次是"批判式"的思想方式，即问："我可能认识什么？"在认识世界的本质之前，我们首先要问："我可能认识什么？"即拷问主体认识的条件或有效性。所以康德认为我们要建立知识体系并不是在客体里面发现理论模式，而是在主体中已经有先验的认知范畴或认知模式，通过外在对象和认知模式发生作用，认知模式赋予其一定的认知，才形成了知识。再进一步是"现象学"的思想方式，即问"现（在人的意识里的）象怎么样？"现象学的思想方式悬置了主体和客体的区分，既不认为有独立的主体也不认为有独立的客体，对于外界是否存在也打上了括号，它只是追问现在我们意识中的现象是什么，就是有一个先验的、自明的事物出现在我们的思想中。胡塞尔认为，通过这种方式才能得到真正客观的、纯粹的知识。海德格尔进一步超出认识论的范围而把现象学用之于人的存在问题，对人的生存进行了现象学的描述，进一步问"人是什么？如何解释人的存在现象？"海德格尔认为人的存在现象是比认识论更为本质的问题，不管是现象学的认识，还是一种认识中心主义，因为认识是在一个更大的存在领域里展开的，如果人的存在问题没有得到解决，这种认识还是靠不住的。海德格尔分析了常人的生存状态问题，但他没有将自己的思想提升到意识境界的提升和转化层面上去。

就修道现象学来说，它不是一个固定的存在，而是一个可以不断提升和转化的可能性。

现象学还原把意识的目光回溯自身，从而在认识的层面上与东方哲学相通，但现象学作为一种认识批判的哲学有其自身的局限性，它还不能突破认识的范围而深究意识转换与提升的可能性，还不能本源地究明意识现象的存在根基与本体缘分。于是进一步有东方的思想方式，它问"人可能成为什么？"东方哲学不是一种纯理论的追究而是源于一种生命体悟，是生命体验的"修道现象学"！因此要理解它们就不能单纯从客观的知识性眼光来看，就必须同情地对它们进行再体验。因此研究修道现象学的过程是研究者和研究对象不断对话、交融的过程，是你的境界和修道现象学相交叉而开出的花朵。

（二）学术研究的四层面

傅伟勋先生综合了西方的诠释学理论和中国的考古文献，提出了"创造的诠释学"，作为他自己所领悟的一种高层次的哲学方法论，它综合了中国传统的考据学方法和西方的解释学方法，其核心是对历史文献研究的五个辩证的步骤或程序，由此而获得对文献的全方位、多层次的系统解释，依据《从西方哲学到禅佛教》一书，这五个步骤是：

第一，"原作者实际上说了什么？"创造的解释学家必须兼为考据家，培养起码的考证、训诂、版本等方面的功力，以获得可靠的理想版本。

第二，"原作者真正意味什么？"在这个层次上，创造的解释学家要从事于传记研究、语言解释、论理贯穿、意涵彰显等工作，设法解消原有思想在表面上的前后不一致性或论理的矛盾，试予彰显原有文句所可能含藏着的丰富意涵。

第三，"原作者可能说什么？"在这个层次上，创造的解释学家需要严格的哲学史训练，了解历来研究该文献的种种成果，以获取原作者思想的丰富的解释可能性。

第四，"原作者本来应当说什么？"创造的解释学家在这一层次要超出哲学史的视野而作为一个思想家问原作者如果在今天他应当说什么？但这个问题已经无法从死去的原作者那里得到回答，因此只有创造的解释学家摇身一变而作为开创的思想家代其回答了。

第五，"作为创造的解释学家，我应该说什么？"这时解释学家已经不能代替原作者说出他应该说的话，而是创造的诠释学家经由批判地继承开创新理路、新方法的地步了。

我们也可以将文献的考究分为四个层面：

（1）文献考据，历史文本的真实度、作者的情况、版本流传的情况、与其他版本的相互关系都属于考据的问题。

（2）义理源流，任何一家学术都处于历史的长河中，在历史中扮演什么角色、对于别家产生了什么样的影响，又继承了别家的什么思想成果，这个层面相当于思想史或者哲学史的研究。

（3）思想探索，这个层面不仅仅是研究文本，而且要跟作者对话、交流，探索原作者的思想，这属于思想理论研究的层面，这时你不仅仅是一个思想史家，而且是一个思想家，自己也要发言，与作者的思想进行对话、评判，进行真理的诠释。

（4）真理展示，这个层面是相对于特殊的研究领域而言的，比如研究儒释道这样的学问，因为它们本质上都是生命意义的真理，当追问最高的境界时，就不需要进行知识性的探究，当达到与得道者相同的境界时，就可以自由地展示这一领域的真理。这一领域已经超出了学术研究的范围，而是真正的思想家按照自己的领悟自由地展示真理的阶段。

借用肯恩威伯尔（Ken Wilber）的"四象限"理论对我们的思想进行一下总结。肯恩威伯尔是美国的心理学家，心理学可以分为四个思潮：一是行为主义的心理学，这种心理学更多的是以实验为主；二是精神分析心理学，以弗洛伊德、荣格开创的精神分析学派为主；三是人本主义心理学，以马斯洛为代表；四是后人本主义心理学，马斯洛晚年也认识到人本主义心理学的局限，因为人本主义心理学最高的追求就是如何建立健全自我、实现自我的价值，但这并不是心理学研究的最高的境界，因为在宗教修行的领域中，最高的领域是超越自我，所以后来将这种心理学称为超个人主义心理学或后人本主义心理学，肯恩威伯尔就是后人本主义心理学的大师。他本人也有过修道的经验，学习过藏传佛教的大圆满，同时他又具有西方知识分子的广博知识和极强的分析能力。所以他建立了自己的一整套的思想体系。肯恩的学术思想基本上是以纵向的意识光谱模型和横向的四大象限视角来整合东西多元的文化，建立多维度、多视野的综合"高低远近"的立体世界观。在这个世界观里，各种思想都能找到自己的定位，从而确立其适用的范围及其局限。在绝对真理的层面上，以空性和一味的终极境界为其归宿，在相对真理的层面上，则充分吸收西方多学科的具体研究成果，将佛陀的觉悟的高度心理学与弗洛伊德的分析的深层心理学相结合。其意识光谱基本上包含物质、肉体、心智、灵魂和灵性等次元，中间再细分为若干种意识状态，对应于不同层级的意识状态，所看到的世界不同，所持有的世界观也就不同。他重点区分了前理性、理性和超理性的发展阶序，指出人们常见的错误就是混淆了前理性与超理性的前/超谬误。

肯恩威伯尔认为存在着四个不同的领域和整体顺序，在每个领域中都有着不同的层次性。这四个不同的领域和整体顺序即是所谓的"四象限"，它包括"左上象限的个体内在领域、左下象限的群体内在领域、右上象限的个体外在领域和右下象限的群体外在领域"。比如说对于"人"的研究来说，个体内在领域是属于人的内在心理世界，个体外在领域则属于人的行为世界；群体内在领域属于文化价值世界，群体外在领域则属于社会活动世界。相对于不同的世界，其研究的方式相应地不同，外在世界可以用外在研究的方式去研究，而内在世界则必须以内在的方式去研究，个体与群体世界的研究方式也是一样的，各有不同的途径。

每一种宗教都有其核心的宗教体验，这是作为宗教性的内在领域；同时每一种宗教也都有其宗教表现形式，这是作为一个宗教的外在领域。在宗教的理解与宗教的研究中，有一个客观存在的研究领域与研究维度，就是探索宗教的核心精神体验，缺乏了这一研究维度，我们对宗教的了解就只能到达其皮毛。实际上，对于宗教经验的研究已经成为国际宗教学界的一个热门的领域，学者们也开始探索宗教经验研究的有效方法。宗教现象学与宗教诠释学就是走近宗教核心经验的两个根本的方法，而现象学的直观与宗教意义的诠释都离不开宗教体验的实践性。宗教体验的研究作为宗教内在的研究是一个很重要的方面，现在对于宗教的研究有很多的方向，如宗教社会学、宗教现象学、宗教心理学、宗教人类学，我们用四象限理论就可以看出它们各自侧重的领域。宗教本身也是一种复杂的现象，它有自己的组织形态、内在的信仰体验、信徒个人的宗教体验，如果用四象限理论反观自己的研究，就可以对自己的研究领域进行一个恰当的定位，而不同的层面又有着不同的方法。四象限理论本身是一个开放的理论模型，对于很多领域的研究都有启发的意义。

编辑整理：王 丹

马克思的意识形态批判

侯惠勤

2010 年 9 月 13 日

侯惠勤

中国社会科学院马克思主义研究院党委书记、副院长、研究生院马研系教授

摘　要：本文分析阐述了启蒙主义的意识形态变革，黑格尔的理性主义一元历史观，费尔巴哈对黑格尔的辩证法的颠倒，以及在此基础上马克思对黑格尔哲学的整体性颠倒。由此，既体现出近代意识形态变革的发展演变脉络，也凸显出马克思主义意识形态的客观真理性及其对当代的重大意义。

关键词：启蒙主义　理性主义一元历史观　辩证法　马克思主义　意识形态

一、启蒙主义的意识形态变革

启蒙运动主要指发生在18～19世纪初的资产阶级思想解放运动，涉及政治思想、哲学思想、经济学思想、自然科学等，是一个全面的思想解放运动和知识变革。从意识形态的角度来看，其最重大的变化在于开创了现代意识形态的变革。现代意识形态的特点在于观念变革在先，制度变革在后，所以黑格尔讲从启蒙运动以后我们真正来到了一个"观念创造现实"的时代。在这之前，意识形态也存在且发挥着作用，但它是随着制度的建立而为这个制度辩护的，是制度需要和选择的结果，较为被动。比如儒家学说，在其成为意识形态之前是作为春秋百家之一的学说存在，在我国封建制度建立以后，为适应这一制度巩固的需要，在汉武帝时期被选中，通过"罢黜百家，独尊儒术"，才成为国家意识形态。这是先有制度再有意识形态。

但是启蒙运动以后，一个重大的变革就是先有意识形态，再有相应的制度。这个重大转折是由启蒙运动完成的。启蒙运动的主旨是，提出了人的解放、个性的解放，实际上是要用人权代替神权，用科学理性代替信仰主义和愚昧迷信，所以提出了自由平等博爱的口号。因此而掀起的思想革命的浪潮和其作为意识形态的强大的渗透力、征服力不言而喻，它席卷了全球。

我们必须承认启蒙运动起到了非常重大的思想解放的推动作用，是对中世纪的整体性的颠覆、根本的颠覆，用人权代替神权，用科学理性代替封建愚昧，用自由平等代替等级制，代替了以血统政治等级为差别的社会结构。但是启蒙主义和启蒙运动本身也存在着内在的不可克服的矛盾。正是这个矛盾使他们陷入了困境，是后来一切意识形态变革的由头。这个困境可以从两个方面去看。

（一）对启蒙运动主旨的片面理解

启蒙运动的主旨讲的是人的解放，那么关于人的解放最根本的表述是要让人学会做自己的主人，自己给自己做主。这是人的解放的主旨，就是所谓的自由。但是在这个主旨中有两大理解和认识上的片面。

1. 启蒙运动一般是反对迷信不反对上帝

他们反对神学迷信和愚昧，但是不反对上帝，而且一般启蒙运动者都是有宗教信仰的。他们认为有宗教信仰和人自己解放自己并不矛盾。宗教和人的解放是否存在不可调和的矛盾，这就是推动德国古典哲学变革以及青年黑格尔运动的一个重大命题。大家知道后来在青年黑格尔思想家那里，普遍做出了宗教异化的判断，借以说明上帝和人处在一种对抗的关系中。例如布鲁诺·鲍威尔提出，人创造了一个上帝，人把自己一切美好的东西都给了上帝，留给自己的就是无法自立、等待拯救的命运。上帝是完美的，人是丑陋的，所以人在上帝面前永远抬不起头，而且因为只有信仰上帝才能得救，所以永远要对上帝顶礼膜拜，这样上帝就确立了一种对人的支配、主宰的作用。人在上帝面前是奴仆，上帝是主人，这就是一种根本的颠倒。因此，如果批判神学迷信，不否定上帝的神圣地位，人能够真正解放吗？毫无疑问，这里埋下了一个伏笔，即对神学迷信的批判也必然要导致对宗教的全面批判，必然要导致向无神论的方向演变。向无神论的方向演变，就是由德国哲学革命完成的。实际上在黑格尔那里已经有无神论的影子了，而到鲍威尔、费尔巴哈那里就合乎逻辑地得出了无神论结论。

2. 启蒙运动反对政治等级和门第等级，反对根据血统来决定社会地位和政治地位，但是它并不反对其他的社会等级，不反对由金钱、劳动或社会分工而形成的阶级等级、社会等级，不希冀消灭阶级差别

在存在着阶级、金钱等级的情况下，人谈不上做自己的主人，也谈不上自由发展。不要说被剥削者做不了自己的主人，就是剥削者也做不了自己的主人。这是又一伏笔，即对封建社会政治等级的否定，必然要引导到对于阶级社会的否定。青年马克思和青年黑格尔派的一些人提出的"金钱异化"，可视为这一倾向的初步尝试。"金钱异化"论仿照宗教异化的批判，提出人实际上成了金钱的奴隶，而金钱成为人的解放的又一现实障碍。人创造了货币、创造了金钱，但是人对金钱顶礼膜拜，金钱在人面前是神圣的，它们是主人，金钱是主宰，我们受它

反思儒家文化的"常道"

李存山

2010 年 11 月 15 日

李存山

中国社会科学院研究生院哲学系教授

摘　要： 孔子继承和发展了中国上古时期的文化，并奠定了秦以后中国文化的"思想范式"。孔子所说中国文化的"因革损益"，符合文化发展的辩证法。汉代儒学对先秦儒学既有相因的继承，又有损益的发展。自汉代以后，"三纲五常"被认为是中国文化所"因"的"常道"。经过我们的反思，可以解构"三纲五常"与"天道"的关系，否认"三纲"是儒家文化的"常道"；进而反思五四时期"批孔"的历史局限，明确文化发展的辩证法。儒家文化的"常道"应该是指从先秦儒学到秦以后儒学所一以贯之、始终坚持、恒常而不变、具有根本的普遍意义的那些道理、原则、理想或理念。以此为判据，儒家文化的"常道"应该是：崇尚道德，以民为本，仁爱精神，忠恕之道，和谐社会；其凝聚为《周易》中的两句话，即"天行健，君子以自强不息"，"地势坤，君子以厚德载物"，这是中国之所以为中国的"中华精神"。

关键词： 儒家文化　因革损益　三纲五常　常道

一

民国时期的著名学者柳诒徵在《中国文化史》一书中说："孔子者，中国文化之中心也。无孔子则无中国文化。自孔子以前数千年之文化，赖孔子而传；自孔子以后数千年之文化，赖孔子而开。"①这段话中的"无孔子则无中国文化"，说得并不确切；而说孔子在中国文化史上起了承上启下的伟大作用，则是历史的事实。

孔子"祖述尧舜，宪章文武"（《中庸》）。他说："殷因于夏礼，所损益可知也；周因于殷礼，所损益可知也。其或继周者，虽百世可知也。"（《论语·为政》）"周监于二代，郁郁乎文哉！吾从周。"（《论语·八佾》）这里说的"礼"实即中国上古时期的文化，亦即"郁郁乎文哉"的"文"；而"因"就是因袭、

① 柳诒徵：《中国文化史》，上海古籍出版社2001年版，第263页。

701

继承，"损益"就是发展、增益和扬弃。从尧、舜二帝到夏、商、周三代，中国文化既有相"因"的继承又有"损益"的发展，周代文化继承和发展了夏、商两代的文化，故其文明昌盛。所谓"吾从周"就是孔子要继承和发展周代的文化。此后"百世"（"父子相继为一世"，一世三十年，"百世"即三千年）的文化也会以这种"因革损益"的方式而继承和发展。

司马迁说："孔子以诗、书、礼、乐教，弟子盖三千焉，身通六艺者七十有二人。"（《史记·孔子世家》）孔子在中国文化史上的最大功绩就是删述六经，开创私学，高扬仁义，建立了儒家学派。而"六经皆史……六经皆先王之政典也"（章学诚《文史通义·易教上》）。孔子的删述六经，其谦辞为"述而不作"，实际上是"述"中有"作"，如其对于《尚书》"独存其善，使人知所法"，对于《春秋》"严其褒贬之辞，使人知所惧"（许谦《读书丛说》卷一），对于原为"卜筮之书"的《周易》则说"不占而已矣"（《论语·子路》），"我观其德义耳也"（马王堆帛书《要》），此自觉地继承和发展了中国上古"王官之学"时代的文化。他开创私学，高扬仁义，建立儒家学派，即在世界历史的"轴心时期"使中国文化"学术下移"，奠定了"仁者爱人"、"智者知人"的思想范式，从而"孔北老南"，诸子"继轨并作"，"如春雷一声，万绿齐苗于广野；如火山乍裂，热石竞飞于天外"[1]，此即中国文化在"轴心时期"实现了"哲学的突破"。提出"轴心时期"理论的德国哲学家雅斯贝尔斯在《大哲学家》一书中把孔子和苏格拉底、佛陀、耶稣并列为"思想范式的创造者"（并把老子列入"原创性形而上学家"）[2]，这是符合中国文化及其哲学发展实际的。

司马迁说："孔子布衣，传十余世，学者宗之。自天子王侯，中国言六艺者折中于夫子，可谓至圣矣！"（《史记·孔子世家》）称其为"至圣"，就是因为"中国言六艺者折中于夫子"，他继承和发展了中国上古时期的文化，而又奠定了秦汉以后的中国文化"思想范式"，因而"学者宗之"。《汉书·艺文志》便说，儒家学派"游文于六经之中，留意于仁义之际，祖述尧舜，宪章文武，宗师仲尼，以重其言，于道为最高"。在"祖述尧舜，宪章文武"之后加上了"宗师仲尼"，这也是符合秦汉以后中国文化发展之实际的。

孟子称孔子为"圣之时者"（《孟子·万章下》），用现在的话说，就是孔子的思想是符合"时代精神"的。从先秦至汉代，中国历史的确发生了巨大的变化，清代的史学家赵翼曾经说"秦汉间为天地一大变局"，这个"变局"主要是指由秦以前封建制的"世侯世卿之局"变成了秦汉以后君主集权之郡县制的"布衣将相"之局，"于是三代世侯世卿之遗法，始荡然净尽，而成后世征辟、

---

① 梁启超：《论中国学术思想变迁之大势》，上海古籍出版社2001年版，第18页。
② 雅斯贝尔斯：《大哲学家》，社会科学文献出版社2005年版，第112、813页。

选举、科目、杂流之天下矣"(《廿二史札记》卷二)。在这个大的"变局"之中，孔子仍是"圣之时者"。汉代为什么"尊儒"，其原因在汉初陆贾和贾谊的言论中已有说明，即陆贾对汉高祖所说："居马上得之，宁可以马上治之乎？……秦任刑法不变，卒灭赵氏。乡使秦已并天下，行仁义，法先圣，陛下安得而有之？"（《史记·陆贾列传》）贾谊也说："秦以区区之地，致万乘之势，序八州而朝同列，百有余年矣。然后以六合为家，崤函为宫，一夫作难而七庙隳，身死人手，为天下笑者，何也？仁义不施，而攻守之势异也。"（《新书·过秦上》）他们总结了秦二世而亡的历史教训，得出了要想政权巩固、社会稳定就必须"行仁义"而尊儒学的正确结论。可以说，从先秦到秦汉，虽然出现了"天地一大变局"，但"行仁义"这个儒家文化的"常道"仍是中国社会所需要的。

儒学之所以在汉代被"独尊"，还因为汉初的儒家与时俱进，他们对儒学也做出了适应这个"变局"的一些理论调整（其中包括吸收融合了道家、法家和阴阳五行家的一些思想因素）。如董仲舒在《举贤良对策》中说："王者承天意以从事，故任德教而不任刑。"（《汉书·董仲舒传》）这里的"任德教"是继承了儒家文化的"常道"。但他说："屈民而伸君，屈君而伸天，《春秋》之大义也。"（《春秋繁露·玉杯》）这里的"《春秋》之大义"就是汉初的《春秋》公羊学家为适应君主集权制度而做出的理论调整。所谓"屈民而伸君"，就是对君主集权制度的肯定，故董仲舒有"三纲"之说；所谓"屈君而伸天"，就是要以天神的权威来节制君权，故董仲舒有"灾异"、"谴告"之说。他在《举贤良对策》中声言"观天人相与之际，甚可畏也"（《汉书·董仲舒传》），就是要用"天人感应"、"阴阳灾异"使君主有所"畏"，以此来警诫人君。

汉代的儒学是有"常"（相"因"）亦有"变"（"损益"）的，其"常"就是继承了先秦儒家的"行仁义"、"任德教"的思想，而其"变"就是立（增益）"三纲"之说而讲"阴阳灾异"（"损"掉了荀子所谓"天行有常"，"明于天人之分"）。汉代儒家的一大理论建构是以"推天道以明人事"的方式确立了"纲常名教"，亦即从"阳尊阴卑"推出"三纲"之说，从"五行相生"推出"五常"之说。这里的"五常"主要是继承了先秦儒家的"常道"，但因"天道"中有了"五行相生"，所以由孟子所说的"仁义礼智"四德变成了"仁义礼智信"五常；而"三纲"主要是适应了秦汉的君主集权制度，虽然先秦儒家也讲"君臣之义，父子之亲，夫妇之别"，但并非如"三纲"之说所规定的那样是绝对尊卑和绝对主从的关系。正是通过汉代儒学的"变"与"常"，儒家文化实现了与秦汉政治制度的整合。由此，孔子所奠定的"思想范式"贯彻到汉代以后的社会文化之中，儒学成为中国古代"独尊"的主流文化。

历代儒家对于汉代儒学的"变"与"常"并没有思想和理论的自觉。相反，他们为了确立孔子思想以及"纲常名教"的绝对权威，把儒学的"变"与"常"混在一起，虚构了孔子"为汉代立法"，而"三纲五常"乃是"道之大原出于天，天不变，道亦不变"的思想。但这种思想却使儒学在中国近代的"数千年未有之变局"中遭受了最大的厄运。当我们现在走出"反孔"、"批儒"的历史局限和误区，而探讨孔子思想、儒家文化是否符合我们的"时代精神"时，就有必要反思孔子思想、儒家文化的真正的"常道"是什么。

二

孔子思想、儒家文化的"常道"，应该是指从先秦儒学到秦以后儒学所一以贯之、始终坚持、恒常而不变、具有根本的普遍意义的那些道理、原则、理想或理念。以此为依据，首先就要解构"三纲五常"与"天不变，道亦不变"的联系，指出"三纲五常"并非出于"天道"，而是一种历史的建构，特别是指出"三纲"并非儒家文化（乃至"圣人所以为圣人，中国所以为中国"）的"常道"。然后才能探讨孔子思想、儒家文化的真正的"常道"是什么，它与我们现当代的"时代精神"是否相符合，我们现在又应如何继承和弘扬儒家文化的"常道"，并且使儒家文化做出适应现时代的"因革损益"。

谈到"解构"（Deconstruction），西方的后现代主义思想家德里达曾经说：

每一次（解构）都必须为在今日文化中占主导地位的东西作谱系学研究。那些如今起规范作用的、具有协调性、支配性的因素都有其来历。而解构的责任首先正是尽可能地去重建这种霸权的谱系：它从哪儿来的，而为什么是它获得了今日的霸权地位？①

与西方后现代主义所要"解构"的对象和历史场景不同，我们要解构"三纲五常"与"天不变，道亦不变"的联系，解构"三纲"被视为儒家文化的"常道"所具有的"霸权地位"；尽管有此不同，而德里达所说的"解构"就要"尽可能地去重建这种霸权的谱系"，这对于我们所要进行的"解构"也是适用的。

"三纲"与"五常"首先是由董仲舒提出的。他说："君臣、父子、夫妇之义，皆取诸阴阳之道。君为阳，臣为阴；父为阳，子为阴；夫为阳，妻为阴。"此即"王道之三纲，可求于天"（《春秋繁露·基义》）。董仲舒沿用"五行相生"之说，把"五行"与四方、四时相配，因为"五行相生"的关系犹如"父子相生"，所以董仲舒说："五行者，乃孝子忠臣之行也。"（《春秋繁露·五行之

---

① 雅克·德里达：《书写与差异》，三联书店2001年版，"访谈代序"第15页。

义》）在《举贤良对策》中，董仲舒提出"五常"之说："夫仁、谊（义）、礼、知（智）、信五常之道，王者所当修饬也。"（《汉书·董仲舒传》）他又将五行与五官、五常相配，即

> 东方者木，农之本，司农尚仁……南方者火也，本朝，司马尚智……中央者土，君官也，司营尚信……西方者金，大理，司徒也，司徒尚义……北方者水，执法，司寇也，司寇尚礼……（《春秋繁露·五行相生》）

董仲舒的这种配法，只有木配仁、金配义与后来的配法相一致，火配智、水配礼不见于后儒之说，而在土配信还是配智的问题上则一直存在着分歧（详后）。

"道之大原出于天，天不变，道亦不变"的思想亦出自董仲舒，但他并没有将此与"三纲"、"五常"相联系。在《举贤良对策》中，董仲舒说："王者有改制之名，亡（无）变道之实。然夏上忠，殷上敬，周上文者，所继之救，当用此也。"然后他引用了孔子所说："殷因于夏礼，所损益可知也；周因于殷礼，所损益可知也；其或继周者，虽百世可知也。"他接着申论说：

> 此言百王之用，以此三者矣。夏因于虞，而独不言所损益者，其道如一而所上同也。道之大原出于天，天不变，道亦不变，是以禹继舜，舜继尧，三圣相受而守一道，亡救弊之政也，故不言其所损益也。繇是观之，继治世者其道同，继乱世者其道变。今汉继大乱之后，若宜少损周之文致，用夏之忠者。（《汉书·董仲舒传》）

其意为夏、商、周三代分别用忠、敬、文，此即有所"损益"，"继乱世者其道变"，而有"救弊之政"。但孔子并没有说"夏因于虞（舜）"而有所"损益"，这是因为"道之大原出于天，天不变，道亦不变"，所以"禹继舜，舜继尧，三圣相受而守一道"，没有"救弊之政"，故不用讲"损益"。可见，"道之大原出于天，天不变，道亦不变"，本是讲尧、舜、禹相继而"守一道"，与"三纲"、"五常"并无关系。从儒家文献（如《尚书》和《礼记·礼运》等）所载尧、舜、禹的"禅让"和"天下为公"来说，当时也根本不会有君臣、父子、夫妇之间的绝对尊卑和主从关系。

将"三纲"和"五常"连言（所谓"纲常"），不见于董仲舒的著述，从现有史料看，其首见于东汉后期的经学家马融对《论语》的注释。马融的《论语注》已失传，而曹魏时期何晏的《论语集解》在解释"殷因于夏礼"章时引马融曰："所'因'，谓三纲五常也；所'损益'，谓文质三统也。"此可见在东汉后期"三纲"与"五常"合为一说，它被视为华夏文化相"因"而不可变革的"常道"。马融之说在后来的《论语》注疏中一直被肯定。如南北朝时期皇侃的《论语义疏》说：

> 马融云"所因，谓三纲五常"者，此是周所因于殷，殷所因于夏之事也。

三纲谓夫妇、父子、君臣也。三事为人生之纲领，故云三纲也。五常谓仁义礼智信也……此五者是人性之恒，不可暂舍，故谓五常也。虽复时移世易，事历今古，而三纲五常之道不可变革，故世世相因，百代仍袭也。

所谓"三纲五常之道不可变革"，"世世相因"（已非"百世"而已），这成为儒家思想的一个教条、一种定式。北宋初年，邢昺奉诏作《论语注疏》，亦引马融之说，疏云："三纲五常不可变革，故因之也。"朱熹的《论语集注》也同样引马融之说，注云：

三纲五常，礼之大体，三代相继，皆因之而不能变。其所损益，不过文章制度，小过不及之间。而其已然之迹，今皆可见。则自今以往，或有继周而王者，虽百世之远，所因所革亦不过此，岂但十世而已乎！

朱熹肯定"马氏注'所因谓三纲五常，损益谓质文三统'，此说极好"（《朱子语类》卷二十四）。朱熹又说："所因之礼是天做底，万世不可易；所损益之礼是人做底，故随时更变。"（同上）在这里，"万世不可易"即永远如此，岂但"百世"而已。与汉代儒学相比，朱熹所谓"天做底"已不是把"三纲五常"归于"阴阳五行"，而是说其出于"天理"。他说：

宇宙之间，一理而已，天得之而为天，地得之而为地，而凡生于天地之间者又各得之以为性。其张之为三纲，其纪之为五常，盖皆此理之流行，无所适而不在。（《朱文公文集》卷七十《读大纪》）

虽然从汉学到宋学，在哲学理论上发生了很大变化，但从"天道"推出"三纲五常"不可变革，这一思维模式没有变化。

在《论语》注释史上，变化发生在中国近代。康有为在戊戌变法失败后，于流亡期间作有《论语注》，他对"殷因于夏礼"章注云：

《春秋》之义，有据乱世、升平世、太平世。……孔子之道有三统三世，此盖藉三统以明三世，因推三世而及百世也。……人道进化皆有定位……由独人而渐立酋长，由酋长而渐正君臣，由君主而渐为立宪，由立宪而渐为共和。……此为孔子微言，可与《春秋》三世、《礼运》大同之微旨合观，而见神圣及运世之远。

显然，康有为是用西方的社会进化论来诠释《春秋》公羊学的三世说，又将此"微言大义"移用到对《论语》的注释中。在这里，"三纲五常不可变革"的思想已经被"君主制—君主立宪制—共和制"的进化论所取代。

然而，在康有为写《论语注》的同时，张之洞在《劝学篇》中又引经据典地重申了"三纲五常不可变革"。他说：

"君为臣纲，父为子纲，夫为妻纲"，此《白虎通》引《礼纬》之说也。董子所谓"道之大原出于天，天不变，道亦不变"之义本之。《论语》"殷因于夏礼，周因于殷礼"注："所因，谓三纲五常"。此《集解》马融之说也，朱子《集注》引之。……圣人所以为圣人，中国所以为中国，实在于此。故知君臣之纲，则民权之说不可行也；知父子之纲，则父子同罪、免丧废祀之说不可行也；知夫妇之纲，则男女平权之说不可行也。（《劝学篇·明纲》）

张之洞不仅认为"三纲五常"在中国不可变革，甚至认为"三纲五常"也普遍适用于西方："诚以天秩民彝，中、外大同。人君非此不能立国，人师非此不能立教。"（同上）张之洞所讲的"三纲五常"，重在"明纲"，旨在反对政治制度的变革。这在从戊戌变法到辛亥革命的历史进程中站在了革命潮流的对立面，而且在很大程度上用"三纲"遮蔽了"五常"。这也导致辛亥革命以后乃至五四运动时期对儒家学说的批判集中在"纲常名教"，而对"纲（与）常"未作适当的分析，实际上是用对"三纲"的批判来一概否定了"纲（与）常"。

我们现在反思"三纲"之说乃是汉儒之所立。在董仲舒之前，有尧、舜、禹、汤、文、武、周公和孔子等圣人；在汉代以前，中华文明亦有数千年之历史。"圣人所以为圣人，中国所以为中国"，实不在于有"三纲"。察"三纲"之原（源），其并非本于先秦儒家所讲的"天道"；从"阳尊阴卑"推出"君为臣纲"等，此说实滥觞于战国时期的黄老学派。马王堆出土的《黄帝四经》有云：

凡论必以阴阳明大义。天阳地阴，春阳秋阴，夏阳冬阴，昼阳夜阴。……主阳臣阴，上阳下阴，男阳女阴，父阳子阴，兄阳弟阴，长阳少阴，贵阳贱阴，达阳穷阴。（《称》）

凡观国有六逆：其子父，其臣主，虽强大不王……主失位则国荒，臣失处则令不行。……凡观国有六顺：主不失其位则国有本……主主臣臣，上下不斥者，其国强……主得位，臣辐属者王。（《经法·大分》）

君臣易位谓之逆……君臣当位谓之静……静则安……安则得本……（《经法·四度》）

《黄帝四经》所讲的"六顺"，到了法家韩非的思想中就成为"三顺"，并且明确地称此为"天下之常道"。《史记·韩非列传》说韩非之学"归本于黄老"，此言不虚。韩非说：

臣事君，子事父，妻事夫，三者顺则天下治，三者逆则天下乱。此天下之常道也，明王贤臣而弗易也，则人主虽不肖，臣不敢侵也。（《韩非子·忠孝》）

所谓"人主虽不肖，臣不敢侵"，就是把君臣之间的尊卑、主从关系绝对化了，此不同于孔子所说"以道事君"（《论语·先进》），"勿欺也，而犯之"（《论语·宪问》）。韩非对于"常道"之"常"有一个明确的界定即"唯夫与天地之剖判也俱生，至天地之消散也不死不衰者谓常。"（《韩非子·解老》）汉代儒家的"三纲"本于"天道"而恒常不可变革的思想实即出自法家的韩非。

《黄帝四经》说"君臣易位谓之逆",如果将此绝对化,那么势必否定儒家经典中的"尧舜禅让"和"汤武革命"之说。这一点在韩非的思想中就体现出来,他说:

尧、舜、汤、武或反君臣之义,乱后世之教者也。尧为人君而君其臣,舜为人臣而臣其君,汤、武为人臣而弑其主,刑其尸,而天下誉之,此天下所以至今不治者也。(《韩非子·忠孝》)

在韩非子看来,要使天下治(实即一个王朝永世相传),就必须否定"尧舜禅让"和"汤武革命"之说。这当然是儒家所不能同意的。汉初景帝时,儒学博士辕固生就曾与代表黄老和法家观点的黄生发生争论:

黄生曰:"汤武非受命,乃弑也。"辕固生曰:"不然。夫桀纣虐乱,天下之心皆归汤武,汤武与天下之心而诛桀纣,桀纣之民不为之使而归汤武,汤武不得已而立,非受命为何?"黄生曰:"冠虽敝,必加于首;履虽新,必关于足。何者?上下之分也。今桀纣虽失道,然君上也;汤武虽圣,臣下也。夫主有失行,臣下不能正言匡过以尊天子,反因过而诛之,代立践南面,非弑而何也?"辕固生曰:"必若所云,是高帝代秦即天子之位,非邪?"于是景帝曰:"食肉不食马肝,不为不知味;言学者无言汤武受命,不为愚。"遂罢。是后学者莫敢明受命放杀者。(《史记·儒林列传》)

把儒家的"汤武革命"之说作为"马肝"而剔除掉,这是汉代君主对于儒学的一种"损"。而汉代儒学为了适应君主集权制度,吸取了黄老和法家的思想因素,立"三纲"之说,则是对先秦儒学的一种"益"。

在孔、孟、荀以及《大学》、《中庸》和《易传》的思想中,皆未讲"五行"(木火土金水)。以"五行"为"阴阳"之所生,并将"五行"分配于四方、四时,此源于战国中后期的阴阳五行家。而汉代儒家从"五行"推出"五常",并将"五行"(以及《易传》的"元亨利贞")与"五常"相配,这是汉代儒家对阴阳五行家思想的一种"益",当然更是对先秦儒家思想的一种"益"。在董仲舒之后,以"五行"(以及"元亨利贞")配"五常"也成为儒家的一种定式。但是,在《易传·文言》中,"元"配仁,"亨"配礼,"利"配义,这是明确的,而"贞者事之干也……贞固足以干事",此"贞"是应该配"智"还是应该配"信",则从汉代的《纬书》开始就形成了旗鼓相当的两种配法。其一,以水、贞配信,以土配智,持此说者有《易纬·乾凿度》、《孝经纬》、《诗纬》、郑玄、皇侃、何妥、孔颖达、张载等;其二,以水、贞配智,以土配信,持此说者有《春秋纬·元命苞》、《乐纬·动声仪》、扬雄、刘歆、《白虎通义》、庾蔚、李鼎祚、朱熹等。直到明代的姚舜牧、清代的程廷祚,在水、贞配信还是配智的问题上"终未有定论也"①。如果"五常"真是出于"天道"之"五行"和"元亨利贞"的话，那么就如爱因斯坦所说"上帝不会掷骰子"一样，"天道"也不应在水、贞配智还是配信的问题上使后儒形成旗鼓相当的两种配法。质言之，"三纲"和"五常"都不是出于"天道"，而是出于汉代儒家之历史的建构。这样的建构适应了汉代以后政治、经济和社会文化的需要，有其历史的价值；但将其视为不可变革的"常道"，就会束缚中国历史的继续发展。

对"三纲"的批判和解构并不始于中国近代。明清之际曾被当时的儒者称为"天崩地解"的时代，"天地"有变（实即中国历史又发生一次巨变）则"道"亦变。宋亡于元、明亡于清的历史教训极大地刺激了当时的儒者，于是黄宗羲痛切地批判秦以后君主制的祸害："凡天下之无地而得安宁者，为君也。……为天下之大害者，君而已矣。"他解构将君主"比之如父，拟之如天"的关系，指出后世君主以"如父如天之空名"，不过是"禁人之窥伺"自己的权力（《明夷待访录·原君》）。他批评"小儒规规焉以君臣之义无所逃于天地之间"，又指出君臣关系不同于父子关系，父子之间是"固不可变"的血缘关系，而君臣之名"从天下而有之"，"吾无天下之责，则吾在君为（平等的）路人"，"出而仕于君也……以天下为事，则君之师友也"（《明夷待访录·原臣》）。黄宗羲对"君为臣纲"的批判，使他得出了以权力来制约权力的思想，此即主张提高宰相的权力，使君主"亦有所畏而不敢不从"（《明夷待访录·置相》），又提出"必使治天下之具皆出于学校……天子之所是未必是，天子之所非未必非，天子亦遂不敢自为非是，而公其非是于学校"（《明夷待访录·学校》）。黄宗羲的政治思想实为中国从民本走向民主的开端②。

与黄宗羲同时期的唐甄也激烈地批判"自秦以来，凡为帝王者皆贼也"（《潜书·室语》）。他主张"抑尊"，除了批判"君尊臣卑"之外，尤其反对"男尊女卑"、"夫为妻纲"。他说："盖今学之不讲，人伦不明；人伦不明，莫甚于夫妻矣。"他主张夫妻之间要相互尊敬与和谐，"敬且和，夫妇之伦乃尽"（《潜书·内伦》）。他又提出："恕者，君子善世之大枢也。五伦百姓［行］，非恕不行，行之自妻始。不恕于妻而能恕人，吾不信也。"（《潜书·夫妇》）所谓"恕"就是"己所不欲，勿施于人"，此为"君子善世之大枢"，亦为儒家文化之"常道"。这个"常道"应该"行之自妻始"，这符合《中庸》所说"君子之道，造端乎夫妇"。唐甄的思想实即以儒家文化之"常"否定了汉代以后立"三纲"之说的儒家文化之"变"。

从明清之际黄宗羲和唐甄等人的思想中可以看出，中国近现代的批判和解构

① 详参拙文：《"五行"与"五常"的配法》，《燕京学报》，2010 年第 28 期。
② 详参拙文：《从民本走向民主的开端》，《华东师范大学学报》，2006 年第 12 期。

"三纲"，代之以民主政治和新型的家庭伦理、社会伦理，是符合儒家文化自身发展逻辑的。而张之洞所说"知君臣之纲，则民权之说不可行也……知夫妇之纲，则男女平权之说不可行也"，则完全是逆历史潮流而动。

三

辛亥革命之后，窃取了国家权力的北洋军阀搞"假共和"，甚至演出了两场复辟帝制的丑剧。保守派欲"立孔教为国教"，而"立国教"势必仰仗于国家的掌权者，于是当时的保守派与北洋政府有着密切的关系。康有为认为"共和政体不能行于中国"，他甚至也说"君臣之道，不能须臾离，而孔子之教，无可毫厘疑也"。他在给袁世凯的《复总统电》中说："尊圣卫道，想公同心，冀公援手，圣教幸甚。"当张勋拥戴溥仪复辟时，康有为也在事先预写了《拟复辟登极诏》①。尊孔与复辟帝制的密切关系，是儒家文化在五四运动时期遭受最致命打击的直接和主要的原因。陈独秀说："孔教与帝制，有不可离散之因缘"，"盖主张尊孔，势必立君；主张立君，势必复辟"，"吾人果欲于政治上采用共和立宪制，复欲于伦理上保守纲常阶级制……此绝对不可能之事。"② 五四新文化运动主张以"民主"与"科学"救中国，反对儒家的"纲常阶级制"，其进步意义是不可否认的；但把"三纲"与"五常"合而抨击之，对"纲（与）常"未作适当的分析，这也有其历史的局限性。我们现在解构"三纲"为儒家文化的"常道"，也就是要解构"孔教与帝制"这个曾被认为"不可离散"的"因缘"，走出儒家文化与民主共和不能两立的历史局限，反思儒家文化的真正的"常道"是什么，此"常道"在现代社会是否仍有其价值，是否仍符合我们的"时代精神"。

胡适在五四时期撰文说："新思潮的根本意义只是一种新态度。这种新态度可叫做'评判的态度'。""'重新估定一切价值'八个字便是评判的态度的最好解释。""孔教的讨论只是要重新估定孔教的价值……礼教的讨论只是要重新估定古代的纲常礼教在今日还有什么价值。"③ 陈独秀也说："吾人所欲议论者，乃律以现代生活状态，孔子之道，是否尚有尊从之价值是也。""吾人不满于古之文明者，乃以其不足支配今之社会耳，不能谓其在古代无相当之价值……"④ 因此，五四时期的"尊孔"与"批孔"，其焦点在于"孔子之道"是否尚有现代价

---

① 《康有为政论集》下册，中华书局 1981 年版，第 739、922、990 页。
② 《陈独秀著作选》第 1 卷，上海人民出版社 1993 年版，第 217、339、178 页。
③ 《胡适文集》第 2 卷，北京大学出版社 1998 年版，第 552 页。
④ 《陈独秀著作选》第 1 卷，上海人民出版社 1993 年版，第 231、487～488 页。

值；当时的"批孔"并没有否定"孔子之道"的古代价值，而其历史局限性在于否定了"孔子之道"具有现代价值。

当唯物史观的"经济基础和上层建筑"理论传入中国后，对其简单化的一个理解就是认为，农业社会"基础"上的儒家道德已经完全不适应工业社会的"上层建筑"，道德同宗教、哲学一样"随着物质变动而变动"，"随着社会的需要，因时因地而有所变动"，当"西洋的工业经济来压迫东洋的农业经济"时，"孔门伦理的基础就根本动摇了"，"大家族制度既入了崩颓粉碎的运命，孔子主义也不能不跟着崩颓粉碎了"①。这在当时固有其重要的理论意义和进步性，但也存在着只讲"变"而不讲"常"的理论片面性。

对上述历史局限性和理论片面性加以纠正或补救的是张岱年先生在 20 世纪30 年代发表的《道德之"变"与"常"》一文。他指出："道德依时代而不同，随社会之物质基础之变化而变化；然在各时代之道德中，亦有一贯者在，由此而各时代之道德皆得名为道德。""旧道德中有虽旧而仍新者存：于此当明道德之'变'与'常'的辩证法。"② 张先生所说的道德之"变"，是指道德因社会经济基础的变革而发展的时代性、变革性；他所说的道德之"常"，则是指不同时代之道德中"亦有一贯者在"，即道德发展的继承性、连续性。张先生说："新道德乃旧道德之变革，亦旧道德之发展……新道德与旧道德之间是有连续性的，新道德非完全否定旧道德。""新旧道德之对待关系，亦对立而统一的，变革之而同时亦有所保持，且系发展之。"③ 这就是"道德之'变'与'常'的辩证法"。在这里，讲道德之"变"是唯物史观的基本原理，但如果只讲"变"而不讲"常"则违背了"辩证法"④。恩格斯晚年在讲到经济对哲学（以及文学等）所起的作用时说："每一个时代的哲学作为分工的一个特定的领域，都具有由它的先驱者传给它而它便由以出发的特定的思想资料作为前提……经济在这里并不重新创造出任何东西，但是它决定着现有思想资料的改变和进一步发展的方式，而且这一作用多半也是间接发生的……"针对一些人对唯物史观的"形而上学"理解，恩格斯说："所有这些先生们所缺少的东西就是辩证法。"⑤

---

① 《李大钊文集》第3卷，人民出版社 1999 年版，第 108、115、142、144 页。

② 《张岱年全集》第1卷，河北人民出版社 1996 年版，第 160 页。

③ 同②，第 161、162 页。

④ 恩格斯晚年在讲到经济对哲学（以及文学等）所起的作用时说："每一个时代的哲学作为分工的一个特定的领域，都具有由它的先驱者传给它而它便由以出发的特定的思想资料作为前提……经济在这里并不重新创造出任何东西，但是它决定着现有思想资料的改变和进一步发展的方式，而且这一作用多半也是间接发生的……"针对一些人对唯物史观的"形而上学"理解，恩格斯说："所有这些先生们所缺少的东西就是辩证法。"见《马克思恩格斯选集》第4卷，人民出版社 1972 年版，第 485～486 页。

⑤ 《马克思恩格斯选集》第4卷，人民出版社 1972 年版，第 485～486 页。

张岱年先生在晚年所作《中国伦理思想研究》一书中也讲道德的"变革性"与"继承性"。他说:"人类道德是随时代的变化而变化的,这是道德的变革性;而后一时代的道德是从前一时代演变而来的,前后之间也有一定的继承关系,这可谓是道德的继承性。""马克思、恩格斯提出道德阶级性的理论,是伦理学史上的重大变革。但是,道德的阶级性并不排除道德的继承性。……中国古代思想家的道德学说对于中华民族的精神发展确实有过非常巨大的影响,是应该予以分析的,从而进行批判继承的。"依此,他对"三纲五常"进行分析,认为对秦以后出现的"三纲"之说必须加以严肃的批判,而对"五常"则指出其在历史上"有一定的阶级性",但"也还有更根本的普遍意义"①。对"更根本的普遍意义"是要继承的。

不仅道德的发展有"变"亦有"常",而且"变"与"常"也是"文化之实相"的重要属性。张岱年先生在 20 世纪 30 年代所作的《西化与创造》一文中说:

唯用"对理法"(按即辩证法),然后才能见到文化之实相,才不失之皮毛,才不失之笼统。唯用"对理法",才能既有见于文化之整,亦有见于文化之分;既有见于文化之变,亦有见于文化之常;既有见于文化之异,亦有见于文化之同。②

这里的"整"就是文化结构的系统性,"分"就是文化要素的可析取性(如果文化只有"整"而无"分",则文化的发展就只有相"因"而无"损益");"变"就是文化发展的时代性、阶段性,"常"就是文化发展的继承性、连续性(如果文化只有"变"而无"常",则文化的发展就是断裂的而无相"因"继承的);"异"就是文化的民族性、特殊性,"同"就是民族文化中的世界性、普遍性(人类文化的普遍性存在于民族文化的特殊性之中)。我们只有正确地认识和处理文化的整与分、变与常、异与同的辩证关系,才能对传统文化批判继承,走综合创新之路(张岱年先生晚年多次强调中国文化发展的正确道路是"综合创新"),我们也才能解构"三纲"为不可变革之"常道",重新认识儒家文化(或以儒家文化为主流的中国文化)之真正的"常道"是什么,它与我们现当代的"时代精神"有着怎样的关系。

四

如前文所说,儒家文化的"常道"应该是指从先秦儒学到秦以后儒学所一

---

① 张岱年:《中国伦理思想研究》,上海人民出版社 1989 年版,第 64、66~69、170~171 页。
② 《张岱年全集》第 1 卷,河北人民出版社 1996 年版,第 248~249 页。

以贯之、始终坚持、恒常而不变、具有根本的普遍意义的那些道理、原则、理想或理念。我认为，这个"常道"所包含的主要内涵或核心价值应该是：崇尚道德，以民为本，仁爱精神，忠恕之道，和谐社会；其凝聚为《易传》中的两段话，即"天行健，君子以自强不息"，"地势坤，君子以厚德载物"，这是"中国所以为中国"的"中华精神"。

（一）儒家的崇尚道德

儒家的崇尚道德，毫无疑义地从"祖述尧舜"就已开始，以后一以贯之、始终坚持、恒常而不变、具有根本的普遍意义。《尚书·尧典》说：帝尧"克明俊德，以亲九族；九族既睦，平章百姓；百姓昭明，协和万邦。黎民于变时雍"。儒家文化的根本精神和核心价值实已体现在这段对帝尧的赞颂中。所谓"克明俊德"，就是说帝尧有崇高的道德，后儒将此解释为"自明明德"，也就是《大学》所云"三纲领"中的"在明明德"，亦即儒家的道德必充于己的"内圣"之义。"克明俊德"后面的"以亲九族"、"平章百姓"、"协和万邦"，也就是由"内圣"而"外王"，亦即《大学》所说的"修身、齐家、治国、平天下"。帝尧之后，《尚书》对舜、禹、汤、文王、武王和周公的赞颂，无不是"内圣外王"的楷模。至《尚书·周书》，更加强调天子必须"敬德保民"、"明德慎罚"。春秋时期，《左传》中记载了"正德、利用、厚生"的三事之说，"太上有立德，其次有立功，其次有立言"的三不朽之说。在孔子以前，崇尚道德实已成为中国文化的最高价值。儒家文化"因"顺其而发展，孔子讲"志于道，据于德，依于仁，游于艺"（《论语·述而》），"为政以德"，"道之以政，齐之以刑，民免而无耻；道之以德，齐之以礼，有耻且格"（《论语·为政》），他对《周易》言"我观其德义耳也"，《易传·系辞》则说"圣人所以崇德而广业也"，"精义入神，以致用也；利用安身，以崇德也；过此以往，未之或知也"，孟子则说"以德行仁者王"，"以德服人者，中心悦而诚服也"（《孟子·公孙丑上》）。孔孟之后，儒家对道德的崇尚已毋庸赘述。可以说，儒家所以为儒家，中国所以为中国，就在于崇尚道德。

（二）儒家的以民为本思想（或称民本主义），亦从"祖述尧舜"就已开始

帝尧的"克明俊德，以亲九族……平章百姓……协和万邦"，最终落实到"黎民于变时雍"，此即《大学》"三纲领"的"在明明德，在亲民，在止于至善"。"时"者善也，"雍"者和也，能使黎民百姓达到至善的和谐，就是儒家文化的最高价值。《尚书·皋陶谟》载，帝舜与皋陶、大禹讨论政务，皋陶说：

"在知人，在安民。"大禹说："知人则哲，能官人；安民则惠，黎民怀之。"此处"知人"是知人善任的意思，"哲"者大智，能够知人善任、选贤任能就是大智，而其最终的目的是要"安民"，只有"安民则惠"，黎民才对执政者感怀之。此后，孔子发挥其义，樊迟问"知（智）"，子曰"知人"，樊迟未达，子曰"举直错诸枉，能使枉者直"（《论语·颜渊》），此即用"知人则哲，能官人"来启发樊迟以理解什么是"智"。而孔子回答子路问"君子"，则曰"修己以敬"，"修己以安人"，"修己以安百姓，尧舜其犹病诸"（《论语·宪问》），此即由修己之"内圣"而达到"外王"，"安百姓"就是《皋陶谟》所说的"安民"，这是连尧舜都恐做不到的事。孔子又回答子贡问"博施于民而能济众"，答曰："必也圣乎！尧舜其犹病诸！"（《论语·雍也》）凡尧舜都恐做不到的圣人之事，就是儒家文化的最高价值。

《皋陶谟》又云："天聪明自我民聪明，天明畏自我民明威。""聪明"者视听也，"明畏"者赏罚也。此即《尚书·泰誓》所谓"天听自我民听，天视自我民视"，"民之所欲，天必从之"（现传《泰誓》篇虽为伪古文，但这两句又见于《左传》、《国语》和《孟子》所引，故其真确无伪）。天之"明畏"（赏罚）是针对君王的善恶而言的，即君王如有"敬德保民"的诸种善行，则天予以赏赐；君王如有违德虐民的诸种恶行，则天予以惩罚。"民之所欲，天必从之"，亦即"皇天无亲，惟德是辅"（《尚书·蔡仲之命》，此篇亦伪古文，但此句为《左传·僖公五年》所引），"皇天"不偏亲于一家一姓，它只保佑有德的君王，如果统治者暴虐于下民，那么"皇天上帝"就从民所欲，"改厥元子"（《尚书·召诰》），受命于有德者"恭行天之罚"，取代暴君而成为新的"民（之）主"（《尚书·多方》）。质言之，在中国上古时期的文化中，"皇天上帝"虽为最高主宰的神，但它没有独立的意志，而是以人民的意志为意志，"天"是以民为本的。宋儒张载说："天无心，心都在人之心。……故曰天曰帝者，皆民之情然也……""大抵天道不可得而见，惟占之于民，人所悦则天必悦之，所恶则天必恶之，只为人心至公也，至众也。……大抵众所向者必是理也，理则天道存焉，故欲知天者，占之于人可也。"（《经学理窟·诗书》）此即儒家的天帝或天道皆以民为本的思想。

《左传·僖公二十四年》载周大夫富辰说："臣闻之：太上以德抚民，其次亲亲以相及也。"儒家的崇尚道德与其以民为本的思想是内在统一的，"敬德"与"保民"不可相分，因此，崇尚道德，以民为本，都是儒家文化的"太上"（最高）价值。孔子以"安百姓"、"博施于民而能济众"为圣人事业，又说"因民之所利而利之"，如果"四海困穷"，那么帝王的"天禄永终"（《论语·尧曰》）。子路问："愿闻子之志。"孔子答："老者安之，朋友信之，少者怀之。"

（《论语·公冶长》）孔子所希望的社会是"均无贫，和无寡，安无倾"（《论语·季氏》），即共同富裕、和谐而安定的社会。这就是孔子的民本思想。孟子更明确地提出了"民为贵，社稷次之，君为轻"（《孟子·尽心下》）。所谓"贵"就是最有价值，"民为贵"就是以人民为最有价值，亦即以人民为国家、社会的价值主体。荀子说："天之生民，非为君也；天之立君，以为民也。故古者列地建国，非以贵诸侯而已；列官职，差爵禄，非以尊大夫而已。"（《荀子·大略》）这就是说，天不是为君王而生百姓，天之立君王是为人民而立，君王的封邦建侯、任官授禄也都是为人民而设。"为民"就是以人民为目的，亦即人民是国家、社会的价值主体。

秦以后，董仲舒虽然在政治权力上讲"屈民而伸君"，但在价值观上仍继承了先秦儒家的民本思想，故其云："天之生民，非为王也；而天立王，以为民也。故其德足以安乐民者，天予之；其恶足以贼害民者，天夺之。"（《春秋繁露·尧舜不擅移汤武不专杀》）天对王权的予夺决定于君王是"安乐民"还是"贼害民"，可见在董仲舒的"阴阳灾异"、"屈君而伸天"的思想中仍然贯彻了以民为本。西汉成帝时期的谷永也是"善言灾异"的今文经学家，他在因"灾异频发"而给成帝的上书中说：

臣闻天生蒸民，不能相治，为立王者以统理之，方制海内非为天子，列土封疆非为诸侯，皆以为民也。垂三统，列三正，去无道，开有德，不私一姓，明天下乃天下（人）之天下，非一人之天下也。（《汉书·谷永传》）

在这里，"天下"是指国家、社会或人世间，虽然君王是"天下"的最高"统理"（统治）者，但"天下"并不是君王所私有，而是属于人民，上天是"为民"而授予君王以治理的职责。因为"天下"是属于"天下人"的，所以"天下人"亦可省称为"天下"。这样一种政治哲学思想的深入人心，乃至后世皇帝的起居室里也要有这样一副对联："惟以一人治天下，岂将天下奉一人！"

儒家的民本思想与"天之立王"的君主制结合在一起，从政治体制上说，它是与民主制相对立的；而从价值观上说，它主张"为民"（for the people）即以人民为目的，以人民为"天下"的价值主体（of the people）。故可说，儒家的民本思想中有"民享"和"民有"之义，但无"民治"（by the people）的公民权力之政治设计。善乎梁启超所说：

美林肯之言政治也，标三介词以骠括之曰：of the people, by the people, and for the people……我国学说于of、for之义，盖详哉言之，独于by义则概乎未之有闻。……此种无参政权的民本主义，为效几何？我国政治论之最大缺点，毋乃在是。……要之我国有力之政治思想，乃欲在君主统治之下，行民本主义精神。此理想虽不能完全实现，然影响于国民意识者既已至深。故虽累经专制摧残，而精神不能磨灭。欧美人睹中华民国猝然成立，辄疑为无源之水，非知言也。①

这段话既指出了民本思想含有"of the people"（"民有"）和"for the peo-ple"（"民享"）之义，又指出了其"最大缺点"是没有"by the people"（"民治"）之义。同时，梁启超又认为中国从君主制转变为民主共和制并非"无源之水"，其本土文化之"源"就是民本主义。历史的实际进程也是如此，黄宗羲的政治思想从民本走向民主，其前提就是"古者以天下为主，君为客，凡君之所毕世而经营者，为天下也"（《明夷待访录·原君》）。"以天下为主"就是以人民为价值主体，"为天下"就是要使人民享有天下之"公利"。当黄宗羲从历史的经验教训中认识到君主集权制下的价值颠倒，即"今也以君为主，天下为客"，君主成为"天下之大害"时，他就开始了以权力来制约君主权力的政治设计。而在中国近代的政治变革中，梁启超、谭嗣同和孙中山等人都深受《明夷待访录》的影响。严复曾说西方文化是"以自由为体，以民主为用"②，而中国近代对"民主"的追求实际上是以综合了中西文化价值观的"民本"与"自由"为其内在的思想动力。

陈独秀在1915年所作《今日之教育方针》中主张"惟民主义"，他说："国家而非民主，则与民为邦本之说，背道而驰。"③ 这反映了中国近代"顺"着（而非"背"着）民本思想而追求民主制度的真实过程。但在1919年陈独秀反驳《东方杂志》记者混淆古代民本思想与现代民主制度的区别时，他激切地说："所谓民视民听、民贵君轻，所谓民为邦本，皆以君主之社稷（即君主祖遗之家产）为本位。"④ 这就陷入了前后自相矛盾，曲解了古代的民本思想，也扭曲了中国近代从民本走向民主的真实过程。

（三）仁爱精神无疑更是儒家文化的"常道"

《吕氏春秋·不二》篇说"孔子贵仁"，就是说孔子以"仁"为最有价值。在孔子之前，"仁"已经是一种美德，而孔子将"仁"提升到道德的最高范畴，即统率诸德目的"全德"之名。因此，只说一个"仁"字，就已包含了"恭、宽、信、敏、惠"，"仁、智、勇"，"仁、义、礼、智"或"仁、义、礼、智、信"等道德范畴（宋代程朱有"仁包四德"、"义礼智信皆仁也"之说）。如果说孔学就是儒学，那么仁学也就是孔学或儒学。

《论语·颜渊》篇载："樊迟问仁，子曰：爱人。"这里的"爱"首先是一种

---

① 梁启超：《先秦政治思想史》，东方出版社1996年版，第5页。
② 《严复集》第1册，中华书局1986年版，第11页。
③ 《陈独秀著作选》第1卷，上海人民出版社1993年版，第144页。
④ 同②，第487页。

发自内心的爱，即"为仁由己"（同上）的自觉、自律、真诚、高尚的道德意识；这种发自内心的爱，发端于亲子之间真实无伪的道德情感，故"孝悌也者，其为仁之本与"（《论语·学而》）；从"老吾老"、"幼吾幼"推扩出去乃"及人之老"、"及人之幼"，进而达到"泛爱众"，亦即孟子所说："亲亲，仁也；敬长，义也；无他，达之天下也。"（《孟子·尽心上》）这就是儒家的推己及人、由近及远的仁爱精神。"仁者爱人"，此"爱人"是发自内心的、以孝悌为本始的、"达之天下"之爱。所谓"达之天下"就是爱普天之下所有的"人类"[1] 并兼及"爱物"，故孟子说"亲亲而仁民，仁民而爱物"（《孟子·尽心下》），宋儒张载说"民吾同胞，物吾与也"（《正蒙·乾称》）。

汉代的董仲舒说："以仁安人……仁之法在爱人……人不被其爱，虽厚自爱，不予为仁……质于爱民以下，至于鸟兽昆虫莫不爱。不爱，奚足谓仁？仁者，爱人之名也……故王者爱及四夷……"（《春秋繁露·仁义法》）这是继承了先秦儒家的仁爱精神。唐代的韩愈说："博爱之谓仁。"（《韩昌黎集·原道》）此不失为对"仁"的一个确切定义。宋代的程朱理学因为区分"性"（"理"）与"情"，故说："爱自是情，仁自是性，岂可专以爱为仁？"（《程氏遗书》卷一八）"仁者，爱之理，心之德也。"（朱熹《论语集注·学而》）这里所谓"爱之理"亦是"博爱"之理，故二程说："仁者浑然与物同体，义礼智信皆仁也。"（《程氏遗书》卷二上）"仁之道，要之只消道一公字……只谓公则物我兼照，故仁所以能恕，所以能爱。恕则仁之施，爱则仁之用也。"（《程氏遗书》卷十五）明代的王阳明也说："大人者，以天地万物为一体者也，其视天下犹一家，中国犹一人焉……非意之也，其心之仁本若是……"（《大学问》）至近代，康有为说："仁者无不爱，而爱同类之人为先。……盖博爱之谓仁。孔子言仁万殊，而此以'爱人'言仁，实为仁之本义也。"（《论语注·颜渊》）可见，仁爱精神贯通先秦和秦以后的儒学，一直是儒家文化的根本思想、核心价值。

"仁"是儒家道德的最高范畴，而孔子也曾说"唯天为大，唯尧则之"（《论语·泰伯》），对于天帝或天道的信仰也一直被儒家所重视。上古时期的"敬德保民"是建立在"惟天阴骘下民"（《尚书·洪范》）的信仰基础上，而汉代的董仲舒更把"仁"的根源归于人的"曾祖父"——天神的"无穷极之仁"（《春秋繁露·王道通三》）。因而，儒家的仁爱精神具有一定的宗教性。与西方的基督教相比，儒家仁学的宗教性有两个重要的特点。其一是"道不远人"（《中庸》），即无论是天帝还是天道，都是敬之于"人事"之中，而不是将精神的追求寄托在"人事"之外的"彼岸"世界。此即如梁启超所说：

---

[1] 《吕氏春秋·爱类》篇云："仁于他物，不仁于人，不得为仁。不仁于他物，独仁于人，犹若为仁。仁也者，仁乎其类者也。"

各国之尊天者，常崇之于万有之外，而中国则常纳之于人事之中，此吾中华所特长也。……凡先哲所经营想象，皆在人群国家之要务。其尊天也，目的不在天国而在世界，受用不在未来（来世）而在现在（现世）。是故人伦亦称天伦，人道亦称天道。记曰："善言天者必有验于人。"此所以虽近于宗教，而与他国之宗教自殊科也。[①]

因为"道不远人"，其尊天的目的"不在天国"而就在人的生活世界，所以儒家仁学之宗教性的第二个特点是以"仁者爱人"为终极关怀。西方的基督教也讲"爱人"，但其"爱人"是以"爱天主"为先，"爱人"只落在"其次"的第二义上。如《圣经·马太福音》载耶稣说："你要尽心、尽性、尽意，爱主你的神。这是诫命中的第一，且是最大的。其次也相仿，就是要爱人如己。"西方早期来华的传教士利玛窦就曾以这样的"诫命"来比附儒家的"仁"，他说："仁也者，乃爱天主，与夫爱人者，崇其宗原而不遗其枝派……"[②] 这就是说，"爱天主"是其"宗原"（本），而"爱人"只是其"枝派"（末）。他甚至更明确地说："夫仁之大端，在于恭爱上帝。"[③] 这与儒家的"仁者爱人"当然有很大的不同，基督教的"爱人"是以神（上帝）为本的"神本主义"。而儒家有"尊天"、"敬天"、"畏天"之说，亦有"爱人"、"爱物"之义，但恰恰没有"爱天"之说。这是因为"爱某"有"为某"，即以"某"为价值主体的意思。儒家所尊之"天"，没有其自身的独立的内在价值，"天视自我民视，天听自我民听"，"民之所欲，天必从之"，故儒家"尊天"、"敬天"、"畏天"的宗旨还在于"爱人"。因此，儒家学说不是"神本主义"而是以人为本的，"仁者爱人"是儒家的第一义，亦是儒家的终极关怀。

（四）忠恕之道是儒家的"行仁之方"，即推行、实践仁爱精神的方法、准则

《论语·里仁》篇载："子曰：'参乎！吾道一以贯之。'曾子曰：'唯。'子出。门人问曰：'何谓也?'曾子曰：'夫子之道，忠恕而已矣。'"孔子所说的"吾道"当然是指仁道，而推行、实践仁道的"一以贯之"的方法、准则就是"忠恕"。孔子说："夫仁者，己欲立而立人，己欲达而达人。能近取譬，可谓仁之方也已。"（《论语·雍也》）这里的"己欲立而立人，己欲达而达人"就是忠；"能近取譬"就是推己及人，由近及远；"仁之方"就是"行仁之方"。《论语·

---

① 梁启超：《论中国学术思想变迁之大势》，上海古籍出版社 2001 年版，第 11 页。
② 利玛窦：《天主实义》，载于朱维铮主编：《利玛窦中文著译集》，复旦大学出版社 2001 年版，第77 页。
③ 利玛窦：《二十五言》，同①，第 131 页。

卫灵公》载，"子贡问曰：'有一言而可以终身行之者乎？'子曰：'其恕乎！己所不欲，勿施于人。'"在忠恕之道中，孔子实更重视恕，即"己所不欲，勿施于人"。《论语·公冶长》载，"子贡曰：'我不欲人之加诸我也，吾亦欲无加诸人。'子曰：'赐也，非尔所及也。'"这里的"加"即是侵加、强加的意思。"己所不欲，勿施于人"，首先就是把他人看作与自己一样的具有独立意志的同类：我不欲别人强加于我，我也不要强加于别人。孔子说"赐也，非尔所及也"，意即做到这一点很不容易①。

《中庸》引子曰："忠恕违道不远，施诸己而不愿，亦勿施于人。"此可见忠与恕有着内在统一的关系，所以单说一个"己所不欲，勿施于人"，也可称为"忠恕"。《中庸》接着说："君子之道四"，即"所求乎子，以事父"（吾欲子之孝我，吾亦以孝事父，下仿此）；"所求乎臣，以事君"（"臣"乃家臣）；"所求乎弟，以事兄"；"所求乎朋友，先施之"。这里的"君子之道四"都是从忠恕之道推衍、引申而来。

《大学》将忠恕之道又称为"絜矩之道"。朱熹《大学章句》："絜，度也；矩，所以为方也。""絜矩"犹如言"规矩"，就是指基本的道德准则。《大学》云：

> 所恶于上，毋以使下；所恶于下，毋以事上；所恶于前，毋以先后；所恶于后，毋以从前；所恶于右，毋以交于左；所恶于左，毋以交于右。此之谓絜矩之道。

朱熹注："如不欲上之无礼于我，则必以此度下之心，而亦不敢以此无礼使之。不欲下之不忠于我，则必以此度上之心，而亦不敢以此不忠事之。至于前后左右无不皆然，则身之所处，上下四旁、长短广狭，彼此如一而无不方矣。……所操者约，而所及者广，此平天下之要道也。"（《大学章句》）这个"要道"也就是忠恕之道。其中上下、前后、左右等是喻指社会生活中的一切人际关系，而"忠恕"特别凸显了一种"角色互换"或"交互主体性"的意识，这种意识符合德国哲学家康德所说的"普遍道德律"，即"不论你做什么，总应该做到使你的意志所遵循的准则同时能够成为一条永远普遍的立法原理。"②

孟子说："得天下有道：得其民，斯得天下矣。得其民有道：得其心，斯得民矣。得其心有道：所欲，与之聚之；所恶，勿施尔也。"（《孟子·离娄上》）"所欲"，包括"人情莫不欲寿"、"莫不欲富"、"莫不欲安"、"莫不欲逸"（朱熹《孟子集注》引晁错语）等，因此，"所欲，与之聚之"，即是"推其所欲以

---

① 宋儒程颐说："'我不欲人之加诸我也，我亦欲无加诸人'，《中庸》曰'施诸己而不愿，亦勿施于人'，正解此两句。然此两句甚难行，故孔子曰'赐也，非尔所及也'。"（《程氏遗书》卷十八）

② 康德：《实践理性批判》，广西师范大学出版社 2002 年版，第 17 页。

及于人"，乃忠也；"所恶，勿施尔也"，即是"推其所不欲而勿施于人"，乃恕也。也就是说，君主对民施行仁政，其中也贯穿了忠恕之道。

忠恕之道或"絜矩之道"是"所操者约，而所及者广"的"平天下之要道"，亦即人类社会生活的最基本、最普遍的道德准则，它至今被称为道德的"黄金律"。"夫子之道，忠恕而已矣"，它毫无疑义是儒家文化的"常道"。

（五）儒家所谓"平天下"就是要使人类社会达到普遍的和谐

《尚书·尧典》所谓"克明俊德"，就是通过"修己以敬"而达到个人的身心和谐；所谓"九族既睦"，就是"亲亲"、"敬长"以达到家庭或家族的和谐；所谓"百姓昭明"，就是达到本国的"均无贫，和无寡，安无倾"；所谓"协和万邦"，就是达到世界的和谐。"黎民于变时雍"，"时"者善也，"雍"者和也，"大学之道，在明明德，在亲民，在止于至善"，儒家的最高理想就是达到人类社会的"至善"即普遍的和谐。

孔子的学生有若说："礼之用，和为贵。"（《论语·学而》）此即以和谐为礼之施用的最高价值。孔子说："君子和而不同，小人同而不和。"（《论语·子路》）朱熹《集注》云："和者，无乖戾之心。同者，有阿比之意。尹氏曰：君子尚义，故有不同。小人尚利，安得而和？"君子之所以能够"和而不同"，是因为君子崇尚道德，有仁爱之心，履行忠恕之道；而小人要么追求私利，要么苟同于他人，要么将己之所不欲强加于他人，故"同而不和"。孟子说"亲亲而仁民"，就是由孝悌以达到家庭的和谐，由"仁民"以达到社会的和谐；孟子又说"仁民而爱物"，就是首先要爱人类，其次要爱万物，此即由社会的和谐达到人与自然的和谐。张载说"民吾同胞，物吾与也"，即把世间所有的人都视为我的同胞兄弟，把世间万物都视为我的邻居朋友。

《中庸》云："中也者，天下之大本也；和也者，天下之达道也。致中和，天地位焉，万物育焉。"此处的"中"、"和"，首先是指人之性情的中正、和谐；而天人合一，人之性情本源于天道，人能够"致中和"，则天地万物就也呈现出中正、和谐，即所谓"万物并育而不相害，道并行而不相悖"的状态或境界。儒家把人之性情和天地万物的本质规定为"中和"，此正反映了儒家把中正和谐作为最高的理想。

《周易·象传》云："乾道变化，各正性命，保合太和，乃利贞。首出庶物，万国咸宁。"其意为，天道的变化赋予了人与万物的性命，保全"太和元气"的状态，故"利贞"（乾卦卦辞），阳气发动而萌生万物，天下万邦都和谐安宁。这里的"太和"就是宇宙之本始的，亦是人之理想的最高的和谐。这样的一种宇宙论和价值观，在秦以后的儒学中一直延续。如董仲舒说：

中者，天地之所终始也；而和者，天地之所生成也。夫德莫大于和，而道莫正于中。……中之所为，而必就于和，故日和其要也。和者，天之正也，阴阳之平也，其气最良，物之所生也。……天地之道，虽有不和者，必归之于和，而所为有功；虽有不中者，必止之于中，而所为不失。（《春秋繁露·循天之道》）

在历代儒家的各派学说中，除了汉代的"谶纬"之外，董仲舒的思想是最具有宗教性的，而其宗教性又是以"德莫大于和"，"和者，天之正也，阴阳之平也"、"天地之所生成也"，"天地之道，虽有不和者，必归之于和"为终极旨归和最高理想。此后，宋儒张载说："由太虚，有天之名；由气化，有道之名"（《正蒙·太和》）此即以"太虚之气"否定了董仲舒的以天为"百神之大君"，也排斥了佛、道二教的空、无之说。而张载以"太虚"的本然状态为"太和"，又说："气本之虚则湛一无形，感而生则聚而有象。有象斯有对，对必反其为；有反斯有仇，仇必和而解。"（《正蒙·太和》）这又继承和发展了先秦时期的《易传》、汉代的董仲舒（以及唐代的孔颖达）等人的思想。历代儒学和易学的发展有"变"，而以"保和太和"为终极旨归和最高理想则是历代儒学和易学之"常"。

以上所说崇尚道德，以民为本，仁爱精神，忠恕之道，和谐社会，并无价值层次的高低之分，它们都是儒家文化之"常道"的核心价值和主要内涵。这些内涵可以说都凝聚在《易传》的两句名言之中，即"天行健，君子以自强不息"，"地势坤，君子以厚德载物"，张岱年先生将此称为"中国人民的民族精神"，简称"中华精神"①。也就是说，儒家之所以为儒家，就是因为有以上儒家文化之"常道"；中国之所以为中国，就是因为有"自强不息"、"厚德载物"的民族精神。《易传·系辞上》云："天地变化，圣人效之。"中华精神的"自强不息"、"厚德载物"是以承认"天地变化"和人类生活世界的实在性为前提，我们就是要在这个天人合一的生活世界中自强不息地追求和实现人生、社会的理想，以人为本，崇尚道德与和谐，宽容博大，生生日新，这种精神就使中华文化成为中华民族生生不息、团结奋进的不竭动力。

以上所说儒家文化的"常道"和"中华精神"，无疑是符合我们现当代的"时代精神"的。在我们现当代的"时代精神"中，继承了儒家文化的"常道"，弘扬了"中华精神"，这是中国文化之相"因"；而其所"损"掉的是"三纲"以及其他具有历史局限性的文化因素，其所增"益"的则是民主法治、市场经济、现代科学技术和社会主义原则，等等。

编辑整理：沈朝立

---

① 参见《张岱年全集》第6卷，河北人民出版社1996年版，第221~225页。

柏拉图的诗性智慧与厄洛斯神话

王柯平

2010 年 11 月 29 日

王柯平

中国社会科学院研究生院哲学系教授

摘　要： 柏拉图既是"爱智慧者"（哲学家），也是"爱神话者"，这两种身份在其哲学运思过程中相得益彰。在《理想国》末尾，柏拉图所讲述的厄洛斯神话，实为一则灵魂教育神话，由此引发的天上、地下和哲学路径，在天、地、神、人的互动世界里凸显了柏拉图言说方式中特有的诗性智慧。

关键词： 柏拉图　厄洛斯神话　诗性智慧　灵魂教育

在古希腊文化传统及其相关研究中，人们惯于将意指"神话"的"密索斯"（mythos）与诗联系在一起，而将意指"智慧"的"索菲亚"（sophia）与哲学联系在一起。实际上，无论是在先行的诗界还是后起的哲学界，神话与智慧（亦如诗与哲学）之间一直关联密切。这主要是因为神话在当时作为一种流行的言说或叙事方式，其故事内容会使人感到惊奇，而哲学作为爱智之学（philosophia），旨在发现这种惊奇的意义。尤其是到了古希腊哲学的黄金时代，神话与智慧的互动关系以其特有的方式进而凸显出来。譬如，在哲学论说过程中，以独特的方式挪用关联性强的神话故事，通常可使哲学话语更富艺术感染力和论证的有效性，可使读者在思辨语言的枯燥抽象之处品味鲜活灵动的诗性喻说，继而从中迁想妙得或体悟反思其中玄奥的哲理意味。故此，亚里士多德断言："爱神话者（philomythos）等乎于爱智慧者（philosophos）。"或者说，神话爱好者类似于哲学爱好者。我以为，这种将"爱神话者"与"爱智慧者"等同视之的观点，完全适用于柏拉图的哲学论说方式。要知道，柏拉图对神话的创造性运用，不再是前哲学式的借船渡海，而是后哲学式的论证需要；也不再是修辞学意义上的装饰手段，而是哲学语境中的有意阐发。在这方面，他笔下的厄洛斯神话堪称范例。该神话所蕴含的哲学启示，无论从灵魂教育还是诗性智慧的角度来看，都是相当耐人寻味的。

一、厄洛斯神话的要旨

按照道德主义的观点，柏拉图《理想国》的主题之一关乎人格教育或灵魂教育。有趣的是，这篇对话文本以哲学论证为框架，借助一系列神话故事或喻说方式来探讨解决灵魂的诸多问题。就其总体结构而言，这一系列神话故事中主要有三个起着承上启下的串联作用：首先是以戒指喻为先导，解释人类灵魂易受不义症因感染的脆弱本性；其次是以灵魂三分说为中介，进而昭示理性、激情与欲望等灵魂三要素的互动特征及其可能后果；最后是以厄洛斯神话为结尾，旨在展现亡灵在冥界的不同经历及其对现世人生的潜在影响。

据该故事所述，厄洛斯（Heros）是一位潘菲里亚种族的勇士，在一次战斗中阵亡后魂游冥界，在那里见证了不同亡灵所得到的种种报应，待他自己的尸体于第12天从火葬堆上复活后，便向世人讲述了自己在冥界的所见所闻。整个故事关乎两类亡灵的报应：一类是正义者，另一类是不义者。正义者因为在世时的德性行为而得到奖励，沿着向上的道路进入天国，在那里享受千年的锦衣玉食；不义者因为在世时的罪恶而遭到惩罚，沿着向下的道路走向地狱，在那里遭受千年的痛苦磨难。随后，他们从四个甬道往来出入，或入地狱，或升天堂，或从天上下来，或从地下冒出。依照神定的天条，对不义者亡灵的惩罚，是其在世时所作恶事的十倍；对正义者亡灵的补偿，是其在世时所作善事的十倍。对于罪恶深重者的惩罚还要加倍，在其亡灵遭受千年磨难之后，还要重新将其打回地狱，再次经历千年磨难。所有得到奖励或惩罚的亡灵，到头来都要聚集在一片草场上住满七天，第八天再动身上路，奔赴选择新生之地。途中，他们要经过贯通天地、虹彩流溢的旋转纺锤，观看命运的必然规定与运作形式。最终，这些亡灵来到命运女神面前，一位神使出来指挥他们列队排序，然后再从命运三女神之一拉赫西斯膝上抓起一把阄和各种生活模式，登上高台宣布神意："诸位存活一日的灵魂们，你们即将开始选择包含死亡的另一轮新生了。不是神决定你们的命运，是你们自己选择命运。谁拈到第一号阄，谁就第一个挑选自己将来必须度过的生活。德性任人自取。每个人将来有多少德性，全看他对其重视的程度。过错由选择者自负，与神无关……即使最后选择也没有关系，只要他的选择是明智的，他的生活是努力的，就仍然有机会选到他满意的生活。愿第一个选择者审慎对待，最后一个选择者不要灰心。"说完，神使把手中的阄撒到他们之间，每个灵魂就近拾起一阄，看清上面的号码。厄洛斯除外，神不让他参与。接着，神使把生活模式摊放在他们面前的地上，数目比在场人数多出许多。生活模式多种多样，有各种动物和各种人的生活。荣誉或辱没、富贵或贫穷、健康或疾病、美貌或丑陋、勇武或胆怯、僭主或乞丐、幸运或祸端，凡此种种，穿插搭配，供人选择。抓到第一号阄的人，前世生活循规蹈矩，依据风俗习惯行善，其亡灵得到补偿，在天上走了一趟，没有吃过任何苦头，欣喜之余，忘乎神使的告诫，出于一时的愚蠢和贪婪，竟未全面考察，就贸然挑选了一个最大僭主的生活模式。虽然他在来世享有尊贵和权力，但却要遭受吃掉自己孩子等可怕的命运。等他静下心来加以细想，立刻后悔莫及，于是捶胸顿足，号啕痛苦，怨天尤人，责怪命运和神的捉弄，唯独不省察自己的过错……在其他灵魂的选择中，他们或吸取自己前生的教训，或深受前生习性的影响，或退而求次，追求安宁的生活；或愤而发愿，伺机一雪前耻。于是，有人变成动物的，有动物变成人的，也有一种动物变成另一种动物的。不义者变成野性的动物，正义者变成温驯的动物……总之，当所有灵魂按照号码次序选定了自己来世的生活后，他们列队走到决定命运的女神拉赫西斯面前，由她给每个灵魂安排一个监护神，以便引领他们完成自己的选择，度过自己命定的一生。监护神首先把灵魂引领到纺生命之线的女神克洛索处，在她手下方旋转的纺锤中核准了他们各自的选择，从而使其命运之线不可更改。随后，这些灵魂头也不回地从决定命运的女神宝座下走过，继而来到意指"忘川"的勒塞河畔，在喝了规定数量的水后，他们便忘却一切，呼呼大睡。到了半夜，听到雷声隆隆，天摇地动，所有灵魂全被突然抛起，犹如流星四射，向各方散去重新投生。(Plato, Rep., 617a - 621b)[1]

在这个充满神气的故事里，天上与地下、现世与来世、生与死、善与恶、奖励与惩罚等对立的范畴，既是相互分离的，又是彼此联系的，主要基于善有善报、恶有恶报的因果关系。在叙述过程中，对话交谈的双方不时脱离线型的叙事结构，就像切换电影镜头一样，不失时机地插播自己的哲学立场，加进一些范导性的道德告诫，其要点可归纳如下：①人的命运是自己选择的结果，命运女神只是提供选择的机会和监督执行而已。这便涉及某种自由意志及其内在的道德意识。②灵魂的状况是没有选择的，人人都一样，但选择不同的生活模式，必然会决定人的不同性格与业报差异。③"美德任人自取"。既然生活由自己选择，命运可以掌握在自己手里，这就需要重视德性教育或道德修养，需要认真地寻师访友，敬请他们指导你如何辨别善的生活与恶的生活，以便做出明智的选择，避免愚昧与贪婪的迷惑。④善的生活就是正义的生活，恶的生活就是不正义的生活。这与《理想国》开篇提出的"正义就是善德和幸福"之说彼此呼应、前后一贯。⑤灵魂不死，能忍受一切恶和善。亡灵可以承受生灵的前世修行，抑或因善得福，成倍地享受天上的锦衣玉食；抑或因恶获罪，成倍地遭受地狱的惩罚磨难。故此，个人只有志存高远，积极上进，追求公正和智慧，才能赢得自己和诸神的爱，才能在现世和来世得到善报。⑥灵魂不朽在积极意义上象征一条永恒有效的正义原则，涉及来世果报和内心状况。其意义与作用旨在引导人们由低而高地不断追求道德的完善。

---

① 另参阅柏拉图：《理想国》，郭斌和、张竹明译，商务印书馆1995年版，617a - 621b。

上述这一切道德训诫，虽是针对游走冥界的亡灵，实是针对活在世上的众生，其要旨在于鼓励人们注重现世修为，坚持向善求美，不断完善自我，认真学习哲学，努力掌握智慧，以期确保死后的幸福回报和来世的明智选择。而最后一点，容易使人联想到康德的如下说辞：人对至善的追求，唯有将灵魂不朽假设为纯粹实践理性的一个条件时才是可能的。而这一假设与道德法则的联系密不可分。要不然，道德法则本身就会完全降低其神性特征。

仅就厄洛斯神话而论，柏拉图并非像诗人那样，纯粹以感性审美的方式直陈故事的发展或戏剧性地对其进行转呈开合，而是自然有序地将其纳入自己的哲学论说框架之中。譬如，开讲之前，柏拉图就借苏格拉底之口表明，这是"关于两种人的一个故事"，涉及正义者与不义者死后得到的"全部报应"。这一基调近乎结论，从头到尾，一以贯之。在讲述过程中，他随时评点、随时告诫。当那些亡灵将要重新选择来生时，他特意挑明其中潜藏的危险，奉劝人们要首先重视"寻师访友"，以便学会辨别善恶两种生活，立志选取最善的生活，永远恪守中正之道，避免走向两个极端。随后，当拈得第一号阄的灵魂选择失误时，苏格拉底从祸福相随的辩证角度分析了其中的缘由，进而又提出认真学习哲学与重视追求智慧的忠告，认为只有这样才会终生受用，得到幸福，死后也会走上一条"平坦的天国之路，而非一条崎岖的地下之路"。讲述至此，他言犹未尽，不失时机地告诫人们：要想救助灵魂，要想安缘忘川，就必须坚持走向上的路，追求正义和智慧。这样才有可能在今生来世"诸事顺遂"。自始至终，柏拉图依旧把"学习哲学"与"追求智慧"视作救助灵魂的最佳途径、通往天堂的"向上之路"、"诸事顺遂"的可靠保障。当然，所谓"诸事顺遂"，在此意味着凡事做得漂亮，一切选择合乎情理。唯有如此，德性才会发扬光大，幸福才会伴你前行。这就是柏拉图着力想要传布于世的人生哲理。

二、深层喻指的解析

不难看出，厄洛斯神话所呈现出的是一幅最后审判的末世论图景。在四个甬道交错出入的天堂与地狱之间，象征常绿与新生的草场位于中心，分为正义与不义的两类灵魂穿梭其中，代表赫尔墨斯的神使往来引领，喻示宇宙世界道德法则的纺锤贯通天地，决定万物命运的神灵位列上方，由此构成天、地、神、人的有序空间，其中天地相对、神人交织，显得"天网恢恢，疏而不漏"。总体而言，这一神话容易使人联想到《斐多篇》和《高尔吉亚篇》中的另外两则神话，此三者在结构上的相似之处，"正好体现在天、地、神、人和正义这五位一体的形象上，其中正义又是其他四个元素的关节点"。不过，《斐多篇》里四河一湖神话及其五级灵魂划分，虽然细致而生动，但稍显繁杂和冗奥，需要认真厘清方能解读其中寓意。《高尔吉亚篇》中的宙斯三子会审灵魂神话，虽然侧重灵魂判罚的合理性，但身居克里特岛的三个审判者在地缘意义上"存在某种不平衡关系"，而且正义的地形图也"明显倾向于天上与东方"。相比之下，《理想国》篇末的厄洛斯神话，显得更为周圆而成熟，因为兼有前两者之长，一方面生动简明，天地神人和正义等五元素各得其位，清晰易辨；另一方面中正无偏，在引入"学习哲学"（philosophoi）这一重要向度的同时，也强调了责任与态度的必要性，凸显了正义与智慧的重要性。

很显然，厄洛斯神话中所列举的误选僭主生活模式一例，不是非此即彼的简单旁证，而是富有哲理的辩证告诫。这个前生在风俗习惯引导下行为端正、死后得到奖励的亡灵，等他从天上享受过千年福祉之后，在选择来世生活时因愚蠢和贪婪而犯下严重过错，结果得不偿失，来生悲苦，但他不能自省，反而埋怨他者。究其直接原因，主要是缺乏审慎的态度，是没有全面考察所要选择的整个生活模式所致；但若究其深层原因，则主要是缺乏真正的智慧，是前生没有认真地"学习哲学"或"追求智慧"的结果。另外，辩证地看，大多数来自天上的人没有吃过苦头，没有接受教训，因此容易得意忘形，容易受到表面荣华富贵的诱惑。反之，那些来自地下的灵魂，不但自己受过苦，而且见过别人受过苦，因此更为审慎，不会草率地选择。这便是大多数灵魂的善恶出现互换的主因之一。

这则神话中有关灵魂转世信仰，见之于奥菲斯教的口述传统与毕达哥拉斯学派的学说之中，在奥秘意义上体现出"奥菲斯教派—毕达哥拉斯学派的聚合关系"。不过，柏拉图出于哲学论证的实际需要和灵魂教育的目的性追求，将厄洛斯神话与象征必然性的命运女神和体现宇宙道德律令的纺锤有机地缝合在一起。如此一来，人与神、世间与冥界、此生与来生彼此联动，借以佐证灵魂不死之说。值得注意的是，喻示最后审判的厄洛斯神话，出现在《理想国》的篇尾；同样，具有类似寓意的四河一湖神话和宙斯三子会审灵魂神话，也分别出现在《斐多篇》和《高尔吉亚篇》的末端。这一现象似乎表明，相关的论证性或思辨性对话已然陷入不可逾越的绝境，苏格拉底已然无法引导对话参与者继续前行，抽象的逻辑推理或厄洛斯话语形式再次显得无能为力，于是就转而借用富有诗性喻说和有机多义潜能的神话来结束对话，以期将人们引向玄奥而沉静的凝思。当然，这绝非权宜之计，而是有意为之。

实际上，在许多富有戏剧性的对话场合，柏拉图总是借助神话故事来修正或彰显自己的哲学论点，用神话故事的多层意蕴来深化或拓展自己的思想学说。正是在此意义上，柏拉图成功地把爱神话与爱智慧有机地结合在一起，把神话学与哲学互补性地嫁接在一起，把诗性与理性贯通性地融会在一起，因此被奉为最具有神话创造力和诗性智慧的哲学家。我们甚至还可以反转通常的评述次序，"不把柏拉图说成是热衷于希腊文化之传统神话的哲学家，而要将他说成是热衷于创造旨在抵消旧神话魅力的新神话的哲学家。"这里所论的厄洛斯神话，正是柏拉图在采集奥菲斯教相关传说的基础上，予以改造和创新的突出范例之一。在柏拉图的对话文本中，这方面的实例很多。譬如在《理想国》里，他将黄金、白银、青铜、英雄和黑铁五个种族的古代传说，创造性地改写为金银铜铁四类人，进而使其演变为与灵魂三分说相呼应的城邦三阶层；在《高尔吉亚篇》里，他将地狱里有五条河流的神话传说，为我所用地改写为四河一湖，借以表示河流位置的四分结构和围绕中心的宇宙整体形象。这种改造与挪用虽然在一定程度上消解了希腊传统神话固有的魅力，同时也置换了原有的叙述结构，但却取得旧瓶装新酒的奇妙效果，赋予新神话以新的意义和启示，使其顺势与哲学语境中的理论思想轨道自然对接，借此构建了希腊神话中的"家族相似性"，并在保留玄妙、神秘、未知与半人半神等传统神话特征的同时，于深层意义上融入了道德哲学的主干基因。

值得指出的是，柏拉图笔下的厄洛斯神话，蕴含着一种基于推理的论证，表达了一种原逻辑的直觉，揭示了人类灵魂的本性。为了凸显这个故事，柏拉图有意将其置于哲学语境之中，借以引导读者重新思索今生的修为与德性、亡灵的安置与境遇、来世的选择与命运，等等。为了特意强化这种思索效应，柏拉图只有在自认为合适的时候，"才把对德性的奖励纳入对话之中。这样一来，末世论与其说是搅乱论证之水的一种信仰，不如说是在哲学世界观里获得了一个明确的地位。"

另外，人们在厄洛斯神话里还会发现一种理性的宇宙秩序，这种秩序主要体现在象征命运必然性的纺锤之中。在人的亡灵进入冥界之后，护佑性补偿或赎罪式惩罚都是来生来世因果报应的组成部分，都取决于今生今世所积累的德性或罪恶的多寡。这便将行善者与作恶者安置在截然不同的生活境遇里，旨在鼓励行善者要一如既往地行善积德，同时警告作恶者要竭力消除自己的坏行恶德。重要的是，前世的德性不足以确保个人的永恒救赎；即便灵魂得到奖励，在天上走过一趟，可到了选择来世新生的紧要时刻，这一点并不能为其提供任何有益的帮助。每个人在选择轮回时，都必须谨慎小心，因为这关乎来世的祸福。任何正确的选择，都更多地取决于灵魂拥有的智慧，而不是有赖于单纯德性的实践。因为，"对于哲学家之外的所有其他人而言，总是命运多变，福祸相随。厄洛斯神话则将所有责任交付个人，要他们为自己的境遇各负其责，同时还教导他们只存在无知，不存在罪孽"。需要指出的是，罪孽委实存在，导致罪孽的根由很多，而无知就属其中之一。按照柏拉图的立场，要摆脱罪孽，就得首先克服无知。而克服无知的有效方式，就在于诚心正意地爱智求真。

再者，厄洛斯神话的根基是灵魂转生论。按照希罗多德的说法，此论很有可能来自东方。其源头可以追溯到小亚细亚、波斯湾、中东乃至远东。不管其具体出处何在，这则神话对那些了解佛教的读者而言，会使他们自然而然地解读出业报轮回说的思想印迹。在佛教的描述中，业报是指依善恶业因而引发的报应。业有身业、口业与意业三类。由言论和行动表现出来的显而易见之业，称为表业；由潜在思想和隐性言行构成的不易觉察之业，称为无表业。所有业均分为善、不善、非善非不善三种。凡业发生后，永不消除，世代相传，由此奠定了善恶报应的因果依据。至于"轮回"，涉及"六道"，包括天、人、地狱、阿修罗、饿鬼、畜生。所有众生各依其善恶业因，在"六道"中生死相续，升沉不定，犹如车轮常转，故称"六道轮回"。不过，厄洛斯神话中的灵魂转世论，虽在扬善惩恶的道德原则上与佛教的业报轮回说类似，但也存在根本性的差异。其差异在于前者的业报，其有效性仅限一次，来世便可阻断；而后者的业报，永无休止，来世依然承袭。相应地，前者给选择新的人生留下空间，让自由意志和哲学智慧可以发挥重要作用，而后者则不提供这种可能。

三、救助灵魂的可能途径

无论是用文学或哲学、神话学或人类学的方法来解读厄洛斯神话，都会从不同角度体现出其中的道德哲学意味。譬如，有的学者将其划归"最后审判神话"，借此分析天堂地狱的十字形结构与宇宙世界的道德法则；有的学者将其列入"哲理性神话"，旨在揭示其在哲学语境中的道德规劝作用，进而彰显其协助人们感悟人生真谛以及反思哲学话语地位的理智力量。其实，从目的论上看，我认为厄洛斯神话更像是一则"灵魂教育神话"（psycho – paideia mythos），主旨在于救助人的灵魂，使其免受尘世恶俗的玷污。我们从中不难发现，诸多亡灵的境遇好坏，均折映出不同的众生之相。在那里，所谓生死之别、阴阳之隔，包括天地神人之分，都隐含一定的相关性，彼此之间通过正义原则这一衡量尺度，可望构成某种秩序上的应和性或一致性。当然，其中所关注的焦点是灵魂的救助问题，这与贯通《理想国》全篇的灵魂教育主题是完全一致的。

人性之木弯弯曲曲，从未造出笔直之物。这就是说，人性中固有的本能、私欲及杂念，很难完全消除或净化，因此也就难以从中培养出公正无偏的德性。从柏拉图对世道人心的观察以及对正义者与不义者的某些心理描述来看，世事难料，人心难治，教育的根本任务就是治心，就是让人明心见性，弃恶向善。因此，在他那里，人性之木可以置换为人心之木，其本质形态也是弯弯曲曲，难以造出笔直之物。不过，柏拉图总是出于救赎人心以及匡正世风的特殊使命感，坚持从道德哲学的立场出发，不惮其烦地呼吁或提醒人们照看好自己的灵魂，使其保持纯真，免受污染。譬如，在讲述完厄洛斯神话之后，也就是在《理想国》行将结束之前，他借苏格拉底之口发出如此深情的忠告："格劳孔啊，这个故事就这样被保存了下来，没有亡佚。如果我们相信它，它就能救助我们，我们就能安全地渡过勒塞之河，而不在这个世界上玷污了我们的灵魂。"

那么，灵魂是如何得以救助的呢？或者说厄洛斯神话所提供的救助途径是什么呢？从初步的分析来看，灵魂救助的可能途径主要有三个：一是"天国之路"；二是"地下之路"；三是"哲学之路"。辩证地看，此三者并非彼此孤立，而是相互联系的，需要通过逐一认识和比较，方能洞察各自的利弊。

"天国之路"平坦通达，以天赐的锦衣玉食来补偿美德善行，借此激励人们诚心向善，修养德性，护佑亡灵，祈福来生。与此相反，"地下之路"崎岖坎坷，以地狱里严酷的惩罪罚恶为手段，惊魂慑魄，极尽警示之能，借此规劝人们改邪归正，抛却逃脱罪责与惩罚的侥幸心理。这两种途径尽管是以正义与不义为衡量尺度，试图在人心、人世与宇宙里确立相应一致的道德法则，但在总体上是依据业报轮回的思想，将天堂与地狱奉为惩恶扬善的两极，借此规导人们确立"善有善报，恶有恶报"的道德理念，注重此世今生的道德修为，确保死后来世的因果报应，体悟"苦海无边，回头是岸"的自我救赎之道。但是，当正义与不义两类灵魂或从天上下来，或从地下冒出，都聚集在象征宇宙中心和常绿重生的草场时，他们都面临重新选择生活模式的平等际遇。此时，节制或审慎的德性显得尤为重要。那些享受过锦衣玉食、自天而降的来客，或许会忘乎所以，自以为是，匆忙中做出草率的选择，导致自己来世命运多舛；而那些遭受或目睹过残酷磨难的地下来客，或许会小心翼翼，谨言慎行，在认真权衡利弊时做出更为合理的选择，使自己的来世柳暗花明。就前者而言，天国恩赐虽然合乎情理，但有可能造成"好事太过，必为坏事"的负面结果。就后者而论，地狱惩戒尽管狞厉可怖，但有可能产生"因祸得福"的积极效应。

正是在上述这种天地相分、各有利弊的矛盾语境中，柏拉图转而标举爱智养德的"哲学之路"。为此，他郑重地告诫说："凡是在人间能忠实地追求智慧（hygios philosophoi），拈阄时又不是拈得最后一号的话……这样的人不仅今生今世可以期望得到快乐，死后以及再回到人间来时走的也是一条平坦的天国之路，而不是一条崎岖的地下之路。"所谓 hygios philosophoi，英译为 a man loved wisdom sanely。也就是说，此人在活着时，务必真心诚意地研习哲学，务必合情合理地养育智慧。这实际上是通往天堂的"向上之路"（tes ano hodou），是基于人生命运的必然性规定要求，而非基于拈阄抓号之类的偶然性附加条件，因为这种附加条件往往会把心存侥幸的选择者置于危险之境。

要知道，在柏拉图的心目中，人们只有认真地学习哲学、诚心地追求智慧，不失时机地聆听导师朋友的教诲，认识生活的真谛与德性的价值，才会获取真知，修养美德，持守善行，布施正义，不仅此生今世会幸福快乐，而且死后来世也会得到善报，最终使灵魂在安渡忘川、免受恶俗污染的同时，还能赢得"自己的爱和神的爱"，并在生前死后"诸事顺遂"。一般说来，"自己的爱"使人珍爱生活，修德向善，欣然而乐；"神的爱"使人保持虔敬之心，赢得神明佑护与恩赐，进入"神人相和"的至福境界。而所谓"诸事顺遂"（eu prottomen），则表示"做得好，活得好"（fare well and live well），意味着万事如意，无愧我心。这说明"哲学之路"，也就是柏拉图所说的那条"向上之路"，是通过"追求正义和智慧"，养成审慎与明断的美德，上可连接"天国之路"，下可摆脱"地下之路"，凭借不懈的努力，既能争取前者之利，亦会排除后者之弊，从而恪守"中正无偏"的明智之道。

实际上，柏拉图在《斐德罗篇》里，将爱智求真这条哲学之路，一方面比作爱慕至真至美的向上之路，另一方面视为影响来世转生的裁决之路。凭借前者，人们可以获得精神爱欲的满足；通过后者，灵魂可以获得优先托生的特权。也就是说，沿着向上之路随神同行的灵魂，将见到事物本体，会长满羽翼，周天飞行，在下一轮回中不受伤害，若能常保这一状态，就会永远不受伤害；而那些不顺随神的灵魂，看不到事物本体，反受昏沉和罪恶的拖累，结果遭受不幸，失去上天羽翼，最终降落在地。于是，按照一种定律与其认识真理的多寡，将灵魂分为九等人的种子，第一流投生为爱智慧者、爱美者、诗神或爱神的顶礼者；第二流投生为守法的君主或好战的统帅；第三流投生为政治家、经济家或财政家；第四流投生为体育爱好者或以治疗身体为业者；第五流投生为预言家或掌管宗教礼仪者；第六流投生为诗人或其他摹仿艺术家；第七流投生为工人或农民；第八流投生为诡辩家或蛊惑家；第九流投生为僭主。不过，在这九等灵魂之中，依据正义原则生活者以后可以升级，不依据正义原则生活者以后就得降级。万年之后回到原来的出发点，唯有爱智求真的哲学家的灵魂，可以恢复其羽翼，再次高飞远举，因为他们以理智和真知不断滋养自己。而其他一切灵魂则要接受最后审判，依据奖惩结果或上天或入地，千年后再回来选择新一轮生活。

值得指出的是，"哲学之路"或"向上之路"所追求的"正义和智慧"（dikaiosynen meta phroneseos），实属修为向善的重要基石，救助灵魂的不二法门。尤其是"正义"，堪称众德之首，是所有其他德性（如智慧或明达、勇敢或果断、节制或审慎）的综合结果。按照古希腊的传统，任何德性（arete）的培养都具有双重特点。它在个体层面上意味着训练（askesis），可使人通过灵魂的净化而得到救赎；它在城邦层面上意味着教育（paideia），可让最有资格的公民按照正义原则行使主权。究其本质，这种"训练"侧重提升的是道德实践中的个人修为，主要以公正不偏与正义原则为基本导向；这种"教育"，侧重培养的是参与城邦管理的公民职责，主要以城邦伦理与共同福祉为参照对象。在柏拉图的设想中，举凡在这两方面取得最高成就的大德大贤之士，有望担当大任，主持国政，成为内外双修、文武兼备、明智审慎、廉洁奉公的"哲学王"。

四、诗性智慧的特征与效用

从厄洛斯神话的叙事手法来看，戏剧性的情节编排与穿插其中的哲理性的论说相映成趣，使得一般读者在欣赏故事和反思其寓意的过程中，通常会在感性审美的情致驱动下，把那些言之凿凿的说教当作不可或缺的点评或顺势接纳的定理。这种同哲学推论相结合的艺术表现手法，经常在对话进入关键的时刻加以运用，从而将人导向审美的体验和玄奥的遐想，亦如康德所说的那样，使人的"想象力"和"知性"这两种"认识能力进入自由的游戏状态"。此类游戏状态既是直觉的、美学的，也是理智的、哲学的，而且也是和谐的、愉悦的。

柏拉图采用这种手法，意在通过神话的隐喻功能，进而推动自己的哲学思考。这种思考具有显著的"诗性智慧"（poetic wisdom）特征，在很大程度上基于对神话或诗的哲学式复写，由此创构出玄秘的意象和戏剧性效果。正是借助这种诗性智慧，柏拉图驾轻就熟，从希腊文学与神话（包括口述文学传统中的道听途说）中选取自己所需的素材，然后依据哲学论说的需要，创造性地加以挪用，将灵动鲜活的诗性配料（poetic ingredients）或审美元素注入自己的哲学话语之中。这也从另一个侧面表明，柏拉图珍视古希腊教育的传统遗产与历史背景，于是面对他臆想中的雅典读者，有意采纳了一条符合交谈伦理的效应原则，让自己的言说风格与修辞技艺适应于当时的公众阅读习惯与社会文化环境。当然，这一做法并非是单纯地为了迎合公众趣味的权宜之计，而是其哲学思想中必不可少的组成部分。从神话故事在其哲学中所起的作用而言，这种富有诗性智慧的艺术表现方式已然成为柏拉图独有的哲学思维模式。该模式有益于营造一种引人入胜的氛围或场景，一方面促成有效的沟通，另一方面唤起重新的思考，因为喻说性的描述加上逻辑性的推论，在语义学上会相互补充，由此构建的有机语境特性（organic contextuality）有助于打破语言的局限，引发多义性的解释与外延性的感想。在这一点上，那种认为柏拉图哲学的价值在于"已能摆脱以神话方式表达出的'真理'"之类说法，显然低估了柏拉图的哲学运思方式及其表达"真理"的方式，所得出的那种非此即彼之论，意在于把哲学与神话两种表达方式截然分开，那样难免会生过于简化之嫌。这主要是因为评说者未能充分地认识到如下事实：柏拉图的诗性智慧是其哲学思维活动的典型特性之一。在此基础上形成的表述手法，一方面依据适宜原则借助诗歌来实现灵魂教育的重要目标，另一方面采取哲学方式来复写或创构神话故事以便凸显其相关论点。

不过，从厄洛斯神话来审视柏拉图的诗性智慧，人们也许想要知道基于诗性智慧的对话哲学到底有何效用？或者说到底会对读者的心理与意识产生什么样的启迪或影响？初步看来，下述几点值得注意：

其一，柏拉图式的故事讲述方式与古希腊荷马史诗所承袭下来的口述传统是相互应和的。就像原初流传的口头文学一样，这种讲述方式可将重要的理论学说纳人特殊的语境或故事情节，便于人们记忆、复述、交流与反思。在《理想国》这篇对话里，这种功能不只囿于厄洛斯神话，而且见于诸多其他喻说，譬如戒指喻、线喻、日喻、洞喻、镜喻、猎犬喻、船长喻、灵魂变形喻，等等。究其本质，这种功能与诗的功能无疑是一致的。有鉴于此，举凡阅读过《理想国》或柏拉图其他对话的一般读者，数年后依然能够回想起那些生动的神话故事或寓言喻说。这就如同在某一时段相继聆听过同一级别的一位诗人与一位哲学家同台表演各自专长的普通民众，许多年后若回忆起此事，大多会想起那位诗人而忘记那位哲学家。

其二，柏拉图注重话语形式转向的戏剧性效果。故此，每当对话进入到需要提出某种结论或界说之际，其话语形式便发生转向，从思辨推理的哲学话语形式转向感性玄秘的诗性话语形式。这一转向所产生的戏剧效果及其轻松气氛，在以象征的方式表达意向的同时，借助宗教信仰或习俗信念激发人情并感化灵魂。这样一来，自然会引导人们暂时悬置其逻辑性的追问方式，转而趋向玄秘性的灵思体验。基于后者，人们可能会不假思索地接受那些看似合情合理的道德教诲。因为，神话故事本身的历史传承性所隐含的神性智慧与共通感，会有意无意地唤起人们的神话制作意识；在此语境与心态中，插入相关的论说或告诫，一般会顺势而为地越过头脑中由理性把持的思维阈限，得到人们的普遍认同。这种现象在相当程度上取决于神话成分的特殊功效。这种成分虽然有失精确，但却重要而广泛，通常"在传统文明的内部，在所有构成集体生活智力结构和精神层面的东西中，它都起着作用，以求构建、分类、系统化、消化和设立一种共同的思想，一种共同的学问"。也就是说，处于口述传统文化中的神话，已然成为一种特殊的言说形式，其中的故事与思想，"通过一代代口头流传下来的叙事形成了一种集体的知，一种同时构成被视为真理的文化的框架和内容的知。"因此，人们在聆听的过程中，会自觉或不自觉地甚至不假思索地予以认可或接受。

其三，柏拉图认为"神话是混合着真理的虚构"。他作为一位诗人哲学家，在批评摹仿诗（mimetic poetry）及其消极作用的同时，凭借诗性智慧创构了自己独有的哲理诗（philosophical poetry），借此将神话与哲学、情感与理智、审美与道德尽可能有机地融为一体，从而使基于神话的希腊历史文化传统在他的哲学与宗教思想中得到新生。为了实现这一目的，他一边尊重源自希腊神话的宗教信仰（如奥菲斯教），一边根据哲学论证的需要对其灵活地加以改动；出于同样的理由，他一边保持对诸神及其神圣智慧的虔敬，一边大胆地将其借用过来强化自己的论说效度与哲学立场。所有这一切既符合公众的理解能力，同时又会吸引爱智慧者进而思索，即借助种种宗教影响与诗性喻说，去不断思索人类本性、人生状态以及生生死死这样的重大问题。当然，这一思索过程不仅是探寻智慧的过程，同时也是促进个人修为的过程。而且从效果上看，借助改良后的神话有益于那些未专门从事哲学研究的雅典公民学到"有关神圣的东西"，有益于"在神话基础上建构城邦生活"。

其四，根据维柯的说法，神话在古代作为一种特殊的"真实叙事方式"（vera narration），与寓言（fabula）一词的含义相关联。在人类历史的最早阶段，诸多寓言构成了首部"氏族部落的神圣法律"，奠定了一种永恒不变的表达方式。因此之故，历史上传承下来的神话或寓言，不仅包含约定俗成的意味，而且具有观念形态的影响。其所再现的诸神活动、力量和意志，等等，通常会在人类的内心唤起惊奇与畏惧之情。早期，这种惊奇与畏惧之情正是道德或伦理的原初起源。由此产生的崇拜和恐惧之感，会使人类出于自我保存或自我保护的目的而变得小心翼翼，谨言慎行。从厄洛斯神话中可以看出，这位英雄的游魂所经历的那些耸人听闻的事件和景象，似乎包含一种特殊的意向，意在激发人们的自我意识，劝导人们努力"认识自己"（gnothi sauton），也就是说，要求人们认识自己的本质、德性、灵魂、心态、行为、命运以及局限，等等。一句话，它试图将人们导入正确的轨道，引向正义的生活。实际上是在发挥神话固有的"令人敬畏的功效"，以"劝谕的方式使大多数人规范自己的行为"。

其五，在厄洛斯神话里，柏拉图凭借其诗性智慧，以奇诡的想象，"笼天地于形内，挫万物于笔端"，勾画出一幅具有永恒秩序和富有诗情画意的宇宙图景，其中的构成元素，气势雄浑，光怪陆离，包括贯通天地的光柱、巨大的挂钩、旋转的纺锤、变动的球面、流光溢彩的碗形圆拱、歌声妙曼的海女歌妖、八音共鸣的和谐乐调，象征过去、现在与未来的命运三女神，等等。在这幅图景里，柏拉图以转喻的修辞方式，以八个碗形圆拱的大小及其里外组合的顺序，从外向内地将其与恒星、土星、木星、火星、水星、金星、太阳和月亮对应起来，由此构成有机互动与小中见大的微缩直观型宇宙整体。与此同时，柏拉图还通过日月星辰的不同运行轨道和命运三女神的安排规定，将灵魂重新选择的新生模式或各自命运纳入其旋转的纺锤之中，从而使一切显得那么神圣、庄严、玄奥、壮美，充满不可逆转的绝对必然性。

另外，在那八个碗形圆拱的边口处，八位亭亭玉立的海女歌妖，只需各发一音便可组成宇宙和谐的乐章。这个令人生无限遐想的华美场景，也反映出柏拉图善于移花接木、为我所用的创新能力。我们知道在荷马那里，这些海女歌妖原属史诗中所描述的女仙，她们预知所要发生的一切，她们用优美的歌声诱惑那些海员走向死亡（荷马：《奥德赛》，第 12 卷，第 165~200 行）。而在毕达哥拉斯那里，这些海女歌妖扮演一种不同的角色。她们负责协调宇宙的乐音，使天体运动发出的音调彼此和谐。

简言之，在厄洛斯神话的诗性语境里，柏拉图象征性地表达了必然与命运的合一法则。当他将这一法则运用于人类生存状态之时，他有意强化了命运的绝对必然性，从道德意义上将新生活的选择权限定为一次，从而未给重新调整的想法与做法留下任何余地。然而，现实的人生总是伴随着各种可能的选择与变量，因为人非圣贤，孰能无过，均有可能在悔恨初次盲目的选择之际，着实希望合理的变动会更好一些。

综上所述，柏拉图对厄洛斯神话的创造性挪用，实际上是出于哲学论说的需要，或者说是"以哲学的方式对诗重新加以编排"，由此创构出其独特的哲理诗或诗性哲学（poetic philosophy）。当然，从厄洛斯神话里，我们甚至也会把这则神话视为精神与道德上的一种心理考验，以此验证人类因其德性与行为而面对因果报应或重新选择之时，其灵魂的或然性会是什么，其灵魂的可塑性会有多大，或者说，我们自己通过反省自查会从中得到什么样的道德启示。这种效应如同镜鉴效应，是读者进行自我审视、自我评判和自我省察的过程。其中的体验或感悟方式，类似于列维—布留尔所说的那种在前逻辑思维状态中生发的想象的"互渗"（participation）现象，其组成部分包含着情感的和运动的因素。在这里，"互渗"现象不是发生在人与物之间，而是发生在读者主体与神话客体之间；由此上达"集体表象"和"同一"的境界，使人的感应如真如幻、如梦如醒，借此领略天国的美妙、地狱的恐怖、善恶的报应、生活的方式、选择的智慧，等等。当然，在上述过程中，人们一般会认为是诗性形象在起诱惑性与震慑性的教化作用，而实际上在这个特定的哲学语境里，道德概念正好包含在那些形象之中，两者不可分割，协同作用。如果因循这一路，我们发现列维—斯特劳斯用"具体性思维"和"抽象性思维"这一对概念，进一步强化了列维—布留尔提出的"前逻辑思维"与"逻辑思维"这一对概念，继而确证了这两种思维方式并行不悖和互动互补的特点。在此基础上，我们完全有理由将柏拉图使用神话的方式及其效用，视为一种"理智的修补术"（bricolage intellectuel）。与这种"修补术"具有等同关联的神话思考，正像技术层面上的"修补术"一样，可以在理智层面上顺势而为，获得出色的、意想不到的结果，同时又可在艺术层面上利用神话的诗意性，引起人们更多的关注，产生更多的意指作用（signification）。我们可以猜测，柏拉图的用意也许就在于此。他试图借助这种神话及其哲学语境，引发或促使读者反思其中所提出的道德人生问题。对于这些问题，举凡任何一位想要认真生活的人，都有可能继续思索或深入追问。故此，柏拉图所推崇的"哲学之路"，也就是追求"正义和智慧"或希冀"诸事顺遂"的"向上之路"；即便是从充满诱惑、盲目与浮躁的当今社会生活现实来看，这一条路依然具有一定的借鉴价值或启示意义。

参考文献

［1］Aristotle, Metaphysics, trans. Richard Hope, New York: Columbia University Press, 1952.

［2］ Plato, Republic, trans. Paul Shorey, Cambridge/London: Harvard University Press, rep, 1994.

［3］ Bloom, Allan, The Republic of Plato, New York: Basic Books, 1968.

［4］ Bosanquet, Bernard, A Companion to Plato's Republic, London: Thoemmes Press, rep, 1999.

［5］ Bremmer, Jan N., The Early Greek Concept of the Soul, New Jersey: Princeton University Press, 1983.

［6］ Clay, Diskin, "Plato Philomyth," in Roger D. Woodard (ed.), The Cambridge Companion to Greek Mythology, Cambridge: Cambridge University Press, 2007.

［7］ Earp, F. R., The Way of the Greeks, Oxford: Oxford University Press, 1929.

［8］ Halliwell, Stephen, "The Life – and – Death Journey of the Soul: Interpreting the Myth of Er", in G. R. F. Ferrari (ed.), The Cambridge Companion to Plato's Republic, Cambridge: Cambridge University Press, 2007.

［9］ Kant, Immanuel, Critique of Practical Reason, ed. & trans. Lewis White Beck, London: Macmillan Publishing Company, 1993.

［10］ Morgan, Kathryn, Myth and Philosophy from the Presocratics to Plato, Cambridge: Cambridge University Press, 2000.

［11］ Morgan, Michael L., "Plato and Greek Religion", in Richard Kraut (ed.), The Cambridge Companion to Plato, Cambridge: Cambridge University Press, 1999.

［12］ Most, Glen A., "The Poetics of Early Greek Philosophy", in A. A. Long (ed.), The Cambridge Companion to Early Greek Philosophy, Cambridge: The Cambridge University Press, 1999.

［13］ Vico, The First New Science, ed. & trans. Leon Pompa, Cambridge: Cambridge University Press, 2002.

［14］ 柏拉图：《理想国》，郭斌和、张竹明译，商务印书馆 1995 年版。

［15］ 荷马：《荷马史诗·奥德赛》，王焕生译，人民文学出版社 2005 年版。

［16］赫西俄德：《工作与时日》，张竹明、蒋平译，商务印书馆1997年版。

［17］马特：《柏拉图与神话之镜》，吴雅凌译，华东师范大学出版社2008年版。

［18］维尔南：《希腊人的神话和思想》，黄艳红译，中国人民大学出版社2007年版。

［19］维尔南：《神话与政治之间》，余中先译，生活·读书·新知三联书店2001年版。

［20］列维—布留尔：《原始思维》，丁由译，商务印书馆1987年版。

［21］韦尔南：《古希腊的神话与宗教》，杜小真译，生活·读书·新知三联书店2001年版。

［22］列维—斯特劳斯：《野性的思维》，李幼蒸译，商务印书馆1987年版。

［23］布里松：《柏拉图的神话观》，见张文涛选编：《神话诗人柏拉图》，董赟、胥瑾译，华夏出版社2010年版。

［24］艾德尔斯坦：《神话在柏拉图哲学中的作用》，见张文涛选编：《神话诗人柏拉图》，董赟、胥瑾译，华夏出版社2010年版。

编辑整理：沈朝立

国外马克思主义研究 30 年的若干思考

郑一明

2010 年 9 月 27 日

郑一明

中国社会科学院研究生院马克思主义研究系教授

摘　要：本文主要回顾了"国外马克思主义"这门学科的发展历史，分析讨论了研究范式的问题；介绍了取得的成绩和存在的问题，使其现代西方哲学下属的一个流派成为正式确认的二级学科，但是与国外马克思主义思想家的各种研究之间基本没有联系，各自介绍自己的思想并没有进行综合看待；分析学科定位与研究方针，认为它是马克思主义研究所需要的一个组成部分；最后提出学科应有的层次和支撑问题。

关键词：西方马克思主义　国外马克思主义　研究范式　学科

一、国外马克思主义学科发展史回顾

（一）国外马克思主义研究范式

国外马克思主义作为一个学科开展，它也是改革开放的一个产物。之前有关这方面的论文以及翻译资料是存在的，但作为一门基础学科来研究是不存在的。但是我们国家把"国外马克思主义"作为一个正式的学科称谓定义下来，时间更短。在此之前，我们有这个队伍的研究，但没有这个学科的名称。有关内容散见于哲学、经济学等社科领域。2005 年国家教育部在设立马克思主义一级学科的同时，在下面设立了五个二级学科，其中一个就是国外马克思主义，至此它作为一个正式学科称谓被确定下来。其他几个二级学科就是：马克思主义原理、马克思主义发展史，等等，后来在此基础上又补充了一个"中国近现代史"。因此，"国外马克思主义研究"作为一门学科，是我们国家强调学科的重要性，单独设立一级学科的一个结果。2005 年设立这个学科之前我们有这方面的研究，但不称其为一门学科。有关此类研究的大致情况，我先做一个简单的回顾，我把它称为"国外马克思研究范式"，它有一个转化问题。

我们国家的国外马克思主义研究应该是从 20 世纪 70 年代末开始的。开始之初是中国社会科学院哲学研究所的徐崇温先生将其界定为西方马克思主义研究。

他当时在天津人民出版社出版了一本较厚的《西方马克思主义研究》的著作。从那个时候算起就有 30 年左右了。所以从 30 年前开始研究的时候，我们国家关于它的研究称为西方马克思主义研究，它当时是隶属于"哲学"这个一级学科的研究，"现代西方哲学"是其中的一个二级学科，西方马克思主义则不过是"现代西方哲学"这个二级学科中的一个流派而已，所以当时招生以及研究都叫做"现代西方哲学研究"，其中有一个研究方向是西方马克思主义。到 2005 年发展为国家教育部确立的马克思主义研究这个一级学科下面的五个二级学科之一。因此，它从作为一个哲学流派的研究发展为一个二级学科，在学科发展的案例中算是比较成功的。所以，我们国家对国外马克思主义的研究有一个从基本情况介绍到走向自我创新的过程。

刚开始国外马克思主义研究的时候，在这个领域内我们国家的学者对它的研究多用"西方马克思研究"这个范式，大都是在这个范围内的研究。所以"西方马克思主义研究"在当时确实是一个客观存在的研究范式。但在 20 世纪 90 年初的时候我们国家学术界发生过一次学术争论，其中有一些人就不承认这个范式的存在，他觉得"西方马克思主义"是一个含糊的概念，是不成立的。但是从我个人的角度来说，这个范式是肯定存在的，不仅在我们国家存在，很多人探讨研究过，在国外也存在，虽然不像我们国家作为正式的学科存在，但是也有很多人探讨研究，有很多著作、论文，所以这个研究范式或是对象是存在的。我们国家 30 年前的研究是采取了直接将它移植过来的研究方式，所以我们国家用西方马克思主义这个研究范式来研究国外马克思主义，这个研究范式是从徐崇温先生开始的。

关于他为什么研究西方马克思主义，他本人对西方马克思主义研究的范式有何借鉴以及怎样对其进行改造的，徐先生在很多场合也写过很多文章，使我们对这些问题也有清楚的了解和认识。关于他为什么研究"西方马克思主义"，他写过文章，大概的意思是：开展此类研究当时主要是为了完成政治任务的需要。情况是怎么回事呢？1977 年开始，胡乔木同志在我们中国社会科学院主持工作，他们在出访外国的期间，其中有一些外国的媒体和学者就向他们提出了"你们怎样看待西方马克思主义"的问题，他们回国以后要向中央汇报，这样就需要情报，中央就需要中国社科院提供一份材料来了解西方马克思主义在国际政治领域或者学术领域的活跃状况。这个任务领回来后交给了当时的哲学所，哲学所就将其交给当时的现代外国研究室的室主任杜任之先生，他就推荐了徐崇温先生。徐崇温先生研究了这个思潮之后就逐渐地将"西方马克思主义研究"这个学科给推出来了。

（二）对"西方马克思主义范式"的借鉴和改造

对于这个问题，徐崇温先生有一个说明。他自己承认采用西方马克思主义这个范式，这个范式在西方就是存在的。但是这个范式他是怎样改造和借鉴过来的呢？

早在 1955 年的时候，有一个法国的著名学者，存在主义的马克思主义的代表人物或者存在现象学马克思主义的代表人物之一的梅洛—庞蒂。梅洛—庞蒂在 1955 年出版了《辩证法的历险》，他书中提到一种思潮或是现象，他认为就是西方马克思主义。他认为这一批人的思想、倾向或是说法跟当时的苏联共产党对马克思主义的提法和研究是不一致的，他们考虑到的是西方本身的发展、西方的革命或是走向未来前景以及道路等一些问题。而一般人如果站在当时苏联马克思主义的立场来看，它是反列宁主义的，或者是同列宁主义对立的一种思潮或是倾向。这么一种意识形态早在 20 世纪 20 年代就由一些中欧和德国的共产党人学者，例如匈牙利的卢卡奇和德国的科尔施等人建立起来了。1976 年的时候，在《辩证法的历险》的基础上，有一个英国学者，也就是《新左派评论》的主编佩里·安德森写了一个小册子①，在梅洛—庞蒂的基础上对"西方马克思主义"加以界定，他也接受和使用了这个概念，他与梅洛—庞蒂不同的是：梅洛—庞蒂主要强调具有存在主义的学者或者与黑格尔思想联系的传统学者的思想和倾向，并将其界定进去，但佩里·安德森扩大了这个概念，他除了将存在主义传统的学者的思想界定进去，还将实证主义倾向的一些流派界定进去，主要是像意大利的马克思主义学者，而在 70 年代存在主义和实证主义在学派上是比较对立的，同时法兰克福许多学者和流派他们采用的批判方法和思想都是反实证主义的。这样"西方马克思主义"包容的范围就大了，它里面涉及的人就更多了。

到 1978 年与 1979 年，徐崇温先生将梅洛—庞蒂和佩里·安德森的内容融合在一起，介绍了许多的流派。在范围界定上，他接受了两位学者的观点，但是他强调意识形态的划分。从这个角度上讲，他在一定程度上吸收了梅洛—庞蒂的观点。徐先生的立场很坚定，他认为西方马克思主义同新的流派结合，看到了资本主义国家一些新的问题，同时他也认为在思想倾向上，它与列宁主义是对立的。所以他与梅洛—庞蒂基本上是一致的。这就是国外马克思主义研究初期，西方马克思主义被引进中国的情况。所以我们的学者在引进新的学科的时候，特别是与西方有关的学科的时候，肯定会有一些借鉴，例如怎样确定框架的问题。每个学科被引进中国时，都有着一些共同现象。谁也不能从零的基础上产生新的学科。

---

① 20 世纪 80 年代初中文翻译将其改名为《西方马克思主义的探讨》，由人民出版社出版。

总之，从徐崇温先生的表述来看，他的西方马克思主义的范式是从西方学者那里借鉴过来的，但他认为自己做了改造，特别是强调从思想意识上来区分研究。他反对客观的不加批评的研究。从徐先生引进西方马克思主义以及30年的研究实践来看，我国初期研究的国外马克思主义，尽管有少数不同的看法，西方马克思主义研究的范式还是习惯地为大多数人所采用，甚至徐崇温先生的批判者在许多研究中也在潜意识地使用这个范式。

尽管每个人的使用模式不同，但是到了20世纪80年代末90年代初的时候，也就是西方马克思主义引进中国10年左右之后，在国内学术界发生了一个争论：主要是和徐先生的，而争论对方的代表人物就是当时中央编译局的杜章智先生，他本人接触到很多材料，后来他认为"西方马克思主义"这个范式不成立。他当时写过一篇著名的文章，在《人民日报》上发表过《西方马克思主义是一个含糊的概念》，但这种争论表面上看是学术争论，其实背后也都有各自强调的所谓政治因素。

杜章智先生认为"西方马克思主义"是一个含糊的概念，是因为这个概念里面既包括一些著名的资产阶级学者如萨特，但同时又包括了一些共产党人学者，有的甚至是共产党的领袖如卢卡奇和葛兰西等。

比如说，西方马克思主义的开创者卢卡奇，他是《历史与阶级意识》的作者，当时德国和匈牙利在俄国十月革命的影响下，一些共产党人也在搞革命，但最终都失败了。为什么俄国革命成功，德国和奥匈帝国这些国家的革命却失败了呢？卢卡奇当时是匈牙利人民委员会的教育委员长，相当于教育部长，是匈牙利共产党的高级干部之一，也是个理论家，他后来反思这个失败，写了哲学的反思著作《历史与阶级意识》。还有意大利共产党的创始人之一葛兰西，也被认为是西方马克思主义的开创者之一，还有一个德国共产党的学者科尔施，他们这几个人讨论的都是哲学层面的问题，黑格尔与马克思的关系，等等，本身并没有直接反思失败的原因，而是通过哲学上的反思来做到这一点，认为人民群众发动不起来的主要原因，是因为资产阶级的意识形态太强大了。所以像葛兰西提出要争夺文化领域内的霸权，仅仅在经济领域、军事领域内的进行战斗都不够，大致的思想倾向都是这样的。

卢卡奇后来的影响就更大了，20世纪的马克思主义，整个西方学界包括前东欧，都认为卢卡奇是天才的马克思主义者。之所以对他的评价这么高，因为他的著作《历史与阶级意识》中有几篇文章中提到了"商品拜物教"，即他通过阅读马克思《资本论》中《商品拜物教》一章时重新发现了马克思的异化理论，这一理论在20世纪是非常流行的。存在主义者讲的就是这些东西，法兰克福学派也讲这些东西。匈牙利的布达佩斯派、南斯拉夫的实践派，异化理论都是他们的核心支柱。他们认为马克思生前就有这个理论，只是由于后来马克思的一些文献没有发表，或是苏联人没有强调这一理论，使其被人遗忘。而卢卡奇自己通过阅读《资本论》将它发现了，所以他们将这看作是马克思异化理论的重新发现。有些学者甚至认为海德格尔的一些思想都受到了卢卡奇的影响。葛兰西与卢卡奇在当时的党内地位都挺高的。但 20 世纪 20 年代时，卢卡奇和当时的德国学者科尔施发表的文章和著作，从共产国际的立场来看，他们是不赞同这些观点的，并曾经在重要会议上公开批评过这些人的思想。因此，从正统马克思主义的立场来看，将其看作是与列宁主义对立的、相反的思潮，这也是一个事实。

所以后来到中国 20 世纪 90 年代讨论的时候，杜章智先生认为"西方马克思主义"里包括许多流派，有资产阶级学者，也有共产党的领导人，同时既有实证主义的马克思主义，又有存在主义的马克思主义，比较庞杂。从另一个角度来看，徐崇温先生改造过佩里·安德森的思想，而佩里·安德森其实是受第四国际影响的学者，甚至杜章智先生认为他就是托洛斯基分子，由此他认为，徐崇温先生借鉴佩里·安德森的思想就是在宣传托洛斯基主义的思想。但是杜章智先生提出的托洛斯基现象在今天来看也是一个很奇怪的现象，根据我们的观察分析。为什么呢？不知道什么原因，或者是长期以来苏联意识形态的广泛渗透，为了抵抗这种渗透，西方的许多研究马克思主义学者的思想（从他们的著作和论文中来看）很多都受到了第四国际的影响。所以现在我们来看许多西方研究马克思主义学者的著作，不考虑背景因素，单看著作，我们可能会认为它是一个坚定的马克思主义者，就像曼德尔（马克思主义经济学在他以后才有了重大的发展，产生了重大的影响），但追踪其背景，会发现他与第四国际多少都有一些联系。但今天来看，苏东剧变，苏联解体后，它那种意识形态的渗透减轻了。反过来讲，因为力量对比，受托洛斯基影响的一些思想在西方反而活跃起来了。

另外，20 世纪 90 年代的那场争论刚开始还是比较正式的，当时中央党校设了一个研讨班，请了许多专家去讲，徐崇温和杜先生都先后讲了，参加研讨班的人发现他们两个在争论，后来又在《人民日报》上发表文章，争论得很激烈。当时杜先生是中央编译局马克思主义研究所国外处的处长，后来我曾一度调到中央编译局担当过他曾任过的那个职务。90 年代该处大多是新进去的人才，刚好成立了一支队伍。后来杜先生通过联系要在某宾馆办一场讨论会，对徐先生的观点开展辩论。后来国家又发生了其他的事情，这场进攻性的辩论也就没有发动起来，而争论也就慢慢地削弱了。但争论确实是存在的，反对方认为"西方马克思主义"是不成立的，在政治上也是有问题的，另一方认为是存在的，可以找到大量西方学者的著作来证明，西方学者也在广泛使用这个概念。这就是在"国外马克思主义"学科建立之前出现的情况。

这是一些学者反对的研究范式,那么用什么范式来取代呢?后来徐、杜二人都翻译过一本著作《新马克思主义传记辞典》。这是一本工具书,是美国一个叫格尔曼的学者编撰的。

杜先生翻译的那个版本从译文角度讲得更好一点,因为他本人是搞翻译出身,这是他的长项。其实这个举措表明了杜先生他们要以"新马克思主义"来取代"西方马克思主义"。按照字典中的内容来看,如果说"西方马克思主义"庞杂的话,那"新马克思主义"就更为庞杂了,它把那个时候以来的所有的有关马克思主义和社会主义的思潮和运动都包括进去了。并不能说他们使用这个概念不可以,因为学者使用这个概念就说明了所持态度,受什么人的影响。所以用格尔曼"新马克思主义"的研究范式来研究国外马克思主义,是继"西方马克思主义"的研究范式后又出现的一个新研究范式。从今天来看,这个范式的使用的人在国内更少一些,毕竟"西方马克思主义"的范式使用更早,大家都习以为常了。尽管有争论,很多人还是沿袭用"西方马克思主义"的范式。而完全坚持使用"新马克思主义"的学者还是存在的,但并不是所有人都是在与徐先生完全对立的基础上使用的,如果说《20世纪西方新马克思主义发展史》的主撰人周穗明是在与徐先生对立的意义上使用这个范式,那么,现任中央编译局局长衣俊卿在采用"新马克思主义"的范式时,就不是这样,他没有参加争论,但著作采用了"新马克思主义",这与他的学术背景有关,他曾经留学于南斯拉夫贝尔格莱德大学,研究实践派,这当然不归于"西方马克思主义",后来格尔曼的辞典里面"新马克思主义"就包括一些对实践派人物的介绍,他可能也是这样取舍的。所以在我国研究国外马克思主义的初期围绕着这些问题产生了以徐杜两人为代表的激烈争论。现在来看,我认为这就是一种学术范式之争。但他们都处于移植阶段,一方根据梅洛—庞蒂等人的著作来划分,另一方根据格尔曼的辞典来划分。

所以从学术界来看,国外马克思主义的研究大致经历了三代人的研究。徐先生、杜先生是一代人,陈学明教授等是一代人,我们这些人也是一代人。尽管我们在学术界的状态一直处于交叉状态,从年龄结构来讲大致是这么一个结构。所以经过三代人的研究,到2005年我们国家才正式确立了国外马克思主义的二级学科,这样的学科一建立,等于就有了法定的地位了。学生的培养、教材的设置、学科的设立都得按照教育部的要求来做。真正设立学科点在目前还处于一种矛盾状态。我们国家有一个马克思主义哲学发展史研究会,这是一级学会,下面有几个二级学会,有一个国外马克思主义研究会,它属于哲学划分。后来教育部有几个重大基地,复旦大学的国外马克思主义研究中心、南京大学马克思主义社会理论研究中心,从开始到现在都划分到哲学领域。而在新设置的马克思学院这些属于法学。这就是国外马克思主义回顾现象的一个总的情况。

二、国外马克思主义研究 30 年来取得的成就和
存在的问题

30 年来，我国的国外马克思主义研究取得的成绩是很大的，尽管有争论和曲折，但我认为如何评价国外马克思主义研究都是不为过的。曲折是讲它的定位问题，因为当时在老学科的基础上，西方马克思主义、新马克思主义以及国外马克思主义处在一个比较尴尬的地位。用陈学明教授的话来说，研究这个学科的人两边受打，两边受骂。为什么呢？因为有些研究马克思主义的人总在质问我们是在研究马克思主义吗？他们认为我们所研究的问题过于庞杂，有些甚至是反马克思主义的。这是正统立场上的一种批判声音。站在研究西方哲学人的立场上，纯粹研究胡塞尔的人、海德格尔的人，也在质问我们研究的是什么东西。往往不同场合内的不同领域内的人都在批评研究这个领域的人。现在虽然有了定位，但好多学校还是没有改过来，他们认为有自己的哲学传统。

我认为我们国家研究国外马克思主义取得的最大成就在于，使其从一个现代西方哲学下属的一个流派，成为国家正式确认的一个二级学科。不管争论是什么，总之这个领域内的研究者确立了一个新的学科，这是最大的成绩。成绩还表现在机构设立和人才队伍的培养上。以前也是没有这些机构的，以复旦大学为例，它的研究中心和创新基地，从教育部来说都是很高的等级。南京大学也有教育部直属的马克思社会主义理论研究中心。这些机构的设立表明国外马克思主义在我们国家的研究中也占有很高的地位。著作出版、论文的发表，译著的数量，均是在哲学、文学理论和国际政治等领域内。另外，它的引进促进了国内哲学社会科学的发展，哲学、社会学、政治学、经济学等领域都与它有关。经济学领域它带动了激进经济学的研究，例如现在武汉大学校长顾海良就是研究激进经济学的。在历史学领域内它带来了一些新的史学理论流派的研究，特别是英国马克思主义史学的很多内容。政治学领域内的，"公民社会"、"市场经济"与许多英美的激进思想流派有关。改革开放初期，我们国家的比较经济学研究，不少也属于国外马克思主义研究的范围。我们国家改革开放之初的许多领域都是先借鉴东欧，再进一步推动东欧思想家背后的思想，直接面对西方，大致有这么一个过程。在社会主义流派研究方面很多著作也是这样，许多章节甚至有些专著就是专门研究这些的，对分支学科的研究帮助很大。

但是有成绩的同时它也存在很多问题。由于我们以前所采纳的各种研究范式的限制，以至于我们强调的角度不同、取舍不同，学科侧重点也不同。比如，由

于在研究初期主要采用徐崇温先生的"西方马克思主义"范式，而其在欧美主要采用的是哲学流派的范式，所以 30 年来的研究大多数以研究国外哲学为主。一开始主要是介绍一些哲学流派的思想，这样的话哲学的比重就过于大了，其他的研究不够。杜章智先生主张采用"新马克思主义"，表面上看所采用的思想，从属的队伍不同、流派不同，但受影响的人物，学派大多数也都属于哲学流派。这点上他们是一致的。各自为政的研究现象，是由于当时以介绍为主。介绍的人物之间的联系，或者说传统的马克思主义研究分为三大块：哲学、经济学、科社，它们是有内在联系的，而国外马克思主义思想家的研究之间基本没有联系，各自介绍自己的思想，而这些思想之间到底有什么联系都没有综合去看。所以这些存在的问题在我们放弃一些较窄的研究范式的情况下，采用国家确立的新的研究范式，可能会有一些新的思考和总结。这也是从分支学科研究到跨学科研究再到综合学科研究，这也是一个必然的趋势。

三、国外马克思主义学科定位及具体方针

在有了国家确立的"国外马克思主义研究"范式的前提下，我们怎么来进行学科定位以及以什么方针来对待这个学科。国家将国外马克思主义确立为六个马克思主义研究下的二级学科之一，这样为进一步研究国外马克思主义提供了新的机遇。一般情况下，有了机遇也就有了挑战，所以研究者在迎接机遇的同时也要善于反思，总结经验才能接受挑战，努力促进这个学科的发展。

以往这个领域的研究者面临的最大难题就是学科定位问题，由于国外马克思主义在发展中，遇到的历史机遇是作为现代西方哲学中的流派来介绍的，后来又有了变动，也是大家讨论的结果，有个原委在其中，就是将其作为一个马克思主义哲学发展史来研究，因为原来作为西方哲学，以批评的内容见多，我们现在有现代西方哲学这门课，当年最早叫现代西方资产阶级哲学批判，后来尽管不提批判，但是作为一种意识形态来参照的话，它还是学科对象。后来将其划分到马克思主义中来，陈学明老师就说，它属于马克思主义发展的哪个阶段？国外马克思主义学科设立前，人们对国外马克思主义的看法不一致，就出现两面受压的情况，陈学明老师在 2008 年的文章中讲："一方面来自于坚持正统马克思主义人的压力，他们总认为我们研究和推崇的并不是正统的马克思主义，从而一直把我们作为马克思主义异端的传播者来排斥我们；另一方面的压力就来自于根本不认可马克思主义的人，这些人认为研究西方马克思主义总是与马克思主义有关，所以他们因为我们现在还研究马克思主义而嘲笑蔑视我们。"这是当时一种客观的情况，由于学科定位产生的争论。

今天这个学科定位很明确，马克思主义理论研究是一级学科，下面有五个二级学科，后来又加了一个，成为六个，其中之一就是"国外马克思主义"。

第一，今天我们对它的定位，应该达成共识，它不是一级学科，是设立在马克思主义研究下的二级学科，表明它是马克思主义研究所需要的一个组成部分。它是对马克思主义研究的一个完善和补充。但另一方面还应该看到，国外马克思主义学科的设立，是我国哲学社会科学自我创新的一个结果。有的学科是国际通用的，有的则是有针对性的，当苏联强大的时候，美国就有苏联学以及研究的学者，而现在美国又有了中国学，这些学科本身并没有通用性，但是有需要性、针对性。但是这个学科不是空洞的，没有内容的，以此类比的话，我们中国设立这样的新学科大致也是这样的，我们要了解外面的情况以及它的理论、现状。因为我们是一个以马克思主义为指导的国家，尽管马克思主义的设立处于低潮，但不是千篇一律的，还有好多这样的学者、这样的人，站在我们国家的角度来讲，我们要了解其他国家的状况，要建立良好关系，包括有时候中联部介绍一些西方的小党小派。马克思主义从《共产党宣言》建立到现在有这么多年，尽管处于低潮，但作为文化遗产还是存在的，甚至现在有些人还在用它来研究问题。这样的话它存在一个话语现象，即家族的相似性。这个学科是有特色的。它是中国独有的，以中国人为研究主体，它也是为了发展我们马克思主义学科，为了发展我们哲学社会学科而建立起来的。在其他的地区、国家，我们不一定能找到这样的学科。但是在世界范围内可以找到一些马克思主义研究的协会或组织，所以设立这样的学科也不奇怪。

第二，我们如何还能在高一点的立场或起点来看，这个学科设立后还有一个指导思想的问题。以前在研究西方马克思主义、新马克思主义的队伍中，一般人不愿意谈这个话题，反正我接受了就行，介绍完思想就行，需要评价就评价一点。这就是研究西方的经济学，西方的哲学、社会学的一种做法。把它客观介绍过来就行。但国外马克思主义的研究仅仅这样还不行，因为它隶属于马克思主义理论研究。尽管它同马克思主义发展史、马克思主义中国化是平列的，但是发展史本身就是讲思想的，但站在批评的立场讲思想的就比较少，中国化讲的都是中国特色的东西。这都是有党的文献纲领和不同时代领导人的讲话，这就是当代中国的马克思主义。国外马克思主义不同，它有曾经当过党的领导人的一些思想，还有一些人是退党的，不同时期受不同事件的影响。研究者中有些人是理论家，后来又退党的，有的不是党的思想家，有的是左翼学者，所以研究他们就有一个问题，就是我们还要坚持以马克思主义为指导思想来评论他的一些成果，来分析他的一些理论。这就是需要一个指导思想的原因。

第三，研究对象和学科设立的确定。对哲学社会科学研究来说本身有一个分

751

析判断认证的过程，由于国外马克思主义研究是长期争论的一个对象，所以在如何对待国外马克思主义的代表人物上经常就会发生一些问题。有的人认为应该以批判为主，有的人认为应该以借鉴为主，而且这样的现象一般随着我们的政治气候或中央强调的工作点不同而不同，如果我们突出意识形态时，发现的问题很多，淡化马克思主义的现象严重，许多人往往采用批评的态度；而强调借鉴时，往往又有人强调要引进资本主义的积极因素。反正这些年来，有关国外马克思主义领域的研究，就是处于这么一种波动状态中。但是，不管怎么波动，研究者本身要客观，对他说的东西要准确地把握分析，也要判断批评，因为你是中国学者，要有中国学者的立场。今天我们强调马克思主义是指导思想，用我们文献来讲是全国各族人民共同奋斗的思想基础，第一届政协时就强调的内容，是进入了法律章程的。

第四，研究对象的层次划分和分支学科的问题。这些问题都是国外马克思主义学科设置以后的一些思考。因为国外马克思主义研究的独特性和研究范式的不同，造成了许多分歧。不仅一般的人不理解，就是从事哲学社会科学研究的许多人也不理解，会有像国外马克思主义研究什么的问题产生，表明当时学科发展的不成熟和不完善，今天我们已经确定的话，就应该对以往的经验进行总结，在主要情况方面达成比较清楚的认识，只有这样学科的发展才会顺利。

有这样几个问题可能还需要考虑，国外马克思主义研究与几个其他领域内的研究的划界问题，马克思主义研究有六个分支，除它之外还有马克思主义基本原理、马克思主义发展史、马克思主义的中国化研究、思想政治教育和中国近现代史。从内容交叉的情况来看，国外马克思主义与马克思主义基本原理和发展史容易区分，各自的重点不同，马克思主义发展史是研究从马克思主义诞生以来的历史，但是我们有了马克思主义中国化这一个学科，所以发展史研究的下限是马克思主义传入中国之前的发展史，以研究马恩列斯的思想为主，这样的话斯大林以后苏联和东欧的思想研究将其划到国外马克思主义名下，未尝不可。它们之间的关系大致从时间上就能划清楚。还有一个就是国外马克思主义本身层次内容的划分问题，与其他学科相比它包括的内容是比较庞杂的，但是大致也可以将它划分层次。角度若不同，方法就会不同。完全逻辑的划分是行不通的，只能粗浅地划分，其中有一项就是国外共产党的马克思主义研究。但是要研究今天的国外共产党的马克思主义，那就为数不多了，特别是执政的。执政的也就几个：越南、古巴、朝鲜、老挝。但是必须考虑到它曾经产生的一些理论成果，例如苏联、东欧的理论成果，以及以前西欧国家存在的共产党思想和现在的共产党思想。这样的话就包括几个内容：徐崇温先生以前研究过的"西方马克思主义"中的各个流派，激进经济学以及其他相关学科中的马克思主义流派研究，主要是看诞生了什么代表人物，现在看的话也很多，例如研究地理学城市空间理论，很多都与这个有关，文艺批评就更多。还有其他国家，拉美国家执政者有这种思想色彩，还有非洲，以前有的国家就号称是社会主义的。从国际战略上来考虑，我们也必须考虑这些方面，那里也存在着 20 世纪 60 年代非洲与拉美批判资本主义的思想家、"世界体系理论"、发展经济学等。另外欧美发达国家中的左翼思潮研究也很多，西方社会的发展，因为除马恩当时发动的工人运动之外，现在有女权运动、生态运动、和平运动等，与当今的社会思想有关。并不是所有的都与马恩有关，但只要是激进的，就都与马恩有关。

四、分支学科的设立问题

一门二级学科要成立的话就要靠三级学科来支撑。根据以往的研究和研究队伍的分布，大致也可以分为以下主要内容：国外马克思主义的哲学研究，以前从事西方马克思主义的人主要是从事这方面的研究；国外马克思主义经济学研究，激进经济学移植到中国后，研究队伍不是很大但是出现了很多代表性的人物，20世纪 60 年代是它的大发展时期，有很多内容，但国外马克思主义经济学涵盖面要大于激进经济学；苏联东欧社会主义国家的马克思主义研究，这些国家几十年的历史有很多内容研究，研究队伍很大；当代资本主义研究，资本主义的变化、发展，用它来检验以往理论的正确性，才能发展新的理论；当代社会主义流派与思潮研究，国际上很早以前都是有研究队伍的。

编辑整理：牛海茹

、史学理论与前沿、

美国公民权利观念发展的若干问题

刘 军

2010 年 4 月 14 日

刘 军

中国社会科学院研究生院世界历史系教授

摘　要：人的解放和人权发展是社会进步的重要尺度之一。在一定意义上说，历史也是个人的权利不断得到尊重和保障的历史。公民权利观念是对公民权利的认识和意识程度，可以作为研究历史的一条线索。本文通过对公民权利发展的意义、西方公民权利发展概况、美国公民权利观念渊源、经济民主观念四个问题的考察来认识美国的历史。

关键词：美国史　公民权利　经济民主　产业民主

公民（citizen）是指某个享有主权的政治共同体的成员。"公民"一词来源于拉丁语"civis"或"civitas"，意为可参与古代城邦（city‐state）政治事务的成员，尤其是古罗马共和国的成员；而"civis"或"civitas"又对应着希腊语"polites"或"polis"，是希腊城邦（polis）成员的意思。而近代公民身份是指在一个民主宪政的民族国家范围内的成员或国民身份；公民是国民身份的一种，相对于封建社会的臣民。"臣民"（subject）一词来自拉丁语 sub 和 jacio，意即处于他人强权之下的人。尽管自古以来西方公民概念经历了很大的变化，但公民身份始终是体现着政治共同体内外区别的制度。

公民权利则限定于国民普遍享有的法定权利，不同于特殊群体如残疾人的权利或被广泛争议的权利如隐私权、同性恋、安乐死的权利。公民权利实际上是一组权利的总称，它在不同时期和不同国家有不同的内容。总的来说，公民权利在内容上是逐步增加的，大致是人身保护权、私人财产权、言论和信仰自由权、政治参与权、平等教育权、劳动就业权、男女同工同酬权、社会福利权、环境卫生权等。本文主要是谈论西方尤其是美国公民权利观念发展中的若干问题。

一、研究公民权利发展的意义

（一）西方文明发展的主线

衡量社会进步有很多标准，人的解放和人权发展是社会进步的重要尺度。历史也是个人的权利不断得到尊重和保障的历史。公民权利观念是对公民权利的认识和意识程度，可以作为研究历史的一条线索。考察各个时期人在物质和精神领域解放和自由的程度。一位美国学者这样概括美国历史："总的说，美国历史是个人自由和权利观念的历史。"在美国，"似乎每一个政治问题迟早都会简化为一种权利的问题，对这些权利的界定留给法院"。这段话有这么几层意思：一是权利观念在美国历史中发挥了重要作用；二是权利问题是政治问题的核心；三是权利分歧由法院裁决。如果不较真的话，它也可以作为对美国公民权利观念发展史的一种总结。从公民权利观念的发展中可以看到财产观、国家观、自由观、种族观、性别观的历史性变化。所以，我们应当重视对西方上层建筑的研究，资本主义绝不仅是资本和技术的堆积。

（二）西方政治文化的本质特征

美国因何强大，人们有很多解释：地理位置优越、自然资源丰富、人民勤劳务实等。但很多美国学者认为，《独立宣言》和《美国宪法》中体现出来的"美国信念"（American Creed）是美国人的核心价值观念和公民认同的基础，也是美国的立国和强国之本。所谓美国信念，"是自由、平等、个人主义、代议制和私有财产制"等原则的集合。如一位美国学者所言，"《独立宣言》说，'我们相信这些真理是不言自明的'。谁相信这些真理？美国人相信这些真理。谁是美国人？就是坚持这些真理的人。国民身份和政治原则是不可分的"，"美国信念的政治思想一直是国民身份的基础"。一些社会调查也显示，绝大多数美国人最为自豪的是他们的政治传统，而不是物质性的东西。美国公民权利正是对美国信念的认识和反映，其重要性是不言而喻的。对公民权利的信奉和追求成为美国人的凝聚力。民族凝聚力和国家认同感，这对于美国这样一个移民和由众多族裔组成的国家是极其重要的。美国共识与纷争皆因于此。

（三）西方政治原则的实践检验

公民权利观念发展是政治思想史的主线之一，美国自由、民主、平等思想理论以及联邦制、三权分立等政治制度性设置的出发点和落脚点均在于此。公民权利是检验任何《权利宣言》和宪法体制的试金石，是衡量美国社会进步的唯一尺度。有人认为我们对西方政治思想和制度的研究很抽象，难以理解，除了文化传统的差异以外，这类研究没有联系到人，即具体的、现实中的公民，是一个很重要的原因。以往的研究多停留在抽象的理论层次，对民主、自由这些抽象原则的理论批判是很容易的。而公民权利是这些原则实践的最好检验，如贫困标准、福利保障、教育权（美国 12 年免费义务教育）、环境权。

（四）在政治文明、公民文化建设方面的借鉴和启示作用

追寻美国公民权利观念及其实践的发展历程，有助于把握美国社会的本质和特点，并为我们的公民文化和政治文明建设提供有益的经验。美国的经验对我们有借鉴意义，但不可盲目照搬。我国在改革开放的同时，日益重视公民权利和公民文化建设，但在经济发展过程中，也出现了包括政治文明、公民文化在内的社会发展不平衡的现象。对我国来说，发展经济是硬道理，没有经济发展就没有国家独立和民族尊严，也不会有实现公民权利的社会环境和经济基础，这一点在今天已得到普遍认同。但西方的经验也显示：发展本身并不能自动地实现公民权利，而没有公民权利的发展也不会是长期的和稳定的。我们在30多年改革开放的实践中也逐渐认识到了这一点。保障和发展公民权利不仅是道德要求，也是社会长期稳定和可持续发展的内在规律。了解美国的经验可以更深刻地理解，为什么"以人为本"要成为科学发展观的核心。

二、西方公民权利发展概况

（一）古代、中世纪——群体权利

在希腊文中，"公民"（polite）一词就是由城邦（polis）演化而来，意为"属于城邦的人"。在雅典，非公民（metics）指为了"寻求经济机会"来到雅典的外邦人，他们没有公民权利，但有义务协助公民保卫城邦。

英国政治思想家 L. T. 霍布豪斯曾指出，"事实上，城邦不是以亲属关系为基础，而是以公民权利为基础，就是这一点使它不仅有别于公社，而且也有别于东方的君主国。它所承认并赖以生存的法律不是上级政府对下属百姓发布的命令。相反，政府本身也服从法律，法律是城邦的生命，受到全体自由公民的自愿支持。从这种意义上说，城邦是一个自由人的共同体。从集体意义上说，其公民是没有主人的。他们自己统治自己，只服从一些生活中的规章，这些规章是古时候传下来的，由于历代人忠心耿耿地执行而具有力量"。也有人说古代公民有民主而无自由。

占中世纪大部分时间的封建时期，是一种诸侯割据的无政府状态，既没有古代城邦和帝国意义上的政府，也没有近代意义上的中央王权和政府。封建制在政治上是诸侯割据，附庸对领主的义务和效忠，领主对附庸的保护和救济，都是依据习俗或私人契约，这种上下关系还不能等同于君主与臣民的关系。真正的君主与臣民关系是在中世纪后期绝对君主专制时期才形成的。在中世纪，所谓"公

民"主要指那些自治城市中的自由民（burger）或市民（bourgeoisie），他们与广大农村中的封建依附关系形成了明显的对比。最初在英语中使用"公民"一词时，指的就是自治市或地方市政团体的成员资格。

英国近代以前的历史上没有类似公民的概念，相似的是在某些城市中的市民概念。市民概念区分城市共同体成员和外来人，相比外地人，市民身份在城市生活的各方面有一些特权。中世纪残留的"公民权"实际只是少数人如贵族和市民的一些政治和经济特权，广大农民的"权利"是建立在封建等级制基础上的。另外，中世纪的权利还不是个人权利，有学者指出，"个人"（individual）一词在17世纪后才被解释为当代意义上的"个体"，在13世纪该词的意思是"不可分割的"。

（二）近代——个体权利

洛克的公民权利思想集中体现在《政府论》中。在这本书的上篇，洛克批判了君权神授和君臣自然如父子的保守观点；在下篇中，他详细论证了公民社会的起源和政府的目的。洛克提出，"人们联合成为国家和置身于政府之下的重大的和主要的目的，是保护他们的财产"；因此，"最高权力未经本人同意，不能去取任何人的财产的任何部分"。如果统治者连续地滥用权力，侵犯人民的财产，辜负他们所受的委托时，人民有权利"把统治权交给能为他们保障最初建立政府目的的人们"。也就是说，人民有变更不合格政府的权利，这是资产阶级革命的思想基础。

潘恩强调"主权作为一种权利只能属于国民，而不属于任何个人；一国的国民任何时候都具有一种不可剥夺的固有权利去废除任何一种它认为不适合的政府，并建立一个符合它的利益、意愿和幸福的政府。把人荒诞而野蛮地分为君主和臣民，虽然合乎廷臣的口味，但不适合公民的身份；这种做法为当今的政府赖以建立的原则所打破。每个公民都是主权的一分子，因此不能屈从个人：他只能服从法律"。因为法律是他自己或他的代表制定的。

（三）现代——群体与个体的平衡

20世纪初，老罗斯福（Theodore Roosevelt）的"新国家主义"和威尔逊的"新自由"改革纲领标志着美国政府和公民权利向现代的转化。政府不再仅仅是财产的守护人，公民权利也不仅限于政治方面，而向经济和社会生活领域延伸。老罗斯福在1904年12月4日第四次国情咨文中说，"在资本家和工人中，都应逐渐培养一种责任感和容忍之心；每个人都应养成尊重他人权利的习惯；也应培养广泛的社会利益感，不仅关心资本家自己的利益，也不仅仅考虑工人自己的利益，而应注重资本家与工人相互之间的利益，注重他们两者与那些同他们一起构成整个国家的同伴之间的利益"。

1909 年政治思想家 H. D. 克罗利在《美国生活的希望》一书中指出，"目前，财富权利和经济权利集中在少数缺乏责任感的人的手中，这是我们政治机构和经济机构实行混乱无序的个人主义所造成的后果。与此同时，这对国家的民主也是极不利的，因为这将导致政治弊端和社会不平等最终成为一种体制"。

F. 罗斯福说，"我们从来就知道毫无顾忌的自私自利是不道德的；我们现在知道它也是不合算的"。"对于为了利润而违背人生起码的规矩的人，对于他们滥用权力，我们正在放弃容忍的态度"。必须借助有力的政府"去驾驭盲目的经济力量以及那些财迷心窍的人"。F. 罗斯福考虑的不仅是如何摆脱危机，还有如何建立有效的社会机制。对于政府职能的转变，他引用林肯的话说，"为人民群众去做他们需要做，但做不到或者依靠他们分散的个别力量所无法自己做好的事，这就是政府的合理的宗旨"。

罗斯福新政奠定了现代国家和公民权利观念的基础，此后的民主党政府基本沿袭了这一传统，共和党政府包括里根执政时期对此的调整与休整，并没有在本质上改变这一趋势。奥巴马最近的医疗改革法案更是这一历史趋势的延续。

三、美国公民权利观念渊源

（一）自然权利

自然权利来自古代自然法和中世纪上帝自然法观念。对人性和世俗权利不信任的观念构成西方政治传统。"法律发现论"影响久远，即人们不是制定法律而仅仅是发现法律。亚里士多德指出，"法治比任何一位公民的统治更为可取"。社会中的法律如同自然界和上帝意志那样是和谐正义的。自然权利转化为公民权利，人进入社会时，放弃一部分自然权利和自由，以此为代价获得公民权利和自由。公民自由就是受到人的法律约束下的社会自由。

（二）清教

清教是对英国非国教众多教派的简称，这些教派之间也有着严重的分歧。马丁·路德认为，基督徒可以直接阅读《圣经》，无须借助教会和神甫，得到上帝的启示和帮助。他强调，"只有一件事对基督徒的生活来说是必要的，那就是正义和自由"；"教皇、教主或任何其他人，在未经允许的情况下，都没有权利向基督徒强行一个字的法律；如果这样做了，那就是暴政"。清教是英国宗教改革的产物，帕灵顿概括说，"它的基本原理是，个人无论是基督徒还是普通公民，都享有一些天生的不可异化的权利，每一个教会和每一个国家都必须尊重这些权利。这种波及广远的天赋人权论……乃是清教主义为政治理论做出的启示性贡献，有了这种理论，后来的自由派才得以把这场斗争进行下去"。

（三）宗教契约理论和教会自治

康涅狄格神学家托马斯·胡克在其著作《宗规综述》（1648 年）中已经明确肯定地论述了宗教契约理论。胡克认为，一切人在教规上都是平等的，但不受约束就必然有"整体的涣散和荒芜"，所以人的心灵需要双方同意的互相服从，"互相服从好比社会的支柱，社会赖以支撑和维持"。宗教契约就是教徒之间相互服从的约定，借以组成教会。当时另一位殖民地牧师理查德·马瑟在其《辩解书》（1639 年）中也以《圣经》为依据论述了契约是教会和国家必不可少的基础。他们的思想是当时殖民地清教徒所熟悉的，早于洛克的《政府论》至少半个世纪。美国政治思想史学家梅里亚姆评论说，胡克的思想与后来洛克的"有惊人的相似，不过一个是把理论应用于教会，另一个则应用于国家罢了"。[1] 这毫无疑问地影响了社会契约理论和地方自治。

（四）宪政传统

英国宪政传统包括殖民地人民在内的英国人都认为，英国的宪法、制度和国王在当时世界上都是最好的，美国独立战争的领导人对英国政治及其传统的溢美之词也随处可见。梅里亚姆指出，"奥蒂斯曾说，英国的宪法是世界上最好的，英国的国王是最好的，他的臣民是最幸福的，他这样说在当时是准确地反映了民意"。J. 亚当斯也曾盛赞英国的宪法和法律。S. 亚当斯更是认为，"在我所看到的一切制度中，再没有一种制度把统治者的权力和被统治者的权利调节得更加出色"。直到独立战争爆发前，殖民地的绝大多数人仍这样认为。甚至他们脱离英国也不是要废除英国的政治制度，而是他们认为英国的当权者违背了宪法，侵犯了他们作为英国人的权利。第一届大陆会议为殖民地人的权利申辩时，引用的仍是英国宪法的原则和生而自由的英国人的传统权利。

（五）自治经验

13 个殖民地起源、成立时间和形成过程不同，但共同特点是：这些殖民地的内部事务高度自治。殖民地都有自己的立法机构，由总督、参事会和殖民者代

---

① 梅里亚姆：《美国政治学说史》，商务印书馆 1988 年版，第 12～13 页。

表大会（General Assembly）组成。其中殖民者代表大会（众议院的前身）的成员由民选代表组成，尤其在 1660 年复辟王朝后，"没有哪个殖民地没有人民的代表"。原则上殖民地不得制定违背英国的法律，但有些殖民地的立法不受王室的监督和控制，在自己的领地内有充分的立法权和征税权。殖民地人充分意识到他们是英国人，享有英国臣民的所有权利。在这些权利中，他们"最珍视议会的代表权，作为他们的政治和公民自由的唯一确实保障"。

自然环境塑造了特殊的殖民地人。自然环境提供了广阔的土地，虽然并不是每一个殖民地白人都拥有自己的土地，但殖民地有土地的人的比例比任何欧洲国家都高。这就使"欧洲的那些与土地使用相联系的等级特权和义务的绝大多数也都消失了"。有学者认为，殖民地"保障个人自由和权利的理念和实践源远流长"，甚至在 1689 年英国通过《权利法案》之前，"殖民地人民就已经建立了一个十分全面的保护个人自由和权利的法律制度，其中著名的有 1641 年的马萨诸塞《自由法》，该法包括的条款有：未经公平赔偿不得剥夺私有财产，言论自由，公众请愿，辩护制和陪审团制；1681 年的宾夕法尼亚《管理法》，该法包括：信仰自由，公开审判，保释制和罚款制"。对殖民地人的权利观念和权利保障制度虽不宜高估，但其继承了英国人传统的自由观念和习惯法，在地广人稀的荒野环境中，因政府和教会的权力鞭长莫及，而享有较多的自治自由则是可以想见的。

托克维尔就认为美国民主得益于三大因素：自然环境、法律制度和民情，这里的民情指"人在一定的社会情况下拥有的理智资源和道德资源的总和"。但是，"按贡献对它们分级，依我看来，自然环境不如法制，而法制又不如民情"。因为他确信，"最佳的地理位置和最好的法制，没有民情的支持也不能维护一个政体；但民情却能减缓最不利的地理环境和最坏的法制影响"。托克维尔比较重视殖民地人的精神因素，在他看来，殖民地人的民情主要来自他们的乡镇自治的经历。当代一位美国史学家认为美国的自治有两个分支：一个是人民共同管理自己的社区自治；另一个是人民又各自管理自己的个人的经济自主。也就是说，"自由的个人形成民主的社会；民主的社会支撑着自由的个人"。当然这里的"自由"和"民主"都是有一定范围的。

（六）财产权观念

1775 年柏克对英国人指出，"从一开始，这块国土上发生的诸多争取自由的伟大斗争恰巧都主要发生在税收问题上"，"和你们一样，他们对自由权的热爱也牢牢地附着在税收这一特定问题上。也许关系到自由权的安危还有许多其他问题，但那些问题并不能引起他们特别的兴致或警觉"。从后人的观点看，殖民地人民尤其领导人没有受到母国的政治或宗教压迫和迫害，引起他们独立的主要是财产权利受到了侵害，而在当时财产权利是与人的自由和生命相关的，被视为其他一切权利的基础，几乎是权利本身的同义语。

在17世纪英国和18世纪美国，在法律术语中，"财产"并不一定指物体本身，而是对这种物体的一种权利、利益或法律占有形式。它可以是一种资格，不完全的和完全的，合法的或公平的，物质的或非物质的，有形的或无形的，可见的和不可见的，地产的或动产的，等等。在宪法术语中，财产一般指一种相当无形的、法律抽象的物体。在更一般的意义上，无论是在美国独立战争前，还是在17世纪的英国，"财产"可以指各种权利，"根据这种定义，谈论一个人的财产在他的生命、自由和宗教中才有意义"。财产问题一定是一个法律问题，因为它涉及的是所有权。"财产权与人们的政治权利不可分割地联系在一起"，毫不奇怪，洛克政治学说中的核心是财产权。按照洛克的思想，人们在组成公民社会和政府之前就有了财产，而且只是为了维护他们在自然状态下的财产安全，才选出政府的。因此，政府的唯一目的和作用就是保护财产。但过度地保护个人财产又会损害政府的公共利益，所以到了20世纪，美国人的财产权观念发生了变化，表现为18世纪和19世纪大多数时期占主导地位的自然权利论和绝对个人的财产权观念，并逐渐被强调个人财产权和公共利益之间的平衡观念所取代。

四、经济民主观念

经济民主观念对公民权利观念有很大影响，因经济民主涉及一系列重大理论与现实问题，近一个世纪始终是西方众多学科关注的热点问题。西方的经济民主或产业民主观念是政治民主的延续，因其与西方产业革命负面的社会影响直接相关，有着深厚而广泛的理论和社会基础，产业民主的观念与实践是非常有意义的历史进步，对20世纪以来的西方社会发展一直产生着巨大影响。

（一）产业民主观念来源于政治民主

1. 概念

工业革命催生了政治民主制，同时也使绝大多数人陷入经济奴役的枷锁之中。这触及了资本主义的本质。资本主义最大的问题在于政治民主与经济专制之间的矛盾。因此，自工业革命以来，如何使人类摆脱经济枷锁，获得真正的自由、平等，成为许多西方仁人志士的奋斗目标。

在资本主义早期，资本主义与民主之间存在着一种积极的联系，没有产权的确立，不保护财产权就没有资本主义。民主是资本主义发展的产物，只是到了资本主义后期，资本主义与民主之间逐渐发展了消极联系。

产业民主与经济民主（Economic Democracy）有密切的关系，产业民主从属于经济民主，是经济民主的核心部分之一，也是经济民主的一种具体表现。挪威首相1961年在奥斯陆举行的产业民主学术会议的讲话中指出，"在经济民主和产业民主之间做出区分也许是有用的。'经济民主'概念可以指更广泛的社会经济或社会的经济；而'产业民主'可与更窄的概念如个别企业或劳动场所相关"。

广义的经济民主是指社会经济民主决策、国家财政民主监督、利益共享（不是均享经济平等）。狭义的经济民主是指产业民主、企业民主。股份合作制的"集体企业"，在西方被称为"民主的公司制"，通常采用全员持股计划。其他地方叫共同所有制或者职工资本主义，都是以民主理论、以劳动价值论来改变传统的雇佣制公司模式的尝试。

如同政治民主相对于政治专制，工业民主针对的是工业专制。马克思曾说每个私人企业内都是独裁制。经济基础是独裁的，上层建筑是民主的，这是一个不可消除的矛盾。简单地讲，"工业民主"意味着工人在企业中同在政治生活中一样有自治和机会平等的权利。有学者认为，"工业民主这种机制和精神的实质，是所有人在有关他们的事务中，都有有效的发言权"；或者说"使每个工人感到，他能真正地参与那些控制他生活和工作的环境"。一位美国公司的总裁也说，"工业同政府一样，不能保持半奴役、半自由的状况。我们必须在工业中实现林肯的民主定义：工人所有的，工人掌握的，为了工人的"。美国劳联主席冈波斯说，"老的政治民主是这种新的工业民主之父。工会运动是这种可能的新的工业民主。工会展现了工资收入者的理由、道德和公民观念"。

2. 产业民主观念的思想来源

实际上，产业民主观念的内容很复杂，在不同时期、不同国家和不同群体中，其内容也不相同，很难用一个固定的概念所含括。如果我们将其视为一种对资本主义工业专制的反对和修正，那么抨击、反对、改革、完善资本主义生产方式，尤其是工人对企业决策参与权利的主张、思想和理论都可以被视为产业民主观念。产业民主观念主要受到两大思潮的影响，即自由主义和社会主义。

在社会主义思潮中有不同的产业民主观念，几乎可以说，每一种社会主义主张的背后都有一种对产业民主观念的理解。马克思主义经典作家认为，只有打碎资产阶级国家机器，实现工人对企业的控制，才能实现经济民主。这是一种革命的主张。国内以往的一些研究以是否坚持暴力革命作为科学社会主义与其他社会主义的区别之一。

西方其他社会主义或许可以笼统地归纳为民主社会主义，其中费边社会主义是很典型的。费边社会主义的一个基本特征是在自由主义民主政治的基础上，将民主政治引进到经济领域。费边派理论家韦伯（S. J. Webb）指出，三种趋势显示了经济民主在发展：一是资本的利润被各种社会措施所削减；二是经济国有化趋势，国家已是最大的雇主；三是国家对企业的监管趋势在发展，如工时、工资、卫生、安全等。在费边社会主义者看来，"19 世纪的经济史几乎是一部社会主义不断进步的记录"，资本主义发展正表现出否定自己的原则。

韦伯在《社会主义的历史基础》一文中乐观地坚信，"只要民主在政治的管理中继续作为指导原则，我们可以稳当地预测社会主义是其经济的一面。……无产阶级政权的增加，可以确定会被他们用来保障他们的经济与社会地位"。虽然，费边派在政治民主理论上没有提出新的主张，但他们强调扩大民主的应用范围，特别赋予民主在经济上的意义。他们认为，"民主政体的自然结果是民治。人民不但要支配他们的政治组织，而且要借助此种政治组织去支配一切主要的生产工具"。

奥地利社会民主党理论家鲍威尔在 1921 年出版的一本书中说，倘若政治民主制意味着人民不再容许由国王或寡头来管理自己，而是自己管理自己，那么在经济生活中今后也不应当再让资本家阶级来管理，而应当自己管理自己。社会主义无非是工业民主制、经济民主制。德国社会民主党理论家希法亭（R. Hilferding，1877～1941）在 1928 年出版的《经济民主论》一书中明确提出，民主原则不仅包括通常意义的政治民主，也包括经济民主。经济民主是政治民主的必要补充，没有经济民主，政治民主就会蜕变为专制主义。社会民主党和工人阶级的任务就是用"政治民主推进经济民主"。总之，虽然各种民主社会主义对经济民主及其实现途径的见解不尽相同，但他们普遍相信，资本主义的弊端是可以通过大众的民主参与而得到改善的。

自由主义虽是一种资产阶级思潮，改革派为了缓和社会矛盾、劳资关系，提出和实行了一系列政治和经济改革措施，如英国的凯恩斯、贝弗里奇，美国的 F. 罗斯福都曾被认为是搞社会主义。历史表明，自由主义思想中的民主和平等原则的确是下层民众争取权利的一种便利的思想武器。

美国最早工业民主观念可以追溯到 1797 年，当时的美国财政部长加勒廷（Albert Gallatin）曾说，"这个国家赖以奠基的民主原则不应限于政治程序中，也要应用到工业活动中"。相同或类似的观点被表述为"社会自由"、"工业自由"、"社会民主"或"经济民主"，在 19 世纪早期关于劳资关系的评论中很常见。但由于美国的工业化过程还未正式开始，这些观念只能是对未来民主发展的一种推测。

20 世纪初，随着工业化发展，美国贫富问题、劳资矛盾日益突出，进步主义运动、反托拉斯运动都是要限制资本的负面影响，维护公民权利尤其是劳动者的经济权利。因为自古希腊以来的西方政治传统观念认为，一个经济上依附他人的人是不自由的，而不自由的人不可能是民主社会的基础。换句话说，为了保证政治民主，一定要使选民有经济独立的能力。

罗斯福对此有清醒而深刻的认识，他说美国人民 1776 年摆脱了英国的专制统治，捍卫了自己的权利和自由，但他们现在面临着经济王朝的专制统治，"面临着当年独立战争时期美国民兵所面对的问题"。"面对着这样一种经济专制，美国的公民只能求助于有组织的政府权力"。"由于经济上的不平等，一度赢得的政治上的平等已经失去意义"。有人评论说，"1929～1939 年这 10 年间，公共福利与救济事业的进展，比起美国殖民地建立后 300 年间的进展还大"。

F. 罗斯福考虑的不仅是如何摆脱危机，而是如何建立有效的社会机制。根据政府要"为美国人民提供未来的更长久的经济保障"的原则，罗斯福提出"家宅安全、生活保障、社会保险"构成"一切愿意劳动的个人和家庭的一种权利"，也是政府向人民的最低限度的承诺。1941 年，罗斯福将保障公民基本生活权利作为其著名的四大自由原则之一，即言论自由、信仰自由、免予贫困的自由和免予恐惧的自由。

3. 产业民主的实践

工人运动和工会活动可以理解为争取经济民主、产业民主的实践活动。工作时间的减少、童工女工的保护、最低工资标准的规定、失业时得到救济等，更重要的是这些运动提高了劳动者的公民权利和社会责任意识，他们要求更多地参与社会改革。公民在政治上的平等使得工人们在经济上的不平等变得更加难以容忍，19 世纪末 20 世纪初是劳资冲突不断激化的时期。即使从纯经济学的观点看，劳资冲突也是一种资源消耗；另外，劳动者收入低，消费不足直接导致生产过剩的经济危机。资本主义生产关系中的问题是明摆着的，资产阶级和政府都需要找到一种能长期稳定生产秩序的出路。

此外，随着科技发展和生产规模的扩大，引起企业的管理革命，传统的家族式企业管理逐渐为现代经理式企业管理所替代；企业资本的家族所有也逐渐为企业资本的社会化所替代。就是说，因技术和人事管理需要专门的人才，企业需要更多的社会资本参股，企业所有者扩大并与企业管理者开始分离。企业所有权的扩大对现代经济民主有重要意义，如同政治选举权的扩大。如果将传统的企业主比作独裁者，那么现代企业董事会和股东大会有些类似议会中的两院。更重要的是，现代企业管理理论还发现，想以最小的投入取得最大的产出，仅靠提高技术水平和泰罗式管理是不够的，还要取得劳动者的真诚合作。而要达到这个目的就要了解劳动者的利益，尽量提高他们的收入水平，满足他们的精神需求，信任和平等地对待他们，才能激发他们的劳动热情。这相对传统企业管理中，工人仅被看作是会说话的机器，无疑是一种进步。很大程度上，正是对提高生产效率的期待，使资产阶级整体最终接受了产业民主观念。有研究表明，如果工人的态度和行为有10%的改善，可使企业年生产成本降低3%～5%，这相当于在1959～1976年，美国每年节省22亿～55亿美元。

可以说，西方产业民主实践的动力，不仅有民主政治理论、道德伦理的诉求，技术和管理层面的需要，更有经济效益的驱使。

（二）美国的集体谈判模式

美国大规模的工业化是在内战以后，至19世纪末，使用工业民主概念已经相当普遍了，伊利（R. T. Ely）是曾留学德国的美国经济学家，被称作研究美国工人运动的"第一人"，1886年出版《美国工人运动》一书。伊利认为，"工业是一种专制"，不仅是少数人对劳动力市场的统治，还加强了他们对社会和经济事务的统治；如果美国社会要避免阶级战争和革命，必须建立一种新的民主。伊利对工业民主的定义是"民众在他们获取生活品的劳动中自治、自控和自我指导"，这是一种单纯的生产合作。另一位经济学家劳埃德（H. D. Lloyd）是当时最有影响的社会改革家之一，在一次演讲中这样赞扬工人运动，"试图在政治民主中加入工业民主"。

1890年，一篇题为《工业民主》的文章认为，工业民主是工业发展的最终阶段，经历了奴隶制、封建制、个人的或自由竞争的无组织工业制、由寡头控制的有组织的工业或工资制，工业民主有两个基本原则：一是每个工人应得到其产品的全部价值；二是国家财富来自人民，应该由人民来分配。至1925年，有人说，"近年来出现大批关于工业民主著作和文章"。但此后这股热情开始减退，直到20世纪20年代末的大危机时期，因为生存成为人们更关心的问题。

1935年新政期间通过的《国家劳资关系法》，也称《瓦格纳法》（The Wagner Act）奠定了产业民主的基础，标志着现代美国产业关系的开端。一是雇主必须与其雇员选出的工会代表谈判，拒绝集体谈判是违法行为；二是这种谈判是政府约定的，不是自由市场状态下的、个别工人的或工人自发的集体谈判，而是由专门的联邦政府机构——国家劳资关系委员会依照法律组织的集体谈判；三是一个特定范围内的工人只能有一个工会有权代表他们集体谈判，这一范围内的雇主不能同其他工会打交道，其他工会也不能干预这一范围内的集体谈判。这就是美国劳资关系中的排他性或单独代表制原则。

1947 年通过的《劳资关系法》也称《塔夫托—哈特莱法》（Taft – Hartley Act），修改了《瓦格纳法》对工会的支持力度。如赋予工人有不参加工会的权利，禁止工会以必须入会才能被雇佣的条件。但该法没有取消《瓦格纳法》中的"排他性代表制"。但强制性排他性工会发展并不顺利。雇主虽必须同工会谈判，但没有义务必须答应工会的条件，谈判依旧会陷入僵局、破裂，导致罢工。

由于美国有深厚的自由主义和形式主义的法律传统，历史上，劳资关系在西方国家中是最不协调的。但由于美国工人运动缺乏意识形态色彩，有明显的工联主义特征，劳资矛盾大多因具体问题而生，随着劳资关系走上法制轨道，集体谈判机制的完善，劳资矛盾趋于缓和。尤其是 20 世纪 70 年代以来，被称作"后福特时代"的劳资关系。"雇员持股计划"是让雇员参与分享企业利润，至 90 年代美国有 11000 多家公司实行雇员持股计划，约有 1100 万名雇员成为自己企业的股东，他们的资本超过 500 亿美元。

（三）劳方和资方

1. 承认工会是工人集体权利的代表

工业资本主义社会的特征之一是将劳动者与生产资料（主要是土地）分离，成为以单纯出卖劳动力为生的雇佣劳动者。据一位历史学家（Lewis Corey）统计，1820 年，约 80% 的美国人生活来源于他们自己或家庭的财产。他们要么是自耕农，要么是独立业主（手工业者、商人、律师、医生）。还有人统计，19 世纪中期，美国至少有 75% 的农民拥有自己的土地。随着 19 世纪初工业化的开始，到 1840 年逐渐形成一个在经济上处于依附地位的、出卖劳动力的工人阶层，但在 19 世纪中叶以前，雇佣劳动仍是少数，美国仍是一个以独立劳动者为主的国家。1800 年农业劳动力占美国全部劳力的 74%，1880 年仍占 51.3%。1870 年 67% 的美国人都成为被雇佣的自由劳动者。1920 年约 75% 的美国人成为雇佣劳动者，美国已成为一个雇员的国家，独立劳动者不再是经济生活中的普遍现象，而是一种例外。就业和失业不仅对个人，而且对社会都是非常有影响的，即使有独立生产资料的农民、手工业者也越来越依赖市场。因此，工人问题或劳资关系问题越来越成为社会关注的中心问题。

1919 年美国劳工统计局认为，非技术工人的标准工资应能承担："①保持健康，尤其是儿童健康所需的足够的营养食品。②在低租金的地区，有数量最少的、还算像样的房间，但有足够的光线、取暖和卫生设施以保持健康和体面。③维持家庭所需设施，如厨房设施、床具、台布等健康所需的东西。④足够保暖的、物美价廉的衣物虽不时髦耐看，但在工人们及家属相对小的社交环境中还不失体面和自尊。⑤除以上花费外，尚有剩余能最低限度地满足一些基本需求，如 a. 上下班及去商店、市场所需的公交车费；b. 一些基本的保险；c. 看病和牙齿保健；d. 向教会、劳工或慈善组织捐献；e. 简单娱乐如隔一段时间看场电影、偶尔乘车逛街，给孩子圣诞礼物等；f. 每天有报纸。"①

虽然工人们的实际工资与这个标准还有很大距离，但政府已经认识到，工资并不仅是工人的事，它事关整个社会。这种观念与以往认为工资取决于"供给与需求"或竞争规律，政府不应过问的传统观念有很大的不同。

2. 在劳资权利之间寻求平衡

新政以对工人有利的方式改变了以往的劳资关系，尽管国内学者在改变的程度和性质上存在不同的意见。1933 年通过《全国产业复兴法》实现联邦政府对工业部门的调控。1935 年的《全国劳工关系法》（《华格纳法》）明确地保证了工人组织工会和集体谈判的权利，结束了以往资方单方面决定工资、工时的做法。当然协调劳资关系，使之建立在一个相对公平的基础上，不仅有利于劳动者，也有利于企业主和整个社会稳定。

《全国劳工关系法》迎来了工会发展的全盛期，1935～1941 年，工会人数由375 万人增加到 870 万人，1947 年达到 1500 万人。1938 年的《公平劳工标准法》建立了最低工资和最高工时的限制，取消了血汗工厂，并禁止使用 16 岁以下的童工。

美国工人的阶级意识薄弱、政治理论水平低曾是国内外学界的共识，尤其国内学者认为美国工人"革命性差，即质量低"。其实，工人们对社会现状不满是真实的，但这种不满远没有达到要推翻政权的程度，他们只是要求分享随着经济发展和社会进步而带来的属于他们那份应得的利益。作为公民他们认同这个社会的基本价值观念，主要劳工组织在两次世界大战时都坚决支持政府就是一个证明。1900 年由劳资组织代表和政府官员构成的全国公民协会成立，当时最大的工会组织——劳联主席龚伯斯出任该协会的副主席，这一事件本身反映出工运主流要在合法范围内争取工人权利的立场。美国工人运动中确有要推翻资本主义剥削制度的激进派别，但它们的人数和影响始终都很有限。

在 1944 年国情咨文中，罗斯福说，"我们已经开始清楚地认识到，没有经济上的独立和安全，就不存在真正的个人自由。'贫困的人不是自由的人。'饥饿和失业的人们正是制造独裁国家的原料"。为此罗斯福宣布要实行第二个《权利法案》或《经济权利法案》：就业和获得报酬的权利，收入要维持足够的生活水

---

① W. J. Lauck, Political and Industrial Democracy: 1776-1926, Funk & Wagnalls Company, New York, 1926, pp. 93-94.

平的权利，独立经营的个人和企业有免受不正当竞争和控制的权利，所有家庭拥有体面住宅的权利，享受医疗并保持健康的权利，在年老、疾病、残疾和失业时获得社会保障的权利，受良好教育的权利，等等。美国 1945 年通过第一个《全面就业法令》（The Full Employment of 1945），规定"创造和保障就业机会，是美国联邦政府永久的政策和责任"。从此成为政府的经济发展和经济政策的一个主要目标。正是这些权利目标的逐步实施，使美国民众看到了生活向上的希望，尽管这些希望并不等于现实，但有没有光明的憧憬，对民众的政治倾向有着很重要的影响。虽然认为美国是"一个没有阶级区别、没有地位差异的国家"，只是一个美丽的神话，但很多美国人阶级意识淡薄，或对此不以为然也是一个事实，这种看似矛盾的现象本身是值得深思的，其中公民权利是很重要的一个因素。

（四）简评产业民主

1. 产业民主模式是发展变化的

产业民主模式有各自的国情特点，并不意味着各国的模式是固定不变的；相反，各国的产业民主实践随国内外环境的变化而变化。这种变化可以大致地归纳为："二战"前是理论和实践的探索阶段，仍是资方主导劳资关系；"二战"后因工会的法律地位和集体谈判体制得以确立，劳资关系趋于平衡；20 世纪 80 年代以来，在新保守主义影响下，劳资关系的平衡被打破，再次向资方倾斜。

导致产业民主模式变化的因素有很多，首先是劳资供求关系和经济景气的影响，当劳动力需求旺盛时，无论是战时需求，还是战后恢复，劳资关系相对和谐。经济繁荣阶段往往是劳动力供不应求的时期，而经济萧条时期既是劳动力过剩，也是劳资矛盾尖锐、产业民主面临考验的时期。其次，公众对产业民主的态度也是变化的。虽说工会不能代表产业民主的全部，但产业民主很大程度上是以工会形式的参与为中心的。工会在推进社会和产业民主，改善工人生活和工作环境条件方面功不可没，但一些工会过分强调会员利益，不顾及企业和社会效益，工会内部缺乏民主机制，一些工会领导人腐败等原因，造成公众、工人甚至会员对工会的不满。这不仅直接影响了工会的社会形象，也改变了公众对产业民主的态度。

2. 产业民主必须实现"双赢"才能深入持久地发展

当代西方一位对民主很有研究的学者达尔（R. A. Dahl）在 1985 年曾出版了一本题为《经济民主的前言》的著作，他目睹了西方经济民主在 20 世纪 80 年代出现了反复之后，仍驳斥一些学者关于政治民主原则不能应用于企业的观点，澄清对于产业民主的种种疑虑，坚持认为："如果民主在管理国家上被认为是合理的，那么它在管理经济企业中也是合理的。而且，如果民主在管理经济企业不能被证明是合理的，我们就不能理解为什么它在国家管理上是合理的。"同时，他也承认，经济民主因兼顾许多价值，甚至是相互冲突的价值如效率和公平，但这些问题还不能构成抛弃经济民主的理由。如同政治民主过程也有很多问题，但仍被视为重要的政治信条一样。

工会对经济效益或生产率的影响，是西方学者非常重视的研究课题，但到目前为止没有比较一致的结论。新自由主义学者认为，工会应对经济萧条负责，至少工会是不景气的重要原因之一。中左派学者则将萧条归为工会以外的因素，坚持工会与经济增长之间没有重要的关系。这是一个有难度的课题，因为很难将工会的影响从其社会环境中剥离出来，与没有工会的相同环境进行比较；另外，与工会同时发挥作用的其他可变因素太多了。

总之，一方面西方的经济民主或产业民主观念与实践仍有很大的距离，如同西方政治民主理论与实践也是有差距的，不能认为西方经济民主实践已经在本质上改变了西方社会经济体制；另一方面产业民主的观念与实践是非常有意义的历史进步，对 20 世纪以来的西方社会发展一直产生着巨大影响。因此，中国学术界应高度关注西方社会在这方面的探索，为我们的劳资关系发展与社会和谐，从中吸取有益的经验教训。

编辑整理：李海涛

三皇五帝传说与中国上古史研究

王震中

2010 年 4 月 22 日

王震中

中国社会科学院历史所副所长、研究生院历史系教授

摘　要：本文是在当今重新评价所谓"信古"、"疑古"、"释古"、"考古"的学术思潮中，对三皇五帝传说进行了新的系统整理，并把它放在重建中国上古史的视野中进行了新的探讨。文中对三皇五帝名称的由来及其诸种三皇说和诸种五帝组合模式进行了分析，阐述了三皇说的起因及其所反映的时代特征，指出所谓"三五之兴"即"三皇五帝"是时代递进的一种统括和表述，包括司马迁五帝模式在内的古史传说中有"虚"亦有"实"，并对文献所见的五帝时代进行了具体时期的划分。

关键词：三皇五帝　组合模式　传说

三皇五帝作为一个集团名称，出现在战国时期。《周礼》、《庄子》和《吕氏春秋》等书都有"三皇五帝"这一概念，但三皇到底指谁？五帝由哪五位组成？在古代文献中说法不一。我归纳了一下，各种三皇说的组合模式达六种之多：①伏羲、女娲、神农（《春秋元命苞》）。②遂皇、伏羲、女娲（《春秋命历序》）。③伏羲、神农、燧人（《白虎通·德论》。《礼含文嘉》排列为："宓戏、燧人、神农"）。④伏羲、神农、共工（《通鉴外记》）。⑤伏羲、神农、黄帝（《玉函山房辑佚书》引《礼稽命征》、孔安国《尚书传序》、皇甫谧《帝王世纪》）。⑥伏羲、神农、祝融（《白虎通·德论》）。五帝说的组合模式也有四种：①《易传》、《大戴礼记·五帝德》、《国语》、《史记·五帝本纪》所记载五帝为：黄帝、颛顼、帝喾、帝尧、帝舜。②《礼记·月令》、《吕氏春秋·十二纪》、《淮南子·天文训》、《汉书·魏相传》、《孔子家语·五帝》以太皞、炎帝、黄帝、少皞、颛顼为五帝。③孔安国《尚书序》以少皞、颛顼、帝喾、唐尧、虞舜为五帝。④《尚书中侯敕省图》引郑玄注"以轩辕、少昊、高阳、高辛、陶唐、有虞六代为五帝"。关于六人而称为五帝，郑玄的解释是："德合五帝星座者称帝，则黄帝、金天氏、高阳氏、高辛氏、陶唐氏、有虞氏是也。实六人而称五帝，以其俱合五帝座星也。"这样的解释实在是勉强。对此，东汉末年的王符在《潜夫论·五德志》中就无可奈何地说："世传三皇五帝，多以伏羲、神农为二皇，其一者或曰燧人，或曰祝融，或曰女娲，其是与非，未可知也。"

诸种不同组合三皇五帝的出现，包括列有六人而称为五帝，这说明，第一，应当是先有"三皇五帝"这样的"三、五"概念的存在，才会出现用不同的古帝去填充它；第二，"三皇五帝"与远古诸帝是一个既有联系又有区别的概念，"五帝"可视为远古诸帝的代表或概括，因而应当把对"五帝"的研究置于远古诸帝的整体研究之中。也就是说，三皇五帝的人员组合固然可以有各种不同的说法，但三皇五帝诸说中所涉及的诸帝在先秦诸子乃至更早的文献中却是具体存在的，当时的人们只是用"三皇五帝"统括了上古其他诸帝而已，并用所谓"三五之兴"表达一种社会发展的历史观。例如《战国策·赵策二》载赵武灵王说："宓戏（伏羲）、神农，教而不诛；黄帝、尧、舜，诛而不怒；及至三王，观时而制法，因事而制礼。"《庄子·缮性篇》说："逮德下衰，及燧人、伏羲始为天下，是故顺而不一；德又下衰，及神农、黄帝始为天下，是故安而不顺；德又下衰，及唐虞始为天下，兴治化之流。"这样的历史观实际上是在说明社会历史的推移和递进，其中首先涉及的是燧人、伏羲、神农等所反映的远古社会历史。

相传燧人钻燧取火，《韩非子·五蠹》说："上古之世，人民少而禽兽众……有圣人作，钻燧取火，以化腥臊，而民悦之，使王天下，号曰燧人氏。"燧人氏"钻燧取火"，使民懂得熟食而告别茹毛饮血的时代。

我们知道，属于旧石器时代早期的，距今 70 万～23 万年前的北京猿人的洞穴中，就有灰烬层厚达 6 米的用火遗迹，这说明北京人不仅懂得用火，而且还能保存火种，已经具备管理火的能力。火的使用使他们摆脱了茹毛饮血的境况，在人类历史上有着特别重要的意义。但这属于利用天然火，还不是人工取火。燧人氏"钻燧取火"属于人工取火。

人工取火和弓箭是旧石器时代晚期的两大发明。关于人工取火，在内蒙古伊盟乌审旗萨拉乌苏河畔河套人居住过的遗址里发现有三处篝火遗迹；河北阳原桑干河岸边的虎头梁遗址是一处猎人宿营地，其中有三处篝火遗迹；在山顶洞人那里也有用火的遗存。之所以说这些旧石器时代晚期的用火遗迹属于人工取火，是因为在旧石器时代晚期已掌握了磨、钻、锯等人工取火必备的技术条件。

我国云南西盟佤族、海南黎族保存的钻燧取火的方法是在木头上挖凹穴，旁边放上引火物，用木、竹钻棒在凹穴中快速搓转，一旦飞出火花落入引火物，就可以吹出火焰。在我国西北地区的居延烽燧遗址、敦煌烽燧遗址中都发现过钻火工具。这种取火方法告诉我们，发明钻燧取火的前提是不仅要对火、燃烧条件有充分的掌握，对木料质地也要有充分的认识，还要有磨、钻、锯等工艺产生，然后才有可能发明钻燧取火的方法。考古发现证明，正是在旧石器时代晚期发明了磨制、钻孔和锯的技术。2 万多年前的峙峪人遗址已经可以看到磨制、穿孔的装饰品和石镞等；在山顶洞人遗址中发现有在细小的骨针上钻孔的技术和用火的遗迹。只有在已掌握磨制、钻孔和锯的技术情况下的用火遗迹才可以与人工取火相联系。因此，燧人氏"钻燧取火"的传说，反映的应该是旧石器时代晚期发明人工取火之后的社会生活，燧人氏实为旧石器时代晚期人工取火这一文化特征的一个"指示时代的名词"或"文化符号"，而不应将之视为某一个人或某一族的名称。

传说中的伏羲文化特征有三个方面：一是渔猎，例如《尸子》说伏羲"教民以猎"，《易传·系辞下》说伏羲"结绳而为网罟，以佃以渔"；二是始"制嫁娶"之礼（《古史考》）；三是"始作八卦"（《易传·系辞下》）。我们知道，渔猎经济从旧石器时代早期开始一直持续到中期和晚期，然而伏羲除"教民以猎"之外，"制嫁娶"，说明出现以血缘为纽带的社会组织；"仰则观象于天，俯则观法于地，观鸟兽之文与地之宜，近取诸身，远取诸物，于是始作八卦"，说明其逻辑思维和辩证思维也已显现，因而伏羲氏时代的渔猎经济不能与旧石器时代早期和中期较低级的渔猎经济相联系，而应与旧石器时代晚期较高级的渔猎经济相对应。

传说神农发明了农业，也发明了耒耜。但是考古发现告诉我们，发明农业与在农业生产中使用耒耜农具是两个不同的阶段。农业的发明亦即农业的起源是在新石器时代早期发生的事情，中国新石器时代早期的年代为距今 12000～9000 年前；而使用耒耜的初级耜耕农业或锄耕农业，只是到了距今七八千年前的裴李岗、河姆渡、彭头山等文化中才出现的，它已属于中国新石器时代中期的范畴。所以，神农氏的传说若仅代表的是农业的起源的话，则反映的是距今 12000～9000 年前新石器时代早期阶段的事；若传说的是耜耕或锄耕农业的话，则属于农业起源之后，距今 9000～7000 年前的新石器时代中期的事。由于中国的农业无论是南方的稻作农业还是北方的粟作农业都不是起源于一地，而是多元、分散式起源的，作为距今七八千年前的耜耕或锄耕农业，也是在河北武安磁山、河南新郑裴李岗及舞阳贾湖、陕西宝鸡白首岭下层、甘肃秦安大地湾、内蒙古赤峰市敖汉旗兴隆洼、山东滕州北辛、湖南澧县彭头山、浙江余姚河姆渡等文化遗址中普遍存在的，所以不能把神农氏看成是一个人，不能说农业是由他一人发明的，而是与燧人氏、伏羲氏一样，神农氏也应视为一个"指示时代的名词"或"文化符号"，他们都是伟大历史进步的一种概括。

古史传说中是有实有虚，虚实纠缠在一起。像上述三皇传说中，燧人氏所反映的人工取火这一历史进步，伏羲氏所反映的旧石器时代晚期高级渔猎经济及其人类思维能力的进步，神农氏所反映的新石器时代早期农业的起源这一伟大的历史进步，都是对人类历史进步的一种概括，我国的远古社会的确经历了这样的历史发展阶段，在这个意义上，就可视为古史传说中"实"的部分，而将这些历史进步和发明归结为某一人，将燧人氏、伏羲氏、神农氏分别看成是某一个人或某一族的名称，我认为这反倒是古史传说中"虚"的部分。

在五帝的多种组合模式中，一般重视的是《史记·五帝本纪》中所记载的五帝——黄帝、颛顼、帝喾、帝尧、帝舜。这是用部族领袖或部族宗神来进行纵向排列组合的五帝模式，符合历史演进这样的史学要求，因而《五帝本纪》也就成为司马迁《史记》的篇首。按照《五帝本纪》中的排列顺序，黄帝为五帝之首，其余四帝都是黄帝的后裔。颛顼是黄帝之子昌意的儿子，即黄帝之孙。帝喾的父亲叫蟜极，蟜极的父亲叫玄嚣，玄嚣与颛顼的父亲昌意都是黄帝的儿子，所以，帝喾是颛顼的侄辈，黄帝的曾孙。尧又是帝喾的儿子。舜则是颛顼的六世孙。

《五帝本纪》所叙述的五帝在历史舞台上先后称雄的时间顺序，应该没有大问题，但认为黄帝与其他四帝即五帝之间在血统血缘上都是一脉相承的关系，是有问题的。我将五帝所表现出的先后时代关系称为符合历史实际的"实"，而将其一脉相承的血缘谱系称为不符合历史实际的"虚"；将传说中所具有的史实部分特别是已被考古学所证实的称为"实"，将明显地属于荒诞荒谬的部分称为"虚"，在五帝传说中也是有实有虚，虚实纠缠在一起。

我们知道，上古时期中华大地上的新石器文化星罗棋布，新石器文化遗址数以万计，创造这些新石器文化的氏族部落林立，这些部落后来组合成几个大的部族集团，各大族团之间起初互不统属，根本不可能是万古一系。因而撰写《史记·五帝本纪》的司马迁以及《大戴礼记·五帝德》的作者和《尚书》中《尧典》、《皋陶谟》、《禹贡》的作者们，把原本属于分散的材料，以及原本属于不同部族的黄帝、颛顼、帝喾、尧、舜，描写成一系，需要予以纠正。把唐尧、虞舜、共工、四岳、皋陶、伯益、夏禹、商契、周弃等原本属于族邦联盟中不同部族的成员，安排在一个朝廷里，任命禹为"司空"，主持治理洪水、平定水土；弃为"后稷"，主持谷物播种和生产；契为"司徒"，主持教化；命皋陶为"士"，主持刑罚，这样的安排都有后人加工、改造的成分。当时的邦国联盟还没有发展成王朝，禹、弃、契、皋陶等人不应该"同朝为官"。这些官职的任命未必实有其事，但却反映了舜与诸邦的广泛联系以及尧舜时期邦国联盟的构成情形。对于这种未必实有其事的任命，我们可以视为古史传说中"虚"的成分，而对于它所反映出的尧舜同诸邦的广泛联系，则又属于古史传说中"实"的部分，也就是我们常说的"史实素地"。今天我们在面对《五帝本纪》中的"黄帝—颛顼—帝喾—尧—舜"这一谱系时，不必拘泥于被称为"五帝"的这些传说人物或宗神是否具有祖孙关系，而应当把他们看成是当时不同的部族族团称雄或称霸一方时的时代上的先后早晚关系。

既然是时间上的早晚关系，在"黄帝—颛顼—帝喾—尧—舜"这一谱系中，尧、舜、禹三位传说人物距离夏王朝的时代较近，作为"神话传说"所表达的"时间深度"不应该很长，而诸如黄帝之类的神话传说所反映的"时间深度"应当是很长的，其年代更为古远，颛顼的情况则介于黄帝时代与尧舜禹时代之间，属于二者的分界线。

《左传·昭公十七年》载郯子说：

"昔者黄帝氏以云纪，故为云师而云名；炎帝氏以火纪，故为火师而火名；共工氏以水纪，故为水师而水名；太暤氏以龙纪，故为龙师而龙名。我高祖少暤挚之立也，凤鸟适至，故纪于鸟，为鸟师而鸟名。……自颛顼以来，不能纪远，乃纪于近，为民师而命以民事，则不能故也。"

郯子所说的"自颛顼以来，不能纪于远，乃纪于近"，这已经表明有关黄帝、炎帝、太暤、少暤等神话传说所代表的"时间深度"远比尧舜禹时期大得多，颛顼可作为二者的分水岭。此外，颛顼之前的著名氏族部落或部族多以图腾作标志，也能说明这一问题。文中所提到的用云记事的黄帝氏，在有些文献中又号称"轩辕氏"和"有熊氏"。"轩辕氏"即"天鼋氏"，亦即青铜器族徽铭文中的"天鼋"族徽；"有熊氏"即青铜器族徽铭文中的"天兽族"族徽铭文。郭沫若先生曾依据《国语·周语》"我姬氏出自天鼋"，指出铜器铭文中被他释为"天鼋"的族徽（图1：A）就是古轩辕①。邹衡先生进一步提出在天鼋的族徽之外还有天兽的族徽（图1：1~6），即在"天"字图形之下铸有各种兽类图形的铭文，他联系《史记·五帝本纪》和《大戴礼记·五帝德》记载黄帝与炎帝在阪泉之野作战时，曾用了以兽为名的六支不同图腾的军队：熊、罴、虎、豹等六种动物，认为这些天兽类的族徽与黄帝族是有关系的②。

除了"天鼋"和"天兽"这两类族徽外，青铜器中还有一种是仅画一个"天"的族徽，邹衡先生在《论先周文化》中说，他曾找到有这样族徽的铜器50余件③。郭、邹两位的这一发现，一方面说明古史传说中轩辕氏（天鼋氏）和有熊氏的徽号是有缘由的；另一方面也说明黄帝族并非一个族氏，它由不同族徽的族氏所组成。轩辕氏和有熊氏都统一在黄帝的名下，黄帝这一名称显然是部族融合后的产物，也就是说，先有轩辕氏和有熊氏这些名称，后才有黄帝这样的名号，黄帝一名是后起的且产生得较晚。总之，铭文中"天鼋"族与"天兽"族这两类族徽铭文中都有"天"，所以，所谓"以云纪"云云实即"以天纪"而已。至于用龙记事的太暤氏和用鸟记事的少暤氏等都是以图腾作标志，这在我

---

① 郭沫若：《殷周青铜器铭文研究》卷一，人民出版社1954年版，第7页。
② 邹衡：《夏商周考古学论文集》，科学出版社2001年版，第313页。
③ 邹衡：《夏商周考古学论文集》，科学出版社2001年版，第310~331页。

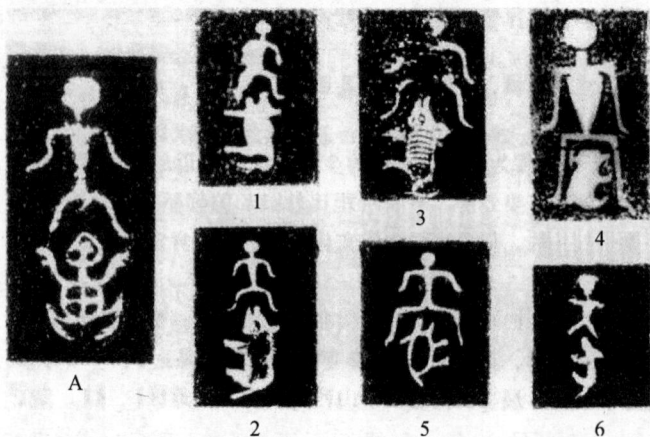

图 1　天鼋与天兽族徽（引自邹衡《夏商周考古学论文集》第 313 页图九）

A. 天鼋父癸方鼎（三代 2.39.8）　　1. 天兽鼎（三代 2.1.10）

2. 天兽妣辛簋（三代 6.22.3）　　3. 天兽父丁鼎（三代 2.21.4）

4. 天兽鼎（三代 2.1.8）　　5. 天兽父乙瓶（山代 14.24.9）

6. 天兽父丁爵（三代 16.8.3）

国学术界已有某种程度的共识。而在人类学中一般认为图腾制度是跟母系制共存的，由母系制转化为父系制，图腾制度便式微和瓦解，氏族名称也改变了，但仍保留着图腾的痕迹。

马克思说："很有可能在世系过渡到按男系计算以后或还早一些，动物的名称就不再用来标志氏族，而为个人的名称所代替。自此以后，赋予氏族名称的祖先，就与时俱变了。"①

正因为有关黄帝、炎帝、太皞、少皞等神话传说所代表的"时间深度"远比尧舜禹时期大得多，所以恰恰在黄帝、少皞等部族的传说中，留有图腾的痕迹最多，如黄帝又被称为轩辕氏和有熊氏，《左传》中说太皞氏"以龙纪"云云，特别是少皞部落中以鸟称呼的凤鸟氏、玄鸟氏、赵伯氏、青鸟氏、丹鸟氏、祝鸠氏、雎鸠氏、皞鸠氏、爽鸠氏、司寇也、鹘鸠氏等，都是以其图腾命名的。这类古史传说透露出远古社会中图腾崇拜的情况，为此，有些学者通过对仰韶文化中的人面鱼纹、鱼纹、蛙纹或称鳖纹、马家窑文化中的蛙纹、大汶口文化中鸟的造型等与文献记载相联系，来论证远古各部族中的图腾及其有关的考古学文化的族属，应该是可行的，这也是在探讨古史传说中"实"的那部分。

在炎黄二帝中，有关黄帝的得名是最难理解的。《左传·昭公十七年》郯子

① 马克思：《摩尔根〈古代社会〉一书择要》，人民出版社 1978 年版，第 227 页。

说："昔者黄帝氏以云纪，故为云师而云名；炎帝氏以火纪，故为火师而火名；共工氏以水纪，故为水师而水名；太皞氏以龙纪，故为龙师而龙名。我高祖少皞挚之立也，凤鸟适至，故纪于鸟，为鸟师而鸟名：凤鸟氏，历正也；玄鸟氏，司分者也……"通过郯子的这一段话可以得知，炎帝的得名是与火有关的，不管这个火是自然之火还是天象心宿的大火星之火①，炎帝族以火为宗神并无疑问。然而郯子所说的黄帝氏以云纪是解释不了黄帝何以称为黄的问题。

在战国以来的说法中，黄帝被称为中央之帝，以土德王。如《史记·五帝本纪》说黄帝"有土德之瑞，故号黄帝"。《说文》曰："黄，地之色也，从田光声。"《论衡·验符篇》说："土色黄，汉土德也"；又说："黄为土色，位在中央，故轩辕德优，以黄为号"。这种土德说来自五行的观念。《淮南子·天文训》说："东方，木也，其帝太皞，其佐句芒，执规而治春；……南方，火也，其帝炎帝，其佐朱明（即祝融，《占经》引《淮南子·天文闲诂》作"其佐祝融"），执衡而治夏；……中央，土也，其帝黄帝，其佐后土，执绳而治四方；……西方，金也，其帝少昊，其佐蓐收，执矩而治秋；……北方，水也，其帝颛顼，其佐玄冥，执权而治冬。"类似的说法也见于《吕氏春秋》，在《吕氏春秋》的春、夏、秋、冬"四纪"中说：孟春、仲春、季春之月，"其日甲乙，其帝太皞，其神句芒"；孟夏、仲夏、季夏之月，"其日丙丁，其帝炎帝，其神祝融"；在《季夏纪》末尾说"中央土，其日戊己，其帝黄帝，其神后土"；在孟秋、仲秋、季秋之月，"其日庚辛，其帝少皞，其神蓐收"；在孟冬、仲冬、季冬之月，"其日壬癸，其帝颛顼，其神玄冥"。显然，《淮南子》和《吕氏春秋》是在五行与四方四季相配中来安排黄帝的，黄帝之黄乃取金木水火土五行土之色。

按照上述黄帝释名中黄帝之黄与黄土的关系，今日有的学者主张，黄帝者乃黄土高原之奇葩，说它是一种美称；也有的认为黄帝陵所在的陕北一带，有着十分丰富的史前文化，研究黄帝及其文化，理应首先从这里出发。而我们知道，在古史传说中，不但黄帝葬于陕北的桥山，而且黄帝族最初就生活在黄土高原，在这个意义上，这些看法并非没有缘由。只是，若黄帝之黄取自金木水火土五行土之色的话，这种与五行观念联系在一起的黄帝的说法也应当是后起的。

关于黄帝这一名号，以前古史辨派在讨论古史传说的时候，杨宽先生曾提出"黄帝即皇天上帝"的看法②。杨先生的这一看法，与顾颉刚先生提出的著名的"四打破"中"打破古史人化的观念"是一致的。我们知道在古史和神话传说中，确实存在由纯粹的"神"而人格化、历史化为"人"即古史人化的问题。

---

① 王震中：《炎帝族对于"大火历"的贡献》，《炎帝与民族复兴》，陕西人民出版社 2006 年版。
② 杨宽：《中国上古史导论·黄帝与皇帝及上帝》，《古史辨》（第七册上编），上海古籍出版社 1982 年版，第 197 页。

但在远古、"原逻辑"① 的思维下，那些强有力的部落酋长和部落英雄，在其活着的时候就可能被视为具有神力或神性，成为半人半神者，其死后变为部落神，其神性被不断地加以强化，并在部落中或部落间广泛流传，这都是有可能的。

例如，在甲骨文中，商王活着的时候是人，只有死后才上升为神，现学术界一般称为祖先神，对于这些死去的商王，学术界也称为先王，先王可以作祟于活着的王。所以，在神话传说的历史化、文献化过程中，有的经历的是由神到人的所谓"人化"过程，也有的经历的是由人到神或半人半神的所谓"神化"过程，有的甚至是"人化"与"神化"交织在一起，亦即经历了：远古时为活着的部落酋长（系人，但具有神力、神性，乃至被视为半人半神者）——死后为部落神——在进入有文字记载的历史以后，又被历史化、人化为人或具有神力的人。所以，所谓"古史人化"或"神化"的问题是极其复杂的，由神到人的现象是有的，但并非仅仅是由神到人。具体说到黄帝与轩辕氏和有熊氏的问题，我们说作为氏族部落酋长之名同时也是氏族部落之名的轩辕氏和有熊氏，原本应该有真实的人和真实的氏族部落存在的，而从轩辕氏有熊氏到黄帝的演变，大概经历了由人到神的"神化"的问题，这种神化的结果是在人身上加上了神性和神力，所以，在古史传说中，有的地方是黄帝乃部落酋长，有的地方我们看到的则是黄帝乃部落宗神。只是就部落宗神的意义而言，黄帝是否含有皇天上帝的意思，还可作进一步的探究。

主张黄帝即皇天上帝者，最主要的依据是黄、皇古通用。如《庄子·齐物论》"是皇帝之所荣也。"《释文》："皇帝，本又作黄帝。"又《至乐篇》曰："吾恐回与齐侯言尧、舜、皇帝之道……"《释文》："皇帝，司马本作黄帝。"《吕氏春秋·贵公》："丑不若黄帝。"毕沅校曰："黄帝，刘本（明刘如宠本）作皇帝，黄、皇古通用。"《易·系辞》："黄帝、尧、舜，垂衣裳而天下治。"《风俗通义·音声篇》作"皇帝"。可见黄帝与皇帝通用的例子甚多。《尚书·吕刑》："蚩尤惟始作乱……皇帝清问下民……"此皇帝即上帝，所以，说黄帝即皇帝亦即皇天上帝，有训诂学上的依据。只是《尚书·吕刑》还有"上帝监民……皇帝哀矜庶戮之不辜，报虐以威，遏绝苗民，无世在下，乃命重黎绝地天通"，这里的上帝和皇帝又都是指颛顼。所以，在先秦典籍中，皇帝或上帝并非只与黄帝互用，也就是说皇帝或皇天上帝并非专指黄帝。

从黄帝与皇帝通假以及皇帝亦即上帝来看，黄帝一名含有皇天上帝即含有天的意思，而郯子所说的"昔者黄帝氏以云纪，故为云师而云名"，其云也是在天空中，也与天有关系，这样，联系郭沫若先生所说的"天鼋"的族徽就是古轩

---

① 列维·布留尔：《原始思维》，商务印书馆1981年版。

辕氏，邹衡先生所说的天兽的族徽就是有熊氏，以及铜器中单称为"天"的族徽，笔者以为"天鼋"、"天兽"之"天"与黄帝即皇天上帝之"天"似乎有关联。笔者认为黄帝的得名应该是先秦时期的人们以"天"和"天鼋"（轩辕氏）、"天兽"（有熊氏）族徽为蓝本，加以抽象或转化的结果，也就是说"黄帝"之"黄"（皇）来源于"天鼋"、"天兽"之"天"。既然"黄帝"一名既可以作为部落酋长之名，也可以作为该族的部族宗神之名，因此，在其神性上就会有皇天上帝的含义，而当金木水火土五行盛行的时候，自然就会产生以土德王的说法，至于称其为中央之帝，这不仅仅是因人们安排五行中以土为中，还在于黄帝族在其强盛的时期，占据的是中原，在古人的眼里，这是"天下"之中。而天下之中亦即四方汇集之地，它是最容易也是最早发生部族融合的地方。总之，黄帝这一名称的出现应晚于轩辕氏和有熊氏这些名称，是首先有轩辕氏（"天鼋"氏）、有熊氏（"天兽"氏）以及以"天"为氏的这些族氏名号，然后才有"黄帝"这一名号，"黄帝"这一名号是对上述诸族氏的概括，是它们的统领和统称，也是部族融合后的产物①。

我们称为黄帝时期或黄帝时代，这是采用了周代以来用"黄帝"这个名称概括轩辕氏、有熊氏等族团的结果，也就是说，远古时期最初应该是只有以"鼋"、"天"、"天鼋"，以及"熊"、"罴"、"貔"、"貅"、"豹"、"虎"之类的"兽"和"天兽"等为名号的族团，当时还没有"黄帝"一名，但在后来的典籍中，特别是在"五帝"这一概念中，人们对这一族团想象的祖先及其宗神都是用"黄帝"来称呼的，大有约定俗成的效果，为此在交代了"黄帝"得名之缘由的前提下，我们依旧将这一族团合称为黄帝族，将这一时期称为黄帝时代，也是可行的。

继炎黄时代而来的是颛顼时期。帝颛顼时，"命重、黎绝天地通"的宗教改革是著名的。《国语·楚语》记载，颛顼让南正重"司天以属神"，是说只有颛顼和南正重才能管得天上的事情，把群神的命令汇集起来、传达下来；又使"火正黎司地以属民"，是说使他管理地上的群巫，把宗教祭祀变成了只限于诸如"南正"、"火正"、巫觋之类的神职人员的事情。这种专职神职人员的出现，意味着一个祭祀兼管理阶层的形成。如果说社会分层、阶级和阶层的出现是以父权家族即父家长权的出现为契机的话，那么，专门的神职人员的设立，即一个祭祀兼管理阶层的形成，则说明社会已进一步复杂化，这是文明化进程中划时代的现象之一。

史书用"万邦"、"万国"来称呼尧舜禹时期的政治实体。例如，按照先秦

---

① 王震中：《黄帝时代的部族融合与和谐文化》，《炎黄文化研究》第七辑，大象出版社 2008 年版。

文献中"邦"、"国"二字的含义，"万邦"、"万国"之"邦"和"国"，指的都是国家。但夏代之前的这些"万邦"、"万国"，包含有许多邦国，对此我们可以称为邦国林立；也包含有许多氏族、部落、酋长制族落（现一般所谓的"酋邦"，亦即前面所说的"中心聚落形态"）。至于究竟有哪些属于国家，哪些属于氏族部落，哪些属于由部落正走向国家的酋长制族落，则需要通过对具体的考古学聚落遗址的考察、分析和论证才能作出判断和确认。大体说来，帝尧所代表的陶唐氏、鲧禹所代表的夏后氏、帝舜所代表的有虞氏，以及太皞、少皞、苗蛮族中的某些族落都已转变成了邦国，属于最初的国家。

尧舜禹禅让传说也是这一时期特有的一种历史现象。在禅让说之外，关于尧舜禹之间权位的转移，还有另外一种传说。古本《竹书纪年》记载："舜囚尧于平阳，取之帝位。"又说："舜囚尧，复堰塞丹朱，使不与父相见也。"《韩非子·说疑》说："舜逼尧，禹逼舜，汤放桀，武王伐纣，此四王者，人臣弑其君者也。"《孟子·万章上》也说："（舜）居尧之宫，逼尧之子，是篡也，非天与也。"

尧舜禹之间的权位转移，无论是"禅让说"还是"弑君说"，都反映的是中原地区各个邦国之间势力消长的关系以及邦国联盟的盟主在几个大的邦国之间转换的情形。之所以称为邦国联盟或族邦联盟，是因为尧、舜、禹分别代表了三个邦国，尧、舜、禹诸邦之间的结盟属于邦国结盟，而不属于所谓的"部落联盟"，也就是说，尧、舜、禹是双重身份，他们首先是本邦本国的邦君，又都曾担任过邦国联盟的"盟主"亦即"霸主"。夏商周三代王朝之王的"天下共主"地位，就是由尧舜禹时期邦国"盟主"或"霸主"转化而来的。

在尧舜禹传说中，另一个有实有虚的例子就是《尚书·尧典》中所讲的，帝尧任命羲仲居于东方嵎夷之地的日出之处叫旸谷的地方，主持对每天日出的宾礼之祭，然后督促春天的农作活动按程序进行；任命羲叔居于南方的南交之地，也主持对日的敬致之礼，督促夏天农作活动按程序进行；任命和仲居于西方太阳落下之地叫昧谷的地方，主持对落日的礼祭，然后督促秋天农作物收成活动按程序进行；任命和叔居于北方叫幽都的地方，以观测太阳从南向北运转的情况。

《尧典》的这段话有史实的素地，也有神话不实的成分，所以有"实"有"虚"。《尧典》把各个分立的地域社会安排在一个统一的朝廷中；把原本是在一个地方对"日出"、"日落"、"四时"等进行的观测、礼祭以及据此而制定历法的观象授时活动，安排为分别任命羲仲、羲叔、和仲、和叔居于遥远的东方日出之地的嵎夷、南方的交趾、西方日落之地的昧谷和北方的幽都进行观测、礼祭和由此对历法的制定；把早期观象授时的资料与历法进步后的资料等属于不同时期对天文的认识糅合在一起，这些都属于"虚"的部分。但是，我们通过山西襄汾陶寺遗址中用于天文观测的大型夯土建筑物的发现，可知尧舜时期观象授时是有较高水平的；通过河南杞县鹿台岗遗址中龙山时代用于观象授时的Ⅰ号建筑遗迹的发现，可证尧舜时期已掌握通过观测"日出"、"日落"等来测定东西南北四方方位和"四时"的方法，这些又都属于"实"的部分。

山西襄汾陶寺遗址属于唐尧后来定都于临汾与翼城一带的所在地，陶寺遗址的年代特别是作为都邑的陶寺早期和陶寺中期，经碳十四测定，为公元前2300~公元前2100年，在夏代之前，根据地望和年代两个方面，许多学者把陶寺遗址与唐尧相联系，是可信的。

在陶寺遗址发掘出的大型建筑ⅡFJT1基址（见图2），结构十分奇特，主要由大半圆形的三层夯土台基、第三层台基上的半环形夯土列柱和柱缝、作为观测点的夯土基础等组成，经研究和实地模拟观测实验，发掘者认为第三层台基上的半环形夯土列柱是用于构建观测缝，而观测缝的主要功能之一是观日出定节气，站在台基芯上的观测点部位，可于5月20日经东11号缝、6月21日经东12号缝、7月2日经东11号缝迎接日出；站在该夯土遗迹东部边缘，可透过D1柱与E2之间1.8米宽的空当迎接12月22日（东至）至4月26日、8月14日至12月22日的日出[1]，所以，这一基址被认为是具有天文观测功能和祭祀功能的特殊建筑物。

河南杞县鹿台岗遗址中也发现一处形制颇为特殊的观象授时的建筑遗迹，发掘者称为Ⅰ号的建筑遗迹（见图3）。该遗迹高出当时周围地面近1米，系一内墙呈圆形、外墙为方形、外室包围内室（圆室）的特殊建筑。圆室内有一呈东西—南北向的十字形"通道"，宽约0.6米，土质坚硬，土色为花黄色，与室内地面呈灰褐色迥然不同。在这个十字形交叉点上还有一柱洞。方形外室和圆形内室的北部已毁，外室西墙缺口即外室西门恰与内室西门及十字形"通道"的西端呈直线相通，三者宽度相同。同样，外室南缺口又与内室南门及十字形"通道"南端在一直线上，三者的宽度也相同[2]。西墙和南墙通过所谓"门"与十字形"通道"直线相连，而北面和东面则可以通过开一个和十字形"通道"等宽的"窗户"或孔洞与十字形"信道"直线相连。

鹿台岗遗址中内圆外方的十字形建筑物可与《考工记》记载的测定方位的方法相联系。《考工记·匠人篇》说："置槷以县，视以景。为规，识日出之景与日入之景。昼参诸日中之景，夜考之极星，以正朝夕。"文中的"**槷**"就是圭

---

① 中国社会科学院考古研究所山西队等：《山西襄汾县陶寺中期城址大型建筑ⅡFJT1基址2004~2005年发掘简报》，《考古》2007年第4期。

② 郑州大学文博学院、开封市文物工作队：《豫东杞县发掘报告》，科学出版社2000年版，第37~39页，图二〇，彩版一：1、2。

观测点夯土基础和柱缝基础局部图
（图中观测点夯土基础中心十字表示核心圆圆心）

图2　陶寺 II FJT1 号天文建筑基址

表，是古代测日影的标杆。这段话是说：依据日出与日入时的投影以确定东向和
西向，并参照正午时的日影和夜间的北极星，以校正东西南北的方位，其测定
时，以臬为中心画出一圆，过圆心连接日出与日入即朝与夕时日影的联结，即构
成东西向的横线，横线两端正指东西，过圆心与东西横线垂直相交的另一直线，
正指南北，对于这样测出的东西南北，还可以经过正午时的日影以及夜间的极
星，加以确认和校正。

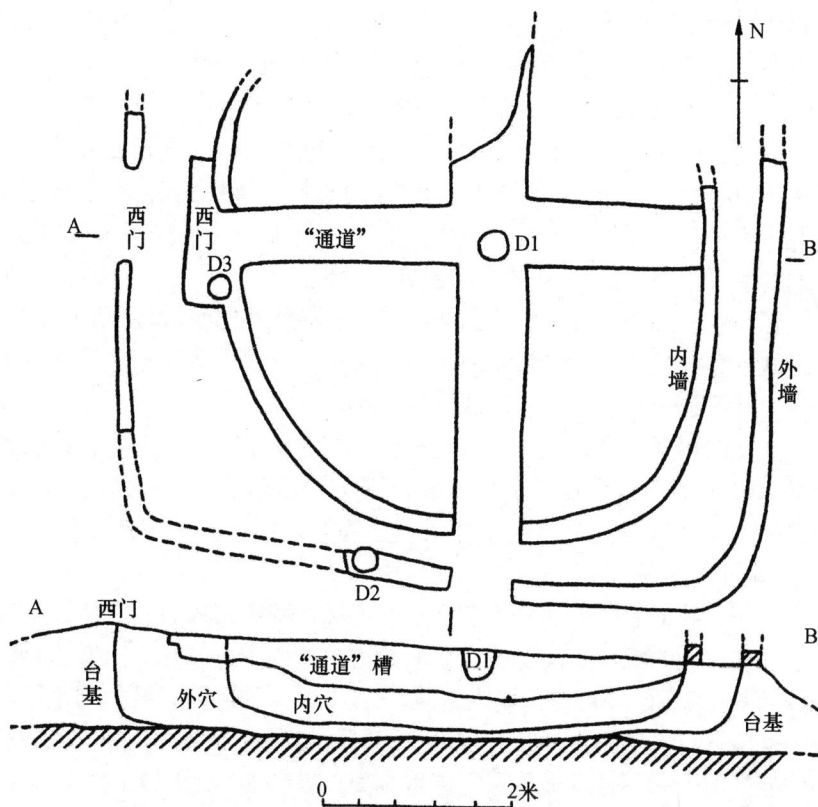

图3　河南杞县鹿台岗遗址龙山文化Ⅰ号遗迹平、剖面图

而这个Ⅰ号建筑物无论是方形外室，还是圆形内室十字交叉状，恰巧处于正南正北、正东正西的方位。内圆外方的建筑构形也意寓着天圆地方。所以，鹿台岗龙山文化Ⅰ号建筑物的形制完全符合上引《考工记》所说测定方位的原理。我们可以试想一下，日出时阳光从东面的窗户或孔洞照射进来，照在十字形交叉点的柱子上，柱影将会与十字形的西端直线以及西墙上的"门"相重合；日落时阳光从西面的"门"照射进来，照在十字形交叉点的柱子上，柱影将会与十字形的东端直线以及东墙上的"窗户"或孔洞相重合，这就是"识日出之景与日入之景"，以正东西之方位。在正午时太阳从南墙之"门"照射进来，照在十字形柱子上，柱影将会与十字形的北端直线相重合；在夜间时从北面的"窗户"或孔洞向夜空观看极星，这就是"昼参诸日中之景，夜考之极星"，既可定南北，亦可验证"朝夕"日影所测之方位。

鹿台岗遗址中内圆外方的十字形建筑物不仅用作测定东西南北四方方位，而且具有观象授时的功能。上引《尚书·尧典》的那段话，说的虽然是命令羲仲、羲叔、和仲、和叔分别居于东、南、西、北四方，通过对日出、日入和鸟星、大火星、虚星、昴星四中星的观测，来确定春分、夏至、秋分、冬至这样的"四时"（四季），而我们只要把《尚书·尧典》文中位于东方日出之地的旸谷、位于南方的南交、位于西方日落之地的昧谷、位于北方的幽都这四处遥远之地，收拢为同一建筑物中东南西北四面窗户上的四个观测孔，就像鹿台岗Ⅰ号建筑物中东西南北十字形"通道"所指示的观测点和观测孔那样，《尧典》所述内容就可得到合理的解释。所以，鹿台岗Ⅰ号建筑的发现，对《尚书·尧典》有关记述给予了纠正，有很高的学术价值。这样来看，早在新石器时代，时空、四时与四方本就是联系在一起的。鹿台岗龙山文化Ⅰ号建筑不但可测定东西南北四方，还可测定四时乃至四季，它有天文历法上的作用。

陶寺文化的早期、中期以及鹿台岗遗址所在的龙山时代，都在尧舜时代范围内，因而陶寺ⅡFJT1大型建筑基址和鹿台岗Ⅰ号建筑基址，当然可对上述《尚书·尧典》有关内容的史实素地和神话成分等所表现出的上古历史的"虚"与"实"进行验证、补充和纠正。

总之，正如我的老师尹达先生曾指出的那样，我国古代社会的传说并非全属伪造，在那些疑说纷纭似是而非的神话般的古史传说中有真正的史实素地，切不可一概抹杀①。我们研究古史传说中"实"与"虚"的问题，努力揭示中国远古神话和传说所含有的史实素地及合理内核，同时也对这个经后人加工而成的古史体系中虚妄的部分和不合理成分尽可能地剥离，就是在接近历史的真实，当然也有对于神话和古史传说研究的理论与方法论上的意义，特别要强调的是，与考古学和人类学的结合，将成为研究走向深入的关键，这也是一般所说的文献、考古和人类学的三重证据法。正如前面所说，将传说中所具有的史实部分特别是已被考古学所证实的称为"实"，将明显地属于荒诞荒谬的部分称为"虚"。所谓"已被考古学所证实"，不能拘泥于某一遗址是否就是某一传说人物的遗址，对于古史传说所反映的历史文化在时代特征或时代背景上能与考古学上的时代相一致，就应该说这样的传说包含有史实素地及合理内核，所以，古史传说中的实与虚，在与考古学相结合进行研究时，要作辩证分析。当然我的这些认识还不是很成熟，研究也只是初步的，还需要不断的深入，也欢迎诸位批评指正。

编辑整理：李海涛

---

① 尹达：《衷心的愿望——为〈史前研究〉的创刊而作》，《史前研究》创刊号，1983年。

关于清代宫廷史研究的几点思考

杨 珍

2010 年 5 月 6 日

杨 珍

中国社会科学院历史所副所长、研究生院历史系教授

摘　要：关于清代宫廷史的研究对象、内容，是一个见仁见智的问题，但有两点认识应当是共同的，一是清代宫廷史是以它的发生地，即清代紫禁城为依托；二是清代宫廷史研究是清史研究的一个组成部分。考察清代紫禁城与清代宫廷史，需要抓住它的灵魂，彰显它的特色，兼用满汉史料。

关键词：清代　宫廷史　紫禁城

关于清代宫廷史，很多前辈学者分别就不同专题做过深入探索。近年来以明清宫廷史为题材的影视剧的热播，也在不断提高人们对宫廷史的兴趣。而紫禁城与发生在紫禁城的清代史实，是本文内容的两条主线。

关于清代宫廷史的研究对象、内容，是一个见仁见智的问题，但有两点认识应当是共同的，一是清代宫廷史是以它的发生地，即清代紫禁城为依托；二是清代宫廷史研究是清史研究的一个组成部分。

一、紫禁城的灵魂

观察任何事物，首先应当抓住它的核心和本质，发现它的特色和特点。我们研究紫禁城，需要研究它的建筑、文物、典籍、档案等诸多方面，但同样重要，应当成为重中之重的是紫禁城人。

从权力层面看，皇权是紫禁城的主宰，但皇权的拥有者、实施者与皇权的统治对象都是人。因为有人在紫禁城内居住、生活、理政、当值，紫禁城才不是一座死城，而是鲜活的、变化的。紫禁城的建筑、文物、典籍、档案等，也都是由人创造、使用的。无论是明朝还是清代，只有人才是紫禁城这座历史大舞台上永远的主角。

所谓清代紫禁城人（清宫人），包括清代紫禁城内不同时期、不同阶层、不同群体、不同民族的各类人物。主要有两部分：一是长期住在紫禁城内的人，这些人也是流动的、变化的。例如，皇帝及其妻妾是这里的永久性居住者，然而皇子、皇女、宫女、太监等到了一定年龄，大都以不同原因、方式迁出紫禁城，另居他处。二是并非（长期）住在紫禁城，但是在此奉差当值之人，如满汉大臣、侍卫、苏拉、妈妈里、嬷嬷，等等。

研究紫禁城，应当抓住紫禁城的灵魂，即考察紫禁城人的生活方式、日常所为、文化习俗、精神境界、人际关系（与紫禁城内外不同群体之间的关系）、人性中的善与恶等方面，以及所有与紫禁城人有关的情况。

对清宫人的研究，对紫禁城灵魂的拷问，是清宫史研究的基础与核心，需要予以足够的重视。当然，对明宫史而言也无例外。只有这样，我们才能将清宫史视为一部活的历史，去亲近它、感受它，并怀着极大的兴趣，不断发掘它所蕴藏的无数个依然鲜为人知的秘密。

我在这里举出清代前期，来自不同群体的四位清宫人物，其中两位是女姓，按照他们生活年代的先后，对其某一方面的事迹做一简述。

例1：传奇女性苏麻喇姑

昭梿《啸亭续录》卷四《苏麻喇姑》称：

苏麻喇姑，孝庄文皇后之侍女也。性巧黠，国初衣冠饰样，皆其手制。仁皇帝幼时，赖其训迪，手教国书，故宫中甚为高品。至康熙壬午（康熙四十一年，公元1702年）始逝，葬以嫔礼，瘗于昭西陵侧，以示宠也。姑性好佛法，暮年持素。终岁不沐浴，唯除夕日量为洗濯，将其秽水自饮，以示忏悔云。

上述百余字，是目前所见史籍中关于苏麻喇姑唯一较完整的记载。作者昭梿是礼亲王代善七世孙，生于乾隆四十一年二月，卒于道光九年十二月。因与苏麻喇姑的生活年代相隔久远，所言当为前辈相传。

20多年前，我在中国第一历史档案查阅满文档案时，发现了有关苏麻喇姑的一些档案，后来又从台湾故宫博物院影印出版的满文档案中，找到了反映她早年在宫中生活状况的一些材料。综合分析满文档案等记载，可以了解到以下情况：

第一，苏麻喇姑确有其人。她是蒙古族，姓氏未详，蒙古族名字是苏墨尔，意为毛制长口袋，满族名字是 sumala（音译"苏麻喇"），意为小口袋。她生在科尔沁草原一个贫苦牧民之家，十岁上下作为皇太极的福晋博尔济吉特氏（孝庄文皇后）的一位陪嫁侍女，来到后金。康熙年间，她住在宫内一所院落内，有宫女相陪伴，由内务府供给生活所需。内务府大臣称她 sumala eniye gege（音译"苏麻喇额涅格格"；eniye，额涅，意为母亲；gege，格格，意为姐姐，也用于皇室女儿的称号）；sumala eniye mama（音译"苏麻喇额涅妈妈"；mama，妈妈，意为祖母）；皇子们称她 sumala mama（音译"苏麻喇妈妈"）；康熙帝玄烨在朱批中对苏麻喇姑也称 sumala mama（苏麻喇妈妈）。

第二，苏麻喇姑一生未婚。她在晚年抚养了康熙帝第十二子允祹。允祹生于康熙二十四年十二月，生母是万琉哈氏（康熙五十七年封定嫔，雍正二年尊封定妃）。允祹自幼由苏麻喇姑照料，及至成人。苏麻喇姑病重之时，允祹未俟旨，即偕嫡福晋富察氏昼夜守候病榻前；苏麻喇姑病故后，在京成年皇子全体齐集，亲视入殓；允祹悲痛欲绝，自称未报养育之恩，又不听诸皇兄劝阻，日夜为苏麻喇姑守灵等，都表明苏麻喇姑与清初皇室成员之间不同寻常的关系。

第三，苏麻喇姑笃信佛法，病重前，每日于佛像前念经，为主子（康熙帝）祈福。

第四，苏麻喇姑在宫中备受敬重，即使是对诸皇子讲话，她也可以用命令口吻。她发病时，康熙帝正在塞外，得知后即令在京皇子负责延医救治事宜。特嘱：因苏麻喇妈妈向不服药，可谎称药品是他（康熙帝）从塞外送来的一种草根，浸入清水煮鸡汤服用。可是，无论皇子们如何恳求，即使是以康熙帝的名义劝请，苏麻喇姑仍以"主子知道我自幼从不服药"为由，断然拒绝。她将康熙帝视为至亲，认为只有"主子"能够救其性命，然而对于与自己习性相违的"圣旨"，竟执意不从。她与康熙帝之间，确实有一种超乎主仆关系之上，极为特殊的隔辈亲情。

第五，苏麻喇姑因患急性痢疾，于康熙四十四年九月初七日（1705 年 10 月 24 日）以九旬高龄病逝。她比康熙帝大约年长四十岁。民间传说她与康熙帝有恋人关系，这种可能性几乎不存在。

此外，满文档案中关于苏麻喇姑还有其他记载，从略。

苏麻喇姑亲身见证清初八十多年历史，经历了天命、（天聪）崇德、顺治、康熙四朝，先后服侍过孝庄文皇后、顺治帝、康熙帝及其皇十二子允祹四代，将其一生贡献给清初皇室。这位蒙古族女性应当在清史中占有一席之位。发掘满文档案，并结合清实录、清人笔记中少量记载，可以大致勾勒出这位奇女子的主要事迹，填补以往正史及私家著述中的一处空白。

例 2：少年顺治帝的情趣

顺治帝福临是清入关后第一位皇帝，6 岁继位，14 岁亲政，在位十八年。下面一事，反映出他在少年时期的一些情况。

午门是紫禁城的南门，午门楼亦名五凤楼。清代，凡颁朔、宣旨、宣捷、受俘及常朝，百官都在午门前齐集。

顺治十年（1653）正月初二，紫禁城依然沉浸在新春佳节的气氛中，未满 16 岁的顺治帝在问政之暇，导演了一出游戏。

这一天，他先至位于紫禁城东南隅的内院，遍问当值中书姓名。赐茶后，步出内院，在内院大学士、中书等陪同下，左转登上午门楼。他命令左右两翼内值侍卫俱赴西华门，以此为起点速跑，目的地为午门。随后，他与内院大学士、中书等站立午门城楼上，翘首观看。很快就有 10 名侍卫率先由西华门跑来，首至者获得绸缎七匹。其他侍卫以抵达先后确定名次，得到不同赏赐。

顺治帝兴致颇高，十分开心，继而又对身边的内院诸臣谈起兵部尚书明安达礼等受贿一事。

当时，清朝入关只有十载，中原尚未统一，西南地区战火纷扰，朝廷财政拮据，逃人问题、投充问题、满汉矛盾等也很突出。顺治帝亲政已整两年，在此期间，他先以"谋逆"罪名，追论摄政王多尔衮之罪，并顺利清除多尔衮党羽，逐步削弱诸王权势，解除郑亲王济尔哈朗辅政之权。此时，他与满洲贵族中的保守势力之间的分歧虽露端倪，但并不突出，尚未对他的施政形成较大牵制。另外，顺治帝这时的感情生活也不如意。是年八月，他不顾众臣反对，执意废黜孝庄皇太后的侄女——皇后博尔济吉特氏。然而尽管面临种种难题，新春佳节之际顺治帝仍忙里偷闲，登上午门楼自导游戏，应是对于政务应付自如，心态较为放松，比较自信、乐观的一种反映。

从午门楼上自导游戏这件事，可以看出顺治帝与汉官关系亲密。

清代入关时，顺治帝尚在童年，在其成长过程中，受到汉文化很大影响。他自亲政时起，常至内院与大学士等讨论历代举衰利弊，切磋治国之道，仅十年正月内就去过多次。正月初二去看望以汉官为主的内三院大臣，与他们相伴自娱，显有慰问之意，也为其后一系列改善满汉关系，提高汉官地位，加强内三院在辅政中的作用等举措，做了一个辅垫。例如，在午门楼自导游戏第二天，即十年正月初三，谕令内三院：亲政以来各衙门奏事只见满臣，不见汉臣，满汉大臣须共同奏事。

这件事还反映出顺治帝童心未泯、富有创意的性格。在他的指挥下，大批侍卫奔跑在西华门与午门之间，并非传递谕旨信息，而是进行竞技比赛，这一景观在紫禁城历史上大概难觅二例。这种别出心裁折射出满族君主在入关初年的蓬勃朝气。

研究一位古代帝王，除去考察他在政治、经济、军事、文化等方面的种种举措外，还需要将他作为一个普通人来观察、认识。从一些看似无关宏旨的日常行为中，可以了解到这位帝王所具有的多面性、复杂性，其中某些方面与他的治国及其朝政民生等均有一定因果关系。

例 3：三百年前的翊坤宫主人郭络罗氏

翊坤宫是紫禁城西六宫之一。自建成至今，已近六百年。明朝，这里初称万安宫，嘉靖年间改称翊坤宫。据说万历帝所宠爱的郑贵妃、崇祯帝的袁贵妃等先后居住此宫。光绪年间，慈禧皇太后也曾于此暂居。

我对清初翊坤宫主人的兴趣，源于下述史实。

康熙三十六年（1697）三月初四，康熙帝亲征噶尔丹途中驻跸陕西神木。是日，派人送回宫中一些当地土产，并附有谕旨一道："朕在神木得土物、点心二种，送到延禧宫、翊坤宫去，看看笑笑。恭进（皇太后）神木白面一匣，请安。"大约也是此次征途中，康熙帝交付总管太监办理宫中事物的谕旨内，有这样一条："给翊坤宫书一封，若有回书即带来。"

清代宫廷中，人们常以某个宫殿名称，称代这座宫殿里的主人，康熙帝亦如此。上述谕旨中所称翊坤宫、延禧宫，应是分别指称住在两座宫殿中的两位妃子。由于清前期宫中档案保存至今者较少，加之清前期诸帝妃嫔人数众多，所以除去个别人外，我们对多数妃子的住所无从了解。从有关史料中，发现康熙帝谕旨中所言翊坤宫，是指宜妃郭络罗氏。延禧宫则指惠妃那拉氏和荣妃马佳氏中的一位，她们两人一位住钟粹宫，另一位住延禧宫，而确切情况尚须进一步发掘史料后，才能做出判断。

清宫后妃共有八个等级：皇后、皇贵妃、贵妃、妃、嫔、贵人、答应、常在。康熙帝中年，三位皇后（孝仁后赫舍里氏、孝昭后钮祜禄氏、孝懿后佟佳氏）、一位贵妃（温僖贵妃钮祜禄氏）相继早逝。宫中品位最高的主位，是康熙二十年（1681）同时册封的四位妃子即惠妃那拉氏、荣妃马佳氏、宜妃郭络罗氏、德妃乌雅氏。三十九年，孝懿后之妹佟佳氏被封为贵妃，居四妃之上。

郭络罗氏，满洲镶黄旗人，佐领三官保之女。她的生年与入宫时间均未详，却是康熙朝首批得到封号的妃嫔之一，在康熙十六年（1677）受封宜嫔，二十年晋封宜妃。而册封宜嫔，是这位满族少女成为翊坤宫主人之始。如果她与康熙帝（生于1654）的年龄相仿，此时大约二十上下。

郭络罗氏还有一妹被选入宫中，封为贵人，生康熙帝第六女，排行四公主（固伦恪靖公主）。

二十一年（1682）、三十七年（1698），康熙帝第二次、第三次东巡，都住在岳丈三官保家；康熙帝离京期间，曾与宜妃通信，并派人驰送地方特产。这些情况，均对《永宪录》所称康熙帝对宜妃"眷顾最深"，做了注解。

与其他生有子嗣的康熙朝妃嫔有所不同，宜妃郭络罗氏既享头生子允祺之福，也受次子允禟之累。

允祺幼为孝惠皇太后抚养，性情淳厚。康熙三十七年封多罗贝勒，四十八年晋封和硕恒亲王，雍正十年（1732）病故，终年54岁，谥温。

允禟性聪敏，好读书，擅结交。康熙四十七年秋第一次废黜皇太子允礽事件中，他因祖护皇八子允禩，受到康熙帝的斥责。四十八年春，受封固山贝子。五十九年，经康熙帝指婚，宜妃的孙女、允禟第三女下嫁原任大学士明珠次子揆叙之子——侍卫永福。这使允禟乘机从女婿家攫取万贯钱财，一跃成为康熙朝皇子中的首富。

六十一年（1722）十一月十三日，康熙帝猝死，第四子胤禛继位，是为雍正帝。允禟原与胤禛要好，后因储位之争结怨。此时，宜妃郭络罗氏仍住翊坤宫内，但境遇陡变。是月二十九日，新帝点名指责"宜妃母妃"为先帝举哀时"坐四人软榻，在皇太后（胤禛的生母德妃乌雅氏，谥孝恭仁皇后）前与众母妃先后搀杂行走，甚属僭越，于国礼不合……见朕时，气度竟与皇太后相似，全然不知国体"。四天后，翊坤宫太监张起用等十余人受到重惩。先帝尸骨未寒，其未亡人即被新帝点名指斥，这种情况为清宫史上所仅见。雍正帝通过打击"宜妃母"泄私愤，矛头所指则是宜妃之子、被雍正帝视为政敌之一的允禟。

康熙帝生前写有遗旨，在他百年后，有子妃嫔各归亲子府邸奉养。新帝胤禛继位，对此予以遵行。雍正元年（1723），当允禟被发配西大通（今甘肃永登西南）之际，宜妃则由允祺迎至恒王府怡养。四年，允禟被改名、黜除宗室（乾隆四十三年复名并收入宗籍），死于保定拘所。十一年，郭络罗氏在恒王府中去世，终年七十余岁。

自顺治十三年（1656）翊坤宫被修缮一新，顺治帝妃嫔入住此宫，至1911年清代灭亡，历时约两个半世纪。在此期间，相继有众多女子住在这里。但清代封有妃嫔位号的主位中，宜妃郭络罗氏应是居住翊坤宫最为长久者。若以康熙十六年（1677）封为宜嫔为起始，至雍正元年（1723）移居恒王府，她在这里住了46年，约占翊坤宫作为清代妃嫔居所全部历程的五分之一。

宜妃郭络罗氏之后，翊坤宫多次更换新的主人。可是，近半个世纪中这位满族女子留下的痕迹和气息，至今仍似存留在翊坤宫的历史空间。

例4：满族礼仪与权臣

下乾清门台阶，东出者为景运门，西出者为隆宗门。景运门是内廷通往外朝东部的主要通道。

雍正元年（1723）的一天，康熙帝第十七子果郡王允礼（乾隆六年晋封果亲王）偕满洲正黄旗都统、议政大臣马尔萨前往雍正帝所住养心殿奏事，途经景运门，恰遇总理事务大臣、吏部尚书兼步军统领隆科多坐在景运门内。隆科多见到允礼，立即起立以表敬意，允礼继续前行，似未觉察。马尔萨见状，在旁连声提醒："舅舅（隆科多）起立矣！"允礼于是放慢步子，欠身示意而过。

这件小事包含了很多内容。

其一，满族礼仪。康熙年间，凡大臣与皇子相见，须跪一足问安。随着皇权的加强与诸王权势逐步被削弱，至乾嘉时期，大小臣工见诸王屈一膝为礼，见皇子则双膝屈为礼。果郡王（雍正元年四月封）允礼并非当朝皇子，却为帝所倚重，而隆科多未依惯例跪一足问安，似有不周。雍正三年斥责隆科多、年羹尧的上谕中，仍提及此事：隆科多在允礼前不照前恭敬，傲慢如此，不知隆科多何所禀承而如此行之？

其二，三位当事人的心态。隆科多，满洲镶黄旗人，原领侍卫内大臣佟国维第三子。他机敏过人，才干突出，康熙后期任步军统领兼理藩院尚书时，以处事勤谨颇得赏识。此次他在景运门的有关表现，绝非反应不及所致，而是在雍正帝优宠下产生居功心态的一种流露。

雍正帝登基第六日（康熙六十一年十一月二十五日），特谕内阁：隆科多应称呼舅舅。嗣后启奏处，书写舅舅隆科多。元年正月，川陕总督年羹尧所奉朱批中，称隆科多"真圣祖皇考忠臣，朕之功臣，国家良臣，真正当代第一超群拔类之希有大臣也"。这一不同寻常的评价，似表明隆科多曾为新帝立有殊功。

当时，隆科多在朝中地位很高，人们在紫禁城内见到他时，甚至还要下跪。雍正五年隆科多被治以重罪（翌年死于禁所），这其中固然有复杂原因，也与他在居功之态下言行不慎、授人以柄，有着因果关系。

马尔萨，满洲正黄旗人，姓瓜勒佳氏，曾任张家口牛羊群总管。康熙六十一年十二月，经隆科多保举，由满洲正红旗副都统拨至正黄旗都统，署领侍卫内大臣事，参与议政。他陪同果郡王允礼进入景运门时，见到隆科多起立欠身，遂对允礼连声提醒。这一行为后被雍正帝斥之为"不知报朕擢用之恩，而但感激隆科多荐引之私"。实际上，马尔萨只是畏于隆科多的权势，对其逢迎讨好，而报恩因素还是其次。从此例可见当朝大臣处于权臣与亲贵之间，为迎合双方而顾此失彼的尴尬之状。

果郡王允礼对隆科多站起欠身之举视而未见，径直前行，因为在他眼中，隆科多虽有权势，其身份却在宗室亲贵之下。马尔萨不识趣而提醒再三，允礼欠身回应，已是屈尊还礼的最大限度。雍正帝对允礼这种做法大为赞赏，直至六年二月晋封允礼为和硕亲王时，还重提此事，予以表彰。十三年八月雍正帝去世后颁布的遗诏中，命以果亲王允礼辅政，称允礼"至性忠直，才识俱优，实国家有用之才……"允礼当年在景运门对隆科多的态度和做法，是雍正帝对他印象甚好的原因之一。

其三，皇帝耳目。雍正元年景运门内这一幕，还反映出雍正朝政治的一个特点，即皇帝对宗室王公、内外大臣的控制大大加强。景运门临近内廷，大臣们在这里的一举一动，被视为皇帝耳目，同时自己也受他人监视者随时密报，因而雍正帝虽然未在现场，却对隆科多、允礼、马尔萨三人的言行犹如目睹，了解甚详。

无论权臣还是王公亲贵，均处于皇帝的严密监控下，这是雍正皇权集中、强化程度仍在逐步提升的一个有力说明。

二、清代宫廷史的特点

清代紫禁城及清宫史具有自己的鲜明特色和诸多特点，这里所言，主要是指它与明朝紫禁城及其明宫史的不同之处。这一特色表现在很多方面，但我认为有两点最突出。其一是满族习俗在清宫内的遗存，即所谓满族特色；其二是以满汉文化逐步融合为主的文化兼容，即以满汉文化融合为主流的多元文化特色。我们举例说明。

（一）满族特色

例5：永康左门前汉族大学士向满族王公跪语

康熙二十六年（1687）十二月二十五日，孝庄太皇太后病逝。第二天，诸王大臣齐集慈宁门东侧永康左门外，以次环坐，会议丧礼。内阁、九卿、科道议毕，大学士王熙、余国柱、李之芳等跪在康亲王杰书等人面前，汇报所议情况。因跪的时间过长，年岁已高的李之芳跌倒在地。吏科给事中高层云以为"此非国礼"，遂疏参大学士王熙等向康亲王杰书等跪语，王俱坐受。次年二月，宗人府上题本，称大学士王熙等"议持服事，向王跪语，康亲王杰书等坐受，俱属不合。嗣后会议，大臣停其跪语，诸王、大臣应行察议"。这显然是禀承帝意而为。康熙帝随即打圆场，所下谕旨包含四层意思：一是"朕召大臣议事，如时久，每赐垫坐语"；二是"大臣与诸王会议，即行跪语，不合"；三是"嗣后凡会议公事，不必向诸王行跪"；四是"杰书、王熙等从宽免议"。从此，会议公事时大臣不再向诸王行跪，这成为清代定制。

此事反映出清朝的一些特质。

（1）清朝是满族统治者所建立。王熙等汉族大学士向满族诸王"跪语"，说明代表统治民族的满族王公与代表被统治民族的汉族大臣在清初统治集团中的地位有严格的尊卑之别。

（2）八旗制度下，八旗诸王与所在旗旗员之间具有主奴关系，旗员（包括大小官员）对诸王禀报事情时下跪，是一种满族习俗。而汉族大学士向满族王公跪语，是否表明这一满俗在清初满汉朝臣的关系中也留有印记呢？由此亦见满汉文化的交流是双向的，满族受到汉文化的影响，汉族也受到满文化的影响。

（3）汉族给事中高层云敢于谏言，是出现在清朝入关后皇权逐步集中、强化，八旗诸王权势日益受到削弱的大势下。康熙帝废止这种做法，既用以团结汉臣，也收到了尊君抑王之效。

例6：康熙帝命于乾清门前杖打皇子师

清代，乾清门是紫禁城内廷与外朝的分界线。康熙帝创立"御（乾清）门听政"之制，并为其后清帝遵循。

据满文档案记载，四十六年（1707）二月初，康熙帝第六次南巡途中，发现随行的三位小阿哥念书生疏，不明文义，于是怪罪于小阿哥的师傅徐元梦，认为是徐元梦并未尽心教授所致。康熙帝写给留京皇子的朱批中写道："将徐元梦革职，在全体阿哥看视下，由乾清门侍卫杖答三十板。喝令徐元梦在朕外出期间，勤勉教授在京阿哥，如履旧辙，复加杖答，断不宽宥。"康熙帝第三子允祉接到朱批，立即传旨内务府总管凌普，将徐元梦革职。又将徐元梦召至乾清门阶下，宣谕毕，在允祉等8位皇子共同看视下，乾清门侍卫将徐元梦杖答三十板。随后，允祉等对徐元梦厉声训斥道："皇父外出期间，尔须尽己所能，勤勉效力，教授在家小阿哥念书写字。"徐元梦连声认罪，并请诸皇子代为转奏，遭到拒绝。

徐元梦，姓舒穆禄氏，满洲正白旗人，生于顺治十二年（1655）。19岁中进士，任日讲起居注官、翰林院侍讲，33岁始任皇子师。旋遭诬陷，罚入内务府辛者库罪籍。康熙三十二年（1693）复入上书房教授皇子，四十一年授内务府会计司员外郎。五十二年奉特旨，出辛者库复旗籍。其后，继续受到康熙帝倚重，在雍乾两朝仍为皇子师。逝于乾隆六年（1741），享年87岁。

由康熙帝授意，多位皇子监督乾清门侍卫杖答年近半百的皇子之师徐元梦，这不仅因为徐元梦此时身隶罪籍，更是因为在八旗制度下，清帝与所有旗员之间均为主奴关系，而徐元梦隶属于由清帝自将的正白旗，则是清帝的近臣世仆。

康熙帝向以宽仁著称，受儒家文化影响至深。但是，仅仅因为对小皇子的学业不甚满意，即令诸皇子看视杖答他们的师傅，这种野蛮做法与儒家所提倡的尊师之道大相径庭，在明宫内是不可能发生的，只有放在满族习俗的清宫内仍有遗存（早期愈加明显）的大背景下，才能加以理解，如果仅仅从康熙帝滥施淫威的角度去看，则无法认识其中蕴含的文化内涵。清朝政治中具有很多与汉族王朝的不同之处，三百多年前乾清门前发生的这一幕，即是一例。

（二）以满汉文化融合为主流的多元文化特色

关于清代紫禁城及其清宫史的多元文化特色，可以举出很多实例。仅从下述方面简略谈一下。

例7：清代后妃的多民族性

清初曾一度禁止满汉通婚。据说神武门曾悬挂孝庄皇太后懿旨，内称有缠足女子入宫者斩。然而实际情况却并非如此。顺治帝的后妃中，除蒙、满少女外，还有汉族女子，如石氏，居住永寿宫，着汉装，谥恪妃。

供职清廷的传教士白晋，称康熙帝南巡时拒纳美女。实际上，康熙帝晚年，得宠妃嫔多为江南人。

乾隆帝的后妃中除去满族人、蒙古族人和汉族人，还有维族人，即容妃和卓氏，她就是传说中的香妃。

这些来自不同民族的后宫女子朝夕相处，不同的生活习俗、文化品位、宗教信仰相互影响、交融，而清帝对她们的一些特殊习性，也是比较照顾的。

例8：清宫匾额上的不同民族文字

清初宫中匾额为满、蒙、汉三种文字。顺治帝具有满蒙血统，然而他在首崇满洲的前提下，尊崇汉文化，轻视蒙文化，甚至刻意疏远蒙古族后妃，并由此而加重了他与生母孝庄皇太后在一些重要问题上（如处理与满蒙贵族的关系、对待汉官的政策等）的分歧。顺治帝亲政后，下令去除各宫匾额上的蒙文，保留满文和汉文。据我了解，今日紫禁城内，仅有孝庄曾经住过的慈宁宫宫门慈宁门的匾额，依然保留满、蒙、汉三种文字，余者均为满汉文字，有的只有汉文。

三、研究清代宫廷史需要兼用满汉史料

清代从未废止汉语、汉文，但满语被作为清代国语，满文始终是清代官方文字。凡奏报宫闱事务、机密事务，均以满文书写。清代紫禁城既是清帝之家所在地，也是满族贵族聚集地，满语和满文在这里具有不可替代的地位。直至康熙、雍正时期，皇室成员之间平日仍说满语，皇帝与家人、戚属之间，皇帝与满族大臣之间的书信往来，包括奏折与朱批，均以满文书写。清代中期以后，这种情况才逐步发生变化。

清初紫禁城内一些情况，在满文档案中有所披露，而汉文史籍往往无征。从某种角度讲，我们对满文档案的发掘、利用程度，影响着清代宫廷史，特别是清前期宫廷史研究的深度与广度，两者成正比。不过，只是利用满文档案还远远不够，必须兼用包括档案在内一切有关的汉文史料，将满文档案与汉文史料以及文物、建筑、遗址、遗迹等进行比较、补充、鉴别，以求一步步接近历史的真实。

有人认为，研究中西交通史，必须兼用中文史料与西文史料，否则就如同一条腿走路。同样，满文档案与汉文史籍（包括汉文档案）犹如我们的两条腿，一起迈步才能顺利前行。

例9：满文档案披露康熙帝曾在武英门前审问权臣鳌拜

西华门内，熙和门西为武英殿。门前御河环绕，有石桥。殿广五楹，丹墀东西阶各九级。

清初，武英殿是一重要之地。

1644年，明末帝朱由检吊死煤山，李自成御极于武英殿。顺治初年，武英殿是摄政王多尔衮办事处所，后又一度成为顺治帝听政并宴请王公大臣的地方。康熙十九年，武英殿设立修书处，此制沿至清末。

康熙初年，武英门前发生过对清代历史产生重要影响的一幕。

康熙帝玄烨八龄继位，顺治帝遗诏命以索尼、苏克萨哈、遏必隆、鳌拜辅政。六年（1667）六月，索尼病逝。七月，康熙帝亲政。不久，鳌拜强行处死苏克萨哈。遏必隆生性软弱，对鳌拜事事听从，鳌拜跋扈专擅，不将康熙帝放在眼中。关于鳌拜擅权的情况，可参见拙文《清代权臣与皇权的关系及其特点》，载于2003年清史论丛。

康熙八年初，康熙帝住在保和殿，当时称为清宁宫。正月，孝庄太皇太后云："皇帝现居清宁宫，即保和殿也。以殿为宫，于心不安。可将乾清宫、交泰殿修理，皇帝移居彼处。"于是康熙帝遵照懿旨，当月二十二日从清宁宫（保和殿）移居武英殿。

据满文档案等史料记载，约在五月十一日，众侍卫奉命以欺君擅权、结党营私罪将鳌拜执拿，带至武英殿大门。康熙帝早已等候于此。鳌拜身上缚以铁链，跪在康熙帝面前。康熙帝厉声问道："先前尔为斩杀苏克萨哈，攘臂强奏云：'嗣后若我等犯有同样之罪，主子亦应俱命斩之。'尔如今尚有何言？"鳌拜不停地叩头，称自己已经年老，乞求皇上饶过一命。康熙帝让人松开铁链，令将鳌拜免死圈禁（后死于禁所）。

关于鳌拜被执拿的情景，历来有多种说法，仅记两则。

《清史稿》称："上久悉鳌拜专横乱政，特虑其多力难制，乃选侍卫、拜唐阿年少有力者为扑击之戏。一日，鳌拜入见，即令侍卫等掊而絷之。"

李伯元《南亭笔记》称："诛鳌日，康熙帝在南书房，召鳌拜进讲。鳌入，内侍以椅之折足者令其坐，而以一内侍持其后。命赐茶。先以碗煮于水，令极热，持之灸手，硑然坠地。持椅之内侍乘其势而推之，乃仆于地。康熙帝呼曰：'鳌拜大不敬！'健童悉起擒之。交部论如律。"

满文档案的有关记载表明，捉拿鳌拜时，康熙帝不在现场。鳌拜的住所位于皇城内，具体地点待考。他获罪后，此宅被宗人府没收，后赏与康熙帝的姑母巴林淑慧公主居住。此次，他很可能是在入宫赶赴康熙帝临时居所，即武英殿的途中，被突然抓捕，遂即拘至武英门，由康熙帝亲自审讯，当场做出裁决。看来，康熙帝是在移居武英殿期间，密谋、策化并成功地实施了捉拿权臣鳌拜这一重大举措。

半年后，康熙八年十一月二十三日，以修造太和殿、乾清宫告成，遣官祗告天地、太庙、社稷。二十四日，康熙帝由武英殿移居乾清宫。

清除鳌拜集团是康熙朝历史的一个转折点。以此为标志，康熙帝成为清代历史上第一位独揽乾纲的皇帝。清代皇权的高度集中与统治的愈益稳固，从政治层面为康乾盛世的出现奠定了基础。

例 10：满文档案记载废太子允礽第二次被废黜后的情况

允礽，小名保成，康熙帝第二子。生于康熙十三年（1674）五月，生母是孝诚仁皇后赫舍里氏。允礽两岁时被立为皇太子，34 岁时，康熙帝以其不仁不孝，予以废黜，第二年复立。38 岁时第二次被废黜，拘禁紫禁城咸安宫内。雍正二年（1724）病逝，终年 51 岁。他是清代历史上唯一一位废太子，而两废太子是康熙帝一生中最大失败之处。

关于允礽第二次被废黜后的情况，有关史籍语焉不详，满文档案中有所披露。

这里所称咸安宫，即寿安宫，位于隆宗门西、寿康宫后，今故宫博物院图书馆所在地。

寿安宫本明代咸安宫旧址，康熙年间仍称咸安宫。雍正七年，在此设立了咸安宫官学。乾隆十六年改建咸安宫，称为寿安宫，咸安宫官学移至西华门内、武英殿西旧尚衣监。今仅存咸安宫宫门。

前已谈到，康熙朝宫中，是以允礽做皇太子时所居"毓庆宫"，指代皇太子允礽。允礽第二次被废黜不久，康熙帝谕令内务府：嗣后对允礽停止称"毓庆宫"，改称"二阿哥看守处"。

废太子允礽软禁咸安宫后，以和硕简亲王雅尔江阿为首的王公大臣日夜于咸安宫外值守。为防止允礽与外界接触，咸安宫宫门平日紧锁，内务府给允礽及其家人送饭，均由专门通道递入。如有特殊情况（如夏季往咸安宫内送入大块冰砖，专门通道过窄无法通过），开门人必须手持凭证，在值守王公大臣看视下开启大门。废太子允礽在咸安宫内有事，须按有关约定，敲响云板，值守大臣闻声打开专门通道之门，方能与允礽进行对话。

允礽的众多妻妾、幼年子女及其服侍太监，均与他一起住在咸安宫内。二废太子后不及一年，他的两位侍妾相继病殁。旨令仍照允礽在太子位之例，以"答应"品级为亡者治丧。后来，允礽的嫡福晋、来自汉军旗的瓜尔佳氏也病逝在这里。

允礽第二次被废黜后（39 岁至 51 岁），相继生育了 13 个子女（6 子、7 女），占其子女总数 26 人的一半。其中，至少有 12 个子女（5 子、7 女），是生在咸安宫内，即他第二次被废黜（五十一年十月）后至康熙帝病逝（六十一年十一月）前的十年期间（末子生于雍正二年允礽病逝前三个月）。在这十年中，允礽平均每年生育子女 1.2 人。由此也表明，废太子允礽及其家人虽无人身自由，生活依然安适。这与雍正帝继位后将胞弟允禵、允禟圈禁高墙，折磨致死的情况，形成鲜明对比。

例 11：满汉史料的互补：南熏殿曾是康熙朝皇子值宿之所

单士元先生《故宫札记》载："武英门南斜对面偏西有五间小殿，和东西配殿自成一区，名叫南熏殿……此地应为紫禁城中纳凉之所。新中国成立后，维修这一区殿座时，发现庭院当中地下芦根满布。估计明代殿前是一小池沼，种植荷苇，可以证明这一小殿群的用途。"

据满文档案载，康熙二十五年（1686）五月，一位姓顾的总管太监奏称：南熏殿小阿哥跟前用之小玉、圭兽、金匙子、银盒子，拟由库中领取。时值盛夏，小阿哥或为避暑暂居此处。

康熙帝第八子允禩的师傅何焯从京师写给友人的一封信中说："圣驾出口后，邸中移住南熏殿。弟日夜随侍。酷暑逼仄，视在西苑，苦乃倍之。"何焯，长洲（今杭州）人。康熙四十一年冬，圣祖南巡，驻涿州，经直隶巡抚李光地举荐，何焯入直南书房。四十二年、四十三年前后，命侍读皇八子贝勒府，兼武英殿纂修。这封信未具时间，我们推断写于康熙四十二年至四十六年期间。

"皇八子"即康熙帝第八子允禩，生于康熙二十年（1681），生母是良妃卫氏（康熙三十九年封良嫔，晋封良妃）。三十七年封和硕贝勒，其嫡福晋是安郡王岳乐女孙、和硕额驸明尚之女郭络罗氏。

四十二年五月，康熙帝以"结党议论国事"等罪名逮捕领侍卫内大臣索额图。索额图是皇太子允礽的外叔祖，他的被捕与皇帝和储君之间的纠葛直接相连。现存满文档案反映，是年始，康熙帝出巡塞外时，要选派数位皇子值守京城，而诸皇子中首先膺此重任的，是时为和硕贝勒、四十八年晋封诚亲王的皇三子允祉与八贝勒允禩。

直至四十七年一废太子事件发生前，皇八子允禩是康熙帝诸子内最受器重者之一，实际地位在皇四子胤禛之上。四十七年一废太子期间，允禩因与张明德谋刺皇太子案有涉，遭到重责，革去贝勒（旋即复封）。看来，上述何焯的信写于四十二年至四十六年之间，即允禩备受倚重之时。所谓"圣驾出口后，邸中移住南熏殿"，当指允禩值守京城时，值宿地在紫禁城南熏殿，他的师傅何焯陪侍身边。如果这一推断成立，那么值守京城皇子的其他皇子如允祉等，也应是在南熏殿值宿，并有各自的师傅随同。

康熙帝在自己离京时挑选皇子留守京师，这种做法既是沿袭清入关前重用诸皇子的满洲旧制，也有借此牵制皇太子允礽之意。继皇三子允祉和皇八子允禩之后，更多的皇子被赋予值守京城之任。四十九年，正在塞外的康熙帝旨令皇十四子允禵以上皇子分为两班（后经诸皇子奏请分为三班），分别于紫禁城内外值守。诸皇子遂遵旨分班值宿紫禁城与畅春园两处。

为何选择南熏殿作为留守皇子在紫禁城内值宿地？康熙帝赴塞外期间，大批妃嫔仍居住内廷。南熏殿地处外朝，临近西华门，出入方便，对内廷不会形成干扰，而且又是夏日纳凉之所。这些综合因素使南熏殿成为皇子在紫禁城值守时比较适宜的居处。不过，关于康熙朝皇子在紫禁城内的值宿地，笔者目前尚未在档案、史籍中见到其他记述。另据载，康熙年间，南熏殿曾为翰詹诸臣纂书之地。这同上述何焯信中所言似有矛盾。所以，关于这个问题还须做进一步考察。

乾隆十四年（1749），诏以内府所藏历代帝后图像藏于南熏殿。这是后话了。

清代紫禁城的历史是动态的，处于不断变化发展之中。以宫室而言，其地点与名称在清代均有改变者（如咸安宫）或在少数，具有多种用途而至今鲜为人知者（如南熏殿），可能相对较多。这除去需要古建专家从建筑史的角度进行考察外，也要求我们在研读史料中留意发掘。

例 12：满文档案纠正史籍记载之误

这种例子可以举出不少。因时间所限，下面仅以满文档案，纠正《清史稿》关于郑家庄王府等记载中失实之处。这里所说郑家庄，即今日位于昌平郑各庄的温都水城所在地。

弘晳，姓爱新觉罗氏，康熙帝之孙，废太子允礽的长子。生于康熙三十三年（1694）七月，生母是侧福晋李佳氏。卒于乾隆七年（1742）九月，终年49岁。

五十一年十月第二次废黜皇太子允礽后，康熙帝未再立储，朝野对储君人选有种种猜测。允礽无嫡子，其长子弘晳日渐受到人们的关注。康熙帝去世后第二天（康熙六十一年十一月十四日），尚未正式即位的雍正帝胤禛将弘晳封为郡王（是年十二月给封号多罗理郡王），不久封入满洲镶蓝旗。雍正八年五月，晋封理亲王。乾隆四年（1739）因"心怀异志"罪革爵，削宗籍，改名四十六（是年弘晳四十六岁），被执回京。三年后，弘晳死于景山东果园禁所。四十三年复原名，收入玉牒。

《清史稿》称："雍正元年，诏于（山西）祁县郑家庄修盖房屋，驻扎兵丁，将移允礽往居之。"

然而据康熙六十年十月上驷院郎中尚之顺等所上满文奏折称：康熙五十七年冬，奉旨于郑家庄营造行宫、王府、城楼、城门、城墙、兵丁营房等，见已竣工。

此外，其他有关满文奏折从略。

根据康雍两朝满文档案，我们发现《清史稿》所述有三处失实：一是郑家庄王府系康熙五十七年始建，六十年竣工，并非雍正元年诏建；二是雍正帝命弘晳迁往郑家庄，并非"将允礽往移之"；三是此处郑家庄不在（山西）祁县，而在北京昌平州内。

由此可证，清宗室昭梿《啸亭续录》称"理亲王（弘晳）王府在德胜门外郑家庄，俗名平西府"；清末吴士鉴《清宫词》八十四首之第九首自注，"圣祖皇太子理密亲王既废，其子弘晳，始而禁锢，继迁居京西郑家庄，仍袭郡王"；以及北京大学教授韩光辉在《清康熙敕建郑家庄王府考辨》（《中国历史地理论丛》1996 年第 2 期）中所作有关论述等，均与史实相符。

关于康熙帝为什么要选中郑家庄作为迁移废太子允礽之地，郑家庄行宫、王府的建筑情况，以及为什么最终是废太子的长子弘晳代父而往等原因，可参看新近再版拙著《清朝皇位制度》。

满文档案作为原始材料，对于考察清史、清代宫廷史是无可或缺的。但是，我们应当辩证地看待满文档案与清史、清宫史研究的关系。对于研究者来说，现存的满文档案也有自身的缺陷，我们在发掘、利用时需要加以分析、鉴别。关于这些问题，以后再做探讨。

总结上述内容，可以归纳为以下几句话：

考察清代紫禁城与清代宫廷史，需要抓住它的灵魂，彰显它的特色，兼用满汉史料。

编辑整理：李海涛

、文学——文化前沿、

"下现实主义"及其他

陈众议

2010 年 4 月 19 日

陈众议

中国社会科学院研究生院外国文学系教授

摘 要：文学一路走来，明显呈现出由高向低、由强至弱、由大到小、由宽变窄、由外而内的倾向。当然，这些并不能涵盖文学的复杂性和丰富性。事实上，认知与价值的悖反或迎合、持守或规避，审美与文体的继承与扬弃、复古与翻新所在皆是。这也是由人及其时代社会的复杂性、丰富性所决定的。但是，从某种意义上说，高高耸立于世界文坛之巅的中外经典大都具有某种悖反精神。

关键词：下现实主义 经典 悖反

一、"下现实主义"的前世今生

（一）从现实主义到下现实主义

"下现实主义"，谈到这个名词的由来，还是要从现实主义说起。现实主义这个概念产生于 19 世纪中叶的法国，最初是针对法国的绘画和造型艺术的，但很快便被应用到了文学领域，至今已有一百六十余年。当时，巴尔扎克、司汤达等都被纳入了现实主义范畴。自然主义出现之后，又有人提出了"批判现实主义"。由于这个关乎其文学的某种本质，批评家们注意到"现实主义"其实源远流长。于是也便有文艺复兴时期的人文主义被视为"人文主义的现实主义"。由此追溯起来，古希腊罗马时期主流文学也属于现实主义。20 世纪，苏联又提出了社会主义现实主义。现实主义的范围就这样被渐渐拓宽。中国老一代熟悉的红色经典也属于社会主义现实主义范畴，从革命斗争时期到新中国成立后一直发展到 60 年代的《艳阳天》（以至于出现了标志性人物"高大全"及后来的八个样板戏）。这样的"现实主义"越走越窄，它就是我们认识的社会主义现实主义。关于文学的发展，毛泽东曾在多个场合下过定义，文学自古以来无非是两个主义：一个是浪漫主义，另一个是现实主义。浪漫主义侧重于想象，侧重于表现个人情感；现实主义侧重于社会现实，表现方式也相对客观冷静。毛泽东倡导"革命的浪漫主义加革命的现实主义"。那么到底什么是"革命的浪漫主义加革命的现实主义"呢？据我理解，这实际上就是革命的现实主义。有些红色经典实际上并不客观，而是相当主观，里面夹杂了大量革命主义和理想主义。

所谓下现实主义，则是主要针对最近三十年文学演变状况所做的一种界定，不能涵盖文学的复杂性。但是，如果粗略梳理一下最近三十年的文学现象，你可以发现以下两种倾向：一种是作家从为阶级、民族代言的神坛上走下来，走向自我。最典型的代表就是伤痕文学、寻根文学、后来的先锋文学一直到 20 世纪 90 年代末的身体写作，以及时下年轻人的日记式写作。另一种是从理想、抱负、批判的忧国忧民心态走向下半身，现在这样的写作已是司空见惯。这就是我要说的"下现实主义"。不能说这不是现实主义，但这已经现实到了自然主义的程度，而且焦点集中到了下半身，比如木子美的写作，比日记还要细节毕露。

（二）现实主义的发展

然而，下现实主义并非无源之水，无本之木。事实上，世界文学一路走来，基本遵循了自上而下、由外而内、由强到弱、由宽到窄、由大到小的历史轨迹。所谓自上而下，是指文学的形而上形态逐渐被形而下倾向所取代。倘以古代文学和当代写作所构成的鲜明反差为极点，神话自不必说，东西方史诗也无不传达出天人合一或神人共存的特点，其显著倾向便是先民对神、天、道的想象和尊崇；然而，随着人类自身的发达，尤其是在人本取代神本之后，人性的解放以几乎不可逆转的速率使文学完成了自上而下、由高向低的垂直降落。如今，世界文学普遍显示出形而下特征，以至于物主义和身体写作愈演愈烈。以法国新小说为代表的纯物主义和以当今中国为代表的下半身指涉无疑是这方面的显证。前者有罗伯·葛里耶的作品。葛里耶说过，"我们必须努力构造一个更坚实、更直观的世界，而不是那个'意义'（心理学的、社会的和功能的）世界。首先让物体和姿态按它们的在场确定自己，让这个在场继续战胜任何试图以一个指意系统——指涉情感的、社会学的、弗洛伊德的或形而上学的意义——把它关闭在其中的解释理论"。与此相对应，近二十年中国小说的下半身指向一发而不可收。不仅卫慧、棉棉们如此，就连一些曾经的先锋作家也纷纷转向下半身指涉，是谓下现实主义。这在 20 世纪五六十年代的西方"嬉皮士文学"、"新小说"或拉美"波段小说"中便颇见其端倪了。

由外而内是指文学的叙述范式如何从外部转向内心。关于这一点，现代主义时期的各种讨论已经说得很多。众所周知，外部描写几乎是古典文学的一个共性。亚里士多德在诗学中明确指出，动作（行为）作为情节的主要载体，是诗的核心所在。亚里士多德说，"从某个角度来看，索福克勒斯是与荷马同类的模仿艺术家，因为他们都模仿高贵者；而从另一个角度来看，他又和阿里斯托芬相似，因为二者都模仿行动中的和正在做着某件事情的人们"。但同时他又对悲剧和喜剧的价值作出了评判，认为"喜剧模仿低劣的人，这些人不是无恶不作的歹徒——滑稽只是丑陋的一种表现"。这在一定程度上道出了古希腊哲人对于文学崇高性的理解和界定。此外，在索福克勒斯看来，"作为一个整体，悲剧必须包括如下六个决定其性质的成分，即情节、性格、语言、思想、戏景和唱段"，而"事件组合是成分中最重要的，因为悲剧模仿的不是人，而是行动和生活"。恩格斯关于批判现实主义的论述，也是以典型环境为基础的。但是，随着文学的内倾，外部描写逐渐被内心独白所取代，而意识流的盛行可谓是世界文学由外而内的一个明证。

由强到弱则是文学人物由崇高到渺小，即从神至巨人至英雄豪杰到凡人乃至宵小的"弱化"或"矮化"过程。神话对于诸神和创世的想象见证了初民对宇宙万物的敬畏。古希腊悲剧也主要是对英雄传说时代的怀想。文艺复兴以降，虽然个人主义开始抬头，但文学并没有立刻放弃载道传统。只是到了 20 世纪，尤其是在现代主义和后现代主义时期，个人主义和主观主义才开始大行其道。而眼下的跨国资本主义又分明加剧了这一趋势。于是，绝对的相对主义取代了相对的绝对主义，宏大叙事变成了自话自说。

由宽到窄是指文学人物的活动半径如何由相对宏阔的世界走向相对狭隘的空间。如果说古代神话是以宇宙为对象的，那么如今的文学对象可以说基本上是指向个人的。昆德拉在《受到诋毁的塞万提斯遗产》中就曾指出，"堂吉诃德启程前往一个在他面前敞开着的世界……最早的欧洲小说讲的都是一些穿越世界的旅行，而这个世界似乎是无限的"。但是，"在巴尔扎克那里，遥远的视野消失了……再往下，对爱玛·包法利来说，视野更加狭窄……"而"面对着法庭的K，面对着城堡的K，又能做什么？"但是，或许正因为如此，卡夫卡想到了奥维德及其经典的变形与悖反。

由大到小也即由大我到小我的过程。无论是古希腊时期的情感教育还是我国古代的文以载道说，都使文学肩负起了某种世界的、民族的、集体的道义。荷马史诗和印度史诗则从不同的角度宣达了东西方先民的外化的大我。但是，随着人本主义的确立与演化，世界文学逐渐放弃了大我，转而致力于表现小我，致使小我主义愈演愈烈，尤以当今文学为甚。固然，艺贵有我，文学也每每从小我出发，但指向和抱负、方法和视野却大相径庭，而文学经典之所以比史学更真实、比哲学更深广，恰恰在于其以己度人、以小见大的向度与方式。

且说如上五种倾向相辅相成，或可构成对世界文学的一种大处着眼的扫描方式，其虽不能涵盖文学的复杂性，却多少可以说明当下文学的由来。如是，文学从模仿到独白、从反映到窥隐、从典型到畸形、从审美到审丑、从载道到自慰、从崇高到渺小、从庄严到调笑、从高雅到恶俗……观念取代了情节，小丑颠覆了英雄；"阿基琉斯的愤怒"退化为麦田里的脏话；"路漫漫其修远兮，吾将上下而求索"变成了"我做的馅饼是世界上最好吃的"；诸如此类，不一而足。

（三）经典的流变

邻国高尔基世界文学研究所的经典界定是三分法：一是普世的、永恒的；二是民族的、地缘的；三是历史的、时代的。这样的界定虽然不乏等级指涉，却并非完全没有道理；而目前西方比较流行的界定方法是两种截然不同乃至针锋相对的理论。一种认为经典是历史的、变化的，不同时代、不同民族和阶级有不同的经典及经典的评判、界定方式。另一种却认为经典取决于经典的经典性，而这些关涉认知、价值和审美的经典性是亘古不变的。在我看来，经典性和经典确实是两个不同的概念。前者不仅能够适应时代的变迁，而且可以为不同的时代和取向提供取之不尽的精神财富和文化源泉，因此它首先必得是一种精神。我将这种精神概括为悖反，即对时流、对大众价值的悖反精神。从历史的角度来看，高高耸立在世界文学史上的大都具有这种悖反性，比如荷马史诗和古希腊悲剧，又比如《神曲》和《堂吉诃德》、《人生如梦》和《浮士德》、《三国演义》和《红楼梦》、《人间喜剧》和《战争与和平》、《尤利西斯》和《变形记》，以及加西亚·马尔克斯的《百年孤独》，等等。

至于说经典是变化的，其最好的例证莫过于近三十年中国文坛的取舍褒贬，其历史性、时代性特征不言而喻。鲁郭茅、巴老曹或张徐钱（张爱玲、徐志摩、钱钟书）的彼落此起或许还不足以证明这一点，那么林林总总的下半身写作的风行、走俏当可说明这一点。同时，沧海桑田，生活常新，但人心很古。这本身就是一对矛盾，也是文学其所以复杂的重要原因。用最为概括的话说，古希腊城邦制时期，人们的生活已经相对安逸（否则就不会有喜剧和奥林匹克运动之类），但少数伟大的作家却不断地以敬畏说（甚至崇高—恐惧说）追怀远去的"英雄传说时代"。中世纪基督教文化又为崇高注入了信仰，而近代王国的建立进一步提升了荣誉、勇敢等一系列价值，文艺复兴又使人道主义擢升为核心价值（这是人本取代神本的必然结果），现代则有自由、平等、博爱，等等。可见西方文学（及文化）的核心价值是变化的。这势必导致大部分时代的经典成为后继时代的非经典，甚至被岁月的烟尘完全埋没。与这些时代经典不同，畅销作家往往按一定成规套路出牌。比如丹·布朗，其作品大致可以归纳为秘密加谋杀加惊悚加悬念加秘密社团及神秘符号，还有美女主角或搭档、神秘莫测的对手和险象环生的情景、分镜头式的描写和层层递进的情节，等等。凡此种种不是很令人迁思某些好莱坞电影吗？换言之，一如金庸的小说之于我国古代演义与武侠小说，从形式上讲,丹·布朗并没有超越中世纪基督教玄幻文学、骑士传说及哥特式小说和侦探推理等类型文学的传统,或者可以说是它们的一种集合;从内容上来看,他的那些大善大恶的人物和大开大合的故事所承载的也无非是西方或美国的那些所谓的"永恒"价值,即犹太—基督教文化的某些核心观念,其间关涉的其他东西方现代文化元素(除却这部分内容,他的作品犹如《哈利·波特》和《魔戒》,完全可以置身于中世纪传奇、骑士小说或哥特式小说)则恰似"全球化"背景下 NBA 招揽世界球员,奈何独不见伊斯兰阿拉伯人的身影。

同样,大多数现实主义作品在或模仿或反映的过程中往往有意无意地追随了时流(中国文学始终受到相对狭隘的写实主义的束缚,因而在模仿或反映和与之相对应的规避或虚构之间缺乏应有的缓冲地带)。非黑即白、非此即彼的排中律和狭义的形而上学在这里起着主导作用。殊不知伟大的经典乃至伟大的现实主义作品往往不拘泥于狭隘的现实,而是起源于现实,又超乎现实,也即与现实拉开距离。

再则,按照高尔基世界文学研究所的观点,倘若21世纪果真是中国的世纪,那么《三国演义》和《红楼梦》就应该渐渐进入普世的行列。但据我所知,迄今为止西方读者乃至西方作家,仍少有通读这些中国经典的著作。此话的重要指涉在于狭义文化始终是以经济、政治乃至军事力量为支撑的。两河流域、埃及、印度文化不是没有影响过西方。后来才时运倒转,有了西强东弱的局面。而19世纪的法国文学走遍天下,靠的主要是法国的国际地位和文化影响力;一如现今的美国文学,其所以受到一般读者的格外关注,那也是由美国的国际地位及其文化影响力所决定的。当我们熟知巴黎的大街小巷犹如自家的城市,说到纽约或美国人的"好处"如数家珍一般,文学翻译便不再是什么问题。翻译难就难在观念、情感等鲜活因素的移植。打个比方,不了解禅的来龙去脉,说参禅几乎就等于什么也没有说;或者林黛玉的那些"哼哼唧唧",甭说是对外国读者,即便是对于当下中国青年都不是很容易理解的。从这个意义上说,中国作家走向世界、中国文学经典获得"普世价值"的首要因素恐怕必得是国力的进一步强盛。到那时,偏见和猎奇固然不会绝迹,但大多数读者将以更为平常的心态对待中国文学,甚至于喜欢中国文学。说到这里,也许有人会问:那么拉美文学是如何走向世界的呢?除了拉美文学"爆炸"时期的那些作家本身的努力之外,有一个非常重要的客观原因或可道破"天机",那便是冷战。由于其特定的战略地位及文化构成(既有古巴这样的社会主义国家,同时又是西方文明的延伸),拉丁美洲一直是两大阵营对峙的一个缓冲地带。这无疑让马尔克斯们得以为两边所接受并迅速走向世界产生了至关重要的影响。

经典源自生活,却必得高于生活。这是老生常谈,但也是朴素的真理。在这方面，神话和史诗为我们提供了永不凋零的范例。

二、当前中国现实主义的现状和问题

且说当下中国文学正呈现出无比繁杂的景象，这是一种自然现象。首先它十分契合"全球化"浪潮，而"全球化"浪潮绝对不仅仅是经济一体化。这是马克思基于历史唯物主义及人类社会发展规律的重要预见之一。概括地说，"全球化"乃是资本在完成了地区和国家垄断之后，走向世界并将世界染成其色彩的必然结果。于是，大众文学乃至一般狭义文化的消费属性和资本色彩越来越明显。从这个意义上说，眼下中国文学的多元纷杂、众生狂欢，以致文学市场的混乱无序乃是情理中事。而所谓"多元化"实则是跨国资本主义的一元化。众声喧哗和多元并存其实只不过是其假象或表象而已。跨国资本也只有在众说纷纭、莫衷一是的氛围里才如鱼得水。总之，国家意识形态被淡化了，民族主义被消解了，传统的真理观、价值观被模糊了，跨国资本就可以横扫世界、东西方不败了。说穿了，所谓的文化冲突，归根结底不就是利益冲突吗？其次，从封闭到开放、从政治挂帅到金钱至上具有某种必然性。物极必反，矫枉过正，是谓钟摆效应。但也正因为如此，我们完全有理由相信"回摆"的可能性。只不过人不能两次踏进同一河流，历史永远不可能完全重复，也不应该完全重复。有守有进、进退中度，也是衡量一个民族是否成熟的重要标志。总之，为使中国文学真正步入繁荣昌盛（而非泡沫式增长）、成为世界文学的重要一环，创作界、媒体，乃至整个读书界都有不可推卸的责任，批评界更是义不容辞。老实说，倘使我们有意无意地模糊视听、消解界限、自我放逐，最大受益者肯定不是我们的文学、我们的民族，而是跨国资本。

（一）"你方唱罢我登场"

然而近30年，尤其是进入21世纪以来，中国文学所展示的前所未有的繁杂却是事实。就小说而言，首先是体裁和题材的空前扩张。传统写作如主旋律文学及多少与之相关的乡土文学、历史叙事等继续存在，多少与之对立的戏说、大话和恶搞则同样占有一席之地。其次是五花八门的年代和类型正以令人眼花缭乱的姿态发散、弥漫开来。

按作者出生时序说，有49年前辈和50后、60后、70后、80后乃至90后。虽然年代之分并不科学，更不容绝对，但不同年代出生的作家多少都带有不同的时代特点。比如70后被认为是相对"幸福"的一代，不仅从小与国家的改革开放同步，而且又多少和旧体制沾一点边，至少就业的压力还没有那么大。因此他们是跟着时代慢慢摸索的一代，虽然见证了不少禁忌的突破，实践了题材和文体的演变、小我和大我的 PK，但其中颇不乏迷惘。李师江、冯唐、丁天、卫慧等就体现了这样一个过程。80 后赶上了全球化时代，他们的笔下已少有禁区可言，自我表演成为主导。韩寒、郭敬明、张悦然、崔曼莉等以率性的文风和极富个性（乃至个人主义）的表演夺人眼球。90 后是网络文化催生的一代，他们以不乏稚气的自由涂鸦，欲使 70 后、80 后速朽。张悉妮、夏青、吴子尤、李军洋等一干初生牛犊正这样似小说非小说、似日记非日记地操练作文、探问人生。因此，总体上说，70 后、80 后和 90 后作家的向下、向内、向小、向窄倾向是毋庸置疑的；较之 70 前作家，当下青年作家的公共知识同比会广泛得多，这主要归功于改革开放及由互联网等构成的当代信息工程。

按类型说，近年来颇得青少年读者青睐的新武侠、新玄幻、新奇幻、新志怪、新言情、新历史、新校园、新职场、新恐怖、新青春、新推理、新间谍小说等新类型层出不穷，各年龄段的写手遍及全国。它们的共同特点是信马由缰，既不拘泥于传统或现存文学原理，也不拘牵于历史或现今的客观真实；但这并不表示它们不是按类型的某些既定规则出牌的，只不过（套用格雷马斯的话说）发送者和接受者、主语和宾语及其顺者和逆者是新的，如此而已，故谓之新。

按体裁说，除传统意义上的"三大件"即诗歌、小说和戏剧而外，新三大件即电影、电视剧写作方兴未艾，微博等网络写作也已随着互联网的普及应运而生且大有弥盖之势。面对每年上千部长篇小说、逾万部各色文集和相应数量（甚或更多部集的）影视和网络作品，可以说没有人能一览无余地指点江山。

但 70 后、80 后乃至 90 后的喧哗与骚动并不能淹没 70 前作家的顽强存在及其无与伦比的生命力。事实上，无论市场如何追捧新锐，70 前作家仍在努力。从以王蒙为代表的一代宿儒到 60 后作家，中国的传统文学或严肃文学依然在艰难探索、蹒跚前行，甚至不断超越自己、追求原创。用阎连科的话说这是搬石头上山。然而原创性始终是经典、是严肃文学的不二法门。以我有限的涉猎，即可列举一长串当代中国作家的名字，他们或许在某一阶段模仿过（这很自然），但其原创意识也是显而易见的。比如阎连科，他的反讽精神是逐步形成的，过程中不排除模仿，而如今却个性鲜明、大器乃成。又比如莫言，他成名虽早，却一直在追寻，其批判性想象力在当代中国作家中不可谓不突出。再比如贾平凹，尽管其《废都》（除却其中的那些多少带有文化象征的空格，几乎是指向下半身的一篇废墟）和当时的某些女性作家一起开启了中国式身体写作，但以《秦腔》为代表的"乡土作品"却充满了针对现代城市文明的深长慨叹。还有王蒙，他的机智和现实洞察力也是有目共睹的。此外，我们可以不赞同陈忠实、王安忆、徐小斌、陈村、王朔、张炜、李锐、格非、刘震云、余华、苏童、铁凝、阿来、毕飞宇等一干作家的某些作品或某种写作方式，但不能不承认他们总体上拓展了中国当代文学的维度。

需要说明的是，不排除老作家、名作家（包括上述作家中的张三李四）受市场，乃至某些 70 后、80 后、90 后写作的影响，从而不同程度地放弃高度追求，在某一作品或某一时期告别经典追求，并自甘"堕落"，即弃道取器或一味地沉溺于下半身写作。

（二）"为他人做嫁衣裳"？

简单地说，上述繁杂既可理解为繁荣，也可理解为混乱。繁荣（好得很）论者看到的大抵是背后的自由，是思想的解放，是创作空间的空前拓展；而混乱（糟得很）论者所担心的，恐怕是每年上千部长篇小说、逾万种各色文集所制造的浮躁和浮肿。这是就两个极端而言，并不意味着可以排中。本人既不乐观，也不悲观。首先，经典永远是凤毛麟角，而大多数只不过是作为基数的存在。其次，每一个相对短暂的时代并不能保证一定能出经典。这是古今世界文学的一般规律。最后，对近三十年中国文学的总结、批评和考量，尤其是深入研究、系统梳理才刚刚开始，甚至尚未开始。我们需要适当的参照系，也需要时间和距离。不说时间和距离，因为我们正身在其中；先说参照系。我们至少应该从纵横两个维度即历史的维度和世界的维度来评判当代中国文学。一旦将当代中国文学置于这两个维度，我们就会发现，它既非最糟，亦非最好。这不是和稀泥，而是基于真实认知的一种简单说法。也就是说，中国当代文学基本追随了世界文学的大走向、大趋势。

当然，世界文学的情况非常复杂。客观上，这是因为文学的载体和市场发生了深刻的变化。文学的主要接受者——传统意义上的"文学青年"大都已经分化消散、移情别恋。影视、网络等新媒体介质取代了纸质文学这个传统意义上的主要艺术载体，文学不再是时代认知和审美的主要对象。这客观上对文学造成了极大的冲击。于是文学"终结论"和"边缘化"之类的慨叹不绝于耳。当然，文学的实际存在多少宣告了"终结论"的终结，况且文学无处不在，影视剧本、网络写作本身也是文学，但纸质文学的相对"边缘化"却是不争的事实。

就西方而言，尤其是比照历史传统，其当今文坛的情况同样令人堪忧。虽然始终不乏经典的悖反，但总体上西方文学也是由高走低的倾向占了上风。

由此可见，当下中国文坛大致上（而非全部）的下现实主义和唯我倾向并非无源之水、无本之木。况且如上倾向又恰好于 20 世纪末化合成形形色色的后现代思潮。而后现代思潮的出现客观上又正好顺应了跨国资本主义的发散。但奇怪的是过程中始终不乏奇崛的悖反及由此化生的特殊丰碑，比如荷马史诗和古希腊悲剧，又比如但丁和塞万提斯、罗贯中和曹雪芹、巴尔扎克和托尔斯泰、乔伊斯和卡夫卡，以及加西亚·马尔克斯，等等，他们及许许多多逆时流而动的经典作家在价值取向上留下了宝贵的遗产。当然，不能说经典作家就不考虑市场。莎士比亚是个很有市场意识的作家，巴尔扎克也经常为多赚几个稿酬而废寝忘食。关键在度。笼统地说，完全无视市场是不可能的。想当初加西亚·马尔克斯光着脚丫子窝在墨西哥几平米的陋室里创作《百年孤独》时，是何等急切地希望它成为畅销书啊！因此，出书几天以后，当他偶然看见一位家庭妇女的菜篮子里居然就装着一本《百年孤独》，立刻激动地流下了热泪。去世不久的桑塔格也一直表示，没有作家不想作品畅销。但渴望作品畅销与成为畅销书作家却相去甚远，完全不能同日而语。

三、世界范围内的现实主义

（一）叛逆与回归的神话

话说 20 世纪文学一头扎进了个人主义和主观主义的死胡同。小我取代了大我，观念取代了情节。但加西亚·马尔克斯不苟且，他的《百年孤独》居然逆历史潮流而动，演绎了一部可歌可泣的经典神话：从创始到末日、从神谕到逃遁到神谕灵验。无论他是在有意反动，还是无意间让文学来了个大逆转、大回环，马孔多和布恩蒂亚家族的命运无不令人迁思《圣经》之类的古老神话、英雄传说时代的神奇故事。的确，它是一部完整的神话，从马孔多的创立和布恩蒂亚家族的繁衍到洪水和世界末日的降临。在此过程中，神和人相生相克、人和鬼相濡以沫。它又是一部典型的英雄传说，一如古希腊悲剧《奥狄浦斯王》所昭示的那样，神谕—逃避命运—预言灵验正是布恩蒂亚家族乃至拉丁美洲民族和整个美洲的一个完满的故事。这一方面应了原型批评派的猜想，另一方面却是世界文学经典之旅的一座高耸的航标。

在《百年孤独》中，加西亚·马尔克斯的笔触再一次从故乡（位于加勒比海岸的热带小镇阿拉卡塔卡）伸出，既反映了这一个热带小镇马孔多的兴衰，同时也是对整个拉丁美洲历史和人类文明的象征性表现，可谓覆焘千容，包罗万象。秘鲁著名作家巴尔加斯·略萨以其敏锐的艺术直觉体察到《百年孤独》的非凡的艺术概括力，认为它象征性地勾勒出了迄今为止人类历史的主要轨迹，即从原始社会、奴隶社会、封建社会到资本主义和垄断资本主义社会。同时，何·阿·布恩蒂亚和表妹乌苏拉因为一时冲动，不顾传说的忠告犯下原罪，而落得个离乡背井的下场（失乐园）。他们在荒无人烟的沼泽地里流浪了无数个月，连一个人影也没遇到。直至一天夜里，布恩蒂亚做了个梦，梦见他们所在的地方叫马孔多。布恩蒂亚当即决定在这里安家，不久，乌苏拉生下了两个健全的并无异常的孩子。布恩蒂亚不再担心"猪尾儿"的传说了，打算同外界恢复联系，结果却惊奇地发现，这个潮湿寂寞的境地犹如原罪以前的蛮荒世界，周围都是沼泽，再向外是浩瀚的大海。鬼知道他们当初是怎么来到这个地方的。他们绝望地用大砍刀胡乱地劈着血红色的百合和蝾螈。"远古的回忆使他们感到压抑"。布恩蒂亚的一切幻想都破灭了。"'真他妈的'，何·阿·布恩蒂亚叫道，'马孔多四面八方都给海水围住了！'"这里既有古希腊人的心理经验（比如《奥狄浦斯王》的预言—逃避预言—预言应验），又有希伯来民族的"原始心象"（同荡气回肠的《圣经》如出一辙）。然而，马孔多是一块"福地"。它四面是海，它的出现当归功于梦。而那个梦就像是神谕，布恩蒂亚又何尝不是"原型"摩西的显现。起初，马孔多倒真像是一块福地，一个世外桃源。总共只有二十户人家，过着田园诗般的生活。一座座土房都盖在河岸上；河水清澈且沿着遍布石头的河床流去，河里的石头光滑洁白，"活像史前的巨蛋"。这块天地是新开辟的，许多东西都叫不出名，不得不用手指指点点。但好景不长，不同肤色的移民、居心叵测的洋人慕名而来，名目繁多的跨国公司接踵而至；马孔多四分五裂，并开始外出争衡。布恩蒂亚的孤僻子孙上丞小报，无奇不有，终于失去神的庇护：财富与他们无缘，爱情的天使披着床单飞上天去……最后，布恩蒂亚的第六代子孙奥雷良诺·巴比伦发现他的情妇阿马兰塔·乌苏拉并非他的表姐，而是他的姨妈。他还发现弗兰西斯·德拉克爵士围攻列奥阿察的结果只是搅乱了这儿家族的血缘关系，直到这儿的家族生出神话中的怪物——猪尾儿。这个怪物注定要使那种洪水变成猛烈的飓风，将马孔多这个镜子似的城市从地面上一扫而光。一如《圣经》或《奥狄浦斯王》，布恩蒂亚家族逃避预言仿佛终究是为了使预言灵验。

　　诸如此类的悖反并非加西亚·马尔克斯的专利。《红楼梦》和《三国演义》所表现的反道统、反时流倾向和虚无意境显而易见；早在三千年前，盲人荷马就以缤纷的色彩创造了文学世界的第一个大回环。尽管都说荷马们像初民那样把历史变成了神话，但19世纪德国学者施里曼和英国考古学家伊文斯却用确凿无疑的证据"还原"了历史。公元前13世纪至12世纪，也即克里特—迈锡尼文明时期，地处地中海欧亚海陆交通要塞的特洛伊繁荣昌盛，古希腊人正是觊觎其财富和劳动力才悍然发动了战争。此后，这次远征一直为古希腊人所传诵，并逐渐演化为气势恢宏、充满神奇的荷马史诗。当然，不仅是荷马史诗，但凡史诗，大都具有这样的性质。这其中分明蕴含着先民对世界本原及伟大祖先的玄想与膜拜。这种玄想与膜拜被人类文明所逐渐扬弃，其中大部分随着岁月的流逝而慢慢淡出我们的生活，只有极小部分通过文学、宗教等现代文明得以传承。

　　然而，古希腊悲剧作家尤其是作为其最高典范的索福克勒斯，身在古希腊城邦制社会的极盛时期却并不满足于表现时代气息，而是发古之幽情，并一味地追怀远逝的"英雄传说时代"，借以自我解嘲。如是，索福克勒斯虽然作为温和的民主派人士参与了反对寡头派的斗争，却将其艺术视角转向了神人共存的遥远过去，并以此揭示人的意志在强大的命运或神的意志面前竟是如此无奈、如此脆弱、如此不堪。这或许反映了雅典自由民对社会现实的悲观情绪，但又何尝不是文学家厚古薄今的主观怀想。就像那位无名祭司所言，奥狄浦斯"是受到神的援助，感悟出（司芬克斯——引者注）谜底，解救了我们，使国家脱离苦难"。但无论如何，人类始终还是神的一枚微不足道的棋子。即使你暂时可以有所作为，最终也还是在一步步地完成神的预期。正如歌队长所吟唱的那样，"……请看，这就是奥狄浦斯，他猜出了那著名的谜语，成为最伟大的人物，哪个公民不曾用羡慕的眼光注视过他的好运？瞧，他现在掉进了可怕灾难的汹涌浪里了。因此，一个凡人在尚未跨过生命的界限最后摆脱痛苦之前，我们还是等着看他这一天，别忙着说他是幸福的"。

（二）基督的罗曼司

　　如果说古希腊悲剧一定程度上是人类摆脱蒙昧之后的一种自我解嘲，那么但丁的《神曲》多少是面对人性丑恶（及其更大程度地膨胀或释放）发出的一声长叹。从某种意义上说，在人本取代神本之前，但丁便已有洞识，"这部作品的意义不是单纯的，毋宁说，它有许多意义。第一种意义是单从字面上来的，第二种意义是从文字所指的事物来的；前一种叫做字面的意义，后一种叫做寓言的，精神哲学的或秘奥的意义"。从字面上说，《神曲》顾名思义是写灵魂的。而从寓言来看，其"主题就是人凭自由意志去行善行恶，理应受到公道的奖惩"。但丁还明确表示，他写《神曲》是"为了影响人的实际行动"，"为了对邪恶的世界有所裨益"，即"把生活在现世的人们从悲惨的境地中解救出来，引导他们达到幸福的境界"。而这个境界显然主要是神学意义上的境界。如是，过去关于但丁人文主义思想的诸多评说，多少是现代文人的一厢情愿。虽然恩格斯说他是新时代的最初一位诗人，但他毕竟也是中世纪的最后一位诗人。而作为信仰和神学的象征，贝娅特丽齐当是中世纪真善美的典范。与之相对应，那幽暗森林中挡住但丁这迷途羔羊的三只野兽（豹、狮、狼）何尝不是对人类罪恶和人性弱点的隐喻。再说但丁创作《神曲》的时代，正是拉丁俗语逐渐登上历史舞台，世俗文化迅猛发展之际。而世俗文化正是市民瓦解道统的"撒手锏"。调笑以空前的形式蔓延开来，经萨凯蒂、博亚尔多和阿里奥斯托等汇入喜剧大潮。也许正因为如此，但丁才率先发出了那一声保守的长叹。

同样，都说塞万提斯的《堂吉诃德》是反骑士道的（塞万提斯自己也是这么说的），但实际效果却不然。作品在浪漫派及之后的接受中产生了悖反，即它被大多数浪漫主义者和革命家当成了理想主义的经典。这就使得被嘲讽的堂吉诃德逐渐高大起来。屠格涅夫在比较堂吉诃德和哈姆雷特时说过，堂吉诃德"首先是表现了信仰，对某种永恒的不可动摇的事物的信仰以及真理的信仰，简言之，对超乎个别人物的真理的信仰，这真理不能轻易获得，它要求虔诚的皈依和牺牲，但经由永恒的皈依和牺牲的力量是能够获得的。堂吉诃德全身心浸透着对理想的忠诚，为了理想他准备承受种种艰难困苦，准备牺牲自己的生命……他完全把自己置之度外（如果可以这样说的话），他活着是为了别人，为了自己的弟兄，为了除恶毒，为了反抗敌视人类的势力——巫师、巨人——即是反抗压迫者。在他身上没有自私自利的痕迹，他不关心自己，他整个人都充满了自我牺牲精神——请珍重这个词吧！他有信仰，强烈地信仰着而毫无反悔。因此他是大无畏的、能忍耐的，满足于自己贫乏的食物和简单的衣服：这些他是不在意的。他有一颗温顺的心，他的精神伟大而勇敢；他不怀疑自己和自己的使命，甚至自己的体力；他的意志是不可动摇的意志……他的坚强的道德观念（请注意，这位疯狂的游侠骑士是世界上最道德的人）使他的种种见解和言论以及他整个人具有特殊的力量和威严，尽管他无休止地陷入滑稽可笑的、屈辱的境况之中……堂吉诃德是一位热情者，一位效忠思想的人，因而他闪耀着思想的光辉。哈姆雷特又是什么呢？……他是一个利己主义者"。然而，塞万提斯生活的时代恰恰是利己主义、个人主义开始高涨的时代。人文主义带来的人性解放和市民文化在他的那个时代催发了利己主义和拜金主义。于是，神本让位于人本，信仰让位于利益，集体主义让位于个人主义。正因为如此，塞万提斯对堂吉诃德的嘲讽是带泪的。用海涅的话说，他读《堂吉诃德》时就连大自然都在哭泣。而塞万提斯"自己就是位英雄，大半世光阴都消磨在骑士游侠的交锋里，身经勒班多之役，损失了左手博来点勋名，可是他暮年还常常引为乐事"。"……他是罗马教会的忠诚儿子，不仅在好多骑士游侠的交锋里，他身体为它的圣旗流血，并且他给异教徒俘虏多年，整个灵魂受到殉道的苦难。"塞万提斯是否是罗马教廷的忠诚儿子有待探究，但有一点是值得肯定的，那便是《堂吉诃德》不仅没有将骑士小说一扫而光，反倒（至少因自己的成功）为它树立了丰碑，而且骑士道的那一套理想主义也因之而在以后的世纪中大放异彩。这一点又恰好与时代即资本主义的发展趋势相悖逆。哈罗德·布鲁姆在比较塞万提斯与莎士比亚时说过，"现代的唯我主义就是植根于莎士比亚（以及他之前的彼特拉克）作品中的"。此外，他认为"但丁、塞万提斯和莫里哀依靠的是笔下人物的互动关系，这似乎比莎士比亚高度的唯我主义更不自然，也许他们确实没那么自然"；"莎士比亚笔下人物没有像堂吉诃德与桑丘那样的相互交流，因为他写的朋友和恋人们从不认真地听取别人的倾诉。试想安东尼死亡的场景，克莉奥佩特拉听到和窃听到的大多是自己的声音；或试想一下福斯塔夫和哈尔之间的戏耍，此时福斯塔夫由于王子不断地攻击而被逼着要保护自己。有一些较轻微的例外出现在《皆大欢喜》中的罗瑟琳和西利娅等人身上，但并不常见。莎士比亚式的个性是无可比拟的，但其代价也是巨大的。塞万提斯的自我中心受到乌纳穆诺的夸赞，也总是被桑丘和堂吉诃德的自由关系所限定，他们相互给予游戏空间。塞万提斯和莎士比亚在创造个性上都是超群的，但是最杰出的莎士比亚式人物，如哈姆雷特、李尔、伊阿古、夏洛克、福斯塔夫、克莉奥佩特拉及普洛斯佩罗等人，最终都在内心孤独的氛围中悲壮地凋萎。堂吉诃德和桑丘却是互相解救的。他们的友谊是经典性的，并且部分地改变了往后的经典本质"。他同时还认为堂吉诃德"是一个地地道道的传统主义者"。

更为重要的是，塞万提斯用喜剧的形式创造了堂吉诃德的悲剧，也即用解构的方式重构了被骑士小说歪曲并无可奈何花落去的骑士道精神。

也许正是基于诸如此类的立场，拥抱时代精神、体现市民价值（或许还包括喜剧和悲剧兼容并包，甚至在悲剧中掺入笑料）的莎士比亚受到了老托尔斯泰的批判。后者认为前者缺乏信仰。而所谓信仰，或许正是巴尔加斯·略萨厚古薄今的所谓"君子之道"。毫无疑问，信仰既可以指向过去，也完全可以非常现实或僭越现实的超前。但托尔斯泰和巴尔扎克们若非凭借其方法上的优势（恩格斯称之为现实主义的胜利），其厚古薄今的结果恐怕就不是与塞万提斯比肩了，而是要成为堂吉诃德了。同理，乔伊斯和卡夫卡等现代巨匠也为文学的悖反提供了新的注解。这主要不在于其意识流或表现主义形式，而在其更为本质的现实主义精神及其体现幻灭的彻底和反向追怀的极致。诸如此类，不一而足。然而，人心很古，而且未来亦然（至少是在可以想见的未来），因此无论悖反还是持守，如上作家貌似厚古薄今，本质上却与希望相同，即多少蕴含着某种乌托邦式的理想主义精神。

此外，经典的界定一直是个悬而未决的问题，尤其是在解构风潮之后，何谓经典几乎像何谓文学一样众说纷纭，莫衷一是：随变的还是普世的？民族的还是世界的？时代的还是恒久的？但无论如何，对于我们这样一个尚处弱势的民族，基本信仰是不容阙如的。集体主义、民族认同一旦丧失，任何振兴、复兴便无从谈起。因此，对下现实主义的悖反不仅有必要，而且紧迫。这也是由文学，尤其是文学经典的理想主义本质所决定的。

编辑整理：李凡星

在小说与历史之间

陆建德

2010 年 3 月 8 日

陆建德

中国社会科学院外国文学研究所党委书记、研究生院外国文学系教授

摘　要：本文主要通过对历史学写作和文学作品写作的关系考察，探讨了从19世纪到现在西方史学界历史学写作指导观念的变迁，以具体事例解释了事件性历史和个人性历史（自传性作品）写作的流变，并由此引申出历史写作和文学写作的相互启发和影响，讨论了文学写作中作家主体意识的参与和作品与读者的互动，在两种写作新成就的基础上肯定了史学和文学的互动。

关键词：历史学　小说　自传　相互启发

一、历史和小说的本质是相同的

我们经常有一种观念：历史是历史，小说是小说。小说的英文是 fiction，fiction 就是虚构。历史则不一样，提到 history，我们不会觉得那是虚构。这种观念深入人心。我们脑海里总会存在一些固定范畴，总觉得所谓"事实"是确定不疑的，其反面就是谎言，谎言即虚构，两者之间就形成了对立。我要强调一下，这种思维对做学术研究是非常不利的。因为学术研究要求我们去考察多数事物背后有怎样一个指导的意识形态。比如我们阅读一位史学家的作品，就要看他究竟想要论证什么问题，或者通过论证问题表达怎样一个党派之见。这里所说的"党"并不是一个特殊的"党"，而是 partisan points of view，即"带有偏见的观点"。我们在说话的时候经常会用到一些词语，而且习惯于深信不疑地去使用它们。例如"事实胜于雄辩"，"雄辩"即修辞学，英文是 rhetoric，"事实"即 facts。一方面是 facts，另一方面是 rhetoric。我却要说，事实往往是由雄辩决定的，事实取决于雄辩而不是事实胜于雄辩。这是一个颠覆性的理论说法。再看另外一句话，也是我们平常经常会说的，"实践是检验真理的唯一标准"。我作为一个 20 世纪 70 年代末进入大学的人，还记得在那个特殊的年代，自从这句话被发表在报纸上之后，时代便有了一个新的开端。但是这句话忽略了一个问题，那就是实践和事实一样，并不是不言自明的，无须解释就已经存在的。我们把实践称为 practice，也可以指事实，和 facts 的意思很相近，实践需要大家去界定。在

1978 年或者说改革开放初期，大家对很多事情的认识和现在完全不一样。我们现在有很多新的词语和意识，比如说我们批评现在有些生产方式原始、高能耗，我们要求减低碳排放量，爱护环境，有生态意识，但是所有这些（新的意识）在 1978 年、1979 年都是不存在的。那个时候如果要鉴定实践的效果如何，会说某个地方烟囱比较多，这就胜于雄辩，（说明）这个地方的经济比较好。现在则完全不会这样做。同一个实践的状况，不同的人会有不同的评价。所以我们对实践、对事实的理解是随着时间而变化的，这和江泽民同志所说的"与时俱进"是一样的道理。同样，我们对历史的看法也是不断在变化的。知道了这一点之后，大家再去看待诸如小说或者历史等写作形式就会明白，这些都是由人组织起来的。把小说和历史人为地分开，就会形成一种非常幼稚的事实观。

二、19 世纪以来历史写作观的演变及影响

在 19 世纪，人们信奉科学。19 世纪的史学家也相信：随着能够掌握的资料越来越多，写出来的历史无疑会越来越可信。当时也确实出现了许多优秀的史学著作，比如斯特劳斯的《耶稣传》①。他通过这本书揭示了基督教在兴起初期，很多方方面面的事情是被人们忽略的这个事实，原来大家以为理所当然的事情被颠覆。在其他领域，达尔文提出了进化论，马克思提出了一个非生物界的进化论，即社会进化论。所有这些伟大的理论背后都有一个科学的信念支撑，那就是随着资料的增多，历史会有一个明晰的结论。19 世纪的史学家尤其是 19 世纪后期的德国史学家朗克就认为，他那时代的史学比以前越做越好，因为那时的史学家坚信事实胜于雄辩，懂得怎样呈现史实，认为随着历史资料的增加，自己的时代写出的历史要比原来好得多。这种观点根深蒂固。到 19 世纪末叶，当时英国历史学家阿克顿（Lord Acton，阿克顿勋爵）② 说过一句很有名的话：权力使人腐败，绝对的权力导致绝对的腐败。Lord Acton 曾主编过 1896 年版《剑桥现代史》，这是一部世界史。在这套丛书的前言里，他表达了这样的观点：这个版本的历史是在收集事实基础上写出来的，比以往的好得多，以后会有 ultimate history③，一劳永逸。然而到了 20 世纪中叶，同样是《剑桥现代史》（1950 年版）的主编，同样在英国很有名的历史学家克拉克却认为，"客观"这个词的意义现在已受到了挑战，当年 Lord Acton 曾经期望过的"ultimate history"其实离我们很

---

① David Friedrich Strauss：The Life of Jesus.

② Lord Acton（1834～1902），英国历史学家和政治思想家。

③ ultimate history，即"最终版本的历史"，指资料丰富、收集到一定程度基础上写出来的历史就不用再重写的历史。

远，是永远不会有的。现在大家只会越来越认识到相对主义的重要性。若想准备一套历史，终究需要发挥执笔人的想象，史学家把各种材料组织起来去呈现他个人版本的历史。这样的看法在20世纪50年代的英国就已经很普遍了，大家都认为19世纪的史学过分依赖"科学"，产生了一种天真幼稚的、早熟的乐观主义。20世纪中期以后，西方出现了很多理论，不论是结构主义还是后结构主义或者其他，都在很大程度上挑战了阿克顿勋爵和朗克所标举的客观主义。因为（19世纪的）客观主义首先假定有一定的客观事实摆在眼前，然后只要像拍照一样把眼前的东西拍下来、写下来就能成为很好的历史。可是他们没有意识到自己在拍照的时候已经运用了一定的手段，他们的镜头实际上是带有一定颜色的。拍照实际上是他们的一种个人创作，照片则是他们的作品。于是我们会更多关注呈现历史的方式，越来越重视讲述历史的人，去考察他们讲述历史的立场、视角、意识形态和某些未经检验的前提。如果我们回溯到阿克顿的时代，当时的人们会觉得历史的进步是必然的，后来的史学家则认为历史未必纯粹就是进步。如果把人类社会比作一个"人"，那么这个"人"也就会有盛年，会走向衰老，也会面临死亡，这是其一。一些史学家觉得是进步表征的事物，另一些史学家会认为是由于进步付出的代价和造成的问题。当我们面对着烟囱里冒出来的浓烈的、滚滚的黑烟，我们不会欢呼而是警惕。以上所有都指向一个结论，那就是史学的写作牵涉到许多人为因素，牵涉到我们当下对世界的认识。

史学写作和小说写作有很多相似的地方，形象一点来讲，这些相似之处和考古学有相通之处。考古学家到了一个遗址，看到很多（文物）碎片，运用自己的学识和想象把碎片拼成一个整体以恢复（历史）原貌。有的考古学家在这整个过程中比较谨慎，有的则过于急切地想通过这个遗址或某个器物来证明自己的观点。由于太过心急，他们忘记了细心分析，习惯性地"主题先行"，把碎片拼接成自己想象中应该有的那个形象，然后写出相关文章，倒也像模像样。但是后来人们发现，他们的碎片拼接过程实际上出了不少问题，不应该是那样拼接的。由此我们可以看出，文学、历史和考古的相似之处首先在于它们都需要一个切实参与的人动用主观来组织材料，这里的主观包括组织者自身的学养，也有很大一部分是他自己的想象。我们不能要求两个人的学养完全一样，根据差不多的历史事实或史料，人们写出来的历史却不同，完全一样是不可能的。很可能某个历史学家是自由派，不相信宗教而相信进步的力量，坚持个人自由，以为个人是考虑一切问题的出发点；另一个历史学家则可能是保守派，相信宗教和信仰的力量，认为社会不会单纯地按照线性模式发展，认为个人不能决定一切，存在着高出个人的范畴，这些范畴也许叫家庭，也许叫社会，也许叫国家，个人的意义往往要通过这些范畴来界定。因此在掌握同样事实的基础上，同样是教授的两个人最终写出来的历史和呈现出来的图景以及背后的论点可能是背道而驰的。同样的事实，说明的真理也可能不一样。所以我们不应该忽略一点，那就是在写作过程中，实际上存在着一个非常积极的"因子"。这里的因子用英文来说就是 agent，它在整个写作过程中起着"中介"的作用，发挥着积极功能，而我们的 human agency（"带有人类意识的中介"）一旦进入到所有事实之中，就会发挥自己的特殊作用。20 世纪中叶之后的多数理论（不论是史学的还是文学的）都越来越多地使我们认识到，确实存在着一些 agency 在起作用。这些 agency 可能是和个人相关的，由于个人的亲身参与或者种种偏见导致作品写出来是某一种观点；也可能某些 agency 由社会或者社会的整体偏见决定，还可能由一种看不见的、高高在上的、像福柯所说的"权力"来决定。这个"权力"有着巨大的宰治作用，而语言就是它的宰治工具。20 世纪中期以来便有一种说法：不是我们在使用语言，而是语言在使用我们。具体说来，语言有几个基本的范畴，这些框架决定了我们的思维方式。我们学到的东西都以一种抽象的体系组织起来，这个体系就是语言，一张由语言和社会权力组成的网在决定着我们的好恶。我个人对于这种观点是不大认同的。因为我觉得它过于决定论，而且往往无视一个简单事实。也许福柯所说的权力是无孔不入的，每个人都受到它的宰治。但是从福柯本人的写作来看，他还是有反抗能力的，并能够和权力保持一定距离，然后再批判权力。意识到了这一点我们就会知道，不同的个人还是会形成差异，而这种差异性往往会体现出人类的创造性以及人类追求真理的不屈不挠的精神。

20 世纪 70 年代以后，许多理论家一方面受到诸如福柯等后现代理论家的启发，另一方面也认为自己能和福柯一样做出积极的贡献、提出自己的理论。很多小说家在这个方面也是相近的，他们看到了以前没有人意识到的东西，通过自己的写作揭示出原来人们想当然的事实和小说背后那些众多的人工雕琢痕迹，而这些痕迹里面往往带有某个特定时期的偏见。

到了 20 世纪 60 年代，英国史学界的另一位学者 E. H. Carr（专治俄国史和苏联史的史学家）曾写过一本书，叫《什么是历史?》（What Is History?），称得上是经典著作，虽然它只是一本小册子。在这本书中，作者具体介绍了阿克顿、克拉克的思想，并且提出了很多振聋发聩的观点。比如，历史上发生过的事实无数，就比如曾有无数人从 Rubicone（卢比孔河）① 上渡过，但唯有恺撒渡过 Rubicone 才称得上一个历史事件。这一方面因为恺撒的意义不同于常人，另一方面也因为我们在运用自己固有的什么是重要的什么是不重要的观点来组织、呈现历

---

① Rubicone：卢比孔河，意大利北部的一条约 29 公里长的河流。根据罗马当时法律，任何将领都不得带领军队越过作为意大利本土与山内高卢分界线的卢比孔河，否则就会被视为叛变。但公元前 49 年，恺撒破除将领不得带兵渡过卢比孔河的禁忌，带兵进军罗马与格奈乌斯·庞培展开内战，并最终获胜。

史。正是因为书中有很多新颖的观点，《什么是历史?》出版后不仅给历史学界带来巨大冲击，也对人文学界产生了很大影响。到了 80 年代，美国学者 Peter Novick 也出版了一本非常有名的书，叫 That Noble Dream（《那崇高的梦想》)①，书中主要讨论了美国史学界对 Objective Question（客观性问题）的看法。19 世纪的美国史学界也受到了朗克等人的影响，追求"客观"的史学，但是现在我们已经知道，那个时候的美国史学界恰恰是极其不客观的，而现在的美国史学在很大程度上是对 19 世纪史学的纠正和批判。That Noble Dream 篇幅巨大，其中有相当一部分是对 19 世纪美国史学观的回顾。有趣的是，全书开头部分还有专门篇幅谈论法国小说家福楼拜，而福楼拜写作的主旨就是不带偏见地把自己看到的东西写下来，希望能做到如实道来，不带有个人情感和观点。在这一点上他和朗克很相近。我们知道，19 世纪不少作家喜欢在写小说的时候加入许多议论，比如俄国的陀思妥耶夫斯基和托尔斯泰、英国的乔治·艾略特。这样做使得作家看起来是全知全能的，不仅洞悉自己作品中每个人物和他们的心理，有时候还会自己忍不住跳出来发表一通宏论。福楼拜并不认同这种做法，也不喜欢这种风格。他认为作家的眼睛最好像玻璃一样，只负责映照看到的一切，然后再由本人不带感情地把看到的东西全部写出来。这个理念听起来和朗克的观点出奇地相像，而且直到 20 世纪还在流行。大家可能听说过一位名叫奥威尔②的小说家，虽然以散文创作见长，但他最有名的作品是两部小说《1984》和《动物农场》。由于个人讨厌造假，奥威尔索性在《1984》里虚构了一个"真理部"，这个所谓的"真理部"其实只是在不断地虚构所谓的事实。奥威尔个人不愿意看到现实中出现这种情况，于是不断地呼吁"Call a spade a spade"，希望自己的小说能够切实呈现真理。这种看法和福楼拜也很相近。但是奥威尔没有意识到，他所谓的"真理"是通过个人组织起来的，可能比"真理部"炮制的谎言好一些，但是绝对不是纯客观的。诺维克就这样从 19 世纪中后期的社会思潮开始一步一步追索下来，直到美国史学界真正取得巨大成就的 20 世纪 80 年代，而这些成就的取得就在于对廉价的宣传或者说官方话语的不轻易认同。比如历史学家们会去考察《独立宣言》的问世过程和发表的真实动机，从而得知这个真实动机就是谋求建立一个法律上的独立国家，然后和法国结盟一起打击英国。如果牵涉到林肯，史学家们又会转而研究南北战争的真实动机到底是什么。事实上，林肯很多言论都表明他自己也是一个种族主义者，他之所以会宣布废除奴隶制是因为他认为这样会给南方经济致命一击。重点不是真正给黑人自由，这也解释了为什么到了 20 世纪 60 年

---

① Peter Novick:《那崇高的梦想：客观性问题和美国历史专业》（*That Noble Dream*: *The Objectivity Question and the American Historical Profession*, New York, Cambridge University Press, 1988)。

② 乔治·奥威尔（GeorgeOrwell 1903 ~ 1950)，英国作家、新闻记者和社会评论家，著名的英语文体家。

代马丁·路德·金还在为黑人的人权奔走呼吁。就这样，美国的历史学家们通过新的史学武器把美国建国以来大家有意回避或者试图遮掩的事实真相揭示出来，但并没有说自己的结论绝对客观可靠，而是更多地强调19世纪美国自认为客观公正的爱国主义史学话语中充满了谎言和虚构。诺维克的这本著作一经问世，再加上当时流行的后结构主义理论，使得客观性不再是大众能简单接受的前提，而成了被人追问的问题。这里要强调一点，并不是史学家能够质疑既有话语，只是因为更多地看到了历史叙述者背后各种各样的意识形态、由身处的时代和社会特定的话语决定的说话方式，也更多注意到了思想背后的形成因素。这些史学家重视历史资料，但更重视怎样运用这些资料去服务于自己的论点，让资料使自己的论点更有说服力。他们不会认为自己的历史就是"最终版本"，因为很可能会有女权主义者、黑人人权主义者基于完全不同的立场写出完全不同观点的文章。

除了上面谈到的 That Noble Dream，还有一本观点类似的书是 Simon Scharma 写于20世纪90年代的 Dead Certainties，其中的历史叙事类似讲故事，十分独特。在 Simon Scharma 看来，历史和小说差不多。在这本书的前言里面，他写道："In memory of John Clive，For him history was literature（纪念约翰·克莱夫，对他来说，历史是文学）。"事实上这样的观点并不算新颖。这位 Simon Scharma 早年在英国剑桥读书，后来才到美国定居，也可算是剑桥史学传统的继承人。20世纪上半叶剑桥大学的最著名的一位史学家 Trevelyan[①] 就有过类似的表述，他在那篇著名的文章 "Clio, A Muse"[②] 里告诉人们，我们（指史学家）的护佑女神是一位缪斯，是一位诗神。由此强调了文学和史学的关系。可知剑桥素来便有这样的史学传统，只不过到了 Scharma 那里被进一步激进化了。他在 Dead Certainties 的前半部分谈到一个具体事例，是讲18世纪英国一位名叫沃尔夫的将军战死于英法争夺北美（魁北克）控制权的战争，后来就成为英国的一个标准英雄，还有一幅描绘这位将军战死疆场的名画。Scharma 却对此偏偏抱有怀疑，一定要知道这位将军究竟是怎么死的，是被敌人的子弹打死还是死于其他什么原因。也许那位将军只是被神圣化了。从多个方向考察之后，Scharma 讲出了几个版本的故事，每个故事都同样可靠。Scharma 由此得出结论，历史的可能性并不仅限于一种而是可能存在几种，每一种都会有相应的史料支撑。在此书的后半部分，Scharma 又讲了一个故事，说到19世纪哈佛大学有一个名叫 George Parkman 的人，此人投资房地产，非常有钱。有一天他突然失踪了。一周后发现一具尸体，已经完全不能辨认死者身份。根据死者的假牙和牙医提供的资料，人们确定死者就是

---

① George Macaulay Trevelyan（1876~1962），英国历史学家，撰有《威克利夫时代之英格兰》等，其书兼具学术性与普及性。

② Clio：古希腊神话中九位缪斯之一，司掌历史。

George Parkman，接着确定了凶手——哈佛大学的一位化学教授。实际上当时许多案件的结论都是在匆忙之间做出来的，如果认真追究起来，或者按照福尔摩斯和阿加莎·克里斯蒂的思路去调查的话，凶手往往是那个最不可能是凶手的人。Scharma研究了这个故事，又发现有几个版本的真相，解释了同样的几个可能性。当然，他的目的不在于宣传阴谋论，只是借此告诉人们，想当然的事情其实不是真理。胡适先生就曾讲"于不疑处有疑"才能做出文章来。

三、小说创作思想的演变

上面我们谈得较多的是历史学理论的一些演变，下面我们接着探讨文学理论。对很多小说家而言，多数过往事件都可以大做文章，由此发现一个全新天地，一方面可以写出优秀著作，另一方面也可以在一定程度上改变简单对立事实与虚构的风气，因为大多数流行的观念都是建构出来的（Constructive）。但即使是建构也需要丰富的学养和理论的装备，这样即便是把历史当作故事来讲也会有足够的史料作为支撑，不致于太牵强附会，只是会有一个开放性的结论。这种开放性创作很大程度上得益于理念的变化。20世纪中期英国有一位著名的小说家John Fowles，他最为人们所熟知的一部小说——《法国中尉的女人》，就包含了丰富的历史信息。据说Fowles为了写这部小说，翻阅了大英博物馆无数资料，尤其关注维多利亚时代女性真实的生活状态。他注意到，当时一方面有一套纯洁高尚的女性生活规范，另一方面伦敦的妓女却为数不少，其主顾里面甚至还有许多体面人物，这些都被作家写进了小说。小说的女主角就是那个"法国中尉的女人"，行为举止犹如谜一般，到故事结尾甚至神秘地消失了，莫知所终。作者在这里同时呈现了两种可能，而且这种处理手法在作者同时代已经比较多见，在事实上打破了人们习惯性的线性期待。当时也有人把小说的叙事次序完全打乱，虽然对我们现在的读者来说并不陌生，却对当时读者的参与积极性提出了很大挑战。小说至此已不再是廉价的浪漫史而成了碎片拼接游戏，要求读者留意小说中的每一个碎片，然后依照自己的思维方式把能够找到的碎片拼接起来。这样，读者在阅读的同时实际上也参与了小说的写作。由于有了读者的参与，小说家的口吻不再绝对自信，会留出很多想象空间给读者。同时代还有很多类似的作家和作品。我觉得英国小说有一个突出的特点，就是对历史题材的偏爱。尤其在运用了开放性写法之后，历史题材的小说更呈现出多样色彩和历史的多维性，给读者提供了更丰厚多变的历史解读。这种写作直到现在也很流行。2006年获得诺贝尔文学奖的土耳其文学家奥尔罕·帕慕克有一部小说《我的名字叫红》，每一章都有一个特定的叙事者，整部作品的叙述者竟达二十个。小说亦关乎一桩谋杀案，结论也隐隐约约，读者把所有叙事者的叙述拼接在一起才会发现，有些叙事者的讲述是可靠的，另一些则不甚可信，只有通过自己斟酌考量才会逐步接近真相。这种小说创作方法对史学家的影响巨大；同时，史学家对历史新的解读也给了小说家不少启发。既然史学家可以用文学手法讲故事，那么小说家完全可以把历史调查融入到小说中。从某种意义上说，小说和历史在此合流，相互启发并因此得利。

小说家一般有着很强的历史意识，但比历史学家有更高的自由度。如何合理使用自由度还是有很多规范的。大家都知道斯威夫特的《格列佛游记》，虽然是完全虚构的，但处处有当时英国社会的影子。英国成为航海大国之后，很多英国人就把自己的海外见闻写下来，一方面增长了英国民众的知识，另一方面也激发了更多人到海外去历险的热情。斯威夫特在小说里面借用新闻记者的口吻这样写道："我着重讲述的事实不在于文采和修饰。我宁可用最简单朴素的文笔叙述平凡的事实。因为我写这本书主要在于向你们报道而不是供你们消遣。我衷心希望能够制定出这样一条法律：一位旅行家首先要向大法官宣誓并担保自己的所述所讲都是真实的，然后才能得到许可出版自己的游记。"由此作家也为自己立下了一个终身恪守的信条——忠于事实。但恰恰是斯威夫特的《格列佛游记》里，运用了大量汪洋恣肆的笔法和虚构去讽刺当时英国社会某些现状。这一类小说会反复强调自己的"真实性"并采用第一人称写作，增加内容的真切感，使读者无形中提高信任。这样的小说看起来类似自述，也可以看作是自传或者说自传的变体。

四、自传性质小说的写作

西方的传记文学由来已久，十分发达，不仅作品数量巨大，而且自成体系。在考察一个历史人物或事件的时候，注重旁证和多重证据，力求可信、客观。在小说与历史错综复杂的关系中，有一类叙述需要特别注意，那就是自传。在某种程度上，自传可以被看作是历史资料。但是严谨的史学家在对待自传的态度上是很谨慎的。由于多数自传写作的目的就是写出来发表给人看，作者在写的时候就会不自觉地考虑到自己的形象和读者的接受习惯，考虑着是不是要把自己彻底暴露。这样一来自传就变得很不可靠。美国如今当红的史学家 Niall Ferguson[①] 就认

---

① Niall Ferguson（1964~），美国哈佛大学历史系与商学院经济史学家，是当前西方身价最高、影响最大的历史学者之一。重要著作包括：《罗斯希尔德家族》（*The House of Routhschild*）、《巨人——美利坚帝国的兴盛与没落》（*Colossus: the Rise and Fall of the American Empire*）、《帝国——大英世界秩序的兴亡以及给全球强权的教训》（*Empire: The Rise and Demise of the British World Order and the Lessons for Global Power*）等。

为没有一个严肃的史学家会把自传当做可靠的历史资料使用。如果自传以私人日记被披露的形式出版，可信度就不一样了。但是假如日记是为了出版而写的，可信度就又另当别论了。Niall Ferguson 的话也提醒我们，阅读历史的时候要对那些本以为是史实的细节特别警惕，要勇于怀疑。现实中并不乏假冒自传哗众取宠的作品，这些作品的存在可以说只是为了迎合某些人的期待，只是因为有些人自欺欺人地想把这些"自传"当做纪实。除了上面提到的，还有一种很重要的自传形式——忏悔录。比如圣奥古斯丁的《忏悔录》，里面对自己的剖析十分严厉苛刻，几乎不近人情。也有一些传记记述自己种种经历，作者的态度各式不一。有的近似吹牛，有的只是罗列表象而不触及背后的动机，比如卢梭的《忏悔录》，这样它们便也失去了历史价值。起码史学家不会满足于简单罗列干巴巴的事实，而是更加注重分析事实背后的规律。正因为有了分析，历史才能够成为历史学，从 History 成为 Historiography。近些年，多起来的还有一种自传体或半自传体小说。获得 2001 年诺贝尔文学奖的奈保尔就有很多作品是以自传的形式写成的，2009 年获得诺贝尔奖的德国作家赫塔·穆勒的作品也在继续这种传统，他们的作品大多数都可以归类为小说化的自传或自传化的小说。奈保尔的小说基本都取材于自己生活中一个特定时期，即他在罗马尼亚生活的那段岁月。20 世纪 80 年代到德国之后，这段生活就成了他文学创作的主题和灵感来源。虽然英文出色，但是奈保尔的作品中很少描写英国人的生活。其实中国很多作家也有类似的创作体验：虽然身在海外，却没有能力驾驭全新的环境并描写异域生活，最终写出来的还是国内生活。由此可知即便是艺术虚构也需要深厚功力去驾驭。从一个国家换到另一个国家，从一种文化环境换到另一种文化环境，也许作家的生活、信仰、思想都没有变，唯一的变化是读者已经换了，但也许正是这唯一的变化成了作家摆脱不掉的困惑。当然也有出色的移民作家，比如 19 世纪末 20 世纪初的英国作家 Conrad①，他原籍波兰，最后定居英国，笔下有许多英国人，刻画生动，老舍先生因此对他十分钦佩。再比如 Henry James②，描写英国人也十分出色。但更多的作家还是执着于描写自己过去的生活，奈保尔就更多地记述自己的西印度群岛记忆，或者描述第三世界国家的情形。至于描写后来的异国生活，他认为自己远远没有这个资格。

---

① 约瑟夫·康拉德（1857~1924），波兰裔英国作家。1889 年始用英语从事文学创作，到 1924 年共出版 31 部中长篇小说及短篇小说集和散文集。他的作品根据题材可分为航海小说、丛林小说和社会政治小说，在英国文学史上有突出重要的地位，被誉为英国现代八大作家之一。

② Henry James（1843~1916），英国—美国作家。主要作品是小说，开创了心理分析小说的先河。此外也写了许多文学评论、游记、传记和剧本。他写了许多很有见地的评论文章，涉及英、美、法等国作家，如乔治·艾略特、斯蒂文森、安东尼·特罗洛普、霍桑、爱默生、巴尔扎克、乔治·桑以及屠格涅夫等。

小说与历史合流带来了碰撞以及产生了思想的火花，也带来了一点不好的倾向，那就是小说家在写自传的时候会用到很多虚构的笔法。读者在阅读的时候，会很容易就把小说看成了亲历记或者历史，并造成一些奇怪的现象。如果我们去看 2009 年 12 月赫塔·穆勒的诺贝尔领奖演讲词，就会发现里面有不少值得玩味的地方。她在致辞中提到自己的一段往事，发生于她从罗马尼亚一所大学毕业之后被分配到一家工厂做翻译之时。由于出身德裔，作家的成长过程并不太愉快，工作后的经历也差不多。穆勒在大学主修的专业是德国和罗马尼亚文学，毕业后继续参加相关文学俱乐部的活动，据说受到当局秘密警察的监视。有一天女作家的办公室来了一位不速之客，此人高大魁梧，自称是国家安全局派来的，出现后且在门口大骂一通便扬长而去。如此不可理喻的行为只能让人感觉他就是一个疯子，虽然人高马大却没有一点自信，只会用高声叫骂来表明自己的能力。当这个人第二次又出现的时候，作家的描述里就有许多细节值得我们去关注。比如作家那天早早出门并带了一束郁金香到办公室，把花插在花瓶里。其实作者有意在这里用郁金香和即将出场的那个禽兽作对比，突出自己的用意。"禽兽"不久即至，手里拿着一件风衣，进办公室的时候顺手就把风衣挂到了插在柜子上的钥匙上，一屁股就坐在了作家平常办公的椅子上，并且满不在乎地把自己的包扔到另一张椅子上，丝毫不考虑女主人公有没有地方坐，然后才开口说话。当时有罗马尼亚不少西德情报人员渗入，穆勒实际上和这些人有一些联系。那位国家安全局的人无非是希望穆勒能够配合工作，及时通报自己和那些西德人的行为。类似事情并不值得奇怪，对于移民或者留学海外的人来说很平常，更何况是穆勒这样一个德裔罗马尼亚人。国家安全局的人故作潇洒，说女作家很会看人。作家只是冷淡地说，人且不论，花还是懂一些的。大家知道，热爱花的人一定热爱生活、热爱和平，这里无疑又是作家所用的一个文学手法。对方听见女作家如此回答，便叫她坐下来填一张协议，表示愿意与安全局合作。我们的女主人公填到协议一栏时犹豫了，便走到窗边一边眺望窗外的景色一边思考。最终她回过身来，双手放在胸前，郑重表明自己不能签这么一个协议，不能合作。秘密警察听到后大为光火，一下子掀翻桌子，花瓶连带着飞了出去，撞到墙上碎了，就连那纸协议也被愤怒的警察扯成了碎片，但他突然想起来那协议是有用的，又连忙去桌子底下捡，显得狼狈不堪。可以想见，当时人高马大的警察蹲在地上慌乱地捡拾碎纸片，而一位娇弱的女士却昂然站在一边，这对那个警察可以说是莫大的羞辱，因此他气呼呼地带着碎纸片回去交差了，临走还不忘恶狠狠地恐吓一句："当心我们把你扔到河里淹死！"我个人认为这一系列场景出现在一部低级小说里面倒还可以，但是出现在诺贝尔文学奖颁奖典礼上而且作为获奖致辞就有些做作了，其中运用了太多小说笔法。也许这件事确有其事，但我们能够很清楚地看出来作家在铺陈事实的过程中颇费心计：一系列铺陈都用来突出那个警察的粗鲁、愚笨、自以为是，甚至直截了当地命令女作家当叛徒，企图不成就恼羞成怒打碎花瓶，完全像一部电影到了高潮，在破碎声夹杂着咒骂和恐吓的画外音中，气氛被渲染到了顶点。穆勒一直在用第一人称讲述，仿佛在讲述历史，下面德高望重的听众们也已经把这一段当作史实倾听，而且听完之后对这位获奖者更加敬重了：这样一位娇小的女士却有着了不起的精神高度，勇敢地战胜了那样一个强权国家的暴徒，并且最终站在了现在这个领奖台上，着实令人钦佩。可是这里面有许多叙述都是不可靠的。这个例子给我们的启示是，由于很多自传性质的小说都采用第一人称，作者往往会或有意无意地给作品掺入个人因素，这就需要我们用扎实的功底去分辨假和真，而分辨的能力又特别需要人生的阅历。英国批评家 F. R. Leavis 在《伟大的传统》里谈到乔治·艾略特的时候，注意到他的小说里经常会有一些无私的女性形象，一心献身于社会事业，希望自己有益于他人。Leavis 对艾略特的定位很高，但是涉及这些女性形象时，便带有一些犹豫和批评。他认为艾略特在描写这些女性时，经常无意识地把自己融入进去，带有一丝美化自己的意味。其实在中国人看来，Leavis 认为是艾略特短处的地方恰恰是长处。我们一向喜欢自喻香草美人，相形之下艾略特甚至还没那么赤裸裸。但在批评家看来，这样通过自己作品人物美化自己的行为久而久之会让作家习惯性地拔高自己，变得无法正确认识自我。这样的情况在我们古代作品中很常见，通常的手法是借物喻人，然后尽力突出这项事物的美德之处，寓意不言自明。要是一个小说家也经常不自觉地自我认同、自我美化，其小说的思想性和深度必然会受影响。在保持作品客观性这一方面，也有一些作家会保持警惕，比如法国作家蒙田，虽然他的散文里面经常提到自己，但多数是对自己不依不饶的深刻分析，和卢梭比起来，蒙田的精神显然要伟大得多。这就是在读个人历史即传记的时候我们应该注意的一点。

从文学和历史的关系中入手，还有一点需要我们注意。由于我们的历史知识不断增加，视角不断变化，我们就会主动改写以往有偏差的历史、修正有偏差的观念。早期美国文学经常美化印第安人，到了 19 世纪由于政治原因，文学中的印第安人就被塑造成了野蛮残暴的敌人。到了现在，我们又会发现不断有人强调印第安人如何保护环境，天人合一，这其实是把美国现代的价值观念投射到印第安人的形象塑造上去了。可见同一事物会根据某种需要被美化或是被丑化，丑化的能量往往更大。乔治·奥威尔 1946 年写过一篇评论美国右翼思想家 James Burnham 的文章，表达了自己对 Burnham 的著作 The Managerial Revolution（《管理者的革命》）的极度不喜欢，认为这位右翼像纳粹分子一样迷信效率。文中提到，"二战"刚刚结束，就有人在美军士兵中间做了一个调查，其中一个问题是

"你认为希特勒在发动战争之前的所作所为对德国人民来说是有利的还是不利的"，51% 的士兵认为是有利的。如果现在再重新进行相同的调查，结果一定是完全不一样的。或者说这样的调查问题已经不可能提出了，现代价值观念已经不允许这样的问题存在。即使我们要重述那段历史，也不可能从一个 1946 年美国士兵的角度出发去描述一切。值得忧虑的是，如果我们认真去探究某一段历史，事实一定会比想象得更复杂。任何事情都不是用简单的两分法就能处理好的，黑与白中间经常会有一个巨大的灰色地带。伟大的作家往往是在灰色地带得心应手，驰骋笔墨去生动地展示出价值观念的复杂。每一本好的作品都会更新我们的既有价值观。在历史写作领域也有许多优秀的作家不断向读者设问，在丰富的史料基础上运用小说家的笔法讲述新的历史故事，颠覆旧有版本。这种颠覆已经成为现在一种文学创作的可贵力量。美国小说家 Vonnegut① 的成名作《五号屠场》（Slaughterhouse – Five，1969）就是一本小说与历史结合得很好的作品。他最后的作品是自传 A Man Without County（《一个没有国家的人》），描述了自己作为一个德裔，长期自觉游离于美国社会之外的一生。这样的观望态度决定了 Vonnegut 对美国社会长期的深刻冷静的洞悉，为写作打下了坚实基础。《五号屠场》的故事以"二战"时英美轰炸德国历史文化名城德累斯顿为背景，描述了 1945 年 2 月 13 日到 14 日两天内发生的事情。作者的参考资料除了亲身经历之外，就只有一本 60 年代初一位英国史学家写的《德累斯顿的毁灭》，使得作家能够从个人和宏观的角度全面地看待轰炸事件。小说里特意提到了这本书，并专门为此安排了一位极度不喜欢这本历史的哈佛大学美国空军史教授，突出了人们以为正义就可以不择手段、喜欢把过错推到别人头上的心理，借此告诉读者：历史学界一直有这样的习惯，为了某种目的对一些史实尽力回避，另一些则一提再提。除了揭示学界的弊病，小说还尖锐地对美国军方提出质疑，直面一般美国人不愿意提及的问题：为什么要轰炸文化名城德累斯顿，造成巨大的人员、财产和文化损失。作家巧妙地把亲身经历和艺术虚构结合起来，特意加入了一些令人不安的细节，模糊了战争双方正义与邪恶的绝对对立，再一次挑战了我们既有的成见。小说的时间变幻不定，就连主人公似乎也有点神经兮分，整个故事颠三倒四。但是在这部小说之前，德累斯顿被轰炸一直不是史学家的研究对象，也没有多少人对此有兴趣。小说一经发表，不仅以其后现代的艺术手法引起了文学界的关注，也给了历史学界不少启示，更改变了广大读者对"二战"的简单认识。类似的例子还有很多，关于第二次世界大战、其他战争，或者关于任何历史事件。20 世纪的历

---

① Kurt VonnegutJr.（1922～2007），美国现代作家，曾参加过第二次世界大战。1950 年以后专业从事文学创作。他的作品始终关注技术对于人类社会生活的影响，把荒诞幽默与科学幻想相结合，对 20 世纪文明进行尖锐的讽刺与批判，他在 60 年代以后作为黑色幽默的代表人物产生了广泛影响。

史和战争紧密关联，对此的记载有官方历史也有很多小说，也许有时候小说所起的作用比官方历史更大。伟大的战争文学作品往往眼光更深邃、更理性，能够看到战争双方真实的状态，进而深入剖析战争中的人性。一个民族如果能够做到道德上的自律，既不忽视敌方之善，也不回避己方之恶，这是非常不容易的，而且这种坦诚非常有利于民族的发展。

当时代在不断进步之时，一个小说家写出了在官方史学中几乎找不到的故事，比如《第二十二条军规》、《五号屠场》，旨在宣告一些令人尴尬的现实的真实存在。从这一点上来讲，小说家们就更加了不起，也给我们提出了更高层次的问题：对于某些丑恶现实，人们究竟应该怎样看待。正是在这些小说家的不断追问之下，很多历史学家开始涉足一些原来被看作是禁区的研究领域，而历史学家严谨的研究结论也会反过来丰富小说家的创作，这样不断互动，最终使读者受益，促使阅读达到新的高度，这个新的"高度"同时包括对文学和历史新的理解。

总之，我们内心深处都有对正义和美德的追求，但是这种追求如果基于简单的善恶是非观就比较危险。小说和历史的互动有可能帮助我们扩大眼界，全面考察历史。比如谈到中国的乡村历史，我们仅仅依靠《白毛女》来了解，就远远不够。而且历史也跟其他的学科有重合，比如《乡土中国》里就有历史、社会学。现在可能这两种关于中国农村的叙述都是有失偏颇的。真相在哪里？它不是固定在一本书或十本书里，它是流动变化的、"与时俱进"的，需要不断地重新书写，以文学的、史学的或其他的方式书写。我们多多少少有点这样或那样的成见，不可能完全没有，但是我们也许更需要开放的心态、批评的精神，敢于质疑，敢于挑战。在小说和历史之间，还有太多的事值得去尝试，这种试验实际上是无穷尽的。

文学和史学是相邻的学科，然而我们对它们相互关联的各种方式还不是十分敏感。如果在这一领域多多探讨，我相信不少人能写出优秀的小说来。

编辑整理：李凡星

中国现代语言学产生的社会文化环境

麦 耘

2010 年 4 月 26 日

麦 耘

中国社会科学院研究生院语言系教授

摘　要：中国现代语言学产生于 19 世纪与 20 世纪之交，正值国门大开后，中国文化在西方文化的冲击下发生重大转变，科学、民主思想勃兴，新文化运动发展。今天，呼唤新时代的学术繁荣，也需要学术的开放、自由、民主。

关键词：中国现代语言学　社会文化环境　新文化运动　学术环境

一

在中国，语言学自古就有，不是一门新的学科。

要讲语言学，首先要弄清一个概念，即"语文学"，它和"语言学"不一样。中国古代有"小学"，研究文字、音韵、训诂，基本上可算是语文学。我国古代典型的语文学是文献注释，最主要的目的是解读古代文献，虽然其中包含语言研究，但不是主要目的，其主要研究方法是关注语言在具体文献中的运用，其目标则是通过对语言的训释去解读古代文献。比如《经典释文》、《十三经注疏》，注疏的部分比原文要多得多。

语言学和语文学之间的区别该怎样界定，学者们有着不同说法。和语文学一样，文献语言学也研究文献中的语言。不同的是，语文学是通过研究文献里的语言去解读文献，而文献语言学的目标是通过文献研究古代语言。二者目标不一样，方法也不一样。语文学的方法是注重语言在具体文献中的运用，文献语言学则要探讨古代语言的系统性。研究语言和语言系统是语言学不同于语文学的标志。

中国传统文献语言学的典型和高峰是清代乾嘉学派的古音学。古音学主要注重研究《诗经》的押韵，包括其押韵规律和汉字古今音类的不同，目的在于研究《诗经》时代的音韵系统。很多宋代文人如朱熹，也研究《诗经》音韵，目的只是在于通过讲《诗经》并作为一种文学形式的押韵来解读它的义理。朱熹就说："只要音韵相叶，好吟哦讽诵，易见道理，亦无甚要紧。今且要将七分工夫理会义理，三二分工夫理会这般去处。若只管留心此处，而于诗之义却见不得，亦何益也！"这是典型的语文学而非语言学。而乾嘉学派则是正宗的研究语言的学派。

845

二

目前，我们要讨论的是"现代语言学"与"传统语言学"的相对。"现代"具体怎么界定？史学界公认以鸦片战争和五四运动为分界，鸦片战争之前为古代，五四运动之后为现代，这中间是所谓的"近代"，实际上是古代与现代的过渡。学术上的现代与传统跟社会发展的分期不完全对应，但有联系。学术上的分期不太拘泥于年代，更多的是从学术理念、方法、理论等方面去区分。

传统语言学包括两部分：一是传统的文献语言学，从文献研究古代语言，这是最主要的部分；二是对活语言的朴素记录，如西汉末年扬雄的《方言》，收集当时所能听得到的不同地方的语言。再如隋代陆法言的《切韵》，记录当时文学语言的语音，是研究古代语音的重要文献。这虽属语言学，却是非常朴素的、原始的语言学，仅仅简单地把某些语言现象记录下来再简单分类，并无深入研究。

现代语言学中也有文献语言学，是根据古代语言文献努力复原古代活语言，研究古代语音、语义、语法，并研究古代汉语发展史。

除此之外，现代语言学有着很鲜明的特征：第一，以活语言为研究对象（如语法学，除了共同语的语法，也研究方言语法）；或者根据文献语言材料努力复原古代的活语言及其历史。第二，重视科学的观念、方法、理论。第三，要把中国的语言学视为世界学术、人类学术的一部分。当今地球已是"地球村"，任何学科都不可能再遗世独立。中国的语言学如果过分地强调中国特色，最终只会故步自封。实际上，现代的中国语言学的基础很大程度上来自于国外，而且还要继续吸收国外的成就。不仅如此，我们做学问应该有对世界学术、人类学术有所贡献的理想。

三

中国现代语言学的发轫之作是 1898 年出版的马建忠的《马氏文通》。马建忠（1845~1900），江苏丹徒人。曾在法国人所办的天主教会学校就读，通晓法文、拉丁文。1875 年赴法留学，毕业于巴黎大学，曾任中国驻法使馆翻译。全书模仿西方语法建立汉语的语法体系（主要是文言文的语法体系），是中国现代文献语言学和汉语语法学的鼻祖。马建忠在中华民族风雨飘摇之际，撰写《马氏文通》，目的在于改进中国的语文教学法，达到教育救国的目的。

中国现代语言学的第二本重要著作是瑞典人高本汉出版于 1915~1926 年的四卷本《中国音韵学研究》。高本汉（B. Karlgren, 1889~1978），瑞典汉学家。

他不仅研究汉语，对各种中国文化问题都有研究，与康有为、梁启超、蔡元培、刘复等中国变革时期的重要学者过从甚密。此书原文为法文，1940 年中译本问世。此书引入西方历史比较语言学和现代标音方法（国际音标），是第一部现代意义上的汉语历史音韵学著作，对中国语言学影响极大。历史比较语言学是西方19 世纪学术的骄傲，研究方法在于用不同的语言或不同语言的方言进行比较，以研究语言的早期状况。高本汉用以研究汉语语音的历史，开创了一代学风。为中国现代语言学作出贡献的外国学者很多，可以特别提到的还有法国人马伯乐（H. Maspero，1883～1945）和苏联人龙果夫（A. Dragunov，1900～1955）。

任何一门学科的产生都有其内在原因和外在环境，二者缺一不可。借用佛家"因缘"说以喻，只有"因"没有"缘"或者只有"缘"没有"因"都不可能诞生新事物。中国现代语言学也是一样的。它产生的"内因"，是传统语言学已经把自己的路走到了尽头。传统文献语言学中最出色的是乾嘉学派的古音学。到了 20 世纪初，它的成就在其自身的学术范围内已经达到巅峰、极致，不可能再发展了。

这时就需要有一个外在的"缘"，就是在适当的时候，借助外力，而一旦有外在冲击刺激，传统学术就不得不接受新的血液，就会爆发革命性或者说历史性的转折。比如，马建忠到了欧洲之后看到西洋的语法体系而立志建立汉语的语法体系，高本汉作为外国人，带着新的研究方法和理念来研究汉语，都是如此。

四

为说明这个"缘"，下面来介绍，中国现代语言学产生的社会文化环境是怎样的。

2006 年 7 月，在广州举行了"中欧文化接触与交流——纪念高本汉学术研讨会"，我在会上作了发言，摘录一段如下：

在 19 世纪、20 世纪之交，中国的学术经历了一个很重大的转折，就是从传统的学术转变到现代学术……欧洲文化是以地中海为中心发展起来的，中国文化是以黄河流域为中心发展起来的，它们是各自独立产生、各自独立发展的，而数千年以来断断续续地一直都有接触。这种接触到了 19 世纪中后期至 20 世纪之初，达到了一个高峰，已经成了一种冲突、一种激烈碰撞。从中国文化的角度来看，在这个时候产生这种接触有一个非常深刻的背景。在高本汉潜心研究汉语音韵学和汉语方言的时候，中国发生了五四运动。第一次世界大战结束以后，由于巴黎和会对中国不公正的待遇，中国群众在 1919 年 5 月 4 日上街游行、示威抗议。这次事件后来成为一个对中国文化影响非常深远的文化运动的象征，就是中国现代史上的新文化运动。从表面上看，五四运动是爱国热情的宣泄，但它更深刻的背景，是 19 世纪下半叶以来中国受到了来自西方非常强烈的冲击，这个冲击包括用枪炮攻击、武装侵略，另外一个就是西方文化的冲击。这个时候中国面临着在政治上、思想上、学术上、社会制度上的重大转变，当时中国文化的一些代表人物，觉得我们中国应该有大改变了。其实"五四"是一个激发点，这也是一种文化接触的结果，这种文化接触在这个时候就表现为一种爆发的形式，表现为一种革命的形式。

1940 鸦片战争是中国近代史开始的标志。此后半个多世纪里，清政府和列强签订的不平等条约大约有 40 个，那时的中国危机重重。

然后就有了洋务运动。1862 年京师同文馆成立，翻译外文、培养外语人才，学习外国技术。中国在 30 年时间里，成为亚洲最强国。但洋务运动的脆弱在中法战争，尤其是中日甲午战争中暴露无遗。洋务运动没有涉及文化和政治制度，这就是为什么中国经过洋务运动之后，看起来很强大却不堪一击的原因。

于是以严复编译《天演论》为代表，不少中国人翻译了大量西方政治、经济、文化方面的著作，以及文学作品。这显示中国人开始明白，中国传统文化无法适应国门大开之后的国际环境，于是感到要学习西方先进的文化、观念、思想。文化上的变革对一个民族的进步来说，比单纯学习技术更加重要。

维新变法是洋务运动的继续，但是更进一步要搞政治改革。康梁维新失败之后，诸多革新措施被废止，京师大学堂却被保留下来，这标志着时人已经认识到教育对于救亡图存的作用。后来的庚子赔款有不少返还，也正好用在教育方面。进入 20 世纪，清政府自觉难以为继，即使是慈禧太后也觉得非变不可了，便开始搞"新政"，废科举、办学堂、练新军、修铁路、设"资政院"，等等，用心良苦。然而，"新政"出现得太迟，且被旧官僚体制所牵制，磕磕碰碰。历史常常是没有耐心的。就在清政府一步三顾的时候，革命已然爆发。

这之后，五四运动接踵而至。一般说新文化运动开始于五四运动，其实应该说开始于 1915 年创刊、致力于启迪民意的《新青年》。五四事件是一个偶然事件，但新文化运动的发生就绝不是偶然的。这是半个世纪以来中国人中的清醒者追求救国方略的必然归宿。洋务运动固然局限，义和团式的排外更不行，推翻帝制也只是走了一小步。要改变中国的现状不仅仅要在物质上，更要在文化上改变中国，不仅要学会利用来自西方的科技，更要学会利用来自西方的文化、思想、制度（包括因俄国革命而受中国人重视的马克思主义，也是从西方过来的思想），对传统文化动"大手术"。

新文化运动的旗帜是传统文化中所没有的"德先生、赛先生"即民主和科学。这是我们永远的旗帜。

五

中国现代学术包括中国现代语言学，就是在这样的新旧替废的社会文化环境中产生的。中国早期的现代语言学家接受当时的变革观念是相当彻底的。尽管有些新派的语言学家的观点有时比较偏激（如主张废除汉字），但总的方向是正确的。

下面简略举三个例子说说 20 世纪初语言学和新文化运动的直接关系。

第一，白话文运动和现代汉语语言学的关系。当时新派的文化人认为要改变中国的命运，必须改变中国的文化，改变中国人的品质，要进行文学革命，但改变中国的文化不仅仅是文人的事，更需要千千万万的老百姓参与，而使用白话文正是全民参与文化改革的重要保证。这样就要求对白话文进行研究，要订读音标准、做语法规范，等等。可以说，白话文运动是现代汉语研究的启动机。

第二，民谣调查与方言学。调查民谣也是文学革命的重要组成部分，因为民谣是真正的老百姓的文学。然而调查各地民谣涉及方言，不通方言读不懂民谣，所以研究方言就成为必要。中国现代的方言学是从民谣调查开始的。当时在北京大学有专门的民谣调查机构，而中国现代方言学也就发端于北京大学。当时主持这一部分工作的是刘复，后来刘复在赴西北作方言调查时染病去世，遂由周作人接手。那时的学者往往一边调查民谣，一边调查方言，登载民谣的刊物也同时刊登方言研究的文章。

第三，史学革命与古文字学。梁启超 1902 年提倡"史界革命"，意在用新的历史观改造传统文化。后来王国维提倡"二重证据法"，郭沫若提出要建立唯物主义的历史研究方法，都是梁氏的后继者。"二重证据法"就是拿出土文献（甲骨文、金文等）跟传世文献作对比研究，互相补正，还原历史；郭氏更是侧重依靠古文字材料来重构古代历史。新的史学研究成为古文字学发展的重要动力。

六

马建忠（1845～1900）是生活年代较早的先行者，在他之后，有一些从传统转向现代的人物，可以王国维（1877～1927）为代表。

对于他们之后的现代的著名语言学家们，我们可以来"盘点"一下（限于已作古者）：

1890 年及以前出生的很少：杨树达（1885～1956）、钱玄同（1887～1939）、黎锦熙（1890～1978）、赵荫堂（1890～1970）等；

1891～1900 年出生的有：陈望道（1891～1977）、刘复（1891～1934）、赵元任（1892～1982）、陆志韦（1894～1970）、叶圣陶（1894～1988）、容庚（1894～1983）、董作宾（1895～1963）、林语堂（1895～1976）、于省吾（1896～1984）、方光焘（1898～1964）、罗常培（1898～1958）、徐中舒（1898～1991）、黄淬伯（1899～1970）、白涤洲（1900～1934）、王力（1900～1986）等；

1901～1910 年出生的有：唐兰（1901～1979）、魏建功（1901～1980）、吴文祺（1901～1991）、姜亮夫（1902～1995）、商承祚（1902～1991）、李方桂（1902～1987）、张世禄（1902～1991）、岑麒祥（1903～1989）、王静如（1903～1990）、袁家骅（1903～1980）、吕叔湘（1904～1998）、陆宗达（1905～1988）、丁声树（1909～1989）、严学宭（1910～1992）等；

1911～1920 年出生的有：陈梦家（1911～1966）、董同龢（1911～1963）、傅懋勣（1911～1988）、高名凯（1911～1965）、季羡林（1911～2009）、胡厚宣（1911～1995）、刘又辛（1913～2009）、马学良（1913～1999）、周祖谟（1914～1995）、黄典诚（1914～1993）、邢公畹（1914～2004）、周法高（1915～1994）、张清常（1915～1997）、俞敏（1916～1995）、喻世长（1916～1999）、张志公（1918～1997）、王辅世（1919～2001）、李荣（1920～2002）、朱德熙（1920～1992）等。

当然列不全，著名的大体都在这里了，这些都是大师级或准大师级的人物。其中超一流的大师有赵元任、罗常培、王力、李方桂、吕叔湘等，刘复和白涤洲如非英年早逝，也可能会成为超一流。所谓"超一流"是我个人的说法，不一定准确。

可以看到一大批在学术上卓有建树的语言学家在世纪之交密集型、喷发式地出生。上面所列语言学家，1891～1900 年出生的有 15 位，1901～1920 年出生的有 14 位，其中上面提到的"超一流大师"除了中国现代语言学的"第一代表"赵元任稍早外，其余几个都在 1900 年前后数年中出世。当然不是说那个时候是"吉时"，而是他们适逢其时。

作为学者，一般是 20 岁以前开始接受学术训练，40 岁以前建立自己的学术方向。可以说这些学者都是差不多在帝制解体到五四运动前后、中国社会文化环境最激荡的时候接受学术训练。彼时教育模式不同于近日之统一教材授课，学校中、社会上，各种思想、流派、方法层出不穷，碰撞交流，使人耳目不暇，几乎接受不过来。语言学也是如此。这个时期的学者既有传统学问的传承，又热烈追求西方"新学"，接触到各种不同的学术潮流，使他们比前人有更广阔的视野，从而更容易触发创新性思维，大师辈出也就不足为奇。

1911～1920 这 10 年间出生的语言学家更多，上面列出的有 19 位。不过，恕我不敬，我认为没出现超一流的大师。之所以更多，是由于现代语言学的发展；之所以没有超一流，是新文化运动爆发若干年后，文化环境的激荡相对减弱的缘故，也可能有政治环境因素。

1920 年之后出生的人中也有很多著名的语言学家出现。但我私心以为，最后一个语言学大师是朱德熙。

七

现代学术不是一帆风顺地建立起来的。传统学术与现代学术曾有激烈的冲突。本来现代学术是在继承传统学术的基础上建立的，理论上说，可以和谐地转接。但实际上，学术的现代化往往遭到守旧的学术人物的抵制，而"新派"也往往情不自禁地攻击"旧学"。

对于守旧的学术人物，我举章炳麟即章太炎为例。章炳麟在政治上反清，搞革命，很激进；在学术上，他是一代大家，为传统语言学泰斗，却不求进步。与他相比，王国维在政治上相对保守；而在学术上，是从传统向现代转型。王国维年轻时虽然只留学日本半年，却非常留心西方思想。有研究者说，他是当时唯一能真正读懂叔本华的中国人。他成为中国现代学术的重要人物，不是偶然的。

现代语言学史上有两场著名的新旧之争，都和章炳麟有关：一场是关于甲骨文，章炳麟认为甲骨文跟《说文解字》不合，不相信是真的，甚至认为是罗振玉、王国维等人有意伪造的。另一场的焦点则是关于梵汉对音对研究古音有没有用。当时有一位叫汪荣宝的学者受西方学者启发，用东汉佛经中汉字对译梵文的材料来推测古代一些音类的实际读音，对此章炳麟全盘否定。他认为中国传世的文献才可靠，排斥新材料、新方法，相当保守。

历史已经证明，在两场辩论中，章炳麟都是错的。结果"新派"的代表人物傅斯年就很激烈地说章炳麟做的是"人尸学问"。其实章炳麟是很有学术成就的，他和他的学生黄侃建立的"章黄学派"被称为清代学术的"殿后军"，他们的学生们在现代以及在一些语言学领域（譬如训诂学）做出了很多贡献。但章炳麟的保守观念限制了他的才华，而且他对现代学术的反对在当时也确实阻碍了学术的发展。回顾这段历史，我们不禁为他惋惜。

八

现在我们常讲，对传统要继承精华、摒弃糟粕。但是中国的现代学术不仅仅是扬弃传统的精华或者糟粕，更重要的是吸收西方科学精神。

王国维说："学无新旧也，无中西也，无有用无用也。凡立此名者，均不学之徒，即学焉而未尝知学者也。"（翻译成现代汉语就是：学问不分新旧，不分中西，不分有用没用。凡立这些名目的人都不是做学问的人，就算是做学问也是没真懂得学问的人。）所谓"无新旧，无中西"并不是完全没有新旧、中外之别，而是不要拿这个来划界。那么拿什么来划界呢？王国维又说："凡事物必尽其真，而道理必求其是，此科学之所有事也。"要拿求真求是的科学来划界。这是现代学术的标识。

陈独秀提出新文化的标识是"民主、科学"，恰好有一个是"科学"，跟王国维殊途同归。按顾准的说法，应该是"科学、民主"，"科学"排头，因为不懂科学就不会有民主。他说的科学不仅指自然科学或包括人文社会科学在内的科学学科，更重要的是科学精神。顾准谈到科学精神时，并不把重点放在求真上（求真本来是人类的本能），而在于承认人类知识要不断更新，而且是在突破原有的知识框架、超越旧权威的过程中进步。

中国现代语言学产生之后，要进一步繁荣，又需要怎么样的学术环境？有一种误解：太平盛世能使人安心于学术，从而促进学术繁荣。其实不一定。刚才讲到，中国现代语言学就是诞生在那样一个几乎亡国灭种的动荡时刻，那些后来的大师们在接受学术训练和开始形成自己的学术风格的时候，正逢国道艰难。社会动荡当然会妨碍学术正常发展，但这未能抵消当时推动学术繁荣的力量——中国文化在外来文化的影响下，革故鼎新转折点上的冲动和阵痛。那是一个有改革需求的、开放的、学术上自由、兼容并包的文化环境。相反，只有社会安定，却没有文化革新的动力，就不会有学术的迅猛发展。

当今的中国学术界是一个没有大师的时代。现在，中国语言学迫切需要新的一轮学术突破，呼唤新一代的语言大师，启动新的学术现代化。而且，条件也基本具备了。改革开放三十多年，不仅为中国带来了经济、社会、政治的进步，也带来了文化上、学术上相对宽松的环境。近几十年来发展很快的国外语言学的方法、理论与中国语言学界的交流和碰撞已经产生了良好的效果，国内的学术民主，尽管尚未能令人很满意，但也已经在不断进步。只有有了学术的开放、自由、民主，才会有学术的繁荣和不断创新，才有可能出学术大师。在此中国的改革开放即将进入新阶段、中国的学术发展也即将进入新阶段之时，让我们再次呼唤"赛先生、德先生"！

附：部分语言学家资料

1. 杨树达（1885～1956）字遇夫，号积微，中国语言文字学家。除语言文字学外，杨树达对《汉书》用力极勤，成《汉书窥管》。他在语言文字学领域的贡献主要体现在两个方面：一是其早期研究，即古汉语语法方面，兼及修辞和其他。二是其后期研究，即文字学研究方面，兼及训诂、音韵和方言等。著有《积微居甲文说》、《积微居金文说》、《古书疑义举例续补》（两卷，家刻本，1924年）、《中国语法纲要》（商务印书馆，1928年）、《高等国文法》（商务印书馆，1930年）、《词诠》（商务印书馆，1928年）、《马氏文通刊误》（商务印书馆，1931年）及《中国修辞学》（世界书局，1933年，增订后更名为《汉文言修辞学》，科学出版社，1954年）等。其中《中国语法纲要》是仿英语语法而写的一本白话文语法书，目的是为教学的需要而分析白话文的语法结构。

2. 钱玄同（1887～1939）字德潜，号疑古。原名钱夏，浙江吴兴（现浙江湖州市）人。语文改革活动家、文字音韵学家、中国五四新文化运动的倡导者之一、著名思想家。1906年留学日本，就学于早稻田大学。次年入同盟会。1908年，始与鲁迅、黄侃等人师从章太炎学国学，研究音韵、训诂及《说文解字》。1910年回国后曾任中学教员、浙江省教育总署教育司视学、北京高等师范附中教员、高等师范国文系教授、北京大学教授、《新青年》编辑、北平师范大学中文系教授和系主任等。他在语言文字学方面的主要贡献集中体现在语文改革活动、文字、音韵和《说文》的研究等几个方面。在语文改革运动中，他是冲击封建文化的一员猛将。他反对文言文，提倡白话文的态度很坚决。他率先在《新青年》上发表致陈独秀的白话信，并敦请他人用白话作文。《新青年》也在他的倡议和影响下于1918年第4卷第1号始用白话文出版。他是国语运动的积极参加者。1917年，他成为"国语研究会"的会员，1919年，他成为"国语统一筹备会"的会员，并任常驻干事。1925年，他与黎锦熙一起创办并主持《国语周刊》。"国语统一筹备会"于1928年改组为"筹备委员会"，于1935年又改组为"国语推行委员会"，他一直都任常务委员。1931年，任国音字母讲习所所长。1928年，他曾任辞典处国音大字典股主任。1932年，与黎锦熙共任《中国大辞典》总编纂。曾参与审订由吴稚晖编写的《国音字典》。在中国近现代的国语运动中，钱玄同的建树至少体现在以下五个方面：一是审订国音常用字汇（历时10年，合计一万二千二百二十字）。二是创编白话的国语教科书。三是起草《第一批简体字表》（计二千三百余字）。四是提倡世界语。五是拟订国语罗马字拼音方案。此外，他执教近30年，开设过"古音考据沿革"、"中国音韵沿革"、

"说文研究"等课程，为中国语言学界培养了大批英才。1939 年 1 月 17 日因右脑部溢血在北京病逝。

3. 黎锦熙（1890～1978）字劭西，湖南湘潭人。著名语言文字学家、词典编纂家、文字改革家、教育家。1911 年毕业于湖南优级师范史地部之后，开始从事教育工作。1915 年应教育部之聘，到北京任教科书特约编纂员。1920 年开始在高等学校任教，曾任北京高等师范、北京女子师范大学、北京大学、燕京大学国文系教授。1935 年，他的《国语运动史纲》一书出版，该书详尽地介绍了自清末以来的切音字、注音字母、国语罗马字及大众语运动的始末、性质、范围、目的、理论、方法和纲领，是国语运动史上的一部很重要的著作。1934 年10 月，北京师范大学"教育研究会"（干事王荫兰，助理干事黄现璠）成立，他任"教育研究会"导师。1937 年随北京师范大学迁往西安，后来又辗转至汉中、兰州等地，任教授、系主任、师范学院院长等职。1945 年，他与许德珩等倡导成立九三学社，还兼任中国大辞典编纂处总主任。中国大辞典编纂处在黎锦熙的领导下，以有限的人力先后编辑出版了《国语词典》、《增注国音常用字汇》、《新部首国音字典》、《增注中华新韵》、《北平音系十三辙》等以及新中国成立后应社会之需编写出版的《学文化字典》、《正音字典》、《汉语词典》等多部工具书；培养了一批精熟编纂字典、词典的专门人才；还为出版事业开辟了一条编辑与出版分工的新路。1948 年回北京，任北京师范大学文学院院长兼国文系主任。1949 年，与吴玉章、马叙伦等组织中国文字改革协会，任理事会副主席。1955 年被聘为中国科学院哲学社会科学部委员。曾当选为中国人民政治协商会议第一届、第二届和第五届全国委员会委员，第一届、第二届和第三届全国人民代表大会代表。

4. 陈望道（1891～1977）原名参一，笔名陈佛突、陈雪帆、南山、张华、一介、焦风、晓风、龙贡公等，浙江省义乌人。中国教育家、修辞学家、语言学家。1891 年 1 月 18 日（清光绪十七年农历腊月初九）出生于农民家庭，早年毕业于金华中学，曾赴日本留学学习文学、哲学、法律等并阅读马克思主义书籍。1934 年，针对当时社会上出现的"文言复兴"现象，与人一起发动了"大众语运动"。主张建立真正的"大众语"和"大众语文学"，并创办《太白》半月刊，撰写多篇文章，宣传大众语运动。三四十年代，陈望道在上海和重庆发动了中国文法革新问题的讨论。在讨论中，他先后发表了《谈动词和形容词的分别》(1938)、《"一提议"和"炒冷饭"读后感》(1938)、《文法革新的一般问题》(1939)、《从分歧到统一》(1939)、《回东华先生的公开信》(1939)、《漫谈文法学的对象以及标记能记所记意义之类》(1939)、《文法革新问题答客问》(1940)、《答复对于中国文法革新讨论的批评》(1941)、《文法的研究》(1943)

等 10 余篇论文。这些论文从方法论上批判了机械模仿、生搬硬套的错误，明确地提出了用功能观点来研究汉语语法的见解。中华人民共和国成立以来，他仍继续研究语法。1955 年 12 月，他在复旦大学设立了"语法、修辞、逻辑研究室"，并主持研究室的工作。在此期间，撰写了《漫谈"马氏文通"》（1958）、《对于主语宾语问题讨论的两点意见》（1956）等论文。1949 年之后，他积极支持文字改革和推广普通话工作，为我国语言学的现代化、规范化、科学化做出了贡献。他在修辞学研究方面的贡献集中体现在《修辞学发凡》（大江书铺，1932 年）一书中。其中对汉语文中的修辞方式作了系统而详尽的分析、归纳，对修辞格式作了全面的概括（分为 38 格），首先提出了"消极修辞"和"积极修辞"两大分野的说法。该书创立了我国第一个科学的修辞学体系，开创了修辞研究的新境界，是我国第一本系统的修辞学著作。他最后的著作是 1977 年的《文法简论》。这本书共分 7 章，其中不少地方是 20 世纪 30 年代末 40 年代初一些见解的进一步发挥。1977 年 10 月 29 日逝世。

5. 陆志韦（1894～1970）别名陆保琦，浙江省吴兴县人。语言学家、心理学家。1913 年毕业于东吴大学，后赴美国芝加哥大学生物学部心理学系读书，获哲学博士学位。1920 年回国后历任南京高等师范、东南大学、燕京大学教授、系主任、校长等，后到语言研究所，任一级研究员、汉语史研究组组长。1955 年被聘为中国科学院哲学社会科学部委员。他在语言学方面的研究主要包括音韵学，现代汉语的词汇、语法及文字改革等几个领域。他的代表作为《证广韵五十一声类》（《燕京学报》1939 年第 25 期）、《三四等及所谓"喻化"》（《燕京学报》1939 年第 26 期）、《说文广韵中间声类转变的大势》（《燕京学报》1940 年第 28 期）等。在《证广韵五十一声类》一文中，他参考方言及异国的译音，采用现代数理语言学的方法，根据统计学上的概率关系对所收集的材料进行分析研究，对该文中的声类做了详细的论述和证明。在汉语词汇和语法研究方面，他的《北京话单音词词汇》（人民出版社，1951 年；1964 年科学出版社出版修订本）一书，是对大量北京口语材料进行研究的成果，是汉语词汇、语法以及文字改革等研究的重要参考书。他的《汉语的构词法》（科学出版社，1957 年）一书，是为解决拼音文字的词连写问题，对北京口语材料进行分析而写成的一部对现有检字法及分词标准研究得最深入的一部专著。该书用结构分析法——扩展法作为确定汉语词的界限的形式标准。对于汉语构词法的研究及汉语构词学理论体系的建立以及解决拼音文字的分词连写问题等都具有重大的影响和价值。1970 年 11 月 21 日病逝于北京。

6. 容庚（1894～1983）自号"颂斋"，广东省东莞县人。在书宦之家良好的家庭环境熏陶下，幼年即熟读《说文解字》和吴大澄的《说文古籀补》。1922

年，经罗振玉介绍入北京大学研究所国学门读研究生，毕业后历任燕京大学教授、《燕京学报》主编兼北平古物陈列所鉴定委员、岭南大学中文系教授兼系主任、《岭南学报》主编、中山大学中文系教授等。其成名作为《金文编》、《商周彝器通考》。《金文编》（贻安堂，1925 年）是继吴大澂的《说文古籀补》之后的第一部金文大字典，是古文字研究者必备的工具书之一。1959 年出版的增订本《金文编》，据历代出土的青铜器三千多件的铭文，共收字 18000 多。商周秦汉铜器铭文中已识与未识者，从中可尽览无遗。这是一部相当完备的金文字典。1935 年，又集秦汉金文而撰成《金文续编》。《商周彝器通考》（燕京大学哈佛燕京学社，1941 年）是他的另外一部重要著作。这是一部关于商周青铜器的综合性专著，分上下两编。上编是通论，详述青铜器的基本理论与基本知识，分 15 章。下编是分论，将青铜器按用途分为 4 大类。全书共 30 多万字，附图500 幅，征引详博，考据详备审核，堪称材料宏富、图文并茂。这是一部对青铜器进行系统的理论阐释并加以科学分类的著作，是研究青铜器的重要参考书。在这方面他还著有《殷周青铜器通论》（科学出版社，1958 年）。他精于鉴定青铜器，经多年积累，他编印了不少青铜器图录，如《宝蕴楼彝器图录》（1929 年）、《秦汉金文录》（1931 年）、《颂斋吉金图录》（1934 年）、《武英殿彝器图录》（1934 年）、《海外吉金图录》（1935 年）、《善斋彝器图录》（1936 年）、《秦公钟簋之年代》（1937 年）、《兰亭集刊十种》（1939 年）等。其中《武英殿彝器图录》开创了印铜器花纹的先例，为花纹形式的研究提供了很有价值的参考资料。《善斋彝器图录》所编的是刘体智收藏的青铜器。《海外吉金图录》所编为日本所藏铜器。这为国内学者提供了流失海外的铜器资料，很有意义。在书画碑帖研究方面，他著有《伏庐书画录》（1936 年）、《汉梁武祠画像录》（1936 年）等多部著作。

7. 方光焘（1898～1964）原名曙先，浙江省衢县人。语言学家、作家、文艺评论家、文学翻译家。1914 年赴日本留学，1924 年毕业后回国任教。1929 年由浙江省教育厅派至法国里昂大学攻读语言学。1931 年辍学回国参加抗日活动。曾任安徽大学、复旦大学、上海暨南大学、中山大学语言学系、中央大学中文系教授。新中国成立后，任南京大学中文系系主任、教授，中国科学院哲学社会科学部委员会委员，中国政协第三届特邀代表，江苏省人大代表等。他积极参加中国文法革新问题及语言和言语问题等的讨论，在介绍现代西方语言学理论、从语言事实出发建立汉语语法体系、建设我国的普通语言学理论以及培养语言学研究人才等方面都做出了突出的贡献。他积极参加 20 世纪 30 年代末 40 年代初由陈望道发起的中国文法革新问题的讨论，发表了一系列论文，讨论了汉语词类划分、划分词类的依据、汉语有无形态变化、语法体系的共时性与语法变化的历时性的关系及语法研究的对象和内容等问题。著作有《体系与方法》(《语文周刊》1939 年第 28 期),其中比较集中地体现了作者的观点。他强调研究方法对建立语法体系的重要意义,提出广义形态学说。20 世纪 50 年代末 60 年代初,方光焘作为重要发轫者之一,发起了语言与言语问题的讨论。发表了《言语有阶级性吗?》(《南京大学论坛》1959 年第 4 期)、《语言与言语问题讨论的现阶段》(《江海学刊》1961 年第 7 期)等多篇文章。这些论文大都收在上海教育出版社编辑出版的《语言与言语问题讨论集》中。方光焘作为作家、文艺评论家、文学翻译家,曾在留学时参加了"创造社",1931 年加入"中国左翼作家联盟",发表过《疟疾》、《曼蓝之死》等小说,并翻译了英国、日本等国作家的作品,合作编译出版了《文学入门》。新中国成立后曾任江苏省文联主席、文化局局长。1990 年,江苏教育出版社出版了方光焘的《语法论稿》,其中收录了他语法方面的多篇论文。1997 年,商务印书馆出版了《方光焘语言学论文集》,收录了他语法和语言学理论方面的论文多篇。

8. 徐中舒(1898～1991)中国现代著名历史学家、古文字学家。1926 年毕业于清华大学研究院国学门,师从王国维、梁启超等著名学者。在此期间,他受到王国维先生的影响,树立了"新史学"的观念。以后更在实际的研究过程中,将古文字学与民族学、社会学、古典文献学和历史学结合起来,创造性地把王国维开创的"二重证据法"发展成为"多重证据法"。徐先生先后在复旦大学、暨南大学、中央研究院历史语言研究所、北京大学任教授、研究员。1949 年新中国成立以后除继续担任川大教授外,并兼西南博物馆和四川博物馆馆长、中国科学院哲学社会科学部学部委员、国务院古籍整理小组顾问、四川省历史学会会长、中国先秦史学会理事长、中国古文字学会常务理事、中国考古学会名誉理事,以及《中国大百科全书·中国历史》编辑委员会委员等职务。他的研究成果丰硕,推进了古文字研究的研究方法,即将出土的古文字材料与古代典籍充分结合起来进行古史研究,使文字的考释与古史研究紧密结合,其结果不仅使古史的研究取得重要突破,而且在古文字的考释上也大有创获。有关中国古典文学的论文有《古诗十九首考》、《木兰歌再考》、《五言诗发生时期的讨论》等。古史和古文字方面有《耒耜》、《再论小屯与仰韶》、《〈左传〉的作者及其成书年代》、《论〈战国策〉的编写及其有关苏秦诸问题》、《论周代田制及其社会性质》、《论西周是封建社会——兼论殷代社会性质》、《陈侯四器考释》、《金文嘏辞释例》、《禹鼎的年代及其相关问题》、《甲骨文中所见的儒》、《西周墙盘铭文笺释》、《西周利簋文笺释》、《周原甲骨初论》等论文,论证古史、考辨文字,不乏独到的见解。从 20 世纪 40 年代开始,还对四川地方史进行研究,撰写《巴蜀文化初论》、《续论》、《论〈蜀王本纪〉成书年代及其作者》、《〈交州外域记〉

蜀王子安阳王史迹笺证》等文。专著有《氏编钟图释附考释》、《史学论著辑存》、《论巴蜀文化》、《左传选》等;还主持编纂了大型辞书《汉语大字典》和《汉语古文字字形表》、《殷周金文集录》、《甲骨文字典》等多种工具书。曾主编《东方杂志》,并任《中国大百科全书》编委员会委员。

9. 白涤洲(1900~1934) 名镇瀛,以字行,蒙古族,北京人。1930 年毕业于北京大学国文系。1933 年 10 月,应聘在北京大学研究院文史部语音乐律实验室任助教。1934 年 10 月,在 5 位亲人相继离世之后,复因劳累过度,逝世于北平。白镇瀛早年投身于国语推广工作,曾任国语统一筹备委员会常务委员、中国大辞典编纂处理部主任、《国语周刊》主编。后致力于音韵、方言研究,主要论著有《关中方言调查报告》、《〈广韵〉入声今读表》、《〈广韵〉通检》、《〈广韵〉声纽韵类之统计》、《〈集韵〉声类考》、《北音入声演变考》等。

10. 魏建功(1901~1980) 字天行,笔名健攻、山鬼、文狸等。是我国著名语言文字学家、教育家,现代语言学的早期开拓者之一,也是北京大学中文系古典文献专业的奠基人。毕生致力于汉语文的教学和研究工作,在声韵学方面有很深的造诣。他亲自撰写的《古音系研究》和其他一些论著,在汉语言语音的研究上均占有重要的地位。五四运动后,他积极参加新文化运动,并积极从事民俗学和民间文学的收集、整理和研究工作。1945 年,他作为"台湾国语推广运动委员会"主任委员,为台湾地区倡导国语竭尽全力,使台湾地区成为我国最早普及汉语国语的省份。新中国成立后,他为汉字改革和语文教育的普及作出了重大贡献。他主持编纂的《新华字典》,是新中国成立以后影响最为广泛和深远的一部纯正的现代汉语字典。1959 年,他受国家委托在北京大学创办古典文献专业,为培养古籍整理的专业人才付出了心血。1935 年发表的《古音系研究》这部研究音韵学史的专著是他的代表作。全书约 30 万字,分别就古音系的分期,古音系的内容,研究古音系的材料、方法和条件,以及古音系研究的实际问题,阐述了自己的见解,是魏建功多年来攻治音韵学和从事教学工作所积累的成果。它不但汇集了前人研究音韵学的经验,也为后人继续深入研究创造了条件。除了音韵学上的价值之外,对研究方言学和文字训诂学也是一部不可或缺的参考书,在汉语语音的研究上同样占有一席地位。主要著作收入《魏建功文集》。

11. 吴文祺(1901~1991) 原姓朱,字问奇,笔名朱凤起、吴敬铭,浙江省海宁县人。语言文字学家、文史学家。在语言文字领域的贡献主要体现在传统语言学的文字、音韵和训诂方面。在文字、音韵方面,协助其父朱起凤编纂《辞通》,并为《辞通》的出版做推介工作。著有《整理国故的利器——〈读书通〉》(1922 年,因《辞通》最初名为《蠡测编》,后更名为《读书通》,其后又更名为《新读书通》,最后定名为《辞通》)、《介绍朱丹九先生的〈辞通〉》(1933

年）。在训诂学方面，著有《侯方域文选注》（1931 年）、《曾巩文选注》（1931年）、《资治通鉴选注》（1932 年）、《春秋左传集解》（1977 年）等随文释义类著作，为它们分段落、加标点、校正误字。作为语言文字学家，他同时又是一位文史学家，著有《整理国故问题》（1922 年）、《驳〈旁观者言〉》（1922 年）、《驳〈又一旁观者言〉》（1922 年）、《重新估定国故学的价值》（1924 年）、《对于旧体诗的我见》（1921 年）、《论文字的繁简》（1934 年）、《近百年来的文艺思潮》（其中王国维、章炳麟两章论述了语言学中的词汇问题）（《学林》开明书店 1940 年第 1~3 辑）、《王国维学术思想评价》（《王国维学术研究论集》第 1辑，华东师范大学出版社，1983 年）等。他还担任《辞海》和《汉语大词典》两部大型辞书的副主编，同时兼《辞海》语词分册的主编，做了大量的工作。并在其父所做工作的基础上编纂《辞通补正》。上海古籍出版社 1991 年出版了由他任主编，吴君桓、钟敬华编撰的《辞通续编》，这是对我国语言文字学的研究及我国文化事业发展的一大重要贡献。他在传统语言学研究上也有较深的造诣，著有《"联绵字"在文学上的价值》（《责任》1923 年，《小说月报》1923 年第14 卷第 3 期）、《关于校勘》（《时事新报·学灯》1946 年 6 月 14 日）、《关于〈马氏文通〉》（《复旦》月刊 1959 年第 3 期）、《〈语言文字研究专辑（上）〉前言》（《中华文史论丛》增刊，上海古籍出版社，1982 年）、《关于传统语言文字学的问题》（《语文论丛》第 2 辑，上海教育出版社，1983 年）、《古音研究中的几个问题》等。

12. 李方桂（1902~1987），语言学家，原籍山西省昔阳县。1902 年 8 月 20日生于广州，1987 年 8 月 21 日卒于美国加利福尼亚州。先后在密执安大学和芝加哥大学读语言学，是中国在国外专修语言学的第一个人。为国际语言学界公认的美洲印第安语、汉语、藏语、侗台语之权威学者，并精通古代德语、法语、古拉丁语、希腊文、梵文、哥特文、古波斯文、古英文、古保加利亚文等，著有《龙州土语》、《武鸣土语》、《水话研究》、《比较泰语手册》、《古代西藏碑文研究》等，以及论文近百篇，有"非汉语语言学之父"之誉。其学术成果已由清华大学出版社结集为《李方桂全集》出版。

13. 张世禄（1902~1991）字福崇，中国当代著名语言学家，浙江浦江县人。1926 年毕业于东南大学中文系。从事中国文字学、训诂学、语音学及词汇学研究，尤其擅长汉语音韵学研究。运用西方现代语言学理论和方法，探索汉语各方面的内部规律，对建立中国现代语言学作了开拓性工作。他以现代西方语言学理论和研究方法来研究中国传统的音韵学。他用现代语言学理论，从文化演进的角度来表述中国音韵学的发展，著有《中国音韵学史》。《中国音韵学史》（上下，商务印书馆，1938 年）一书是其音韵学方面最有影响的一部著作。发表论文 100 余篇，著有《中国音韵史》、《语言学概论》、《古代汉语》等。

14. 岑麒祥（1903~1989）字时甫，祖籍河南南阳，1903 年 7 月 15 日生于广西合浦，是我国著名的语言学家。岑麒祥是我国较早从事语言学研究和教学的语言学家之一，从事五十多年的语言学研究，主要研究方向为普通语言学和语言学史，在方言和少数民族语言的调查研究，以及历史语言学研究方面也有一定的成就。语言学方面，著有我国最早的语音学著作之一——《语音学概论》，不仅阐明了普通语音学的基本原理，而且介绍了语音学史，特别是用普通语言学的观点对我国历史悠久的传统音韵研究进行了解释。20 世纪 50 年代，参考苏联教学大纲，编写了《普通语言学》，重点介绍现代各语言学派的理论要点和学术背景，力图以马克思主义的理论观点进行评价。语言学史方面，《语言学史概要》是其最重要、影响最大的一部著作，也是我国第一部语言学史著作，介绍了世界语言学的四大源头；阐述了历史语言学的产生、发展和意义，介绍了对世界上各语系语言进行历史比较研究的情况；介绍了从普通语言学奠基人到 20 世纪 50 年代结构主义的一些流派的语言学观点。方言和少数民族语言调查方面，新中国成立前发表了《方言调查方法概论》，曾到广西进行少数民族语言调查。新中国成立后，将《方言调查方法概论》补充修改为《方言调查方法》，成为我国最早关于方言调查方法的专著。把方言调查分为外部调查、概略调查、方言志调查和方言地图调查等，详细介绍了记音音标和记音方法。强调少数民族语言调查的必要性和迫切性，概括介绍了我国少数民族语言的系属，以及华南地区瑶语、苗语、黎语及其方言的分布情况。曾参加中央中南区少数民族访问团第二分团，到广东北江和海南岛进行少数民族语言调查，完成了《广东少数民族语言调查纪略》。在历史比较语言学方面，积极介绍欧洲历史比较语言学，并把历史比较法应用于少数民族语言和方言研究。此外，还从事古汉语语音、语法及现代汉语语法及文字的研究。

15. 王静如（1903~1990）笔名菲烈，河北省深泽县人。语言学家、历史学家、民族研究专家。1929 年毕业于清华大学研究院，后赴法、英、德等国学习、研究语言学、中亚史语学、印欧语比较语言学及汉学等。回国后历任北平研究院史学研究所研究员和中法大学教授，燕京大学语言学教授和中国大学文学院研究院导师，中国科学院考古研究所研究员，中央民族学院研究部教授，中国科学院民族研究所研究员、学术委员，中国民族研究学会常务委员，中国语言学会理事，中国音韵学研究会和北京市语言学会顾问等。他在语言文字领域的贡献主要体现在他对西夏语言文字的研究方面。《西夏研究》（第 1 辑，中央研究院历史语言研究所，1932 年，单刊甲种之 8）、《西夏研究》（第 2 辑，中央研究院历史语言研究所，1933 年，单刊甲种之 11）、《西夏研究》（第 3 辑，中央研究院历史语言研究所，1933 年，单刊甲种之 13）是他最重要的代表作。此外，在《西夏研究》出版之前他就撰写了《西夏文汉藏译音释略》（史语所集刊，1930 年第2 本第 2 分）一文。后来又有《西夏文木活字版佛经与铜牌》（《文物》1972 年第 11 期）、《保定出土的西夏文石幢》（《考古学报》1977 年第 1 期）两篇论文。这是利用新发现的西夏文物对西夏语文的研究，使西夏语文的研究更上了一层楼。他还对我国古代和现代的少数民族如契丹、女真、回纥、蒙古、土家、达斡尔等民族的语言文字进行研究并发表了一些论著。《突厥文回纥英武威远毗伽可汗碑译释》（《辅仁学志》1938 年第 7 卷第 1、2 期合刊）一文，开始了用突厥文研究回纥历史的先声。《女真文晏台进士题名碑文初释》（《史学集刊》1937 年第 3 期）则开创了用满洲文解释女真文的先声。《论吐火罗及吐火罗语》（《中德学志》1943 年第 5 卷第 1、2 期合刊）等文论证了"吐火罗语"实际上就是"焉耆语"和"龟兹语"，并已成为定论。在古汉语音韵方面，《论开合口》（《燕京学报》1941 年第 29 期）、《论古汉语之腭介音》（《燕京学报》1948 年第 35 期）是他在这方面的两篇重要的代表作。其中肯定了高本汉在中国音韵学研究方面的成绩，但对某些观点表示怀疑并提出了自己的新见。以丰富充足的论据和坚实的理论基础纠正了高本汉理论中的谬误之处，促进了音韵学研究的发展。

16. 袁家骅（1903～1980）江苏省沙洲县人，著名语言学家。北京大学英文系毕业，后赴英国留学。回国后，历任昆明西南联大、北京大学教授。袁家骅的语言学研究主要集中在两个方面：对西南少数民族语言的调查和研究；汉语方言的教学和研究。自从事语言研究以来，他就开展对西南地区少数民族语言的调查和研究，先后对窝尼语、阿细语、僮语进行过较为深入的探索。所著《阿细民歌及其语言》一书，通过记录云南阿细族民歌，分析论述了阿细语的语音系统和语法特点，为研究少数民族语言提供了第一手口语材料。另著《汉语方言概要》一书，占有丰富的资料并从中概括出方言的特点，是中国第一部系统介绍现代汉语方言的著作。

17. 陆宗达（1905～1988）字颖民（一作颖明），浙江省慈溪人，训诂学家。1928 年毕业于北京大学国文系，1926 年追随国学大师黄季刚先生，登堂入室，学习文字、声韵、训诂等传统语言文字学，旧学造诣深厚，尤其精通以《说文解字》为中心的传统文字训诂学，是中国训诂学学会的主要创始人，我国传统语言文字学重要的继承人。陆宗达的研究成果主要体现在音韵研究、训诂学、《说文解字》研究、现代汉语语法研究等方面。其中尤以训诂学和《说文解字》研究为成就最突出。在音韵研究方面，他著有《集韵音系》、《古韵谱》（未出版）和《王石臞先生韵谱合韵谱遗稿跋》（《国学季刊》1932 年第 3 卷第 1 期）、《王石臞先生韵谱合韵谱稿后记》（《国学季刊》1935 年第 5 卷第 2 期）、《音韵学概论》

（《中国大学校刊》1935 年）等。在训诂学研究方面，1957 年他在《中国语文》第 4 期上发表了《谈谈训诂学》一文，对训诂学的实质进行了科学的阐释，引起了学术界的重视。1964 年，他出版了《训诂浅谈》（北京出版社）一书，把训诂学的内容与方法归纳为 5 个方面，即解释词义、解释文意、分析句读、说明修辞手段、阐述语法。1980 年，他在此基础上修订补充，出版《训诂简论》（北京出版社）一书，认为训诂学的任务不仅研究词义，凡与解释古书有关的章句以及古人表情达意的方式方法等都属于训诂学的范畴。后又出版《训诂方法论》（合作）（中国社会科学出版社，1983 年）。此为中国专论训诂方法的第一部著作。在《说文解字》研究方面，他发表了《介绍许慎的〈说文解字〉》（《北京师范大学学报》1961 年第 3 期）、《〈说文解字〉的价值和功用》（北京师范大学《学术论丛》1979 年第 1 辑）、《说文解字通论》（北京出版社，1981 年）。在书中作者全面系统地归纳揭示了《说文解字》的内容和体例，从形、音、义三方面对许慎说解文字的方法进行科学的理论总结。在汉语语法研究方面，他与俞敏合著的《现代汉语语法》（上册，群众书店，1954 年）一书，以北京口语为材料，同时运用古汉语、吴语、粤语、闽南话、客家话五大方言的材料，用历史方法和比较方法加以强调，书中对汉语形态变化和重叠形式等问题的论述引起语法学界的关注。陆宗达先生的研究工作的特点主要体现在从文献语言材料出发；以探讨词义为落脚点；以《说文解字》为中心；重视继承，建立适合汉语特点的汉语语言学；现向现代社会重视普及和应用。这便是陆宗达先生研究文献语言学的指导思想。

18. 丁声树（1909～1989）号梧梓，河南邓州人，中国杰出的语言学家，词典编纂专家。他在音韵、训诂、语法、方言、词典编纂等各个学科都有很深的造诣，并且都取得了突出的成就。曾主持编写《现代汉语词典》、《昌黎方言志》，编录《古今字音对照手册》，与他人合著有《湖北方言调查报告》、《现代汉语语法讲话》、《汉语音韵讲义》等。其中他与吕叔湘、李荣等合著《现代汉语语法讲话》一书，充分注重语言实际，分析细致深入，例句丰富精当，在中国语法学史上占有重要地位。其他重要论文著作还有《释否定词"弗""不"》、《诗经"式"字说》、《诗卷耳芣苢"采采"说》、《"何当"解》、《论诗经中的"何""曷""胡"》、《"早晚"与"何当"》、《谈谈语音结构和语音演变规律》、《谈谈汉字的标准化》、《汉语方言调查简表》、《文风笔谈》、《昌黎方言志》、《关于进一步开展汉语方言调查研究的一些意见》等。

19. 严学窘（1910～1992）号子君，江西省分宜县人，著名语言学家。从事语言文字研究与教学 40 多年，涉及音韵学、训诂学、汉语方言和少数民族语言研究等领域，突出贡献主要体现在古代汉语的音韵研究方面。在汉语方言和少数民族语言研究方面，他著有《记分宜方音》（1934 年）一书，后以《分宜方音述略》发表在《国立中山大学师范学院季刊》1943 年第 1 卷第 1 期上。详细描写了分宜音系及分宜音韵与北京音、中古音的比较情况。在汉语音韵学研究方面，曾精心考证汉语音韵沿革中的古音，著有《大徐本说文反切的音系》（《国学季刊》1936 年第 6 卷第 1 期）、《小徐本说文反切之音系》（《国立中山大学师范学院季刊》1943 年第 1 卷第 2 期）等，进行了专史式的研究和整理。后受汉藏语系语言材料的启示，始用类型学观点从事上古汉语语音的构拟研究，著有《汉语声调的产生和发展》（《人文杂志》1959 年第 1 期），探讨了汉语声调的发展规律（由无到有，由少到多，由多到少，将趋消失）和产生的原因（松紧元音递减消失，声母清浊影响分化和复合韵尾消失变化的结果）。20 世纪 50 年代领导了对广西、海南、湘西各少数民族语言的调查工作，发现了土家族，主持黎文的创制工作。曾历任中正大学文史系讲师、中山大学师范学院中文系教授、中山大学文学院语言学系教授、华中师范学院中文系教授兼系主任、《汉语大字典》副主编兼华中工学院顾问及该院中国语言研究所所长、《语言研究》杂志主编、国家民族事务委员会学术委员会委员、全国民族院校双语教学研究会名誉理事长、中国语言学会副会长、中国民族语言学会常务理事、中国音韵学研究会会长、全国民族院校汉语教学研究会名誉理事长、湖北省语言学会理事长等。

20. 董同龢（1911～1963），我国著名音韵学家。1932 年考入清华大学中文系，尝从王力先生习音韵学。后入中央研究院历史语言研究所，为赵元任先生助手，加入《湖北方言调查报告》之整理撰写。并参与史语所由赵元任先生领导的两广、陕南、徽州等地方言的调查，尝试纯以描写语言学方法调查汉语，并首次用此方法写成《华阳凉水井客家方言记音》，为首次以纯粹描写语言学立场撰成的汉语方言调查报告，是当今客家学研究领域必读的经典方言著作。专著有《上古音韵表稿》、《中国语音史》、《湖北方言调查报告》（与赵元任先生等合撰）等。董同龢自大学起便开始对汉语音韵史进行研究，虽于颠沛之中亦未尝停顿。其 1944 年发表的《上古音韵表稿》，运用可靠材料与语言学理论拟构上古音音值，修正高本汉诸多看法。同时进行中古音之研究。1948 年发表《广韵重纽试释》，于三等韵重纽问题初步理出头绪，次年发表《等韵门法通释》，阐明门法沿革，辨明门法于刘鉴《经史正音切韵指南》所载《门法玉钥匙》以前及其后实有不同；比较门法与其他等韵条文之异同，并根据对中古韵书与韵图之最新认识，说明刘氏以前门法性质而逐条予以诠释；更就刘氏以后门法变革论其得失。其领域之宽广、治学之严谨、眼光之远大，有后学所不能及者。

21. 傅懋勣（1911～1988），曾用名傅兹嘉，山东省聊城人，语言学家。1939 年毕业于北京大学中国文学系语言文字组。1948 年赴英国剑桥大学攻读语言学，1950 年获英国剑桥大学博士学位。1951 年在中国科学院语言研究所（1977 年改名为中国社会科学院语言研究所）工作。先后任语言研究所研究员、少数民族语言研究所副所长、研究员，民族研究所副所长、研究员，《民族语文》杂志主编，中国民族语言学会会长，中国民族古文字学会会长等多种职务。他在语言学领域涉及的方面很广，但贡献最大的还是在少数民族语言文字的研究方面。新中国成立前，他出版了两部专著《维西么些语研究》（语音部分《中国文化研究所集刊》1940 年第 1 卷第 4 期，语法部分《中国文化研究所集刊》1941 年第 2 卷，词汇部分《中国文化研究所汇刊》1943 年第 3 卷）、《丽江么些象形文〈古事记〉研究》（武昌华中大学，1948 年）。其中《维西么些语研究》是作者根据自己的调查结果写成的我国较早的一部研究少数民族语言的专著。他还与人合作主编了高等院校的第一本彝语课本《凉山彝语课本》。

22. 高名凯（1911 ~ 1965）曾用名苏旋，福建平潭县人，是中国著名的理论语言学家。他的学术研究主要分为两个时期：新中国成立前，主要从事汉语语法研究；新中国成立后，主要从事普通语言学理论研究。在法国留学期间，在法国语言学家马伯乐的指导下，完成毕业论文《汉语介词之真价值》。回国后，陆续发表一些汉语语法方面的学术论文，1948 年出版汉语语法专著《汉语语法论》，与王力的《中国现代语法》、《中国语法理论》和吕叔湘的《中国文法要略》同为 20 世纪 30 年代中期以后反对模仿通俗拉丁语、英语语法，用普通语言学理论作指导进行汉语语法研究的最重要著作。在普通语言学理论研究方面，他所著《语法理论》是一部全面、系统的普通语法学理论著作，评价了国内外众多语法学家，对普通语法学的一些重大理论问题进行了全面论述，并提出应该区分语法形式学和语法意义学等观点。《语言论》是其语言学观点的总结，评价了语言学史上许多语言学家的观点，并在一些重大理论问题上提出自己的观点。此外，他在西方语言学理论翻译方面，也做了大量工作，翻译了影响整个 20 世纪语言学发展进程的瑞士语言学家索绪尔的经典性著作《普通语言学教程》。50 年代又翻译了许多对中国语言学的发展起了促进作用的很多苏联学者的有关普通语言学、语法理论、风格学等方面的著作和论文，如契科巴瓦的《语言学概论》。除此之外，他还写了一些介绍美国结构主义语言学等西方语言理论和西方语言学家的文章，这对国内大多数不能直接阅读国外语言学文献的读者来说是受益匪浅的，而对培养年青一代的语言学家来说也发挥了重要作用。

23. 胡厚宣（1911 ~ 1995）幼名福林，1911 年出生在河北省一个清苦教师之家。是我国甲骨学家、史学家、考古学家。1928 年考入北京大学预科，两年后升入史学系。1934 年从北大毕业后，便由傅斯年以拔尖主义把他延揽入中研院史语所考古组安阳殷墟发掘团，参加整理殷墟历次发掘的甲骨文，并为《殷虚文字甲编》做过全部释文，从事室内整理甲骨工作。1940～1948 年，先后在齐鲁大学和复旦大学任教，并前后发表了 16 篇文章、出版了 8 部书，还出版了《甲骨学商史论丛》。他研究甲骨，力图使材料齐全并结合商史与商代遗迹、遗物进行研究，对商代卜龟来源、记事刻辞、四方风名、农业生产、宗法制度等有关甲骨学和商史上的一些问题都做过专题研究。1956 年奉调转入中国科学院历史研究所，为郭沫若主编的《甲骨文合集》的编纂工作倾注了全部心血。从 1961 年开始，胡厚宣正式收集资料，经过一系列有系统的研究整理，到 1983 年才终于编印出共收甲骨 41956 版，分十三册巨册，体系完备的皇皇巨著《甲骨文合集》。编辑的同时，他还相继发表、出版了一系列影响深远的学术论著。终其一生，他总共发表、出版学术论著 170 余种，被尊为中国大陆地区甲骨研究的第一人。胡厚宣自 20 世纪 40 年代起即饮誉海内外历史考古学界，1995 年逝世。

24. 刘又辛（1913～2009）字又新，原名锡铭，山东省临清人，语言学家。1934 年入北京大学中国文学系，与罗常培、沈兼士、唐兰、闻一多、魏建功等学习语言文字学。曾任教于昆明师范学院、私立乡村建设学院、川东教育学院、西南师范大学等校，历任教授、四川省语言学会副会长、《汉语大字典》编委等。他在语言文字领域的贡献主要体现在文字学、训诂学研究方面。著有《文字训诂论集》（中华书局，1993 年）、《通假概说》（巴蜀书社，1988 年）、《训诂学新论》（与学生李茂康合著，巴蜀书社，1989 年）、《汉字发展史纲要》等专著。论文共有 150 多篇。1985 年以前的论文多收入《文字训诂论集》中。

25. 马学良（1913～1999）字蜀原，山东省荣成县人。著名语言学家、汉藏语系语言学家、民族语言文学家、民族教育家、中央民族大学民族语言文学学科奠基人。1938 年毕业于北京大学中文系。1941 年北京大学文科研究所研究生毕业。曾在中央研究院历史语言研究所、中央大学、东方语专、北京大学东语系等单位任职。1951 年调至中央民族学院，即今中央民族大学，为该校少数民族语文系教授、系主任、博士生导师。曾历任少数民族语言研究所所长、中国社会科学院少数民族文学研究所副所长、中国民间文艺研究会副主席、全国民族院校汉语教学研究会会长、民族语言研究会副会长、中国社会科学院民族研究所学术委员等。长期从事汉语与少数民族语言的教学与研究，尤其是对彝语的研究更具有开拓性。他的《撒尼彝语研究》（商务印书馆，1951 年）是一部系统、深入地研究彝语语音、词汇、语法的著作。这也是我国学者研究彝语的第一部较全面的学术著作。他研究彝文注意结合彝族的风俗习惯、神话传说、社会历史、生活习俗、宗教迷信等来进行，发表了《从彝族氏族名称中所见的图腾制度》、《茂莲社区的男女夜合》等一系列论文，并翻译了《保文作斋经译注》（《历史语言研究所集刊》1949 年第 14 本）、《保文作祭献药供牲经译注》（《历史语言研究所集刊》1948年第20本上）等。这两部经典是研究彝文和了解彝族社会历史及宗教的重要文献。在研究中他注重语言的比较研究，将汉语与同语系的其他语言进行比较，著有《我国汉藏语系语言元音的长短》（《中国语文》1962年第5期）、《〈切韵〉纯四等韵的主要元音》（《中国语文》1962年第12期）等，提出了汉语的元音在历史上曾经分长短的观点。这不仅对壮傣、苗瑶语族语言的语音研究有参考价值，也为汉语语音史的研究提供了研究线索，开创了利用有关的少数民族语言材料研究古代汉语声韵的一条新路。他还曾参加并指导对苗族、瑶族语言的调查工作，并帮助苗族创制拼音文字。

26. 周祖谟（1914～1995）字燕孙，中国文字、音韵、训诂、文献学家，北京人，祖籍浙江杭州。1932年入北京大学中国语言文学系，1949年前主要从事中国文字学、声韵学、训诂学、汉语史以及古典文献学的研究。1949年后开始从事现代汉语词汇和语法的研究，并进一步贯穿古今，研究汉语发展的历史，同时注意语文教育的一些问题，在古典文献学方面也有很高的成就。他在语言文字领域成果最为丰硕的当属在文字、音韵、训诂方面。代表作有《问学集》（上下，中华书局，1966年），其中收录了他自1934年至1962年间撰写的各种论文共44篇。对古音、等韵、《切韵》及以前的训诂书等都提出了不少创见，陈述了他对汉语发展史、汉语研究史及历史方言研究等诸多方面的独特观点，为后人提供了丰富的史料和可贵的研究线索。他研究汉语音韵的又一部重要著作是《汉魏晋南北朝韵部演变研究》，探讨自周秦音至《切韵》800年间韵部演变的过程。《唐五代韵书集存》（中华书局，1984年）是他几十年收集、整理和考释唐五代韵书的成果，其中集印了唐五代写本和刻本韵书共30种，是总集唐五代韵书的一部大书。《广韵四声韵字今音表》一书则列出了《广韵》206韵的各纽反切，用汉语拼音字母注出今音，成为普及汉语音韵学知识、帮助读者掌握运用《广韵》研读音韵或文学作品的工具。在古籍整理与校勘方面，他著有《广韵校本》（上下，商务印书馆，1937年）、《方言校笺》（科学出版社，1956年）、《洛阳伽蓝记校释》（科学出版社，1956年）、《尔雅校笺》（江苏教育出版社，1984年）、《释名校笺》等。1995年1月14日在北京逝世。

27. 黄典诚（1914～1993）字伯虔，笔名黄乾，福建龙溪（漳州）人，语言学家。1937年毕业于厦门大学。历任厦大助教、讲师、副教授、教授。与乃师周辨明合编《前驱国语罗马字读本》、《语言学概论》、《诗经全译新注》等。散见新中国成立前及新中国成立后的《厦大学报》。新中国成立后在厦门创办《新文字月刊》，并为上海《新文字周刊》及《中国语文》等撰文。

28. 邢公畹（1914～2004）原名邢庆兰，祖籍江苏省高淳县，生于安徽省安庆市，著名语言学家。1940年方入历史语言研究所从李方桂学习汉语方言、汉语上古音、侗台系语言等。后到联大中文系任教，从罗常培学习汉语音韵学、汉藏系语言调查等课程。曾调查布依语和傣雅语。后随南开大学回到天津。1953～1956年赴苏联莫斯科东方学院、莫斯科大学任教。归国后任南开大学中文系主任、汉语侗台语研究室主任、中国语言学会副会长等。他在语言文字领域的贡献主要体现在他对汉藏系语言的比较研究（少数民族语言研究和汉台语比较研究）、语言理论研究、汉语语法研究等领域。在汉藏系语言的比较研究方面，著有《远羊寨仲歌记音》，为国内较早的布依语研究资料。另著有《莲山摆彝语文初探》、《语言论集》（商务印书馆，1983年，其中有多篇论文利用对应同源体系的研究方法论证了汉语和侗台语的密切关系）、《三江侗语》、《江河上游傣雅语》、《汉台语比较手册》、《邢公畹语言学论文集》等。在汉语语法研究及语言理论研究方面，著有《汉语研究中"三品说"之运用》、《论语中的否定词系》、《〈论语〉中的对待指别词》、《论汉语造句法上的主语和宾语》、《现代汉语的构形法和构词法》、《关于受动主语句的规律》、《词语搭配问题是不是语法问题》、《语法和语法学》、《论转换生成语法学》等。另有译作有《句法结构》（合译，乔姆斯基著，1979年）、《侗傣语概论》（李方桂著，1980年）、《论〈红楼梦〉》（［苏联］巴思德涅耶娃著）等。2004年逝世于天津。

29. 周法高（1915～1994）字子范，号汉堂，江苏东台人，著名语言文字学家。中央大学文学系毕业。1941年获北京大学中国语言学硕士。旋任职中央研究院历史语言研究所，累升至副研究员并兼任中央大学副教授。去台后仍在史语所任职，并升任研究员、台湾大学教授。主要从事语言学、音韵学、训诂学、文字学等方面的研究，取得了很高的成就。音韵学方面，有论文《经典释文反切考》、《玄应音研究》等。语法方面，根据美国结构语言学派的语言理论，写成《中国古代语法》，分造句编、称代编、构词编三册，共约120万字，堪称中国古代语法之巨著。文字学方面，所主编的《金文诂林》、《金文诂林补》和《金文诂林附录》，是古文字学的重要参考工具书。

30. 张清常（1915～1997）语言学家，贵州省安顺县人。他在语言文字领域的贡献主要体现在音韵学研究、社会语言学研究等方面。早期致力于音韵、音乐、文学三者之间关系的研究。后期致力于语音史、词汇史及社会语言学的研究。著有《中国上古音乐史论丛》、《胡同及其他——社会语言学的探索》、《北京街巷名称史话——社会语言学的再探索》、《语文学论集》、《战国策笺注》等专著。另有《中国声韵学里的宫商角徵羽》、《中国声韵学所借用的音乐术语》、《古今音变与旧文学的欣赏》、《中国上古 -b 声尾的遗迹》、《李登声类和"五音之家"的关系》、《北京音里边的一字异读问题》、《内蒙古自治区汉语方音与普通话语音对应规律》、《内蒙古自治区汉语方音概略》、《有关京剧十三辙实际运用的几个问题》、《古音无轻唇舌上八纽再证》、《〈中原音韵〉新著录的一些异读》（《中国语文》1983年第1期）、《汉语"咱们"的起源》、《内蒙古西部汉语方言构词法中一些特殊现象》、《中国古典诗歌平仄格律的历史经验》、《唐五代西北方言一项参考资料〈天城梵书金刚经戏音残卷〉》等论文多篇。

31. 俞敏（1916~1995）著名语言学家，1936年入北京大学国文系，受到罗常培的赏识。1946年追随魏建功先生赴台湾从事国语推行工作，1947年回大陆后，先后在燕京大学和北京大学任教。1953年起任北京师范大学中文系教授，并任《中国大百科全书语言文学卷》编委、《汉语大词典》顾问等职。他通晓英、德、俄、日等多种语言，对梵语和藏语等一些少数民族语言文字和汉语方言也很有研究，在语言学的各门类诸如语言学理论、音韵学、训诂学、语法学、文字学、词源学、方言学、语音学等方面卓有建树，在国内外学术界享有很高声誉。他注意边缘学科，能从成段的经传子史中找问题。著有《中国语文论文选》、《经传释词札记》等。主要论文编入《俞敏语言学论文集》。音韵方面的论文主要有《古汉语里面的连音变读现象》、《论古韵合怗屑没曷五部之通转》和《后汉三国梵汉对音谱》。在现代汉语语法方面，俞敏先生对于词类区分有创见。《评〈北京话单音词词汇〉》最早提出重叠式可以分开形容词和动词的界限的理论。在古汉语虚词方面也有深入的研究，他的《经传释词札记》既借鉴了乾嘉学派的研究方法，又注重利用与现代方言的比较、与外语相应现象的对比，许多见解深入而独到，令世人瞩目。1995年7月2日逝世。

32. 喻世长（1916~1999）天津宝坻县（原属河北省）人，语言学家。1943年毕业于辅仁大学中文系，曾历任中学教师，专科学校教师，北京大学助教，中国科学院语言研究所助理研究员、副研究员等。他在语言文字领域的贡献主要体现在对中国少数民族语言尤其是对布依语和蒙古语的研究方面，汉语音韵学及汉语方言的研究方面。在中国少数民族语言研究方面，他著有《语言调查知识》（合作）、《布依语语法研究》、《布依语调查报告》、《论蒙古语族的形成和发展》、《参加中央西南访问团调查贵州兄弟民族语言的工作报告》、《布依语几个声母的方音对应研究》、《民族语文工作中的几个问题》、《有关我国少数民族语言系属的一些问题——对罗常培、傅懋勣两位先生〈国内少数民族语言文字的概况〉一文的商榷》、《有关民族语言方言划分的几点意见》、《关于"汉语对我国少数民族语言影响"研究中的几个问题》等论著。

33. 王辅世（1919~2001）河北省滦南县人，1940年考入燕京大学政治系转社会科学系。1942年转北京大学经济系，1944年毕业。同年考入辅仁大学人类学研究所，中途休学。1947年复学，师从方言地理学家贺登崧调查宣化方言。同时于1949年秋又考入北京大学中文系研究部作著名语言学家罗常培的研究生。

1950 年获辅仁大学人类学研究所硕士学位，1952 年 6 月北京大学中文系研究部研究生毕业（毕业论文为《威宁苗语研究》）。1950 年起王辅世在中国科学院语言研究所开始研究苗语。1956 年王辅世任中国科学院少数民族语言调查第二工作队副队长，和队长马学良一起主持苗瑶语的全面调查。在此期间，他多次在各种民族语言调查训练班上讲课或作专题报告，培养出一大批民族语文工作者和民族语文研究的骨干力量，并先后发表一系列有关苗族文字改革、苗族创制文字等问题的文章。王辅世关于汉语普通话音系的学术论文富有独到见解，1957 年发表的《贵州威宁苗语量词》一文，详尽地分析了多种形态变化，并指出威宁苗语的量词具有类似印欧冠词的作用，这一创见，在国际语言学界引起了极大的反响，经人翻译成英文，收入美国康奈尔大学编辑的《苗瑶语论文集》。1959 年语言调查结束回所后，王辅世与罗季光共同组织编写出《中国少数民族语言简志（苗瑶语部分）》一书，这是新中国成立后出版的第一本苗瑶语研究的书籍。与此同时，王辅世还和其他同志一起组织编写了《苗语方言概况》书稿，提出了将苗语划分为湘西、黔东、川黔滇三大方言和川黔滇方言下分七个次方言的方案。1962 年少数民族语言研究所合并到民族研究所，王辅世任民族研究所图书资料室副主任；同时，他仍致力于苗语研究，发表了《苗语概况》。1981 年王辅世任民族研究所语言研究室副主任。他除了参与领导各语言组编写语言简志和亲自主编苗语简志外，还先后发表了《苗语的声类和韵类》、《谈谈苗语方言声韵母比较的几点体会》、《贵州威宁苗语的方位词》、《我对苗语语法上几个问题的看法》、《贵州威宁苗语的状词》、《苗语方言划分问题》、《苗瑶语系属问题初探》、《苗语语音研究中的理论和实践相结合》、《苗语古音构拟问题》，等等。王辅世还从事汉语方言研究，他在辅仁大学的硕士论文《宣化方言地图》，就是我国较早的一部方言地理学著作。此外，他还先后发表了《广西龙胜伶话记略》、《湖南泸溪瓦乡话的语音》、《再论湖南泸溪瓦乡话是汉语方言》以及他的家乡话《滦南话的变调系统》等文章，对汉语方言研究具有独特的、积极的作用。1994 年最终定稿的《苗语古音构拟》一书将苗语研究推进到了一个新的境界，是一部能反映苗语各方言特点并能通过方言共时研究推拟历时演变的"苗语《广韵》"。在此基础上，1998 年王辅世与从事瑶语研究的同事合作，经过几年的比较研究，进行苗瑶语古音构拟，写成了《苗瑶语古音构拟》一书。此外，精通英、日、法、俄等多种外语，他从 50 年代起，翻译了一些国外有关语言学方面的论文，在《科学通报》、《民族译丛》、《论文选译》和《少数民族语文研究情报资料集》上发表，为民族语的语言规划和历史比较研究提供了重要参考。1954 年他在《中国语文》上发表的《台湾高山族语言概况》，是参考多种日文资料介绍我国高山族语言情况的发轫之作。

34. 李荣（1920～2002）笔名董少文、昌厚等，浙江省温岭市人，音韵学家、方言学家。1943 年毕业于西南联合大学中文系。1946 年自昆明北京大学研究院文科研究所研究生毕业。1950 年到中国科学院语言研究所（即今中国社会科学院语言研究所），历任研究员、博士生导师、所长、方言研究室主任、《方言》杂志主编等。他的研究工作涉及汉语的语音、文字、词汇、语法等，其中尤其是对以《切韵》为代表的中古汉语音韵的研究和对现代汉语方言的调查与研究的成绩最为突出。在音韵学研究方面，著有《切韵音系》、《陆法言的〈切韵〉》、《隋韵谱》、《隋代诗文用韵及〈广韵〉的又音》、《怎样根据北京音辨别古音的声母》、《怎样根据北京音辨别古音的韵母》、《〈广韵〉的反切和今音》、《从现代方言论古群母有一、二四等》、《读汉书东方朔传》、《语文论衡》等学术论著。在方言研究方面，他对浙江省温岭方言的研究及对北京语音的研究集中体现了他的贡献。著有《温岭方言语音分析》、《关于方言研究为农村服务的一些意见——以浙江省温岭县方言调查为例》、《温岭方言的变音》、《温岭方言的连读变调》等论文。在汉语方言调查方面，他从编制调查表格到写作调查手册，再到培养调查研究的人才等，都做出了很大的贡献。此外，他还参加了《现代汉语词典》、《新华字典》、《现代汉语语法讲话》等的编写工作。

编辑整理：李凡星

理论与实践并进的中国各民族文学关系研究

扎拉嘎

2010 年 3 月 29 日

扎拉嘎

中国社会科学院研究生院少数民族文学系教授

　　摘　要：本文主要通过讨论中国各民族文学关系学科的定位、主要范围和顺延拓展，重点分析了历史上少数民族文学创作和汉民族文学创作的互动，特别强调了近年来中国各民族文学关系研究的最新课题和成果。本文还从学科建设的高度出发，阐释了建构学科哲学基础的重要性和紧迫性。并根据比较文学——中国各民族文学关系研究实践，提出了包括平行本质、平行统一辩证法、逻辑平行律和平行的原结构、原系统特征概念群的平行论哲学，以严谨的态度介绍了互动哲学里的"平行"概念，为学科间比较研究提供了新的思路。

　　关键词：民族文学学科　各民族文学比较　学科建设的哲学基础　互动哲学平行

一、中国各民族文学关系学科的定位、主要范围和顺延拓展

　　中国各民族文学关系属于比较文学学科。中国比较文学有两个基本研究领域。一个是国际背景中不同国家、不同地域文学之间的比较研究，另一个是国内背景中不同民族、不同语种文学之间的比较研究。二者虽然研究范围不同，在学科理论和研究方法上却是基本相同的。比较文学的国内部分可以概括为中国各民族文学关系学科。中国各民族文学关系学科，在研究范围上特指中国境内跨民族、跨语言和跨文化的文学研究。其中，跨民族文学研究是中国各民族文学关系学科的主要内容。所谓跨民族文学研究，可以是两个民族文学之间的关系研究，也可以是多个民族文学之间的关系研究。所谓文学关系研究，主要是指影响关系研究和平行关系研究。依照比较文学是文学平行本质的比较研究这个比较文学新概念，影响关系研究与平行关系研究，既是很难互相分离的，又存在根本的区别。

　　中国各民族文学关系研究是中国文学史研究的有机部分，也是中国当代文学研究的有机部分。无论是中国整体文学史研究，还是中国各个民族文学史研究，无论是主体民族文学史研究，还是非主体民族文学史研究，都离不开不同民族文

学关系研究。研究当代中国各民族文学关系，可以促进各个民族文学同时发展，使中国文学更具有生机，更显丰富多彩的必然趋势。

中国各民族文学关系研究，在少数民族文学学科建设中具有特别重要的意义。中国各个少数民族的许多重要文学现象和文学作品，离开跨民族、跨语言、跨文化的文学研究，是没有办法深入下去的。只有在比较文学理论规范下，发展国内跨民族、跨语言、跨文化的文学研究，各个少数民族文学的独特魅力，各个少数民族文学在中国文学总格局中的地位，以及对中国整体文学发展的推动力，才能够得到科学的阐释。

由于地理位置的毗邻，中国各个民族在文学方面，自古以来就存在广泛联系和互动关系，存在各自独特的民族特色。各个民族文学在相互影响中，构成中国文学内在的整体性，显示出各民族文学的独特风采。从南方少数民族和汉族在神话方面的大量共同母题中，从中国最早的一部诗歌汇编《诗经》中，从唐诗、宋词、元曲到明清小说，从中国古典文学的顶峰《红楼梦》中，从维吾尔族的《福乐智慧》中，从蒙古族的《蒙古秘史》中，从藏族的《格萨尔》与蒙古族的《格斯尔》等内在联系中，我们都可以发现中国各民族之间在文学中的相互联系。中国各民族文学之间存在的广泛联系，是进行跨民族文学关系研究的基础。在中国各民族文学相互影响不断发展的同时，中国各民族文学之间的关系，也在很早就进入人们的视野。在大禹时代，已经出现"南音"流传到北方的记载；在孔子的时代，人们已经注意到南北文化之间的差别；在唐代，宫廷乐曲中特别收入有"龟兹部"和"胡部"；在宋代王灼《碧鸡漫志》中，关于著名的《敕勒歌》曾有如下记载："欢自和之，哀感流涕。金不知书，能发挥自然之妙如此，当时徐、庾辈不能也。"元代之后，多民族文化之间的交流，极大地促进了人们对各民族文学与文化关系的关注。元人燕南芝菴在比较的基础上提出"南人不曲，北人不歌"（《唱论》）的著名论点。明人徐谓说："胡部自来高于汉音。在唐，龟兹乐谱已出开元梨园之上。今日北曲，宜其高于南曲。"（《南词叙录》）应该说，这样的例证是很多的。这些历史文献记载说明，不仅中国各民族文学的相互影响具有悠久历史，中国各民族文学关系研究也同样具有悠久的历史。

作为新兴学科，无论从发掘具体对象的角度，还是从理论探索的角度，中国各民族文学关系都具有极其广阔的发展空间。

（一）中国各民族神话和前民族文学与文化关系及比较研究

中国境内的许多神话都具有跨民族、跨语言、跨文化流传的历史。中国古代的巫文化和萨满文化，也属于跨民族、跨语言和跨文化的前民族文化范围。中国原始时代流传下来的图腾和自然崇拜传说，大部分也具有跨民族、跨语言和跨文化的性质。于是，跨民族、跨语言和跨文化的神话研究、原始文化研究、图腾和自然崇拜研究，在中国传统文化的溯源和格局研究中，特别是各个民族文学的文化模态研究就具有根本性的意义。民族文学所在建所之初，就将神话和前民族文化研究列为重点发展方向，主要也是基于神话和前民族文化在多民族中流传的状况，以及对各个民族思维模态和文学模态的后滞和持久的影响问题。

国内神话的跨民族研究，从资料之提取和综合层面考察，经过多年的梳理，空间已经有限。今后的主要方向应该是提升理论层面和加强专题研究。例如，各个民族中流传的具有类似母题的神话，是如何形成的？如何传播的？相互之间存在哪些异同？这种异同的意义是什么？这类问题的研究需要对已有材料重新组合、重新诠释和连续的理论积累。北方许多少数民族中流传的，狼、鹿、熊、燕等动物图腾和动物崇拜，以及山崇拜、石崇拜和树崇拜等，还有萨满文化和巫文化，也需从材料重新组合、重新诠释和连续的理论积累角度，进行跨民族、跨语言的专题研究。民族迁徙与民族文学及文化的关系问题，是中国各民族文学关系中的重要课题。许多民族在远古民族形成的早期，曾经经历迁徙或者受到迁徙民族文化的影响，从而造成自身文化的断层，或者与周边其他民族在文化上形成较大的反差。但是，这个方面的研究还处于起步的阶段。

（二）周秦以来，特别是元明清三代各民族文学关系研究

周秦之际的屈原以及楚辞与南方少数民族口头文学传统的关系问题，是一个值得不断探讨的研究项目。事实上，古代的一些研究者已经注意到屈原作品中的"蛮族"文学影响。随着少数民族文学研究的深入，屈原的民族归属问题，屈原作品与古代南方少数民族口头文学传统的关系问题，还会进一步引起广泛的兴趣。唐代及其前后，辽、金、元和明清时期，是中国民族交融的几个重要时期，也是中原汉族文学与周边少数民族文学互动的重要时期。唐代李白、杜甫和白居易与少数民族文化的关系，元代杂剧与北方少数民族文化的关系，明代李贽文学活动的多元性特征，清代满族对中国俗文学发展的影响，等等，都属于已经开始研究，同时又有待深入研究的课题。在各少数民族文学相互影响方面，诸如阿尔泰语系各民族之间文学关系，南方各少数民族文学从语言系统角度的分别梳理和相互影响研究，以及各民族史诗和其他口头叙事文学的比较研究，等等，也都有许多需要进一步研究的课题。

（三）少数民族古典文学名著的比较研究

在历史上，中国一些有自己文字的少数民族，例如蒙古族、藏族、维吾尔族、哈萨克族等，在创作口头文学的同时，也创作出用本民族文字书写的书面文

学。其中，从不同民族文学关系和文化关系以及相互比较的角度，研究《蒙古秘史》和《福乐智慧》等有世界影响的名著，具有重要学术意义。这些举世闻名的少数民族文学作品，代表着中国文化多样性中的某个方面。它们的意义也只有在跨民族的比较研究中，才能更充分显示出来。

（四） 当代中国各民族文学关系研究

在当代各民族文学关系中，有许多重要的值得长期关注的理论课题。例如，汉语种文学的多民族性问题，少数民族语言书面文学创作的意义问题，少数民族作家双语创作问题，文学创作与民族文化传统的关系问题，作家的民族成分与他的作品民族题材之间的关系问题，等等，都是有很强理论性的课题。此外，从文学接受和媒介学角度，还应该研究各个民族在文学欣赏中的互动关系等理论课题。在当代，不仅汉族文学在给予各少数民族文学深刻影响，各个少数民族文学也从各自不同的方面，在相互影响的同时，给予汉族文学深刻影响。但是，关于当代中国各民族文学关系的研究，还不能与当代中国各民族文学互相促进发展的实际状况相适应。在中国各民族文学关系研究中，当代文学始终是应该给予足够重视的方面。

（五） 立足国内各民族文学关系的比较文学理论研究

要推动中国各民族文学关系研究不断深入，需要加强相关的理论研究。中国各民族文学关系研究，属于比较文学学科，同时又受到民族文学理论研究状况的制约。在理论上，民族文学关系研究与比较文学，既具有相近性，又具有特殊性。中国的比较文学理论主要从国外借鉴。国外的比较文学理论是国外学者从他们的比较文学实践中概括出来的。比较文学不断发展，比较文学理论也要不断发展。比较文学在不同的国家会形成不同的特色，比较文学的一个突出特点，是研究方法的灵活性，也即理论运用的灵活性。所谓"立足中国各民族文学关系的比较文学理论研究"，主要是说要在中国各民族文学关系研究中，将比较文学的理论与民族文学的理论结合起来，既要从民族文学的视野审视比较文学理论，也要从比较文学的角度思考民族文学的理论问题。缺乏自身理论关照的学科，无论有多少具体成果，也仍然是二流学科。中国社会科学院民族文学所中国各民族文学关系学科，始终把推进理论关照作为自己的最根本任务，并且在推进理论关照方面取得了重要成绩。

人类学术研究在 19 世纪发生了一个重大变化。此前的学术特别注重的是学科界限的划分。例如，从文史哲不分到文学、历史、哲学的分开。那个时候人们特别关注学科的细化和新学科的产生。此后，也不断有新学科在产生。但是，学科的交叉成为重要现象，许多重要的学术成果出现在学科交叉点上。此外，还有个更值得注意的就是在现代学术研究中，不同学科界限形成的差别，可能不如同一学科不同立场的差别更具重要意义。例如，面对相同几何空间的两种几何学、面对同一物理世界的两种物理学的对立，要比几何学与物理学的差别还大。因为前者仅仅是学科划分不同，而后者却是世界观亦即观察世界角度和立场的不同。我们将这种由观察世界角度和立场不同形成的差别简单地概括为学科"场域"。"场域"既包含视域不同，也包含"势能"的"能量"度问题。这就是说，只要我们成功地实现某种思维方法论的转换，或者学术规则的转换，那么就可能站在一个较高的层面，形成推进学术发展的较大能量。这是我最近若干年以来从事学术研究的主要体会，也是民族文学中国各民族文学关系研究能够在理论和实践两个方面同时向前推进的主要原因。

应该说，上述现代学科的这一重要特征，突出表现在近年来中国各民族文学关系研究上，并且主要体现在中国社会科学院民族文学所中国各民族文学关系学科的发展中。

2003 年起，民族文学所中国各民族文学关系被列为中国社会科学院重点关系建设工程。"中国各民族文学关系"重点学科设立在民族文学所。但是，中国各民族文学关系学科的覆盖面，却不是仅仅覆盖少数民族文学，它还覆盖着汉族文学，以及史前传说时代中国文化关系研究，并且由于学科能量的聚集和释放，为了解释本学科的理论和实践问题，我们的研究还延伸到哲学、历史和考古等相关领域，完成了一些重要成果。

近年来，我们不仅推出了一系列对中国各民族关系总体性和个案性研究的成果，而且推出了若干理论著作，将我们的研究领域拓展到哲学、历史、考古、比较文学理论、中国文明起源等领域。可以毫不犹豫地说，我们不仅在中国各民族文学关系学科方面超过此前学者，走到全国前面，而且在很多方面已经走到相关学科的相关研究课题的前沿。

例如：

我们为比较文学提出了新的学理性定义：比较文学是研究文学平行本质相互关系及其发展规律的一门学科。

我们提出了同一部文学作品、同一个文学现象可以同时属于不同民族文学的理论。

我们以蒙古游牧文化在元代南下为例，提出了一个民族的接受者也可以对另一个民族的文学产生巨大影响的比较文学新研究范围。

我们还从起源角度为神话提出新定义：神话是被折叠的人类早期发明创造活动的历史记忆，以及关于这种历史记忆的解释学发展。我们还提出中国文明起源研究的新方法：中国文明是在相邻不同生态——文化板块的平行互动中起源和发展的。

我们还运用平行论哲学，实现了历史文献学、考古学和民俗（神话）学互相整合，对传说时代中国文化关系做出新的解释，特别是对共工传说与稻作农业和良渚文化关系进行了新的探讨。

在哲学方面我们根据比较文学——中国各民族文学关系研究实践，提出了包括平行本质、平行统一辩证法、逻辑平行律和平行的原结构、原系统特征概念群的平行论哲学。平行论哲学面对后现代哲学的挑战，提出了将传统统一性哲学包含其中的新统一性哲学。平行论哲学基本可以涵盖当代所有哲学思想，并且将物理学最新成果含纳其中。

平行论哲学与经典哲学的区别也可以给予这样的比喻：原来的方法论是说一个木棍，日取其半，万世不竭；现在的方法论是说一个木棍用不着分割成两段就是无数木棍的平行同一，可以有无数互相平行的木棍影像。

平行论哲学与经典哲学的区别还可以给予这样的概括：经典哲学忽略联系与间隙的共同在场，平行论哲学强调联系与间隙的共同在场。"有间隙的联系"是对平行概念的基本概括，不仅适合于几何学和物理学，也适合于人文科学。

以下，将主要介绍《中国各民族文学关系研究》、《互动哲学：后辩证法与西方后辩证法史略》、《展开4000年前折叠的历史——共工传说与良渚文化平行关系研究》等几项前沿成果。

二、《中国各民族文学关系研究》

《中国各民族文学关系研究》分"先秦至唐宋"和"元明清"两卷，总计110万字，是迄今为止，在中国各民族文学关系研究方面，包纳民族最多，涉及作家和作品最多，理论探索最为广泛的一部研究专著。

《中国各民族文学关系研究》包括"前言：中国各民族文学'你中有我，我中有你'格局的形成与发展"、"夏商周族群神话与华夏文化圈的形成"、"少数民族口头神话与汉文文献神话的比较"、"屈原与楚辞"、"魏晋南北朝的民族融合与北方文学的发展"、"唐代民族融合及其对唐诗创作的影响"、"南诏大理国多民族文学关系"、"辽金时期的各民族文学及其相互影响"、"唐宋时期西域各民族文学关系"、"少数民族音乐对词乐的贡献"、"接受群体之结构变化与文学的发展——论游牧文化影响下中国文学在元代的历史变迁"、"民族文化交融中的《蒙古秘史》"、"北方少数民族汉文创作群体的崛起"、"多元文化背景中的回族文学批评家李贽"、"《赤雅》——南方少数民族文学魅力的生动写照"、"南方少数民族汉族题材民间叙事长诗的兴起与发展"、"满汉文化交融的结晶——《红楼梦》"、"清代满族汉语文学创作"、"汉文小说满文古旧译本书目述略——兼与蒙古文译本书目比较"、"文学传播中的主体选择与创新——汉族文学影响下蒙古文学的历史变迁"、"蒙藏《格斯(萨)尔》关系探略——关于三个文本的比较研究"、"汉族文学影响下南方少数民族戏剧文学的发展"、"刘三姐传说在南方多民族中的流传与变异"、"清代南方少数民族的汉文诗词创作"等二十余篇专论。这些专论涉及各民族古代神话之间的联系,屈原、李白、曹雪芹等中国古代著名文学家以及《红楼梦》等著名作品的民族归属,元代文学在中国古代文学分期中的地位,游牧文化对元曲繁荣的影响等民族文学关系研究领域中的诸多重要课题。《中国各民族文学关系研究》不仅从不同的角度和侧面,涉及汉、蒙、藏、维、满、回、哈、壮、侗、苗、彝等数十个中国当代民族的文学关系,而且涉及夏、商、周等中国古代部族文学关系,以及匈奴、羌、胡、蛮、百越等中国古代民族的文学关系。

该书的出版在 2005 年成为中国各民族文学关系学科迈向新阶段的重要标志。《中国各民族文学关系研究》通过对中国历史上不同民族文学之间,相互影响的一些重要现象的专题性研究,在一个较高理论层面上探讨了中国各民族文学之间"你中有我,我中有你"的基本格局的形成与发展,探讨了各民族文学之间的相互影响及其对中国文学发展的促进意义。《中国各民族文学关系研究》的出版发行,不仅对改变中国传统的文学史研究模式、促进中国文学史研究向现代模式的转换、今后的中国多民族文学史研究、中国少数民族文学学科建设和中国比较文学学科建设方面,将会产生重要的深远影响,而且在推动各民族文化交流,促进民族团结,增强国家统一方面,有重要的现实意义。

以较大的资料和理论容量,通过多侧面、多角度的总体性考察,初步勾勒出中国各民族文学"你中有我,我中有你"的格局,并且显示出这个格局的多层次结构特点,成为该书的主要价值所在。尽管,该书并没有涉及中国所有民族的文学关系,还有大量不同民族文学之间的有联系的作品、作家和文学现象,需要在今后去研究,但是通过对汉族文学与少数民族文学之间双向影响的大量重要例证的研究,以及许多不同的少数民族文学相互之间关系的研究,已经可以证明中国各个民族的文学,无论是汉民族文学,还是各少数民族文学,都存在与其他民族文学的依存关系,在漫长的发展史上都曾经得到其他民族文学的影响,也都曾经影响其他民族文学。因此,研究中国某一个民族的文学,不能离开与其他民族的文学关系研究,要撰写一部完整的中国文学史,首先要探讨中国各个民族文学在发展中相互处于怎样的关系之中,以及每个民族有哪些只属于它自己的个性特征。从这个意义上可以说,《中国各民族文学关系研究》不仅为今后研究中国各民族文学关系，提供了重要的思考线索，画出了初步的理论构架，而且为今后撰写中国总体文学史，以及语种文学史和分民族文学史，提出了新的学术要求和新的研究内容。

《中国各民族文学关系研究》特别关注了在中国文学史上，许多有重大意义的民族文学关系现象，并且在相当多的方面取得新的进展。在国家社科基金组织的专家"审读记录"中，对《中国各民族文学关系研究》中的大部分专论，诸如"少数民族口头神话与汉文文献神话的比较"、"屈原与楚辞"、"南诏大理国多民族文学关系"、"唐宋时期西域各民族文学关系"、"接受群体之结构变化与文学的发展——论游牧文化影响下中国文学在元代的历史变迁"、"《赤雅》——南方少数民族文学魅力的生动写照"、"满汉文化交融的结晶——《红楼梦》"等，都给予了很高评价。

专论"接受群体之结构变化与文学的发展——论游牧文化影响下中国文学在元代的历史变迁"，主要从接受群体之结构变化与文学发展关系的角度，探讨了游牧文化对元代文学发生的多重影响。文章将中国古代文学分为两个不同阶段，即元代之前的"雅文学"为主阶段和元代之后的"俗文学"为主阶段，并从若干方面提出这两个不同阶段的根本性区别。文章认为，中国古代文学在元代由"雅"到"俗"的历史性变迁，是由元代文学接受群体结构变化所决定的。文章提出，元代作家在创作活动中，适应文学接受群体新成员——蒙古族等少数民族喜爱歌舞的传统，适应元代社会中多民族语言并存的环境，乃是造成元代曲文鼎盛的直接原因。

对这篇专论，专家"审读记录"中给出如下评价说：本书中最具创新意义的是"元明清卷"上编第一章"接受群体之结构变化与文学的发展"，该文讨论了"游牧文化影响下中国文学在元代的历史变迁"，提出文学创作群体与接受群体间存在互动作用的问题，而在互动作用下，元代成为中国文学史上一个很独特的转关期。"即在元代之前，中国古代文学结构是雅文学为主的时代。在元代之后，中国文学结构进入到俗为文学主体的时代。这构成了中国古代文学在元代之前和元代之后的根本性差别。""互动说"和"转关说"对元杂剧和散曲的勃兴做出了很好的解释。论述中，作者从元人所撰的《宋史》中找证据，印证元人的远雅近俗；从元代文献找例证，看蒙汉两民族在语言上的融合，均表现出敏锐的学术眼光和开阔的思路。

《中国各民族文学关系研究》还涉及很多理论课题。例如，提出同一部作品、同一位作家、同一个文学现象，可以同时属于不同的民族文学。

在中国少数民族文学研究中，如何界定一些有争议的作家和作品的民族归属，是一个经常遇到的棘手问题。这同样也是中国各民族文学关系研究中，以及一般比较文学研究中，经常遇到的棘手问题。作为一个完整的结构和系统，每个民族的文学当然会在语言、文化、审美理想和民族性格等方面，形成与其他民族不同的特征。主要的问题是，有一些不同的民族使用同一种语言创作，有一些作家不用本民族语言创作，有一些作家生活在其他民族的文化氛围中，还有一些历史上的作家，由于缺乏完备翔实的资料，很难确定他们的民族成分，等等。而且，民族与血缘不是同一个概念，父子、母女之间，可以不是一个民族。这也为一些古代作家和作品的民族归属带来不确定性。例如，先秦的伟大诗人屈原，多数人主张他是汉族，但也有人主张他是苗族或者其他南方少数民族；唐代伟大诗人李白，多数人主张他是汉族，但也有人主张他是西域少数民族；元代的著名少数民族文学家萨都剌，也有人说他是回族，有人说他是蒙古族；清代的著名小说家蒲松龄，多数人主张他是汉族，但也有人说他是回族，还有人说他是蒙古族；《红楼梦》的作者曹雪芹，有人主张他是满族，也有人主张他是汉族。类似的作家还有很多，而且这些作家的民族归属，又直接牵涉到他们的作品的民族归属。应该说，在中国少数民族文学史研究和中国各民族文学关系研究中，出现大量在民族归属上有争议的作家和作品，这不是偶然的现象。这说明中国各个民族的文学之间，确实存在着"你中有我，我中有你"的不可分割的联系。但是，这种认识还不能代替如何解决有争议作品、作家的民族归属的理论阐释。针对这类有普遍意义的争议问题，该书在专论"满汉文化交融的结晶——《红楼梦》"中，提出了同一部作品、同一位作家、同一个文学现象，可以同时属于不同民族文学的见解。这为从理论上解释上述作家和作品的民族属性，提出了一个新的理论思路。当然，这个问题还有待继续探讨。

提出同一部作品、同一位作家、同一个文学现象，可以同时属于不同的民族文学，这还为历史上大量用汉文创作的少数民族出身作家的跨民族研究，提供了一种新的开放性研究思路。中国自古以来就有许多用汉文创作的少数民族作家。这些用汉文创作的少数民族作家，一方面常常在他们的作品中或多或少地表现出本民族的审美理想和文化特色，另一方面又明显地融合在汉语文学的整体系统中，从而不仅丰富了本民族的文学，也丰富了汉语种文学，并且在一定意义上也丰富了汉族文学。关于这些用汉文创作的少数民族作家的研究，是很难局限在一个民族文学系统之内的。提出同一部作品、同一位作家、同一个文学现象，可以同时属于不同的民族文学，也就是说各个时期用汉文创作的少数民族作家，同样可以从双重乃至多重"族籍"的角度进行研究。

少数民族文学与汉族文学之间的关系，是《中国各民族文学关系研究》的主要脉络。沿着这个主要脉络，该书的另一个重要特点，是对少数民族如何影响汉族文学，给予较大关注。书中关于古代神话传说的研究、屈原和楚辞的研究、魏晋南北朝各民族文学关系研究、唐宋时代各民族文学关系研究、元代中国文学变迁和北方少数民族汉文创作的研究、回族文人李贽的文化背景和文学贡献研究、清代满族作家的汉文创作和《红楼梦》的研究，以及关于汉族作家到南方少数民族地区采风的研究，等等，虽然还有很多需要深入的地方，但是当这些研究作为整体出现的时候，却无可争辩地说明了一个事实：汉族文学是在民族融合过程中形成的，不仅少数民族文学受到过汉族文学的影响，汉族文学也同样受到了少数民族文学的影响。

从国内各民族文学关系研究的多年实践中，可以得到这样一个重要启发，即比较文学无论在内容上还是在方法论上，都与以往的民族文学史研究有相当大的区别。以往民族文学史研究的基本模式，是以同一个民族内的作品、作家和文学现象为主要内容的历史编年。比较文学的范围显然不是局限于民族文学史的上述模式。比较文学跃出已往文学史的思路，关注不同民族的作品、作家和文学现象之间的联系和区别，关注在民族杂居的状态下，某一个民族的审美要求如何影响另一个民族作家的创作，某一个民族的非文学的社会意识如何影响另一个民族的审美观念和文学创作，以及某一个民族的作家如何通过到另一个民族中采风而获得文学创作的题材和灵感，等等。这些都反映出比较文学的一个重要特点，即由研究中的个别性特征所决定的——研究方法和切入角度的灵活性和多样性。比较文学在方法和切入角度上的灵活性和多样性，还常常使得同一个研究项目，可以出现多个不同的比较研究角度，得出不完全相同的结论。例如，对不同民族文学之间有关系的作品和作家的研究，从这个民族文学角度出发和从另一个民族文学角度出发，无论在探讨的路线方面，还是最后的结论方面，都会出现某种程度的差别。该书注意到比较文学的上述特点，并且贯彻到体例设计、内容选择和解释具体文学关系现象的研究方法中。这使该书也具有探讨比较文学理论的性质。

对该书比较主要的评价有如下几点：

（1）著作是少数民族文学学科发展到一个新阶段的标志。20 世纪 50 年代和 60 年代，提出和筹备编写各少数民族文学史，可以认为是新中国成立后少数民族文学学科发展的第一阶段；20 世纪 80 年代，中国社会科学院民族文学所成立后，推动全国各少数民族文学史的编写，开展少数民族史诗和其他文学现象的研究，可以认为是新中国成立后少数民族文学研究的第二阶段；现在，这部《中国各民族文学关系研究》，可以认为是少数民族文学研究进入第三阶段的标志。这个阶段主要特征是综合研究的拓展、理论层面的开掘。

（2）著作对今后中国总体文学史、语种文学史和分民族文学史的撰写，提出了新的内容要求，具有标志性和阶段性意义。著作将推动中国文学史模式的转变，可以被认为是中国文学史研究的一个里程碑。著作在古典文学研究方面，开启了很多新的领域、新的视角，也提出了很多新的课题。

（3）著作有较强的理论意识，理论方面有新意，学术视野开阔，体例和方法显示出现代性。在研究元代游牧文化如何影响中原汉族文学方面，提出了氛围影响的问题，这对比较文学是一个很好的理论上的推动。对书中提出的同一位作家和同一部作品，可以同时属于不同民族，也认为是一个很有新意的观点。

三、《互动哲学：后辩证法与西方后辩证法史略》

《互动哲学：后辩证法与西方后辩证法史略》（以下简称《互动哲学》）全书133万字，由中国社会科学出版社2007年出版。该书在"前言：在平行中与西方平行论哲学的不期而遇——关于本书的课题来源和基本思路"、"导论：后牛顿时代的哲学'主喻'与恩格斯论平行统一"、"结语：'阴阳之气……平行而不止'——中国古代（先秦至汉）文化典籍中的平行统一辩证法思想"和"后记：命运平行于选择"之外，内容上分为四编。第一编，"后辩证法的核心概念与哲学基本范畴"，共计八章，包括从几何学与哲学之间概念转换的角度，阐释几何学平行概念的辩证内涵，设定哲学平行概念的辩证法意义，并且探讨平行本质、平行统一和平行律等基本范畴，以及平行与结构的关系等。第二编，"20世纪前西方后辩证法史略——前牛顿时代至牛顿时代"。共计七章，探讨了柏拉图、斯宾诺莎、莱布尼茨、休谟、康德、冯特的平行论哲学问题。第三编，"20世纪西方后辩证法史略——后牛顿时代至爱因斯坦时代"。共计七章，探讨了索绪尔、胡塞尔、爱因斯坦、米德的平行论哲学思想。第四编，"20世纪西方后辩证法史略——后牛顿时代至后爱因斯坦时代"。共计七章，探讨了维特根斯坦、海德格尔、斯特劳斯、伽达默尔、皮亚杰、德里达、德勒兹和莱特等西方学者的平行论哲学思想、逻辑平行律思想。全书以探讨20世纪西方平行论哲学为主。在"结语"中，对中国古代（先秦至汉）文化典籍中的平行论哲学作了概述性探讨。应该说，这本书的完成与原来设想存在较大区别。西方哲学平行论部分基本上是以发现一位并写一章的方式完成的。由少积多，最终成为一部史略性著作。这部分主要是证明平行论哲学的存在。现在，我们又发现西方一本自然科学方面的平行论著作——《平行宇宙》。《平行宇宙》这本书，也许可以从一个方面证明平行论哲学的前景，亦即《互动哲学》这本书的前景。

平行论哲学的核心概念是"平行"。平行在这里既是几何学亦即自然科学概念，也是人文科学概念，是将二者统一在一起的概念。自然科学中平行存在两种解释，一种是欧几里德几何学解释，另一种是非欧几里德几何学解释，两种解释对应两种物理学。一个是牛顿力学，另一个是爱因斯坦相对论。这样，自然科就出现了两种不同的方法论，或者说两种不同的理解世界的立场。而且，后者能够将前者作为特例包含其中，而在具体计算活动中又不能不以前者作为基础。非欧几里德几何学的最重要的计算方法，就是在任意小的区域内欧几里德几何学的平行公理是能够成立的。这也是爱因斯坦相对论的数学基础。面对自然科学的两种平行定义，人文科学就出现了两种哲学。一种是经典哲学——对应于欧几里德几何学和牛顿力学，在逻辑上强调同一性，在辩证法上强调对立统一，并且认为存在唯一本质。另外一种哲学是平行论哲学——对应于非欧几里德几何学和爱因斯坦相对论，在逻辑上强调平行律（认为同一律是平行律的简约化，是特殊例证），在辩证法上强调平行统一（认为对立统一是平行统一的简约化和特殊例证），在解释本质概念时强调平行本质关系，并且将系统论、结构主义和混沌，都可以理解为平行关系或者包含平行论逻辑。

从终极性和根源上讲，所有哲学都无法回避同一个问题，并且也都在研究同一个课题。这就是联系、联结、转换、过渡的问题。平行论哲学无非也是对应于我们这个时代的现实联系问题，提出了对联系的一种概念或者模式性解释而已。

平行无论从自然科学亦即几何学角度，还是人文科学角度，都可以概括为"有间隙的联系"或者"联系与间隙"的共同在场。也可以理解为过去讲的"没有桥梁的过渡"。平行线之间肯定是存在联系的，否则如何平行起来呢？平行线之间又肯定是存在间隙的，否则就重叠起来，也是无法平行的。因为在联系中存在间隙，所以在比较文学中就需要讲"跨"，就出现了哲学层面的"没有桥梁的过渡"。比较文学中的"跨"就是在"联系"中发现"间隙"，在"间隙"中发现"联系"。简单地说，也就是在文化相同中发现文化差异，在文化差异中发现文化相同。在不同民族、不同文化和不同语言的文学之间，差异是必然存在的，联系也是必然存在的，关键是我们能不能找到，并且给予明白的解释。

这本书在辩证地解释平行概念的统一性方面，特别是在探讨西方平行论哲学方面，已经走到西方学术界的前面。因此，《互动哲学》还从个案角度增强着一种推测：在和平发展为主题的时代，在"同一个世界，同一个梦想"召唤中，在解放思想、改革开放和中国特色社会主义理论旗帜下，中国的人文科学可能会先于自然科学进入世界前沿。

平行论哲学是在马哲、中哲、西哲、自然哲学之间实现转换和统一的广阔平台，概括了国学现代转型和世界文化当代转型的基本方法论。当然，《互动哲学》对平行论哲学的解释还仅仅是冰山一角。理论归根结底是按照自身逻辑发展的。按照平行论哲学的自身逻辑，它的完善需要多学科携手联盟。

从实践角度考察，以平行统一辩证法为核心的平行论哲学是和谐哲学、多元并存哲学、和而不同哲学、共同发展哲学。要和谐、多元并存、和而不同、共同发展，就必须是有间隙的联系。这也是在该出版座谈会上多数学者首先肯定的一点。中国古代也懂得这个道理，所以才说：实现"大顺"亦即和谐，需要"大积焉而不苑，并行而不谬，细行而不失，深而通，茂而有间"，需要"连而不相及"和"动而不相害"（阮元校刻：《十三经注疏》，中华书局 1980 年版，第1427 页）。

费孝通先生在很多年之前就提出中国文化多元一体观。那么，多元一体是什么样的哲学结构呢？现在看来就是由少数民族文学研究实践提出的平行统一结构。平行关系可以表述多样统一和多元统一。现代中国国学应该是多民族文化平行统一的国学。只有在中国各个民族文化的平行统一中，中国文化的整体面貌才能充分显示出来，才不会出现互相遮蔽。因此，也有学者称这本书是费孝通"多元一体"理论的重大实践。

关于平行统一辩证法，很多学者认为这是为如何建立马克思主义哲学新形态提供了重要的、应该认真考虑的问题。改革开放以来，我们在政治经济学和科学社会主义理论方面都有重大发展，相比之下在哲学方面就显得落后了。因此，平行统一辩证法概念的提出是应该给予足够注视的，平行统一辩证法作为辩证法一家之言是能够成立的。

当然，这些肯定性评论都给予我以启发和鼓舞。在给一些有关方面的信中，我曾经这样评价《互动哲学》这本书。

我认为这本书已经步入国际学术前沿，并给予这样评价：

第一，书中关于平行统一辩证法的探讨，关于西方平行统一辩证法历史的探讨，是有理论深度的，也是前人未系统研究的，因而是有创见的。辩证法是哲学学科的一级概念。任何关于辩证法概念的重新设定，都会涉及马哲、西哲和中哲的基础理论研究。

第二，平行统一辩证法是西学东渐以来，第一次由中国学者提出的立足中西共同语境的哲学学科一级概念。书中"西方后辩证法史略"部分，用平行统一辩证法成功解释 20 世纪西方哲学不同流派的统一性问题，揭示出西方哲学新景观。这证明了平行统一辩证法的力量。

第三，运用平行统一辩证法作为马克思主义辩证法邓小平理论阶段的概念形式也是值得探讨的课题（我就此在 2007 年 12 月 20 日《院报》发表短文《关于马克思主义辩证法邓小平理论阶段的思考》）。据此，我认为这本书对我院和我国的学术研究是大有意义的。

但是，书中的理论视角是独特的，与传统的哲学研究在思路上是有距离的，是不容易被理解的，有些部分甚至是艰深的。

这本书的"后记"中说："记得是阿基米德所说，只要给他一个支点，他就可以用杠杆原理移动地球。在 20 多年前，产生要写出突破黑格尔对立统一辩证法的著作的最初冲动时，我就曾经有过'移动群山'的感觉。现在，终于使那个感觉成为现实，并且比当初的设想还宏伟。从一个未被人们关注的角度，发现这样多西方著名学者之间的相互联系和内在统一，确实使我体会到'会当凌绝顶，一览众山小'的含义。这当然不是说，我已经对这些著名学者都有了到位的理解。确切地说，他们的深邃思想对我仍然是遥远的，仍然是高不可攀的。我仅仅在解释平行概念的统一性方面以及用平行统一辩证法重新思考西方辩证法历史方面，超过了这些西方学术界的大师。对我，这已经是'天降大任'了。"

对以上见解，我至今没有任何后撤的想法，而且更加认为《互动哲学》这本书亦即平行论哲学，在实现世界哲学统一性方面，在从哲学角度理解和构架当代世界方面，超越了前人，也超越了西方。现在重新阅读这本书时，确实经常为我自己当时能够写出它而感到惊讶。而且，这本书是继承了中国传统文化特别是中国古代辩证法。这本书的"结语"就讲了中国古代的平行论哲学问题。世界上第一个从平行角度解释这个宇宙的也是中国人。这个人就是汉代的董仲舒。他说："阴阳之气……平行而不止。"梁漱溟认为，中国古代主要是从对应角度而不是对立角度，理解相反相成。这也是很有道理的。对应关系是平行关系的一种。

中国比较文学学会会长、北京大学教授乐黛云教授，在《互动哲学》出版座谈会上讲过这样一段话："从比较文学界来讲，过去我们讲比较文学总会讲平行研究、影响研究、各种各样方法的研究，可是缺少一个总的思想把它们统一起来。今天我觉得，如果用《互动哲学》的平行统一理论来讲的话，基本上就可以给所有的比较文学研究方法，提供一个新的理论框架。当然，这个理论框架，首先指的是一种多元的、跨文化的研究。平行包含两个基本内涵：其一，不是同一个，不是没有间隔；其二，不是没有联系，不是可以互相脱离。从文化关系上讲，也就是说不应该是一种文化吞并另一种文化，不应该是一种文化覆盖另一种文化，文化应该是并存的、共荣的，应该是互相影响、互相促进和共同发展的。就是这样一种文化关系思想形成了《互动哲学》的平行统一辩证法。所以我觉得，《互动哲学》提出平行统一的理论框架，这是对比较文学的一个很大发展，一个重大贡献。"

《互动哲学》从哲学层面实现了少数民族文学学科，与包括西方哲学在内的多个学科之间的理论对话和理论接轨，并且通过与这些不同学科之间的理论对话和理论接轨，证实了少数民族文学学科已经成长为在理论上日渐成熟的学科，证实了少数民族文学学科蕴含着巨大的有待开发的理论空间。《互动哲学》这本书还是存在较大理解难度的。但是，却为理解西方哲学特别是西方索绪尔、胡塞尔以来的现代哲学提供了捷径。

四、《展开 4000 年前折叠的历史——共工传说与良渚文化平行关系研究》

此书包括第一编"中国稻作农业开辟大神——共工",第二编"术器'复土穰,以处江水'与良渚文化人工土台",第三编"社神起源于原始稻作农业的农学与考古学根据",第四编"社神起源于原始稻作农业的民俗图志根据",第五编"治水传说与史前中国稻旱农业战争",以及"前言:本书的撰写缘由与哲学方法论问题"和"导论:生态—文化板块平行互动中的中国文明起源与发展"等若干部分,总计 672 千字。

这是综合文献、传说、考古、农学、民俗和古气象研究等多学科资料和研究成果的,一本专题研究传说时代中国文化关系的著作。

《展开 4000 年前折叠的历史——共工传说与良渚文化平行关系研究》(以下简称《展开》)这本书和此前的《互动哲学》,从根本上讲都是在少数民族文学研究实践的推动下撰写出来的。

《展开》属于"中国各民族文学关系重点学科建设工程"近年内的主要研究方向"前民族时期文化研究"范围。在立项时为"中国传说时代文化关系研究"。设立这个研究方向主要有两个原因:其一,民族时期的文化和文学关系是从前民族时期发展过来的。因此,研究前民族时期文化关系对研究民族时期文学和文化关系具有奠基性意义。其二,中国中原文化起源于南北方文化的交融。如果我们能够在这样的研究方向上取得一些重要成果,那么对提升少数民族文学学科地位将会产生重要影响。

所谓中原文化起源于南北方文化的交融,主要是基于这样的考察:中国南方少数民族中有历史久远的巫文化传统,中国北方少数民族中有同样历史久远的萨满文化传统。在中原还没有发现比巫文化和萨满文化更加久远的另外一种文化。这提示我们,中原文化应该是在巫文化和萨满文化的交融中形成的。从 20 世纪 80 年代进所之初,这个问题就引起我的思考。首先想到的是炎黄战争。但是,要深入研究却存在很多困难,特别是缺乏理论的支持。2000 年,在为《蒙古秘史》760 周年纪念会准备发言稿的时候,突然间想到了一个理论模式。这就是生态—文化板块互动问题。其中的意思是:历史上以及前历史时代的很多文化冲突,是与生态环境的变化密切相关的。这个想法也比较适合我们对历史上游牧文化与农耕文化冲突的见解。亦即从根本上讲,冲突双方都是合理的,因为这在当时是一种由于生态环境变化和生存方式不同形成的冲突。

生态—文化板块互动这个理论模式形成后,便对历史上治水传说形成新的见解：治水传说应该也是一种由于生态环境变化和生存方式不同形成的冲突。对应于 4000 年中国生态—文化区域划分，被称为洪水灾害的共工应该是与中原旱地农业文化不同的稻作农业文化。于是，我从 2001 年开始收集相关资料、撰写草稿和寻找共工与稻作考古发掘的关系。在这方面，从 2001 年开始就得到考古所刘庆柱所长的帮助，并且在 2004 年终于与良渚文化挂钩。2002 年，我又形成了平行论哲学概念。我觉得研究平行论哲学可能要比研究共工传说更艰难，所以从 2003 年开始，将主要力量放在《互动哲学》这本书上。这使得《展开》这本书在今年才出版。当然，由于有了平行论哲学，所以《展开》在写作时就比较轻松。

书中主要新观点如下：

1. 生态—文化板块平行互动关系与中国传说时代稻旱农业战争

过去，中国史前文化结构主要局限在中原，被从东西方向划分为三个板块，东夷、华夏和西狄，夏、商、周被认为是这个板块划分的重现。这是至少从司马迁时代已经形成，一直延续下来的中国史前史研究的基本框架。《展开》这本书是立足文献、考古和神话角度，第一次系统和完备地提出了与此同时存在的另个中国文明起源和发展结构，并且从生态和文化结合角度给予了理论概括。这也就是说，在中国文明起源中，不仅有东西中结构的互动的关系，还有南、北、中的互动关系，而且，南、北、中的互动关系更为重要。所谓"中"，也就是黄河流域的旱地农业文化，所谓"北"主要是指燕山以北的狩猎——游牧文化，所谓"南"主要是指淮河以南长江中下游的稻作农业文化。这种划分特别是关于"南"与"中"的划分已经得到考古学支持。书中由此形成中国文化起源和发展的一种新的理论模式，亦即中国文明是主要在南、北、中不同生态—文化板块的平行互动中起源和发展起来的。

《展开》提出，在远古至近代历史上，由于气候周期性变化，相邻的不同生态—文化板块之间会形成平行互动关系。中国原始时代的稻作农业与旱地农业之间的关系，就是这样的例证。在温暖湿润的气候周期，原来的某些旱地农业地区可能更适宜于种植稻谷，于是稻作农业板块就会向旱地农业板块推进。与此相反，在干旱寒冷的气候周期，原来的某些稻作农业地区可能更适宜于种植耐旱作物，于是旱地农业板块就会向稻作农业板块推进。在距今 8000 年到距今 4000 年，中国大地主要由温暖湿润的气候周期（亦即间冰期）所控制。温暖湿润的气候周期，总体上有利于稻作农业板块向北推进。于是，久而久之，原始旱地先民在巫术思维支配下形成如下的认识：多雨气候周期特别是该周期内的洪水灾害，是由被称为共工的稻作农业先民的巫术活动造成的，只有打败共工才能从根本上战胜洪水灾害。这是在神话传说中共工被称为洪水灾害制造者的主要原因，也是在神话传说中大禹治水活动伴随对共工战争的主要原因。

中国原始旱地农业与原始稻作农业之间，经历了长期并存和冲突的历史。传说时代稻旱农业战争最终以旱地农业胜利结束。这使原始稻作农业先民失去了对自己神话传说的解释权。现在所知道的共工神话传说是由旱地农业先民流传下来的，经过了旱地农业文化解释系统的重构，因此需要经过解释学之系统转换，才能更清晰地把握共工神话传说的文化内涵。而有关共工神话传说研究的这一根本性前提，过去在线性思维制约下却被忽略了。

2. 共工是中国稻作农业开辟神和中国农业起源第一神

中国有两位农业起源神。一位是旱地农业起源神烈山氏（亦即炎帝，亦即神农），另一位是稻作农业起源神共工氏。以往的中国历史研究者和文化研究者，由于没有注意到中国农业起源的稻旱区别，只知道中国有旱地农业起源神烈山氏，将旱地农业起源神解释为中国农业唯一起源神，不知道中国还有稻作农业起源神。《展开》通过重新解读历史文献，借助近年来考古学成果，以及农学分析和民俗图志分析，全面探讨共工神话传说中的稻作农业文化内涵，阐述了其中包含的中国稻作农业起源信息。对应于考古学发现的中国稻作农业起源在旱地农业之前，中国古代有"共工在太昊、炎帝之间"的传说。因此，共工不仅是稻作农业起源神，也是烈山氏之前的中国农业起源第一神。

事实上，共工神话是一个自己成为体系的系统。这是此前学者研究共工时往往给予忽略的。在共工神话系统中，包含句龙为社神、术齐复土壤、脩好远游成为祖神、相繇被禹杀死、夸父逐日等已经明确有记载的故事。这些故事在被理解为一个系统时，共工在中国历史上的地位就很不一般了。事实上，神农的发明创造神话很多是后来增加的。因为有了神农这样一位农业起源神，所以将很多农业方面的发明创造，以及与农业时代有关的发明创造就都归结到他那里。然而，神农的历史渊源是烈山氏，而烈山氏之子柱——应该是一个历史时代，却是关于旱地农业起源的符号性记忆。我们相信这个符号是包含起源亦即发明创造的真实历史的，而神农的很多传说则是后来对这个历史记忆的不断解释。按照我们对神话起源和发展的解释，"神"应该是人类对自己发明创造活动记忆的重新解释。那个记忆包含真实历史，那个解释则是人类社会发展到一定阶段不断累加的产物。既然"神"的产生是记忆和对记忆的重新解释，那么神话的产生也只能是如此。这也是我们提出神话中包含历史记忆的理论出发点。比较起来，共工系统的传说发明创造活动记忆就要比神农亦即烈山氏多。这主要因发明创造稻作农业要比发明创造旱地农业更为艰难和复杂。

其一，共工之子句龙能平九土，故祀以为社的问题。

《国语·鲁语》说："昔烈山氏之有天下也，其子曰柱，能植百谷百蔬；夏之兴也，周弃继之，故祀以为稷。共工氏之伯九有也，其子曰后土，能平九土，故祀以为社。"我们对这句话作了农学分析：亦即"能平九土"的农学含义是什么？对应的"稷"的含义是什么？这样我们就得出结论：来自共工氏的社神代表着对平整土地神亦即灌溉农业神亦即稻作农业神的崇拜，来自烈山氏的稷神代表着对旱地农作物亦即旱地农业神的崇拜。中国古代之"社稷"，在起源上乃是稻作农业神与旱地农业神的平行统一，或者说长江流域原始稻作农业文化与黄河流域原始旱地农业文化的平行统一。这是4000年以来没有人了解的"社稷"概念的深刻历史内涵。

"社稷"是中国古代文化中的重要概念。以往对"社稷"概念还缺乏起源性解释。这使得洪水灾害制造者共工之子句龙何以成为社神的困惑，绵延几千年，贯穿著名的"二十四史"。《展开》通过重新解释中国农耕文明起源神话，解答了历史上的这一困惑。

吕思勉也认为，根据历史悠久的祭祀社的活动，可以看出禹"治水之劳，安民之惠，必无以大过于共工可知也"。[①] 又说："禹之所以克享大名者，黄帝之族战胜共工之族，乃举洪水之患，治水之劳忧，悉蔽罪焉，而功则皆归诸禹也；抑禹之时，沈灾久而自澹也；不则避水西迁，渐抵河洛，其地本无水患也；三者必居一于是也，或且兼有之也。"[②]吕思勉还将共工之子句龙与烈山之子柱作比较。但是，吕思勉没有解释为什么柱可以被弃代替，而禹却没有能够代替句龙。[③] 同时，对禹治水传说的一概否定也是不对的。这是以今人的状态衡量远古时代的历史。与求助巫术治水和打击共工相对应，在禹的时代存在着主动造成黄河改道或者发生了自然力形成的黄河改道，这也并非不可能。

其二，术器复土壤，以处江水神话的解释问题。

这就是将术器复土壤与良渚文化人工土台对应起来。就可以与长江三角洲原始稻作农业人工土台联系在一起。

对这个问题，著名历史学家吕思勉其实是早有解释的。吕思勉说："以息壤湮洪水者，谓以土壤平低洼之区也。《山海经》言术器复土壤以处江水。复即《诗》'陶复陶穴'之复，则就平地增高之也。此盖古代治水诚有之事，抑亦其恒用之法。神话中仍有人事，犹之寓言中之名物，非可伪造也。"又说："《管子·揆度》曰：'共工之王，水处什之七，陆处什之三，乘天势以隘指天下。'则共工氏实居水乡，后土之能平九州，犹今荷兰人之与水争地也，其劳必不让于禹

①②吕思勉：《吕思勉读史札记》，上海古籍出版社1982年版，第75页。
③ 吕思勉：《吕思勉读史札记》，上海古籍出版社1982年版，第73页。

矣；其为民之所禋祀也，宜哉。"①

既然复土壤是"平地增高"，那就是说，吕思勉话中也包含复土壤就是堆积人工土台。吕思勉的时代，人工土台还没有被广泛发现。所以也无法提出术器复土壤与良渚文化人工土台之间的联系。

事实上，从商代开始，直到明代，中国历史上一直有人提出要将共工之子句龙从社神位置上赶下来。究其原因，主要是被称为洪水灾害制造者共工之子为什么会成为被祭祀的对象。而且，中国古代最早祭祀的农业神乃是社与稷，黄帝、颛顼、帝喾和尧、舜，到周代大约还是比不上社与稷。因此，《国语》和《周礼》中讲祭典的时候还是要将社与稷列在前面，然后才是黄帝，等等。

其三，地坛、社坛、九州概念起源问题。

《展开》讨论了共工神话传说与杭州市余杭良渚文化遗址之间的对应关系，提出中国古代之社坛和地坛的最初形制，可以追溯到杭州市余杭瑶山良渚文化环绕灰土沟的方形祭坛。其灰土沟可以象征水，与方形土台形成"方泽坛"形制。社神是共工之子句龙。因此，在提出余杭瑶山良渚文化祭坛在形制上对应着社坛和地坛时，也就是提出了余杭瑶山良渚文化祭坛乃是祭祀社神亦即共工之子句龙的场所。这样，共工神话传说就与良渚文化直接联系起来了。

杭州市余杭瑶山良渚文化祭坛的"方泽坛"形制，其生活根据则是从马家浜文化到崧泽文化到良渚文化的堆筑人工土台历史。这些根据地形堆筑的人工土台，为良渚文化先民在长江下游多水地域发展稻作农业，提供了躲避洪水和潮湿的居住条件。神话传说中共工之子术器"复土穰，以处江水"，传达的正是上述堆筑人工土台的历史信息。

《说文》云："水中可居曰州……尧遭洪水，民居水中高土，故曰九州。"据此，过去研究界普遍认为"九州"概念形成于尧时黄河流域先民居高土丘以躲避洪水的历史。考古发现说明，《说文》所说"水中高土"，主要是指河南、安徽、山东交界处的距今 4500 年左右的一批人工土台。这些人工土台被认为是龙山文化王油坊类型先民堆筑。从时间上判断，黄河流域旱地农业先民堆筑人工土台以防洪水灾害，应该是受到此前长江下游良渚文化先民堆筑人工土台的启发。因此，中国古代最初的"九州"概念也是来自共工族，亦即长江下游原始稻作农业先民在多水地域堆筑人工土台的历史。也正因如此，《国语》等书在叙说社稷起源时，用"有天下"、"王天下"解释烈山氏，用"霸九州"、"伯九有"解释共工氏。在多雨水地区，原始稻作农业先民堆筑的被水域环绕的人工土台，也就是"水中可居曰州"的实物性解释。

---

① 吕思勉：《吕思勉读史札记》，上海古籍出版社 1982 年版，第 75~76 页。

3. 共工神话传说来自原始稻作农业的民俗图志

在为《展开》准备材料中，我在阅读《中国地方志·民俗资料汇编》时，惊奇地发现南方稻作农业地区对土地的深厚感情。这在北方游牧和狩猎民族甚至中原的旱地农业地区，都是不存在的，甚至是无法全部理解的。

对应于北方民族的"长生天"，南方一些地区还有"长生地"，属于家神，应该是起源于母系时代。元代蒙古立国后，长期祭天、祭社、祭祖，不祭地。可见南北方之间的文化差别。中原则是天圆地方，天地并重。这也说明中原文化具有中和南北文化的特征。因此，只有在各个学科交叉研究中才能搞清楚中国文化基因，才能真正理解中国文化"多元一体"和"我中有你，你中有我"的内涵。《展开》这本书的主要意图就是要证明数千年来黄河流域为中心的中国文化结构，还在形成之初就已经包含了原始稻作农业文化基因。

《中国地方志·民俗资料汇编》收录南方地区 1076 种地方志，总计出现祭祀社神和其他土地神民俗活动记载 916 次。与收录地方志数量比较出现频率为 85.1%。与此对应，该书收录北方地区 756 种地方志，总计出现祭祀社神和其他土地神民俗活动记载 114 次。与收录地方志数量比较出现频率为 15.1%。上述数量统计说明，民间祭祀社神和其他土地神民俗活动频率，在淮河以南稻作农业地区的确要远远高于淮河以北旱地农业地区。与此相关的来自共工的祭祀行神（亦即"祖神"）民俗活动频率，也是淮河以南稻作农业地区远远高于淮河以北旱地农业地区。这说明在淮河以南稻作农业地区，共工神话传说的影响是从不曾泯灭的。提出共工神话传说来自原始稻作农业是得到民俗图志支持的。

《风俗通·祀典·祖》说："谨按：《礼传》：'共工之子曰脩，好远游……故祀以为祖神。'"共工之子脩何以被称为"祖神"，行神何以被称为"祖神"，这也是几千年来没有解释清楚的问题。《展开》在梳理相关资料后提出，"祖神"亦即男性祖先神，在母系时代属于外神，祭祀于道路，从而与"行神"亦即"方神"（"比方"之"方"）同源，并且与成为家神的女性祖先神亦即"社"与"宗"对应。

4. 对大禹治水传说亦即中国传说时代历史的重新解释

共工神话传说与大禹治水传说具有很大程度的同构性。在中国从传说时代向历史时代的文化转型中，大禹传说具有承前启后的关键性作用。对共工神话传说的重新解释，在很大程度上也是对大禹治水传说的重新解释，乃至是对尧舜禹时代的重新解释。《展开》提出，尧舜禹处于中国史前战争时代，大禹的历史活动主要是对共工的战争。正是对共工战争的胜利，亦即对稻作农业战争的胜利，奠定了夏王朝的基础和大禹的历史地位。根据大禹的历史活动，他应该更多地属于战争英雄亦即战神。在杀防风氏和共工之臣相缫之外，大禹还应该有更多的战争故事。然而，流传下来的大禹故事却主要讲述他如何为黎民百姓摆脱苦难，不辞辛苦地治理肆虐的洪水灾害。在这里，将共工"自然化"为水灾乃是将战神大禹解释为治水英雄的前提。现在，共工不再是自然灾害，而是与旱地农业英雄不同的稻作农业英雄，大禹的治水传说也就重新转换为对共工战争的传说。过去的神话研究更多地关注到自然界的人格化。大禹对共工的战争在神话化过程中，却是将人与人的关系解释为人与自然界的关系，这为重新解释神话起源增加了新的维度。在对大禹历史活动的神话解释中，包含了中国传统解释学的基因，对理解中国传统解释学的形成与特性具有重要的意义。能够将具有 5000 年以上历史的稻作农业开辟大神共工折叠为洪水灾害，能够将战神大禹解释为使黎民百姓摆脱洪水灾害的治水英雄，都说明了这个解释系统的强大和独具特征。因此，恢复共工稻作农业开辟大神和中国农业起源第一神的历史地位，不仅关系到传说时代的中国历史研究，也关系到中国传统解释学的历史发展与特征研究。

提出史前稻旱农业战争问题，距今 4000 年左右，与长江中下游原始稻作农业突然毁灭有联系。考古学家普遍认为距今 5000 年至距今 4000 年是中国原始社会战争频繁时期。

此外，广富林遗址、大禹陵以及其他许多神话传说也得到了解释。

5.《展开》的哲学方法论问题

作者在总结自己多年民族文学和民族文学关系研究方法论的基础上，2007年出版《互动哲学：后辩证法与西方后辩证法史略》。其中，梳理西方平行论哲学历史，属于作者自觉运用平行论哲学的第一个重要例证。现在出版的《展开》一书，则属于作者自觉运用平行论哲学的又一个重要例证。所谓"平行关系研究"，其一是从对应性、相关性和可能性角度建立多个个别事物之间的具有混沌性质的逻辑关系，其二是运用平行论原则将这多个个别事物之间的具有混沌性质的逻辑关系，组合成能够互相顺应的结构或者系统。这样的方法在推理上属于平行论逻辑，与经典哲学之同一律逻辑存在重大区别。在研究神话传说和考古发现之间的对应关系时，个别事物之间的逻辑关系，不仅意义有限，而且经常是难以孤立成立的。离开系统和结构，它们很像语言中的个别符号，或者是从系统中孤立出来的个别信息。但是，当它们被组合为结构或者系统时，由于互相支持，意义被发现了，并且也可以成立了。在这里，重要的是建立起的系统或者结构能否展开历史本来的顺序。历史是已经过去的系统或者结构。尽管留下的信息有限，却有不可动摇的逻辑顺序。我们的任务就是要根据有限的信息模拟出那个系统或者结构的逻辑顺序。这样，尽管一些个别事物之间的逻辑关系可能是不准确的，也可能是错误的，但是，系统或者结构却是不可动摇的。并且，这个系统或者结构还能够帮助我们寻找新的根据，以及纠正我们在个别推论中的失误。从这个意义上讲，我们建立的系统或者结构本身也存在一定程度的动态混沌逻辑性质。

《展开》研究成果存在产业化前景。杭州市余杭良渚文化遗址，被认为是中国稻作农业开辟大神和中国农业起源第一神共工的故里，这对提升杭州市文化古城地位和解释余杭良渚文化遗址将产生重要影响。因此，杭州市迎接共工神话传说回归故里，建立共工神话传说园，将在疑问重重中没有悬念地成为现实。共工族开辟和发展了中国原始稻作农业的伟大传说，将作为中华民族的宝贵财富发扬光大。

编辑整理：李凡星

·文艺学通论·

祈向本原

——对歌德"世界文学"的新解读

丁国旗

2010 年 11 月 18 日

丁国旗

中国社会科学院研究生院文学系副教授

摘 要：自 1827 年歌德首次提出"世界文学"这一概念之后，学术界便展开了诸多的讨论，在当今全球化语境下，又当如何进行解读？本文对众多学者观点的分析，试图提出更贴近歌德本意的观点。笔者认为对歌德"世界文学"的研究必须与他的整个美学思想关联。唯有如此，才能获得一种更有说服力的理解，"美其实是一种本原现象"，这是理解歌德"世界文学"概念的根基所在，只有从这里出发，我们才能把握"世界文学"的真实意蕴。

关键词：歌德 世界文学 民族文学 全球化 本原

我愈来愈深信，诗是人类的共同财产，诗随时随地有成百上千的人创造出来。这个诗人比那个诗人写得好一点，在水面上浮游很久一点，不过如此罢了。每个人都应该对自己说："诗的才能并不那么稀罕。"任何人都不应该因为自己写过一首好诗而觉得了不起。不过说句实在话，我们德国人如果不跳开周围环境的小圈子，朝外面看一看，我们就会陷入上面说的那种学究气的昏头昏脑，所以我喜欢环视四周的外国民族的情况，我也劝每个人都这么办。民族文学在现代算不上是很大的一回事，世界文学的时代已快来临了。现在每个人都应该出力促使它早日来临。不过，我们一方面这样重视外国文学，另一方面也不应拘守某一种特殊的文学，奉它为模范。我们不应该认为中国人或塞尔维亚人、卡尔德隆或尼伯龙根就可以作为模范。如果需要模范，我们就要经常回到古希腊人那里去找，他们的作品所描绘的总是美好的人。对其他一切文学我们都应只用历史眼光去看。碰到好的作品，只要它还有可取之处，就可以把它吸收过来。

——《歌德谈话录》

在 1827 年的一封信中，歌德最早提出了"世界文学"这个词。从上面所引用的内容我们已经可以看出，"世界文学"必然包含着一个民族文学对另一个民族文学好的地方的吸纳。但"世界文学"的真正含义是什么，它又包括什么？我们慢慢来展开分析。

一、全球化语境中的"世界文学"探讨

1827 年歌德谈到了"世界文学"，1848 年马克思恩格斯在《共产党宣言》中第二次提到了"世界文学"。虽然在马克思的笔下中文译文为"世界的文学"，但我查阅了德文原文，与歌德的用词是一模一样的。时隔 200 年后，我们再次提起"世界文学"，一个重要的契机就是"全球化"。

在与爱克曼的谈话中，歌德最早提出了后来广为人知的"世界文学"这一概念，这一概念的诞生缘于他当时对一部中国传奇的阅读。他认为，"中国人在思想、行为和情感方面几乎和我们一样，使我们很快就感到他们是我们的同类人，只是在他们那里一切都比我们这里更明朗、更纯洁，也更合乎道德。在他们那里，一切都是可以理解的、平易近人的，没有强烈的情欲和飞腾动荡的诗兴，因此和我写的《赫尔曼与窦绿蒂》以及英国理查生写的小说有很多类似的地方。他们还有一个特点，人和大自然是生活在一起的"。这的确是"非同寻常"的，因为当时的德国四分五裂，公国林立，大约有 300 多个小公国，各公国之间关卡重重，对外交流狭隘保守。歌德在另一篇文章中曾说过："对于在德国荒原上出生的人来说，要得到一点智慧需要付出巨大的代价。"就是在这种背景之下，歌德宣布："民族文学在现代算不上是很大的一回事，世界文学的时代已经来临了。"

马克思恩格斯在 1848 年发表的《共产党宣言》单行本中写了这样一句话："资产阶级由于开拓了世界市场，使一切国家的生产和消费都成为世界性的了。使反动派大为惋惜的是，资产阶级挖掉了工业脚下的民族基础。过去那种地方的和民族的自给自足和闭关自守状态，为各民族的相互往来和各民族的相互依赖所代替了。物质的生产是如此，精神的生产也是如此。各民族的精神产品成了公共的财产，民族的片面性和局限性日益成为不可能，于是有许多民族的和地方的文学形成了一种世界的文学。"

不论是歌德还是马克思恩格斯都极其肯定地预言了"世界文学"的到来，但是究竟"世界文学"的含义是什么？"世界文学"是怎么形成的，包括哪些方面？除了一些与"世界文学"相关的散见文字外，他们并没有对它进行更多的理论上的阐释或概念上的界定，这引来了后世学人的不断探索与猜测，人们根据各自的理解，谈出了各自不同的"世界文学"。

如韦勒克、沃伦认为"世界文学"这个名称"似乎含有应该去研究从新西兰到冰岛的世界五大洲的文学这个意思"，"用'世界文学'这个名称是期望有朝一日各国文学都将合而为一。这是一种要把各民族文学统一起来成为一个伟大的综合体的理想"。在此基础之上，韦勒克认为"'世界文学'往往有第三种意思。它可以指文豪巨匠的伟大宝库，如荷马、但丁、塞万提斯、莎士比亚以及歌德，他们誉满全球，经久不衰。这样，'世界文学'就变成了'杰作'的同义词，变成了一种文学作品选"。如果按照韦勒克的观点，那"世界文学"在很早之前就诞生了。你能说埃斯库罗斯的悲剧不是"世界文学"宝库中的一种吗？莎士比亚的戏剧不也是吗？古希腊开始就应该有这样一个宝库了。显然韦勒克的观点没有切中要害。

伊列乌斯（Brius）有一个颇为新颖的看法。他认为，歌德的理论具有"惊人的现代性"，人们可以把"Weltliteratur"（世界文学）这个词称为"跨文化交流"，指一系列的全球对话和交换，在这些对话和交换中，不同文化的共性日趋明显，而个性却并未被抹杀。通过跨文化交流，一种新式文学从中诞生，它既具有民族性又具有共性。伊列乌斯的确在新的语境下对"世界文学"做了新的探讨，但在我们看来他仍没有给"世界文学"下一个明确的定义。

厄文·科本（Etwin Koppen）认为"世界文学"有这样三层意义：第一，在全世界范围内，在任何时代中，最重要也基本上是最有价值的文学作品的选粹；第二，所有时代所有地方的所有作品；第三，"世界文学"是"与其他国家文学有关联的一国文学的命名"，他认为，这也是歌德的用法。鲁迅在讲人物形象塑造的时候曾经讲过两种方式：一种是杂取种种人的形象合而为一，另一种是以一个人为原型，把其他人的特点往他身上放。后一种方式就是科本认为的"世界文学"的组成方式。如果某一个国家的文学可以称为"世界文学"，那么其他各国的特点都会在它的文学上有所体现。这样的国家应该是谁，美国？中国？似乎很难找到。

弗兰克·沃尔曼（Frank Wollman）将"世界文学"首先理解为全世界所有的文学，而"世界文学"史也就是相邻文学各自历史的总和；其次他将"世界文学"理解为各国文学中最优秀作品的总和，这可以说是关于所有文学作品的一个系统观点，即经典观；最后他将"世界文学"理解为不同文学中相关或相似的那些作品，认为它们之间的关系可以通过它们的直接关系或社会—政治状况获得解释。美国前比较文学学会会长、哥伦比亚大学英语与比较文学教授大卫·戴姆劳什在《什么是世界文学》中将"世界文学"区分为这样三种含义：古典文学著作、现代杰作和现代一般文学或流行文学。

德国学者尤里·鲍列夫向前走得更远，他对目前的"世界文学"研究现状很不满，甚至从"世界文学"研究走向"全人类文学"研究。在他看来，"全人类文学"研究应该包括以下几个方面：①在保持民族特色之际，获取一系列普遍的稳定的特征，寻找共同因素。②立足于本民族自身的传统，也立足于其他民族的传统，包括在时空关系上相隔甚远的那些传统，既在社会意识中，也在艺术传统中对全人类价值加以肯定。③广大读者有可能去理解其他民族的文学，包括那些相隔甚远且在日常生活上、风俗习惯上、文化上差异甚大的民族的文学。④将其他民族文学的艺术经验与技巧整合到本民族文学中去。⑤文学定位于全人类价值，这种全人类价值每一次都是用民族精神来理解的。况且，对全人类性的理解上的民族特色，同时在其各具的特色中也得到深化，而获得许许多多普遍共通的特征。⑥东方—西方（亚洲—欧洲）的艺术综合、北方—南方（欧洲—非洲）的艺术综合、大西洋两岸（欧洲—美洲）的艺术综合的形成。

简·布朗在《歌德与"世界文学"》一书中提出："歌德还没有天真到期待世界各国人民之间有完美的和谐，但是他非常希望借文化来提高了解和宽容度。"歌德在一封信中提道，"各个民族之间要相互宽容，要容纳，要理解，从而使今后的战争在恶意和毁灭性上小于拿破仑一世所发动的历次战争"。她认为歌德的"世界文学"理念和现代多元文化主义者一样，注重文化多元、口头文化和大众文化。他并不是要抹杀民族特色。"世界文学"也可以理解为作家之间对话的理念，实际上是终身学术和诗歌写作相结合的延伸。"歌德还创造了许多关于'世界'含义的概念，例如'世界文学'、'公民身份'、'世界信仰'、'世界灵魂'，等等。所有这些概念都共有一个相同的特质，可以共享一个更大的体系而不丧失自己特有的个性，融合共性和特性，共享一个充满活力的共同体。"在这篇文章的最后，她还非常精辟地指出："对歌德来说，世界文学就是上帝的一百个美名。"

歌德提出"世界文学"这一概念并非想让全世界的文学都成为一种模式，而是更加强调不同民族的文学都应抱有一种"宽容"的态度，"世界文学"并不是趋同的，而是共享一个世界的共同的"体系"。这让我们想到歌德本人的话："这并不是说，各个民族应该思想一致，而是说，各个民族应当相互了解，彼此理解，即使不能相互喜爱也至少能彼此容忍。"然而仅仅到此，对于"世界文学"的理解就仍是未尽其意，特别是在"全球化"思潮风靡一时的今天，仅仅有一些感知性的理解，是难以令人信服的。今天社会的发展更多的是一种对个体的尊重、对多元的尊重、对具有特色的尊重。这才是歌德"世界文学"的含义，"世界文学"不是某一民族文学的变体。

马克思同样对"世界文学"有许多论述，但他笔下的"世界文学"要比歌德的概念包含更多内容，不仅指文学，还包括哲学、历史、艺术、思想、精神等等，基本上人文方面的都被罗列在内。马克思让我们看到了作家在现代社会中起到的作用，"浪漫的幻想不再能掩盖市场的现实，资产阶级抹去了一切向来受人尊崇和令人尊敬的职业的灵光，它把医生、律师、教师、诗人和学者变成了它出钱招雇的雇佣劳动者。"

以上是西方学者对于"世界文学"的研究，相对于西方而言，中国学术界在此方面的研究还不是很成熟。

由于中国是发展中国家这一事实，因此中国学者对于全球化的理解还是比较谨慎的。经济可以全球化、物质可以全球化，但人文精神层面的全球化还是不现实的。反映到"世界文学"的研究上，大抵有以下几个情形。本文无意对中国"世界文学"的研究现状做全面的梳理，只举几个例子以示大概。

第一，全球化的发展让一些学者备受鼓舞。他们相信"世界文学"的到来已经是可能的事了，所以煞费苦心地为"世界文学"的到来寻找理论依据。

山东师范大学李衍柱教授认为全球化的到来证明了歌德"世界文学"概念的预见性和真理性。他将歌德提出"世界文学"的理由归结为三个方面：科技的发展；歌德对欧洲中心论的突破；世界上各个民族的生理共同性。他还认为随着世界的推移和资本主义市场的发展，特别是在当今数字化盛行的时代，歌德"世界文学"所包含的科学预见性或真理性更加显示出来。李衍柱教授更多的是谈论了一个事实，而没有太多的个人评论。

北京师范大学王一川教授认为全球化过程与现代性交织在一起，提出了"全球民族性"的概念。他认为过去主要谈一种"纯粹民族性"，注重的是世界普遍性主体中的某种民族作风和民族气派，相信这样的"文学民族性"是纯粹和固定存在的。只要个人努力把它创造和激发出来就是了。但现在谈文学的"全球民族性"涉及的却是全球化复杂因素、被渗透、建构和想象的"文学民族性"。他试图通过对全球化语境中的"文学民族性"问题的思考来解决当下文学的处境。

清华大学王宁教授对狭隘的民族主义进行了批判性的分析和解构。他认为全球化进程当中，全球经济的一体化大大加快了中国经济的发展，而且文化上的全球化也使我们得以利用这一契机，大力地将中国文化推向世界，在这个方面培养一种类似"世界主义"的"超民族主义"。这应该是比较文学和文学研究者们努力的目标。

中国社会科学院杜书瀛研究员认为马克思早就对全球化做了理论阐发。文学全球化是存在的，也存在着文化的全球化。他认为在人类物质文化、精神文化的各个领域，全球化恐怕是难以避免的，也可以说是不以某个人的意志为转移的。文学全球化就是文学价值和艺术价值的全人类共享，是价值共识，而且还同时保持个性和民族多样性。

第二，有些学者看到全球化的殖民特性。他们认为全球化是带了一种殖民文化而来的，全球化就是要把世界各个民族都纳入到一个全球体系当中，抹杀某些民族的民族性。对于一个强者而言，全球化是有利的，而对于弱者而言，所谓的全球化就是殖民化。全球化过程与现代性交织在一起，然而这种现代性的西方中心主导模式引起了很多学者的反思。

中国社会科学院文学所高建平研究员认为学术界有一种习惯的做法，一谈到"世界文学"就回到歌德和马克思那里去，把"世界文学"看成他们伟大的预言。实际上当我们从理论上分析"世界文学"的真正含义时，会发现歌德的"世界文学"只是以古希腊文学作为典范的一种"世界文学"，然而其他文学并不能作为一种模范，实际上很多民族的文学家和文学研究者都或多或少以自己的文学为典范，以外国文学为其他的情况。在马克思的世界文学概念中，也同样有类似的情况。显而易见，"世界文学"包含了一个"西方中心"或"文明优越论"的话语逻辑。

云南大学王卫东认为隐藏在"世界文学"后面的是一整套的话语权力，它不是强迫人们做什么或不做什么，而是通过这种讲述创造一种"世界文学"的秩序。民族文学是特殊的、边缘的，"世界文学"才是普遍的。中国当代文学的民族性书写存在着种种问题，中国现当代作家在作品中表现出来的把西方文明当作普世理论的思维模式导致了现代性的迷思。

中南大学欧阳友权教授对"中文的拉丁化"进行了分析，他认为当我们的民族语言成为全球化祭坛上的牺牲品以后，由文化商品和消费活动构成的一种国际化意符体系就将代替原初的民族语言，那时候全球化途中的文学焦虑就将演绎为失语的悲剧，民族文学的生态根基就更加的岌岌可危。

伴随经济的全球化，我们不仅没有看到文化的一体化，而且看到了更多的文化之间的冲突和斗争。

第三，还有一些学者对全球化保持一种冷静的态度。既带有对全球化的理解和宽容，同时又保持着对全球化的一种必要的警惕。他们更希望从马克思、恩格斯、歌德的"世界文学"经典论述出发，从文学实际出发，去探讨全球化语境中"世界文学"与"民族文学"的相关问题。

面对全球化的诡谋，我们应该做出怎样的判断和选择？一种说法是，不同文化之间可以交流，当然这种交流互补并不是让原本不同的文化合为一体。高建平研究员也认为一个"世界语"的时代至少在今天看来还是难以实现的。避开语词的定义带来的种种不确定因素，我们可以确定的是，至少在今天，从非西方国家的文学教育中可以得出一个结论："世界文学"并不是一个单数的名词，而是一个复数。从不同的角度来讲，就会有不同的视野，就会形成不同的"世界文学"。他提出了一个著名的观点："文学是复数的。"

首都师范大学邱运华教授提出要用巴赫金的"外位性"立场来理解世界文化的问题。他认为理解者针对他想创造和加以理解的东西而保持"外位性"，时间上、空间上、文化上的"外位性"对理解来说，是一件了不起的事。要知道一个人甚至对自己的外表也不能真正地看清楚，不能整体地加以思考，任何镜子和照片都帮不了忙。只有他人才能真正看清和理解他的外表，因为他人具有空间上的"外位性"。即使两种文化相互交锋，也不会彼此融合相互混淆。每种文化仍然保持着自己的同性和开放的完整性。

中国社会科学院文学所金惠敏研究员提出以"全球"取代"世界"，以"全球文学"取代"世界文学"。他认为"全"已经包含了"世界"，而"球"则体现出立体的、动感的、旋转的、解中心的趋势。这样的"全球"就是现在全球化时代文学的特征。一切文学都将进入我们所谓的"全球化"当中，也就是说他们将成为"球域化"。"球域"的意思就是说既是全球的，也是地域的。但对他所使用的这个概念，许多人提出了反对意见，也引起了不少的争论。

二、对歌德"世界文学"的重新解读

尽管已经有很多学者对歌德"世界文学"做出了解释，但这诸多的讨论却并不能让人满意。许多看法似乎都在将要抓住问题关键的瞬间戛然止步，留下了遗憾；或者在做出了种种平面化的分类与梳理之后，并没有在更深的层面上进行阐释，以理服人。在笔者看来，歌德谈"世界文学"是与他的整个美学思想相关联的。因此，我们只有从他的美学分析入手，才能获得对"世界文学"的新的看法——一种切近真实状况的理解。

在歌德看来，美是不可定义的，因为任何定义的结果都只会把我们叫作美的那种不可言说的东西化为一种抽象的概念。"美其实是一种本原现象（Urphanomen），它本身固然从来不出现，但它反映在创造精神的无数不同的表现中，都是可以目睹的。它和自然一样丰富多彩。"歌德认为，自然往往展示出一种可望而不可攀的魅力，但自然的意图（目的）固然总是好的，而使自然能完全显现出来的条件却不尽是好的，因此他不认为自然的一切表现都是美的。他以橡树为例说明，橡树可以很美。但需要许多有利的环境配合在一起。一棵橡树如果长在密林中，它就总会倾向于向上长，争取自由的空气和阳光，而等它终于将树顶升入自由的空中，它就开始向四周展开，向宽度发展，它高大强健，树干却很苗条，树干树冠的比例也不相称，不能显示橡树之美；如果它生在低洼潮湿的地方，土壤的肥沃，加上有合适的空间，它就会长出无数的枝杈，远远望去像是菩提树一样，也没有了橡树之美；如果长在高山坡上，肥瘦石多，它就不能自由发展，很早枯萎，不能令人感到惊奇，同样没有了橡树之美；如果生长在避风雨的地方，它还是就长不好，也不会将作为橡树的美的目的全然显现。事实上，通过橡树，歌德讲了这样一个道理：任何自然物依其内在意图或目的全然实现于外部环境的情形都是绝对没有的。但他认为，人可以通过精神创造把他由心灵把握到的事物"本原"形态努力实现在艺术中。通过对吕邦斯画作的分析，歌德断言："艺术并不完全服从自然界的必然之理，而是有它自己的规律"，"艺术要通过一种完整体向世界说话。但这种完整体不是他在自然中所能找到的，而是他自己的心智的果实，或者说是一种丰产的神圣的精神灌注的结果"。

从歌德的这些论述中，我们可以注意到这样两点：一是任何事物都有其内在目的，但事物在自然环境中的受限状态下的成长总是无法彻底表现出它的内在目的；二是虽然事物在自然条件下无法全然表现它的目的，但人可以通过"心智"把握到它，美只有在一种"理想状态"下才能实现。"理想状态"这是一个从歌德到康德再到黑格尔，或者可以追溯得更早，从古希腊起，就被哲人们反复论证的一个话题。这个理想状态是"既成普遍而又还是个别"的理念，是"按照事物应当有的样子"而创造出的"比实际更理想"的人物典型（亚里士多德），是一事物之所以是美的最后根源——"美本身"（柏拉图），是"神心灵中的永恒的模型"（奥古斯丁），是"美的理想"的"最高的范本"与"鉴赏的原型"（康德），是"赋予自己以自我意识"、"使它自己发展并在自身中反映"的观念或"绝对精神"（黑格尔）。有了这个"理想状态"，人们也就能够对照出现实的缺陷与不足，也就能够义无反顾地将生命与激情投注到对这个状态的不懈追求当中。

恰如橡树的成长，它在现实中永远无法全然达到性格的"完全发展"并使各部构造都符合它的"自然定性"或"它的目的"一样，任何民族其自发的原初文学的发展都要受到这样那样的限制。在任何一个民族里，那些堪称为"优秀"的文学作品，倘若以一个最后的目标，即文学"理想状态"的目标来衡量的话，就也有这样那样的短处。显然，正是在此意义上，歌德看到了"民族文学"写作的局限，从而提倡走出这种局限，并向其他民族学习的。任何事物都有局限，而只有走出自己经验的局限，才能真正成全事物最后的目的，达到"理想状态"或"自然发展的顶峰"。"一个演员也应该向雕刻家和画家请教，因为要演一位希腊英雄，就必须仔细研究流传下来的希腊雕刻，把希腊人的坐相，站相和行为举止的自然优美铭刻在自己心里。但是只注意身体方面还不够，还要仔细研究古今第一流作家，使自己的心灵得到高度文化教养。"一个演员如此，一个"天才"也是如此。同他那个时代的人一样，歌德也赞赏天才，然而比起个人的天资禀赋来，他对时代机制和群体积累显然更看重一些。这同样源自他对"天才"个人局限的清醒认识。他认为，"我们全都是些集体性人物，不管我们愿意把自己摆在什么地位。严格地说，可以看成我们自己所特有的东西是微乎其微的，就像我们个人是微乎其微的一样。我们全都要从前辈和同辈那里学习到一些东西。就连最大的天才，如果想单凭他所特有的内在自我去对付一切，他也绝不会有多大成就"。个人需要学习，民族也需要学习，因为他们都无法摆脱局限。在当时的德国，文学、文化、哲学等都处于极端落后的状态下，这种学习显然就更是重要且迫在眉睫了。

当然，这只是问题的一个方面。另一方面当歌德以民族文学经验的局限去敦促德国人向外学习的时候，他的另一个目的也因而在这里露出了端倪，这就是德国文学的"经典化"问题。德国文学的"经典化"是"世界文学"提出的又一重要原因。

一个经典的民族作家在什么时候和什么地点会产生呢？在这样的情况下：他在自己民族的历史上发现了伟大的事件同它们的后果处在幸运的和意义重大的统一之中。他不放过他同胞的思想中的伟大之处，不放过他们感情中的深沉，不放过他们行为中的坚定不移和始终如一，他自己充满民族精神，并且由于内在的禀赋感到有能力既对过去也对现在产生共鸣；他发现，他的民族已有很高的文化，因而他自己受教育并不困难；他收集了很多资料，眼前有他的前人做过的完善或是不完善的试验，如此众多的外在与内在的情况汇总在一起，使他不必付高昂的学费就可在他风华正茂之年构思、安排一部伟大的作品，并能一心一意地完成它。

然而，与他的西方近邻法国、英国相比，经典的民族文学作品和经典的民族作家在德国的孕育显然迟缓而艰难。"一个出类拔萃的民族作家的产生，我们只能向民族要求"。在歌德看来，民族的统一是形成民族文学的重要前提。同时民族文学的形成与发展，又不能脱离本民族的优秀文化传统的继承与弘扬。然而，当时德国的情况又如何呢？

在德国根本没有一个作家们可以聚在一起的社会生活中心，德国的作家出生在四面八方，所受的教育也五花八门，大多数人都沉溺于自己以及由各不相同的情况所造成的印象之中。他们入迷地偏爱本国或者外来文学中这个或者那个范例；为了在没有指导的情况下检验自己的力量，他们不得不做各种各样的尝试，甚至不得不做一些敷衍塞责的事。

歌德一向重视民族文化对于作家的重要作用，这大概只有深居落后的德国生活之中，并且深受其苦的人们才可能真正体会歌德之所以提出这种思想背后的深层原因。我们从歌德著作中的许多地方都能感受到这一点。他曾惊叹安培尔由于生活在巴黎，24 岁就能做出巨大的成就，并认为法国的贝朗瑞如果是德国耶拿或魏玛而不是法国巴黎的一个穷裁缝的儿子，那么同样的生活旅程，他就将一事无成，他赞赏席勒在年轻时也能写出《强盗》、《阴谋与爱情》等经典的剧本，但他认为这仅仅是源于作者个人的"非凡才能",与高度成熟的"文化教养"无关。他还以英国的农民诗人彭斯为例说明,假如不是由于前辈的"全部诗歌"在人民口头上活着,假如不是由于马上能获得"会欣赏的听众","彭斯又怎么能成为伟大诗人呢?"他说,"我们都惊赞古希腊的悲剧,不过用正确的观点来看,我们更应惊赞的是使它可能产生的那个时代和那个民族,而不是一些个别的作家"。马克思同样也非常欣赏古希腊时代,那是一个轴心时代,一切文化都可以追溯到当时的源起。

如果说"世界文学"的提出仅仅是为了要走出民族经验的局限,并尽可能地创造出本民族的文学经典这两个方面,那么,对"世界文学"含义的理解在笔者看来就还是不完整的。那些仅仅认识到"世界文学"在于重视"跨文化"交流与对话的理解并不全面,那种把"世界文学"平面化地理解为几个层次的提法,尽管正确但还缺乏必要的深度。我们看到,歌德的确在谈论德国文学的前途问题,但歌德在谈论"世界文学"的时候,却并没有将法国文学、英国文学或者古希腊文学直接称为"世界文学",当然他就更不可能会把德国文学的未来经典称为"世界文学"。希腊文学可以作为"模范",但希腊文学并不就是"世界文学","世界文学"在这里显然是一个要高于法国文学、英国文学、古希腊文学等任何"特殊的文学"的一个概念。恰如生长于自然中的橡树们终究有着各种它们难以成全的局限一样,任何特殊的文学也都存在着各种局限。由此来看,当我们从歌德对于橡树的论说中体会到"民族文学"经验的局限时,我们却同时可以从中领会到"世界文学"那难以企及的高级状态。就此而言,各民族的文学"经典"不过是"世界文学"属下的一个个"范本",正是这些无数个"范本"向我们展现了"世界文学"所应该具有的存在方式。我们可以由此得出,歌德的"世界文学"并不是实体的,而是他为各民族文学悬设的一个必须追求的标准。因此,"世界文学"虽然不能作为实体而存在,但我们又可以通过无数个民族文学的"范本"认识它。这是歌德为"世界文学"提出的一个更高层次的意义。对歌德"世界文学"含义的理解,倘若没有这一更高层次的维度,那么"世界文学"这一概念也就会失去活力,就会是死的。从歌德提出"世界文学"这一概念到现在,已经过去了180多年,尽管各民族的交流随着交通与通信技术的发展日益迅速与丰富,但真正的"世界文学"却仍然并没有形成。这其中的原因并不在于现实中不同民族语言障碍的限制,也不在于不同的文化传统所形成的略嫌保守的各民族精神的自我认同的根深蒂固,而在于"世界文学"本身就不是一个可以在现实世界中得以成全的东西,恰如橡树的美不能在现实中成全一样,它是一个在价值取向上被悬升出的一个各国民族文学共同追求的"本原"标准。

由以上分析可以看到，歌德提出"世界文学"的原因是复杂的，"世界文学"的意义也是丰富的。实际上，他所说的"民族文学在现代算不上是很大的一回事，世界文学的时代已快来临了"，其目的在于希望通过汲取其他民族文学的精华来更好地发展德国的民族文学，使德国民族文学不至于在世界文坛陷入狭隘的圈子。因此，正如黄克剑先生所指出的："民族文学的雕铸在近代德国一开始就是一个'面向世界'的问题，正是处于一种特殊的历史情境才使德国民族文学的代言人——而不是其他民族文学的代言人——有可能最早向人们报告'世界文学'的消息。"

三、"全球化"语境中对"世界文学"的误读

近些年来，随着"全球化"思潮的兴起，学术界对"世界文学"话题的探讨又热了起来，然而，与这种研究热度极不相称的是，许多学者的研究越来越背离歌德"世界文学"的本有意义，在"全球化"观念的遮蔽下，通过对"民族"与"文学"概念的消解与解构，不断淡化着"世界文学"衡量民族文学发展水平的这种价值标准。

英国学者本尼狄克特·安德森在《想象的共同体》这一著作中认为，民族性是"一种特殊种类的文化制造物"，是一种"想象的社群"。也就是说，"民族性"来自人们对于特定民族的独特生活方式的"想象"，包含人们的情感、想象和幻想等。据此，他把"民族"定义为"一种想象的政治社群，并且被想象为既是内在有限的又是至高无上的政治社群"。安德森的理论颠覆了人们对于"民族"情感的传统执着。

J. 希利斯·米勒这个解构主义的理论大师从新媒介的分析入手掀起了一场关于文学生死存亡的大讨论。在他看来，"全球化"过程在当今已经达到了双曲线的阶段，它已经成为文化、政治以及经济生活中许多领域里一个决定性的因素。他断言："民族国家的衰落、新的电子通信的发展、超空间的团体可能产生的人类的新的感性、导致感性体验变异、产生新型的超时空的人，乃是全球化的三大结果。"但是，那个虚拟的世界能够在多大程度上征服现实的世界？这是个问题。在米勒看来，由于新的电信时代的到来，文学及文学研究却已经走向了它的终结。"文学研究的时代已经过去了。再也不会出现这样一个时代——为了文学自身的目的，撇开理论的或者政治方面的思考而单纯去研究文学。那样做不合时宜。我非常怀疑文学研究是否还会逢时，或者还会不会有繁荣的时期。"于是引起了一场大的争论。媒介改变了这一切，莫非当文学不再是文学而成为另外的东西的时候，"世界文学"也就随着降临了？这是全球化大师们自己的逻辑悖论

呢，还是他们的空口方言呢？

或许正是有了安德森的"民族想象"理论和 J. 希利斯·米勒的文学"终结"论，给许多探讨"全球化"的学者带来了启发与灵感。我们并不反对在"全球化"语境中对民族问题的重新思考与建构，但我们反对理论的建构与生活实际的脱离，反对面对全球化时所带来的理论上的浮躁。日本的英语移民作家石黑一雄就表现出这样的浮躁，他曾说："我是一位希望写作'国际化小说'的作家，它包含了世界上各种不同文化背景人们都具有重要意义的生活景象，它可以涉及乘坐喷气飞机穿梭往来于世界各大洲之间的人物，然后他们又可以同样从容稳固地生活在一个小地方，这个世界已经变得日益国际化。我的雄心壮志就是为它做出贡献。"这样的理解实在是有些片面。它显然是以题材的国际化来定义"世界性写作"。

我们既没有一个叫作"世界"或"国际"的世外桃源，也没有一个可以在其中安然生活的"世界公民"。任何人无论作家或是作品中的人物，它首先都应该是携有民族符号的。"民族的符号已经成为在世界语境中的符号，既从属于民族，也从属于世界。他以多种方式与传统联系。现代社会并不取消这种联系，相反，正是由于现代性的压迫，使他们更加感到寻找自我身份的必要。"这让我想起了奥地利作家茨威格，他是一个人道主义者与和平主义者，但他更想成为一个"世界主义者"，他终生都梦想成为一名"世界公民"。在第一次世界大战时，他就具有了世界视野，他总能从"世界的"而不是"民族的"立场来看待战争。而当第二次世界大战爆发的时候，他在思想深处也已做好了准备，告诫自己不去受民族主义和战争狂热的蛊惑。在自传中，他写道："从战争一开始，在我内心就坚定要成为一名世界公民，因为作为一名国家的公民是很难保持自己坚定的信念的。"实际上，我们知道这是不可能实现的。1938 年 3 月，当德国军队占领奥地利，而茨威格不得不向英国当局申领一张表明无国籍者身份的"白卡"时，他的心是颤抖的。"我几乎用了半个世纪来驯化我的心，让它作为一颗'世界公民'的心而跳动。失去护照的那一天，我已经 58 岁了，那时我发现一个人随着祖国的灭亡所失去的，要比那一片有限的国土多。"我们无须再多说什么，"世界公民"是虚幻的，每一个人都是他的祖国与民族情愫的携带者，这是无论如何都逃不掉的。所谓"全球民族性"、"超民族主义"、"国际化小说"同样是虚幻的，是浪漫的想象的结果。

实际上，伴随着经济的"全球化"，我们不仅没有看到文化的一体化，反而看到了更多的文化之间的冲突与斗争。21 世纪的世界文化似乎比过去增加了更多的冲突和麻烦，有时甚至比冷战时期的对抗还要激烈。当东方感受到西方强大的经济、科技的一体化压力与理性的强势的时候，东方所能拿出来与之抗衡的就只有文化传统与民族的东西了。文学作为民族文化价值观的艺术化表达，因而必然处于冲突的显要位置。亨廷顿说，"80年代和90年代，本土化已成为整个非西方国家的发展日程"。今天这一状况又何曾改变，一种"超民族"的东西又能在哪里安身？世界上"一体化"的内容可以是经济的、科技的、物质的，但永远不可能是文学的或文化的。作为以语言为载体的文学，它在不同的民族那里，在不同的语种之间是难以翻译的，而真正到了世界上只有一种语言的时代，至少在今天看来，是不可能的。

当然我们不承认在经济全球化语境中，"世界文学"形成的可能性，但我们并不否定在全球化语境中，世界各国文学之间交往的日益增多，从而使各民族之间文学的影响，比以往任何时候都更加频繁，各民族的文学比以往任何时候都更多地具有"世界因素"。各国文学的交往"对话"从来都是可能的，而且是必需的，这也是歌德"世界文学"概念中的应有之义。当然，这种对话仍然需要建立在"外位性"立场上，巴赫金对此有过深刻的论述。"理解者针对他想创造性地加以理解的东西而保持'外位性'，即时间上、空间上、文化上的外位性，对理解来说是件了不起的事。""即使两种文化出现了这种对话的交锋，它们也不会相互融合，不会彼此混淆；每一种文化仍保持着自己的统一性和开放的完整性。然而它们却相互得到了丰富和充实。"始终保持一种"他者"的地位，这就是不同民族文学文化交往的真实情境。

由此我们认为，对于各民族文学与世界文学的发展而言，全球化的到来并不能改变什么，而"世界文学"也绝非一个实体的、可存于现实世界的东西。在"全球化"时代，那种认为世界文学可以建立在"超民族主义"、"全球民族性"等基础上的说法，是值得商榷的；而所谓世界各民族共同的情感，精神上的相通性也仅仅是世界各国文学可以彼此沟通的因素，同样不能由此推出"世界文学"必然降临这一意义；当然，"世界文学"倘若仅仅落于各国作品的彼此占有和流通，或者作家们可以多学几门语言，可以相互往来结识的境地，也还是会将"世界文学"置于一种肤浅处。真正的"世界文学"当以构建一个各国民族文学都很繁荣，也都创造经典，彼此不断学习，平等、相互依赖而又共同进步的文学盛世为目标。那时，所有民族的文学都是世界的文学的中心，而每一民族文学的进步就是世界的文学的进步。

综上所述，"世界文学"并不是一个空间实体概念，它无法在现实中全然实现，但可以从民族文学的经典中透见它存在的气息。因此本文勉为其难地为"世界文学"找到这样一个蹩脚的界定："世界文学"是民族文学的"本原"化，或者说是民族文学的"本原"追求。笔者认为，这实际上也是歌德的本意。当然，这一界定仍有待于专家们进一步争论与探讨。

四、努力发展民族文化与文学

通过以上的分析，我们在厘清了一些模糊的认识之后，我们将会发现歌德提出"世界文学"这一内容的真实目的。

如果说在今天，当"冷战"已经成为人们久远的记忆，当文明的冲突与文化的矛盾已经成为各民族间的主要矛盾冲突时，那么今后如何重建一个民族自己的文学、文化、精神，就将会是每一个国家与民族必须认真对待的问题。目前，我们看到的许多关于全球化、民族化与世界文学的理论探讨文章。实质上，也是中国学人对于这一关乎民族文学生存与命运话题的一次艰难的理论跋涉，是一种冷静的反思。相信这种反思或探寻可以让我们更真切地看到，今天民族文学发展所面对的处境与机遇。今天的中国同样面对着当年歌德所面对的问题，当我们酸酸地看着别人摘取世界文学的最高奖——诺贝尔文学奖的时候，我们难道不该好好反思一下吗？作为一个大国，中国的经济得到了很好的发展，中国的文化与文学难道可以止步不前吗？如何构建一个大国的文学，创造我们的文学经典，通过文学叙事来提升中国的形象，让世界了解中国，让西方尊重中国，同时，也在中国文学的精神塑造中，让中国人学会自信，学会自我尊重，这或许可以算作是"世界文学"给予中国人的一个重要的课题。我们越来越感到我们与世界的近距离接触，当我们与西方交换东西的时候，我们能拿出代表我们自己的东西吗？高建平先生曾认为，当代中国艺术要想在世界上有自己的声音，只是给人家看一些作品，是第一层次的做法。说一点自己的思考，而且是带着理论味的思考，是第二层次的做法。而第三层次是要针对国际美学界的既有理论，说出一点新的，人家没有说过的东西，并且在理论上立得住。在"全球化"的语境中，我们的文学又能给西方说出来些什么呢？

我们必须努力发展我们的民族文学，当然这种发展是在"世界文学"视野之内的。我们并不排斥任何民族，以及任何来自他方的有价值的人类精神的文化成果，但我们不能只是跟在西方的后面，那样的话，我们将永远会是西方的影子，我们将永远丧失我们可以和西方对话的资本和权力。学习西方，了解西方，但不能唯西方独尊，尤其不能因为有了西方，而忘记了自己的传统，自己的文化。"尊重自己文化创造的专利权，乃是全球化趋势中现代学者不可或缺的思想态度。"当然，我们提倡民族的东西，绝不是提倡民族文化中那些糟粕落后的东西，同样，也绝不是要永远抛弃那些过去被我们打倒的东西。由于时代的变迁，许多封建的东西早已丧失了封建的内容，而获得了民族文化的形式与内涵，那些已经作为我们民族智慧与审美象征的东西，我们就应该给它平反。今天，当我们重新意识到"非物质文化遗产"的重要而加以保护的时候，我们可能发现，我们破坏、摧毁与丢弃的东西已经太多了。这种历史教训与痛苦记忆，不能仅仅作为历史，而应该成为我们今天对待历史与传统的一面镜子。阿 Q 的"健忘"千万不要魂兮归来，依附于我们的躯体，使我们再次成为民族历史的罪人，被他人耻笑，被后人诟骂。

编辑整理：梁　彬

关于"诗文评"和"文艺学"的再思考

杜书瀛

2010 年 9 月 16 日、19 日

杜书瀛

中国社会科学院研究生院文学系教授

摘　要：本文从中国传统的“诗文评”名称入手，深入梳理和分析了它的历史发展脉络。着重讨论了文艺学学术史研究的一些原则问题。描绘了中国20世纪文艺学学术史的发展轨迹，且划分为蓄势、蜕变、定格、突破四个阶段，并对发展过程中的每一个阶段重要的事迹做了评述。

关键词：诗文评　文艺学　学术史

一、溯源探流

“诗文评”是中国古代一门学问，即中国古代文学理论批评的名称，是中国古代独有的文论形式。

“诗文评”作为中国古代的一种学问名称和书籍类别（从目录学角度看），最初是由明代学者焦竑①在《国史经籍志·集部》中提出来并在清代修撰《四库全书》时被广泛使用而推行开来，就是说这个名称的正式提出和广泛使用大约距今之前五六百年的时间；但是，就这个名称下所包含的一门学问而言，它本身的历史却非常悠久。就像“美学”这个名称正式出现是在1750年鲍姆加登的《美学》一书里，但美学作为一种对审美问题的思考和研究的学问，在很早之前就有了。不论是古代中国和古代中华文化圈各个国家，还是古埃及、苏美尔、巴比伦、古希腊、罗马，或者是古代印度和阿拉伯世界，都有对审美问题的理性思考，而这种理性思考可以统统划入“美学”范畴。所以现在西方美学史不是从鲍姆加登写起，也不是从康德写起，而是要追溯到古希腊；如果写世界美学史，就不能不顾及古代中国和东方其他各个文明古国以及古代埃及。

具体说到中国的古代文论，上面提到“诗文评”名称的产生虽是在明清，但作为对文学和审美文化现象的理性思考，则可以追溯到两千年至三千年以前。

---

① 焦竑（1540～1620年），山东日照人（另一说江苏南京人），明代著名学者，字弱侯，号漪园、澹园，明万历十七年状元，官翰林院修撰，著有《国史经籍志》、《澹园集》（正、续编）、《焦氏笔乘》、《焦氏类林》、《国朝献征录》、《老子翼》、《庄子翼》等。

《左传·襄公二十九年》中记载的吴公子季札在鲁观乐时所发表的那番感慨和议论，就是一种"诗文评"的雏形；《论语》、《孟子》中也有许多评诗、评文的内容。后来的《礼记》、《诗大序》、《史记》中，司马迁对屈原的评述，淮南王刘安、杨雄、王充等人的许多著述，也都包含着许多关于诗文以及其他审美文化现象的评论。这可以视为"诗文评"这个名称出现之前中国古代文论早期的发展情况。

魏晋南北朝是中国古代文论发展的第一个高潮，出现了许多大家和影响深远的文论作品。最著名的有曹丕的《典论·论文》、陆机的《文赋》、刘勰的《文心雕龙》、钟嵘的《诗品》，等等。此外，还有萧统的《文选》，在它的序里已经提出了一些判定文章内容是否与审美、艺术相关的标准，所谓"若其赞论之综辑辞采，序述之错比文华，事出于沈思，义归乎翰藻，故与夫篇什，杂而集之"。

中国古代文论高峰之所以在魏晋南北朝时期出现，除了有大一统的秦汉帝国（特别是汉代）审美文化（史传文学及汉代辞赋等）的发展繁荣作为其审美实践基础之外，还有很多特殊的历史因素。第一，经过大汉帝国罢黜百家，独尊儒术数百年的思想禁锢，一旦这个帝国衰亡，堤岸崩溃，人们的思维空间骤然拓宽，造成了精神文化发展繁荣的良好机会。因为优秀的理论家、理论思维和作品，在一个禁锢的、思维空间很紧迫且很狭窄的时代，是很难出现的。第二，魏晋南北朝时期社会的动荡、多种政权共时性的并存争斗和历时性的频繁更迭，无意间形成了统治阶级的势力顾及不到的许多空隙，这非常有利于多种思想文化的自由表达，特别是新思想新观念的滋生蔓延。第三，魏晋南北朝时期的历史局面，过去也常常被称为"五胡乱华"，这种观念当然是值得商榷的，在我看来所谓"五胡乱华"实则是中华大地上的多种民族在争斗中实现大交流、大融合的时期；这种交流和融合，有利于思想文化在互动互补互渗中发展。第四，魏晋南北朝时期玄学的盛行形成了对汉代长期以来大一统儒学的反叛——它不仅是哲学和伦理思想的反叛，而且也是政治和其他文化方面的反叛，这种氛围给文人们提供了张扬个性、发挥精神创造性的良好环境。第五，东汉到魏晋南北朝时期传入中国的佛教和佛学思想对中国传统的文化体系产生了很大的冲击，带来一些新的因素，比如说佛学中讲求"境"，对中国文论中"意境"理论的形成起了重要作用，后世的文学、绘画和其他艺术中都追求一种"意境美"，在美学上形成了系统的意境理论。近代学者王国维《人间词话》中对"意境"作了很多细致的论述和分析，可以说是其理论总结。

总之，各种各样的因素促成了魏晋南北朝时期文学和艺术的大发展，促成了各种审美文化的大发展，尤其促成了文论和美学的大发展。鲁迅先生称魏晋南北朝是文学自觉的时代，"自觉"在当时的表现就是对文学艺术创作的自觉追求和对文学艺术审美的理性思考,而这种理性思考就是那个时代的"诗文评",或者说是那个时代的文艺美学。

中国古代文论("诗文评")第二个大发展大繁荣时期是在宋代。

魏晋南北朝之后,经过隋唐两代的充实提高,中国古代的审美文化积蓄了巨大能量。众所周知,大唐帝国是中国历史上政治、经济、文化大发展大繁荣的时代,同时它也堪称世界之冠,是当时全世界硬实力和软实力最雄厚、影响力最大的国家。它不但被当时中国周围的中华文化圈里的其他地区、民族和国家作为楷模来供奉,而且它与西域各个民族进行多方面的密切交流,甚至与北非和欧洲许多国家也有来往。大唐帝国的国都长安是当时全世界规模最大、人口最多、最繁荣的伟大城市,是各个国家、各个民族注目的中心。单以审美文化而言,不论就历时性角度还是共时性角度,唐代都超越以往任何时代,达到了一个几乎无可企及的高度,可以说耸起了一座"珠穆朗玛峰"。宋代苏东坡在《書吴道子畫後》一文中说:"君子之於學,百工之於技,自三代歷漢至唐而備矣。故詩至於杜子美,文至於韓退之,書至於顏魯公,畫至於吳道子,而古今之變,天下之能事畢矣。"(《蘇軾文集》卷七十)中国一向被称为"诗的国度",而最切合这个称呼的就是唐代。有哪一个时代、哪一个民族、哪一个国家拥有唐代那么多伟大诗人和伟大诗作?李白、杜甫、白居易、王维、孟浩然、高适、岑参、李商隐、杜牧……直到今天,连三四岁小儿都几乎能叫得出他们的名字,背得出他们的诗。书法,中国和少数中华文化圈里其他民族特有的艺术形式,在唐代也空前灿烂,唐代伟大的书法家也像唐代伟大诗人那样众星闪耀,虞世南、欧阳询、褚遂良、颜真卿、怀素、张旭、柳公权……在继承魏晋王羲之等人书法成就的基础上有了新的超越,创造了一个更加辉煌的书法时代。唐代音乐也有惊人成就,《新唐书·礼乐志》说:"唐之盛时,凡乐人、音声人、太常杂户子弟隶太常及鼓吹署,皆番上,总号音声人,至数万人。"数万名音乐家在今天也是了不起的队伍。其声乐尤其发达,而且掌握了正确的科学发声方法,《乐府杂录》① 载:"善歌者必先调其气,氤氲自脐间出,至喉乃噫其词,即分抗坠之音。既得其术,即可致遏云响谷之妙也。"唐代绘画、雕塑、舞蹈之光辉也有目共睹,李思训、阎立本、吴道子、公孙大娘等艺术家的名字直到今天人们也耳熟能详。

相对而言,唐代的诗文评和文艺美学理论虽有自己的成绩却并不像它的审美实践那样具有同等的辉煌。也许理论思考总要滞后一段时间,它需要在一定的历史潮流冲刷中进行审美沉淀,需要理论家在热闹场面过去之后,沉下心来仔细咀嚼,慢慢体味,冷静思索。审美实践要热,理论思考要冷。艺术要大乐大悲,然

---

① 《乐府杂录》,唐段安节撰,对开元以后音乐、歌舞、俳优、乐器等问题进行考证,是研究唐代后期礼乐制度、音乐、舞蹈、戏曲发展轨迹的宝贵资料。

而大乐、大悲之中，出不了精到的理论；必须等到乐定思乐、痛定思痛的时候，才有沉稳的思考、深刻的美学、理论思维的发达繁茂。果然到宋代，出现了中国古代文论（"诗文评"）和文艺美学的第二个高潮。但是必须看到，宋代的诗文评和文艺美学的发达是以唐代文学艺术实践的成就和其他各种审美文化的繁荣以及宋代本朝的文学艺术、审美文化发展（它的诗、词、古文、绘画、音乐、戏剧等都十分繁荣）作为基础的。更根本的原因是，古代中国的社会历史发展至宋代，以郡县制为表征而皇帝具有至高无上权力的帝国体制（按传统的说法叫做"封建社会"），其各个方面都趋于成熟和完备，尤其它的哲学、伦理思想、政治思想、审美文化都高度发展；而类似于西方的"市民社会"（有人称之为"资本主义"）也开始出现并成形，甚至在当时的国都开封达到一定程度的繁荣，这给历史增添了新元素、新活力，也从根源上（可能是隐含的和间接的）为人的精神创造注入了新动力。此外，还有其他历史机缘，如宋代开国皇帝宋太祖赵匡胤在立国之初就定下重文轻武的国策。

陈钟凡先生《中国文学批评史》第十章谈两宋批评史时说："文体至两宋而日繁，评文之风，亦至宋世而丕著。"而两宋批评又有新特点："文章体制，既日益增多，批评之风，遂分途并进，不复如前世徒为概括、抽象之辞矣。"[1] 陈先生准确抓住了宋代批评特点之一，即精细、具体，自宋代起，诗话、词话、文话（四六话）、古文批评、戏剧批评，以及画论、乐论等，分门别类，都有各自领域的多种著作。但宋代文论和美学的成就却远不止此。它不但精细、具体，而且比唐代理论思维更系统、更富哲理性、更深刻地触及文学艺术的审美精髓，在量上特别在质上，能达到一个新高度。这突出表现在这个时代诗文评和文艺美学的代表性著作《沧浪诗话》之中。严沧浪既吸收了魏晋以来佛学的思想营养，又深刻总结了汉魏特别是唐代诗歌的审美经验，提出"别才"、"别趣"、"妙悟"等说，深刻揭示了诗歌的审美特性，为中国古代诗学开辟了一个新天地，至今仍具有重要学术价值。

到明清时期，"诗文评"这种学问名称已经被正式提出并得到广泛应用和确认，走向成熟。也可以说明清是中国古代诗文评和文艺美学发展的集大成时代，也是它的第三个高潮，诗话、词话、曲话、戏曲和小说评点、画论、乐论等，全面走向新的繁荣辉煌。它的诗话、词话等著作之多，超过以往任何时代，不但论述更为精密、细致、深入，而且有新思想、新观点出现。尤其值得注意的是它的曲话和评点（包括小说、戏曲、古文、诗词等著作的评点），取得了巨大成就。中国戏曲理论起自唐代《教坊记》，但当时戏曲只是处于萌芽状态，戏曲理论自

---

① 陈钟凡：《中国文学批评史》，江苏文艺出版社 2008 年版，第 96 页。

然不能有什么作为。中国真正意义上的戏曲至宋代才正式形成①，至元代，杂剧盖世，高度繁荣，蔚为大观；明清传奇也有重要成就。但是，如同上面所指出的，艺术理论往往滞后艺术实践，理论思维需要一定的时间沉淀。戏曲和戏曲理论亦如是。到元曲大繁荣之后的明清，戏曲理论才出现大发展。仅就 1959 年中国戏剧出版社编辑出版的《中国古典戏曲论著集成三》来看，共收入四十八部论著，而明之前只有七部；自明代朱权《太和正音谱》起至清末姚燮《今乐考证》止，有四十一部。中国古典的具有自己民族特点的戏曲美学体系在明清两代戏曲理论家手中建立起来并逐渐完善，其中贡献最大的是明代王骥德的《曲律》和清代李渔的《闲情偶寄》。明清两代，评点也得到充分发展，在世界美学史上独树一帜。关于评点，我在刚刚出版的一本书——《评点李渔》（中国出版集团东方出版中心 2010 年版）的"前言"中详细讲述了它的由来、历史发展、特点、在中国古代文论中的地位、价值以及今天的意义等，这里不再赘述。

但同时也必须看到，明清特别是清代是中国古代文论和文艺美学集大成的时代，也是走向衰落的时代。尤其到了清朝末期，在内外各种因素的促使之下，就发生了从古代形态的"诗文评"向现代形态的文艺学的转化。这个转化至今已经 100 多年，仍在进行当中。我所主编的四卷五本《中国二十世纪文艺学学术史》（上海文艺出版社 2001 年初版，中国社会科学出版社 2007 年再版）正是论述这个过程及相关的种种问题。

下面着重谈谈 20 世纪文艺学学术史的一个问题。

二、怎样研究"文艺学学术史"

前文已经讲到，研究文艺学一定要追溯它的源起和发展过程，一方面是中国的文艺学发展，另一方面是外国的文艺学发展。而在时间上更为接近现在的 20 世纪中国文艺学学术史对我们的研究尤其重要。因为从 19 世纪末到 20 世纪初正好是近代中国的思想界最活跃的一个时期，甚至可以媲美春秋战国时期的百家争鸣。20 世纪初的中国正处在从一个腐朽的帝国向民主共和国转化的进程中，各种各样的思潮在 20 世纪的中国争芳斗艳、各展英姿。

梁启超、王国维是 20 世纪初中国文论革新和转化的先驱者，梁启超提出小说界、诗界、文界以及史界革命，王国维以自己的方式解读中西方哲学、解读

---

① 戏剧界人士一般以成文剧本的产生作为我国戏剧正式形成的标志。据明徐渭《南词叙录》中说："南戏始于宋光宗朝，永嘉人所作《赵贞女》、《王魁》二种实首之，故刘后村有'死后是非谁管得，满村听唱蔡中郎'之句。或云：宣和间已滥觞，其盛行则自南渡，号曰'永嘉杂剧'，又曰'鹘伶声嗽'。"（《中国古典戏曲论著集成（三）》，第 239 页）

《红楼梦》、解读诗词，虽然距今已经百年，但读起来还是很有深意。他们借鉴西方理论观念，开启了从古代形态的"诗文评"向现代形态的文艺学转化的历程。

既然是借鉴西方，那么首先进行中西比较。中国古代形态的诗文评和文艺美学与西方的文艺理论和美学有很大区别。

中国古代的"诗文评"和文艺美学的哲学基础是以"善"为中心的伦理哲学，最具代表性的就是儒家思想"仁"，讲求"仁者爱人"，"己所不欲，勿施于人"；还有墨子提倡的"兼相爱"主张无差别地爱一切人。中国古典的"诗文评"很注重"善"，主张"文以载道"，不论是在戏曲里还是小说里，都有一种很明显的"惩恶扬善"的倾向。

而西方古典哲学是以"真"作为中心，西方的文艺学理论和美学思想即是在这个哲学基础上建立和发展起来的。西方从古希腊时代到 19 世纪，有许多文艺家和美学理论家以"真"作为他们学问的基础。比如西方古典美学中所讲的"模仿"，根本在于求真。柏拉图虽然认为文艺上描写的形象距离真理隔了三层，是模仿的模仿、影子的影子；但它的目标总是要"求真"，要追求"理念之真"。柏拉图之所以把诗人驱逐出他所谓的"理想国"就是因为他认为诗人扰乱了对真理的认识，是不真实的，违反了他的"理想国"的基本准则。到亚里士多德时，提倡模仿"自然"，对自然"写真"。这之后不论是古希腊、古罗马、文艺复兴一直在追求"真"。比如达·芬奇，他既是一名画家又是一名科学家，他设计了许多科学的机械模型，还深入研究解剖学，探索人体的真实结构并描画出来。中国的绘画雕塑正相反，很少像古希腊或文艺复兴时期艺术家那样写实。中国的传统艺术追求"神似"，到后来甚至发展到"离形神似"的阶段。

从 19 世纪末 20 世纪初开始，中国古典形态的"诗文评"向现代形态的文艺学转化，向西方的文艺理论靠近。这种转变的关键在于学术范型的变化，其重要标志就是哲学基础的转变，如果说中国古代的诗文评的哲学基础是以"善"为中心的伦理哲学，那么到了 19 世纪末 20 世纪初的梁启超和王国维，则逐渐地吸收了西方的哲学思想，开始追求"真"。所以，尽管梁启超和王国维的学术观点有许多分歧，至少有一点是相同的，他们都把西方的哲学思想融入中国的文艺思想，离"善"而趋"真"。

转变的另一个关键点在于研究对象的转化。中国古典形态的"诗文评"往往把抒情性的文学作为重点研究对象，因为中国古代抒情性的诗和文占着主要的地位，诗就是感情的抒发，文也是要抒发感情。唐代古文大家韩愈，他的很多论说文也表现出强烈的情感，比如《师说》、《祭十二郎文》更是他抒情文的代表作，文中饱含他对侄儿的深情厚意，让人十分感动。还有柳宗元的《永州八记》，文笔也是非常优美的，虽然写的是自然景物，但是文字笔墨之间充满着感情，表达了自己的情趣。这些游记不是要为自然写真，而是以抒发情感为目的。这种特点在欧阳修的《醉翁亭记》中表现得更加明确，欧阳修当时年40岁，因为贬官来到安徽滁州。去过滁州的人都发现欧阳修当年所登的那座山并不是十分美丽或雄壮，但我们在欧阳修的散文中却看到他对其山川景色由衷地欣赏和赞美，这些都是他内心情感的自然流露。

中国被称为"诗的国度"，而且大部分都是抒情诗。《诗经》里面的叙事文学是很少的，叙事诗包括史诗，像《绵》、《公刘》等仅有几首，大部分的《风》、《雅》、《颂》都是抒情诗。之后到了汉代，流行写赋，被文人们铺张开来的赋成为抒发感情最有效的窗口。魏晋时期的诗，比如：二鲍的诗、三曹的诗，尤其是曹操的诗文充满了大家的气魄，读起来气势雄浑、感情充沛，很容易联想到一位慷慨激昂的大政治家。还有田园诗人陶渊明，更是抒情能手。到了唐代，公认为是诗歌发展的巅峰时期，更是抒情诗的天堂，李白、杜甫、白居易等我们耳熟能详的大诗人都是抒情诗的名家。元曲既是叙事的也是抒情的。明清时期，传奇大盛，虽然戏曲的叙事性也很强，但是中国的戏曲里充满了诗的意味，所以很多人称中国传统的传奇和杂剧为"剧诗"。中国的白话小说中也经常夹杂了很多诗歌，并且非常优美，十分突出的一个例子就是《红楼梦》中的"黛玉葬花"，这种类型的诗歌都充满了抒情味道。

因此中国古代传统的"诗文评"和文艺美学，其主要对象是抒情性的文学，到了20世纪以后转变为以叙事文学为主要对象。比如说梁启超以及他的同事们以小说为研究对象，在当代的文艺学研究者中研究小说的也比比皆是，而研究诗歌的学者就很少了。

现代形态的文艺学与古典形态的文艺学相比，哲学基础变了，研究对象变了，语码也变了。在古典的"诗文评"中，常常用到的语码是"神与形"、"隐与秀"、"奇与正"、"华与实"，等等。在现代形态的文艺学中，"隐与秀"就很少用到了，更多的是用"现实主义与理想主义"、"真实的表现"、"写实"，等等。每个时代都有自己的一套语码。所以从古典的"诗文评"转型为现代的文艺学，其深层次的原因是学术范型的改变。因此，我们在学习20世纪文艺学学术史的时候，必须抓住学术范型这个关键点。

著名的科学哲学家库恩提出了"范式革命"的理论，他认为在科学当中，应由常规范式突变，发展到新的范式并不断更新。但是他说的科学主要是自然科学，我们人文学科与自然科学中的范式革命有很大的不同，所以我们一定要注意应用库恩"范式革命"理论时的分寸。因为人文学科的特殊性常常表现在每一个理论家都有他自己一些独特的观点，不能完全被归入某一个派别，比如研究新批评的理论家，他们确实有很多的相同之处，但是我们往往就把注意力只放在他们的共同处，而忽视了他们之间的差异。而人文学科的特色却恰恰表现在每一个理论家都有他自己的独特性。

我们研究 20 世纪文艺学学术史要站在社会历史文化的维度上，必须要和社会的历史、文化紧密地联系在一起。如果我们要考察某一个理论家，离开了特定的社会文化背景是解释不清楚的。因为社会是一个有机的联系在一起的整体，把任何一个事物孤立起来分析是没有意义的。比如说，"五四"时期为什么出现了文学革命？为什么提出要白话文学？为什么把白话文学提升到那么高的高度？这都是与当时的社会历史紧密地结合在一起的。再比如，形象思维问题一般被认为是学术问题，但在中国却不完全是，它曾经作为一个政治问题在学术界讨论，成为你是否坚持马克思主义的标杆，很多人因此在"文革"中受到了冲击。而后来又是依靠政治的力量解决了这个问题。

我们在学术研究中还要把"内史"和"外史"结合起来。借用某些学者的观点来说明，所谓"内史"就是研究某个学问内在的历史，单纯地对这个学科本身的问题的研究。"外史"则研究这个学科与整个社会的政治、经济、文化等的联系。我认为这种"内史"、"外史"的区分不完全科学，但可以借鉴。因为在人文学科里没有完全的内史，也没有纯粹的外史，整个社会就是一个紧密联系的有机整体，所以我们无法把文艺学与其他社会因素割裂开来研究。因此，我们应该把"内史"和"外史"结合起来研究。

研究 20 世纪文艺学学术史最好以问题为纲。研究学术史可以有各种不同的方法，各有千秋。有的以人物为纲，比如黄宗羲的很多"学案"，以某一个学者为中心，围绕他来分析。还有按时间顺序进行的。我认为可能以问题为纲更为妥当，现在被我们铭记的大师，梁启超、王国维、朱光潜、蔡仪，等等，他们的贡献取决于他们能否提出和解决"问题"，比如小说界革命、诗界革命。小说界革命是梁启超提出的在他那个时代具有重大意义的问题，也是那个时代赋予他的责任。而发展到下一个时代时，又会出现新的问题。随着旧问题的解决和新问题的提出，时代在不断的发展和进步。因此以问题为纲是研究学术很有效的方法。

三、中国 20 世纪文艺学学术史的运行轨迹

（一）蓄势

蓄势是讲 20 世纪文艺学学术史的"史前史"，是 20 世纪文艺学学术史之前的历史。

从古典形态的诗文评向现代形态的文艺学转化，按直观来讲，是发生在19世纪末到20世纪初，起点是梁启超、王国维；但是进一步寻根溯源，我们会看到中国20世纪文艺学学术史最直接的源头是清代中后期龚自珍、魏源等人所引发的一系列文学思想变革。所以我们讲20世纪文艺学学术史要从它的"史前史"开始。之所以如此，是受钱穆先生的启发。他的《中国近三百年学术史》开篇第一句话就是："治近代学术者当何自始？曰：必始自于宋。"为什么不以这"三百年"的开头为起点，而要追溯到宋代？因为事物的发展总是有因有果、互相联系着的。这"三百年"汉学与宋学争得不可开交，倘不知宋学，则无以评"汉"、"宋"之是非。这样处理是非常有道理的。那么，我们治百年来的文艺学学术史，同样不能以这百年的开头为研究的起点，而需要从龚、魏讲起。龚自珍、魏源、林则徐他们是中国近代"睁眼看世界"的第一批有识之士。他们总体的思路就是"师夷长技以制夷"，学习和借鉴西方之"技"进行变革，以摆脱被动挨打的局面。在他们看来，变革是硬道理，大变革带来大成果，小变革产生小成果，不变革就只有死路一条。而且，需要向西方（所谓"夷狄"）学习的不只是坚船利炮等物质上的技术，更重要的是思想、制度。他们在制度和思想文化上也提出要进行改革，突破"万马齐喑"的沉闷气氛。而文化变革中就包括"文论"。

从最先"睁眼看世界"的龚自珍、魏源、林则徐们开始，掀起了一股呼天号地地要求变革的思潮，但这是一条充满坎坷险阻的路。中国人在摸着石头前行。这期间有各种不平等条约的签订，有洋务运动的并不成功的实验，特别是经受了"甲午"战败的奇耻大辱，中国的有识之士更感到改革刻不容缓。于是又有了"公车上书"、"戊戌变法"，传统的文化思想不断受到来自外部的冲击、挑战和来自内部觉醒者的怀疑、批判从而走向终结。现代形态的文艺学正是从古典文论的终结之中蜕变而生。

（二）蜕变

用一个形象的比喻来说，就是蝉逐渐地"蜕皮"，"蛹"变成蝴蝶。中国现代形态的文艺学是由"诗文评"的母体挣脱出来，逐渐成为一只蝴蝶的。这个过程从19世纪与20世纪之交起，直到20世纪的三四十年代。所以，这一时期总的特点我们用"蜕变"两个字来概括。

整个蜕变过程又可以细分为三个阶段。

第一个阶段是19世纪末到20世纪的最初几年，这是现代文艺学的萌发期。最主要的代表人物就是我们一再提到的梁启超和王国维。最主要的论题就是小说界革命和诗界革命，这两个观点都是1899年梁启超在避难的船上提出来的。但是在他提出小说界革命之前，1897年严复、夏曾佑在天津《国闻报》上发表了《本馆附印说部缘起》①。作者界说小说的性质是"书之纪人事而不必果有其事"，是"人心所构之史"。作者还提出，小说虽为"人心所构之史"，但"今日人心之构营，即为他日人身之所作，则小说者又为正史之根矣"，不可"因其虚而薄之"。作者还从人性论的立场出发，提出小说因描写"英雄"与"男女"这人类的两大"公性情"才"易传行远"，可以"使民开化"。该文作为第一篇试图运用新观点论说小说的长文，实属可贵。但小说理论变革的主将，它的最重要的代表人物是梁启超，他的"小说界革命"的纲领性文章是《论小说与群治之关系》。这篇文章在中国文论史上破天荒第一次把小说视为改革社会头等重要的手段——所谓"欲新一国之民，不可不先新一国之小说。故欲新道德，必新小说；欲新宗教，必新小说；欲新政治，必新小说；欲新风俗，必新小说；欲新学艺，必新小说；乃至欲新人心，欲新人格，必新小说。何以故？小说有不可思议之力支配人道故"。梁启超还相当深入地探讨了小说的性质和特点，他指出：小说能够"常导人游于他境界，而变换其常触常受之空气"，而且能够把人们日常生活中"行之不知、习矣不察者""和盘托出，彻底而发露之"，故其"感人之深，莫此为甚"。同时，梁启超出色地论述了小说的四种审美力量："一曰熏。熏也者，如入云烟中而为其所烘，如近墨朱处而为其所染。……人之读一小说也，不知不觉之间，而眼识为之迷漾，而脑筋为之摇飏，而神经为之营注；今日变一二焉，明日变一二焉；刹那刹那，相断相续；久之而此小说之境界，遂入其灵台而据之，成为一特别之原质之种子。""二曰浸。熏以空间言，故其力之大小，存其界之广狭；浸以时间言，故其力之大小，存其界之长短。浸也者，入而与之俱化者也。""三曰刺。刺也者，刺激之义也。熏浸之力利用渐，刺之力利用顿。熏浸之力，在使感受者不觉；刺之力，在使感受者骤觉。刺也者，能入于一刹那顷，忽起异感而不能自制者也。""四曰提。前三者之力，自外而灌之使入；提之力，自内而脱之使出，实佛法之最上乘也。凡读小说者，必常若自化其身焉，入于书中，而为其书之主人翁。……夫既化其身以入书中矣，则当其读此书时，此身已非我有，截然去此界以入于彼界，所谓华严楼阁，帝网重重，一毛孔中，万亿莲花，一弹指顷，百千浩劫，文字移入，至此而极。然则吾书中主人翁而华盛顿，则读者将化身为华盛顿，主人翁而拿破仑，则读者将化身为拿破仑，主人翁而释迦、孔子，则读者将化身为释迦、孔子，有断然也。度世之不二法门，岂有过此？"此后，梁启超又同当时十余位著名学者联手写作了《小说丛话》并发

① 《本馆附印说部缘起》发表于光绪二十三年（1897年）十月十六日至十一月十八日天津《国闻报》，当时未署名，梁启超《小说丛话》中说，"《本馆附印说部缘起》，殆万余言，实成于几道（严复）与别士（夏曾佑）二人之手"。

表于 1903～1904 年《新小说》第一、二卷①，其广泛论及小说的性质、作用、审美特点、古典小说（如《水浒传》、《红楼梦》等）的评价、中西小说的对比等。差不多也是在这个时候，现代文艺学和美学草创阶段另一篇具有奠基意义的学术论文——王国维的《红楼梦评论》② 问世了。这篇文章借鉴了 19 世纪德国哲学家叔本华的哲学思想和美学理论，评说中国古代最伟大的小说《红楼梦》，特别是拈出其悲剧意义予以重点阐发，这在中国文论史上旷古未有。写作《红楼梦评论》的王国维，可以说从观念、方法到范畴、术语基本上都是"现代"的。

蜕变时期的第二个阶段就是"五四"时期，具体来讲是 1916～1927 年这十来年的时间，这一时期有本重要的刊物一定要牢记，那就是《新青年》。在《新青年》上胡适发表了《文学改良刍议》，提出了"八不主义"；陈独秀提出了"三大主义"；周作人提出了"人的文学"等论点。这个阶段把"诗文评"向文艺学的转化更推进了一步。如果说前一个阶段"蝴蝶"刚刚从"蛹"里面挣脱出来，张开翅膀，那么现在蝴蝶的翅膀已经硬起来了。其中，周作人是一个耐人寻味的人物。"五四"时期他提出了一个很有意义的观点："人的文学"，但他在后来（抗日战争时期）却附逆了。这是一段很不光荣的历史，我们并不需要给他辩解什么，但是历史就是历史，"五四"时期，他是很有思想，有很多贡献的。"人的文学"是现代文艺学学术史上很重要的理论，应予以关注。

与前一阶段相比，我们说"五四"时期文艺学翅膀硬了，意思是这个阶段中国现代文艺学的学术范型基本确定了。

第三个阶段是从 1927 年一直到 20 世纪 40 年代，这是个大发展的时期，甚至在某些地方比新中国成立后发展得还好。20 世纪三四十年代是中国现代文艺学相当辉煌的阶段。据我统计，这一时期大概不下 100 种重要的文艺学著作，单单《文艺学概论》就超过 20 部。中国现代第一部《文艺学概论》是伦达如编著的，共 158 页，1921 年出版。紧接着 1922 年刘永济也出版了一部《文艺学概论》，之后便如雨后春笋般不断涌现出更多、更新的文艺学著作。到 1925 年，潘梓年出版了一本《文艺学概论》，到 1936 年共印行了六版，在文艺学界影响非常大。当时书籍一般印数很少，而潘梓年这部书却印了一万多册。当时的《文艺学概论》，还有许多是作家写的，比如郁达夫、李广田等。

为什么当时会出现这样一个繁荣时期？有一个很重要的条件，即虽然国民党当时也对文学界有控制，但控制得还不那么严密。人们的思想空间还是比较大的，所以像鲁迅那样的学者活动空间还是比较大的，他翻译了很多苏俄的著作。成文英也就是冯雪峰，就翻译了《党的组织和党的文学》。还有瞿秋白，他亲自

① 1906 年《新小说》社又将《小说丛话》印成单行本，梁启超作序，说明该书写作缘由和经过。
② 王国维《红楼梦评论》发表于 1904 年《教育世界》第 76～78 号、第 80～81 号。

翻译了马克思、恩格斯的许多有关文艺问题的书信。当时的社会环境还允许各种思想存在，学者们几乎把世界上存在的各种文艺学思想都引进来了，像弗洛伊德、未来主义、表现主义、新人文主义等，各种流派应有尽有。

马克思主义被瞿秋白、冯雪峰，包括鲁迅介绍到中国来。当时的马克思主义是所有那些派别里面的一派，百家当中的一家。但它是非常有生命力的一派、一家，后来逐渐成为中国的统治思想。

综上所述，这三个阶段就是中国现代文艺学发展的"蜕变"时期，是一个成果丰富、大家辈出的时代。

（三）定格

定格是指中国现代文艺学的理论观点定型在马克思主义、毛泽东思想上，这一过程先是发生在解放区。1942 年毛泽东发表了《在延安文艺座谈会上的讲话》，这是一个标志性的文件。现在有些人认为毛泽东讲错了，这不是历史主义的态度。讲话的一些部分可能不适合后来变化了的社会，但是在当时有它充分的历史合理性。历史主义地看，毛泽东当时的讲话是与当时整个环境相符合的。1942 年是抗日战争最艰难的一年，日本鬼子十分猖狂，我在《家族记忆》里谈到父亲的牺牲，就是在 1942 年的大扫荡当中。那时的环境根本不允许你纯艺术、纯审美，一切都只能围绕着抗战来进行。在解放区，这篇讲话为什么能有那么大的影响力，就是人们都认可毛泽东观点的合理性。之后在《讲话》的精神下，出现了一系列的作品。比如《小二黑结婚》、《白毛女》、《王贵与李香香》、《血泪仇》等。

在解放区，文艺学定格在了毛泽东文艺思想上。到新中国成立之后，以第一届文代会作为标志，毛泽东文艺思想推广到了全国，成为时代的定格，就如同于我们看电影看到最后，画面定格在一个形象上。

但是到了后来，就出现了一些问题。因为文艺这种东西，是最需要个性化、多样化，最不能整齐划一的，包括理论也是一样，需要发挥个人的创造思维。如果定格在一处不动，那恐怕不符合文学艺术和文艺学、文艺美学的发展规律。

再到后来，有的人把毛泽东文艺思想推向极端，害了它。

（四）突破（反叛）

突破，也可以称为"反叛"。这是恩格斯提出来的，他认为理论到了一定的程度，就会出现一种反叛。中国的文艺学到了"文化大革命"，被推向极端以后，就难免走上被反叛的道路。到了 1978 年、1979 年就开始对文化大革命中一些问题进行清算。比如批"写真实"对不对？批"形象思维"对不对？批"文学是人学"对不对？20世纪80年代就是对这些判断进行重新思考，拨乱反正。

我当时写了一篇文章《拨乱反正——"正"在哪里？》，"过去"就一定"正"吗？"正"并不一定就是过去的东西，"正"须在实践当中不断摸索、不断被检验。在过去的实践中，我们摸索出来很多适合当时社会情况的"正"的理论，但是在过了几十年之后，新的现实向我们提出了新的问题，就需要新的理论来解决。因此"正"不是在过去，而是在新的实践当中。

马克思主义是人类历史上很有贡献的理论。但是，如果有人说马克思主义是永恒不变的，是永远适用于一切时代、一切人、一切情况的理论，这就与马克思主义的基本精神背道而驰了。马克思主义本身是要发展的，随着人类历史的变化而更新其中的理论，有的判断甚至是不适合最新的时代，需要改变的。比如说"一国两制"是一个全新的提法，在过去的理论体系中是没有的，它是适合今天这样一个新的历史环境。如果说这个理论是"正"的话，那么它就是今天的"正"，而不是过去的"正"。

文艺学上、美学上也是如此，我们必须要适应新的情况，提出新的理论，来解释当前的新问题。所以仅仅说"拨乱反正"，是有局限的。

现在有人提出来反对"本质主义"。这个提法在一定意义上是有道理的。比如某种艺术现象，如果认为有一种固定不变的"本质"在那里，我们只要找到这种"本质"，就可以解释从古到今所有的文艺现象，这是不对的。从来没有这样的"本质"。"文学"这个观念本身是在流变当中的，过去的"文学"和现在的"文学"是不一样的。有人提出"本质"是建构的，我觉得很有道理。也就是说没有永恒的、适合所有时代的"本质"，只有在不断发展中、不断实践中总结"文学"的特点。但是完全不要事物的"本质"、"性质"，完全抛弃这个术语，也不行，因为事物本身在一定的阶段、一定的实践中有可以被把握的特征，如果我们把这样的特征把握住，那么就可以说它是这个时期事物的本质。

上面我略微谈了一点关于突破、"反叛"阶段的情况。我们在1978年、1979年之后处于一种"反叛"的阶段，不断地在突破。现在的文艺学思想虽然不断地在规范，但同时也不断地在突破着规范。

编辑整理：梁　彬

论杜威对康德美学的批判[①]

高建平

2010 年 12 月 2 日

---

① 本文系作者 2010 年 12 月 2 日在中国社会科学院研究生院的讲演，由梁彬同学根据录音整理。发表前作者对记录稿作了较大幅度的修改。

高建平

中国社会科学院研究生院文学系教授

摘　要：杜威的美学论述中，没有直接批判过康德，但又处处显示出对康德美学的批判。康德认为美是无功利的，美是自由的，艺术是自律的。他的思想影响深远，形成了一个美学上的大传统。到 20 世纪后期，在美学上出现了打破艺术自律，还原艺术与生活的关系的潮流，引发了康德美学的全面危机。这时，杜威美学重新受到了人们的关注。杜威从改造哲学上的静观态度入手，提出了活动与实践的美学。他认为人与事物的相遇，不应该看成是主体与客体的相遇，而是一种有机体与其环境的关系。杜威主张从"一个经验"出发看待艺术，倡导三个连续性，提出从日常经验出发来看艺术经验的性质，将艺术看成是生活的一部分，由此引发了美学上的革命，开创了一个新的美学时代。

关键词：自律　经验　实践"一个经验"　批判

我想挑出康德和杜威这两位历史上的重要哲学家，说明两个不同时代的美学的差异，说明当代美学所展开的变化趋势。康德认为美是无功利的，美是自由的，艺术是自律的。这种思想在 18 世纪开始孕育，到 19 世纪得到发展，20 世纪在受到种种批判的过程中得以深化。杜威美学开始于 20 世纪初，却在世纪中叶被当时盛行的各种美学思潮所淹没，直到 20 世纪后期，其重要性才重新浮出水面。

本文内容主要涉及三本书，分别是康德的《判断力批判》，这本书可以说是现代美学的奠基作品，整个现代美学或者说美学这个学科都是从这本书开始的。还有一本是杜威的《确定性的寻求：关于知行关系的研究》，这是一本论述知识确定性的著作。杜威一生出版了 30 多部论著，他基本的哲学观点就集中在这一本书以及另一本称为《经验与自然》的书中。最后一本是杜威美学的代表作——《艺术即经验》，这本书对当代美国美学以及欧洲美学都产生了巨大的影响。我所讲的内容，主要来自于读这三本书的体会，我也想借这个机会向各位推荐这三本书。

康德与杜威是从属于两个不同时代的美学家，在杜威的美学著作中，特别是在《确定性的寻求：关于知行关系的研究》一书中，有很多处批判康德哲学，主要是批判他的知识论。在《艺术即经验》一书中，杜威没有对康德进行直接的批判，但是他的许多观点，处处显示出与康德不同，甚至正好相反。

一、康德美学的基本内容及其危机

康德美学在整个西方美学史上具有里程碑意义。我曾经写过一篇文章，题目是《"美学"的起源》。文章致力于论证这样一个观点：18世纪初开始，经夏夫茨伯里、哈奇生、维柯、鲍姆加登、夏尔·巴图、休谟等人，形成了现代美学的众多重要概念。到18世纪末，《判断力批判》一书出版，将众多概念放在一道，形成一个体系，现代美学终于形成。熟悉美学的人们都知道，朱光潜先生曾经反复说过，自从鲍姆加登提出了"美学"（aesthetics）一词之后，美学就诞生了。我那篇文章的意思是说，朱光潜把这个学科的诞生归结到一个人，一次命名行为是不准确的，但他肯定"美学"这个学科是18世纪才形成的，这是有道理的。他说，在此之前只有"美学思想"，而到了18世纪才有美学，更是一个值得重视的命题。"美学"这个词出现以前，是否可以说已经有了这个学科，这是一个非常有意思的话题。围绕这个话题，曾出现过激烈的讨论，几乎中国所有老 辈的重要的美学家都卷入了这场争论。有人认为自古就有这个学科，只是到了1735年鲍姆加登才提出这个词，为它命名。也许我们可以问，没有名称难道就没有这个学科吗？但是，我们也可以从另外一个方面说，连这个学科的名称都没有，又怎么能有这个学科呢？当没有学科名称时，只能说某些相关的问题被讨论过。只是在这个学科建立以后，人们再回溯，才发现过去的论述与此学科相关，从而为此学科加上一个"史前史"。因此，这种"史前史"是因为有了"美学"这个学科以后才回溯出来的。在此之前，人们对美学这个学科应该研究的对象，实际上只有一种模糊的理解。很多人是在一般性地谈论思想和学问的时候，涉及那些后世被认为与美学有关的问题。我们现在所研究的美学的一些非常重要的话题，是在18世纪之后才有的。

在康德美学中，被人们反复说到的一个话题是：审美是无功利或无利害的。这就是说，人们对一个"美"的对象感兴趣，并不是出于任何功利的考虑。功利的意思是指：这一对象对我是不是有用？是否实现了我心中的某个原则？我是否希望它是这样或成为这样？康德认为，审美不是由于人们获得了"快适"。"快适"是可以与利害考虑联系在一起的。审美也不是由于"善"的观念。对象可被判定为符合某种观念，从而能给人以愉悦。康德对此也加以反对，认为有了一个"善"的观念，对象所提供的愉悦，就是由某种概念所判定的了。在康德之前，有一种非常流行的关于美的观点，即认为美是"完善"。"完善"是从一种对象方面来考虑，符合对象的目的的存在。根据当时的哲学，一物有一物的目的，实现了这个目的就是美的。具体说来，动物长得健康、健全、健壮，就是美，病态、畸形、瘦弱，就不美。人们欣赏对象不全是从自己的角度出发，不是观赏者从其自身考虑的功利性，而是依据对象是否实现了某种对象自身所具有的内在的目的，或内在的规定性来判断。康德同样不赞成这种观点，认为美并不等于"完善"。总之，美是无功利的，既没有从欣赏者自身考虑功利性，也没有从欣赏对象的目的角度考虑功利性。

审美无功利观点在康德之前就有人提出过，希腊化时期的斯多葛学派中某些哲人就说过类似的话。18 世纪初，英国人夏夫茨伯里伯爵与著名的政治哲学家霍布斯有过一场争论。霍布斯强调人总是追求各自利益的最大化，因此，有导致"一切人对一切人的战争"的趋向。为了防止这种情况的发生，就必须有契约，以建立社会。宪法、法律就是这种契约。通过宪法和法律，人与人的关系被规定和制约。与此相反，夏夫茨伯里则认为人是有善根的，人有一种道德的感官，这种道德的感官是无功利的。他认为，这种道德感官就是审美的感官，美和道德是联系在一起的。从夏夫茨伯里开始形成的这样一种思想线索，经过后人的众多发展，最终被康德融进了他的体系中。

康德认为审美是无功利的，是主观的，是感到快乐又不带任何功利，其中又不包含任何概念。这就是说，不是由于它是什么的观念而被判定为美。康德将此观点称为"纯粹美"。没有功利，又没有关于对象的概念的美是主观的。但同时，康德说它又是普遍的，具有普遍有效性。我们说一物具有某种特性，例如，说"它是红的"，这具有普遍有效性，所有不患红绿色盲眼病的人，都会做出这个判断，但说"它是美的"，就不是依赖于对象的某种客观特性。这是一种主观的普遍性，即由于主观感知方面的原因，人们在判断某一对象是美的时候，会假定他人与自己有同样的感受，会做出同样的判断。美的另一个性质是自由。对自由，人们有各种解说。在康德看来，美是自由的，但并不是指政治自由，也不是基于某种政治联想，更不是人的行动不受任何约束的为所欲为。康德强调审美是人的认识感官，即知解力和想象力的自由活动。想象力更具有感性因素，而知解力则带有理性的因素，这两种因素在审美活动中实现了完美的结合。

康德认为美是主观的，但是，这种主观的理论并不取消对象的存在。我们可以说康德的思想是一种主观唯心主义，但是也不要武断地贴一个标签上去，将所有的主观唯心主义看成是一种学说，这里面有很多细微的区别。在这里，我想给大家说几句中国从 20 世纪 50 年代到 80 年代的美学史。50 年代，中国出现了"美学大讨论"，在"大讨论"中，有四派观点：第一派是朱光潜派，主张美是主客观的统一，美是物作用于心的结果，在物为刺激，在心为反映。第二派是蔡仪派，认为美在客观。客观事物本来就是美的，"心"只是对美的事物的认识而已。而物的这种美，在于物的典型性。典型的事物就美，不典型的事物就不美。第三派是李泽厚派，这一派主张美是客观的，但这种客观不在于对象的自然属性，不在于对象是否"典型"，而在于对象的社会属性。第四派是吕荧和高尔泰，他们认为美是主观的，美等同于美感，是人的主观感受。到了80年代，各派都继续坚持和发展自己的观点，出现了许多新的争论。但谈到"自由"，李泽厚与高尔泰有一个有趣的区别。高尔泰说，美是自由的象征。李泽厚说：错！美是自由的形式。你们可能弄不清楚：这里面有什么区别？是不是在咬文嚼字？其实，这里的区别很大。"自由的象征"是一种主观的理论，对象寄托了一种"自由"的感觉和观念。一件具体的物或者图像或一个抽象的符号，可以用来象征某种观念。当这种被象征的观念是与"自由"相连时，对象就呈现出美的特性。如果这么说的话，人们是借助象征物指向被象征物，而象征物本身是否美，是无关紧要的。李泽厚与他相反，说美是"自由的形式"。对象的形式或形象本身就是美的，它们之所以美，是由于它们成为"自由"的外在显现。李泽厚先生的这一观点，深受康德体系的影响。其表现形式更像康德美学影响下形成的席勒的"活的形象"思想。

正像aesthetics并非源于康德而是源于鲍姆加登一样，"美的艺术"一词也是在康德的《判断力批判》出版以前约有四五十年就出现了。1750年，法国人夏尔·巴图提出了一个概念beaux – arts，相当于英文的the fine arts，强调要建立一个现代艺术体系。他说，应该把诗、绘画、音乐和舞蹈放在一起，它们是"美的艺术"。当我们谈到古代中国人关于琴棋书画的说法时，会认为"棋"在这里与三种艺术才能放在一起，显得不伦不类，但是，在古代中国人看来，这是很正常的，琴棋书画无所不通，是才子的才华的表现。现在之所以认为不正常，是受到了外来文化的影响，即夏尔·巴图有关现代艺术体系概念的影响。夏尔·巴图并不是一位重要的哲学家，但是，他提出的关于现代艺术体系的概念被有名的人接受了，以至于人们常常忘记了它最初的提出者。夏尔·巴图的概念被达朗伯所接受，并写入《百科全书》之中，即法国启蒙运动时期的"百科全书派"所编纂的系列书籍之中。"百科全书派"是启蒙运动的代表，这些人将各个学科的知识做了分类和概括，并介绍给社会大众，以实现对大众的启蒙。当狄德罗等人进行知识分类的时候，他们采用了les beaux arts作为划分艺术的框架性概念，由此很快为西欧几个主要国家的学术界所接受。

他的观点也被康德接了过去。然而，康德所关心的并不是作为一种知识分类方法，而是探讨其独特的特性。这时，作者所关心的是"艺术"一词本身的性质，而不再仅仅是通过区分和组合，形成"艺术"一词所指的对象。康德强调，

"美的艺术"与过去所谓"快适的艺术"有着根本的区别。"快适的艺术"是"使愉快去伴随作为单纯感觉的那些表象",而"美的艺术"是"使愉快去伴随作为认识方式的那些表象"。康德由此出发,对"美的艺术"作出许多进一步的论述,例如,它是天才的艺术,天才在康德这里意味着不遵守任何规则,但是却制定规则。天才不是模仿者,模仿者只能被称为工匠,天才的作品一定是独创的,并因此而成为他人效仿的典范。康德加速了一些思想的发育。从他开始,艺术成了一个独特的领域,与现实生活的领域相分离。与此相应,艺术家是一种独特的人,与普通人不同。"美学"在18世纪形成以后,到了19世纪就出现了浪漫主义。浪漫主义的兴起与"美学"的发展,有互为因果、相互促进的关系。由于这种互为表里,从理论到艺术的运动的合力,艺术的高雅化和孤立化变得越来越严重。用本雅明的话,艺术具有一种"灵韵",被罩上了一个灵光圈。大写字母开头的Art拥有了某种神圣性。希腊罗马的神,英文写作gods,而基督教是创造一切,无处不在,至高无上的神,是God,用上大写字母G。艺术也是如此,从arts到Art,是一个大的变化。这种现象是现代性的结果,艺术好像带有了反资本主义、反商业化、反市场的色彩,但恰恰又只是它的另一面而已。夏夫茨伯里在反对霍布斯"一切人对一切人的战争"时提出的审美无功利,恰恰成为功利性的另一面。也就是说,对于现代社会的种种批判,构成了这个社会的补充。由于这个原因,康德美学成了这种具有两面性的社会的另一面。

从19世纪到20世纪,在一个漫长的历史时期里,康德美学被许多人批判。康德的最早的继承人席勒,就开始了对康德的批判。席勒宣布,康德美学是主观性的,而席勒要建立客观性的,以"活的形象"为基石的美学。此后,像谢林、黑格尔、叔本华、尼采等人,都从批判康德美学开始自由地建构工作。实际上,整个德国古典美学,都是通过批判康德而发展起来的。然而,正是经过这一次又一次的批判,康德美学得到了继承和发展。

到了20世纪初,一批重要的美学家如克罗齐,讲美在表现,里面就渗透着康德的影响。爱德华·布洛讲距离,他把康德的审美无功利变为审美去功利,变成一种拉开距离,去除功利性精神活动。克莱夫·贝尔提出艺术是"有意味的形式"。意味与形式分别是心理和外在的东西,前者是主体、后者是客体。这种理论上接席勒的"活的形象"理论,下连苏珊·朗格的"符号论"。意味从属于主体,是人所赋予的,形式则从属于对象。一段乐曲反映人的心境,外在的,具有物理性质的声音,就与内在的,人的情感形成了某种对应的关系。这是很长一个时期内美学界中所追求的一个潮流,很有诱惑力,被很多人所接受。直到今天,许多中国学者仍在坚持这种"同形同构"的思想,并将它写进各种教材。

到20世纪后期,康德美学遇到了一系列的危机,我们来到了一个后康德时代。几乎所有流派的哲学家们都想走出康德，他们走到哪里去呢？杜威的哲学是其中一个方向，他在英美学术界被认为是个非常重要的思想资源。杜威的美学使人们从上文中所讲到的看似非常完满的康德哲学中跳了出来，走上了另外一条路。鉴于时间的限制，也考虑到大家对康德相对熟悉，多少读过一些他的著作，因此在这里并没有把康德的思想全部展现出来，而要把更多时间留给杜威。当然这里讲杜威对康德美学的批判，并不是反对大家读康德的著作，更不是否定康德。正相反，我们必须更多地了解康德，不读康德，就找不到一个基点，就不知道美学是如何发展到今天的。康德是一个"坐标"，有了他，我们会发现，许多人的位置就更容易把握了。前面说过，人人都在批判康德，从费希特、谢林、黑格尔，到叔本华、尼采，19 世纪的德国哲学就是在批判康德的基础上建立起来的。但康德却越批判越有名，种种批判都是在局部修正康德的一些思想。也正是由于不断地被批判、被修正、被发展，使康德美学成为一个大体系。当我们现在提到康德美学的时候，也就不再是仅仅指《判断力批判》这一本书，而是指在康德影响下形成的，在 19 世纪流行的一个大的美学潮流。

二、杜威及杜威美学

20 世纪到来以后，人们开始抛弃所谓的学术大体系。像 19 世纪的哲学家那样致力于建构一个又一个大的哲学体系的时代过去了。20 世纪的哲学迎来了一个科学主义的和分析的时代。在 19 与 20 世纪之交和 20 世纪之初，科学主义盛行。这时，甚至有学者提出哲学到康德那里就结束了，其后就是科学哲学的时代。这种说法很有诱惑力，影响很大。当时的一些科学哲学家认为，在科学未足够发达时，康德式的思辨性的体系构造还有一定的价值。当科学发达以后，哲学只能研究科学方法论。只有类似于波普尔、库恩等人的对科学方法论的论述才能被称作哲学。于是，从谢林到黑格尔，所写的都不是哲学，至于叔本华、尼采等人，则更是胡闹。这种论调是非常偏激的，但影响很大。它虽然在当代哲学圈的外部来抨击哲学，但确实对哲学在当代生活中的地位产生了重要影响。走出大体系的要求促成了一批分析哲学家在 20 世纪初出现。分析哲学的出现，具有积极的意义，是 20 世纪哲学的新成果。过去中国学术界在这方面的研究不多，这些年，已经有了长足的进步。这里再说说在分析哲学影响下形成的分析美学。分析美学代表着从 20 世纪中叶到 20 世纪后期美学上的重大的进步。一些英美分析美学家提出了重要的美学话题。通过两代人的讨论，极大地丰富了美学的知识，甚至可以说，经过两代人的努力，使这个学科出现了全新的面貌。有一位美国美学家杰恩·布洛克，曾与一位中国美学家合作编了一部英文的中国美学论文集。在这部论文集的序言中，布洛克写道：我们要多与中国美学家们接触，让他们知道一些我们所知道的、有趣的美学话题。这句话引起了不少中国美学家的反感。我的想法是，布洛克是一位分析美学家，他的《艺术哲学》（中文拟的译名是《美学新解》或《现代艺术哲学》）一书，是分析美学的教科书。他还对非洲艺术和中国艺术感兴趣，这是很好的事。至于他说的有趣的话题，主要应该指分析美学一派所产生出的新的美学知识，对此，我们应该重视。在西方盛行分析美学的时候，我们受到苏联的影响，接受了许多苏联版的马克思主义美学，现在看来是存在很多问题的。当然，这并不是说当时中国的美学讨论没有意义，也不是说西方的分析美学没有问题，我只是说，分析美学一派产生出了许多重要的美学知识，要发展中国美学，需要学习和借鉴。

杜威与上述的分析美学家有所不同，他属于美国实用主义阵营。实用主义美学有几位重要的代表人物：皮尔斯和詹姆斯是两位前辈学者。杜威与他们相比，年代稍晚一些，在皮尔斯等人已经成名之时，杜威刚开始学习。杜威最早关注的是教育问题，他对中国的影响也主要体现在教育方面。我们都知道他有一批很有名的中国学生，像胡适、陶行知、蒋梦麟等。这些人都是在 20 世纪初在美国哥伦比亚大学学习。杜威的美学思想形成于 20 年代，在《经验与自然》中有所体现，而他的美学集大成的著作《艺术即经验》，是 1934 年才出版的。此后，当然也有一些研究杜威哲学的学者学成归国，但由于新中国成立后国内批判胡适的原因，杜威也一直不被人们所重视，杜威美学也没有在中国形成影响。

杜威是怎样改造哲学的？我想从一个古老的话题说起，这就是静观的态度。静观是一个自古希腊延续下来的大传统。古希腊哲学家毕达哥拉斯认为，去奥林匹克运动会的有三种人：第一种是去做买卖的，这种人最低级。第二种是来参加比赛的。这种人我们可能认为是最受人赞赏的。他们比赛得奖后，可以戴上橄榄枝，具有无上的荣耀，就像今天的运动员在奥运会上得金牌一样。但毕达哥拉斯认为，这种人虽然荣耀，但还不是最高贵的。最高贵的是第三种人，这种人是看客。他还认为，人生也是如此。最高尚的不是进入到各种活动中的实践者，而是无所为而为的旁观者。有了这种人，才有为知识而知识的科学家，有为哲学而哲学的哲学家，有为艺术而艺术的艺术家。献身于事业本身，而不是为外在的目的，这是一种专业的态度。这是希腊思想的价值所在，也同样是希腊思想在今天带来种种弊端的根源。我们在日常生活中"看"的时候，会有两种情形：一种是 gaze 即注视、凝视；另一种是 glance 即扫视，边走边看。glance 在生活中是普遍存在的，这种看的目的，不是基于看到对象背后的本质的追求，而是出于当下实践性的需要。实际生活中的趋利避害活动，需要去 glance。由于实践的指向性，就带来看的高度的选择性。与人或动物的生命活动无关的事物，他们可以视而不见，而如果对象与他们的生命活动有关的话，他们的视觉会变得极其灵敏。古希腊人认为，科学是从闲暇开始的。对于事物本质的无功利的追求，形成了哲学的起源，并由此形成一种静观的精神。这种精神在哲学中被传承了下来。在康德那里，这种追求发生过一次大的转折。康德认为，他不是关心世界是如何可能的，而关心的是我们的知识是如何可能的。这就将哲学从本体论转向到认识论上来。这是康德的一句名言，也是他全部哲学努力的一个总结。我们知道，康德所谓的知识就是，主体给对象提供范畴，获得关于对象的表象，而对象背后的本体是不可知的。这是康德哲学的一个基本立场。对于世界的认识依赖于处于静观中的人，将存在于自身的范畴投射到对象之上，获得了关于对象的认识。如果说静观的态度有两种，那么对于世界本质是以探寻康德以前的哲学为代表，而从康德开始，则把议题转向到探讨知识的可能性上来。

杜威对哲学的改造是基于以下观点。他认为，我们的认识活动存在之前就有了人的行动，是人的生命活动而不是人的认识才是第一性的。这是与康德哲学非常重要的一点区别。人的这种活动决定了认识的指向、范围和程度。我们知道马克思在《费尔巴哈论纲》中有句名言："哲学家们总是用不同的方式来解释世界，而问题在于改造世界。"对于这句话我们可能已经重复过无数次了，但是应该怎样来理解它？很多人理解为去行动、去干革命，而不是做空谈。如果从哲学角度来解读，马克思的意思应该是，我们对于改造世界所做的这一切，决定着我们的认识，再决定着我们认识的指向、范围和程度。这也是20世纪之后很多哲学流派的一个方向，即认识到行动是在先的。杜威把康德开始的认识论转向给扭转过来。我们平时讲从认识到实践，仿佛实践只是将认识到的道理付诸行动而已。这个关系应该反过来：从实践到认识。实践决定认识的指向、范围以及认识所能达到的水平。用最简单的话说，是先行后知，而非先知后行。

杜威的这一观点还有助于我们树立对"科学"的正确看法。科学是一种认识：是通过实验的手段所获得的知识。杜威的哲学具有一种品质，即反对两种原教旨主义者：一种是科学原教旨主义，认为科学万能，现代科学技术将解决人类的一切问题。哲学应该取消，只剩下科学哲学，即自然科学方法论。另一种是反科学的原教旨主义，宣扬科学悲观主义，从反面来理解科学技术给现代生活所带来的一切变化，空喊回到原始生活以哗众取宠。与这两种原教旨主义不同，杜威一方面肯定科学的进步，对现代科学技术给社会生活带来的变化持肯定的态度，但另一方面他并不将哲学的基础建立在科学之上，而是寻找科学背后更深刻的人的活动。

杜威美学的基本精神是实践的、活动的、经验的。杜威的《艺术即经验》英文名为"Art as Experience"，如果完全直译的话是"作为经验的艺术"，也就是说杜威不是从作为作品的实物出发，而是从关于艺术的经验出发。康德是从"美"出发的，他的方法是设定"单纯美"，然后慢慢地阐释，将种种不单纯的美一步一步地放进来。杜威抛弃了康德的做法，不是从被提纯了的"美"开始，而是从作为经验的"艺术"开始。

人在行动中不可避免地与事物相遇，因此就产生了经验。人与事物的相遇不应该看成是主体与客体的相遇。过去哲学的错误就产生在相遇的这一瞬间。我们将这种相遇看成是主体遇到了客体，于是，开始对它进行认识。实际上，我们所遇到的不是客体。客体或对象是我们将它看成是认识的对象时，才将它理解成如此的。本来，人所遇到的只是他的环境。杜威想回到一个基本的概念，即人与动物的连续性。达尔文的进化论认为，人是从动物进化而来的，进化是一个连续的过程。此前的许多哲学家对此实际上持否定的态度。一个最明显的标志就是以人与动物的区分作为关于人的本质的论述的出发点。无论是康德还是黑格尔，都是如此。因此，产生了诸如人是有理性的动物，人是有语言的动物，人是有道德的动物，等等，各种人与动物区别的定义，并且将哲学建筑在这些定义的基础之上。

杜威认为，人与动物在许多方面都是有连续的。他提出一个概念："live creature"，我将之译为"活的生物"。活的生物生活在它的环境之中，进行着新陈代谢，维持和延续着它的生命。世界是由这样一些生命运动构成的。生命运动构成生物链和食物链，形成"吃"与"被吃"的关系。在生存斗争的任何一个具体的时刻，当然都存在着主体与对象的关系，即一对一的关系，互为主体与对象。但是，这时并不存在一个过程：将整个世界对象化。

世界的对象化是从人的渺小化开始的，神出现在人的对立面，使人变得微不足道。于是人们只能借助一种旁观的态度，掩饰自己的无可奈何和无能为力。或者像康德那样，在面对崇高的对象时，依赖内在的理性实现人的自尊感的想象的满足。对于动物来说，它与对象之间只是一种相互的关系，并没有明确的主、客体之分。人与世纪的关系也是如此。在实践活动中，人与周围的环境形成了一种生存和生活的关系，这种关系原本是具有强烈的功利性的，只是后来，世界才对象化，作为认识的对象和审美的对象而存在。在古希腊人看来，对象的美是对象的某种特殊属性。例如，柏拉图在《大希比阿斯篇》中认为事物的美是由于有一种美本身存在。而在《斐德罗篇》中，提出一些有规则的抽象图形等。这些思想其实来自于毕达哥拉斯，这又涉及了西方一个大传统——形式主义传统。托马斯·阿奎那曾经很好地总结了西方美学的三大原则：完整或完善、合适的比例或和谐、明亮或清晰。这三者都是以世界的对象化为前提的。

在对象中寻找美是古典美学的根源。古典美学的两个原则：一是对美的形式主义的理解；二是对艺术的模仿主义的理解，都以一种二元论为基础。这种对立到康德时仍然存在着，他没有克服这种古典主义传统，仍保持着这两大原则。与康德相反，杜威则通过将自然看成是人的环境，克服对象化的思路理解美学，而不只是把世界对象化。这是杜威在美学基本立场上的变化。

三、从"一个经验"出发来看待艺术

让我们回到一个话题：艺术的定义。上文中提到了夏尔·巴图关于美的艺术的相关论述。他对艺术进行组合，形成艺术体系时，也曾试图提出某种定义。他认为，这些都是模仿的艺术。我们知道，柏拉图就曾认为，艺术是模仿。但夏尔·巴图的模仿说与柏拉图的模仿说，在意图上正好相反。柏拉图用模仿来抨击艺术，要将诗人和艺术家赶出理想国，而夏尔·巴图却认为艺术因此构成了另外一个独立的世界。模仿与被模仿的对象必须相像又不同。如果不相像，就不称其为模仿；如果相同，就是再造而不是模仿。相像而不同的模仿构成了生活之外的另一个世界，这就是艺术的世界。这种想法是符合当时的潮流的，把艺术看成是一个独立王国是那个时代普遍的呼声。但是，各门"美的艺术"的共同点是什么？自夏尔·巴图开始，许多人都在寻找，上文中提到康德寻找的结果是"自由"，他认为美是自由的艺术，艺术与非艺术的区别在于它是真正的天才的作品，不接受任何规则和约束，却又是给艺术制定范式。康德用一种很晦涩的语言提出了艺术的定义。后来又有许多人提出了很多艺术的定义。比方说，艺术是情感的传达，艺术是情感的表现，艺术是有意味的形式，等等。托尔斯泰、克罗齐、克莱夫·贝尔等人都提出了各自的定义。人们习惯于认为，把所有的公认的艺术作品都找出来，看看他们的共同点，这不就是艺术的本质吗？这是一种很自然的思路，但殊不知如此一来便陷入了某种循环：根据主体的感觉确定它们的共同点。

就像找美人的共同点一样，把一些长得漂亮的人召集起来，量量他们的鼻子的高度，脸、身材、身高等各种比例关系，然后得出一组标准。问题在于寻找和判定漂亮的人的过程，不正是凭借感觉获得的吗？后来的测量只是还原感觉、证明最初的感觉而已。杜威认为，实际上无数哲学家们都在做一件自欺欺人的事情。要找到艺术的本质，用杜威的话说，我们必须"绕道而行"，回到生活与实践当中。

这是一个具有革命性的思路，杜威认为，我们需要确立三个连续性：

艺术与非艺术的连续性：艺术与非艺术的区分，是现代性观念被植入的结果。我们在生活中，存在着大量的艺术与非艺术的连续性现象。让我们从书写与书法的区别谈起。某人的字写得较差，某人的字写得好一些。字写得好，好到什么程度，就成了书法家，就能写出艺术品来了？这个界限如何划分，不试不知道，如果我们真的去试一试，就会知道，这是非常难划分的。此人与彼人写得不一样，此时与彼时写得不一样，观众的评价标准也不一样。书法作品何时就出现，或被判定为艺术？有没有标准？真的很难说清。同样，绘画、吹拉弹唱，各门艺术都是如此。艺术与非艺术的区分还体现在一些一般不被当作艺术的物品上，如日常生活的用品，小到一只茶杯、一台电脑，大到一辆自行车、汽车，再到一座房子、一个街区，都具有审美特性，在制作时，都具有美的追求。它们是艺术吗？这些都可争论，而且也引起了争论。

艺术与工艺的连续性：对艺术与工艺的明确区分，是 18 世纪以后通过现代艺术体系的设立所竭力做的一件事。现代艺术体系的形成，实际上是同时做了两件事：第一件事是完成了前面所说到的几种艺术的集合，第二件事是将这些被挑选出来的艺术活动与其他的工艺制作，手工业制作活动区别开来。这两件事，实际上是同一过程的两个方面。欧洲中世纪后期的手工业行会，将各种手艺人包括在内。画匠、石匠、木匠和手饰匠等各种匠人，都有美的追求。美并不专属于"美的艺术"。中国的情况也是如此。艺术活动本是"百工"的活动之一。部分"工"高于其他的工，多是由外力形成，例如有些行业受君主贵族的重视等。现代艺术体系以及相应的现代艺术概念，以及在此背后的深刻的社会、阶级、政治和美学理论的强化力量，等等，是造成这种区分的主要原因。杜威看到其间的连续性，是一种理论的回归，或否定之否定。

高雅艺术与通俗大众艺术的连续性：现代艺术体系及现代艺术观念，造成了艺术的三分，即精英艺术、民间艺术和通俗艺术。实际上，这种三分是一种从乡间的民间艺术和城市的通俗艺术中将精英艺术提升出来的行为。这种提升与阶级的划分联系在一起。一些有钱的阶级用精英艺术装点自己，进而对乡村的民间艺术和城市的通俗艺术构成压制，从而构成了艺术中的两极分化。这种两极分化是高雅的精英艺术得到发展并变得愈加精致的原因，但同时，杜威认为，随着社会的发展，精英艺术也会变得日渐苍白无力。恢复精英艺术与民间和通俗艺术的连续性，是保持艺术生命力的唯一途径。

审美经验是什么？人怎样才能感受到美？夏夫茨伯里认为与人的内在感官相关，只有通过这种感官才能形成对美的感受。后来的人尽管放弃了内在感官的说法，但那种将审美看成是一种与人们的日常生活经验完全不同的经验的假设，是不变的。审美与日常生活的经验是不一样的，审美是无功利的。杜威则认为，审美的经验和日常的经验是连在一起的，它就是我们日常经验中的一种，但它又是一种很强烈的、升华了的经验。在此基础上，他提出了"一个经验"的概念。"一个经验"仍是"经验"，只是与日常生活经验相比，具有自身的完整性。经验自身就要求其完整性，实现了这种完整性，人就感到愉悦，没有实现这种完整性，就不愉悦，经验之流被打断，就会有恼怒或挫折感。我们生活中到处存在实践经验，经验是各种各样的，人生活在意识和经验之流中。

杜威强调"一个经验"，强调这是达到审美的重要桥梁。对此，我曾经写过一篇文章，其中有这样的一层含义：杜威把审美还原为经验，而我认为，经验并不能从根本上避开认识论倾向。经验归根结底还是要还原为行动。泰初有道，泰初有言，泰初有爱，泰初有感，都不行，还是要还原为泰初有为。从"有为"到"为"能带来自由的快感，"庖丁解牛"的故事能给我们带来很好的启示。解牛本身就是一个完整的过程，是自由而又合规律和合目的的行为。庖丁的动作很漂亮。这种漂亮不是额外的、附加的，庖丁的动作都是最需要的动作，以最快而又最经济的方式进行的。他要解牛，解不开牛，再漂亮的动作都无所附丽，或者说那就不是真漂亮。从这个意义上讲，我们也许可以把"一个经验"还原为"一个实践"。而"一个实践"则是理解审美的根本，能够把主体和客体联系在一起。

杜威解构了康德以来对于所谓高雅艺术的崇拜和追求，看到了日常生活艺术与高雅艺术之间的连续性。他认为，现代社会造成了一种两极的划分，有上层的高雅艺术和下层的粗俗艺术，在原初社会这些区分是不存在的，二者是并为一体的。高雅与粗俗的区分是一种"现代病"。应该从日常生活的角度对艺术进行还原，艺术是生活的一部分，而不是生活之外的另一个世界。艺术总是有着某种作用的，在此时此刻起这个作用，在彼时彼刻起那个作用。种种不同的艺术是生活中各个部分的美化。比如我们经常会听到人们讲领导艺术，还有战争艺术。有人会觉得这样讲很可笑，但是既然有这样的说法，那么它们背后就有一定的相通性。把某种东西做好、做到极致，它就构成了一种艺术。这里所说的"好"不只是讲效率，效率是一种科学，"好"意味着在效率之上附加了一些情趣，这就不是科学而是艺术了。艺术要从日常生活的角度进行还原，走出现代艺术概念所带来的重重束缚，杜威提出了一个很好的思路。当然他讲得还是比较抽象的，这些思想还处于草创阶段。

与此相应，这种理论也为生活的艺术化提供了理论的依据。一些分析美学家们看到了现代美学依赖于康德美学的现状，认为我们现在已经走上了艺术终结的时期。"艺术终结"论最早是黑格尔提出来的。黑格尔根据理念进化的模式提出艺术会被宗教和哲学所扬弃。对此，杜威虽然没有明确表示，但他实际上已回答了这个问题。他提出，如果说终结的是康德所赞扬的自律的艺术、高雅的艺术、精英的艺术，那么，在我们的生活中到处出现着一种艺术和美的追求。文化创意产业从工业设计到广告，整个生活到处出现着美化。杜威的美学对此持一种宽容的态度。联系到对于艺术与文明的关系，杜威认为，艺术不会终结，相反，艺术的繁盛是一个文明性质的最终尺度。内部艺术生活的充实和在整个世界艺术中的影响是一个文明的实力的表现。在《艺术即经验》一书的最后，杜威提出了上述论点。

杜威美学对于当代艺术理论中的许多问题，都提出了有益的思路。当然，问题也可以从另一个方面看。杜威美学的反精英态度也容易产生一些误导。沃尔夫冈·韦尔施（Wolfgang Welsch）在他的《美学的消解》（Undoing Aesthetics）一书中提出，提到艺术是需要给人以震撼，给人以力量的。"在日常生活中审美化已经如此成功之时，艺术不应再提供悦目的盛宴，反之它必须准备提供烦恼、引起不快。如果艺术品在今天不能引发骚动，那它多半表明，艺术品成为了多余的东西"（〔德〕沃尔夫冈·韦尔施：《重构美学》，陆扬、张岩冰译，上海译文出版社 2002 年版，第 169 页，依据 Wolfgang Welsch, Undoing Aesthetics, London: SAGE Publications 1997, p. 121 做了个别改动）。他的这些思想还是代表了艺术的某种精英态度。他说艺术对于现状以一种不是取悦而是批判的精神加入到我们这个社会中来。艺术不是像"模仿说"的持有者所认为的那样，是现实生活在另一个世界的影子，而是我们生活于其中的社会里一种正在起作用的话语。

这种思想是杜威所不能意识到的。走出康德，经过杜威，走向当代，这正是美学发展的必由之路。世界在发展，美学也必然会发展。例如，艺术经过"绕道而行"和寻找连续性后，还剩下了什么？艺术只是生活的美化吗？在日常生活审美化发展到今天之时，艺术还要做些什么？在处处都有美之时，艺术存在的意义又是什么？这些都值得我们进一步的深思。

编辑整理：梁　彬

卢梭的政治哲学与十九世纪西方文学

何 浩

2010 年 10 月 9 日

何 浩

中国社会科学院研究生院文学系讲师

摘　要：本文从自然状态的思想基点入手，探讨了卢梭的自然状态、公民社会与前人霍布斯和洛克的自然状态的论述有何不同，卢梭将公民社会描述为从自然状态的堕落，只有通过爱的方式才能救赎公民社会中的个体，使之摆脱自私孤立的状态，这种爱的思想影响了 19 世纪乃至今天的文学、历史学、人类学等学科的发展，使研究主题和方向发生了转变，虽然卢梭的这种爱的升华方式在历史的长河中最终能量耗尽而被现代人遗弃，但是卢梭的思想已经稀释成日常生活中必不可少的一部分。

关键词：卢梭　自然状态　公民社会　《爱弥儿》　文学　影响

一、为什么讲卢梭

文学与政治的主题是学界里最没意思也是最有活力的研究领域之一，最没意思是指政治的问题不能讲，也不好讲，讲也讲不清楚，但是并不代表没办法讲，没内容可讲。观之目前的学术期刊和高校的研究机构，几乎各个学科最活跃的一些学者关注的焦点多多少少都和政治有关系。比如说史学、哲学、社会学和人类学没有明确倾向于政治领域，沿着自己的学科脉络发展，但很多学科中的很多学者都关注政治的问题，因此政治的相关研究一直是最有活力的。文学与政治的问题一直也有很多共同的话题，比如意识形态研究，意识形态是从什么时候走入学界的？研究什么，是什么开始真正成为研究关注的问题和问题意识的呢？它不是一直都有的，也不是贯穿于学术史的研究当中，意识形态研究最多只有二三百年的历史，在这之前，从来不会关注意识形态的问题，或者认为这个问题根本就不成立，或者认为意识形态是众所皆知的，没什么可谈的。之前，我们根本不会把意识形态当作研究的命题，如果根据中国 100 年之前的思想家和学者的眼光及视野来看的话，马克思开创的那一套意识形态理论是白费工夫，整个西方开创的整个意识形态研究领域都是没有意义的。在这里我们要回过头来看，西方为什么要开创意识形态研究，是什么时候开始把意识形态作为一个问题，为什么像阿尔多赛和其他的研究者一定要关注和处理意识形态的问题，为什么不处理就没有办法往前推进？无论是从认识论还是本体论来说，比如像拉康，他的镜像理论完全被用于意识形态研究中，完全来观照我们自身的处境，如这些与意识形态相关的东西是如何进入西方研究者的视线的，什么时候开始的。在西方，意识形态的相关研究不会超过两百年的历史。

因为国家、地域和关注的焦点的限制，我们中国学生对西学不太了解，讲卢梭有什么意思，卢梭有什么可讲的呢？马克思和我们现状息息相关，我们必须讲；但是卢梭和我们现状有什么关系？一个历史上的人物和我们现状有什么关系？我们为什么要关注西方的历史人物呢？讲卢梭的必要性在哪儿？为什么要面对卢梭、重新回到卢梭？回到卢梭的重要性在哪里？卢梭对我们认识现在的生活，以及对我们认识自己、考察自己的处境有什么用处？

某些方面，卢梭的能量已经完全耗尽了，但是他对我们的影响已经渗透到了日常生活，成为塑造我们自身的认识框架和模式的一种重要思想来源。

西方的政治体制和中国的政治体制，西方的现代世界包括中国的现代世界在许多层面上都受到卢梭的影响。美国的《独立宣言》中有几句话是比较著名的，如《独立宣言》第二段讲到：人人生而平等，造物主赋予他们某些不可转让的权利，其中包括生命权、自由权和追求幸福的权利；为了保障这些权利，人们建立起被管辖者同意的政府。就这一句话基本上概括了法国大革命和美国独立战争以来整个西方的人权宣言当中最重要的思想，美国的意识形态在世界范围内成为一种霸权，成为一种不可抵抗的力量。反抗者如伊斯兰世界和中国的儒教世界往往不占优势，这种不占优势在哪里？美国的人生而平等，有追求自己生命权、自由权的幸福的权利到现在还是长期有效的，已经成为世界上的一种趋势，到现在哪个国家可以抵抗它？伊拉克敢抵抗吗？美国在世界上找到很多帮手，这些帮手国家不仅是出于物质利益考虑，而且也是处于意识形态的考虑，他们认同美国的意识形态，反对萨达姆政权对待人权利的方式，比如英国、法国等国家都不认可伊拉克，所以美国一旦以这个名义制裁某个国家，它们就会联合起来。被质疑人权有问题的国家又有什么说法来抵抗美国这种人权说呢？

卢梭当年是怎么阐述这些权利的，并且在当年就极力解说这些权利的危害和后果。他让我们看到，如果我们把生命权、自由权和幸福权落实下来以后会给我们造成什么样的后果，而这种后果很可能成为中国抵抗美国意识形态宣传的一种途径和另外一种方法。所以，我们应该看看我们研究卢梭到底有怎么样的必要性：

第一，政治上的必要性。在受到美国人权宣扬的影响的同时，我们其实还是要追问一下，如果不想把自己陷在《人权宣言》的说辞里，就要进一步考察美国的独立宣言到底来自于哪里？什么时候开始的？是从古希腊开始的吗？是从中世纪开始的吗？为什么从那个时候开始的？当时是谁最先提出这些东西被美国继承下来了？这些不仅是政治哲学的问题，而且涉及生活各个层面，一旦涉及生活的各个层面的时候，它就会影响我们日常生活的情感反应方式。我们把握世界的一种反应方式，比如说，其他任何一个人做出来的任何选择，另外一个是怎么反映你的，是一种情感反应方式还是伦理的反应方式其实都隐含着人权宣言的塑造。或者赞成或者反对它，除此之外我还有选择吗？

第二，国内关于卢梭影响的研究做得还不足。国内的卢梭研究主要是从反思法国大革命开始的，因为法国大革命也造成了规模巨大的屠杀，这和中国"文革"非常类似，研究卢梭的主要目的是借用法国大革命来间接反思中国"文革"。但这仅仅将卢梭局限在冷战格局的思维里，冷战格局一方面是美国和苏联，另一方面是资本主义对社会主义的对立。社会主义文化大革命不但事实证明是失败的，而且从理论上说社会主义文化大革命也是不符合人类的本性的，不符合人类发展大的方向的。从这样的思维出发，对卢梭的理解会非常片面，仅仅窥探到卢梭思想的一小角，绝大部分思想成果就被遗弃。国内关于卢梭的研究比较滞后，国家图书馆收藏了很多研究卢梭的比较好的著作，但是国内少有人翻译，也很少有人注意到。

第三，卢梭的历史性地位。卢梭在国外是很重要的人物，著名的斯特劳斯学派声称：西方2000年的政治思想史上只有三位重要的人物是无法跨越的——柏拉图、卢梭和海德格尔。要了解西方的古代柏拉图是不可或缺的，如果不参读柏拉图，就不会完全了解古希腊和古罗马的古代世界。如果不看海德格尔，基本上是无法理解后现代领域。要研究西方现代世界，如果不看卢梭，那么德国古典文学和美学等领域是完全无法融入的，完全搞不清楚康德和黑格尔的意图及他们的问题意识。

鉴于以上几种原因，研究卢梭是非常必要的。

二、卢梭的简单生平

让·雅克·卢梭（Jean－Jacques Rousseau），1712年6月28日出生于瑞士日内瓦一个钟表匠的家庭。他出生后不久母亲便离开了人世。卢梭10岁时，父亲被逐放，离开日内瓦，留下了孤苦伶仃的儿子。1728年卢梭16岁时，只身离开日内瓦。卢梭长年做临时工，他默默无闻，到处谋生，漂泊四方。他有过几起罗曼趣事，其中包括与泰雷兹·勒瓦瑟的风流韵事，他俩有5个孩子，他把这5个孩子都送进了一家育婴堂（他最终到了56岁时才与勒瓦瑟结婚）。

1750年，卢梭在38岁时一举成名。第戎科学院开展了一次有奖征文活动，题目是《论科学与艺术》。卢梭的论文论证了科学和艺术进展的最后结果无益于人类，获得头等奖，使他顿时成为一代名人。随后他又写出了许多其他著作，其中包括《论不平等的起源》（1755）、《埃罗伊兹的故事》（1761）、《爱弥儿》（1762）、《社会契约论》（1762）、《忏悔录》（1764～1770）和《漫步遐思录》，所有这些著作都提高了他的声望。此外，卢梭对音乐有浓厚的兴趣，写了两部歌剧：《爱情之歌》和《村里的预言家》。他于 1778 年辞世。

三、卢梭作品中展现的矛盾

从政治学和哲学研读《爱弥儿》都很吃力，因此很少数政治和哲学的研究者喜爱，但是从事教育研究的人却对《爱弥儿》很推崇。卢梭的最后一本书《漫步遐思录》，完成之后不久他就离世了，可以看作是他的遗作。法国大革命等历史性事件几乎都是在其晚年时期发生的。

不少人极力将法国大革命、"文化大革命"和苏共的集权等历史性事件归咎于卢梭，因为卢梭极力推崇集体主义，《社会契约论》强调集体主义、强调共同体，强调要把个体融入到集体中，个体是可耻的，要自我克制，宣称个体一定要服从国家和团体里普遍的道德规范，可美国的独立宣言又是卢梭所赞成的，这是为什么呢？在《论人类不平等的起源》里，卢梭强调人人平等，这已经成为独立宣言的基本前提，也成为现在我们反抗权威的武器，强调人民主权和直接民主、不赞成代表制，代表者不可能完全代表个体的异质性，个体连话语权都没有还有什么平等可言？如果没有直接的民主和直接的否定权，怎么可能是真正的平等？

另外，卢梭还极力推崇精英。劣势大众特别强调立法者，如像毛泽东、邓小平、拿破仑这样的建国者的精英力量，在卢梭身上总是混合着这样极端的矛盾，这些是我们表面地看卢梭非常容易注意到的，我们关注到的这些矛盾是的的确确存在的。卢梭的这些互相矛盾的观点是怎么形成的呢？后来为什么会影响到西方文学和我们现代的文学并造成很深的影响？

回头梳理卢梭的整个世界、卢梭的政治哲学，我们会看到卢梭是怎么样一步步从对人的基本认识发展到对整个政治世界、文学世界乃至对整个人类世界的认识的。

四、卢梭思想的架构和脉络

卢梭思想的基本框架是：自然状态—公民社会；自然人—公民。卢梭的思想和整个脉络基本上是在这个框架内转换和发展的，但不仅仅局限于这个框架。卢梭是怎样看待社会的呢？人首先是什么样子的人？在这方面首先要研究霍布斯和洛克。

霍布斯认为人类是从自然状态开始的，这里的"自然状态"可以简单地概括为人与人之间的一种战争状态。自然状态的人是最原始、最野蛮的状态，意识和思想水平空白，人和人之间是相互隔绝的，没有任何关联，但是出于食物的原因，引发了抢夺食物的战争。霍布斯把自然状态描述为"一切人反对一切人的战争状态"。因此，自然状态中的人最大愿望就是自我保全，由于自然状态非常悲惨，这就促使人们建立市民社会以便结束战争状态。为了建立市民社会，人人必须出让一些权利和自由来组成国家以维护秩序。国家负责分配食物，保证财产安全和每个人的权利，国家保障所有人的权利，因此国家具有绝对的权力，没有人可以反抗国家的权力，因此这个国家是专制的，这就是霍布斯的逻辑——从自然状态出发逐步进入到公民社会。霍布斯提出的自然状态是被卢梭认可的。

洛克的"自然状态"是一种自由和平等的状态，人们自觉地依据自然法来决定他们的行动和处置他们的财产和人身，自然状态的标志是没有共同的裁判者。洛克将作为理性规则的自然法引入了自然状态之中，并且赋予每一个遵守自然法的人以执行的权力，一定意义上洛克的自然状态已经披上了文明的外衣，尽管还远不够完备。洛克的"社会契约"则是因为自然状态时时地受着战争状态的威胁，所谓的自由与平等存在但缺乏保障且极不稳定，因此自然状态中的每一个人"同其他人协议联合组成为一个共同体，以谋求他们彼此间的舒适、安全、和平的生活，以便安稳地享受他们的财产并且有更大的保障来防止共同体以外任何人的侵犯"。这个观点属于有限政府原则，这一原则将是以后发展起来的现代宪政的重要原则基础。同时，由于社会契约中人们自由的保留，人民在逻辑上便保留了对政府的抵抗权或革命权。

洛克这里增加了人的意识空白说，单个的人意识是一片空白，在空白的意识的基础上，人类文明和历史形成了马克思关于人类社会的叙述以及西方的独立宣言，人权宣言等学说和著述，人生平等的观念不是人类一开始就有的，而是开始于十七八世纪，比我们就早一二百年，这些皆来自霍布斯的自然状态。

卢梭同意自然状态，人类处于原始森林中，人类历史是怎么来的？为什么会走到这一步？人类社会是怎么来的？既然人类处于野蛮的有吃有穿的状态，为什么还要走入社会呢？霍布斯认为自然状态的斗争起因是竞争、猜忌和荣誉，"任何两个人如果想取得同一样东西而又不能同时享用时，彼此就会成为仇敌；他们的目的主要是自我保全，有时则只是为了自己的欢乐；在达到这一目的的过程中，彼此都力图摧毁和征服对方"。也就是说，由于在自然状态下所需之物的匮乏，人们才会发生争斗，彼此成为敌人。卢梭问道：为什么人与人之间存在敌意和杀戮呢？在卢梭看来，自然状态是人类的和平状态。他曾在《论人类不平等的起源和基础》中提到，自然人生活的自然状态是富足的，大地能够提供给人很多有营养的东西，以便满足他们的食物需要，而自然人的欲望是有限的，不会超出他的生理需要。他还指出，原始状态中的人只需要"野草与橡子"，由于他们的欲望不高，仅限于生理上的需求，所以他们在自然状态中不会陷入相互间的战争。原始人不用劳动就可以获得食物和水果，为什么存在抢夺呢？抢夺本身就是人类社会才有的意识，按照洛克的说法，最初的人类是一块白板，根本没有意识，根本没有迫害另外的人的意识，因此霍布斯所宣称的自然状态是受了人类社会文化污染之后的状态，战争的出现是人类意识受了人类社会文化污染才会有的结果。可见，霍布斯所讲的自然状态实际上是政治社会的产物，自然状态下的自然人的怨恨和复仇的欲望实际上是市民社会的一种表现。他把市民社会的人的情感赋予了自然人，错误地相信某些社会情感是天性的，因此，把自然状态误解为战争状态。

卢梭质疑：这样美好的原始状态为什么要走到人类社会中去？自然状态人人是自由的，为什么一定要进入人类社会受到各种义务的约束呢？为什么人类社会的义务、伦理和道义个人必须服从？自然状态、野蛮状态没有战争，那么人类社会是怎么来的呢？

卢梭在自然状态中加入了两个因素，发展了霍布斯和洛克的观点。在追踪自然状态和叙述人类历史发展脉络上，卢梭加入了两个因素——时间和集体。在人类意识的状态上，洛克认为最初的人类是没有意识的，个体降生时是没有意识的，这毋庸置疑，但是人类社会集体是有意识的，现在的世界是要看整个社会而非某个具体个人，一个人的意识空白是没有用的，始终会受到整个集体的影响。那么，集体又是怎么来的呢？集体是受到时间因素的影响，现在人类社会受到之前社会的整个历史的影响。所以我们要追溯从公民社会到现在的社会到底是一个什么样子时，只有通过时间、集体这两个因素同时往前推才会推出来自然状态是什么样子的。时间和集体因素的引入的意义和重要性在哪？因为有时间和集体的因素，所以现代的历史学出现了，在卢梭之前基本上不存在现代意义的历史学。现在历史研究的一些基本规则、研究历史的意义就来源于卢梭。历史学以为我们生活在历史中，我们现在生活的社会状态是受什么因素影响的历史，前因为何造成了现在社会的后果。这样对人类社会结构研究的意识完全来自于卢梭。在卢梭之前，霍布斯和洛克都不曾探讨这个问题。

18世纪中期之前，对于西方社会而言，宗教会随时打断世俗社会的历史，基督教会随时降临，末世会随时来临，个体随时都有被拯救的可能性。历史是什么又有什么关系呢？圣神历史和世俗历史是两条平行的线，信奉宗教的个体认为自己不受世俗社会的影响并随时会跳出世俗历史，因此世俗历史和个体没有什么紧要相关。但是这样的观念在卢梭之后就不可能存在了：神圣世界是完全不存在的，上帝已经死了，不存在神圣历史，世俗世界必须要考察人类集体是怎么诞生的，这就变成了历史社会学的根基。历史社会学主张研究个体的行为、思想和后果必须放到整个社会背景来考察。

卢梭之前的历史著述，比如古希腊的历史著述《希罗多德与历史》等，刚开始讲很多传说和皇宫性丑闻，按照现在的历史叙述来说，这本书又不是性史研究，这些性丑闻又无据可查，为什么会进入书的内容？这种叙述方式和现在的历史叙述方式完全不一样，以现代思维根本看不懂。修昔底德暗指古希腊的政治结构的贪欲往往是不可把握的，也就是人类社会的开端往往是不可知的，因此考察一个王朝、一个政治的走向是完全无从考察的，某种政治走向可能是人类历史上偶然性的触发，是不可知不可预测的，不是人类可以掌握的。人类社会的很多历史进程是受偶然性支配的，不在人类的支配范围内。卢梭则认为所有的人类历史都在人类自己的掌握之中，都可以往前推，加入时间和集体的因素的历史研究就不能仅仅把目光放在具体的单一的研究对象上，而应将目光放大到相互影响的世界，放到相互影响的文明背景上，将研究的具体对象放置到更大的社会背景和更大的文化背景当中。加入时间和集体因素之后，要考察自然状态，那历史是什么？历史就是所谓的事实，就是在历史时间当中人类所说的话、所做的事的痕迹，留下来的痕迹就成了史实，正因为这些史实把人类留在了历史当中，要回溯到自然状态，就必须抛开史实，必须抛开历史叙述，所谓的能够有证据的东西都是在人类历史当中留下来的，现在我们要往前推人类社会的起点的时候，必须要跳出历史来谈，否则我们始终将受历史的影响，考察不清楚所谓的野蛮人脑袋里究竟有没有意识，因此必须要跳出历史的考据，必须要跳出已经出土的文物，自然状态无据可查同时又很重要就在于非历史的是在人类历史之外的，是现代人类构想出来的，假如自然状态属于历史范畴，那么它仍将继续受制于历史，受制于现有的思维想象。

自然状态是无据可查的，任何的考据都是考察现有人类历史遗留物——文物，那么人类历史之前的那一段时间是什么样子的，我们无证可查，无史实记载。谁能帮我们走出历史？在哥伦布环球探险后的很长的历史时期内西方出现了很多游记和人种志，产生了很多描述其他国家和原始部落的很多著作。卢梭就认为人种志和游记记录的野蛮部落的生产生活很可能就是人类在自然状态中的生存状态。所以在卢梭那里人类学成了走出历史考察自然状态的一个重要途径和工具。考察他者逐渐成为一个显学，人类学的目的就是要把人类重新带回到历史之外，考察自然状态是什么。现在的人类学则和其最初的状态偏离甚远，已经变成了历史性的一部分。

除了人类学的引导，返回内心的童年记忆也是考察人类自然状态的重要方法，返回童年记忆，最初的天真无邪状态是什么样子的，最初的自然状态中的人也可能是什么样子的，卢梭说这也是考察自然状态中的野蛮人是如何生存的重要方式。但童年记忆对文学理论的影响很小，西方古典文学领域的任何作家和研究者没有一个重视童年记忆和纯真的。童年的纯真是为了考察人类最初的状态，人类史如何一步步堕落的，只有考察人类是如何一步步堕落的，才能找到拯救的办法。

卢梭所说的自然状态是个完美的社会，野蛮人并没有仇恨和压迫感，野蛮人的本性是善良的，基本不存在欲望，只须满足基本的生存所需，自然状态下的人类是非常幸福的、知足的。进入公民社会之后，社会才逐渐变得动乱，变得不平等，这是因为人的欲望越来越多，越来越无法得到满足，因此公民社会的个体满足感就比自然状态中的要低，压力也就越大。自然状态—公民社会的这种结构恰恰对应《圣经》的世界和世俗世界，人类的历史过程不过就是《圣经》的翻版。自然状态的人是很幸福的，公民社会的人就越来越堕落，那么要怎样才能拯救堕落的人呢？《圣经》中基督拯救了世界，那么在卢梭这里谁来拯救世界呢？卢梭在《爱弥儿》这部著述中提到，爱弥儿的第一件手工活是木匠，在《圣经》里只有耶稣的出身是木匠，在《忏悔录》中，卢梭暗自地将自己和两个重要的人物比较，一个是苏格拉底，另一个是基督耶稣。卢梭将人类历史的世俗版本按照《圣经》的结构重述，但是《圣经》中基督耶稣在不知道什么时候到来的末世降临世俗并拯救世俗中的人，卢梭则是具体的公民社会中的人类自己来拯救自己，个体怎么样来拯救自己和如何拯救自己呢？这就是卢梭为什么写《爱弥儿》：在人类社会当中，个人如何才能拯救自己，如何抚养孩子才能使自己的孩子在公民社会中成长却仍旧是一个不堕落的人，使得自己的孩子不被污染的人类文明所玷污，成为一个全新的人物？这种拯救不需要任何宗教，我们自己就可以办得到。西方的著作不是神义论就是人义论，神义论就是卢梭之前，人类的正义和不正义、罪恶和惩罚都是和神有关；卢梭之后的人义论就是世俗世界的所有都由人类来承担，不需要《圣经》，不需要神，就可以解决世俗世界的各种问题，比如《独立宣言》的生而平等是在神的意识淡化之后才有的，是基于人义论才有的。

自然状态的每个人是自私的个体，自私的个体有两个好处，因为在古代西方和中世纪的西方社会总有很多秩序和规范。最主要的约束机制：一个是政治伦理，另一个是宗教的限制。在西方基督教和天主教对个体的约束是非常多的，涉及的范围也非常之广，政治伦理也不例外，同时二者在对个体的行为的约束权上存在着明争暗斗，二者的竞争不断且愈演愈烈，最后引发了许多战争，因此卢梭认为所有个体都是自私的，都是自我保护意识极强的，因此宗教和政治伦理的约束都将被个体突破，个体不再受宗教或者受政治伦理限制，个体成为完全的自己，这就成就了人权宣言中的人生而平等。自私的人和动物之间又有什么区别呢？自私的人类和动物之间没什么区别，因此，卢梭认为自私的个体不是人类的最终状态，自私的个体终将走向无私的集体。如何走向集体中并成为集体的一部分以及在集体当中如何展现人类的共同的优秀品质，这还是个问题。康德虽然读懂了《爱弥儿》，但是他的阐述完全是哲学层面的，而不是政治哲学层面的，卢梭的这个逻辑和马克思直接宣扬集体主义是不一样的，他在处理自私向无私转变的时候是从爱情和家庭入手的，马克思则完全没有提及爱情和家庭，而爱情和家庭不仅仅是社会的主体，而且是卢梭之后、18 世纪之后所有西方文学的主题。

五、卢梭思想和西方文学

卢梭之前的西方文学中爱情和家庭基本上没有成为任何小说的核心，爱情和家庭没有成为西方文学明显要处理的重心，但是从卢梭之后爱情和家庭成为西方文学绕不开的话题，不论是某种写作风格还是某个文学大家都没有避开爱情和家庭的话题。浪漫主义和现实主义，福楼拜、巴尔扎克、托尔斯泰、陀思妥耶夫斯基，谁逃开了爱情和家庭的这个话题了呢？没有。他们都没有避开这个话题，这就是为什么卢梭所开启的政治哲学对西方文学影响巨大的原因，中国的文学发展也不例外。中国现代文学特别是"五四"形成的个体解放、妇女解放以来，个体的爱情和妇女的爱情成为现代文学的一个重要基点，没有一个小说家不写爱情，若一个文学作品没有爱情它也就食之无味。当代的文学同样也如此，这种意识的产生以及文学一定要描述爱情和家庭的主题全部来自于卢梭的开启。卢梭在《爱弥儿》当中阐述了如何让一个个体从自然状态进入到公民社会当中，同时保证其在公民社会中不会处于一种堕落状态。卢梭研究关注的焦点是个体要进入该公民社会同时不堕落，如何才能做到，这是《爱弥儿》真正的关注点所在。现代的教育家看不懂《爱弥儿》的一个重要原因是不懂文学，不懂文学就看不透卢梭在《爱弥儿》书中的结构和思路，就看不懂 18 世纪之后西方所有的文学作品，如《包法利夫人》、《傲慢与偏见》、《复活》等小说。浪漫主义对爱情的狂热描写也全部来自于卢梭开启的主题。也就是卢梭之后，只有有了爱，个体才会为另一个个体牺牲自己，否则个体就是自私的。有了爱，个体就走向了集体和群体。而群体是由互动的个体相遇而组成的，经过循序渐进的缓慢的过程，理性才能成熟。

生活在自然状态的人是自然的人，生活在公民社会中的人是人为的人。公民社会中什么物品都是经过人为的塑造，同样自然人经过堕落成为公民社会中的人，成为人为的人，变成一个社会的人。那么要怎么样拯救堕落的人呢？卢梭坚决反对复古，坚决反对回到野人状态，反对回到古希腊状态和宗教状态，他的解决途径是：在文明社会当中文化在公民社会中重新安排社会制度，在新的社会制度当中，从出生开始重新教育个体人，使个体和内心中的自然状态重新达到和谐。这样的转化过程就是在自然与文明过程中《爱弥儿》所阐述的教育过程，《社会契约论》则是为了给《爱弥儿》创造一个新的环境，《爱弥儿》则是首先的，《社会契约论》则是在其后为其阐述教育过程并创造一个全新的社会背景和社会安置。《社会契约论》当中的基本论调成了美国《独立宣言》中宣扬的那一套，人生而自由平等。

德国古典哲学的许多学者完全是在卢梭所开启的问题意识中展开工作，就是人如何经过一种全新的文明教育重新回到一种和谐状态，席勒的名著《论人类的审美教育书简》为什么会把审美与教育联系在一起？《圣经》中美是对上帝的一种虔诚信仰和自然的融入。比如说堂吉·诃德，他干了那么多的荒唐事是因为内心当中藏着对上帝不可抑制的爱，无法表露，所以在现实世界当中，他通过各种各样的方式表达出来。美在古代都不会和教育联系在一起，但是在席勒那里，美丽一定和教育联系在一起。在康德那里，美是一座桥并要沟通两个世界，一个是哲学，另一个是道德，这两个是完全断开的，没法融合的，只有审美才能沟通二者，在审美当中使得它们重新达到融合。黑格尔的辩证法——否定之否定全部来自于卢梭对人类世界的描述，对人类的精神世界的描述，全部来自于自然—堕落—重新回归，一个螺旋上升的结构。这就是德国古典哲学对卢梭的处理。如果没有卢梭，德国所有哲学思想都不会萌芽，将全被封死在英法思想界的笼罩中。当卢梭开启这个门，所有的德国思想、所有的精髓思想才一一出现，才有可能有空间和结构展开。

卢梭所说的自然人怎么就堕落成公民社会的个体了呢？在堕落当中是怎么自救的呢？卢梭强调自足、自主。在考察卢梭的作品和思想时必须有以下两个参照，一个是古希腊的柏拉图，另一个是《圣经》。比如说，自然状态中的个体是自足和自主的，但是柏拉图和《圣经》中是完全相反的，《圣经》当中宣扬没有上帝人类哪来的自足和自主，上帝完全按照自己的意愿创造语言，个体按照上帝的意向才会有了一切，个体是不可能自足的。对于柏拉图来说，个体一定要生活在城邦之中，只有城邦之中才可以展现自己对他人的爱、对国家的爱、对艺术的热爱，所有的思想和状态必须在城邦中才可以实现，城邦之外非神即兽。卢梭所说的自然人的自足和自主的状态在柏拉图看来跟动物没什么区别，不是真正意义的人。

卢梭眼中的自然状态是非常好的，是自给自足的，但是那个时代已经一去不复返了，人类无法回到最初状态，只有往更好的状态发展。相比之下，自然状态中的人是半人的、不完全的、不充分的一种状态，最完全的状态是人类重新会回到那种状态之中，进入社会中，人类不能完全自主，而是依赖他人，依赖他人的评价，所有的依赖中最难斩断的就是亲情和爱情。因此，卢梭认为最根本的不是闹阶级革命和社会革命而应该是重申爱情和家庭。卢梭已经把人类基本的爱情引向了纵深，《爱弥儿》生死攸关的问题全部在于爱情上。在公民社会中个体意识到了自己是众多个体中的一个的时候，他就已经抵达了善恶之地，只有在与他人的依赖中个体才可以在公民社会继续生活。卢梭认为爱是纯粹的，美不美无关紧要，但是这种爱又是微不足道的，企图通过爱一个人来拯救世界、拯救自己怎么可能？卢梭承认这是不可能的，这种爱往往有幻觉个体对爱的对象心存幻想，天堂是没有的，但是地狱还是存在的，人肯定上不了天堂，但是人有可能下地狱，要以浪漫的爱来克服。人区别于动物的最大特征就是将相对转化为绝对、将腐朽转换为神奇。比如父子之爱，最主要的不是父与子之间的爱有多么优秀而是爱本身怎么样才能得以保持继续，爱是伴有幻想的，爱的对象是完美的，这种幻想使得人们追求美德迷恋美德。浪漫主义运动深刻的地方恰恰在于激发个体去爱别人，通过爱别人来成全自己的美德，在俗世像一个圣徒那样去爱别人，完成一个凡人做不到的圣徒似的职责，这是卢梭期望通过浪漫的爱达到的最终境界，所以浪漫主义运动是很重要的。浪漫主义的颓败是整个世界的落寞，而不是简单的浪漫主义运动被超越了、被替代了。

从自然状态进入到公民社会，个体在公民社会中如何不变成一个自私的人？如果现代社会中的个体都是自私的人，这样的社会如何和古代社会、基督教社会相比？古代社会中最优秀的人是英雄，普通的人则是绅士，彬彬有礼，而基督教典型的人物是圣徒和先知，普通的人则是虔诚的圣徒，非常的克制和友善，现代社会的人是什么样的呢？现代社会相比于古代社会，个体的行为又有何种模式呢？这是《爱弥儿》潜在的命题，以此《爱弥儿》达到了新的高度。现代社会不仅仅是指西方的社会，也包含所有跟随西方的脚步进行现代性改革的社会，所有的人类文明要树立一个更高的榜样，一个足以和古代社会、宗教社会媲美的榜样，否则现代社会的人就成了金钱、权力欲望构筑的堕落个体。《爱弥儿》所塑造出来的就是所有的个体如何在极其自然的，很舒服的情况下回归自然，不再受别人的控制，这种回归是所有人都能做到的，不是像柏拉图阐释的那样，只有苏格拉底一个人可以做到，不像《圣经》中那样只有少数人能够获得拯救，卢梭要让每个个体都能获得拯救。仇视和反对所有个体的异化和分裂是卢梭的与众不同的地方之一，这也是卢梭之后所有的学科，比如哲学、文学、社会学、人类学所有人文学科的潜在命题。比如，资本主义之所以臭名昭著是因为它把人类异化，使得整个世界成了异化的世界。

六、卢梭的影响

天空有群星闪耀，内心有道德律例。道德律例是非常严格的，个体必须道德自律，这种自律的道德是由卢梭在《爱弥儿》中最先阐述的，《爱弥儿》中个体要自救就必须自律，必须控制自己的欲望，道德先验论完全是先基于卢梭的自律，然后才由康德在道德领域和哲学领域展开研究的。

卢梭的现代经济学和财产制度的批判构成了马克思主义论题的基本组成部分之一，马克思延续了卢梭、洛克和亚当·斯密的相关思想并展开了其对资本主义的批判。

马克思对资本主义社会的批判也是延续了卢梭对整个社会的批判进行的，强调人类的起源不强调人类的最高目的，不强调要有个大同社会、共产主义社会，恰恰强调人类的起源是什么，人类社会是如何发展至今的，开启了现代人类学。

现代历史学不关注人的自然本质，关注自然状态到公民社会的发展历程，从原始社会到奴隶社会到封建社会再到资本主义社会再到社会主义社会乃至共产主义社会这种线索是怎么形成的，也受益于卢梭从公民社会回溯到自然状态的研究，他对人类历史的回溯开启了现代历史学的研究之门。

《爱弥儿》中个体进入公民社会中，自私的个体如何遭遇他人、社会的种种伤害开启了现代心理特别是弗洛伊德的本我怎么受到自我的压抑，自我通过何种方式压抑本我的。本我和自我从哪里来的？在柏拉图的《圣经》中都不存在本我和自我的概念，本我是从卢梭的自然状态和童年记忆中而来的，童年记忆的创伤如何才能恢复以及如何才能抹平，这在弗洛伊德处得到了较完美的阐述。

浪漫的爱情以及批判现代社会就更明显。浪漫主义文学以及批判现实主义都来自卢梭，很多书中都有阐释，但是这些阐释都没有厘清这种浪漫的爱到底是为什么，只是说卢梭提出了浪漫的爱，不知道卢梭为什么要提出这种浪漫的爱。这种浪漫的爱的重要性到底在哪里呢？对人类意味着什么？这是我们从自然科学、人文科学来研究卢梭的影响的原因。

研读西方现代的小说、戏剧等作品时我们就会发现卢梭对西方现代文学的影响。爱情和家庭的命题都源自于卢梭的开启。以包法利夫人为例，在金钱至上的资本主义社会里所有的男人如此平庸，一个对美特别敏感的妇女如何想追求美但是却以惨死收场的。如果读懂了卢梭，我们就会发现西方文学的面貌和卢梭的思想是息息相关的。如何在卢梭的基础上走向纵深，可以看看包法利夫人，它在整个资本主义社会中碰到了几个男人，没有一个男人的爱和她的爱相匹配，没有一个男人配得上她浪漫的爱，她如何处处碰壁，最后如何绝望而死。19世纪最出色最成功的作家都在处理通奸的话题,《安娜·卡列尼娜》也是,《战争与和平》也是,《红与黑》更是,不论是英国文学还是法国文学都是,通奸的文学为什么在 19 世纪大量出现?以前从来没有,这个现象如何解释呢?浪漫主义文学在 19 世纪末基本上耗尽能量,基本上就被批判现实主义、现代派、表现主义和印象主义等取代,不再盛行。但是浪漫主义已经稀释在人们的日常生活中,浪漫主义运动希望从资本主义社会的平庸生活中拯救高贵艺术和爱,追求美但最终丑恶却大获全胜。从卢梭开始,浪漫的爱给霍布斯注入了全新的东西,这是马克思、黑格尔和康德、尼采都没有的,只有卢梭给现代人类注入了爱的因素,但这个爱的因素在 20 世纪末由审美变成审丑,比如毕加索的作品当中不爱呈现完整的美的东西,而是拼接的、扭曲的。现代世界在卢梭之后并没有很好地继承卢梭的遗产,卢梭之后的人没有能力接着他的工作并处理反自私和反堕落的问题,社会变成了一个让人极其不满意的世界,但是又无能为力。浪漫主义是灵魂虚弱者的表达而不是灵魂强悍者的流露。这是因为霍布斯和卢梭等人的描述成了自私的个体,人是脆弱的、相互依赖的,人虽然可以自足但是这种自足的程度是非常低的。

小说是浪漫主义的优先形式,在研究小说的起源的时候,西方小说兴起之时,在卢梭之前,骑士小说《堂吉·诃德》里对宗教的热情如何被 19 世纪的小说家捕捉到并继承下来,如何在 19 世纪的小说家手中展开?雨果的小说完全是浪漫主义的小说,《悲惨世界》中极其的美与极其的丑这种极度夸张的手法、夸张的情趣是怎么来的,如何注入小说当中,怎么样成为小说表现的最主要主题?到 20 世纪,小说虽然还在处理人与人之间的亲昵与性,但是爱的重要性已经明显降低,小说的主旨也不再追求爱。浪漫主义的颓败意味着现代性升华运动的全军覆没。卢梭本希望通过浪漫的爱使现代社会自私的个体有一个升华的过程,使现代社会和古代社会、基督社会能够抗衡,浪漫主义运动的失败意味着这条升华道路全盘覆没。

卢梭的著作中《爱弥儿》一直处于核心的位置,卢梭希望《爱弥儿》和柏拉图的《理想国》抗衡,柏拉图塑造了最高的形象是哲人王苏格拉底,也只有苏格拉底能够过上人类最好的生活,基于理想国中苏格拉底是唯一幸福的人,卢梭在《爱弥儿》中强调每一个人都能过上最好的生活,但是这条路已经被堵死了,卢梭的能量已经完全耗尽了,这条爱的升华道路已经被现代人完全抛弃,现代人类的尊严和征程依赖于是否敢于直面惨淡的人生,并走向了尼采。

编辑整理:梁 彬

社会转型与理论转型

刘方喜

2010 年 10 月 14 日

刘方喜

中国社会科学院研究生院文学系教授

摘 要：本文从社会转型与理论转型学理概念分析入手，并通过经验例证解释了社会转型与理论转型的关系。本文阐述了有关社会形态转型的各种理论观点，同时进行了比较评述，在此基础上，从主体、客体、活动论、关系论等几个角度对当代消费社会的基本特征做了简单的描述和分析。

关键词：社会转型　理论转型　消费社会　反思

一、什么是社会转型和理论转型

本文的题目是"社会转型与理论转型"，看到这个题目我们直接想到的就是要分析社会转型与理论转型之间的关系。先从"转型"这个动名词入手，大家在报纸上、电视上经常看到这个词，它的英文对应单词是 transformation，也可以翻译成变革、改革。整个世界、社会以及我们个人都处在不断变化之中。

理论是什么呢？泛泛地来讲，理论是我们把握社会、自然界的一种方式。但是反过来讲，我们把握社会、自然界是不是只有理论一种方式呢？肯定不是的。所以，通常和理论相对的概念是经验，是一种对变化更直接的把握方式，也是我们一般人更常用到的方式。因此，本文的题目可以这样来理解，它是要探讨我们在日常生活中，如何以经验的形式来感受社会的变化的，同时在这种感受变化的过程中，理论又发挥着怎样的作用。比如说到理论发挥的坏的作用，我们很容易联想到一个词"书呆子"，黑格尔就是这样，他用概念和理论的框架来把握这个世界，实际上是在裁剪这个世界、分割这个世界。这样的例子在西方哲学史上还有很多，导致公众们产生了很大的疑问，理论究竟在多大程度上能把握这个世界。

那通过经验来把握世界准确性就很高吗？也不高。20 世纪结构主义告诉我们：我们在以经验的方式来把握世界的时候，实际上受着某种潜在的理论或者观念的支配。也就是说，我们不要以为是在纯粹凭经验或者凭感性在把握世界，其实并没有纯粹的经验，经验后面一定总有某种理论、结构在支配着我们。另外，仅仅依靠经验来决定我们的行为有时候是非常危险的，比如说我们对"变化"的感性经验，举一个例子，大家就能看出仅仅依赖经验是多么的危险。开水煮青蛙，如果把青蛙直接放进沸腾的水中，那青蛙一定会跳出来，但如果是放在凉水中，然后慢慢加热，青蛙最终就被烫死在水中。这个例子说明了对变化的感知，青蛙直接接触开水，是一种激变，具体到社会中就是大的动乱、战争，我们的经验感知是很清晰的，但最可怕的是温水煮青蛙的时候，它会被烫死在水里。因此，如果我们局限于经验感受就会非常危险。这时候理论就会发挥重要的作用。

理论具体有什么作用呢？一个很重要的作用也是我们经常讲到的——反思。正是有了反思，我们人类才能够避免犯"温水煮青蛙"那种错误。理论对社会进程的影响到底能有多少？或者说，如果从理论认识到社会应该往哪里发展，就能在现实中发挥出作用吗？这当然是个问题。但是不管怎么说，理论还是有很大作用的，从我们个人而言，如果我们有一定的理论素养，就可以通过反思，了解到社会的走向是好的还是坏的，至少能够认识到社会是在变化的。所以理论的重要作用之一就是反思，我们从社会转型的视角切入来分析理论与社会的关系。

什么是社会转型？我们可以从学理上和经验层面上进行双重的认识，首先从亲身经历的经验层面上来看，大家可以想想咱们研究生院10年前是什么样子？20年前又是什么样子？10年前这周围就是一片菜地，现在高楼林立、人口稠密。再举一个例子，"798"大家都很熟悉，就在研究生院附近，现在是一块艺术圣地。但"798"最早是一个什么样的地方呢？是个工厂，而现在变成了艺术城，这就是transformation，这是我们能感受到的转型。就像"温水煮青蛙"一样，我们生活在其中，常常感受不到这种变化，或者不经历反思就觉得这些变化什么都说明不了。不光在北京，全国各地的城市，尤其是大城市。现在四环之内基本没有工厂了，但是我们可以想象一下，10年、20年之前北京的四环还有很多大工厂。如果不反思的话，我们就看不到这种变化，或者认为那些变化什么都说明不了。你看到工厂都迁走了，只以为是由于污染问题，其实根本不止这一个原因，而是整个社会的转型。

虽然整个社会在慢慢地、一步步地变化着，但总有一些标志性的年代或节点。我们本文所讲的转型定位在中国20世纪八九十年代，该时期可能非常接近于西方20世纪六七十年代的发展情况。接着前文所述的城市中心区工厂消失的例子，西方工厂虽然不是60年代才开始减少，但从六七十年代开始减少的速度显著加快。法国鲍德里亚认为，工厂正在从西方消失，无产阶级也随之逝去，因而也再没有发生无产阶级革命的社会基础了。

我们还可以举一些例子，比如说让80年代的孩子们来画关于城市的想象图，尤其是当时生活在农村里的孩子。一般来说，他们的城市想象图景中肯定会有不少大烟筒，因为当时这被认为是现代文明的标志。但如果让21世纪的孩子们来看这些关于城市的图画呢？肯定不会是向往的，而是反思生态、环境污染。所以一方面我们生活于不断地发生着变化的社会世界；另一方面我们的经验感知，也在随着时代的发展而变化。既然世界在变，我们的经验也在变，那么深刻地反思我们的经验感知就显得非常有必要。

我们再来看看近几年来社会中出现的有意思的现象。2008年以来发生的金融危机，大家都知道美国金融危机的爆发与华尔街以及一些大公司有很大的关系。面对一场危机，如果用我们以前熟知的话语和解决路径的话，一般就是发动群众、深入调研、联合各阶层诸如此类吧。美国国会进行了一次调研，召集了一批人士，基本上都是大型公司的高级主管。我们设想一下如果在19世纪美国也发生了一次大的危机，并且国会同样愿意倾听群众的意见，也要进行一次调研的话，它会召集什么人？它也许还要召集公司高管，当时的高管是些什么人？肯定有洛克菲勒等。那时的高管很大程度上与资本家这个概念紧紧地联系在一起。而现在的高管多数被称为职业经理人，他们有可能手中都握有股份，但一般来说不是最大的股东。2010年的"国美事件"大家都知道，就是一场典型的职业经理人与大股东之间的冲突。但是在19世纪的资本主义世界，基本上不会出现高管与股东之间的冲突，即使二者不是合一的，高管一般也完全听命于股东。那么，今天金融危机后美国国会召集的为什么是高管，而不是资本家或者企业的大股东？这就是一种社会的转型，再深入一点分析的话，是一种权力的转移。西方社会中，对企业的控制权力由股东转向管理层这种进程的加速是在六七十年代，现在中国也被纳入到整个世界的经济体系中，也在不断地发生着这样的变化。

再举一个和我们日常生活比较贴近的例子，20世纪80年代有一个很流行的、说中国人保守的故事。在临死前，一个中国老太太说："我终于存够了买房子的钱。"而一个美国老太太则会说："我终于把买房子的贷款给还清了。"当时流传的这个故事想说明中国人保守、没有现代意识，不会提前消费。到2008年发生了金融危机，我们却发现危机发生的直接原因之一就跟房贷有关。有些人说我们中国改革开放30年以来走了资本主义世界300年才走完的路，由此看来中国社会转型的速度还是比较快的。经历了金融危机，我们可以简单反思下，提前消费、贷款买房到底好不好？对个人好不好，对国家的发展好不好？我不认为经济学家具有唯一话语权，或者他们的解释就一定正确。我们每个人都有反思的权力和能力。许多年前，社会上一直十分推崇各种超前消费，于是现在就出现了很多"奴"，首先是"房奴"、"车奴"，还有"孩奴"，"孩奴"是80后发明的，他们觉得养不起孩子了。现在上幼儿园每年都要交好几千块钱，甚至比大学还贵。回到"房奴"这个词上，我们至少可以看出来提前消费绝对不是免费的午餐，对个人而言实际上是个沉重的负担。

下面我们从学理上审视下什么是社会转型。"型"就是 formation，就是形变。那么人类文明史上有哪些历史形态呢？在马克思主义历史观看来，有原始社会、奴隶社会、封建社会、资本主义社会、社会主义社会直至共产主义社会。其实马克思还有一种社会形态三分法，即以资本主义为核心，分为前资本主义社会、资本主义社会、后资本主义社会。我个人感觉马克思使用更多的是后面这种三分法。20 世纪以来的资本主义是一种什么样的资本主义呢？列宁的表述里就是帝国主义、垄断资本主义。在许多自由主义者看来，19 世纪的资本主义是自由竞争资本主义，是自由资本主义的黄金时期，被称为"黄金百年"、"百年和平"。如果把 20 世纪资本主义当做一种社会形态的话，那么目前为止世界上还没有出现一种超越它的新社会形态。"20 世纪资本主义"这个概念现在经常被学者们用到，比如说美国左派理论家詹姆逊把 20 世纪资本主义尤其是"二战"以后的资本主义称为晚期资本主义。

还有一种更为常用的划分法，某种程度上接近于马克思的三分法，就是以"现代"为中心，现代之前称为前现代，现代之后称为后现代。对于后现代从何时开始，众说纷纭，有人认为是 20 世纪就开始了，也有人认为从 20 世纪六七十年代开始的。与这种划分法相似的另一种观点把前现代社会称为传统社会。我们一般所讲的社会转型都是针对中国而言，是从传统社会向现代社会的转型，不管是讲到马克思主义，还是讲到自由、民主，等等，都是在讲向现代社会的发展。现代社会之后就是后现代社会，当然也有许多其他的表述，比如英国左派理论家吉登斯，在他看来，现代性社会之后的形态是高度或晚期现代性社会，他不太赞同后现代社会这种观点，但时段上基本上是一致的。

诸如此类的三分法还有许多，比如我们常常将资本主义社会也叫作工业社会，因此以工业社会为中心，可以分为前工业社会、工业社会、后工业社会，20 世纪以来就进入了后工业社会阶段，这一时期最典型的特征之一就是工厂的消失。但细追究起来，资本主义社会和工业社会二者之间还是有一定的差别。最为明显的是，二者性质不同，工业社会的称谓更接近于中性，而资本主义更带有一种批判意味。关于后现代社会这一时期的称谓，还有人表述为信息社会。即把社会进程分为前工业社会、工业社会、信息社会。这显然也是一种中性描述，是从技术角度来定义的。工业社会生产物质产品，信息社会生产信息。沿用技术这一视角，有人把 19 世纪的社会称为印刷社会，以书本为主，到了 20 世纪，就进入图像社会。

再有一种比较有新意的观点，认为我们由工业社会进入到了风险社会，由社会学家贝克提出。在他看来，在工业社会中，人们主要与商品打交道，而在风险社会中，人们主要与风险打交道。贝克的这种划分很有道理，而且很深刻地把握住了现实社会中的某一个方面。

此外，还有学者把 20 世纪上半叶的社会形态称为组织化资本主义，把下半叶称为非组织化资本主义。组织化资本主义典型的例子就是工业生产中的流水线，为了使生产流水线顺畅，就需要大量的组织管理人员。英国社会学家拉什、厄里就持这种观点，他们出版了一本书叫《组织化资本主义的终结》，并对此进行了详细阐述。非组织化资本主义的一个重要特征就是办公地点的灵活性，我们知道现在西方许多白领都被允许在家里工作，这相对于工厂中的流水线生产，组织性因素大大消解。拉什和厄里的组织化不仅包括生产方式，还包括工会组织的兴起以及工会权力的增加等。在美国，工会是反对全球化最重要的力量之一。

除了上述多种社会形态三分法之外，还有一种二分法，把 20 世纪中叶以前的所有人类社会称为生产型社会，20 世纪下半叶以后的称为消费型社会。与这种划分法接近的一种观点把生产社会称为贫困社会，相应地称消费社会为富裕社会或丰裕社会。

经过上面种种论述，我们基本看清了人类社会经历了哪些发展阶段，经过怎样的发展变成今天的形态。

二、如何看待现代社会转型

下面把视角集中在西方 20 世纪六七十年代的社会转型及中国 20 世纪八九十年代的社会转型情况。90 年代的中国和 80 年代的中国相比，确实发生了很多变化。我在给本科生上课时经常提到一个说法：80 年代大学校园里的文化英雄是李泽厚，90 年代的文化英雄是李泽楷，只差一字，却反映出人们观念上的变化，值得我们反思。80 年代出现过美学热、理论热，90 年代以来有什么热，现在还没有定论，需要我们从政治、经济、文化、社会各个角度进行思考，我们不一定要做价值判断，但是必须要认真反思社会到底发生了哪些变化。

20 世纪 90 年代初在中国之外的地域也发生了不少大事，苏联解体、东欧剧变等，从全球而言，冷战结束了，世界越来越趋同，全球化速度加快，世界结合得越来越紧密，当然冲突也愈加激烈。所以，为什么我们一直强调 20 世纪 90 年代是个关键点呢？除了中国内部的变化，外部也发生了很多翻天覆地的变化。

为什么西方社会转型的关键时期定位于 20 世纪 60 年代呢？当时西方各国在做什么？我们中国又在做什么？中国 1966 年进入了 10 年"文化大革命"，西方大学生也在革命、造反，可以说当时世界潮流是在稍微偏向"左"的。20 世纪 60 年代法国大学生的崇拜英雄是谁？是"3M"即马克思、毛泽东、马尔库塞。

他们还崇拜萨特这种进入工厂、立于街头鼓动学生的理论家。随着西方知识分子和学生由街头退回书斋，标志着西方萨特时代的结束。这些事件均不同程度地受到了中国文化大革命的影响。抱怨工厂的消失、无产阶级的消失的声音从西方知识分子退回书斋后，越喊越响。他们发现工人很难发动起来，他们也在进行反思。

我们可以把视角放远一些，第二次世界大战也是人类历史上一次非常重要的节点。"二战"结束后，几乎所有的人都在反思，为什么会发生第二次世界大战？从我们文艺学的角度有一个非常著名的命题：奥斯维辛之后，我们还能不能写诗？为什么学者会有这么一问？在第二次世界大战之前，尽管西方世界也存在着工人运动甚至工人革命，但资产阶级所标榜的自由、平等、博爱、理性等价值理念在社会上层还是得到公认的。他们认为，一定范围内的社会矛盾、部分工人的贫困都只是暂时性的问题，随着社会的进步和经济的发展，都会得到妥善解决。理性、文明、进步还是社会的主流价值观。从文学创作而言，尽管有揭露黑暗的，但人类还充满着希望。大家可以想象一下，诗歌就意味着希望，诗歌代表了人们内心的美好憧憬。第二次世界大战，尤其是战争中的奥斯维辛等灾难事件，非理性、疯狂的大屠杀对现代启蒙运动所标榜的理性、博爱等乃至整个人类文明提出了巨大挑战。

不同的学科从各自的角度都对"二战"的爆发进行了深入剖析，我们最为熟悉的大概就是马克思主义关于资本主义根本矛盾的论断了。在西方知识界也有许多与马克思主义针锋相对的观点，体现出人们在"二战"认识上的复杂性。如果不太严格地来区分下，就是一种是左派的观点，另一种是右派的观点，二者完全不同。我们可能都听过右派的说法，代表人物就是哈耶克以及他著名的《走上奴役之路》一书。前文中论述过 19 世纪是西方资本主义发展的黄金时期，为什么到 20 世纪上半叶时会发生世界大战？哈耶克认为原因在于国家对于市场的过度干预，他主要针对的是纳粹德国，追求国家集中和专制。他甚至还认为苏联共产党的计划经济与纳粹德国的专制没什么不同，他认为社会主义就意味着奴役，让市场不自由就意味着让人不自由，所以人们产生焦虑，继而爆发战争。偏"左"的如卡尔·波兰尼《大转型》则认为是市场过度自由化造成的，对市场的过度放纵产生了经济危机，才导致了人们的焦虑，终结了资本主义发展的"黄金百年"。我们可以清楚地看到这两种观点相差甚远，几乎是针锋相对的，只有多去了解一下不同的观点，才能更好地了解当代社会。

为什么我们说 20 世纪 90 年代是社会转型的关键时期呢？在中国，可以透过许多细微的现象看出，比如汽车、电视机等现代科技产品，在 80 年代之前只有很少的人才能拥有，但进入 90 年代以后，立刻以一种迅猛的速度进入千家万户，成为大众用品。在西方，由于冷战结束，步入消费社会的速度显著加快。

所以这样一些社会发展史的重要转变期需要我们给予更多的关注，同时我们必须培养一种当代意识感，作为学术研究者，不能每天纯凭想象来分析问题。有些人想到西方就以为是很民主，想到东方就联系到专制，这些印象其实是非常主观的。西方的民主也是经历了一个漫长的发展演变成现在的状态，中国要推进民主化也会有个过程，但我们必须认识到：要不要民主很大程度上是由社会发展状况决定的。相对而言，在20世纪80年代对中国来说民主还是个奢侈品，只存在于知识分子大声疾呼中；而90年代以后，尤其是21世纪以来，中国社会的发展状况及出现的种种问题已经初步表明：民主真的已是必需品而不再是奢侈品了。大家可以回想下，为什么80年代的中国老百姓很容易凝聚起来，可以从政治、经济、文化等很多方面来分析，我们仅从动态的角度来看，80年代的老百姓认为生活是有希望的，社会处于转型上升期。人们向上流动的空间和路径很宽广，而社会地位上升所需要的成本却不高。比如：当时人们想发财，只要"下海"就可以，而"下海"只需要胆量大，敢扔掉铁饭碗就行——现在似乎人人胆量都很大，但再想迅速"发财"就难了；再比如再凭"知识（受教育）改变命运"也变得越来越难了。现在中国已成为世界上第二大经济体，是非常了不起的成就，但同时问题也很多。马克思主义认为，人们观念的变化、对社会认知的变化，确实与社会本身的变化有很密切的关系。

那么，我们如何认识20世纪90年代以来的中国社会转型呢？我们如何认识现在所处的一种社会形态呢？上文中讲到了许多社会转型的论述，比如从工业社会向信息社会的转型，从工业社会到风险社会的转型，从贫困社会到丰裕社会的转型，从印刷社会向图像社会的转型等，我个人认为可能消费社会的描述比较恰当。对西方而言，消费社会的概括应该没什么问题，至少从20世纪初，西方社会就开始了这种转型，但真正完成却是到了70年代，进入90年代之后更为成熟。中国的社会转型可能慢了几拍。许多外国人现在经常感慨，认为中国发展的速度真快。他们这种印象是如何形成的呢？他们到北京感受一下，再到上海逛一下，又到广州看一看，再比较下北京、上海、广州跟东京、纽约等国际大都市，似乎还有些差距，但是真的很小了。单论北京、上海、广州的话可以称之为消费城市，因此在局部范围内，中国具有很明显的消费社会的特点。那么，中国有没有整体上进入消费社会呢？这个问题非常复杂，我认为没进入，当然也有别的学者认为进入了。

三、如何看待当代资本主义社会

仔细思考一下20世纪下半叶以来的社会具有怎么样的特点？或者说20世纪

的消费型资本主义与 19 世纪的资本主义有什么不同的特点？我简单列出几点，当然也不纯是我个人的观点，也综合了许多西方学者的看法。

（一） 从主体的角度来看

首先，消费社会使人们免于匮乏以及使奢侈消费日趋大众化。西方发达国家内部贫困人口的减少，是其进入消费社会的重要标志，一些实证数据表明全世界的贫困人口正在不断减少，这是毋庸置疑的。关于奢侈品与生活必需品的区分，虽然并没有特别严格的界限，但是二者还是有很大区别的。例如，第一生活必需品是什么？是食品，没有食物的话人就无法生存。其次，是居住，这就比较复杂一些，有人不得不露宿街头，也有人全家挤在小房子里，也有人享受着豪华的别墅，后者显然就是奢侈品了。当然奢侈品的内容也会变化，比如在 20 世纪 80 年代，电脑、冰箱可能对于很多家庭来说都是昂贵的奢侈品，并不是生活必需的，但到了现在它们早已成为寻常可见的家用电器。80 年代是谁在开小汽车，到了 90 年代又是谁在开小汽车？在西方社会的 19 世纪是谁在开小汽车，有了福特流水生产线以后又是谁在开小汽车？从汽车消费的变化上我们就可以看到奢侈品大众化的趋势。

还有前文所述，在金融危机爆发之后，美国国会听证召集的是大公司高管而不是大公司大股东，从这里面我们也可以看到消费社会的变化。突出地表现为跨国公司和新社会阶级的兴起，跨国公司不用赘述，我们都很清楚，而这里提到的新社会阶级就是职业经理人，新阶级的兴起就意味着企业的管理权由资本家转向经理阶层。

在我们传统的话语中，与自由资本主义相对应的一种资本主义形态就是官僚资本主义。官僚资本主义一方面意指与政府有关，另一方面也与公司本身的官僚化有关。随着时代的发展，西方公司其实也越来越官僚化。举一个简单的例子，19 世纪工厂要生产什么东西、生产多少东西，都是资本家一个人说了算，然后由工人生产就行了。但是现在不论是比尔·盖茨的微软还是体育产业的耐克，都有一个庞大的管理阶层，而且这个阶层与直接的生产联系越来越远，甚至与产品销售都关系不大，只负责企业形象的维护，同时股东对于管理阶层的控制也在逐步弱化。我认为，这些现象都是对市场自由主义的驳斥，自由主义认为只要是企业都是自由的、私人的，实际上，第二次世界大战以来随着跨国公司的崛起以及企业内部管理阶层权力的扩大，资本主义的官僚化越来越严重。

（二） 从客体的角度来看

首先是电子传媒的大规模扩张，这也就是消费社会又被称为信息社会的原因。大家可以想象一下 19 世纪可口可乐公司是如何进行品牌推广和产品宣传的？它最多通过报纸，无论是对传播的范围、传播的速度、传播的冲击力而言，跟现在的电视都无法相比。有学者认为消费社会中，消费的迫切性削弱了，但消费的被操纵性增强了，这种被操纵性与广告攻势借助电子传媒达到无孔不入息息相关。我们知道央视每年都会有广告拍卖会，广告价动辄数十亿元，甚至上百亿元，2011 年广告招标更是创造了新高，达到 126 亿元人民币。1996 年央视标王是一家名不见经传的酒厂叫做"秦池酒业"，我不知道它当时的营业额是多少，但是它投标 3. 212118 亿元，成为当年标王，通过央视广告迅速崛起，然后又急转直下，陷入困境，最后整厂被出售。通过这个事例我们可以看出现代传媒对经济社会有巨大的影响。

其次，与文艺学相关的一个方面是消费社会中，商品与符号的距离趋于减小。我们上面提到的几点，像奢侈品的大众化等，这些现象在前消费社会中都部分地体现在某些阶层、某些时段、某些区域内，但是到了消费社会以后，逐渐具有了普遍性。我们经常提到中国有"食"文化，我们吃的不是东西，而是文化，文化就是一种符号。大家可以回想一下，20 世纪 80 年代买东西人们都注重什么？商品的质量，所以当时都讲的确良、毛料，人们认为毛料的衣服就比的确良的好。到了 21 世纪以后，如果有人再宣扬自己穿毛料有多好，可能就会被人笑话，也许某个的确良的衣服会比毛料衣服贵上几百倍，因为现在消费者关注的不是质量而是品牌，即符号。我们今天不是买东西，而是买文化，买符号。

（三） 从活动论的角度来看

首先，随着向消费社会的转型，艺术审美活动与日常活动的分隔趋于消失。消费者现在去商场买东西可能更多的是被商品的外观所吸引，外观不只包括你所买的东西的外观，还包括整个商场的氛围。80 年代的商场很简单就是卖生活必需品，生活品和艺术品区分得很清楚，如果你想看艺术品就得去博物馆，而到了现在许多商场不但卖生活必需品还卖艺术品，商场里可以看电影，甚至还可以买美术品等。艺术品和物质产品之间的分隔越来越不明显，这种现象值得思考。

其次，消费社会使我们的活动变得越来越娱乐化。学术娱乐、文化娱乐比比皆是，其中有消极意义也有积极意义，非常复杂。这种现象在西方更加明显，美国总统竞选中候选人的形象气质越来越成为赢得选民，尤其是年轻选民的重要因素。

进入消费社会以后，人们的反思性或者叫自反性增强。比如说，当我们饥饿时，根本不需要多思考，直接映入脑海的就是要吃饭来填饱肚子，没有反思。但进入消费社会后，当消费成为人们日常活动时，反思便时常出现，比如有人要买个 iPod，他就需要琢磨：有哪些人在拥有、使用这种产品？消费在很大程度上不再是为了填饱肚子，而是成为一种身份认同，比如你是所谓"有车族"，就与没有车的阶层区分开来了，如此等等。

最后，社会生活的重心转移了。泛泛地讲，之所以有消费社会和生产社会的区分，就是因为在两种社会形态中，社会的重心不同，即生产社会中以生产为重，而消费社会中以消费为重。西方学者对此进行了很多探讨，比如在 19 世纪的美国，什么人生活得最风光？肯定是洛克菲勒之流，因为他们有许多企业，雇佣了很多工人，非常有钱。但到了现在，即使像比尔·盖茨这种世界首富也不一定是美国最风光的人，而是消费着大品牌奢侈品的好莱坞的大牌明星们。生产社会的主题就是生产，与财富有关，而且很大程度上就是一堆数字后面跟着货币符号，社会地位高的人除了金融资本家还有生产资本家。进入消费社会以后，确定一个人社会地位的重要标志是消费：判断你是不是处于上层社会，要看你拥有多少豪华游艇，用的是什么品牌的东西。在这样一个消费社会里，哪种社会群体是最痛苦的？其实真的不一定是穷人，而是中间阶层。穷人离奢侈品消费特别远，奋斗十年也不一定能买到车，因此他们也没有这种想法。关键是中间阶层，也就是"车奴们"，为什么会成为车奴呢？就是因为无法负担一次性购车的费用，必须依靠贷款。他们为什么要买车呢？很多人回答是有了车工作更方便，但有多少人真的是为了工作方便呢？比如现在北京车堵得这么厉害，开车上班可能反而更不方便。也许是因为老板买了车，同事买了车，因此买车成为一种身份的象征。这也可以从某种角度解释为什么我们中国这么穷，还成为世界第二大奢侈品消费国。

也有学者将消费社会称之为休闲社会，19 世纪的社会就不能这么称呼了。很简单一个例证就是近年来我国旅游收入不断增长，旅游收入越来越成为拉动经济增长的新亮点，在 GDP 中所占比重也不断上升。因此也有人提出闲暇社会的概念，什么时候人们才能有闲暇呢？一定是能吃饱饭之后，如果生存都无法保障，人们肯定没有那个精力也没有那个心情来享受闲暇时光。

（四）从关系论的角度看

消费社会的一个重要特点是：人与自然的关系的重要性相对减弱，人与人的关系凸显出来。这里所讲的关系既包括人与人之间的关系，也包括国与国之间的关系。众所周知，最先进入成熟消费社会阶段的是美国。很多活动领域都多少有种定律，第一个进入者往往会成为一种标准，这在电器行业中表现得尤其明显。中国 DVD 企业为什么利润微薄？就是西方企业率先开发出了制式、标准，你想生产这种制式的产品就必须先交钱。就消费社会而言，已经在全球扩展开来，因此许多国家的消费社会进程往往呈现出美国化的特征，所以有人就把全球化等同于美国化。不只中国或者第三世界国家采取这种观点，甚至许多欧洲人也是这么认为，并因此而反对全球化。我认为目前消费社会的一个弊端就是过度美国化，有许多数据表明中国绝对不可能成为下一个美国，中国人如果达到美国民众的消费水准，全球的资源几乎都要被耗完了。

在传统生产社会中，人与物、人与自然的关系处于主要地位；而在消费社会中，人与人的关系日渐突出，因此美国有学者把消费社会也称为人际社会，因为消费的主要功能不是填饱肚子，而是人与人之间的认同或攀比。

看清这些现象对于哲学社会科学研究各领域有很多启示。举一个简单的例子，20 世纪 80 年代社会上批判儒家的一个重要原因是儒家倡导"人际社会"，而今天最现代、最发达的资本主义社会也被称为"人际社会"，尽管两者有区别：儒家提倡的人际社会是建立在血缘基础上的，而现代的人际社会中人们攀比依靠金钱——但都是重视人际关系却是相通的，至少我们今天应该认识到：认为重视人际关系的社会和思想是落后的说法，是值得加以重新审视的。与此相关，80 年代哲学社会科学界特别推崇主体性，这种主体性用毛主席的话就是"战天斗地"，其实主要是在与自然相比较中讨论的——而一般来说，在人与自然关系紧张（普遍贫困表明自然对人的压迫关系）的时候表现得更为突出，才会强调人的主体性；消费社会表明整体上摆脱了自然对人的压迫（走向普遍丰裕），人与自然的关系相对而言退于次要地位，相应地，主体性问题也退于次要地位（比如理论界现在主要讲的是"主体间性"，即人与人之间的关系，而非个人的"主体性"，等等）。

新的消费社会所出现的新的种种现实状况，要求哲学社会科学各研究领域相应地进行基本理论范式的转型。

编辑整理：梁　彬

《论语》研读

彭亚非

2010 年 12 月 9 日

彭亚非

中国社会科学院研究生院文学系教授

摘　要：《论语》作为中国古代最重要的一部经典，自近代以来一直存在着被忽视或被误读的现象，现在有必要还原这一中国古代思想精髓的本来面貌。本文对孔子究竟是个什么人，《论语》究竟是本什么书，它究竟包含了什么样的思想智慧等方面进行探讨。其基本观点就是，孔子是人类文明轴心时代的一位创教者，他在传承中国古代文化的基础上完成了中国古代人文信仰的建构。而《论语》正是记录孔子言行，传播王道信仰和所谓政教文化的"圣经"，是具有革命性意义的一部经典。在《论语》中，孔子提倡礼治，强调制度对权力的制约。他还提出了合理的社会不平等与中国式的三权分立思想，对今天中国公民社会及民主法治社会的建立具有很好的借鉴意义。

关键词：创教者　圣经　人文信仰　社会理想　制度

对于中国学界来说，怎样研究中国古代的思想资源一直是个问题。当然西学东渐之前并不存在这样的问题，我们是自成系统的文化存在，它的研究方法与研究对象自身是统一的。西学东渐之后，我们有过一段文化自卑时期，连鲁迅有段时间都曾说过："中国书最好一本都不要读。"当时有人请一些名人为青年们开列必读书目，只有梁启超列出了中国书，其他入列的都是外文书，而鲁迅则根本没列书目，只是说了上述那句话，从中可以看出当时的一种社会心态。当然后来人们多多少少还是读了一些中国书，但主要还是用西方的思想、理论、思维方法来对中国古代的著述进行现代诠释。把中国传统的经典纳入了西方普遍化的理论话语之中，西方的理论都被认为是真理。真理需要一些个案、其他文化的特例来予以支持，所以中国古代的思想资源变成了证明西方真理的例子。西方的真理具有普遍性，中国古代的先贤也说过这样的话，足以表明西方人说的是对的。那西方的哪些表述是正确的呢？所有的都是。随着西方思潮不断的更替，新的都是正确的。当然到 1949 年新中国成立以后，西方只有一种理论是正确的，那就是马克思主义。所以，中国古代所有的思想资源被拿来证明马克思主义的普遍性。

改革开放以后，马克思主义一统天下的情况被打破。但用中国古代的思想来佐证西方不断出现的理论思潮，还是一个基本方法。近几年来这种情形有所改变，大家开始认识到，我们需要还原中国古代思想精髓的本来面貌。我们从直观上就可以感觉到，中国古代文化与西方文化有着很大不同，它怎么可能是西方话语的一个例证呢？它肯定包含了另外的一些东西。这些东西当然首先具有一种文化的特异性，可是这种特异性就没有普遍性吗？或者说西方的话语穷尽了、解答了所有的普遍性问题吗？西方文明由于它的思维方式也会有空白，也会有遮蔽，而中国的文化系统由于思维方式的不同，可能就关注到了另外一些具有普遍性的东西。那我们怎样才能知道呢？只有尽可能地去还原。当然还原也是很让人诟病的一种说法，因为历史是无法还原的。但这是一个方法，也是个原则，如果允许还原，那么我们就可以无限地接近它。

一、孔子其人

我们应该怎样研读《论语》？首先要解决的一个问题就是：《论语》是一本什么样的书？如果不清楚《论语》的定位，就无法真正理解它。

我们先从一个古代故事讲起。据说宋朝宰相赵普没有什么文化，不过他协助宋太祖打天下，后来又协助宋太宗治理天下，都做得很好。但朝廷有人指责他不读书，太宗就问他："你不读书，怎么能办好正事呢？"赵普说："我只读《论语》，我曾用半部《论语》帮太祖打下天下，我现在还用半部《论语》来辅佐你治理天下。"这就是"半部论语治天下"的故事。这个故事本身是个野史，但是正史《宋史·赵普传》里面也有关于赵普只读《论语》的记载。从此"半部论语治天下"就成为中国古代士大夫们的一句口头禅，到了晚清时期，严复在《救亡决论》中还说："从此天下事来，吾以半部《论语》治之足矣，又何疑哉！又何难哉！"

可是"五四"以后，中国开始对自己的传统文化进行全盘否定，并一直持续了许多年，在"文化大革命"中达到了高潮。中国台湾地区表面上看起来好像对中国传统文化继承的比大陆更多一些，但实际上如果我们观察下台湾地区作家、思想家们的看法，就会发现其实和大陆一样。比如李敖认为："《论语》只不过是一万一千七百零五个字的空疏东西，古代宰相竟想用半部《论语》治天下，这未免把治天下看得太容易了。"这是中国人的看法，而西方思想家们也大都认为《论语》什么都没说，只是一些家常的、庸俗的为人处事的道理。最具有代表性的就是黑格尔在《哲学史演讲录》中的一段话：孔子"只是一个实际的世间智者，在他那里，思辨的哲学是一点也没有的——只有一些善良的、老练的、道德的教训，从里面我们不能获得什么特殊的东西"。但有一个事实是不容忽视的，中国古代两千多年的封建社会统治者们，一直依靠孔子的这部《论语》

治理着广袤的国土，一直在整合复杂的文化，一直在统一多样化的民族，好像也做得不错。为什么说他们做得不错呢？因为，首先他们依靠《论语》建立了一整套完备的文化政治制度。其次这种文化延续了两千多年而没有中断，虽然期间有数次外来侵略，但是文化的道统没有中断。它应该是有它的力量，所以，如果对孔子及《论语》的性质没什么了解的话，就读不出什么东西来。

要了解《论语》是本什么性质的书，先要了解孔子是个什么样的人。因为孔子在过去是个什么样的人是没有疑问的——他是位圣人。他在中国古代的地位就和耶稣在西方文明中的地位是一样的，比苏格拉底、柏拉图的地位高很多。但是后来只是把孔子作为百家争鸣中的一家。孔子处于两千多年前的春秋战国时期，有一位德国人称这一时期为人类文明史上的"轴心时代"，因为这个时期里全世界各个大的文明区域中充满了不平常的事件，充满了人的启蒙与思想意识的觉醒，并且产生和出现了代表各大文明系统的思想家及其统治性的文化学说。这些文化学说及其所代表的文明系统经过两三千年的发展已经成为人类发展的主要精神财富。所以雅斯贝尔斯认为，人类一直靠轴心时代所产生的思考和创造的一切而生存，每一次新的飞跃都回顾这一时期，并被它重燃火焰。孔子在中国历史上就是这样的人，中国古代无论发生什么革命，革命结束之后的第一件事就是回到孔子的思想上去。所以，孔子所处的时代是世界走出文化混沌，进入文明的时代，就是各大文明形成自己的文化轴心或轴心文化的时代，我称之为主导性文化或统治性文化时代。形成文明轴心的标志则是出现本文明的精神领袖和文明导师。比如古希腊时期的苏格拉底和柏拉图、古印度的释迦牟尼、古以色列的耶稣，当然耶稣所处的时期稍晚，孔子和老子则是古代中国的代表。

每种文明都有一个积累的过程，在这一过程中出现了很多思想家、政治家，他们都为这个文明的成型和繁荣贡献了自己的力量。但是就是在某些时期，需要一个人站出来整合诸多的资源，把零散的资源变成整个文明的财富，这个人就是伟大的整合者与集大成者，尤其是人文升华者。他将本文明的文化积累整合为一个自洽、自足的文化系统并由此凝聚成具有巨大的文明感召力和意识形态崇信度的文明轴心，乃至一种文明信仰。可以说，如果没有这些伟大人物及其所做的文明升华工作，一个文明的生命力是难以完全发育成为人类文明体系中一棵大树的。所以雅斯贝尔斯说："那是些完成了飞越的民族，这种飞越是他们自己过去的直接继续。对他们来说，这一次飞越如同是第二次诞生。通过它，他们奠定了人类精神存在的基础，以及所谓的真正的人类历史。"

在这个轴心时代之前，全人类几乎都处于相对蒙昧的时期，但有一个文明已经相当发达，就是古埃及文明。我们现在看到出土的古埃及文字、建筑、绘画的文物，动辄是四千年之前的。四千年之前中国还处于没有文字记载的传说时代，三千年前"武王伐纣"的年份还是现代学者通过各种材料推断出来的。但是古埃及在四千年前就有了恢宏的建筑和发达的象形文字，他们还拥有书籍，是发育得非常早并且十分发达的文化，他们直接孕育了古希腊文化和欧洲文化。我们所说的文化整合和升华时期同时也是从多神论走向一神论的时期。世界各地的文明首先进入部落图腾阶段，然后图腾慢慢地发展为神，并且由于图腾的多样性导致神的多样性。中国古代也有这样一个多神的时期，后来在商朝出现了"绝地天通"的事件，实际上中国并没有形成一个人格神，而是上天、天命这种东西。古埃及在三四千年之前就开始了这个过程，曾经有一位法老试图把古埃及的众神变为一神，但他的改革没有成功，他死之后，僧侣们颠覆了他所确立的神，而继任的法老也没有继续他的改革。所以，一个文明中出现一个伟大的文明整合者与出现一个神是相辅相成的事情。古埃及那么繁荣庞大的文明却中断灭亡了，其原因必然十分复杂，但其中一个很重要的方面就是古埃及似乎没有出现类似孔子这样角色的伟人。

两千年前的中国也处于乱世之中，即所谓"礼崩乐坏，天下无道"的状态。其实无道只是说明没有统一的道，各地诸侯都自行其道并希望自己的道成为天下的主宰。但总体的局面是非常混乱的，天下共主周天子几乎成为傀儡，传统的文化积累遭到破坏，普遍认同的价值理念不再有任何意义，曾经有的人文信仰出现崩溃，连表面上的形式都难以维持，纯实用主义的功利意识成为主导。全社会缺乏统一的意识形态作为凝聚力，每个人都各行其是，其实驱动他们行事的全部动力就是功利。孔子就是处于这样一个时代，并通过自己的努力逐渐成为那个时代最伟大的文化道统的重建者和纠范世道人心的精神导师。但是我们今天十分缺乏某种信仰，无法把人们召集到一起并信赖它。这时我们就需要去追问孔子在两千年前是如何做到的。

他首先对中国古代文化进行整理，当时已经有相当丰富的文化积累了，这些积累形成了许多经典文献。但这些经典文献在最初是被周王室所垄断的，就是在诸侯国也很难看到这些文献，鲁国因为是周公的领地所以能看到。后来由于礼崩乐坏，这些文献又大量的散失，不光是衰落的周王室无法掌握古代文献的精髓，强大起来的各诸侯国也不清楚。这时就需要一个人基于明确的人文信念对这些典籍进行全面的归纳、整理、阐发和升华，从而重建中华民族的人文信仰。这个人就是孔子。但是我们要记住一点，孔子不仅仅是做了文献收集工作，他还做了大量的清理文献的工作。他是以自己所认同的"道"一以贯之，将整个文化集合起来，凡是不符合他的人文理念的，可能就被删除或重新整理了。我们今天看到的"六经"已经不是它最初的文本，而是经孔子整理后的版本。但是他为什么要整理呢？他说："述而不作，信而好古，窃比于我老彭。"意思是说整理、阐述前人的著作而不创新，崇信而且爱好古代文化，我私下里把自己比作老彭。从这句话中我们可以看出，孔子实际上是中国正统文化的整理者和继承者。他几乎是以一人之力在春秋礼崩乐坏、文化失传的情况下复兴了中国古代文化的积累与精髓。他不仅仅是整理古代文化，而且实际上是通过删选、整理中国古代文化而进行了一以贯之的意识形态规范，使之成为超越于具体历史之上的中国文化信仰，成为为中国文化确立了根本法则、根本信念和根本价值依据的圣教文本。所以《中庸》上说："仲尼祖述尧舜、宪章文武。"其实文武或者尧舜是否具有王道思想还是需要存疑的事情。在我看来，情况可能恰恰相反，他们是被后人神圣化以便于说明人们所创立的意识形态信仰的。事实上孔子正是这样做的，他是以"述"的方式达到"作"的目的，以"好古"的方式达到"济世"的目的。所谓"绳之以文武之道，成一王法"，一王法之为法，实际上是成之于孔子手中的。中国的传统文化和古典文献就是通过孔子的整理和取精用宏，才得以成为指导以后两千多年中华文明史的经典。

我们简单参照一下西方基督教文明的历史。人们普遍认为是两希文化培育了今天的西方文明。一个是希腊文化，另一个是希伯来文化。希伯来文化即犹太人的文化，基督教《旧约》就是犹太人的经典，《旧约》主要是讲了犹太人的历史。后来出现了耶稣，他把《旧约》升华为更加具有普遍性的东西。他使得一个民族本身的历史典籍经过他的再诠释以后，升华为全人类共同信仰的理念。所以孔子整理中国的"六经"，通过灌输自己的王道理想使之神圣化，成为"一王之法"。他对中国文化的重要意义就相当于耶稣对欧洲文化的意义。因此，孔子并没有"述而不作"，比如他说："盖有不知而作之者，我无是也，我非生而知之者，好古，敏以求之者也。"孔子的意思是，这个世界也许有生而知之者或不知而作之者，但他不是。他的学识是通过不断勤奋努力所达到的"知"，因而是个知而作之者。当时的人们把孔子看做一个先知先觉者，所以孔子要反复声明自己不是这样的。因此，孔子并非他所说的那样，是个古代文化的二传手，而是一个真正的创教者。

在孔子之前，儒并没有那么高的地位。据近人研究，儒的本字可能是"需"，是个象形字，如人以水濡身，本义可能是"沐浴"的意思。古人在祭祀前都要先行沐浴。儒为相礼，可能就是在神圣仪式前助行沐浴之礼者。也因此，沐浴观念在儒文化中占有很重要的部分。后来又把这种外在的沐浴转变成内在的净化精神的追求，所谓澡身浴德、澡雪精神。所以，我们经常可以在文献中看到，孔子在大事之前都要先洗个澡，最常见的就是"沐浴而朝"。孔子是一个创教者，只是因为他，儒者、儒学、儒教的地位才达到了过去从未有过的高度。我们过去没有意识到这一点，而对于中国的古人来说，这一点却是自明的，不言而喻的。有人说如果不是汉武帝"独尊儒术",那么儒家也只是百家中的一家。这种看法是片面的,不是汉武帝强行选择"独尊儒术",汉朝建立之初并没有选择儒家,而是选择了黄老之术。是中国的历史和文化选择了儒家,儒家文化自身的文化生命力和人文崇信度征服了中国文化。这和基督教当时的形势是一样的,基督教最初只能地下活动,现在所发现的近两千年前的基督教教堂都是建在地下的。后来罗马皇帝选定了基督教是因为基督教在文化上征服了皇帝,而不仅仅是皇帝利用了基督教。

类似于耶稣,孔子不只是个思想家,更是个创教者,他为中华文明建构起了自成一体的人文信仰。在这里说耶稣是个创教者没什么疑问,因为他创立了一种不同于犹太教的新宗教,但是孔子并没有创立西方式的宗教。如果以西方的宗教理念来判断,中国历来都没有那样的宗教。但是,如果我们说宗教是指一个民族的信仰文化,那么中国肯定有自己的宗教。这不是一个思辨的结果,而是一个事实。儒教在古代就是中国人的信仰文化,它和西方的基督教在西方的地位是一样的。它确实没有西方宗教那种完整的形态,比如教堂、教士、大主教,等等。所以,说孔子是创教者时,并不是指他创立了西方式的宗教。中国人自古以来就是将自己的信仰说成礼教、政教、儒教。孔子在传承中国古代文化的基础上完成了建构中国古代的人文信仰。在他之前,中国文化有积累但是还没有形成一种信仰。我们现在也在做文化上的传承,但孔子并非只做了文化的传承,他是将这种传承进行了一种转化,转化成道统的传承和人文信仰的传承,这是非常了不起的。如果不理解孔子做的这些工作,我们永远认识不到孔子是多么伟大的,以一己之力做到那些是多么的困难,而且他还没有"上帝"帮助他。

这种文化道统是一整套完整的政教学说和王道文化信仰,是一套要求在人世建立王道乐土的文化信仰。因此,他的信仰完全是此岸信仰,是文化道统信仰,是从传统文化积累中提炼出、建构出的政治信仰和意识形态文化信仰,是坚信可以在现实世界中建立起一个治平的,即他所认为的理想文明社会的信仰。他不把希望建立在死后的、现实生活中没法出现的纯精神性的彼岸世界,而他所建立的意识形态信仰文化的权威性与合法性则完全来自于祖先崇拜基础上的古代圣王之道的神圣性。所以,他也为我们虚构了一个理想的境界,就是古典文献中讲述的我们曾经拥有过的远古的历史。他告诉我们,他并没有刻意地提出什么难以实现的理想,他只是希望人们复兴我们先人已经做到过的一切。他把眼光投向过去,试图说服人们,我们的先人既然已经建立过一个这样美好而又理想的社会,即所谓的"王道乐土",而且我们已经知道它是一个怎样的社会,那么我们现在有什么理由做不到呢?而正因为作为理想信仰的这个社会已经存在过,所以中国古代的帝王就不得不坚信这个古代的理想社会他本人就可以提供给人们,就不得不以这个已经存在过，因此现在也可以实现的社会典范来提醒自己，要求自己，而没有办法任凭自己的意志和想象力恣意妄为。

信仰文化和宗教文化是不一样的，马克思主义也可以说是一种信仰文化。这一学说同样也是要在人世间中最终建立起一个理想社会。所不同者，马克思并不认为古代就有一种类似的社会，人们只要照着样子做就行。他认为他所谓的理想社会是科学研究得出的一个必然结果。但正因为是对一个尽善尽美的理想社会的追求，马克思主义成了一种信仰，而不仅仅是一种学说。

孔子创立信仰给中国人带来的最大福祉就是，他使得中国的帝王不得不相信他们之所以没有提供给他的人民一个孔子所谓的理想社会，是因为他们自己做得太不好了。中国古代帝王的权力非常大，但他们并不能为所欲为，与这种信仰文化带来的压力有关。自然也有穷奢极欲、杀人如麻的帝王，但非常少，且很难维持长久。大部分帝王要么是确实想有所作为，成为孔子所说的那种可以建成太平盛世的"圣王"；要么就是因为达不到做圣王的要求而干脆放弃，有的皇帝甚至宁愿出家，也不想再当皇帝了。所以孔子的王道信仰给帝王们带来很大的压力，但是对民众来说却不是坏事。我们看中国历史，那些看起来权力无限的帝王们，却往往会怕朝臣。因为士大夫都是儒教文化的代言人，为了让帝王做他们认为正确的事，甚至不惜以死相谏。因此，我们说儒教的王道信仰对中国人来说是一种福祉。

二、《论语》的定位

通过上文的背景阐释，我们现在就可以进一步了解《论语》是一部怎样的书了。就像苏格拉底的弟子们记录下他的言论和思想，耶稣的弟子记录下他的言行和训谕一样，《论语》也是孔子的弟子和再传弟子们对孔子如何启世救人、如何传道授业、如何孜孜不倦地推行和传播中华文明信仰的记录。孔子被认为是上天授命并且应中华民族的预期而出现的济世圣人，是使中国文化的传统积累得以升华的先知先觉者。孔子为中华民族所创立的人文信仰和政教学说就极为简明和精当地体现在《论语》一书当中。因此，《论语》可以说是中华文明的圣训书和立教传道书，可以说是中国古代文化的文明智慧与人文信仰正式整合成型的宣言书与启示录，可以说是在世界历史轴心时代昭示中华文明文化身份的标志之作。宋朝一代大儒张载曾说过："为天地立心，为生民立命，为往圣继绝学，为万世开太平。"孔子之前没人做到这些，孔子之后也没人做到，但是以这句话来概括《论语》一书的人文性质，应该说是很贴切的。如果用个稍显勉强的比喻的话，那么我们可以将孔子整理并尊崇的古代经典文献"六经"看作是中华民族的文化的《旧约全书》，而将记录了孔子思想的《论语》看作是中华文明的《新约全书》。《论语》是没有那么多的哲学思维，但它就是中国古代的《新约全书》，它就是中国古代的"圣经"。

在汉朝时，《论语》是作为"传"出现的，用来讲述"六经"，经传不分离。但是后来就直接纳入经书系统了。所以，不能只是把《论语》当作心灵鸡汤来读，不能只是把它当作道德教训来读。这样读当然也不是完全读不到东西，能了解如何做人也是有帮助的。但它很容易造成望文生义、浅尝辄止的结果，这就很容易出错误。

既然《论语》是一部传播王道信仰的"圣经"，是中国所谓政教文化的"圣经"，是教谕人们如何在现实中建立一个理想的社会，那么它里面就一定包含了丰富的建立理想社会的政治智慧，这也是最主要的东西。过去我们没有看到这些，总以为只有西方人的思想观念中才有政治智慧。

这本书显示了孔子是"圣人受命，立教传道"。中国古代虽然没有完整的宗教形态，但有"受命"一说，即"受天命"，汤武革命就是一种"受命"的行为。"上天"虽然是没有充分人格化的最高统治者，但人们还是非常信仰的。不过这种"受命"只有君王才能获得，所以古书中才会写道：舜王时，凤凰飞来；文王时，凤凰鸣于岐山。孔子说："大德者必受命。"得于道者谓之德，真正地掌握了天下大道的人才是有德的，才是能够"受命"的。不仅仅是商汤周武等得天下者会"受命"，在这里，"受命"的人就是孔子，虽然他从来没说过自己会"受命"，但我们可以从文献中看出他其实就是个"受命者"。

孔子曾经说过，颜回是个"受命者"，可惜他去世太早；子贡不是个"受命者"，但他精于买卖。后世认为孔子只是百家中的一家，这是不对的。他不只是百家中的一家，他后来的神圣化也不尽是统治者一意为之的结果。实际上，孔子在生前就被上到国君下到黎民百姓认为是一个立教传道的圣人。所以他死的时候，鲁国的国君痛哭说："你为什么要抛弃我，你把我一个人留在世界上怎么办？"《论语》中有个官职为太宰的人问子贡说："孔先生是位圣人吗？他为什么如此多才多艺？"子贡的回答是这样的："上天确实有意要让他成为圣人，又使他多才多艺。"这是什么意思呢？太宰以孔子多才多艺作为他是圣人的标志，而子贡则认为孔子的多才多艺与他是圣人并没有太大的关系，他是个圣人，但上天又让他多才多艺，他在当时几乎是个无所不知的人。

子贡在孔子的弟子中是非常聪明的一个，可惜孔子认为他不"受命"。孔子去世后，他在孔子的坟旁，结庐守孝。所有的弟子守了三年都走了，他又守了三年。守孝满后，许多诸侯请他去做官。后来，他利用自己的智慧经商，成为天下皆知的大富商。他以一己之力传播孔子的学说，做出了很大的贡献，可惜他确实不是个圣人。但由于他非常聪明，所以在孔子生前就有"子贡贤于孔子"的说法。《论语》中记载，有人当面对子贡这样说过，子贡立即表示这是一种非常无知的说法，他回应道："夫子的不可企及就像天不可能由台阶爬上去一样。"当有人诋毁孔子时，子贡立即制止并说："仲尼是诋毁不了的，别的贤者只不过是丘陵，还可以跨越过去。仲尼则是太阳和月亮，不可能被超越。一个人要是自绝于太阳和月亮，那对太阳和月亮有什么伤害呢？只不过显得他自己不自量力罢了。"从这些话中，我们可以看出孔子的弟子是如何崇敬他的。

孔子和他的弟子们曾走到仪封，当地官员想拜见孔子并说："君子之至于斯也，吾未尝不得见也。"也就是说，"凡是有君子从我这里路过，我没有不见的"。官员拜见完毕后，对孔子的弟子们说："二三子何患于丧乎？天下之无道也久矣，天将以夫子为木铎。"他的意思是说，你们何必担心没有官做呢？天下黑暗的日子已经很久了，上天将把你们的老师作为传播政教的贤明的圣人啊。这个官员说出了当时人们对于孔子的认识和期许。所以有一句话叫作，天不生仲尼，万古长如夜。因此，孔子在生前就被认为是传教和布道的圣人，他所倡导的人文信仰和信念，照亮了后来中华帝国两千多年的历史。就此而言，这位官员还算得上是个先知先觉者。

在《孟子·公孙丑下》中记述了关于宰我的一些事。宰我是孔子的学生，孔子并不喜欢他，还说他朽木不可雕。可是宰我对孔子的崇拜并不因为孔子对他的批评而有所减弱，他说："以予观於夫子，贤于尧舜远矣。"宋代的二程解释道："夫子之所以比尧舜还要伟大，是说他的事功，尧舜的事功在于治理天下，夫子的事功是推其道以教万世。"子贡说："见其礼而知其政，闻其乐而知其德，由百世之后，等百世之王，莫之能违也。自生民以来，未有夫子也。"有若曰："岂惟民哉？麒麟之于走兽，凤凰之于飞鸟，太山之于丘垤，河海之于行潦，类也。圣人之于民，亦类也。出于其类，拔乎其萃，自生民以来，未有盛于孔子也。"当时天下不论君主、弟子、百姓，认识他的不认识他的，都认为孔子是位圣人。最有意思的是孔子自己也认为自己是个圣人。他虽然平时没有这么说，但到了危难关头他就这么说了。比如《论语》中说："天生德于予，桓魋其如予何！"桓魋是宋国的司马，据说孔子在宋国时，他想杀孔子。弟子们劝孔子快走，孔子说："上天把圣德赋予我，他能把我怎么样呢？"

还有一段更著名的话，当时孔子被拘禁在匡地，他说："文王既没，文不在兹乎？天之将丧斯文也，后死者不得与於斯文也。天之未丧斯文也，匡人其如予何？"他的意思是说，周文王死了之后，一切文化道统不就是保存在我这里吗？上天如果想要毁灭这种文化道统，那我也就不能掌握它了。上天要是不想毁灭这种文化道统，匡人能把我怎么样呢？所以，对他来说，如果有人来杀他，那必定是上天想毁灭这种文化，毁灭这种道统。只要上天本身不想毁灭这个文化道统，谁拿我都没有辙。大兵压境，被人围困，连野菜都吃不到的时候，孔子依旧坦然自若。这种自信从哪里来？源于他自身具有的一种天将降大任于斯人的立教传道的使命感，他深信自己是中华文明道统的总结者、传承者和传播者，而且这一使命并不是他完全一厢情愿担负起来的。用他自己的观点就是"天命所在"，是上天选中了他，让他重建中华文明的道统和信仰。

在《宪问篇》中有一个叫公伯僚的人在季孙面前说子路的坏话，鲁国大夫子服景伯告诉孔子，虽然他的权力不是特别大，但如果需要的话，也可以杀死公伯僚。孔子对子服景伯说："圣道将施行于天下，这是命定的；圣道将被废弃，这也是命定的。公伯僚能把命怎么样呢？"我们可以看到孔子一再说类似的话，不管别人怎样对他，他总是这个态度。

还有两个例子可以作为孔子自圣心态的佐证。一次，孔子自言自语："凤凰不飞来，黄河不出图，我已经完了吧。"凤凰出现表示天下太平，黄河出图表示有圣人受命。尧舜、周文王时期都出现了凤凰，所以孔子的潜台词就是他已经是圣人了，为什么凤凰还不出现呢？再没有一个人敢说这种话，连帝王们都不敢这么说。还有一件事，鲁哀公十四年，西狩获麟，《公羊传》上说："麒麟是仁兽，有王者则至，无王者则不至。"孔子听说这件事后流泪道："是为谁而来的呢？是为谁而来的呢？"他不断地重复这句话，是因为他对于自己未能验证这些祥瑞之兆而深感失落，所以他感叹道："吾道穷矣。"孔子曾经说："我衰老得多厉害啊，好长时间都不再梦见周公了。"日有所思夜有所梦，周公这样的圣人便是孔子一生的梦想。所以孔子虽然不敢自比周公，那也只是与他的身份意识有关，他的心志其实与周公是相通的。他希望自己能成为这个统治阶级的政治指导者和精神导师，做周公那样治平天下的大业。

之所以提到不仅天下人以孔子为圣人，而且他自己也以自己为圣，是因为这种意义是非常重要的。没有这种自我神圣化的精神支撑，没有这种天命所在、圣人受命的自尊、自信，孔子就很难超越于一切现实得失之上，视天下君王为无知无识的受教对象，穷其一生为实现自己的理想和传播自己的信仰而不懈努力。我们总说超脱、看透了、想通了，这些都是没有用的。每一个真正的创教者都是有自圣意识的。比如耶稣，所有的人受了委屈之后都很气愤，但他从来不气愤。他说这些人不知道自己做了什么。别人打了他左脸，他把右脸递上去。他不在乎这些，他没有现实得失这些问题。一个普通的私生子如果没有这种信仰，他是无法超越现实的。犹大出卖了他，他也知道有人要出卖他，弟子们都劝他快逃。但他不觉得有什么需要逃的，他与孔子的心态一样：如果上天要毁灭这个教，那就来吧。如果上天不想毁灭这个教，他们能拿我怎么样？当时的罗马总督本来不想杀了他，但是耶稣是犹太人，而且他说自己是万王之王，是上帝唯一的儿子，所以犹太人一定要杀了他。耶稣只是在钉上十字架之后，才说了一句："上帝，你为什么抛弃我？"孔子和耶稣都是有自圣意识的。这种意识非常重要。这使他们能够超脱一切现实功利，使他们在任何君主面前都能坦然自若。

孔子也许真是一个天启之圣吧，他一生推行治平之道，修养完美之德，他要不是圣人，谁还能是圣人呢？

三、《论语》的智慧

《论语》里面到底包含了哪些政治智慧呢？

首先讲讲他的制度制约权力的思想。孔子是主张制度高于一切的。他说："克己复礼为仁。一日克己复礼，天下归仁焉！"在孔子所讲的王道社会里，礼制就是一种被理想化了的社会制度。所以，孔子是要把礼制的建构放在优先地位。之所以这样做，就是因为制度对于人们的行为尤其是统治者的行为具有制约性。制度实际上也是一个高度形式化的东西，在孔子看来，要达到"非礼勿视，非礼勿听，非礼勿言，非礼勿动"的地步。这种要求是对统治者而言的，不是对被统治者而言的。"礼不下庶人"，礼制的制约是对统治者而言的。那万民怎么办呢？万民有一个教化系统，是另外一回事。所以孔子说："不在其位，不谋其政。"这就是制度的制约。我们现在讲"不在其位，不谋其政"好像是一种撇清的态度，孔子不是这个意思，他是讲每个位置的人就谋各自的政，不能越位。只要每个人安分守己地做好自己的工作，那这个制度就是井井有条的。所以他主要强调的是一种不僭越等级授权的、合乎礼制权利规定性的政治意识。也就是曾子所说的"君子思不出其位"的意思。因此，即使是做好事，孔子也认为绝不能越权而做。因为那样做的话，抬高的只是你个人的道德声誉，可破坏的却是制度。这一点我们今天可能都还体会得很浅。比如，有一次鲁国修沟渠，子路用自己的私粮做了饭菜去慰问民工。今天我们一般人看来，肯定会赞扬子路的做法。孔子却叫子贡去打翻了他的饭食，并斥责他说："过其所爱曰侵。"孔子的意思是说，民工修沟渠是国家和政府应该负责的事情，你用私人的名誉去代劳，给他们饭食，你捞到了道德名声，但破坏了国家的制度。孔子说："知及之，仁能守之，庄以莅之，动之不以礼，未善也。"意思就是说，你的聪明才智足以得到它，仁德足以守住它，又能以严肃的态度治理百姓，却不能用礼制来调动、动员百姓，那也是不行的。

《论语》中记载，有一次鲁定公问孔子："君使臣，臣事君，如之何？"孔子回答："君应该依据礼使用臣，而臣则以忠诚侍奉君。"这里讨论的是君臣关系，这是中国古代的伦常之首。什么样的君臣关系才是最理想的呢？孔子的答案就在这两句话里，这两句话用丰富的内涵和极简的话语揭示了孔子的政治智慧。在孔子看来，君主不能按照自己的喜好，也不能按照个人的亲属关系来使用臣，而要按照礼制的要求来对待臣。这既是对君权的尊重，也是对君权的严格制约。就是说君主不能越过制度来使用权力，他们并不具备超越礼制的绝对权力。只有在这样的情况下，才能要求臣属对君主忠诚。所以前提是"君使臣以礼"，然后"臣事君以忠"。因此，臣下对君主之忠，也就是对礼制之忠，对国家之忠，对天下之忠。

如果君主不以符合礼制的方式对待和使用臣下，那该怎么办呢？孔子没有明确地说。但是有一次，齐景公向孔子请教治理国家的道理，孔子说："君君臣臣，父父子子。"这是中国两千多年纲常的纲领。人们一直以为这是最保守的态度，其实它是非常具有革命性的。它包含的逻辑推论就是：如果君不君，则臣不臣。孔子所言的正面含义就是，君主要像君主，臣下就会做到臣下应该做的。反话孔子没有说，但后来是由孟子说了出来。孟子说："君之视臣如手足，则臣视君如腹心；君之视臣如犬马，则臣视君如国人；君之视臣如土芥，则臣视君如寇仇。"这怎么不是一种好的政治理念呢？据说朱元璋推翻元朝统治后，看到孟子这段话，顿时勃然大怒，要把这句话删掉，同时把孟子从亚圣的地位上赶下去。因为他已经当了君主，他才知道这句话有多么可怕。所以中国的王朝更迭是非常频繁的，在世界历史上也是个奇特的现象。孔子比孟子更胜一筹的是，凡是反话他都不说。

强调制度的重要性和优先地位是毋庸置疑的。过去我们没有太在意孔子思想中的这部分内容。美国人曾经说，如果希特勒是在美国当选为总统，那他会成为一位好总统。因为美国人相信自己的制度对权力进行制约的力量，在他们看来，一个健全的、具有权力制约性的制度甚至能够逼娼为良。当然，美国历史上也有坏总统，尼克松就是其中之一，他由于臭名昭著的"水门事件"被立刻免职。中国人可能把他当作朋友，但他却是美国历史上声誉最差的一位总统。后来有美国人说，当水门事件发生的那一刻，也是美国整个民主制度最岌岌可危的时刻。因为在那一刻，权力越过了制度的监督和制约，使最高权力的恣意妄为成为可能。这是非常可怕的事情。因此，制度对权力的制约是民主制度的核心理念和基本特征之一。对权力缺乏制约和监督的制度是可以滥用权力的制度，也是逼良为娼的制度。

如果说孔子的思想里有制度高于权力的内容，那么他就具有权利意识。之所以要提到这点，是因为中国的传统社会一直是个管制型社会，而不是个权利规约型的社会，直到今天还是这样。人们习惯了被管制，不知道自己的权利在哪，没有自治的理念。现在中国的私营企业中也没有工会，农民工们在权利受到侵害时既缺乏维权意识，更缺乏维权途径。当他们遭到不公平对待时，只能眼睁睁地期待政府或相关权力部门自上而下地管一管。

孔子曾说过："道之以政，齐之以刑，民免而无耻；道之以德，齐之以礼，有耻且格。"意思是：用政令来引导，用刑罚来管制，百姓只能暂时免于犯罪却没有羞耻之心；如果代之以仁德来引导，用礼制来规约，那么百姓不但有羞耻之心，而且能够有自我约束行为。孔子将社会管理分成两个类型，一个是用行政的方式或者有些人说是政法的方式来治理，辅之以刑罚；另一个是道德的方式，并辅之以礼制的权利规范束缚。他认为后一种更好。改革开放前的中国社会，没有法律，只有刑罚。政府知道怎么惩治人，其他的管理则是靠行政命令，没有法治的权利意识。孔子认为这种治理方式存在两方面的空缺，一个是道德，人们没有羞耻之心；另一个是制度。孔子提倡的是礼治，没有叫作法治，所以过去人们总认为孔子是反对法治的，刑罚才是法治。其实刑罚并不是法治。中国的法家从来没有法治思想。中国的法家是所谓的"权术家"，主张依靠严刑峻法统治百姓。中国古代的统治者们也很喜欢法家的这一套。但怎样监督帝王权力，并不是法家所关心的问题。在法家看来，最高君主可以任意使用权力。而孔子的思想是包含了法治观念的，他讲的制度治理其实就是法治理念，虽然包含的这些因素可能比较弱。

孔子之所以会有这样的理念，是因为他的贵族政治理想。他认为每个人都是有权利的，权利都是有等级的。过去我们批评孔子提倡等级制，他确实是这样的，这是贵族统治建构的基本。贵族也是有等级的，不同的等级有不同的领地和权限。但是现代社会的民主意识与这种贵族治理关系密切，民主制就是权利不断地为下人所获得而建立起来的。所以资产阶级兴起之后要求像贵族一样获得权利。近代社会的权利就是从贵族到资产阶级，再到普通民众的过程，也就是所谓的"天赋人权"。但是必须首先有一批人获得了权利，才能慢慢使所有的人都拥有权利。如果社会没有任何一部分人拥有真正的权利，那么即使制度再完善，人们也不知道自己的权利范围在哪里。中国人生活在一种互相干扰的状态中，又被管制又互相侵犯。没有谁觉得自己的权利是受制约的，也没有谁觉得自己的权利是可以自己要求的。他被当官的侵犯了以后，根本就不敢言语；他被普通人侵犯了以后，就和对方争吵、殴斗。如果制度建构起来以后，人们没有权利意识，制度也只能流于空谈。

我们并不能说孔子有很清晰的法治和权利观念体系，但这种虽然非常微弱，并且没有做到充分自觉的思想，对于建设法治公民社会是非常重要的。社会权利思想在贵族制消亡以后，也基本上在中国社会中消失了。孔子的思想没有能够在现实中体现出来。在他之后，中国实际上成了一个纯粹管制型的社会。所以有人也说中国古代社会是外儒里法，法家在中国社会后来的制度建构中起了很大的作用。人们只知道服从权力，既不知道为权利所规约，也不知道为权利所保障。

我们在这里谈到的孔子礼制思想中的权利意识，本质上还只是一种贵族授权观念的体现，需要进行现代性改造，并赋予其现代公民社会内涵，从而形成中国现代式的公民权利意识。孔子的思想中没有平等这一因素，但他主张合理的不平等，这是一种很宝贵的思想。我们无法建立一个完全平等的社会，但是一定要努力建立一个合理的不平等社会。

孔子还提出了中国式的三权分立思想。他说："君子有三畏，畏天命，畏大人，畏圣人之言。"天命就是一种准宗教的东西，可以称之为神权；大人就是现实权力，即统治者；圣人之言就是圣人的教谕，就是意识形态教权。这三个权力是平等的，行政权力在大人手上；天命权力在神那里；意识形态教权在圣人手上，在传承圣人之道的士大夫手上。所以中国古代的文化人是有三种身份的：文人、士、大夫，大夫是做官后的称呼，没做官时就称为士，士是道统之所在，士做不成的话就是文人，传承文化。所以他做了官，成为大夫，士和文人的身份是不能去掉的，一个大夫得罪了士林，就无法在官场上立足。当一个大夫进行文死谏时，他就不是臣下的身份，而是一位士。这就是因为孔子说三种权力是平等的，大人的权力不能高过一切。所以中国古代的行政权力是靠意识形态教权制约的，意识形态教权从来未被统治者完全掌握过，这与政教合一是不同的。当二者发生冲突时，行政权力往往斗不过意识形态教权，因为后者具有强大的社会动员能力。

因此，孔子的思想是非常具有革命性的，对我们现代民主法治社会的建立也有很好的借鉴意义。

编辑整理：梁 彬

比较文学与文学人类学（上）

谭 佳

2010 年 9 月 30 日

谭 佳

中国社会科学院研究生院文学系讲师

摘　要： 中国的文艺学学科建制涵盖了古今中外的众多课程，几乎无所不包，是国内最有代表性的学科。人类学学科则是发展滞后的，本文从对文艺学的反思转向对比较文学和文学人类学的探讨，着重探讨了比较文学和文学人类学的关系，以及比较文学和文学人类学的各自的渊源和特点，对文学人类学研究中存在的问题进行了反思，对中国当下的文学人类学研究中存在的各种主义进行了归结，并对未来的研究趋向做出判断。

关键词： 文艺学　比较文学　文学人类学　反思

一、文艺学的反思

文学人类学在国外挂在文化人类学或者是文学批评等学科之下，但在中国则是在比较文学下面。文学人类学是比较文学的二级学科，是中国比较文学的六个二级学科中最具有勃勃生机的。华勒斯坦认为，现代学科主要是在现代性社会中的现代分工下形成的，他的代表作《学科知识权力》，重点分析了历史学、经济学、政治学和社会学。反思了在现代社会转型、民族国家建构中、现代大学建制下，新兴学科是怎样成立的，它的主要着眼点是从现代社会转型本身入手的视角来分析很多学科。另一个视角是从现代与古代的传统来看。一个地域、一个社会、一个民族本身的心理状况、思想传统和文化观念，这些根深蒂固的观念和民族意识是怎样影响一个现代学科的建构的？这方面的研究者比较多，著述也比较多。例如，林德伯格从西方基督教传统本身来看，分析了西方基督教传统怎样能出现在西方现代性下的科学范式之中（《西方科学的起源》），这有助于思考现代学科和古代之间的关联。韦伯在《新教伦理与资本主义精神》中讨论了为什么西方在基督教传统下可以产生资本主义，他是基于资本主义伦理和西方传统的精神来进行现代性的研究的。

文艺学与现代学科、现代观念、现代社会、现代国家的建构以及现代意识形态的左与右，现代这个角度和中国传统古代文艺思想、文论思想、文学、精神世界、传统古代，从这两个角度入手，会发现文艺学学科很有特点，研究起来兴致盎然。

文艺学学科一方面来说是完全新兴的，是在 1949 年新中国成立以后才开始建制的，而且遵循的是苏联模式，具有意识形态的影子。在国外的很多知名大学是没有文艺学这门学科的，但是有文学理论、文学批评和文学史等。谢泳的《文艺学如何成为新意识形态的组成部分》以具体案例剖析在阶级为纲的社会，文艺学如何影响了知识分子、一个时代，可读性很高。上海复旦大学文艺学的学科带头人朱立元教授领衔的《新中国六十年文艺学演进轨迹》，在学理的梳理方面比较突出，且发表在权威的核心期刊上。

文艺学是外来的，但同时不要忽略中国本土强大的"文以载道"的文化渊源。随处可举，魏晋南北朝士大夫曹丕，君子立德立功立言反映了士大夫对文字、文论的这种认识是根深蒂固的，若没有对文艺创作、文学理论这么根深蒂固的情节，也不可能让文艺学成为在中国当下意识形态最强的学科。

文艺学无疑是中国的人文学科中意识形态最强，接受西方理论最快，最兼容的学科。比如：现代的转型则开始于新文化运动，以 1949 年为界的当代时期，又是什么来引领其风潮？从 20 世纪 50 年代的"胡风案"、批《海瑞罢官》、评《红楼梦》等开始，从先秦到当下，每一次引导社会变革的，要么是文学，要么是批文学，要么是评文学，要么是谈文学。在每一时期，文学理论和评论充当了最重要的时代号角。

当下在文艺学圈最热闹的是文艺学的边界问题。其导火线之一是 2004 年 6 月在人民大学召开的文艺学界的年会上的发言。在会上，以中国社会科学院比较文学研究所的钱中文教授为主导的学者，认为文艺学就是既定的长期以来熟知的脉络。另外，以首都师范大学的陶东风教授，北京师范大学的曹卫东教授为主，认为文艺学可以是文化研究，特别是大众文化和消费文化的研究，当时双方在年会上有不少争论。在这以后，就文艺学的边界、文艺学的理论范式需不需要变，需不需要转向大众文化、需不需要向消费文化转变，在文艺学界一直是热点问题。本人认为这种转向是必然趋势，文艺学的边界将越来越大，最后会引起学科的危机。

2005 年四川大学与四川师范大学就这个敏感问题召开了"文艺学与消费文化"的国际研讨会，本人向大会提交了论文《消费社会与文学研究的语境变迁》，后来该文刊载在《中外文化与文论》的第十一辑。

结合以上两点，文艺学的边界越来越大，另外，文艺学也是最保守最具有本土观念的，具有悖论性特征。一方面紧紧追随西方不断纳入新的研究，另一方面紧紧抓住自己，不愿有所变动，这就成为一组悖论。前面讲了很多来理解它的开放性和建构性，那么怎么样理解最保守、本土观念最强呢？

回想本人自己的读书史，从 1978 年到现在，从最早读周国平至今，西方文论里最能打动自己的是哪一波，最令你陌生的是哪一部分作品？当初，最打动人心的，最让人痴迷的有尼采、海德格尔、比尔扎耶夫、陀思妥耶夫斯基等思想家，但凡打动人心的一定是对存在和意义、人自身、人和社会的关系有所启悟的那些思想家和文论家。第二个是弗洛伊德，他的本我、自我、超我的观点，会让普通人了解人的内心是怎么回事，"人"的思想无一例外地必须是建立在对"自我"的分析上，因此弗洛伊德的书籍一时成为了解人性和做思想研究必读的作品。

同时，最令人有隔膜的，一定是语言学转向、符号主义、语言学等流派。从这些派生出来的结构主义，新批评同样也很晦涩，难以令人喜欢，这并不是一两个读者和研究者独有的问题，就这个中国的文艺学界，从语言学转向开始，到结构主义，再到文化人类学，这些学科都很弱势。语言学的转向只是 19 世纪后期20 世纪初期的事情，20 世纪 50 年代以后，在语言学转向的基础上，整个西方思想界还有个文化人类学的转向。文化人类学在 20 世纪 50 年代以后，走过 19 世纪末期的古典进化学和多元进化学，到 20 世纪中期以后，是一个非常繁荣的景象，这个景象直接和 20 世纪初期以来所有重要的文学批评密切相关。我们所熟知的文学批评、文学思潮、文学现象背后都是以文化人类学的转向和兴起为根脉的。

二、文学人类学在中国

中国人的传统思维一直是老生常谈的话题，80 年代很多人认为中国人是诗性思维，西方是科学严密的，这是不合适的，仍然是把人类的思维做了理性和非理性的二元对立之分，理性和非理性的二元对立之分恰恰是建立在西方文化的基本理解之上。其实，文学人类学最近的全新的命题——神话历史和神话中国旨在破除这种思维之分，用神话的眼光重新回到中国上古社会、上古世界，来看远古传统如何形成了后来的诗性思维，这样的思维不能说是非理性的、重感性的，周易是怎么样产生的呢？《周易》的逻辑思维既不是理性的，又不是科学的更不是非理性的，那应该如何认识它呢？中国人的思维方式决定我们有选择的筛选。

中国人讲究知行合一，格物致知，对中国传统士大夫的精神理念格外重视，对主体性和批判社会相关的思想也非常重视。中国从先秦时期到晚清时期，最大的特点是社会是统一的。一个大一统的社会最重要的是神圣性，凭什么统治，必然要有个神圣性建构和一个神圣性的象征才有可能形成神圣性。现代社会以前，神圣性的建构靠的是天之子也就是皇帝。当下的社会尽管千疮百孔但某种程度上依然屹立不倒，就是因为能解决神圣性的问题。它把西方的某个流派、某一个社会思潮、哲学思想，天才般地发挥成一个社会的神圣性。正是因为本土原因、个人原因、传统原因，等等，我们对文化人类学以及文化人类学背后所带来的思潮、文艺学界的影响基本上很陌生，比如说象征人类学、寓言人类学、阐释人类学、生态人类学等让门外人就听而迷茫，听而生畏。但是如果走进这个世界，人类学其实很精彩。

我们对文化人类学比较生疏，有一定的社会历史原因。1950 年到 1980 年之间，文化人类学在中国高等院校的建制中被完全取消，消融在民族学、民俗学等苏联化的人类学模式当中，而这时期，恰恰可以说是西方人类学第三次转向的核心时期。1978 年以后西学再次涌进，但是我们最关心的是人怎么样从阶级性到主体性，怎么样有自我，有解放，所以仍然关注的是尼采、萨特等。把视野拉得更广一些，把目光聚焦在 1938 年，也就是抗战前后，再往前，1936 年到 1940 年之间，中国的学术繁荣一定超过诸位的想象。我们就文化学本身来看，1938 年 4 月西南联大在云南后方成立，当时的政府出台了《民国教育部大学各学科的必修科目和选修科目》的文件，明确规定文学院历史系、法学院社会系、理学院地理系和生物系必须修人类学（包括民族学、民族志和人种学）。在"红头文件"的指导下，20 世纪 30～40 年代之间，中国出现了至今为止无法超越的人类学经典著作，如费孝通先生的作品。由于当时的抗战环境和民族存亡的诉求，中国的人类学反而还取得了自己独特的因子。在这样国家的大环境下，研究者强迫去思考中国文化和他者文化，尤其是和东亚文化及日本文化之间的关系。费孝通先生认为，1948 年，中国人类学的发展相当接近西方人类学的水准。

今天人类学学科是重建了，但是在中国内地高校里不是放在社会学就是民族学下面。中国社会科学院的人类学是挂在民族学下面，有民族学和文化人类学研究所。北京大学的人类学是挂在社会学系下面。从全国来看，研究文化人类学有两个大本营——中央民族大学和中山大学。中山大学有文学人类学系，不挂靠在任何系所下，自己就是博士点，是中国唯一具有授予文学人类学学士、硕士、博士资格的教学单位。中国台湾"中研院"中最有影响的是史语所，史语所的前身是社科院考古所，考古所中做人文的一批学者和中山大学的一批学者在人类学领域成果卓著。在 20 世纪 40 年代到 50 年代这 10 年之间，最繁荣的文化人类学在西南联大和中山大学，西南联大不复存在，中山大学的传统则保留下来。厦门大学的人类学则挂在文学院下，领军人物彭兆荣教授也是文学人类学学会的副会长和发起人之一，是我通常说的文学人类学的"三套车"之一，他们博物馆人类学是国内最好的。四川大学的文学与人类学所的所长和带头人徐新建教授是人类学"三套车"的另一领军人物。

总而言之，受本土渊源和外来思潮的影响，中国的文论界、文艺学界有很深的文本中心主义，文字至上，汉族中心主义和中原中心主义。做文论研究或者文学研究有三个基本空间：通过文本做社会和作者做研究、文本本身做研究、功能语境研究。一旦把文学放在功能语境里，文本文字只是语境当中极小的一部分。在狩猎时代，在农耕文明和甲骨文之前，古人没有文艺思想吗？没有文本怎么研究？文化人类学的功能研究、语境研究会帮助我们，不要忘记甲骨文和经文作为文字符号恰恰是当时时代传统和时代思维里形成了它的叙事方式和表达意义的方式，然后从甲骨文和经文开始才有了后来的文本和文学叙事。很成熟的市民阶层和文学作品是另外一回事情。有别于文艺学界根深蒂固的观念，文学人类学要做的是重新从文学看人类学或从人类学看文学。前者是西方人类学的一个思潮，我们比较文学、文艺学科的研究则主要集中在后者。

从反思到跨越，我们引出了人类学为什么很陌生，它和文艺学的关系，以及我们现在看人类学能得到的启发和新的研究空间。就文学人类学内部来讲，国外的文学人类学和中国的文学人类学是有区别的，它们的共同点是从人类学看文学和从文学看人类学，即"写文化"问题。在西方20世纪60年代，没有可能客观、如实、公允地进行田野工作，也就没有可能调查一个地方性知识、去调查一个他者。既然任何研究记录都是主观的，只有借文学修辞和文本分析让主观的观察更有规律可循，更有意义可分析。只能用"写"也就是用修辞来完成，当时的一批文化人类学者大量借用了文学理论来建构民族志应该怎么写，这就是文化人类学中有名的民族志诗学或者说是文化人类学诗学思潮。在西方，从文学看人类学就体现在这方面。

从人类学看文学，国外的研究和中国的稍微有点不一样。国外的主要是欧美研究的自身传承的学术谱系，从语言学转向结构主义到象征、到叙事、到隐喻的分析，这一谱系已经非常完善。西方的文学人类学把文学作为一个结构体放在人类文化的大背景当中，重在分析文本，并通过人类学眼光重新看文本中的隐喻、结构和符号。我们通过伊塞尔的《文学人类学》就可以了解这一点。他把文学当作是一个媒介符号来看它对人类社会的意义，内容是由对媒介符号的分析，到我们当下的传媒社会何去何从。在文学人类学上他的研究主要集中在文化学和哲学的反思。中国文学人类学和外国的既有非常高度吻合的根，又在发衍上很不一样。在比较文学视野下，中国的文学人类学是怎么回事儿，与比较文学的关系又是什么关系呢？

文学人类学和比较文学不仅不难融合，反而是很容易融合，只有在20世纪后期人类学转型的大背景下才能更好地看西方当代的文艺批评。既然文化人类学对整个西方思想史和文论重要，为什么我们对其重视不够呢？这有学科自己的和历史的原因，也有社会原因和当下的原因。我们不仅是对文化人类学陌生，同时对文艺学科的理解有一定的筛选，透过文艺学科的特点和现象我们可以得到以下启示：一方面掌握学科的游戏规则；另一方面让自己的研究更有意义。一个学科的成熟与否有以下判断标准：一定有一套成熟的理论原话语。有一套成熟的原话语可以有自己固定的研究对象和比较成熟的研究方法，应用于研究对象并形成了相应的研究成果，这是研究的客体方面。研究主体方面在大学有该学科的专职教授、专业的研究生以及这个学科的教程和教材。具备这样的一些标准就可以说学科是成熟的，比较文学具备了学科成熟的标准。那么比较文学作为一个学科是怎么样成熟的呢？

比较文学往往会被问到比较什么和什么，拿什么和什么比，或者会被问到研究什么国家，其实这是受到汉语称谓的影响，往往会认为比较文学就是文学比较，这是一个很大的误解。不是说比较文学不是文学比较，而是文学比较只是比较文学的构成成分，但还是远远不足以覆盖比较文学，借法国学派后期最重要的代表人物基亚之言"比较文学并不是比较，'比较'不过是一门名字没有起好的学科运用的一种方法，我们企图对比较文学的性质下一个严格的定义但可能是徒劳的"，比较文学应不应该叫比较文学，在渊源之处的法国学派那里一直是有争议的。谢天振先生是上海外国语比较文学研究的领军人物，也是中国比较文学中"译介学"的带头人，20世纪90年代中期他曾经表示过，如果比较文学沦为 X + Y 附庸性的比较，比较文学悲哀也就真的到来了，危机也就真的到来了。比较文学可以比较汤显祖和莎士比亚，比较屈原和荷马，比较《红楼梦》和《堂吉诃德》，但这种比较只是一个支脉。比较文学背后更大的学理渊源和目前的学术现状是什么呢？

比较文学的发生有两个基本条件、两个重要因素和背后的一个根本范式。比较文学的所有教程总是把比较文学上溯到钱钟书和王国维，更甚者上溯到南北朝时期，这些说法也许还要进一步反思。一个学科成立是有基本的标准，只能说那时的研究和研究成果影响到后来中国比较文学职业学者的研究路径，学科是需要建构的，我们面对的不是学科而是学科背后的问题，即用一定的研究方法来研究研究对象。

美国比较文学学者哈利·列文，曾有一篇文章标题：《文学如果不是比较是什么》。我们今天勾勒比较文学也会从鲁迅、朱光潜和钱钟书谈起，但是作为真正的学科，比较文学一定是产生于19世纪后期的欧洲。正如，1816年法国中学教师诺埃尔为教学需要编写了一本名为《比较文学教程》的书，主要选集了一些法语、英语、拉丁语和意大利语的文学作品。比较文学正式地以书籍的形式在

1816 年一个法国中学教师那里出现，很明显该教师是介绍外国文学作品，冠以比较文学的名字而已，学界一般认为是个巧合，不能完全代表比较文学的学科的成熟。1827 年歌德首次倡导世界文学，并预言世界文学的时代即将来临。若是真正有所谓的世界文学，即全世界都使用共同的文学，那么则必定是文学人类学。同时期法国学者维尔曼，在巴黎开设了比较文学的讲座，1829 年，维尔曼就出版了《比较文学研究》。与此同时，法国的另一学者安贝尔也开设了各国比较文学史课程，受到广泛欢迎。比较文学这一名称也逐渐流行开来。不过在这一时期的讲座和论著还是更多地牵扯到具体的文学作品和罗列史料，并不是真正意义上的学科建构，正是由于如此，比较文学的法语含义翻译成汉语，是指"被比较、被对照的文学作品"。当时欧洲其他国家对这样的理解和这样的呈现是不满的，于是今天所看到的英文中的把比较文学称为"comparative literature"，把comparative "比较"放在前面，而 literature "文学"放在后面，这样的构词方式是由英国文学批评家马修·阿洛德在 1830 年前后改造出来的。而第一次使用英文的"比较文学"却是波斯奈特 1886 年出版的一本比较文学专著，1887 年法国学者马修·科赫创办了《比较文学展示》，1901 年又创办了《比较文学史研究》，这两份杂志既是比较文学学界最早的专业性期刊，同时也标志着比较文学的确立。至此，即从 1870 年到 1890 年期间，俄国、意大利、法国、美国的学者都纷纷在高校开设比较文学讲座，此后各国也随即开设了比较文学课程，于是比较文学正式成为高等教育学科中一门常设的具体、明确的学科。1895 年，戴克斯完成了世界人类史上第一篇比较文学博士学位论文——《卢梭与文学世界主义的起源》。从 19 世纪末到 20 世纪初开设起，比较文学就在欧美如火如荼地发展，同时又危机不断。从发展上来看，比较文学经历了美国学派、法国学派以及现在的多元派。范式上经历了从影响研究到平行研究，再到现在的各种研究，本人称其为理论研究，尤其以批评理论为主。

比较文学之所以会在 19 世纪末 20 世纪初兴起于欧洲大陆，主要有两个基本条件与两个重要因素。两个基本条件中的第一个是民族国家及民族文学的建立及其充分发展；第二个基本条件是跨文化视域的形成。比较文学无论是研究比较还是讨论影响或关系，都必要涉及两个主体，这两个主体都各自需要身份。在现代国家即是现代民族国家，现在所说的比较文学必须在现代的民族国家成立并充分成熟、民族意识确立并充分完善的条件下产生了民族文学，才有了比较的依托的对象。而跨文化视域的形成必须要依托于文化人类学的发展。正是由于 19 世纪中后期，文化人类学开始研究自我以外的文化、文明，才出现了真正的跨文化。以前的比较文学仅仅是欧洲国家在欧洲内部民族国家形成的基础上，研究欧洲以外的其他土著民族，这是不完全的。

两个重要因素一个是19世纪全欧洲范围内掀起了浪漫主义文学运动以及对浪漫主义文学的研究，这也是最重要的因素。第二个重要因素是19世纪后期，"比较"成为所有的社会科学和自然科学自发的研究意识。除了比较文学，在这一时期还形成了比较生物学、比较医学、比较解剖学、比较神话学、比较语言学及比较心理学。显而易见，这两个因素是比较文学形成的根本因素。这两个根本方面会促进我们思考：为什么浪漫主义运动的兴起和比较文学密切相关，为什么该时期许多学科同时具有比较的学科意识，这两个根本因素对我们思考比较文学学科、反思思想史和文化史有什么帮助？这些将归结到根本范式上。

浪漫主义运动是19世纪后期出现的唯美的浪漫的文学运动，当透过文学的层面走到背后的思想层面，我们会发现它的内涵非常的丰富和深邃，远不是文学欣赏那么简单。对于这个问题我们可以从以下几个层面来看：浪漫主义运动是对启蒙主义运动的发展和纠偏。因为启蒙主义运动以来，社会高扬理性主义旗帜，一味地强调理性主义，由此来反对神权主义。19世纪后期，工业革命如火如荼，人被异化，这样一个人类不可避免的悲剧蔓延开来。所以最敏感的文人、最深邃的作家们注意到了这些问题，寄希望于浪漫主义运动来进行纠偏理性主义、工业文明对人的戕害，对人的禁锢。现在的浪漫主义渊源可以追溯到卢梭，但是真正成熟是在19世纪后期。在最浅的层面上，我们可以看到的是对理性主义和工业主义的批判，这和现在许多文人呼唤回到田园生活这样的审美诉求是基本一致的。对于这样一股思潮，国内的一批学者专门进行研究，内容集中在审美主义以及反现代性，但是只是基于浪漫主义运动的第一个层面。

浪漫主义运动之所以改变或者缔造整个欧洲的思想史和文学史，更深的原因在于以下两方面。

第一个方面，浪漫主义运动反理性和反工业主义，将目光聚焦在民俗、村野和乡村上面。当时整个欧洲现代民族国家处于"民"建构和形成时期，奠定了什么叫"民"、什么叫"民俗"。中国的文学划分为大夫和民的文学，没有民俗说法，只有正统文学和非正统文学之分。五四运动之后开始回归民俗，研究民俗文学，对于什么叫文学、什么叫"民"、什么叫"民俗"的界定的来源就是欧洲的浪漫主义运动。欧洲浪漫主义运动所带来的是今天人类建构现代性方案的第二个维度，是理性之外的审美现代性的另一个维度。但凡批判工业文明、发展观、后工业、庸俗大众的时候，我们总会搬来审美的武器，提高到美学的无功利性的世界里，用审美、文学艺术来拯救现代人类庸俗的灵魂。其实这只是个资源，而且这种资源来自于19世纪后期的浪漫主义运动。人类观察社会，建构社会文化，处理社会文化，所有类型的方案只是可能性之一。今天建构现代性的方案基本维度就是建构性的、理性主义的、反理性主义的、审美主义的。刘小枫教授的《现代性社会理论绪论：现代性与现代中国》在开篇就谈了何谓审美主义，以及由审美主义专门区分了我们国家有过两次审美主义思潮：第一次是"五四"时期研究晚明小品等的思潮，第二次是李泽厚那一批学者引领的美学热思潮。刘小枫教授还做了一个参照，对欧洲浪漫主义运动的剖析也很深刻。

把握"民"、"民众"的含义，对我们自我身份的划分以及研究文学的视野都起到了制约作用。在这方面我非常推崇我们研究所的民间文学史的两个很优秀的学者，一个是吕微教授，另一个是户晓辉教授。他们表面上的研究领域是在民间文学，但是他们最杰出的工作是把整个民间文学研究上升到哲学的高度，从哲学的高度来反思为什么有民间文学，它是不是天然的，是不是人为建构的。民间文学最早的建构就是在欧洲浪漫主义运动时期，研究乡村、田野、民间和民俗，户晓辉教授有一本书叫《现代性与民间文学》专门对这个问题进行了研究。他最新的著作《重返爱与自由的世界》，从更深的本体论和存在论来反思整个人文研究的经验性。文学研究和经验论认识背后是一个观念的问题，也是一个思想史建构的问题，尤其不要可悲地落入经验的层面。而从哲学这个层面反思文学、文艺学或者是比较文学也是最艰深的。

正是因为欧洲浪漫主义运动的兴起，产生了两方面的影响：第一，学者纷纷关注文学、文学理论和文学批评；第二，浪漫主义运动既然是欧洲范围内的运动，不同的国家都参与其中，使得各国之间的文学交流成为可能。研究比较文学或者说比较文学最初的研究者们无一例外的是从研究欧洲浪漫主义运动开始，因为要研究浪漫主义运动必然研究这一时期内不同国家的文人、不同的批评者是怎么样研究的，这就是比较文学。

第二个方面，浪漫主义运动促进了比较意识的成熟及普遍。这种比较不是今天的 X + Y 的简单比较，这时候的所有学科的比较无一例外地强调实证、强调史料和实证与史料二者的关系。比如比较解剖学，一定要强调一例解剖或者是对器官的认识和前不久的另一个国家的另一个解剖之间承传在哪里，推进在哪里，绝不是简单地比较异同。比较语言学建立在不同文化，不同民族语系的内部分析上，从最小的单位看渊源看影响，而不是空泛地说两个语言有什么特点。为什么比较学科背后都是强调实证、客观、史料呢？这就是比较文学发生的根本范式——科学实证观念和进化论。

科学方法对于人文学科来讲有重要含义：是指作为自然科学的方法和精神，将人文学科按照自然科学的研究方法归纳和演绎。自然科学的方法不外乎归纳和演绎两种，归纳法是完全罗列所有的经验素材从中提炼规律，发现问题。演绎法是在不能搜列所有的经验素材的情况下用一套已有的规律演绎可能产生的情况。在人文学科方面，在西方以兰克为首的客观主义史学所强调的是对客观历史的研究态度和方法。兰克史学是兰克本人及其弟子在 19 世纪下半期形成的德国史学流派，也是西方近代史学和现代史学史上最具影响力和冲击力的流派。兰克史学根本上影响了明治维新时期的日本史学，而明治时期的日本史学完全是中国近代史学的渊源和根本源头。当时去日本留学蔚然成风，戊戌变法的思想资源全部来自日本，鲁迅、周作人、王国维无不是从日本留学回来的。做中国史学的研究和人文研究一定要了解兰克史学，因为我们今天对神话、历史的认知就来自于中国现代学术奠基期的建构，至今没有超越，除了历史人类学对此质疑。"五四"时期的一套学科理念和方法最典型的体现在古史辨派身上。古史辨派是以顾颉刚先生为代表的一批当时中国研究古代历史的最杰出的学者，他们所缔造的高峰就像乾嘉学派在古代缔造的学术一样。古史辨派根本观点是神话和历史、传说和史实是截然对立的。一个是虚构的，另一个是客观真实的。该学派认为真正的历史、真正的史学只能通过客观的方法来研究。对神话的看法、对历史及历史研究对现在整个学术界影响很大，因此神话研究也被放在文学尤其是民间文学下。古史辨派来源于日本的新文化史运动或者叫文明史运动，文明史的资源来源于兰克史学派，而兰克史学派于欧洲历史的地位和意义已经在 20 世纪中期以后的历史人类学那里被解构得遍体鳞伤。但是，至少在 19 世纪末和 20 世纪的欧洲以及中国当下的学界，兰克史学派及其衍生的学术研究路径仍然是主流，所以才称之为根本范式。掩藏在其中的是进化论，进化论宽泛地讲，从达尔文的进化论即生物学的进化论到社会进化论。1886 年波斯奈特是以比较文学为名第一个写比较文学专著的学者，给比较文学下了定义：文学进化的一般理论即文学要经过产生、衰亡这样的不断进化的过程。歌德在 1827 年提出的世界文学的产生，其实也就是基于进化论思想，就是他认为文学研究要有个规律的顺序——社会生活由氏族到城市，由城市到国家，从国家到世界大同的一个逐步发展，文学或者比较文学同样是这样，不断地研究从氏族到城市，由城市到国家，由国家到世界大同是这样进行的，按照这种普遍规律和客观发展的历程长期发展下去就会产生世界文学。当时的不同的比较文学者也主要是基于进化论和科学实证观来研究比较文学的。

比较文学发展的第一个阶段是产生了法国学派。法国学派主要研究国际文学关系史，强调实证和关系。法国学派下面具体分有众多门类，流传学、渊源学、传播学、接受学、译介学和形象学。后期的形象学形成自我突破，主要研究你我之间的文学作品通过翻译之后，在作品中形象的符号的规律，比较文学在传播译介之间形成怎么样的形象类，超越了完全的实证而注入了一定的符号学。

第二个阶段是 20 世纪 60 年代美国学派，美国学派主要是进行平行研究。该学派强调两个比较对象之间的共同规律、异同以及美学精神。例如，比较莎士比亚和汤显祖，就会研究莎士比亚和汤显祖有什么共同的创作风格，作品的艺术特点，由此形成了平行研究下面的最壮大的比较诗学。比较诗学发展到 20 世纪 60 年代在美国平行研究的思潮下面，是所在比较文学中异军突起的一脉。诗学主要是指文学理论，不是关于诗的学。余虹《西方诗学和中国文论》通透地探讨了比较文学中一直存在的问题，因为亚里士多德开始的诗学和曹丕所说的文章经国之大业中的文，所代表的精神完全不同，不同文化不同样式的可比性在哪里，怎么样来比较，至少在中国谈诗学多半是谈西方文学理论本身。西方学者中，1990 年由当时的国际比较文学协会副主席厄尔·迈纳的《比较诗学》在方法论上对不同的文化圈做基础文类的考察，是迄今为止比较诗学的扛鼎之作。在不同文学是否具有可比性上，他也认识到话语不同不能随便拿来比较，取样拉美亚欧的文学样式，找到各个文学样式所具有的基础文类，然后在基础文类的基础上，找到各个文化的差异，即各个文化的原创诗学。美国学派讲平行研究但是不排斥法国学派和影响研究。反观中国的比较诗学，曹顺庆的《中西比较诗学》是我们国家第一本研究比较诗学的。除此，还有代表性的是：赵毅衡的《远游的诗神》主要讲了中国对法国象征主义的影响，这也是比较诗学的范式之一。张隆溪的《道与逻各斯：东西方文学阐释学》把中古文论和中国思想最根本的范畴"道"和西方世界、西方文化最根本的逻各斯作比较，从文化的总体精神来研究。

中国的比较文学在 80 年代完全成立，有了比较学科、比较阵地、教授和相应的协会。在 1904 年黄人在中国文学史分论卷中就介绍了波斯奈特的比较文学；1919 年章锡琛翻译了日本学者本间久雄的《新文学概论》书中讲比较文学的部分，可见 20 世纪初比较文学或多或少地在发展。问题在于，为什么比较文学发展比较缓慢，文化人类学发展蔚为大观；而 80 年代比较文学蓬勃发展，而文化人类学却不痛不痒？考察一个学科，要看该学科背后的社会关联。80 年代主张主体性反对阶级性，大量的涌进西方文论思潮和西方思想家，尤其是 60 年代以后西方经过文本转型和语言学转型，很多重要的思想家就是文艺理论批评家，比如哈贝马斯、米勒等，他们同样也作文本解读，因此要了解西方文论也要了解这些文艺批评家，在这些追赶当中，中国比较文学在 1978 年以后，再从 80 年代中期开始正式成立。最早踏入比较文学圈子的研究者是做现代文学的，比方说乐黛云先生，他研究尼采和日本文学及中国文学的关系，尤其研究尼采对中国现代文学的影响，由此从国外的文学思潮和国外的思想家来研究他们对中国的影响并形成了一定的研究气象。逐渐中国的比较文学就发展起来。

2008 年第九届比较文学年会在北京语言大学召开，这次年会非常重要，因为正是 1978 年到 2008 年中国比较文学的 30 年，是自我总结和自我展望的机会，大会上有很多精彩的报告，其中复旦大学孙景尧教授做了《中国比较文学 30 年报告》，将比较文学研究领域分成六大领域，在六大领域中又分传统方向和新兴领域。传统方向包括国际文学关系学，比较诗学和华人流散文学。新兴领域包括文学人类学、译介学和文学与宗教的跨学科研究。举例来说，国际文学关系学在北大做得很有代表性，特色是中日关系史研究。北大的孟华教授主要研究领域是法国文学和中国文学里面的形象学。复旦大学的谢天正教授是译介学的领军人。人大的杨慧林教授在宗教和比较文学关系方面做了很多研究。

中国比较文学界一直高呼危机，那什么是危机呢？危机论是美国学派质疑法国学派，就只谈研究关系吗？不谈文学精神和美学吗？由此法国学派面临着危机。美国学派的危机是被指控可比性在哪里？这样谈美学、史学、文学评论在哪呢？还是比较文学吗？至今，中国的比较文学的边界越来越大。比较文学的危机体现在中国最集中的是2008年《比较文学》杂志的第四期翻译了法国学派的文学家苏珊·巴斯奈特的《21世纪比较文学反思》，悲观地认为比较文学将消亡。2009年第一、第二期随后引开了大讨论。曹顺庆先生提出中国学派，认为要解决危机必须致力于跨文明研究，在他看来第一是要交流和对话，继续做文论比较，第二要站在自己的角度阐释对方或者是站在对方的角度来阐释自己。北大和其他学者认为这个提法只能是个研究方法不能称之为学派，所以产生了争论。乐黛云在2004年香港国际比较文学大会上作报告称中国的比较文学的研究之路还应该是跨文明对话、跨文明比较，这样的声音得到了杜维明教授的强力支持。跨文明比较是中国比较文学的趋势，但是怎么跨，具体的研究方法还有待发展。

中国的文学人类学非常有本土特点，形成了自己方法论的流派。中国的文学人类学和比较文学的关联，首先最直观的关联体现在人事制度上，三个最主要的成立者——叶舒宪、徐新建、彭兆荣教授，都是比较文学的博士，而且都是做文学出身，各自的侧重点也不同。中国的比较文学研究会是中国比较文学学会的二级分会。学理上，中国的比较文学存在根深蒂固的自卑情结，百分之九十的比较都发生在中国和西方之间，或者是中国和日本之间。看起来天经地义的，实际上是值得反思的：为什么不和拉美或者非洲比较，单单和西方比较，而且是仅仅和西方的几个有名的国家相比较？从比较对象上来说，文学人类学在比较文学中是唯一一个比较兼容视野最广的。研究文化人类学或者人类文化必须在纵向上了解人类文化从旧石器时代到后工业时代不同阶段的基本语境，这是研究文化人类学不可避免的基本过程和基本功能；横向上不可避免地关注不同族群文化、族裔文化和少数民族文化。虽然具体可以选择某一个具体的研究对象，但是理论是共享的，所以文学人类学在研究事业上确确实实可以超越中西比较长期以来的模式。文学人类学在做比较时不仅仅局限于文本研究，而是要超越文本主义，把人类文明的元素和相关符号都看作可以比较的。比如玉器研究，玉在中国有特殊文化内涵，同样是人的精神世界的叙事，同样是可以用文学理论或者人类学分析的文本。文学人类学超越文本中心主义，回到整个符号象征世界，要在符号象征世界走得深远就必须借助语言学转向结构主义的脉搏，所以不论是在研究对象还是研究方法上，比较文学的总体目标是世界文学。人类本身就有不同的文化，不同的族群有不同的文明，只有先回到地方性知识，本身才有可能有总体性知识，因而必须要借鉴20世纪最壮观的人类学。

所以不管是从研究视域、研究方法、研究手段还是最后的总体目标，文学人类学都是中国比较文学的一个新尝试。

编辑整理：梁　彬

比较文学与文学人类学（下）

谭　佳

2010 年 10 月 9 日

谭 佳

中国社会科学院研究生院文学系讲师

摘　要：本文指出中国的文艺学科包括文学、比较文学等都深受西方文论的影响，独独缺少人类学视野，因此本文在对文化人类学基本的理论、方法和流派的介绍的基础上，探讨了文化人类学和文学共同关注的神话、图腾崇拜等文化表征，进而对二者的交集——文学人类学的理论流派、相关研究进行了探讨，最后结合中西方的具体运用和研究方法，对文学人类学进行了系统、新颖的反思。

关键词：文化人类学　比较文学　文学人类学　视角　反思

一、文化人类学

文化人类学是 20 世纪最繁荣的学科之一，日常生活中经常听到的某些词，如"图腾"，就是一种地地道道的人类学术语。某种程度上，了解图腾可以大概了解人类学的发展脉络。

图腾（totem），本是出自北美加拿大的一个土著民族的词汇，原意是指"非我者的亲戚、外族"，人类学的解释是"不可通婚的另外一个氏族"。往往称代氏族的是一种动物，也有植物和自然现象，比如闪电、雷。但最主要的、最常见的图腾是动物。但是，并不是任何一个动物都会是图腾。在农耕文明之前，人类还没有大量的种植经验，主要是狩猎为生。狩猎文明时期图腾的确定主要是根据当时氏族所处的环境去模仿、信仰、崇拜该氏族认为最强大、最有危害性的动物。因此，图腾往往反映了人类在特定的历史时期，特定的生存环境中人类与自然界尤其是动物之间的特殊关系，也往往和狩猎习惯相关联。

图腾崇拜是怎样发展而来的呢？早期的人类学家认为人类存在图腾思维，这是一种非排他率的神话思维，该种思维的基点是"万物有灵论"，认为任何现象是相互灵验的，并且在某种神奇的力量下可以相互转化。最初的人类学家将"万物有灵论"看作是人类思维发展的最初阶段。基于"万物有灵"才有了图腾，才有了图腾崇拜。

图腾研究本身是流动的、开放的，人类学不同流派有不同的研究基点、不同的效果。涂尔干认为图腾必须和氏族相关联。一个原始社会的原始结构，如果没有氏族，只是崇拜某物很难认定该社会存在图腾，因为必须存在氏族，这样一种物必须成为该氏族的符号，并且在氏族内部产生神圣与世俗的二元对立，在这样的氏族文化结构中，才可以认为存在图腾。早期以后该种观点遭到质疑：不能设想所有的人类、所有的地区必然是以万物有灵论开始，必然是以先信仰某种动物或者某种植物开始，而且限定在了特定的社会结构——氏族结构中。

20世纪中晚期，熟知的结构主义人类学代表列维斯特劳斯对图腾有了全新的颠覆，并写成书《图腾主义》。列维斯特劳斯从认知角度研究人是如何看待事物的，以及人是如何对事物进行分类的。他认为图腾是一种人类思维结构和分类方式，只是人类对自然界的众多分类当中一种独特的认识结构，可见列维斯特劳斯用认知结构主义来研究图腾。

文化人类学的发展和对图腾的认识变化完全是一致的，也就是在20世纪中晚期，人类学进行第二次转向。从大的阶段来分，文化人类学的变化经历了历时性研究、共时性研究和互动性研究，也就是最初的进化论、传播论到结构主义、功能主义、象征主义再到后来的写文化，等等。

历时性的研究的最大特点是把人类的发展放在时间的维度上。共时性的研究指在不涉及时间的前提下来解释文化是如何运作的。互动性研究同时包含历时性和共时性两方面，既要拒绝共时性研究的静态特征又要拒绝历时性研究对历史的简单假设，更侧重的是研究一个社会内部的循环，尤其是文化与环境的关系。

不同阶段的人类学在看待问题上存在不同视角和不同纬度，以人类学的经典问题"人类的起源是母系氏族还是父系氏族？"为例，来看不同阶段的人类学是如何看待研究问题的，进而了解文化人类学的发展脉络。最早的进化论通过大量的田野调查认为，人类是先有母系氏族后有父系氏族，对私有制的研究、婚姻的研究、近亲的研究是这一阶段的经典研究领域，经典的马克思主义的很多思想也是从这个阶段而来的。历时性研究如进化论和传播论，旨趣在某种文化特质是在哪里第一个产生，从哪里传播到哪里；共时性研究兴趣在特定的社会上研究母系氏族还是父系氏族更适合这个地方的文化，这个文化是如何培养儿童的，如何强调仪式的，形成了怎样的人格特质；互动性研究则认为某种社会样态既已存在，它和周围的环境有什么关系，通过怎样的书写方式才能记录这个氏族，记录这个文化样态。

二、文学人类学——人类学和文学的交集

文学人类学是一个双向运动，包括以下两方面：从文学看人类学和从人类学

看文学。首先从文学看人类学，就要讲到人类学的基本方法——田野调查（field work），该种方法起源于欧洲贵族和学者去观察和研究土著地区野蛮人，在土著区住一段时间，用各种方法去观察"非我的他者"，观察的方式和记录就叫田野作业，在人类学的这种方法中文学的相关资源和文论的相关资源被运用到相关的著述和民族志上。20 世纪 60 年代以后人类学思潮当中的写文化和民族志实学就是从文学看人类学的文学典范。

反过来，可以运用人类学的视角和资源对文学作品做解读，如运用文学人类学的资源来看口传和侗族大歌。西方更有专门的文学人类学的书籍和会议，主要从哲学的层面、虚构和真实的层面进行文学人类学研究。

最初的交集是通过西方文论当中已经很成熟的剑桥仪式学派、原型批评学派来分析文学作品。90 年代中期一批文学人类学实践，例如：为什么中国的女神是用高堂神侣的形象？这和西方的维纳斯有什么不同？原型意义思维特点是什么？同样是太阳崇拜为什么西方有史诗但中国没有，而是产生了自己特有的抒情方式？

（一）剑桥学派

剑桥学派直接受到弗雷泽的影响，名著《金枝——巫术与宗教的研究》（以下简称《金枝》）主要关注一个问题：古代神话和文学作品中"弑君"为什么如此普遍？最典型的古希腊神话到莎士比亚的名著哈姆雷特等文学作品中存在"弑君"主题，弗雷泽从巫术和原始宗教的角度对"弑君"的习俗和现象进行分析，并把结果用于阐释西方的文学作品。他的解释是：古希腊神话和文学作品存在"弑君"是因为在原始文明的习俗和巫术仪式中就存在这种人类文化现象，因此《金枝》被视为是文学人类学的最重要的源头，让仪式、神话、习俗、巫术、传说交织在一起为后世的民间传说、文学幻想在习俗方面找到了实在的依据。受弗雷泽的影响，在英国很快出现了一批专门从仪式的角度探讨文学的发生及起源的学术团体，被称为剑桥学派。该学派的杰出代表人物是女性学者哈瑞森，她的主要工作是对希腊文学和艺术做宗教起源的研究。1913 年她发表了论文《古代的艺术与仪式》奠定了文学人类学的一种研究范式：仪式与戏剧同源。文学叙事和人类最初的仪式信仰是同源的，都是用文化表征形式来表达人性内部的某些特征。

该派的著述《巫系文学论》是位日本文学研究家从仪式巫术的角度研究楚辞的起源和屈原本人，具有很强的剑桥学派的特点，是值得一读的文学人类学的专著。

在弗雷泽和哈瑞森所代表的剑桥学派基础上，形成了弗莱和荣格的原型批评。弗莱声称要将文学原型追溯到神话、仪式等前文学样式中去，很明显是在剑桥学派和弗雷泽那里得到了宝贵的资源。

（二）原型批评学派

原型批评又叫图腾式或者神话的仪式的批评。该派理论试图在诸如仪式、神话或民间故事中发现文学艺术是怎么形成的，强调从文学的整体比较中获得某种典型形式的文学研究和批评方法。例如叶舒宪教授的《英雄与太阳》，通过跨文化的比较，研究为什么草原马背上的民族崇拜太阳，并有了英雄与史诗，特别是史诗当中的英雄的主题。为什么非草原民族，特别是中原的农耕民族没有史诗这种典型形式。该派要求从整体上把握文学类型的共生和演变规律。

对中国文学样式的起源感兴趣的读者，一定要读神话原型批评的相关理论和著作是如何从仪式、文化渊源上发现一个文学样式的发生。以《尚书》为例，《尚书》完全是由口传文本记录下来的，是周王周公在征伐之前、胜利之后对王公大臣说的话。这样的一种样式怎样从口传文学成为了书面记载，又从《尚书》这样的书面记载发展到后来《左传》那样的文学叙事形式？

什么是原型呢？理解原型一定要理解荣格和弗莱，他们二者，一个是从文化上讲原型，另一个是从文学上讲原型。荣格的研究基于集体无意识来讲人类内心深处所共同拥有的意向、情结、不断出现的主题，这些就是原型。与集体无意识概念不可分割的原型概念，是指在心理中明确存在的一种形式，神话学的研究可以称之为母体，在原始人类心理学领域又可以叫作集体表象，在比较宗教中又叫想象的范畴等，所谓的原型，照字面理解就是预先存在的形式，并不是孤立的现象，而是某种在其他知识领域已经被认可和命名的东西。简言之，原型是先于个体样式的人类普遍拥有的集体意向、集体形式。

荣格对原型的理解直接决定了后来人对原型的理解和对文学的重新认识。荣格认为文学既不是弗洛伊德所认定的是作家的白日梦、潜意识的压抑、力比多的爆发，也不是少数特别发达的精英知识分子的杰作，而是人类所共用的某样情结、情绪形式通过某种形式表达出来，从而使得文学具有了广泛的人性基础。可见，原型是可以置换的，原型装进不同的东西就可以焕发出某种情结。原型是可以交换的，是在某种文学作品中体现出来，也可在另一种文化群体中体现的，在此基础上有了弗莱对于原型的研究，弗莱相比荣格更注重原型的象征形式。电影《黑客帝国》是对西方哲学最完美的阐释。黑客帝国简言之，主要讲述的是真实与虚构的关系，真实世界和虚构世界到底哪个更真实？这也是从苏格拉底开始，西方哲学对人类世界的划分。到弗莱这里，同样是基于真实与虚构，客观和主观的二元对立来阐释他的原型理论。他多次提到人类生活有两个世界：一个是实际的世界，是科学能够对它做出准确阐释的世界；另一个是希望的世界，是人们希望生活在其中的世界，是高度理想化的世界，文学的意义就在于描绘和塑造这个希望世界。所以说，弗莱的原型理论是基于对世界的基本划分，在西方的古希腊罗马神话和《圣经》的故事中寻找西方的文本叙事当中始终存在的一些结构、意向和规律。批评地剖析中西方的所有文学作品分为两类：虚构的和主体的，这里的主体主要是指实在的。西方的叙事模式一直遵照从神话到传奇到写实再到讽刺这样的发展过程。

弗莱所认为的原型是反复出现的最基本的文学单位，而且他往往认为这个文学单位就是神话。他认为神话当中反复出现的主体、母体是一种原型，所有的叙事文本当中共同存在的结构和规律也是一种原型。

后世的文学发展和文学类型不外乎是对神话的延续和演变。后世的文学作品都可以找到相对应的文学结构。以语言文字为媒介的文学艺术的作品，要研究它必然关注神话，神话也成为了文学和人类学交集的重要的文学样式，或者说是人类学样式。

基于西方的认识传统和哲学的传统，到了 20 世纪 90 年代，文学人类学真正成熟地诞生。首先扛起文学人类学大旗的是沃尔夫冈·伊塞尔。

伊塞尔通过《虚构与想象——文学人类学的疆界》一书，从深广的角度理解人类的虚构化行为从而回答何谓文学，人类为何需要文学，人类为什么需要虚构。他把世界分为实际存在的、虚构的和想象的，并认为认识世界的真实之所以然和虚构之所以然，必须通过想象的载体，而文学可以作为想象的样式跨界真实和虚构，因此人类永远需要文学。他的理论目标是通过文学的角度来揭示作为受到原型、形式冲动驱使的结果，人可以成为什么样的人。通过文学研究看人的想象到底可能成为哪些类型，从而通过中介来看人的真实、虚构，并最终可以把人性塑造成什么。

三、文学人类学的具体运用与反思

反思文学人类学的四种范畴：虚构与真实、客观与主观。人类学研究的阶段从低级到高级，从原初到现代，可以将其中体现的原型理论运用到具体的生活中。反思的两种维度是：第一是西方的应用，第二是在中国本土运用它。

西方的人类学建立在这四种范畴中，从弗雷泽及其之前的思想家，到荣格、弗莱到伊塞尔，他们对世界的认识两极的思维，把文学放在中间，或者是作为基本单位桥梁或者是共同形式，由此形成文学人类学，这种理论的张力是巨大的。

（一）原型研究在西方的具体运用

女性研究者皮尔森和马克合作完成著述《以神话原型打造深得人心的品牌》，主要研究西方人的四种心理动机和十二种心理原型，认为市场上的商品的广告和品牌标识，一定要贴近人的心理，才可能最快被消费者接受。以耐克、苹果和迈达斯的标识为例，三者共同的特点是在品牌广告语和标识的设立时都请教过比较神话学和心理学的专家，或者在设立时有意识地融合了相关的资源。

美国著名的迈达斯（Midas）汽车维修公司的商业口号"Trust the Midas touch"，就出自于希腊神话中迈达斯国王点石成金的故事。迈达斯国王的魔法可使他所触及的任何东西都变成黄金，现代英语中的"Midas touch"通常用在商业领域，指一个人财运亨通，无论干什么行当都能成功。迈达斯公司的口号形象地告诉消费者，相信他们的服务，只要手指一动，汽车马上灵通。因此，很容易被消费者记住和信赖。

苹果公司的标识则是一个被咬了一口的苹果，该公司的座右铭为"与众不同的思考"，又是一个非常契合西方神话原型的图样和心理，因为在西方基督教传统中，亚当和夏娃偷吃了智慧树上的苹果才有了思考和智慧，很吻合西方人心理的神学渊源，这个宗教神话的原型贴合大众心理并容易被大众接受。

耐克的自我口号是"自由与超越"，该品牌名称来源于希腊语 Νικη，在希腊神话中是胜利女神的意思，在古罗马神话中胜利女神相对应为 Victoria，拉丁语转写为 Nike。在希腊神话中，该神长着一对翅膀，身材健美，拥有惊人的速度，她不仅象征希腊战争的胜利而且代表着希腊日常生活的许多领域尤其是竞技体育。1971 年，耐克的首席设计师约翰逊在为新产品取名字时采用了一个名叫卡洛琳·戴维森的学生的标识，把一对飞动的翅膀简化为钩，尤其强调钩上的爆发力、速度和力量，由此诞生了著名的运动品牌。耐克标识的设计反映了该品牌商家有意识地利用神话资源和原型的力量感染群众，生活在西方文化中的人们一瞥即可联想至胜利女神，进而想到自由与超越。相反，中国文化虽然受到西方的影响，但是像李宁、安踏等运动品牌在模仿之余，徒有其表，失去别人品牌背后深刻的文化渊源与内涵。

（二）反思文学人类学

介于虚构与真实、客观与主观之间的对立才形成了原型说，问题的关键是我们用人类学后期发展的结论来诘问原型批评和西方文学人类学本身，是不是所有的民族，所有的文明必然有图腾思维，必然从万物有灵论、从神话思维发展到逻辑思维？是不是所有的民族在认识世界的眼光上都是通过虚构与真实去看、客观与主观去看？

以在东方影响力最大的佛教为例，佛教的六道轮回图包括佛教经典是真实的还是虚幻的？轮回图、法轮图是真实的还是虚假的？为什么空即是色，色即是空？到底什么是有，什么是无？为什么说，无即是有，有即是无？在伊塞尔的理解中世界是三元的，是按照现实、虚构与想象构成的，尤其现实和想象会互为对照的。佛学思维和主导世俗社会的思维——数理逻辑，在根本上有很大的差异，所以佛学上的很多经典是无法用世俗世界的逻辑思维来进行判断的。

世界的四个层次：经验层面的现象，主要是用人体器官感知的；对现象进行分门别类的整理就形成了知识；思想是不可见的事物，而是要回答历史的问题，回答历史变迁中的文化问题，时间跨度从现今到古代，研究对象从个体转向人类；智慧则是不仅要回答人类历史，还要回答什么是生与死、什么是有与无。因此仅仅用肉眼判断佛学及其他文化元素的真实或者虚幻是不够的，断定什么是真实什么是虚构是不够的，而是要结合之后的三个层次来进行研究和判断。

我们从反思的角度审视中国传统文化中的孝行和孝德。《周礼·地官·师氏》："以三德教国子：一曰至德以为道本，二曰敏德以为行本，三曰孝德以知逆恶。"至德是悟道天地、有无、空色之间，是人德行的最高境界，儒道两家皆强调此项；敏德，行为是否符合社会规范；孝德，是人德行的最低的层次，最基本的道德要求。人伦道德之上是修身养性，再是通天地境界，所以儒家才讲格物致知，修身齐家治国平天下。总之，不管是儒家还是道家的终极追求一定不是实存的，不是一种经验性的逻辑思维所能带来的，在文化渊源和历史背景下产生的文学样式、文本样式，由此反思文以载道的思想是别有一番境界的。

和天地相通最早可以上溯到八千年的兴隆洼文化和四千年的良渚文化，在新石器的文明源流中就可以看到祭天祭地的器物表征，它和后世儒家通天地境界、人伦修身养性之间的关系暗含了我们该怎么样看文化大传统。文学人类学很重要的就是跳出文本中心主义、我族中心主义、中原中心主义，在多元的文化视角下去审视文化的渊源、文明的发展。对文学何以为文去做新的界定，由此定义什么是真实，什么是虚构。

雅斯贝尔斯认为，神话思维在人类的轴心时代，实现了向哲学的突破，这个学说的基本观点是：人类在公元200年前后纷纷地用哲学逻辑的思维突破了万物有灵论、图腾等神话思维，产生了人类历史上第一批最伟大的哲学家比如柏拉图、孔子、老子，完成了从神话思维到哲学的突破。西方哲学发展在柏拉图之后建立在逻各斯主义（LOGOS）基础上，是种数理性的道，而中国哲学是种非数理逻辑的道，通过非逻各斯的表象形式，我们怎么去研究中国哲学呢？中国有没有真正意义上的哲学突破？孔子是位哲人，但为什么同时讲"祭神如神在"，为什么又讲"存六合之外而不论","视死如视生",反映了中国传统文化对生与死的理解，对虚构与真实的理解，该种理解尤其作用在人伦、心性、文学叙事上，体现出中国文化传统独有的样式，这是文学人类学可以解决的。

中国现阶段的文学人类学与西方弗雷泽、弗莱、伊塞尔等人所做的文学人类学的侧重点略有不同，研究对象也不再仅仅是仪式、文学作品，而是回到器物、文字、图像，从书面文学到口传文学。除了可以按照西方的侧重点研究以了解中国文学人类学的现状以外，对文学人类学本身进行反思也很重要。

中国的文化人类学和文学人类学究竟面临的是什么，我们要反思、纠偏的是什么？这方面有很多学者做出了努力，其中文学人类学的会长叶舒宪先生的成就较大。叶舒宪先生前后著述《文学人类学探索》、《文学与人类学》、《文学人类学教程》，理论研究逐步成熟，很大程度上代表了中国文学人类学的发展脉络。《文学人类学探索》写于20世纪80年代，主要站在非理性角度来看弗莱等传统西方文学人类学。到了《文学与人类学》这本书，主要是解决文学人类学理论问题：文学和人类学是怎样跨界结合在一起的。这本书对文学人类学做出了巨大的理论贡献。新近的《文学人类学教程》是继《文学人类学探索》、《文学与人类学》第三本大规模统一讲中国文学人类学的著作，主要内容包括比较文学到文学人类学、文学的发生，文学的功能以及研究方法。三本著作的阐述越来越深入，具有承接关系，是逐步了解和整体掌握文学人类学的重要著作。

研究文学人类学最重要的是问题意识，不应该仅仅是对经典的重读和拷贝，而是要破除传统的思维与定论，破除写作的框架，反思和纠偏错误的观点，重新审视文学史观，重新考察文学的起源、文学的功能、文学的题材，等等，带着深刻的问题意识，多角度、多重维度地去研究。当然，文学的发生不只是神话、仪式，文学的功能也不只是心理治疗、文学治疗，等等，研究文学的方法也不仅仅只能是四重证据法，而是应该将文学人类学视为研究文化、研究文学的一个全新的视角、全新的维度。从而在既有的研究格局中，汲取精华，又有所开拓创新。

编辑整理：梁 彬

普罗文学的政治性与世界性
——小林多喜二、鲁迅与 20 世纪 30 年代中日左翼文学

金惠敏

2010 年 12 月 16 日

金惠敏

中国社会科学院研究生院文学系教授

摘　要：诞生于80年前的普罗文学名著、小林多喜二的《蟹工船》自2008年开始再次畅销日本，受到挣扎于世界金融危机之下的青年人的欢迎，据悉因此日本共产党支持率亦有提升。然而笔者认为，这一现象并不意味着普罗文学的复活，而是向我们提出这样的问题，今天的文学应该以怎样的方式存在，在"娱乐至死"的时代我们是否有必要重新恢复文学所固有的批判现实社会的政治性？为了回答这样的问题，本文将重返1930年的历史现场，分析小林多喜二文学从"资本的逻辑"出发揭示帝国主义时代的世界结构性病理而达到的思想政治高度，同时，通过回顾《蟹工船》在当时中国文坛的接受史，探讨1930年中日普罗文学运动的世界同时性，重估其背后的无产阶级国际主义在当今的意义。

关键词：普罗文学　政治性　国际主义

本文的题目是：普罗文学的政治性与世界性。副标题是：小林多喜二、鲁迅与20世纪30年代中日左翼文学。大家知道，普罗文学这是一个音译，如果翻译成中文，就是无产阶级文学。在革命的中国，这样一个概念曾长期被大家使用，但这三四十年来，我们好像把这样一个历史脉络忘得差不多了，现在已经很少有人提这个话题。2008年在日本，一个著名的无产阶级作家小林多喜二，他的代表作《蟹工船》，日语叫kanikosen，在时隔70年之后，忽然成为人们关注的热点。这本书原作包括它的漫画版，在2008年的4月到8月这四个月的时间里，卖掉了70万部，再加上它以前的很多版本，到2008年为止，已经总共卖出了160万部。在今天这个大众消费的娱乐时代，一个无产阶级作家的经典作品，为什么会重新引起人们的关注？我想就这样一个现象，做一个历史分析。从2008年4月到8月，《蟹工船》在日本被热销，kaniko也变为了一个动词，很多的年轻人调侃地使用它，翻译成汉语就是"穷忙"。这样一个现象出现以后，日本共产党的支持率也直线上升了。人们开始重新关注无产阶级文学，包括无产阶级运动，在20世纪20年代到30年代的那一段历史。2008年春天我正好在日本亲身经历了《蟹工船》被重新关注的现象，其实这个现象不仅仅在日本，到了2008年末，一些学者在英国召开了小林多喜二的专题国际研讨会。2009年1月，中国也出版了《蟹工船》很早的一个译本的再版本，就是叶渭渠先生 70 年代翻译的译本，大概印了 8000 册吧。以此为契机，我们邀请日本的学者到中国来，2009 年 7 月在鲁迅博物馆，召开了"大众文学的时代——小林多喜二，鲁迅与 30 年代中日左翼文学"的国际研讨会。这个研讨会的契机还有一个就是，我们年轻的日本文学学者，重新翻译了《蟹工船》，同时把在日本热销的漫画版和文字版放在一起，由人民文学出版社在 7 月份推出，这本是最新最全的译本，没有删减。《蟹工船》有一些描写劳动者的不雅的语言，我们在翻译的过程中，特别在 50 年代、70 年代，我们是做了删减的。包括第一版，30 年代的译本也没有全译。这部小说现在终于有了一个全译本，而且是文字版和漫画版合在一起。这书初版两万册，从 2008 年春天开始出现的《蟹工船》再次热销的现象，由东京到伦敦再到北京，已经成为了一个世界性的现象。

巧合的是 2008 年的春天，也就是《蟹工船》再次热销的同时，在资本主义的中心——美国，爆发了金融危机。资本主义制度的固有矛盾与问题，忽然之间暴露在我们面前。我再简单介绍下为什么《蟹工船》会在日本突然引起关注。因为自 20 世纪 90 年代以来，日本的经济出现泡沫，一直在下滑，他们称整个 90 年代为"失去的 10 年"。到了 21 世纪，日本的经济依然不振。劳动状况不佳，很多人失去正式的工作去做钟点工。今天我能挣到一份工资，明天就有可能被资本家辞退，成为一个没有稳定收入的人。所以整个日本的青年都有一种对未来的不安感。那么在这种情况下，《蟹工船》由于小林多喜二研究学会的一些学者的推动，同时也由于漫画版的出版，开始引起人们的关注。大家感受到在这本小说里所反映的 80 年前的社会现实，在今天依然没有改变。劳动者依旧生存在恶劣的条件之下。今天的社会两极分化越发严重。所谓的全球化、新自由主义，只是使极少数人获得暴利，而广大的普通民众的生活依然没有得到改善。这是一个现实，这个现实在中国也是一样的。我们自 90 年代中期以来，实行市场经济之后，资本主义的问题与弊病都在中国有反应。比如农民工受苦受难的状况，稍作调查就可以发现。最近发生在广州的富士康事件，十八九岁的孩子去跳楼，甚至有什么第 11 跳，第 12 跳。记者去采访，采访记录却发表不出来。在台湾地区，富士康被称为"血汗工厂"，现在这个"血汗工厂"移到大陆，十八九岁的孩子独自去深圳闯荡，结果是在这样一个封闭的、受压迫的环境下劳动。我们就感受到，《蟹工船》中所反映的问题，在中国同样会引起反响，所以我们及时地推出了《蟹工船》最新的译本。

一、小林多喜二及其《蟹工船》

这里要讲两个内容，一个是小林多喜二的《蟹工船》为什么能在今天依旧引起人们的关注，小说深刻的思想性究竟在哪里？要做一点分析。另一个是为了更深入地理解这样一个问题，我将回到历史现场，回到 20 世纪 30 年代，对无产阶级文化、文学运动在全世界范围内发展的历史，做一个回顾。特别是对中日两国，左翼人士相互支持、并肩战斗的历史作一个分析，也包括《蟹工船》20 世纪 30 年代在中国如何被接受的历史作一个回顾。在这一过程中，要思考一个问题，就是文学应该是怎样的？还有一个问题，无产阶级文化运动中所产生的无产阶级国际主义，在今天的背景下需要被重新评价。今天我们讲要超越民族国家的历史框架和制度安排，实现横向的联合，而在历史中产生的无产阶级文化，今天我们要重新评价，并作为思想资源加以继承。稍微说一点题外话，比如东海的问题，现在中日两国都强调，要共同开发。解决领土资源争端，这应该是唯一的办法。那么就需要有一种跨越国家利益、跨越民族国家框架的新的思路。在建立 21 世纪新的国际联合思路的时候，历史上的思想资源是可以挖掘的，可以为我们提供参考。

那么接下来，先对本文中的三个主要概念作一个阐释。第一，普罗文化。上文中讲过了是英语的音译，即无产阶级文化，这里面包括无产阶级文学。无产阶级这个概念，在历史的进程中经历了太多的曲折和误会，所以我今天用音译的办法，就称为"普罗文化"，当时在 30 年代我们也就是这样用的。第二，普罗文化的政治性。具体到小林多喜二的政治性，包括其文学创作，应该包括这样两个方面：一方面按照社会分析的方法和历史唯物论，从阶级对立的逻辑出发，总体性地把握世界的结构，并发现政治斗争的途径，这是政治性的第一点；另一方面从资本的逻辑出发，分析资本主义社会及其生产关系和意识形态，在此基础上，提出革命性的改革方案。以上两点结合在一起，就是经典马克思主义的政治经济学批判的方法。第三，文学作品、学术研究，要有价值判断，我所说的价值判断，是在综合地把握世界结构和社会关系的基础之上，对被剥削、被压迫、被奴役的人类关系提出批判，对社会不合理的问题提出我们的批判和反省。这是我说的价值判断，也包括文学。今天我们国内的学术貌似很发达，但我发现很多学者在"玩学术"，可以把学问做得很漂亮，但抽掉了价值判断。"价值判断"，即人应该做什么？不应该做什么？这个社会的理想状况应该是怎样的？我们应该对此给出自己的判断。包括我们的文学，现在我们打开电视天天看到的都是娱乐性的文学。我后面还要讲这个问题。在大众消费的时代，文学的娱乐性是可以肯定的，茶余饭后消遣一下，比如好莱坞的大片看过就忘掉，那个无可厚非。但是一个社会的文学、学术若是这样的话，这个社会的文学和学术就会走向危机，不能提供给人们一个价值判断的方向，无法发挥文学所固有的力量。我觉得，小林的《蟹工船》依然能够在 80 年后的今天受到关注，我们在阅读之后，得到审美愉悦的同时，也会思考小说里提到的问题，也会在作者的引导下思考我们这个社会的种种弊端，这是文学所应有的状态。

下面我们进入对《蟹工船》这本小说的分析。我先简单介绍小林多喜二。小林多喜二是日本无产阶级文学的代表作家，也是具有世界影响的一个作家。他生于 1903 年，1933 年被日本警察杀害，年仅 29 岁。在这样一个短暂的生命过程中，他创作了很多文学作品，其中最主要的就是《蟹工船》。他早年曾经在北海道读书，大专毕业后在北海道的银行工作，在那个时候就开始关注劳工运动。当时北海道是一个国际化的港口城市，所以劳工运动很发达。他在读书的时候就接触到马克思主义，读过《资本论》和一些马克思主义社会科学，因此开始关注日本下层民众的生活，并以此为起点进行文学创作。他也参与了一些工会领导的工人运动，因此被银行开除。被开除后，小林多喜二就专职进行文学创作。1929年 3 月写了《蟹工船》这部影响深远的作品。1929 年，日本成立了无产阶级作家联盟，小林多喜二成为重要的成员之一，到了 1931 年，日共被非法化（被政府指定为非法组织）。1922 年成立的共产党在经历了一段斗争后，被日本逐渐高涨的军国主义政府所打压。在这样的时刻，小林多喜二提出入党的要求而成为日共党员，同时党的活动开始转入地下。他和后来著名的日共代表宫本显治等，一起在地下从事革命活动。也是在这个时刻，被日本的特别高等警察注意到，就要抓捕他。到了 1933 年 2 月 20 日，小林多喜二被警察抓住，把他一直拖到警察署，沿街毒打，到了警察的拘留所以后，他已经被打得失去知觉，最后死在了警察的拘留所里。这就是小林多喜二短暂的一生。

1929 年 3 月《蟹工船》完成，发表在 5、6 月号的《战旗》上。第五期发表了一部分，第六期就被日本新闻刊物的审查部门所禁止。后来是通过别的渠道，让小说的全文得到发表。发表后，出版了单行本。蟹工船是个什么东西呢？在20 世纪 20 年代，就开始出现了蟹工船这样一种劳动形态。蟹，就是螃蟹；船，就是一个工厂。它到海里去捕捞螃蟹，捕捞后就在船上加工成罐头，然后直接将成品销售到海外去。这是一个很特殊的劳动形态。蟹工船很有意思，因为它可以逃脱日本劳工法的限制。你说它是船，它又是工厂，你说它是工厂，它又是在海上作业的一艘船。而且这船主要是在北海道以北，现在叫北方四岛，在那一带作业。当时那是一个与俄罗斯有争议的海域。日本的资本家通过廉价的租价，租到蟹工船，再招收一些临时的季节工。所谓的季节工，就是农民，春天播种，夏天休息，这个期间就出来打工，和我们现在的农民工差不多。打工找不到固定的工作，于是就会跑到这个船上，受资本家的雇佣，做两三个月的捕捞作业。而且蟹工船是在日俄之间有争议的海域进行作业，因此不受到日本法律的限制，它可以用残酷的方式压榨劳动者。不仅工资低，劳动状况也极其恶劣。小说就是描写了这样一个特殊的劳动形态，也描写在这个船上劳动的工作者包括童工，是如何受到监工的压迫，最后自发地起来罢工。本以为会保护普通老百姓的日本帝国的护航海军，其实只是保护资本家的利益，所以罢工的领导者最后都被海军抓走了，整个罢工宣告失败。

1929 年，小林多喜二在创作《蟹工船》的时候，做过很多实地的调查。1926 年，蟹工船上就发生多起工人罢工事件，媒体也有很多报道。当时身在北海道的小林多喜二，就到蟹工船上做实地考察，甚至去采访做劳工的渔夫来了解状况，最后创作了这部小说。小说发表之前，他曾给当时非常有影响的无产阶级文学理论家藏原惟人写了一封信，来说明自己为什么要写这部小说。在信中，小林强调：小说的创作目的不是要简单地说明什么是蟹工船，而是要揭示隐含在这种特殊劳动形态背后的复杂而极具普遍性的政治经济结构。也就是说，蟹工船背后反映出的是怎样的一个社会问题和政治问题。另外，他对藏原惟人讲，"我还要考察殖民主义及其殖民者对未开发地区的掠夺与榨取的真实状况，以及帝国主义战争的本质"。很明显，他不光要表现劳工自发的罢工运动，还试图透过这样一个现象去分析背后所隐含的复杂的社会结构和政治问题。他接着说，"如果仅仅停留在描写蟹工船内部苛酷的奴役，只能唤起人道主义的愤怒，而尚未接触到他们背后的帝国主义结构、帝国主义战争的经济基础。所以必须全面地表现帝国主义→财阀→国际关系→工人这四者的关系"。我认为，小林多喜二通过小说，试图要分析1920 年进入帝国主义时代的社会结构关系。我借此提出一个想法，小林多喜二是有意识地要从资本的逻辑出发，来分析当时帝国主义时代的社会关系。这里就回到了本文的题目：普罗文化（文学）的政治性。

这部小说不单单是娱乐或审美的，它同时也要通过文学作品去挖掘背后的社会历史结构。我认为这部小说具有思想的冲击力，至今读起来依然令人感动，一个主要原因也就在于它所具有的这种深刻的政治性，就是努力地从资本的逻辑出发去分析社会结构。所谓资本的逻辑，是马克思在《资本论》中提出的分析资本主义社会的一个基本的视角。资本是什么呢？它要不断地去创造剩余价值，用马克思的原话就是"资本的自我增值运动"。资本如果不往前发展，不创造剩余价值的话，就不能称之为资本。马克思认为，这是 16 世纪以来，资本主义世界得以实现的最根本动力。因为有了资本和资本的运动，才有了商品的关系——商品交换才形成了资本主义世界，或者世界的资本主义化。那么资本的问题在哪里呢？虽然给社会创造了巨大的财富，但同时也使人的关系变为商品的关系，道德沦丧，变为赤裸裸的交换关系。今天在中国，这种现象就无处不在。

我觉得小林多喜二通过文学作品，是要表现1920 年在世界范围内已经形成的资本的结构关系。比如在小说的第二节，他介绍蟹工船的时候有这样一段话，

"蟹工船全都是报废船，丸之内的大老板对工人死在北海是不当一回事的。资本主义按照老路子去追求利润已经行不通了。资金过剩，利润下降，他们就的确什么事都干得出手。无论在什么地方都要拼命杀出一条血路。就拿蟹工船来说，凭一条船就可以赚到几十万元，他们当然是梦寐以求了"。这是小林多喜二对为什么会出现蟹工船现象的解释。即资本家要追求利润，传统的剥削方式已经不灵了。比如在日本的内地有了《劳工法》，资本家就不能肆无忌惮地去剥削工人，于是他们就跑到有争议的海域，以蟹工船的方式来压榨劳苦大众。实际上小林多喜二已经看到，资本家为获得利润是如何奴役普通劳动者的。另外，小说中还注意到，日本的资本家，他们在帝国海军护卫下到外面去扩展，实际上已经带有了资本主义殖民侵略，甚至帝国主义的色彩。所以小说的最后有一句话说："这是资本主义入侵殖民地历史的一页。"就是说，在20世纪20年代小林多喜二已经意识到，日本的资本主义发展进入了海外扩张阶段，在内地很难想象的对劳动者的欺压，可以到殖民地去施行，蟹工船就是一例。小说的第六节甚至说，"听许多人说话，遍地黄金的勘察加和北库页岛一带，将来总要划归日本的"。不过没有言中啊，"二战"以后北方四岛就划给苏联了。"不仅中国和'满洲'，对日本的'那个'也是非常重要的"，"那个"就是资本家和资本，"咱们公司好像和三菱一起，就这件事正在同政府加紧勾结。经理这次要是当了议员，就会进行得更顺当"。这是小说中，监工浅川和船长聊天时的一段话。接下来小说的第四节还写道，"在内地，工人们的力量大，来硬的一套已经行不通了。于是资本家把大部分市场都开发了，已经到了穷途末路的地步，所以就把魔掌伸到北海道和库页岛"。当时的北海道和库页岛是属于日本本岛以外的地区，到了库页岛就是有争议的海域了。"他们在这里如同在台湾地区、朝鲜等殖民地一样，为所欲为地虐待工人。别人说不来的事，资本家都干得出来"。这是小林多喜二在作品中直接表现出来的。他已经注意到了日本在海外扩张的殖民主义现象，而且是在资本的驱动下，向周边，包括中国台湾、朝鲜、中国大陆在内的殖民扩张。小林多喜二一直坚持批判日本这样的发展道路。所以1933年遇害时，鲁迅就发了唁电，强调中国不会忘记小林多喜二，因为他关心殖民地被压迫的状况。以上，我只能做这些简单的分析，即《蟹工船》里，不单单是表现了工人罢工的状态，同时也要通过这样一个现象去分析20世纪20年代帝国主义的世界结构以及人与人之间的关系，然后提出自己的批判，实际上，就是要做出"价值判断"。我看过一个纪录片，叫作《小林多喜二诞辰一百周年逝世七十周年》这样一个纪录片，2003年制作的。在纪录片中，有一个日本的学者就指出，为什么年轻的小林多喜二会被警察如此地痛恨，并被活活地打死。理由有三点，第一，小林多喜二无情地揭露了日本警察即特高，是如何严刑逼供拷打日共的成员。小林多喜二写过一篇小说，叫《1928 年 3 月 15 日》，就是在这一天日本警察突然在全国范围内去捕捉左翼人士，对他们实行严刑拷打，这次日共受到重大的打击，到了 1931 年最后被日本政府非法化了。这篇小说发表后，马上被禁止，也就开始受到日本警察的注意。第二，还在于小林多喜二批判天皇制，小林多喜二认为天皇制是一个维护大资本家利益的制度。第三，因为小林多喜二反对帝国主义战争，反对殖民主义，因此被不断高涨的军国主义之下的警察所痛恨，以致被杀害。从这个学者的观点进一步概括，可以说小林多喜二在当时具有了高度的政治敏感性，因此他的作品也具有深刻的政治性，今天我们读起，仍然能够感受到他对当时那个社会的分析有多么深刻。另外我还认为，小林多喜二已经具有世界性的视野，就是不仅要看日本内部问题，也要放眼国际看到当时世界形势的发展，看到殖民主义以及战争的因素不断在增强的世界局势，因此他积极投身到无产阶级运动中去，试图通过无产阶级斗争的方式，来反对资本家，反对资本主义，揭露帝国主义及其战争的本质。这就是小林多喜二具有世界眼光的表现，也是本文题目中"世界性"的由来。

二、20 世纪 30 年代中日左翼文学

以上讲的是第一部分。第二部分是要回到 20 世纪 30 年代的历史现场，看一看小林多喜二在当时的中国是如何被接受的。由此分析，在当时世界性的无产阶级文化运动包括文学运动，在中国主要是上海，是如何展开的。当时日本帝国主义已经对中国虎视眈眈，准备侵略。可是在这样的时刻，作为日本国民的小林多喜二以及他的战友们，即日共和左翼人士，来到上海，和鲁迅、夏衍、陶晶孙等中国左翼人士并肩作战，来反对中国的白色恐怖，反对当时的帝国主义战争。这段历史我们已多年不讲，我们应该重新回顾一下，这就是我要讲的第二个部分。

小林多喜二的《蟹工船》在 2008 年再度热销，并不意味着无产阶级文学会再次复活，因为 21 世纪毕竟不同于当时的 20 世纪 30 年代。在今天这个全球化的时代、大众消费的时代，文学也已经发生了深刻的变化。具有特殊意义和历史背景的无产阶级文学不可能再重新恢复。但是《蟹工船》现象是可以给我们提出问题的，就是今天的文学应该是怎样的？是只追求娱乐性、消遣性，只强调审美标准就可以了吗？文学是不是应该恢复它固有的政治力量？为了解答这些问题，我们也应该回到历史现场，去看看无产阶级文学当初是怎样诞生、发展的。一个国际化的无产阶级文化及其文学运动当时在中日两国之间是怎么进行的？并不是要简单地给大家复述那段历史，而是去看在历史之中有没有对我们今天有益的、可以重新估价的思想资源。

20世纪30年代，中日两国左翼人士并肩作战相互支持来展开无产阶级文化运动，这段历史为什么没有得到应有的关注？包括80年代以后，我们的文学研究都没有涉及这段的。有些人做文学比较研究，往往是看中国的无产阶级文学史怎么受日本影响的，这是所谓的比较文学的影响研究。我认为这种方法是一个很大的误导。比较研究设定了一个A，A是一个先在的，然后又有一个B，B有一个被动接受的过程，最后产生一个结果并出现一个新的东西，比较文学研究就是要分析文学文化的传播过程，一个被接受的过程。我想这种比较文学的方法是有问题的。世博会刚刚结束，世博会当初叫万国博览会，是当时西方殖民主义在殖民地所获的成果展示，这种展示就叫万国博览会。1900年在法国召开的那届博览会很有意思，其中有一个展览项目叫世界比较文学项目。为什么提起这个呢？就想说比较文学，尤其是法国的比较研究是很有问题的。它是西方文明向野蛮未开化地带的传播，在传播过程中逐渐使野蛮地区文明化，这个文明接受的过程就叫文明同化论，比较文学就是在这样的背景下产生的。西方人是要通过这种方法研究西方世界的中心文明如何向中心以外的世界扩散，东方、拉美等文学如何受到西方文学的影响。中国学者在80年代也曾引进比较文学的影响研究方法，我个人认为这对今天的文学研究没有多大的帮助，反倒造成了二元对立的思维方式。

在学术界研究中日两国无产阶级文学关系时，往往注意到的是，日本的无产阶级文学尤其是它的理论，是如何影响中国的。我认为这是一个假问题。其实，中日两国的无产阶级文学是同时发生的，我叫它世界同时性。所以今天主要介绍两个人：一个是山上正义，另一个是尾崎秀实。这两位都是记者，他们分别在1927年和1928年来到中国的上海，和中国的左翼文学家一起来推动中国的无产阶级文学运动。在那个时代，中日两国的无产阶级文学是齐头并进的。当然，在理论的建树与无产阶级文学运动的组织方面，我们是受到一点影响的。大家知道1926年前后，日本的左翼文学运动形成高潮；1928年前后藏原惟人的无产阶级文学理论形成体系。这些都迅速地传到了中国，对中国的无产阶级文学，特别是1928年的革命文学论争都产生了很大影响。还有，中国左翼作家联盟的主要成员都是从日本留学回来的，他们直接受到了日本左翼文学的刺激，并回国推动了中国左翼文学运动，这些都是事实。但这只是表面事实。大家知道，无产阶级运动一开始就是一个同时性的、国际化的运动，从苏联、德国、日本再到中国，是同时展开的。接下来要简单回顾中日两国的左翼人士是如何并肩作战的，然后再介绍，小林多喜二的作品是如何被翻译、介绍到中国，并在左翼文学运动中产生影响的。

山上正义因为翻译过鲁迅的《阿Q正传》，在学术界有一定的知名度。他是日本新闻联盟的特派记者，早年受马克思主义影响。在从事革命运动的过程中，曾经被捕入狱。出狱后，于 1927 年来到中国，当时广州发动了秋收起义，他马上跑到广州，后来写下了《震撼中国的十日间》，恰逢当时鲁迅也在广州，于是二人结识，并以新闻记者的身份第一次对鲁迅做了采访。他写了篇采访记，叫《谈鲁迅》。在 1928 年日本的著名刊物《新潮》杂志上发表。据考证，这是日本记者第一次采访鲁迅，并在一般性刊物上发表的第一篇。也是在当时，山上正义发现了鲁迅文学的价值，于是就有了翻译《阿 Q 正传》的提议，也得到了鲁迅的同意。山上正义后来与鲁迅有很多交往，我们看《鲁迅全集》日记的部分，有很多与山上正义的通信。虽然得到鲁迅的同意，但山上正义没有马上翻译，1931 年《阿 Q 正传》的日译版才出来。为什么呢？大家知道 1930 年 3 月 2 日中国左翼作家联盟成立，成立后不到 1 年，1931 年 1 月就发生了龙华事件，有 24 名左翼青年和中共党员被国民党政府逮捕，2 月 4 日在龙华监狱被秘密暗杀。这个事件爆发后，当时在上海的山上正义，就会同尾崎秀实以及美国记者史沫特莱，建议迅速翻译鲁迅等中国左翼作家的作品，将它们介绍到国外，包括日本去，以此来纪念左联的烈士，同时批判国民党的白色恐怖。就是在那时，山上正义紧急翻译了《阿 Q 正传》，并请鲁迅来校对。在 1931 年的秋天，在日本出版了无产阶级国际文学选集，其中一本就叫《支那小说集：阿 Q 正传》。这本小说集里主要收录了山上正义翻译的《阿 Q 正传》以及柔石等左翼作家的作品。我们注意到的是，在这套无产阶级国际文学选集的扉页上，有这样一段话："献给因国民党的血腥政策而牺牲的同志——李、徐、胡、冯、谢的灵前。献给在白色恐怖下继续斗争的中国左翼作家联盟。"这是这本选集扉页上的题词。由此可以证明，当时，山上正义和中国的左翼作家一起揭露国民党的白色恐怖，通过翻译的形式支持中国的左翼运动。这也可以证明，当时中日两国的左翼人士并肩战斗的状况。这个小说集的翻译出版尾崎秀实也参与了，并请夏衍对全书做了校对，所以可以说是中日两国作家合作的产物。山上正义后来在佐尔格事件中被日本警察判定为"具有共产国际背景的在日本负责的共产主义者"。以上是对山上正义的介绍。

接下来要重点介绍下尾崎秀实。尾崎秀实在中国很少有人知道，实际上他从 1928 年到 1931 年底作为朝日新闻的记者一直留在上海，和中国左翼作家，包括鲁迅、夏衍、陶晶孙、冯乃超等都有非常密切的交往，而且和中共也有关系。他对中国左翼文学运动做了很多工作，但是不知道为什么，没什么人介绍过他。80 年代初，夏衍写过一个回忆录叫作《懒寻旧梦录》，其中就提到，如果我们讲述左联的历史不能忘记三个人，史沫特莱、山上正义和尾崎秀实同志。尾崎秀实在日本为人所知，因为他后来卷入了佐尔格国际间谍案，1941 被捕，1944 年被处以极刑。尾崎秀实早年在东京大学读书的时候，就参加了东大的新人会，新人会是个左翼青年学生组织，在这个组织中，他就读过马克思主义的著作，包括资本论和一些社会主义读物，同情并支持无产阶级运动。大学毕业后，他到朝日新闻大阪本社做记者，1928年底被派到上海。派到上海后，他马上与史沫特莱取得联系，并通过史沫特莱和上海左翼艺术剧社发生关联，也通过内山书店认识了鲁迅，见过多次。增田涉就回忆，鲁迅曾多次向他提到，有一个德语很好的日本记者尾崎，说他知识开阔，人也很坚实。尾崎秀实在和鲁迅以及其他左翼作家的交往中，对中国有了深刻的认识。

先简单概括下，尾崎秀实在这3年时间内都以什么形式支持了中国左翼文学运动。第一，他当时是和史沫特莱、山上正义一起关注上海艺术剧社，也就是上海最早的左翼戏剧团体的活动。他们把当时左翼的戏剧活动迅速通过报纸介绍到海外去。第二，他是陶晶孙的好朋友，陶晶孙有一段时间曾主持左联的机关刊物，叫《大众文艺》，尾崎秀实在《大众文艺》上著文介绍过日本左翼文学文化运动的情况。包括小林多喜二作为新人作家出现在日本文坛，以及《蟹工船》怎样在日本产生影响，他都写过文章加以介绍。当时他用的是笔名，白川次郎。他积极地介绍《战旗》上发表的日本左翼的一些作品。第三，1930年5月29日，左联召开第二次代表大会，当时有六七十人要参加，在上海找不到合适的场地，于是夏衍找到尾崎秀实让其帮忙想办法，尾崎秀实通过他的关系租借到在上海的"日本人俱乐部"作为左联第二次代表大会的会场。据夏衍后来回忆，由于尾崎秀实的帮助大会得以成功地召开。还有，他还翻译了一些年轻的左翼作家如柔石等的作品。另外，尾崎秀实应该是和中共有联系的。他的弟弟尾崎秀树在《上海1930年》这本书里讲，当时尾崎秀实曾经通过外国士兵委员会（实际是中共支持的团体，负责人为杨柳青），每个月向苏区中共捐款二三十日元，虽然数额不多，但却一直坚持着。后来还看到一个材料，1931年他离开上海的时候有一个身材高大的，据说是中共的人，到他的寓所来告别，说你虽然不是正式党员，但我们一直以来是把你当党员看待的，今天你要走了，我是来表达对你的谢意的。至于尾崎秀实是不是日共也是个悬案，有人回忆尾崎秀实是口头申请过，但怵于日共已经成为非法组织，以及他朝日新闻记者的身份，尾崎秀实是不便于参加的。这样一个尾崎秀实，1931年回国后，在上海的实践经验的基础上，写了大批的著作，有《狂澜中的中国》、《现代支那论》、《支那社会经济论》等，影响非常大。他用马克思的观点分析中国社会，他认为中国在表面上仿佛一盘散沙，用日语讲像"快要死了的僵尸"，但实际上在假死的僵尸背后，尾崎秀实发现了中国民众的反抗殖民主义和帝国主义压迫的民族主体意识的觉醒，特别在鲁迅等左翼人士身上，他发现了中国民族抵抗外来侵略的主体。因此他发表文章强调，日本不应该走海外侵略、殖民路线，特别是在中国大陆挑起战争的路线。中日两国一旦开战，势必两败俱伤。到 1936 年，西安事变发生的第二天，尾崎秀实就发表了一篇新闻稿《学良事件的意义》，他认为西安事变的爆发必然促成国民党与共产党的第二次合作，必然会结成全国的抗日民族统一战线。日本侵略中国肯定会遭遇更大的阻力。他的判断是正确的。因为这篇新闻稿，尾崎秀实在日本的影响力如日中天。二二六事变之后，由贵族出身的近卫文磨组阁。他组阁后希望有一个了解东亚的人作为高参，于是他就选择了尾崎秀实，而且在总理内阁府中，特意给他开辟了一个房间，为政府提供决策的参考。这时尾崎秀实提出"东亚协同体"论，这和后来的"大东亚共荣圈"是不一样的。他强调，即使要联合东亚各民族，也要尊重他们各自的主体性，不能实行帝国主义霸权的结构关系。总之在战争爆发前后，尾崎秀实在上海的经历使他真正成为一名中国问题的专家，也认识到了中国这个民族能够抵御外来入侵的动力。

还有另外一条线索，1931 年在上海他认识了佐尔格（"二战"期间最大的国际间谍），这位德国记者实际是苏联红军第四局的谍报员。尾崎秀实与佐尔格都是坚定的共产主义者，并且是为了共产主义革命不惜抛头颅洒热血的进步人士。因此在上海期间，他们就为苏联红军搜集远东局势变化的情报。后来尾崎秀实回到东京，佐尔格于 1934 年也被共产国际派到东京，他的任务就是要了解日本是否会对苏联开战。到 1941 年前后，"二战"已经爆发，佐尔格通过尾崎秀实搞到了最重要的军事情报：1941 年日本没有攻打苏联的计划。这样一条重要的情报通过佐尔格传递给苏联红军，也因此苏联红军可以集中力量对付德国法西斯，最后取得了"二战"的胜利。这样两个重要的共产主义者，最后被日本宪兵抓住，于 1944 年 11 月 7 日被处以绞刑。大家知道这是什么日子？是十月革命的纪念日。日本的军国主义是很狠的，你们不是信奉共产主义吗？就在这一天把你们杀掉！尾崎秀实是因为把最重要的军事情报泄露给苏联，他获罪也是没有办法的。令人可惜的是，他没能坚持到日本帝国覆灭的那一天。我 2009 年到日本访学，还特意到这两个人的墓地去做了考察。他们俩的墓地都在位于东京西南部的多磨陵园。

"二战"后，特别是一些进步人士，开始重新评价这两个人，包括这场间谍案，大家通过回忆他们来反省日本的历史。20 世纪五六十年代这两个人在日本很红，尾崎秀实的研究会现在还有。

最后总结下，以上对山上正义和尾崎秀实在上海活动的介绍，可以看出他们都是同情中国革命中国左翼文学的外国人士，是作为共产国际的成员，同时又是和中共保持密切联系的共产主义者。他们来到上海，和上海左翼作家并肩作战、相互支持，与他们共同推动了中国左翼文学运动。在他们身上体现了超越民族国家的国际主义精神，这个精神在今天应该得到重新的评价与认可。

由于篇幅限制，《蟹工船》在当时的中国是怎样被接受的，就不能做详细介绍了。简单地说，该作品在 1929 年 5、6 月号《战旗》上发表了以后，马上得到了中国的关注。次年，即 1930 年的上半年，夏衍连续写了两篇评论文章来介绍分析《蟹工船》，阐发小说中的意义。1930 年下半年，有了潘念之的第一个中文译本。要说明的是，这个中文译本是《蟹工船》的第一部外国译本，对后来的中国作家影响很大。大家知道夏衍的《包身工》就直接受到《蟹工船》的影响。《蟹工船》是我国无产阶级文学中一直受到关注的作品，因此到新中国成立后，还出现了多个译本。比如 1955 年有楼适夷翻译，作家出版社出版的译本。1973 年叶渭渠译，人民文学出版社出版的译本。1981 年李思敬的译本。并且年纪大一些的人都知道，《蟹工船》是曾被收入高中课本的。而且我最近发现一本 1962 年出版的小人书，是中文版《蟹工船》的连环画，比日本版的漫画还早。所以可以说，小林多喜二及其《蟹工船》在中国的文学史上也是留下痕迹的。他的作品在中国得到迅速的翻译，并通过夏衍等文学批评家的介绍在中国得以快速传播。1933 年，小林多喜二突然被杀害，鲁迅曾发唁电，《鲁迅全集》第八卷收录了这封唁电，不过原件找不到了。下面我摘录鲁迅的这封唁电："闻小林同志之死，日本和中国的大众本来就是兄弟，资产阶级欺骗大众，用他们的血划了界线，还继续划着。但是无产阶级和他们的先驱们，正用血把他们洗去。小林同志之死，就是个实证。我们是知道的，我们不会忘记，我们坚定地沿着小林同志的血路携手前进。"我在准备写作本文时，还发现一个材料，可能大家关注不多。小林多喜二去世后，上海的左翼作家曾经发起过为小林多喜二募捐的启事，启事的发起人一共 9 个，分别是郁达夫、茅盾、叶绍钧、陈望道、洪琛、杜衡、鲁迅、田汉和丁玲。募捐的广告文写得非常好，我摘录在这里，请大家感受历史中中日两国无产阶级作家是如何相互支持、休戚与共的："日本新兴文学作家小林多喜二君，自九一八事变后即为日本国内反对侵略中国之一人，小林君及其同志的活动，不断广布日本劳动大众间，更深入于日本的海陆军。因此深受日本帝国主义的畏忌，必要杀之。小林君及其同志在严重的白色恐怖下犹复努力进行反抗日本军阀的工作。日本警察探网密布，终于在本年 2 月 20 日侦得了小林潜藏的所在而加以逮捕，沿街殴打，未到警察所而小林已经被打死了（此处有误，小林是在到了警察所被拷问毒打致死的）。小林君生前著有《蟹工船》，中国早有译本。现在听得了小林君因为反对本国的军阀而遭毒手，想及同愤慨。小林君故后，遗族生活艰难，我们因此发起募捐慰恤小林君家族，表示中国著作界对于小林君之敬意。"这是一份很重要的历史资料。当时左翼人士，甚至包括尾崎秀实他们是称小林多喜二为同志的。中国用了几十年同志这个称号，现在不怎么用了。在当时这样的使用是有特殊意义的，说明具有共同的共产主义信念，这样的人才可称为同志。

以上，通过分析小林多喜二的《蟹工船》，说明这部小说之所以在今天还拥有冲击力，是因为它背后具有从资本的逻辑出发来分析社会结构的高度的政治性。并且我又分析了 20 世纪 30 年代中日两国是如何相互支持、并肩作战的，从那里我们能够感受到一种无产阶级的国际主义精神。在今天如何看待小林多喜二的文学，如何评价无产阶级国际主义，这是我们需要思考的。大家知道，80 年代以后，在中国比较盛行的是审美优先论，大家对中国几十年来实行的革命文学，或者为体制服务的文学已经感到十分的厌倦，改革开放后，我们重提文学的审美价值，这个是不错的。但是有些事情会物极必反，我感到审美价值优先论的提出对批判极左思潮、拨乱反正重新恢复文学的特性是有其功绩的，但是一再强调文学的审美价值而忘掉文学的政治价值也有它的误区，可能遮蔽了文学所拥有的另一面。今天已经完全进入了大众消费时代，文学的娱乐性已成为主要特色，这个也无可厚非。但是，文学如果只有娱乐的话，那只能是"娱乐至死"，这会杀了文学的。在保有文学娱乐性的同时，也应该存在那些深刻地揭露社会矛盾，批判现实，具有政治力量的作品。如果没有了这种文学是不正常的。未来想走文学道路的人，应该进一步思考这个问题。另一个结论是，在今天我们虽身处全球化的时代，大家都在讲要超越、摆脱民族国家的界限，"越境"是很流行的一个词，但具体怎么"越境"，有各种方法。在民族国家这样一种制度安排依然是这个世界的基本结构单位的前提下，国家利益高于一切这一概念还很难被推翻。美国可以说，只要符合美国的利益，就可以打伊拉克、打阿富汗。还有两次世界大战，都是为了利益的争夺，死伤无数。那我们要如何摆脱和超越这种制度安排，实现横向联合，这和现在讲的"和谐世界"都不矛盾。或许今天，无产阶级国际主义这样一个历史遗产应该得到重新评价，或者作为新的思想资源被我们挖掘出来。

编辑整理：梁　彬

后殖民理论

赵稀方

2010 年 3 月 1 日

赵稀方

中国社会科学院研究生院文学系教授

摘　要：在《后殖民主义：一个介绍》一书中，罗伯特·扬借用了伊格尔顿的一个说法，即一个学科的入门仪式通常是通过对于开创者的批评而开始的。他认为萨义德即是这样的一个开山人物。萨义德《东方主义》（1978）的面世反响巨大，标志着后殖民主义的诞生，不过也正因为令人瞩目，它不断受到批评，按照罗伯特·扬的说法，"后殖民批评正是在这形形色色的批评中发展壮大起来的"。本文以人物为线索简论后殖民批判经历的这个不断丰富与完善的过程。

关键词：后殖民　东方主义　女性主义　话语

一、萨义德（Edward W. Said）

1978 年出版了《东方主义》，开启了后殖民主义。Orientalism 在萨义德那里有三重意思，汉语无法同时翻译。它首先是一个传统意义上的学科"东方学"，这正是大陆汉译本的译名。萨义德这本书的主要内容正是在梳理西方东方学学科的流脉，不过其主要目的是呈现西方的东方主义的思维方式和话语机制，这东方主义的思维方式和话语机制是萨义德所强调的 Orientalism 另外两种重要含义。

西方东方学的正式出现，一般被认为是在 1312 年，这一年维也纳基督教公会决定在巴黎、牛津等大学设立东方学系列教席。《东方主义》一书对于东方主义话语却追溯得更早，早至雅典戏剧埃斯库罗斯的《波斯人》。现代东方学的产生开始于 18 世纪，东方学在体制和内容上的巨大飞跃，恰恰与前所未有的欧洲扩张相吻合。"二战"以后东方学由欧洲转向美国。

《东方主义》一书详细考察了古代东方学和现代东方学的不同阶段的特征，探讨了东方主义的运行机制。在萨义德看来，作为欧洲的"他者"，东方从来都是欧洲文化一个内在的组成部分，诸如理性、发展、人道、高级的西方和反常、落后、愚昧、低级的东方这种想象和构建东方的模式，体现的是东西方书写与被书写的权力关系。

二、斯皮瓦克（Spivak）

斯皮瓦克是较早开始后殖民批评的，她从两个方面填补了萨义德的不足。一方面是殖民话语分析，另一方面是对于反殖民话语的探讨。萨义德的东方主义话语分析固然精彩，但男性身份却让其在性别上成为盲点，斯皮瓦克从女性的立场出发，对于西方女性主义进行了后殖民解读和批判，她在这个方面的著名文章有《一种国际框架里的法国女性主义》（1981）和《三个女性的文本与帝国主义批判》（1985）等。斯皮瓦克的文章和贝尔·胡克斯、莫汉蒂等人一起，形成了女性主义后殖民批评。在反话语方面，萨义德基本上无所建树，他的东方主义论述完全限制于西方话语，而将东方看作沉默的他者。斯皮瓦克写于1985年的《庶民能说话吗?》一文，探讨了东方他者能否发声的问题并产生了很大的影响。有关庶民发声的问题，我们应该提到斯皮瓦克参与其中的印度庶民研究小组。这个庶民研究小组是1982年由古哈创建的，其刊物是著名的《庶民研究》。古哈的思路是试图在历史中倾听庶民的声音，解放被压抑的庶民的历史，从而与殖民史学和民族主义史学构成的精英史学相对抗。庶民研究构成了后殖民主义的重要一支。

《一种国际框架里的法国女性主义》一文中对于克里斯蒂娃《关于中国妇女》的分析，可以体现斯皮瓦克对于西方女性主义东方论述的后殖民批评。克里斯蒂娃是当代法国最为知名的女性主义者，她于1974年4、5月间访问中国，回国后写下《关于中国妇女》一书。这部书称赞了中国文化和妇女，认为中国的革命给1968年五月革命后的欧洲带来了新的希望。面对这样一本看起来对于中国和东方世界十分友好的著作，斯皮瓦克发现了人们未曾注意的问题。在斯皮瓦克看来，克里斯蒂娃对于中国的称赞，事实上是站在西方立场上"他者化"中国的行为。斯皮瓦克在文章中引证了克里斯蒂娃《关于中国妇女》一文的开头："一大群人坐在太阳下面，她们无言地等待我们，一动不动。她们眼神镇定，一点好奇都没有，或许有轻微的愉悦和担心：无论如何她们绝对属于一个与我们毫无关系的群体。"[1]斯皮瓦克以此引述说明克里斯蒂娃与中国户县农民的距离，她的引述到此为止，实际上这段话的下文也许能够更为形象地说明两者的差距，让我从《关于中国妇女》一书中把这段引出来："她们分不清我们的男或女、金色或褐色，脸部或身体的特征。她们仿佛发现一些奇怪特别的动物，无害但错乱。没有进攻性，却在遥远的时间和空间的深渊的那一边。"我们组里的一位说：

---

[1] Gayatri Chakravorty Spivak, *In Other World: Essays in Cultural Politics*, First Published in 1988 by Routledge, p. 137.

"不同的物种——在她们眼里,我们是不同的物种。"①从这种友好戏谑的近乎面对动物式的观摩中,我们很容易发现背后隐含着西方女性的优越。面对如此陌生的中国女性,克里斯蒂娃居然敢于根据很有限的西方汉学资料大胆地展开她的论述或者想象。斯皮瓦克说:"谈到古代中国,她发现了一种更古代的母系和婚姻社会(资料来自于 Marcel Granet 的两本书——开始于二三十年代,建立在'民间舞蹈和传说'(p. 47)之上,还有列维—斯特劳斯关于亲属结构基本结构的一般性的书),并将这种儒家传统延续至今。开始这只是一种有趣的推论,但十页之后这种推论就转变成了心理因果关系。"克里斯蒂娃以女娲补天等传说推论出中国古代"阴性"文化的特征,并将此延伸至现代中国。她甚至断言:"如果有一天问题(在社会主义社会家庭之外的各种升华形式中寻找一条性能量的管道)必须被提出来,如果中国传统的分析(批林批孔运动似乎正在着手)不被打断,中国可能会不加拘谨和充满崇拜地达到这一点,更甚于基督教西方的追求'性自由'。"在斯皮瓦克看来,克里斯蒂娃的言论不过是西方 18 世纪对中国文化热的延续,她仅仅从自己的文化系统出发看待中国。克里斯蒂娃的问题不仅仅在于数据粗糙,更重要的是其背后的西方本位和优越感。她指出:"无论'基督教西方'作为一个整体是否追求性自由,对于中国的预言肯定是一种慈善行为。我以为,它起源于殖民主义乐善好施的症状。"中国古代文化无疑同样存在着严重的男权中心倾向,克里斯蒂娃对于中国的赞赏等于把中国排挤出"女性主义"的视野之外。

《三个女性的文本与帝国主义批判》对于《简爱》的分析,可以体现斯皮瓦克对于西方女性主义经典文本的后殖民批评。在该文的开始,斯皮瓦克就指出:"如果不记住作为英国社会使命的帝国主义曾经是英国构建其文化的一个关键部分,那么我们便无从解读 10 世纪英国文学。文化表现中的文学的功能是不可忽视的。在 19 世纪英国文学的阅读中,这两个明显的'事实'一直被漠视,它本身就证明了不断向演进为现代形式的帝国主义的持续成功,"② 我们知道,指出西方经典文本的"不清白",揭示其在西方帝国主义意识构成中的作用,从种族角度对其进行文化清理,这是萨义德继东方主义论述之后另一本著作《文化与帝国主义》(1993)的主要内容。萨义德在《文化与帝国主义》的"导言"中对于叙事与帝国主义关联的强调,是我们所熟知的。看来,斯皮瓦克很早就意识到了这一点,而她对于西方经典文体的帝国主义分析主要侧重于女性主义方面。

---

① Kristeva, Julia, About Chinese Women, First British Hardvover Edition Published by Marion Boyars Publishers Ltd. . Originally Published in France in 1974 as Des Chinoises by Edition Des Femmes, 1977.

② Bart Moore - Gilbert, Gareth Stanton, Willy Maley, Postcolonial Criticism, Published by Addison Wesley Longman Limited 1997, p. 146.

　　夏洛蒂·勃朗特的《简爱》是西方女性主义的一个"崇拜文本"，小说的女主人公简爱是女性主义个人主义追求的典范。斯皮瓦克自后殖民的角度进行观察，发现了其中的种族问题。在她看来，简爱的成功其实是建立在对于来自加勒比海殖民地女性伯莎的压抑基础之上的。简爱在和男主人公罗切斯特结婚的时候，才发现他原来已经是有妇之夫，他的太太就是被关在家里楼上的伯莎。为合理化罗切斯特和简爱之间的崇高爱情，小说竭力为罗切斯特开脱，证明他的无辜和清白。书中交代，罗切斯特的父亲把财产全部给了哥哥，而为了不让罗切斯特过于贫穷，就让他娶了富有的加勒比海商人的女儿伯莎，婚后罗切斯特才发现伯莎家有精神病史。在简爱等人眼里，伯莎不过是一个疯狂的野兽，"在房间的深处，一个人在黑影里来回窜动。那是什么？是野兽还是人？分不清楚：它匍匐着，似乎用四肢；它抓着、嗥叫着，像奇怪的野兽；但它披着衣裳，马鬃般的黑中带灰的密密的长发遮住了她的头和面孔。"①罗切斯特和这样一个"人"生活在一起，自然令人同情。伯莎后来成功地点燃了房子，把自己烧死了；罗切斯特为了救伯莎弄瞎了自己的眼睛，而简爱不计较罗切斯特的残废嫁给了他。这是一个合理又感人的设计：伯莎自取灭亡，让出了新娘的位置；罗切斯特不但因为伯莎的自杀得以开脱，还因为救伯莎时弄瞎了眼睛而赢得了道德上的同情；简爱也用自己的牺牲精神验证了爱情的纯洁；最终罗切斯特的眼睛逐渐痊愈，结果皆大欢喜，他们一家过着幸福的生活。在这里，一切都建立在伯莎之死的基础上。在西方的语境里，伯莎的牺牲被视为理所当然，小说的合理化叙事从来没有遭到过怀疑；但在后殖民的语境里，伯莎却成为一个问题。

　　出生于加勒比海的作家洁恩·瑞丝在读到《简爱》的时候，即被伯莎的命运所吸引，后来写下了关于伯莎的小说《宽阔的藻海》。斯皮瓦克在文中引了《宽阔的藻海》中克里斯蒂芬批评罗切斯特、为伯莎辩解的一段话："说实话，她并没有去人们说的你的英格兰的家里，并没有去你那漂亮的房子里恳求娶她。不！是你千里迢迢来到她家向她求婚。她爱你，给了你一切。现在你不爱她了，你毁了她，你拿她的钱怎么办？"可以补充的是，据小说交代，罗切斯特娶伯莎并非出于强迫，他在第一次见到伯莎的时候就被她吸引了，认为她很漂亮，并明确承认自己爱上了她。另外，罗切斯特与简爱的爱情是否那么崇高也值得怀疑。在小说中，罗切斯特开始并没有看上简爱，而是迷恋美貌的布兰切·印格若（Blanche Ingram），并准备和她结婚，在受挫之后才注意到简爱。也就是说，从伯莎到印格若，到简爱，罗切斯特可能不过是一个见异思迁的公子哥而已。斯皮瓦克精辟地指出："在这个虚构的英格兰，她（伯莎）必须扮演她的角色，扮演

---

　　① Bart Moore－Gilbert, Gareth Stanton, Willy Maley, Postcolonial Criticism, Published by Addison Wesley Longman Limited 1997, p. 150.

自我向'他者'的转变，放火烧屋并且杀掉自己，由此简爱才能成为英国小说中的女性主义个人主义女英雄。我只能将此读为一般的帝国主义认识论暴动的寓言，殖民地主体为了殖民者的社会使命的荣光而自我牺牲的建构。"① 她甚至认为伯莎之死是殖民者将其作为"好妻子"的有意识安排，她提醒读者，如果明白了英国殖民政府对于印度寡妇殉葬的合法操控，就会理解这一点。

在西方，女性主义本来是一种激进批判理论，它从女性性别的立场上批判男权中心主义。出人意料的是，这种激进批评理论在维护女性的时候却将非西方的土著女性排除在外了。也就是说，西方主义的"男性/女性"仍然建立在"西方本位/东方他者"这一种族主义框架之下，西方女性主义与西方男性共享了西方中心主义的殖民性立场。作为女性主义者斯皮瓦克对此感到遗憾，"当女性主义批评的激进视角，又重新产生了帝国主义的公理后，似乎特别的不幸"。②

萨义德仅仅用"自我东方化"就将第三世界打发了，斯皮瓦克却不愿意这么简单，她接下来对于"第三世界"究竟能否发声及知识分子如何表现"第三世界"等问题进行了深入的探讨。斯皮瓦克发表了一系列关于"属下"的文章，其中包括 1985 年发表的标志着她与"属下研究小组"建立了合作关系的文章"属下研究：解构主义历史学"，以及 1988 年发表后来被反复转引的"属下能说话吗？"等。福柯和德努兹认为，如果被压迫者得到机会或者通过联盟政治团结起来的会议，他能够表述自己。斯皮瓦克从西方之外提出了问题：第三世界的被压迫阶级能表述自己吗？以古哈等人为代表的印度"属下研究小组"注意到，关于印度的表述长期以来被殖民者和本地精英所垄断。关于印度民族及其意识的形成发展，殖民主义历史学历史认为应该归功于英国殖民统治，而本地民族主义者则认为应该归功于印度资产阶级，唯广大的被压迫阶级没有发言的空间，处于沉默的状态。"属下研究小组"打算通过对于被压迫阶级历史的研究，释放广大的人民的声音，形成古哈所谓的"人民的政治"。斯皮瓦克对于"属下研究小组"的工作是欣赏的，她本人也参与了其间的工作，但她却从方法上对于"人民的政治"提出了质疑。

就研究对象而言，斯皮瓦克认为被压迫阶级很难精确定义，所谓"精英之外的大众"的说法并不周延，殖民统治者、本土精英与下层大众之间其实存在着一个广大的模糊不清的地带。而且，大众之间也存在性别、职业等完全不同的情形，由此产生的意识也不尽相同。如此，就很难说有一个清晰整齐的大众意识。

---

① Bart Moore – Gilbert, Gareth Stanton, Willy Maley, Postcolonial Criticism, Published by Addison Wesley Longman Limited 1997, p. 154.

② Bart Moore – Gilbert, Gareth Stanton, Willy Maley, Postcolonial Criticism, Published by Addison Wesley Longman Limited 1997, p. 146.

而就真正的下层而言，斯皮瓦克认为，他们根本没有机会发出自己的声音，即使发出声音，也没有被听到。在 1993 年的一次采访中，斯皮瓦克举了一个例子说明底层的声音无法被听到。18 世纪的孟加拉国原有完整的管道浇灌系统，土地领主支配他们的农奴进行管理。英国人来了之后，解散了封建体制，把领主变成了纳税人，农奴也不存在了，水渠就没人管了。英国不明白水渠的用途，以为是运输水道或其他什么，也不派人管理。天长日久，水渠臭了，英国人就把它们拆毁了。后来一个稍稍精明的英国水利检察官偶然发现水渠的用场，英国统治者才意识到最好的方法就是恢复荒废的水渠。斯皮瓦克说："我们不断地听到农民反抗失败的故事，一直持续到今天。这是一个底层阶级不能'说话'的例子。"有人可能会说，底层并非不能发出自己的声音。斯皮瓦克解释说，"属下不能说话"的意思是，即使百姓能够说话，也没人能够听得到。或者这种声音会被一种"精神感应"的东西所主宰，转变成了另外的声音。

这就牵涉到另一个重要问题，即"属下研究小组"能否反映底层阶级声音？斯皮瓦克的答案是否定的，她认为，"属下研究小组"虽然希望站在底层的立场上表达大众的声音，但他们也没有代表被压迫阶级的专利，这些知识者只能"表现"底层大众。"属下研究小组"的成员多是受西方教育的知识者，他们能够在多大程度上代表大众肯定是个问题，而他们与西方知识的关系肯定又是暧昧不清的。斯皮瓦克本人坦认：作为一个后殖民知识分子，自己处于全球资本主义所提供的西方学院的特权位置上，与西方话语事实上是一种"协商"的关系。她认为，试图通过借助于第三世界的背景从而获得一个清白的论述立场的想法是不现实的。这样一种自我反省的视野，在我看来是斯皮瓦克较萨义德以至霍米巴巴高明的地方。

三、霍米巴巴

巴巴的后殖民论述主要可以从两个方面展开：一是前期对于殖民话语的关系分析，二是后期自后殖民立场对于西方现代性、后现代性的订正分析。

在《东方主义》一书中，萨义德的东方主义论述既没有涉及西方内部的反殖民传统，也完全没有涉及东方。后来他的《文化与帝国主义》一书，在这两个方面具有不同程度的弥补。霍米巴巴所提出的质疑却完全不同，在他看来，萨义德的主要问题不在于两个方面论述得不够，而在于没有从殖民者/被殖民者、自我/他者关系的角度来论述殖民主义话语。他认为，萨义德站在西方单一主体和文化的角度进行论述，看不到作为文化或心理的本源身份的必要否定的"他者"的作用，看不到作为一种语言、象征和历史的差异系统的殖民话语构成的复杂性，也看不到由此衍发的反殖民话语的可能性。

在殖民统治下，土著的反应往往不是单纯的抵制，也不是单纯的接受。在多数情形下，是接受与反抗并存。有时候看起来土著接受了现实，但这种接受其实并不那么简单。《奇迹的符号：1871 年 5 月德里城外一棵树下的威权与矛盾问题》一文详细揭示了其间的复杂关系。这篇文章所分析的事件，正如题目所示，是记载的一件在早期印度基督教和本地土著相遇的故事。

1817 年 5 月的第一个星期，在印度最早的牧师之一阿努德·麦赛在德里城外发现有一群土著聚集在树丛下，约有 500 人，有男有女，有老有少。阿努德·麦赛上前一打听，发现这些人正在阅读《圣经》，那些《圣经》有的是印刷的，有的是手抄的。于是，阿努德·麦赛很有兴趣地和这一群土著有了交谈，部分对话如下：

阿努德·麦赛："你们在这里干什么，从哪里来？"

本地人："我们是穷人，我们阅读，喜爱这本书。"

阿努德·麦赛："谁写的书？"

本地人："这是上帝！他给了我们这本书。"

阿努德·麦赛："你们在哪得到这本书的？"

本地人："天上的天使在黑顿沃集市上给我们的。"

阿努德·麦赛："一个天使？"

本地人："对，对我们来说他就是天使；但他是一个人，一个印度学者。"

阿努德·麦赛："这些书教授欧洲大人们的宗教；是他们的书，但他们印刷出来给你们用。"

本地人："啊，不！不可能，因为他们是吃肉的。"

阿努德·麦赛："上帝传授《圣经》，不管他吃喝什么……"

阿努德·麦赛："为什么你们身穿白衣？"

本地人："上帝的臣民应该穿白衣，表示他们干净和赎罪。"

阿努德·麦赛："你们应该在圣父、圣子、圣灵的名义下受洗。去麦努特吧，那里有基督教牧师，他们会告诉你们应该怎样做。"

本地人："现在我们必须回家秋收了，那可是一年一次的，明年我们可能会去麦努特吧。"

阿努德·麦赛向他们解释圣餐和洗礼。

本地人："我们愿意受洗，但我们不愿意接受圣餐。基督徒的所有其他习俗我们都愿意遵从，但圣餐除外，因为欧洲人吃牛肉，这对我们完全不适应。"

阿努德·麦赛："这是上帝的话，不是人的话。上帝说服你的时候，你应该洗耳恭听。"

本地人："如果我们全国都接受了圣餐，我们也会的。"

阿努德·麦赛："你们全国人接受上帝的话的日子，很快就会到来。"

本地人："当然!"①

从记载上看，印度本地人已经接受了《圣经》，并且喜爱它，自发地学习，并且身穿白衣，以示圣洁和赎罪。毫无疑问，这是殖民者及西方文化的胜利。但在巴巴看来，这只是问题的一个方面，问题的另外一个方面是，印度本地人并没有无条件地接受殖民者的文化。他们接受《圣经》，却不愿承认这是西方人给他们的礼物，对于去找西方的牧师的建议，他们以秋收为由轻易推却，对于受洗礼也没有兴趣，特别是对于违反印度风俗的圣餐他们予以坚决的拒绝。由此看来，印度人所接受的基督教其实是有问题的。巴巴认为，这本《圣经》的发现既奠定了西方文明的权威和秩序，同时也奠定了模拟的尺度，它说明了"在这些场景中，正如我所说的，预示了殖民主义者权力圣典的凯旋，但接着还必须承认，那些狡猾的律令文字赋予权威的文本以极大的矛盾性。因为它介于英文法令和黑暗世界的攻击之中，殖民文本变得不确定起来"。与追求差异和对抗的哲学相反，霍米巴巴在此强调一种话语混杂的历史情形。他认为，抵抗并不需要一种政治意图的对立行为，也不是对于另一种文化的一种简单否定或排斥。而其实往往只是文化差异中的疑问或修改，使其变得面目不一。印度本地人的发问事实上就是一种力量，使得西方的话语权威变得模糊和变向。"本地人的问题很较真地将这本书的实际面目转变成了一个谜。首先，'上帝的话怎么能出自于食肉的英国人之口呢?'——这是一个在其阐述的历史时刻的文化差异中直面权威的单一性和普遍性的问题。然后，'在我们相信它是上帝给我们的礼物时，它怎么又能是欧洲的书呢?'他在黑顿沃送给我们的。这不仅仅是一个福柯称为权力微观技术毛细血管效应的说明，它显示出 19 世纪早期印刷文字技术的渗透的权力——既是心理的还是社会的"。对巴巴来说，混杂才是一种有效的力量，它导致了殖民话语与本土话语间的紧张关系，"插进缝隙"的质疑驳诘了殖民话语的权威性。巴巴谈道："当他们提出这些跨文化的、混杂的要求时，本地人既挑战了话语的边界，又巧妙地通过设置与文化权威进行协商的其他特定的殖民空间而改变了其术语。"②

这里，需要简要说明体现了巴巴思想构架的几个理论术语，它们在今天已经

---

① Homi K. Bhabha, Signs Taken for Wonders – questions of Ambivalence and Authority under a Tree Outside Delhi, May 1817. The Location of Culture, First Published 1994 by Rouledge, pp. 102 – 103.

② Homi K. Bhabha, Signs Taken for Wonders – questions of Ambivalence and Authority under a Tree Outside Delhi, May 1817. The Location of Culture, First Published 1994 by Rouledge, p. 119.

成为了巴巴的学术标志。

一是"杂交"（Hybridity）。杂交指在话语实践上殖民者与被殖民者你中有我、我中有你的一种状态。在理论上，它与泾渭分明本质主义者和极端论者的二元对立模式相对立。巴巴说："要抓住杂交的模棱两可性，必须区别那种本源是真正的'效果'的颠倒之论。"传统理论常常将殖民主义/反殖民主义的对立作为自己的理论前提和出发立场，萨义德的东方主义虽然竭力避免二元对立，但他完全离开被殖民者而从话语的角度描述东方主义，其实仍然是一种二分的思维。杂交作为巴巴对于殖民主义实践的一种描绘，是他的富于洞察的发现和论述。从批判殖民话语的立场上说，杂交的效果主要是动摇了殖民话语的稳定性，"它们以惊人的种族、性别、文化，甚至气候上的差异的力量扰乱了它（殖民话语）的权威表现，它以混乱和分裂的杂交文本出现于殖民话语之中"。①

二是"模拟"（Mimicry）。在巴巴看来，体现了殖民者与被殖民者之间关系的一种重要状态是模拟。模拟指的是当地人对于殖民者的一种模仿，但这种模仿却并不完全一致，而且内含着嘲弄和变形，殖民话语于此变得面目不清。模拟表面上看起来是对于殖民话语的尊重，但在实践上却戏弄了殖民者的自恋和权威。巴巴说："模拟不仅仅通过差异和欲望的重复滑落破坏了自恋的权威，它是一种殖民性的定位过程，是一种在被阻断的话语中跨类别的和差异性的知识。"② 巴巴引用拉康的话，说明模拟只是一种伪装，而不是一种和谐。它通过部分重复、部分颠覆的混杂，威胁了殖民主体的稳定性。巴巴认为，萨义德设立了殖民控制和历史反抗的二元对立，而模拟代表了一种讽刺性的妥协。

三是"第三空间"（Third Space）。巴巴的"第三空间"不是想象中的两种对立文化之外的第三者，或者调停两种不同文化的中和客观性，他所强调的是殖民者/被殖民者相互渗透的状态，"第三空间"关心殖民空间中"权力和统治作用于符号和主体化的过程"，关心在文化关系的领域内"象征结构或表现机制立刻转变成了社会话语的中介和政治策略的运作实体"。巴巴感兴趣的问题是，"什么是文化相交和作用的时刻？权威秩序建立与下层规则失范的认同变化的过程怎样？为什么这种文化转变正好发生在权力作用的过程中？它被为返回自身的文化源头而奋斗的论述所否定，但却发生于这种斗争的过程之前"。③ 从第三空

---

① Homi K. Bhabha, Signs Taken for Wonders – questions of Ambivalence and Authority under a Tree Outside Delhi, May 1817. The Location of Culture, First Published 1994 by Rouledge, p. 113.

② Homi K. Bhabha, Of Mimicry and Man, The Location of Culture, First Published 1994 by Rouledge, p. 90.

③ "Don't Mess With Mister In – Between" Interview with Homi K. Bhabha By Christian Hoeller Translocation – new media/art. A German Version of this Interview was Published in: Springer in – Hefte für Gegenwartskunst 1 (1998).

间的立场出发，巴巴对于法侬的一个著名的结论提出了质疑。法侬在分析黑人与白人关系的时候认为：从心理上看，黑人只有两种选择："成为白人或者消失"①。巴巴认为，其实还存在着一个介于两者之间的模棱两可的、伪装的、模拟的第三空间，这是一个大有可为、真正需要探究的领域。

需要交代的：一是巴巴的常用术语不止于此，还有如模棱两可（Ambivalence）等；二是从上面的论述可以看出，这些术语是相互联系的，比如"杂交"（Hybridity）是对于殖民者/被殖民者文化关系的状态描述，"模拟"（Mimicry）是被殖民者的一种行为策略，"第三空间"（Third Space）是殖民话语实践状态和行为的结果，它们从不同方面表现了巴巴对于殖民话语的独特认识。

在《民族与叙事》一书中，巴巴更多地从"想象共同体"及其模棱两可、差异等观念上分析民族国家的概念，似乎还囿于后现代观念。到了《文化的定位》一书，巴巴开始主要从自己所擅长的殖民关系及移民的角度批评民族国家观念，并延及现代性和后现代性。《文化的定位》一书中，专门有一篇文章题为"DissemiNation"。"Dissemination"（播洒）原来是德里达的概念，但巴巴把其中的 N 大写就凸显了"民族"（Nation）的概念。巴巴说明，这个概念虽然借自于德里达，但他以自己的种族移民的经验置换了这个概念。巴巴指出，从 19 世纪中期开始的现代民族的后期，正是殖民主义的对外侵略扩张时期，也是非西人大量持续地移居西方的时期，正是这种异文化的移植进入大大冲击了现代民族国家和文化的观念。

民族国家是现代性的基本单位，巴巴解构现代民族国家的观念只是一个开始，他更大的目的是从宏观上批评、补充及订正整个现代性的概念。作为《文化的定位》一书中"结论"的文章"种族、时间和现代性的修订"一文，是巴巴从种族和殖民性的立场论述现代性的重头文章。在这篇文章的开头，巴巴以法侬的黑人视野进入论述。黑人在白人世界被作为肮脏的另类他者，"'肮脏的黑人'或简言之'瞧，一个黑人'"，巴巴认为尽管法侬谈论的是"一位来自马提尼岛的人在里昂的街头承受了种族主义的目光"，但由此而及的黑人在现代世界的"迟误性"（Belateness）具有普遍性和重要意义。因为他所谈论的不是简单的黑人的历史性，而是涉及对于现代性的理解。在通常谈论的西方现代性中，"人类"得以"授权"产生。对于白人来说，黑人迟到了，"你们来迟了，太迟了，将永远只有一个世界，一个在你和我们之间的白人世界"，但这种黑人的"迟误性"不言而喻地对现代性提出了挑战。巴巴说，"正是这种对于白人世界本体论的反抗——对于它预设的理性和普遍性等级形式的反抗——使法侬转向一种重述

① Homi K. Bhabha, Signs Taken for Wonders – questions of Ambivalence and Authority under a Tree Outside Delhi, May 1817. The Location of Culture, First Published 1994 by Rouledge, p. 120.

和质询，一种对于原初、不同的历史的重述，它再不会返回到同样的权力中去"。巴巴拈出的法侬的另一个概念为"时间滞差"（Time－lag），"时间滞差"体现的是殖民地及边缘世界与现代西方世界的不平衡状态。正如法侬认为"迟误性"不过是把白人想象为普遍性规范性的结果，所谓"时间滞差"其实也是在人类持续进步主义者的神话中产生的。不过，在巴巴看来，正是在这种"时间滞差"所体现的殖民后殖民的历史和符号中，现代性工程显露出自己的矛盾性和未完成性。故此巴巴说，他试图将文化差异的"时间滞差"作为表现底层和后殖民世界的结构来发展。

在受到压制的殖民性空间和时间内，显示了一种反现代性的殖民性，但巴巴认为，这种转换并不是对于原有的文化系统的简单推翻，不是以一种新的符号系统代替原有的符号，这样做的话其实只是助长了原有的未加反省的"统一性政治"。殖民性构成了现代性的断裂，但它既质疑现代性又加入现代性。它构成一种滞差的结构，从而重述现代性。

西方内部本身也产生了反现代性的理论，那就是后现代主义，那么从后殖民的角度看，后现代本身是不是也有问题呢？巴巴的回答是肯定的。巴巴在后期的文章，如《后殖民与后现代：中介问题》、《新东西怎样进入世界：后现代空间、后殖民时间和文化翻译的试验》、《种族、时间和现代性的修订》等文中，专门探讨了后殖民与后现代的问题。也就是说，巴巴不但批评、订正现代性，他还同样地批评、订正后现代性。

对于后现代主义，萨义德持一种抵触的态度。他严格地将殖民地第三世界的现实与西方后现代区分开来，认为利奥塔等人对于历史宏大叙事的消解，并不适用于西方之外的世界。他认为在欧洲已经走向取消历史的消费主义后现代社会时，第三世界国家所面临的却是西方的宰制的威胁，因此反抗斗争的"宏大叙事"仍然存在，"其中的一个重要主题，是对欧洲中心论和西方霸权进行不懈的批评"①。如此看，萨义德基本上站在一种中西对立的二元立场上对后现代主义进行排斥。巴巴则将文化混杂作为当代文化现实，论述后现代主义的思想脉络及其问题。

他明确表示，他在反现代性的意义上借鉴后现代主义，但后现代主义还远远不够，需要接受后殖民历史的质疑，"我在这种后殖民性的反现代性意义上使用后结构主义理论，我试图表现西方授权在殖民性'观念'中的挫败以至不可能性。我的动力是现代性边缘的下层的历史，而不是逻各斯中心主义，我试图在较

---

① Edward W. Said, *Orientalism*, London：Routledge，1978，p. 2.

少的规模上，修订成规，从后殖民的位置重新命名后现代"①。在《文化的定位》的"结论"《种族、时间和现代性的修订》一文中，巴巴专门以福柯为例说明后殖民视野中的后现代主义的局限。福柯从康德的《什么是启蒙运动》一文的解读出发，认为"现代性的符号是一种破译的形式"，其价值在于必须在历史宏大事件之外的小型、边缘叙事中寻找。通过康德，福柯将其"当下的本体论"追溯至法国大革命，他的现代性的符号正是从那里开始的。福柯认为："法国大革命虽然产生了诸多有问题的后果，但人们却不能忘记它所显露出的（现代性）安置。"在巴巴看来，福柯虽然避免了君主主体和线性因果关系，但是如果站在西方之外的殖民地立场上就会发现新的问题。他认为，福柯所谈论的法国大革命的现代性意义仅仅是针对西方人而言的，对于非西方殖民地人民来说，法国大革命只是一个"难以忘怀的不公平的戏弄"，"如果我们站在后革命时期圣多明各黑人的立场上，而不是巴黎的立场上，福柯的现代性空间符号的种族中心主义局限就暴露无遗了"。巴巴认为，后现代主义反思西方现代性的问题在于不能脱离西方自身的视野，这种自我反省的结构无法挣脱西方自身的逻辑系统。

从殖民者/被殖民者的话语混杂，到阐述民族国家的叙事性，再到对于质疑西方单一现代性，质疑后现代性的不彻底，巴巴最后得出了自己的"文化的定位"。他强调一种"文化差异"的现实，它的历史前提是"后殖民移居的历史、文化与政治的离散、农民和土族社群的社会置换、流亡的诗学、政治经济难民的控诉作品"，等等。这种文化差异首先要求打破根深蒂固的文化本质主义的观念，即不再将文化看作固有的本源，巴巴说："理论创新和政治关键所在，就是需要超越于本源叙事和原初主体的思考，而集中产生于文化差异的表达的时刻或过程。"其次，"文化差异"还要求与当下流行的文化多元主义观念相区别。因为所谓的文化多元强调的是异质并存的宽容原则，并存的前提是差异，而不是混合或融合。"文化差异"着眼于殖民及移民对于西方现代性观念的冲击，"文化差异的界限设置冲突与重合并置，它们可能会大大冲击传统和现代的定义，重新设置私与公、高与低之间的常规界限，挑战发展和进步的常规经验"。它要求确承文化混杂的现实，并把社会文化差异看作一个复杂的、持续的协商过程。它探讨的问题是："主体怎样在差异（通常被看作种族/阶级/性别等）的部分之间或之外形成的？在剥削和歧视的历史、价值的交换、意义和首要等方面都不能相通对话，甚至严重地对立、冲突，以致不能通约的情况下，表现或权力的策略怎样进入社群思想主张的形成之中的？"

具体到个人，巴巴谈到后殖民文学的时候，主张作家站在一种"离家"

---

① Homi K. Bhabha, The Postcolonial an the Postmodern: The Question of Agency. The Location of Culture, First Published 1994 by Rouledge, p. 175.

（Unhomed）的立场上。所谓"离家"不同于"无家可归"，也不同于反对家的概念，而是不以某种特定文化为归宿，而处于文化的边缘和疏离状态。昔日歌德提出世界文学的概念，但那仍然是欧洲中心主义的，只有今天"离家"作家才能创造真正的后殖民文学。

四、麦肯齐（John M. Mackenzie）

麦肯齐的《东方主义：历史、理论和艺术》一书被认为是这一领域批评萨义德最有分量的著作。从这本书中我们可以知道，东方学家的批评确实并非可以用萨义德"典型的东方主义话语"一句话轻易打发的。

麦肯齐是英国兰卡斯特大学的教授，专业为帝国史。萨义德在《东方主义》一书中自诩，他最关注的是历史研究而不是文学。在麦肯齐看来，在《东方主义》一书引起的反响中，"历史学家整个地都不理睬他。虽然历史学家们在这场争论中缺席是错误的，哪怕仅仅说明他们的否定意见"。[1]麦肯齐的言下之意是，萨义德根本还不能进入专业的史学研究的视野。

麦肯齐的高傲自有其根据，据他在书中记载，当萨义德在《东方主义》和《文化与帝国主义》等书中声称有关帝国与文化关系的研究是一个"禁区"的时候，史学家在帝国主义文化方面的研究已经进行了 20 多年，如多伦多（A. P. Thornton）便是帝国主义文化研究的先驱之一，早在 60 年代便出版了《帝国主义的教义》（1963）、《帝国的档案》（1968）等书。[2] 在麦肯齐的眼里，萨义德的书涉及众多不同的专业，如文学理论、人类学、历史学、哲学史等，像一个大杂烩。麦肯齐认为，萨义德在理论方面也准备不够，他"既没有注意吸引了整个 20 世纪的历史学家的霍布森理论中的生动讨论，也没有注意到约瑟夫·熊彼特有影响的右翼帝国主义批评"。麦肯齐由此发出对于萨义德、詹明信等左翼文学批评家的极端轻视，"说实在的，没有什么比对于史学处理上的无能更能够表现左翼文学批评家的天真和缺乏复杂性。"[3]

萨义德关于东方学的基本判断，麦肯齐也不认可。他认为：东方学原来完全是一个正面的术语，它研究东方的语言、文学、宗教、思想、艺术和社会生活等，"使其为西方所知，以至使其在帝国主义时代西方文化傲慢中得到保护。"

---

① John M. Mackenzie, Orientalism: History, Theory and the Arts, Published by Manchester University Press, 1995, p. 8.

② John M. Mackenzie, Orientalism: History, Theory and the Arts, Published by Manchester University Press, 1995, p. 15.

③ John M. Mackenzie, Orientalism: History, Theory and the Arts, Published by Manchester University Press, 1995, p. 36.

在萨义德的影响下，东方学却完全变了味，"不再是保护东方文化，而成了完全的帝国强力；不再是对于东方文化形式的抢救，东方学研究自身变成了知识的表达和技术的控制，变成了政治、军事及经济强权延伸的手段。"在艺术上，麦肯齐认为，东方主义原来是一个学术上欣赏多元异文化的概念，现在却成了为欧洲统治者制造一种类型化和神秘化的东方的手段①。看得出，麦肯齐对于东方主义的理解评价与萨义德大相径庭。麦肯齐在《东方主义：历史、理论和艺术》一书中分章节专门讨论了"艺术中的东方主义"、"建筑中的东方主义"、"设计中的东方主义"、"音乐中的东方主义"和"戏剧中的东方主义"等，得出了与萨义德不同的结论。麦肯齐认为，欧洲艺术在国家之间互相影响，它们或者"呼应神秘的过去（如挪威人、凯尔特人、德国人等）"，或者"呼应内部的他者（包括新发现的和特别的民间传统）"，或者呼应更新的文化迷狂（中世纪精神，骑士精神），同时也"呼应其他大陆及其宗教的艺术品"。而"只有在这种宽泛的语境中，东方主义才能作为几种文化追求之一而得以理解"。麦肯齐指出，东方给予了西方艺术灵感，西方也对东方予以了尊重，并促进了艺术的交流和综合。在他看来，萨义德所说的艺术与帝国主义的对应关系显然过于简单。

五、阿吉兹·阿罕默德（Aijaz Ahmad）

出版于 1992 年的阿罕默德的著作《在理论的内部》，大约算得上是后殖民批判最全面也最有名的著作。我们先看一看阿罕默德批评萨义德的各个面向，然后讨论他的左翼批评。阿罕默德对于萨义德的批评，涉及的方面林林总总，可以说是集批评之大全。粗略列举如下：

能够显示阿罕默德个性的，是他的马克思主义左派批评。从革命的视野出发，阿罕默德很自然地要对当代帝国和殖民问题进行历史追溯，并在当代世界格局的框架里定位后现代以至后殖民的右翼性质，这就给他的批评带来了一种前所未有的宏观高度。

在阿罕默德看来，萨义德的《东方主义》出版于 1978 年并非偶然。1978 年是第二世界大战以后 20 年非殖民化战争结束的时间。这革命的 20 年，以 1954 年阿尔及利亚战争开始，以 1975 年西贡解放结束，其间还发生了很多事件，包括中国革命、朝鲜战争等。其中决定性的转折点是 1973 年智利人民联盟政府的失败，而 1978～1979 年发生在伊朗和阿富汗的革命使这一转机成为定局，它预示着后面的苏联解体。这期间出现了众多反殖反帝革命的领袖，纳赛尔（Nass-

---

① John M. Mackenzie, Orientalism: History, Theory and the Arts, Published by Manchester University Press, 1995, preface xii.

er)、尼赫鲁（Nehru）、恩克鲁玛（Nkrumah）、苏哈托（Sukarno）和毛泽东等。毋庸置疑的是，这场革命最终以帝国主义的胜利和社会主义的失败而告终了。它带来了世界秩序的重组：在美国，里根上台；在英国，撒切尔上台；在德国，社会民主党被击败；在意大利，共产党退出竞争并瓦解。对殖民革命国家而言，社会主义全面溃败，对于帝国主义的抗争越来越多地被合作所代替。国际焦点发生了变化，从革命战争转向了资本主义世界内的合作，如"联合国贸易和发展会议"、"世界新秩序"、"七十七国集团"、"石油输出组织"等组织形式出现。知识仍以左的面目出现，反资产阶级人文主义，关注底层和第三世界，但他们与任何实际的革命运动都保持距离。简言之，这就是我们称为后现代主义的思潮。

阿罕默德从左派的立场出发，对这种思潮进行了激烈的批评。他认为，后现代将历史看作文本，将阶级和民族视为本质主义，贬斥物质性历史，如此就否定了历史理解的可能性，只剩下了抽象的个人。在福柯成为时行的时候，他认为思想只能成为游戏，"如果接受了福柯命题的极端说法：（1）所谓的事实不过是一种话语诡计的真理效应。（2）所谓对权力的抵抗已经构成了权力，因此理论真的无所作为了，除了无目的地徜徉于这种效应——计算、消费和生产它们——及顺从于既是开始又是终结的话语无休止的私语过程之外，这种作为对话的理论具有很强的衡量效应。人们现在可以自由地引用马克思主义和反马克思主义、女性主义和反女性主义者、解构主义、现实学或随便念头中哪个理论家，就可以证实一个论点中的不同立场，只要你有表现良好的学术方式，有一个长长的引文和参考书目等的目录。理论本身变成了一个思想的市场，大量的理论供应就像是通常的商品一样满足自由挑选和新旧更替。如果谁拒绝这种晚期资本主义市场经济的模式，胆敢为一种对话下结论或者拥护严格的政治理论，他将会被加罪为理性主义、经验主义、历史主义和其他各种毛病——历史动力和/或智慧主体的思想——这些都是启蒙运动犯下的错误"。阿罕默德将后现代思潮与市场经济联系起来，并将其进行阶级定位："这些大师的理想要旨的一个主要方面被利奥塔——本身也不是一个小的大师——清楚地总结出来了：马克思主义已经结束，'享受商品和服务的时代'已经来临！这个世界，用其他话来说，是资产阶级的。"①

正是在这种西方文化背景下，后殖民理论出现了。在反殖反帝时代，被肯定的是民族自决权，实行的是文化民族主义。缘于第三世界移民身处西方的特定处境，这种民族主义得到了他们的拥护。西方的大学虽具多元性，但来自第三世界的学生学者所受到的歧视和压力是无形的，民族主义文化由此成为他们的精神支撑，对于民族文化的研究也有利于他们在西方大学的区域研究中占据一席之地。

---

① Aijaz Ahmad, Literary Theory and "Third World Literature", In Theory, Classes, Nations, Literatures, First published by Verso 1992, pp. 70 – 71.

在这种情形下，那些不愿回国而留在西方的知识者，便不遗余力地宣传民族文化及"第三世界文学"。不过，这些为数不少的第三世界移民，原来在本国都处于上层，在西方则成为资产阶级技术管理阶层和大学教师。他们拥护第三世界民族主义，却并不拥护真正反帝反殖的马克思主义，因为马克思主义着眼于阶级立场，为殖民地国家的独立和西方国家的贫困阶级呼吁，这些都不是他们的关注所在。这些移民者的目的，是在西方谋取优厚的位置，并不为他的祖国考虑，也不打算加入西方的无产阶级阵营。

后现代思潮在西方的风行，让这些移民知识者有了知音之感。他们马上将自己的立场与后现代相互协调，并宣称自己是后结构主义的。这些西方的移民知识者批判西方的角度虽然来自民族主义，但从自己的利益出发，他们并不想加深两者的对抗，因此后现代对于民族主义本质化的批判正符合他们的胃口。他们转而摒弃民族主义，强调东西方的交汇和杂糅，如此最重要的人物当然是他们这些移民"混种"者。

后殖民所主张的"东西方的交汇和杂糅"的性质是什么呢？大概因为霍米巴巴的后殖民理论是最流行的，所以阿罕默德把批评的矛头集中指向了他。阿罕默德认为，霍米巴巴编纂的《民族与叙事》（1990）一书，体现了后殖民以解构主义替代民族主义的努力。霍米巴巴在这部书的前言中宣称，当下世界混杂的景观已经代替了民族文化，他如此描绘这种奇观：

"美洲连着非洲，欧洲的民族和亚洲的民族相遇在澳洲，民族的边缘代替了中心，边缘的人开始书写大城市的历史和小说……"

在这种情形下，我们需要的不再是民族主义，而是"后结构主义叙事知识的洞见"[1]，是他自己的概念"杂交性"、"矛盾"、"第三空间"，等等。阿罕默德对于民族国家衰退及全球性文化与后殖民理论的关系进行了阶级分析。他认为，随着资本的全球流动，民族国家的独立的确遭遇挑战，但跨国资本的融合主要表现在西方内部，这是帝国的新形式。如何看待资本的全球流动呢？是全球化的狂欢还是帝国主义对于地球空间的压迫和渗透呢？阿罕默德指出：在这种全球信息时代，全球很大一部分人连起码的生存条件都没有，非洲大陆陷入衰败，人民陷入贫困，更有种族大屠杀的发生。阿罕默德认为，在这种情况下，不谈阶级斗争，而津津乐道于什么跨文化杂交和偶然性政治，只能是赞成跨国资本主义。

他认为，所谓文化杂交性只反映了霍米巴巴这种生活富裕的西方而与其故土完全失去了联系的贵族移民的事实，只有这种人才会沉溺于后现代而诋毁民族解

---

[1] Aijaz Ahmad, Literary Theory and "Third World Literature", In Theory, Classes, Nations, Literatures, First published by Verso 1992, pp. 68 – 69.

放斗争。由此，阿罕默德认为后殖民性问题，其实仍是一个"阶级问题"。[①]

六、阿瑞夫·德里克（Arif Dirlik）

对于后殖民的左派批评，中国读者的了解大多来自于德里克在1994年美国 Critical Inquire 冬季号上发表的大作 "The Postcolonial Aura: Third World Criticism in the Age of Global Capitalism" 一文。此文在国内颇引人注意，被多次翻译过来。我所知道的就有三个译本：1997年，《国外文学》第1期发表施山译本，题为"后殖民的辉光：全球资本主义时代的第三世界批评"；1998年，三联书店出版汪晖等人编撰的《文化与公共性》，其中收录陈燕谷翻译的"后殖民气息：全球资本主义时代的第三世界批评"一文；1999年，中国社科出版社出版了德里克的论文集《后殖民氛围》，其中包括徐晓雯翻译的"后殖民氛围：全球资本主义时代的第三世界批评"一文。在这三个译本中，后两个影响比较大。德里克对于后殖民表面上批判西方实际上却与全球资本主义同谋关系的分析，颇让中国学术界振奋。不过，如果阿吉兹·阿罕默德的著作在中国有翻译的话，德里克的效果就会大打折扣，因为后者的批判思路基本上沿袭了前者。

我们注意到，德里克并没有掩饰自己对于阿罕默德的效法。他在自己的文章中多次引用阿罕默德的观点，在《后殖民气息：全球资本主义时代的第三世界批评》一文的最后，德里克明确地认同阿罕默德的关于后殖民性是"阶级问题"的观点，并将其作为自己的结论。德里克说："阿罕默德的论述坚持提醒我们阶级关系在理解当代文化发展的过程中的重要性，虽然它在全球化的基础上得以重塑。"因此他最后的结论是：知识者必须认清自己"在全球资本主义中的阶级位置，从而对其意识形态进行彻底的批判，并对产生了自己的那个系统形成抵抗的实践"。不过，德里克虽然认同阿罕默德及其阶级分析，但他更强调"全球资本主义"的背景，强调阶级分析必须"在全球化的基础上得以重塑"。德里克从生产方式的角度分析了后殖民产生的全球背景，得出了后殖民是"后革命"或"反革命"性质的结论。

德里克指出，后殖民理论家一个很大的问题在于他们只将殖民帝国主义作为一个历史遗产加以批判，而不愿意正视自己在当代世界的位置。后殖民主义自身与全球资本主义关系如何呢？这个乏人问津的问题正是德里克的兴趣所在。我们知道，左派马克思主义者弗里德里克·詹明信已经分析过"晚期资本主义"与"后现代主义"思潮的关系。德里克认为，后殖民主义同样体现了资本主义在这

---

① Ahmad, A., 1996. "The Politics of Literary Postcoloniality", in P. Mongia. (ed.), Contemporary Postcolonial Theory. A Reader. London: Arnold, pp. 276 – 293.

个时期的逻辑，只不过它体现在第三世界的领域内。德里克的所谓全球资本主义，据他自己解释，就是布罗代尔等人描述过的"新的国际分工"，也就是生产的跨国化。他认为，当下全球资本主义的现实导致了很多不同于从前的重大变化。跨国化并不是全新的事物，但它在近年来发展迅猛，新技术使得资本产生了前所未有的流动性，生产的范围日益国际化，这带来了国家意义上的资本主义"非中心化"。如此非中心化的结果，是资本主义生产方式第一次从欧洲的历史中分离出来而成为全球的概念，非欧洲的资本主义社会开始在全球格局中占据一席之地。如此，全球资本主义的经营者放弃了对于民族、边界和文化的控制，开始将地方归入全球，按照生产和消费的要求进行重塑，以便创造出能够响应资本运转的生产者和消费者。如此就出现了人口和文化的流动，出现了边界的模糊。全球资本主义要求在文化上跨越欧洲中心主义，跨国公司为了经营和推销，开始了解全世界的文化。《哈佛商业评论》是最早宣扬跨国主义以及多元文化主义的最重要的阵地。德里克认为，后殖民理论即是适应这种新的全球资本主义形势而出现的文化理论，它处理的正是全球资本主义过程中出现的问题，如欧洲中心主义与世界的关系、边界和疆域的模糊变化、同一性和多样性、杂交与混合，等等。在旧的理论已经捉襟见肘的情形下，后殖民理论设计出了一种理解世界的新的方式，它颠覆西方中心主义，批判旧的西方意识形态，但它却并不分析当代资本主义，而把物质与阶级的实际问题引入话语领域，从而颠覆了一切可能实际发生的反抗①。

如果说后现代主义是全球资本主义的意识形态，那么后殖民就是后现代在第三世界的配合者，它将后现代延伸到第三世界来了。为什么后殖民主义会成为后现代主义的迎合者呢？德里克仍然从经济的角度予以了解释，他认为是因为全球资本主义给作为西方移民所带来的机遇所致。在从前的民族国家界限分明的时代，移民被视为地位尴尬的弃儿，受到怀疑和歧视。随着全球资本主义的展开，第三世界在全球体系中地位的重要，出现了对于流散人口的重新估价。西方移民抓住了这一机遇，摇身一变，成为全球体系中的重要人物。德里克提醒我们，不要仅仅注意所谓的后殖民主义理论家，还要注意到与他们地位相当的寄生于西方的后殖民知识分子，其中包括跨国公司的经理、工程师、专家、职员以及商务的"中间人"，他们类似从前的买办，但已经在全球流通中获得新的面目。在这种新的形势下，从前被视为不正宗、不地道的"混杂性"变成了最热门的畅通于全球的资本。德里克认为，这正是批判西方中心、批判界限、强调混杂的后殖民理论出现的背景，它是第三世界的西方移民与全球资本主义的合谋。

---

① Arif Dirlik, *The Postcolonial Aura*: *Third World Criticism in the Age of Global Capitalism*, 1997 by Westview Press, A Division of Harper Collins Publishers, Inc. pp. 52 – 83.

　　由于这种强调混杂、反对对立的性质，德里克大胆地断言是后革命或反革命的。从前的革命意识形态，无论是马克思主义还是民族解放运动，都认为可以理性地把握历史，由此建构主体性和社会身份以促进变革。后殖民理论接受了后现代的理论，反对本质主义的历史结构，反对本质性身份及主体性，强调"建构"的过程，认为革命的二元对立只能带来新的强制和压迫。如此，革命就被扫地出门了。在这种理论的指导下，德里克提到，后殖民主义理论家对从前或当代的殖民批评作了"后现代"式的篡改：霍米巴巴"将法侬挪用于他的身份政治之中，并将革命从法侬的思想中抽取出来了"；斯皮瓦克也利用了《庶民研究》的成果，"以她自己的文本关注替代了他们书写一种新的历史的努力"①。德里克认为，后殖民的问题在于，他们拒绝从流散知识分子和"地方交汇"（Local Interactions）以外的结构观察世界，比如阶级的结构，如此就忽视了世界上广大的被压迫者，并且剥夺了他们的反抗权力。

编辑整理：于　飞

---

① Arif Dirlik, *Postcolonial or Postrevolutionary? The Problem of History in Postcolonial Criticism*, *The Postcolonial Aura*, 1997 by Westview Press, A Division of Harper Collins Publishers, Inc. p. 76.